강제동원편

전시동원 기구와 제도(2)

군인 · 군무원, 노무, 여성, 학생동원 관련 주요 법령

강제동원편

일제침탈사 자료총서 80

전시동원 기구와 제도(2)

– 군인·군무원, 노무, 여성, 학생동원 관련 주요 법령

동북아역사재단 일제침탈사 편찬위원회 기획
오일환 · 허광무 · 정혜경 · 김종구 편역

동북아역사재단
NORTHEAST ASIAN HISTORY FOUNDATION

| 발간사

일본이 한국을 침탈한 지 100년이 지나고 한국이 일본의 지배로부터 벗어난 지 70년이 훌쩍 넘었건만, 식민 지배에 대한 청산은 이루어지지 못하고 있다. 일본의 독도영유권 주장은 도를 넘어섰다. 일본은 일본군'위안부', 강제동원 등 인적 수탈의 강제성도 인정하지 않고 있다. 일본군'위안부'와 강제동원의 피해를 해결하는 방안을 놓고 한·일 간의 갈등은 최고조에 이르고 있다. 역사문제를 벗어나 무역분쟁, 안보위기 등 현실문제가 위기국면을 맞고 있다.

한·일 간의 갈등은 식민 지배의 역사를 어떻게 볼 것인가 하는 역사인식에서 기인한다. 역사는 현재와 과거의 대화이며 이를 기반으로 미래로 나아갈 수 있다. 과거 침략의 역사를 미화하면서 평화로운 미래를 말하는 것은 불가능하다. 식민 지배와 전쟁 발발의 책임을 인정하지 않고 반성하지 않으면 다시 군국주의가 부활할 수 있고 전쟁이 일어날 위험성도 배제할 수 없다. 미래지향적 한일 관계를 형성하고 나아가 동아시아의 평화와 번영의 기틀을 조성하기 위해 일본은 식민 지배의 책임을 인정하고 그 청산을 위해 노력해야 할 것이다.

식민 지배의 역사를 청산하기 위해서는 식민 지배가 어떻게 이루어졌는지 그 실상을 명확하게 규명하는 일이 긴요하다. 그동안 일본제국주의에 맞서 조국의 독립을 위해 헌신한 독립운동가들의 활동을 찾아내고 역사적으로 평가하는 일에는 상당한 성과를 거두었다. 반면 일제 식민 침탈의 구체적인 실상을 규명하는 일에는 충분한 노력을 기울이지 못하였다. 제국주의가 식민지를 침탈했다는 것은 너무나 당연한 사실로 여겨졌기 때문에, 굳이 식민 지배에서 비롯된 수탈과 억압, 인권유린을 낱낱이 확인할 필요가 없었는지도 모른다. 그러는 사이 일본은 식민 지배가 오히려 한국에 은혜를 베푼 것이라고 미화하고, 참혹한 인권유린을 부인하는 역사부정의 인식을 보이는 데에까지 이르고 있다. 일제의 통치와 침탈, 그리고 그 피해를 종합적으로 조사하고 편찬할 필요성이 여기에 있다.

일제침탈사를 체계적으로 정리하는 일은 개인이 감당하기 어렵다. 이에 우리 재단은 한국학계의 힘을 모아 일제침탈사 편찬위원회를 꾸렸다. 편찬위원회가 중심이 되어 일제의 식민지 침탈사를 정치·경제·사회·문화 모든 방면에 걸쳐 체계적으로 집대성하기로 하였다. 일제 식민 침탈의 실체를 파악하기 위해 2020년부터 세 가지 방면으로 사업을 추진하고 있다. 하나는 일제 침탈의 실상을 구체적이고 생생한 자료를 통해 제공하는 일로서 〈일제침탈사 자료총서〉로 편찬한다. 다른 하나는 이들 자료를 바탕으로 연구한 결과물을 〈일제침탈사 연구총서〉로 간행한다. 그리고 연구의 결과를 대중들이 이해하기 쉽게 〈일제침탈사 교양총서〉를 바로알기 시리즈로 간행한다. 자료총서 100권, 연구총서 50권, 교양총서 70권을 기본목표로 삼아 진행하고 있다.

〈일제침탈사 자료총서〉에서는 정치·경제·사회·문화 모든 방면에 걸쳐 침탈의 역사를 자료적 차원에서 종합하였다. 침략과 수탈의 역사를 또렷하게 직시할 수 있도록 생생한 자료를 제공하는 데 목표를 두었다. 그동안 관련 자료집이 여러 방면에서 편찬되었지만 원자료를 그대로 간행한 경우가 많았다. 이번에 발간되는 자료총서는 해당 주제에 대한 침탈의 실상을 체계적으로 이해할 수 있는 구성방식을 취했으며, 지배자의 언어로 기록되어 있는 자료들을 독자들이 쉽게 읽을 수 있도록 모두 번역하였다. 자료총서를 통해 일제 식민 지배의 실체와 침탈의 실상을 있는 그대로 이해할 수 있게 되기를 기대한다.

2023년

동북아역사재단 이사장

| 편찬사

1945년 한국이 일제 지배로부터 해방된 지 78년의 세월이 지났다. 그럼에도 일본 사회 일각에서는 여전히 일제의 한국 지배를 합리화하고 미화하는 주장이 나오고 있으며, 최근에는 한국 사회 일각에서도 일제 지배를 왜곡하고 옹호하는 주장이 나오고 있다. 이는 한국과 일본 사회, 한일 관계와 동아시아 국제관계의 미래를 위해서도 결코 바람직하지 않은 일이다.

이에 동북아역사재단은 일제의 한국 침략과 식민 지배에 대한 학계의 연구 성과를 총정리한 〈일제침탈사 연구총서〉를 발간하기로 하였다. 이에 따라 2019년 9월 학계의 전문가를 중심으로 편찬위원회를 구성하였으며, 편찬위원회는 학계의 연구 성과를 토대로 정치·경제·사회·문화 부문에서 일제의 침탈이 어떻게 이루어졌는지 정리하여 연구총서 50권을 발간하기로 하였다.

주지하듯이 1905년 일제는 러일전쟁에서 승리한 뒤, 한국에 군대를 주둔시키면서 한국의 외교권을 빼앗고 통감부를 두어 내정에 간섭하였다. 1910년 일제는 군사력으로 한국 정부를 강압하여 마침내 한국을 강제병합하였다. 이후 35년간 한국은 일제의 식민 통치를 받았다.

일제는 한국의 영토와 주권을 침탈하였을 뿐만 아니라, 군사력과 경찰력으로 한국을 지배하면서 정치·경제·사회·문화의 모든 부문에서 한국인의 권리와 자유, 기회와 이익을 박탈하거나 제한하였다. 정치적으로는 군사력과 경찰력, 각종 악법을 동원하여 독립운동을 탄압하고, 한국인의 정치활동을 억압하고 참정권을 박탈하였으며, 집회와 결사의 자유를 억압하였다. 경제적으로는 일본 자본이 경제의 주도권을 장악하고 일본인 위주의 경제정책을 수행하였으며, 식량과 공업원료, 지하자원 등을 헐값으로 빼앗아 갔고, 농민과 노동자 등 대다수 한국인의 경제생활을 어렵게 하였다. 사회적으로는 한국인을 차별적으로 대우하고, 한국인의 교육의 기회를 제한하고, 한국인으로서의 정체성을 박탈하여 결국은 일본의 2등 국민으로 만들고자 하였다. 문화적으로는 표현과 창작의 자유, 종교와 사상의 자유를 억압하고, 한글 대신 일본어를 주로 가르치고, 언론과 대중문화를 통제하였다. 중일전쟁, 아시아태평양전쟁을 도발한 뒤에는 인적·물적 자원을 전쟁에 강제동원하고, 많은 이들을 전장에 징집하여 생명까지 희생시켰다.

〈일제침탈사 연구총서〉는 침탈, 억압, 차별, 동화, 수탈, 통제, 동원 등의 단어로 요약되는 일제의 침략과 식민 지배의 실상과 그 기제를 명확히 밝히고자 하였다. 이를 통해 일제의 강제병합을 정당화하거나 식민 지배를 미화하는 논리들을 비판·극복하고, 더 나아가 일제 식민 지배의 특성이 무엇이었는지, 식민 통치의 부정적 유산이 해방 이후에 어떤 영향을 미쳤는지를 밝히고자 하였다.

편찬위원회는 연구총서와 함께 침탈사와 관련된 중요한 주제들에 관하여 각종 법령과 신문·잡지 기사 등 자료들을 정리하여 〈일제침탈사 자료총서〉도 발간하기로 하였다. 아울러 일반인과 학생들이 보다 쉽게 읽을 수 있는 〈일제침탈사 교양총서〉를 바로알기 시리즈로 발간하기로 하였다.

일제의 한국 침략과 식민 지배의 역사는 광복 후 서둘러 정리해 냈어야 했지만, 학계의 연구가 미흡하여 엄두를 내기 어려웠다. 이제 학계의 연구가 어느 정도 축적되어 광복 80주년을 맞기 전에 이와 같은 작업을 할 수 있게 된 것을 다행으로 생각한다. 한일 양국 국민이 과거사에 대한 올바른 역사인식을 갖고 성찰을 통해 미래로 함께 나아갈 수 있기를 기대하면서 삼가 이 책들을 펴낸다.

2023년

동북아역사재단 일제침탈사 편찬위원회

| 차례

일러두기

1. 일제침탈사 자료총서는 가급적 일반 시민들이 읽고 이해할 수 있는 현대적인 문장과 내용으로 구성하였다.
2. 인명, 지명 등 고유명사는 처음 등장할 때 원어를 병기하고 이후에는 한글만 표기하였다. 한글 표기는 국립국어원 외래어 표기법에 따랐다.
3. 연도는 서력 표기를 원칙으로 하고 관련 연호는 병기하였다. 날짜는 원문 그대로 하고 음력과 양력 여부를 알 수 있는 경우에만 '(음)' 또는 '(양)'으로 기재하였다.
4. 숫자는 천 단위까지 아라비아 숫자로 표기하고 만 단위 이상은 '만' 자를 넣어 표기하였다. 도표 안의 숫자는 가급적 그대로 표기하였다.
5. 국한문 혼용체와 같이 탈초만으로 문장을 이해하기 힘든 경우 가급적 현대어에 가깝게 윤문하였다. 단 풀어 쓰기 어려운 낱말이나 문구는 원문을 병기하거나 편역자 주를 이용하였다.
6. 낱말이나 문구에 대한 설명이 필요한 경우 또는 편찬 사업의 취지에 따라 자료 해설이 필요한 경우 편역자 주를 적극 활용하였다. 단 편역자 주는 1, 2 등으로 표기하고, 원 자료의 주석이 있는 경우는 *, ** 등으로 표현하였다.
7. 판독이 불가한 글자의 경우 ■로 표기하였다.
8. 화폐 단위는 원문에 따라 원(圓), 엔을 그대로 표기하였다. 일제강점기 조선에서 조선은행권 '원'을 사용하였지만 일본은행권 '엔'과 등가교환권이었기 때문에 표기할 때 원과 엔이 혼용되어 사용되었다. 한글 신문이나 잡지, 한국인 저서에 대부분 '원'으로 표기하였고 일본어 자료나 저서에는 '엔'으로 표기하는 경우가 많았다.
9. 자료 원문에 많이 나오는 '역사적' 용어는 당시 시대적 상황을 드러내기 위해 원문 그대로 표기하였다.
10. 지명 중 '대만'과 '화태(사할린)'는 법률 등에 표기된 명칭과의 일치를 위해 그대로 두었다.
11. 법령 등의 개요표에는 공포일을 기준으로 하고, 번역문에는 제정 또는 재가한 날짜를 기준으로 표기하였다.

| 편역자 서문

이 책은 〈일제침탈사 자료총서〉 시리즈 중 하나로 총동원체제와 강제동원의 관련 법규, 제도 및 기구 등에 대한 자료를 번역하여 소개하는 데 목적을 두고 있다.

일본의 총동원체제는 국가권력이 법령 등에 근거해 운용한 시스템이다. 국가총동원법이 제정된 것은 1938년 4월 1일이지만, 일제는 이미 제1차 세계대전 직후부터 총동원체제 준비에 착수하였다. 일본은 1918년 4월에 제정한 '군수공업동원법(軍需工業動員法)'을 필두로 총 800여 건에 달하는 법률을 제정·공포하고, 100건이 넘는 행정명령을 하달하였다. 이러한 법령들은 일본 본토뿐만 아니라 전쟁에 필요한 물적(物的)·인적(人的) 자원을 조달하는 공급원이자 병참기지로 간주한 만주, 조선, 대만, 화태(사할린), 남양군도 등 식민지와 점령지에 적용되었으며, 별도의 칙령과 총독부령, 제령 등으로 더욱 강화, 시행되었다.

총동원체제 관련 법령에 대한 이해는 전시체제기 일제의 강제동원을 규명하고 연구하는 데 기초가 되는 작업이다. 그러나 현재 관련 연구는 법제사적 법령 구조에 대한 이해를 돕는 수준에 그치고 있다. 연구가 부진한 이유는 관련 법령과 동원기구에 관한 기본자료의 수집과 정리, 해제와 번역이 선행되지 않았기 때문이다. 현재 법령의 경우 제정 당시 내용과 취지는 일부 알려져 있으나, 개정 내용에 대해서는 현황 파악도 어려운 상황이며, 동원 및 집행 기관의 경우 단편적인 단서들만 알려져 있을 뿐이다.[1]

이에 이 책은 학계와 일반 대중에게 일제 식민 지배의 구조와 총동원체제의 관계, 그리고

---

1 총동원체제와 강제동원 분야의 기초사료인 관련 법령·법규 등에 관한 연구는 안자코 유카(庵逧由香)의 연구 외에 정긍식과 김창록의 법제사적인 법령 구조에 대한 이해 연구, 그리고 정혜경의 노무동원 분야에서 「국민징용령」 등의 법령에 초점을 맞춘 연구가 있다. 안자코 유카, 2006, 「조선총독부 총동원체제(1937~1945) 형성정책」, 고려대학교 박사학위논문; 안자코 유카(해설), 1988, 『朝鮮勞務(復刻板)』 1~4, 綠陰書房, 2000; 정긍식, 「일제의 식민정책과 식민지 조선의 법제」, 『법제연구』 14; 김창록, 1995, 「식민지 피지배기 법제의 기초」, 『법제연구』 8; 김창록, 2002, 「제령에 관한 연구」, 『법사학연구』 26; 정혜경, 2011, 『일본제국과 조선인 노무자 공출』, 도서출판 선인.

총동원체제하에서 인적 동원이 어떻게 전개되었는가를 이해하는 데 필요한 기초사료로서 일제의 총동원체제와 강제동원 관련 법규, 제도 및 기구 등에 관한 자료를 번역하여 소개하는 데 초점을 두었다.

정혜경 박사의 연구에 따르면, 1917년 일본 총동원체제 준비기부터 1945년 8월 일본 패망 후 총동원체제 종결 때까지 제정·공포된 총동원 관련 법령은 34종에 걸쳐 약 900건에 달하는 것으로 확인되고 있다.[2]

이에 본 과제는 1931년 이후 1945년에 이르기까지 제정 · 공포된 총동원 관련 법령과 동원기구의 전반에 대한 개요와 특징 등을 살펴보고, 3차례에 걸쳐 각각 총동원체제, 노무동원, 군인 · 군무원동원, 여성동원, 학생동원에 관한 주요 법령과 각의결정, 그리고 총동원 기구와 조직 등에 관한 원문을 번역, 수록하고자 한다.

이 책은 그 두 번째 작업으로써, 군인 · 군무원동원, 노무동원, 여성동원, 학생동원에 관한 주요 법령과 각의결정을 해제하고 원문을 번역, 수록하였다.

총동원체제의 대상은 크게 물자, 자금, 인력의 동원과 기타 분야의 통제로 구분할 수 있다. 국가총동원법에서 정한 동원과 통제의 대상은 인원(노무동원, 군인 · 군무원동원, 국민동원, 여성동원 등), 물자, 자금(금융 및 자본), 카르텔, 가격통제, 언론(출판) 등이다.

제1권에서는 총동원체제 전반에 관한 주요 법령과 각의결정 등을 다루었다. 국가총동원법의 토대가 되는 기존의 군수공업법과 총동원계획, 총동원기본계획, 기본국책요강 등의 기본 법령과 각의결정을 비롯하여 국민정신총동원, 조선인 호적 등 인신(人身) 통제, 인적 동원을 수반하는 물자동원과 주요 산업 통제, 언론 통제, 교육 통제, 방공(防空), 결전비상조치 등의 분야별 총동원 법률과 주요 결정을 집중적으로 다루었다.

일반적으로 널리 알려진 징용 등 인력의 동원은 군인·군무원의 동원과 전문직종과 기술

2 현재 국내에는 일제강점기 조선과 관련이 있는 주요 법령 등에 관한 연구가 일부 진행되고 있는데, 총동원체제에 관한 주요 법령과 각의결정, 그리고 각종 동원계획 등의 전체 목록을 정리하거나 이를 번역한 총서 또는 자료집이 없는 실정이다. 정혜경 박사는 오랜 기간에 걸쳐 일제강점기 총동원체제에 관련된 주요 법령과 각의결정 등의 현황을 정리하였는데, 이 책에서 번역의 대상으로 선정한 법령과 각의결정 등의 목록은 정혜경 박사가 제공한 것을 기초로 첨삭하였다. 이 책의 번역과 집필 과정에서 일부 법령과 각의결정 등이 새롭게 추가되었으며, 향후 노무, 군인 · 군무원, 학생, 여성, 기구 등에 관한 법령 등의 번역과 총서가 발간될 예정인데, 이 과정에서 역시 관련 법령 등이 계속 추가될 것으로 예상된다.

자, 일반 국민, 학생·학도, 여성, 보국대 등의 신분별·계층별 노무동원으로 세분할 수 있다. 제2권, 즉 본서에서는 노무동원 전반과 군인 · 군무원, 학생 · 학도 및 여성 인력동원에 관하여 집중적으로 다룰 예정이다.

이 책에서는 주로 총동원체제와 '인적 동원'에 관한 주요 법령과 명령 등에 초점을 맞추었다. 다만, 총동원체제와 국가총동원법에 관한 주요 법령과 각의결정 등 상위 통제법령 등에는 인적 동원 외에 물자[3]와 자금, 경제와 산업에 관한 규정과 내용을 대체로 망라하기 때문에 총동원체제 전반과 각 분야별 동원을 이해하기 위해서 물적 동원이 포함된 각의결정과 기본법령 등을 다루지 않을 수 없다.

그 밖에 총동원체제에 관한 법령과 각의결정의 분량이 상당히 많기 때문에 이를 관장하고 운영하거나 시행한 각종 기관들, 예를 들면 '국가총동원심의회(國家總動員審議會)', '국가총동원업무위원회(國家總動員業務委員會)', 또는 조선총독부 내의 '노무과(勞務課)'를 비롯한 수많은 부서들이나 '국민정신총동원조선연맹(國民精神總動員朝鮮聯盟)', 각 산업별 '통제회(統制會)', '통제조합(統制組合)', 각종 '보국대(報國隊)' 등의 대(隊) 조직과 기구, 조직 및 규정 등에 관해서는 제3권에서 별도로 구성할 예정이다.

총동원체제에 관한 주요 법령들이 본격적으로 제정되기 시작한 것은 1937년 중일전쟁을 전후한 시기다. 특히 1938년에 국가총동원법이 공포됨에 따라 노무와 물자, 자금 등 각 분야별 통제에 관한 칙령과 제령, 조선총독부령과 각 시행령, 규칙 등이 집중적으로 제정, 개정되었다.

이 책에서는 일본 패전 직전까지 총동원체제와 노무동원 등 인적 동원에 관한 주요 법령과 각의결정, 그리고 관련 신문기사를 번역, 수록하였다.

전술한 바와 같이, 총동원체제 전 분야에 걸친 법령과 일본 정부 및 조선총독부의 주요 결정과 방침 등은 본 법령과 각의결정 외에도 각각의 하위 법령과 개정법령, 시행령, 규칙, 세칙 등까지 포함할 경우 1,000개를 넘는 방대한 규모이기 때문에, 이 책에서는 인적 동원과 직결된 주요 법령과 각의결정 중에서 가급적 조선에 시행된 것, 조선에 시행되지 않았더라도 조

3 물자 동원에 관한 법령 중 대표적으로 「군수회사법(軍需會社法)」 등을 들 수 있는데, 이는 주요 공장, 사업장을 군수회사로 지정하고 소속 종업원을 징용하는 내용이다. 이 책에서는 '물자 동원'에 관해 본격적으로 다루지 않기 때문에 이를 수록하지 않는다.

선의 총동원체제와 법령 등에 크게 영향을 미쳤거나 관련이 있는 것을 우선적으로 선별하였다.

이 책에 수록된 각의결정과 법령 등이 향후 전시체제기 강제동원의 구조와 실체를 규명하는 데 토대가 되기를 바라며, 나아가 더 많은 관련 제도와 법령 등에 관한 연구의 시금석이 되기를 고대한다.

편역자를 대표하여

오일환

I

총론

1. 대상과 범위

이 책은 일제침탈사 자료총서 사회편 전시동원 기구·제도 중 2년차 '군인·군무원, 노무, 여성, 학생동원 관련 주요 법령 등'을 번역한 것이다.

주지하는 바와 같이 일제는 1937년 7월 7일 발발한 중일전쟁이 장기화의 조짐을 보이자, 1938년 4월 1일 「국가총동원법(國家總動員法)」(법률 제55호, 전 50개조)을 제정하여 총력전 태세에 돌입하였다. 「국가총동원법」은 물자의 통제·운용, 국민징용, 노동조건의 규제, 언론 통제 등 사회 전 분야에 걸쳐 국가통제를 가능케 한 것으로 구체적인 시행 내용은 칙령(勅令)에 의하도록 하였다. 그 결과 의회의 권한은 축소되고, 정부에 백지위임하는 결과를 가져왔다.

「국가총동원법」에 따라 인적 자원에 대한 통제·운영이 가동되어 아시아태평양전쟁 시기에 동원한 조선인 수는 연인원 약 780만여 명에 육박했다. 한마디로 말해서, 가용할 수 있는 인력이라면 여성, 학생, 청소년, 고령자 할 것 없이 '몽땅동원'한 셈이다. 조선인에 대한 인력동원을 피해 유형별로 살펴보면 아래 표와 같다.

[표 1] 동원 유형별 강제동원 피해 현황

유형	구분		동원자 수[1](명)	소계(명)
군인	한반도 내		51,948	209,279
	한반도 외		157,331	
군무원(군속)	한반도 내		12,468	60,668
	한반도 외		48,200	
노무자	한반도 내	도내 동원	5,782,581	6,488,467
		관알선	402,062	
		국민징용	303,824	
	한반도 외	국민징용	222,217	1,045,962
		할당모집, 관알선	823,745	
계				7,804,376

출전: 국무총리 소속 대일항쟁기강제동원피해조사및국외강제동원희생자등지원위원회, 2016, 『위원회 활동 결과보고서』, 135쪽.

1 이하 숫자는 '연인원'이다. 한 명이 여러 번 동원되거나 중복된 경우를 모두 포함한 것이다.

[표 1]에서 보는 바와 같이, 군인동원 20만 9,279명, 군무원동원 6만 668명, 노무자동원 753만 4,429명이었다. 인적 동원과 관련하여 가장 주목할 점은 전체 인력동원의 96.5%를 노무동원이 차지하고 있었다는 점이다. 특히 일본본토로 '이입'된 조선인 노무자는 군인동원으로 초래된 각종 군수공장, 토목건축, 탄광·광산 등의 노동력 결손을 충당하기 위해 배치되었다. 조선총독부는 1940년 3월 12일 '노무자원조사에 관한 건'을 조선 각도에 통첩하여 인력동원 대상자 조사를 대대적으로 실시하기도 했다. 이리하여 노무자를 동원한 작업장 수가, 한반도 7,467개소, 일본 4,119개소, 태평양 112개소, 남사할린 77개소, 중국·만주 316개소 등 1만 2,095개소에 이르렀다.[2] 일본 '제국'과 일제가 점령한 지역이 한반도에서 공출한 조선인들로 채워졌다.

이 책에서는 인력동원의 중심인 군인, 군무원, 노무자를 대상으로 이들을 공출하기 위해 「국가총동원법」이 발동한 제 칙령과 각의결정, 통첩 등을 선정, 번역하였다. 아울러 여성과 학생동원에 관한 정책결정과 제 칙령도 추가하여 일제 말기 인력수급의 절박한 상황과 실태를 이해하는 데 도움을 주고자 하였다.

다만 군인, 군무원, 노무자에 관한 각의결정과 행정명령, 법령 등의 규모와 숫자 그리고 범위는 매우 방대하기 때문에 번역을 위해서는 주요한 것들만 선별할 수밖에 없었다. 또한 각 주제의 성격과 특징이 서로 다르기 때문에 번역 대상을 선별하는 기준과 범위를 일괄적으로 정할 수 없는 어려움이 있었다. 이에 본서에서는 번역자의 판단에 따라 주제별로 번역 대상을 선별했다는 점을 밝혀 둔다.

2 국무총리 소속 대일항쟁기강제동원피해조사및국외강제동원희생자등지원위원회, 2016, 『위원회 활동 결과보고서』, 138쪽.

2. 각 장의 구성

Ⅱ장에서는 군인·군무원(군속)에 관한 주요 각의결정과 법령 등을 번역하였다.

일반적으로 전시체제기 조선인의 군인·군무원동원에 관해서는 징병과 학도병이 가장 대표적이며, 군속 동원이 일부 알려져 있는 정도이다. 그러나 조선에서의 징병과 학도병 징집에 앞서 다양한 형태의 조선인 군무원(군속)의 모집과 동원이 선행되고 있었다.

또한 일제는 일반 청장년의 본격적인 징병과 학도병에 필요한 호적과 주민등록 등의 제도를 정비하는 한편, 조선인을 군인으로 동원하기 위한 예비적 조치로서 일반 청년을 대상으로 하는 청년훈련소 제도를 확대·강화하고, 소수의 청년을 육군특별지원병과 소년비행병, 해군특별지원병으로 선발하여 운영하였다.

Ⅱ장은 육군특별지원병, 해군특별지원병, 청년훈련소, 학도지원병, 징병 그리고 군무원(군속) 동원의 순서로 구분하였다.

Ⅲ장에서는 노무동원과 관련한 각의결정, 행정방침, 법령 등을 번역하였다.

한반도 내 노무동원은 조선시대의 부역과 독일의 근로봉사대에서 착안한 근로보국대가 중요한 역할을 담당하였다. 그 후 국민개로(國民皆勞)와 근로의 의무를 명확히 하기 위해 근로보국대를 법제화하여 「국민근로보국협력령(國民勤勞報國協力令)」을 제정하였다.

한반도 외 노무동원으로는 1939년도 노무동원(국민동원)계획에 따른 공출인력 책정과 내지이입이 중요하다. 이른바 '할당모집'에 의한 노무동원의 개시는 조선인 노무자의 정책적·집단적·폭력적·계획적 강제동원의 시작을 의미한다. '할당모집'은 아시아태평양전쟁으로 전역(戰域)이 확대되자 1942년 2월 조선총독부 알선에 따른 노무 공출로 변경되었고, 이를 전후하여 각의결정과 행정명령이 하달되었다. 한편, 노무동원의 강제를 법제화한 「국민징용령(國民徵用令)」은 1939년에 제정됐음에도 당초 직업소개소 소개와 모집만으로 노무자를 충족할 수 없는 경우에 한하여 발동하는 보조적인 성격이었다. 그러다가 '국가가 필요로 하는 경우' 동원령을 발동할 수 있는 것으로 개정되면서 국가성이 명료해지고, 징용 대상에 사업주를 포함시킴으로써 사장부터 직원까지 '몽땅동원'이 실현되었다. 조선인의 노무동원도 이와 궤를 같이 하는데, 그럼에도 불구하고 1944년 8월 각의결정으로 조선인 노무자에 대한 신규징용 방침이 결정되자 마치 「국민징용령」이 처음으로 발동된 것으로 잘못 이해되고 있다. 이는 모집,

관알선, 징용의 단계로 노무동원이 강화되어 간 것으로 이해하는 데 빌미를 제공하기도 했다. 한반도 외 노무동원은 조선인을 확보할 수만 있다면 모집, 관알선, 징용 등 수단을 가리지 않고 모두 적용하고 있었다는 사실에 주의해야 한다.

Ⅳ장에서는 여성에 관한 주요 각의결정과 행정명령, 법령 등을 번역하였다.

여성의 노동력 동원은 「국가총동원법」 제정 이후 본격화하였다. 총동원체제는 성인 남자뿐만 아니라 그 범위를 점차 여성과 학생, 아동으로도 확대하였다. 1938년에 조직된 근로보국대의 경우 20~40세 남녀 모두 참가하도록 하였으며, 농촌의 여성들과 여학생들은 각종 작업에 동원되기 시작했다. 이후 1941년 「국민근로보국협력령」을 통해 14세 이상 25세 미만의 젊은 여성을 전부 국민근로보국대(國民勤勞報國隊)에 편입시켰다. 국민근로보국대는 여성 노동력 동원이 확대되는 계기가 되었다.

여성 노동력 동원의 정점은 「여자정신근로령(女子挺身勤勞令)」의 제정을 통한 '여자정신근로대(女子挺身勤勞隊)'의 법제화이다. 기존의 여성 노동력 동원이 명목상 '자발'과 '협력'을 가장한 형태였다면, 「여자정신근로령」은 법령을 통해 여성의 신병(身柄) 그 자체를 국가가 노골적으로 구속하고 강제하는 제도라는 점에서 차이가 있다. 이후 패전할 때까지 여성은 남성과 학생 등의 노동력을 대체하는 마지막 수단으로 동원되었다.

마지막으로 Ⅴ장에서는 청년·학도·학생에 관한 주요 각의결정과 행정명령, 법령 등을 번역하였다.

전시체제기 학도와 학생[3]은 군수생산과 후방의 주요 노동력이자 미래의 예비 병력으로서 인적 자원의 보루였다. 전시체제기 초기에는 간헐적인 집단근로의 명목으로 동원하다가 1941년 이후 문부성의 지시에 따라 전국의 모든 학교에 학교보국대(學校報國隊)를 결성하고, 이에 학생들을 편입시켜 일상적으로 동원하였다.

이후 일제는 학도동원을 국민동원계획에 편입시켜, '노무가 곧 교육'이라는 미명 아래 수업과 학업을 노무로 대체해 나갔다. 학교는 군수물자 생산공장으로 변했으며, 학생들은 노동

3 '학도'와 '학생'은 학교교육법에 의해 구분되는 용어인데, 일반적으로 '학생'은 전문학교, 단기대학, 고등전문학교, 대학, 대학원 등의 고등교육기관에서 수학하는 자를 가리키며, '학도'는 고등학교 이하의 학교에서 수학하는 자로서 '생도'라고도 한다. 본서의 총론과 개요 등에서 '학도'와 '학생'을 모두 포괄할 때는 '학생'으로 표현하며, 법률 등의 원문에 명시된 경우와 적용 대상을 엄격히 구분할 경우에는 원문 그대로 '학도'와 '학생'을 구분하여 번역하였다.

자와 기술자를 대신하고 근로현장에 동원되었다.

일제는 학도지원병에 징집되지 않은 학생들을 마치 '처벌' 또는 '응징(膺懲)'이라도 하듯이 응징학도(應懲學徒)로서 사실상 체포하여 중노동이 요구되는 작업장에 배치하였다.

1945년에 접어들면서부터 학교는 사실상 문을 닫고 모든 학생은 결전태세에 대비하는 요원이 되었고, 「전시교육령(戰時教育令)」은 학생들에게 '최후의 봉공', 즉 죽음을 강요하는 법령이었다.

각 장은 오일환 박사와 허광무 박사가 분담하여 작성하였다.

군인, 군무원, 여성, 학생동원에 관한 법령 등은 오일환 박사가 담당하였고(제Ⅱ · Ⅳ · Ⅴ장), 노무동원에 관한 법령 등은 허광무 박사가 담당하였다(제Ⅲ장). 제Ⅵ장의 신문 보도는 위 필자가 해당 부문을 각각 담당하여 작성하였다.

Ⅱ

군인·군무원동원에 관한 각의결정 및 법령 등

일제는 조선을 병합한 이래 조선인의 징병(徵兵) 문제를 검토하였는데, 조선인을 징병하는 데는 여러 장애와 먼저 해결해야 할 과제들이 있었다. 우선 조선인을 징병하게 되면 자연스럽게 조선인의 참정권(參政權) 요구가 제기될 텐데 일제는 이를 수용할 의지가 없었다. 그리고 무엇보다 일본의 수뇌부와 조선총독부는 '황국신민(皇國臣民)'으로서의 정신과 마음자세가 완전하지 않은 조선인을 곧바로 일본군에 편입하는 것에 큰 의구심을 품었다. 게다가 조선인을 전면 징병하려면 호적(戶籍)과 기류(寄留), 주민등록(住民登錄) 등 제도가 정비되어야 하고 훈련소 등의 제반 시설도 준비되어야 하는데, 이러한 제도적·기술적 태세가 완비되지 않았다.[1] 호적과 주민등록 제도는 그동안 호적을 기준으로 한 「병역법」의 대상 밖이었던 조선과 대만 등 식민지 지역의 성인 남성의 연령을 확인하여 징집 대상자를 특정하고 인원을 파악할 수 있는 장정인원표, 장정명부, 기타 징병검사에 관한 서류작성 등의 기초가 되기 때문이다.

기류제도는 유학생과 직업 또는 기타 사유로 인해 해당 지역에 거주하는 타 지역 출신의 징집 대상자를 선별하기 위한 제도이다. 이는 결국 식민지의 젊은이들을 일본인과 마찬가지로 그리고 식민지에 있든 일본과 외지 또는 어느 지역에 있든 상관없이 모두 선별·특정하여 징집할 수 있도록 하는 제도적 장치인 것이다.

우선, 일본 정부는 조선인 징병에 앞서 향후 징집 대상이 될 조선인 어린이와 학생, 청년에 대한 황민화(皇民化) 교육을 먼저 실시하였다. 일제는 조선인의 정신과 의식을 황국신민으로 개조하기 위해 조선에서의 교육법(教育法) 등을 개정하였는데, 그 내용은 사실상 군(軍) 입대에 필요한 기본교육과 기초군사훈련에 중점을 둔 것이다.

이런 가운데 1937년 중일전쟁이 발발한 이래 전쟁이 길어지고 전선이 확대됨에 따라 대규모 병력 자원의 충원과 장기전에 대비하는 차원에서 마침내 일제 수뇌부와 군부는 조선인의 일본군 입대를 결단하고 이를 단계적으로 추진해 나가기 시작했다.

하지만 당시 호적과 주민등록제 등이 완비되지 않은 상황에서 조선인 청년들을 대규모로 징집하는 것은 현실적으로 큰 부담이 되었다. 이에 일제가 고안한 방법이 바로 '지원병(志願兵)'제도이다. 일단 교육법 개정 이래 황민화 교육과정을 이수하고 어느 정도 일본어 수준이 가능한 사람들 중에서 '황군(皇軍)'에 자원할 만큼 투철한 의식을 지닌 청년만이라도 선발해

1 이명종, 2007, 「일제 말기 조선인 징병을 위한 기류제도의 시행 및 호적조사」, 『사회와 역사』, 제74호.

서 일본군에 복무시켜 보자는 목적이었다. 다시 말해, 지원병제도는 전면적인 징병에 앞선 시범적인 제도라고 할 수 있다.

1937년 12월 중순에 정리된 육군성(陸軍省)의 기밀문서인 '조선인지원병제도에 관한 건'(陸受 제1562호)에 따르면, 육군성의 요구로 1937년 6월 조선군사령부(朝鮮軍司令部)가 '조선인지원병제도에 관한 의견'을 작성하여 보고했으며, 조선총독부 역시 이 무렵부터 11월에 걸쳐 '조선인지원병제도실시요항'을 작성하여 육군성에 제출하였다. 조선총독부 학무국(學務局) 역시 8월 무렵 조선인지원병제도 실시에 필요한 조선인 교육의 현황과 대응방안 등을 정리한 '국민교육에 대한 방책'을 제출하였다.

이처럼 일본 군부와 조선주둔군, 조선총독부는 조선인지원병제도를 검토하여 실시 가능성을 제시하였고, 이에 필요한 대비에 돌입하였다.

1. 육군특별지원병

1937년 7월 중일전쟁이 발발한 이후 전쟁이 장기화 국면에 접어들자 일본의 내각은 12월 24일 조선총독이 제안한 '금후 조선통치에 관한 사항'을 결의하였는데, 이를 통해 조선인에 대한 지원병제도를 실시한다는 방침을 처음으로 천명하였다. 다만 일제는 지원병제를 실시한다고 해서 조선인에게 참정권을 부여하는 것은 아니라는 점을 분명히 하였다.

이 지시에 따라 육군성과 조선총독부 등 관계기관은 비밀리에 작업에 착수하여 1938년 2월 2일 칙령으로 「육군특별지원병령」(칙령 제95호)를 공포하기에 이르렀다. 여기에서 '일본 호적법의 적용을 받지 않는 17세 이상의 남자'도 육군 현역 또는 제1보충병역에 편입할 수 있다고 정하였는데, 일본 호적법의 적용을 받지 않는 남자란 조선과 대만 등의 식민지인을 대상으로 한 것이다. 이로써 조선인을 일본군에 편입시키는 최초의 법령이 마련된 것이다.

곧이어 조선에서는 이를 실현하기 위한 후속 조치로서 3월 29일 「조선총독부육군병지원자훈련소관제」(칙령 제156호), 3월 30일 「육군특별지원병령시행규칙」(육군성령 제11호), 4월 2일 「조선총독부육군병지원자훈련소규정」(조선총독부령 제70호)과 「조선총독부육군병지원자훈련소생도채용규칙」(조선총독부령 제71호), 「조선총독부육군병지원자훈련소생도채용수속」(조선총독부훈령 제15호) 등을 공포하여 지원병제 실시의 준비에 착수하였다.

하지만 '지원병'이라는 명칭과 달리 실제 지원과 입대는 순수한 '자원(自願)'이 아니었다. 당초 일제는 각 도별로 할당 인원을 책정하고 경찰력을 동원하여 선전과 회유, 종용 활동을 적극적으로 전개하였다. 이 때문에 수천 명의 접수자가 폭주하는 상황이 벌어졌지만 실제로 선발과정을 통해 입대한 사람은 1938년 400명, 1939년 600명 정도였고, 1940~1943년까지 3~5천여 명이었다. 육군특별지원병제에 의해 입대한 사람은 총 약 1만 7천 명가량이다.

이들은 1944년 초에 징집된 '학도지원병'과 구별하여 소위 '조선지원병(朝鮮志願兵)'으로도 불렸는데 보통학교 졸업자 이상의 저학력이었고, 조선총독부육군병지원자훈련소에서 6개월의 훈련을 받은 후 이등병으로 입대하여 2년 후 제대하거나 일부는 을종 간부후보생(하사관)이 되었다.

1939년까지 조선지원병은 초기 방침에 따라 한반도 내의 조선군 부대에 배치되었지만 1941년 이후로는 관동군(關東軍)에 배치되었고, 1942년부터는 북지나방면군(北支那方面軍)에도 배치되었다. 그리고 전쟁 말기 남방에서 병력이 부족해지자 조선군 일부가 남방으로 파견됨에 따라 조선지원병은 일본본토를 제외한 전쟁 지역 전역으로 배치되었다.[2]

2 표영수, 2014,「일제강점기 육군특별지원병제도와 조선인 강제동원」,『한국민족운동사연구』 제79호; 표영수, 2013,「일제강점기 조선인 군사훈련 현황」,『숭실사학회』 제30호.

2. 해군특별지원병

육군특별지원병제도가 1938년에 도입된 것에 비해 해군특별지원병제도의 도입은 무려 5년이나 지난 1943년에 시작되었다. 해군지원병제도의 시행이 늦어진 이유는 조선인에 대한 일본 해군의 불신 때문이었다. 일제의 해군은 육군에 대해서도 불신이 컸기 때문에 해군으로 조선인을 받아들이는 데 거부감이 컸다. 해군은 조선인을 해군설영대(海軍設營隊)나 공원(工員) 등의 노동력 자원으로만 간주하였다.

그러나 1942년 미드웨이 해전 이후 태평양 지역의 주도권을 빼앗기고 일본 해군의 패퇴가 계속되자 병력과 물자 보급은 한계 상황에 달했다. 게다가 1943년 8월 1일 조선인 청년에 대한 전면적인 징병제 실시가 결정됨에 따라, 해군도 조선인 지원병제를 실시하기로 하였다.

육군의 경우, 전면 징병에 앞서 지원병제도를 우선 도입한 데 비해, 해군의 경우는 징병제를 상정하지 않은 가운데 지원병의 형식을 취하여 사실상 '징모(徵募)'를 한 것이다.

1943년 5월 11일 도조 히데키(東條英機) 총리대신은 '조선인 및 대만 본도인에 대한 해군특별지원병제 신설 준비의 건'에서 징병제 실시에 앞서 조선인의 해군특별지원병제 도입을 준비할 것을 지시하였다. 이에 따라 같은 날인 11일 내각에서 '해군특별지원병령 실시의 건'이 결정되었고, 7월 27일에는 「해군특별지원병령」 및 관련 시행령이 공포되었다, 그리고 다음날인 28일 「조선총독부해군병지원자훈련소관제」(칙령 제610호)가 공포되고, 8월 1일 시행에 들어갔다.

조선총독부는 해군특별지원병제도의 실시에 대비하여 관련 규정을 마련하고 기초 훈련소를 설치하였다. 관련 규정으로 1943년 8월 1일 「조선총독부해군병지원자훈련소규정」(조선총독부령 제230호), 「조선총독부해군병지원자훈련소훈련생채용규칙」(조선총독부령 제231호), 「조선총독부해군병지원자훈련소훈련생채용수속」(조선총독부훈령 제57호)이 각각 공포되었다.

그리고 조선총독부는 경상남도 창원군 진해읍 경화동에 조선총독부해군병지원자훈련소를 설치하고 기초 훈련의 실시를 담당하였다. 일본 해군은 해군특별지원병 인사에 관한 사무를 위해 진해에 해군인사부를 설치하고, 진해요항(鎭海要港)의 해병단(海兵團) 연습부에서 해군특별지원병으로 동원된 훈련병의 2차 교육을 담당하게 했다. 해군특별지원병 지원자는 조선총독부해군병지원자훈련소에서 6개월간의 훈련을 마치고 해군특별지원병에 채용되면 진해

요항의 해병단에 입단하였다. 현역특별지원병은 매년 4월 1일 및 10월 1일 관할 경비부의 해병단으로 입단하도록 하였다. 해군특별지원병 제1기생의 경우 1943년 10월 1일 훈련소에 입소하여, 1944년 3월 25일 수료 후 4월 1일 진해의 해병단에 입단하였다.

해병단 입단과 동시에 해군 이등병으로 진급하고, 대략 3개월가량의 훈련을 거쳐 각자 병종(兵種)에 따라 해군병학교에 입교하거나 해당 부대로 입대하였다.

해군병지원자훈련소는 1944년 7월 24일 '조선총독부해군병지원자훈련소관제 및 대만총독부해군병지원자훈련소관제 폐지의 건'(칙령)에 의해 8월 1일부로 폐지되고, 관련 시설은 해군으로 인계되었다. 이후 해군특별지원병은 해군병지원자훈련소를 거치지 않고 곧바로 해병단에 입단하게 되었다.

이후 1945년 1월 11일 진해진수부가 해군특별지원병과 해군공작병 임시 모집에 착수하였다. 『구해군군인이력원표』에 따르면, 해군특별지원병으로 입대한 조선인 청년은 총 1만 2,166명으로 확인되고 있다.[3]

---

3 이상 표영수, 2009년, 「해군특별지원병제도와 조선인 강제동원」, 『한국민족운동사연구』 제59호; 표영수, 2013, 「일제강점기 조선인 군사훈련 현황」, 『숭실사학회』 제30호 참조.

3. 청년, 학도지원병

1) 청년

일제는 조선인 중 육군과 해군의 특별지원병제도 외에 주로 중등학교 이상에 재학하지 않는 청년들을 대상으로 하는 집단훈련제도를 운영하였으며, 전면 징병제에 앞서 예비훈련소를 운영하였다.

일찍이 일제는 1929년 10월 「청년훈련소규정」(조선총독부령 제89호)을 제정하여 여러 지역에 관립 및 사립 청년훈련소를 설립·운영하였다. 주로 중학교 이하 국민학교 수료 후 상급학교로 진학하지 않은 자 또는 국민학교 미수료자로서 16세 이상 17세 미만 청년을 대상으로 4년간 집단훈련을 실시하였다. 총 800시간의 교육 및 훈련시간 중 절반이 교련과 군사훈련이 차지하고 있어 군 입대 전의 예비적 군사훈련임을 알 수 있다.

청년훈련소는 중일전쟁 이후 예비 군사훈련소로서의 성격이 더욱 중요해짐에 따라 일제와 조선총독부는 1938년 육군특별지원병제도 도입 직후인 3월 「청년훈련소규정 중 개정」(조선총독부령 제54호)을 통해 입소 대상자를 확대하고 예비적 군사훈련을 더욱 강화하였다. 육군특별지원병의 지원 자격에 청년훈련소 훈련을 거친 자를 포함시킨 데서 알 수 있듯이 일제는 청년훈련소를 예비적 군사훈련 기관으로서 운영해 나갔다.

더욱이 1942년 징병제 실시가 결정된 이후에는 청년훈련소 내에 별과(別科)를 설치하여 조선인 징병 적령자를 대상으로 황민화 의식을 주입하고 기초적인 군사훈련을 실시하였다. 또한 1944년 이후 징병검사에서 현역 입영이 예정 또는 예상되는 자를 대상으로는 청년훈련소 별과 합동훈련소를 설치하여 입영 전 훈련을 실시하였다. 1943년 8월 현재 조선총독부는 조선 전역에 공립 청년훈년련소 2,072개소, 사립 청년훈년련소 113개소를 건립하였다.[4]

한편, 1940년 4월 23일 「육군지원병령」(칙령 제291호)을 공포하였는데, 이는 사실상 가미카제 특공대로 알려진 소년비행병(少年飛行兵) 등을 모집하려는 것이었다.

또한 일제는 징병에 앞서 중학교 이상 학교에 진학하거나 청년훈련소에 입소하지 않은 나

---

4 〈금일 감격의 징병제 실시〉, 《매일신보》, 1943.8.1.

머지 조선인 청년들에 대해서도 예비적 군사훈련을 실시하고자 했다. 이를 위해 조선총독부는 1942년 10월 「조선청년특별연성령」(제령 제33호)과 「조선청년특별연성령시행규칙」(조선총독부령 제269호) 등을 공포하여 11월부터 청년특별연성소를 운영하였다.

조선청년특별연성소는 초등학교 초등과를 수료하지 못했거나 청년훈련소에 입소하지 못한 17세 이상 21세 미만의 무학(無學)인 대다수의 조선인 청년들에게 기본적인 일본어 교육과 기초군사 훈련을 실시하여 징병 또는 노무동원에 대비하는 데 그 목적이 있었다. 조선청년특별연성소의 입소는 의무였으며 정당한 사유 없이 입소하지 않거나 훈련받지 않은 자는 구류 또는 과태료의 처벌을 받았다. 대부분의 교육내용은 교련과 근로작업이었는데, 점차 전장(戰場)에 신속히 투입하기 위해 교육기간을 축소하였다. 1943년 8월 현재 공립 청년특별연성소는 2,635개소, 사립 청년특별연성소는 63개소가 개설되었다.[5]

조선청년특별연성소는 1944년 징병제 전면 실시와 함께 조선총독부군무예비훈련소로 전환되어 징집 예정자의 입영 전 예비적 군사훈련을 실시하는 역할을 담당하였다.[6]

2) 학도지원병

'학도병' 또는 '학병'으로 불리는 '학도지원병(學徒志願兵)'은 1943년 8월 징병제 실시와 함께 전격 시행되었다.

그 이전까지 중등학교 이상의 학교에 재학 중인 학생들은 「병역법」과 각급 학교령 등에 의해 26세까지 징집이 연기되었다. 이러한 징집연기 조치는 1941년 10월 16일 「재학징집연기기간의 단축에 관한 건」(육군성·문부성령 제2호)을 통해 1년이 단축되었다가, 1943년 3월 28일 「병역법시행령 중 개정」(칙령 제238호)에 의해 다시 26세까지 징집이 연기되었다.

하지만 중국과 태평양 지역에서 패퇴를 거듭하며 전세가 기울어지자 일제는 더 이상 학생들에 대한 징집 유예 조치를 지속할 수 없다는 판단 아래 이들의 징집과 입대를 서두르기 시작했다.

---

5 앞의 기사.

6 표영수, 2013, 「일제강점기 조선인 군사훈련 현황」, 『숭실사학회』 제30호; 이재헌, 2020, 「일제강점기 청년훈련소의 운영과 재편」, 울산대학교대학원석사학위논문 참조.

1943년 9월 21일 도조 총리는 법문계 대학과 전문학교 학생들에 대한 징집유예 조치의 중지를 지시하였다. 이는 곧 각의결정 등을 거쳐 10월 1일 「재학징집연기 임시특례」(칙령 제755호)로 공포되어 즉시 시행되었다. 이어서 2일에는 「임시징병검사규칙」(육군성령 제40호)이 공포되었는데, 이는 징집연기가 중지된 학생들에 대해 징병검사를 실시하는 것이 골자였다. 하지만 이러한 조치들은 일본인 학생만 대상으로 한 것이며, 일본 호적법의 대상이 아닌 식민지 조선과 대만의 학생에게는 적용되지 않았다. 따라서 일제는 병역법과 징병의 대상이 아닌 '식민지의 학생'을 대상으로 한 '지원병'이라는 별도의 제도를 마련하였는데, 이것이 바로 「육군특별지원병임시채용규칙」인 것이다.

일제는 1938년부터 시행되고 있던 육군특별지원병제도에 기반하여 10월 20일 「육군특별지원병임시채용규칙」(육군성령 제48호)을 발령하였다. 이를 통해 조선인 학생의 지원, 즉 학도병의 입대를 강요하기에 이르렀다. 이는 육군성령을 통해 조선인 학생을 '지원'이라는 미명 아래 강압적으로 징집한 것에 다름 아니다.

또한 일제는 10월 30일 병역법 일부를 개정하여 고등·전문학교 이상에 재학 중인 법문계 학생에 대한 징집연기제도를 아예 폐지함으로써 더 이상 징병을 피할 수 없게 만들었다. 이는 곧 학도지원병에 지원하는 것이 그나마 징병을 피하는 선택임을 강요한 장치인 셈이다.

학도지원병제도의 시행은 매우 강압적인 분위기 속에서 신속하게 추진되었다.

10월 25일부터 학도지원병 접수를 시작하여, 11월 20일에 마감하고, 12월 12일부터 20일까지 징병검사를 실시해, 이듬해인 1944년 1월 20일에 제1기가 입영하였다. 이들은 이미 학교에서 교련수업을 받았기 때문에 육군지원병훈련소 과정을 거치지 않고 곧바로 일본군에 입대시켰다. 접수에서 입대까지 불과 석 달 만에 전광석화와 같은 속도로 입대를 서두른 것이다.

이 과정에서 일제와 조선총독부는 신문 등 매체와 국민총력조선연맹, 지역 행정조직과 유지, 지식인, 문화예술인, 학교 관계자 등을 총동원하여 학병 입대를 선전하고 권유하였는데, 사실상 회유와 강압에 의한 징집에 가까웠다.

일제는 일본에 유학 중인 조선인 유학생뿐만 아니라 지원을 피해 조선으로 귀국하는 유학생을 집중적으로 강압하였다. 이때 일제와 관계자들은 지원 대상 학생과 부모들에게 "(지원하지 않는다면) 징병을 해서 남양군도로 보내버리겠다"거나 "고향의 가족들이 불이익을 받게 된다"는 등의 온갖 협박을 일삼았다. 심지어 일제는 재학생뿐만 아니라 졸업생과 취업한 사람에게까지 지원을 강권하였다. 이런 식으로 강압적 분위기를 조성하여 일제는 전문학교 학생의 96%가 지원서에 서명하게 만들었다.

결국 학도지원병 지원 대상자로 지목된 총 6,203명 가운데 약 70%에 해당하는 4,385명이 지원병으로 차출되어 절반가량은 일본으로, 30%가량은 중국 전선으로, 나머지는 한반도 내 부대에 배치되었다.

이들은 대체로 각 부대에서 3~4개월의 초병교육을 받고 갑종 간부후보생 시험을 거쳐 3개월간의 집체교육 후 예비사관학교 1년의 과정을 거쳤는데, 훈련 말엽 일제가 패망했기 때문에 소속 부대에서 견습사관 중 패전을 맞이했다.[7]

7 고려대학교한국사연구소, 2018, 「학도지원병제도 및 동원부대 실태조사 결과」, 행정안전부과거사업무지원단; 표영수, 2008, 「日帝强占期 朝鮮人 志願兵制度 硏究」, 숭실대학교대학원박사학위논문 참조.

4. 징병

일본의 「병역법(兵役法)」은 1873년 1월 10일에 포고된 구 '징병령(徵兵令)'과 1889년 법률 제1호로 제정된 '징병령'을 1927년 4월 1일 「병역법」으로 전부 개정한 것이다.

'징병령'을 「병역법」으로 변경한 목적은 일본제국의 국시인 부국강병의 근간으로서 국민개병제를 의무화하는 데 있다. 원칙적으로 모든 남자는 병역에 복무한다(제1조)는 것이 핵심이다. 그리고 병역의 종류로 상비병역(현역, 예비역), 후비병역, 보충병역(제1보충역, 제2보충역), 국민병역(제1국민병역, 제2국민병역)의 7종류를 두었다. 지원병은 「병역법」의 대상이 아니다.

1930년대 일본이 팽창노선을 노골화하고, 1931년 만주사변 발발을 계기로 군비확장과 병력충원 요구가 증가함에 따라 「병역법」 개정의 필요성이 제기되었다. 특히 1937년 중일전쟁 발발 직후 중국에서의 전선이 확대되고, 교착상태에 빠지자 일본군의 병력 손실과 충원이 심각한 문제로 대두되었다.

이에 일본군은 1939년 3월 9일 전시요원을 확보하기 위해 해군의 예비역 및 후비역 복무연한 연장, 제2보충병역의 복무연한 연장, 단기현역병제 폐지, 재학징집연기 기간 단축, 근무연습소집일 수 연장 등을 골자로 하는 「병역법」 개정을 추진하였다(법률 제1호).

1941년 2월 14일의 「병역법」 개정(법률 제2호)의 취지는 본적지 징집주의에서 현재지 징집주의로 전환하고, 후비역 명칭을 삭제하는 대신 해당 기간을 육군과 해군의 예비역에 산입하고, 보충병역의 교육소집 기한일을 120일에서 180일로 연장하는 데 있다. 본적지 징집에서 현재지 징집으로의 전환은 중국과 조선, 대만 등 외지에 재류(在留)하는 장병의 경우 본적지에 관계없이 해당 재류지(在留地)의 부대로 입영하는 것이다. 전황이 급박해지자 본적지 조회와 이동 등의 손실을 줄여 보려는 의도가 엿보이는 대목이다.

이 무렵 「병역법」 개정에 관한 의회 질의응답에서, 일본 정부는 '조선·대만 등에 병역법을 적용하는 필요성을 인정하며 구체적인 방안을 연구 중'이라는 입장을 밝혔다.

조선을 병합한 이래 일본군 수뇌부는 조선인 징병을 검토하였는데, 정작 징병이 실현되면 참정권 요구가 수반될 것을 우려하였고, 3·1독립운동의 여파와 일본 내 군축의 분위기 때문에 한동안 조선인 징병 논의는 수그러들었다. 그러다가 1940년대 이후 태평양에서 전세가 불리해지자 다급해진 일본 군부는 조선인 징병을 다시 추진하기 시작했다.

1942년 2월 18일의 「병역법 개정」(법률 제16호)은 '국민병역의 전역을 규정하고, 전시·사변·기타 필요한 때에는 칙령에 의하여 차출 기일과 징병적령을 변경할 수 있다'는 규정에서 알 수 있듯이 징병의 내용과 대상이 점차 확대되는 것을 알 수 있다.

1942년 1월 조선군사령부는 제19사단 및 제20사단 징병주임참모를 사령부로 불러 모아 조선청년의 체격과 일본어 수준 그리고 호적 정비 상황 등을 점검하였다. 그리고 2월에는 조선총독부 후생국 주도로 조선청년체력검사 시행을 예고하였다. 이때 대상은 18~19세 청년이었는데, 이는 사실상 징병제 실시를 위한 예비적 성격의 징병신체검사라고 할 수 있다.

1942년 5월 9일 내각정보국은 "8일 각의에서 조선동포에 대한 징병제 실시를 결정하여 1944년부터 이를 시행하기로 결정하였다"고 발표하였다. 하지만 일본 군부는 정작 '황혼(皇魂)이 충만하지 않은' 조선인을 황국 군인으로 받아들이기에는 많은 부담과 제약, 제도적 한계가 있다며 신중한 태도를 보였다.

특히 조선인은 기존 「병역법」에서 정한 「호적법」의 적용을 받지 않는 식민지인이기 때문에 병역의 의무, 즉 징병·징집 대상에 포함되지 않았다. 따라서 조선, 대만의 식민지 청년과 학생들에게는 별도의 제도가 필요했다.

그리고 마침내 1943년 3월 2일의 「병역법 개정」(법률 제4호)을 통해 조선인에게 병역의무를 부과하게 되었다. 법률 취지에 대해 일제는 "최근 치열해지는 조선인의 병역의무 부담의 요망에 부응하고 동시에 제국방위권의 확대에 수반되는 군 요원을 취득함으로써 국방의 완벽을 기하기 위하여"라고 밝혔는데, 사실상 조선과 대만의 청년들에게 징병의 의무를 부과하는 것이 주요 골자였다. 이로써 조선인의 전면 징병 및 징집의 법적 근거가 마련된 것이다. 개정 법률은 징병 대상자의 호적에 관한 사항에 '조선민사령 중 호적에 관한 사항'을 포함시키고, 징병 대상자의 범위를 '조선, 대만 또는 제국 밖에 재류하는 자'로 명시하였다. 이 법의 시행은 8월 1일부터였다.

또한 일제는 1943년 10월 20일 「육군특별지원병임시채용규칙」을 공포하여 학생들을 사실상 징병하였다. 이는 일제가 조선과 대만의 학생들에게 「병역법」을 적용하는 대신에 '지원병'으로 가장한 '징병'을 시행하기 위한 편법이라고 할 수 있다. 하지만 정작 조선에서는 호적 확인을 위한 실무적인 절차에 다소 시일이 소요되었다. 호적 정비를 거쳐 조선 전역에 징병 적령자에 대한 신고가 시작된 것은 10월 1일부터였다.

이듬해인 1944년 4월 「조선총독부군무예비훈련소규정」(조선총독부령 제177호)에 의해 군무예비훈련소가 설치되고 본격적인 징병검사가 실시되었다. 그 결과 9월 1일 입대 대상자의 입영이 시작되었다.

이상의 「병역법」 개정을 통한 조선에서의 징병 실시에 따라 육군의 지원병제도에 의한 2만여 명을 포함하여 적게는 약 20만 명에서 많게는 약 40만 명에 이르는 조선인 청년들이 전선에 동원되었다.

한편 1943년 11월 1일 공포된 「병역법 개정」(법률 제110호)은 각 복무연한을 연장하고, 국민병역의 상한을 40세에서 45세로 연장하고, 대만인에게도 병역의무를 부과하는 것이 골자였다. 그리고 1945년 2월의 「병역법」 개정은 징병 연령을 17세로 낮추고, 가장 낮은 수준의 징집 대상인 제2국민병역의 징집 절차를 간소화하는 등 거의 모든 인력을 징집하는 데 목적이 있었다.

1945년 6월 23일의 「의용병역법」(법률 제39호)은 기존 「병역법」의 적용 대상 이외에 모든 국민과 식민지의 남녀노소를 국민의용병으로 편입시켜 동원하는 내용을 담고 있다. 미군이 오키나와를 점령하자 대본영은 사실상 병력 자원이 고갈된 상태에서 본토 결전을 위한 마지막 수단으로서 기존 「병역법」 적용 대상이 아닌 일반 민간인을 병력으로 총동원하는 발상을 법제화시켰다. 주요 내용은 본토와 조선을 포함한 외지 전역의 15~60세 연령의 모든 남성, 17~40세 연령의 모든 여성을 국민의용병이라는 이름으로 병역을 부여하고 국민의용병전투대로 동원한다는 것이다. 이를 회피하거나 도주할 경우에는 징역 2년 이하의 형벌을 가한다는 강제조항까지 두었다. 그야말로 민간인을 몽땅 군인으로 동원하는 초법적 강제동원인 셈이다. 법률의 마지막 제9조에서는 「국가총동원법」 제4조의 단서 중 병역법에 「의용병역법」이 포함된다는 내용을 포함시켰는데, 이는 하위 법률인 「의용병역법」이 상위 칙령에 없는 내용을 부연한 것으로서 법리상 큰 하자가 있는 행위이다.[8]

---

8 이상, 김승태, 2009, 『중일전쟁 이후 전시체제와 수탈』 한국독립운동의 역사 제7권, 독립기념관 한국독립운동사연구소, 195~225쪽 참조.

5. 군무원(군속)

군무원(軍務員)은 군대에서 근무하는 민간인을 가리키는 현재의 용어이다. 일제시대와 전시체제기에는 군속(軍屬)이라는 용어가 일반적으로 사용되었다. 육해군의 군인을 제외한 나머지 구성원이 군무원(군속)인데, 대부분 노동력을 제공하는 군노무자(軍勞務者)와 전문 기능직 또는 기술직에 해당하는 군요원(軍要員)으로 구분할 수 있다.

군노무자는 군부(軍夫), 고원(雇員), 용인(傭人), 공원, 광원(鑛員) 등을 가리키며, 군요원에는 문관(文官)과 이에 준하는 대우자(고등관 대우 법무관 시보, 판임관 대우 등), 촉탁(囑託), 통역, 선장, 선원, 기관사, 갑판원, 운전수, 간호부, 포로감시원 등 다양한 직종이 있다. 육군군속에는 용인, 고원, 판임관, 고등관의 구분이 있다. 해군군속의 경우 대체로 육군과 비슷한데, 해군의 군수공장에 소속된 공원을 따로 구분하고 있다.

조선인을 군무원으로 고용 또는 동원한 사례는 1934년부터 확인된다. 중국 동북지구에서 벌어진 관동군의 전투에서 통역이었던 평북 출신의 조선인이 전사했다는 기록이 있으며, 1937년 중일전쟁 발발 직후 군부가 조선총독부에 알선을 의뢰하여 직접 채용한 운전수, 통역, 안내인, 군부 등의 조선인 군무원이 약 600명가량이라는 기록이 있다. 또한 1941년 8월에는 중일전쟁에서 공훈을 세운 군인·군속에 대한 포상이 황궁에서 진행되었는데, 이때 조선인 군속 335명이 포상을 받았다는 신문기사가 있다.[9]

군무원(군속)의 채용은 1938년의 「국가총동원법」 공포 이후 각종 하위 법령에 의한 징용으로 전환되었으며, 다양한 방식으로 확대되었다.

1939년과 1940년 육군과 해군은 각각 「국민징용령」에 따른 징용자(즉 군무원)의 채용과 배치 및 급여에 관한 규정을 마련하여 시행에 들어갔다. 1942년 말 해군이 군무원을 모집했던 작업애국단(作業愛國團)은 「해군징용공원규칙」(해군성達 제767호, 1940.11.19.)에 의거한 것인데, 이 규칙 역시 「국민징용령」에 따른 것이다.

---

9 大野録一郎文書 1276, 朝鮮人志願制度施行に関する樞密院に於ける想定質問及び答弁史料(樋口雄一, 1991, 『皇軍兵士にされた朝鮮人』, 社会評論社, 12~13쪽 재인용); 1941년 8월 도쿄의 황궁에서 진행된 중일전쟁에 대한 포상에서 조선인 군속 335명이 훈공의 포상을 받았다. 〈군속에게 빛나는 행상(行賞) 4,120명〉, 《釜山日報》, 1941.8.19.

1942년 충청남도 내무부장이 관내 부윤(府尹)과 군수(郡守)에게 보낸 공문[10]에 따르면 징용공원(徵用工員)을 공출하는 방법은 「국민징용령」 제10조에 의거한다고 규정하였다. 다시 말해, 해군공원은 곧 국민징용인 셈이다.

원래 군무원(군속)이 되는 방식은 군부의 직접 채용과 「국가총동원법」 이후 「선원징용령(船員徵用令)」, 「의료관계자징용령(醫療關係者徵用令)」 등 각종 법령에 의한 동원이 일반적인데, 「국민징용령」에 의해 동원된 피징용자와 할당모집에 의해 기업에 소속된 노무자가 사후에 군속 명부에 기록되는 경우가 적지 않았다. 그리고 점차 전황이 급박해짐에 따라 「해군징용공원 규칙」, 「육군군속선원취급요령」 등과 같이 현지 지휘관의 판단으로 일반 피징용자의 신분을 군속으로 전환하는 방식도 있다. 조선에서 남양군도로 징용된 노무자와 사이판 등 현지에서 징발된 노무자의 경우, 현지 사령관의 지시와 명령에 따라 군대의 노무자로 동원 또는 편입되었는데 사망 후 군무원(군속) 명부에 등재되기도 하였다. 급박한 전세 속에서 일제와 기업, 군부 등이 노무자를 마구 동원함으로써 군무원(군속)과 노무자의 구분은 명확하지 않았으며, 사후 관리가 혼란했다고 할 수 있다.

「국가총동원법」 공포 직후 대표적인 조선인 군무원(군속)의 동원 사례는 선원이라 할 수 있다. 1939년 이래 일제는 조선인 선원 등에 대한 통제를 위해 「선원직업능력신고령(船員職業能力申告令)」(칙령 제23호)을 위시하여 사용 통제와 급여 등에 관한 시행령, 시행규칙 등을 공포하였다. 그리고 마침내 일제는 1940년 10월 「선원징용령」(칙령 제687호)을 통해 민간 선박과 선원을 징용하여 총동원 업무에 사용하도록 명령하였다. 이때의 선원은 '피징용자'의 신분이었고, 체신대신(遞信大臣)의 명령으로 징용과 해제를 수시로 반복하였다. 그러나 전세가 기울고 수송 선박과 선원 인력이 고갈되자 일본 육군성은 1943년 7월 「육군군속선원신분취급요령」(육군 密 제2234호)을 통해 기존의 징용선박 외에 사단장 등의 '지시'로 민간 선박에게 총동원 업무를 강제하고, 해당 선박의 선장과 선원을 아예 '군속선원(軍屬船員)'으로 지명하여 동원할 수 있도록 하였다.

일제는 총동원체제의 협력을 독려하기 위해 전사한 조선인 선장과 선원들을 영웅으로 치

10 「해군공원의 징용방법에 관한 건」(忠南秘 제1호, 1942년 1월 5일). 이 문건은 조선총독부 내무부 사회과가 편철한 복명서철(1942년), 문서번호 88-12, 관리번호 CJA0016572에 포함되어 있다.

켜세우며 대대적으로 선전하였다.[11]

육군의 대표적인 군요원 사례는 포로감시원이다. 1942년 5월 일제는 남방(동남아시아·남태평양) 지역 점령을 통해 발생한 26만여 명에 달하는 연합군 포로를 감시하기 위해 조선인을 대상으로 포로감시원(군속)을 모집하였다. 일제는 '근무기간 2년, 월 급여 50원'이라는 '좋은 조건'을 내세워 조선의 청장년을 현혹하였다. 이에 적지 않은 조선인 청장년이 응모하였고, 시험과 전형을 통해 최종적으로 3,200여 명이 선발되었다. 이들은 1942년 6월 부산 서면 임시군속교육대에 입소하여 두 달 동안 혹독한 군사훈련을 받은 후 1942년 8월 19일 남방으로 출발하였다.

이들은 인도네시아 자바, 태국, 버마의 포로수용소에서 연합군 포로를 감시하는 업무를 맡았는데, 일본군의 강압과 지시에 따라 연합군 포로를 제일선에서 감시하고 학대하는 역할을 수행하였다. 포로에게 온정적인 태도를 보일 경우 일본군 상관에게 학대와 폭행을 당했기 때문에 이들은 마지못해 연합군 포로를 학대할 수밖에 없었다.

일본 패전 후 조선인 포로감시원은 연합군 포로들에 의해 전범으로 지목되어 전범재판소에서 BC급 전범으로 기소되었으며, 129명이 실형을 언도받았다. 이 가운데 14명은 사형을 당하였다. 형기를 마치고 일본에 정착한 이들 포로감시원들은 일본 정부에 소송을 제기했지만 패소하였고, 일본 정부는 아무런 조치나 보상도 하지 않았다. 연합군 포로를 구금하고 학대하고 강제노역을 하도록 지시한 모든 책임은 일본제국과 일본군에 있지만 정작 이들은 교묘하게 법망을 빠져 나가거나 책임을 면제받은 반면, 기망과 허위 모집에 의해 동원된 조선인 포로감시원들만 전범으로 내몰리고 실형과 사형이라는 가혹한 책임을 떠안은 셈이다.

1943년 조선에 주둔한 일본군(조선군)은 남방으로의 전출을 앞두고 조선인 군속을 모집하였다. 고원, 필생(筆生), 급사(給仕)의 세 종류인데, 가장 낮은 등급인 급사의 경우 소학교를 졸업한 16세 이상의 남자라면 지원이 가능했다.[12]

그 밖에 군대 내에서 막노동을 시키기 위해 조선인을 강제로 동원한 대표적인 사례는 '특설수상근무대(特設水上勤務隊)'를 들 수 있다. 1944년 여름 무렵 전세가 기울어진 일제는 본토

---

11 〈승목(勝目) 군속의 유골이 도착〉, 《朝鮮新聞》, 1939.4.3; 〈반도 출신 군속 합동 해군장의(海軍葬儀) 호국의 영웅은 영면(永眠)〉, 《每日新報》, 1945.4.10.

12 〈남방(南方)에 갈 군속들 조선군(朝鮮軍)에서 모집한다〉, 《每日新報》, 1943.3.10.

결전에 대비하여 오키나와 방어전선 구축을 위해 경북 지역에서 약 3천 명의 조선인 청장년을 강제로 차출하여 특설수상근무대로 편성하였는데, 이들의 신분은 군부(軍夫), 즉 군대에 소속된 잡부였다. 이들은 모두 오키나와 제도의 각 부대에 소속되어 막사와 진지, 참호, 포대의 설치, 잠수정 등의 은닉호(隱匿壕)를 구축하고 군수품의 하역 작업 등에 집중 투입되었는데, 기아와 질병에 의한 사망, 격렬했던 오키나와 전투에서의 공습과 포탄, 총격전에 의한 사망, 일본군의 학대와 학살, 자폭 강요 등으로 매우 많은 사상자가 발생했다.[13]

육군이 동원한 조선인 군무원(군속)의 규모를 파악할 수 있는 자료는 거의 없지만 해군보다 많았다는 점은 의심의 여지가 없다. 현재 군무원(군속)의 인원을 파악할 수 있는 자료는 해군이 작성한 「구일본해군 조선인 군속 관련 자료」[14]가 유일하다. 이 자료에 따르면, 해군에 동원된 조선인 군무원(군속)은 약 7만 8천 명이며, 조선을 비롯하여 일본과 중국 그리고 태평양 지역의 도서와 동남아 일대의 해군 산하 설영대(設營隊)와 시설부(施設部), 공창(工廠), 연료창(燃料廠) 등에 배속되었다. 설영대와 시설부의 작업은 주로 참호와 방공호, 땅굴 등의 군사시설을 구축하고 군수화물의 선적과 하역이었으며, 공창과 연료창에서는 군수물자의 제조와 수송 등을 담당하였다.[15] 심재욱 박사의 연구에 따르면, 해군의 조선인 군속 7만 8천 명 가운데 사망자는 1만 3천여 명(16.14%)에 이른다.[16]

이하에 번역, 수록한 주요 법령과 각의결정 등의 목록은 다음 표와 같다.

---

13 오일환, 2021, 『죽어서도 쉬이 못 오는 귀향-일제 강제동원 피해자의 귀환과 미귀환 문제』 일제침탈사 바로알기 9, 동북아역사재단.

14 「舊日本海軍朝鮮人軍屬關聯資料」, 2009년. 이 자료는 2009년 국무총리 산하 일제강점하강제동원피해진상규명위원회가 일본정부로부터 입수한 자료이다. 이 밖에 해군 관련 자료는 1990년대 초 일본정부로부터 입수한 다수의 문서철 중에 포함된 「구해군군속신상조사표(舊海軍軍屬身上調査表)」가 있다. 이 자료들에 관한 개요와 분석은 심재욱 박사의 연구를 참조할 것.

15 이상 허광무 · 오일환 · 이상의 · 정혜경 · 조건, 2015, 『일제 강제동원 Q&A① 강제동원&평화총서-감感 · 동動5』, 도서출판선인 참조.

16 심재욱, 2015, 「태평양전쟁기 일본 화물선 침몰과 조선인 구해군 군속의 사망피해」, 『한국민족운동사연구』 제85집.

번호	법령 및 각의결정 등의 명칭	형태	제정·공포·결정일	쪽수
1	병역법	법률	1927.4.1.	42
2	육군특별지원병령	칙령	1938.2.23.	56
3	조선총독부육군병지원자훈련소관제	칙령	1938.3.29.	59
4	육군특별지원병령시행규칙	육군성령	1938.3.30.	61
5	청년훈련소규정 중 개정	조선총독부령	1938.3.31.	66
6	조선총독부육군병지원자훈련소규정	조선총독부령	1938.4.2.	72
7	조선총독부육군병지원자훈련소생도채용규칙	조선총독부령	1938.4.2.	76
8	조선총독부육군병지원자훈련소생도채용수속	조선총독부훈령	1938.4.2.	79
9	육군특별지원병령에 따른 병역 약부호 기입에 관한 건	조선총독부령	1938.8.17.	83
10	상이군인대장규칙	조선총독부령	1938.9.30.	85
11	선원직업능력신고령	칙령	1939.1.28.	89
12	조선선원직업능력신고령시행규칙	조선총독부령	1939.3.2.	93
13	병역법 중 개정	법률	1939.3.9.	96
14	국민징용령에 따른 육군 징용자 급여에 관한 건	육군성령	1939.7.14.	100
15	육군지원병령	칙령	1940.4.23.	104
16	국민징용령에 따른 해군 징용자 급여에 관한 건	해군성령	1940.6.14.	109
17	선원징용령	칙령	1940.10.21.	112
18	선원급여통제령시행규칙	조선총독부령	1940.11.5.	118
19	선원사용등통제령	칙령	1940.11.8.	122
20	선원사용등통제령시행규칙	조선총독부령	1940.11.25.	126
21	해군징용공원규칙	해군성 達	1940.11.19.	129
22	조선선원징용여비규칙	조선총독부령	1941.4.8.	132
23	재학징집연기기간의 임시특례	육군성령	1941.10.16.	136
24	재학징집연기기간의 단축에 관한 건	육군성·문부성령	1941.10.16.	138
25	재학징집연기기간의 연장에 관한 건	육군성령	1941.10.16.	141
26	1941년임시징병검사규칙	육군성령	1941.10.16.	144

27	국가총동원법 제4조에 근거한 육군 징용자 급여에 관한 건	육군성령	1941.12.29.	149
28	1942년임시징병검사규칙	육군성령	1942.1.15.	153
29	1942년의 징모사무 특례에 관한 건	육군성령	1942.1.15.	158
30	선원징용령 개정	칙령	1942.3.24.	161
31	조선에 징병제 시행준비의 건	각의결정	1942.5.9.	163
32	조선청년특별연성령	제령	1942.10.1.	165
33	조선청년특별연성령시행규칙	조선총독부령	1942.10.26.	168
34	선원징용부조규칙	조선총독부령	1942.10.2.	175
35	병역법 중 개정	법률	1943.3.1.	180
36	병역법시행령 중 개정	칙령	1943.3.29.	183
37	육군군속선원신분취급요령	육군 밀(密)	1943.7.2.	187
38	해군특별지원병령	칙령	1943.7.28.	190
39	조선총독부해군지원자훈련소관제	칙령	1943.7.27.	195
40	조선총독부해군지원자훈련소규정	조선총독부령	1943.8.1.	197
41	조선총독부해군지원자훈련소훈련생채용규칙	칙령	1943.8.1.	201
42	해군특별지원병령시행규칙	해군성령	1943.7.28.	204
43	재학징집연기임시특례	칙령	1943.10.1.	209
44	1943년임시징병검사규칙	육군성령	1943.10.2.	211
45	육군특별지원병임시채용규칙	육군성령	1943.10.20.	214
46	병역법 중 개정	법률	1943.10.30.	217
47	긴급선원동원강화요강	각의결정	1944.3.10.	220
48	육군징용규칙	육군 달(達)	1944.3.23.	224
49	조선총독부군무예비훈련소관제	칙령	1944.4.21.	229
50	조선총독부군무예비훈련소규정	조선총독부령	1944.4.22.	232
51	조선선원령전시특례	제령	1944.6.17.	235
52	병역법 제69조의 호적에 병역 약부호 기입의 건	조선총독부령	1944.12.1.	237
53	1945년도 징병신체검사규칙	육군성령	1944.12.4.	239

54	육군 군인, 군속의 임시신고에 관한 건	육군성령	1944.12.15.	243
55	선원동원령	칙령	1945.1.19.	245
56	선원동원령에 의한 육해군 군속에 대한 선원으로서의 징용에 관한 건	육군 밀(密)	1945.2.9.	259
57	선원동원령시행규칙	조선총독부령	1945.2.10.	262
58	병역법 중 개정	법률	1945.2.10.	271
59	응징선원급여규칙	조선총독부령	1945.3.13.	274
60	육군징용규칙	육군 달(達)	1945.4.	282
61	육군징용공원규칙	육군 달(達)	1945.	286
62	의용병역법	법률	1945.6.23.	289

〈오일환〉

자료 1

병역법	
구분	법률 제47호
법령명/건명	병역법 兵役法
제정·개정·결정·폐지 연월일	공포 1927년 4월 1일 시행 1927년 12월 1일 병역법폐지등에 관한 건(1945년 칙령 제634호, 포츠담명령)에 따라 1945.11.17. 폐지
구성	본문 78개 조항, 부칙
선행 규범·법령	징병령(1873.1.10. 시행) 징병령(1889.1.22. 법률 제1호)
원문 일부	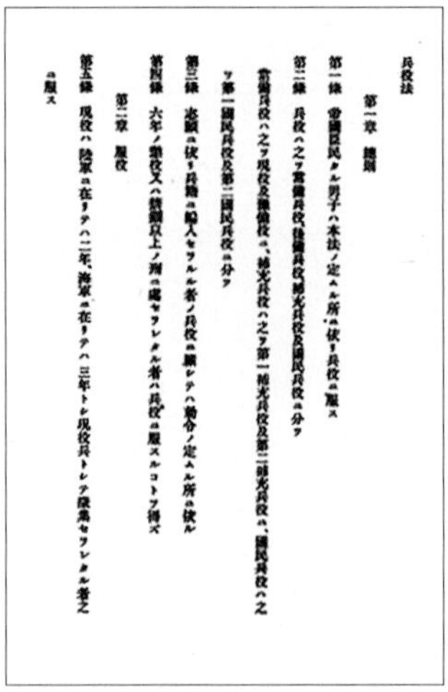 兵役法 第一章 總則 第一條 帝國臣民タル男子ハ本法ノ定ムル所ニ依リ兵役ニ服ス 第二條 兵役ハ之ヲ常備兵役、後備兵役、補充兵役及國民兵役ニ分ツ 常備兵役ハ之ヲ現役及豫備役ニ、補充兵役ハ之ヲ第一補充兵役及第二補充兵役ニ、國民兵役ハ之ヲ第一國民兵役及第二國民兵役ニ分ツ 第三條 本法ニ依リ兵籍ニ編入セラルル者ノ兵役ニ關シテハ勅令ノ定ムル所ニ依ル 第四條 六年ノ懲役又ハ禁錮以上ノ刑ニ處セラレタル者ハ兵役ニ服スルコトヲ得ズ 第二章 服役 第五條 現役ハ陸軍ニ在リテハ二年、海軍ニ在リテハ三年トシ現役兵トシテ徵集セラレタル者之ニ服ス 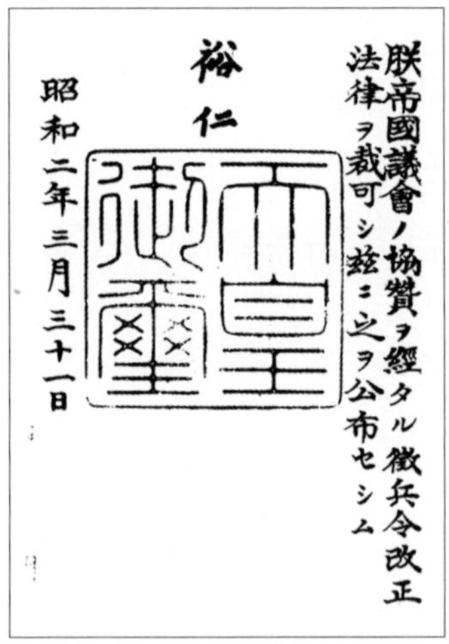 朕帝國議會ノ協贊ヲ經タル徵兵令改正法律ヲ裁可シ玆ニ之ヲ公布セシム 裕仁 天皇御璽 昭和二年三月三十一日
주요 내용 및 특징	○ 징병령을 「병역법」으로 전부 개정함. ○ 일본제국 남자의 병역 의무를 규정한 법률 ○ 일본제국신민의 병역 종류와 징병연령, 복무기간, 징집, 신체검사, 소집 등을 포괄하고 상세하게 집대성한 법률. ○ 병역의 종류는 상비역, 후비병역, 보충병역, 국민병역으로 나눔.
법령 적용 범위	일본제국 전역
관련 법령 통합·폐지 사항	
유사·파생 법령	

법률 제47호

1927년 3월 31일[17]

병역법

제1장 총칙

제1조 제국신민인 남자는 본 법률이 정하는 바에 따라 병역에 복무한다.

제2조 병역은 상비병역(常備兵役), 후비병역(後備兵役), 보충병역(補充兵役) 그리고 국민병역(國民兵役)으로 나눈다.

상비병역은 이를 현역(現役)과 예비역(豫備役)으로, 보충병역은 이를 제1보충병역과 제2보충병역으로, 국민병역은 이를 제1국민병역과 제2국민병역으로 나눈다.

제3조 지원(志願)에 따라 병적에 편입된 자의 병역에 관해서는 칙령으로 정한 바에 따른다.

제4조 6년의 징역(懲役) 또는 금고(禁錮) 이상의 형에 처해진 자는 병역에 복무할 수 없다.

제2장 복역

제5조 현역은 육군에서는 2년, 해군에서는 3년으로 하고, 현역병으로 징집된 자가 복무한다.

현역병은 현역 중 영내에서 복무한다.

제6조 예비역은 육군에서는 5년 4개월, 해군에서는 4년으로 하고, 현역을 마친 자가 예비역에 복무한다.

제7조 후비병역은 육군에서는 10년, 해군에서는 5년으로 하고, 상비병역을 마친 자가 후비병역에 복무한다.

제8조 제1보충병역은 육군에서는 12년 4개월, 해군에서는 1년으로 하고 현역에 적합한 자

---

17 「병역법」의 원문에 기재된 재가일을 기준으로 한다. 통상 일본의 천황이 법령 등의 원문에 어새를 날인하여 재가한 후 다음 날 또는 며칠 후 관보에 게재하여 공포한다. 이하 번역문의 경우 원문에 기재된 재가일을 기준으로 한다.

로서 그해의 소요 현역병 인원을 초과하는 자 중에서 필요한 인원이 제1보충병역에 복무한다.

제2보충병역은 12년 4개월로 하고 현역에 적합한 자 가운데 현역 또는 제1보충병역으로 징집되지 않은 자와 해군 제1보충병역을 마친 자가 복무한다. 다만 해군 제1보충병역을 마친 자는 11년 4개월로 한다.

제9조 제1국민병역은 후비병역을 마친 자와 군대에서 교육을 받은 보충병으로서 보충병역을 마친 자가 제1국민병역에 복무한다.

제2국민병역은 호적법의 적용을 받는 자로서 상비병역, 후비병역, 보충병역과 제1국민병역에 있지 않은 연령 17세에서 40세까지의 자가 제2국민병역에 복무한다.

제10조 연령 25세까지 사범학교를 졸업한 자(소학교 교직원이 될 자격을 상실한 자를 제외)의 현역은 제5조의 규정에 구애됨이 없이 5개월로 한다. 다만 사범학교의 교련을 수료하지 않은 자는 7개월로 한다.

전항(前項)의 규정에 따라 현역으로 복무하는 자는 현역 중에서 이를 단기현역병이라고 칭한다.

단기현역병이 현역을 마칠 때는 곧바로 제1국민병역에 복무한다.

제11조 현역병으로서 청년훈련소의 훈련 또는 이와 동등하거나 이상이라고 인정하는 훈련을 수료한 자의 입영 기간은 6개월 이내로 단축할 수 있다.

전항에서 규정하는 인정과 입영 기간 단축에 관한 사항은 칙령으로 정한다.

제12조 현역병으로서 전항의 규정을 적용받지 않는 자의 입영 기간은 군사상 저해되지 않는 한 칙령이 정하는 바에 따라 60일 이내로 단축할 수 있다.

제13조 현역병으로서 1년 6개월 이내의 교육을 수료할 수 있는 병종에 속하는 자의 입영 기간은 위 2개조의 규정에 구애됨이 없이 칙령이 정하는 바에 따라 이를 단축할 수 있다.

제14조 현역병으로서 입영 중 다음 각호의 하나에 해당하는 자의 입영 기간은 이를 단축할 수 있다.

1. 품행이 방정하고 학술근무 성적이 우수한 자

2. 정원에 대하여 초과되는 자

第15조 위 4개조의 규정을 단기현역병에게는 적용하지 않는다.

第16조 第11조부터 第14조의 규정에 따라 입영 기간을 단축할 경우에는 현역 기간 내에서 미(未)입영 기간 또는 휴가 기간을 둔다.

第17조 현역 또는 보충병역은 현역병 또는 보충병으로서 징집된 해의 12월 1일부터 기산한다.

단기현역병인 현역은 입영한 달의 1일부터 이를 기산한다.

전시 또는 사변, 기타 필요한 경우에는 위 2개항에서 규정한 기산일을 변경할 수 있다.

第18조 第5조부터 第8조, 第9조 第1항과 第10조에서 규정한 복무는 그 기간에 구애됨이 없이 연령 40세에 한정한다.

第19조 다음 각호의 하나에 해당할 때는 복무 기간을 연장할 수 있다.

1. 전시 또는 사변 시
2. 출정 준비나 수비 또는 경비를 위해 필요한 때
3. 항해 중이거나 외국에서 근무 중일 때
4. 중요한 연습 또는 특별히 열병식을 거행할 때
5. 천재지변과 기타 불가피한 사고로 인해 어쩔 수 없을 때

전항의 규정에 따라 연장할 때는 다음에 복무할 병역의 기간에 이를 통산한다.

第20조 입영 중 본인에게 의지할 수밖에 없는 가족(호주를 포함하여 본인과 세대를 함께하는 자로 한정한다)이 생활을 해나갈 수 없게 되었을 때는 현역을 면제한다. 다만 고의로 그 사고를 일으켰을 때는 이에 제한을 받지 않는다.

第21조 현역병, 예비병, 후비병 또는 보충병으로서 질병과 기타 신체 또는 정신의 이상으로 인해 해당 병역에 복무하기 어려운 자 또는 현역병으로서 전항의 규정에 따라 현역을 면제받은 자는 다른 병역으로 전환시킨다. 다만 질병과 기타 신체 또는 정신 이상으로 인하여 병역이 곤란한 자에 대해서는 병역을 면제한다.

전항의 규정에 따라 병역을 전환하는 자가 복무해야 할 병역과 복무 기간의 계산에 관해서는 칙령으로 정한다.

第22조 현역병으로 입영 전 또는 입영 후 6년 미만의 징역 또는 금고의 형에 처해진 자의

입영 중 형의 집행을 받는 일수(日數)와 입영 중 도망한 자의 도망 중 일수는 현역 기간에 산입하지 않는다.

제3장 징집

제23조 호적법의 적용을 받는 자로서 전년도 12월 1일부터 그해 11월 30일까지 기간에 연령 20세에 달하는 자는 본 법률 중 별도로 규정한 경우를 제외하고 징병검사를 받을 필요가 있다.

전항에서 규정한 연령은 징병연령이라 칭한다.

제24조 호주는 그 가족 중 매년 12월 1일부터 31일까지 기간에 연령 20세가 되는 자가 있을 때는 이듬해 1월 중에, 1월 1일부터 11월 30일까지 기간에 연령 20세가 되는 자가 있을 때는 그해의 1월 중에 본적지 시정촌(市町村)의 장(長)에게 신고를 해야 하며 호주가 연령 20세가 될 때도 마찬가지이다. 다만 명령으로 정한 자에 대해서는 여기에 제한을 받지 않는다.

제25조 병원(兵員)을 징집하기 위해 징병구(徵兵區)를 설치한다.

징병구는 이를 징모구(徵募區)로 나눈다.

징병구의 종류와 구역 그리고 징모구의 구역에 관해서는 칙령이 정하는 바에 따른다.

제26조 현역병과 제1보충병의 인원수는 징병구에서 분담하고, 이를 다시 징모구에 분담시킨다.

전항에서 규정한 분담은 징병구 또는 징모구에 본적을 둔 징병검사를 받아야 할 자의 예상 인원수를 기준으로 하여 이를 실시한다.

제27조 전조(前條)의 규정에 따라 분담한 인원수는 해당 징모구에 본적을 둔 자 중에서 징집한다.

제28조 징병구 또는 징모구에 분담한 인원수를 해당 징병구 또는 징모구에서 충당하기 어려울 때는 부족 인원수를 다른 징병구 또는 징모구에 분담하여 징집할 수 있다.

제29조 징병검사는 징병검사를 받을 자의 본적 소재지 징모구에서 이를 실시한다. 다만 신체검사에 한하여 본적 소재지의 징모구 외에서 이를 실시할 수 있다.

제30조 징병검사를 받을 자가 징병검사를 받아야 할 해에 이를 받지 않았을 때는 다음 해에 징병검사를 실시한다.

제31조 신체검사를 받는 자로서 현역병 또는 제1보충병으로 징집된 자가 다른 징모구로 전속(轉屬)하더라도 전속 이전의 징모구에 분담된 인원으로서 징집한다.

제32조 신체검사를 받은 자는 다음과 같이 구분한다.

1. 현역에 적합한 자
2. 국민병역에 적합하지만 현역에 적합하지 않은 자
3. 병역에 적합하지 않은 자
4. 병역의 적합과 부적합을 판단하기 어려운 자

전항에서 규정한 구분의 표준은 칙령이 정하는 바에 따른다.

제33조 현역에 적합한 자는 칙령이 정하는 바에 따라 체격등위(體格等位)의 우열에 따라 각 징모구의 분담 인원수에 맞추어 현역병, 제1보충병역의 순서로 징집한다. 이 경우에 체격등위가 동일한 자는 본 법률 중 별단(別段)의 규정에 있는 것을 제외하고, 각 병종마다 추첨의 법에 따라 징집순위를 정한다.

전항의 규정에 따라 징집할 자가 속한 병종은 각 징모구의 분담 인원수에 맞추어 그 신체와 재능, 예능 및 직업에 따라 이를 정한다.

현역에 적합한 자로서 현역병 또는 제1보충병에 징집되지 않은 자는 이를 제2보충병으로 징집한다.

현역병으로서 징집해야 할 자로서 그가 속한 병종이 정한 자는 본인의 의사에 따라 제1항이 규정하는 추첨을 하지 않고 현역병으로 징집할 수 있다.

제34조 국민병역에 적합하지만 현역에 적합하지 않은 자는 징집하지 않는다.

제35조 병역에 적합하지 않은 자는 병역을 면제한다.

제36조 병역의 적부를 판정하기 어려운 자에 대해서는 징집을 연기하고, 이후 적부를 결정할 수 있을 때까지 매년 징병검사를 실시한다.

제37조 징병검사를 받을 자가 칙령이 정하는 바에 따라 병역에 적합하지 않다고 인정되는 질병에 걸렸거나 신체 또는 정신이 이상한 자인 때는 그 사실을 증명할 수 있는 서류에 근거하여 신체검사를 하지 않고 병역을 면제할 수 있다.

제38조 단기현역병의 자격을 가진 자로서 현역에 적합한 자는 제33조의 규정에 구애됨에 없이 단기현역병으로 징집한다.

단기현역병 징집에 관해서는 제26조에서 제28조까지의 규정을 적용하지 않는다.

제39조 징병검사를 받을 자가 다음 각호의 하나에 해당할 때는 징집을 연기할 수 있다.

1. 금고 이상의 형에 해당하는 범죄 때문에 예심 또는 공판 중일 때
2. 범죄 때문에 구금 중일 때
3. 형의 집행정지 중일 때
4. 가(假)출옥 중일 때
5. 소년법(少年法)이 정하는 바에 따라 감화원(感化院), 교정원(矯正院) 또는 병원에 수감 중일 때
6. 교정원법(矯正院法)이 정하는 바에 따라 가퇴원 중일 때

전항의 규정은 현역에 적합한 자로서 아직 징집순위가 정해지지 않은 자에게 준용한다.

위의 2개항의 규정에 따라 징집이 연기된 자는 그 사유가 정지된 해 또는 그 다음해에 징병검사를 실시한다.

제40조 징병검사를 받은 자가 현역병으로 징집됨으로써 가족(호주를 포함하여 본인과 세대를 함께하는 자에 한한다)이 생계를 유지할 수 없다는 것이 확실한 경우에는 2년간 징집을 연기한다. 다만 고의로 사고를 조작한 때는 여기에 제한을 받지 않는다.

전항의 규정에 따라 징집을 연기 받은 자로서 연기기간 내에 그 사유가 정지된 때는 사유가 정지된 해 또는 그 다음해에 징병검사를 실시한다.

제1항의 규정에 따라 징집을 연기 받은 자는 연기기간이 지났으나 그 사유가 정지되지 않은 때는 연기기간이 지난해의 다음해에 징병검사를 실시한다. 다만 현역병 또는 제1보충병으로 징집하지 않는다.

제1항의 연기기간은 징병검사를 받은 해의 12월 1일부터 기산한다.

제41조 중학교 또는 중학교와 동등하거나 이상이라고 인정한 학교에 재학하는 자에 대해서는 본인의 의사에 따라 학교의 수업연한에 맞추어 연령 27세에 도달할 때까지 징집을 연기한다.

전항에서 규정한 인정과 연령의 구분에 관해서는 칙령이 정하는 바에 따른다.

제1항의 규정에 따라 징집이 연기된 자는 재학 사유가 정지된 해 또는 그 다음해에 징병검사를 실시한다. 다만 제1항의 학교를 졸업한 날로부터 6개월 이내에 다른 학교에 입학하게 된 자에 대해서는 징집연기의 사유가 계속되는 것으로 간주한다.

제2항의 연령 구분에 근거하여 최고연령에 도달하였으나 계속 재학 중인 사유가 있는 자는 최고연령에 도달한 해 또는 그 다음해에 징병검사를 실시한다.

第42조 징병적령과 그 이전부터 제국의 외지에 있는 자(칙령이 정한 자는 제외한다)에 대해서는 본인의 의사에 따라 징집을 연기한다.

전항의 규정에 따라 징집이 연기된 자는 그 사유가 정지된 해 또는 그 다음해에 징병검사를 실시한다.

第43조 전조 제1항의 규정에 따라 징집이 연기된 자로서 직계존속 또는 처자가 사망하거나 중태에 있는 자 또는 관청의 명령에 따라 일시 제국 내로 귀환한 자는 징집연기 사유가 계속되는 것으로 간주한다. 다만 귀환 후 체재기간이 90일을 초과한 때는 여기에 제한을 받지 않는다.

전항에서 규정한 경우를 제외하고, 전조 제1항의 규정에 따라 징집이 연기된 자로서 제국 내로 일시 귀환한 자는 칙령이 정하는 바에 따라 체류지의 원근(遠近)에 따라 1년간 1회 체제기간 90일을 초과하지 않는 한 징집연기 사유가 계속되는 것으로 간주한다.

위의 2개항의 규정에 해당하는 자로서 귀환 후 체재하는 동에 질병이나 기타 불가피한 사유가 발생하여 위의 2개항에서 규정한 기간 내에 출발하기 어려운 자가 있을 때는 체재기간을 연장할 수 있다. 이 경우에는 연장된 기간 중 징집연기의 사유가 계속되는 것으로 간주한다.

第44조 제국 밖 외지를 왕복하는 제국 선박의 선원에게는 위 2개조의 규정을 준용한다.

第45조 가족(호주를 포함하여 본인과 세대를 함께하는 자에 한한다) 중 2인 이상이 현역병으로서 동시에 입영하기 때문에 생계에 지장이 발생할 때는 1인이 입영하는 동안 다른 1인의 입영을 연기할 수 있다.

전항의 규정에 따라 입영이 연기된 자에게는 第17조 제3항의 규정을 준용한다.

제46조 현역병으로서 입영할 자가 질병에 걸렸거나 기타 불가피한 사고로 인하여 입영할 기일에 입영하기 어려운 때나 제39조 제1항 각호의 하나에 해당할 때는 31일 이내에 입영을 연기할 수 있다.

현역병으로서 입영할 자로서 전항에서 규정한 입영의 연기기간 동안에 입영하기 어려운 자에 대해서는 다시 징병검사를 실시한다. 다만 제13조에서 규정한 병종에 속하는 자의 경우에는 다시 징병검사를 실시하지 않고 다음에 입영할 기일에 입영하도록 할 수 있다.

제47조 현역병으로서 입영할 자가 입영할 때 실시하는 신체검사에서 질병에 걸렸거나 기타 신체 또는 정신의 이상으로 인해 31일 이내에 치료할 수 없다고 판단될 때, 그리고 근무할 수 없다고 인정된 자일 때는 귀향시키고 제21조 규정의 적용을 받는 자를 제외하고 나머지는 다시 징병검사를 실시한다.

전항의 규정에 따라 귀향한 자에게는 전조 제2항의 단서 규정을 준용한다.

제48조 현역병에 결원이 생긴 경우에는 복역 1차년인 제1보충병 중에서 징집순위에 따라 결원을 보충한다.

전항에서 규정하는 결원 보충은 제27조 및 제28조의 규정을 준용한다.

제49조 다음에 열거하는 자(제1호, 제2호, 제5호, 제6호의 자인 경우에는 징병적령을 넘긴 자에 한한다)가 징집된 경우에는 제33조 제1항에서 규정한 추첨으로 정하지 않기로 한다. 다만 2인 이상이 있을 때는 이 자들에 대해서만 추첨을 하여 징집순서를 정한다.

1. 제41조 제3항 또는 제4항의 규정에 해당하는 자
2. 제42조 제2항 또는 제44조의 규정에 해당하는 자
3. 제46조 제2항의 규정에 해당하는 자
4. 제47조의 규정에 해당하는 자
5. 제66조 제1항의 규정에 해당하는 자
6. 제67조의 규정에 해당하는 자
7. 제74조에서 규정한 범죄를 범하여 형벌에 처해진 자
8. 제76조에서 규정한 범죄를 범하여 형벌에 처해진 자

전항에서 열거한 자의 징집순서는 제33조 제1항의 규정에 따라 추첨을 한 자의 순

번으로 하고, 동조 제4항의 규정에 따라 징집할 자의 징집순서는 전항에 열거한 자의 순번으로 한다.

제50조 제74조 또는 제76조에서 규정한 범죄를 범하여 형벌에 처해진 자에 대해서는 제40조부터 제42조, 제44조 및 제45조의 규정에 따른 연기를 할 수 없다.

제51조 호적 기재의 말소 또는 누락, 기타 사유로 인해 호적에 기재되지 않아서 본적이 없는 자로서 징병검사를 받을 자를 발견한 때는 발견한 해 또는 그 다음해에 징병검사를 실시한다.

징병검사를 받은 자가 호적에 기재되어 있는 출생 연월일의 정정(訂正)에 따라 징병적령 또는 징병적령 미만이 된 때는 다음 각호의 하나에 해당하는 자를 제외하고 다시 징병검사를 실시한다.

1. 현역 중인 자 또는 현역을 마친 자

2. 보충병으로서 교육 때문에 소집 중인 자 또는 소집을 종료한 자

3. 제37조의 규정에 따라 병역을 면제받은 자

제52조 호적법의 적용을 받지 않는 자로서 징병적령을 넘기고 호적법의 적용을 받는 자의 집에 입적한 자에 대해서는 징집을 면제한다.

징병적령을 넘기고 제국의 국적을 취득하거나 회복한 자에게는 전항의 규정을 준용한다.

제53조 제30조, 제36조, 제37조 제3항, 제40조 제2항 또는 제3항, 제41조 제3항 또는 제4항, 제42조 제2항, 제44조, 제46조 제2항, 제47조, 제51조 제1항, 제66조 제1항 또는 제67조의 규정에 따라 징병검사를 받을 자가 연령 37세를 넘겼을 때는 징집을 면제한다.

전항의 연령은 제17조 제1항 또는 제2항에서 규정한 현역 또는 보충역의 기산일로부터의 연령으로 한다.

제4장 소집

제54조 귀휴병, 예비병, 후비병, 보충병 또는 국민병은 사변이 있을 때에 필요에 따라 소집한다.

제55조 귀휴병은 입영병의 보궐, 기타 필요가 있을 경우에 소집할 수 있다.

경비와 기타 필요에 의해 귀휴병을 소집하여도 여전히 병력이 필요할 경우에는 복무 1년차인 예비병을 소집할 수 있다.

제56조 예비병과 후비병은 근무연습을 위해 예비역과 후비병역 동안 5회 이내로 소집할 수 있다.

전항에서 규정한 소집은 1년에 1회로 하고 1회의 일수는 육군의 경우에 35일 이내, 해군의 경우에 70일 이내로 한다.

제57조 제1보충병은 교육을 위해 120일 이내로 소집할 수 있다.

제58조 보충병으로서 군대에서 교육을 받은 자는 근무연습을 위해 소집할 수 있다.

전항에서 규정한 소집에는 제56조의 규정을 준용한다.

제59조 근무연습으로 소집된 자가 소집 중 범죄 또는 정당한 사유 없이 근무연습에 결근한 때는 결근한 일수 또는 회수를 근무연습 일수 또는 회수에 산입하지 않으며 정당한 사유 없이 소집 기일에 늦은 때도 마찬가지이다.

교육 때문에 소집된 자에게는 전항의 규정을 준용한다.

제60조 귀휴병, 예비병, 후비병, 보충병에 대해서는 매년 1회 전수(全數) 점호를 실시할 수 있다.

제61조 귀휴병, 예비병, 후비병, 보충병으로서 다음 각호의 하나에 해당하는 자에 대해서는 근무연습 소집 또는 전수 점호를 면제할 수 있다.

1. 대체할 인력이 없는 자리에 재직 중인 관리 또는 관리대우자
2. 시정촌장, 조역(助役), 수입역(收入役), 기타 이에 준하는 자리에 재직 중인 자
3. 제국의회, 부현회(府縣會), 시정촌회, 기타 이에 준하는 회의 의원, 단 회기에 한한다.
4. 제국 밖으로 여행 또는 체류 중인 자
5. 제국 밖으로 왕복하는 제국 선박의 선원

제62조 소집된 자가 질병이나 기타 불가피한 사고로 인하여 소집에 응하기 어려운 때는 10일 이내로 소집을 연기할 수 있다.

소집된 자가 제39조 제1항 각호의 하나에 해당하고 소집기일에 소집에 응하기 어려운 때 또는 전항의 규정에 따라 소집이 연기된 자, 기타 연기기간 중 소집에 응하

기 어려운 때는 소집기일 또는 소집연차를 변경한다.

전수 점호에 참여를 명받은 자에게는 위 2개항의 규정을 준용한다.

소집된 자가 입영할 때 실시하는 신체검사에서 질병에 걸렸거나 신체 또는 정신의 이상에 의해 근무할 수 없다고 인정된 자일 때는 소집을 면제한다.

第63조 소집된 자가 소집에 의해 가족(호주를 포함하여 본인과 세대를 함께하는 자에 한한다)이 생계를 유지할 수 없다는 것이 확실한 경우에는 소집을 면제한다. 다만 고의로 사고를 조작한 때는 여기에 제한을 받지 않는다.

제5장 잡칙

第64조 제1보충병으로서 제48조의 규정에 따른 현역병의 보궐에 충당되어 현역으로 복무하게 된 자가 이미 복무한 제1보충병역의 기간은 현역 기간에 통산한다.

第65조 제46조의 규정에 의해 늦게 입영한 자 또는 제48조 제1항의 규정에 따라 보궐로서 늦게 입영한 자일지라도 입영 기간의 계산에 관해서는 늦게 입영하지 않은 것으로 간주한다. 다만 범죄나 정당한 사유 없이 늦게 입영한 자는 여기에 제한을 받지 않는다.

제62조 제1항의 규정에 의해 소집이 연기된 자로서 연기기간 내에 소집에 응한 자에게는 전항의 규정을 준용한다.

第66조 지원에 의해 병적에 편입된 자로서 병적에서 제외된 자는 칙령이 정하는 복역 기간을 하지 않은 자일 때는 다시 징병검사를 실시한다.

전항의 규정에 따라 징병검사를 받은 자가 현역병으로서 징집된 경우에 현역 기간의 계산은 칙령이 정하는 바에 따른다.

第67조 단기현역병으로서 현역을 마친 자가 연령 28세가 될 때까지 다음 각호의 하나에 해당할 때는 다시 징병검사를 실시한다. 이 경우에 현역병으로 징집된 때는 이전의 현역 기간을 다음의 현역 기간에, 이전에 입영한 기간을 다음의 입영할 기간에 합산한다. 다만 제13조의 규정에 해당하는 현역병으로서 징집된 때는 이전에 입영한 기간을 다음에 입영할 기간에 합산하지 않는다.

1. 소학교 교직원이 될 자격을 상실한 때

2. 현역을 마친 날로부터 6개월을 경과한 날과 그 후에 소학교 교직원에 재직하지 않을 때

단기현역병으로서 현역 중 소학교의 교직원이 될 자격을 상실한 자에게는 전항의 규정을 준용한다.

제68조 본 법률에서 규정한 것 이외에 병역에 관해서 필요한 신고에 대해서는 명령이 정하는 바에 따라 하도록 할 수 있다.

제69조 시정촌장은 병역(제2국민병역 제외)에 있는 자에 대해 명령이 정한 바에 따라 그의 호적란 옆에 병역의 약부호(略符號)를 부기해야 한다.

전항에서 규정한 사무에는 호적법 제3조의 규정을 준용한다.

제70조 본 법률 중 본인이 신고를 해야 할 경우에 본인에게 사고가 있을 때는 호주가 이를 할 수 있다.

제71조 호주가 미성년자 또는 금치산자인 때는 호주의 법정대리인에게, 호주 또는 호주의 법정대리인이 아직 결정되지 않은 때나 불가피한 사고가 있을 때는 가족 중 생계를 책임지는 자에게는 본 법률 중 호주에 관한 규정을 준용한다.

제72조 구장(區長)이 호적에 관한 사무를 관장하는 시(市)의 경우에는 구장에게 본 법률 중 시장에 관한 규정(제61조의 규정 제외)을 적용한다.

제73조 본 법률에서 규정한 학교에는 제국 밖에 있는 제국신민을 위해 설치한 학교로서 칙령이 정한 바에 따라 지정한 것을 포함한다.

제6장 벌칙

제74조 병역을 면제받기 위해 도망하거나 잠복한 자 또는 신체를 훼손하거나 질병을 꾸며낸 자, 기타 허위 행위를 한 자는 3년 이하의 징역에 처한다.

제75조 현역병으로서 입영할 자가 정당한 사유 없이 입영 기일에 늦어서 10일을 넘긴 때는 6개월 이하의 금고에 처하고, 전시에는 5일을 넘긴 때는 1년 이하의 금고에 처한다.

지원하여 병적에 편입되어 복무한 자에게는 전항의 규정을 준용한다.

제76조 정당한 사유 없이 징병검사를 받지 않은 자는 100엔(圓) 이하의 벌금에 처한다.

제77조 제24조의 규정에 따른 신고를 하지 않은 자는 50엔의 벌금 또는 과태료에 처한다.

제78조 누구를 막론하고 제국 밖에서 그 범죄를 범한 자에게는 위의 4개조의 규정을 적용한다.

부칙

본 법률은 1927년(昭和2年) 12월 1일부터 이를 시행한다.

본 법률을 시행할 현재 예비역에 있는 자의 복역 기간은 종전의 규정에 따르고 이 경우에는 제55조 제2항의 규정을 적용하지 않는다.

본 법률을 시행할 현재 보충병역에 있는 자는 제1보충병역에 복무하는 것으로 한다.

본 법률을 시행할 현재 징병령 제23조의 규정에 따라 입영이 연기된 자에 대해서는 종전의 예에 따르고, 징집할 경우의 징집순서에 관해서는 제49조의 예에 따른다.

형법시행법 제26조 제2호를 다음과 같이 개정한다.

자료 2

육군특별지원병령	
구분	칙령 제95호
법령명/건명	육군특별지원병령 陸軍特別志願兵令
제정 · 개정 · 결정 · 폐지 연월일	공포 1938년 2월 23일 (조선총독부관보 제3332호, 1938.2.26.) 시행 1938년 4월 3일 개정 1941년 3월 31일(칙령 제327호) 개정 1942년 2월 28일(칙령 제107호) 개정 1943년 3월 30일(칙령 제239호) 개정 1943년 12월 22일(칙령 제937호) 개정 1944년 10월 16일(칙령 제594호) 폐지 1946년 6월 15일(법률 제323호) 소멸 1947년 5월 17일(정령 제52호)
구성	본문 5개 조항, 부칙
선행 규범 · 법령	국가총동원법 제4조 정부는 전시에 국가총동원에 필요한 경우에는 칙령이 정하는 바에 따라 제국신민(帝國臣民)을 징용하여 총동원 업무에 종사시킬 수 있다. 병역법(1927년 법률 제47호)
원문 일부	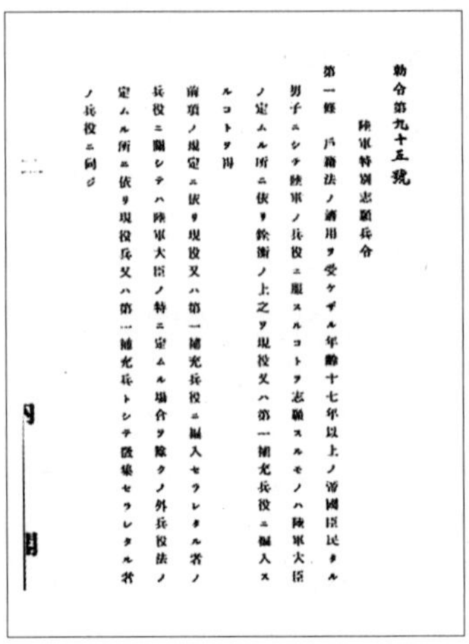 勅令第九十五號 陸軍特別志願兵令 第一條 戸籍法ノ適用ヲ受ケザル年齢十七年以上ノ帝國臣民タル男子ニシテ陸軍ノ兵役ニ服スルコトヲ志願スル者ハ陸軍大臣ノ定ムル所ニ依リ銓衡ノ上之ヲ現役又ハ第一補充兵役ニ編入スルコトヲ得 前項ノ規定ニ依リ現役又ハ第一補充兵役ニ編入セラレタル者ノ兵役ニ關シテハ陸軍大臣ノ特ニ定ムル場合ヲ除クノ外兵役法ノ定ムル所ニ依リ現役兵又ハ第一補充兵トシテ徴集セラレタル者ノ兵役ニ同ジ 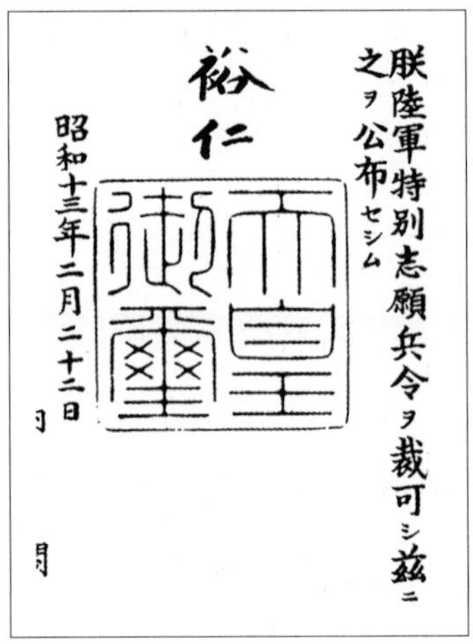 朕陸軍特別志願兵令ヲ裁可シ茲ニ之ヲ公布セシム 裕仁 昭和十三年二月二十二日
주요 내용 및 특징	○ 부족한 병력을 보충하기 위해 조선과 대만의 청년을 일본 육군에 입대시키기 위해 제정한 칙령 ○ 일제는 전면 징병제 도입에 앞서 보통학교 졸업자로서 17세 이상의 '지원자'에 한해 일정한 전형을 거쳐 입대 또는 편입시키는 특별지원병제를 도입함. ○ 조선에서 「육군특별지원병령」은 해군특별지원병, 학도지원병제도와 전면적 징병제 실시에 대비한 군병력 동원의 시범적 제도라고 할 수 있음.

법령 적용 범위	조선, 대만
관련 법령 통합·폐지 사항	
유사·파생 법령	육군특별지원병령시행규칙(1938년 육군성령 제11호) 해군특별지원병령(1943년 칙령 제608호)

칙령 제95호

1938년 2월 22일[18]

육군특별지원병령

제1조 호적법의 적용을 받지 않는 연령 17세 이상의 제국신민 남자로서 육군의 병역에 복무할 것을 지원하는 자는 육군대신이 정하는 바에 따라 전형(銓衡)을 거쳐 현역 또는 제1보충병역에 편입할 수 있다.

전항의 규정에 따라 현역 또는 제1보충병역에 편입된 자의 병역에 관해서는 육군대신이 특별히 정하는 경우를 제외하고 병역법이 정하는 바에 따라 현역 또는 제1보충병역으로서 징집된 자의 병역과 마찬가지이다.

제1항에 규정한 연령은 지원하는 해의 12월 1일의 연령으로 한다.

제2조 전조의 규정에 따라 현역 또는 제1보충병역에 편입할 인원수는 매년 육군대신의 재가를 거쳐 정한다.

전조의 규정에 따라 현역 또는 제1보충병역에 편입하는 수속을 마친 때는 육군대신이 이 상황을 상주(上奏)[19]해야 한다.

제3조 보충병역 또는 국민병역에 있는 자 또는 병역을 끝낸 자로서 전시 또는 사변 시 육

18 이는 천황이 재가한 날짜이다. 공포일은 앞쪽의 표를 참조 바람.

19 천황에게 보고하는 것을 가리킨다.

군부대 편입을 지원하는 자는 육군대신이 정한 바에 따라 전형을 거쳐 적당한 부대로 편입할 수 있다.

제4조 전조의 규정에 따라 육군부대에 편입된 자는 제1국민병역에 있는 자 또는 병역을 마친 때에 예비병으로, 후비병 또는 제1국민병이었던 자는 후비병역으로, 기타인 경우에는 제1보충병역에 복무시킨다. 병역을 마친 자로서 이전 병(兵)의 계급을 가진 자에 대해서는 육군부대로 편입할 때 그 전에 지닌 병의 계급을 부여한다.

전항의 규정에 따라 복무 기간은 부대에 편입된 날로부터 편입을 해제한 날까지로 하고 신분의 취급은 소집 중인 자와 마찬가지이다.

제5조 육군대신은 조선에서 도지사 및 경찰서장이 제1조의 규정에 관한 사무의 일부를 분담하도록 할 수 있다.

부칙

본 칙령은 1938년(昭和13年) 4월 3일부터 이를 시행한다.

자료 3

조선총독부육군병지원자훈련소관제	
구분	칙령 제156호
법령명/건명	조선총독부육군병지원자훈련소관제 朝鮮總督府陸軍兵志願者訓練所管制
제정·개정·결정·폐지 연월일	공포 1938년 3월 29일(조선총독부관보 제3362호, 1938.4.4.) 시행 1938년 4월 3일
구성	본문 5개 조항, 부칙
선행 규범·법령	육군특별지원병령(1938년 칙령 제95호)
원문 일부	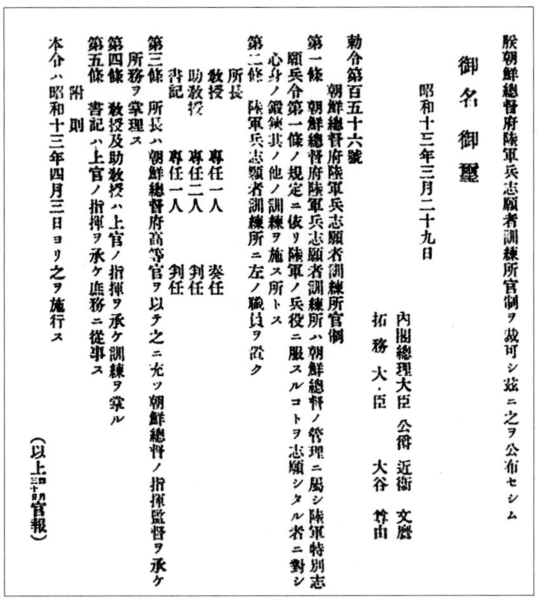 朕朝鮮總督府陸軍兵志願者訓練所官制ヲ裁可シ茲ニ之ヲ公布セシム 御名 御璽 昭和十三年三月二十九日 内閣總理大臣 公爵 近衛 文麿 拓務大臣 大谷 尊由 勅令第百五十六號 朝鮮總督府陸軍兵志願者訓練所官制 第一條 朝鮮總督府陸軍兵志願者訓練所ハ朝鮮總督ノ管理ニ屬シ陸軍特別志願兵令第一條ノ規定ニ依リ陸軍ノ兵役ニ服スルコトヲ志願シタル者ニ對シ心身ノ鍛錬其ノ他ノ訓練ヲ施ス所トス 第二條 陸軍兵志願者訓練所ニ左ノ職員ヲ置ク 所長 教授 專任一人 奏任 助教授 專任二人 判任 書記 專任一人 判任 第三條 所長ハ朝鮮總督府高等官ヲ以テ之ニ充ツ朝鮮總督ノ指揮監督ヲ承ケ所務ヲ掌理ス 第四條 教授及助教授ハ上官ノ指揮ヲ承ケ訓練ヲ掌ル 第五條 書記ハ上官ノ指揮ヲ承ケ庶務ニ從事ス 附 則 本令ハ昭和十三年四月三日ヨリ之ヲ施行ス (以上[illegible]官報)
주요 내용 및 특징	○ 육군특별지원병제 실시에 따라 조선에 육군병지원자훈련소를 설치하여 관제와 직무를 규정함.
법령 적용 범위	조선
관련 법령 통합·폐지 사항	
유사·파생 법령	조선총독부육군병지원자훈련소규정(1938년 조선총독부령 제70호) 조선총독부육군병지원자훈련소생도채용규칙(1938년 조선총독부령 제71호) 조선총독부육군병지원자훈련소생도채용수속(1938년 조선총독부훈령 제15호) 조선총독부해군지원자훈련소관제(1943년 칙령 제610호) 조선총독부해군지원자훈련소규정(1943년 조선총독부령 제230호) 조선총독부해군지원자훈련소훈련생채용규칙(1943년 조선총독부령 제231호)

칙령 제156호

1938년 3월 29일

조선총독부육군병지원자훈련소관제

제1조 조선총독부육군병지원자훈련소는 조선총독의 관리에 속하며 육군특별지원병령 제1조의 규정에 따라 육군 병역에 복무할 것을 지원한 자에 대해 심신의 단련과 기타 훈련을 실시하는 곳이다.

제2조 육군병지원자훈련소에는 다음의 직원을 둔다.

소장(所長)

교수(教授) 전임 1인 주임(奏任)

조교수 전임 2인 판임(判任)

서기(書記) 전임 1인 판임

제3조 소장은 조선총독부 고등관으로 이를 충당하고, 조선총독의 지휘·감독을 받아 훈련소 업무를 관리한다.

제4조 교수와 조교수는 상관의 지휘를 받아 훈련을 관장한다.

제5조 서기는 상관의 지휘를 받아 서무에 종사한다.

부칙

본령은 1938년 4월 3일부터 이를 시행한다.

자료 4

육군특별지원병령시행규칙	
구분	육군성령 제11호
법령명/건명	육군특별지원병령시행규칙 陸軍特別志願兵令施行規則
제정·개정·결정·폐지 연월일	공포 1938년 3월 30일(조선총독부관보 제3362호, 1938.4.4.) 시행 1938년 4월 3일
구성	본문 17개 조항, 부칙
선행 규범·법령	육군특별지원병령(1938년 칙령 제95호)
원문 일부	○省令 ◉陸軍省令第十一號 陸軍特別志願兵令施行規則左ノ通定ム 昭和十三年三月三十日 陸軍大臣 杉山 元 陸軍特別志願兵令施行規則 第一條 本令ニ於テ令ト稱スルハ陸軍特別志願兵令ヲ謂フ 第二條 令第一條ノ規定ニ依リ陸軍ノ現役又ハ第一補充兵役ニ編入セラレ得ベキ者ハ體格等位甲種(兵役法施行令第六十八條ノ規定ニ依ル)、身長一・六〇米以上ニシテ現役兵トシテ入營シ又ハ第一補充兵トシテ教育ノ爲召集セラルル迄ニ朝鮮總督府陸軍兵志願者訓練所ノ課程ヲ修了シ又ハ修了シ得ベキ見込ノモノニ限ル 第三條 朝鮮軍司令官ハ毎年一月十日迄ニ到著スル如ク令第一條ノ規定ニ依リ現役又ハ第一補充兵役ニ編入スベキ者ノ人員及入營部隊ニ關スル意見ヲ陸軍大臣ニ提出スベシ 第四條 陸軍大臣ハ令第一條ノ規定ニ依リ現役又ハ第一補充兵役ニ編入スベキ者ノ人員及入營部隊ヲ朝鮮軍司令官ニ達ス 第五條 令第一條ノ規定ニ依リ陸軍ノ兵役ニ服スルコトヲ志願スル者ハ四月三十日迄ニ到著スル如ク願書(附錄第一樣式)ニ戶籍抄本ヲ添ヘ之ヲ本籍地ノ警察署長ニ差出スベシ 前項ニ規定スル戶籍抄本ニハ戶主、本人ノ直系尊屬、妻子及兄弟姉妹ニシテ現ニ其ノ戶籍ニ在ル者ヲ揭グルモノトス 第六條 警察署長前條ノ願書類ヲ受ケタルトキハ朝鮮總督府陸軍兵志願者訓練所生徒採用豫定者タルモノニ限リ其ノ身上明細書、壯丁名簿及壯丁名簿附表ヲ調製シ之ヲ願書類ニ添附シ道知事ニ提出スルモノトス 道知事前項ノ書類ヲ受ケタルトキハ之ヲ審査シ且壯丁連名簿ヲ調製添附シ五月二十日迄ニ到著スル如ク朝鮮軍司令官ニ提出スルモノトス 前二項ニ規定スル身上明細書、壯丁名簿、壯丁名簿附表及壯丁連名簿ノ樣式ハ兵役法施行規則第二百三十條、第八十四條及第八十五條ニ規定スルモノニ準ズ
주요 내용 및 특징	○ 주로 조선과 대만 등 외지 청년을 「육군특별지원병령」으로 편입시키는 방법과 절차 등을 규정함. ○ 해당 지원자를 현역 또는 제1보충병역으로 편입함. ○ 조선군사령관의 주관하에 지원자를 소집, 징집, 신체검사, 부대배치 등을 실시함.
법령 적용 범위	조선, 대만, 관동주, 만주
관련 법령 통합·폐지 사항	
유사·파생 법령	해군특별지원병령시행규칙(1943년 해군성령 제30호)

육군성령 제11호

1938년 3월 30일

육군특별지원병령시행규칙

제1조 본 성령에서 영(令)이라고 칭하는 것은 육군특별지원병령을 가리킨다.

제2조 육군특별지원병령 제1조의 규정에 따라 육군 현역 또는 제1보충병역으로 편입할 수 있는 자는 체격 등위가 갑종(병역법시행령 제68조의 규정에 따른다), 신장 1.6미터 이상으로서 현역병으로 입영하거나 제1보충병으로 교육받기 위해 소집되기까지 조선총독부 육군병지원자훈련소의 과정을 수료하거나 수료할 예정인 자로 한정한다.

제3조 조선군사령관은 매년 1월 10일까지 도착하도록 육군특별지원병령 제1조의 규정에 따라 현역 또는 제1보충병역에 편입해야 할 인원과 입영부대에 관한 의견을 육군대신에게 제출해야 한다.

제4조 육군대신은 육군특별지원병령 제1조의 규정에 따라 현역 또는 제1보충병역에 편입할 자의 인원과 입영부대를 조선군사령관에게 하달한다.

제5조 육군특별지원병령 제1조의 규정에 따라 육군의 병역에 복무할 것을 지원하는 자는 4월 30일까지 도착하도록 원서(부록 제1양식)에 호적초본을 첨부하여 이를 본적지의 경찰서장에게 제출해야 한다.

전항에 규정한 호적초본에는 호주, 본인의 직계존속, 처자 및 형제자매로서 현재 그 호적에 있는 자를 모두 열거해야 한다.

제6조 경찰서장이 전조의 원서류를 받은 때는 조선총독부 육군병지원자훈련소 생도 채용 예정자에 한하여 신상명세서, 장정명부(壯丁名簿) 및 장정명부부표(壯丁名簿附表)를 조제(調製)하여 이를 원서류에 첨부하여 도지사에게 제출하는 것으로 한다.

도지사가 전항의 서류를 받은 때는 이를 심사하고 또한 장정연명부를 조제, 첨부하여 5월 20일까지 도착하도록 조선군사령관에게 제출하는 것으로 한다.

위 2개항에서 규정한 신상명세서, 장정명부, 장정명부부표 및 장정연명부의 양식은 병역법시행규칙 제230조, 제84조 및 제85조에 규정한 것에 준한다.

제7조 조선군사령관은 조선에 있는 부대에 속하는 장교를 전형위원으로 편성하고 전형에 필요한 검사를 실시하며 그 적부(適否)를 결정하여 적당하다고 인정한 자에 대해서는 현역 또는 제1보충병역으로의 편입 처분을 한다.

전항의 검사는 육군신체검사규칙에서 정한 징병신체검사와 조선군사령관이 규정하는 학과시험으로 한다.

제8조 조선군사령관이 전조의 규정에 따라 지원자를 현역 또는 제1보충병역에 편입한 때는 도지사 및 경찰서장을 거쳐 그에게 현역병증서 또는 제1보충병증서를 교부해야 한다.

전항의 현역병증서와 제1보충병증서는 병역법시행규칙 제 218조 규정에 준한다.

제9조 전조의 규정에 따라 현역 또는 제1보충병역에 편입된 자에 관해 병역법시행규칙에서 규정한 사무는 조선에서 시정촌장에 관련된 것은 경찰서장이, 사관(師管)징병관 및 연대구(聯隊區)징병관에 관련된 것은 사단장과 도지사가, 연대구사령관(聯隊區司令官)에 관련된 것은 사단장이 실시한다.

제10조 제8조의 규정에 따라 현역 또는 제1보충병역에 편입된 자로서 다음 각호의 하나에 해당하는 자는 병역 면제의 수속을 해야 한다.

1. 병역법시행규칙이 정한 바에 따라 다음해에 입영연기 수속을 해야 하는 자
2. 병역법시행규칙이 정하는 바에 따라 다시 징집 수속을 해야 하는 자
3. 현역병으로 입영하거나 제1보충병으로서 교육 때문에 소집되기까지 조선총독부육군병지원자훈련소의 과정을 수료하지 못한 자
4. 조선군사령관이 현역 또는 제1보충병역의 편입처분을 취소할 필요가 있다고 인정한 자

제11조 조선군사령관은 매년 2월 20일까지 도착하도록 육군특별지원병령 제1조의 규정에 따라 전년도에 현역 또는 제1보충병역에 편입된 자의 전형 상황을 육군대신에게 보고해야 한다.

제12조 육군특별지원병령 제3조의 규정에 따라 육군부대(국민군을 제외, 이하 마찬가지) 편입을 지원하는 자는 원서(부록 제2양식)에 재직 중인 육군 군의(軍醫)장교 또는 의사의 건

강진단서, 신상명세서 및 호적초본을 첨부하여 헌병 또는 이전에 헌병이었던 자의 경우에는 본적지를 관할하는 헌병대장을 경유하여 헌병사령관에게, 기타의 자의 경우에는 본적지의 연대구사령관에게 제출해야 한다.

전항의 신상명세서에는 본적지의 시장(도쿄시, 교토시, 오사카시, 나고야시, 요코하마시 및 고베시의 경우에는 구장, 이하 마찬가지) 또는 시정촌장 또는 이에 준하는 자의 배서와 날인이 필요하다.

제1항에서 규정한 신상명세서의 양식은 병역법시행규칙 제30조의 규정에 준한다.

제13조 헌병사령관 또는 연대구사령관이 전조의 원서류를 받은 때는 전형을 거쳐 허가하기 어려운 자에 대해서는 본인에게 그 취지를 통달하고 적당하다고 인정한 자에 대해서는 결원보충, 기타 특별히 필요 있을 때에 한정하여 육군소집규칙 중 임시소집 또는 충원소집에 관한 규정을 준용하여 육군부대로 편입 수속을 해야 하며, 이 경우에 병종이 없는 자에 대해서는 연대구사령관이 그 병종을 결정한다.

헌병사령관 또는 연대구사령관이 전항의 규정에 따라 부대 편입 수속을 한 때는 전조 제1항의 원서류를 지원자가 편입되는 부대의 장에게 송부해야 한다.

제14조 육군특별지원병령 제3조의 규정에 따라 지원자가 편입될 부대에 도착한 때에 부대장은 지원자에 대해 필요한 신체검사를 실시해야 한다.

전항의 신체검사에 합격한 자는 지원이 허가된 자로 간주한다.

제15조 전조의 신체검사에서 불합격된 자에 대해서는 부대장이 본인에게 귀향을 명령하고, 그자의 씨명을 신속하게 본적지를 관할하는 헌병사령관 또는 본적지의 연대구사령관에게 통보해야 한다.

제16조 제14조의 규정에 따라 육군부대에 편입된 자로서 군사상 또는 기타 사유로 인해 필요 없게 된 때는 사단장, 항공병단사령관 또는 헌병사령관이 그 부대 편입을 해제할 수 있다.

전항의 규정에 따른 해제 수속에 대해서는 육군소집규칙 중 소집해제에 관한 규정을 준용한다.

제17조 제12조부터 제16조까지의 규정 중 본적지의 연대구사령관이라고 한 것을 조선에서는 제19사단장 또는 제20사단장으로 하고, 대만에서는 대만군사령관으로 하고,

관동주 및 만주국에서는 관동군사령관으로 하고, 본적지를 관할하는 헌병사령관 또는 헌병대장이라고 한 것을 조선, 대만, 관동주 및 만주국에서는 재류지를 관할하는 헌병대사령관 또는 헌병대장으로 하고, 본적지의 시장 또는 시정촌장 또는 이에 준하는 자라고 한 것을 조선에서는 재류지의 경찰서장으로 하고, 대만에서는 재류지의 군수, 경찰서장 또는 지청장으로 하고, 관동주에서는 재류지의 경찰서장, 만주국에서는 대사관병사원으로 한다. 제20조 제2항의 배서와 날인을 조선에서 본적과 주소가 있는 자의 경우에는 본적지 또는 현재지의 경찰서장의 배서와 날인으로 한다.

부칙

본 칙령은 1938년 4월 3일부터 이를 시행한다.

이하 양식 생략.

자료 5

청년훈련소규정 중 개정	
구분	조선총독부령 제54호
법령명/건명	청년훈련소규정 중 개정 青年訓練所規程 中 改正
제정·개정·결정·폐지 연월일	공포 1938년 3월31일(조선총독부관보 제3359호, 1938.3.31.) 시행 1938년 4월 1일
구성	본문 29개 조항, 부칙
선행 규범·법령	청년훈련소규정(조선총독부령 제89호, 1929.10.1.)
원문 일부	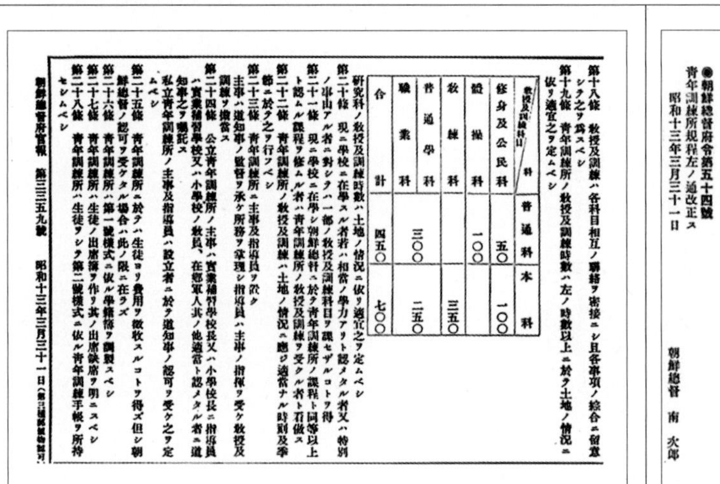
주요 내용 및 특징	○ 청년훈련소 규정을 전면 개정하여 조선인 청년의 입소를 확대하고 육군특별지원병, 징병제에 대비한 예비적 군사훈련을 강화함. ○ 당초의 연령 기준을 삭제하여 입소 대상을 대폭 확대함.
법령 적용 범위	조선
관련 법령 통합·폐지 사항	
유사·파생 법령	조선청년특별연성소령(1942년 제령 제33호)

◉朝鮮總督府令第五十四號
青年訓練所規程左ノ通改正ス
昭和十三年三月三十一日
朝鮮總督 南 次郎

第十八條 教授及訓練ハ各科目相互ノ聯絡ヲ密接ニシ且各事項ノ綜合ニ留意シテ之ヲ爲スベシ
第十九條 青年訓練所ノ教授及訓練時數ハ左ノ時數以上ニ於テ土地ノ情況ニ依リ適宜之ヲ定ムベシ

教授及訓練科目 \ 科	普通科	本科
修身及公民科	五〇	一〇〇
體操科	一〇〇	
教練科		三五〇
普通學科	三〇〇	二五〇
職業科		
合計	四五〇	七〇〇

研究科ノ教授及訓練時數ハ土地ノ情況ニ依リ適宜之ヲ定ムベシ
第二十條 現ニ學校ニ在學スル者若ハ相當ノ學力アリト認メタル者又ハ特別ノ事由アル者ニ對シテハ一部ノ教授及訓練科目ヲ課セザルコトヲ得
第二十一條 現ニ學校ニ在學シ朝鮮總督ニ於テ青年訓練所ノ課程ト同等以上ト認ムル課程ヲ修ムル者ハ青年訓練所ノ教授及訓練ヲ受クル者ト看做ス
第二十二條 青年訓練所ノ教授及訓練ハ土地ノ情況ニ應ジ適當ナル時刻及季節ニ於テ之ヲ行フベシ
第二十三條 青年訓練所ニ主事及指導員ヲ置ク
主事ハ道知事ノ監督ヲ承ケ所務ヲ掌理シ指導員ハ主事ノ指揮ヲ受ケ教授及訓練ヲ擔當ス
第二十四條 公立青年訓練所ノ主事ハ實業補習學校長又ハ小學校長ニ指導員ハ實業補習學校又ハ小學校ノ教員、在鄕軍人其ノ他適當ト認メタル者ニ道知事之ヲ囑託ス
私立青年訓練所ノ主事及指導員ハ設立者ニ於テ道知事ノ認可ヲ受ケ之ヲ定ムベシ
第二十五條 青年訓練所ニ於テハ生徒ヨリ費用ヲ徵收スルコトヲ得ズ但シ朝鮮總督ノ認可ヲ受ケタル場合ハ此ノ限ニ在ラズ
第二十六條 青年訓練所ハ第一號樣式ニ依ル學籍簿ヲ調製スベシ
第二十七條 青年訓練所ハ生徒ノ出席簿ヲ作リ其ノ出席缺席ヲ明ニスベシ
第二十八條 青年訓練所ハ生徒ヲシテ第二號樣式ニ依ル青年訓練手帳ヲ所持セシムベシ

朝鮮總督府官報 第三三五九號 昭和十三年三月三十一日

조선총독부령 제54호

1938년 3월 31일

청년훈련소규정 중 개정

제1조 청년훈련소는 청년에 대한 국체관념을 명징하게 하고 황국신민다운 자질을 향상시켜 상호 신뢰와 우애 및 협력으로 단결을 굳건히 하는 동시에 그 심신을 단련하고 직업과 실제생활에 필요한 지식과 기능을 가르치는 데 그 목적이 있다.

제2조 청년훈련소에 보통과(普通科)와 본과(本科)를 둔다. 다만 토지 상황에 따라 보통과나 본과만 둘 수 있다.

청년훈련소에는 연구과(研究科)를 둘 수 있다.

제3조 청년훈련소의 교수와 훈련기간은 보통과의 경우에 2년, 본과의 경우 4년으로 한다.

연구과의 교수 및 훈련기간은 1년으로 한다.

제4조 보통과에 입소할 수 있는 자는 심상(尋常)소학교 졸업자 또는 이에 상당하는 소양이 있는 자로 한다.

본과에 입소할 수 있는 자는 보통과 수료자, 고등소학교 졸업자 또는 이에 상당하는 소양이 있는 자로 한다.

연구과에 입소할 수 있는 자는 본과 졸업자 또는 이에 상당하는 소양이 있는 자로 한다.

제5조 청년훈련소의 입소기간은 매년 4월로 한다. 다만 특별한 사정이 있는 자는 중도에 입소시킬 수 있다.

제6조 특별한 사정이 있는 자는 그 연령과 소양에 따라 보통과 2학년 또는 본과나 연구과의 2학년 이상으로 입소시킬 수 있다.

제7조 다른 청년훈련소의 생도로서 전소(轉所)를 지망하는 자가 있을 때는 그에 상당하는 학과의 상당하는 학년에 입소시킬 수 있다.

제8조 생도로서 특별한 사유로 인해 일시적으로 다른 청년훈련소에서 교수와 훈련받기를

지망하는 자가 있을 때에 주사(主事)는 그 기간에 그 생도의 교수와 훈련을 다른 청년훈련소에 위탁할 수 있다.

제9조 부·읍·면은 청년훈련소를 설립할 수 있다.

사인(私人)은 공장, 상점 등에서 청년훈련을 받을 수 있는 자를 다수 사용하는 경우에 한하여 청년훈련소를 설립할 수 있다.

제10조 청년훈련소를 설립하고자 할 때는 다음 사항을 구비하여 조선총독의 인가를 받아야 한다.

1. 명칭
2. 위치
3. 규칙
4. 생도 수
5. 개소연월일
6. 경비 및 유지 방법

전항의 제1호 및 제2호의 변경은 조선총독에게 신고하며 제3호 및 설립자 변경은 조선총독의 인가를 받아야 한다.

제11조 청년훈련소를 폐지하고자 할 때는 그 사유와 생도의 처분방법을 구비하여 조선총독의 인가를 받아야 한다.

제12조 청년훈련소의 교수 및 훈련과목은 보통과의 경우 수신 및 공민과, 체조과, 보통과 및 직업과로 한다. 본과의 경우 수신 및 공민과, 교련과, 보통과 및 직업과로 한다.

연구과의 교수 및 훈련과목은 본과의 교수 및 훈련과목에 대해 적절하게 정한다. 다만 수신 및 공민과는 제외할 수 없다.

제13조 수신 및 공민과는 교육에 관한 칙어를 본체로 하여 우리 국체의 본의를 명징하게 하고 국민도덕을 체득하게 하여 확고한 의지를 단련하고 특히 우리 국체에 대한 확고한 신념을 배양하는 동시에 국헌(國憲)에 기반한 국민의 공민생활을 완성하는 데 필요한 사항을 체득시키며, 특히 준법과 봉공(奉公)의 정신을 함양하여 건전한 황국신민이 될 수 있도록 실천궁행의 길로 이끄는 것을 요지로 한다.

수신 및 공민과에서는 황국신민의 자각에서 출발하여 국민도덕의 실천에 관한 요령과 보통 작법을 가르쳐 나가며 국민도덕의 유래와 특질을 체득하는 동시에 시대 사상에 대한 올바른 비판력을 키워나가는 한편 국체와 국헌의 본뜻을 알게 하여 우리나라 통치의 특질을 밝히며, 이에 따라 입헌정치의 큰 뜻을 체득하게 하며 특히 준법과 봉공의 정신을 함양시키는 동시에 국민생활에 필요한 경제에 관한 사항을 가르치고 또한 우리나라 고유의 기풍과 아름다운 풍습을 유지하고 협동생활의 훈련을 중시하여 공존공영의 본뜻을 체득시킴으로써 대국의 국민다운 소질을 육성하는 데 힘써야 한다.

第14조 체조과는 신체 각 부분을 균형 있게 발육시키고 신체를 강건하게 하며 동작을 경쾌하고 민첩하게 하고 용모를 단정하게 하여 강하고 쾌활하며 오래 버티고 견딜 수 있는 정신과 규율을 중시하며 항상 협동하는 습관을 키워나가는 것을 요지로 한다.

체조과에서는 체조, 교련, 경기, 율동 등을 적절하게 가르친다.

第15조 교련과는 의지를 연마하고 신체를 단련하고 오래 버티고 견딜 수 있는 정신과 규율을 중시하며 협동하는 습관을 키워나가는 것을 요지로 한다.

교련과에서는 교련과 체조를 가르치고 토지 상황에 따라 적절하게 무도(武道)와 경기를 추가한다.

第16조 보통과는 일상생활에 필요한 보통 지식과 기능을 증진하며 일반적인 교양을 쌓는 것을 요지로 한다.

보통과에서는 국어 및 국사에 관한 사항을 가르치는 이외에 토지 상황에 따라 지리, 수학, 이과(理科), 음악 등에 관한 사항을 적절하게 가르친다.

第17조 직업과는 직업에 필요한 지식과 기능을 수련시키는 동시에 직업에 대한 취미와 근로를 중시하는 습관을 배양하며 동시에 직업생활의 사회적 의미를 체득하는 것을 요지로 한다.

직업과에서는 농업, 공업, 상업, 수산, 기타 직업의 중에서 토지 상황에 따라 적절한 사항을 가르친다.

第18조 교수 및 훈련은 각 과목이 서로 밀접하게 연계하고 또한 각 사항을 종합하는 데 유의하여야 한다.

제19조 청년훈련소의 교수 및 훈련시수는 다음의 시수 이상으로 토지 상황에 따라 적절하게 정해야 한다.

<table>
<tr><th>구 분</th><th>보통과</th><th>본과</th></tr>
<tr><td>수신 및 공민과</td><td>50</td><td>100</td></tr>
<tr><td>체조과</td><td>100</td><td></td></tr>
<tr><td>교련과</td><td></td><td>350</td></tr>
<tr><td>보통과</td><td rowspan="2">300</td><td rowspan="2">250</td></tr>
<tr><td>직업과</td></tr>
<tr><td>합 계</td><td>450</td><td>700</td></tr>
</table>

연구과의 교수 및 훈련시수는 토지 상황에 따라 적절하게 정한다.

제20조 현재 학교에 재학하는 자나 이에 상당하는 학력이 인정되는 자 또는 특별한 사유가 있는 자에 대해서는 일부의 교수 및 훈련과목을 부과하지 않을 수 있다.

제21조 현재 학교에 재학하며 조선총독이 청년훈련소 과정 이상이라고 인정하는 과정을 수료한 자는 청년훈련소의 교수 및 훈련을 받은 자로 간주한다.

제22조 청년훈련소의 교수 및 훈련은 토지 상황에 따라 적절한 시각과 계절에 해야 한다.

제23조 청년훈련소에는 주사 및 지도원을 둔다.

주사는 도지사의 감독을 받아 소관 업무를 관장하며 지도원은 주사의 지휘를 받아 교수 및 훈련을 담당한다.

제24조 도지사는 공립청년훈련소 주사에 실업보습학교장 또는 소학교장을 촉탁하고, 지도원에는 실업보습학교 또는 소학교의 교원, 재향군인, 기타 적당하다고 인정되는 자를 촉탁한다.

사립청년훈련소의 주사와 지도원은 설립자가 도지사의 인가를 받아 정한다.

제25조 청년훈련소에서는 생도로부터 비용을 징수할 수 없다. 다만 조선총독의 인가를 받은 경우에는 여기에 제한을 받지 않는다.

제26조 청년훈련소는 제1호 양식에 따라 학적부를 조제해야 한다.

제27조 청년훈련소는 생도의 출석부를 만들어 그의 출석과 결석을 분명히 해야 한다.

제28조 청년훈련소는 생도들에게 제2호 양식에 따른 청년훈련수첩을 소지하게 해야 한다.

제29조 주사는 보통과 과정을 수료한 자에게 수료증을, 본과 과정을 졸업한 자에게는 졸업증을 수여해야 한다. 다만 본과에서 훈련을 받은 지 4년으로서 제20조 제1항에서 정한 시수의 훈련을 받은 다음 입영하는 자에 대해서는 졸업증을 수여해야 한다.

부칙

본령은 1938년 4월 1일부터 이를 시행한다.

본령을 시행하는 현재의 청년훈련소는 본령에 따라 설립된 본과만 둔 청년훈련소로 간주한다.

재향군인분회, 기타 조선총독이 적당하다고 인정하는 단체는 당분간 청년훈련소를 설립할 수 있다.

이하 양식 생략.

자료 6

조선총독부육군병지원자훈련소규정	
구분	조선총독부령 제70호
법령명/건명	조선총독부육군병지원자훈련소규정 朝鮮總督府陸軍兵志願者訓練所規程
제정·개정·결정·폐지 연월일	공포·시행 1938년 4월 2일(조선총독부관보 제3361호, 1938.4.2.)
구성	본문 19개 조항, 부칙
선행 규범·법령	육군특별지원병령(1938년 칙령 제95호) 조선총독부육군병지원자훈련소관제(1938년 칙령 제156호)
원문 일부	 ●朝鮮總督府令第七十號 朝鮮總督府陸軍兵志願者訓練所規程左ノ通定ム 昭和十三年四月二日　朝鮮總督　南　次郎 朝鮮總督府陸軍兵志願者訓練所規程 第一條　朝鮮總督府陸軍兵志願者訓練所(以下單ニ志願者訓練所ト稱ス)ニ入所セシムベキ者ハ戶籍法ノ適用ヲ受ケザル年齡十七年以上ノ帝國臣民タル男子ニシテ陸軍ノ兵役ニ服スルコトヲ志願スルモノノ中ヨリ別ニ定ムル所ニ依リ銓衡ノ上之ヲ採用ス 前項ニ規定スル年齡ハ志願ノ年ノ十二月一日ニ於ケル年齡トス 第二條　志願者訓練所ノ訓練期間ハ概ネ六月トス  第三條　志願者訓練所ニ於ケル訓練項目ハ訓育、普通學科及術科トス 第四條　訓育ハ教育ニ關スル勅語竝ニ軍人ニ賜リタル勅諭ノ趣旨ニ基キ皇國精神ヲ涵養シ之ヲ實踐躬行ニ導クヲ以テ要旨トス 訓育ハ特ニ國體觀念ヲ明徵ナラシメ皇國臣民トシテノ責務ヲ完カラシムルニ必要ナル事項ニ留意シテ之ヲ授クベシ 第五條　普通學科ハ日常必須ノ知能ヲ增進セシムルコトヲ以テ要旨トス 普通學科ハ國語、國史、地理、數學、理科等ニ關スル事ニ付高等小學校ノ程度ヲ基準トシ實際生活及軍隊生活ニ必要ナル事項ヲ選ビテ之ヲ授ケ特ニ訓育トノ聯絡ニ留意スベシ 第六條　術科ハ體操、教練、武道其ノ他軍隊ニ必要ナル事項ヲ選ビテ之ヲ授ケ特ニ訓育トノ聯絡ニ留意シ皇國精神ノ陶冶ニ力ムベシ 教練ニ於テハ各個教練、部隊教練、陣中勤務、旗信號、距離測量、軍事講話等ヲ授クベシ 第七條　志願者訓練所ノ入所期ハ毎年概ネ六月及十二月トス 第八條　休業日ハ左ノ如シ 一月一日及昭和二年勅令第二十五號ニ依リ休日タル祝日、祭日、日曜日 朝鮮總督府始政記念日 特別ノ事情アルトキハ朝鮮總督ノ認可ヲ受ケ臨時休業ヲナスコトヲ得 第九條　紀元節、天長節、明治節及一月一日ニハ祝賀ノ式ヲ行フベシ 第十條　志願者訓練所生徒ハ之ヲ所內ニ宿泊セシム但シ特別ノ事由アル場合ニ於テハ志願者訓練所長ハ願ニ依リ所外ノ宿泊ヲ許可スルコトヲ得 第十一條　志願者訓練所生徒ニハ糧食ヲ給シ被服ヲ貸與ス 第十二條　志願者訓練所生徒トシテ入所ヲ命ゼラレタル者ハ父兄又ハ親族ノ中ヨリ本人ノ身上ニ關シ一切ノ事項ヲ引受クルニ足ルベキ保證人ヲ定メ入所ノ際保證書(樣式第一號)及誓書(樣式第二號)ヲ差出スベシ 第十三條　志願者訓練所長ハ生徒ニシテ所規ニ違ヒ風紀ヲ紊シ其ノ他生徒タルノ本分ニ背戾シタルモノニ對シテハ懲戒ヲ加フルコトヲ得 第十四條　左ノ各號ノ一ニ該當スル者ニハ退所ヲ命ズベシ 一　志操中正ヲ缺キ又ハ品行不良若ハ怠慢ニシテ訓戒ヲ加フルモ改悛セザル者 二　學科及術科ノ成績不良ニシテ課程ヲ修了スル見込ナキ者 三　疾病其ノ他身體又ハ精神ノ異常ニ因リ兵トシテノ役務ニ堪ヘズト認ムル者 四　陸軍特別志願兵令施行規則第十條ノ規定ニ依リ兵役免除ノ處分アリタル者 五　前各號ニ揭グル者ノ外志願兵タルニ適セズト認ムル者 志願者訓練所長生徒ニ退所ヲ命ズル場合ハ朝鮮總督ノ許可ヲ受クベシ 第十五條　退所ヲ命ゼラレタル者ニ對シテハ在所中要シタル食費ヲ償還セシ
주요 내용 및 특징	○ 조선인 육군지원병의 훈련소 규정으로서 대상자의 입소와 퇴소, 교육내용, 휴일, 징계 등을 규정함.
법령 적용 범위	조선
관련 법령 통합·폐지 사항	
유사·파생 법령	조선총독부해군지원자훈련소규정(1943년 조선총독부령 제230호)

조선총독부령 제70호

1938년 4월 2일

조선총독부육군병지원자훈련소규정

제1조 조선총독부육군병지원자훈련소(이하 훈련소라 칭한다)에 입소하는 자는 호적법의 적용을 받지 않는 연령 17세 이상의 제국신민인 남자로서 육군의 병역에 복무할 것을 지원한 자 중에서 별도로 정한 바에 따라 전형을 거쳐 결정한다.

전항에서 규정한 연령은 특별지원병으로 채용한 해의 12월 1일의 연령으로 한다.

제2조 지원자훈련소의 훈련기간은 대체로 6개월로 한다.

제3조 지원자훈련소에서의 훈련 항목은 훈육과 보통학과(普通學科)와 기술(技術)로 한다.

제4조 훈육은 교육에 관한 칙어(勅語)와 군인에게 내려주신 칙유(勅諭)의 요지에 근거하여 황국정신을 함양하고 이를 실천궁행하도록 이끄는 것을 본뜻으로 삼는다.

특히 훈육은 국체(國體)관념을 명징하게 하여 황국신민으로서의 책무를 온전히 하는 데 필요한 사항에 유의하여 가르친다.

제5조 보통학과는 일상에서 필수적인 지능을 증진시키는 데 중점을 둔다.

보통학과는 국어, 국사, 지리, 수학, 이과 등에 관한 사항에 대해 고등소학교 정도를 기준으로 하며 실생활과 군대 생활에 필요한 사항을 선택하여 이를 가르치고, 특히 훈육과 연계하는 데 유의해야 한다.

제6조 기술은 체조, 교련, 무도, 기타 군대에 필요한 사항을 선택하여 이를 가르치고, 특히 훈육과 연계하는 데 유의하여 황국정신을 갈고 닦는 데 힘써야 한다.

교련에서는 각개 교련, 부대 교련, 진중(陣中)근무, 기(旗) 신호, 거리측량, 군사강화 등을 가르친다.

제7조 지원자훈련소의 입소기간은 매년 대체로 6월과 12월로 한다.

제8조 휴업일은 다음과 같다.

1월 1일, 1927년 칙령 제25호에 따른 휴일로 정한 축일(祝日)과 제일(祭日), 일요일, 조

선총독부 시정(始政) 기념일

특별한 사정이 있을 때는 조선총독의 승인을 받아 임시로 휴업할 수 있다.

제9조 기원절(紀元節), 천장절(天長節), 명치절(明治節) 및 1월 1일에는 축하기념식을 거행해야 한다.

제10조 지원자훈련소 생도는 훈련소 내에서 숙박하도록 한다. 다만 특별한 사유가 있을 때는 지원자훈련소장이 희망에 따라 훈련소 밖에서 숙박을 허가할 수 있다.

제11조 지원자훈련소 생도에게는 학자금과 식비를 급여하며 피복을 대여한다.

제12조 지원자훈련소 생도로서 입소를 명받은 자는 부형(父兄) 또는 친족 중에서 본인의 신상에 관하여 일체의 사항을 인수하는 데 충분한 보증인을 정하여 입소할 때 보증서(양식 제1호)와 서약서(양식 제2호)를 제출해야 한다.

제13조 지원자훈련소장은 생도로서 훈련소 규정을 위반하고 풍기를 어지럽히고 기타 생도로서의 본분을 저버린 자에 대해서는 징계를 가할 수 있다.

제14조 다음 각호의 하나에 해당하는 자에게는 퇴소를 명령한다.

1. 지조가 바르지 않거나 품행이 불량하거나 태만하여 훈련을 받아도 개전(改悛)의 정(情)이 없는 자
2. 학과와 기술과의 성적이 불량하여 과정을 수료할 가망이 없는 자
3. 질병, 기타 신체 또는 정신 이상으로 육군병으로서의 복무를 할 수 없다고 인정되는 자
4. 육군특별지원병령 시행규칙 제10조의 규정에 따라 병역면제의 처분을 받은 자
5. 위의 각호에 열거한 자 외에 지원병으로 적합하지 않다고 인정되는 자

제15조 퇴소를 명받은 자에 대해서는 재소 중 지급받은 식비를 상환하게 한다. 다만 정상(情狀)을 참작하여 그 일부 또는 전부의 상환을 면제할 수 있다.

식비는 1개월에 10엔의 금액으로 산정한다.

제16조 지원자훈련소 생도는 자기 편의대로 퇴소할 수 없다.

제17조 훈련을 수료했다고 인정한 자에게는 수료증서를 수여한다. 다만 필요하다고 인정한 자에 대해서는 차기 일정 기간 훈련상 그 성적을 고사(考査)하여 수료증서를 수여할 수 있다.

훈련성적이 우수한 자에 대해서는 우량증서를 수여할 수 있다.

제18조 지원자훈련소 생도에게 훈련수첩(양식 제3호)을 소지하도록 한다.

제19조 지원자훈련소장은 조선총독의 인가를 받아 훈련에 필요한 세칙을 정할 수 있다.

부칙

본령은 1938년 4월 3일부터 이를 시행한다.

이하 양식 생략.

자료 7

조선총독부육군병지원자훈련소생도채용규칙	
구분	조선총독부령 제71호
법령명/건명	조선총독부육군병지원자훈련소생도채용규칙 朝鮮總督府陸軍兵志願者訓練所生徒採用規則
제정·개정·결정·폐지 연월일	공포 1938년 4월 2일(조선총독부관보 제3361호, 1938.4.2.) 시행 1938년 4월 3일
구성	본문 10개 조항, 부칙
선행 규범·법령	
원문 일부	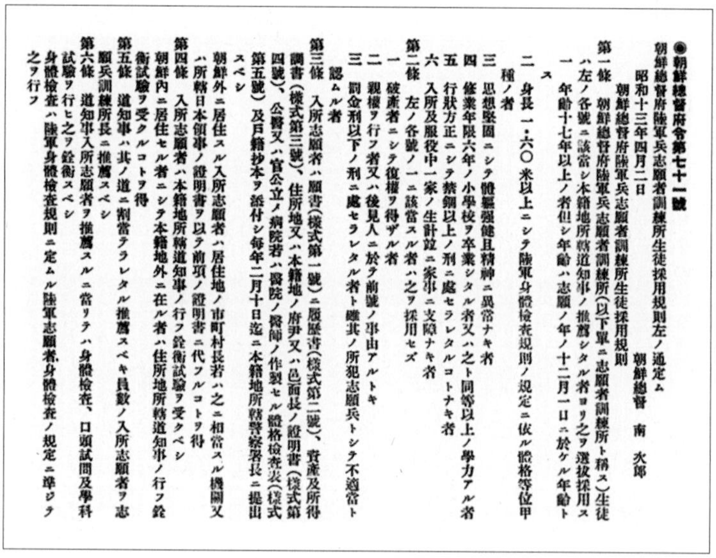 ◉朝鮮總督府令第七十一號 朝鮮總督府陸軍兵志願者訓練所生徒採用規則左ノ通定ム 昭和十三年四月二日 朝鮮總督 南 次郎 朝鮮總督府陸軍兵志願者訓練所生徒採用規則 第一條 朝鮮總督府陸軍兵志願者訓練所(以下單ニ志願者訓練所ト稱ス)生徒ハ左ノ各號ニ該當シ本籍地所轄道知事ノ推薦シタル者ヨリ之ヲ選拔採用ス 一 年齡十七年以上ノ者但シ年齡ハ志願ノ年ノ十二月一日ニ於ケル年齡トス 二 身長一・六〇米以上ニシテ陸軍身體檢査規則ノ規定ニ依ル體格等位甲種ノ者 三 思想堅固ニシテ體軀强健且精神ニ異常ナキ者 四 修業年限六年ノ小學校ヲ卒業シタル者又ハ之ト同等以上ノ學力アル者 五 行狀方正ニシテ禁錮以上ノ刑ニ處セラレタルコトナキ者 六 入所及服役中一家ノ生計竝ニ家事ニ支障ナキ者 第二條 左ノ各號ノ一ニ該當スル者ハ之ヲ採用セズ 一 破産者ニシテ復權ヲ得ザル者 二 親權ヲ行フ者又ハ後見人ニ於テ前號ノ事由アルトキ 三 罰金刑以下ノ刑ニ處セラレタル者ト雖其ノ所犯志願兵トシテ不適當ト認ムル者 第三條 入所志願者ハ願書(樣式第一號)ニ履歷書(樣式第二號)、資産及所得調書(樣式第三號)、住所地又ハ本籍地ノ府尹又ハ邑面長ノ證明書(樣式第四號)、公醫又ハ官公立ノ病院若ハ醫院ノ醫師ノ作製セル體格檢査表(樣式第五號)及戶籍抄本ヲ添付シ每年二月十日迄ニ本籍地所轄警察署長ニ提出スベシ 朝鮮外ニ居住スル入所志願者ハ居住地ノ市町村長若ハ之ニ相當スル機關又ハ所轄日本領事ノ證明書ヲ以テ前項ノ證明書ニ代フルコトヲ得 第四條 入所志願者ハ本籍地所轄道知事ノ行フ銓衡試驗ヲ受クベシ 朝鮮內ニ居住セル者ニシテ本籍地外ニ在ル者ハ住所地所轄道知事ノ行フ銓衡試驗ヲ受クルコトヲ得 第五條 道知事ハ其ノ道ニ割當テラレタル推薦スベキ員數ノ入所志願者ヲ志願兵訓練所長ニ推薦スベシ 第六條 道知事入所志願者ヲ推薦スルニ當リテハ身體檢査、口頭試問及學科試驗ヲ行ヒ之ヲ銓衡スベシ 身體檢査ハ陸軍身體檢査規則ニ定ムル陸軍志願者身體檢査ノ規定ニ準ジテ之ヲ行フ
주요 내용 및 특징	○ 조선인 육군지원병의 훈련생도 모집에 관한 규정
법령 적용 범위	조선
관련 법령 통합·폐지 사항	
유사·파생 법령	조선총독부해군지원자훈련소훈련생채용규칙(1943년 조선총독부령 제231호)

조선총독부령 제71호

1938년 4월 2일

조선총독부육군병지원자훈련소생도채용규칙

제1조 조선총독부육군병지원자훈련소(이하 지원자훈련소라 칭한다) 생도는 다음 각호에 해당하며, 본적지를 관할하는 도지사가 추전한 자 가운데 선발한다.

1. 연령 17세 이상인 자. 단 연령은 지원한 해의 12월 1일의 연령으로 한다.
2. 신장 160센티미터 이상으로서 육군신체검사규칙 규정에 따라 체격등위가 갑종(甲種)인 자
3. 사상이 견고하며 신체 강건하며 정신에 이상이 없는 자
4. 수업연한 6년의 소학교를 졸업한 자 또는 이와 동등한 이상의 학력인 자
5. 품행이 방정하고 금고 이상의 형벌을 받지 않은 자
6. 입소와 복역 중 일가의 생계와 가사에 지장이 없는 자

제2조 다음 각호의 하나에 해당하는 자는 채용하지 않는다.

1. 파산자로서 복권되지 못한 자
2. 친권을 행사하는 자 또는 후견인이 전호의 사유가 있을 때
3. 벌금형 이하의 형벌에 처해진 자일지라도 그 범행이 지원병으로 부적합하다고 인정되는 자

제3조 입소지원자는 원서(양식 제1호)에 이력서(양식 제2호), 자산 및 소득조서(양식 제3호), 주소지 또는 본적지의 부윤 또는 읍·면장의 증명서(양식 제4호), 공의(公醫) 또는 관공립 병원이나 의원의 의사가 작성한 신체검사표(양식 제5호), 호적초본을 첨부하여 매년 2월 10일까지 본적지 관할 경찰서장에게 제출해야 한다.

조선 밖에 거주하는 입소지원자는 거주지의 시정촌장 또는 이에 상당하는 기관 또는 관할의 일본영사의 증명서로서 전항의 증명서를 대신할 수 있다.

제4조 입소지원자는 본적지를 관할하는 도지사가 실시하는 전형시험을 치러야 한다.

조선 내에 거주하는 자로서 본적지 밖에 있는 자는 소재지를 관할하는 도지사가 실시하는 전형시험을 치를 수 있다.

제5조 도지사는 그 도에 할당되어 추천해야 할 인원수의 입소지원자를 지원병훈련소장에게 추천해야 한다.

제6조 도지사가 입소지원자를 추천할 때는 신체검사, 구두시험 및 학과시험을 실시하여 이를 전형해야 한다.

신체검사는 육군신체검사규칙에서 정한 육군지원자신체검사 규정에 준하여 이를 실시한다.

학과시험은 소학교 졸업 정도에 맞추어 국어(번역, 작문 및 받아쓰기), 국사 및 산술의 세 과목에 대해 실시한다.

중등 정도 이상의 학교를 졸업한 자 또는 이와 동등하거나 그 이상의 학력인 자에 대해서는 학과시험을 생략할 수 있다.

제7조 전형시험의 일시 및 장소는 시행일 10일 전까지 도착하도록 지원자에게 통지해야 한다.

제8조 지원병훈련소장은 도지사가 추천한 입소지원자에 대해 육군신체검사규칙의 규정에 준하여 검사를 실시하고 그의 채용 여부를 결정해야 한다.

제9조 전항의 규정에 따른 검사에서 불합격자가 있을 때나 입소불능인 사정이 발생한 자가 있을 때는 불합격자 또는 입소불능 사정 발생자를 추천한 도지사가 다시 결원을 보충하여 추천해야 한다.

특별한 사정이 있을 경우에는 전항의 규정에 따르지 않을 수 있다.

제10조 입소할 자의 씨명과 입소 시기는 조선총독부 관보에 공시하며 지원자에게 통지해야 한다.

부칙

본령은 1938년 4월 3일부터 이를 시행한다.

제3조의 기일에 관한 규정은 1938년 채용에 대해서는 이를 적용하지 않는다.

이하 양식 생략.

자료 8

조선총독부육군병지원자훈련소생도채용수속	
구분	조선총독부훈령 제15호
법령명/건명	조선총독부육군병지원자훈련소생도채용수속 朝鮮總督府陸軍兵志願者訓練所生徒採用手續
제정·개정·결정·폐지 연월일	공포 1938년 4월 2일(조선총독부관보 제3361호, 1938.4.2.) 시행 1938년 4월 3일
구성	본문 16개 조항, 부칙
선행 규범·법령	
원문 일부	○訓令 ●朝鮮總督府訓令第十五號 朝鮮總督府陸軍兵志願者訓練所生徒採用手續左ノ通定ム 昭和十三年四月二日 朝鮮總督 南 次郞 朝鮮總督府陸軍兵志願者訓練所生徒採用手續 第一條 朝鮮總督府陸軍兵志願者訓練所(以下單ニ志願者訓練所ト稱ス)ノ所長ハ志願者訓練所生徒トシテ採用スベキ者ノ年齡、志願者須知要項其ノ他必要ナル事項ヲ每年採用スベキ年ノ前年十二月中ニ公示スベシ 第二條 願書ヲ受理シタル警察署長ハ志願者訓練所生徒採用規則第一條各號ニ該當シ第二條ニ牴觸セザル適格者ニ付身上調査書(樣式第一號)二通ヲ願書ニ添ヘ志願者ノ本籍地、住所、氏名及年齡ヲ記載セル志願者連名表ヲ添付ノ上每年三月二十日迄ニ之ヲ道知事ニ申達スベシ 前項ノ身上調査書及志願者連名表ノ控ハ之ヲ保留シ置クベシ 第三條 道知事前條ノ願書及身上調査書ヲ受理シタルトキハ其ノ入所志願者數ヲ直ニ志願者訓練所長ニ報告スベシ 第四條 志願者訓練所長ハ每年入所セシムベキ生徒數及前條ノ規定ニ依リ報告セラレタル入所志願者數ニ依リ道知事ヨリ推薦スベキ入所志願者數ヲ各道ニ割當テ其ノ員數竝ニ志願者訓練所生徒採用規則第八條ノ規定ニ依ル檢査ヲ行フ日時及場所ヲ道知事ニ通知スベシ 第五條 入所志願者中志願者訓練所生徒採用規則第四條第二項ノ規定ニ依リ銓衡試驗ヲ受クル者アルトキハ本籍地所轄道知事ハ願書其ノ他關係書類ヲ一括シテ其ノ住所地所轄道知事ニ移送シ志願者ノ銓衡ヲ委託スベシ 第六條 道知事ハ其ノ道ニ於テ行フ銓衡試驗ヲ受クル者ノ願書及身上調査書ニ付志願者訓練所生徒採用規則ニ牴觸ノ有無其ノ他必要ナル事項ヲ調査スベシ 第七條 身體檢査ハ官公立ノ病院又ハ醫院ノ醫師ニ委囑シテ之ヲ行フベシ 檢査醫ハ陸軍身體檢查規則第二章ノ規定ニ準ジ檢査ヲ實施シ體格等位ヲ決定スベシ
주요 내용 및 특징	○ 조선인 육군지원병의 훈련생도 모집에 관한 규정
법령 적용 범위	조선
관련 법령 통합·폐지 사항	
유사·파생 법령	

조선총독부훈령 제15호

1938년 4월 2일

조선총독부육군병지원자훈련소생도채용수속

제1조 조선총독부육군병지원자훈련소(이하 간단하게 지원자훈련소라 칭한다)의 소장은 지원자훈련소생도로 채용할 자의 연령, 지원자 숙지사항, 기타 필요한 사항을 매년 채용할 해의 전년도 12월 중에 공시해야 한다.

제2조 원서를 수리한 경찰서장은 지원자훈련소생도채용규칙 제1조 각호에 해당하며, 제2조에 저촉되지 않는 적격자에 대해 신상조사서(양식 제1호) 2통을 원서에 첨부하여 지원자의 본적지, 주소, 씨명 및 연령을 기재하여 지원자 연명표를 첨부한 다음 매년 3월 20일까지 도지사에게 신고 송달해야 한다.

전항의 신상조사서와 지원자 연명표의 빈칸은 보류하여 두어야 한다.

제3조 도지사는 전조의 원서와 신상조사서를 수리한 때에 입소지원자 수를 곧바로 지원자훈련소장에게 보고해야 한다.

제4조 지원자훈련소장은 매년 입소할 생도 수와 전조의 규정에 따른 보고된 입소지원자 수에 따라 도지사가 추천할 입소지원자 수를 각도에 할당하고, 그 인원수와 함께 지원자훈련소생도채용규칙 제8조 규정에 따른 검사를 실시할 일시 및 장소를 도지사에게 통지해야 한다.

제5조 입소지원자 중 지원자훈련소생도채용규칙 제4조 제2항의 규정에 따른 전형을 거쳐야 하는 자가 있을 때는 본적지를 관할하는 도지사가 원서와 기타 관련 서류를 일괄하여 그의 주소지를 관할하는 도지사에게 이송하여 지원자의 전형을 위탁해야 한다.

제6조 도지사는 그 도에서 실시하는 전형시험을 받는 자의 원서와 그의 신상조사서에 대해 지원자훈련소생도채용규칙에 저촉되는지 여부와 기타 필요한 사항을 조사하여야 한다.

제7조 신체검사는 관립·공립 병원이나 의원의 의사에게 위촉하여 실시해야 한다.

검사의(檢査醫)는 육군신체검사규칙 제2장의 규정에 준하여 검사를 실시하여 신체등위를 결정해야 한다.

제8조 구두시험은 도내 고등관 중에서 시험위원을 선정하여 실시해야 한다.

구두시험은 인물을 심사하는 데 참고가 될 만한 설문으로 지원자의 사상, 태도, 언어 등에 대해 인물의 종합적인 심사를 실시하며 신상조사서를 참작해야 한다.

구두시험에서는 국어의 숙달 정도를 검사해야 한다.

제9조 학과시험은 도내 고등관이나 판임관 중에서 시험위원을 선정하여 실시해야 한다.

제10조 지원자훈련소생도채용규칙 제4조 제2항의 규정에 따른 전형을 거친 자가 있을 때는 전형시험의 성적을 지체 없이 본적지를 관할하는 도지사에게 통지하고 동시에 송부받은 서류를 반송해야 한다.

제11조 도지사는 전형시험의 성적에 따라 해당하는 도에서 추천한 입소지원자 수의 대략 1.5배 인원을 선정하여 이를 추첨하여 그 순위를 정하고 상위순서에 따라 입소지원자 수에 상당하는 순위까지 해당하는 자를 추천하며, 지원자훈련소생도채용규칙 제9조의 규정에 따라 보충추천이 필요한 때는 남은 사람 중에서 결정된 순위에 따라 추천해야 한다.

제12조 도지사가 전조의 규정에 따라 추첨할 자의 범위를 결정할 때는 제7조부터 제9조의 규정에 따라 검사의 및 시험위원으로 조직된 추천자전형위원회를 설치하여 의결해야 한다.

제13조 도지사가 추천할 자를 결정한 때는 추천자의 원서, 이력서, 자산 및 소득조서, 증명서, 신상조사서(1통) 및 신체검사표(양식 제2호)에 추천자명부(양식 제3호)를 첨부하여 4월 20일까지 지원자훈련소장에게 송부한다. 동시에 그 내용과 함께 제4조의 규정에 따라 지원자훈련소장이 통지한 일시와 장소를 본인에게 통지해야 한다.

제14조 지원자훈련소장은 전조의 규정에 따라 도지사가 추천한 자에 대해 생도채용예정자를 결정하여 그의 본적지를 관할하는 도지사를 경유하여 원서를 수리한 경찰서장에게 씨명을 통지해야 한다.

제15조 지원자훈련소생도채용규칙 제8조의 규정에 따른 검사는 조선군사령관이 지정하는 군의에게 위촉하여 실시한다.

제16조 지원자훈련소장이 입소자를 결정한 때는 그의 본적지를 관할하는 도지사를 경유하여 원서를 수리한 경찰서장에게 씨명을 통지해야 한다.

부칙

본령은 1938년 4월 3일부터 이를 시행한다.

본령 중에서 기일에 관한 규정은 1938년의 생도 채용에 대해 이를 적용하지 않는다.

이하 양식 생략.

자료 9

육군특별지원병령에 따른 병역 약부호 기입에 관한 건	
구분	조선총독부령 제171호
법령명/건명	육군특별지원병령에 따른 병역 약부호 기입에 관한 건 陸軍特別志願兵令ニ依る兵役略符號記入ニ關スル件
제정·개정·결정·폐지 연월일	공포·시행 1938년 8월 17일
구성	본문 2개 조항, 부칙
선행 규범·법령	육군특별지원병령(1938.2.22. 칙령 제95호)
원문 일부	◉朝鮮總督府令第百七十一號 陸軍特別志願兵令ニ依ル兵役ノ略符號記入ニ關スル件左ノ通定ム 昭和十三年八月十七日　朝鮮總督　南　次郎 第一條　府尹又ハ邑面長ハ師團長ヨリ陸軍特別志願兵令ニ依ル兵役ニ在ル者 ニ付兵役法施行規則第五十九條乃至第六十二條ニ該當スル通知ヲ受ケタル トキハ戸籍ノ欄外ニ兵役ノ略符號ヲ附スベシ其ノ抹消ニ付亦同ジ 第二條　前條ニ規定スル事務ニ付テハ府廳又ハ邑面事務所ノ所在地ヲ管轄ス ル地方法院長之ヲ監督ス 地方法院支廳ノ一人ノ判事又ハ上席判事ハ地方法院長ノ命ヲ承ケ其ノ事務 取扱區域内ニ於ケル前項ノ事務ヲ監督ス 前二項ノ監督ニ付テハ司法行政ノ監督ニ關スル規定ヲ準用ス
주요 내용 및 특징	○ 육군특별지원병의 호적란에 병역 약부호를 기입하도록 지시하는 규정 ○ 1944년 12월 「병역법」에 따른 일반 징병자에 대해 병역 약부호를 기입하는 것으로 확대, 적용됨.
법령 적용 범위	조선
관련 법령 통합·폐지 사항	
유사·파생 법령	병역법 제69조의 호적에 병역 약부호 기입의 건(1944.12.1. 조선총독부령 제399호)

조선총독부령 제171호

1938년 8월 17일

육군특별지원병령에 따른 병역의 약부호 기입에 관한 건

제1조 부윤 또는 읍·면장이 사단장으로부터 육군특별지원병령에 따라 병역에 있는 자에 대해 병역법시행규칙 제59조부터 제62조에 해당하는 통지를 받은 때는 호적란 밖에 병역 약부호를 부기해야 하며 이의 말소에 대해서도 역시 마찬가지이다.

제2조 전조에서 규정하는 사무에 대해서는 부청(府廳) 또는 읍·면사무소의 소재지를 관할하는 지방법원장이 이를 감독한다.

지방법원 지청(支廳)의 1인 판사 또는 상석(上席) 판사는 지방법원장의 명령을 받아 그 사무취급구역 내에서 전항의 사무를 감독한다.

위 2개항의 감독에 대해서는 사법행정의 감독에 관한 규정을 준용한다.

부칙

본령은 발포한 날로부터 이를 시행한다.

자료 10

상이군인대장규칙	
구분	조선총독부령 제206호
법령명/건명	상이군인대장규칙 傷痍軍人臺帳規則
제정·개정·결정·폐지 연월일	공포 1938년 9월 30일 시행 1938년 9월 30일
구성	본문 6개 조항, 부칙
선행 규범·법령	군인상이기장령(1938.8.3. 칙령 제553호) 군인상이기장령(1938.8.27. 칙령 제199호) 군인상이기장령시행규칙(1938.8.27. 육군성령 제33호) 군인상이기장령시행규칙(1938.8.27. 해군성령 제20호)
원문 일부	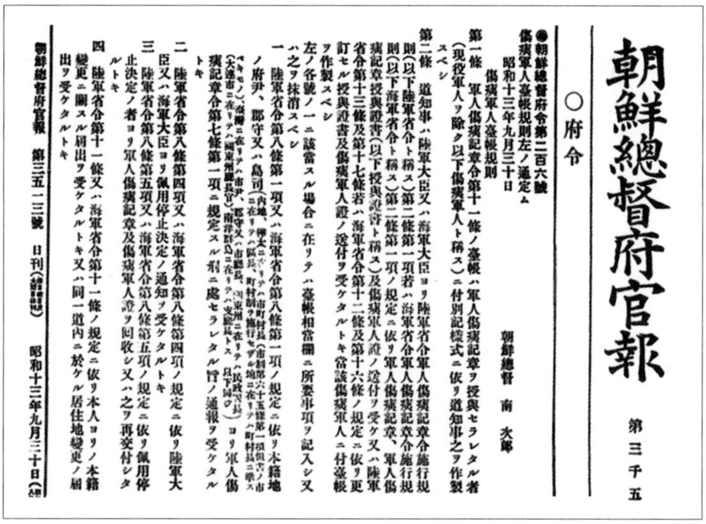 朝鮮總督府官報 第三千五 ○府令 ●朝鮮總督府令第二百六號 傷痍軍人臺帳規則左ノ通定ム 昭和十三年九月三十日 朝鮮總督 南 次郎 傷痍軍人臺帳規則 第一條 軍人傷痍記章令第十一條ノ臺帳ハ軍人傷痍記章ヲ授與セラレタル者(現役軍人ヲ除ク以下傷痍軍人ト稱ス)ニ付別記樣式ニ依リ道知事之ヲ作製スベシ 第二條 道知事ハ陸軍大臣又ハ海軍大臣ヨリ陸軍省令軍人傷痍記章令施行規則(以下陸軍省令ト稱ス)第二條第一項若ハ海軍省令軍人傷痍記章令施行規則(以下海軍省令ト稱ス)第二條第一項ノ規定ニ依リ軍人傷痍記章、軍人傷痍記章授與證書(以下授與證書ト稱ス)及傷痍軍人證ノ送付ヲ受ケ又ハ陸軍省令第十三條及第十七條若ハ海軍省令第十二條及第十六條ノ規定ニ依リ更訂セル授與證書及傷痍軍人證ノ送付ヲ受ケタルトキ當該傷痍軍人ニ付臺帳ヲ作製スベシ 左ノ各號ノ一ニ該當スル場合ニ在リテハ臺帳相當欄ニ所要事項ヲ記入シ又ハ之ヲ抹消スベシ 一 陸軍省令第八條第一項又ハ海軍省令第八條第一項ノ規定ニ依リ本籍地ノ府尹、郡守又ハ島司(内地、樺太ニ在リテハ市町村長(市制第六十五條第一項但書ノ市ニ在リテハ區長、町村制ヲ施行セザル地ニ在リテハ町村長ニ準ズベキモノ)、臺灣ニ在リテハ市尹、郡守又ハ市郡長、關東州ニ在リテハ民政署長(大連市ニ在リテハ關東州廳長官)、南洋群島ニ在リテハ支廳長トス以下同ジ)ヨリ軍人傷痍記章令第七條第一項ニ規定スル刑ニ處セラレタル旨ノ通報ヲ受ケタルトキ 二 陸軍省令第八條第四項又ハ海軍省令第八條第四項ノ規定ニ依リ陸軍大臣又ハ海軍大臣ヨリ佩用停止決定ノ通知ヲ受ケタルトキ 三 陸軍省令第八條第五項又ハ海軍省令第八條第五項ノ規定ニ依リ佩用停止決定ノ者ヨリ軍人傷痍記章及傷痍軍人證ヲ回收シ又ハ之ヲ再交付シタルトキ 四 陸軍省令第十一條又ハ海軍省令第十一條ノ規定ニ依リ本人ヨリノ本籍變更ニ關スル屆出ヲ受ケタルトキ又ハ同一道内ニ於ケル居住地變更ノ屆出ヲ受ケタルトキ 朝鮮總督府官報 第三五一三號 日刊 昭和十三年九月三十日
주요 내용 및 특징	○ 육군 및 해군 상이군인의 상이기장(傷痍記章), 상이기장수여증서, 상이군인증 발급과 처리, 대장의 기입과 삭제 등에 관한 규정
법령 적용 범위	조선을 포함한 제국 전역
관련 법령 통합·폐지 사항	
유사·파생 법령	

조선총독부령 제206호

1938년 9월 30일

상이군인대장규칙

제1조 군인상이기장령(軍人傷痍記章令) 제11조의 대장(臺帳)은 군인상이기장을 수여받은 자(현역군인을 제외한다. 이하 상이군인이라고 칭한다)에 대해 아래의 별도 양식에 따라 도지사가 이를 제조해야 한다.

제2조 도지사가 육군대신 또는 해군대신으로부터 육군성령 군인상이기장령시행규칙(이하 육군성령이라 칭한다) 제2조 제1항 또는 해군성령 군인상이기장령시행규칙(이하 해군성령이라 칭한다) 제2조 제1항의 규정에 따라 군인상이기장, 군인상이기장수여증서(이하 수여증서라 칭한다) 및 상이군인증의 송부를 받거나 육군성령 제13조와 제17조 또는 해군성령 제12조와 제16조의 규정에 따라 변경된 수여증서와 상이군인증의 송부를 받은 때에는 해당 상이군인에 대해 대장을 제조해야 한다.

다음 각호의 하나에 해당할 경우에는 대장의 해당란에 필요한 사항을 기입하거나 이를 말소해야 한다.

1. 육군성령 제8조 제1항 또는 해군성령 제8조 제1항의 규정에 따라 본적지의 부윤, 군수 또는 도사[島司, 내지와 화태에서는 시정촌장(시제 제65조 제1항 단서의 시에서는 구장, 시촌제를 시행하지 않는 지역에서는 정촌장에 준할 것, 대만에서는 시윤, 군수 또는 시청장, 관동주에서는 민정서장(다롄시에서는 관동주청장관), 남양군도에서는 지청장으로 한다. 이하 마찬가지]로부터 군인상이기장령 제7조 제1항에서 규정한 형벌에 처한다는 취지의 통보를 받은 때.
2. 육군성령 제8조 제4항 또는 해군성령 제8조 제4항의 규정에 따라 육군대신 또는 해군대신으로부터 패용(佩用) 중지 결정의 통지를 받은 때.
3. 육군성령 제8조 제5항 또는 해군성령 제8조 제5항의 규정에 따라 패용 중지 결정인 자로부터 군인상이기장 및 상이군인증을 회수하거나 이를 재교부한 때.

4. 육군성령 제11조 또는 해군성령 제11조의 규정에 따라 본인으로부터 본적지 변경에 관한 신고를 받은 때 또는 동일한 도내에서 거주지를 변경한 신고를 받은 때
5. 육군성령 제14조 또는 제15조 제1항 및 제17조 또는 해군성령 제13조 또는 제14조 제1항 및 제16조의 규정에 따라 수여증서 및 상이군인증의 정정신청서, 군인상이기장, 수여증서 또는 상이군인증의 교체신청서 또는 군인상이기장, 수여증서 또는 상이군인증의 재교부신청서에 근거하여 육군대신 또는 해군대신으로부터 군인상이기장, 수여증서 또는 상이군인증의 송부를 받은 때.
6. 육군성령 제15조 제2항 또는 해군성령 제14조 제2항의 규정에 따라 본인으로부터 군인상이기장, 수여증서 또는 상이군인증을 반환받은 때.
7. 구 거주지의 주지사(내지에서는 지방장관, 대만에서는 주지사 또는 청장, 관동주에서는 관동주 청장관, 화태에서는 화태청장관, 남양군도에서는 남양청장관으로 한다)로부터 대장을 송부받았을 때.

제3조 상이군인이 국적을 상실하거나 사망한 경우에 육군성령 제4조 제1항 또는 제3항 또는 해군성령 제4조 제1항 또는 제3항의 규정에 따라 거주지의 부윤, 군수 또는 도사로부터 군인상이기장 및 상이군인증의 송부를 받은 때는 그 대장의 해당란에 필요한 사항을 기입한 후에 이를 삭제해야 한다.

육군성령 제10조 또는 해군성령 제10조에 해당하는 경우에 국적상실 또는 사망에 관하여 본인 또는 유족의 신고 또는 본적지 부윤, 군수 또는 도사의 증명으로 도지사가 그 사실을 인정한 때는 전항의 수속을 할 수 있다.

상이군인이 군인상이기장을 치탈(褫奪)[20]당한 경우에 육군성령 제6조 제1항 또는 해군성령 제6조 제1항의 규정에 따라 본적지의 부윤, 군수 또는 도사로부터 통보를 받은 때, 또는 육군성령 제8조 제4항 또는 해군성령 제8조 제4항의 규정에 따라 육군대신 또는 해군대신으로부터 치탈결정 통지를 받은 때는 대장의 해당란에 필요한 사항을 기입한 후에 이를 삭제해야 한다.

제4조 상이군인이 그 거주지를 해당하는 도 밖으로 이전하여 육군성령 제11조 제2항 또는

---

20 벗겨 빼앗김. 박탈.

해군성령 제11조 제2항의 규정에 따라 새로운 거주지(내지에서는 지방장관, 대만에서는 주지사 또는 청장, 관동주에서는 관동주청장관, 화태에서는 화태청장관, 남양군도에서는 남양청장관으로 한다)로부터 통보가 있을 때는 구 거주지의 도지사가 신속하게 해당 상이군인에 관한 대장을 새로운 거주지의 도지사(내지에서는 지방장관, 대만에서는 주지사 또는 청장, 관동주에서는 관동주청장관, 화태에서는 화태청장관, 남양군도에서는 남양청장관으로 한다)에게 송부해야 한다.

제5조 도지사는 대장에 보호원부(保護原簿)를 부속시키고 상이군인보호에 관한 사항을 기입해야 한다.

제6조 외국에 거주하는 자의 경우에는 본령의 적용에 관해 그의 거주지는 본적지에 있는 것으로 간주한다.

부칙

본령은 발포한 날로부터 이를 시행한다.

육군성령 부칙 제3항 또는 해군성령 부칙 제3항의 규정에 따라 새로운 군인상이기장을 교부받은 자에 관한 대장은 교부한 때에 이를 제조해야 한다.

육군성령 부칙 제4항 또는 해군성령 부칙 제4항의 규정에 따라 육군대신 또는 해군대신으로부터 새로운 수여증서와 상이군인증의 송부가 있을 때는 전항의 대장의 해당하는 란에 필요한 사항을 기입해야 한다.

이하 양식 생략.

자료 11

선원직업능력신고령	
구분	칙령 제23호
법령명/건명	선원직업능력신고령 船員職業能力申告令
제정·개정·결정·폐지 연월일	공포·시행 1939년1월 28일(조선총독부관보 제3633호, 1939.3.2.)
구성	본문 12개 조항, 부칙
선행 규범·법령	국가총동원법 제21조 선원법(1937년 법률 제79호) 조선선원령(1914년 제령 제9호)
원문 일부	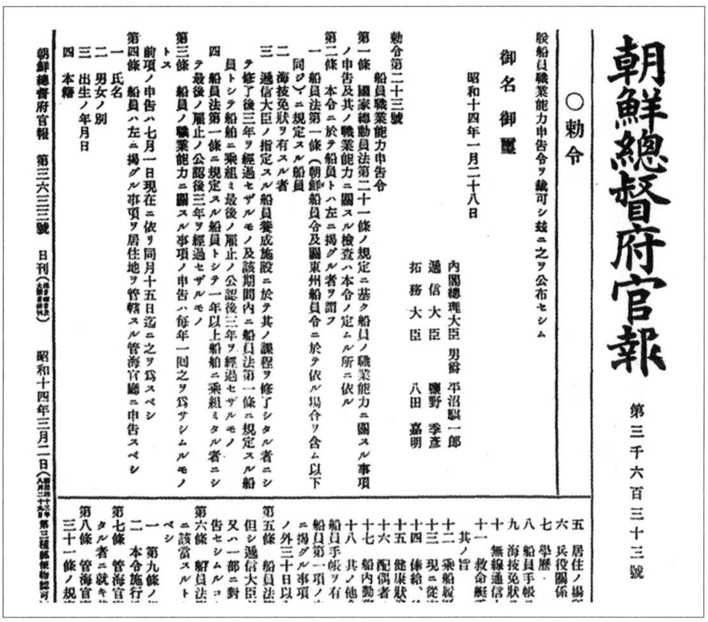 朝鮮總督府官報 第三千六百三十三號 ○勅令 朕船員職業能力申告令ヲ裁可シ茲ニ之ヲ公布セシム 御名御璽 昭和十四年一月二十八日 内閣總理大臣 男爵 平沼騏一郎 遞信大臣 鹽野季彦 拓務大臣 八田嘉明 勅令第二十三號 船員職業能力申告令 第一條 國家總動員法第二十一條ノ規定ニ基ク船員ノ職業能力ニ關スル事項ノ申告及其ノ職業能力ニ關スル檢査ハ本令ノ定ムル所ニ依ル 第二條 本令ニ於テ船員トハ左ニ掲グル者ヲ謂フ 一 船員法第一條(朝鮮船員令及關東州船員令ニ於テ依ル場合ヲ含ム以下同ジ)ニ規定スル船員 二 海技免狀ヲ有スル者 三 遞信大臣ノ指定スル船員養成施設ニ於テ其ノ課程ヲ修了シタル者ニシテ修了後三年ヲ經過セザルモノ及該期間内ニ船員法第一條ニ規定スル船員トシテ船舶ニ乘組ミ最後ノ雇止ノ公認後三年ヲ經過セザルモノ 四 船員法第一條ニ規定スル船員トシテ一年以上船舶ニ乘組ミタル者ニシテ最後ノ雇止ノ公認後三年ヲ經過セザルモノ 第三條 船員ノ職業能力ニ關スル事項ノ申告ハ毎年一回之ヲ爲サシムルモノトス 前項ノ申告ハ七月一日現在ニ依リ同月十五日迄ニ之ヲ爲スベシ 第四條 船員ハ左ニ掲グル事項ヲ居住地ヲ管轄スル管海官廳ニ申告スベシ 一 氏名 二 男女ノ別 三 出生ノ年月日 四 本籍 五 居住ノ場 六 兵役關係 七 學歴・ 八 船員手帳 九 海技免狀 十 無線通信 十一 救命艇 其ノ旨 十二 乘船履 十三 現ニ從 十四 俸給、 十五 健康狀 十六 配偶者 十七 船内勤 十八 其ノ他 船員手帳ヲ有 船員第一項ノ ニ掲グル事項 ノ外三十日以 第五條 船員法 但シ遞信大臣 又ハ一部ニ對 告セシムルコ 第六條 船員法 ニ該當スルト ベシ 一 第九條ノ 二 本令施行 第七條 管海官 タル者ニ就キ 第八條 管海官 三十一條ノ規 朝鮮總督府官報 第三六三三號 日刊 昭和十四年三月二日
주요 내용 및 특징	○ 국가총동원 업무에 사용하고자 3년 경력 미만의 선원과 해기(海技)면허를 취득하거나 선원 등에 대해 직업능력신고를 강제함. ○「조선선원령(朝鮮船員令)」의 대상자를 포함하며, 이후「조선선원직업능력신고령시행규칙」을 통해 조선인 선원의 동원을 시행하는 근거가 됨.
법령 적용 범위	조선을 포함한 제국 전역
관련 법령 통합·폐지 사항	
유사·파생 법령	조선선원직업능력신고령시행규칙(1939.3.2. 조선총독부령 제23호)

칙령 제23호

1939년 1월 28일

선원직업능력신고령

제1조 국가총동원법 제21조의 규정에 근거하여 선원의 직업능력에 관한 사항 신고 및 선원의 직업능력에 관한 검사는 본령이 정하는 바에 따른다.

제2조 본령에서 선원이란 다음에 열거하는 자를 가리킨다.

1. 선원법(船員法) 제1조(조선선원령 및 관동주선원령에 의한 경우를 포함한다. 이하 마찬가지)에서 규정한 선원
2. 해기면허를 지닌 자
3. 체신대신이 지정하는 선원양성시설에서 그 과정을 수료한 자로서 수료 후 3년을 경과하지 않은 자 및 해당 기간 내에 선원법 제1조에서 규정한 선원으로서 선박에 승조하여 마지막 고용의 해지가 공인(公認)된 지 3년을 경과하지 않은 자
4. 선원법 제1조에서 규정한 선원으로서 1년 이상 선박에 승조한 자로서 마지막 고용해지 공인 후 3년을 경과하지 않은 자

제3조 선원직업능력에 관한 사항의 신고는 매년 1회 실시하도록 한다.

전항의 신고는 7월 1일 현재 기준으로 같은 달 15일까지 해야 한다.

제4조 선원은 다음에 열거하는 사항을 거주지를 관할하는 해상 관련 관청에 신고해야 한다.

1. 씨명
2. 남녀 구분
3. 출생년월일
4. 본적
5. 거주 장소
6. 병역 관련
7. 학력

8. 선원수첩을 소지한 때는 해당하는 해상 관청의 약호 및 번호

9. 해기면허를 소지한 때는 종류 및 번호

10. 무선통신사 자격검정 합격증서를 소지한 때는 등급 및 번호

11. 구명정수(救命艇手) 적임증서와 기타 해기에 관한 자격증명서를 소지한 때는 그 내용

12. 승선 이력

13. 현재 종사하는 업무

14. 봉급, 급료 등을 받는 자일 때는 그 금액

15. 건강상태, 특히 선내 근무에 관련된 장애의 유무

16. 배우자 유무 및 현재 부양하는 인원수

17. 선내 근무에 관한 희망사항

18. 기타 명령으로 정하는 사항

선원수첩을 소지한 자는 전항 제12호의 신고를 할 필요가 없다.

선원이 제1항의 신고를 한 후에 동항 제1호, 제4호부터 제6호 그리고 제13호에 열거한 사항에 변경이 발생한 때는 제6조의 규정에 해당하는 경우를 제외하고, 30일 이내에 거주지를 관할하는 해상 관청에 그 내용을 신고해야 한다.

제5조 선원법 제1조에서 규정한 선원은 본령에 따른 신고를 할 필요가 없다.

다만 체신대신이 필요하다고 인정한 선원은 선원법 제1조에서 규정한 선원의 전부 또는 일부에 대해 명령이 정하는 바에 따라 전조 제1항에서 열거한 사항의 일부를 신고하도록 할 수 있다.

제6조 선원법 제3조 및 제4조의 규정에 따라 신고를 한 후에 다음 각호에 해당할 때는 지체 없이 전에 신고를 한 해상 관청에 그 내용을 신고해야 한다.

1. 제9조의 규정에 해당하게 된 때.

2. 본령 시행지 밖으로 거주 장소를 옮긴 때.

제7조 해상 관청은 명령이 정하는 바에 따라 해당 관리로 하여금 본령의 신고를 한 자에 대해 그의 직업능력에 관한 검사를 하도록 할 수 있다.

제8조 해상 관청은 명령이 정하는 바에 따라 본령의 신고에 관하여 국가총동원법 제31조

의 규정에 근거하여 신고를 강제할 수 있다.

제9조 본령은 제6조 제1호의 규정에 따라 신고에 관한 규정을 제외하고, 육해군 군인으로서 현역 중인 자(귀휴하는 하사관과 병사를 제외), 그리고 전시나 사변 시 또는 병역법 제55조 제2항의 규정(지원으로 병적에 편입된 자에 대해서는 이에 해당하는 칙령의 규정을 포함한다)에 따라 소집 중인 자, 병적에 편입된 육해군 학생생도(해군예비연습생 및 해군예비보습생을 포함한다), 육해군 군속, 국가총동원법 제4조의 규정에 따라 징용 중인 자, 그리고 의료관계자직업능력신고령에 따라 신고를 해야 하는 자에 대해서는 이를 적용하지 않는다.

제10조 선원으로서 다음 각호의 하나에 해당하는 자의 신고에 대해서는 명령으로 정하는 바에 따라 신고 기한을 연장할 수 있다.

1. 육해군 군인으로서 소집 중인 자(전조에서 규정하는 소집 중인 자를 제외한다)
2. 외국여행 중인 자
3. 기타 명령으로 정하는 자

제11조 본령 중 체신대신이라고 한 것을 조선에서는 조선총독으로, 대만에서는 대만총독으로, 화태에서는 화태청장관으로, 남양군도에서는 남양청장관으로 하며, 해상 관련 관청이라 한 것을 화태에서는 화태청장관이 지정하는 행정관청으로, 남양군도에서는 남양청장관이 지정하는 행정관청으로 한다.

제12조 본령에서 정한 것 이외에 신고에 관하여 필요한 사항은 명령으로 이를 정한다.

부칙

본령은 공포한 날로부터 이를 시행한다.

1939년(昭和14年)에 한하여 제3조 제2항 중 7월 1일 현재 기준 같은 달 15일까지라고 한 것을 4월 1일 현재 기준 같은 달 15일까지로 한다.

자료 12

조선선원직업능력신고령시행규칙	
구분	조선총독부령 제23호
법령명/건명	조선선원직업능력신고령시행규칙 朝鮮船員職業能力申告令施行規則
제정·개정·결정·폐지 연월일	공포·시행 1939년 3월 2일(조선총독부관보 제3633호, 1939.3.2.)
구성	본문 11개 조항, 부칙
선행 규범·법령	국가총동원법 제21조 선원직업능력신고령(1939년 칙령 제23호) 조선선원령(1914년 제령 제9호)
원문 일부	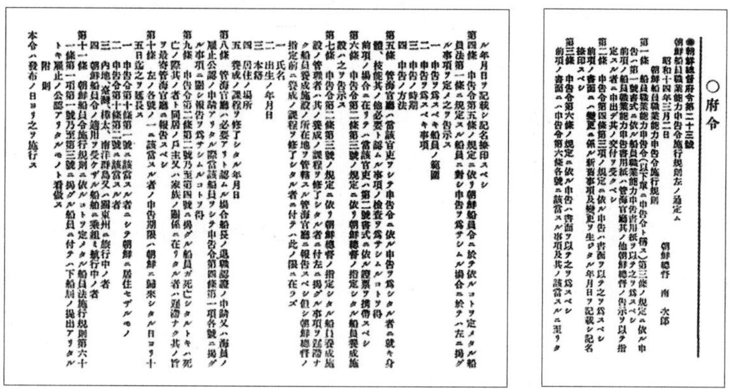 ○府令 朝鮮總督府令第二十三號 朝鮮船員職業能力申告令施行規則左ノ通定ム 昭和十四年三月二日 朝鮮總督 南 次郎 朝鮮船員職業能力申告令施行規則 第一條 船員職業能力申告令(以下單ニ申告令ト稱ス)第三條ノ規定ニ依ル申告ハ第一號書式ニ依ル船員職業能力申告書用紙ヲ以テ之ヲ爲スベシ 前項ノ船員職業能力申告書用紙ハ管海官廳其ノ他朝鮮總督ノ告示ヲ以テ指定スル者ニ申出デ其ノ交付ヲ受クベシ 第二條 申告令第四條第三項ノ規定ニ依ル申告ハ書面ヲ以テ之ヲ爲スベシ 前項ノ書面ニハ變更ニ係ル新舊事項及變更ヲ生ジタル年月日ヲ記載シ記名捺印スベシ 第三條 申告令第六條ノ規定ニ依ル申告ハ書面ヲ以テ之ヲ爲スベシ 前項ノ書面ニハ申告令第六條各號ニ該當スル事項及其ノ該當スルニ至リタル年月日ヲ記載シ記名捺印スベシ 第四條 申告令第五條ノ規定ニ依リ朝鮮船員令ニ於テ依ルコトヲ定メタル船員法第一條ニ規定スル船員ニ對シ申告ヲ爲サシムル場合ニ於テハ左ニ揭グル事項ヲ定メ之ヲ告示ス 一 申告ヲ爲スベキ船員ノ範圍 二 申告ヲ爲スベキ事項 三 申告ノ時期 四 申告ノ方法 第五條 管海官廳ハ當該官吏ヲシテ申告令ニ依ル申告ヲ爲シタル者ニ就キ身體、技能其ノ他必要ト認ムル事項ノ檢查ヲ爲サシムルコトヲ得 前項ノ場合ニ在リテハ當該官吏ハ第二號書式ニ依ル證票ヲ携帶スベシ 第六條 申告令第二條第三號ノ規定ニ依リ朝鮮總督ノ指定シタル船員養成施設ハ之ヲ告示ス 第七條 申告令第二條第三號ノ規定ニ依リ朝鮮總督ノ指定シタル船員養成施設ノ管理者ハ其ノ養成ノ課程ヲ修了シタル者ニ付左ニ揭グル事項ヲ遲滯ナク船員養成施設ノ所在地ヲ管轄スル管海官廳ニ報告スベシ但シ朝鮮總督ノ指定前ニ養成ノ課程ヲ修了シタル者ニ付テハ此ノ限ニ在ラズ 一 氏名 二 出生ノ年月日 三 本籍 四 居住ノ場所 五 養成ノ課程ヲ修了シタル年月日 第八條 管海官廳ハ必要アリト認ムル場合船長ノ退職認證ノ申請又ハ海員ノ雇止公認ノ申請アリタル際當該船員ヲシテ申告令第四條第一項各號ニ揭グル事項ニ關シ報告ヲ爲サシムルコトヲ得 第九條 申告令第二條第二號乃至第四號ニ揭グル船員ガ死亡シタルトキハ死亡ノ際其ノ者ト同居ノ戶主又ハ家族ノ關係ニ在リタル者ハ遲滯ナク其ノ旨ヲ最寄管海官廳ニ報告スベシ 第十條 左ノ各號ノ一ニ該當スル者ノ申告期限ハ朝鮮ニ歸來シタル日ヨリ十五日迄之ヲ延長ス 一 申告令第十條第一號ニ該當スル者ニシテ朝鮮ニ居住セザルモノ 二 申告令第十條第二號ニ該當スル者 三 內地、臺灣、樺太、南洋群島又ハ關東州ニ旅行中ノ者 四 朝鮮船員令ノ適用ヲ受ケザル船舶ニ乘組ミ航行中ノ者 第十一條 朝鮮船員令施行規則ニ依ルコトヲ定メタル船員法施行規則第六十一條第一項第一號乃至第三號ニ揭グル船員ニ付テハ下船屆ノ提出アリタルトキハ雇止ノ公認アリタルモノト看做ス 附 則 本令ハ發布ノ日ヨリ之ヲ施行ス
주요 내용 및 특징	○「조선선원직업능력신고령」에 따른 조선인 선원의 신고, 선원양성소 졸업자의 신고, 승선 및 하선, 해지 등의 신고의 절차에 관한 규칙
법령 적용 범위	조선
관련 법령 통합·폐지 사항	
유사·파생 법령	

조선총독부령 제23호

1939년 3월 2일

조선선원직업능력신고령시행규칙

제1조 선원직업능력신고령(이하 간단히 신고령이라 칭한다) 제3조의 규정에 따른 신고는 제1호 양식에 따라 선원직업능력신고서 용지를 사용해야 한다.

전항의 선원직업능력신고서 용지는 해상 관련 관청과 기타 조선총독의 고시(告示)로 지정하는 자에게 신청하고 그의 교부를 받아야 한다.

제2조 신고령 제4조 제3항의 규정에 따른 신고는 서면으로 이를 해야 하며, 전항의 서면에는 변경에 관한 신구(新舊) 사항 및 변경이 발생한 연월일을 기재하여 서명, 날인해야 한다.

제3조 신고령 제6조의 규정에 따른 신고는 서면으로 이를 해야 한다.

전항의 서면에는 신고령 제6조 각호에 해당하는 사항과 이에 해당하게 된 연월일을 기재하여 서명, 날인해야 한다.

제4조 신고령 제5조의 규정에 따라 조선선원령에 따를 것을 정한 선원법 제1조에서 규정한 선원에 대하여 신고를 하게 할 경우에는 다음에 열거하는 사항을 정하여 이를 고시한다.

1. 신고를 해야 할 선원의 범위
2. 신고를 해야 할 사항
3. 신고 시기
4. 신고 방법

제5조 해상 관청은 해당 관리로 하여금 신고령에 따른 신고를 한 자에 대하여 신체, 기능, 기타 필요하다고 인정한 사항을 검사하도록 할 수 있다.

전항의 경우에 해당 관리는 제2호 양식에 따라 증표를 휴대해야 한다.

제6조 신고령 제2조 제3호의 규정에 따라 조선총독이 지정한 선원양성시설은 이를 고시한다.

제7조 신고령 제2조 제3항의 규정에 따라 조선총독이 지정한 선원양성시설의 관리자는 양성과정을 수료한 자에 대해 다음에 열거하는 사항을 지체 없이 선원양성시설의 소

재지를 관할하는 해상 관청에 보고해야 한다. 다만 조선총독의 지정 이전에 양성과정을 수료한 자에 대해서는 여기에 제한을 받지 않는다.

1. 씨명

2. 출생년월일

3. 본적

4. 거주 장소

5. 양성과정을 수련한 년월일

제8조 해상 관청은 필요하다고 인정할 경우 선장의 퇴직인증 신청 또는 해원(海員)의 고용해지 공인 신청이 있을 때 해당 선원에게 신고령 제4조 제1항의 각호에 열거한 사항에 관하여 보고하도록 할 수 있다.

제9조 신고령 제2조 제2호부터 제4호에 열거한 선원이 사망한 때는 사망 시 그자와 동거하는 호주 또는 가족 관계에 있는 자가 지체 없이 그 내용을 가장 가까운 해상 관청에 보고해야 한다.

제10조 다음 각호의 하나에 해당하는 자의 신고 기한은 조선에 돌아온 날로부터 10일까지 이를 연장한다.

1. 신고령 제10조 제1호에 해당하는 자로서 조선에 거주하지 않는 자

2. 신고령 제10조 제2호에 해당하는 자

3. 내지, 대만, 화태, 남양군도 또는 관동주로 여행 중인 자

4. 조선선원령의 적용을 받지 않는 선박에 승선하여 항해 중인 자

제11조 조선선원령시행규칙에 따를 것을 정한 선원법시행규칙 제61조 제1항 제1호부터 제3호에 열거한 선원에 대해서는 하선 신고서 제출이 있을 때 고용해지를 공인한 것으로 간주한다.

부칙

본령은 발포한 날로부터 이를 시행한다.

이하 양식 생략.

자료 13

병역법 중 개정	
구분	법률 제1호
법령명/건명	병역법 중 개정 兵役法中改正
제정·개정·결정·폐지 연월일	공포 1939년 3월 9일 시행 1939년 3월 31일
구성	본문 19개 조항, 부칙
선행 규범·법령	병역법(1927년 법률 제47호)
원문 일부	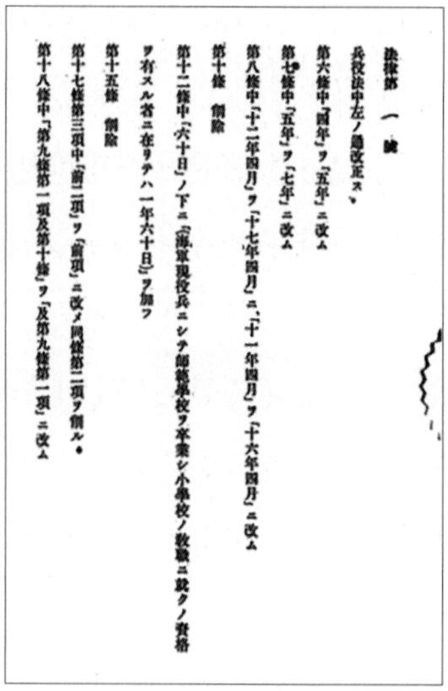 法律第一號 兵役法中左ノ通改正ス 第六條中「四年」ヲ「五年」ニ改ム 第七條中「五年」ヲ「七年」ニ改ム 第八條中「十二年四月」ヲ「十七年四月」ニ、「十一年四月」ヲ「十六年四月」ニ改ム 第十條　削除 第十二條中「六十日」ノ下ニ「海軍現役兵ニシテ師範學校ヲ卒業シ小學校ノ教職ニ就クノ資格ヲ有スル者ニ在リテハ一年六十日」ヲ加フ 第十五條　削除 第十七條第三項中「前二項」ヲ「前項」ニ改メ同條第二項ヲ削ル 第十八條中「第九條第一項及第十條」ヲ「及第九條第一項」ニ改ム 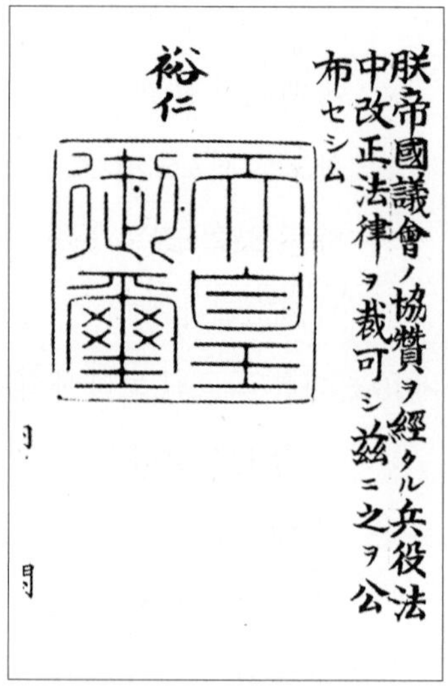 朕帝國議會ノ協贊ヲ經タル兵役法中改正法律ヲ裁可シ茲ニ之ヲ公布セシム 裕仁
주요 내용 및 특징	○ 병력 확보를 위해 「병역법」을 개정하여 복무기간 등을 확대함. ○ 해군의 예비역 및 후비역 복무연한 연장, 제2보충병역의 복무연한 연장, 단기 현역병제 폐지, 재학징집연기 기간 단축, 근무연습 소집일수 연장
법령 적용 범위	조선을 포함한 제국 전역
관련 법령 통합·폐지 사항	
유사·파생 법령	

법률 제1호

1939년 3월 8일[21]

병역법 중 개정

제6조 중 '4년'을 '5년'으로 개정한다.

제7조 중 '5년'을 '7년'으로 개정한다.

제8조 중 '12년 4개월'을 '17년 4개월'로, '11년 4개월'을 '16년 4개월'로 개정한다.

제10조 삭제

제12조 중 '60일'의 다음에 '해군현역병으로서 사범학교를 졸업하고 소학교 교직 자격을 소지한 자의 경우는 1년 60일'을 추가한다.

제15조 삭제

제17조 제3항 중 '제2항'을 '전항'으로 고치고 동조 제2항을 삭제한다.

제18조 중 '제9조 제1항 및 제10조'를 '및 제9조 제1항'으로 개정한다.

제33조 현역에 적합한 자는 칙령이 정하는 바에 따라 체격등위의 우열을 기준으로 징집예정자와 징집순서를 정하고 각 징모구의 배정 인원에 따라 현역병, 제1보충병의 순서로 징집한다.

전항의 징집순서를 정하는 경우에 체격등위가 동일한 자에 대해 특별히 필요 있을 때는 칙령이 정하는 바에 따라 추첨방법으로 그 징집순서를 정할 수 있다.

제1항의 규정에 따라 징집해야 할 자가 속한 병종은 각 징모구의 배정 인원에 따라 신체조건, 예능 및 직능을 고려하여 정한다.

현역에 적합한 자로서 현역병 또는 제1보충병으로 징집될 자는 이를 제2보충병에 징집한다.

현역병징집예정자로서 그가 속할 병종이 정해진 자는 본인의 희망에 따라 제1항과

---

21 이는 천황이 재가한 날짜이다. 공포일은 앞쪽의 표를 참조 바람

제2항의 규정에 따른 징집순서에 구애됨이 없이 현역병으로 징집할 수 있다.

제38조 삭제

제41조 징병검사를 받아야 할 자로서 칙령이 정하는 학교에 재학 중인 자에 대해서는 칙령이 정하는 바에 따라 연령 26세를 한도로 징집을 연기한다.

전항의 규정에 따라 징집이 연기된 자에 대해서는 재학 사유가 중지된 해 또는 그 이듬해에 징병검사를 실시한다. 다만 하나의 학교를 졸업한 날로부터 6개월 이내에 다른 학교에 입학하는 자에 대해서는 징집연기 사유가 계속되는 것으로 간주한다.

제1항의 규정에 따라 징집이 연기된 기간이 만료되는 해에도 재학의 사유가 여전히 끝나지 않은 자에 대해서는 그해 징병검사를 실시한다.

전시 또는 사변 시 특별히 필요한 경우에는 칙령이 정하는 바에 따라 징집을 연기하지 않을 수 있다.

제45조 제2항 중 '제3항'을 '제2항'으로 개정한다.

제49조 다음에 열거하는 자가 징집예정자가 될 경우에는 그의 징집순서는 제33조 제5항의 규정에 따른 자로 하며, 기타의 자보다 상위로 한다.

1. 제46조 제2항의 규정에 해당하는 자
2. 제47조의 규정에 해당하는 자
3. 제74조에서 규정하는 죄를 저지르고 형벌에 처해진 자
4. 제76조에서 규정하는 죄를 저지르고 형벌에 처해진 자

제53조 제1항 중 '제41조 제32항 또는 제4항'을 '제41조 제2항 또는 제3항'으로, '제66조 제1항 또는 제67조'를 '또는 제66조 제1항'으로, 동조 제2항 중 '제17조 제1항 또는 제2항'을 '제17조 제1항'으로 개정한다.

제55조 제2항 중 '복무 1년차의'를 삭제한다.

제56조 제3항을 다음과 같이 개정한다.

전항에서 규정하는 소집 일수는 특별히 필요한 경우에 한하여 50일 이내로 연장할 수 있다. 이 경우에는 제1항에서 규정한 소집 회수를 1회씩 감소한다.

제57조 제1항 중 '제1보충병'을 '보충병'으로 개정한다.

제62조 제4항 중 '인정하는 자일 때는'의 다음에 '소집 기일 또는 소집 년차를 변경하거나'

를 추가한다.

제67조 삭제

제73조 중 '제국 밖에 있는 제국신민을 위해 설치한 학교'를 '제국 밖에 있는 학교'로 개정한다.

부칙

본령은 1939년 3월 31일부터 이를 시행한다. 다만 제10조, 제12조, 제15조, 제17조, 제18조, 제38조, 제41조, 제45조 및 제67조의 개정 규정과 제53조의 개정 규정 중 제17조, 제41조 및 제67조에 관한 부분은 1939년 12월 1일부터 이를 시행한다.

1939년 3월 31일 현재 제19조의 규정에 근거하여 복무 기간이 연장된 자의 복무는 제8조의 개정 규정에 구애됨이 없이 종전대로 한다.

1939년 12월 1일 현재 단기현역병으로서 징집되어 아직 입영하지 않은 자와 단기현역병으로서 복무를 마친 자의 복무는 역시 종전대로 한다.

1939년 12월 1일 현재 중학교 또는 종전의 제41조 규정에 따라 중학교 학과 정도 이상으로 인정되는 학교에 재학하는 자에 대한 징집의 연기는 그가 현재 재학하는 학교에 계속 재학하는 동안에는 제41조의 개정 규정에 구애됨이 없이 종전대로 한다.

자료 14

국민징용령에 따른 육군 징용자 급여에 관한 건	
구분	육군성령 제33호
법령명/건명	국민징용령에 따른 육군 징용자 급여에 관한 건 國民徵用令二依リ陸軍二徵用セラレタル者ノ給與二關スル件
제정·개정·결정·폐지 연월일	공포 1939년 7월 14일(일본관보 제3756호, 1939.7.14.) 시행 1939년 7월 15일
구성	본문 12개 조항, 부칙
선행 규범·법령	국가총동원법 제4조 육군여비규칙(1899.6.7. 육군성령 제16호) 대동아전쟁에 관한 육군전시급여규칙 특례의 건(1937.8.19. 칙령 제434호)
원문 일부	 官報 昭和十四年七月十四日 金曜日 第三千七百五十六號 省令 ◎陸軍省令第三十三號 國民徵用令ニ依リ陸軍ニ徵用セラレタル者ノ給與ニ關スル件左ノ通定ム 昭和十四年七月十四日 陸軍大臣 板垣征四郎 第一條 國民徵用令ニ依リ陸軍ニ徵用セラレタル者（以下徵用員ト稱ス）ノ給與ニ關シテハ本令ノ定ムル所ニ依ル 本令ニ明文ナキモノハ陸軍軍屬ノ給與ニ關スル規定ニ依ル 第二條 官吏タル徵用員ノ給與ハ俸給ニ付テハ前官衙ニ於ケル俸給ニ關スル規定ニ依リ其ノ他ノ給與ニ付テハ陸軍文官ノ給與ニ關スル規定（朝鮮又ハ臺灣ニ勤務シアルモノニシテ朝鮮又ハ臺灣ニ徵用セラレタルモノノ在勤加俸ニ付テハ前官衙ノ在勤加俸ノ規定ニ依ル）ヲ準用ス 第三條 前條以外ノ徵用員ノ給與ハ陸軍ノ囑託員又ハ雇員ノ給與ニ關スル規定ヲ準用ス但シ徵用員ノ手當又ハ給料ノ初給基本額ハ待遇官吏又ハ公吏ニ在リテハ前官衙又ハ公署ニ於ケル從前ノ俸給額ニ相當スル額（囑託者手當トシテ取扱フモノトス）ニ依リ其ノ他ノ者ニ在リテハ別表ニ依リ徵用令書ニ記載セラレアル出頭場所タル陸軍部隊（以下出頭部隊ト稱ス）ニ於テ之ヲ定ムベシ 第四條 俸給（手當、給料ヲ含ム以下之ニ同ジ）ハ出頭部隊ニ出頭ノ日ヨリ徵用ヲ解除セラレタル日迄徵用員ガ現ニ業務ニ從事スル部隊（以下就業部隊ト稱ス）ニ於テ之ヲ支給スベシ 第五條 在勤加俸、特別手當又ハ戰時增給（陸軍戰時給與規則第六條若ハ第十六條又ハ昭和十二年勅令第四百三十四號ニ規定スル增給ヲ謂フ）ハ就業部隊ニ到著ノ日ヨリ徵用ヲ解除セラレタル日迄就業部隊ニ於テ之ヲ支給スベシ 第六條 官吏タル徵用員ニシテ出頭部隊ニ出頭スル場合及出頭部隊ヨリ就業部隊ニ赴ク場合竝ニ徵用ヲ解除セラレ前官衙ニ復歸スル場合ノ旅費ハ陸軍旅費規則ニ定ムル陸軍文官ノ轉任赴任者ニ關スル規定ヲ準用ス但シ旅費ノ支給區分ニ付テハ第七條ノ例ニ依ル 第七條 官吏以外ノ者タル徵用員ニシテ就業部隊ニ赴ク場合又ハ徵用ヲ解除セラレ歸郷スル場合ノ旅費ハ左ノ區分ニ依ル 一 徵用員ノ現住地ヨリ出頭部隊所在地迄及出頭部隊所在地ヨリ徵用令書ニ記載セラレアル總動員業務ヲ行フ部隊（以下徵用部隊ト稱ス）ノ所在地迄ハ各順路ニ應ジ陸軍旅費規則ニ定ムル鐵道旅費及支度料（滿洲ニ赴ク者ニ限ル）竝ニ 官報 第三千七百五十六號 昭和十四年七月十四日 金曜日
주요 내용 및 특징	○ 육군에 징용된 군무원(군속)에 대한 급여의 기준과 내용에 관한 규정 ○ 육군에 징용된 자를 징용원(徵用員)이라 칭함. ○ 조선과 대만에서 징용된 자를 언급함(제2조). ○「국가총동원법」제4조에 근거한 피징용자(被徵用者) 급여 규정의 전례가 됨.
법령 적용 범위	조선을 포함한 제국 전역
관련 법령 통합·폐지 사항	
유사·파생 법령	국가총동원법 제4조에 근거한 육군 징용자 급여에 관한 건(1941년 육군성령 제59호) 국민징용령에 따른 해군 징용자 급여에 관한 건(1940년 해군성령 제11호)

육군성령 제33호

1939년 7월 14일

국민징용령에 따른 육군 징용자 급여에 관한 건

제1조 국민징용령에 따라 육군에 징용된 자(이하 징용원이라 칭한다)의 급여에 관해서는 본령이 정하는 바에 따른다.

본령에 명문으로 하지 않은 것은 육군군속의 급여에 관한 규정에 따른다.

제2조 관리인 징용원의 봉급은 급여에 대해서는 이전 관청에서의 관련 규정에 따르고, 다른 급여에 대해서는 육군 문관의 급여에 관한 규정[조선, 대만 또는 화태에서 근무하고 있는 자로서 조선, 대만 또는 화태에서 징용된 자의 재근가봉(在勤加俸)[22]에 대해서는 이전 관청에서의 재근가봉 규정에 따른다]을 준용한다.

제3조 전조 이외의 징용원의 급여는 육군의 촉탁원(囑託員), 고원의 급여에 관한 규정을 준용한다. 다만 징용원의 수당 또는 급료의 초급 기본액은 대우관리(待遇官吏) 또는 공리(公吏)의 경우에는 이전 관청 또는 관공서의 종전 급여액에 상당하는 금액(촉탁자 수당으로 취급한다)에 따르고, 그 외의 자에 대해서는 별표에 따라 징용령서(徵用令書)에 기재된 출두장소인 육군부대(이하 출두부대라 칭한다)에서 이를 정해야 한다.

제4조 봉급(수당, 급료를 포함한다. 이하 마찬가지)은 출두부대에 출두한 날로부터 징용을 해제한 날까지 징용원이 현재 업무에 종사하는 부대(이하 취업부대라 칭한다)에서 이를 지급해야 한다.

제5조 재근가봉, 특별수당 또는 전시증액급여(육군전시급여규칙 제6조 또는 제16조 또는 1937년 칙령 제434호에서 규정한 급여를 가리킨다)는 취업부대에 도착한 날로부터 징용을 해제한 날까지 취업부대에서 이를 지급해야 한다.

제6조 관리인 징용원이 출두부대로 출두할 경우와 출두부대로부터 취업부대까지 이동할

22 봉급 외 추가 근무수당을 가리킨다.

경우, 그리고 징용이 해제되어 이전 관청으로 복귀할 경우의 여비는 육군여비규칙에서 정한 육군 문관의 전임전직자(轉任轉職者)에 관한 규정을 준용한다. 다만 여비의 지급청에 대해서는 제7조의 사례에 따른다.

第7조 관리가 아닌 징용원이 취업부대로 이동할 경우, 또는 징용이 해제되어 귀향할 경우의 여비는 다음 구분에 따른다.

1. 징용원의 현재지로부터 출두부대 소재지(출두부대와 취업부대가 다를 때는 취업부대 소재지)까지, 그리고 출두부대 소재지에서 징용령서에 기재되어 있는 총동원 업무를 할 부대(이하 징용부대라 칭한다)의 소재지까지는 각 순로(順路)에 맞게 육군여비규칙에서 정한 여비와 준비비(만주로 가는 자에 한정한다) 그리고 1937년(昭和12年) 칙령 제434호에서 정한 수당금(중국으로 가는 자에 한정한다)을 출두부대에서 지급한다.
2. 징용부대 소재지에서 취업부대 소재지까지는 징용부대에서 육군여비규칙에서 정한 여비를 지급한다.
3. 징용이 해제되어 귀향할 경우에는 취업부대 소재지로부터 징용된 때의 거주지까지 순로와 징용 중일 때의 신분에 따라 육군여비규칙에서 정한 영외자 귀향여비를 취업부대에서 지급한다.

第8조 위의 2개조의 여행을 할 경우에는 징용원의 현재지, 출두부대 소재지, 징용부대 소재지, 그리고 취업부대 소재지까지 각 구간을 모두 합쳐서 이를 하나의 부임여행으로 간주한다.

第9조 징용원으로서 출두부대 또는 징용부대에서 징용이 해제되어 귀향할 경우에 봉급과 여비, 기타 급여의 지급에 관해서는 출두부대 또는 징용부대를 취업부대로 간주한다.

第10조 여비의 선금을 지급하지 않으면 징용에 응할 수 없는 자에게는 징용원의 현재지 시정촌 또는 이에 준하는 곳에서 징용원의 현재지로부터 출두부대 소재지까지 순로에 맞추어 육군여비규칙에서 정한 소집여비에 상당하는 금액(하사관 이하의 정액에 따른다)과 80엔(만주 또는 중국으로 부임하는 자에 한정한다)을 대신하여 선지급해야 한다.

第11조 시정촌 또는 이에 준하는 곳이 전조의 여비를 대신 선지급할 때는 징용원 출두여비 수령증(별지 양식)을 징구하고, 징용령서 뒷면에 지급한 시정촌의 명칭, 지급연월일 및 '여비금 몇 엔 몇십 전 지급 완료'라고 기재하고 날인하여 징용원에게 반환하는 동시에 증빙서를 구비하여 해당 금액의 환급을 징용원의 출두부대에 청구해야 한다.

제12조 출두부대는 전조의 여비대체지급액을 조사하여 징용원에게 지급한 여비 중에서 이를 공제한 잔액을 본인에게 지급해야 한다.

부칙

본령은 1939년 7월 15일부터 이를 시행한다.

자료 15

육군지원병령	
구분	칙령 제291호
법령명/건명	육군지원병령 陸軍志願兵令
제정·개정·결정·폐지 연월일	공포·시행 1940년 4월 23일
구성	본문 20개 조항, 부칙
선행 규범·법령	병역법(1927년 법률 제47호)
원문 일부	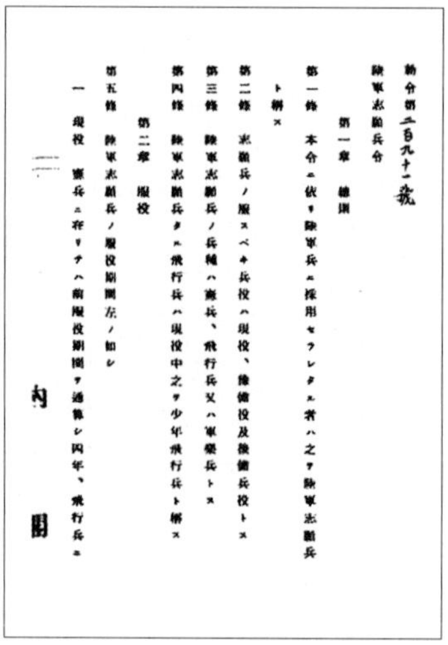 勅令第二百九十一號 陸軍志願兵令 第一章 總則 第一條 本令ニ依リ陸軍兵ニ採用セラレタル者ハ之ヲ陸軍志願兵ト稱ス 第二條 志願兵ノ服スベキ兵役ハ現役、豫備役及後備兵役トス 第三條 陸軍志願兵ノ兵種ハ憲兵、飛行兵又ハ軍樂兵トス 第四條 陸軍志願兵タル飛行兵ハ現役中之ヲ少年飛行兵ト稱ス 第二章 服役 第五條 陸軍志願兵ノ服役期間左ノ如シ 一 現役 憲兵ニ在リテハ前服役期間ヲ通算シ四年、飛行兵ニ 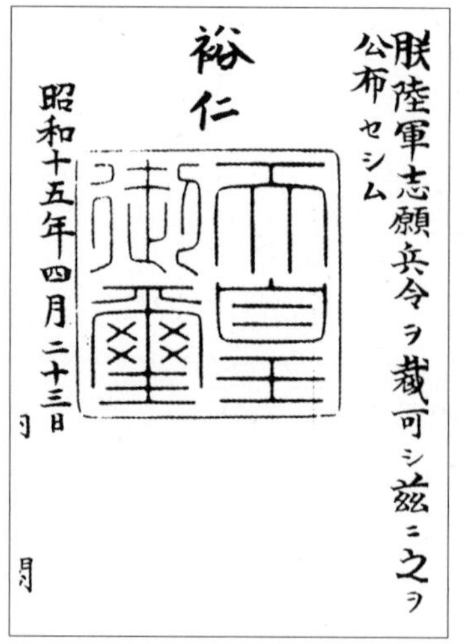 朕陸軍志願兵令ヲ裁可シ茲ニ之ヲ公布セシム 裕仁 天皇御璽 昭和十五年四月二十三日
주요 내용 및 특징	○ 부족한 병력을 충원하기 위해 육군 학교 등에 재학 중인 학생과 소년을 지원병으로 충원하는 것에 관한 칙령 ○ 헌병, 비행병, 군악병의 병과에 한정하였는데, 비행병의 경우 소년비행병으로 칭하였으며, 소위 자살특공대인 가미카제 특공대로 활용함. ○ 조선인 청년이 소년비행병으로 동원되는 계기가 됨.
법령 적용 범위	조선을 포함한 제국 전역
관련 법령 통합·폐지 사항	
유사·파생 법령	육군특별지원병령(1938년 칙령 제95호)

칙령 제291호

1940년 4월 23일

육군지원병령

제1장 총칙

제1조 본령에 따라 육군병으로 채용된 자는 이를 육군지원병이라 칭한다.

제2조 지원병이 복무해야 할 병역은 현역, 예비역 그리고 후비병역으로 한다.

제3조 육군지원병의 병종은 헌병, 비행병 그리고 군악병으로 한다.

제4조 육군지원병인 비행병은 현역 중 이를 소년비행병이라 칭한다.

제2장 복역

제5조 육군지원병의 복역 기간은 다음과 같다.

1. 현역

헌병의 경우에는 전에 복역한 기간을 합산하여 4년, 비행병의 경우에는 채용된 달의 1일부터 기산하여 3년, 군악병의 경우에는 채용된 해의 12월 1일부터 기산하여 5년으로 한다.

2. 예비역

현역 기간을 합산하여 7년 4개월로 한다.

3. 후비병역

전에 복역한 기간을 합산하여 17년4개월로 한다.

전시 또는 사변 시 기타 필요한 경우에는 전항의 제1호에 규정된 기산일을 변경할 수 있다.

제6조 현역을 마친 자는 예비역으로, 예비역을 마친 자는 후비병역으로 복무시킨다.

후비병역을 마친 자로서 연령이 40세 미만인 자는 제1국민병역에 복무시킨다.

제7조 육군지원병의 현역 기간은 본인의 희망에 따라 연령 30세까지로 한정하고, 이를 연장할 수 있다.

제8조 헌병과 군악병은 영외에 거주하는 것을 기본으로 하고, 비행병은 영내에 거주시킨다.

제9조 육군지원병의 등급은 해당 병과부(兵科部)의 상등병(上等兵)으로 한다.

제10조 육군지원병으로서 2년 이상 현역에 있는 자가 성적이 불량한 때는 이를 현역 만기로 하거나 또는 현역의 연장을 해지할 수 있다.

제11조 육군지원병으로서 다음 각호의 하나에 해당하는 자는 육군지원병을 면제하며, 이를 해당 병과부의 일등병(一等兵)으로 한다. 다만 해당 병과부에서 일등병이 없을 때는 원래 병과의 일등병으로 하며, 원래 병과가 없을 때는 보병과의 일등병으로 한다.

1. 금고 이상의 형벌에 처해진 자. 다만 육군형법 또는 해군형법에 따라 1년 미만의 금고형에 처해진 자는 제외한다.
2. 육군징벌령에 따라 강등된 자

제12조 육군지원병의 복무에 관해서는 병역법 제12조, 제14조 제1항 제2호, 제16조 및 제18조부터 제22조, 그리고 병역법시행령 제14조, 제15조, 제18조, 제21조 제1항 및 제2항, 제22조, 제32조, 제34조 제1항, 제35조부터 제39조 및 제41조의 규정을 준용한다.

제3장 채용

제13조 헌병은 대체로 1년 9개월 이상 영내에 거주하며, 육군헌병학교 또는 육군대신이 지정하는 부대에서 헌병교습병 과정을 졸업한 자로 충당한다.

제14조 헌병교습병은 보병, 기병, 포병, 공병, 항공, 치중병(輜重兵)의 병 중에서 대체로 9개월 이상 영내에 거주하며 품행이 방정하고, 지조가 확실한 자로서 헌병을 지원한 자 중에서 전형을 거쳐 채용한다.

전항에서 규정한 영내 거주 기간은 전시 또는 사변 시 기타 필요한 경우에 육군대신이 정하는 바에 따라 이를 단축할 수 있다.

제15조 전조의 헌병교습병을 제13조에서 규정한 부대로 파견하는 것에 대해서는 육군대신이 정하는 바에 따른다.

제16조 헌병교습병으로서 다음 각호의 하나에 해당하는 자는 헌병교습병을 면제한다.

1. 군기가 문란하거나 여러 번 규칙을 어기거나 품행이 불량하여 개선될 가능성이 없는 자
2. 성적이 불량하고 수업을 마칠 가능성이 없는 자
3. 질병 기타 신체 또는 정신 이상으로 인하여 수업을 마칠 가능성이 없는 자
4. 위의 각호에 열거한 자 외에 헌병으로서 적합하지 않다고 인정되는 자

제17조 소년비행병은 구마가야(熊谷) 육군비행학교 생도, 미도(水戸) 육군비행학교 생도 또는 육군항공정비학교 생도의 과정을 졸업한 자로 충당한다.

제18조 군악병은 육군 토야마(戸山)학교 군악생도의 과정을 졸업한 자로 충당한다.

제19조 육군지원병의 채용과 입영에 관하여 필요한 사항은 육군대신이 정한다.

제4장 소집

제20조 육군지원병의 소집, 열병, 점호에 관해서는 병역법 제54조부터 제56조, 제59조부터 제63조, 제65조 제2항, 그리고 병역법시행령 제4장 및 제143조의 규정을 준용한다.

부칙

제21조 본령은 공포한 날로부터 이를 시행한다.

제22조 본령을 시행하는 현재 구마가야 육군비행학교 조종(操縱)생도, 육군항공정비학교 기술생도, 미토 육군비행학교 통신생도 중 2학년 생도인 자, 미토 육군비행학교 특종(特種)생도 그리고 육군보충령 제67조에서 규정한 하사관 후보자는 본령에 따라 소년비행병으로 채용된 자로 한다.

제23조 육군대신이 특별히 필요하다고 인정할 때는 전조의 규정에 따라 육군지원병이 된 자의 현역 기간 기산일에 관하여 별도로 정할 수 있다.

제24조 당분간 헌병은 보병, 기병, 포병, 공병, 항공병, 치중병 병과의 병 중에서 대체로 1년

6개월 이상 영내에 거주하며 품행이 방정하고 지조가 확실한 자로서 헌병을 지원하며 헌병 근무에 필요한 학과기술을 습득한 자로 충당할 수 있다.

전항에서 규정한 학과기술 습득에 관해서는 육군대신이 정한다.

제1항에서 규정한 영내 거주 기간은 전시 또는 사변 시 기타 필요한 경우에 육군대신이 정하는 바에 따를 이를 단축할 수 있다.

자료 16

국민징용령에 따른 해군 징용자 급여에 관한 건	
구분	해군성령 제11호
법령명/건명	국민징용령에 따른 해군 징용자 급여에 관한 건 國民徵用令二依リ海軍二徵用セラレタル者ノ給與二關スル件
제정·개정·결정·폐지 연월일	공포·시행 1940년 6월 14일
구성	본문 12개 조항, 부칙
선행 규범·법령	국가총동원법 제4조 해군전시급여규칙(1894년 칙령 제136호) 지나사변(중일전쟁)에 관한 해군전시급여규칙 등의 특례(1937년 칙령 제435호)
원문 일부	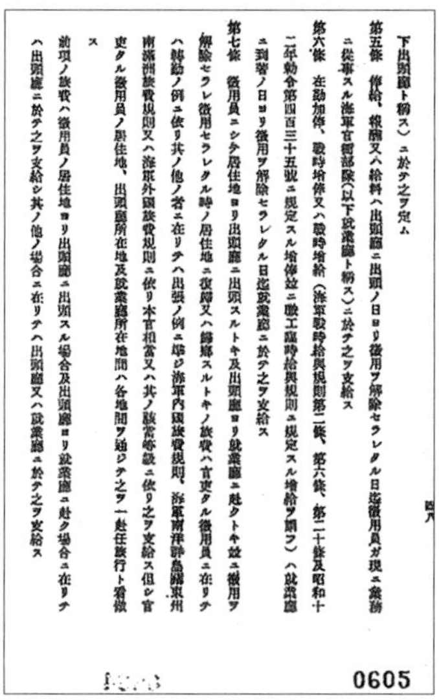 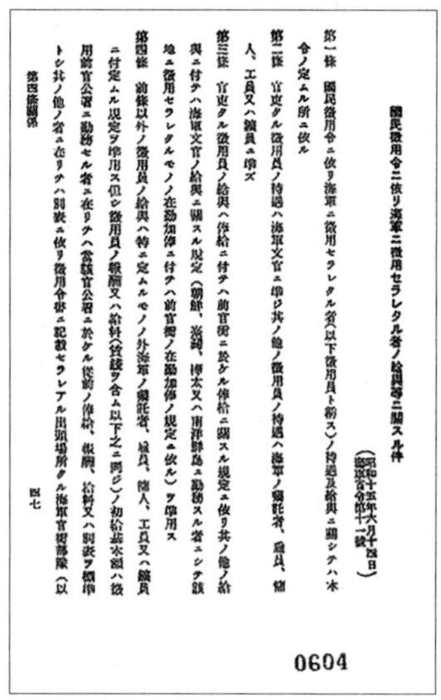
주요 내용 및 특징	○ 해군에 징용된 군무원(군속)에 대한 급여의 기준과 내용에 관한 규정 ○ 해군에 징용된 자를 징용원이라 칭함. ○ 조선과 대만에서 징용된 자를 언급함(제2조). ○ 국가총동원법 제4조에 근거한 피징용자 급여 규정의 전례가 됨.
법령 적용 범위	조선을 포함한 제국 전역
관련 법령 통합·폐지 사항	
유사·파생 법령	국가총동원법 제4조에 근거한 육군 징용자 급여에 관한 건(1941년 육군성령 제59호)

해군성령 제11호

1940년 6월 14일

국민징용령에 따른 해군 징용자 급여에 관한 건

제1조 국민징용령에 따라 해군에 징용된 자(이하 징용원이라 칭한다)의 대우 및 급여에 관해서는 본령이 정하는 바에 따른다.

제2조 관리인 징용원의 대우는 해군 문관에 준하며, 기타 징용원의 대우는 해군의 촉탁자(囑託者), 고원, 용인, 공원 또는 광원에 준한다.

제3조 관리인 징용원의 봉급은 급여에 대해서는 이전 관청에서의 관련 규정에 따르고, 다른 급여에 대해서는 해군 문관의 급여에 관한 규정(조선, 대만 또는 화태 또는 남양군도에서 근무하고 있는 자로서 해당 지역에서 징용된 자의 재근가봉에 대해서는 이전 관청에서의 재근가봉 규정에 따른다)을 준용한다.

제4조 전조 이외의 징용원의 급여는 특별히 정한 자 외에 해군의 촉탁자, 고원, 용인, 공원 또는 광원에 대해 정한 규정을 준용한다. 다만 징용원의 보수 또는 급료(임금을 포함한다. 이하 마찬가지)의 초급 기본액은 징용 이전의 관공서에 근무한 자의 경우에는 해당 관공서에서의 종전 봉급, 보수, 급료 또는 별표를 표준으로 하며, 기타의 자에 대해서는 별표에서 징용령서에 기재된 출두장소인 해군관청부대(이하 출두청이라 칭한다)에서 이를 정한다.

제5조 봉급, 보수 또는 급료는 출두청에 출두한 날로부터 징용을 해제한 날까지 징용원이 현재 업무에 종사하는 해군관청부대(이하 취업청이라 칭한다)에서 이를 지급한다.

제6조 재근가봉, 전시증액봉급(해군전시급여규칙 제2조, 제6조, 제20조 및 1937년 칙령 제435호에서 규정한 증액봉급과 직공임시급여규칙에서 규정한 증액급여를 가리킨다)은 취업청에 도착한 날로부터 징용을 해제한 날까지 취업청에서 이를 지급한다.

제7조 여비의 선금을 지급하지 않으면 징용에 응할 수 없는 자에게는 징용원의 거주지인 시정촌 또는 이에 준하는 곳에서 징용원의 거주지로부터 출두청 소재지까지 순로에

맞추어 해군국내여비규칙 제4조에서 정한 여비등급에 상당하는 금액을 출두의 예에 준하여 대신하여 선지급해야 한다.

제11조 시정촌 또는 이에 준하는 곳이 전조의 여비를 대신 선지급한 때는 징용원 출두여비 수령증(별지 양식)을 징구하고, 징용령서 뒷면에 지급한 시정촌의 명칭, 지급연월일 및 '여비금 몇 엔 몇십 전 지급 완료'라고 기재하고 날인하여 징용원에게 반환하는 동시에 증빙서를 구비하여 해당 금액의 환급을 징용원의 출두청에 청구해야 한다.

제12조 출두청은 전조의 여비대체지급액을 조사하여 징용원에게 지급해야 하며, 여비 중에서 이를 공제한 잔액을 본인에게 지급해야 한다.

대체한 금액이 여비를 초과한 때는 초과액을 본인으로부터 징수하며 해당 시정촌으로 송부해야 한다.

부칙

본령은 공포한 날로부터 이를 시행한다.

별표

구분	대학 졸업자	전문학교 졸업자	중학교 졸업자
금년도 졸업자	65~80엔	50~60엔	35~40엔
실 경력 1년에 부가하는 가산금액	4~5엔	3~4엔	2~3엔

이하 양식 생략.

자료 17

선원징용령	
구분	칙령 제687호
법령명/건명	선원징용령 船員徵用令
제정·개정·결정·폐지 연월일	공포 1940년 10월 21일 시행 1940년 10월 22일 조선 등에서 시행은 1940년 11월 10일 개정 1942년 3월 24일
구성	본문 25개 조항, 부칙
선행 규범·법령	국가총동원법(1938년 법률 제55호) 선원직업능력신고령(1939년 칙령 제23호)
원문 일부	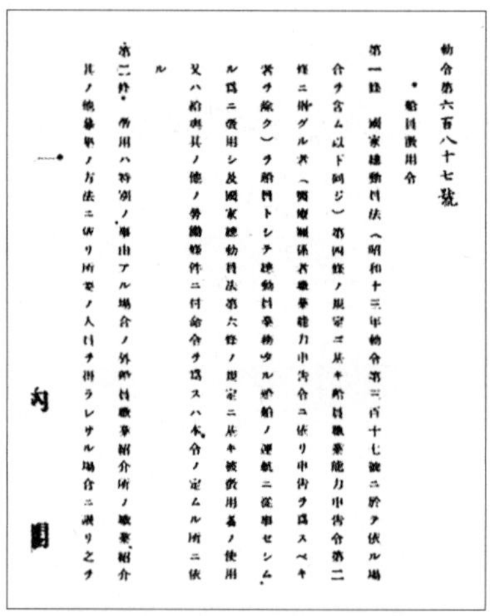 勅令第六百八十七號 船員徵用令 第一條 國家總動員法（昭和十三年勅令第三百十七號ニ於テ依ル場合ヲ含ム以下同ジ）第四條ノ規定ニ基キ船員職業能力申告令第二條ニ掲グル者（醫療關係者職業能力申告令ニ依リ申告ヲ爲スベキ者ヲ除ク）ヲ船員トシテ總動員業務タル船舶ノ運航ニ從事セシムル爲ニ徵用シ及國家總動員法第六條ノ規定ニ基キ被徵用者ノ使用又ハ給與其ノ他ノ勞働條件ニ付命令ヲ爲スハ本令ノ定ムル所ニ依ル 第二條 徵用ハ特別ノ事由アル場合ノ外船員職業紹介所ノ職業紹介其ノ他募集ノ方法ニ依リ所要ノ人員ヲ得ラレザル場合ニ限リ之ヲ 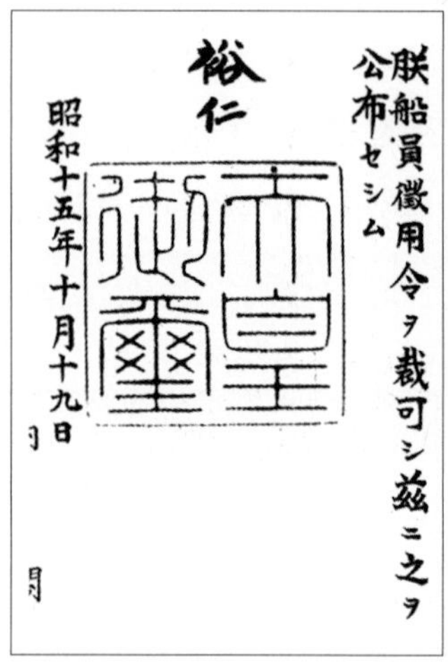 朕船員徵用令ヲ裁可シ茲ニ之ヲ公布セシム 御名 御璽 昭和十五年十月十九日
주요 내용 및 특징	○ 「선원직업능력신고령」에 따라 선원으로 신고한 자에 대해 징용을 실시할 수 있는 근거를 규정함. ○ 징용의 명령과 해제, 정부 기관과 기타 선박에 징용하는 요령, 급여 등에 관한 규정
법령 적용 범위	조선을 포함한 일본제국 전역
관련 법령 통합·폐지 사항	
유사·파생 법령	선원동원령(1945년 칙령 제22호)

칙령 제687호

1940년 10월 19일[23]

선원징용령

제1조 국가총동원법(1938년 칙령 제317호에 따른 경우를 포함한다. 이하 마찬가지) 제4조의 규정에 근거하여 선원직업능력신고령 제2조에서 열거한 자(의료관계자직업능력신고령에 따라 신고를 해야 하는 자는 제외한다)를 선원으로 총동원 업무인 선박의 운항에 종사시키기 위해 징용하고 국가총동원법 제6조의 규정에 근거하여 피징용자의 사용 또는 급여와 기타 노동조건에 대한 명령은 본령에서 정하는 바에 따른다.

제2조 징용은 특별한 사유가 있는 경우를 제외하고 선원직업소개소의 직업소개와 기타 모집 방법으로 필요한 인원을 확보할 수 없을 경우에 한하여 실시하기로 한다.

제3조 본령에 따라 징용하는 자는 명령으로 정한 선박에 배치하는 것으로 한다.

제4조 징용 및 징용해제는 체신대신이 한다.

제5조 선박소유자는 징용에 의한 선원을 배치할 필요가 있을 때는 체신대신에게 이를 청구하거나 신청해야 한다.

제6조 체신대신은 전조의 규정에 따른 청구나 신청이 있는 경우에 징용이 필요하다고 인정한 때는 징용령서를 발부하여 징용할 자에게 이를 교부해야 한다.

제7조 징용령서에는 다음에 열거하는 사항을 기재해야 한다. 다만 군사기밀 보호상 특별히 필요한 경우에는 제2호 또는 제3호에 열거하는 사항의 전부 또는 일부를 생략할 수 있다.

1. 징용할 자의 씨명, 출생년월일, 본적 및 거주 장소(현재 승조 중인 자에 대해서는 거주 장소 대신에 승조한 선박의 선명 및 선박소유자의 씨명 또는 명칭)
2. 배치할 선박의 선명 및 선박소유자의 씨명 또는 명칭

23 이는 천황이 재가한 날짜이다. 공포일은 앞쪽의 표를 참조 바람.

3. 종사할 업무

4. 징용 시기

5. 출두할 일시 및 장소

6. 기타 필요하다고 인정되는 사항

제8조 체신대신은 징용의 적합 여부와 기타 판정을 위해 필요한 때는 징용할 자에게 출두를 요구할 수 있다.

제9조 징용령서를 교부받은 자가 질병이나 기타 불가피한 사고로 인해 지정된 일시와 장소로 출두할 수 없을 경우에는 명령이 정하는 바에 따라 체신대신에게 그 취지를 신고해야 한다.

전항의 규정에 따른 신고가 있은 경우에 체신대신이 필요하다고 인정한 때는 출두할 일시나 장소를 변경할 수 있으며 또는 그자가 징용에 적합하지 않다고 인정한 때는 징용을 취소할 수 있다. 이 경우에는 출두변경령서(出頭變更令書) 또는 징용취소령서(徵用取消令書)를 발부하여 본인에게 교부해야 한다.

제10조 피징용자가 배치될 선박의 소유자는 피징용자가 배치될 선박, 종사할 직무 또는 징용 기간에 대해 이를 변경할 필요가 있을 때는 체신대신에게 청구하거나 신청해야 한다.

제11조 체신대신이 전조의 규정에 따른 청구나 신청이 있을 경우에 피징용자가 배치될 선박, 종사할 직무 또는 징용 기간에 대해 변경할 필요가 있다고 인정한 때는 징용변경령서(徵用變更令書)를 발부하고 피징용자에게 이를 교부해야 한다. 동조의 규정에 따른 청구 또는 신청이 없을 때라도 체신대신이 피징용자가 배치될 선박, 종사할 직무 또는 징용 기간에 대해 변경할 필요가 있다고 인정할 때도 역시 마찬가지이다.

전항의 후단(後段) 규정에 따라 체신대신이 관청에서 사용할 자에 대해 징용변경령서를 발부하려고 할 때는 해당 관청을 소관하는 대신과 협의해야 한다.

제12조 피징용자가 배치될 선박의 소유자는 피징용자가 질병과 기타 사유로 인해 종사하는 데 적합하지 않다고 인정한 때나 그자를 배치할 필요가 없게 된 때는 체신대신에게 징용해제를 청구하거나 신청해야 한다.

피징용자가 질병과 기타 사유로 인해 직무에 종사하기 어려울 경우에는 관청에서 사용할 자는 해당 관청을 소관하는 대신에게, 기타의 경우는 체신대신에게 그 취지를 신고할 수 있다.

제13조 체신대신은 전조 제1항의 규정에 따른 청구나 신청이 있은 경우에 징용해제가 필요하다고 인정한 때는 징용해제령서(徵用解除令書)를 발부하고 피징용자에게 이를 교부해야 한다. 동항의 규정에 따른 청구나 신청이 없는 경우라도 체신대신이 징용해제가 필요하다고 인정한 때도 역시 마찬가지이다.

전항 후단의 규정에 따라 체신대신이 관청에서 사용할 자에 대해 징용해제령서를 발부하고자 할 때는 제11조 제2항의 규정을 준용한다.

제14조 피징용자가 총동원 업무인 선박의 운항에 종사할 경우에는 관청에서 사용하는 자는 해당 기관장의 지휘를 받으며 그 외의 자는 선박소유자의 지시에 따라야 한다.

제15조 피징용자에 대한 급여는 그의 승선 이력, 기능 및 직무, 그리고 배치될 선박의 항로 또는 취항구역의 상황 등에 따르며 종전의 급여와 기타 이에 준하는 수입을 참작하여 피징용자가 배치될 선박의 소유자가 이를 지급해야 한다.

피징용자에 대한 급여에 관하여 필요한 사항은 관청에서 사용하는 자에 대해서는 해당 관청을 소관하는 대신이 체신대신과 협의하여 이를 정하며, 그 외의 자에 대해서는 선박소유자가 체신대신의 인가를 받아 이를 정해야 한다.

제16조 징용될 자는 제8조의 규정에 따라 출두할 경우, 피징용자가 징용령서를 교부받아 출두할 경우, 또는 징용이 해제되어 귀향할 경우에 여비는 피징용자가 배치될 선박의 소유자가 이를 지급해야 한다.

전항의 여비에 관하여 필요한 사항은 관청에서 사용할 자에 대해서는 해당 관청을 소관하는 대신이 체신대신에게 협의하여 이를 정하며 그 외의 자에 대해서는 체신대신이 이를 정한다.

제17조 체신대신이 필요하다고 인정한 때는 피징용자가 관청에서 사용될 경우를 제외한 나머지는 국가총동원법 제6조 규정에 근거하여 피징용자를 사용하는 선박소유자에 대해 피징용자의 사용 또는 급여, 기타 노동조건에 관한 명령을 할 수 있다.

제18조 체신대신은 명령이 정하는 바에 따라 징용에 관하여 국가총동원법 제31조의 규정에 근거한 보고를 요구할 수 있다.

체신대신이 징용에 관하여 필요하다고 인정한 때는 국가총동원법 제31조의 규정에 근거하여 해당 관리로 하여금 선박, 사무, 기타 장소에 임검하여 업무 상황 또는 장부와 서류, 기타 물건을 검사하게 할 수 있다. 이 경우에 해당 관리는 신분을 표시한 증표를 휴대해야 한다.

제19조 다음 각호의 하나에 해당하는 자는 징용하지 않는다.

1. 육해군 군인으로 현역 중에 있는 자(아직 입영하지 않은 자를 제회한다)와 소집 중인 자(소집 중 신분취급을 받은 자를 포함한다)
2. 육해군 학생생도(해군예비연습생 및 해군예비보습생을 포함한다)
3. 육해군 군속(피징용자로서 이에 해당하게 된 자를 제외한다)
4. 법령에 따라 구금 중인 자

제20조 다음 각호의 하나에 해당하는 자는 특별히 필요한 경우를 제외하고 징용하지 않는다.

1. 다른 사람으로 대체할 수 없는 직무에 있는 관리, 대우관리 또는 공리
2. 제국의회, 도·부·현회, 시정촌회, 기타 이에 준하는 의회
3. 총동원 업무에 종사하는 자로서 다른 사람으로 대체할 수 없는 자

제21조 본령과 본령에 근거하여 발령한 명령 중 선박소유자에 관한 규정은 선박을 공유할 경우에 선박관리인을 둔 때는 선박관리인에게, 선박을 대여한 경우에는 선박임차인에게도 적용한다.

제22조 체신대신은 명령이 정하는 바에 따라 체신국장이 징용에 관한 사무의 일부를 행사하게 할 수 있다.

제23조 체신대신은 본령의 시행에 관하여 중요한 사항에 대해 내각총리대신에게 협의해야 한다.

제24조 제22조의 규정은 화태 및 남양군도에는 이를 적용하지 않는다.

본령 중 체신대신 또는 해당 관청을 소관하는 대신이라고 한 것을 조선에서는 조선총독으로, 대만에서는 대만총독으로, 화태에서는 화태청장관으로, 남양군도에서는 남양청장관으로 하며, 체신국장이라고 한 것을 조선에서는 조선총독부 체신국장으로, 대만에서는 대만총독부 교통국총장으로 한다.

제25조 본령에서 규정한 것 이외에 본령에 따른 징용에 관하여 필요한 사항은 명령으로 이를 정한다.

부칙

본령은 1940년(昭和15年) 10월 22일부터 이를 시행한다. 단 조선, 대만, 화태 및 남양군도에서는 1940년 11월 10일부터 이를 시행한다.

자료 18

선원급여통제령시행규칙	
구분	조선총독부령 제231호
법령명/건명	선원급여통제령시행규칙 船員給與統制令施行規則
제정·개정·결정·폐지 연월일	공포·시행 1940년 11월 5일 (조선총독부관보 호외, 1940.11.5.)
구성	본문 14개 조항, 부칙
선행 규범·법령	선원급여통제령(1940년 칙령 676호)
원문 일부	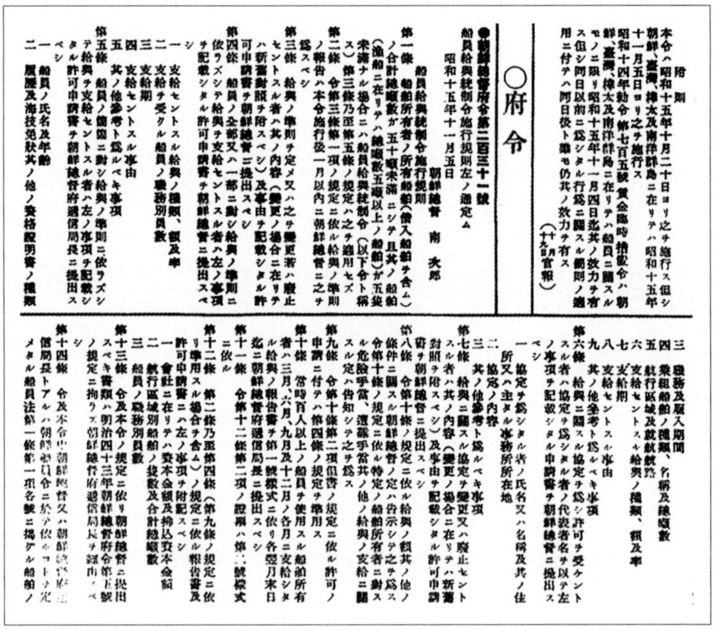 附 則 本令ハ昭和十五年十月二十日ヨリ之ヲ施行ス但シ朝鮮、臺灣、樺太及南洋群島ニ在リテハ昭和十五年十一月五日ヨリ之ヲ施行ス 昭和十四年勅令第七百五號賃金臨時措置令ハ朝鮮、臺灣、樺太及南洋群島ニ在リテハ船員ニ關スルモノニ限リ昭和十五年十一月四日迄其ノ效力ヲ有ス但シ同日以前ニ爲シタル行爲ニ關スル罰則ノ適用ニ付テハ同日後ト雖モ仍其ノ效力ヲ有ス （十一月十九日官報） ○府令 ●朝鮮總督府令第二百三十一號 船員給與統制令施行規則左ノ通定ム 昭和十五年十一月五日 朝鮮總督 南 次郎 船員給與統制令施行規則 第一條 船舶所有者ノ所有船舶（借入船舶ヲ含ム）ノ合計總噸數ガ五十噸未滿ニシテ且其ノ船舶（漁船ニ在リテハ總噸數五噸以上ノ船舶）ガ五隻未滿ナル場合ニハ船員給與統制令（以下令ト稱ス）第三條乃至第五條ノ規定ハ之ヲ適用セズ 第二條 令第三條第一項ノ規定ニ依ル給與ノ準則ノ報告ハ本令施行後一月以內ニ朝鮮總督ニ之ヲ爲スベシ 第三條 給與ノ準則ヲ定メ又ハ之ヲ變更若ハ廢止セントスル者ハ其ノ內容（變更ノ場合ニ在リテハ新舊對照ヲ附スベシ）及事由ヲ記載シタル許可申請書ヲ朝鮮總督ニ提出スベシ 第四條 船員ノ全部又ハ一部ニ對シ給與ノ準則ニ依ラズシテ給與ヲ支給セントスル者ハ左ノ事項ヲ記載シタル許可申請書ヲ朝鮮總督ニ提出スベシ 一 支給セントスル給與ノ種類、額及率 二 支給ヲ受クル船員ノ職務別員數 三 支給期 四 支給セントスル事由 五 其ノ他參考ト爲ルベキ事項 第五條 船員ノ個個ニ對シ給與ノ準則ニ依ラズシテ給與ヲ支給セントスル者ハ左ノ事項ヲ記載シタル許可申請書ヲ朝鮮總督府遞信局長ニ提出スベシ 一 船員ノ氏名及年齡 二 履歷及海技免狀其ノ他ノ資格證明書ノ種類 三 職務及雇入期間 四 乘組船舶ノ種類、名稱及總噸數 五 航行區域及就航航路 六 支給セントスル給與ノ種類、額及率 七 支給期 八 支給セントスル事由 九 其ノ他參考ト爲ルベキ事項 第六條 給與ニ關スル協定ヲ爲シ許可ヲ受ケントスル者ハ協定ヲ爲シタル者ノ代表者名ヲ以テ左ノ事項ヲ記載シタル申請書ヲ朝鮮總督ニ提出スベシ 一 協定ヲ爲シタル者ノ氏名又ハ名稱及其ノ住所又ハ主タル事務所所在地 二 協定ノ內容 三 其ノ他參考ト爲ルベキ事項 第七條 給與ニ關スル協定ヲ變更又ハ廢止セントスル者ハ其ノ內容（變更ノ場合ニ在リテハ新舊對照ヲ附スベシ）及事由ヲ記載シタル許可申請書ヲ朝鮮總督ニ提出スベシ 第八條 令第十條ノ規定ニ依ル給與ノ額其ノ他ノ條件ニ關スル朝鮮總督ノ定ハ告示シテ之ヲ爲ス 令第十條ノ規定ニ依ル特定ノ船舶所有者ニ對スル危險手當、遭難手當其ノ他ノ給與ノ支給ニ關スル定ハ告知シテ之ヲ爲ス 第九條 令第十條第二項但書ノ規定ニ依ル許可ノ申請ニ付テハ第四條ノ規定ヲ準用ス 第十條 常時百人以上ノ船員ヲ使用スル船舶所有者ハ三月、六月、九月及十二月ノ各月ニ支給シタル給與ノ報告書ヲ第一號樣式ニ依リ各翌月末日迄ニ朝鮮總督府遞信局長ニ提出スベシ 第十一條 令第十二條第二項ノ證票ハ第二號樣式ニ依ル 第十二條 第二條乃至第四條（第九條ノ規定ニ依リ準用スル場合ヲ含ム）ノ規定ニ依ル報告書及許可申請書ニハ左ノ事項ヲ附記スベシ 一 會社ニ在リテハ資本金額及拂込資本金額 二 航行區域別船舶ノ隻數及合計總噸數 三 船員ノ職務別員數 第十三條 令及本令ノ規定ニ依リ朝鮮總督ニ提出スベキ書類ハ明治四十三年朝鮮總督府令第五號ノ規定ニ拘ラズ朝鮮總督府遞信局長ヲ經由スベシ 第十四條 令及本令中朝鮮總督又ハ朝鮮總督府遞信局長トアルハ朝鮮總督府令ニ於テ依ルコトヲ定メタル船員法第一條第一項各號ニ揭グル船舶ノ
주요 내용 및 특징	○ 조선인 선원의 급여를 통제하는 시행규칙
법령 적용 범위	조선
관련 법령 통합·폐지 사항	
유사·파생 법령	선원사용등통제령시행규칙

조선총독부령 제231호

1940년 11월 5일

선원급여통제령시행규칙

제1조 선박소유자가 소유한 선박(차입선박을 포함한다)의 합계 총 톤수가 50톤 미만이며, 그 선박(어선의 경우 총 톤수 50톤 이상인 선박)이 5척 미만인 경우에는 선박급여통제령(이하 통제령이라 칭한다) 제3조부터 제5조까지의 규정을 적용하지 않는다.

제2조 통제령 제3조 제1항의 규정에 의한 급여의 준칙에 관한 보고는 본령 시행 후 1개월 이내에 조선총독에게 해야 한다.

제3조 급여의 준칙을 정하거나 이를 변경 또는 폐지하고자 하는 자는 그 내용(변경의 경우에는 신구 대조를 첨부해야 한다)과 사유를 기재한 허가신청서를 조선총독에게 제출해야 한다.

제4조 선원의 전부 또는 일부에 대해 급여의 준칙에 따르지 않는 급여를 지급하고자 하는 자는 다음 사항을 기재한 허가신청서를 조선총독에게 제출해야 한다.

1. 지급하려는 급여의 종류, 금액
2. 지급을 받는 선원의 직무별 인원수
3. 지급 기간
4. 지급하려는 사유
5. 기타 참고할 사항

제5조 각각의 선원에 대해 급여의 준칙에 따르지 않는 급여를 지급하고자 하는 자는 다음 사항을 기재한 허가신청서를 조선총독에게 제출해야 한다.

1. 선원의 씨명과 연령
2. 이력서, 해기면장(海技免狀), 기타 자격증명서의 종류
3. 직무 및 고입(雇入) 기간
4. 승조한 선박의 종류, 명칭 및 총 톤수
5. 항행 구역 및 취항 항로

6. 지급하려는 급여의 종류, 금액

7. 지급 기간

8. 지급하려는 사유

9. 기타 참고할 사항

第6조 급여에 관한 협정을 하여 허가를 받고자 하는 자는 협정한 자의 대표자 명의로 다음 사항을 기재한 신청서를 조선총독에게 제출해야 한다.

1. 협정을 한 자의 씨명과 명칭 및 그 주소 또는 주된 사무소의 소재지

2. 협정의 내용

3. 기타 참고해야 할 사항

第7조 급여에 관한 협정을 변경하거나 폐지하고자 하는 자는 그 내용(변경의 경우에는 신구 대조를 첨부해야 한다)과 사유를 기재한 허가신청서를 조선총독에게 제출해야 한다.

第8조 통제령 제10조의 규정에 의한 급여액과 기타 조건에 관해서는 조선총독이 정한 고시로 한다.

통제령 제10조의 규정에 따른 특정한 선박소유자에 대한 위험수당, 조난수당, 기타 급여의 지급에 관해서는 정해진 고지(告知)로 한다.

第9조 통제령 제10조 제2항의 단서 규정에 따른 허가의 신청에 관해서는 제4조의 규정을 준용한다.

第10조 당시 100명 이상의 선원을 사용하는 선박소유자는 매달 지급한 급여보고서를 제1호 양식에 따라 3월, 6월, 9월, 12월의 각 익월의 말일까지 조선총독부 체신국장에게 제출해야 한다.

第11조 통제령 제12조 제2항의 증표는 제2호 양식에 따른다.

第12조 제2조에서 제4조(제9조의 규정에 따라 준용하는 경우를 포함한다)까지의 규정에 따른 보고서와 허가신청서에는 다음 사항을 기재해야 한다.

1. 회사의 경우에는 자본금액 및 불입(拂入)자본금액

2. 항행구역별 선박의 척수 및 합계 총 톤수

3. 선원의 직무별 인원수

第13조 통제령 및 본령의 규정에 따라 조선총독에게 제출해야 하는 서류는 1910년(明治 43)

조선총독부령 제5호의 규정에 구애됨에 없이 조선총독부 체신국장을 경유해야 한다.

제14조 통제령 및 본 시행규칙 중에서 조선총독 또는 조선총독부 체신국장이라고 한 것은, 조선선원령에 따르도록 한 선원법 제1조 제1항 각호에서 열거한 선박의 선원 급여에 대해서는 도지사로 한다. 다만 제10조와 전조의 경우 그리고 2개 이상의 도에 걸친 사항에 대해서는 여기에 제한을 받지 않는다.

부칙

본령은 발포한 날로부터 시행한다.

이하 양식 생략.

자료 19

선원사용등통제령	
구분	칙령 제749호
법령명/건명	선원사용등통제령 船員使用等統制令
제정·개정·결정·폐지 연월일	공포 1940년 11월 8일(조선총독부관보 제4153호, 1940.11.25.) 시행 1940년 11월 10일 조선 등에서의 시행 1940년 11월 25일
구성	본문 14개 조항, 부칙
선행 규범·법령	국가총동원법 제6조 선원징용령(1940년 칙령 제687호)
원문 일부	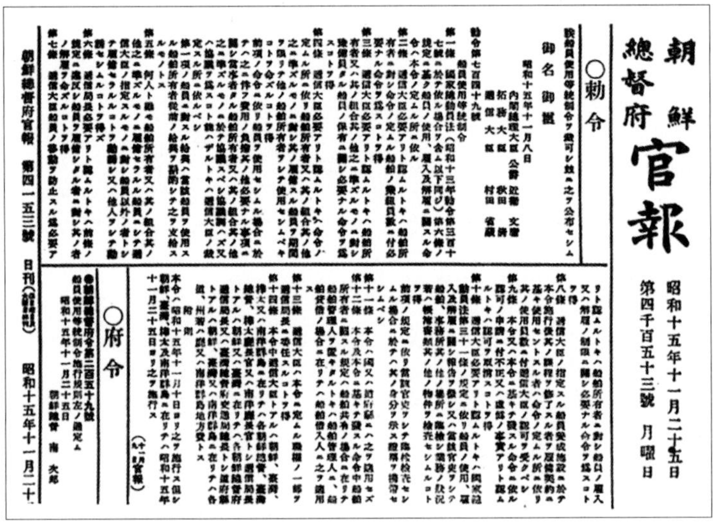 朝鮮總督府官報 昭和十五年十一月二十五日 第四千百五十三號 月曜日 ○勅令 ○府令
주요 내용 및 특징	○ 선박, 선원을 국가총동원 업무에 '사용'할 수 있게 하는 명령
법령 적용 범위	조선을 포함한 제국 전역
관련 법령 통합·폐지 사항	
유사·파생 법령	선원사용등통제령시행규칙(1940년 조선총독부령 제259호)

칙령 제749호

1940년 11일 8일

선원사용등통제령

제1조 국가총동원법(1938년 칙령 제317호에 의한 경우를 포함한다. 이하 마찬가지) 제6조의 규정에 근거한 선원의 사용, 고용 및 해고에 관한 명령은 본령이 정하는 바에 따른다.

제2조 체신대신이 필요하다고 인정한 때는 선박소유자에 대해 명령이 정한 선박의 승조원수에 대해 필요한 명령을 할 수 있다.

제3조 체신대신이 필요하다고 인정한 때는 선박소유자 또는 조합, 기타 이에 준하는 자에 대해 선원의 예비원(豫備員) 보유에 관하여 필요한 명령을 할 수 있다.

제4조 체신대신이 필요하다고 인정한 때는 명령이 정하는 바에 따라 선박소유자 또는 조합, 기타 이에 준하는 자에 대해 그가 고용한 선원을 기간을 한정하여 다른 선박소유자가 사용하도록 할 수 있다.

전항의 명령에 따라 선원을 사용할 경우에는 그에 따른 비용의 부담과 기타 필요한 사항에 관하여 당사자인 선박소유자 또는 그 조합, 기타 이에 준하는 자와 협의해야 한다. 협의가 조율되지 않았거나 협의를 할 수 없을 때는 체신대신이 재정(裁定)[24]하는 바에 따라야 한다.

제1항의 선원에 대한 급여는 해당 선원을 사용하는 선박소유자가 종전의 급여를 참작하여 이를 지급한다.

제5조 몇 명이든 선박소유자 또는 조합, 기타 이에 준하는 자에게 고용된 선원에게 체신대신이 지정한 것에 대해 선원 이외의 자로 고용할 것을 권유하거나 다른 사람에게 권유하도록 할 수 없다.

제6조 체신국장이 필요하다고 인정한 때는 전조의 규정을 위반하여 선원을 고용한 자에

24 가부 여부를 판단하여 결정함.

대하여 선원의 해고를 명령할 수 있다.

제7조 체신대신은 선원의 이동을 방지하기 위해 필요하다고 인정한 때는 선박소유자에 대해 선원의 고입 또는 해고의 제한에 관하여 필요한 명령을 할 수 있다.

제8조 체신대신이 지정하는 선원양성시설에서 본령의 시행 후 그 과정을 수료한 자를 고용계약에 근거하여 사용하려는 자는 명령이 정하는 바에 따라 그 사용할 인원수에 대해 체신대신의 인가를 받아야 한다.

제9조 본령 또는 본령에 근거하여 발포한 명령에 따른 인가의 신청에 대해서 부정(不正)하거나 허위 사실이 있다고 인정될 때는 인가를 취소할 수 있다.

제10조 체신대신이 필요하다고 인정한 때는 국가총동원법 제31조의 규정에 따라 선원의 사용, 고용 및 해고에 관한 보고를 강제하거나 해당 관리에게 선박, 사무소, 기타 장소에 임검(臨檢)하여 업무 상황 또는 장부와 서류, 기타 물건을 검사하도록 할 수 있다.

전항의 규정에 따라 해당 관리가 임검 및 검사를 할 경우에는 그 신분을 보여주는 증표를 휴대해야 한다.

제11조 본령은 국가 또는 도·부·현에는 이를 적용하지 않는다.

제12조 본령 또는 본령에 근거하여 발포한 명령 중 선박소유자에 관한 규정은 선박을 공유할 경우 선박관리인을 둔 때는 선박관리인에게, 선박을 임차한 경우에는 선박차입인에게 이를 적용한다.

제13조 체신대신은 본령에서 정한 직권의 일부를 체신국장에게 위임할 수 있다.

제14조 본령 중 체신대신이라고 한 것을 조선, 대만, 화태 또는 남양군도에서는 각각 조선총독, 대만총독, 화태청장관 또는 남양청장관으로 하며, 체신국장이라고 한 것을 조선 또는 대만에서는 각각 조선총독부 체신국장 또는 대만총독부 교통국총장으로 하며, 도·부·현이라고 한 것을 조선, 대만 또는 남양군도에서는 각각 도, 주 또는 청 또는 남양군도 지방비(地方費)로 한다.

부칙

본령은 1940년 11월 10일부터 이를 시행한다. 단 조선, 대만, 화태 및 남양군도에서는 1940년 11월 25일부터 이를 시행한다.

자료 20

선원사용등통제령시행규칙	
구분	조선총독부령 제259호
법령명/건명	선원사용등통제령시행규칙 船員使用等統制令施行規則
제정·개정·결정·폐지 연월일	공포·시행 1940년 11월 25일(조선총독부관보 제4153호, 1940.11.25.)
구성	본문 11개 조항, 부칙
선행 규범·법령	선원사용등통제령(1940.11.8. 칙령 제749호)
원문 일부	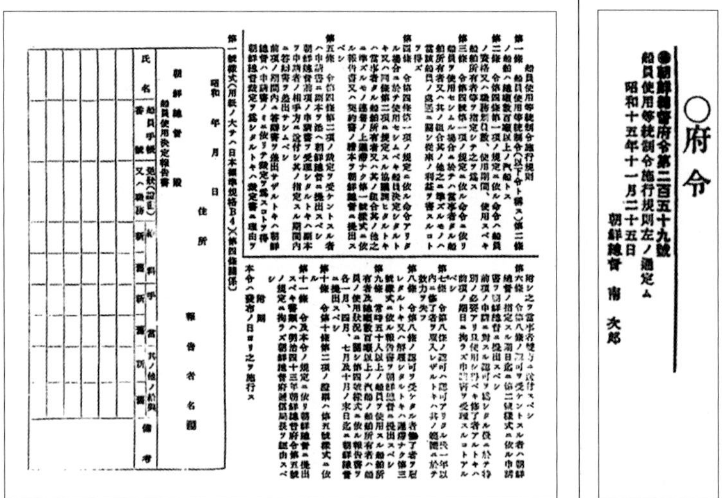
주요 내용 및 특징	○「선원사용등통제령」에서 정한 선박을 총톤수 100톤 이상의 기선(汽船)으로 규정 ○ 해당 선박의 선원의 고용, 해지 등에 관한 조건과 신고 절차 등을 규정
법령 적용 범위	조선
관련 법령 통합·폐지 사항	
유사·파생 법령	

조선총독부령 제259호

1940년 11월 25일

선원사용등통제령시행규칙

제1조 선원사용등통제령(이하 통제령이라 칭한다) 제2조의 선박은 총톤수 100톤 이상의 기선으로 한다.

제2조 통제령 제4조 제1항의 규정에 따른 명령은 선원의 자격 또는 직무별 인원수, 사용기간, 사용할 선박소유자 등을 지정하여 실시한다.

제3조 통제령 제4조 제1항의 규정에 따른 명령에 의거하여 선원을 사용할 경우에 당사자인 선박소유자 또는 그 조합, 기타 이에 준하는 자는 해당 선원의 처우에 관하여 종래의 이익을 침해할 수 없다.

제4조 통제령 제4조 제1항의 규정에 따른 명령이 있을 경우에 사용할 선원 결정을 한 때 또는 동조 제2항에 규정한 협의가 조율되었을 때는 당사자인 선박소유자 또는 그 조합, 기타 이에 준하는 자가 연서한 다음 지체 없이 제1호 양식에 따라 보고서 또는 계약서의 등본을 조선총독에게 제출해야 한다.

제5조 통제령 제4조 제2항의 재정을 받으려는 자는 신청서에 부본을 첨부하여 조선총독에게 제출해야 한다.

조선총독이 전항의 신청서를 수리한 때는 부본을 신청자의 상대방에게 송부하고 지정하는 기간 내에 답변서를 제출하도록 해야 한다.

전항의 기간 내에 답변서를 제출하지 않은 때에는 조선총독이 신청서만으로 재정을 할 수 있다.

조선총독이 재정한 때는 재정서에 이유를 부기하여, 이를 당사자 쌍방에게 송부해야 한다.

제6조 통제령 제8조의 인가를 받고자 하는 자는 조선총독이 지정하는 기일까지 조선총독에게 제2호 양식에 따라 신청서를 제출해야 한다.

전항의 신청에 대한 인가를 한 다음에 특별히 필요가 있으며 또한 사용할 수 있는 수료자가 있을 때는 전항의 기일에 구애되지 않고 신청서를 수리할 수 있다.

제7조 통제령 제8조의 인가는 인가한 후 1년 이내에 수료자를 고입하지 않을 때는 그 범위에서 효력을 상실한다.

제8조 통제령 제8조의 인가를 받은 자가 수료자를 고입하거나 해고한 때는 지체 없이 제3호 양식에 따라 조선총독에게 보고서를 제출해야 한다.

제9조 상시 50인 이상의 선원을 사용하는 선원 소유자와 총톤수 100톤 이상의 기선 소유자는 선원의 사용 상황에 관하여 제4호 양식에 따라 각 1월, 4월, 7월, 10월 말까지 조선총독에게 보고서를 제출해야 한다.

제10조 통제령 제10조 제2항의 증표는 제5호 양식에 따른다.

제11조 통제령과 본령의 규정에 따라 조선총독에게 제출할 서류는 1910년(明治43年) 조선총독부령 제5호의 규정에 구애됨이 없이 조선총독부 체신국장을 경유해야 한다.

부칙

본령은 발포한 날로부터 이를 시행한다.

이하 양식 생략.

자료 21

해군징용공원규칙	
구분	해군성 달(達) 제767호
법령명/건명	해군징용공원규칙 海軍徵用工員規則
제정·개정·결정·폐지 연월일	1940년 11월 19일
구성	본문 15개 조항
선행 규범·법령	국민징용령 제10조 지방장관이 징용 적부, 기타를 판정할 필요가 있을 때는 징용될 자에게 출두를 요구할 수 있다. 해군공원규칙(1937년 達 제64호)
원문 일부	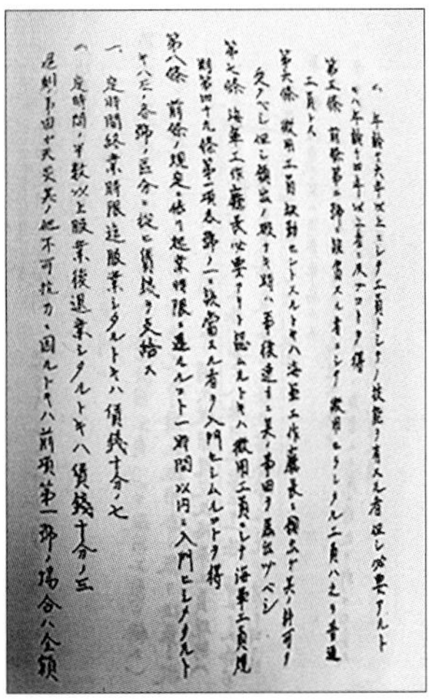 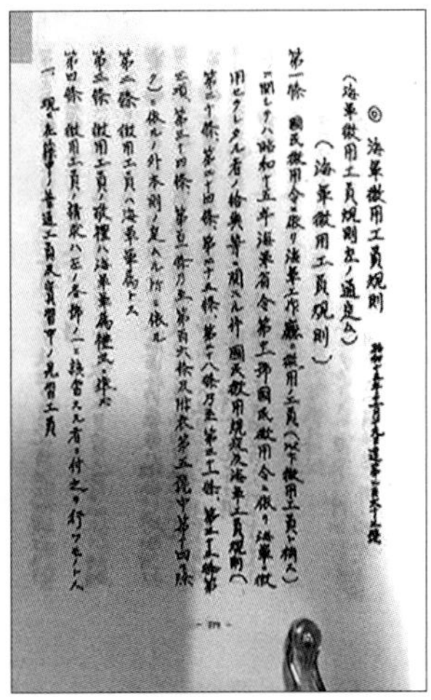 ◎海軍徵用工員規則 (海軍徵用工員規則左ノ通定ム) (海軍徵用工員規則)
주요 내용 및 특징	○ 조선인을 「국민징용령」에 따라 해군의 공원으로서 징용하는 데 필요한 규칙을 담고 있는 해군성 통달 ○ 「해군징용공원규칙」은 일본인 공원을 운용하는 규칙인 「해군공원규칙」을 준용하였는데, 조선인 군속의 운용을 염두에 둔 듯한 특별한 경우를 별도로 규정함. ○ 조선인 징용공원에 대해서는 가동률을 높이기 위해 출근금지 항목을 완화하되, 지각자에 대해서는 임금의 70%를 삭감하는 등의 내용
법령 적용 범위	조선을 포함한 제국 전역
관련 법령 통합·폐지 사항	
유사·파생 법령	

해군성 달(達) 제767호

1940년 11월 19일

해군징용공원규칙

제1조 국민징용령에 의거하여 해군공작청(海軍工作廳)에서 징용하는 공원(이하 징용공원이라 칭한다)에 관해서는 1940년 해군성령 제11호 '국민징용령에 의거 해군에 징용되는 자의 급여 등에 관한 건', '국민징용규정' 및 '해군공원규칙'(제20조, 제24조, 제25조, 제28조 내지 제31조, 제33조 제3항, 제34조, 제101조 내지 제106조 및 부표 제5호 중 제14조를 제외) 외에 본 규칙에서 정하는 바에 따른다.

제2조 징용공원은 해군군속(海軍軍屬)으로 한다.

제3조 징용공원의 경례는 해군군속예식에 준한다.

제4조 징용공원의 청구는 다음 각호의 하나에 해당하는 자에 대해 시행하는 것으로 한다.

1. 현재 재적 중인 보통공원 및 실습 중인 견습공원
2. 연령 16세 이상의 공원으로서 기능을 가진 자. 다만 필요가 있을 때는 14세 이상인 자에 대해서도 할 수 있다.

제5조 전조의 제2호에 해당하는 자로서 징용되는 공원을 보통공원(普通工員)이라 한다.

제6조 징용공원이 결근하고자 할 때는 해군공작청장에게 신청을 해서 허가를 받아야 한다. 다만 신청할 겨를이 없을 때는 사후에 신속하게 사유서를 제출해야 한다.

제7조 해군공작청장이 필요하다고 인정할 때에 징용공원으로서 해군공원규칙 제49조 제1항에 해당하는 징용공원을 입문(출근)시킬 수 있다.

제8조 전조의 규정에 따라 업무시작 시간에 1시간 이내로 지각한 자는 다음 각호의 구분에 따라 임금을 지불한다.

1. 정해진 종업시간까지 복무한 때는 임금의 7/10
2. 정해진 시간의 반 이상 복무한 후에 퇴근한 때는 임금의 3/10

지각 사유가 천재(天災)와 기타 불가항력인 때는 전항 제1호의 경우에 전액을, 제2호의 경우에는 5/10를 지급한다.

제9조 징벌이 집행 중인 징용공원을 복무시킨 때는 임금의 5/10를 지급한다.

제10조 징용공원에게는 필요에 따라 작업복을 대여할 수 있다.

제11조 임시비상 작업에 복무하는 징용공원에게는 필요에 따라 비상식량을 지급할 수 있다.

제12조 전조에서 규정한 급여의 표준에 관해서는 해군함정(艦政)본부장이 별도로 정한다.

제13조 해군공작청장은 매년 2회 이상 징용공원의 건강진단을 시행해야 한다.

제14조 해군공작청장은 징용공원에게 협동동작을 연마시키고 규율을 숙지시키기 위해 필요한 단체훈련을 실시해야 한다.

해군공작청장이 전호의 교육을 시행하기 위해 필요한 경우 근무시간 중 1일 2시간 이내에 위의 교육을 시행할 수 있다.

제15조 해군공작청장은 작업에 지장이 없다고 인정될 때 성실히 근무하고 품행이 반듯한 징용공원에 대해 해군공원규칙 제43조 제11호 규정에서 정한 휴업 일수에서 1년에 3일의 위로휴가를 허가할 수 있다.

전항의 위로휴가 당일에는 임금 전액에 상당하는 금액을 지급한다.

자료 22

조선선원징용여비규칙	
구분	조선총독부령 제111호
법령명/건명	조선선원징용여비규칙 朝鮮船員徵用旅費規則
제정·개정·결정·폐지 연월일	공포·시행 1941년 4월 8일(조선총독부관보 제4260호, 1941.4.8.)
구성	본문 13개 조항, 부칙
선행 규범·법령	선원징용령(1940년 칙령 제687호)
원문 일부	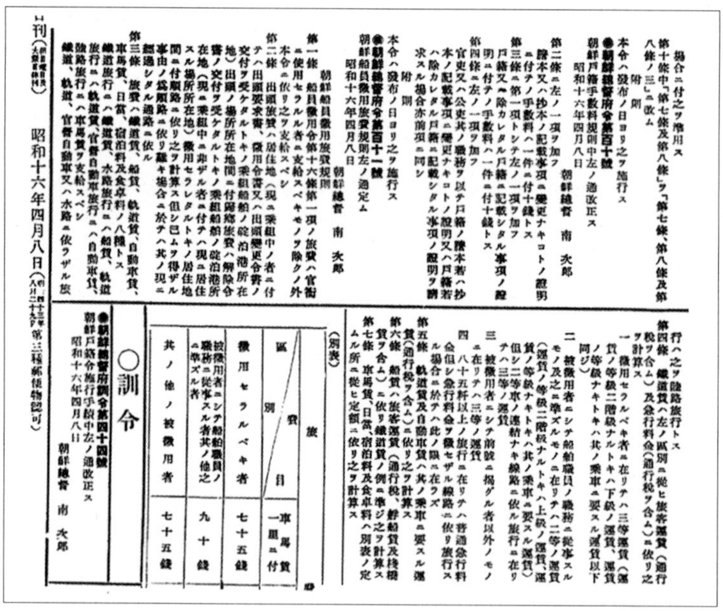

場合ニ付之ヲ準用ス
第十條中「第七條及第八條」ヲ「第七條、第八條及第八條ノ三」ニ改ム
附 則
本令ハ發布ノ日ヨリ之ヲ施行ス
●朝鮮總督府令第百十號
朝鮮戶籍手數料規則中左ノ通改正ス
昭和十六年四月八日 朝鮮總督 南 次郎
第二條ニ左ノ一項ヲ加フ
謄本又ハ抄本ノ記載事項ニ變更ナキコトノ證明ニ付テノ手數料ハ一件ニ付十錢トス
第三條ニ第一項トシテ左ノ一項ヲ加フ
戶籍又ハ除カレタル戶籍ニ記載シタル事項ノ證明ニ付テノ手數料ハ一件ニ付十錢トス
第四條ニ左ノ一項ヲ加フ
官吏又ハ公吏其ノ職務ヲ以テ戶籍ノ謄本若ハ抄本ノ記載事項ニ變更ナキコトノ證明又ハ戶籍若ハ除カレタル戶籍ニ記載シタル事項ノ證明ヲ請求スル場合亦前項ニ同ジ
附 則
本令ハ發布ノ日ヨリ之ヲ施行ス
●朝鮮總督府令第百十一號
朝鮮船員徵用旅費規則左ノ通定ム
昭和十六年四月八日 朝鮮總督 南 次郎
朝鮮船員徵用旅費規則
第一條 船員徵用令第十六條第一項ノ旅費ハ官衙ニ使用セラルル者ニ支給スベキモノヲ除クノ外本令ニ依リ之ヲ支給スベシ
第二條 出頭旅費ハ居住地（現ニ乘組中ノ者ニ付テハ出頭要求書、徵用令書又ハ出頭變更令書ノ交付ヲ受ケタルトキノ乘組船舶ノ碇泊港所在地）出頭ノ場所所在地間ニ付歸鄕旅費ハ解除令書ノ交付ヲ受ケタルトキノ乘組船舶ノ碇泊港所在地（現ニ乘組中ニ非ザル者ニ付テハ現ニ居住スル場所所在地）徵用セラレタルトキノ居住地間ニ付順路ニ依リ之ヲ計算ス但シ已ムヲ得ザル事由ノ爲順路ニ依リ難キ場合ニ於テハ其ノ現ニ經過シタル通路ニ依ル
第三條 旅費ハ鐵道賃、船賃、軌道賃、自動車賃、車馬賃、日當、宿泊料及食卓料ノ八種トス
鐵道旅行ニハ鐵道賃、水路旅行ニハ船賃、軌道旅行ニハ軌道賃、官營自動車旅行ニハ自動車賃、陸路旅行ニハ車馬賃ヲ支給スベシ
鐵道、軌道、官營自動車又ハ水路ニ依ラザル旅行ハ之ヲ陸路旅行トス
第四條 鐵道賃ハ左ノ區別ニ從ヒ旅客運賃（通行稅ヲ含ム）及急行料金（通行稅ヲ含ム）ニ依リ之ヲ計算ス
一 徵用セラルベキ者ニ在リテハ三等運賃（運賃ノ等級二階級ナルトキハ下級ノ運賃、運賃ノ等級ナキトキハ其ノ乘車ニ要スル運賃以下同ジ）
二 被徵用者ニシテ船舶職員ノ職務ニ從事スルモノ及之ニ準ズルモノニ在リテハ二等ノ運賃（運賃ノ等級二階級ナルトキハ上級ノ運賃、運賃ノ等級ナキトキハ其ノ乘車ニ要スル運賃）但シ二等車ノ連結ナキ線路ニ依ル旅行ニ在リテハ三等ノ運賃
三 被徵用者ニシテ前號ニ揭グル者以外ノモノニ在リテハ三等ノ運賃
四 八十五粁以上ノ旅行ニ在リテハ普通急行料金但シ急行料金ヲ徵セザル線路ニ依リ旅行スル場合ニ於テハ此ノ限ニ在ラズ
第五條 軌道賃及自動車賃ハ其ノ乘車ニ要スル運賃（通行稅ヲ含ム）ニ依リ之ヲ計算ス
第六條 船賃ハ旅客運賃（通行稅、艀船賃及棧橋賃ヲ含ム）ニ依リ鐵道賃ノ例ニ準ジ之ヲ計算ス
第七條 車馬賃、日當、宿泊料及食卓料ハ別表ノ定ムル所ニ從ヒ定額ニ依リ之ヲ計算ス
（別表）
旅費

區別 \ 費目	車馬賃 一里ニ付
徵用セラルベキ者	七十五錢
被徵用者ニシテ船舶職員ノ職務ニ從事スル者其ノ他之ニ準ズル者	九十錢
其ノ他ノ被徵用者	七十五錢

○訓令
●朝鮮總督府訓令第四十四號
朝鮮戶籍令施行手續中左ノ通改正ス
昭和十六年四月八日 朝鮮總督 南 次郎

昭和十六年四月八日（明治四十三年八月二十九日第三種郵便物認可）

주요 내용 및 특징	○「선원징용령」에 따라 징용된 자가 해당 장소까지 출두하거나 귀향하는 데 소요되는 여비와 숙박비, 식비 등의 금액과 지급 방법 등을 규정함.
법령 적용 범위	조선
관련 법령 통합·폐지 사항	
유사·파생 법령	

조선총독부령 제111호

1941년 4월 8일

조선선원징용여비규칙

제1조 선원징용령 제16조 제1항의 여비는 관청에서 사용하는 자에게 지급하는 것을 제외한 나머지는 본령에 따라 지급해야 한다.

제2조 출두여비는 거주지(현재 승선 중인 자에 대해서는 출두요구서, 징용령서 또는 출두변경령서를 교부받은 때에 승선한 선박의 정박항구 소재지)와 출두할 장소 소재지 사이의 순로에 대해 계산하고, 귀향여비는 해제영서를 교부받은 때 승선한 선박의 정박항구 소재지(현재 승선하지 않은 자에 대해서는 현재 거주하는 장소 소재지)와 징용되었던 당시의 거주지 사이의 순로에 대해 계산한다. 다만 불가피한 사유 때문에 순로가 어려울 경우에는 현재 경과한 통로를 계산한다.

제3조 여비는 철도요금, 선박요금, 궤도요금, 자동차요금, 거마비, 일당, 숙박비와 식비의 8종류로 한다.

철도여행에는 철도요금, 수로여행에는 선박요금, 궤도여행에는 궤도요금, 관영자동차여행에는 자동차요금, 육로여행에는 거마비를 지급해야 한다.

철도, 궤도, 관영자동차 또는 수로가 아닌 여행은 이를 육로여행으로 한다.

제4조 철도요금은 다음의 구분에 따라 여객운임(통행세를 포함한다)과 급행요금(통행세를 포함한다)에 따라 계산한다.

1. 징용된 자의 경우 3등 운임(운임 등급이 2단계일 때는 하급의 운임, 운임 등급이 없을 때는 승차에 필요한 운임. 이하 마찬가지).
2. 피징용자로서 선박직원의 직무에 종사하는 자와 이에 준하는 자의 경우에는 2등 운임(운임 등급이 2단계일 때는 상급의 운임, 운임 등급이 없을 때는 승차에 필요한 운임). 다만 2등 차량이 연결되지 않은 노선을 여행할 때는 3등 운임.
3. 피징용자로서 전호에 열거한 자 이외의 경우는 3등 운임.

4. 85km 이상 여행인 경우에는 보통급행요금. 다만 급행요금을 징수하지 않는 노선의 여행인 경우에는 여기에 제한을 받지 않는다.

제5조 궤도요금과 자동차요금은 승차에 필요한 운임(통행세를 포함한다)으로 계산한다.

제6조 선박요금은 여객운임[통행세, 거룻배 삯, 잔교(棧橋) 이용 요금을 포함한다]에 따라 철도요금의 예에 준하여 계산한다.

제7조 거마비, 일당, 숙박비 및 식비는 별표에서 정한 바에 따라 정액으로 계산한다.

여비 금액

구별 \ 항목	거마비(1리)	일당(1일)	숙박비(1박)	식비(1박)
징용되는 자	75전	2엔 50전	4엔 50전	2엔
피징용자로서 선박직원의 직무에 종사하는 자, 기타 이에 준하는 자	90전	5엔	7엔	2엔 50전
그 밖의 피징용자	75전	2엔 50전	4엔 50전	2엔

제8조 거마비는 경로를 합산하여 계산한다. 다만 합계에서 끝자리가 1리(里) 미만인 경우에는 절사한다.

제9조 일당은 일수로, 숙박비는 1박 기준으로 지급해야 한다. 다만 수로여행은 숙박비를 지급하지 않으며, 이 경우에 식비가 별도로 필요한 때는 식비를 지급해야 한다.

제10조 여비의 지급에 관해서는 여행 일수의 경우 불가피한 사유로 인하여 필요한 일수를 제외하고 철도요금은 400km, 궤도여행은 300km, 관영자동차여행 및 수로여행은 200km, 육로여행은 10리당 1일의 비율로 통산한 일수를 초과할 수 없다. 다만 1일 미만의 끝자리는 1일로 한다.

제11조 여행 중 사망한 때는 거주지에 도착하는 데 상당하는 금액을 유족에게 지급해야 한다.

제12조 여비를 지급받고자 하는 자는 출두요구서, 징용령서, 출두변경령서 또는 징용해제령서를 제시하여 청구해야 한다.

제13조 여비를 청구할 때는 청구 사유를 자세히 구비하고, 그 밖에 필요한 증서를 첨부해야 한다.

순로를 따르지 않을 경우, 여행 일수가 증가한 경우 등에는 그 사유를 자세히 구비하고 그 밖에 부윤, 읍·면장 또는 경찰 관리, 역장, 선장 또는 의사 등의 증명서를 첨부해야 한다.

부칙

본령은 발포한 날로부터 이를 시행한다.

자료 23

재학징집연기기간의 임시특례	
구분	육군성령 제43호
법령명/건명	재학징집연기기간의 임시특례 在學徵集延期期間ノ臨時特例
제정·개정·결정·폐지 연월일	공포·시행 1941년 10월 16일(일본관보 제4434호, 1941.10.16.)
구성	본문 2개 조항, 부칙
선행 규범·법령	병역법시행령(1941년 칙령 제618호 이전 개정 시행령) 재학징집연기기간의 단축에 관한 건(1941년육군성·문부성령 제2호, 1941.10.16.)
원문 일부	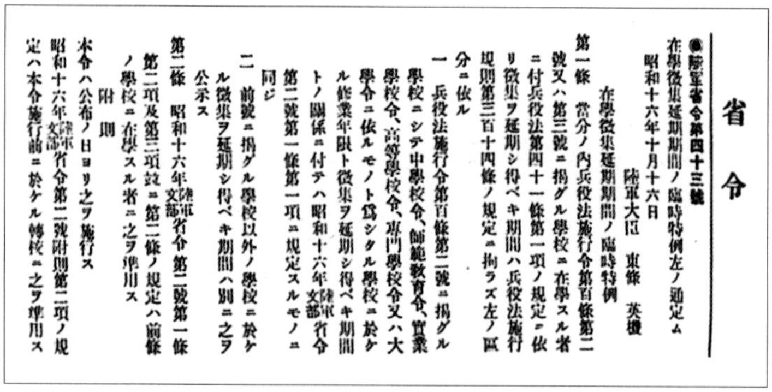 省令 ◉陸軍省令第四十三號 在學徵集延期期間ノ臨時特例左ノ通定ム 昭和十六年十月十六日 陸軍大臣 東條 英機 在學徵集延期期間ノ臨時特例 第一條 當分ノ內兵役法施行令第百條第二號又ハ第三號ニ掲グル學校ニ在學スル者ニ付兵役法第四十一條第一項ノ規定ニ依リ徵集ヲ延期シ得ベキ期間ハ兵役法施行規則第三百十四條ノ規定ニ拘ラズ左ノ區分ニ依ル 一 兵役法施行令第百條第二號ニ掲グル學校ニシテ中學校令、師範教育令、實業學校令、高等學校令、專門學校令又ハ大學令ニ依ルモノト爲シタル學校ニ於ケル修業年限ト徵集ヲ延期シ得ベキ期間トノ關係ニ付テハ昭和十六年陸軍文部省令第二號第一條第一項ニ規定スルモノニ同ジ 二 前號ニ掲グル學校以外ノ學校ニ於ケル徵集ヲ延期シ得ベキ期間ハ別ニ之ヲ公示ス 第二條 昭和十六年陸軍文部省令第二號第一條第二項及第三項竝ニ第二條ノ規定ハ前條ノ學校ニ在學スル者ニ之ヲ準用ス 附 則 本令ハ公布ノ日ヨリ之ヲ施行ス 昭和十六年陸軍文部省令第二號附則第二項ノ規定ハ本令施行前ニ於ケル轉校ニ之ヲ準用ス
주요 내용 및 특징	○ 재학 중인 학생들에 대한 징집연기에 관한 임시특례
법령 적용 범위	조선을 포함한 제국 전역
관련 법령 통합·폐지 사항	
유사·파생 법령	

육군성령 제43호

1941년 10월 16일

재학징집연기기간의 임시특례

제1조 당분간 병역법시행령 제100조 제2호 또는 제3호에 열거한 학교에 재학하는 자에 대해서는 병역법 제41조 제1항의 규정에 따라 징집을 연기할 수 있으며, 기간은 병역법시행규칙 제314조의 규정에 구애됨이 없이 다름의 구분에 따른다.

1. 병역법시행령 제100조 제2호에 열거한 학교로서 중학교령, 사범교육령, 실업학교령, 고등학교령, 전문학교령 또는 대학령에 따른 학교에서 수업연한과 징집을 연기할 수 있는 기간에 관해서는 1941년(昭和16年) 육군성·문부성령 제2호 제1조 제1항에서 규정하는 것과 마찬가지이다.
2. 전호에 열거한 학교 이외의 학교에서 징집을 연기할 수 있는 기간은 별도로 공시한다.

제2조 전조의 학교에 재학하는 자에게는 1941년 육군성·문부성령 제2호 제1조 제2항 및 제3항, 그리고 제2조의 규정을 준용한다.

부칙

본령은 공포한 날로부터 이를 시행한다.

본령의 시행 전에 전교한 경우는 1941년 육군성·문부성령 제2호의 부칙 제2항의 규정을 준용한다.

자료 24

재학징집연기기간의 단축에 관한 건	
구분	육군성·문부성령 제2호
법령명/건명	재학징집연기기간의 단축에 관한 건 在學徵集延期期間ノ短縮ニ關スル件
제정·개정·결정·폐지 연월일	공포·시행 1941년 10월 16일(일본관보 제4434호, 1941.10.16.)
구성	본문 2개 조항, 부칙
선행 규범·법령	병역법시행령(1941년 칙령 제618호 이전 개정 시행령)
원문 일부	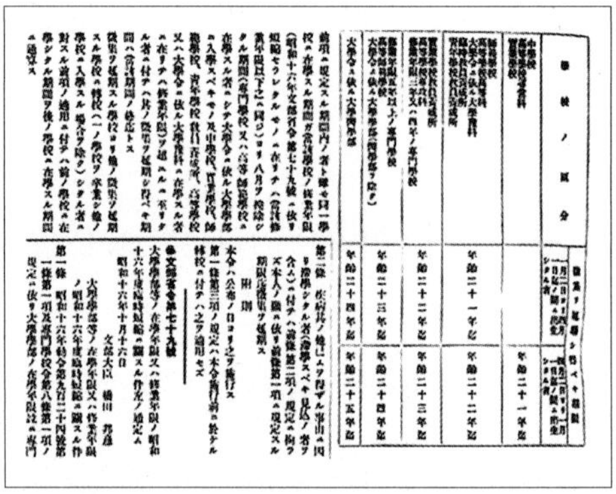  陸軍省・文部省令第二號 在學徵集延期期間ノ短縮ニ關スル件左ノ通定ム 昭和十六年十月十六日 陸軍大臣 東條 英機 文部大臣 橋田 邦彥 第一條 兵役法施行令第百一條第二項ノ規定ニ依リ兵役法施行令第百條第一號ニ揭グル學校ニ在學スル者ニ付兵役法第四十一條第一項ノ規定ニ依リ徵集ヲ延期シ得ベキ期間ハ兵役法施行令第百一條第一項ノ規定ニ拘ラズ當分ノ內左ノ區分ニ依ル
주요 내용 및 특징	○ 재학 중인 학생들에 대한 기존의 징집연기 기간을 1년씩 단축할 것을 지시함.
법령 적용 범위	조선을 포함한 제국 전역
관련 법령 통합·폐지 사항	
유사·파생 법령	

육군성·문부성령 제2호

1941년 10월 16일

재학징집연기기간의 단축에 관한 건

제1조 병역법시행령 제101조 제2항의 규정에 따라 병역법시행령 제100조 제1호에 열거한 학교에 재학하는 자에 대해 병역법 제41조 제1항의 규정에 따른 징집을 연기할 수 있으며, 기간은 병역법시행령 제101조 제1항의 규정에 구애됨이 없이 당분간 다음의 구분에 따른다.

학교의 구분	징집을 연기할 수 있는 기간	
	1월 2일~4월 1일 출생한 자	4월 2일~1월 1일 출생한 자
중학교 고등학교 심상과 실업학교		연령 21세까지
사범학교 고등학교 고등과 대학령에 의한 대학 예과 임시교원양성소 청년학교교원양성소	연령 21세까지	연령 22세까지
실업학교교원양성소 고등학교 전정과(專政科) 수업연한 3년 또는 4년의 전문학교	연령 22세까지	연령 23세까지
수업연한 5년 이상의 전문학교 고등사범학교 대학령에 의한 대학 학부(의학부 제외)	연령 23세까지	연령 24세까지
대학령에 의한 대학 의학부	연령 24세까지	연령 25세까지

전항에서 규정하는 기간 내에 해당하는 자일지라도 동일 학교에 재학하는 기간이 해당 학교의 수업연한(1941년 문부성령 제79호에 따라 단축된 자의 경우는 해당 수업연한. 이하 마찬가지)으로부터 8개월 공제한 기간(전문학교 또는 고등사업학교에 재학하는 자로서 대학령에 따라 대학 학부에 입학할 자와 중학교, 실업학교, 사범학교, 청년학교교원양성소, 고등학교 또는 대학령

에 따른 대학 예과에 재학하는 자의 경우에는 수업연한)을 초과하게 된 자에 대해서는 그의 징집을 연기할 수 있으며, 기간은 해당 기간이 끝날 때까지로 한다.

징집을 연기한 학교로부터 징집을 연기하는 다른 학교로 전학(하나의 학교를 졸업하여 다른 학교로 입학할 경우는 제외)한 자에 대하여 전항을 적용할 때는 이전의 학교에 재학한 기간을 다음 학교에 재학하는 기간에 합산한다.

제2조 질병, 기타 불가피한 사유로 인하여 체학(滯學)[25]한 자(체학할 예정인 자 포함)에 대해서는 전조 제2항의 규정에 구애됨이 없이 본인의 희망에 따라 전조 제1항에서 규정하는 기간까지 징집을 연기한다.

부칙

본령은 공포한 날로부터 이를 시행한다.

본령 시행 전에 전교한 것에 대해서는 제1조 제3항의 규정을 적용하지 않는다.

25 체학(滯學)이란 유급(留級)하거나 졸업하지 못한 경우를 가리킨다.

자료 25

재학징집연기기간의 연장에 관한 건	
구분	육군성령 제44호
법령명/건명	재학징집연기기간의 연장에 관한 건 在學徵集延期期間ノ延長ニ關スル件
제정·개정·결정·폐지 연월일	공포·시행 1941년 10월 16일(일본관보 제4434호, 1941.10.16.)
구성	본문 6개 조항, 부칙
선행 규범·법령	재학징집연기기간의 단축에 관한 건(1941년 육군성·문부성령 제2호) 재학징집연기기간의 임시특례(1941년 육군성령 제43호)
원문 일부	 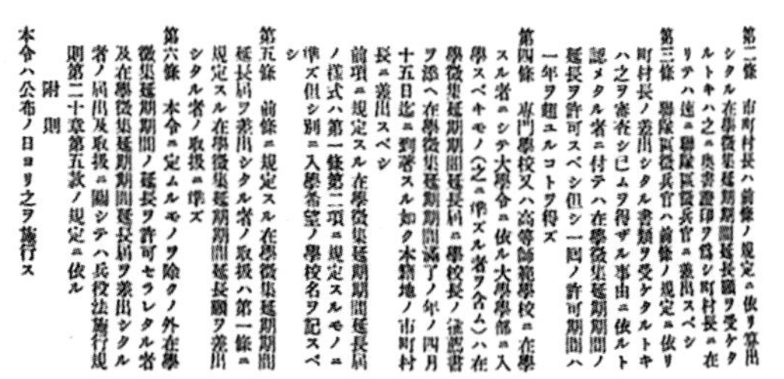
주요 내용 및 특징	○ 재학 중인 학생들에 대한 징집연기 조치 단축 대상자 외에 징집을 연기하고자 하는 학생의 취급에 관한 규정
법령 적용 범위	조선을 포함한 제국 전역
관련 법령 통합·폐지 사항	
유사·파생 법령	

육군성령 제44호

1941년 10월 16일

재학징집연기기간의 연장에 관한 건

제1조 1941년 육군성·문부성령 제2호 제2조 또는 1941년 육군성령 제43호 제2조의 규정에 따라 재학징집연기기간의 연장을 희망하는 자는 재학징집연기기간연장원서에 학교장(이에 준하는 자를 포함한다. 이하 마찬가지)의 체학(滯學)증명서와 의사의 진단서(질병을 사유로 하는 자에 한정한다)를 첨부하여 재학징집연기기간이 만료되는 해의 4월 15일까지 도착하도록 본적지의 시정촌장(정촌장에 준하는 자를 포함하며 도쿄시, 교토시, 오사카시, 나고야시, 요코하마시 및 고베시에서는 구장. 이하 마찬가지)에게 제출해야 한다.

전항에서 규정한 재학징집연기기간연장원서의 양식은 다음과 같다.

재학징집연기기간연장원서

1. 본 인	씨명, 생년월일
2. 본적지	부현군시구정촌번지
3. 현주소	
4. 재학 중인 학교	학교명 학년
5. 학교 수업연한	년(단축된 자의 경우에는 해당 연한)
6. 입학년월일	년 월 일
7. 체학 기간	년 월 일 ~ 년 월 일
8. 재학징집연기기간이 만료되는 시기	년 월 일

이상 1941년 육군성·문부성령 제2호 제2조의 규정에 따라 재학징집연기기간의 연장을 허가해 주시기를 체학증명서를 첨부하여 신청합니다.

년 월 일

본인 씨명 날인

○○연대구징병관 님께

제1항에서 규정한 체학증명서에는 사유를 상세히 기재해야 한다.

제2조 시정촌장이 전조의 규정에 따라 산출된 재학징집연기기간연장원서를 받은 때는 여기에 배서와 날인을 하여 정촌장의 경우에는 신속하게 연대구징병관에게 제출해야 한다.

제3조 연대구징병관이 전조의 규정에 따라 정촌장이 제출한 서류를 받은 때는 이를 심사하여 불가피한 사유가 인정되는 자에 대해서는 재학징집연기기간의 연장을 허가해야 한다. 다만 1회의 허가기간은 1년을 초과할 수 없다.

제4조 전문학교 또는 고등사범학교에 재학하는 자로서 대학령에 따라 대학 학부에 입학할 자(이에 준하는 자를 포함)는 재학징집연기기간연장신고서에 학교장의 추천서를 첨부하여 재학징집연기기간이 만료되는 해의 4월 15일까지 도착하도록 본적지의 시정촌장에게 제출해야 한다.

전항에서 규정하는 재학징집연기기간연장신고서의 양식은 제1조 제2항에서 규정한 것에 준한다. 다만 입학을 희망하는 학교명을 별도로 기재해야 한다.

제5조 전조에서 규정하는 재학징집연기기간연장신고서를 제출한 자의 취급은 제1조에서 규정한 재학징집연기기간연장원서를 제출한 자의 취급에 준한다.

제6조 본령에서 정한 것을 제외하고, 재학징집연기기간의 연장을 허가받은 자와 재학징집연기기간연장신고를 제출한 자의 신고 및 취급에 관해서는 병역법시행규칙 제20장 제5관의 규정에 따른다.

부칙

본령은 공포한 날로부터 이를 시행한다.

자료 26

1941년임시징병검사규칙	
구분	육군성령 제45호
법령명/건명	1941년임시징병검사규칙 昭和十六年臨時徵兵檢査規則
제정·개정·결정·폐지 연월일	공포·시행 1941년 10월 16일(일본관보 제4434호, 1941.10.16.)
구성	본문 17개 조항, 부칙
선행 규범·법령	재학징집연기기간의 단축에 관한 건(1941년 육군성·문부성령 제2호) 재학징집연기기간의 임시특례(1941년 육군성령 제43호)
원문 일부	第二條 市町村長ハ前條ノ規定ニ依リ差出シタル在學徵集延期期間延長願ヲ受ケタルトキハ之ニ與書證印ヲ爲シ町村長ニ在リテハ遲滯ナク聯隊區徵兵官ニ差出スベシ 第三條 聯隊區徵兵官ハ前條ノ規定ニ依リ町村長ノ差出シタル書類ヲ受ケタルトキハ之ヲ審査シ已ムヲ得ザル事由ニ依ルト認メタル者ニ付テハ在學徵集延期期間ノ延長ヲ許可スベシ但シ一回ノ許可期間ハ一年ヲ超ユルコトヲ得ズ 第四條 專門學校又ハ高等師範學校ニ在學スル者ニシテ大學令ニ依ル大學學部ニ入學スベキモノ(之ニ準ズル者ヲ含ム)ハ在學徵集延期期間延長願ニ學校長ノ證明書ヲ添ヘ在學徵集延期期間滿了ノ年ノ四月十五日迄ニ到著スル如ク本籍地ノ市町村長ニ差出スベシ 前項ニ規定スル在學徵集延期期間延長願ノ樣式ハ第一條第二項ニ規定スルモノニ準ズ但シ別ニ入學希望ノ學校名ヲ記スベシ 第五條 前條ニ規定スル在學徵集延期期間延長願ヲ差出シタル者ノ取扱ハ第一條ニ規定スル在學徵集延期期間延長願ヲ差出シタル者ノ取扱ニ準ズ 第六條 本令ニ定ムルモノヲ除クノ外在學徵集延期期間ノ延長ヲ許可セラレタル者及在學徵集延期期間延長願ヲ差出シタル者ノ屆出及取扱ニ關シテハ兵役法施行規則第二十章第五款ノ規定ニ依ル 附 則 本令ハ公布ノ日ヨリ之ヲ施行ス ◎陸軍省令第四十五號 昭和十六年臨時徵兵檢査規則左ノ通定ム 昭和十六年十月十六日 陸軍大臣 東條 英機 昭和十六年臨時徵兵檢査規則 第一條 昭和十六年陸軍文部省令第二號又ハ昭和十六年陸軍省令第四十三號ニ依リ昭和十六年十二月三十一日迄ニ徵集延期ノ期間滿了スル者ニ關スル徵兵事務ハ兵役法施行規則第百三條、第百四十八條及第二百六條ノ規定ニ拘ラズ聯隊區徵兵署(朝鮮、臺灣、關東州及滿洲國ニ在リテハ兵事區徵兵署以下之ニ同ジ)ノ事務ハ昭和十六年十二月一日ヨリ昭和十六年十二月二十日迄ノ間ニ、徵集順序ノ決定及徵兵終決處分ハ昭和十七年一月十日迄ニ之ヲ行フモノトス 前項ノ規定ニ依リ行フ徵兵檢査ハ之ヲ昭和十六年臨時徵兵檢査ト稱ス 第二條 昭和十六年臨時徵兵檢査ヲ受クベキ者ハ昭和十六年十月三十一日迄ニ到著スル如ク在學徵集延期期間滿了屆ヲ本籍地ノ市町村長(町村長ニ準ズル者ヲ含ミ東京市、京都市、大阪市、名古屋市、横濱市及神戸市ニ在リテハ區長以下之ニ同ジ)ニ差出スベシ 前項ニ規定スル在學徵集延期期間滿了屆ノ樣式左ノ如シ ([illegible]) 在學徵集延期期間滿了屆 一 本人 氏名及出生年月日 二 本籍地 府縣郡市區町村字番地 三 現住地 何々 四 在學スル學校 何學校第何學年 五 學校ノ修業年限 何年(短縮セラレ居ルモノニ在リテハ(當該年限)) 六 入學年月日 何年何月何日 七 受檢豫定地 何々 右在學徵集延期ノ期間滿了ニ付及屆出候也 年 月 日 本人 氏 名 印 何聯隊區徵兵官 殿
주요 내용 및 특징	○ 1941년임시징병검사에 관한 규정
법령 적용 범위	조선을 포함한 제국 전역
관련 법령 통합·폐지 사항	
유사·파생 법령	1942년임시징병검사규칙(1942년 육군성령 제3호)

육군성령 제45호

1941년 10월 16일

1941년임시징병검사규칙

제1조 1941년 육군성·문부성령 제2호 또는 1941년 육군성령 제43호에 따라 1941년 12월 31일까지 징집연기 기간이 만료되는 자에 관한 징병사무는 징병법시행규칙 제103조, 제148조 및 제206조의 규정에 구애됨이 없이 연대구징병서[聯隊區徵兵署, 조선, 대만, 관동주 및 만주국에서는 병사구징병서(兵事區徵兵署). 이하 마찬가지]의 사무는 1941년 12월 1일부터 1941년 12월 20일까지, 징집순서의 결정 및 징병종결처분은 1942년 1월 10일까지 시행하는 것으로 한다.

전항의 규정에 따라 실시하는 징병검사는 1941년임시징병검사라 칭한다.

제2조 1941년임시징병검사를 받아야 할 자는 1941년 10월 31일까지 도착하도록 재학징집연기기간만료신고서를 본적지의 시정촌장(정촌장에 준하는 자를 포함하며, 도쿄시, 교토시, 오사카시, 나고야시, 요코하마시 및 고베시의 경우에는 구장. 이하 마찬가지)에게 제출해야 한다.

전항에서 규정하는 재학징집연기기간만료신고서의 양식은 다음과 같다.

재학징집연기기간만료신고서

1. 본 인	씨명, 생년월일
2. 본적지	부현군시구정촌번지
3. 현주소	
4. 재학 중인 학교	학교명 학년
5. 학교 수업연한	년(단축된 자의 경우에는 해당 연한)
6. 입학년월일	년 월 일
7. 수검 예정일	년 월 일

이상 재학징집연기의 기간만료에 대해 신고합니다.

년 월 일

본인 씨명 날인

○○연대구징병관 님께

조선, 대만, 관동주 또는 만주국에 재류하는 자로서 1941년임시징병검사를 받아야 할 자는 제1항의 규정 외에 병역법시행규칙 제164조 3의 제1항에서 규정하는 재류지징병검사수검신고서를 1941년 10월 31일까지 도착하도록 정촌장에 해당하는 자에게 제출해야 한다.

제3조 시정촌장이 재학징집연기기간만료신고서를 받은 때는 장정인원표(병역법시행규칙 제78조의 양식에 따른다)를 작성하여, 정촌장의 경우에는 재학징집연기기간만료신고서와 함께 1941년 11월 7일까지 도착하도록 병사관 또는 지청장에게, 시장의 경우에는 1941년 11월 12일까지 도착하도록 연대구사령관에게 이를 제출해야 한다.

시정촌장에 해당하는 자가 재류지징병검사수검신고서를 받은 때는 이를 취합하여 1941년 11월 7일까지 도착하도록 재류지병사관에게 제출해야 한다.

제4조 병사관 또는 지청장이 전조 제1항의 규정에 따라 정촌장이 제출한 서류를 받은 때는 병역법시행규칙 제79조의 예에 따라 장정인원표를 작성하여, 1941년 11월 12일까지 도착하도록 연대구사령관에게 이를 송부해야 한다.

재류지병사관이 전조 제2항의 규정에 따라 정촌장에 해당하는 자가 제출한 서류를 받은 때는 병역법시행규칙 제164조 4의 예에 따라 장정인원표를 작성하여, 1941년 11월 12일까지 도착하도록 육군병사부장에게 이를 송부하는 동시에 수검자의 본적, 씨명 기타 필요한 사항을 신속하게 본인의 본적지 병사관, 지청장 또는 시장에게 통지해야 한다.

제5조 연대구사령관 또는 육군병사부장이 병사관, 지청장, 시장 또는 재류지 병사관이 송부한 장정인원표를 받은 때는 연대구장정인원표(병역법시행규칙 제82조의 양식에 따른다) 또는 병사구장정인원표(병역법시행규칙 제164조 4의 양식에 따른다)를 작성하여, 1941년 11월 20일까지 도착하도록 사단장(대만, 관동주 및 만주국에서는 군관구징병관인 군사령관)에게 제출해야 한다.

제6조 사단장이 연대구장정인원표를 받은 때는 사관장정인원표(병역법시행규칙 제82조의 양식에 따른다)를 작성하여, 1941년 11월 25일까지 도착하도록 군사령관에게 제출해야 한다.

제7조 군사령관은 병사구장정인원표에 기반하여 군관구장정인원표를 작성하거나 사관장정인원표를 취합하여, 1941년 11월 30일까지 도착하도록 육군대신에게 이를 제출

해야 한다.

제8조 병사관, 지청장 또는 시장이 제4조 제2항의 규정에 따른 통지를 받은 때는 1941년 11월 25일까지 도착하도록 장정명부 및 장정명부부표를 재류지 병사관에게 송부해야 한다.

제9조 장정연명부(병역법시행규칙 제85조의 양식에 따른다)의 조제 및 송부에 관해서는 제1조에 규정한 기일을 기준으로 연대구사령관이나 육군병사부장이 이를 정한다.

제10조 연대구징병서 개설 일정 및 장소의 결정과 이의 통지 및 보고는 제1조에서 규정한 기일을 기준으로 병역법시행규칙 제105조와 제106조의 예에 따라 해야 한다. 다만 징병서 개설 일정표가 육군대신에게 도착해야 할 기일은 1941년 11월 20일까지로 한다.

제11조 연대구징병서는 병역법시행규칙 제105조의 규정에 구애됨이 없이 신체검사를 받을 인원수와 기타 지방의 상황에 따라 적절하게 이를 설치할 수 있다.

제12조 1941년임시징병검사를 받을 자로서 기류지(寄留地)신체검사 또는 재류지신체검사를 받고자 하는 자는 병역법시행규칙 제165조에서 규정한 재류지신체검사수검통상원서 또는 병역법시행규칙 제182조에서 규정하는 재류지신체검사수검원서를 1941년 10월 31일까지 도착하도록 제출해야 한다.

제13조 1941년임시징병검사를 받을 자로서 1941년 육군성·문부성령 제2호의 제2조 또는 1941년 육군성령 제43호의 제2조 규정에 따라 재학징집연기기간의 연장을 바라는 자는 1941년 육 군성령 제44호의 제1조에서 규정하는 재학징집연기기간연장원서(이에 첨부해야 할 서류를 포함한다)를 1941년 10월 31일까지 도착하도록 본적지의 시정촌장에게 제출해야 한다.

제14조 1941년임시징병검사를 받을 전문학교 또는 고등사범학교 재학자로서 대학령에 의한 대학 학부에 입학할 자(이에 준하는 자를 포함한다)는 1941년 육군성령 제44호의 제4조에서 규정하는 재학징집연기기간연장신고서(여기에 첨부할 서류를 포함한다)를 1941년 10월 31일까지 도착하도록 본적지의 시정촌장에게 제출해야 한다.

제15조 1941년임시징병검사를 받아 현역병으로 결정된 자의 호적초본 송부 기일은 시정촌장의 경우 1942년 1월 20일까지로, 연대구사령관의 경우에는 1942년 1월 25일

까지로 한다.

제16조 연대구사령관이 입영부대장에게 현역병장정명부를 송부해야 할 기일은 1942년 1월 20일까지로 한다.

제17조 정당한 사유 없이 제2조에서 규정하는 재학징집연기기간만료신고를 하지 않은 자는 100엔 이하의 벌금이나 과태료에 처한다.

부칙

본령은 공포한 날로부터 이를 시행한다.

자료 27

국가총동원법 제4조에 근거한 육군 징용자 급여에 관한 건	
구분	육군성령 제59호
법령명/건명	국가총동원법 제4조에 근거한 육군 징용자 급여에 관한 건 國家總動員法第四條二基キ陸軍二徵用セラレタル者ノ給與二關スル件
제정·개정·결정·폐지 연월일	공포 1941년 12월 29일(조선총독부관보 제4518호, 1942.2.20.) 시행 1942년 1월 1일
구성	본문 14개 조항, 부칙
선행 규범·법령	국가총동원법 제4조 국민징용령에 따른 육군 징용자 급여에 관한 건(1939년 육군성령 제33호) 육군여비규칙(1899년 육군성령 제16호) 대동아전쟁에 관한 육군전시급여규칙 특례의 건(1937년 칙령 제434호) 지나(중국)에 있는 육군부대에 속한 육군군속에 대한 전시급여 특례에 관한 건(1941년 칙령 제1224호)
원문 일부	
주요 내용 및 특징	○ 「국가총동원법」과 「국민징용령」에 의해 육군에 징용된 군속, 군무원의 급여에 관한 규정 ○ 징용원을 피징용자로 변경함. ○ 조선과 대만에 적용된 경우를 언급함(제2조).
법령 적용 범위	조선을 포함한 제국 전역
관련 법령 통합·폐지 사항	국민징용령에 따라 육군에 징용된 자의 급여에 관한 건(1939년 육군성령 제33호)
유사·파생 법령	

朝鮮總督府官報 昭和十七年二月二十日 第四千五百十八號 金曜日

○省令

●陸軍省令第五十九號

國家總動員法第四條ニ基キ陸軍ニ徴用セラレタル者ノ給與ニ關スル件左ノ通定ム

昭和十六年十二月二十九日 陸軍大臣 東條英機

第一條 國家總動員法第四條ニ基キ陸軍ニ徴用セラレタル者(以下被徴用者ト稱ス)ノ給與ニ關シテハ本令ノ定ムル所ニ依ル本令ニ明文ナキモノハ陸軍軍屬ノ給與ニ關スル規定ニ依ル

第二條 官吏タル被徴用者ノ給與ハ俸給ニ付テハ前官衙ニ於ケル俸給ニ關スル規定ニ依リ其ノ他ノ給與ニ付テハ陸軍文官ノ給與ニ關スル規定(朝鮮、臺灣又ハ樺太ニ勤務シアルモノニシテ朝鮮、臺灣又ハ樺太ニ徴用セラレタルモノノ在勤加俸ニ付テハ前官衙ニ於ケル在勤加俸ノ規定ニ依ル)ヲ準用ス

第三條 前條以外ノ被徴用者ノ給與ハ陸軍ノ囑託員、雇員、傭人又ハ工員ノ給與ニ關スル規定ヲ準用ス但シ被徴用者ノ手當又ハ給料ノ初給基本額ハ待遇官吏又ハ公吏ニ在リテハ前官衙又ハ公署ニ於ケル從前ノ俸給額ニ相當スル額(囑託者手當トシテ取扱フモノトス)ニ依リ其ノ他ノ者ニ在リテハ別表ニ依リ被配當部隊ニ於テ之ヲ定ムベシ

第四條 俸給(手當、給料ヲ含ム以下同ジ)ハ出頭ノ日ヨリ徴用ヲ解除セラレタル日迄被徴用者ガ現ニ業務ニ從事スル部隊(以下就業部隊ト稱ス)ニ於テ之ヲ支給スベシ

第五條 在勤加俸、特別手當又ハ戰時增給(陸軍戰時給與規則第六條若ハ第十六條又ハ昭和十二年勅令第四百三十四號ニ規定スル增給ヲ謂フ)ハ就業部隊ニ到著ノ日ヨリ徴用ヲ解除セラレタル日迄就業部隊ニ於テ之ヲ支給スベシ

第六條 官吏タル被徴用者ニシテ徴用令書ニ記載セラレアル出頭場所タル陸軍部隊(以下出頭部隊ト稱ス)ニ出頭スル場合及出頭部隊ヨリ就業部隊ニ赴ク場合竝ニ徴用ヲ解除セラレ前官衙ニ復歸スル場合ノ旅費ハ陸軍旅費規則ニ定ムル陸軍文官ノ轉任轉職者ニ關スル規定ヲ準用ス但シ旅費ノ支給ニ付テハ第七條ノ例ニ依ル

第七條 官吏以外ノ者タル被徴用者ニシテ就業部隊ニ赴ク場合又ハ徴用ヲ解除セラレ歸郷スル場合ノ旅費ハ左ノ區分ニ依ル

一 被徴用者ノ現住地ヨリ出頭部隊所在地(出頭部隊ト就業部隊ガ異ルトキハ就業部隊所在地)迄順路ニ應ジ陸軍旅費規則ニ定ムル鐵旅費、赴任手當、移轉料、家族移轉料(家族ノ携行ヲ許可セラレタル者ニ限ル)及支度料(樺太及滿洲ニ赴ク者ニ限ル)竝ニ昭和十二年勅令第四百三十四號ニ定ムル手當金(事變地ニ赴ク者ニ限ル)ヲ出頭部隊ニ於テ支給ス

二 家族移轉料ハ家族一人每ニ本人ノ居住地ヨリ就業部隊所在地ニ至ル本人ノ鐵旅費相當ノ鐵道賃及船賃ノ定額、車馬賃、宿泊料、日當及食卓料ノ全額竝ニ赴任手當ノ半額ニ相當スル金額トス但シ十二歲未滿ノ家族ニ付テハ其ノ半額トス

家族ノ數三人ヲ超過スルトキハ其ノ超過スル者ニ付支給スル家族移轉料ハ前項ノ規定ニ依ル給額ノ半額トス

家族移轉料ハ徴用ノ期間一年以上ニ亙

朝鮮總督府官報 第四五一八號 日刊 昭和十七年二月二十日

육군성령 제59호

1941년 12월 29일

국가총동원법 제4조에 근거한 육군 징용자 급여에 관한 건

제1조 국가총동원법 제4조에 근거하여 육군에 징용된 자(이하 피징용자라 칭한다)의 급여에 관해서는 본령이 정하는 바에 따른다.

본령에 명문으로 하지 않은 것은 육군군속의 급여에 관한 규정에 따른다.

제2조 관리인 피징용자의 급여는 봉급에 대해서는 이전 관청에서의 급여에 관한 규정에 따르고, 다른 급여에 대해서는 육군 문관의 급여에 관한 규정(조선, 대만 또는 화태에서 근무하고 있는 자로서 조선, 대만 또는 화태에서 징용된 자의 재근가봉에 대해서는 이전 관청에서의 재근가봉 규정에 따른다)을 준용한다.

제3조 전조 이외의 피징용자의 급여는 육군의 촉탁원, 고원, 용인 또는 공원의 급여에 관한 규정을 준용한다. 다만 피징용자의 수당 또는 급료의 초급 기본액은 대우관리 또는 공리의 경우에는 이전 관청 또는 관공서의 종전 급여액에 상당하는 금액(촉탁자 수당으로 취급한다)에 따르고, 그 외의 자에 대해서는 별표에 따라 배속된 부대에서 이를 정해야 한다.

제4조 봉급(수당, 급료를 포함한다. 이하 마찬가지)은 출두한 날로부터 징용을 해제한 날까지 피징용자가 현재 업무에 종사하는 부대(이하 취업부대라 칭한다)에서 이를 지급해야 한다.

제5조 재근가봉, 특별수당 또는 전시증액급여(육군전시급여규칙 제6조 또는 제16조 또는 1937년 칙령 제434호에서 규정한 급여를 가리킨다)는 취업부대에 도착한 날로부터 징용을 해제한 날까지 취업부대에서 이를 지급해야 한다.

제6조 관리인 피징용자가 징용령서에 기재된 출두장소인 육군부대(이하 출두부대라 칭한다)로 출두할 경우와 출두부대로부터 취업부대까지 이동할 경우, 그리고 징용이 해제되어 이전 관청으로 복귀할 경우의 여비는 육군여비규칙에서 정한 육군 문관의 전임전직자에 관한 규정을 준용한다. 다만 여비의 지급청에 대해서는 제7조의 사례에 따른다.

제7조 관리가 아닌 피징용자가 취업부대로 이동할 경우, 또는 징용이 해제되어 귀향할 경우의 여비는 다음 구분에 따른다.

1. 피징용자의 현재지로부터 출두부대 소재지(출두부대와 취업부대가 다를 때는 취업부대 소재지)까지 순로에 맞게 육군여비규칙에서 정한 여비, 부임수당, 이전료, 가족 이전료(가족동반이 허락된 자에 한정한다), 준비비(화태 및 만주로 가는 자에 한정한다), 그리고 1937년 칙령 제434호에서 정한 수당금(사변지로 가는 자에 한정한다)을 출두부대에서 지급한다.
2. 가족 이전료는 가족 1인당 본인의 거주지로부터 취업부대 소재지까지 본인의 여비에 상당하는 철도요금과 선박요금의 정가, 거마비, 숙박비, 일당과 식사비의 전액 그리고 부임수당의 반액에 상당하는 금액으로 한다. 다만 12세 미만인 가족에 대해서는 이를 반액으로 한다.

   가족 인원수가 3인을 초과할 때는 이를 초과하는 자에 대해 지급하는 가족 이전료를 전항의 규정에서 정한 금액의 반액으로 한다.

   가족 이전료는 징용 기간이 1년 이상일 경우에 피징용자가 그 가족을 취업부대의 소재지(취업부대로 통근할 수 있는 부근을 포함한다)로 이전할 경우에 지급하는 것으로 한다.
3. 이전료는 전호의 규정에 따라 가족 이전료를 지급해야 할 사실이 발생한 경우에 이를 지급하는 것으로 한다.
4. 징용이 해제되어 귀향할 경우에는 취업부대 소재지로부터 징용된 때의 거주지까지 순로와 해제 이전의 신분에 따라 육군여비규칙에서 정한 영외자 귀향여비를 취업부대에서 지급한다. 다만 제1호의 규정에 따라 가족 이전료를 지급받는 자에게는 이를 지급하지 않는다.
5. 징용이 해제된 자가 징용 기간 중 거주지를 징용 이전의 거주지 밖으로 정한 경우에는 전호에 구애됨이 없이 새로운 거주지까지 여비를 지급하는 것으로 한다. 다만 새로운 거주지까지의 여비금액은 징용 이전의 거주지까지의 여비금액을 초과할 수 없다.

제8조 위의 2개조의 여행을 할 경우에는 피징용자의 현재지, 출두부대 소재지, 취업부대

소재지까지 각 구간을 모두 합쳐서, 이를 하나의 부임여행으로 간주한다.

제9조 부임 도중 취업부대에 도착하기 전에 교육 등의 이유 때문에 모처에 체류할 경우에는 부임여행 일수에 산입하지 않으며, 체재할 동안 육군여비규칙 제5표의 숙박비에 상당하는 일당을 지급한다. 다만 제7조 제1호에 따라 부임 순로 외의 여행에 대해서는 육군여비규칙 제3표의 정액에 따른다.

제10조 본령에서 정한 것 이외의 여비 지급에 관해서는 육군여비규칙을 적용한다.

제11조 피징용자로서 출두부대 또는 배속부대에서 징용이 해제되어 귀향할 경우에 봉급과 기타 급여의 지급에 관해서는 출두부대 또는 배속부대를 취업부대로 간주한다.

제12조 여비의 선금을 지급하지 않으면 징용에 응할 수 없는 자에게는 피징용자의 현재지로부터 출두부대까지의 순로에 맞게 육군여비규칙의 여비 금액인 80엔(만주 또는 중국으로 가는 자에 한정한다)을 피징용자의 현재지 시정촌 또는 이에 준하는 곳에서 대신하여 선지급해야 한다.

제13조 시정촌 또는 이에 준하는 곳이 전조의 여비를 대신 선지급할 때는 피징용자 출두여비 수령증(별지 양식)을 징구하고, 징용령서 뒷면에 지급한 시정촌의 명칭, 지급연월일 및 '여비금 몇 엔 몇십 전 지급 완료'라고 기재하고 날인하여 피징용자에게 반환하는 동시에 증빙서를 구비하여 해당 금액의 환급을 피징용자의 출두부대에 청구해야 한다.

제14조 출두부대는 전조의 여비대체지급액을 조사하여 피징용자 도착 후 신속하게 정산해야 한다.

부칙

본령은 1942년 1월 1일부터 이를 시행한다.

1939년 육군성령 제33호는 1941년 12월 31일부로 이를 폐지한다.

자료 28

1942년임시징병검사규칙	
구분	육군성령 제3호
법령명/건명	1942년임시징병검사규칙 昭和十七年臨時徵兵檢査規則
제정·개정·결정·폐지 연월일	공포·시행 1942년 1월 15일(조선총독부관보 제4495호, 1942.1.23.)
구성	본문 17개 조항, 부칙
선행 규범·법령	1941년임시징병검사규칙(1941년 육군성령 제45호)
원문 일부	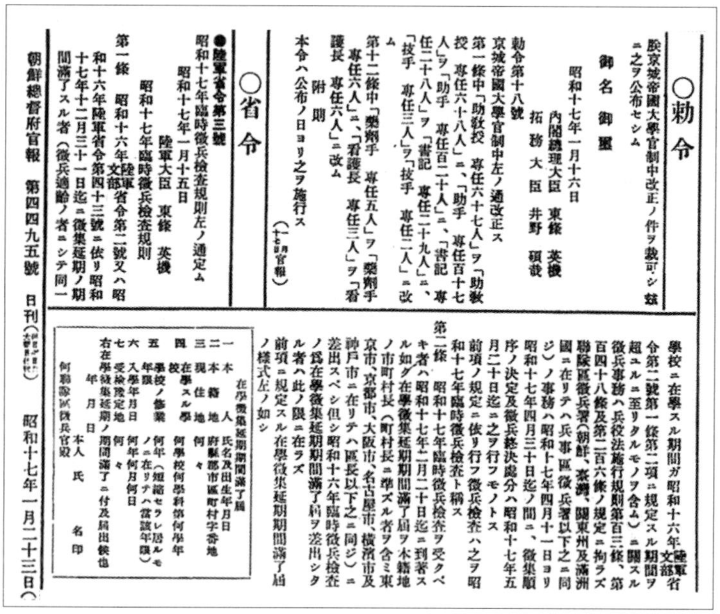 ○勅令 朕京城帝國大學官制中改正ノ件ヲ裁可シ玆ニ之ヲ公布セシム 御名 御璽 昭和十七年一月十六日 内閣總理大臣 東條英機 拓務大臣 井野碩哉 勅令第十八號 京城帝國大學官制中左ノ通改正ス 第一條中「助教授 專任六十七人」ヲ「助教授 專任六十八人」ニ、「助手 專任百十七人」ヲ「助手 專任百二十人」ニ、「書記 專任二十八人」ヲ「書記 專任二十九人」ニ、「技手 專任三人」ヲ「技手 專任二人」ニ改ム 第十二條中「藥劑手 專任五人」ヲ「藥劑手 專任六人」ニ、「看護長 專任三人」ヲ「看護長 專任六人」ニ改ム 附 則 本令ハ公布ノ日ヨリ之ヲ施行ス （十七年一月官報） ○省令 ●陸軍省令第三號 昭和十七年臨時徵兵檢査規則左ノ通定ム 昭和十七年一月十五日 陸軍大臣 東條英機 昭和十七年臨時徵兵檢査規則 第一條 昭和十六年陸軍文部省令第二號又ハ昭和十六年陸軍省令第四十三號ニ依リ昭和十七年十二月三十一日迄ニ徵集延期ノ期間滿了スル者（徵兵適齡ノ者ニシテ同一學校ニ在學スル期間ガ昭和十六年陸軍文部省令第二號第一條第二項ニ規定スル期間ヲ超ユルニ至リタルモノヲ含ム）ニ關スル徵兵事務ハ兵役法施行規則第百三條、第百四十八條及第二百六條ノ規定ニ拘ラズ聯隊區徵兵署（朝鮮、臺灣、關東州及滿洲國ニ在リテハ兵事區徵兵署以下之ニ同ジ）ノ事務ハ昭和十七年四月十一日ヨリ昭和十七年四月三十日迄ノ間ニ、徵集順序ノ決定及徵兵終決處分ハ昭和十七年五月二十日迄ニ之ヲ行フモノトス 前項ノ規定ニ依リ行フ徵兵檢査ハ之ヲ昭和十七年臨時徵兵檢査ト稱ス 第二條 昭和十七年臨時徵兵檢査ヲ受クベキ者ハ昭和十七年二月二十日迄ニ到著スル如ク在學徵集延期期間滿了屆ヲ本籍地ノ市町村長（町村長ニ準ズル者ヲ含ミ東京市、京都市、大阪市、名古屋市、橫濱市及神戶市ニ在リテハ區長以下之ニ同ジ）ニ差出スベシ但シ昭和十六年臨時徵兵檢査ノ爲在學徵集延期期間滿了屆ヲ差出シタル者ハ此ノ限ニ在ラズ 前項ニ規定スル在學徵集延期期間滿了屆ノ樣式左ノ如シ 在學徵集延期期間滿了屆 一 本人 氏名及出生年月日 二 本籍地 府縣郡市區町村字番地 三 現住地 何々 四 在學スル學校 何學校何學科第何學年 五 學校ノ修業年限 何年（短縮セラレ居ルモノニ在リテハ當該年限） 六 入學年月日 何年何月何日 七 受檢豫定地 何々 右在學徵集延期ノ期間滿了ニ付及屆出候也 年 月 日 本人 氏 名 印 何聯隊區徵兵官殿 朝鮮總督府官報 第四四九五號 日刊 昭和十七年一月二十三日
주요 내용 및 특징	○ 조선에 대한 징병제 실시를 위한 임시징병검사 규칙을 규정함.
법령 적용 범위	조선
관련 법령 통합·폐지 사항	
유사·파생 법령	1943년임시징병검사규칙(육군성령 제40호)

육군성령 제3호

1942년 1월 15일

1942년임시징병검사규칙

제1조 1941년 육군성·문부성령 제2호 또는 1941년 육군성령 제43호에 따라 1942년 12월 31일까지 징집연기 기간이 만료되는 자(징병적령인 자로서 동일 학교에 재학하는 기간이 1941년 육군성·문부성령 제2호 제1조 제2항에 규정한 기간을 넘기게 된 자를 포함한다)에 관한 징병사무는 징병법시행규칙 제103조, 제148조 및 제206조의 규정에 구애됨이 없이, 연대구 징병서(조선, 대만, 관동주 및 만주국에서는 병사구징병서. 이하 마찬가지)의 사무는 1942년 4월 11일부터 4월 30일까지, 징집순서의 결정 및 징병종결처분은 1942년 5월 20일까지 하는 것으로 한다.

전항의 규정에 따라 실시하는 징병검사는 1942년임시징병검사라 칭한다.

제2조 1942년임시징병검사를 받아야 할 자는 1942년 2월 20일까지 도착하도록 재학징집연기기간만료신고서를 본적지의 시정촌장(정촌장에 준하는 자를 포함하며 도쿄시, 교토시, 오사카시, 나고야시, 요코하마시 및 고베시에서는 구장이다. 이하 마찬가지)에게 제출해야 한다. 다만 1941년임시징병검사 때문에 재학징집연기기간만료신고서를 제출한 자는 여기에 제한을 받지 않는다.

전항에서 규정한 재학징집연기기간만료신고서의 양식은 다음과 같다.

재학징집연기기간만료신고서

1. 본 인	씨명 및 생년월일
2. 본적지	부현군시구정촌번지
3. 현주소	
4. 재학 중인 학교	학교명 학과 학년
5. 학교수업연한	년(단축된 자의 경우 해당 연한)
6. 입학연월일	년 월 일
7. 수검 예정지	

이상과 같이 재학징집연기의 기간만료에 따라 신고합니다.

년 월 일

본인 씨명 날인

연대구징병관 귀하

조선, 대만, 관동주 및 만주국에 체류하는 자로서 1942년임시징병검사를 받아야 하는 자는 제1항에서 규정한 자 이외는 병역법시행규칙 제164조 3 제1항에서 규정한 재류지징병검사수검신고서를 1942년 2월 20일까지 도착하도록 정촌장에 해당하는 자에게 제출해야 한다.

제3조 시정촌장이 재학징집연기기간만료신고서를 받은 때는 장정인원표(병역법시행규칙 제78조 양식에 따른다)를 작성하여, 정촌장의 경우 재학징집연기기간만료신고서와 함께 1942년 3월 5일까지 도착하도록 병사관 또는 지청장에게 제출하고, 시장의 경우 1942년 3월 15일까지 도착하도록 연대구사령관에게 이를 제출해야 한다.

정촌장에 해당하는 자가 재류지징병검사수검신고서를 받은 때는 이를 취합하여 1942년 3월 5일까지 도착하도록 재류지병사관에게 제출해야 한다.

제4조 병사관 또는 지청장이 전조 제1항의 규정에 따라 정촌장이 제출한 서류를 받은 때는 병역법시행규칙 제79조의 예에 따라 장정인원표를 작성하여, 1942년 3월 15일까지 도착하도록 연대구사령관에게 이를 송부해야 한다.

재류지 병사관이 전조 제2항의 규정에 따라 정촌장에 해당하는 자가 제출한 서류를 받은 때는 병역법시행규칙 제164조 4의 예에 따라 장정인원표를 작성하여, 1942년 3월 15일까지 도착하도록 육군병사부장에게 이를 송부하는 동시에 수검자의 본적, 씨명, 기타 필요한 사항을 신속하게 본인의 본적지 병사관, 지청장 또는 시장에게 통지해야 한다.

제5조 연대구사령관 또는 육군병사부장이 병사관, 지청장, 시장 또는 재류지 병사관으로부터 송부된 장정인원표를 받은 때는 연대구장정인원표(병역법시행규칙 제82조 양식에 따른다) 또는 병사구장정인원표(병역법시행규칙 제164조 4의 양식에 따른다)를 작성하여,

1942년 3월 25일까지 도착하도록 사단장(대만, 관동주 및 만주국에서는 군관구징병관인 군사령관)에게 제출해야 한다.

제6조 사단장이 연대구장정인원표를 받은 때는 사관장정인원표(징병법시행규칙 제82조의 양식에 따른다)를 작성하여, 1942년 3월 31일까지 도착하도록 군사령관에게 제출해야 한다.

제7조 군사령관은 병사구장정인원표에 근거하여 군관구장정인원표를 작성하거나 사관장정인원표를 취합하여, 1942년 4월 8일까지 도착하도록 육군대신에게 제출해야 한다.

제8조 병사관, 지청장 또는 시장이 제4조 제2항의 규정에 따른 통지를 받은 때는 1942년 3월 31일까지 도착하도록 장정명부와 장정명부부표를 재류지 병사관에게 송부해야 한다.

제9조 장정연명부(壯丁聯名簿, 병역법시행규칙 제85조의 양식에 따른다)의 조제 및 송부에 관해서는 제1조에서 규정하는 기일을 기준으로 연대구사령관 또는 육군병사부장이 이를 정해야 한다.

제10조 연대구징병서의 개설 일정 및 장소의 결정과 그 통지 및 보고는 제1조에서 규정하는 기일을 기준으로 병역법시행규칙 제105조 및 제106조의 예에 따라 해야 한다. 다만 징병서 개설 일정표에서 육군대신에게 도착해야 하는 기일은 1942년 3월 31일까지로 한다.

제11조 연대구징병서는 징병법시행규칙 제104조의 규정에 구애됨이 없이 신체검사를 받을 자의 인원과 기타 지방의 상황에 따라 적절하게 설치할 수 있다.

제12조 1942년임시징병검사를 받을 자로서 기류지신체검사 또는 재류지신체검사를 받고자 하는 자는 징병법시행규칙 제165조에서 규정한 기류지신체검사수검통상원서 또는 징병법시행규칙 제182조에서 규정한 재류지신체검사수검원서를 1942년 2월 20일까지 도착하도록 제출해야 한다.

제13조 1942년임시징병검사를 받을 자로서 1941년 육군성·문부성령 제2호 제2조 또는 1941년 육군성령 제43호 제2조의 규정에 따라 재학징집연기기간의 연장을 희망하는 자는 1941년 육군성령 제43호 제1조에서 규정한 재학징집연기기간연장원서(여

기에 첨부할 서류를 포함한다)를 1942년 3월 20일까지 도착하도록 본적지의 시정촌장에게 제출해야 한다.

제14조 1942년임시징병검사를 받을 전문학교 또는 고등사범학교 재학생으로서 대학령에 따라 대학학부에 입학할 자(이에 준하는 자를 포함한다)는 1941년 육군성령 제44호 제4조에서 규정한 재학징집연기기간연장신고서(여기에 첨부할 서류를 포함한다)를 1942년 3월 30일까지 도착하도록 본적지의 시정촌장에게 제출해야 한다.

제15조 1942년임시징병검사를 받고 현역병으로 결정된 자에 관한 호적초본의 송부 기일은 시정촌장의 경우 1942년 6월 20일까지, 연대구사령관의 경우 1942년 6월 30일까지로 한다.

제16조 연대구사령관이 입영부대장에게 현역병장정명부를 송부해야 할 기일은 1942년 6월 20일까지로 한다.

제17조 정당한 사유 없이 제2조에서 규정하는 재학징집연기기간만료신고를 하지 않은 자는 100엔 이하의 벌금이나 과태료에 처한다.

부칙

본령은 공포한 날로부터 이를 시행한다.

자료 29

1942년의 징모사무 특례에 관한 건	
구분	육군성령 제4호
법령명/건명	1942년의 징모사무 특례에 관한 건 昭和十七年ニ於ケル徵募事務ノ特例ニ關スル件
제정·개정·결정·폐지 연월일	공포·시행 1942년 1월 15일(조선총독부관보 제4495호, 1942.1.23.)
구성	본문 10개 조항, 부칙
선행 규범·법령	
원문 일부	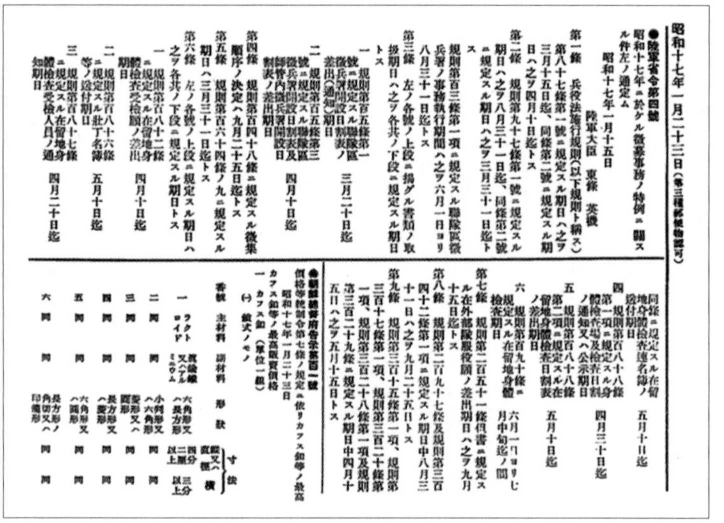
주요 내용 및 특징	○ 조선에서의 징집 사무 순서와 일정 등을 규정함.
법령 적용 범위	조선
관련 법령 통합·폐지 사항	
유사·파생 법령	

昭和十七年一月二十三日（第三種郵便物認可）

●陸軍省令第四號

昭和十七年ニ於ケル徵募事務ノ特例ニ關スル件左ノ通定ム

昭和十七年一月十五日　陸軍大臣　東條英機

第一條　兵役法施行規則（以下規則ト稱ス）第八十七條第一號ニ規定スル期日ハ之ヲ三月十五日迄、同條第二號ニ規定スル期日ハ之ヲ四月十日迄トス

第二條　規則第九十七條第一號ニ規定スル期日ハ之ヲ八月三十一日迄、同條第二號ニ規定スル期日ハ之ヲ三月三十一日迄トス

規則第百三條第一項ニ規定スル聯隊區徵兵署ノ事務執行期間ハ之ヲ六月一日ヨリ八月三十一日迄トス

第三條　左ノ各號ノ上段ニ揭グル書類ノ取扱期日ハ之ヲ各其ノ下段ニ規定スル期日トス

一　規則第百五條第一號ニ規定スル聯隊區徵兵署開設日割表ノ差出（通知）期日　三月二十日迄

二　規則第百五條第三號ニ規定スル聯隊區徵兵署開設日割表及師管內徵兵署開設日割表ノ差出期日　四月十日迄

第四條　規則第百四十八條ニ規定スル徵集順序ノ決定ハ九月二十五日迄トス

第五條　規則第百六十四條ノ九ニ規定スル期日ハ三月三十一日迄トス

第六條　左ノ各號ノ上段ニ規定スル期日ハ之ヲ各其ノ下段ニ規定スル期日トス

一　規則第百八十二條ニ規定スル在留地身體檢査受檢願ノ差出期日　四月十日迄

二　規則第百八十六條ニ規定スル壯丁名簿等ノ送付期日　五月十日迄

三　規則第百八十七條ニ規定スル在留地身體檢査受檢人員ノ通知期日　四月二十日迄

同條ニ規定スル在留地身體檢査連名簿ノ送付期日　五月十日迄

四　規則第百八十八條第一項ニ規定スル身體檢査場及檢査日割ノ通知又ハ公示期日　四月三十日迄

五　規則第百八十八條第二項ニ規定スル在留地身體檢査日割表ノ差出期日　五月十日迄

六　規則第百九十條ニ規定スル在留地身體檢査期日　六月一日ヨリ同月中旬迄ノ間

第七條　規則第二百五十一條但書ニ規定スル在外部隊服役願ノ差出期日ハ之ヲ九月十五日迄トス

第八條　規則第二百九十七條及規則第三百四十二條第一項ニ規定スル期日中八月三十一日ハ之ヲ九月二十五日トス

第九條　規則第三百十五條第一項、規則第三百十七條第一項、規則第三百二十八條第一項及規則第三百二十九條ニ規定スル期日中四月十五日ハ之ヲ五月十五日トス

●朝鮮總督府告示第百一號

價格等統制令第七條ノ規定ニ依リカフス釦等ノ最高販賣價格

昭和十七年一月二十三日

一　カフス釦（單位一組）

(一)　鎖式ノモノ

番號	主材料	副材料	形狀	寸法 縱又ハ直徑	寸法 橫
一	ラクトロイド	眞鍮線又ハアルミニウム	六角形又ハ長方形	四分二厘以上	三分以上
二	同	同	小判形又ハ六角形	同	同
三	同	同	菱形又ハ圓形	同	同
四	同	同	長方形又ハ菱形	同	同
五	同	同	六角形又ハ圓形	同	同
六	同	同	長方形ノ角切又ハ印鑑形	同	同

육군성령 제4호

1942년 1월 15일

1942년의 징모사무 특례에 관한 건

제1조 병역법시행규칙(이하 규칙이라 칭한다) 제87조 제1호에서 규정한 기일은 3월 15일까지로, 동조 제2호에서 규정한 기일은 4월 10일까지로 한다.

제2조 규칙 제97조 제1호에서 규정한 기일은 8월 31일까지로, 동조 제2호에서 규정한 기일은 3월 31일까지로 한다.

규칙 제103조 제1항에서 규정한 연대구징병서의 사무집행기간은 6월 1일부터 8월 31일까지로 한다.

제3조 다음 각호의 상단에 열거한 서류의 취급기일은 각각 그 하단에 규정하는 기일로 한다.

1. 규칙 제105조 제1호에서 규정한 연대구징병서 개설 일정표의 제출(통지)기일-3월 20일까지
2. 규칙 제105조 제3호에서 규정한 연대구징병서 개설 일정표 및 사관 내 징병서 개설 일정표의 제출 기일-4월 10일까지

제4조 규칙 제148조에서 규정한 징집순서 결정은 9월 25일까지로 한다.

제5조 규칙 제164조의 9에서 규정한 기일은 3월 31일까지로 한다.

제6조 다음 각호의 상단에서 규정하는 기일은 각각 그 하단에서 규정하는 기일로 한다.

1. 규칙 제182조에서 규정한 재류지신체검사수검원서의 제출 기일-4월 10일까지
2. 규칙 제186조에서 규정한 장정명부 등의 송부 기일-5월 10일까지
3. 규칙 제187조에서 규정한 재류지신체검사수검인원의 통지 기일-4월 20일까지

   규칙 제187조에서 규정한 재류지신체검사연명부의 송부 기일-5월 10일까지
4. 규칙 제188조 제1항에서 규정한 신체검사장 및 검사 일정의 통지 또는 공시 기일-4월 30일까지

5. 규칙 제188조 제2항에서 규정한 재류지신체검사 일정표의 제출 기일-5월 10일까지

6. 규칙 제190조에서 규정한 재류지신체검사 기일-6월 1일부터 7월 중순까지

제7조 규칙 제251조의 단서에서 규정하는 재외부대복무원서의 제출 기일은 9월 15일까지로 한다.

제8조 규칙 제297조 및 제342조 제1항에서 규정하는 기일 중 8월 31일은 9월 25일로 한다.

제9조 규칙 제315조 제1항, 규칙 제317조 제1항, 규칙 제320조 제1항, 규칙 제328조 제1항 및 규칙 제329조에서 규정한 기일 중 4월 15일은 5월 15일로 한다.

제10조 육군제(諸)학교생도채용규칙 제135조에서 규정하는 육군 도야마(戶山)학교군악생도지원자의 신체검사는 8월 10일까지 집행하는 것으로 한다.

부칙

본령은 공포한 날로부터 이를 시행한다.

자료 30

<table>
<tr><td colspan="2">선원징용령 개정</td></tr>
<tr><td>구분</td><td>칙령 제234호</td></tr>
<tr><td>법령명/건명</td><td>선원징용령 개정
船員徵用令中改正</td></tr>
<tr><td>제정·개정·결정·폐지 연월일</td><td>개정 1942년 3월 24일
공포 1942년 4월 2일(조선총독부 관보 제4552호)</td></tr>
<tr><td>구성</td><td>5개 조항, 부칙</td></tr>
<tr><td>선행 규범·법령</td><td>선원징용령(1940년 칙령 제687호)</td></tr>
<tr><td>원문 일부</td><td>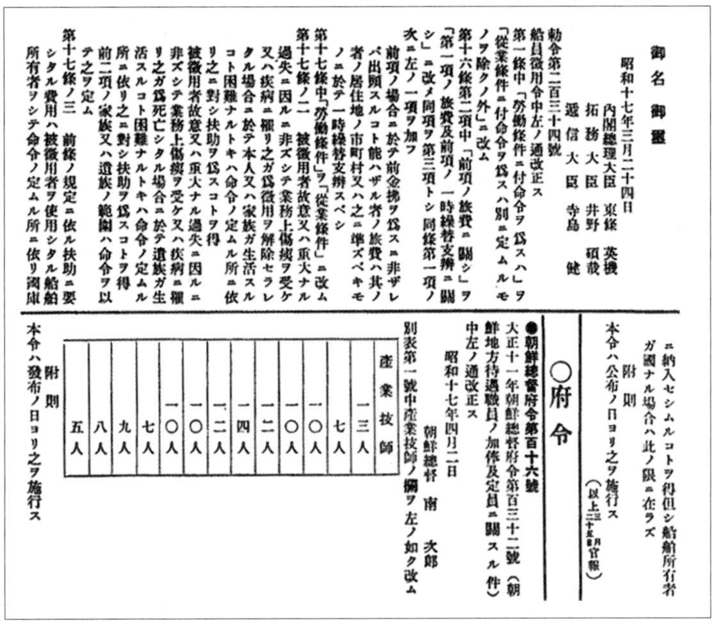</td></tr>
<tr><td>주요 내용 및 특징</td><td>○ 선원이 상이를 입거나 질병에 걸리거나 사망한 경우 본인과 가족, 유족 등에 대해 선박소유자가 부조를 실시하도록 명령함.
○ 선원을 징용할 경우 출두 경비를 시정촌에서 대체 지불할 것 등을 명령함.</td></tr>
<tr><td>법령 적용 범위</td><td>조선</td></tr>
<tr><td>관련 법령 통합·폐지 사항</td><td></td></tr>
<tr><td>유사·파생 법령</td><td></td></tr>
</table>

(원문 일부)

御名御璽

昭和十七年三月二十四日

内閣總理大臣 東條 英機
拓務大臣 井野 碩哉
遞信大臣 寺島 健

勅令第二百三十四號

船員徵用令中左ノ通改正ス

第一條中「勞働條件ニ付命令ヲ爲スハ」ヲ「從業條件ニ付命令ヲ爲スハ別ニ定ムルモノヲ除クノ外」ニ改ム

第十六條第二項中「前項ノ旅費ニ關シ」ヲ「第一項ノ旅費及前項ノ一時繰替支辨ニ關シ」ニ改メ同項ヲ第三項トシ同條第一項ノ次ニ左ノ一項ヲ加フ

前項ノ場合ニ於テ前金拂ヲ爲スニ非ザレバ出頭スルコト能ハザル者ノ旅費ハ其ノ者ノ居住地ノ市町村又ハ之ニ準ズベキモノニ於テ一時繰替支辨スベシ

第十七條中「勞働條件」ヲ「從業條件」ニ改ム

第十七條ノ二 被徵用者故意又ハ重大ナル過失ニ因ルニ非ズシテ業務上傷痍ヲ受ケ又ハ疾病ニ罹リ之ガ爲徵用ヲ解除セラレタル場合ニ於テ本人又ハ家族ガ生活スルコト困難ナルトキハ命令ノ定ムル所ニ依リ之ニ對シ扶助ヲ爲スコトヲ得

被徵用者故意又ハ重大ナル過失ニ因ルニ非ズシテ業務上傷痍ヲ受ケ又ハ疾病ニ罹リ之ガ爲死亡シタル場合ニ於テ遺族ガ生活スルコト困難ナルトキハ命令ノ定ムル所ニ依リ之ニ對シ扶助ヲ爲スコトヲ得

前二項ノ家族又ハ遺族ノ範圍ハ命令ヲ以テ之ヲ定ム

第十七條ノ三 前條ノ規定ニ依ル扶助ニ要シタル費用ハ被徵用者ヲ使用シタル船舶所有者ヲシテ命令ノ定ムル所ニ依リ國庫ニ納入セシムルコトヲ得但シ船舶所有者ガ國ナル場合ハ此ノ限ニ在ラズ

附 則

本令ハ公布ノ日ヨリ之ヲ施行ス

（以上三月二十五日官報）

○府令

●朝鮮總督府令第百十六號

大正十一年朝鮮總督府令第百三十二號（朝鮮地方待遇職員ノ加俸及定員ニ關スル件）中左ノ通改正ス

昭和十七年四月二日

朝鮮總督 南 次郎

別表第一號中產業技師ノ欄ヲ左ノ如ク改ム

產業技師	一三人	七人	一〇人	一〇人	一二人	一四人	一二人	一〇人	一〇人	七人	九人	八人	五人

附 則

本令ハ發布ノ日ヨリ之ヲ施行ス

칙령 제234호

1942년 3월 24일

선원징용령 개정

제1조 중에서 '노동조건에 대한 명령은'을 '종업조건에 대한 명령을 하는 것은 별도로 정한 것을 제외하고'로 개정한다.

제16조 제2항 중에서 '전항의 여비에 관하여'를 '제1항의 여비 및 전항의 일시 대체 지불에 관하여'로 개정하며, 동항을 제3항으로 하며 동조 제1항의 다음에 아래의 1개 항을 추가한다.

전항의 경우에 선금을 지불하지 않으면 출두할 수 없는 자의 여비는 그가 거주하는 지역의 시정촌 또는 이에 준하는 곳에서 일시 대체 지불해야 한다.

제17조 중에서 '노동조건'을 '종업조건'으로 개정한다.

제17조 2 피징용자가 고의나 중대한 과실이 아닌 업무상 상이를 당하거나 질병에 걸려 징용을 해제할 경우에 본인 또는 가족의 생계가 곤란할 때는 명령이 정하는 바에 따라 이에 대한 부조를 실시할 수 있다.

피징용자가 고의나 중대한 과실이 아닌 업무상 상이를 당하거나 질병에 걸려 사망한 경우에 유족의 생계가 곤란할 때는 명령이 정하는 바에 따라 이에 대한 부조를 실시할 수 있다.

위의 2개항에서 가족 또는 유족의 범위는 명령으로 정한다.

제17조 3 전조의 규정에 따른 부조에 필요한 경비는 피징용자를 사용한 선박소유자로 하며, 명령이 정하는 바에 따라 국고(國庫)에 납입하도록 할 수 있다. 다만 선박소유자가 국가인 경우에는 여기에 제한을 받지 않는다.

부칙

본령은 공포한 날로부터 이를 시행한다(이상 3월 25일 관보).

자료 31

조선에 징병제 시행준비의 건	
구분	각의결정
법령명/건명	조선에 징병제 시행준비의 건 朝鮮二徵兵制施行準備ノ件
제정·개정·결정·폐지 연월일	1942년 5월 9일
구성	
선행 규범·법령	
원문 일부	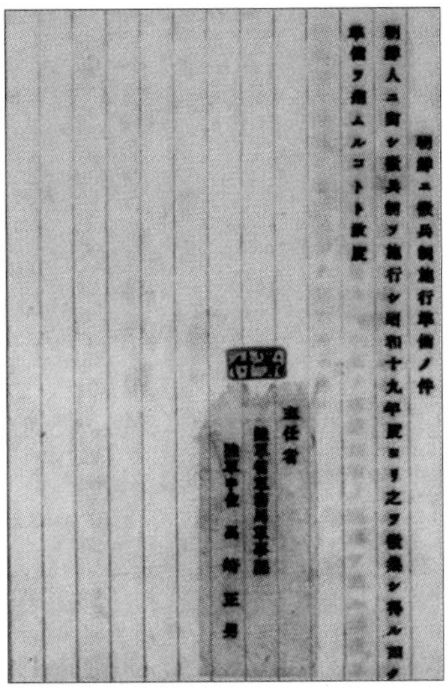 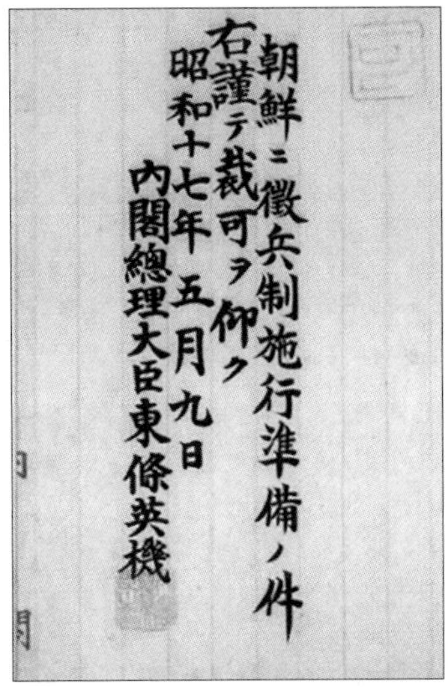 朝鮮ニ徵兵制施行準備ノ件 右謹テ裁可ヲ仰ク 昭和十七年五月九日 內閣總理大臣東條英機
주요 내용 및 특징	○ 내각의결정으로 조선에 대한 징병제 실시 준비를 지시함.
법령 적용 범위	조선
관련 법령 통합·폐지 사항	
유사·파생 법령	

각의결정

1942년 5월 9일

조선에 징병제 시행준비의 건

조선에 대하여 징병제를 실시하여 1944년도(昭和19年度)부터 조선인을 징집할 수 있도록 준비를 진행하도록 할 것.

자료 32

조선청년특별연성령	
구분	제령 제33호
법령명/건명	조선청년특별연성령 朝鮮青年特別錬成令
제정·개정·결정·폐지 연월일	공포 1942년 10월 1일
구성	본문 18개 조항, 부칙
선행 규범·법령	국가총동원법 제4조 청년훈련소규정 중 개정(1938년 조선총독부령 제54호)
원문 일부	 朝鮮總督府官報 號外 昭和十七年十月一日 木曜日 ○制令 朝鮮青年特別錬成令明治四十四年法律第三十號第一條及第二條ニ依リ勅裁ヲ得テ玆ニ之ヲ公布ス 昭和十七年十月一日 朝鮮總督 小磯國昭 制令第三十三號 朝鮮青年特別錬成令 第一條 本令ハ朝鮮人タル男子青年ニ對シ心身ノ鍛錬其ノ他ノ訓練ヲ施シ將來軍務ニ服スベキ場合ニ必要ナル資質ノ錬成ヲ爲スヲ以テ目的トシ兼テ勤勞ニ適應スル素質ノ錬成ヲ期スルモノトス 第二條 朝鮮ニ居住スル年齡十七年以上二十一年未滿ノ朝鮮人タル男子ニシテ第七條第一項ノ規定ニ依リ選定セラレタルモノハ本令ニ依リ錬成ヲ受クルコトヲ要ス 第七條第一項ノ規定ニ依リ選定セラレタル者以外ノ朝鮮人タル男子ニシテ年齡十七年以上三十年未滿ノモノハ志願ニ依リ錬成ヲ受クルコトヲ得 第三條 左ノ各號ノ一ニ該當スル者ハ錬成ヲ受ケシメザルモノトス 一 朝鮮總督府陸軍兵志願者訓練所生徒及同訓練所ヲ修了シタル者 二 陸海軍軍屬 三 法令ニ依リ拘禁中ノ者 四 其ノ他朝鮮總督ノ指定スル者 第四條 左ノ各號ノ一ニ該當スル者ハ特別ノ必要アル場合ヲ除クノ外錬成ヲ受ケシメザルモノトス 一 國民學校初等科ヲ修了シタル者 二 其ノ他朝鮮總督ノ指定スル者 第五條 錬成ノ期間ハ概ネ一年トス但シ戰時又ハ事變ニ際シ朝鮮總督必要アリト認ムルトキハ之ヲ六月迄短縮スルコトヲ得 第六條 錬成ハ青年特別錬成所ニ於テ之ヲ行フ 第七條 道知事ハ朝鮮總督ノ定ムル所ニ依リ錬成ヲ受ケシムベキ者ヲ選定シ之ヲ青年特別錬成所ニ入所セシムベシ 道知事前項ノ選定ヲ爲ス爲必要アルトキハ朝鮮總督ノ定ムル所ニ依リ本人ニ出頭ヲ求ムルコトヲ得 第八條 錬成ヲ受クル義務アル者疾病其ノ他避クベカラザル事故ニ因リ錬成ヲ受クルコト能ハザルトキハ道知事ハ朝鮮總督ノ定ムル所ニ依リ錬成ヲ受クル義務ノ履行ヲ延期シ又ハ免除スルコトヲ得 第九條 府邑面ハ青年特別錬成所ヲ設置スベシ 特別ノ事情アル場合ニ於テハ府邑面ハ朝鮮總督ノ定ムル所ニ依リ道知事ノ許可ヲ受ケ青年特別錬成所ヲ設置セザルコトヲ得 第一項ノ青年特別錬成所ハ之ヲ府邑面立青年特別錬成所トス 第十條 私人ハ青年特別錬成所ヲ設置スルコトヲ得 私人ノ設置スル青年特別錬成所ハ之ヲ私立青年特別錬成所トス 第十一條 私立青年特別錬成所ノ設置及廢止ハ朝鮮總督ノ定ムル所ニ依リ道知事ノ認可ヲ受クベシ 第十二條 府邑面立青年特別錬成所ノ設備及其ノ維持ノ費用竝ニ職員ノ俸給、旅費其ノ他ノ諸給與其ノ他府邑面立青年特別錬成所設置ニ關スル費用ハ府邑面ノ負擔トス 第十三條 國庫ハ青年特別錬成所ヲ設置スル者ニ對シ補助金ヲ交付スルコトヲ得 第十四條 青年特別錬成所ニ於テハ錬成ヲ受クル者ヨリ錬成ヲ行フ爲必要ナル費用ヲ徴收スルコトヲ得ズ但シ朝鮮總督ノ定ムル所ニ依リ道知事ノ許可ヲ受ケタルトキハ此ノ限ニ在ラズ 第十五條 第七條第二項ノ規定ニ依リ出頭ヲ爲スベキ者又ハ錬成ヲ受クル義務アル者ヲ使用スル者ハ其ノ使用ニ依リ其ノ者ガ出頭ヲ爲シ又ハ錬成ヲ受クルコトヲ妨グルコトヲ得ズ 第十六條 本令ニ依ル青年特別錬成所ニ非ザルモノハ青年特別錬成所ト稱スルコトヲ得ズ 第十七條 本令ニ規定スルモノノ外錬成ニ關シ必要ナル事項ハ朝鮮總督之ヲ定ム 第十八條 錬成ヲ受クル義務アル者正當ノ事由ナクシテ錬成ヲ受ケザルトキハ拘留又ハ科料ニ處ス 附則 本令施行ノ期日ハ朝鮮總督之ヲ定ム 朝鮮總督府官報 號外 昭和十七年十月一日（第三種郵便物認可）
주요 내용 및 특징	○ 조선의 17세 이상 21세 이하의 청년에 대해 징병에 대비하여 군사훈련을 받도록 강제함. ○ 부·읍·면 단위로 청년특별연성소를 설치하여 도지사가 해당 관내의 청년을 입소하도록 강제함.
법령 적용 범위	조선
관련 법령 통합·폐지 사항	
유사·파생 법령	조선청년특별연성령시행규칙(1942년 조선총독부령 제369호)

제령 제33호

1942년 10월 1일

조선청년특별연성령

제1조 본령은 조선인 남자청년에 대해 심신의 단련과 기타 훈련을 실시하고 장래에 군무(軍務)에 복무할 경우에 필요한 자질을 단련하는 것을 목적으로 하고 동시에 근로(勤勞)에 적응할 소질을 단련시키려는 데 그 목적이 있다.

제2조 조선에 거주하는 연령 17세 이상 21세 미만의 조선인 남자로서 제7조 제1항의 규정에 따라 선정된 자는 본령에 따라 연성(鍊成)을 받을 필요가 있다.

제7조 제1항의 규정에 따라 선정된 자 외에 조선인 남자로서 연령 17세 이상 30세 미만인 자는 지원에 따라 연성을 받을 수 있다.

제3조 다음 각호의 하나에 해당하는 자는 연성을 받지 않는 자로 한다.

1. 조선총독부육군병지원자훈련소 생도 및 동 훈련소를 수료한 자
2. 육해군 군속
3. 법령에 의해 구금 중인 자
4. 기타 조선총독이 지정한 자

제4조 다음 각호의 하나에 해당하는 자는 특별히 필요가 있을 경우를 제외하고 연성을 받지 않는 자로 한다.

1. 국민학교 초등과를 수료한 자
2. 기타 조선총독이 지정한 자

제5조 연성 기간은 약 1년으로 한다. 다만 전시 또는 사변 시 조선총독이 필요하다고 인정한 때는 이를 6개월까지 단축할 수 있다.

제6조 연성은 청년특별연성소에서 실시한다.

제7조 도지사는 조선총독이 정한 바에 따라 연성을 받아야 할 자를 선정하고, 이를 청년특별연성소에 입소하도록 해야 한다.

도지사가 전항의 선정을 하기 위해 필요할 때는 조선총독이 정하는 바에 따라 본인에게 출두를 요구할 수 있다.

제8조 연성을 받을 의무가 있는 자가 질병이나 기타 불가피한 사고로 인하여 연성을 받을 수 없을 때는 도지사가 조선총독이 정하는 바에 따라 연성을 받을 의무의 이행을 연기하거나 면제할 수 있다.

제9조 부·읍·면은 청년특별연성소를 설치해야 한다.

특별한 사정이 있을 경우에 부·읍·면은 조선총독이 정한 바에 따라 도지사가 허가를 받아 청년특별연성소를 설치하지 않을 수 있다.

제1항의 청년특별연성소는 이를 부읍면청년특별연성소라 칭한다.

제10조 사인이 청년특별연성소를 설치할 수 있다.

사인이 설치하는 청년특별연성소는 이를 사립청년특별연성소라 칭한다.

제11조 사립청년특별연성소의 설치 및 폐지는 조선총독이 정하는 바에 따라 도지사의 인가를 받아야 한다.

제12조 부읍면청년특별연성소의 설비 및 그 유지의 비용 그리고 직원의 봉급, 여비, 기타 제 급여, 기타 부읍면청년특별연성소 설치에 관한 비용은 부·읍·면이 부담한다.

제13조 국고는 청년특별연성소를 설치한 자에 대해 보조금을 교부할 수 있다.

제14조 청년특별연성소는 연성을 실시하기 위해 필요한 비용을 연성을 받는 자에게 징수할 수 없다. 다만 조선총독이 정하는 바에 따라 도지사의 허가를 받은 때는 여기에 제한을 받지 않는다.

제15조 제7조 제2항의 규정에 따라 출두를 해야 하는 자 또는 연성을 받을 의무가 있는 자를 사용하는 자는 그 사용을 이유로 그가 출두하거나 연성을 받는 것을 방해할 수 없다.

제16조 본령에 따른 청년특별연성소에 해당하지 않는 것은 청년특별연성소라 칭할 수 없다.

제17조 본령에서 규정한 것 외에 연성에 관해 필요한 사항은 조선총독이 이를 정한다.

제18조 연성을 받을 의무가 있는 자가 정당한 사유 없이 연성을 받지 않을 때는 구류 또는 과태료에 처한다.

부칙

본령 시행의 기일은 조선총독이 이를 정한다.

자료 33	
조선청년특별연성령시행규칙	
구분	조선총독부령 제369호
법령명/건명	조선청년특별연성령시행규칙 朝鮮青年特別錬成令施行規則
제정·개정·결정·폐지 연월일	공포·시행 1942년 10월 26일(조선총독부관보 제4722호, 1942.10.26.)
구성	본문 27개 조항, 부칙
선행 규범·법령	국가총동원법 제4조 조선청년특별연성령(1942년 제령 제33호)
원문 일부	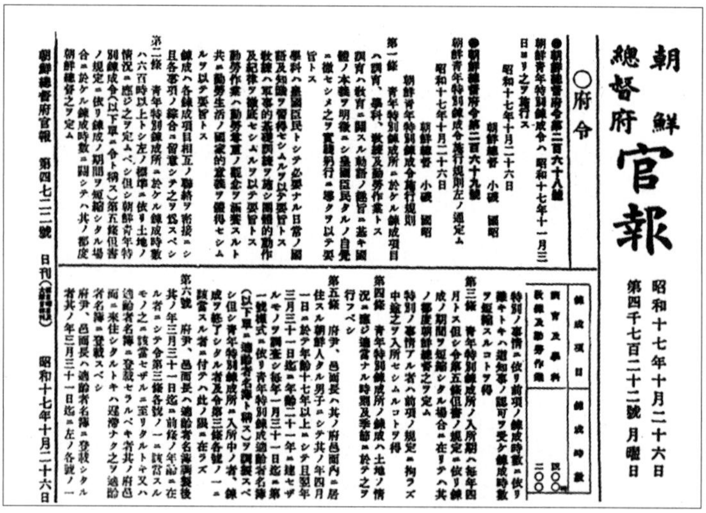 朝鮮總督府官報 昭和十七年十月二十六日 第四千七百二十二號 月曜日 ○府令 ●朝鮮總督府令第二百六十八號 朝鮮青年特別錬成令ハ昭和十七年十一月三日ヨリ之ヲ施行ス 昭和十七年十月二十六日 朝鮮總督 小磯國昭 ●朝鮮總督府令第二百六十九號 朝鮮青年特別錬成令施行規則左ノ通定ム 昭和十七年十月二十六日 朝鮮總督 小磯國昭 朝鮮青年特別錬成令施行規則 第一條 青年特別錬成所ニ於ケル錬成項目ハ訓育、學科、教練及勤勞作業トス 訓育ハ教育ニ關スル勅語ノ趣旨ニ基キ國體ノ本義ヲ明徵ニシ皇國臣民タルノ自覺ニ徹セシメ之ヲ實踐躬行ニ導クヲ以テ要旨トス 學科ハ皇國臣民トシテ必要ナル日常ノ國語及知識ヲ習得セシムルヲ以テ要旨トス 教練ハ軍事的基礎訓練ヲ施シ團體的動作及紀律ヲ體認セシムルヲ以テ要旨トス 勤勞作業ハ勤勞尊重ノ觀念ヲ涵養スルト共ニ勤勞生活ノ國家的意義ヲ體得セシムルヲ以テ要旨トス 錬成ハ各錬成項目相互ノ聯絡ヲ密接ニシ且各事項ノ綜合ニ留意シテ之ヲ爲スベシ 第二條 青年特別錬成所ニ於ケル錬成時數ハ六百時以上トシ左ノ標準ニ依リ土地ノ情況ニ應ジ之ヲ定ムベシ但シ朝鮮青年特別錬成令(以下單ニ令ト稱ス)第五條但書ノ規定ニ依リ錬成ノ期間ヲ短縮シタル場合ニ於ケル錬成時數ニ關シテハ其ノ都度朝鮮總督之ヲ定ム 錬成項目 / 錬成時數 訓育及學科 / 四〇〇 教練及勤勞作業 / 二〇〇 特別ノ事情ニ依リ前項ノ錬成時數ニ依リ難キトキハ道知事ノ認可ヲ受ケ錬成時數ヲ短縮スルコトヲ得 第三條 青年特別錬成所ノ入所期ハ毎年四月トス但シ令第五條但書ノ規定ニ依リ錬成ノ期間ヲ短縮シタル場合ニ在リテハ其ノ都度朝鮮總督之ヲ定ム 特別ノ事情アル者ハ前項ノ規定ニ拘ラズ中途之ヲ入所セシムルコトヲ得 第四條 青年特別錬成所ノ錬成ハ土地ノ情況ニ應ジ適當ナル時期及季節ニ於テ之ヲ行フベシ 第五條 府尹、邑面長ハ其ノ府邑面內ニ居住スル朝鮮人タル男子ニシテ其ノ年四月一日ニ於テ年齡十七年以上ニシテ且翌年三月三十一日迄ニ年齡二十一年ニ達セザルモノヲ調査シ毎年一月三十一日迄ニ第一號樣式ニ依リ青年特別錬成適齡者名簿(以下單ニ適齡者名簿ト稱ス)ヲ調製スベシ但シ青年特別錬成所ニ入所中ノ者、錬成ヲ終了シタル者及令第三條各號ノ一ニ該當スル者ニ付テハ此ノ限ニ在ラズ 第六號 府尹、邑面長ハ適齡者名簿調製後其ノ年三月三十一日迄ニ前條ノ年齡ニ在ル者ニシテ令第三條各號ノ一ニ該當スルモノ之ニ該當セザルニ至リタルトキ又ハ適齡者名簿ニ登載セラルベキ者其ノ府邑面ニ來住シタルトキハ遲滯ナク之ヲ適齡者名簿ニ登載スベシ 府尹、邑面長ハ適齡者名簿ニ登載シタル者其ノ年三月三十一日迄ニ左ノ各號ノ一 朝鮮總督府官報 第四七二二號 日刊 昭和十七年十月二十六日
주요 내용 및 특징	○ 조선의 17세 이상 21세 이하의 청년에 대해 징병에 대비하여 군사훈련을 받도록 강제하는 시행규칙 ○ 부·읍·면 단위로 청년특별연성소를 설치하여 도지사가 해당 관내의 청년을 입소하도록 강제하는 절차와 방법을 규정함.
법령 적용 범위	조선
관련 법령 통합·폐지 사항	
유사·파생 법령	

조선총독부령 제269호

1942년 10월 26일

조선청년특별연성령시행규칙

제1조 청년특별연성소에서의 연성 항목은 훈육, 학과, 교련 및 근로작업으로 한다.

훈육은 교육에 관한 칙어의 취지에 따라 국체의 본뜻을 명징하게 하고, 황국신민으로서의 자각에 투철하며, 이를 실천궁행하도록 이끄는 데 주안을 둔다.

학과는 황국신민으로서 필요한 일상의 국어와 지식을 습득하게 하는 데 주안을 둔다.

교련은 군사적 기초훈련을 실시하여 단체의 동작과 기율을 철저히 하는 데 주안을 둔다.

근로작업은 근로존중의 관념을 함양하는 동시에 근로생활의 국가적 의미를 체득하게 하는 데 주안을 둔다.

연성은 각 연성 항목이 서로 밀접하게 연계되어야 하며 또한 각 사항을 종합하는 데 유의해야 한다.

제2조 청년특별연성소에서의 연성 시수(時數)는 600시간 이상으로 하며 다음 표준에 따라 토지 상황에 맞춰 정해야 한다. 다만 조선청년특별연성소령(이하 간단하게 연성소령이라 칭한다) 제5조의 단서 규정에 따라 연성 기간을 단축한 경우에는 연성 시수에 관해서 그때 조선총독이 이를 정한다.

연성 항목	연성 시수(시간)
훈육 및 학과	400
교련 및 근로작업	200

특별한 사정에 의해 전항의 연성 시수에 따르기 어려울 때는 도지사의 인가를 받아 연성 시수를 단축할 수 있다.

제3조 청년특별연성소의 입소 시기는 매년 4월로 한다. 다만 연성소령 제5조의 단서 규정에 따라 연성 시기를 단축한 경우에는 그때 조선총독이 정한다.

특별한 사정이 있는 자는 전항의 규정에 구애됨이 없이 중도에 입소시킬 수 있다.

제4조 청년특별연성소의 연성은 토지 사정에 따라 적당한 시간과 계절에 해야 한다.

제5조 부윤, 읍·면장은 그 부와 읍·면 내에 거주하는 조선인 남자로서 그해 4월 1일에 연령 17세 이상이 되며, 이듬해 3월 31일까지 연령이 21세에 도달하지 않은 자를 조사하여 매년 1월 31일까지 제1호 양식에 따른 청년특별연성적령자명부(이하 간단하게 적령자명부라 칭한다)를 조제해야 한다. 다만 청년특별연성소에 입소 중인 자, 연성을 수료한 자와 연성소령 제3조 각호의 하나에 해당하는 자에 대해서는 여기에 제한을 받지 않는다.

제6조 부윤, 읍·면장은 적령자명부를 조제한 후 그해 3월 31일까지 전조의 연령에 포함되는 자로서 연성소령 제3조 각호의 하나에 해당하는 자가 여기에 해당하지 않게 된 때 또는 적령자명부에 등재되어야 할 자가 그 부·읍·면으로 전입한 때는 지체 없이 그를 적령자명부에 등재해야 한다.

부윤, 읍·면장은 적령자명부에 등재한 자가 그해 3월 31일까지 다음 각호의 하나에 해당하게 된 때는 지체 없이 말소해야 한다. 다만 제2호에 해당하게 된 자에 대해서는 부윤, 읍·면장이 그를 말소하는 동시에 적령자명부의 등본을 그가 이주한 지역의 부윤, 읍·면장에게 송부해야 한다.

1. 사망한 때

2. 부·읍·면 밖으로 이주한 때

3. 연성소령 제3조 각호의 하나에 해당하게 된 때

제7조 연성소령 제7조 제1항의 규정에 따라 도지사가 선정하여 연성을 받아야 할 인원수는 조선총독이 이를 각도에 배부한다.

제8조 연성을 받아야 할 자의 선정은 적령자명부에 등재되어야 할 자 중에서 선정해야 한다.

제9조 도지사가 연성을 받아야 할 자를 선정하기 위해 필요하다고 인정한 때는 본인에게 출두를 요구하거나 부윤, 군수 또는 도사(島司)로 하여금 본인에게 출두를 요구하게 할 수 있다.

제10조 도지사가 연성소령 제7조 제1항의 규정에 따라 선정을 한 때는 제2호 양식에 따른 입소명령서를 발부해야 한다.

전항의 입소명령서는 부윤, 읍·면장이 본인에게 교부한다.

제11조 입소명령서를 교부받은 자가 질병과 기타 불가피한 사고로 인하여 지정된 일시에 청년특별연성소에 입소하기 어려울 때는 지체 없이 입소해야 할 청년특별연성소의 소장을 경유하여 그 내용을 도지사에게 신고해야 한다.

전항의 신고가 있은 경우에 도지사가 필요하다고 인정한 때는 연성을 받을 의무의 이행을 면제하고, 선정을 취소하거나 1개월 이내로 입소를 연기할 수 있다.

제12조 전조 제1항의 신고는 다음의 구분에 따라 그 사실을 증명할 수 있는 서류를 첨부하여야 한다.

1. 질병과 기타 신체 또는 정신의 이상에 관한 사고에 대해서는 의사의 진단서(불가피한 사정으로 의사의 진단서를 받지 못할 때는 경찰관리의 증명서)
2. 기타 사고에 대해서는 부윤, 읍·면장 또는 경찰관리의 증명서

제13조 청년특별연성소에 입소 중인 자가 질병과 기타 불가피한 사고로 인하여 연성을 받을 수 없을 때는 그 사유를 구비하여 연성을 받을 의무의 이행 연기 또는 면제를 청년특별연성소장을 경유하여 도지사에게 신청할 수 있다.

전항의 신청에 대해서는 전조의 규정을 준용한다.

제14조 도지사는 전조 제1항의 신청이 있을 경우에 불가피한 사정이라고 인정한 때에 연성을 받을 의무의 이행 연기 또는 면제를 할 수 있으며, 전조 제1항의 규정에 따른 신청이 없는 경우라도 필요하다고 인정한 때 역시 마찬가지이다.

제15조 하나의 청년특별연성소에 입소를 명받은 자 또는 입소 중인 자가 주소의 변경, 기타 특별한 사정이 있을 때는 도지사의 허가를 받아 다른 청년특별연성소로 입소하거나 전소할 수 있다.

제16조 지원에 의해 연성을 받고자 하는 자는 다음 사항을 구비하여 매년 1월 31일까지 도지사에게 출원해야 한다.

1. 본적, 주소, 씨명 및 생년월일
2. 대강의 경력

3. 입소하려는 청년특별연성소

제17조 도지사가 연성의 종료를 인정할 때는 본인이 연성을 받은 시수와 기타 평소 이수한 상황을 표준으로 해야 한다.

도지사가 연성을 종료했다고 인정한 자에게는 청년특별연성소장이 종료증을 수여한다.

제18조 부·읍·면이 설립하는 청년특별연성소의 숫자와 위치는 도지사가 부·읍·면의 의견을 청취하여 이를 정한다.

제19조 부·읍·면이 연성소령 제9조 제2항의 규정에 따라 도지사의 허가를 받고자 하는 때는 다음에 열거하는 사항을 기재한 신청서를 제출해야 한다.

1. 적령자명부에 등재되어야 할 자의 연령별 인원
2. 청년특별연성소를 설치해야 할 이유
3. 제1호에서 열거하는 자의 연성에 관한 조치
4. 다른 부·읍·면 또는 사인이 설치하는 청년특별연성소에서 제1호에 열거한 자의 연성을 할 경우에 소요되는 경비의 부담 방법

제20조 부·읍·면이 설립한 청년특별연성소는 도지사의 인가를 받아 명칭과 소칙(所則)을 정해야 한다.

전항의 명칭을 변경하고자 할 때는 도지사의 인가를 받아야 한다.

제21조 사립청년특별연성소의 설치인가를 받고자 하는 자는 다음에 열거하는 사항을 기재한 신청서를 제출해야 한다.

1. 명칭
2. 위치
3. 소칙
4. 연성을 받는 자의 인원수
5. 개소연월일
6. 경비 및 유지방법

전항 제1호, 제2호 또는 제5호에 열거한 사항 또는 설립자의 변경은 도지사의 인가를 받아야 한다.

제1항의 신청서 및 전항의 규정에 따른 위치 변경의 인가신청서에는 토지 및 건물의 배치도와 부근 상황을 기재한 도면을 첨부해야 한다.

제22조 사립청년특별연성소의 폐지인가를 받고자 하는 자는 그 사유, 연성을 받는 자의 처분방법 및 폐지 기일을 기재한 신청서를 제출해야 한다.

제23조 청년특별연성소의 소칙에는 다음에 열거하는 사항을 규정해야 한다.

1. 연성 항목 및 연성 시수에 관한 사항
2. 연성 기간, 시기 및 시각에 관한 사항
3. 휴일에 관한 사항
4. 기타 필요한 사항

전항 제1호에 열거한 사항의 변경은 도지사의 인가를 받아야 하고, 제2호부터 제4호에 열거한 사항의 변경은 도지사에게 신고해야 한다.

제24조 청년특별연성소에서는 제3호 양식에 따른 연성을 받은 자의 재적부를 비치해야 한다.

제25조 청년특별연성소에는 소장과 연성을 담임하는 직원을 두어야 한다.

소장은 도지사의 감독을 받아 연성소업무를 관장하며 직원을 지휘, 감독한다.

부·읍·면이 설립한 청년특별연성소의 소장과 연성을 담임하는 직원은 도지사가 위촉하며, 사립청년특별연성소의 소장과 연성을 담임하는 직원은 설립자가 도지사의 인가를 받아 정한다.

제26조 특별한 사정이 있을 때는 청년특별연성소에 분소를 설치할 수 있다.

분소를 설치하거나 폐지하고자 할 때는 설립자가 도지사의 인가를 받아야 한다.

제27조 연성소령 제14조 단서의 규정에 따라 도지사의 안가를 받고자 하는 자는 다음에 열거하는 사항을 기재한 신청서를 제출해야 한다.

1. 연성을 받는 자로부터 징수하고자 하는 비용의 종목과 금액
2. 허가를 신청하는 이유

부칙

본령은 조선청년특별연성소령을 시행하는 날로부터 이를 시행한다.

제5조의 규정에 따른 적령자명부는 1942년의 경우 1941년 12월 1일부터 1942년 11월 30일까지 연령 18세에 달하는 자를 조사하여 1942년 11월 10일까지 조제하며, 1943년의 경우 1942년 12월 1일부터 1943년 1월 30일까지 연령 19세에 달하는 자를 조사하여 1943년 5월 31일까지 이를 조제해야 한다.

제6조 중 그해 3월 31일이라고 한 것은 1942년의 경우 11월 30일로 하며, 1943년의 경우 7월 31일로 한다.

제16조 중 매년 1월 31일이라고 한 것은 1942년의 경우 11월 15일로 하며, 1943년의 경우 5월 31일로 한다.

이하 양식 생략.

<table>
<tr><td colspan="2">자료 34</td></tr>
<tr><td colspan="2">선원징용부조규칙</td></tr>
<tr><td>구분</td><td>조선총독부령 제249호</td></tr>
<tr><td>법령명/건명</td><td>선원징용부조규칙
船員徵用扶助規則</td></tr>
<tr><td>제정·개정·결정·폐지 연월일</td><td>공포·시행 1942년 10월 2일(조선총독부관보 제4704호, 1942.10.2.)</td></tr>
<tr><td>구성</td><td>본문 26개 조항, 부칙</td></tr>
<tr><td>선행 규범·법령</td><td>선원징용령(1940년 칙령 제687호)</td></tr>
<tr><td>원문 일부</td><td>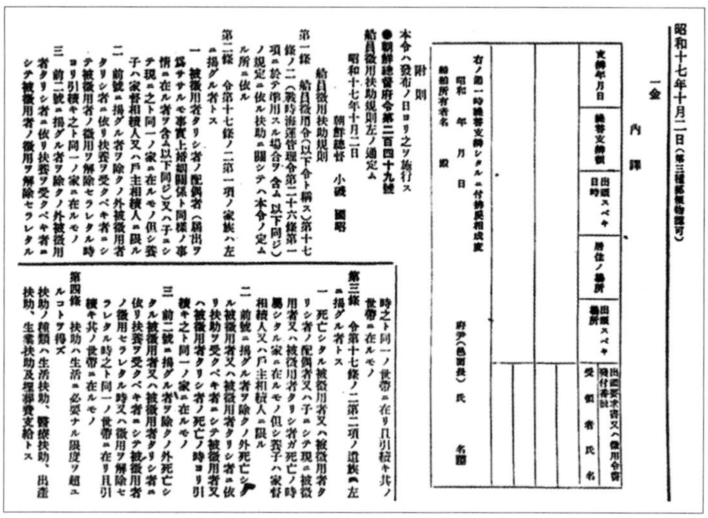
昭和十七年十月二日（第三種郵便物認可）
一金　内譯
支給年月日　繰替支辨額　出頭スベキ日時　居住ノ場所　出頭スベキ場所　出頭要求書又ハ徵用令書ノ交付若ハ受領者氏名
右ノ通一時繰替支辨シタルニ付納付相成度
昭和　年　月　日　府尹（邑面長）　氏　名印
船舶所有者名　殿
附　則
本令ハ發布ノ日ヨリ之ヲ施行ス
●朝鮮總督府令第二百四十九號
船員徵用扶助規則左ノ通定ム
昭和十七年十月二日　朝鮮總督　小磯國昭
船員徵用扶助規則
第一條　船員徵用令（以下令ト稱ス）第十七條ノ二（戰時海運管理令第二十六條第一項ニ於テ準用スル場合ヲ含ム以下同ジ）ノ規定ニ依ル扶助ニ關シテハ本令ノ定ムル所ニ依ル
第二條　令第十七條ノ二第一項ノ家族ハ左ニ揭グル者トス
一　被徵用者タリシ者ノ配偶者（屆出ヲ爲サザルモ事實上婚姻關係ト同樣ノ事情ニ在ル者ヲ含ム以下同ジ）又ハ子ニシテ現ニ之ト同一ノ家ニ在ルモノ但シ養子ハ家督相續人又ハ戶主相續人ニ限ル
二　前號ニ揭グル者ヲ除クノ外被徵用者タリシ者ニ依リ扶養ヲ受クベキ者ニシテ被徵用者ノ徵用ヲ解除セラレタル時ヨリ引續キ之ト同一ノ家ニ在ルモノ
三　前二號ニ揭グル者ヲ除クノ外被徵用者タリシ者ニ依リ扶養ヲ受クベキ者ニシテ被徵用者ノ徵用ヲ解除セラレタル時之ト同一ノ世帶ニ在リ且引續キ其ノ世帶ニ在ルモノ
第三條　令第十七條ノ二第二項ノ遺族ハ左ニ揭グル者トス
一　死亡シタル被徵用者又ハ被徵用者タリシ者ノ配偶者又ハ子ニシテ現ニ被徵用者又ハ被徵用者タリシ者ガ死亡ノ時屬シタル家ニ在ルモノ但シ養子ハ家督相續人又ハ戶主相續人ニ限ル
二　前號ニ揭グル者ヲ除クノ外死亡シタル被徵用者又ハ被徵用者タリシ者ニ依リ扶助ヲ受クベキ者ニシテ被徵用者又ハ被徵用者タリシ者ノ死亡ノ時ヨリ引續キ之ト同一ノ家ニ在ルモノ
三　前二號ニ揭グル者ヲ除クノ外死亡シタル被徵用者又ハ被徵用者タリシ者ニ依リ扶養ヲ受クベキ者ニシテ被徵用者ノ徵用セラレタル時又ハ徵用ヲ解除セラレタル時之ト同一ノ世帶ニ在リ且引續キ其ノ世帶ニ在ルモノ
第四條　扶助ハ生活ニ必要ナル限度ヲ超ユルコトヲ得ズ
扶助ノ種類ハ生活扶助、醫療扶助、出產扶助、生業扶助及埋葬費支給トス</td></tr>
<tr><td>주요 내용 및 특징</td><td>○ 피징용 선원 및 가족에 대한 부조를 규정
○ 부조 항목을 생활부조, 의료부조, 출산부조, 생업부조 및 매장비생활부조, 의료부조, 출산부조, 생업부조 및 매장비로 정함.</td></tr>
<tr><td>법령 적용 범위</td><td>조선</td></tr>
<tr><td>관련 법령 통합·폐지 사항</td><td></td></tr>
<tr><td>유사·파생 법령</td><td></td></tr>
</table>

조선총독부령 제249호

1942년 10월 2일

선원징용부조규칙

제1조 선원징용령(이하 징용령이라 칭한다) 제17조 2(전시해운관리령 제26조 제1항에서 준용하는 경우를 포함한다. 이하 마찬가지)의 규정에 따라 부조(扶助)에 관해서는 본령에서 정하는 바에 따른다.

제2조 징용령 제17조 2 제1항의 가족은 다음에 열거하는 자로 한다.

1. 피징용자인 자의 배우자(신고를 하지 않은 사실상 혼인관계와 이와 같은 사정에 있는 자를 포함한다. 이하 마찬가지) 또는 자(子)로서 현재 그와 동일한 가(家)에 있는 자. 다만 양자는 가독(家督)상속인 또는 호주(戶主)상속인으로 한정한다.
2. 전호에 열거한 자를 제외한 나머지 피징용자인 자의 부양을 받는 자로서 피징용자의 징용이 해제된 때로부터 계속해서 그와 동일한 가(家)에 있는 자
3. 위 2개호에 열거한 자를 제외한 나머지 피징용자인 자의 부양을 받는 자로서 피징용자의 징용이 해제된 때에 그와 동일한 세대에 있으며 계속해서 그 세대에 있는 자

제3조 징용령 제17조 2 제2항의 유족은 다음에 열거하는 자로 한다.

1. 사망한 피징용자 또는 피징용자였던 자의 배우자나 자로서 현재 피징용자나 피징용자였던 자가 사망한 때에 속한 가에 있는 자. 다만 양자는 가독상속인 또는 호주상속인으로 한정한다.
2. 전호에서 열거한 자 이외에 사망한 피징용자나 피징용자였던 자의 부양을 받아야 할 자로서 피징용자나 피징용자였던 자가 사망한 때로부터 계속해서 그와 동일한 가에 있는 자
3. 위 2개호에 열거한 자 이외에 사망한 피징용자나 피징용자였던 자의 부양을 받아야 할 자로서 피징용자가 징용된 때 또는 징용이 해제된 때에 그와 동일한 세대에

있었으며 계속해서 그 세대에 있는 자

제4조 부조는 생활에 필요한 한도를 넘어서 할 수 없다.

부조의 종류는 생활부조, 의료부조, 출산부조, 생업부조 및 매장비 지급으로 한다.

제5조 부조는 조선총독부 체신국장(이하 체신국장이라 칭한다)이 실시한다.

부조는 부조를 받고자 하는 자 또는 그 주소지의 부윤이나 읍·면장의 신청에 따라 실시한다. 다만 체신국장이 필요하다고 인정한 때는 그 신청이 없을 경우라도 이를 실시할 수 있다.

부조의 정도와 방법은 체신국장이 피징용자였던 자와 부조를 받고자 하는 자가 다른 법령의 규정에 따라 받는 보험급부, 부조, 기타 이에 준하는 것, 소득, 노동능력, 가정 형편 등을 조사하여 결정한다.

제2항의 규정의 신청을 하고자 하는 자는 제1호 양식에 따른 신청서에 부본을 첨부하여 주소지의 부윤이나 읍·면장을 경유하여 체신국장에게 이를 제출해야 한다.

제6조 부조는 부조를 받는 자가 거주하는 자택에 대해 실시한다.

체신국장이 자택에 대해 부조를 할 수 없거나 이것이 적당하지 않다고 인정한 때는 부조를 받는 자를 적당한 시설에 수용하거나 수용을 위탁하여 부조할 수 있다.

제7조 생활부조는 금전이나 물품의 급여로 한다.

제8조 생활부조는 생업에 필요한 자금, 기구, 재료를 급여하거나 대여하고 또는 생업에 필요한 기능을 제공하여 실시한다.

제9조 자택에 대해 실시하는 생활부조에 지출하는 비용은 1일 1인당 35전(錢) 이내로 한다.

1세대에 부조를 받는 자가 2인 이상일 때는 전항의 비용을 감액할 수 있다.

제10조 자택에 대해 실시하는 출산부조에 지출하는 비용은 12엔 이내로 한다.

제11조 자택에 대해 실시하는 생업부조 및 의료부조 그리고 제6조 제2항의 규정에 따른 부조에 지출하는 비용의 한도는 조선총독이 정한다.

제12조 부조를 받는 자가 사망한 경우에는 매장을 하는 유족에 대해 매장비를 지급한다.

매장비 지급에 지출하는 비용은 12엔 이내로 한다.

부조를 받는 자가 사망한 경우에 매장을 하는 유족이 없을 때는 체신국장이 매장을 해야 한다.

제13조 재해로 인하여 필요한 경우에는 체신국장이 1세대당 총 30엔 한도로 생활부조를 위해 일시 금전이나 금품을 급여하거나 이를 함께 급여할 수 있다.

제14조 피징용자였던 자가 6년의 징역이나 금고 이상의 형벌에 처해진 경우에는 그자와 가족 및 유족에 대한 부조를 하지 않는다.

피징용자였던 자가 6년 미만의 징역이나 금고에 처해진 경우에는 그 형벌의 집행이 종료되거나 집행을 받지 않게 된 때까지 역시 전항과 마찬가지이다.

제15조 피징용자였던 자의 가족이나 유족이 6년의 징역이나 금고 이상의 형벌에 처해진 경우에는 그자에 대하여 부조를 하지 않는다.

피징용자였던 자의 가족이나 유족이 6년 미만의 징역이나 금고에 처해진 경우에는 그 형벌의 집행이 종료되거나 집행을 받지 않게 된 때까지 역시 전항과 마찬가지이다.

제16조 피징용자였던 자로서 태만하거나 소행이 불량한 경우에는 그자와 가족 및 유족에 대하여 상황에 따라 부조를 하지 않거나 부조의 정도를 감소할 수 있다.

피징용자였던 자의 가족이나 유족으로서 태만하거나 소행이 불량한 자에 대해서도 역시 전항과 마찬가지이다.

제17조 피징용자였던 자로서 일본의 국적을 상실한 자에 대해서는 부조를 하지 않는다.

제18조 피징용자였던 자의 가족에 대한 부조는 피징용자였던 자가 사망한 후 3개월 이내에 부조를 계속할 수 있다.

전항의 규정에 따라 부조를 받는 자에 대해서는 이 기간 중 피징용자였던 자의 유족으로서의 부조를 하지 않는다.

제19조 조선총독이 특별히 필요하다고 인정한 때는 제9조 제1항, 제10조, 제12조 제2항 및 제13조의 규정에 따른 금액을 증액할 수 있다.

제20조 부조의 폐지나 정지 또는 부조의 정도나 방법의 변경은 체신국장이 실시한다.

제21조 부조의 개시, 폐지 또는 정지 그리고 부조의 정도나 방법의 변경 처분은 부조를 받는 자의 주소지의 부윤 또는 읍·면장을 경유하여 이를 통달한다.

체신국장이 부조의 개시, 폐지 또는 정지 그리고 부조의 정도나 방법을 변경한 때는 피징용자를 사용한 선박소유자에게 그 내용을 통지해야 한다.

第22조 선박소유자는 그가 사용한 피징용자의 징용에 관한 사항에 대하여 체신국장이나 부조를 받고자 하는 자의 주소지 부윤이나 읍·면장으로부터 조회를 받은 때는 이를 신속하게 통지해야 한다.
선박소유자는 그가 사용한 피징용자의 고의나 중대한 과실이 아닌 한 업무상 상이를 입거나 사망한 때에 신속하게 해당 피징용자였던 자의 주소지 부윤 또는 읍·면장에게 그 내용을 통지해야 한다.

第23조 부조가 거부된 자 또는 부조가 폐지되거나 정지된 자는 60일 이내에 조선총독에 대하여 재심사 신청을 할 수 있다.
전항의 신청을 하고자 하는 자는 제2호 양식에 따른 신청서를 조선총독에게 제출해야 한다.
조선총독이 심사한 후에 필요하다고 인정한 때는 체신국장에게 부조를 하게 하거나 부조의 폐지나 정지의 처분을 취소하도록 할 수 있다.

第24조 선박소유자는 그가 사용한 피징용자 또는 그 가족이나 유족에 대하여 실시된 부조에 필요한 비용을 조선총독이 정하는 바에 따라 국고에 납입해야 한다.

第25조 본령에서 선박소유자라고 한 것을 전시해운관리령 제26조 제1항에서 준용하는 징용령 제17조 2의 규정에 따른 부조에 관해서는 선박운영회로 한다.

第26조 본령의 규정에 따라 조선총독에게 제출해야 하는 서류는 1910년(明治43年) 조선총독부령 제5호의 규정에 구애됨이 없이 체신국장을 경유해야 한다.

부칙

본령은 발포한 날로부터 이를 시행한다.

자료 35

병역법 중 개정	
구분	법률 제4호
법령명/건명	병역법 중 개정 兵役法中改正
제정·개정·결정·폐지 연월일	공포 1943년 3월 1일 시행 1943년 8월 1일
구성	본문 6개 조항, 부칙
선행 규범·법령	병역법(1927년 법률 제47호)
원문 일부	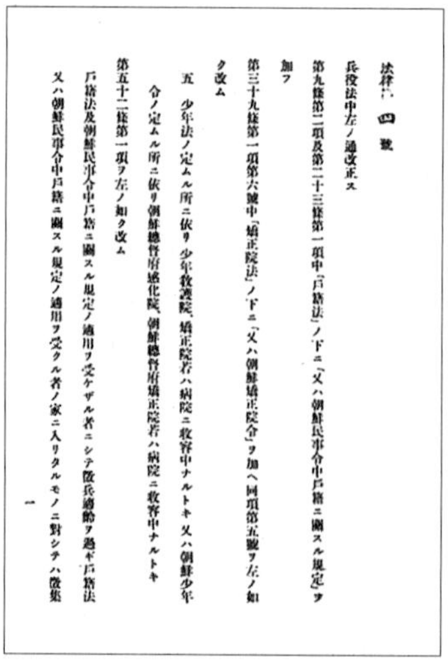 法律第四號 兵役法中左ノ通改正ス 第九條第二項及第二十三條第一項中「戸籍法」ノ下ニ「又ハ朝鮮民事令中戸籍ニ關スル規定」ヲ加フ 第三十九條第一項第六號中「矯正院法」ノ下ニ「又ハ朝鮮矯正院令」ヲ加ヘ同項第五號ヲ左ノ如ク改ム 五 少年法ノ定ムル所ニ依リ少年救護院、矯正院若ハ病院ニ收容中ナルトキ又ハ朝鮮少年令ノ定ムル所ニ依リ朝鮮總督府感化院、朝鮮總督府矯正院若ハ病院ニ收容中ナルトキ 第五十二條第一項ヲ左ノ如ク改ム 戸籍法及朝鮮民事令中戸籍ニ關スル規定ノ適用ヲ受ケザル者ニシテ徵兵適齡ヲ過ギ戸籍法又ハ朝鮮民事令中戸籍ニ關スル規定ノ適用ヲ受クル者ノ家ニ入リタルモノニ對シテハ徵集 一 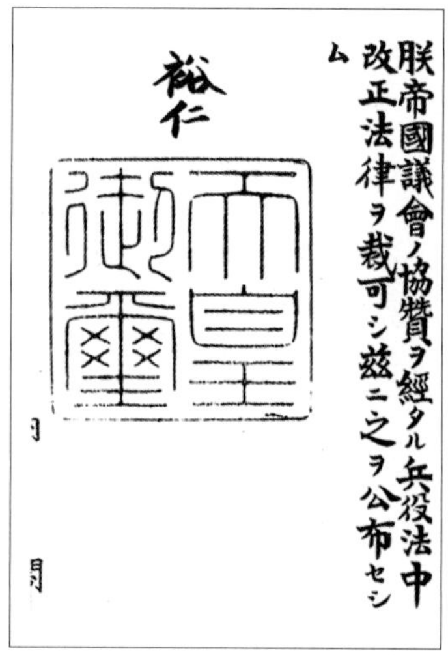 朕帝國議會ノ協賛ヲ經タル兵役法中改正法律ヲ裁可シ茲ニ之ヲ公布セシム 裕仁
주요 내용 및 특징	○ 조선인 징병을 처음으로 규정함. ○ 개정된 「병역법」이 1943년 8월 1일 조선에 시행됨에 따라 1943년 10월 징병 적령자 신고, 1944년 4월 신체검사, 9월 입대가 이루어짐. ○ 「병역법」 개정을 통해 육군의 경우 약 20~40만 명(지원병 등 포함)의 조선인 청년이 징병되어 일본의 전선에 동원됨.
법령 적용 범위	조선을 포함한 제국 전역
관련 법령 통합·폐지 사항	육군특별지원병령(1938.2.23. 칙령 제95호) 재학징집연기기간의 단축에 관한 건(1941.10.16. 육군성·문부성령 제2호) 재학징집연기임시특례(1943.10.1. 칙령 제755호)
유사·파생 법령	병역법시행령중개정의 건(1943.3.28. 칙령 제238호) 1943년임시징병검사규칙(1943.10.2. 육군성령 제40호) 1943년 칙령 제755호 재학징집연기임시특례에 따른 학교교련검정에 관한 건(1943.10.15. 육군성령 제47호)

법률 제4호

1943년 3월 1일

병역법 중 개정

제9조 제2항 및 제23조 제1항 중에서 '호적법'의 아래에 '또는 조선민사령(朝鮮民事令) 중 호적에 관한 규정'을 추가한다.

제39조 제1항 제6호 중에서 '교정원법'의 아래에 '또는 조선교정원령(朝鮮矯正院令)'을 추가하고 동항 제5호를 다음과 같이 개정한다.

5. 소년법이 정하는 바에 따라 소년교호원(少年教護院), 교정원 또는 병원에 수용 중일 때 또는 조선소년령(朝鮮少年令)이 정하는 바에 따라 조선총독부 감화원, 조선총독부 교정원 또는 병원에 수용 중일 때.

제52조 제1항을 다음과 같이 개정한다.

호적법 및 조선민사령 중 호적에 관한 규정의 적용을 받지 않는 자로서 징병연령을 넘기고 호적법 또는 조선민사령 중 호적에 관한 규정의 적용을 받는 자의 집에 입적한 자에 대해서는 징집을 면제한다.

제53조 2 다음에 열거하는 자의 징집에 관해서는 제26조, 제27조 또는 제29조의 규정에 대하여 칙령으로 따로 정할 수 있다.

1. 호적법의 적용을 받는 자로서 조선, 대만 또는 제국 밖에 체류하는 자
2. 조선민사령 중에서 호적에 관한 규정의 적용을 받는 자

제69조 제2항을 다음과 같이 개정한다.

전항에서 규정한 사무의 감독에 대해서는 호적사무의 감독에 관한 규정을 준용한다.

제72조 본 법률 중 시정촌장에 관한 규정은 시정촌장에 준하는 자에게도 적용한다. 다만 구장(이에 준하는 자를 포함한다. 이하 마찬가지)이 호적에 관한 사무를 관장하는 시(이에 준하는 것을 포함)의 경우에는 구장에게 시장에 관한 규정(제61조 규정 제외)을 적용한다.

부칙

본 법률은 1938년 8월 1일부터 이를 시행한다.

본 법률을 시행할 때 징병연령을 넘긴 자와 징병연령인 자로서 조선민사령 중 호적에 관한 규정의 적용을 받는 자 또는 본 법률 시행 후 적용을 받게 된 자(제3조의 규정에 해당하는 자를 제외)에게는 제9조 제2항 및 제23조 제1항의 개정규정을 적용하지 않는다.

전항의 규정에 해당하는 자에 대해서는 제52조 제1항의 개정규정에 구애됨이 없이 종전의 예에 따른다.

자료 36

병역법시행령 중 개정	
구분	칙령 제238호
법령명/건명	병역법시행령 중 개정 兵役法施行令中改正
제정·개정·결정·폐지 연월일	공포 1943년 3월 29일 시행 1943년 4월 1일
구성	본문 15개 조항, 부칙
선행 규범·법령	병역법시행령(1941년 칙령 제618호 이전까지의 시행령)
원문 일부	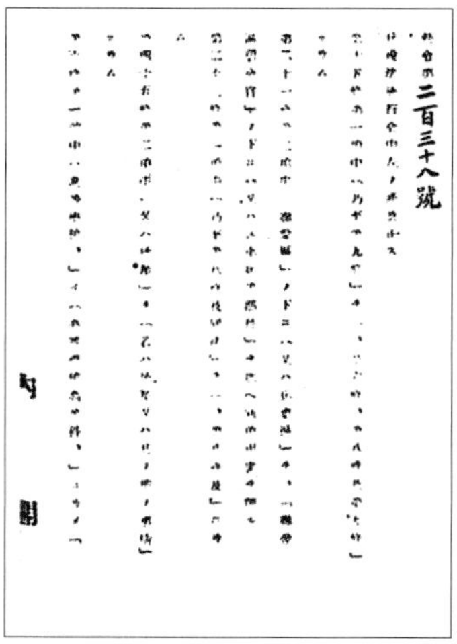 勅令第二百三十八號 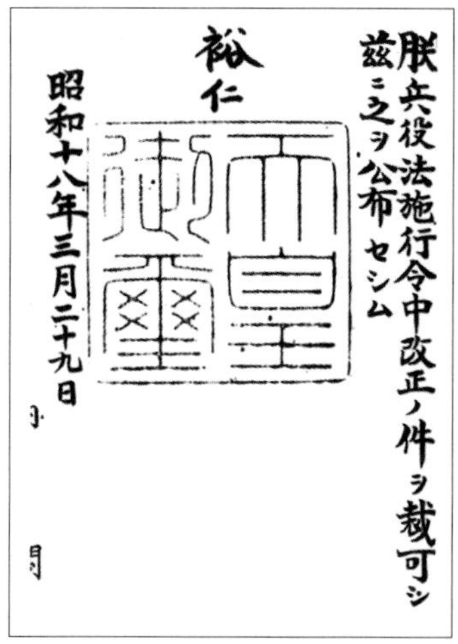 朕兵役法施行令中改正ノ件ヲ裁可シ茲ニ之ヲ公布セシム 裕仁 御璽 昭和十八年三月二十九日
주요 내용 및 특징	○ 재학생의 징집연기 기한을 다시 1년씩 연장함. ○ 재학생의 징집연기 대상 학교별 연령을 조정함.
법령 적용 범위	조선을 포함한 제국 전역
관련 법령 통합·폐지 사항	
유사·파생 법령	

칙령 제238호

1943년 3월 29일

병역법시행령 중 개정

제15조 제1항 중 '부터 제9조'를 '제6조, 제8조 및 제9조'로 개정한다.

제21조 제2항 중 '연대구'의 다음에 '또는 병사구'를, '연대국사령관'의 다음에 '또는 육군병사부장'을 추가하고 동항 단서를 삭제한다.

제22조 제1항 중 '부터 제8조 및 동법'을 '제8조 및'으로 개정한다.

제45조 제2항 중 '또는 종류'를 '나 종류 또는 기타의 사정'으로 개정한다.

제100조 제1호 중 '고등학교'를 '고등학교 고등과'로, '중학교' 및 '실업학교(국민학교 초등과 수료를 입학 정도로 하는 수업연한 5년 또는 이와 동등 이상의 것으로 제한)'를 삭제한다.

제101조 제1항을 다음과 같이 개정한다.

전조 제1호에 열거한 학교에 재학하는 자에 대한 징집을 연기할 수 있는 기한은 다음의 구분에 따른다.

학교의 구분	징집을 연기할 수 있는 기간	
	1월 2일~4월 1일 출생한 자	4월 2일~1월1일 출생한 자
고등학교 고등과 대학령에 의한 대학 예과 수업연한 2년의 청년학교교원양성소	연령 22세까지	연령 23세까지
사범학교 임시교원양성소 수업연한 3년의 청년학교교원양성소 실업학교교원양성소 수업연한 3년 또는 4년의 전문학교 고등사범학교	연령 23세까지	연령 24세까지
수업연한 5년 이상의 전문학교 대학령에 의한 대학 학부(의학부 제외)	연령 24세까지	연령 25세까지
대학령에 의한 대학 의학부	연령 25세까지	연령 26세까지

제110조 중 '지방장관 또는 화태청장관'을 삭제

제111조 2 제1항 중 '조선, 대만, 관동주 또는'을 '호적법의 적용을 받는 자로서 조선에 재류하는 자 또는 대만, 관동주 또는'으로 개정한다.

제111조 7 제1항 중 '도의 병사에 관한 사무를 분장하는 경시'를 '도(부의 구역을 제외)에 서는 도의 병사에 관한 사무를 분장하는 경시, 부에서는 부유'로 개정하고, '호코청장, 군수 또는 시장'을 '주 또는 청의 병사에 관한 사무를 분장하는 경시'로 개정하고, 동조 제2항 중 '청장, 군수'를 삭제한다.

제111조 10 제1항 중 '조선에서는 경찰서장'을 '조선에서는 읍·면장'으로 개정하고, '또는 군수'를 '군수 또는 경찰서장'으로 개정하고, 동조 제2항의 다음에 아래의 1개 항을 추가한다.

조선에서의 경찰서장은 제111조의 7개 도의 병사에 관한 사무를 분장하는 경시의 명을 받아 그 관할구역 내에 있는 읍·면장의 징병사무를 통할한다.

제111조 제3항에 다음과 같이 1개항을 추가한다.

본 장 중 시 또는 시장에 관한 규정은 조선에서는 부 또는 부윤에 이를 적용한다.

제111조 제4항 중 '시장에 관한 규정은'의 다음에 '대만 및'을 추가한다.

제125조 제2항 및 제128조 제1항 중 '병과장교'를 '장교'로 개정한다.

제133조 제1항 중 '이를 적용하고 화태에서는 화태청장관에'를 삭제한다.

제143조 제1항 중 '시장'을 삭제한다.

부칙

본령은 1943년 4월 1일부터 이를 시행한다. 다만 제111조의 2 제1항의 개정규정, 제111조의 7 및 제111조의 10의 개정규정 중 조선에서의 징집사무에 관한 부분과 부칙 제3항 및 제4항의 규정은 동년 8월 1일부터 이를 시행한다.

1943년 3월 31일에 종전의 제1조 각호에 열거한 학교에 재학하는 자의 징집연기는 육군대신 및 문부대신이 정하는 바에 따라 제100조 및 제101조의 개정규정에 구애됨이 없이 종전대로 한다.

당분간 병역법 제24조 중 11월 중이라고 한 것을 동법 제53조의 2 제2호에 열거한 자에 대해서는 10월 1일부터 11월 31일까지의 기간으로 한다.

당분간 병역법 제26조 제2항의 적용에 대해서는 호적법의 적용을 받는 자와 동법 제53조의 2 제2호에 열거한 자로 구분하며 각별한 기준을 적용할 수 있다.

자료 37

육군군속선원신분취급요령	
구분	육군성 밀(密) 제2234호
법령명/건명	육군군속선원신분취급요령 陸軍軍屬船員身分取扱要領
제정·개정·결정·폐지 연월일	1943년 7월 2일
구성	본문 9개 조항
선행 규범·법령	선원징용령(1940년 칙령 제687호)
원문 일부	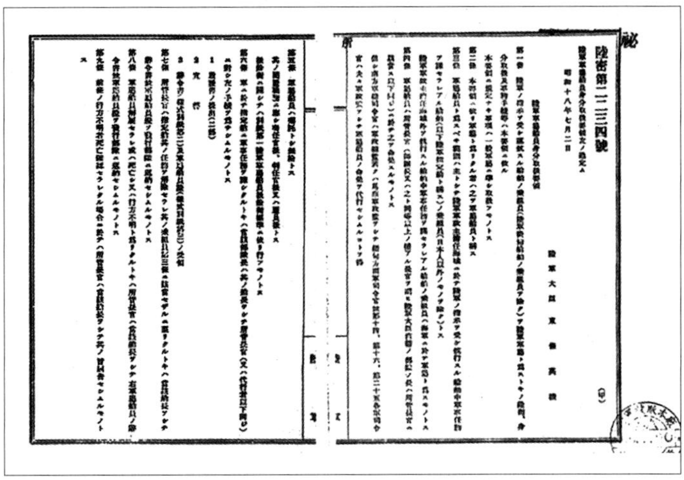
주요 내용 및 특징	○ 육군의 지시를 받아 운항하는 선박의 승조원(육군징용선박의 승조원을 제외한다)을 육군군속으로 할 때의 전형, 신분취급 등 사무수속에 관한 규정 ○ 육군군정(陸軍軍政) 주담임(主擔任) 해역에서 운항하는 선박의 승조원에게 군사 임무를 부여한 경우 무급의 군속선원으로 취급함.
법령 적용 범위	조선을 포함한 제국 전역
관련 법령 통합·폐지 사항	
유사·파생 법령	

육군성 밀(密) 제2234호

1943년 7월 2일

육군군속선원신분취급요령

제1조 육군의 지시를 받아 운항하는 선박의 승조원(육군징용선박의 승조원을 제외한다)을 육군 군속으로 할 때의 전형, 신분취급 등 사무수속 등은 본 요령에 따른다.

본 요령에서 규정하지 않은 사항은 일반 군속에 준하여 취급하는 것으로 한다.

제2조 본 요령에 따라 군속이 된 자는 이를 군속선원이라 칭한다.

제3조 군속선원이 되어야 하는 범위는 주로 육군군정 주담임 해역에서 육군의 지시를 받아 항행하는 선박 중 군사임무를 부여받은 선박[이하 육군지정선(陸軍指定船)이라 칭한다]의 승조원(일본인 이외의 자를 제외한다)으로 한다.

육군군정 주담임 해역 밖에서 항행하는 선박 중 군사임무를 부여받은 선박의 승조원은 해군의 군속으로 한다.

제4조 군속선원은 소관 장관(사단장 또는 이와 동등 이상의 권한이 있는 장관을 가리키며 육군대신의 직할 부대장은 소관 장관에 해당한다. 이하 마찬가지)이 임면(任免)한다.

다만 남방군총사령관은 군정총감(軍政總監) 또는 말레이군정감으로 하여금, 그리고 미얀마방면군사령관과 제14군, 제16군, 제25군의 각 사령관은 각각 군정감으로 하여금 군속선원의 임면을 대행하게 할 수 있다.

제5조 군속선원은 촉탁으로 하며 무급이다.

그의 경력과 직무에 따라 주임관(奏任官), 판임관(判任官) 또는 고원으로 취급한다.

취급에 관한 전형은 별지 제1의 육군군속선원취급전형표준에 따라 실시한다.

제6조 군에서 지정선에 군사임무를 부여한 때는 해당 부대장이 그 선장으로 하여금 소관 장관(또는 대행자. 이하 마찬가지)에게 다음의 수속을 하게 한다.

1. 이력서 제출(2부)

2. 선서

3. 사령서(별지 양식 2) 및 군속선원증(별지 양식 3)의 수령

제7조 소관장관이 지정선의 임무를 해제하여 그 승조원이 제3조에 해당하지 않게 된 때는 해당 선장에게 사령서와 군속선원증을 발행한 부대에 반납하도록 한다.

제8조 군속선원이 해고되거나 또는 사망하거나 행방불명이 된 때는 소관장관이 해당 선장에게 위의 군속선원 사령서와 군속선원증을 발행한 부대에 반납하도록 한다.

제9조 전조의 행방불명자가 사망으로 확인된 경우에는 소관장관이 해당 선장에게 그 취지를 보고하게 한다.

자료 38

해군특별지원병령	
구분	칙령 제608호
법령명/건명	해군특별지원병령 海軍特別志願兵令
제정·개정·결정·폐지 연월일	공포 1943년 7월 28일 시행 1943년 8월 1일(조선총독부관보 제952호, 1943.8.4.) 개정 1943년 11월 1일(칙령 제796호) 개정 1944년 5월 10일(칙령 제340호) 개정 1944년 10월 11일(칙령 제590호) 폐지 1946년 6월 15일(칙령 제322호)
구성	본문 5장 22개 조항, 부칙
선행 규범·법령	국가총동원법 제4조 1943년 5월 11일 '해군특별지원병령 실시의 건'(각의결정)
원문 일부	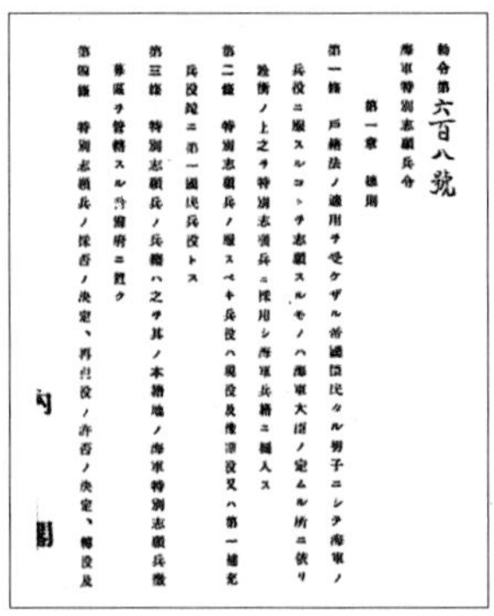 勅令第六百八號 海軍特別志願兵令 第一章 總則 第一條 戸籍法ノ適用ヲ受ケザル帝國臣民タル男子ニシテ海軍ノ兵役ニ服スルコトヲ志願スルモノハ海軍大臣ノ定ムル所ニ依リ詮衡ノ上之ヲ特別志願兵ニ採用シ海軍兵籍ニ編入ス 第二條 特別志願兵ノ服スベキ兵役ハ現役及豫備役又ハ第一補充兵役竝ニ第一國民兵役トス 第三條 特別志願兵ノ兵籍ハ之ヲ其ノ本籍地ノ海軍特別志願兵徴募區ヲ管轄スル鎭守府ニ置ク 第四條 特別志願兵ノ採否ノ決定、再服役ノ許否ノ決定、轉役及  朕海軍特別志願兵令ヲ裁可シ茲ニ之ヲ公布セシム 御名御璽 裕仁 昭和十八年七月二十七日
주요 내용 및 특징	○ 조선과 대만의 청년을 일본 해군에 입대시키기 위해 제정한 칙령 ○ 일제는 전면 징병제 도입에 따라 국민학교 초등과 수료자로서 16세 이상의 '지원자'에 한해 일정한 전형과 엄격한 심사를 거쳐 입대 또는 편입시키는 특별지원병제를 도입함. ○ 해군특별지원병에 지원하여 해군에 입대한 조선인 청년은 총 1만 2천여 명으로 추산됨.
법령 적용 범위	조선, 대만
관련 법령 통합·폐지 사항	
유사·파생 법령	해군특별지원병령시행규칙(1943년 해군성령 제30호) 조선총독부해군병지원자훈련소규정(1943년 조선총독부령 제230호) 조선총독부해군병지원자훈련소훈련생채용규칙(1943년 조선총독부령 제231호) 조선총독부해군병지원자훈련소훈련생채용수속(1943년 조선총독부훈령 제57호) 해군특별지원병징모관명과임시특례(1944년 해군성령 제31호)

칙령 第608호

1943년 7월 28일

해군특별지원병령

제1장 총칙

제1조 호적법의 적용을 받지 않는 제국신민 남자로서 해군의 병역에 복무할 것을 지원하는 자는 해군대신이 정하는 바에 따라 전형을 거쳐 특별지원병으로 채용하여 해군 병적에 편입한다.

제2조 특별지원병으로 복무할 병역은 현역과 예비역 또는 제1보충병역 그리고 제1국민병역으로 한다.

제3조 특별지원병의 병적은 해당자의 본적지 해군특별지원병징모구를 관할하는 경비부(警備府)에 둔다.

제4조 특별지원병의 채용 가부의 결정, 재복역의 허가 여부, 전역(轉役) 및 면역(免役)의 처분은 재적경비부사령장관이 이를 실시한다.

제5조 6년의 징역 또는 금고 이상의 형벌에 처해진 자는 복무할 수 없다.

제2장 복역

제6조 특별지원병 현역은 3년으로 하고 현역병으로서 채용된 자는 이에 복무한다.

예비역은 12년으로 하고 현역을 마친 자는 별도의 사령(辭令) 없이 그대로 예비역에 복무하도록 한다.

제1보충병역은 17년 4개월로 하고, 제1보충병역으로서 채용된 자는 이에 복무한다.

예비역 또는 제1보충병역을 마친 자로서 연령이 40세 미만인 자는 별도의 사령 없이 그대로 제1국민병역에 복무하도록 한다.

제7조 현역 또는 제1보충병역의 기간은 현역병 또는 제1보충병으로서 병적에 편입된 달의

1일부터 기산한다.

제8조 현역특별지원병은 제6조에서 규정한 현역 기간이 만료되어도 계속하여 여러 차례 현역에 지원할 수 있다.

해군특수병령(海軍特修兵令)에 따라 복무할 의무가 있는 자는 제6조에서 규정한 현역 기간이 만료되는 날의 다음날로부터 그 의무가 종료되는 날까지를 1기(期)로 하여 다시 현역에 입대한 자로 간주한다.

제9조 특별지원병의 복역에 관해서는 해군지원병령 제9조, 제10조, 제11조 제3항, 제12조, 제13조, 제16조부터 제18조와 제21조, 병역법 제19조, 제20조와 제21조 제1항 그리고 병역법시행령 제36조부터 제38조와 제41조의 규정을 준용한다. 다만 해군지원병령 제17조와 제17조의 2에서 예비역이라고 한 것은 예비역과 제1보충병역으로 하고 동령 제21조 그리고 병역법시행령 제36조 및 제38조 제3항 중에서 진수부(鎭守府) 사령장관이라고 한 것은 경비부사령장관으로 한다.

제3장 징집

제10조 특별지원병의 징모는 연령 16세 이상 21세 미만(1932년 율령 제2호의 적용을 받는 자의 경우에는 25세 미만)의 자에 대해 이를 시행한다.

전항에 규정한 연령은 채용하는 해의 12월 1일의 연령으로 한다.

제11조 특별지원병으로서 징모할 해군병의 병종은 다음 각호에 열거하는 종별에 따라 지원자의 신체, 기능, 직업, 기타를 참작하여 소관 경비부사령장관이 이를 정한다.

1. 수병(水兵)
2. 정비병(整備兵)
3. 기관병(機關兵)
4. 공작병(工作兵)
5. 위생병(衛生兵)
6. 주계병(主計兵)

제12조 다음에 열거하는 자는 특별지원병의 징모에 응모할 수 없다.

1. 육군 예비역 및 제1국민병역에 있는 자와 군대에서 교육을 받은 제1보충병

2. 금고 이상의 형벌에 처해진 자 또는 형법 제185조의 범죄를 저지르고 형벌에 처해진 자

3. 형사피고인

제13조 다음에 열거하는 자는 특별지원병으로 채용할 수 없다.

1. 신체가 완전하지 않은 자

2. 지조(志操)가 확실하지 않은 자

3. 품행이 방정하지 않은 자

4. 대략 국민학교 초등과 수료 정도 이상의 학력이 없는 자

5. 시험검사에 합격하지 못한 자

6. 위의 각호에 열거한 자 외에 해군병에 적합하지 않다고 인정되는 자

제14조 해군대신은 해군특별지원병 징모구(이하 징모구라 칭한다)를 정하여 진해(鎭海)경비부 또는 가오슝(高雄)경비부가 이를 관리하게 한다.

제15조 해군대신은 각 징모구를 관할하는 경비부사령장관이 특별지원병 징모를 관리하게 한다.

제16조 현역특별지원병은 채용한 후에 이를 관할 경비부의 해병단에 입단시킨다.

제17조 해군대신은 매년 채용할 특별지원병에 대해 역종(役種)별, 병종별 및 입단기수별 인원수를 정하고, 이를 관할 경비부사령장관에게 하달하여 고지한다.

제18조 현역특별지원병의 입단 기일은 4월 1일 및 10월 1일로 한다. 다만 해군대신은 필요한 경우에 이를 변경할 수 있다.

제19조 경비부사령장관은 현역특별지원병이 입단할 때 현역에 적합하지 않다고 인정한 때는 그의 현역을 면제하고, 이를 제1보충병역으로 복무시키거나 그의 채용을 취소할 수 있다.

경비부사령장관은 현역특별지원병이 입단할 때 질병이나 기타 불가피한 사고로 인하여 입단하기 어려운 자가 있을 때, 그의 입단을 20일 이내로 연장할 수 있다.

제4장 소집

제20조 특별지원병의 소집이나 전수점호에 병역법 제54조, 제55조, 제56조 제1항, 제57조 제1항, 제58조 제1항 및 제60조에서 제63조 그리고 병역법시행령 제4장(제120조에서 제121조를 제외) 및 제143조의 규정을 준용한다. 다만 동령 제122조 중에서 본적지를 관할하는 사관이나 진수부 관구(管區)라고 한 것은 본적지를 관할하는 징모구로, 다른 사관이나 진수부 관구라고 한 것은 다른 징모구(해군지원병의 징모구를 포함한다)로, 해당 사관이나 진수부 관구라고 한 것은 해당 징모구로, 진수부사령장관이라고 한 것은 경비부사령장관이나 진수부사령장관으로 하며, 기타 규정(제118조 제1항 제2호를 제외) 중에서 진수부사령장관이라고 한 것은 경비부사령장관으로 한다.

제5장 잡칙

제21조 특별지원병에 대한 다른 법령의 적용에 있어서 재적(在籍)진수부나 재적진수부사령장관에 관한 규정은 재적경비부나 재적경비부사령장관에 관한 규정으로 한다.

제22조 해군대신은 조선의 경우 도지사, 경찰서장, 부윤, 구장 및 읍·면장이, 대만의 경우 주지사, 청장, 군수, 경찰서장 및 지청장이 특별지원병의 징모와 기타 본령시행에 관한 사무의 일부를 담임하도록 할 수 있다.

부칙

본령은 1943년 8월 1일부터 이를 시행한다.

자료 39

조선총독부해군지원자훈련소관제	
구분	칙령 제610호
법령명/건명	조선총독부해군지원자훈련소관제 朝鮮總督府海軍志願者訓練所官制
제정·개정·결정·폐지 연월일	공포 1943년 7월 27일 시행 1943년 8월 1일(조선총독부관보 제952호, 1943.8.4.)
구성	본문 5개 조항, 부칙
선행 규범·법령	해군특별지원병령(1943.7.28. 칙령 제608호) 조선총독부육군병지원자훈련소관제(1938년 칙령 제156호)
원문 일부	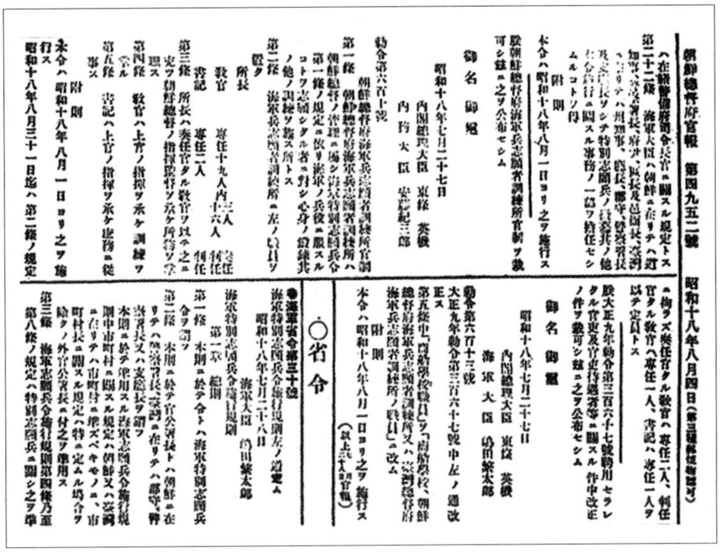 朝鮮總督府海軍兵志願者訓練所官制ヲ裁可シ玆ニ之ヲ公布セシム 御名 御璽 昭和十八年七月二十七日 内閣總理大臣 東條英機 内務大臣 安藤紀三郎 勅令第六百十號 朝鮮總督府海軍兵志願者訓練所官制 第一條 朝鮮總督府海軍兵志願者訓練所ハ朝鮮總督ノ管理ニ屬シ海軍特別志願兵令第一條ノ規定ニ依リ海軍ノ兵役ニ服スルコトヲ志願シタル者ニ對シ心身ノ鍛鍊其ノ他ノ訓練ヲ施ス所トス 第二條 海軍兵志願者訓練所ニ左ノ職員ヲ置ク 所長 奏任 教官 專任十九人 内三人 奏任 十六人 判任 書記 專任二人 判任 第三條 所長ハ奏任官タル教官ヲ以テ之ニ充ツ朝鮮總督ノ指揮監督ヲ承ケ所務ヲ掌理ス 第四條 教官ハ上官ノ指揮ヲ承ケ訓練ヲ掌ル 第五條 書記ハ上官ノ指揮ヲ承ケ庶務ニ從事ス 附 則 本令ハ昭和十八年八月一日ヨリ之ヲ施行ス 昭和十八年八月三十一日迄ハ第二條ノ規定
주요 내용 및 특징	○ 조선의 해군특별지원병을 훈련시키기 위해 조선총독 직할의 훈련소를 설치하고, 직원의 구성과 업무를 규정함. ○ 소장 외 교관, 서기로 구성함.
법령 적용 범위	조선
관련 법령 통합·폐지 사항	
유사·파생 법령	

칙령 제610호

1943년 7월 27일

조선총독부해군지원자훈련소관제

제1조 조선총독부해군지원자훈련소는 조선총독의 관리에 속하며, 해군특별지원병령 제1조의 규정에 따라 해군 병역에 복무할 것을 지원한 자에 대해 심신의 단련과 기타 훈련을 실시하는 곳이다.

제2조 해군병지원자훈련소에는 다음의 직원을 둔다.

소장

교관 전임 19인 중 3인은 주임, 16인은 판임

서기 전임 2인은 판임

제3조 소장은 주임관인 교관으로서 이를 충당하고 조선총독의 지휘·감독을 받아 훈련소 업무를 관리한다.

제4조 교관은 상관의 지휘를 받아 훈련을 관장한다.

제5조 서기는 상관의 지휘를 받아 서무에 종사한다.

부칙

본령은 1943년 8월 1일부터 이를 시행한다.

1943년 8월 31일까지 제2조의 규정에 구애됨이 없이 주임관인 교관은 전임 2명, 판임관인 교관은 전임 1명, 서기는 전임 1명으로 정원을 꾸린다.

자료 40

조선총독부해군지원자훈련소규정	
구분	조선총독부령 제230호
법령명/건명	조선총독부해군지원자훈련소규정 朝鮮總督府海軍志願者訓練所規程
제정·개정·결정·폐지 연월일	공포·시행 1943년 8월 1일(조선총독부관보 호외, 1943.8.1.)
구성	본문 19개 조항, 부칙
선행 규범·법령	해군특별지원병령(1943.7.28., 칙령 제608호) 조선총독부육군병지원자훈련소규정(1938년 조선총독부령 제70호)
원문 일부	 朝鮮總督府官報 昭和十八年八月一日 日曜日 號外 ○府令 朝鮮總督府令第二百三十號 朝鮮總督府海軍兵志願者訓練所規程左ノ通定ム 昭和十八年八月一日 朝鮮總督 小磯國昭 朝鮮總督府海軍兵志願者訓練所規程 第一條 朝鮮總督府海軍兵志願者訓練所(以下訓練所ト稱ス)ノ教育ハ海軍ノ兵役ニ服スルコトヲ志願シタル者ニ對シ德性ヲ涵養シ心身ヲ鍛錬シ知識ヲ授ケ以テ皇國臣民タルノ自覺ニ徹セシムルヲ本旨トシ兼テ海軍兵タルニ必須ナル基礎的素養ヲ附與スルヲ目的トス 第二條 訓練所ニ入所セシムベキ者ハ戶籍法ノ適用ヲ受ケザル年齡十六年以上二十一年未滿ノ帝國臣民タル男子ニシテ海軍ノ兵役ニ服スルコトヲ志願シタルモノ、中ヨリ別ニ定ムル所ニ依リ銓衡ノ上之ヲ決定ス 前項ニ規定スル年齡ハ特別志願兵ニ採用セラルベキ年ノ十二月一日ニ於ケル年齡トス 第三條 訓練所ニ於ケル訓練項目ハ訓育及普通學トス 第四條 訓育ハ左ノ要旨ニ依リ之ヲ行フベシ 一 精神教育 教育ニ關スル勅語及軍人ニ賜リタル勅諭ノ趣旨ニ基キ皇國精神ヲ涵養シ之ヲ實踐躬行ニ導クヲ以テ本旨トシ特ニ國體觀念ヲ明徵ナラシメ皇國臣民トシテノ責務ヲ全カラシムルニ必要ナル事項ニ留意シテ之ヲ授ク 二 教練及體育 教練、體操、水泳、武道其ノ他海軍ニ必要ナル事項ニ重點ヲ置キ精神教育トノ聯絡ニ留意シ皇國精神ノ陶冶ニ力ム 教練ニ於テハ各個教練、部隊教練ヲ主トシ併セテ海上勤務ニ必要ナル技能ノ一部ヲ習得セシム 第五條 普通學ハ國語、歷史、地理、數學、理科等ニ關スル事項ニ付國民學校高等科ノ程度ヲ基準トシ海軍兵タルニ必要ナル事項ヲ選ビテ之ヲ授ケ特ニ訓育トノ聯絡ニ留意スベシ 第六條 訓練所ノ訓練期間ハ六月トス但シ特別ノ事由アルトキハ訓練所長ハ朝鮮總督ノ認可ヲ受ケ訓練期間ヲ變更スルコトヲ得 第七條 訓練所ノ入所期ハ每年四月一日及十月一日トス但シ特別ノ事由アルトキハ訓練所長ハ入所期ヲ變更スルコトヲ得 第八條 訓練所ニ於ケル休日ハ一月一日、昭和二年勅令第二十五號ニ依リ休日タル祭日及祝日、靖國神社例祭日、海軍記念日、朝鮮總督府始政記念日並ニ日曜日トス 訓練所長必要アリト認ムルトキハ前項ノ休日ニ訓練ヲ行フコトヲ得 訓練所長特別ノ事由アルトキハ朝鮮總督ノ承認ヲ受ケ臨時ニ訓練ヲ行ハザルコトヲ得 第九條 一月一日、前條第一項ノ祭日及祝日(新年宴會ヲ除ク)、並ニ靖國神社例祭日ニハ遙拜式ヲ、同條同項ノ記念日ニハ記念式ヲ行フベシ 第十條 訓練生ハ之ヲ所內ニ宿泊セシム但シ特別ノ事由アルトキハ訓練所長ハ願ニ依リ外泊ヲ許可スルコトヲ得 第十一條 訓練生ニハ學資及糧食ヲ給與シ 朝鮮總督府官報 號外 昭和十八年八月一日
주요 내용 및 특징	○ 조선인 해군특별지원병의 훈련소 규정으로서 대상자의 입소와 퇴소, 교육내용, 휴일, 징계 등을 규정함.
법령 적용 범위	조선
관련 법령 통합·폐지 사항	
유사·파생 법령	

조선총독부령 제230호

1943년 8월 1일

조선총독부해군지원자훈련소규정

제1조 조선총독부해군지원자훈련소(이하 훈련소라 칭한다)의 교육은 해군의 병역에 복무할 것을 지원한 자에 대해 덕성을 함양하고 심신을 단련하며 지식을 익혀서 황국신민으로서의 자각을 투철하게 하는 것을 본뜻으로 삼고, 동시에 해군병으로서 필수적인 기초적 소양을 부여하는 데 그 목적이 있다.

제2조 훈련소에 입소하는 자는 호적법의 적용을 받지 않는 연령인 16세 이상 21세 미만의 제국신민인 남자로서 해군의 병역에 복무할 것을 지원한 자 중에서 별도로 정한 바에 따라 전형을 거쳐 결정한다.

전항에서 규정한 연령은 특별지원병으로 채용한 해의 12월 1일의 연령으로 한다.

제3조 훈련소에서의 훈련 항목은 훈육과 보통학으로 한다.

제4조 훈육은 다음의 요지에 따라 시행한다.

1. 정신교육

교육에 관한 칙어와 군인에게 내려주신 칙유의 요지에 근거하여 황국정신을 함양하고, 이를 실천궁행하도록 이끄는 것을 본뜻으로 삼고, 특히 국체관념을 명징하게 하여 황국신민으로서의 책무를 온전히 하는 데 필요한 사항에 유의하여 가르친다.

2. 교련 및 체육

교련, 체조, 수영, 무도, 기타 해군에 필요한 사항에 중점을 두고 정신교육과 연계하는 데 유의하며 황국정신을 닦는 데 힘쓴다.

교련에서는 각개 교련, 부대 교련을 주로 하고, 더불어 해상근무에 필요한 기능의 일부를 습득하게 한다.

제5조 보통학은 국어, 역사, 지리, 수학, 이과 등에 관한 사항에 대해 국민학교 고등과 정도

를 기준으로 하며, 해군병으로서 필요한 사항을 선택하여 이를 가르치고 특히 훈육과 연계하는 데 유의해야 한다.

제6조 훈련소의 훈련기간은 6개월로 한다. 다만 특별한 사유가 있을 때는 훈련소장이 조선총독의 인가를 받아 훈련기간을 변경할 수 있다.

제7조 훈련소 입소일은 매년 4월 1일과 10월 1일로 한다. 다만 특별한 사유가 있을 때는 훈련소장이 조선총독의 인가를 받아 입소일을 변경할 수 있다.

제8조 훈련소의 휴일은 1월 1일, 1927년 칙령 제25호에 따른 휴일로 정한 제일과 축일, 야스쿠니신사 정례제일, 해군 기념일, 조선총독부 시정 기념일 그리고 일요일로 한다.

훈련소장이 필요하다고 인정할 때는 전항의 휴일에 훈련을 할 수 있다.

훈련소장은 특별한 사유가 있을 때 조선총독의 승인을 받아 임시로 훈련을 하지 않을 수 있다.

제9조 1월 1일, 전조 제1항의 제일과 축일(신년 연회를 제외한다), 그리고 야스쿠니신사 정례제일에는 요배식(遙拜式)을, 동조 동항의 기념일에는 기념식을 거행해야 한다.

제10조 훈련생은 훈련소 내에서 숙박하도록 한다. 다만 특별한 사유가 있을 때는 훈련소장이 희망에 따라 외박을 허가할 수 있다.

제11조 훈련생에게는 학자금과 식비를 급여하며 피복을 대여한다.

제12조 훈련생으로서 입소를 명받은 자는 부형 또는 친족 중에서 본인의 신상에 관하여 일체의 사항을 인수하는 데 충분한 보증인을 정하여, 입소할 때 보증서(양식 제1호)와 서약서(양식 제2호)를 제출해야 한다.

제13조 훈련소장은 훈련생으로서 훈련소 규정을 위반하고 풍기를 어지럽히며, 기타 훈련생으로서의 본분을 저버린 자에 대해서는 징계를 가할 수 있다.

제14조 다음 각호의 하나에 해당하는 자는 훈련소장이 조선총독의 승인을 받아 퇴소시킨다.

1. 지조가 바르지 않거나 품행이 불량하거나 태만하여 훈련을 받아도 개전의 정이 없는 자
2. 성적이 불량하여 과정을 수료할 가망이 없는 자
3. 질병, 기타 신체 또는 정신 이상으로 해군병으로서의 군역을 할 수 없다고 인정

되는 자

4. 위의 각호에 열거한 자 외에 해군병으로 적합하지 않다고 인정되는 자

제15조 퇴소를 명받은 자에 대해서는 재소 중 지급받은 학자금과 식비를 상환하게 한다. 다만 정상을 참작하여 그 일부 또는 전부의 상환을 면제할 수 있다.

제16조 훈련생은 자기 편의대로 퇴소할 수 없다. 다만 훈련소장의 인가를 받은 때는 여기에 제한을 받지 않는다.

제17조 훈련소 과정을 수련한 자에게는 수료증서를 수여한다. 다만 필요하다고 인정한 자에 대해서는 차기 일정 기간 훈련상 그 성적을 고사하여 수료증서를 수여할 수 있다.

성적이 우수한 자에 대해서는 우량증서를 수여할 수 있다.

제18조 훈련생에게는 훈련수첩을 소지하도록 한다.

제19조 훈련소장은 조선총독의 인가를 받아 훈련에 필요한 세칙을 정할 수 있다.

부칙

본령은 발포한 날로부터 이를 시행한다.

자료 41

조선총독부해군지원자훈련소훈련생채용규칙	
구분	조선총독부령 제231호
법령명/건명	조선총독부해군지원자훈련소훈련생채용규칙 朝鮮總督府海軍志願者訓練所訓練生採用規則
제정·개정·결정·폐지 연월일	공포·시행 1943년 8월 1일(조선총독부관보 호외, 1943.8.1.)
구성	본문 8개 조항, 부칙
선행 규범·법령	해군특별지원병령(1943.7.28. 칙령 제608호) 조선총독부육군병지원자훈련소생도채용규칙(1938년 조선총독부령 제71호)
원문 일부	◉朝鮮總督府令第二百三十一號 朝鮮總督府海軍兵志願者訓練所訓練生採用規則左ノ通定ム 昭和十八年八月一日 朝鮮總督 小磯國昭 朝鮮總督府海軍兵志願者訓練所訓練生採用規則 第一條 朝鮮總督府海軍兵志願者訓練所訓練生ハ特別志願兵ニ採用セラルベキ年ノ十二月一日ニ於ケル年齢十六年以上二十一年未滿ノ男子ニシテ左ノ各號ニ該當シ本籍地又ハ寄留地所轄道知事ノ推薦シタルモノノ中ヨリ朝鮮總督府海軍兵志願者訓練所長(以下訓練所長ト稱ス)之ヲ選拔採用ス 一 身長一五一糎以上ニシテ別表ノ規格ニ達スル者 二 略國民學校初等科修了程度以上ノ學力アル者 三 品行方正、志操確實ニシテ身體强健且精神ニ異常ナキ者 四 入所及服役中一家ノ生計及家事ニ支障ナキ者 第二條 左ノ各號ノ一ニ該當スル者ハ之ヲ採用セズ 一 陸軍ノ豫備役及第一國民兵役ニ在ル者並ニ軍隊ニ於テ教育ヲ受ケタル第一補充兵 二 禁錮以上ノ刑ニ處セラレタル者又ハ刑法第百八十五條ノ罪ヲ犯シ刑ニ處セラレタル者 三 前號後段以外ノ罰金刑ニ處セラレタル者ト雖モ其ノ所犯特別志願兵トシテ不適當ト認ムル者 四 刑事被告人 五 破産者ニシテ復權ヲ得ザルモノ 六 親權ヲ行フ者又ハ後見人ニ於テ前號ノ事由アル者 第三條 入所志願者ハ願書(樣式第一號)ニ履歷書(樣式第二號)公醫又ハ官公立ノ病院若ハ醫院ノ醫師ノ作製セル身體檢査表(樣式第三號)及戶籍抄本ヲ添附シ本籍地所轄警察署長(朝鮮內ニ寄留スル者ニ在リテハ寄留地所轄警察署長)ニ提出スベシ 前項ニ規定スル戶籍抄本ニハ戶主、本人ノ直系尊屬、妻子及兄弟姉妹ニシテ現ニ其ノ戶籍ニ在ルモノヲ揭グルモノトス 第四條 入所志願者ハ本籍地又ハ寄留地所轄道知事ノ行フ銓衡試驗ヲ受クベシ 第五條 銓衡試驗ノ日時及場所ハ施行日ノ十日前迄ニ到達スル如ク道知事之ヲ志願者ニ通知スベシ 第六條 道知事ノ推薦シタル入所志願者ハ
주요 내용 및 특징	○ 조선인 해군특별지원병의 훈련소
법령 적용 범위	조선
관련 법령 통합·폐지 사항	
유사·파생 법령	

조선총독부령 제231호

1943년 8월 1일

조선총독부해군지원자훈련소훈련생채용규칙

제1조 조선총독부해군병지원자훈련소훈련생은 특별지원병으로 채용되는 해의 12월 1일의 연령이 16세 이상 20세 미만의 남자로서, 다음 각호에 해당하며 본적지 또는 기류지를 관할하는 도지사가 추전한 자 가운데 조선총독부해군병지원자훈련소장(이하 훈련소장이라 칭한다)이 이를 선발한다.

1. 신장 151센티미터 이상으로서 별표의 규격에 미치는 자
2. 대략 국민학교 초등과 수료 정도 이상의 학력인 자
3. 품행이 방정하고 지조가 확실하여 신체 강건하며 정신에 이상이 없는 자
4. 입소와 복역 중 일가의 생계와 가사에 지장이 없는 자

제2조 다음 각호의 하나에 해당하는 자는 채용하지 않는다.

1. 육군 예비역 및 제1국민병역에 있는 자 그리고 군대에서 교육을 받은 제1보충병
2. 금고 이상의 형벌에 처해진 자 또는 형법 제185조의 범죄를 저질러 형벌에 처해진 자
3. 위 호의 하단 이외에 벌금형에 처해진 자일지라도 그가 저지른 범죄가 특별히 지원병으로서 부적당하다고 인정되는 자
4. 형사피고인
5. 파산자로서 복권되지 못한 자
6. 친권을 행사하는 자 또는 후견인으로서 전호의 사유가 있는 자

제3조 입소지원자는 원서(양식 제1호)에 이력서(양식 제2호), 공의 또는 관공립 병원이나 의원의 의사가 작성한 신체검사표(양식 제3호), 호적초본을 첨부하여 본적지 관할 경찰서장(조선 내에 기류하는 자의 경우에는 기류지 관할 경찰서장)에게 제출해야 한다.

전항에 규정한 호적초본에는 호주, 본인의 직계존속, 처자 및 형제자매로서 현재 그

호적에 있는 자를 열거해야 한다.

제4조 입소지원자는 본적지 또는 기류지 관할 도지사가 실시하는 전형시험을 치러야 한다.

제5조 전형시험의 일시 및 장소는 시행일 10일 전까지 도착하도록 도지사가 지원자에게 통지해야 한다.

제6조 도지사가 추천한 입소지원자는 훈련소장이 실시하는 신체검사를 받아야 한다.

제7조 입소할 자가 결정된 때는 훈련소장이 그 내용과 입소일을 본인에게 통지해야 한다.

제8조 조선 밖에 거주하는 자의 채용에 관해서는 제1조 및 제6조 중에서 도지사의 추천에 관한 규정과 제3조부터 제5조까지의 규정을 따르지 않을 수 있다.

부칙

본령은 발포한 날로부터 이를 시행한다.

자료 42	
해군특별지원병령시행규칙	
구분	해군성령 제30호
법령명/건명	해군특별지원병령시행규칙 海軍特別志願兵令施行規則
제정·개정·결정·폐지 연월일	공포·시행 1943년 7월 28일 폐지 1946년 6월 15일(제2복원성령 제4호)
구성	본문 3장 20개 조항, 부칙
선행 규범·법령	해군특별지원병령(1943.7.28. 칙령 제608호)
원문 일부	
주요 내용 및 특징	○ 해군특별지원병의 징병 절차, 관할 해군부대와 구역, 도지사 등 관련 기관장과의 사무 관계 등에 관한 시행 규칙을 정함.
법령 적용 범위	조선, 대만
관련 법령 통합·폐지 사항	
유사·파생 법령	

⦿海軍省令第三十號
海軍特別志願兵令施行規則左ノ通定ム
昭和十八年七月二十八日 海軍大臣 嶋田繁太郎
海軍特別志願兵令施行規則
第一章 總則
第一條 本則ニ於テ令トハ海軍特別志願兵令ヲ謂フ
第二條 本則ニ於テ官公署長トハ朝鮮ニ在リテハ警察署長、臺灣ニ在リテハ郡守、警察署長又ハ支廳長ヲ謂フ
本則ニ於テ準用スル海軍志願兵令施行規則中市町村ニ關スル規定ハ朝鮮又ハ臺灣ニ在リテハ市町村ニ準ズベキモノニ、市町村長ニ關スル規定ハ特ニ定ムル場合ヲ除クノ外官公署長ニ付之ヲ準用ス
第三條 海軍志願兵令施行規則第四條乃至第八條ノ規定ハ特別志願兵ニ關シ之ヲ準用ス
第二章 服役
第四條 特別志願兵ノ服役ニ關シテハ本則中別段ノ規定アル場合ヲ除クノ外海軍志願兵令施行規則第二章(第十五條ノ二及第二十六條ヲ除ク)及第四章ノ規定ヲ準用ス但シ鎭守府トアルハ警備府、鎭守府司令長官トアルハ警備府司令長官トシ海軍志願兵令施行規則第二十條、第二十三條、第二十四條及第二十七條乃至第二十九條中市町村長トアルハ朝鮮ニ在リテハ府尹(京城府ニ在リテハ區長以下之ニ同ジ)又ハ邑面長トス此ノ場合ニ於テ府尹又ハ邑面長ヨリ海軍人事部長ニ提出スベキ書類又ハ海軍人事部長ヨリ府尹又ハ邑面長ニ送達スベキ書類ハ警察署長ヲ經由スルモノトス
第五條 在郷ノ兵ニシテ在籍警備府所管ノ海軍特別志願兵徵募區以外ノ地ニ旅行、滯在、寄留若ハ在留セントスル者又ハ船舶乘組ト爲ル者(船名、航路及船舶國籍證書ノ有無ヲ明記シ)ハ出發前本籍地ノ官公署長ヲ經テ在籍警備府ノ海軍人事部長ニ屆出ヅベシ
前項ノ規定ニ依リ屆出ヲ爲シタル者出發(乘船)豫定期日後十四日以內ニ出發(乘船)セザルトキ又ハ歸著(下船)シタルトキハ前項ノ規定ニ準ジ屆出ヲ爲スベシ
第一項ニ規定スル者內地ニ寄留シ又ハ朝鮮、臺灣、關東州、南洋群島、滿洲國、支那、香港若ハ澳門ニ在留(海軍召集規則第百三條ノ規定ニ該當スル場合ヲ謂フ)シタルトキハ寄留地又ハ在留地到著後十四日以內ニ寄留地ヲ管轄スル警察署長又ハ海軍召集規則ノ定ムル當該地域ノ官公署長ヲ經テ在籍警備府ノ海軍人事部長ニ屆出ヅベシ寄留地又ハ在留地ヲ變更シタルトキ亦同ジ
第三章 徵募
第六條 令第一條ノ規定ニ依リ特別志願兵ニ採用スベキ者ノ銓衡ハ現役兵又ハ第一補充兵トシテ兵籍ニ編入ノ日迄ニ朝鮮ニ在リテハ朝鮮總督府海軍兵志願者訓練所、臺灣ニ在リテハ臺灣總督府海軍兵志願者訓練所(以下之ヲ海軍兵志願者訓練所ト稱ス)ノ課程ヲ修了シ又ハ修了シ得ベキ見込ノ者ニ就キ之ヲ行フ
第七條 特別志願兵ノ徵募檢査ハ海軍志願者身體檢査規則ニ依ル身體檢査及所管警備府司令長官ノ定ムル國民學校初等科修了程度ノ學力試驗トス
第八條 海軍特別志願兵徵募區ハ左表ニ依ル

海軍特別志願兵徵募區	所管警備府	區域
朝鮮	鎭海警備府	朝鮮
臺灣	高雄警備府	臺灣

해군성령 제30호

1943년 7월 28일

해군특별지원병령시행규칙

제1장 총칙

제1조 본 시행규칙에서 영이란 해군특별지원병령을 가리킨다.

제2조 본 시행규칙에서 관공서장(官公署長)이란 조선의 경우에는 경찰서장, 대만의 경우에는 군수, 경찰서장 또는 지청장을 가리킨다.

본 시행규칙에서 준용하는 해군특별지원병령시행규칙 중 시정촌에 관한 규정은 조선이나 대만의 경우에 시정촌에 준하는 것에, 시정촌장에 관한 규정은 특별히 정한 경우를 제외하고 관공서장에 대하여 이를 준용한다.

제3조 특별지원병에 관해서는 해군지원병령시행규칙 제4조에서 제8조의 규정을 준용한다.

제2장 복역

제4조 특별지원병의 복역에 관해서는 본 시행규칙 중 별도의 규정에 있는 경우를 제외하고 해군지원병령시행규칙 제2장(제15조의 2와 제26조를 제외한다)과 제4장의 규정을 준용한다. 다만 진수부라고 한 것은 경비부로, 진수부사령장관이라고 한 것은 경비부사령장관으로 하며, 해군지원병령시행규칙 제20조, 제23조, 제24조 및 제27조에서 제29조 중에서 시정촌장이라고 한 것은 조선의 경우에 부윤(경성부의 경우에는 구장. 이하 마찬가지) 또는 읍·면장으로 한다. 이 경우에 부윤 또는 읍·면장이 해군인사부장에게 제출해야 할 서류나 해군인사부장이 부윤 또는 읍·면장에게 송달해야 할 서류는 경찰서장을 경유하는 것으로 한다.

제5조 재향군인으로서 재적경비부가 관할하는 해군특별지원병 징모구 이외의 지역으로 여행, 체류, 기류 또는 재류하려고 하는 자 또는 선박에 승조하는 자(선명, 항로 및 선박

국적증서의 유무를 명기한다)는 출발 전에 본적지의 관공서장을 경유하여 재적경비부의 해군인사부장에게 신고해야 한다.

전항의 규정에 따라 신고를 한 자가 출발(승선) 예정기일 후 14일 이내에 출발(승선)하지 않을 때나 귀착(하선)한 때는 전항의 규정에 준하여 신고를 해야 한다.

제1항에서 규정하는 자가 내지로 기류하거나 조선, 대만, 관동주, 남양군도, 만주국, 중국, 홍콩 또는 마카오에 재류(해군소집규칙 제103조의 규정에 해당하는 경우를 가리킨다)한 경우에는 기류지나 재류지 도착 후 14일 이내에 기류지를 관할하는 경찰서장이나 해군소집규칙에서 정한 해당 지역의 관공서장을 경유하여 재적경비부의 해군인사부장에게 신고해야 하며, 기류지나 재류지를 변경한 경우에도 역시 마찬가지이다.

제3장 징모

제6조 해군특별지원병령 제1조의 규정에 따라 특별지원병으로 채용할 자의 전형은 현역별 또는 제1보충병으로 하고, 병적에 편입한 날까지 조선의 경우에는 조선총독부 해군병지원자훈련소, 대만의 경우에는 대만총독부 해군병지원자훈련소(이하 이를 해군병지원자훈련소라 칭한다)의 과정을 수료하거나 수료할 예정인 자에 대해 실시한다.

제7조 특별지원병의 징모검사는 해군지원자신체검사규칙에 따라 신체검사와 소관 경비부사령장관이 정하는 국민학교 초등과 수료 정도의 학력시험으로 한다.

제8조 해군특별지원병 징모구는 다음 표에 따른다.

해군특별지원병징모구	소관 경비부	구역
조선	진해경비부	조선
대만	가오슝경비부	대만

제9조 경비부사령장관은 부하 장교 중에서 해군특별지원병징모관(이하 해군징모관이라 칭한다)을 임명하여 징모사무의 집행과 제7조에서 정한 징모검사합격자의 결정을 담임하게 한다.

경비부사령장관은 부하 군의과(軍醫科) 사관 중에서 해군특별지원징모군의관(이하 해군징모군의관이라 칭한다)을 임명하여, 해군징모관의 명령을 받아 제7조에서 정한 신체검사를 관장하며 체격등위 결정을 담임하게 한다.

제10조 특별지원병을 지원하는 자는 해군특별지원병지원서(양식 제1)를 본적지 관공서장에게 제출해야 한다. 다만 조선 내에서 본적지 이외 지역에 기류하는 자는 기류지의 관공서장에게 제출한다.

제11조 관공서장이 전조의 지원서를 받은 때는 해군병지원자훈련소 훈련생 채용예정자에게 신상조서(양식 제2)를 조제하여 본인이 호적초본(대만에서는 호구초본 또는 이에 준하는 것으로 한다. 이하 마찬가지)을 제출하도록 해야 하며, 이를 지원서에 첨부하여 도지사, 주지사 또는 청장에게 제출해야 한다.

전항에서 규정한 호적초본에는 호주와 본인의 직계존속, 처자 및 형제자매로서 현재 그 호적에 있는 자를 열거해야 한다. 다만 기재란에는 본인에 대한 내용만 적는다.

제12조 도지사, 주지사 또는 청장은 전조의 특별지원병지원자추천명부(양식 제3)를 조제하여, 이를 전조의 서류에 첨부하여 경비부사령장관에게 제출한다.

제13조 위 3개조의 서류 제출기일은 경비부사령장관이 정한다.

제14조 해군징모관 징모검사를 수료한 때는 징모 상황보고와 검사성적표를 작성하여 경비부사령장관에 송부하며, 경비부사령장관은 이에 의견을 붙여 해군대신에게 제출해야 한다.

제15조 관할 징모구의 검사를 수료한 때는 경비부사령장관이 해군인사부장, 해군징보관 및 해군징보군의관에게 지원자에 관한 체격, 학력, 품행, 기타에 관한 검사 및 조사사항을 심사하게 하여 해군특별지원병령 제17조의 규정에 따라 하달된 고지와 대조하여 채용자를 예정하도록 해야 한다.

제16조 경비부사령장관은 전조의 규정에 따른 채용예정자 중에서 채용자를 다시 선정하여 채용증서(양식 제4)를 도지사, 주지사 또는 청장에게 송부한다.

제17조 도지사, 주지사 또는 청장이 채용증서를 받은 때는 관공서장을 경유하여 이를 지원자에게 부여하며 또한 현역특별지원병에 채용된 자를 소정 기일까지 해병단에 도착하도록 해야 한다.

제18조 현역특별지원병에 채용된 자가 해병단에 도착한 때는 해군인사부장이 채용원의

점호를 실시하며, 해병단장은 군의과 사관에게 채용원의 신체검사를 실시하게 하여 합격자의 병종에 따라 이등병에 임명한다.

제19조 전조의 신체검사에서 현역에 적합하지 않다고 인정하는 자가 있을 때는 해병단장이 신체검사증을 첨부하여, 이를 경비부사령장관에게 보고해야 한다.

경비부사령장관은 전항의 보고를 심사하여 합당하다고 인정한 때는 그의 현역을 면제하고 이를 제1보충병역에 복무하도록 하거나 그의 채용을 취소하여 해병단장이 본인을 귀향시키고 그 취지를 도지사, 주지사 또는 청장에게 통지해야 한다.

도지사, 주지사 또는 청장이 전항의 통지를 받은 때는 이를 관계 관공서장에게 통지해야 한다.

제20조 본 시행규칙에서 정한 것을 제외하고 특별지원병의 징모에 관해 필요한 사항은 경비부사령장관이 이를 정한다.

부칙

본 시행규칙은 1943년 8월 1일부터 이를 시행한다.

이하 양식 생략.

자료 43

재학징집연기임시특례	
구분	칙령 제755호
법령명/건명	재학징집연기임시특례 在學徵集延期臨時特例
제정·개정·결정·폐지 연월일	공포·시행 1943년 10월 1일
구성	본문 1개 조항, 부칙
선행 규범·법령	병역법(1927년 법률 제47호)
원문 일부	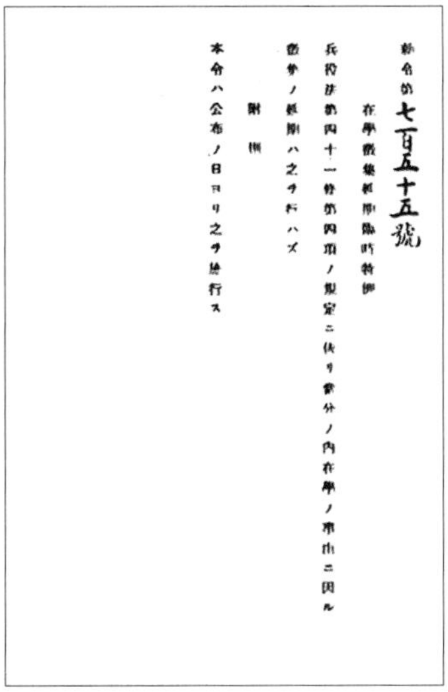 勅令第七百五十五號 在學徵集延期臨時特例 兵役法第四十一條第四項ノ規定ニ依リ當分ノ内在學ノ事由ニ因ル徵集ノ延期ハ之ヲ行ハズ 附則 本令ハ公布ノ日ヨリ之ヲ施行ス 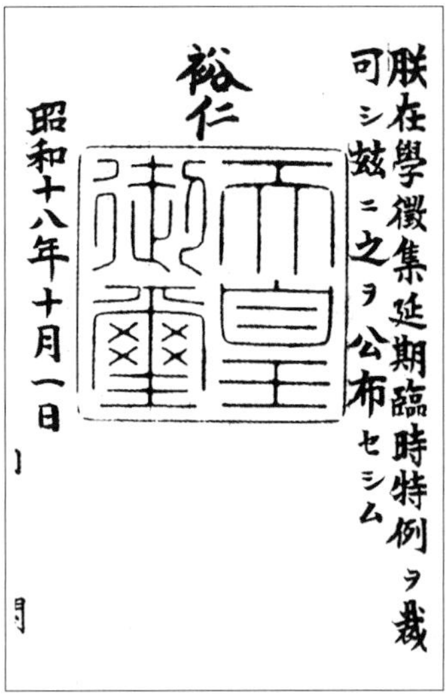 朕在學徵集延期臨時特例ヲ裁可シ茲ニ之ヲ公布セシム 裕仁 天皇御璽 昭和十八年十月一日
주요 내용 및 특징	○ 조선 등에서 학도지원병제도를 실시하기 위해 「병역법」의 징집연기 규정을 철폐함.
법령 적용 범위	조선, 대만
관련 법령 통합·폐지 사항	
유사·파생 법령	

칙령 제755호

1943년 10월 1일

재학징집연기임시특례

병역법 제41조 제4항의 규정에 따라 당분간 재학의 사유로 인한 징집의 연기는 이를 시행하지 않는다.

부칙

본령은 공포한 날로부터 이를 시행한다.

자료 44

1943년임시징병검사규칙	
구분	육군성령 제40호
법령명/건명	1943년임시징병검사규칙 昭和十八年臨時徵兵檢査規則
제정·개정·결정·폐지 연월일	공포·시행 1943년 10월 2일(일본관보 제5018호, 1943.10.2.)
구성	본문 14개 조항, 부칙
선행 규범·법령	병역법(1927년 법률 제47호) 1942년임시징병검사규칙(1942년 육군성령 제3호)

원문 일부

第二條、第三條及第四條中「外務大臣」ノ下ニ「又ハ大東亞大臣」ヲ加フ
第七條中「及第十七號」ヲ「、第十七號及第二十四號」ニ改ム
附 則
本令ハ公布ノ日ヨリ之ヲ施行ス

◎大藏省令第九十一號
日本銀行國庫金取扱規程中左ノ通改正ス
昭和十八年十月二日 大藏大臣 賀屋 興宣
第五十五條第一項但書中「定期預金ノ期限前拂戻ニ付テハ」ノ下ニ「大藏大臣ノ指定スルモノヲ除クノ外」ヲ加フ
附 則
本令ハ公布ノ日ヨリ之ヲ施行ス

◎陸軍省令第四十號
昭和十八年臨時徵兵檢査規則左ノ通定ム
昭和十八年十月二日 陸軍大臣 東條 英機
昭和十八年臨時徵兵檢査規則
第一條 兵役法第四十一條ノ規定ニ依リ徵集延期中ノ者ニシテ昭和十八年勅令第七百五十五號ノ規定ニ依リ徵集ヲ延期セザルニ至リタルモノ(本令施行前兵役法第四十一條ノ規定ニ依ル徵集延期ノ事由止ミタル者ヲ含ム)ニ關スル徵兵事務ハ兵役法施行規則第百三條、第百四十八條及第二百六條ノ規定ニ拘ラズ聯隊區徵兵署(朝鮮、臺灣、關東州及滿洲國ニ在リテハ兵事區徵兵署以下之ニ同ジ)ノ事務ハ昭和十八年十月二十五日ヨリ同年十一月五日迄ノ間ニ、徵集順序ノ決定及徵兵終決處分ハ昭和十八年十一月十五日迄ニ之ヲ行フモノトス
前項ノ規定ニ依リ行フ徵兵檢査ハ之ヲ昭和十八年臨時徵兵檢査ト稱ス
第二條 朝鮮、臺灣、關東州及滿洲國ニ在留スル者ニシテ昭和十八年臨時徵兵檢査ヲ受クベキモノハ兵役法施行規則第百六十四條ノ三ニ規定スル在留地徵兵檢査受檢願ヲ昭和十八年十月十日迄ニ到著スル如ク市町村長該當者ニ差出スベシ
第三條 市町村長ハ兵役法施行規則第三百二十五條ノ規定ニ依ル法第四十一條徵集延期者名簿ニ基キ壯丁人員表(兵役法施行規則第七十八條ノ樣式ニ依ル)ヲ作リ町村長ニ在リテハ昭和十八年十月十日迄ニ到著スル如ク地方事務所長又ハ支廳長ニ、市長ニ在リテハ昭和十八年十月十三日迄ニ到著スル如ク聯隊區司令官ニ之ヲ差出スベシ
町村長該當者ハ在留地徵兵檢査受檢願ヲ受ケタルトキハ之ヲ取纏メ昭和十八年十月十五日迄ニ到著スル如ク兵事官ニ差出スベシ
第四條 地方事務所長又ハ支廳長ハ前條第一項ノ規定ニ依リ町村長ノ差出シタル書類ヲ受ケタルトキハ兵役法施行規則第七十九條ノ例ニ依リ壯丁人員表ヲ作リ昭和十八年十月十三日迄ニ到著スル如ク聯隊區司令官ニ之ヲ送付スベシ
兵事官ハ前條第二項ノ規定ニ依リ町村長該當者ノ差出シタル書類ヲ受ケタルトキハ兵役法施行規則第百六十四條ノ四ノ例ニ依リ壯丁人員表ヲ作リ昭和十八年十月二十日迄ニ到著スル如ク陸軍兵事部長ニ之ヲ送付スルト共ニ受檢者ノ本籍、氏名其ノ他必要ナル事項ヲ速ニ本人本籍地ノ地方事務所長、支廳長又ハ市長ニ通知スベシ
第五條 兵役法施行規則第八十條、第八十一條、第八十二條ノ二、第百六十四條ノ五及第百六十四條ノ七ノ規定ニ依ル手續ハ之ヲ省略ス

주요 내용 및 특징	○ 조선 등에서 학도지원병제도를 실시하기 위해 그동안 징병이 유예되었던 학생들을 대상으로 전격 징병검사를 실시함.
법령 적용 범위	조선, 대만
관련 법령 통합·폐지 사항	
유사·파생 법령	

육군성령 제40호

1943년 10월 2일

1943년임시징병검사규칙

제1조 병역법 제41조의 규정에 따라 징집연기 중인 자로서 1943년 칙령 제755호의 규정에 따라 징집이 연기된 자(본령의 시행 전 병역법 제41조의 규정에 따라 징집연기 사유가 중지된 자를 포함한다)에 관한 징병사무는 병역법시행규칙 제103조, 제148조 및 제206조의 규정에 구애됨이 없이, 연대구징병서(조선, 대만, 관동주 및 만주국의 경우 병사구징병서. 이하 마찬가지)의 사무는 1943년 10월 25일부터 동년 11월 5일까지, 징집순서의 결정 및 징병종결처분은 1943년 11월 15일까지 실시하는 것으로 한다.

전항의 규정에 따라 실시하는 징병검사는 1943년임시징병검사라 칭한다.

제2조 조선, 대만, 관동주 및 만주국에 재류하는 자로서 1943년임시징병검사를 받아야 할 자는 병역법시행규칙 제164조의 3에 규정된 재류지징병검사수검신고를 1943년 10월 10일까지 도착하도록 시정촌장에 해당하는 자에게 제출해야 한다.

제3조 시정촌장은 병역법시행규칙 제325조의 규정에 따라 병역법 제41조의 징집연기자명부에 근거하여 장정인원표(병역법시행규칙 제78조의 양식에 따른다)를 작성하여, 정촌장의 경우에는 1943년 10월 10일까지 도착하도록 지방사무소장 또는 지청장에게, 시장의 경우에는 1943년 10월 15일까지 도착하도록 연대구사령관에게 이를 제출해야 한다.

제4조 지방사무소장 또는 지청장이 전조 제1항의 규정에 따른 정촌장이 제출한 서류를 받은 때는 병역법시행규칙 제79조의 예에 따라 장정인원표를 작성하여, 1943년 10월 13일까지 도착하도록 연대구사령관에게 송부해야 한다.

병사관이 전조 제2항의 규정에 따라 정촌장에 해당하는 자가 제출한 서류를 받은 때는 병역법시행규칙 제164조의 4의 예에 따라 장정인원표를 작성하여, 1943년 10월 20일까지 도착하도록 육군병사부장에게 송부하는 동시에 수검자의 본적, 씨명, 기타 필요한 사항을 신속하게 본인의 본적지 지방사무소장, 지청장 또는 시장에게 통지해야 한다.

제5조 병역법시행규칙 제80조, 제81조, 제82조의 2, 제164조의 5 및 제164조의 7의 규정에 따른 수속은 생략한다.

제6조 지방사무소장, 지청장 또는 시장은 제4조 제2항의 규정에 따른 통지를 기다리지 말고 1943년 10월 24일까지 도착하도록 장정명부 및 장정명부부표를 병사관에게 송부해야 한다.

제7조 장정연명부(병역법시행규칙 제85조의 양식에 따르는 것으로 하고 직업란에는 가급적 전공과목을 같이 기재한다)의 조제 및 송부에 관해서는 제1조에서 규정한 기일을 기준으로 하며, 연대구사령관 또는 육군병사부장이 이를 정한다.

제8조 연대구징병서 개설 일정 및 장소의 결정 그리고 이의 통지 및 보고는 제1조에서 규정한 기일을 기준으로 하며, 징병법시행규칙 제105조 및 제106조의 예에 따라 해야 한다. 다만 징병서 개설 일정표가 육군대신에게 도착해야 하는 기일은 1943년 10월 20일까지이다.

제9조 연대구징병서는 징병법시행규칙 제104조의 규정에 구애됨이 없이 신체검사를 받을 인원수와 기타 지방의 상황에 따라 적절하게 설치할 수 있다.

제10조 1943년임시징병검사를 받아야 할 자로서 재류지신체검사를 받고자 하는 자는 징병법시행규칙 제182조에서 규정한 재류지신체검사원서를 1943년 10월 20일까지 도착하도록 제출해야 한다.

제11조 병역법시행규칙 제166조 제1항의 규정은 기류지가 본인의 본적지 연대구 관내에 있을 경우에 한하여 적용한다.

제12조 1943년임시징병검사를 받고 현역병으로 결정된 자의 호적초본과 신상명세서의 송부기일은 시정촌장의 경우 가급적 1943년 11월 25일까지, 연대구사령관의 경우에는 가급적 1943년 12월 1일까지로 한다.

제13조 연대구사령관이 입영부대의 장에게 현역병장정명부를 송부해야 할 기일은 1943년 11월 30일까지로 한다.

제14조 정당한 사유 없이 제2조에서 규정한 재류지징병검사수검신고를 하지 않은 자는 100엔 이하의 벌금 또는 과태료에 처한다.

부칙

본령은 공포한 날로부터 이를 시행한다.

자료 45

육군특별지원병임시채용규칙	
구분	육군성령 제48호
법령명/건명	육군특별지원병령임시채용규칙 陸軍特別志願兵臨時採用規則
제정·개정·결정·폐지 연월일	공포 1943년 10월 20일
구성	본문 8개 조항, 부칙
선행 규범·법령	육군특별지원병령(1938년 칙령 제95호)
원문 일부	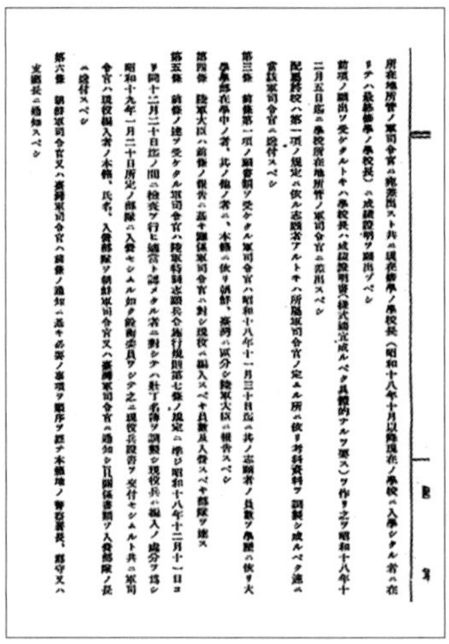 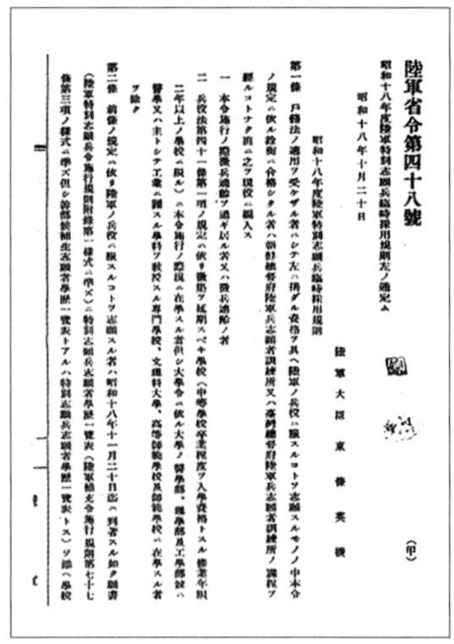 陸軍省令第四十八號 昭和十八年度陸軍特別志願兵臨時採用規則左ノ通定ム 昭和十八年十月二十日 陸軍大臣 東條英機 昭和十八年度陸軍特別志願兵臨時採用規則
주요 내용 및 특징	○ 조선 등에서 학도지원병제도의 실시를 지시함. ○ 조선과 대만의 중등학교 이상의 학생 중 지원자에 대해 육군지원자훈련소를 거치지 않고 곧바로 육군특별지원병으로 편입할 수 있게 지시함.
법령 적용 범위	조선, 대만
관련 법령 통합·폐지 사항	
유사·파생 법령	

육군성령 제18호

1943년 10월 20일

육군특별지원병임시채용규칙

제1조 호적법의 적용을 받지 않는 자로서 다음에 열거하는 자격을 갖추고 육군 병역에 복무하기를 지원한 자 가운데 본령의 규정에 따라 전형에 합격한 자는 조선총독부육군지원자훈련소 또는 대만총독부육군병지원자훈련소의 과정을 거치지 않고 곧바로 현역에 편입한다.

1. 본령 시행 시 징병적령을 넘긴 자 또는 징병적령인 자
2. 병역법 제41조 제1항의 규정에 따라 징집을 연기한 학교(중등학교 졸업 정도를 입학자격으로 하는 수업연한 2년 이상의 학교에 한정한다)에 본령 시행 현재 재학하는 자. 다만 대학령에 따라 대학의 의학부(醫學部), 이학부(理學部) 및 공학부(工學部) 그리고 의학 또는 주로 공학에 관한 학과를 교수하는 전문학교, 문리과대학, 고등사업학교 및 사범학교에 재학하는 자는 제외한다.

제2조 전조의 규정에 따라 육군의 병역에 복무하기를 지원한 자는 1943년 11월 20일까지 도착하도록 원서(육군특별지원병령시행규칙 부록 제1양식에 준한다)에 특별지원병지원자학력일람표(육군보충령시행규칙 제77조 제3항의 양식에 준한다. 다만 간부후보생지원자학력일람표이라고 된 것을 특별지원병지원자학력일람표라 한다)를 첨부하여 학교 소재지를 관할하는 군사령관 앞으로 제출하는 동시에, 현재 수학하는 학교장(1943년 10월 이후 현재 학교에 입학한 자의 경우에는 최종 수학한 학교장)에게 성적증명발급을 출원해야 한다.

전항의 출원을 받은 때에 학교장은 성적증명서(양식이 적절하고 구체적이어야 한다)를 만들어, 이를 1943년 2월 5일까지 학교 소재지를 관할하는 군사령관에게 제출해야 한다.

배속장교는 제1항의 규정에 따른 지원자가 있을 때는 소속 군사령관이 정하는 바에 따라 고과(考科)자료를 조제하여 가급적 빨리 해당 군사령관에게 송부해야 한다.

제3조 전조 제1항의 원서류를 받은 군사령관은 1943년 11월 30일까지 지원자의 인원수를

학력에 따라 대학 학부 재학 중인 자, 기타의 자, 본적에 따라 조선, 대만으로 구분하여 육군대신에게 보고해야 한다.

제4조 육군대신은 전조의 보고에 근거하여 관계 군사령관에게 현역으로 편입할 인원수와 입영할 부대를 통달한다.

제5조 전조의 통달을 받은 군사령관은 육군특별지원병령시행규칙 제7조의 규정에 준하여 1943년 12월 11일부터 같은 해 12월 22일까지 기간에 검사를 실시하고 적당하다고 인정한 자에 대해서는 장정명부를 조제하여 현역 편입 처분을 하여 1944년 1월 20일 소정의 부대로 입영하도록 전형위원이 당사자에게 현역병증서를 교부한다. 동시에 군사령관은 현역편입자의 본적, 씨명, 입영부대를 조선군사령관 또는 대만사령관에게 통지하고 관련 서류를 입영부대장에게 송부해야 한다.

제6조 조선군사령관 또는 대만군사령관은 전조의 통지에 근거하여 필요한 사항을 순서대로 본적지의 경찰서장, 군수 또는 지청장에게 통지해야 한다.

제7조 경찰서장, 군수 또는 지청장이 전조의 통지를 받은 때는 육군특별지원병령시행규칙 제6조 제1항의 규정에 준하여 신상명세서, 호적초본 또는 호구초본 등을 조제하여, 이를 도지사, 주지사 또는 청장을 경유하여 1944년 2월 20일까지 조선군사령관 또는 대만군사령관에게 제출한다.

제8조 조선군사령관 또는 대만군사령관은 전조의 서류를 1944년 2월말까지 도착하도록 입영부대를 관할하는 군사령관에게 송부해야 한다.

입영부대를 관할하는 군사령관은 이를 입영부대장에게 송부해야 한다.

제9조 제5조에서 규정한 군사령관은 본령의 규정에 따라 현역으로 편입한 자의 전형 상황을 1944년 2월 1일까지 도착하도록 육군대신에게 보고해야 한다.

부칙

본령은 공포한 날로부터 이를 시행한다.

자료 46

병역법 중 개정	
구분	법률 제110호
법령명/건명	병역법 중 개정 兵役法中改正
제정·개정·결정·폐지 연월일	공포 1943년 10월 30일 시행 1943년 10월 30일
구성	본문 8개 조항, 부칙
선행 규범·법령	병역법(1927년 법률 제47호)
원문 일부	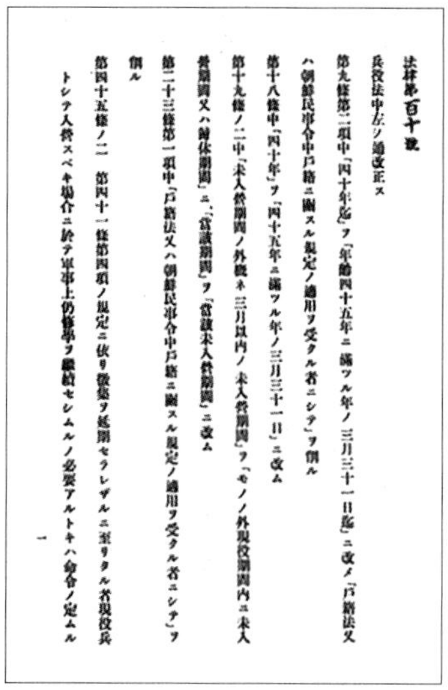 法律第百十號 兵役法中左ノ通改正ス 第九條第二項中「四十年迄」ヲ「年齡四十五年ニ滿ツル年ノ三月三十一日迄」ニ改メ「戶籍法又ハ朝鮮民事令中戶籍ニ關スル規定ノ適用ヲ受クル者ニシテ」ヲ削ル 第十八條中「四十年」ヲ「四十五年ニ滿ツル年ノ三月三十一日」ニ改ム 第十九條ノ二中「未入營期間ノ外概ネ三月以內ノ未入營期間」ヲ「其ノ外現役期間內ニ未入營期間又ハ歸休期間」ニ、「當該期間」ヲ「當該未入營期間」ニ改ム 第二十三條第一項中「戶籍法又ハ朝鮮民事令中戶籍ニ關スル規定ノ適用ヲ受クル者ニシテ」ヲ削ル 第四十五條ノ二 第四十一條第四項ノ規定ニ依リ徵集ヲ延期セラレザルニ至リタル者現役兵トシテ入營スベキ場合ニ於テ軍事上修學ヲ繼續セシムルノ必要アルトキハ命令ノ定ムル 一 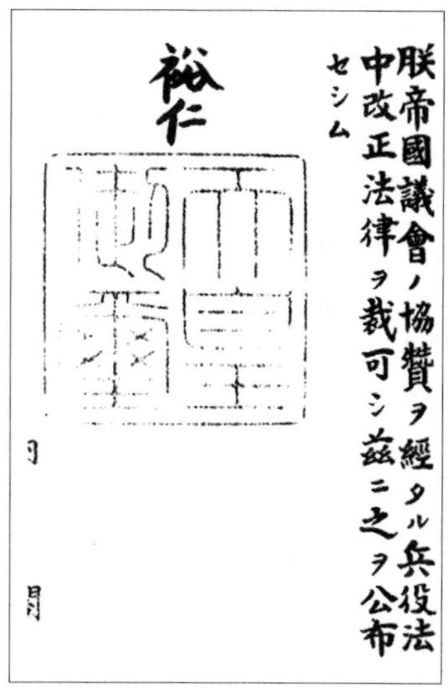 朕帝國議會ノ協贊ヲ經タル兵役法中改正法律ヲ裁可シ茲ニ之ヲ公布セシム 裕仁
주요 내용 및 특징	○ 조선인을 포함하여 병역(국민병역 포함) 대상 연령을 45세로 연장함. ○ 고등·전문학교 이상 재학 중인 법문계 학생에 대한 징집유예 제도를 폐지하여 학도지원병 지원(징집)을 유도함.
법령 적용 범위	조선을 포함한 제국 전역
관련 법령 통합·폐지 사항	
유사·파생 법령	

법률 제110호

1943년 10월 30일

병역법 중 개정

제9조 제2항 중에서 '40세까지'를 '연령이 45세에 달한 해의 3월 31일까지'로 개정하고 '호적법 또는 조선민사령 중에서 호적에 관한 규정의 적용을 받는 자로서'를 삭제한다.

제18조 중에서 '40세'를 '45세에 달한 해의 3월 31일'로 개정한다.

제19조 2에서 '미(未) 입영 기간 외에 약 3개월 이내의 미 입영 기간'을 '자(者) 외에 현역 기간 내에 미 입영 기간 또는 귀휴기간'으로, '해당 기간'을 '해당 미 입영 기간'으로 개정한다.

제23조 제1항 중에서 '호적법 또는 조선민사령 중에서 호적에 관한 규정을 적용받는 자로서'를 삭제한다.

제45조 2 제41조 제4항의 규정에 따라 징집을 연기할 수 없게 된 자가 현역병으로 입영할 경우에 군사상 수학(修學)을 계속할 필요가 있을 때는 명령이 정한 바에 따라 그자의 입영을 연기할 수 있다. 이 경우에는 해당 기간에 상당하는 기간의 현역 기간을 연장한다.

전항의 규정에 따라 연장된 기간은 다음에 복무할 병역 기간에 합산한다.

제52조 삭제

제53조 제1항 중에서 '징병검사를 받을 자'의 아래에 '또는 징병적령을 넘기고 제국의 국적을 취득하거나 회복한 자'를 추가한다.

제53조 2에 다음의 1호를 추가한다.

3. 호적법 및 조선민사령 중 호적에 관한 규정의 적용을 받지 않는 자

부칙

본 법률은 공포한 날로부터 이를 시행한다. 다만 제9조 제2항의 개정 규정 중 호적법 또는 조선민사령 중 호적에 관한 규정의 적용을 받는 자에 관한 부분, 제23조 제1항 및 제53조의 2의 개정 규정, 제52조의 개정 규정 중 동조 제1항의 삭제에 관한 부분 그리고 부칙 제6항 및 제7항의 규정의 시행 기일은 칙령으로 이를 정한다.

본 법률(전항의 단서에 열거한 규정 제외)의 시행 전 병역을 마친 자로서 1938년에 연령이 45세에 달하지 않은 자가 병역을 마친 현역병, 예비역, 보충병역 또는 제1국민병역에 있는 자(보충병역에 있는 경우는 군대에서 교육을 받은 자로 한정한다)일 때는 연령이 45세에 달하는 해의 3월 31일까지 제1국민병역에 복무하도록 한다.

제9조 제2항의 개정 규정 중에서 호적법 또는 조선민사령 중 호적에 관한 규정의 적용을 받는 자에 관한 부분과 제23조 제1항의 개정 규정을 시행할 때 징병적령을 넘긴 자와 징병적령인 자로서 현재 제53조 2의 제3호의 규정에 해당하는 자 또는 이들 규정을 시행한 후 동호(同號)의 규정에 해당하게 된 자(제3조의 규정에 해당하는 자를 제외)에게는 이를 적용하지 않는다.

전항의 규정에 해당하는 자에 대해서는 제52조의 개정 규정에 구애됨이 없이 종전의 예에 따른다.

당분간 제53조 2의 규정 외에 제26조, 제27조 또는 제29조의 규정에 대해 또는 제33조 제1항의 규정에 대해 칙령으로 따로 정할 수 있다.

전항의 규정을 시행할 때 징병적령을 넘긴 자와 징병적령인 자로서 현재 호적법 또는 조선민사령 중 호적에 관한 규정의 적용을 받는 자 또는 동항의 규정 시행 후 적용을 받게 된 자에 대해서는 종전의 예에 따른다.

자료 47

긴급선원동원강화요강	
구분	각의결정
법령명/건명	긴급선원동원강화요강 緊急船員動員强化要綱
제정·개정·결정·폐지 연월일	1944년 3월 10일
구성	
선행 규범·법령	긴급국민근로동원방책요강(1944년 각의결정) 선원징용령(1940년 칙령 제687호)
원문 일부	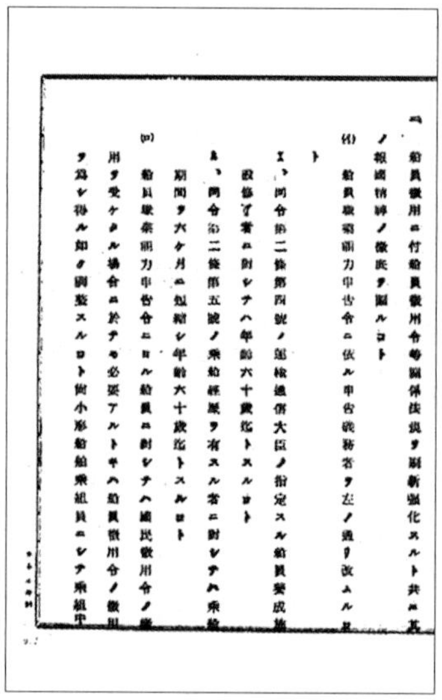 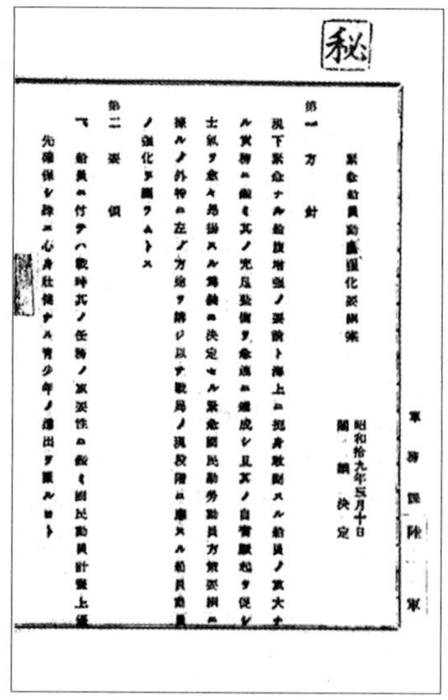
주요 내용 및 특징	○ 부족한 선박과 선원의 충원을 위해 긴급하게 「선원징용령」의 강화 등을 지시함. ○ 징용할 수 있는 선원의 범위와 연령을 확대하도록 지시함. ○ 국민학교 이상의 청소년에게 선원이 될 것을 장려하고, 선원의 모집과 양성, 처우, 후생 등에 특별한 조치를 취할 것 등을 지시함.
법령 적용 범위	조선을 포함한 제국 전역
관련 법령 통합·폐지 사항	
유사·파생 법령	선원동원령(1945년 칙령 제22호)

각의결정

1944년 3월 10일

긴급선원동원강화요강

제1 방침

현재 선박의 증강 요청이 긴박하고 바다에 몸을 던져 분투할 선원이 중대하다는 책무에 비추어 볼 때 이것의 충원과 정비 달성이 시급하며, 또한 선원의 분투와 궐기를 촉진시켜 사기를 더욱 앙양시키기 위해 앞서 결정한 긴급국민근로동원방책요강에 따르는 것 이외에 다음의 방도를 강구함으로써 현 단계의 전세에 맞춰 선원동원강화를 도모하고자 한다.

제2 요령

1. 선원에 대해서는 전시 임무의 중요성을 고려하여 국민동원계획상 우선적으로 확보하고, 특히 심신이 건강한 청소년의 진출을 도모할 것.
2. 선원징용에 대해서는 선원징용령 등 관련 법규를 쇄신 강화하는 동시에 선원의 보국정신을 철저를 도모할 것.
   1) 선원직업능력신고령에 따른 신고의무자를 다음과 같이 개정할 것.
      (1) 동령 제2조 제4호의 운수통신대신이 지정하는 선원양성시설 수료자에 대해서는 연령을 60세 미만으로 할 것.
      (2) 동령 제2조 제5호의 승선 경력을 가진 자에 대해서는 승선 기간을 6개월로 단축하고 연령을 60세 미만으로 할 것.
   2) 선원직업능력신고령에 따른 선원에 대해서는 국민징용령의 징용을 받은 경우에도 필요하면 선원징용령의 징용을 할 수 있도록 조정할 것. 또한 소형선박승조원으로서 승선 중인 자의 징용에 대해서는 선원법의 선원에 준할 것.
   3) 선원징용의 명예와 책무를 분명하게 밝히는 동시에 신상필벌을 장려할 것.

3. 선원을 급속하게 대량 양성하는 동시에 가급적 기능과 소질을 향상시키기 위해 각종 교육시설의 정비와 확충을 도모할 것.

1) 고등상선학교(高等商船學校)의 모든 과정 수료 연한을 단축하는 동시에 2~3개교를 통합하여 1개교로 할 것.

2) 기존에 설립된 단기고등해원양성소(短期高等海員養成所)의 내용을 충실하게 하는 동시에 도쿄, 고베의 두 고등상선학교 시설을 이용하여 채용인원을 최대한으로 증가시킬 것.

3) 재학기간 중 해상연습을 강화하고, 현재 취학 중인 각종 학교, 양성소 생도의 수업연한을 최대한 단축할 것.

4) 소형선박 직원을 급속하게 대량 양성하기 위해 국고보조금을 강화할 것.

5) 각종 선박 직원의 면허 보유자격을 완화할 것.

6) 기존 선원의 지도기관을 정비·확충하는 동시에 각종 해원양성소에 대한 국고보조를 강화할 것.

7) 단기고등해원양성소 및 상선학교 출신자 등의 재교육기관을 설치하고 그 과정을 수료한 자는 고등상선학교 출신자와 동등한 자격으로 할 것.

8) 선박운항과 기타 해운 일반에 관한 최고 교육기관을 설치하고 우수한 해무(海務)지도자를 양성하여 제국해운의 비약적인 발전에 기여하게 할 것.

9) 위 각호의 교육시설 확장과 유지에 필요한 자재, 인원 및 학생생도의 의료와 교재 등은 특별히 우선적으로 확보할 것.

4. 보통선원(普通船員)을 확보하기 위해 모집을 강력하게 수행하는 동시에 필요한 경우에는 외지와 만주, 화태 및 남방의 현주민으로 보충할 수 있는 조치를 강구할 것.

1) 선박운영회 등의 모집기관을 정비·강화하고 지방청, 특히 국민근로동원서의 통제하에 모집활동에 협력하게 할 것.

2) 선원 모집에 지방해운국의 협력을 강화할 것.

3) 국민학교 아동의 해상 진출에 관하여 초등학교의 이해와 협력을 적극 강화하는 조치를 도모할 것.

비고

어선의 선원을 선원으로 우선 충당하기 위해 취해야 할 조치에 대해서는 별도로 정할 것.

5. 선원의 충원과 배치를 원활하고 적정하게 하는 동시에 선원지도통제를 위한 선원관리를 강화할 것.
   1) 예비선원의 관리를 강화하기 위해 공동예비선원제도를 설치할 것. 그리고 이에 필요한 국비는 현행 사용되는 경비를 감안하여 국고보조와 기타 특별조치를 강구할 것.
   2) 전시해운관리령 또는 선원징용령의 징용을 받지 않은 선원에 대해서도 이들에 대한 관리를 강화하기 위해 필요한 조치를 강구할 것.
   3) 지방해운국의 선원관리기능을 정비·강화할 것.
6. 선원의 사기를 앙양하고 이들의 근무능률을 증진시키기 위한 연성의 강화와 처우를 개선하는 동시에 선원 원호(援護)의 철저를 기할 것.
   1) 선원의 복장을 급속하게 정비할 것.
   2) 선원의 필수물자는 특별히 우선하여 확보하고, 이것의 증량과 더불어 원활히 배급되도록 고려할 것.
   3) 조난선원의 피복과 기타 필수품의 배급 그리고 원호에 관하여 만전의 조치를 강구할 것.
   4) 선원의 급여, 연금 등에 대하여 다시 임시로 조치하는 것을 검토하고 적절히 개선할 것.
   5) 선원의 연성과 숙박 및 원호시설을 확충·정비하고 이에 대한 국고보조를 강화할 것.

자료 48

육군징용규칙	
구분	육달(陸達) 제20호
법령명/건명	육군징용규칙 陸軍徵用規則
제정·개정·결정·폐지 연월일	공포·시행 1944년 3월 23일
구성	본문 13개 조항, 부칙
선행 규범·법령	육군징용규칙(육령 제47호, 1941.6.30.)
원문 일부	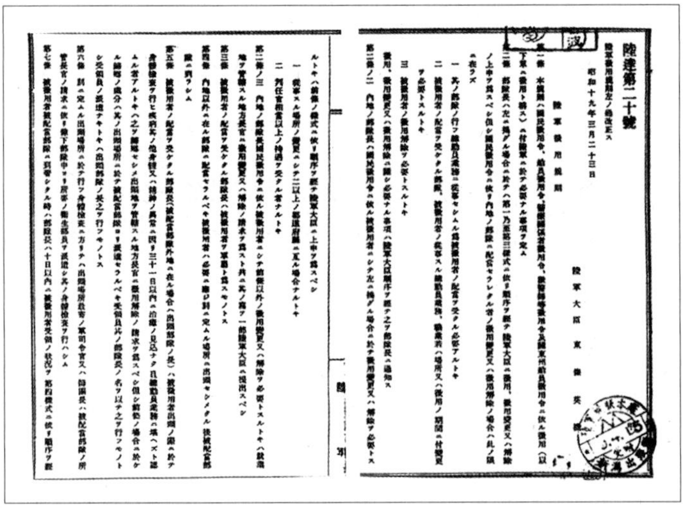 陸達第二十號
주요 내용 및 특징	○ 기존의 「육군징용규칙」(육령 제47호, 1941.6.30.)을 폐지하고 새로운 내용으로 개정함. ○ 「국민징용령」, 「선원징용령」, 「의료관계자징용령」, 「수의사등징용령」 및 「관동주선원징용령」에 의해 징용된 자를 부대장이 군속으로 취급할 것을 명령함. ○ 군속 징용자의 배당, 신고, 징용변경, 징용해제 등에 관한 절차를 정함.
법령 적용 범위	조선을 포함한 제국 전역
관련 법령 통합·폐지 사항	육군징용규칙(육령 제47호, 1941.6.30.)
유사·파생 법령	육군징용규칙(육달 제71호, 1944.10.31.)

육달 第20호

1944년 3월 23일

육군징용규칙

제1조 본 규칙은 국민징용령, 선원징용령, 의료관계자징용령, 수의사등징용령(獸醫師等徵用令) 및 관동주선원징용령(關東州船員徵用令)에 의한 징용(이하 간단하게 징용이라 칭한다)에 대해 육군에서 필요한 사항을 정한 것이다.

제2조 다음에 열거하는 경우에 부대장은 제1~3양식에 따라 순서대로 육군대신에게 징용, 징용변경 또는 해제의 상신(上申)을 해야 한다. 다만 국민징용령에 따라 내지의 부대에 배당된 자의 징용변경 또는 징용해제의 경우에는 여기에 제한을 받지 않는다.

1. 그 부대가 행사하는 총동원 업무에 종사시키기 위해 피징용자의 배당을 받을 필요가 있을 때
2. 피징용자의 배당을 받은 부대, 피징용자가 종사하는 총동원 업무, 직업 또는 장소나 징용의 기간에 대해 변경할 필요가 있을 때
3. 피징용자의 징용해제가 필요할 때

징용, 징용변경 또는 징용해제에 관하여 필요한 사항은 육군대신이 순서를 거쳐 이를 부대장에게 통지한다.

제2조 2 국민징용령에 따른 피징용자로서 다음에 열거하는 경우에 징용변경 또는 징용해제가 필요한 때는 내지의 부대장이 전조의 양식에 따라 순서를 거쳐 육군대신에게 상신해야 한다.

1. 종사하는 장소의 변경으로서 2개 이상의 도·도·부·현에 걸친 경우일 때
2. 판임관 상당 이상의 대우를 받는 자일 때

제2조 3 국민징용령에 따른 피징용자로서 전조 이외의 징용변경 또는 해제가 필요한 때는 내지의 부대장이 취업지를 관할하는 지방장관에게 징용변경 또는 해제의 청구를 하는 동시에 그 사본을 육군대신에게 한 부 제출해야 한다.

제3조 피징용자의 배당을 받은 부대장은 피징용자를 군속으로 취급한다.

제4조 내지 밖에 있는 부대에 배당될 피징용자는 필요에 따라 별도로 정한 장소에 출두한 후 배당 부대로 도착해야 한다.

제5조 피징용자를 배당받은 부대장(배당받는 부대가 외지에 있는 경우에는 출두하는 부대의 장)은 피징용자가 출두할 때 신체검사를 실시하여 질병과 기타 신체나 정신의 이상에 따라 31일 이내에 치료의 가망이 없을 때 그리고 총동원 업무를 감당할 수 없다고 인정되는 자가 있을 때는 이를 귀향시키고 출두 지역을 관할하는 지방장관에게 징용해제를 청구해야 한다. 다만 전조의 경우 배당받은 부대에서 파견된 수령원(受領員)이 그 부대장의 이름으로 출두 장소에서 귀향 처분을 하는 것으로 하며, 수령원이 파견되지 않은 경우에는 출두부대장이 귀향 처분을 하는 것으로 한다.

제6조 별도로 정한 출두 장소에서 행사하는 신체검사는 배당부대를 소관하는 장관의 청구에 따라 출두 장소에서 가장 가까운 군사령관이나 사단장이 예하 부대 중에서 필요한 위생부원을 파견하여 신체검사를 실시하게 한다.

제7조 피징용자가 배당부대에 도착한 때는 부대장이 10일 이내에 피징용자의 수령 상황을 제4양식에 따라 순서를 거쳐 육군대신에게 보고해야 한다. 배당부대가 외지에 있는 경우에는 출두부대장이 전항에 준하여 보고해야 한다.

제8조 부대장이 지방장관 또는 후생대신, 운수체신대신 또는 농상대신으로부터 징용변경령서 또는 징용해제령서의 송달을 받은 때는 이를 신속하게 본인에게 교부해야 한다.

제9조 동원관리관은 군동원계획에서 징발 또는 고용예정자가 있을 때는 그 씨명, 본적지, 거주지, 직업, 기타 필요한 사항을 그의 거주지를 관할하는 지방장관(조선, 대만 또는 화태에서는 각 도지사, 주지사나 청장 또는 화태청장관으로 한다)에게 보고하며 또한 그 사본 2통을 신속하게 육군대신에게 제출해야 한다. 다만 선원에 대해서는 운수체신대신(조선, 대만, 화태 또는 관동주에서는 각각 조선총독, 대만총독, 화태청장관 또는 만주국주차특별전권대신)에게 통보하는 것으로 한다.

제10조 육군대신이 관리하는 공장 또는 사업장(이하 간단하게 관리공장이라 칭한다)의 사업주로서 국민징용령 제6조의 규정에 따른 징용을 신청하고자 하는 자가 있을 때는 부대

장이 신청서에 다음의 서류를 첨부하여 순서를 거쳐 육군대신에게 보고해야 한다. 다만 최초 신청을 하고자 하는 경우를 제외한 나머지는 제2호 이하의 서류에서 이전의 보고와 다름이 없을 때는 이를 생략할 수 있다.

1. 징용표(제1양식을 준용한다)
2. 업무현황증명서
   1) 징용이 필요한 관리공장의 생산능력, 수주량 및 생산 예정
   2) 종업자 부족에 따른 생산력 감소 상황
   3) 최근 6개월간의 종업자 이동 및 종업자 모집성적표(필요한 인원과 채용 인원을 명확하게 한다)
   4) 최근 6개월간의 재해일람표
3. 최근 5년간 노동쟁의에 관한 상황서
4. 취업규칙
5. 임금규칙
6. 노무관리 기구 및 현황 설명서
7. 최근 위생상황 설명서
8. 숙소, 병원, 기타 복리시설 설명서

피징용자가 배당공장에 도착한 때는 부대장이 사업주에게 양식 4호에 준하는 서류를 제출하도록 하며, 제7조의 규정에 준하여 순서를 거쳐 이를 육군대신에게 보고한다.

제11조 부대장이 관리공장의 사업주가 국민징용령 제12조 또는 제14조 제1항의 규정에 따른 징용변경 또는 징용해제를 신청할 때는 필요에 따라 양식 제2호 또는 제3호에 준하는 서류를 제출하도록 하며, 제2조 2 또는 제2조 3의 규정에 준하여 처리해야 한다. 또한 응징사복무규율 제4조의 규정에 따른 파면의 징계가 필요한 때는 제2조 2에 준하여 처리해야 한다.

제12조 피징용자로서 사망하거나 생사불명이 된 자가 있을 때는 해당 피징용자의 배당부대장이나 출두부대장이 지체 없이 다음에 열거하는 사항을 육군대신에게 보고해야 한다.

1. 씨명, 생년월일, 본적

2. 징용령서 발행자, 발행년월일, 발행번호

3. 사망하거나 생사불명된 장소, 연월일, 사유

4. 유가족 주소

5. 기타 특기할 사항

생사불명자의 귀환[26] 또는 사체가 발견된 경우에는 전항의 규정을 준용한다.

제13조 본 규칙에 따른 상신 및 보고는 각각 3통을 제출해야 한다.

부칙

본 규칙은 공포한 날로부터 시행한다.

1941년의 육달 제47호[27]는 이를 폐지한다.

26 사망이 확인된 것을 가리킨다.

27 이전의 육군징용규칙을 가리킨다.

자료 49	
조선총독부군무예비훈련소관제	
구분	칙령 제297호
법령명/건명	조선총독부군무예비훈련소관제 朝鮮總督府軍務豫備訓練所官制
제정·개정·결정·폐지 연월일	공포·시행 1944년 4월 21일
구성	본문 6개 조항, 부칙
선행 규범·법령	조선총독부육군병지원자훈련소관제(1938년 칙령 제156호)
원문 일부	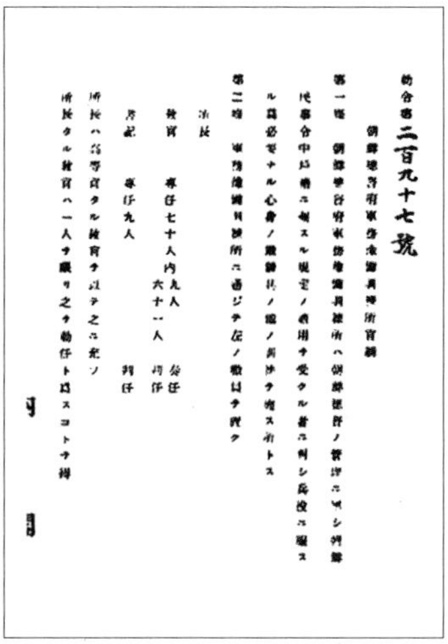 勅令第二百九十七號 朝鮮總督府軍務豫備訓練所官制 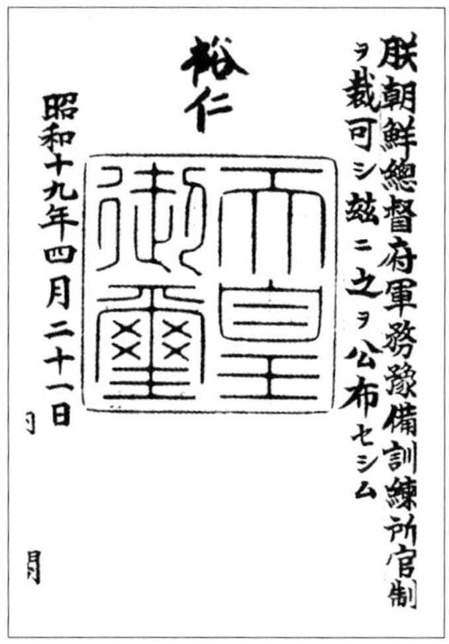 朕朝鮮總督府軍務豫備訓練所官制ヲ裁可シ茲ニ之ヲ公布セシム 裕仁 天皇御璽 昭和十九年四月二十一日
주요 내용 및 특징	○ 조선인에 대한 전면 징병제 실시에 앞서 기존의 조선총독부육군병지원자훈련소를 군무예비훈련소로 전환하여 예비군사훈련을 받도록 지시함.
법령 적용 범위	조선
관련 법령 통합·폐지 사항	조선총독부육군병지원자훈련소관제(1938년 칙령 제156호)
유사·파생 법령	

칙령 제297호

1944년 4월 21일

조선총독부군무예비훈련소관제

제1조 조선총독부군무예비훈련소는 조선총독의 관리에 속하며 조선민사령 중 호적에 관한 규정의 적용을 받는 자에 대해 병역에 복무하는 데 필요한 심신의 단련과 기타의 훈련을 실시하는 곳이다.

제2조 군무예비훈련소에는 모두 다음의 직원을 둔다.

소장

교관 전임 70인 내 9인은 주임, 61인은 판임

서기 전임 9인 판임

소장은 고등관인 교관으로 충당한다.

소장인 교관은 1명에 한하여 이를 칙임(勅任)으로 할 수 있다.

제3조 소장은 조선총독의 지휘·감독을 받아 훈련소업무를 관장한다.

제4조 교관은 상관의 지휘를 받아 훈련을 담당한다.

제5조 서기는 상관의 지휘를 받아 서무에 종사한다.

제6조 군무예비훈련소의 명칭과 위치는 조선총독이 정한다.

부칙

본령은 공포한 날로부터 이를 시행한다. 다만 제2조 제3항 및 부칙 제3항의 규정, 고등관관등봉급령 제8조 및 별표 제1표의 개정규정 그리고 동령 제14조 및 제15조의 개정규정 중 조선총독부육군병지원자훈련소 교수에 관한 부분은 1944년 5월 1일부터 이를 시행한다.

1944년 4월 30일까지는 제2조의 규정에 구애됨이 없이 주임관인 교관은 전임 3명, 판임관인 교관은 전임 20인, 서기는 전임 3인으로 한다.

조선총독부육군지원병지원자훈련소관제는 이를 폐지한다.

고등관관등봉급령 중 일부를 다음과 같이 개정한다.

제8조 중 '조선총독부 제 학교장'의 다음에 '조선총독부군무예비훈련소 교관(소장인 자)'을 추가한다.

제14조 중 '조선총독부 제 학교장(전문학교장 및 본과를 둔 사범학교의 학교장을 제외)'의 다음에 '조선총독부군무예비훈련소 교관(소장인 자)'를 추가하며 '조선총독부육군병지원자훈련소 교수(소장인 자)'를 삭제한다.

제15조 중 '조선총독부경찰관강습소 교수'의 다음에 조선총독부군무예비훈련소 교관(소장인 자를 제외)'을 추가하며, '조선총독부육군병지원자훈련소 교수(소장인 자를 제외)'를 삭제한다.

별표 제1표 조선총독부의 부 중에서 조선총독부 제 학교 생도 주사의 항에 다음과 같이 추가한다.

표에 삽입-조선총독부군무예비훈련소 교관(소장인 자)

자료 50

조선총독부군무예비훈련소규정	
구분	조선총독부령 제177호
법령명/건명	조선총독부군무예비훈련소규정 朝鮮總督府軍務豫備訓練所規程
제정·개정·결정·폐지 연월일	공포·시행 1944년 4월 22일(조선총독부관보 호외, 1944.4.22.)
구성	본문 20개 조항, 부칙
선행 규범·법령	조선총독부육군병지원자훈련소규정(1938년 조선총독부령 제70호)
원문 일부	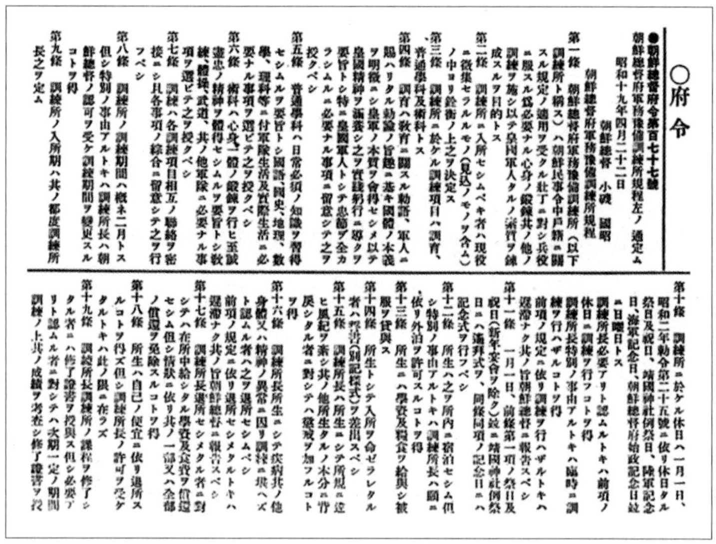
주요 내용 및 특징	○ 조선인에 대한 전면 징병제 실시에 앞서 기존의 조선총독부육군병지원자훈련소를 군무예비훈련소로 전환하여 예비군사훈련을 실시하기 위한 훈련소 규정을 정함. ○ 훈련 항목과 내용, 입소 시기, 퇴소에 관한 규정 등을 정함.
법령 적용 범위	조선
관련 법령 통합·폐지 사항	
유사·파생 법령	

○府令

●朝鮮總督府令第百七十七號

朝鮮總督府軍務豫備訓練所規程左ノ通定ム

昭和十九年四月二十二日

朝鮮總督 小磯 國昭

朝鮮總督府軍務豫備訓練所規程

第一條 朝鮮總督府軍務豫備訓練所（以下訓練所ト稱ス）ハ朝鮮民事令中戸籍ニ關スル規定ノ適用ヲ受クル壯丁ニ對シ兵役ニ服スル爲必要ナル心身ノ鍛錬其ノ他ノ訓練ヲ施シ以テ皇國軍人タルノ素質ヲ錬成スルヲ目的トス

第二條 訓練所ニ入所セシムベキ者ハ現役ニ徴集セラルルモノ（見込ノモノヲ含ム）ノ中ヨリ銓衡ノ上之ヲ決定ス

第三條 訓練所ニ於ケル訓練項目ハ訓育、普通學科及術科トス

第四條 訓育ハ教育ニ關スル勅語、軍人ニ賜ハリタル勅諭ノ旨趣ニ基キ國體ノ本義ヲ明徵ニシ皇軍ノ本質ヲ會得セシメ以テ皇國精神ヲ涵養シ之ヲ實踐躬行ニ導クヲ要旨トシ特ニ皇國軍人トシテ忠節ヲ全カラシムルニ必要ナル事項ニ留意シテ之ヲ授クベシ

第五條 普通學科ハ日常必須ノ知識ヲ習得セシムルヲ要旨トシ國語、國史、地理、數學、理科等ニ付軍隊生活及實際生活ニ必要ナル事項ヲ選ビテ之ヲ授クベシ

第六條 術科ハ心身一體ノ鍛錬ヲ行ヒ至誠盡忠ノ精神ヲ體得セシムルヲ要旨トシ教練、體操、武道、其ノ他軍隊ニ必要ナル事項ヲ選ビテ之ヲ授クベシ

第七條 訓練ハ各訓練項目相互ノ聯絡ヲ密接ニシ且各事項ノ綜合ニ留意シテ之ヲ行フベシ

第八條 訓練所ノ訓練期間ハ概ネ二月トス

但シ特別ノ事由アルトキハ訓練所長ハ朝鮮總督ノ認可ヲ受ケ訓練期間ヲ變更スルコトヲ得

第九條 訓練所ノ入所期ハ其ノ都度訓練所長之ヲ定ム

第十條 訓練所ニ於ケル休日ハ一月一日、昭和二年勅令第二十五號ニ依リ休日タル祭日及祝日、靖國神社例祭日、陸軍記念日、海軍記念日、朝鮮總督府始政記念日竝ニ日曜日トス

訓練所長必要アリト認ムルトキハ前項ノ休日ニ訓練ヲ行フコトヲ得

訓練所長特別ノ事由アルトキハ臨時ニ訓練ヲ行ハザルコトヲ得

前項ノ規定ニ依リ訓練ヲ行ハザルトキハ遲滯ナク其ノ旨朝鮮總督ニ報告スベシ

第十一條 一月一日、前條第一項ノ祭日及祝日（新年宴會ヲ除ク）竝ニ靖國神社例祭日ニハ遙拜式ヲ、同條同項ノ記念日ニハ記念式ヲ行フベシ

第十二條 所生ハ之ヲ所內ニ宿泊セシム但シ特別ノ事由アルトキハ訓練所長ハ願ニ依リ外泊ヲ許可スルコトヲ得

第十三條 所生ニハ學資及糧食ヲ給與シ被服ヲ貸與ス

第十四條 所生トシテ入所ヲ命ゼラレタル者ハ誓書（別記樣式）ヲ差出スベシ

第十五條 訓練所長ハ所生ニシテ所規ニ違ヒ風紀ヲ紊シ其ノ他所生タルノ本分ニ背戾シタル者ニ對シテハ懲戒ヲ加フルコトヲ得

第十六條 訓練所長所生ニシテ疾病其ノ他身體又ハ精神ノ異常ニ因リ訓練ニ堪ヘズト認ムル者ハ之ヲ退所セシムベシ

前項ノ規定ニ依リ退所セシメタルトキハ遲滯ナク其ノ旨朝鮮總督ニ報告スベシ

第十七條 訓練所長退所セシメタル者ニ對シテハ在所中給シタル學資及食費ヲ償還セシム但シ情狀ニ依リ其ノ一部又ハ全部ノ償還ヲ免除スルコトヲ得

第十八條 所生ハ自己ノ便宜ニ依リ退所スルコトヲ得ズ但シ訓練所長ノ許可ヲ受ケタルトキハ此ノ限ニ在ラズ

第十九條 訓練所長訓練所ノ課程ヲ修了シタル者ニハ修了證書ヲ授與ス但シ必要アリト認ムル者ニ對シテハ次期一定ノ期間訓練ノ上其ノ成績ヲ考査シ修了證書ヲ授

조선총독부령 제177호

1944년 4월 22일

조선총독부군무예비훈련소규정

제1조 조선총독부군무예비훈련소(이하 훈련소라 칭한다)는 조선민사령 중 호적에 관한 규정의 적용을 받는 장정에 대하여 병적에 복무하는 데 필요한 심신의 단련과 기타 훈련을 실시함으로써 군인다운 소질을 연성하는 데 그 목적이 있다.

제2조 훈련소에 입소해야 할 자는 현역으로 징집된 자(예정인 자를 포함한다) 중에서 전형을 거쳐 결정한다.

제3조 훈련소에서 훈련 항목은 훈육, 보통학과 및 술과(術科)로 한다.

제4조 훈육은 교육에 관한 칙어, 군인에게 내리신 칙유의 취지에 근거하여 국체의 본뜻을 명징하게 하고 황군의 본질을 체득하게 함으로써 황국정신을 함양하며, 이를 실천궁행하도록 이끄는 것을 주안으로 하며 특히 황국군인으로서의 충절을 온전하게 하는 데 필요한 사항에 유의하여 가르쳐야 한다.

제5조 보통학과는 일상에 필수적인 지식을 습득하게 하는 데 주안을 두어 국어, 국사, 지리, 수학, 이과 등에 대해 군대 생활과 실제생활에 필요한 사항을 골라서 가르친다.

제6조 술과는 심신일체의 단련을 실시하여 지성(至誠)과 진충(盡忠)의 정신을 체득하게 하는 데 주안을 두어 교련, 체조, 무도, 기타 군대에서 필요한 사항을 골라서 가르친다.

제7조 훈련은 각 훈련 항목이 상호 밀접하게 연계하며, 각 사항의 종합에 유의해야 한다.

제8조 훈련소의 훈련기간은 대략 2개월로 한다. 다만 특별한 사유가 있을 때는 훈련소장이 조선총독의 인가를 받아 훈련기간을 변경할 수 있다.

제9조 훈련소의 입소 시기는 그때마다 훈련소장이 이를 정한다.

제10조 훈련소에서의 휴일은 1월 1일, 1927년 칙령 제25호에 따라 휴일로 지정된 제일과 축일, 야스쿠니신사 정례제일, 육군기념일, 해군기념일, 조선총독부시정기념일 그리고 일요일로 한다.

훈련소장이 필요하다고 인정한 때는 전항의 휴일에 훈련을 할 수 있다.

훈련소장은 특별한 사유가 있을 때 임시로 훈련을 하지 않을 수 있다.

전항의 규정에 따라 훈련을 하지 않을 때는 지체 없이 이를 조선총독에게 보고해야 한다.

제11조 1월 1일, 전조 제1항의 제일과 축일(신년 연회를 제외한다) 그리고 야스쿠니신사 정례 제일에는 요배식을, 동조 동항의 기념일에는 기념식을 해야 한다.

제12조 훈련소생은 훈련소 내에서 숙박하게 한다. 다만 특별한 사유가 있을 때는 요청에 따라 훈련소장이 외박을 허가할 수 있다.

제13조 훈련소생에게는 학자금과 식량을 급여하며 피복을 대여한다.

제14조 훈련소생으로서 입소를 명받은 자는 서약서(별도 양식)를 제출해야 한다.

제15조 훈련소장은 훈련소생이 훈련소규칙을 벗어나 풍기를 문란하게 하고 기타 훈련소생으로서의 본분을 저버린 자에 대해서 징계를 가할 수 있다.

제16조 훈련소장은 훈련소생이 질병과 기타 신체 또는 정신의 이상으로 인해 훈련을 감당할 수 없다고 인정하는 자를 퇴소시켜야 한다.

전항의 규정에 따라 퇴소를 시켰을 때는 지체 없이 그 내용을 조선총독에게 보고해야 한다.

제17조 훈련소장은 퇴소시킨 자에 대해서 재소 중 급여한 학자금과 식량을 상환하게 한다. 다만 사정을 고려하여 그 일부 또는 전부의 상환을 면제할 수 있다.

제18조 훈련소생은 자기의 편의대로 퇴소할 수 없다. 다만 훈련소장의 허가를 받은 때는 여기에 제한을 받지 않는다.

제19조 훈련소장은 훈련소의 과정을 수료한 자에 대해 수료증서를 수여한다. 다만 필요하다고 인정한 자에 대해서는 차기의 일정 기간을 거쳐 그의 성적을 심사하여 수료증서를 수여할 수 있다.

훈련소장은 성적이 우수한 자에 대해서 우량증서를 수여할 수 있다.

제20조 훈련소장은 조선총독의 허가를 받아 훈련에 필요한 세칙을 정할 수 있다.

부칙본령은 발포한 날로부터 이를 시행한다.

이하 양식 생략.

자료 51

조선선원령전시특례	
구분	제령 제28호
법령명/건명	조선선원령전시특례 朝鮮船員令戰時特例
제정·개정·결정·폐지 연월일	공포·시행 1944년 6월 17일(조선총독부관보 제5209호)
구성	본문 3개 조항, 부칙
선행 규범·법령	조선선원령(1914년 제령 제9호) 선원법(1937년 법률 제97호)
원문 일부	○制令 朝鮮船員令戰時特例明治四十四年法律第三十號第一條及第二條ニ依リ勅裁ヲ得テ茲ニ之ヲ公布ス 昭和十九年六月十七日 朝鮮總督 小磯國昭 制令第二十八號 朝鮮船員令戰時特例 第一條 大東亞戰爭中ニ於ケル朝鮮船員令ノ特例ハ本令ノ定ムル所ニ依ル 第二條 海員ノ雇入契約ノ更新ニ付テハ朝鮮船員令ニ於テ依ルコトヲ定メタル船員法(以下船員法ト稱ス)第十八條第一項ノ規定ニ依ル公認ハ之ヲ受クルコトヲ要セズ 海員ノ雇入契約ノ變更アリタル場合ニ於テ船長又ハ船舶所有者(船舶共有ノ場合ニ在リテハ船舶管理人、船舶貸借ノ場合ニ在リテハ船舶借入人)及海員ガ朝鮮總督ノ定ムル所ニ依リ管海官廳ニ其ノ旨ノ屆出ヲ爲シタルトキハ當該變更ニ付テハ船員法第十八條第一項ノ規定ニ依ル公認ハ之ヲ受クルコトヲ要セズ 第三條 海員ノ雇入契約ノ成立又ハ終了ノ公認ヲ受クル場合ニ於テハ海員ハ船員法第十八條第一項ノ規定ニ依ル出頭ヲ爲スコトヲ要セズ 附 則 本令ハ公布ノ日ヨリ之ヲ施行ス
주요 내용 및 특징	○ 전황이 급박하고 조선인 선원 등 인력이 부족해짐에 따라, 조선인 선원을 고입하거나 계약이 종료된 때의 공인 절차를 생략함.
법령 적용 범위	조선
관련 법령 통합·폐지 사항	
유사·파생 법령	

제령 제28호

1944년 6월 17일

조선선원령전시특례

제1조 대동아전쟁 중 조선선원령의 특례는 본령이 정하는 바에 따른다.

제2조 해원의 고입계약의 갱신에 대해서는 조선선원령에 따를 것을 정한 선원법(이하 선원법이라 칭한다) 제18조 제1항의 규정에 따른다. 공인을 받을 필요는 없다.

해원의 고입계약을 갱신할 경우에 선장 또는 선박소유자(선박을 공유한 경우에는 선박관리인, 선박을 임차한 경우에는 선박차입인) 및 해원이 조선총독이 정한 바에 따라 해당 관청에 그 내용을 신고한 때는 해당 변경에 대해서는 선원법 제18조 제1항의 규정에 따른 공인을 받을 필요가 없다.

제3조 해원의 고입계약이 성립하거나 종료되어 공인을 받을 필요가 있을 때는 해원이 선원법 제18조 제1항의 규정에 따라 출두할 필요가 없다.

부칙

본령은 공포한 날로부터 이를 시행한다.

자료 52

병역법 제69조의 호적에 병역 약부호 기입의 건	
구분	조선총독부령 제399호
법령명/건명	병역법 제69조의 호적에 병역 약부호 기입의 건 兵役法第六十九條ノ戶籍ニ兵役略符號記入ノ件
제정·개정·결정·폐지 연월일	공포·시행 1944년 12월 1일(조선총독부관보 제4518호, 1944.2.20.)
구성	본문 2개 조항, 부칙
선행 규범·법령	병역법(1927.4.1. 법률 제47호) 제69조 시정촌장은 병역(제2국민병역 제외)에 있는 자에 대해 명령이 정한 바에 따라 그의 호적란 옆에 병역의 약부호를 부기해야 한다.
원문 일부	●朝鮮總督府令第三百九十九號 兵役法第六十九條ノ戶籍ニ兵役略符號記入方ノ件左ノ通定ム 昭和十九年十二月一日 朝鮮總督 阿部信行 第一條 兵役法第六十九條第一項ノ規定ニ依リ戶籍ニ兵役ノ略符號ヲ記入スルハ兵事部長又ハ海軍省人事局長若ハ海軍人事部長ノ通知ニ依リ之ヲ爲スベシ其ノ抹消ニ付亦同ジ 第二條 前條ノ略符號又ハ其ノ抹消ノ記入ハ左ノ樣式ニ從ヒ當該本人ノ戶籍ノ欄外氏名ノ下ニ之ヲ爲スベシ 兵 方八ミリメートル 附 則 本令ハ發布ノ日ヨリ之ヲ施行ス 昭和十三年朝鮮總督府令第百七十一號ハ之ヲ廢止ス 昭和十三年朝鮮總督府令第百七十一號ノ規定ニ依リ既ニ記入シタル兵役ノ略符號ハ本令ニ依リ記入シタルモノト看做ス
주요 내용 및 특징	○ 조선인 징병자의 호적란에 병역 약부호를 기입하도록 지시한 규정 ○ 기존의 육군특별지원병의 호적란에 병역 약부호를 기입하는 것을 징병자에 적용함.
법령 적용 범위	조선
관련 법령 통합·폐지 사항	육군특별지원병령에 따른 병역 약부호 기입에 관한 건(1938.8.17. 조선총독부령 제171호)
유사·파생 법령	

조선총독부령 제399호

1944년 12월 1일

병역법 제69조의 호적에 병역 약부호 기입의 건

제1조 병역법 제69조 제1항의 규정에 따라 호적에 병역 약부호를 기입하는 것은 병사부장(兵事部長) 또는 해군성 인사국장(人事局長) 또는 해군 인사부장(人事部長)의 통지에 따라 이를 해야 하며 이의 말소에 대해서도 마찬가지이다.

제2조 전조의 약부호 또는 그 말소의 기입은 다음 양식에 따라 해당하는 본인의 호적에서 씨명 아래 바깥에 다음과 같이 해야 한다.

兵 가로세로 8mm

부칙

본령은 발포한 날로부터 이를 시행한다.

1938년 조선총독부령 제171호는 이를 폐지한다.

1938년 조선총독부령 제171호의 규정에 따라 이미 기입한 병역 약부호는 본령에 따라 기입한 것으로 간주한다.

자료 53

1945년도 징병신체검사규칙	
구분	육군성령 제56호
법령명/건명	1945년도 징병신체검사규칙 昭和20年度徵兵身體檢查規則
제정·개정·결정·폐지 연월일	공포 1944년 12월 4일(일본관보 제5367호, 1944.12.4.) 시행 1945년 1월 10일
구성	본문 22개 조항, 부칙
선행 규범·법령	조선, 대만, 화태 및 중국 등에 있는 자의 징병신체검사에 관한 건(1906년 칙령 제318호) 한커우(漢口)제국영사관에서의 징병신체검사에 관한 건(1927년 육군성령 제9호)
원문 일부	 官報 昭和十九年十二月四日 第五千三百六十七號
주요 내용 및 특징	○ 징병 대상자에 대한 신체검사의 세부 요령과 기준 등을 규정함.
법령 적용 범위	조선을 포함한 제국 전역
관련 법령 통합·폐지 사항	
유사·파생 법령	

육군성령 제56호

1944년 12월 4일

1945년도 징병신체검사규칙

제1조 1945년도의 징병신체검사(징병검사에서 신체검사를 가리킨다. 이하 마찬가지)는 1927년 육군성령 제9호 육군신체검사규칙 중 징병신체검사에 관한 규정에 상관없이 본 규정에 따르는 것으로 한다.

제2조 의관(醫官)은 학술에 기반하여 검사를 실시하고, 각 분담업무의 소견에 따라 서로 협조해야 한다.

징병의관은 징병부의관 이하 징병신체검사 실시의 분담업무를 정하고 이를 지도·감독하는 임무를 지며, 징병신체검사가 끝난 때는 모든 성적을 종합하여 자기 판단에 따라 체격등위를 판정해야 한다.

제3조 질병과 기타 신체 또는 정신 이상에 의해 일견 정상이라 볼 수 없는 사항을 발견한 때는 특별하게 규정한 것을 제외한 나머지는 이후 검사를 생략하고 체격등위를 판정해야 한다.

제4조 1일의 검사인원은 의관이 3명인 경우에 대체로 250명, 의관이 2명인 경우에 대체로 180명으로 한다.

제5조 징병신체검사 실시 순서와 분담은 대체로 [부록 1]에 따른다.

제6조 갑종인 자는 근육과 골격의 발육이 양호하고 특기할 만한 질병과 기타 신체 또는 정신 이상이 없으며, 다음 각호에 해당하는 자로 한다.

1. 신장 1.52미터 이상인 자
2. 가슴둘레가 신장의 절반 이상인 자
3. 각 눈의 나안(裸眼) 시력(이하 간단하게 시력이라 칭한다)이 '0.6' 이상인 자, 수정체 이상의 시력이 '0.3' 이상으로서 각 눈의 교정시력이 '0.8' 이상인 자

제7조 질병과 기타 신체 또는 정신 이상으로 인해 제1을종(乙種), 제2을종, 제3을종, 병종(丙

種) 또는 정종(丁種)으로 판정하는 표준은 [부록 2]에 따라야 한다. 다만 이 규정에 없거나 그 정도에 차이가 있을 때는 탈락 표시가 없는 한 그 경중(輕重)과 상황 그리고 병종을 감당할 수 있는지 여부와 적합성을 고찰하여 신체등위를 판정해야 한다.

여러 개의 질병과 기타 신체 또는 정신 이상이 있는 자에 대해서는 이를 종합하여 병무를 감당할 수 있는지 여부와 적합성을 고찰하여 신체등위를 판정할 수 있다.

전항에 따라 신체등위를 판정한 경우에는 그 사유를 장정명부(장정명부 부표를 포함한다. 이하 마찬가지)의 적요란(摘要欄)에 기입해야 한다.

제8조 다음 각호의 하나에 해당하는 자는 주저 없이 신체등위를 판정하고, 장정명부의 적요란에 그 의견을 기입해야 한다.

1. 현재 상이질병이 있지만 치료할 가망이 있는 자
2. 시력장애, 난청 등으로 거짓행동을 하는 것이 의심되는 자
3. 정신병, ■■, 야맹증, 야뇨증 기타 신체 또는 정신 이상을 호소하지만 그 징후가 확실하지 않거나 실제 여부를 판정하기가 번잡하여 장시간 지켜볼 필요가 있는 자

제9조 질병 또는 기형 등으로 신장, 가슴둘레 그리고 체중을 판정할 수 없는 자는 장정명부 적요란에 그 사유를 기입해야 한다.

제10조 장정명부에는 갑종을 제외한 나머지는 그 신체등위를 정한 질병과 기타 신체 또는 정신 이상을 기입하며, 그 오른쪽 상단에 '△'의 부호를 표시한다.

종합판정을 한 경우에는 중요한 것에 전항의 부호를 표시한다.

입영 후 보육상(保育上) 참고해야 할 사항은 이를 해당하는 난에 기입하는 동시에 보육에 특별히 주의가 필요한 자는 적요란에 '요주의(要注意)'라고 기입한다.

장정명부의 각 난에는 해당하는 검사소견을 기입하며, 그 바로 아래에(기재사항이 없을 때는 공란의 윗부분에) 도장을 날인하여 검사의 책임을 분명하게 해야 한다. 다만 규정상 검사를 생략한 경우에는 날인을 하지 않는다.

제11조 성병(性病)의 검사는 수검자 전원에 대해 이를 실시해야 한다.

제12조 징병의관은 수검자 중 고의로 신체를 훼손하거나 질병을 만들고 기타 허위의 행위를 했다도 인정되는 자가 있을 때는 이를 징병관(徵兵官)에게 보고하며 필요한 때는 학리상(學理上) 확실한 증거에 근거한 감정서를 만들어 징병관에게 제출해야 한다.

제13조 신장과 가슴둘레의 측정 척도는 밀리미터 단위로, 체중의 측정은 중량은 100그램 단위로 해야 한다. 단 100그램에 미치지 않는 것은 절사한다.

제14조 신장, 가슴둘레 및 체중은 각 측정을 마칠 때마다 검사자가 그 성적을 소리 내어 읽으면 기입자가 복창한 후에 장정명부에 기입하며, 그때마다 점검자가 날인해야 한다.

제15조 시력 검사는 시력검사기 또는 시력검사표를 사용하여 해야 한다.

시력검사표의 '0.6'을 명시할 수 없는 자는 교정시력 또는 시력장애의 원인과 정도를 검사해야 한다.

색약검사는 병종 선정에 필요한 자에 한하여 이를 실시한다.

시기(視器)검사는 통상 시력검사를 한 후에 이를 실시한다.

제16조 청력검사는 검사 시 낮은 목소리로 문진을 하여 그 반응에 따라 판정해야 한다.

병종 선정에 필요한 자에게는 다시 조용한 말이나 소리로 검사한다.

코, 목, 구강 검사는 병종 선정과 기타 필요가 있는 자에 한하여 이를 실시한다.

제17조 관절운동 검사는 팔과 다리에 대해 실시해야 하며 몸통에 대해서는 특별히 필요한 자에 한하여 이를 실시한다.

제18조 언어와 정신 검사는 수검자의 태도, 응답 등에 따라 판단해야 한다.

제19조 일반구조 검사는 근골격 발육의 양호와 불량, 피부 상태와 신체 각 부분의 균형 등을 검사해야 한다.

제20조 각 부의 검사는 두부(頭部), 경부(脛部), 흉부(胸部), 복부(腹部) 및 사지(四肢)에 대해 실시하며, 다시 음부(陰部), 항문(肛門), 회음(會陰) 및 발바닥[足蹠]을 검사해야 한다.

제21조 흉부엑스레이 검사는 전원에게 적극 이를 실시하며, 각종 병리(病理) 검사는 필요한 인원에 대해서 이를 실시한다.

제22조 징병신체검사 실시의 세부에 관해서는 육군성 의무국장(醫務局長)이 정하는 바에 따른다.

부칙

본령은 1945년(昭和20年) 1월 10일부터 이를 시행한다.

이하 부록 생략.

자료 54

육군 군인, 군속 임시신고에 관한 건	
구분	육군성령 제60호
법령명/건명	육군 군인, 군속 임시신고에 관한 건 陸軍軍人, 軍屬ノ臨時屆出ニ關スル件
제정·개정·결정·폐지 연월일	공포·시행 1944년 12월 15일
구성	본문 3개 조항, 부칙
선행 규범·법령	
원문 일부	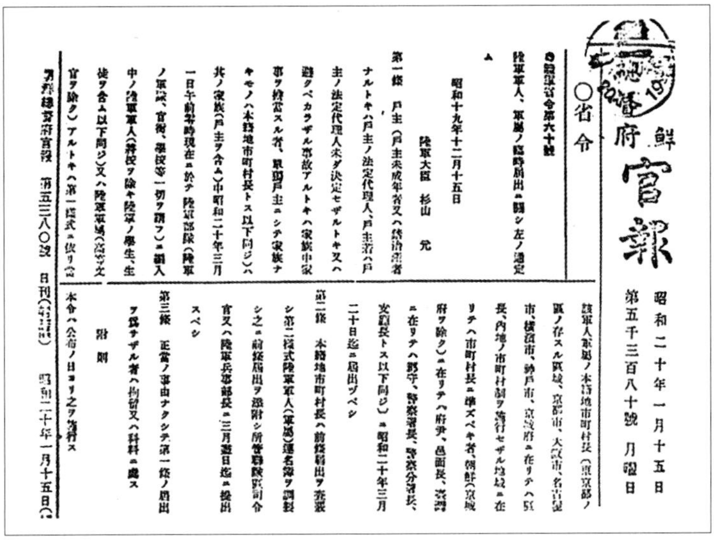 朝鮮總督府官報 昭和二十年一月十五日 第五千三百八十號 月曜日 ○省令 ◎陸軍省令第六十號 陸軍軍人、軍屬ノ臨時屆出ニ關シ左ノ通定ム 昭和十九年十二月十五日 陸軍大臣 杉山 元 第一條 戶主（戶主未成年者又ハ禁治產者ナルトキハ戶主ノ法定代理人、戶主若ハ戶主ノ法定代理人未ダ決定セザルトキ又ハ避クベカラザル事故アルトキハ家族中家事ヲ擔當スル者、單獨戶主ニシテ家族ナキモノハ本籍地市町村長トス以下同ジ）ハ共ノ家族（戶主ヲ含ム）中昭和二十年三月一日午前零時現在ニ於テ陸軍部隊（陸軍ノ軍隊、官衙、學校等一切ヲ謂フ）ニ編入中ノ陸軍軍人（將校ヲ除キ陸軍ノ學生、生徒ヲ含ム以下同ジ）又ハ陸軍軍屬（高等文官ヲ除ク）アルトキハ第一樣式ニ依リ當該軍人軍屬ノ本籍地市町村長（東京都ノ區ノ存スル區域、京都市、大阪市、名古屋市、橫濱市、神戶市、京城府ニ在リテハ區長、內地ノ市町村制ヲ施行セザル地域ニ在リテハ市町村長ニ準ズベキ者、朝鮮（京城府ヲ除ク）ニ在リテハ府尹、邑面長、濟州島ニ在リテハ郡守、警察署長、警察分署長、支廳長トス以下同ジ）ニ昭和二十年三月二十日迄ニ屆出ヅベシ 第二條 本籍地市町村長ハ前條屆出ヲ蒐集シ第二樣式陸軍軍人（軍屬）連名簿ヲ調製シ之ニ前條屆出ヲ添附シ所管聯隊區司令官又ハ陸軍兵事部長ニ三月盡日迄ニ提出スベシ 第三條 正當ノ事由ナクシテ第一條ノ屆出ヲ爲サザル者ハ拘留又ハ科料ニ處ス 附 則 本令ハ公布ノ日ヨリ之ヲ施行ス 朝鮮總督府官報 第五三八〇號 日刊 昭和二十年一月十五日
주요 내용 및 특징	○ 전쟁 말기 생존·사망·행방불명인 군인·군속의 현황 파악을 위해 내지와 조선의 모든 호주들에게 신고를 지시함. ○ 각호주에게 세대원 중 군인·군속이 있을 경우 해당 지역의 시정촌장에게 신고하도록 지시함. ○ 본적지 시정촌장이 해당 군인·군속의 연명부를 작성하여, 소관 연대구사령관에게 제출하도록 지시함.
법령 적용 범위	조선을 포함한 제국 전역
관련 법령 통합·폐지 사항	
유사·파생 법령	

육군성령 제60호

1944년 12월 15일

육군 군인, 군속 임시신고의 건

제1조 호주(호주가 미성년자 또는 금치산자일 때는 호주의 법정대리인, 호주 또는 호주의 법정대리인이 아직 정해지지 않은 때나 불가피한 사고가 있을 때는 가족 중 가사를 부담하는 자, 단독호주로서 가족이 없는 자는 본적지의 시정촌장으로 한다. 이하 마찬가지)는 그 가족(호주를 포함한다) 중 1945년 3월 1일 오전 0시 현재 육군부대(육군의 군대, 관청, 학교 등을 모두 가리킨다)에 편입 중인 육군군인(장교를 제외한 육군의 학생, 생도를 포함한다. 이하 마찬가지) 또는 육군군속(고등문관을 제외한다)이 있을 때는 제1양식에 따라 해당 군인·군속의 본적지 시정촌장[도쿄도의 구에서는 구역, 교토시, 오사카시, 나고야시, 요코하마시, 고베시, 교토부에서는 구장, 내지의 시정촌제를 시행하지 않는 지역에서는 시정촌장에 준하는 자, 조선(경성부를 제외한다)에서는 부윤, 읍·면장, 대만에서는 군수, 경찰서장, 경찰분서장, 지청장으로 한다. 이하 마찬가지]에게 1945년 3월 20일까지 신고해야 한다.

제2조 본적지의 시정촌장은 전조의 신고를 면밀히 검토하여 제2양식 육군군인(군속)연명부를 조제하고, 여기에 전조의 신고서를 첨부하여 소관 연대구사령관 또는 육군병사부장에게 3월말까지 제출해야 한다.

제3조 정당한 사유 없이 제1조의 신고를 하지 않은 자는 구류 또는 과태료에 처한다.

부칙

본령은 공포한 날로부터 이를 시행한다.

이하 양식 생략.

자료 55

선원동원령	
구분	칙령 제22호
법령명/건명	선원동원령 船員動員令
제정·개정·결정·폐지 연월일	제정 1945년 1월 19일(조선총독부관보 제5403호, 1945.2.10.) 시행 1945년 1월 25일
구성	본문 55개 조항, 부칙
선행 규범·법령	선원직업능력신고령(1939년 칙령 제23호) 선박운항기능자양성령(1939년 칙령 제780호) 선원징용령(1940년 칙령 제687호) 선원사용등통제령(1941년 칙령 제651호)
원문 일부	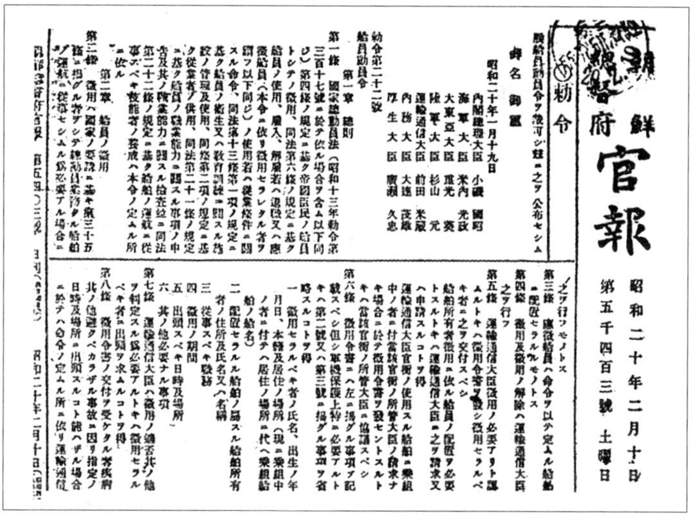 朝鮮總督府官報 昭和二十年二月十日 土曜日 第五千四百三號 勅令 朕船員動員令ヲ裁可シ茲ニ之ヲ公布セシム 御名 御璽 昭和二十年一月十九日 内閣總理大臣 小磯國昭 海軍大臣 米内光政 大東亞大臣 重光葵 陸軍大臣 杉山元 運輸通信大臣 前田米藏 内務大臣 大達茂雄 厚生大臣 廣瀬久忠 勅令第二十二號 船員動員令 第一章 總則 第一條 國家總動員法（昭和十三年勅令第三百十七號ニ於テ依ル場合ヲ含ム以下同ジ）第四條ノ規定ニ基ク帝國臣民ノ船員トシテノ徴用、同法第六條ノ規定ニ基ク船員ノ使用、雇入、解雇若ハ退職又ハ應徴船員（本令ニ依リ徴用セラレタル者ヲ謂フ以下同ジ）ノ使用者ヘ從業條件ニ關スル命令、同法第十三條第一項ノ規定ニ基ク船員ノ衛生又ハ教育訓練ニ關スル施設ノ管理及使用、同法第二十一條ノ規定ニ基ク從業者ノ供用、同法第二十一條ノ規定ニ基ク船員ノ職業能力ニ關スル事項ノ申告及其ノ職業能力ニ關スル檢査並ニ同法第二十二條ノ規定ニ基ク船舶ノ運航ニ從事スベキ技能者ノ養成ハ本令ノ定ムル所ニ依ル 第二章 船員ノ徴用 第二條 徴用ハ國家ノ要請ニ基キ第三十五條ニ掲グル者ヲシテ總動員業務タル船舶ノ運航ニ從事セシムル爲必要アル場合ニ之ヲ行フモノトス 第三條 應徴船員ハ命令ヲ以テ定ムル船舶ニ配置セラルルモノトス 第四條 徴用及徴用ノ解除ハ運輸通信大臣之ヲ行フ 第五條 運輸通信大臣徴用ノ必要アリト認ムルトキハ徴用令書ヲ發シ徴用セラルベキ者ニ之ヲ交付スベシ 船舶所有者徴用ニ依ル船員ノ配置ヲ必要トスルトキハ運輸通信大臣ニ之ヲ請求又ハ申請スルコトヲ得 運輸通信大臣官衙ノ使用スル船舶ニ乘組中ノ者ニ付當該官衙ノ所管大臣ノ請求ナキ場合ニ於テ徴用令書ヲ發セントスルトキハ當該官衙ノ所管大臣ニ協議スベシ 第六條 徴用令書ニハ左ニ掲グル事項ヲ記載スベシ但シ軍機保護上特ニ必要アルトキハ第二號又ハ第三號ニ掲グル事項ヲ省略スルコトヲ得 一 徴用セラルベキ者ノ氏名、出生ノ年月日、本籍及居住ノ場所（現ニ乘組中ノ者ニ付テハ居住ノ場所ニ代ヘ乘組船舶ノ船名） 二 配置セラルル船舶ノ屬スル船舶所有者ノ住所及氏名又ハ名稱 三 從事スベキ業務 四 徴用ノ期間 五 出頭スベキ日時及場所 六 其ノ他必要ナル事項 第七條 運輸通信大臣ハ徴用ノ適否其ノ他ヲ判定スル爲必要アルトキハ徴用セラルベキ者ニ出頭ヲ求ムルコトヲ得 第八條 徴用令書ノ交付ヲ受ケタル者疾病其ノ他避クベカラザル事故ニ因リ指定ノ日時及場所ニ出頭スルコト能ハザル場合ニ於テハ命令ノ定ムル所ニ依リ運輸通信
주요 내용 및 특징	○ 기존의 「선원직업능력신고령」, 「선박운항기능자양성령」, 「선원징용령」, 「선원사용등통제령」을 모두 통합함. ○ 선원의 징용, 사용, 해고 및 퇴직 등에 관한 종합적인 통제령
법령 적용 범위	조선을 포함한 제국 전역
관련 법령 통합·폐지 사항	선원직업능력신고령(1939년 칙령 제23호) 선박운항기능자양성령(1939년 칙령 제780호) 선원징용령(1940년 칙령 제687호) 선원사용등통제령(1941년 칙령 제651호)
유사·파생 법령	

칙령 제22호

1945년 1월 19일

선원동원령

제1장 총칙

제1조 국가총동원법(1938년 칙령 제317호에 따른 경우를 포함한다. 이하 마찬가지) 제4조의 규정에 근거한 제국신민인 선원의 징용, 동법 제6조의 규정에 근거한 선원의 사용, 고입, 해고나 퇴직 또는 응징선원(應徵船員, 본령에 따라 징용된 자를 가리킨다. 이하 마찬가지)의 사용 또는 종업 조건에 관한 명령, 동법 제13조 제1항의 규정에 근거한 선원의 위생이나 교육훈련에 관한 시설의 관리 및 사용, 동조 제2항의 규정에 근거한 선원의 직업능력에 관한 사항의 신고 및 그 직업능력에 관한 검사 그리고 동법 제22조의 규정에 근거한 선원의 운항에 종사하는 기능자 양성은 본령이 정하는 바에 따른다.

제2장 선원의 징용

제2조 징용은 국가의 요청에 따라 제35조에 열거한 자로서 총동원 업무인 선박의 운항에 종사하기 위해 필요한 경우에 하는 것으로 한다.

제3조 응징선원은 명령으로 정한 선박에 배치되는 자로 한다.

제4조 징용 및 징용의 해제는 운수통신대신이 이를 정한다.

제5조 운수통신대신이 징용의 필요를 인정한 때는 징용령서를 발부하여 징용되는 자에게 교부해야 한다.

선박소유자가 징용에 의한 선원을 배치할 필요가 있을 때는 운수통신대신에게 이를 청구하거나 신청할 수 있다.

운수통신대신이 관청이 사용하는 선박에 승선 중인 자에 대해 해당 관청 소관대신의 청구 없이 징용령서를 발부하려고 할 때는 해당 관청의 소관대신에게 협의해야 한다.

제6조 징용령서에는 다음에 열거하는 사항을 기재해야 한다. 다만 군사기밀 보호상 필요한 때는 제2호 또는 제3호에 열거하는 사항을 생략할 수 있다.

1. 징용될 자의 씨명, 생년월일, 본적 및 거주 장소(현재 승선 중인 자에 대해서는 거주 장소 대신에 승선 중인 선명)
2. 배치될 선박이 소속된 선박소유자의 주소 및 씨명 또는 명칭
3. 종사할 직무
4. 징용 기간
5. 출두할 일시 및 장소
6. 기타 필요한 사항

제7조 운수통신대신은 징용의 적부와 기타 판정에 필요한 때는 징용될 자에게 출두를 요구할 수 있다.

제8조 징용령서의 교부를 받은 자가 질병과 기타 불가피한 사고로 인해 지정된 일시 및 장소로 출두할 수 없을 경우에는 명령이 정하는 바에 따라 운수통신대신에게 그 내용을 신고해야 한다.

전항의 규정에 따른 신고가 있을 경우에 운수통신대신이 필요하다고 인정한 때는 출두할 일시 또는 장소를 변경하거나 또는 그자가 징용에 적합하지 않다고 인정할 때는 징용을 취소할 수 있다. 이 경우에는 출두변경령서 또는 징용취소령서를 발부하여 이를 그자에게 교부해야 한다.

제9조 운수통신대신은 응징선원이 배치될 선박의 소유자 또는 응징선원이 종사할 직무 또는 징용 기간에 대해 변경할 필요가 있다고 인정할 때에 징용변경령서를 발부하여 응징선원에게 이를 교부해야 한다.

응징선원이 배치될 선박의 소유자가 응징선원이 종사할 직무 또는 징용의 기간에 대해 변경하고자 할 때는 운수통신대신에게 이를 청구하거나 신청할 수 있다.

운수통신대신이 관청에서 사용되는 자에 대해 해당 관청을 소관하는 대신의 청구 없이 징용변경령서를 발부하고자 할 때는 해당 관청의 소관대신에게 협의해야 한다.

제10조 운수통신대신이 징용해제가 필요하다고 인정한 때는 징용해제령서를 발부하여, 이를 응징선원에게 교부해야 한다.

응징선원이 배치된 선박의 소유자는 응징선원이 질병과 기타 사유로 인해 직무에 종사할 수 없다고 인정할 때 또는 그자를 배치할 필요가 없어진 때는 지체 없이 운수통신대신에게 징용의 해제를 청구하거나 신청해야 한다.

응징선원이 질병과 기타 사유로 인해 직무에 종사하기 어려울 때는 관청에서 사용되는 자의 경우 해당 관청의 소관대신에게, 기타의 경우에는 운수통신대신에게 그 내용을 신고할 수 있다.

운수통신대신이 관청에서 사용되는 자에 대해 해당 관청을 소관하는 대신의 청구 없이 징용해제령서를 발부하고자 할 때는 해당 관청의 소관대신에게 협의해야 한다.

제11조 응징선원의 표창에 관하여 필요한 사항은 명령으로 정한다.

제12조 응징선원의 복무와 복제(服制)에 관하여 필요한 사항은 명령으로 정한다.

제13조 응징선원은 전조의 규정에 근거하여 발령된 명령 외에 복무에 관하여 관청에서 사용되는 자의 경우 해당 기관장이 지휘를 받으며, 기타의 경우에는 명령이 정하는 바에 따라 선박소유자의 지휘를 받아야 한다.

제14조 응징선원에 대한 급여는 명령이 정하는 바에 따라 응징선원이 배치된 선박의 소유자가 이를 지급하는 것으로 한다.

제15조 다음 각호의 하나에 해당하는 경우에는 명령이 정하는 바에 따라 응징선원이 배치된 선박의 소유자가 그 여비를 지급하는 것으로 한다.

1. 징용될 자가 제7조의 규정에 따라 출두할 경우
2. 응징선원이 징용령서를 받아 출두할 경우
3. 응징선원이 징용이 해제되어 귀향할 경우
4. 응징선원이 그 가족이 위독하거나 사망하여 선박소유자나 선장의 허가를 받아 일시 귀향할 경우
5. 응징선원이 위독하거나 사망하여 선박소유자나 선장의 통지에 따라 응징선원의 가족이나 유족이 출두할 경우

전항 제1호 또는 제2호의 경우에 선금을 지불하지 않으면 출두할 수 없는 자의 여비는 명령이 정하는 바에 따라 그 거주지의 시정촌(도쿄도의 구가 있는 지역에서는 도쿄도) 또는 이에 준하는 지자체가 일단 대신 지불해야 한다.

제1항의 가족이나 유족의 범위는 명령이 정하는 바에 따른다.

제16조 운수통신대신이 필요하다고 인정한 때는 관청에서 응징선원을 사용하는 경우를 제외하고 국가총동원법 제6조의 규정에 근거하여 응징선원을 사용하는 선박소유자에 대해 응징선원의 사용 또는 종업 조건에 관한 명령을 할 수 있다.

제17조 응징선원이 고의나 중대한 과실 때문이 아닌 한 업무상 상이를 당하거나 질병을 입어 징용을 해제할 경우 본인 또는 가족이 생활하기 힘든 때는 정부가 명령으로 정한 바에 따라 그에 대해 부조를 할 수 있다.

응징선원이 고의나 중대한 과실 때문이 아닌 한 업무상 상이를 당하거나 질병을 입어 사망한 경우 유족이 생활하기 힘든 때는 정부가 명령으로 정한 바에 따라 유족에 대해 부조를 할 수 있다.

위 2개항의 가족 또는 유족의 범위는 명령이 정하는 바에 따른다.

제18조 응징선원이 선박에 승선하여 직무에 종사하던 중 전쟁 위험이나 이에 준하는 위험에 처하여 상이를 당하거나 질병을 입거나 사망한 때는 정부가 명령으로 정한 바에 따라 본인 또는 그 유족에 대해 일시금을 지급한다.

전항의 유족 범위와 순위는 명령으로 이를 정한다.

제19조 제17조의 규정에 따른 부조와 전조의 규정에 따른 일시금의 지급에 필요한 비용은 응징선원을 사용한 선박소유자가 명령이 정하는 바에 따라 이를 국고에 납입한다. 다만 선박소유자가 국가인 경우는 여기에 제한을 받지 않는다.

제20조 다음 각호의 하나에 해당하는 자는 징용하지 않는다.

1. 육해군 군인으로서 현역 중인 자(아직 입영하지 않은 자를 제외한다) 및 소집 중인 자(소집 중의 신분으로 취급되는 자를 포함한다)
2. 육해군 학생생도(해군예비훈련생 및 해군예비보습생을 포함한다)
3. 의료관계자직업능력신고령에 따라 신고를 해야 하는 자(총동원 업무를 하는 선박소유자가 사용하는 선박에 승선 중인 자를 제외한다)
4. 수의사등직업능력신고령에 따라 신고를 해야 하는 자
5. 법령에 따라 구금 중인 자

제21조 다음 각호의 하나에 해당하는 자는 특별히 필요한 경우를 제외하고 사용하지 않는다.

1. 다른 사람으로 대체할 수 없는 직책에 있는 관리, 대우관리 또는 공리

2. 제국의회, 도쿄도의회, 도·부·현회, 시정촌회, 기타 이에 준하는 의회의 의원

3. 총동원 업무에 종사하는 자로서 다른 사람으로 대체할 수 없는 자

제22조 다음에 열거하는 자의 징용에 대해서는 징용령서, 징용변경령서, 징용해제령서 그리고 이것의 교부에 관해서는 별도의 명령으로 정할 수 있다.

1. 총동원 업무를 하는 선박소유자가 사용하는 선박에 승선 중인 선원

2. 총동원 업무를 하는 선박소유자가 보유하는 예비원인 선원

제3장 선원의 사용, 고입, 해고 및 퇴직

제23조 운수통신대신이 필요하다고 인정한 때는 선박소유자에 대해 명령으로 정한 선박의 승선 인원수나 예비원인 선원의 보유에 관하여 필요한 명령을 할 수 있다.

제24조 운수통신대신이 필요하다고 인정한 때는 명령이 정하는 바에 따라 선박소유자에 대해 고용하는 선원을 일정 기간 다른 선박소유자가 사용하도록 명령할 수 있다.

전항의 명령에 따라 선원을 사용하게 할 경우에는 당사자인 선박소유자가 수반되는 비용의 부담과 기타 필요한 사항에 관하여 협의해야 한다. 협의가 조율되지 않거나 협의를 할 수 없을 때는 운수통신대신이 재정하는 바에 따라야 한다.

제1항의 선원에 대한 급여는 해당 선원을 사용하는 선박소유자가 종전의 급여를 참작하여 지급한다.

제25조 몇 명이든 상관없이 선박소유자에게 고용된 선원으로서 운수통신대신이 지정한 자에 대해 선원 이외의 자로서 고용될 것을 권유하거나 다른 사람을 권유하게 할 수 없다.

제26조 해운국장은 필요하다고 인정한 때에 전조의 규정을 위반하여 선원을 고용한 자에 대해 해당 선원의 해고를 명령할 수 있다.

제27조 운수통신대신은 필요하다고 인정한 때에 선원의 고입, 해고 또는 퇴직의 제한에 관하여 필요한 명령을 할 수 있다.

고용기간의 만료, 기타 해고 및 퇴직 이외의 사유로 인하여 선원의 고용관계가 종료

할 경우에는 계속해서 고용관계를 존속하게 할 필요가 있다. 다만 명령으로 정하는 바에 따라 운수통신대신의 인가를 받은 경우에는 여기에 제한을 받지 않는다.

해원의 고입계약에는 위의 2개항의 규정을 적용하지 않는다.

제28조 운수통신대신이 지정하는 선원양성시설에서 본령의 시행 후 그 과정을 수료한 자를 고용계약에 근거하여 사용하려는 자는 명령이 정하는 바에 따라 사용할 인원수에 대해 운수통신대신의 인가를 받아야 한다.

제29조 국가 및 도·부·현에는 본 장의 규정을 적용하지 않는다.

제4장 시설의 관리 및 사용

제30조 운수통신대신은 필요하다고 인정한 때에 선박소유자나 해사(海事)에 관한 법인에 속하는 선원의 위생 또는 교육훈련에 관한 시설을 관리할 수 있다.

제31조 운수통신대신은 전조의 규정에 따라 관리하는 시설에서 선원의 위생 또는 교육훈련에 관한 업무에 대해 경영자를 지휘·감독한다.

제32조 제30조의 규정에 따른 시설의 관리에는 공장사업장관리령 제3조, 제4조 제1호부터 제3호 및 제5호, 제5조(제2조의 규정을 준용하는 부분을 제외한다) 그리고 제8조부터 제12조의 규정을 준용한다. 다만 동령 중 주무대신이라고 한 것을 운수통신대신으로 하며, 동령 제4조 제3호 중 제14조의 규정에 따른 주무대신의 직권의 일부를 행사하는 자라고 한 것을 선원동원령 제53조의 규정에 따른 동령 제30조의 관리에 관한 운수통신대신의 직권의 일부를 행사하는 해운국장으로 한다.

제33조 운수통신대신은 필요하다고 인정한 때에 선박소유자 또는 해사에 관한 법인에 속하는 선원의 위생 또는 교육훈련에 관한 시설을 사용할 수 있다.

운수통신대신이 전항의 규정에 따라 동항의 시설을 사용할 경우에 필요하다고 인정한 때는 그 종업자를 공용(供用)하게 할 수 있다.

제34조 전조의 규정에 따른 시설의 사용 및 종업자의 공용에는 공장사업장사용수용령 제3조부터 제12조, 제18조 제1항, 제19조, 제21조부터 제25조 그리고 제30조 제2항의 규정을 준용한다. 다만 동령 중 주무대신이라고 한 것을 운수통신대신으로 하

며, 동령 제5조 제6호 중 제30조 제1항의 규정에 따른 관할 기관장 또는 지방장관에게 제6조 또는 제10제 제1항의 규정에 따른 주무대신의 직권을 행사하게 할 경우라 한 것을 선원동원령 제53조의 규정에 따라 해운국장에게 동령 제34조에 준하여 공장사업장사용수용령 제6조 또는 제10조 제1항의 규정에 따른 운수통신대신의 직권을 행사하게 할 경우로 하며, 동령 제24조 제2항 중 각령이라고 한 것을 명령이라 한다.

제5장 직업능력의 신고 및 검사

제35조 다음에 열거하는 자[이하 요(要)신고자라 칭한다]는 본 장의 규정에 따라 직업능력에 관한 사항의 신고를 해야 한다.

1. 선원법 제1조(조선선원령 및 관동주선원령에 따른 경우를 포함한다)에서 규정하는 선원
2. 소형선박승조원수첩법 제1조 제1항에 규정하는 선원
3. 해기면허장을 보유한 자
4. 운수통신대신이 지정하는 선원양성시설에서 그 과정을 종료한 자로서 연령이 60세 미만인 자
5. 제1호 또는 제2호의 선원(소형선박승조원수첩법 시행 전에 동법 제1조 제1항에서 규정한 선원에 해당하는 자를 포함한다)으로서 6개월 이상 선박에 승선한 자로서 연령 60세 미만인 자
6. 총동원 업무를 하는 선박소유자가 보유한 예비원인 선원
7. 총톤수 30톤 미만의 어선으로서 명령으로 정한 선박의 승조원 및 6개월 이상 해당 선박에 승선한 자로서 연령 60세 미만인 자
8. 기타 운수통신대신이 지정하는 자

제36조 직업능력에 관한 사항의 신고는 매년 1회 실시하는 것으로 한다.

전항의 신고는 7월 1일 현재 같은 달 15일까지 실시해야 한다.

제37조 요신고자는 다음에 열거하는 사항을 거주지를 관할하는 해상 관청에 신고해야 한다.

1. 씨명

2. 성별

3. 생년월일

4. 본적

5. 거주 장소

6. 병역관계

7. 학력

8. 선원수첩 또는 소형선박승조원수첩을 소지한 자는 해당 해상 관청의 약호 및 번호

9. 해기면허장을 소지한 자는 그 종류 및 번호

10. 무선통신사자격검정학력증서를 소지한 자는 그 등급 및 번호

11. 승선 이력

12. 현재 종사하는 업무

13. 봉급, 급료 등을 받는 자일 경우 그 금액

14. 건강상태 특히 선내 근무에 관련된 장애 유무

15. 배우자 유무 및 현재 부양할 자의 인원수

16. 선내 근무에 관한 희망

17. 기타 명령으로 정한 사항

요신고자가 전항의 규정에 따른 신고를 한 다음 동항의 제1호, 제4호부터 제6호 및 제12호에 열거한 사항에서 변경이 발생한 때는 제39조에서 열거한 경우를 제외하고 30일 이내에 거주지를 관할하는 해상 관청에 그 취지를 신고해야 한다.

제38조 제35조 제1호 및 제2호의 선원은 본 장의 규정에 따른 신고를 할 필요가 없다. 다만 제2항에서 규정한 경우는 여기에 제한을 받지 않는다.

운수통신대신은 필요하다고 인정한 때에 제36조의 규정에 따른 신고 외에 요신고자의 전부 또는 일부에 대해 명령이 정하는 바에 따라 전조 제1항에 열거한 사항의 전부 또는 일부를 신고하게 할 수 있다.

제39조 요신고자가 제36조부터 전조의 규정에 따른 신고 후 다음에 열거하는 각호의 하나에 해당할 때는 지체 없이 전의 신고를 한 해상 관청에 그 취지를 신고해야 한다.

1. 제41조의 규정에 해당하게 된 때

2. 본령 시행지 밖으로 거주 장소를 옮긴 때

제40조 해상 관청은 명령이 정한 바에 따라 해당 관리로 하여금 본 장의 규정에 따른 신고를 한 자에 대해 그 취업능력에 관한 검사를 하게 할 수 있다.

제41조 본 장의 규정은 제39조 제1호의 규정에 따른 신고에 관한 규정을 제외하고 육해군 군인으로서 현역 중인 자(아직 입영하지 않은 자 및 귀휴 하사관과 병을 제외한다) 및 전시나 사변 시 또는 병역법 제55조 제2항의 규정(지원에 따라 병적에 편입된 자에 대해서는 이에 해당하는 칙령의 규정을 포함한다)에 따라 소집 중인 자, 병적에 편입된 육해군 학생생도(해군예비연습생 및 해군예비보습생을 포함한다), 국가총동원법 제4조 규정에 따라 징용 중인 자(국민징용령에 따라 징용 중인 자를 제외한다), 의료관계자직업능력신고령에 따라 신고를 해야 하는 자(총동원 업무를 하는 선박소유자가 사용하는 선박에 승선 중인 자를 제외한다) 그리고 수의사등직업능력신고령에 따라 신고를 해야 하는 자에게는 이를 적용하지 않는다.

제42조 요신고자로서 다음 각호의 하나에 해당하는 자의 신고에 관해서는 명령이 정한 바에 따라 신고 기한을 연장할 수 있다.

1. 육해군 군인으로서 소집 중인 자(전조에서 규정한 소집 중인 자를 제외한다)

2. 외국 여행 중인 자

3. 기타 명령으로 정한 자

제6장 선박운항기능자 양성

제43조 운수통신대신은 선박운항기능자양성시설의 관리자 또는 선박소유자에 대하여 기능의 종류 및 양성할 자의 인원수를 정하여 기능자 양성을 명령할 수 있다.

운수통신대신은 전항의 규정에 따른 명령을 받은 자에 대하여 양성에 필요한 시설을 명령할 수 있다.

제44조 전조의 규정에 따라 양성될 자는 명령이 정한 자격을 구비한 자여야 한다.

양성 기간 및 양성 방법은 기능의 종류 및 양성할 자의 이력에 따라 명령으로 정한다.

제45조 제43조 제1항의 규정에 따라 기능자 양성을 명령받은 자는 양성 계획을 정하여 해운국장의 인가를 받아야 하며, 이 계획을 변경하고자 할 때도 역시 마찬가지이다.

해운국장은 필요하다고 인정한 때에 양성 계획의 변경을 명령할 수 있다.

제46조 제43조 제1항의 규정에 따라 기능자 양성을 명령받은 선박소유자는 양성할 자에게 수업료와 기타 양성에 필요한 비용을 부담하게 할 수 있다. 다만 명령이 정한 바에 따라 해운국장의 허가를 받은 경우에는 여기에 제한을 받지 않는다.

제47조 해운국장은 선박운항기능자양성시설의 관리자에 대해 다음에 열거하는 사항에 관하여 필요한 변경을 명령할 수 있다.

1. 강습 과목 및 시간
2. 양성할 기능의 종류 및 양성할 자의 인원수
3. 양성할 자의 자격
4. 양성 기간
5. 기타 양성에 관하여 필요한 사항

제48조 운수통신대신은 그가 정하는 바에 따라 본 장의 규정에 따른 명령을 받은 자에 대하여 예산의 범위 내에서 보조금을 교부한다.

운수통신대신은 본 장의 규정에 따른 기능자 양성으로 인한 손실이 발생한 경우에 통상적으로 발생하는 손실을 보상한다.

손실의 보상을 청구하고자 하는 자는 양성 기간 종료 후에 이를 청구해야 한다. 다만 운수통신대신이 정하는 바에 따라 별도의 시기에 이를 청구할 수 있다.

제49조 본 장의 규정은 농상대신으로부터 어선운항기능자양성을 위한 보조금과 기타 교부금을 받은 공공단체와 기타 영리를 목적으로 하지 않는 법인에 대하여 오로지 어선에 승선해야 하는 선박운항기능자의 양성을 명령하는 것에 관해서는 이를 적용하지 않는다.

제50조 운수통신대신이 어업자인 어선소유자에 대하여 제43조의 규정에 따른 명령을 하고자 할 경우, 그리고 전조의 공공단체와 기타 법인에 대하여 동조에 열거하는 것 이외의 선박운항기능자 양성 또는 양성시설에 관하여 제43조의 규정에 따른 명령을 할 때에는 미리 농상대신에게 협의해야 한다.

전항의 규정은 조선, 대만 및 남양군도에서는 이를 적용하지 않는다.

제7장 잡칙

제51조 운수통신대신은 국가총동원법 제31조의 규정에 근거하여 선원의 징용, 사용, 고입, 해고 또는 퇴직, 응징선원의 사용 또는 종업조건, 선원의 위생 또는 교육훈련에 관한 시설 관리 또는 사용, 종업자의 공용, 직업능력에 관한 사항의 신고 또는 선박운항기능자의 양성에 관하여 필요한 보고를 요구하거나 해당 관리로 하여금 선박, 사무소, 기타 장소에 임검하여 업무 상황 또는 장부, 서류, 기타 물건을 검사하게 할 수 있다.

전항의 규정에 따라 해당 관리로 하여금 임검하여 검사를 하게 할 경우에는 그의 신분을 밝히는 증표를 휴대하도록 해야 한다.

제52조 본령 및 본령에 근거하여 발동하는 명령 중 선박소유자에 관한 규정은 선박을 공유한 경우에 선박관리인을 둔 때는 선박관리인에게, 선박을 대여한 경우에는 선박차입인에게 이를 적용한다.

제53조 운수통신대신은 해운국장에게 본령에서 정한 직종의 일부를 행사하게 할 수 있다.

제54조 본령 중 운수통신대신이라고 한 것 또는 해당 관청의 소관대신이라고 한 것을 해당 관청의 소관대신이 육군대신 또는 해군대신인 경우를 제외하고, 조선, 대만 또는 남양군도에서는 각각 조선총독, 대만총독 또는 남양청장관으로 하며, 해운국장이라고 한 것은 조선 또는 대만에서는 각각 조선총독부 교통국장 또는 대만총독부 교통국총장이라 하며, 해운국장 또는 해상 관청이라고 한 것을 남양군도에서는 남양청장관이 지정하는 행정관청이라 하며, 도·도·부·현이라고 한 것을 조선, 대만 또는 남양군도에서는 각각 도, 주 또는 청, 또는 남양군도의 지방비로 한다.

제55조 본령에서 규정한 것 이외에 선원의 징용, 사용, 고입, 해고나 퇴직 또는 응징선원의 사용 또는 종업조건에 관한 명령, 선원의 위생 또는 교육훈련에 관한 시설의 관리 및 사용, 종업자의 공용, 직업능력에 관한 사항의 신고 그리고 선박운항기능자의 양성에 관하여 필요한 사항은 명령으로 정한다.

부칙

본령은 1945년 1월 25일부터 이를 시행한다.

선원직업능력신고령, 선박운항기능자양성령, 선원징용령 및 선원사용등통제령은 이를 폐지한다.

전시해운관리령은 일부를 다음과 같이 개정한다.

제1조 중 '에 승선시킬 선원의 징용, 동법 제6조의 규정에 근거한 피징용선원의 해고, 종업, 퇴직 또는 급여에 관한 명령, 동법 제8조의 규정에 근거한 선박운영회가 운항하는 선박' 및 '선원의 위생과 교육훈련에 관한 시실의 관리'를 삭제하고, '제4조'를 '제8조'로 개정한다.

'제3장 선원징용'을 삭제한다.

제18조부터 제26조를 삭제한다.

'제4장 선박운영회'를 '제3장 선박운영회'로 개정한다.

제46조 삭제

제48조 삭제

'제5장 잡칙'을 '제4장 잡칙'으로 개정한다.

제61조 제1항 중 '제27조의 규정에 따른 처분으로 인하여 통상 발생할 수 있는 손실 및'을 삭제한다.

제62조 제1항 중 '운수통신대신이 관리하는 선원의 위생 및 교육훈련에 관한 시설의 경영자'를 삭제한다.

제65조 제1항 중 '제4장'을 '제3장'으로 개정한다.

제67조 삭제

제68조 중 '선원징용'을 삭제하고 동조를 제67조로 고친다.

국민징용령 중 일부를 다음과 같이 개정한다.

제15조 2 피징용자선원동령에 따라 징용된 때는 본령에 따른 징용이 해제되는 것으로 간주한다.

본령 시행 전에 한 행위에 관한 벌칙의 적용에 대해서는 종전의 사례에 따른다.

본령 시행 전에 선원직업능력신고령, 선박운항기능자양성령, 선원진용령, 선원사용등통제령 또는 전시해운관리령 중 선원의 징용 또는 선원의 위생 및 교육훈련에 관한 시설의 관리에 관한 규정에 근거하여 발령하거나 시행한 명령 또는 처분은 이를 본령 중에 상당하는 규정에 근거하여 발령하거나 시행한 명령 또는 처분으로 간주한다.

참조

1938년 칙령 제317호는 남양군도에서의 국가총동원에 관한 건이다.

자료 56

선원동원령에 의한 육해군 군속에 대한 선원으로서의 징용에 관한 건	
구분	육밀(陸密) 제576호
법령명/건명	선원동원령에 의한 육해군 군속에 대한 선원으로서의 징용에 관한 건 船員動員令ニ依ル陸海軍軍屬ニ對スル船員トシテノ徵用ニ關スル件
제정·개정·결정·폐지 연월일	1945년 2월 9일
구성	본문 6개 조항
선행 규범·법령	
원문 일부	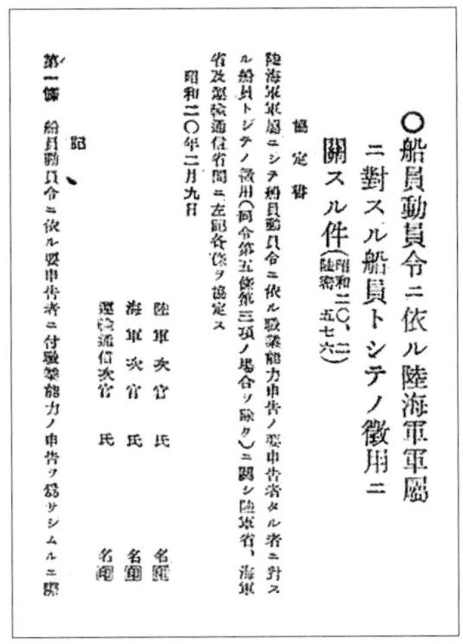 ○船員動員令ニ依ル陸海軍軍屬ニ對スル船員トシテノ徵用ニ關スル件（昭和二〇、二 陸密五七六） 協定書 陸海軍軍屬ニシテ船員動員令ニ依ル職業能力申告ノ要申告者タル者ニ對スル船員トシテノ徵用（同令第五條第三項ノ場合ヲ除ク）ニ關シ陸軍省、海軍省及運輸通信省間ニ左記各條ヲ協定ス 昭和二〇年二月九日 陸軍次官 氏名 海軍次官 氏名 運輸通信次官 氏名 記 第一條 船員動員令ニ依ル要申告者ニ付職業能力ノ申告ヲ爲サシムルニ際 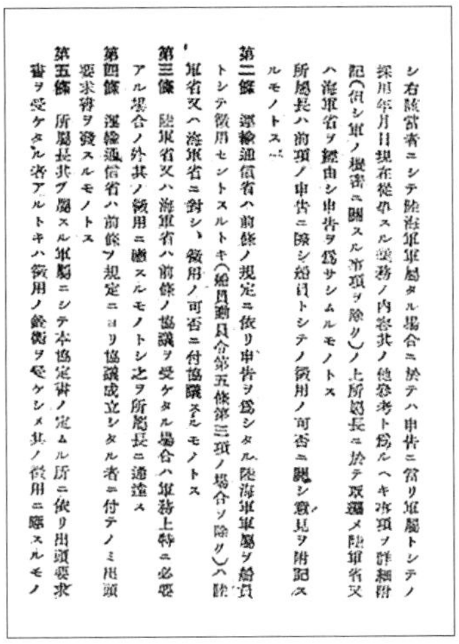 シ右該當者ニシテ陸海軍軍屬タル場合ニ於テハ申告ニ當リ軍屬トシテノ採用年月日現在從事スル業務ノ內容其ノ他參考ト爲ルヘキ事項ヲ詳細附記（但シ軍ノ機密ニ關スル事項ヲ除ク）ノ上所屬長ニ於テ取纏メ陸軍省又ハ海軍省ヲ經由シ申告ヲ爲サシムルモノトス 所屬長ハ前項ノ申告ニ際シ船員トシテノ徵用ノ可否ニ關シ意見ヲ附記スルモノトス 第二條 運輸通信省ハ前條ノ規定ニ依リ申告ヲ爲シタル陸海軍軍屬ヲ船員トシテ徵用セントスルトキ（船員動員令第五條第三項ノ場合ヲ除ク）ハ陸軍省又ハ海軍省ニ對シ、徵用ノ可否ニ付協議スルモノトス 第三條 陸軍省又ハ海軍省ハ前條ノ協議ヲ受ケタル場合ハ軍務上特ニ必要アル場合ノ外其ノ徵用ニ應スルモノトシ之ヲ所屬長ニ通達ス 第四條 運輸通信省ハ前條ノ規定ニ依リ協議成立シタル者ニ付テノミ出頭要求書ヲ發スルモノトス 第五條 所屬長其ノ屬スル軍屬ニシテ本協定書ノ定ムル所ニ依リ出頭要求書ヲ受ケタル者アルトキハ徵用ノ銓衡ヲ受ケシメ其ノ徵用ニ應スルモノ
주요 내용 및 특징	○ 육해군 군속으로서 「선원동원령」에 따라 직업능력신고를 할 필요가 있는 신고자를 선원으로 징용한다는 명령
법령 적용 범위	조선을 포함한 제국 전역
관련 법령 통합·폐지 사항	
유사·파생 법령	

육밀 제576호

1945년 2월 9일

선원동원령에 의한 육해군 군속에 대한 선원으로서의 징용에 관한 건

협정서

육해군 군속으로서 선원동원령에 따라 직업능력신고를 할 필요가 있는 신고자를 선원으로 징용(동령 제5조 제3항의 경우를 제외)하는데 관하여, 육군성, 해군성 및 운수통신성 간에 다음의 조항을 협정한다.

육군차관 씨명 날인

해군차관 씨명 날인

운수통신차관 씨명 날인

제1조 선원징용령에 따라 신고가 필요한 자에 대해 직업능력 신고를 하게 할 때 이상에 해당하는 자로서 육해군 군속인 경우에는 신고할 때 군속으로 채용연월일, 현재 종사하는 업무의 내용, 기타 참고할 사항을 상세하게 부기(단 군의 기밀에 관한 사항은 제외한다)한 다음, 소속 기관장이 취합하여 육군성 또는 해군성을 경유하여 신고를 하도록 한다.

소속 기관장은 전항의 신고를 할 때 선원으로 채용할지 여부에 관하여 의견을 부기해야 한다.

제2조 운수통신성이 전조의 규정에 따라 신고를 한 육해군 군속을 선원으로 징용하려고 한 때는(선원동원령 제5조 제3항의 경우를 제외) 육군성 또는 해군성에 대해 징용의 가부(可否)에 대해 협의한다.

제3조 육군성 또는 해군성이 전조의 협의를 받은 경우에는 군무상 특별히 필요가 있는 경

우를 제외하고 그 징용에 응해야 하며, 이를 소속 기관장에게 통달한다.

제4조 운수통신성은 전조의 규정에 따라 협의가 성립된 자에 대해서만 출두요구서를 제시한다.

제5조 소속 기관장은 소속된 군속으로서 본 협정서에서 정한 바에 따라 출두요구서를 받은 자가 있을 때는 징용 전형을 받게 하고 그 징용에 응해야 한다.

제6조 운수통신성이 징용 전형 결과 징용을 결정하여 본인에게 징용령서를 발부할 때는 그 취지를 육군성 또는 해군성 그리고 소속 기관장에게 통보해야 한다.

자료 57

선원동원령시행규칙	
구분	조선총독부령 제15호
법령명/건명	선원동원령시행규칙 船員動員令施行規則
제정·개정·결정·폐지 연월일	공포·시행 1945년 2월 10일(조선총독부관보 제5403호, 1945.2.10.)
구성	본문 49개 조항, 부칙
선행 규범·법령	선원동원령(1945년 칙령 제22호)
원문 일부	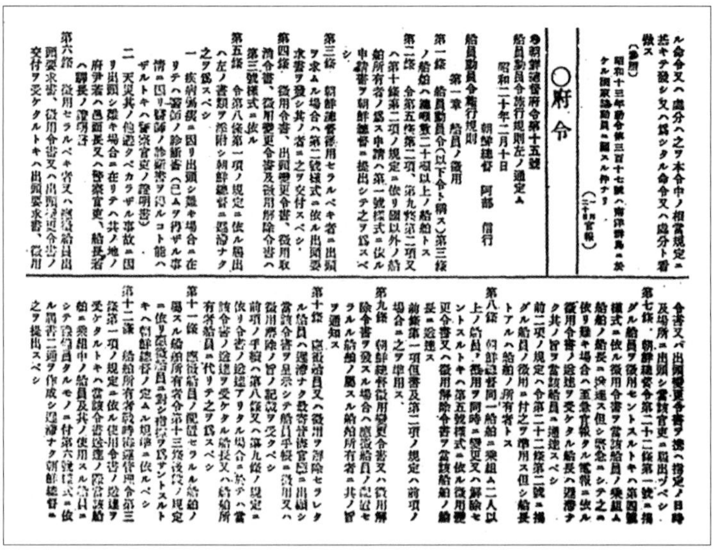 ル命令又ハ處分ハ之ヲ本令中ノ相當規定ニ基キテ發シ又ハ爲シタル命令又ハ處分ト看做ス (參照) 昭和十三年勅令第三百十七號ハ南洋群島ニ於ケル國家總動員ニ關スル件ナリ (二月十日官報) ○府令 朝鮮總督府令第十五號 船員動員令施行規則左ノ通定ム 昭和二十年二月十日　朝鮮總督　阿部信行 船員動員令施行規則 第一章　船員ノ徵用 第一條　船員動員令(以下令ト稱ス)第三條ノ船舶ハ總噸數二十噸以上ノ船舶トス 第二條　令第五條第二項、第九條第二項又ハ第十條第二項ノ規定ニ依リ國以外ノ船舶所有者ノ爲ス申請ハ第一號様式ニ依ル申請書ヲ朝鮮總督ニ提出シテ之ヲ爲スベシ 第三條　朝鮮總督徵用セラルベキ者ニ出頭ヲ求ムル場合ハ第二號様式ニ依ル出頭要求書ヲ發シ其ノ者ニ之ヲ交付スベシ 第四條　徵用令書、出頭變更令書、徵用取消令書、徵用變更令書及徵用解除令書ハ第三號様式ニ依ル 第五條　令第八條第一項ノ規定ニ依ル屆出ハ左ノ書類ヲ添附シ朝鮮總督ニ遲滯ナク之ヲ爲スベシ 一　疾病傷痍ニ因リ出頭シ難キ場合ニ在リテハ醫師ノ診斷書(已ムヲ得ザル事情ニ因リ醫師ノ診斷書ヲ得ルコト能ハザルトキハ警察官吏ノ證明書) 二　天災其ノ他避クベカラザル事故ニ因リ出頭シ難キ場合ニ在リテハ其ノ地ノ府尹若ハ邑面長又ハ警察官吏、船長若ハ驛長ノ證明書 第六條　徵用セラルベキ者又ハ被徵用船員出頭要求書、徵用令書又ハ出頭變更令書ノ交付ヲ受ケタルトキハ出頭要求書、徵用令書又ハ出頭變更令書ヲ携ヘ指定ノ日時及場所ニ出頭シ當該官吏ニ提出スベシ 第七條　朝鮮總督令第二十二條第一號ニ掲グル船員ヲ徵用セントスルトキハ第四號様式ニ依ル徵用令書ヲ當該船員ノ乘組ム船舶ノ船長ニ送達ス但シ緊急ニシテ之ニ依リ難キ場合ハ至急官報タル電報ニ依ル 徵用令書ノ送達ヲ受ケタル船長ハ遲滯ナク其ノ旨ヲ當該船員ニ通達スベシ 前二項ノ規定ハ令第二十二條第二號ニ掲グル船員ノ徵用ニ付之ヲ準用ス但シ船長トアルハ船舶ノ所有者トス 第八條　朝鮮總督同一船舶ニ乘組ム二人以上ノ船員ヲ同時ニ徵用又ハ解除セントスルトキハ第五號様式ニ依ル徵用變更令書又ハ徵用解除令書ヲ當該船舶ノ船長ニ送達ス 前條第一項但書及第二項ノ規定ハ前項ノ場合ニ之ヲ準用ス 第九條　朝鮮總督徵用變更令書又ハ徵用解除令書ヲ發スル場合ハ應徵船員ノ配置セラルル船舶ノ屬スル船舶所有者ニ其ノ旨ヲ通知ス 第十條　應徵船員又ハ徵用ヲ解除セラレタル船員ハ遲滯ナク當該官署ニ出頭シ當該令書ヲ呈示シテ船員手帳ニ徵用又ハ徵用解除ノ旨ノ記載ヲ受クベシ 前項ノ手續ハ第八條又ハ第九條ノ規定ニ依リ令書ノ送達アリタル場合ニ於テハ當該令書ノ送達ヲ受ケタル船長又ハ船舶所有者船員ニ代リテ之ヲ爲スベシ 第十一條　應徵船員ノ配置セラルル船舶ノ屬スル船舶所有者令第十三條後段ノ規定ニ依リ應徵船員ニ對シ措置ヲ爲サントスルトキハ朝鮮總督ノ定ムル規準ニ依ルベシ 第十二條　船舶所有者戰時海運管理令第三條第一項ノ規定ニ依ル使用命令ノ送達ヲ受ケタルトキハ當該命令送達ノ際當該船舶ニ乘組中ノ船員及其ノ使用スル船員ニシテ徵用セラレタル者ニ付第六號様式ニ依ル報告書二通ヲ作成シ遲滯ナク朝鮮總督ニ之ヲ提出スベシ
주요 내용 및 특징	○「선원동원령」을 조선에서 시행하는 것에 관한 규정 ○ 선원의 징용, 사용, 해고 및 퇴직 등에 관한 종합적인 통제규칙
법령 적용 범위	조선
관련 법령 통합·폐지 사항	조선선원직능력신고령시행규칙, 선박운항기능자양성령시행규칙, 선원징용령 시행규칙, 선원사용등통제령시행규칙
유사·파생 법령	

조선총독부령 제15호

1945년 2월 10일

선원동원령시행규칙

제1장 선원의 징용

제1조 선원동원령(이하 동원령이라 칭한다) 제3조의 선박은 총톤수 20톤 이상의 선박으로 한다.

제2조 동원령 제5조 제2항, 제9조 제2항 또는 제10조 제2항의 규정에 따라 국외의 선박소유자가 하는 신청은 제1호 양식에 따른 신청서를 조선총독에게 제출해야 한다.

제3조 조선총독이 징용할 자에게 출두를 요구할 경우에는 제2호 양식에 따른 출두요구서를 발부하여, 이를 당사자에게 교부해야 한다.

제4조 징용령서, 출두변경령서, 징용취소령서, 징용변경령서 및 징용해제령서는 제3호 양식에 따른다.

제5조 동원령 제8조 제1항의 규정에 따른 신고는 다음의 서류를 첨부하여 지체 없이 조선총독에게 해야 한다.

1. 질병과 상이로 인해 출두하기 어려울 경우에는 의사의 진단서(불가피한 사정으로 인하여 의사의 진단서를 받을 수 없을 때는 경찰관리의 증명서)
2. 천재(天災)와 기타 불가피한 사고로 인하여 출두하기 어려울 경우에는 해당 지역의 부윤이나 읍·면장 또는 경찰관리, 선장 또는 역장의 증명서

제6조 징용될 자 또는 응징선원이 출두요구서, 징용령서 또는 출두변경령서를 교부받은 때는 출두요구서, 징용령서 또는 출두변경령서를 휴대하고 지정된 일시와 장소로 출두하여 해당 관리에게 신고해야 한다.

제7조 조선총독이 동원령 제22조 제1호에 열거한 선원을 징용하고자 할 때는 제4호 양식에 따른 징용령서를 해당 선원이 승선한 선박의 선장에게 송달한다. 다만 긴급하여 이에 따르기 어려울 경우에 지급관보(至急官報)인 전보(電報)로 징용령서를 송달받은 선장은 지체 없이 그 내용을 해당 선원에게 통보해야 한다.

동원령 제22조 제2호에 열거한 선원의 징용에 대해서는 위 2개항의 규정을 준용한다. 다만 선장이라고 한 것을 선박소유자로 한다.

제8조 조선총독이 동일 선박에 승선한 2명 이상의 선원의 징용을 변경하거나 해제하고자 할 때는 제5호 양식에 따른 징용변경령서 또는 징용해제령서를 해당 선박의 선장에게 송달한다.

전항의 경우에는 전조 제1항의 단서와 제2항의 규정을 준용한다.

제9조 조선총독이 징용변경령서 또는 징용해제령서를 발부할 경우에는 응징선원이 배치된 선박의 소유자에게 그 내용을 통지한다.

제10조 응징선원 또는 징용이 해제된 선원은 지체 없이 가장 가까운 해상 관청에 출두하여 해당 영서를 제시하여 선원수첩에 징용 또는 징용해제의 내용을 기재 및 확인받는다.

제8조 또는 제9조의 규정에 따른 영서의 송달이 있은 경우에는 해당 영서의 송달을 받은 선장 또는 선박소유자가 선원 대신에 전항의 수속을 대신해야 한다.

제11조 응징선원이 배치된 선박의 소유자가 동원령 제13조 후단의 규정에 따라 응징선원에 대해 지휘하고자 할 때는 조선총독이 정하는 규준(規準)에 따라야 한다.

제12조 선박소유자가 전시해운관리령 제3조 제1항의 규정에 따른 사용영서(使用令書)를 송달받은 때는 해당 영서가 송달된 때에 해당 선박에 승선한 선원과 사용할 선원으로서 예비원인 자에 대해 제6호 양식에 따른 신고서 2통을 작성하여, 지체 없이 조선총독에게 제출해야 한다.

제13조 동원령 제22조에 열거한 선원을 징용하고자 할 때는 조선총독은 선박소유자에 대하여 제6호 양식에 따른 신고서 2통을 제출하게 할 수 있다.

제14조 선박소유자가 제2조의 신고를 한 후에 응징선원이 아닌 선원을 예비원으로 보유하게 된 때는 지체 없이 제6호 양식에 따른 신고서 2통을 조선총독에게 제출해야 한다.

제15조 동원령 제35조에 열거한 자(동원령 제20조에 열거한 자를 제외한다. 이하 마찬가지)에게 본적지와 거주지에서 가사를 부담할 가족(호주를 포함한다. 이하 마찬가지)이 없는 자는 본적지나 거주지의 부·읍·면이 본인 대신에 선원징용령서를 수령하여 지체 없이 이를

본인에게 전달해야 한다. 그리고 부·읍·면은 선원징용통보인(성년자에 한정한다)을 정하여 제7호 양식에 따라 연서하여 조선총독에게 제출해야 한다.

전항의 규정에 따라 신고를 한 자에게 본적지나 거주지에서 가사를 부담할 가족이 생겼을 때는 그 내용을 조선총독에게 신고해야 한다.

제16조 선원징용통보인을 변경하거나 선원징용통보인의 주소 또는 씨명에 변경이 있을 때는 전조 제1항의 신고를 한 자는 제8호 양식에 따라 지체 없이 조선총독에게 신고해야 한다.

제17조 동원령 제35조에 열거한 자는 가사를 부담하는 가족이나 선원징용통보인에게 자기의 동정을 항시 자세하게 알려두어야 한다.

제18조 제15조와 제16조의 신고는 가장 가까운 해상 관청을 경유하여 할 수 있다.

제2장 선원의 사용, 고입, 해고 및 퇴직

제19조 동원령 제23조의 선박은 총톤수 20톤 이상의 선박으로 한다.

제20조 동원령 제24조 제1항의 명령은 선원의 자격이나 직무별 인원수, 사용기간, 사용할 선박소유자 등을 지정하여 한다.

제21조 동원령 제24조 제1항의 명령에 따라 선원을 사용할 경우에는 당사자인 선박소유자는 해당 선원의 처우에 관하여 종래의 이익을 침해할 수 없다.

제22조 동원령 제24조 제1항의 명령이 있은 경우에 사용할 선원이 결정된 때 또는 동조 제2항에서 규정하는 협의가 조율된 때는 당사자인 선박소유자가 연서한 후에 지체 없이 제9호 양식에 따른 보고서 또는 계약서의 등본을 조선총독에게 제출해야 한다.

제23조 동원령 제24조 제2항의 재정을 받은 자는 신청서에 부본을 첨부하여 조선총독에게 제출해야 한다.

조선총독이 전항의 신청서를 수리할 때는 부본을 신청자의 상대방에게 송부하고 지정된 기간 내에 답변서를 제출하게 해야 한다.

전항의 기간 내에 답변서를 제출하지 않은 때는 조선총독이 신청서만으로 재정을 할 수 있다.

조선총독이 재정을 한 때는 재정서에 이유를 적시하여 이를 당사자 쌍방에 송부해야 한다.

제24조 조선총독이 지정한 범위에서의 선원의 해고 및 퇴직은 조선총독부 교통국장(이하 교통국장이라 칭한다)의 인가없이 할 수 없다.

전항 또는 동원령 제27조 제2항 단서의 인가를 받고자 하는 자는 제10호 양식에 따라 신청서에 부본을 첨부하여 교통국장에게 제출해야 한다.

제25조 동원령 제28조의 인가를 받으려는 자는 조선총독이 지정하는 기일까지 제11호 양식에 따른 신청서를 조선총독에게 제출해야 한다.

전항의 신청에 대한 인가를 한 후에 특별히 필요가 있고 사용할 수 있는 수료자가 있을 때는 전항의 기일에 구애됨이 없이 신청서를 수리할 수 있다.

제26조 동원령 제28조의 인가는 인가가 있은 후 1년 이내에 수료자를 고입할 수 없을 때는 그 범위에서 효력을 상실한다.

제27조 동원령 제28조의 인가를 받은 자가 수료자를 고입하거나 해고한 때는 지체 없이 제12호 양식에 따른 보고서를 조선총독에게 제출해야 한다.

제28조 동원령 제27조 제2항의 단서에서 정한 조선총독의 직권을 교통국장이 행사하게 할 수 있다.

제3장 직업능력의 신고 및 검사

제29조 동원령 제36조의 규정에 따른 신고는 제13호 양식에 따른 선원직업능력신고서 용지로 해야 한다.

전항의 선원직업능력신고서 용지는 해상 관청과 기타 조선총독이 고시로 지정하는 자로부터 신고를 받거나 그에게 교부해야 한다.

제30조 동원령 제37조 제2항의 규정에 따른 신고는 서면으로 해야 한다.

전항의 서면에는 변경에 관한 신구 사항과 변경이 발생한 연월일을 기재하고 기명날인해야 한다.

제31조 동원령 제38조 제2항의 규정에 따른 신고를 하게 할 경우에는 다음에 열거하는 사

항을 정하여 고시한다.

1. 신고를 해야 하는 요신고자의 범위

2. 신고를 해야 할 사항

3. 신고 시기

4. 신고 방법

第32조 동원령 제39조의 규정에 따른 신고는 서면으로 해야 한다.

전항의 서면에는 동원령 제39조의 각호에 해당하는 사항과 이에 해당하게 된 연월일을 기재하고 기명날인해야 한다.

第33조 동원령 제40조의 검사는 피검사자의 신체, 기능, 기타 필요하다고 인정하는 사항에 대하여 실시할 수 있다.

전항의 경우에 해당 관리는 제40호 양식에 따른 증표를 휴대해야 한다.

第34조 조선총독이 동원령 제35조 제4호의 규정에 따라 선원양성시설을 지정한 때와 동조 제8호의 규정에 따라 신고해야 하는 자를 지정한 때는 이를 고시한다.

동원령 제35조 제7호의 어선은 총톤수 20톤 이상의 어선으로 한다.

第35조 관련 해상 관청이 필요하다고 인정한 때는 퇴직의 인증, 고용해지의 공인 또는 하선의 증명 신청 또는 고용계약 종료의 증명 또는 승조원 폐업의 증명 신청이 있을 때, 해당 선원에게 동원령 제37조 제1항에 열거한 사항에 관하여 보고를 하게 할 수 있다.

第36조 동원령 제35조 제3호부터 제8호에 열거한 요신고자가 동원령 제36조와 제38조 제2항의 신고를 한 후 사망한 때는 사망 당시 그와 동거하는 가족 관계에 있는 자가 지체 없이 거주지를 관할하는 해상 관청에 그 내용을 보고해야 한다. 다만 동원령 제41조의 규정에 해당하는 자는 여기에 제한을 받지 않는다.

第37조 동원령 제42조 제1호에 해당하는 자의 신고 기한은 소집해제일로부터 15일 이내로 이를 연장한다.

다음 각호의 하나에 해당하는 자의 신고 기한은 조선으로 귀환한 날로부터 15일 이내에 이를 연장한다.

1. 동원령 제42조 제2호에 해당하는 자

2. 내지, 대만, 남양군도 또는 관동주로 여행 중인 자

3. 조선선원령에 따르도록 정한 선원법 제1조에서 규정한 선원 이외의 자로서 선박에 승선하여 여행 중인 자

제4장 선박운항기능자 양성

제38조 동원령 제43조에서 기능자란 선박에 승선하여 선박의 운항, 기관의 운전 또는 무선전신이나 무선전화의 통신에 종사하는 자를 가리킨다.

제39조 동원령 제43조 제1항의 규정에 따라 양성되는 자격을 구비한 자는 양성 개시 시점에 다음 각호의 하나에 해당하며, 체격이 선원으로서의 직무에 적합하다고 인정되는 자여야 한다.

1. 기능의 종류가 해기면허장의 취득이 필요한 경우에는 조선선박직원시험규칙에 따른 시험을 보는 데 필요한 자격을 갖춘 자
2. 전호에 열거한 경우 외에는 조선선원령에 따르도록 정한 선원법 제4조의 규정에 근거하여 선원이나 석탄부(石炭夫) 또는 화부(火夫)로 사용할 수 있는 연령에 도달한 자

제40조 동원령 제44조 제2항에서 규정하는 양성 기간은 별표에 따른다.

제41조 선박운항기능자 양성을 명령받은 자는 조선총독으로부터 다른 선박운항기능자 양성시설에 위탁하여 양성하도록 명령받은 경우를 제외하고 자기의 양성시설에서 양성을 해야 한다. 다만 선박소유자는 조선총독이 지정하는 선박운항기능자양성시설에 위탁하여 양성을 할 수 있다.

제42조 선박소유자가 동원령 제45조 제1항의 규정에 따른 양성 계획의 인가를 받고자 할 때는 다음에 열거한 사항을 기재한 신청서를 교통국장에게 제출해야 한다.

1. 양성시설의 명칭 및 위치
2. 교실, 실습시설, 교수용(教授用) 비품, 기타 양성에 관한 설비의 개요
3. 양성할 기능의 종류 및 양성할 인원수
4. 양성할 자의 자격 및 전형 방법

5. 양성 기간 및 양성 개시 예정 연월일

6. 강습 과목 및 시간

7. 강사 씨명 및 이력

8. 양성에 관한 규칙

9. 양성에 관하여 양성할 자와 맺을 계약의 내용

10. 양성에 필요한 경비 예산

11. 기타 참고할 사항

전조의 규정에 따라 위탁양성을 할 경우에는 전항 제2호 및 제6호부터 제8호에 열거한 사항을 기재할 필요가 없다.

제43조 선박운항기능자양성시설의 운영자가 동원령 제45조 제1항의 규정에 따라 양성 계획의 인가를 받고자 할 때는 다음에 열거하는 사항을 기재한 신청서를 교통국장에게 제출해야 한다.

1. 전조 제1항 제1호부터 제8호에 열거한 사항

2. 양성에 관한 수지와 예산

3. 기타 참고할 사항

제44조 선박운항기능자양성시설의 관리자나 선박소유자가 동원령 제45조 제1항의 규정에 따라 양성 계획 변경의 인가를 받고자 할 때는 변경하려는 사항과 사유를 기재한 신청서를 교통국장에게 제출해야 한다.

제45조 선박소유자가 동원령 제46조 단서의 허가를 받고자 할 때는 다음에 열거하는 사항을 기재한 신청서를 교통국장에게 제출해야 한다.

1. 양성시설의 명칭 및 위치

2. 부담시키고자 하는 비용의 종목

3. 비용을 부담시키고자 하는 이유

4. 기타 참고할 사항

제46조 선박운항기능자의 양성을 명령받은 자가 양성을 종료한 때는 곧바로 양성에 관한 개황을 지체 없이 교통국장에게 보고해야 한다.

제5장 잡칙

제47조 본령에서 규정한 것을 제외하고, 동원령 제51조 제1항에 규정한 조선총독의 직권은 교통국장이 행사한다.

제48조 동원령 제51조 제2항의 규정에 따라 해당 관리가 임검·검사할 때 휴대할 증표는 제15호 양식에 따른다.

제49조 동원령과 본령에 따라 조선총독에게 제출할 서류는 1910년(明治43年) 조선총독부령 제5호의 규정에 구애됨이 없이 조선총독부 교통국에 이를 제출해야 한다.

부칙

본령은 선원동원령 시행일로부터 이를 적용한다.

조선선원직능력신고령시행규칙, 선박운항기능자양성령시행규칙, 선원징용령시행규칙 및 선원사용등통제령시행규칙을 폐지한다.

전시해운관리령시행규칙 중 일부를 다음과 같이 개정한다.

제18조부터 제26조까지 삭제

제32조 및 제33조 삭제

제37조 삭제

제38조 제1항 중에서 '위의 2개조'를 '제36조'로 개정한다.

제40조 삭제

제3호 양식부터 제8호 양식까지 삭제

제10호 양식 삭제

제11호 양식 중 '조선총독이 관리하는 선원의 위생 및 교육훈련에 관한 시설의 경영자'를 삭제

이하 양식 생략.

자료 58

병역법 중 개정	
구분	법률 제3호
법령명/건명	병역법 중 개정 兵役法中改正
제정·개정·결정·폐지 연월일	공포·시행 1945년 2월 10일
구성	본문 9개 조항, 부칙
선행 규범·법령	병역법(1927년 법률 제47호)
원문 일부	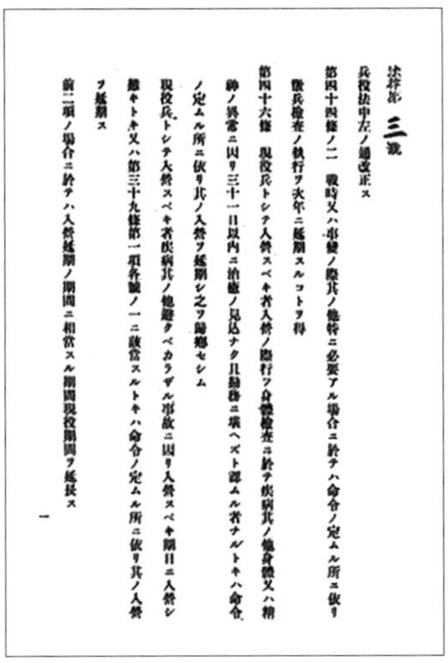 法律第 三號 兵役法中左ノ通改正ス 第四十四條ノ二 戰時又ハ事變ノ際其ノ他特ニ必要アル場合ニ於テハ命令ノ定ムル所ニ依リ徵兵檢査ノ執行ヲ次年ニ延期スルコトヲ得 第四十六條 現役兵トシテ入營スベキ者入營ノ際行フ身體檢査ニ於テ疾病其ノ他身體又ハ精神ノ異常ニ因リ三十一日以內ニ治癒ノ見込ナク且服務ニ堪ヘズト認ムル者ナルトキハ命令ノ定ムル所ニ依リ其ノ入營ヲ延期シ之ヲ歸鄕セシム 現役兵トシテ入營スベキ者疾病其ノ他避クベカラザル事故ニ因リ入營スベキ期日ニ入營シ難キトキ又ハ第三十九條第一項各號ノ一ニ該當スルトキハ命令ノ定ムル所ニ依リ其ノ入營ヲ延期ス 前二項ノ場合ニ於テハ入營延期ノ期間ニ相當スル期間現役期間ヲ延長ス 一 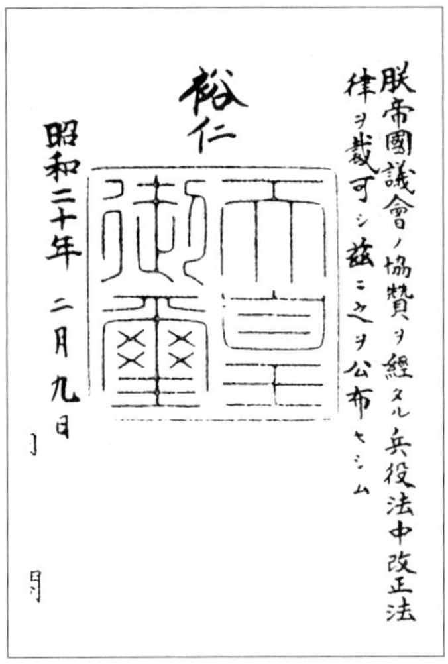 朕帝國議會ノ協贊ヲ經タル兵役法中改正法律ヲ裁可シ玆ニ之ヲ公布セシム 裕仁 天皇御璽 昭和二十年二月九日
주요 내용 및 특징	○ 징병검사 등의 연기, 입영연기자의 복무 기간 연장 ○ 징병 대상을 17세로 낮춤. ○ 제2국민병의 징집을 간소화함.
법령 적용 범위	제국 전역
관련 법령 통합·폐지 사항	
유사·파생 법령	

법률 제3호

1945년 2월 9일[28]

병역법 중 개정

제44조 2 전시 또는 사변 시, 기타 특별히 필요한 경우에는 명령이 정하는 바에 따라 징병 검사의 집행을 다음해로 연기할 수 있다.

제46조 현역병으로 입영할 자가 입영할 때 실시하는 신체검사에서 질병, 기타 신체나 정신의 이상으로 인하여 31일 이내로 치료될 기미가 없으며 근무를 감당할 수 없다고 인정되는 자일 때는 명령이 정하는 바에 따라 그의 입영 기일을 연기하고 귀향시킨다.

현역병으로서 입영할 자가 질병, 기타 불가피한 사고로 인하여 입영할 기일에 입영하기 어려울 때나 제39조 제1항 각호의 하나에 해당할 때는 명령이 정하는 바에 따라 그 입영을 연기한다.

제2항의 경우에는 입영 연기 기간에 상당하는 기간만큼 현역 기간을 연장한다.

전항의 규정에 따라 연기된 기간은 다음에 복무할 병역 기간에 합산한다.

제47조 삭제

제49조 제1호 및 제2호를 다음과 같이 개정한다.

1. 삭제
2. 삭제

제51조 제2항 중 '징병검사를 받은 자' 다음에 '징집을 연기 받은 자는 제외한다'를 추가하고 '징병적령 또는 징병적령 미만'을 '연령 17세 미만'으로, 동항 제2호를 다음과 같이 개정한다.

2. 보충병 또는 국민병으로서 소집 중인 자 또는 그 소집을 마친 자(명령으로 정한 자를 제외한다)

---

28 이는 천황이 재가한 날짜이다. 공포일은 앞쪽의 표를 참조 바람.

제53조 제1항 중 '제46조 제2항, 제47조'를 삭제한다.

제65조 제1항 중 '제46조의 규정에 따라 늦게 입영한 자 또는'과 단서를 삭제한다.

제67조 제2국민병으로서 아직 징병검사를 받지 않은 자(징집을 연기한 자를 포함한다. 이하 마찬가지)를 소집한 경우에는 소집 중인 자에 대해 징병검사를 하지 않는다.

제67조 2 제2국민병으로 아직 징병검사를 받지 않은 자를 소집한 경우에는 소집 중에 칙령이 정한 바에 따라 제32조부터 제35조의 규정을 준용하며, 이를 현역병 또는 보충병에 징집하거나 징집 또는 병역을 면제하는 처분을 할 수 있다.

전항의 규정에 따른 처분을 받은 자는 징병검사를 받은 자로 간주한다.

부칙

본 법은 공포한 날로부터 이를 시행한다.

자료 59

응징선원급여규칙	
구분	조선총독부령 제29호
법령명/건명	응징선원급여규칙 應徵船員給與規則
제정·개정·결정·폐지 연월일	공포 1945년 3월 13일(조선총독부관보 제5429호, 1945.3.13.) 시행 1945년 1월 25일
구성	본문 19개 조항, 부칙
선행 규범·법령	
원문 일부	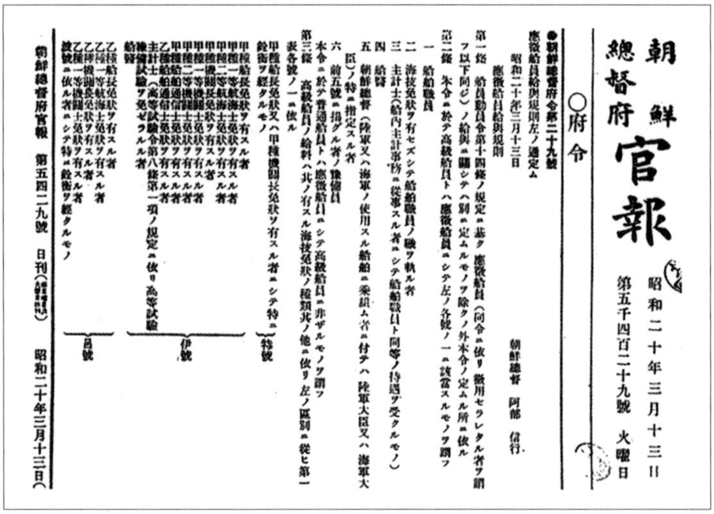 朝鮮總督府官報 昭和二十年三月十三日 第五千四百二十九號 火曜日 ○府令 朝鮮總督府令第二十九號 應徵船員給與規則左ノ通定ム 昭和二十年三月十三日 朝鮮總督 阿部 信行 應徵船員給與規則 第一條 船員動員令第十四條ノ規定ニ基ク應徵船員（同令ニ依リ徵用セラレタル者ヲ謂フ以下同ジ）ノ給與ニ關シテハ別ニ定ムルモノヲ除クノ外本令ノ定ムル所ニ依ル 第二條 本令ニ於テ高級船員トハ應徵船員ニシテ左ノ各號ノ一ニ該當スルモノヲ謂フ 一 船舶職員 二 海技免狀ヲ有セズシテ船舶職員ノ職ヲ執ル者 三 主計士（船內主計事務ニ從事スル者ニシテ船舶職員ト同等ノ待遇ヲ受クルモノ） 四 船醫 五 朝鮮總督（陸軍又ハ海軍ノ使用スル船舶ニ乘組ム者ニ付テハ陸軍大臣又ハ海軍大臣）ノ特ニ指定スル者 六 前五號ニ揭グル者ノ豫備員 本令ニ於テ普通船員トハ應徵船員ニシテ高級船員ニ非ザルモノヲ謂フ 第三條 高級船員ノ給料ハ其ノ有スル海技免狀ノ種類其ノ他ニ依リ左ノ區別ニ從ヒ第一表各號ノ一ニ依ル 甲種船長免狀又ハ甲種機關長免狀ヲ有スル者ニシテ特ニ銓衡ヲ經タルモノ 特號 甲種船長免狀ヲ有スル者 甲種一等航海士免狀ヲ有スル者 甲種二等航海士免狀ヲ有スル者 甲種機關長免狀ヲ有スル者 甲種一等機關士免狀ヲ有スル者 甲種二等機關士免狀ヲ有スル者 甲種船舶通信士免狀ヲ有スル者 乙種船舶通信士免狀ヲ有スル者 主計士（高等試驗令第八條第一項ノ規定ニ依リ高等試驗豫備試驗ヲ免ゼラルル者 船醫 伊號 乙種船長免狀ヲ有スル者 乙種一等航海士免狀ヲ有スル者 乙種機關長免狀ヲ有スル者 乙種一等機關士免狀ヲ有スル者 波號ニ依ル者ニシテ特ニ銓衡ヲ經タルモノ 呂號 朝鮮總督府官報 第五四二九號 日刊 昭和二十年三月十三日
주요 내용 및 특징	○「선원동원령」에 따라 징용된 선원을 응징선원으로 칭하며, 이들의 직급과 급료 등에 관한 내용을 정함.
법령 적용 범위	조선
관련 법령 통합·폐지 사항	
유사·파생 법령	

조선총독부령 제29호

1945년 3월 13일

응징선원급여규칙

제1조 선원동원령 제14조의 규정에 근거한 응징선원(동령에 따라 징용된 자를 가리킨다. 이하 마찬가지)의 급여에 관해서는 별도로 정한 것을 제외하고 본령이 정하는 바에 따른다.

제2조 본령에서 고급선원(高級船員)이란 응징선원으로서 다음 각호의 하나에 해당하는 자를 가리킨다.

1. 선박직원
2. 해기면허를 보유하지 않고 선박직원의 직무를 집행하는 자
3. 주계사(主計士, 선내에서 회계사무에 종사하는 자로서 선박직원과 동등한 대우를 받는 자)
4. 선의(船醫)
5. 조선총독(육군 또는 해군이 사용하는 선박에 승선하는 자에 대해서는 육군대신 또는 해군대신)이 특별히 지정한 자

본령에서 보통선원이란 응징선원으로서 고급선원이 아닌 자를 가리킨다.

제3조 고급선원의 급료는 그가 보유한 해기면허의 종류와 기타에 따라 다음의 구별에 따라 표1 각 호의 하나에 따른다.

<table>
<tr><td>갑종선원면허 또는 갑종기관장면허를 보유한 자로서 특별히 전형을 거친 자</td><td>특호</td></tr>
<tr><td>갑종선장면허를 보유한 자</td><td rowspan="7">1호</td></tr>
<tr><td>갑종1등항해사면허를 보유한 자</td></tr>
<tr><td>갑종2등항해사면허를 보유한 자</td></tr>
<tr><td>갑종기관장면허를 보유한 자</td></tr>
<tr><td>갑종1등기관사면허를 보유한 자</td></tr>
<tr><td>갑종2등기관사면허를 보유한 자</td></tr>
<tr><td>갑종선박통신사면허를 보유한 자</td></tr>
</table>

을종선박통신사면허를 보유한 자	
주계사(고등시험령 제8조 제1항의 규정에 따라 고등시험, 예비시험을 면제받은 자)	
선의	
을종선장면허를 보유한 자	2호
을종1등항해사면허를 보유한 자	
을종기관장면허를 보유한 자	
을종1등기관사면허를 보유한 자	
3호에 따른 자로서 특별히 전형을 거친 자	
을종2등항해사면허를 보유한 자	3호
을종2등기관사면허를 보유한 자	
병종항해사면허를 보유한 자	
병종기관사면허를 보유한 자	
병종선박통신사면허를 보유한 자	
해기면허를 보유하지 않고 선박직원의 직무를 집행하는 자	
1호에 따른 주계사 이외의 주계사	
전조 제1항 제5호의 규정에 따라 특별히 고급선원으로 지정된 자	

응징선원이 배치된 선박의 소유자(이하 선박소유자라 칭한다)가 전항의 전형을 할 경우에는 조선총독이 정하는 바에 따라야 한다. 다만 선박소유자가 육군 또는 해군인 경우에는 여기에 제한을 받지 않는다.

제4조 고급선원으로서 다음 각 호에 열거하는 자의 초임 급료(징용 후 처음 받는 급료를 가리킨다. 이하 마찬가지)는 다음과 같다.

갑종2등항해사면허를 보유한 자	1호 12급~14급
갑종2등기관사면허를 보유한 자	
갑종선박통신사면허를 보유한 자	
을종선박통신사면허를 보유한 자	
을종1등항해사면허를 보유한 자	2호 10급
을종1등기관사면허를 보유한 자	
을종2등항해사면허를 보유한 자	3호 11급
을종2등기관사면허를 보유한 자	

병종항해사면허를 보유한 자	3호 12급
병종기관사면허를 보유한 자	
병종선박통신사면허를 보유한 자	
해기면허를 보유하지 않고 선박직원의 직무를 집행하는 자	
제2조 제1항 제5호의 규정에 따라 특별히 고급선원으로 지정된 자	
주계사	1호 11급~14급 또는 3호 12급
선의	1호 11급~14급

전항의 초임 급료 결정에 대하여 필요한 사항은 조선총독이 정한다.

제1항에 열거한 자로서 승선 이력 또는 특수한 기능이 있는 자 또는 종전의 급여와 기타 이에 준하는 수입이 위의 2개항에서 정한 초임 급료를 현저하게 초과하는 자에 대해서는 선박소유자가 위의 2개항의 규정에 구애됨이 없이 조선총독이 정하는 바에 따라 이러한 사정을 참작하여 그의 초임 급료를 정해야 한다.

제1항에 열거한 자 이외의 자의 초임 급료는 그가 보유한 해기면허, 승선 이력 및 기능에 따라서 그리고 종전의 급여와 기타 이에 준하는 수입을 참작하여 조선총독이 정하는 바에 따라 선박소유자가 정해야 한다.

선박소유자가 육군 또는 해군인 경우에는 위의 3개항에 규정한 사항은 육군대신 또는 해군대신이 정하는 바에 따르는 것으로 한다.

제5조 고급선원의 최고 급료는 다음과 같다.

갑종선장면허 또는 갑종기관장면허를 보유한 자로서 특별히 전형을 거친 자	특호 1급
갑종선장면허를 보유한 자	1호 1급
갑종기관장면허를 보유한 자	
갑종선박통신사면허를 보유한 자	
2호급료를 받는 주계사	
선의	
갑종1등항해사면허를 보유한 자	1호 4급
갑종1등기관사면허를 보유한 자	

갑종2등항해사면허를 보유한 자	1호 6급
갑종2등기관사면허를 보유한 자	
을종통신사면허를 보유한 자	
을종선장면허를 보유한 자	2호 1급
을종기관장면허를 보유한 자	
3호1급을 받는 주계사로서 특별히 전형을 거친 자	
을종1등항해사면허를 보유한 자	3호 4급
을종1등기관사면허를 보유한 자	
3호1급을 받는 자(주계사 제외)로서 특별히 전형을 거친 자	
을종2등항해사면허를 보유한 자	3호 1급
을종2등기관사면허를 보유한 자	
병종항해사면허를 보유한 자	
병종기관사면허를 보유한 자	
병종선박통신사면허를 보유한 자	
해기면허를 보유하지 않고 선박직원의 직무를 집행하는 자	
제2조 제1항 제5호의 규정에 따라 특별히 고급선원으로 지정된 자	
3호급료를 받는 주계사	

전항의 전형에는 제3조 제2항의 규정을 준용한다.

제6조 고급선원의 승급은 등급에 따라 정기적으로 시행하는 것으로 하며, 승급에 관한 기준은 조선총독이 정한다. 다만 선박소유자가 육군 또는 해군인 경우에는 육군대신 또는 해군대신이 정하는 바에 따른다.

제7조 공적(功績)이 특별히 뛰어난 고급선원이 고의나 중대한 과실이 아닌 한 업무상 상이를 입거나 질병을 당하여 위독해지거나 징용이 해제될 경우에는 전조의 규정에 구애됨이 없이 2등급 이내의 승급을 시킬 수 있다.

제8조 제5조에서 정한 최고 급료를 받게 된 후에 승선 이력이 5년을 경과하고 성적이 우수한 자에게는 다음과 같이 구분한 보너스를 지급할 수 있다.

특호 급료를 받는 자	월 70엔 이내
1호 급료를 받는 자	월 60엔 이내
2호 급료를 받는 자	월 40엔 이내
3호 급료를 받는 자	월 30엔 이내

제9조 제5조에서 정한 최고 급료를 받은 고급선원이 고의나 중대한 과실이 아닌 한 업무상 상이를 입거나 질병을 당하여 위독해지거나 징용이 해제될 경우에는 공적이 특별히 현저한 경우에 전조의 승선 이력에 구애됨이 없이 동조에서 정한 보너스를 지급할 수 있다.

제10조 선박소유자는 본령과 기타의 명령으로 정한 것 이외에 고급선원에 대하여 조선총독이 고시로 정한 급여를 지급해야 한다.

선박소유자가 고급선원에 대하여 전항에서 정한 급여 이외의 급여를 지급하고자 할 때는 조선총독의 인가를 받아야 하며, 이를 변경하고자 할 때도 마찬가지이다.

선박소유자가 육군 또는 해군인 경우에는 위 2개항의 규정에 구애됨이 없이 육군대신 또는 해군대신이 정하는 바에 따른다.

제11조 제2조 제1항 제6호의 예비원으로서 조선총독이 고시로 정한 자의 급여는 조선총독이 정하는 바에 따라 이를 감액할 수 있다.

제12조 총톤수 500톤 이상인 선박에 승선하는 보통선원은 다음의 3종류로 구분한다.

제1종선원-갑판장, 조기장(操機長), 주방장 및 기타 이와 동등한 직무에 있는 자 그리고 배목수[船匠], 주계수, 조리수로서 특별히 전형을 거친 자

제2종선원-배목수, 각 부문의 창고지기[庫手], 조타수, 조기수(操機手), 철공수, 주계수, 주방보조사, 조리수, 기타 이와 동등한 직무에 있는 자

제3종선원-갑판원, 기관원, 주계원, 주방보조원, 조리원, 기타 이와 동등한 직무에 있는 자

제1종선원은 승선 이력이 10년 이상으로서 제2종선원으로서의 승선 이력이 3년 이상인 자여야 한다. 다만 주계수에 대해서는 여기에 제한을 받지 않는다.

제2종선원은 승선 이력 5년 이상인 자여야 한다. 다만 주계수에 대해서는 여기에

제한을 받지 않는다.

수업연한 1년 이상의 해원양성시설에서 그 과정을 마친 자에 대해서는 제2항 전단(前段)의 승선 이력을 8년 이상, 제3항의 승선 이력을 4년 이상으로 한다.

위 3개항의 승선 이력에 미달하는 자는 수행 중인 직무에 구애됨이 없이 승선 이력에 따라 각각 제2종선원 또는 제3종선으로 간주한다.

공적이 특별히 현저한 제2종선원 또는 제3종선원이 고의나 중대한 과실 때문이 아닌 한 업무상 상이를 입거나 질병을 당하여 위독해지거나 징용이 해제될 경우에는 제2항 및 제3항의 승선 이력을 필요로 하지 않는다.

제1항의 전형에는 제3조 제2항의 규정을 준용한다.

제13조 제1종선원 및 제2종선원의 급료는 표2에 따른다.

제1종선원의 급료는 1~5급으로 하며 제2종선원의 급료는 4~10급으로 한다.

제3종선원의 급료는 월 55~100엔으로 하며 총톤수 500톤 미만의 선박에 승선한 보통선원의 급료는 월 55~120엔으로 한다.

제3종선원 및 총톤수 500톤 미만의 선박에 승선한 보통선원의 초임 급료는 그 연령에 따라 표3에 따른다.

제14조 전조에서 정한 최고 급료를 받게 된 후에 승선 이력이 5년을 경과하고 성적이 우수한 자에게는 월 30엔 이내의 보너스를 지급할 수 있다.

제15조 보통선원에게는 제4조 제3항 제5호, 제6조, 제7조 및 제9조부터 제11조의 규정을 준용한다.

제16조 육상에서의 근무기간은 조선총독이 고시로 정한 바에 따라 이를 본령의 승선 이력기간에 포함한다.

제17조 조선총독은 선박소유자에 대해 응징선원의 급여에 관하여 필요한 명령을 내릴 수 있다. 다만 선박소유자가 육군 또는 해군인 경우에는 여기에 제한을 받지 않는다.

제18조 선박소유자는 급여의 지급 방법에 관하여 필요한 사항을 정하여 조선총독의 인가를 받아야 하며, 이를 변경하고자 할 때도 마찬가지이다.

제19조 국가 또는 도·부·현·읍·면의 직원인 응징선원에게는 본령을 적용하지 않는다. 다만 조선총독이 정한 자에 대해서는 여기에 제한을 받지 않는다.

부칙

본령은 1945년 1월 25일부터 이를 적용한다.

조선총독은 본령을 적용하는 현재 응징선원인 자의 급료 결정에 관하여 필요한 명령을 한다. 다만 선박소유자가 육군 또는 해군인 경우에는 여기에 제한을 받지 않는다.

전항의 규정에 따라 결정된 급료가 본령을 적용하는 현재 응징선원의 급료에 미달할 때는 그 차액을 수당으로 보전하여 지급한다. 다만 응징선원의 현재 급료가 제5조 또는 제13조의 최고 급료를 초과할 경우에는 초과액이 여기에 제한을 받지 않는다.

전항의 보전수당은 승급할 때마다 그 승급액에 상당하는 금액을 감액한다.

총톤수 500톤 미만의 선박에 승선하는 응징선원으로서 본령의 적용 후 선장 또는 기관장이 된 자에 대해서는 당분간 월 30엔의 수당을 지급한다. 다만 급료와 합산하여 선장의 경우에 130엔, 기관장의 경우 120엔을 초과할 수 없다.

전항의 수당은 승급할 때마다 승급액에 상당하는 금액을 감액한다.

이하 양식 생략.

자료 60

육군징용규칙	
구분	육달 제26호
법령명/건명	육군징용규칙 陸軍徵用規則
제정·개정·결정·폐지 연월일	1945년 4월
구성	본문 8개 조항, 부칙
선행 규범·법령	국민근로동원령, 선원동원령, 의료관계자징용령, 수의사등징용령, 관동주선원동원령 육군징용규칙(1944년 육달 제20호)
원문 일부	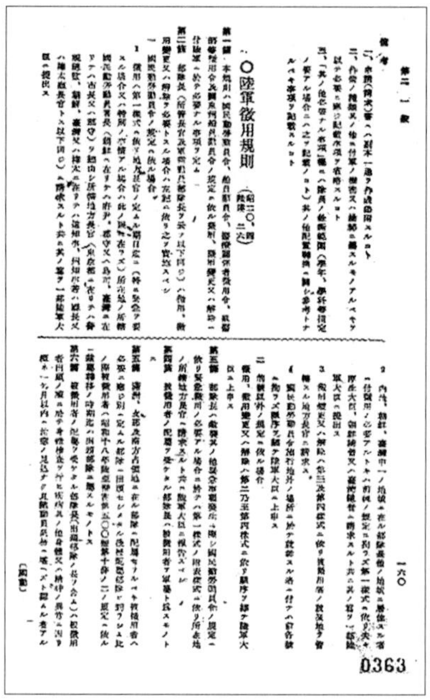 ○陸軍徵用規則 0363
주요 내용 및 특징	○ 「국민근로동원령」, 「선원동원령」, 「의료관계자징용령」, 「수의사등징용령」 그리고 「관동주선원동원령」의 규정에 따른 징용, 징용변경 또는 해제에 대해 육군에서 필요한 사항을 규정함. ○ 육군의 군속 강제동원을 규정함.
법령 적용 범위	조선을 포함한 제국 전역
관련 법령 통합·폐지 사항	
유사·파생 법령	육군징용공원규칙(1945년 육달 제○호)

육달 제26호

1945년 4월

육군징용규칙

제1조 본 규칙은 국민근로동원령, 선원동원령, 의료관계자징용령, 수의사등징용령 그리고 관동주선원동원령의 규정에 따른 징용, 징용변경 또는 해제에 대해 육군에서 필요한 사항을 정한 것이다.

제2조 부대장(소관 장관 및 군수동원부대장을 가리킨다. 이하 마찬가지)이 징용, 징용변경 또는 해제를 필요로 할 경우에는 다음에 따라 이를 실시해야 한다.

1. 국민근로동원령 규정에 따른 경우

1) 징용은 제1양식에 따라 지방장관이 정하는 기일까지(특히 긴급을 요하는 경우나 특별한 사정이 있는 경우는 여기에 제한을 받지 않는다) 소재지를 관할하는 국민근로동원서장[조선에서는 부윤, 군수 또는 도사(島司), 대만에서는 시장 또는 군수]을 경유하여 관할 지방장관(도쿄도에서는 경시총감, 조선, 대만 또는 화태에서는 도지사, 주지사 또는 청장 또는 화태청장으로 한다. 이하 마찬가지)에게 청구하는 동시에 그 사본 1부를 육군대신에게 제출한다.

2) 내지, 조선, 대만 중의 한 지역에 있는 부대장이 다른 지역에 거주하는 자에 대해 징용할 필요가 있을 때는 전호의 규정에 구애됨이 없이 제1양식에 따라 각각 후생대신, 조선총독 또는 대만총독에게 청구하는 동시에 그 사본 1부를 육군대신에게 제출한다.

3) 징용변경 또는 해제는 제3양식 및 제4양식에 따라 피징용자의 취업지를 관할하는 지방장관에게 청구한다.

4) 국민근로동원령 시행지 밖의 장소에서 취업하는 자에 대해서는 위의 각호에 구애됨이 없이 순서를 거쳐 육군대신에게 상신한다.

2. 전호 이외의 규정에 따른 경우

징용, 징용변경 또는 해제는 제2양식 또는 제4양식에 따라 순서를 거쳐 육군대신에게 상신한다.

제3조 부대장은 적의 공격과 기타 긴급사태 발생 시 국민근로동원령의 규정에 따라 긴급징용이 필요한 경우에 제1양식의 부표(付標)양식에 따라 소재지를 관할하는 지방장관에게 청구하는 동시에 육군대신에게 보고해야 한다.

제4조 피징용자의 배속을 받은 부대장은 피징용자를 군속으로 간주한다.

제5조 만주, 중국 및 남방의 점령지에 있는 부대로 배속되어야 할 피징용자는 필요에 따라 따로 정해지는 부대로 출두하도록 한 후 배속될 부대에 도착하도록 한다. 이때 피징용자는 1943년 육아기밀(陸亞機密) 제500호 제10조 2의 규정에 따라 예속전이(隷屬轉移) 시기까지 출두부대에 배속된 자로 한다.

제6조 피징용자를 배속받은 부대장(출두부대의 장을 포함한다)은 피징용자가 출두할 때에 신체검사를 해서 질병과 기타 신체 또는 정신 이상으로 대략 1개월 이내에 치료될 가망이 없으며 총동원 업무를 감당할 수 없다고 인정되는 자가 있을 때는 이 자를 귀향시키고 제2조의 규정에 따라 징용을 해제해야 한다.

제7조 징용변경 또는 해제는 다음 각호의 하나에 해당하는 경우로 한다.

1. 변경할 경우

피징용자가 종사하는 총동원 업무, 장소 또는 시기에 대해 변경이 필요한 때

2. 해제할 경우

1) 육해군의 학생생도로서 육해군 부대에 편입된 때

2) 지원하여 육해군의 부대로 편입된 때

3) 육군공제조합원인 자가 부상과 질병을 당하여 육군공제조합규칙 제84조의 규정에 따라 급부시기를 경과한 때

4) 징용해제의 신청이 있는데 그 사유가 불가피하다고 인정될 때

5) 연령이 60세 이상으로서 계속하여 징용에 적합하지 않다고 인정된 때

6) 출두할 때 실시한 신체검사 결과 즉시 귀향을 명령받은 때

7) 법령에 따라 구금된 때

8) 기타 해제가 필요하다고 부대장이 인정한 때

제8조 피징용자가 사망한 때는 해당 피징용자의 배속부대장은 제5양식에 따라 취업지를 관할하는 지방장관과 징용령서를 교부한 지방장관에게 통보한다.

부칙

1944년 육아보(陸亞普) 제1453호는 이를 폐지한다.

자료 61

육군징용공원규칙	
구분	육달 제■호
법령명/건명	육군징용공원규칙 陸軍徵用工員規則
제정·개정·결정·폐지 연월일	1945년 월일불명
구성	본문 6개 조항, 부칙
선행 규범·법령	국민근로동원령, 선원동원령, 육군징용규칙, 육군공무규정(陸軍工務規程)
원문 일부	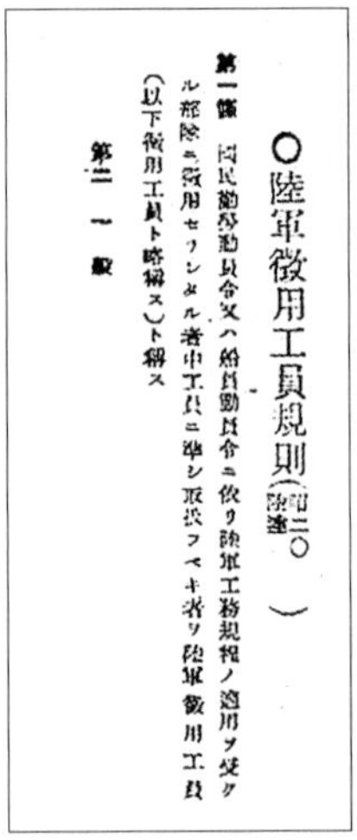 ○陸軍徵用工員規則（昭二〇陸達 ） 第一條 國民勤勞動員令又ハ船員動員令ニ依リ陸軍工務規程ノ適用ヲ受クル部隊ニ徵用セラレタル者中工員ニ準シ取扱フベキ者ヲ陸軍徵用工員（以下徵用工員ト略稱ス）ト稱ス 第二 一般 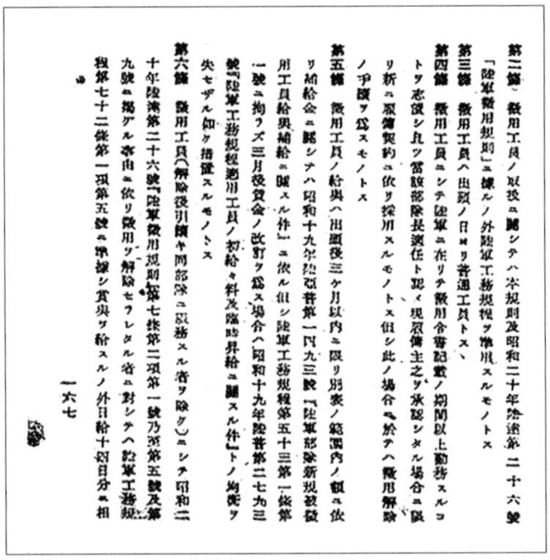 第二條 徵用工員ノ取扱ニ關シテハ本規則及昭和二十年陸達第二十六號「陸軍徵用規則」ニ據ルノ外陸軍工務規程ヲ準用スルモノトス 第三條 徵用工員ハ出頭ノ日ヨリ普通工員トス、 第四條 徵用工員ニシテ陸軍ニ在リテ徵用令書記載ノ期間以上勤務スルコトヲ志望シ且ツ當該部隊長適任ト認メ現雇傭主之ヲ承認シタル場合ニ限リ新ニ雇傭契約ニ依リ採用スルモノトス但シ此ノ場合ニ於テハ徵用解除ノ手續ヲ爲スモノトス 第五條 徵用工員ノ給與ハ出頭後三ケ月以内ニ限リ別表ノ範圍内ノ額ニ依リ給金ニ關シテハ昭和十九年陸亞普第一四九三號「陸軍部隊新規被徵用工員給與補給ニ關スル件」ニ依ル但シ陸軍工務規程第五十三第一條第一號ニ拘ラズ三月役賞金ノ改訂ヲ爲ス場合ハ昭和十九年陸普第二七九三號「陸軍工務規程適用工員ノ初給々料及臨時昇給ニ關スル件」トノ均衡ヲ失セザル如ク措置スルモノトス 第六條 徵用工員（解除後引續キ同部隊ニ勤務スル者ヲ除ク）ニシテ昭和二十年陸達第二十六號「陸軍徵用規則」第七條第二項第一號乃至第五號及第九號ニ揭グル事由ニ依リ徵用ヲ解除セラレタル者ニ對シテハ陸軍工務規程第七十二條第一項第五號ニ準據シ賞與ヲ給スルノ外日給十四日分ニ相 一六七
주요 내용 및 특징	○「국민근로동원령」,「선원동원령」의 규정에 따라 징용된 군속 중 공원에 대한 신분과 취급, 급여 조건을 규정함.
법령 적용 범위	제국 전역
관련 법령 통합·폐지 사항	육군징용공원규칙 중 급여에 관한 건(1941년 육지보 제2937호)
유사·파생 법령	

육달 제■호

1945년 월일 불명

육군징용공원규칙

제1조 국민근로동원령 또는 선원동원령에 따라 육군공무규정의 적용을 받는 부대에 징용된 자 중에서 공원에 준하여 취급할 자를 육군징용공원(이하 징용공원이라 칭한다)라 칭한다.

제2조 징용공원의 취급에 관해서는 본 규칙과 1945년 육달 제26호 [육군징용규칙(陸軍徵用規則)]에 의거하고, 그 밖의 나머지는 육군공무규정을 준용한다.

제3조 징용공원은 출두한 날부터 보통공원이라 한다.

제4조 징용공원으로서 육군에서 징용령서에 기재된 기간 이상 근무할 것을 지망하고 해당 부대장이 적임이라고 인정하고 현재 고용주가 이를 승인한 경우에 한하여 새로운 고용계약에 따라 채용한다. 다만 이 경우에는 징용해제 절차를 한다.

제5조 징용공원의 급여는 출두 후 3개월 이내에 한하여 별표의 범위 내 금액에 따르고, 추가지급액에 관해서는 1944년 육아보 제1493호 [육군부대신규피징용공원급여보급에 관한 건]에 따른다. 다만 육군공무규정 제53호 제1조 제1호에 구애됨이 없이 3개월 후 임금을 개정하는 경우에는 1944년 육보(陸普) 제2793호 [육군공무규정적용공원의 초급(初給) 급료 및 임시승급에 관한 건]과의 균형을 잃지 않도록 조치한다.

제6조 징용공원(해제 후 계속 같은 부대에 복무하는 자는 제외)으로서 1945년 육달 제26호 [육군징용규칙] 제7조 제2항 제1호부터 제5호 그리고 제9호에 열거한 사유에 따라 징용이 해제된 자에 대해서는 육군공무규정 제72조 제1항 제5호에 준거하여 상여금을 지급하는 외에 일급 14일분에 상당하는 금액을 해제수당으로 지급한다.

부칙

1941년 육지보(陸支普) 제2937호 [육군징용공원규칙 중 급여에 관한 건]은 이를 폐지한다.

1944년 육보 제3077호 [육군징용공원의 급여에 관한 건]은 본령에 추가한다.

이하 별표 생략.

자료 62	
의용병역법	
구분	법률 제39호
법령명/건명	의용병역법 義勇兵役法
제정·개정·결정·폐지 연월일	공포·시행 1945년 6월 23일
구성	본문 9개 조항, 부칙
선행 규범·법령	국가총동원법(1938년 법률 제55호) 병역법(1927년 법률 제47호)
원문 일부	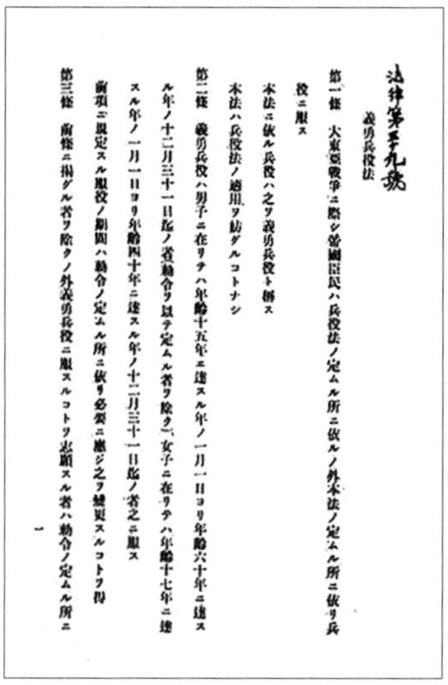 法律第三十九號 義勇兵役法 第一條　大東亞戰爭ニ際シ帝國臣民ハ兵役法ノ定ムル所ニ依ルノ外本法ノ定ムル所ニ依リ兵役ニ服ス 本法ニ依ル兵役ハ之ヲ義勇兵役ト稱ス 本法ハ兵役法ノ適用ヲ妨グルコトナシ 第二條　義勇兵役ハ男子ニ在リテハ年齡十五年ニ達スル年ノ一月一日ヨリ年齡六十年ニ達スル年ノ十二月三十一日迄ノ者(勅令ヲ以テ定ムル者ヲ除ク)、女子ニ在リテハ年齡十七年ニ達スル年ノ一月一日ヨリ年齡四十年ニ達スル年ノ十二月三十一日迄ノ者之ニ服ス 前項ニ規定スル服役ノ期間ハ勅令ノ定ムル所ニ依リ必要ニ應ジ之ヲ變更スルコトヲ得 第三條　前條ニ揭グル者ヲ除クノ外義勇兵役ニ服スルコトヲ志願スル者ハ勅令ノ定ムル所ニ 一 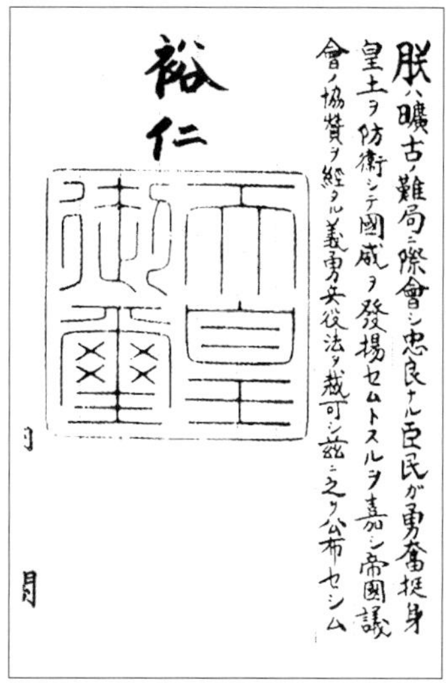 朕ハ曠古ノ難局ニ際會シ忠良ナル臣民ガ勇奮挺身皇土ヲ防衛シテ國威ヲ發揚セムトスルヲ嘉シ帝國議會ノ協贊ヲ經タル義勇兵役法ヲ裁可シ玆ニ之ヲ公布セシム 裕仁 天皇御璽 月　日
주요 내용 및 특징	○「병역법」 적용 대상자 이외의 모든 국민과 식민지배 지역의 민간인을 의용병으로 동원할 것을 강제함. ○ 의용병 대상은 남자 15~60세, 여자 17~40세로 함. ○ 도망하거나 병역을 기피한 경우 징역 2년, 금고 1년 이하의 형벌에 처함.
법령 적용 범위	제국 전역
관련 법령 통합·폐지 사항	
유사·파생 법령	

법률 제39호

1945년 6월 22일[29]

의용병역법

제1조 대동아전쟁 중 제국신민은 병역법이 정하는 경우 이외에 본법이 정하는 바에 따라 병역에 복무한다.

본법에 따른 병역은 이를 의용병역이라 칭한다.

본법은 병역법의 적용을 저해하지 않는다.

제2조 의용병역은 남자의 경우 연령 15세에 달하는 해의 1월 1일부터 연령 60세에 달하는 해의 12월 31일까지 해당하는 자(칙령으로 정하는 자를 제외한다), 여자의 경우 연령 17세에 달하는 해의 1월 1일부터 연령 40세에 달하는 해의 12월 31일까지 해당하는 자가 복무한다.

전항에 규정한 복무 기간은 칙령이 정하는 바에 따라 필요에 맞춰 이를 변경할 수 있다.

제3조 전조에 열거한 자를 제외하고 의용병역에 복무하기를 지원하는 자는 칙령이 정하는 바에 따라 의용병으로 채용할 수 있다.

전항의 규정에 따라 의용병의 복무에 관해서는 칙령이 정하는 바에 따른다.

제4조 징역이나 금고 6년 이상의 형벌에 처해진 자는 의용병역에 복무하지 않는다. 다만 형의 집행이 끝났거나 집행이 유예된 자로서 칙령이 정하는 자는 여기에 제한을 받지 않는다.

제5조 의용병은 필요에 맞춰 칙령이 정하는 바에 따라 이를 소집하며 국민의용전투대에 편입한다.

본법에 따른 소집은 이를 의용소집이라 칭한다.

29 이는 천황이 재가한 날짜이다. 공포일은 앞쪽의 표를 참조 바람

제6조 의용병역에 관하여 필요한 조사와 신고에 대해서는 명령이 정하는 바에 따른다.

제7조 의용소집을 면하기 위해 도망하거나 숨거나 신체를 훼손하거나 질병을 위작하거나 기타 사기행위를 한 자는 2년 이하의 징역에 처한다.

이유 없이 의용소집 기한에 늦은 자는 1년 이하의 금고에 처한다.

제8조 전조의 규정은 누구를 막론하고, 제국 밖에서 범죄를 저지른 자일지라도 적용한다.

제9조 국가총동원법 제4조의 단서 중 병역법이라고 한 것은 의용병역법을 포함한다.

부칙

본법은 공포한 날로부터 이를 시행한다.

III

노무동원에 관한 각의결정 및 법령 등

1. 일제의 노무동원

노무동원은 「국가총동원법」에 근거를 두고, 구체적인 동원 내용에 대해서는 모두 칙령으로 정하도록 되어 있다. 「국가총동원법」에 근거하여 제정된 법령들을 보면 다음과 같다.

[표 1] 「국가총동원법」 발동으로 제정된 칙령 현황

국가총동원법	칙령	비고
제4조	국민징용령	
	선원징용령	
	의료관계자징용령	
	국민근로동원령	
제5조	국민근로보국협력령	
제6조	학교졸업자사용제한령	
	종업자이동방지령	노무조정령으로 통합
	공장취업시간제한령	
	청소년고입제한령	노무조정령으로 통합
	노무조정령	
	선원사용등통제령	
제13조	공장사업장관리령	
제21조	의료관계자직업능력신고령	
	국민직업능력신고령	
	선원직업능력신고령	
	수의사직업능력신고령	
제22조	학교기능자양성령	
	공장사업장기능자양성령	
	선박운반기능자양성령	

가령 위의 칙령 중 인력동원과 관련한 법령 중 중요한 것으로는 「국민징용령」을 들 수 있다. 이는 국가가 국민으로 하여금 전쟁 수행상 필요한 군수물자를 생산하는 군수회사에서 이른바 '국가총동원 업무'에 종사하도록 강제하는 명령이다. 「국민징용령」은 「국가총동원법」 제4

조를 발동하여 성립한 것인데, 그 제4조라 함은 다음과 같다.

> 제4조 정부는 전시에 있어서 국가총동원상 필요할 때는 칙령이 정하는 바에 따라 제국신민을 징용하여 총동원 업무에 종사시킬 수 있다. 단「병역법」의 적용을 방해하지 않는다.

「국민징용령」은 특히 조선인 강제동원과 관련하여 매우 중요하므로 자세한 내용은 후술하기로 하고, 동 칙령은 1945년 3월 5일에 제정된「국민근로동원령」에 흡수 통합되면서 폐지된다. 참고로「국민근로동원령」은 근로동원의 완수를 기한다는 목적으로「국가총동원법」제4조~제6조를 발동하여 성립한 노무동원 칙령을 통합한 것으로, 상기「국민징용령」외「국민근로보국협력령」,「학교졸업자사용제한령」,「노무조정령」,「여자정신근로령」등이 통합되면서 일괄 폐지되었다.

한편,「국민근로보국협력령」을 제정하도록 발동한「국가총동원법」제5조는 아래와 같다.

> 제5조 정부는 전시에 있어서 국가총동원상 필요할 때는 칙령이 정하는 바에 따라 제국신민 및 제국법인, 기타 단체로 하여금 국가, 지방공공단체 또는 정부가 지정하는 자가 수행하는 총동원 업무에 협력시킬 수 있다.

제6조와 제13조, 제21조, 제22조의 내용은 각각 아래와 같다.

> 제6조 정부는 전시에 있어서 국가총동원상 필요할 때는 칙령이 정하는 바에 따라 종업자의 사용, 고용 혹은 해고, 취직, 종업 혹은 퇴직 또는 임금, 급료, 기타 종업조건에 대해 필요한 명령을 내릴 수 있다.
>
> 제13조 정부는 전시에 있어서 국가총동원상 필요할 때는 칙령이 정하는 바에 따라 총동원 업무사업에 속하는 공장, 사업장, 선박, 기타 시설 또는 이에 전용할 수 있는 시설의 전부 또는 일부를 관리, 사용 또는 수용할 수 있다.
>
> 제21조 정부는 전시에 있어서 국가총동원상 필요할 때는 칙령이 정하는 바에 따라 제국신민 및 제국신민을 고용 혹은 사용하는 자로 하여금 제국신민의 직업능력에 관한 사항을 신고

하게 시키거나 또는 제국신민의 직업능력에 관해 조사할 수 있다.

제22조 정부는 전시에 있어서 국가총동원상 필요할 때는 칙령이 정하는 바에 따라 학교, 양성소, 공장, 사업장, 기타 기능자 양성에 적합한 시설의 관리자 또는 양상 될 자의 고용주에 대해 국가총동원상 필요한 기능자 양성에 관해 필요한 명령을 내릴 수 있다.

이상의 내용을 보면, 일본정부는 총동원 업무에 내실을 기하기 위해 필요한 모든 조치를 칙령으로 제정하여 노무동원을 발동하고 있었음을 알 수 있다. 그 내용이 촘촘하여 정부의 통제와 관리를 벗어난 노무자의 수급조정, 인력배치란 있을 수가 없다. 따라서 일부 연구자나 정치가가 생각하듯 모집이나 관알선 등 사용자와 노동자 당사자 간의 의사결정을 통해 노무 인력의 수급조정이 성사된 것으로 생각하면 큰 오산이다.

2. 동원 방식에 따른 노무동원

전시기 조선인의 노무동원이라 하면, 대개 모집, 관알선, 징용의 세 가지 방식에 따라 시행된 것으로 알려진다. 이를 가해기업 측 입장에서는 '입소경로'라고 표현하고 있다. 즉 해당 기업이나 작업장에 배속된 방법을 지칭하는 표현이다.

동원 방식에 대해서는 각각의 역사적 배경과 의미를 명시한 사료가 남아 있어 이를 이해하는 데 큰 문제가 없다. 다만 이를 해석하는 데는 차이가 있으므로 각별한 주의가 필요하다. 첫째, 모집은 기업과 노무자 당사자 간의 자유의사에 따른 고용관계에 이른 것으로 강제동원과 무관하다는 해석이다. 둘째, 노무자 강제동원은 처음에는 모집으로, 그 후 조선총독부를 매개로 한 관알선으로 강화되다 징용령 적용에 따른 법적 강제력이 수반되며 절정에 달했다는 해석이다. 다시 말해서 노무동원은 모집, 관알선, 징용의 순으로 강제력이 강화되어 갔다고 하는 인식이다. 이는 강제력의 단계별 강화라는 인식과 궤를 같이 하는데, 그렇게 되면 모집의 끝이 관알선의 시작이 되고, 관알선의 끝이 징용의 시작이 된다.

첫째 해석은 일본정부와 일본 우익이 주로 주장하는 것으로 개인의사에 따른 취업이므로 강제동원이 아니며, 따라서 모집이나 관알선에 따른 노무자를 '구 한반도 출신 노동자'라는 용어로 사용할 것을 공식적으로 결정하는 지경에 이르렀다[1]. 여기에는 터무니없는 레토릭(rhetoric)이 사용되고 있으므로 휘말리지 않도록 조심해야 한다. 즉 강제동원을 오로지 동원방식만으로 판단하고 있다는 점이다. 이렇게 되면, 모집 후 회사 측이 자행한 불법행위는 논의조차 되지 않는다. 모집, 관알선, 징용 후의 노동실태, 노동환경, 처우 등 실제 노무자에게 가해진 피해상황에 대해서는 파악조차 하지 않는다. 한일 양국 간 강제동원·강제노동이 문제가 되는 것은 그것이 본인의 의사에 반하여 강제된 것이기에 그로 인해 입게 된 정신적, 신체적, 경제적 피해가 있기 때문이다.

둘째 해석은 모집, 관알선, 징용 순으로 강제력의 정도가 심해지는 것으로 풀이한 것인데, 이 논리라면 모집은 강제력이 가장 약한 것으로 따라서 강제동원이 아닌 것으로 자칫 오해

---

1 〈'강제성' 부인하는 日, 징용 대신 '한반도 출신 노동자' 공식 사용〉, 《연합뉴스》, 2018.11.11. 일본식 표현으로 하자면 '구 조선반도 출신 노동자'이다. 이 용어는 아베 신조 일본수상이 동년 11월 1일 국회 질문에 답변하는 과정에서 나온 말로 이후 일본정부의 공식 용어로 자리했다.

를 불러올 수 있다. 또한 모집에서 관알선으로, 관알선에서 징용으로 단계적으로 이행하는 것으로 보일 수 있다. 즉 모집 단계가 끝나고 다음의 관알선 단계로 그리고 관알선이 마지막에 징용 단계로 변해 가는 것으로 이해될 수 있다는 것이다. 결론적으로 말하자면, 모집, 관알선, 징용 등 동원 방식이 어떻든 간에 그 저류에 흐르는 실태는 강제노동이었다는 점, 모집, 관알선, 징용은 단계적으로 이행하는 것이 아니라 동시에 시행되고 있었다는 점, 강제동원은 모집, 관알선, 징용 등 동원 방식에서 시작하여 노동실태, 노동생활, 귀환에 이르기까지 전과정을 총체적으로 파악해야 한다는 점을 지적할 수 있다. 그리하여 설령 '모집'이 자유의사에 따라 고용관계를 맺은 것이라고 백보 양보한다 치더라도, '모집'된 자가 그 후 감금과 폭행, 장시간 중노동과 학대로 인해 심한 정신적, 경제적, 신체적 피해를 입었음에도 '모집'이니까 '내 알 바 아니다'라는 식의 오류에서 벗어날 수 있다.

이하에서는 모집, 관알선, 징용의 성립과정과 내용에 대해 각각 구체적으로 살펴보기로 하자.

1) 모집에 의한 조선인 노무동원

모집에 의한 조선인 노무자의 동원은 1939년 7월 4일의 각의결정인 「소화14년도 노무동원실시계획 강령」에 따라 개시되었다. '집단이입'에 따른 조선인 노무자의 동원자수는 당초 8만 5,000명이었다. 이 각의결정은 전년도인 1938년 9월 13일의 각의결정 「소화14년도 국가총동원 실시계획 설정에 관한 건」에 따른 것으로 중요물자를 동원하기 위해 필요한 노무동원에 관련하여 그 실시계획을 결정한 것이다. 노무동원실시계획에 따라 책정된 '집단이입' 조선인 수와 실제 동원된 인원을 나타낸 것이 다음의아래 표이다.

[표 2] 노무동원실시계획에 따른 연도별 '집단이입' 조선인 수와 실적

<table>
<tr><th>연도</th><th colspan="2">동원지</th><th>계획자 수</th><th>실제 이입자 수</th></tr>
<tr><td rowspan="4">1939</td><td colspan="2">합계</td><td>85,000</td><td>53,120</td></tr>
<tr><td rowspan="3"></td><td>일본본토</td><td>-</td><td>49,819</td></tr>
<tr><td>화태</td><td>-</td><td>3,301</td></tr>
<tr><td>남양군도</td><td>-</td><td>-</td></tr>
</table>

1940	합계		97,300	59,398
		일본본토	88,800	55,979
		화태	8,500	2,605
		남양군도	-	814
1941	합계		100,000	67,098
		일본본토	81,000	63,866
		화태	1,200	1,451
		남양군도	17,800	1,781
1942	합계		130,000	119,851
		일본본토	120,000	111,823
		화태	6,500	5,945
		남양군도	3,500	2,083
1943	합계		155,000	128,350
		일본본토	150,000	124,286
		화태	3,300	2,811
		남양군도	1,700	1,253
1944	합계		290,000	228,320
		일본본토	290,000	228,320
		화태	-	-
		남양군도	-	-
1945	-		-	-
합계			857,300	656,137

출전: 金英達, 2003,『朝鮮人強制連行の研究』, 明石書店, 34쪽에서 인용.
주 : 1. 원전은 朝鮮総督府財務局,「第86回帝國議會說明資料」, 1944년 12월.
2. 군무원은 포함되지 않음.

당초 노무동원실시계획에 따른 '집단이입' 조선인은 8만 5,000명이었으나 실제로 동원된 인원은 5만 3,120명으로 62.5%에 지나지 않았다. 이듬해인 1940년도에는 목표 수 9만 7,300명에 대해 실제 인원은 61.%인 5만 9,398명이었고, 1941년도에는 목표 수 10만 명에 대해 실제 인원은 61.7%인 6만 7,098명이었다. 1942년도에 이르러서는 목표 수 13만 명에 대해 실제 인원은 그 92.3%에 육박하는 11만 9,851명이 동원되었다. 이 시기는 조선총독부의 관알선에 의한 노무동원이 있었던 시기로 조선총독부의 '강력한 지도'에 따른 결과로 풀이된다.

7월 4일에 각의결정이 내려지자 이를 구체화하기 위한 후속 작업이 이어졌다. 1939년 7월 29일 내무성 후생성 차관의 연명으로 '조선인 노무자 내지 이주에 관한 방침'과 '조선인 노동자 모집 요강'이 각 지방장관 앞으로 통달되었다. 동년 9월 1일에는 '조선인 노동자 모집 및 도항 취급 요강'이 조선총독부 정무총감으로부터 각 도 지사에, 조선총독부 경무국장으로부터 각 도 경찰부장에게 통달되었다.

모집이라고 해도 조선에서의 노무자 모집은 1918년 1월에 제정된 부령 제6호 '노동자모집 취체규칙'에 의거 사전에 총독이나 도지사의 허가를 얻어야 했다.[2] 그뿐만이 아니다. 조선총독부가 지정한 지역에 한하여 모집이 가능했는데, 당분간 한해지에 국한하고 있었다. 즉 경기도, 충청남북도, 전라남북도, 경상남북도 등 한해(旱害)를 입은 한반도 남부 지역 이재민을 모집 대상으로 할당하고 있었다.[3] 다시 말해서 조선총독부가 할당한 지역에 한하여 모집하는 형태로 이른바 할당모집에 해당되었다. 할당모집과 송출과정을 보면 더욱 명확한데 그 내용은 다음과 같다.

> 사업장에서 신청자 수 결정→부·현 장관에게 모집 신청→후생성 심사→총독부가 모집할 지역을 할당→후생성→부·현 장관→사업장 허가서를 수령→모집원을 조선에 파견→총독부→지정 도청→지정 군청→지정 면사무소→면 사무당국, 구장, 경찰서 또는 주재소, 면 유력자의 협력하에 모집[4]

이와 같이 신청→허가→모집→도항의 과정에서 조선총독부를 위시하여 관헌이 적극적으로 개입하고 있었으며, 관헌의 지시와 다르게 의사결정을 할 시에는 혹독한 견제가 있었다. 예를 들어 홋카이도탄광기선주식회사(北海道炭鑛汽船株式會社)의 경우, '청부인'이 모집 지역을 사정으로 인해 변경한 것에 대해 전라북도 고창군 군수가 "군을 우습게 아는데도 한도가 있다. 더 이상 당신네들은 절대 돕지 않겠다. 아니 다른 군에서도 돕지 않도록 지금 당장 도

---

2 「조선인 노동자 모집 및 도항 취급 요강」 중 제1 모집의 1.

3 「조선인 노동자 모집 및 도항 취급 요강」 중 제1 모집의 5.

4 労働科学研究所, 1943, 『炭鉱における半島人労務者』(朴慶植, 1976, 『在日朝鮮人関係資料集成』第5巻, 761쪽).

청에 보고하겠다"며 강압적인 태도를 취했다는 사실이 전해지고 있다.[5] 모집을 원하는 곳에서 희망하는 사람들을 데려오면 되는 식으로 단순하게 생각한 모집원이 오판이었음을 자성하는 경우조차 있었다.

> 저희들은 조선이 내지처럼 설마 모집 지역이나 인원 할당이 있을 줄이야 생각지도 않았던 것으로, 다이쇼 7년 공포된 '조선인노동자모집취체규칙'이 그대로 답습되고 있는 점에서 어디서 몇 명 모집해도 상관없다고, 즉 자유모집이 오늘날에도 가능하다는 식으로 간단하게 생각하고 있었습니다.

모집되는 조선인에게도 선택의 자유가 있었던 것은 아니다. 노무동원실시계획에 따라 모집되는 조선인은 일본 당국이 지정한 이른바 '시국산업'에 한하였으며, 자유롭게 직업을 선택할 여지가 없었다. 다시 말해서 국가가 총동원 업무로서 중요시하는 특정 산업에 강제로 배치한 것이었다. 시국산업으로 지정된 업종은 광업과 토목건축업이었다. 다음 표에서 보는 바와 같이 조선인 노무자가 동원된 업종은 석탄산이나 금속산 등 광업과 토건이 압도적이었으며, 군수공장 등의 비중이 광업 비중과 역전되는 것은 전쟁 말기에 접어든 1944년 이후의 일이었다.

[표 3] 조선인 노무자의 산업별 분포

연도	석탄산	금속산	토건	공장 등	계
1939	62.7	13.0	24.2	-	99.9
1940	64.5	14.7	18.	2.8	100
1941	60.0	16.8	17.8	5.4	100
1942	66.6	8.5	13.3	11.7	100.1
1943	53.3	11.2	23.1	12.3	99.9
1944	30.7	10.9	11.9	46.5	100
1945	16.7	-	33.3	50.0	100
계	47.8	11.3	16.1	24.8	100

출전: 山田昭次 · 古庄正 · 樋口雄一, 2005, 『朝鮮人戰時勞動動員』, 岩波書店, 78쪽.

5 福井譲, 2021, 「『内鮮協定』と戦時期の渡航管理政策について—1930年代末を中心に」, 『在日朝鮮人史研究』, 16쪽. 원 자료는 北炭社友会, 1940年 5月, 「朝鮮募集座談会(一)」, 『社友』第17巻第5号.

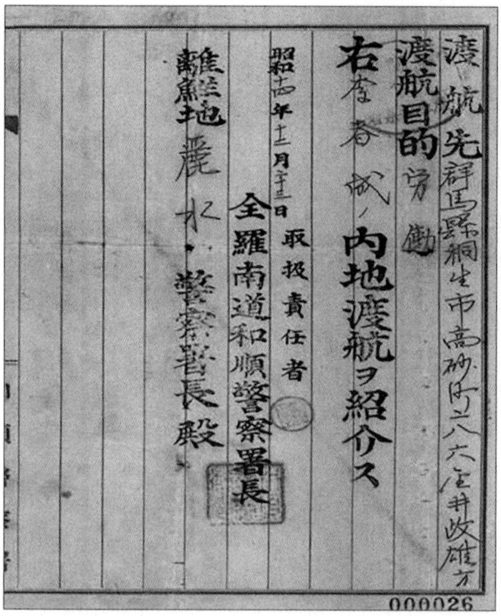

渡航先 群馬縣桐生市高砂町二八六 住井政雄方
渡航目的 労働
右 李春成ハ内地渡航ヲ紹介ス
昭和十四年十二月廿二日 取扱責任者
全羅南道和順警察署長
離鮮地 麗水 警察署長殿
000026

우측 상단에 '검열제 여수경찰서'의 고무인이 날인된 도항 사증. 전라남도 여순경찰서장의 도항 소개에 대해 승선지 관할 여수경찰서장이 확인하여 발급한 사증이다.

조선인 노무자의 자격도 엄격하게 제한되었다. '조선인노동자내지이주에 관한 방침'에 따르면 이주 조선인 노무자는 "사상견실, 신원확실, 신체 강건하고 국어가 가능하며, 관할 경찰서장이 내지도항에 지장 없다고 인정한 자"로 제한하고 있었다. 모집자 측에서 필요하다고 판단할 때 실시하는 신체검사에는 경찰관이 입회하도록 되어 있어 노무자 할당모집에 경찰이 깊이 관여하고 있음이 확인된다.

사실 '집단적으로' 시행되는 이동에는 경찰이 관여하고 있었다. 우선 모집지 관할 경찰서에 '응모자 명부 및 응모자 수송 방법'을 기재한 신고서 2통을 제출하여 응모자와 신청에 문제가 없는지를 확인하고, 문제가 없으면 명부와 신고서 각 1통을 승선지 관할 경찰서에 송부했다. 그 후 송출 3일 전까지 "수송 방법 및 승선지명, 승선 인원, 출발기일, 출발시간 등을 예정하여, 응모자 명부 2통 및 모집허가서를 첨부하여" 승선지 관할 경찰서에 신고, 경찰서장 확인의 도항 사증을 발급받도록 하였다.

2) 징용에 의한 조선인 노무동원

「국민징용령」은 제1조에 "국가총동원법 제4조 규정에 의거 제국신민의 징용 및 국가총동원법 제6조 규정에 의거 피징용자의 사용 또는 임금, 급료, 기타 종업조건에 관한 명령은 별도로 정하는 것을 제외하고 본령이 정하는 바에 따른다"라고 규정하여, 「국가총동원법」 제4조를 발동하여 국민징용을 칙령으로 정한 것임을 밝히고 있다. 「국가총동원법」 제4조는 "정부는 전시에 있어서 국가총동원상 필요할 때는 칙령이 정하는 바에 따라 제국신민을 징용하여 총동원 업무에 종사시킬 수 있다"고 규정하고 있다.

「국민징용령」은 1939년 7월 8일에 제정되어(칙령 제451호) 같은 해 7월 15일부터 시행하였으나 조선과 대만은 같은 해 10월 1일부터 시행하였다. 그런데 국가 명령에 의한 노무동원은 가급적 자제하여 "특별한 사유가 있는 경우 외에 국민직업지도소의 직업소개, 기타 모집 방법으로 소요 인원을 얻을 수 없는 경우에 한하여" 발동하는 것으로 제한하고 있었다(제2조). 당시 기사에서도 징용령 발동에 대해 신중을 기하고 있었던 상황이 역력하다. 가령 《경성일보》는 1939년 5월 2일 자 〈인적 통제의 최고수단 흥아근로봉사령(가칭), 드디어 금주 중에 최종적 조정〉이라는 제하의 기사에서 다음과 같이 논평하고 있었다.

人的統制の最高手段
興亞勤勞奉仕令（假稱）
愈よ今週中に最後的調整

「국민징용령」 발동을 준비 중이라는 소식. 《경성일보》, 1939년 5월 2일. 최초 구상한 명칭은 '흥아근로봉사령'이다.

> 총동원법 제4조에 근거한 「국민징용령」 발동에 대해서는 조항이 인적 통일의 최고도의 수단으로 그 영향을 주는 곳도 심대하기에 이 발동 준비에 관하여 후생, 육해군, 기획 관계 각 당국 간 극히 신중하게 조사연구를 진행하고 있었는데, 긴급사태에 있어서의 노동조정이 몹시 곤란한 현재 정세에 있어서는 동 조항의 발동도 또한 어쩔 수 없다고 통감하기에 이르러 이미 후생성에서는 입안 준비의 「국민징용령」에 대해 드디어 이번 주 중에 관계 각 당국에서 그 최종 ■■을 하기로 했다.

일본정부도 국가명령에 따른 노무동원이 어떠한 사태를 가져올 것인지 의식한 때문인지 그 명칭조차도 민중에게 친근감을 주도록 고민하여 '흥아근로봉사령'과 같은 명칭을 준비했다고 보도하고 있다.

이리하여 당초 「국민징용령」에 따른 징용대상자도 '국민직업능력신고령에 의한 요신고자에 한해' 시행하기로 하였다(제3조). 「국민직업능력신고령(國民職業能力申告令)」은 「국가총동원법」 제21조를 발동하여 1939년 1월 6일에 제정된 것으로(칙령 제5호), 그 제1조에 "제국신민의 직업능력에 관한 사항의 신고 및 그 직업능력에 관한 검사는 별도로 정하는 것을 제외하고, 본령이 정하는 바에 따른다"고 규정하고, 그 대상이 되는 요신고자를 "본령 시행지 내에 거주하는 연령 16세 이상 50세 미만의 제국신민 남자로 아래 각호 하나에 해당하는 자"라고 규정하였다.

1. 본령 시행지 내에서 계속하여 3개월 이상 후생대신이 지정하는 직업에 종사하는 자
2. 계속해서 1년 이상 전호의 직업에 종사하여 그 직업을 그만두었거나 그 직업을 그만둔 날로부터 5년을 경과하지 않은 자
3. 후생대신이 지정하는 대학, 전문학교, 실업학교, 기타 이에 준하는 각종 학교에서 후생대신이 지정하는 학과를 수료하여 그 학교를 졸업한 자
4. 후생대신이 지정하는 기능자양성시설에서 소정의 과정을 수료한 자
5. 후생대신이 지정하는 검정 혹은 시험에 합격한 자 또는 후생대신이 지정하는 면허를 취득한 자
6. 기타 후생대신이 지정한 자

다시 말해서 후생대신이 지정하는 사업에 종사하거나 기능을 소지한 자가 요신고자로서 그들을 징용 대상으로 상정하고 있었던 것이다.

'흥아근로봉사령'이라는 가칭이 기사화되고 한 달 뒤인 1939년 6월 10일, 이번에는 〈전시노무자동원령(가칭), 14일 총동원심의회에 부의 결정, 가급적 신속하게 실시〉라는 제목의 기사가 《경성일보》 석간 1면을 장식했다. 이에 따르면 전쟁 수행에 필요한 물적 총동원체제가 정비되어, 이를 운용하기 위한 노동력 확충과 수급 조절이 긴요한 시점에 도달, 「국가총동원법」 제4조의 발동이 목전에 왔음을 전하고 있다.

> 정부는 시국의 진전에 ■하기 위해 먼저 생산력확충계획안과 물자동원계획을 완성하고 물적 총동원체제를 정비하였지만 나아가 이 계획 수행상 긴요한 노동력 확충 및 노무자 수급 조절을 꾀하기 위해 드디어 신민징용에 관한 「국가총동원법」 제4조를 발동하기로 했다.

이 칙령안은 가칭 '전시노무자동원령'으로 하여 "국가가 직업소개, 기타 모집 방법으로 필

요한 인원을 얻을 수 없는 경우에 한하여 신민을 징용하여 총동원 업무에 종사시키는 것으로 이 징용사무는 후생대신이 주관하는 것으로 되어 있다"고 전했다.

이와 같은 경위를 정리하자면, 「국민징용령」은 당초 '흥아근로봉사령'→'전시노무자동원령'을 거쳐 최종적으로 1939년 7월 8일 「국민징용령」으로 제정된 것임을 알 수 있다. 그리고 '당분간 국가 주요 사업장의 총동원 업무에 한정되어 동법 제21조 국민직업능력 신고령에 규정된 요신고자를 징용'하는 것으로 하고 있었다.[6] 피징용자가 종사하는 총동원 업무라 함은 「국가총동원법」 제3조에 의하면 다음과 같다.

戰時勞務者動員令(假稱)
十四日總動員審議會に附議決定
可及的速かに實施
要申告者を徵用

「국민징용령」을 총동원심의회에 부의할 예정이라는 기사. 명칭이 '흥아근로봉사령'에서 '전시노무자동원령'으로 변경되어 있다. 《경성일보》, 1939년 6월 10일.

①총동원 물자의 생산, 수리, 배급, 수출, 수입 또는 보관에 관한 업무

②국가총동원상 필요한 운수 또는 통신에 관한 업무

③국가총동원상 필요한 금융에 관한 업무

④국가총동원상 필요한 위생, 가축위생 또는 구호에 관한 업무

⑤국가총동원상 필요한 교육 훈련에 관한 업무

⑥국가총동원상 필요한 시험 연구에 관한 업무

⑦국가총동원상 필요한 정보 또는 계발 선전에 관한 업무

⑧국가총동원상 필요한 경비에 관한 사항

⑨전 각호에 게재한 것을 제외한 것 외에 칙령으로 지정하는 국가총동원상 필요한 업무

---

6 〈요신고자를 징용〉, 《경성일보》, 1939년 6월 10일.

「국민징용령」에 따른 징용은 크게 '신규징용'과 '현원징용' 2개로 나눌 수 있다.

신규징용에는 특수한 기능을 갖고 있는 자의 징용, 즉 특수징용과 특별히 특수한 기능을 갖고 있지 않지만 평범하게 노동할 수 있는 자, 즉 일반인을 대상으로 하는 일반징용이 있습니다. 일정 연령층의 징용이라는 것은 일반징용을 시행하는 경우의 한 방법입니다.[7]

여기서 현원징용이라 함은 현재 근무 중인 직장에서 징용령이 발동되는 것으로 동일 직장에서 동일 업무를 계속하는 것을 의미한다. 신규징용은 이와 달리 현재 종사하고 있는 직장에서 다른 직장의 다른 업무로 징용령이 발동되는 경우를 의미한다. 예를 들어 농업에 종사하던 사람이 군함제조의 조선소로 동원되는 경우가 이에 해당된다. 무직자가 공장, 사업장으로 징용령이 발동되는 경우도 신규징용에 해당된다.

[그림 1] 「국민징용령」에 따른 징용의 종류

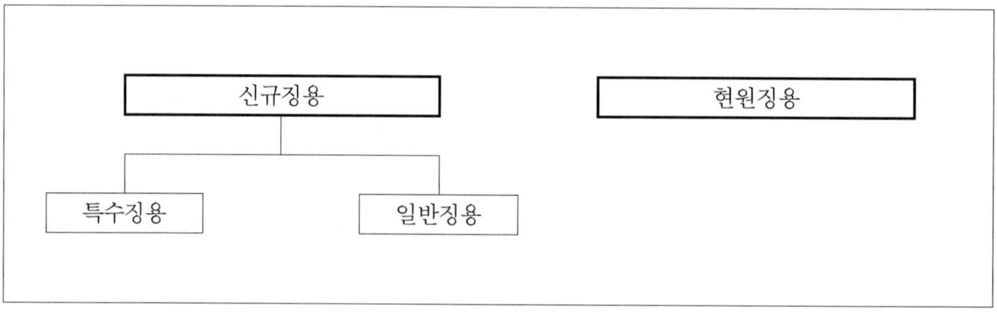

한편 일정 연령층을 대상으로 징용령을 발동하는 경우도 있는데, 당시 동원되었던 피징용자들은 이를 '연령징용'이라 하였고, 신문기사에서도 동일한 용어를 사용하고 있다[8]. 《매일신보》 1944년 8월 23일 자 기사에 의하면, 연령징용으로 조선인의 징용을 개시한다는 경기도 노무과장 노다(野田傳三)의 설명이 소개되고 있다[9]. 그런데 노다는 상기 설명과 달리 '연령징

7 国民総力朝鮮聯盟, 1944, 『国民徵用の解説』, 28쪽.

8 〈결전증산 총돌격, 일정연령층 징용개시(上)〉, 《매일신보》, 1944년 8월 23일.

9 일본 히로시마시 소재 미쓰비시(三菱) 히로시마(廣島)조선소에 징용된 박상재는 1944년 10월에 징병을 면한 1923년생을 '연령징용'으로 동원하여 배치했다고 증언하고 있다. 일제강점하강제동원피해진상규명위원회,

용'을 특수징용으로 이해하고 있다는 점이 다르다. 물론 이뿐만이 아니라 노다는 징용을 보통징용과 일정연령층징용으로 이해하고 있고, [그림1]의 관계도로 이를 설명하면, 보통징용=일반징용, 일정연령층징용=특수징용으로 생각하는 것 같다. 일본 당국이 설정한 의도와 달리, 현장에서는 다양한 표현을 사용하며 노무동원을 집행한 것 같으며, 이 외에도 학생들에게 징용령을 발동한 경우는 학도징용이라고 부르기도 했다.

「국민징용령」에 따라 영장이 발부되어 동원된 조선인은 어느 정도 되는지, 지역별로 구분하여 정리하면 다음과 같다.

[표 4] 징용에 의해 동원된 조선인 피징용자

연도	조선 내		일본본토	남양	합계
	신규징용	현원징용	(신규징용)	(신규징용)	
1941	-		4,895		4,895
1942	90	-	3,871	135	4,096
1943	648	-	2,341	-	2,989
1944	19,655	153,850	201,189	-	374,694
1945	23,286	106,295	9,786	-	139,367
	43,679	260,145	222,082	135	526,041

출전: 大蔵省管理局,『日本人の海外活動に関する歴史的調査』朝鮮編 第9分册.

[표 4]에서 보면, 조선인 노무자는 총 52만 6,041명이 「국민징용령」에 의해 동원된 것으로 판단되며, 그중 57.8%가 조선 내 작업장으로 징용되어 해외로 징용된 수치보다 더 크다는 사실을 알 수 있다. 특히 조선 내 작업장에 징용된 경우는 일본의 신규징용과 달리 주로 현원징용에 의한 것이 압도적으로 많다. 아무튼 「국민징용령」이 1939년 7월 8일에 제정되어 조선에서는 같은 해 10월 1일부터 시행한다고 했으나 조선인에게 발동된 것은 1941년부터라는 사실이 확인된다.

당초 "국민직업지도소의 직업소개, 기타 모집 방법에 의해 소요 인원을 얻을 수 없는 경우에 한하여" 그것도 「국민직업능력신고령」상 요신고자를 대상으로 제한적으로 발동했던 「국

2008, 『내 몸에 새겨진 8월』, 87쪽.

민징용령」은 점차 그 대상을 확대하기 시작했다.

1940년 10월 제1차 개정(칙령 제674호, 10월 16일 공포)에서는 제3조에 "군사상 필요한 경우에는 전항 규정에도 불구하고 명령이 정하는 바에 따라 요신고자 이외의 자를 징용할 수 있다"는 항목을 추가하여, 기능자에 국한했던 제약을 풀어 대상을 확대했다. 또한 제13조에 "후생대신 전조 규정에 의한 청구 또는 신청이 있을 경우, 필요하다고 인정할 때는 피징용자를 사용하는 관아 또는 관리공장, 피징용자가 종사하는 총동원 업무, 직업 혹은 장소 또는 징용의 기간을 변경할 수 있다"라고 규정하여 업무 범위도 확대했다.

전선이 중국 대륙을 넘어 태평양 지역으로 확대되자 1941년 12월에 제2차 개정을 통해 징용대상자와 징용작업장 확대를 꾀하였다. 주요 내용을 보면, 피징용자의 종사업무를 확대하는 내용과 후생대신이 지정하는 지정공장을 추가하여 민간공장에서도 징용을 실시할 수 있게 한 점(제4조 2항), 피징용자와 그 가족에 대한 부조규정을 신설(제19조 제3항, 제4항)한 점이다. 특히 제2차 개정에서는 국민징용제도에 대한 저항, 기피를 무마시키기 위한 당근책으로 부조규정을 신설한 것이 주목된다. 그동안 병력 동원에 적용됐던 원호제도의 범주가 피징용자에게도 확대되어 국민징용에 대한 정부 책임이 더욱 명확해졌다고 평가할 수 있다.

1943년 7월의 제3차 개정은 「국민징용령」의 일대 전기(轉機)를 가져왔다. 그 특징은 세 가지로 정할 수 있다. 첫째로 징용의 국가성을 명확히 하였다는 점이다. "징용은 국가의 요청에 따라 제국신민으로 하여금 긴요한 총동원 업무에 종사시킬 필요가 있는 경우에 이를 시행하는 것으로 한다"로 규정하여, 징용이 "직업소개 기타 모집의 방법으로 소요 인원을 얻을 수 없는 경우에 한하여" 실시한다는 자유 모집의 보완적인 성격이 아닌, '국가의 요청'에 의한 것이라는 국가성을 전면에 내세웠다.

둘째로 피징용자를 '응징사(應徵士, 징용에 응한 산업전사)'로 호칭하여 명예를 부여하려 꾀한 점이다. 즉 "피징용자로서 관리공장 또는 지정공장에서 시행하는 총동원 업무에 종사하는 자를 응징사라 칭한다"고 규정하고, "응징사의 징계, 복제, 기타 응징사의 복무에 관해 필요한 사항은 명령으로 이를 정한다"고 하여, 1943년 8월에 「응징사복무규율」을 제정하였다. 그리하여 피징용자는 가슴에 응징사 휘장을 부착하여 그 신분을 나타내도록 규정하였다.

셋째로 공장, 사업장의 사업주도 징용령을 발동하여 이른바 '사장징용'이 추가됐다는 점이다. 일본정부는 이미 1943년 1월 20일의 각의결정 '생산 증강 근로대책 긴급요강'을 통해, '피

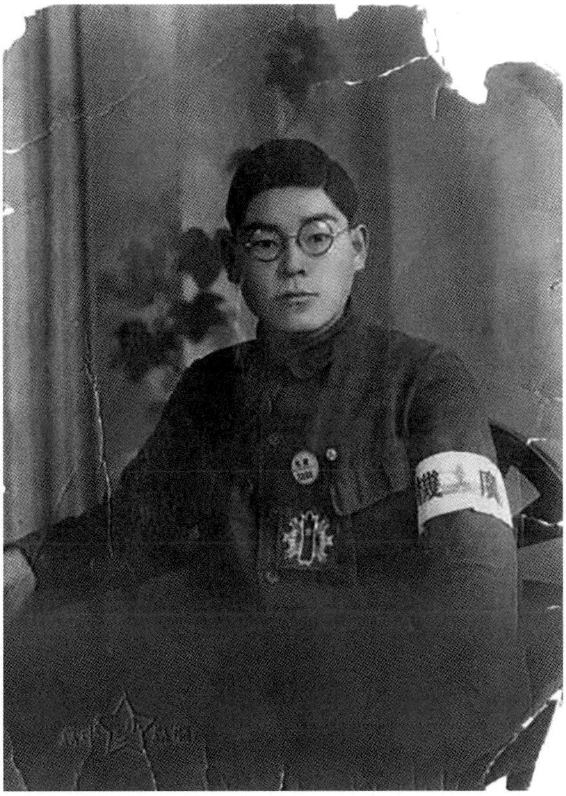

응징사 휘장을 가슴에 부착한 피징용자.
『조각난 그날의 기억』, 2012, 95쪽.

징용자 전원 일체의 태세로 생산 증강에 매진할 수 있도록' 사장징용 등의 조치를 요청한 바 있다. 그리하여 1943년 8월 19일, 수상관저에서 관리공장 사업주에게 징용령서를 전달하는 전달식을 거행했다. 그 모습을 다음과 같이 전하고 있다.

영서 전달식은 오전 11시 반 개회하여 도조(東條) 수상, 시마다(嶋田) 해군대신, 고이즈미(小泉) 후생대신, 스즈키(鈴木) 기획원 총재 외 도미나가(富永) 육군, 사와모토(澤本) 해군, 시이나(椎名) 상공, 다케이(武井) 후생 각 차관, 아베(安部) 기획원장 동령관계 각 성 국 · 과장이 열석, 궁성요배, 국가제창, 묵념 후 고이즈미 후생대신으로부터 피징용 사업주대표 이화학연구소 금속주식회사 회장 오코우치 마사토시(大河內 正敏) 자작에게 일괄하여 징용령서를 교부, 참석한 사장 일동은 각자 응징사 휘장을 좌측 가슴에 장착함으로써 사장 응징사가 탄생했다.

工場事業主を徵用

けふ令書傳達式擧行

責任、法制的に

社長應徵士の

感激新に挺身

社長應徵士談

'사장징용'의 영서 전달식 거행을 보도한 기사. 《경성일보》, 1943년 8월 20일.

그런데 '사장징용'이라고 해도 이는 일반 피징용자들과 신분을 같게 하여 '전원 일체'가 된 것을 연출한 것에 지나지 않았다. '사장징용'은 사장이 시장으로 재임하는 기간에 한정되어 있었고, 사장의 임면은 어디까지나 주주총회의 권한으로 국가의 명령에 의한 것이 아니었다. 따라서 일반 피징용자들은 그 해제가 후생대신의 명령에 의하므로 자유롭지 않았던 것과는 달리 사장은 그 직에서 물러남과 동시에 징용에서 해제되었다[10].

1~2차 개정이 주로 대상자와 범위 확대에 주안점을 두었다면, 3차 개정은 징용의 국가성 명확화와 명예를 전면에 내세웠다는 것이 가장 큰 특징이었다. 즉 전자의 개정이 양적 변화를 꾀한 것이라면, 후자의 개정은 질적인 전환을 꾀한 것이라고 평가할 수 있다.

---

10 佐々木啓, 2019, 『「産業戦士」の時代—戦時期日本の労働力動員と支配秩序』, 大月書店, 54~55쪽.

[표 5] 「국민징용령」의 주요 개정 사항

개정	주요 내용	비고
1차 개정 (1940.10.19. 공포) 칙령제674호	제3조 군사상 특히 필요한 경우에는 전항 규정에도 불구하고 명령이 정하는 바에 따라 요신고자 이외의 자를 징용할 수 있다. 제13조 후생대신이 전조 규정에 의한 청구 또는 신청이 있을 경우 필요하다고 인정할 때는 피징용자를 사용하는 관아 또는 관리공장, 피징용자가 종사하는 총동원 업무, 직업 혹은 장소 또는 징용의 기간을 변경할 수 있다.	
2차 개정 (1941.12.16. 공포) 칙령제1129호	제3조 '군사상 특히 필요한 경우'를 '특별히 필요한 경우'로 개정 제4조에 1개항 추가 특별히 필요한 경우에는 전항의 규정에도 불구하고 후생대신이 지정하는 공장사업장 기타 시설(이하 지정공장이라 칭한다)에서 시행하는 총동원 업무에 종사시킬 수 있다. 제19조 3항 피징용자가 징용됨으로 인해 그 가족과 세대를 달리하게 이를 경우, 기타 특별한 사정이 있는 경우, 또는 피징용자가 고의 혹은 중대한 과실로 인하지 않고 업무상 상이를 입어 혹은 질병에 걸려 그 때문에 징용을 해제될 경우에 본인 또는 가족이 생활하기 곤란할 때 명령이 정하는 바에 따라 이에 대해 부조할 수 있다. 피징용자가 징용되어 총동원 업무에 종사 중 고의 또는 중대한 과실에 의하지 않고 업무상 상이를 입고 또는 질병에 걸려 그 때문에 사망할 경우에 유족이 생활하기 곤란할 때는 명령이 정하는 바에 따라 이에 대해 부조할 수 있다. 전 2항의 가족 또는 유족의 범위 및 부조에 관해 필요한 사항은 명령으로 이를 정함.	
3차 개정 (1943.7.21. 공포) 칙령제600호	제2조 징용은 국가의 요청에 따라 제국신민으로서 긴요한 총동원 업무에 종사할 필요가 있을 경우 이를 행하도록 한다. 제7조 4항 후생대신이 관리공장 또는 지정공장의 사업주(사업주 법인인 경우에는 그 대표자)를 징용하여 해당 공장에서 시행하는 총동원 업무에 종사시킴에 있어서 제6조 내지 전조 규정에도 불구하고 명령이 정하는 바에 따라 징용명령을 내려 해당 공장 소재지를 관할하는 지방장관에게 이를 통달하고 지방장관으로 하여금 징용령서를 발급하여 징용되어야 할 자에게 이를 교부시키거나 또는 징용령서를 발급하여 징용되어야 할 자에게 이를 교부한다. 제16조 5항 피징용자로서 관리공장 또는 지정공장에서 시행하는 총동원 업무에 종사하는 자는 이를 응징사라 칭한다. 응징사의 징계, 복제 기타 응징사 복무에 관해 필요한 사항은 명령으로 이를 정한다.	본령은 1943년 8월 1일부터 이를 시행한다. 단 조선, 대만, 화태 및 남양군도에서는 1943년 9월 1일부터 시행한다.  〈응징사 휘장〉

「국민징용령」의 조선 적용은 1939년 10월 1일부터라고 전술한 바 있으나 [표 5]에서 보는 바와 같이 실제 징용령이 발동되어 통계에 잡힌 것은 1941년부터다. 그런데도 강제동원의 동원 방식 중 징용령에 따른 강제동원에 대해서는 오랫동안 1944년 9월부터라는 인식이 강하게 자리 잡고 있다. 이 점에 대해서는 노무동원의 실태에서 자세히 다루기로 하자.

3) 관알선에 의한 조선인 노무동원

'모집'에 의한 노무동원이 의도한 만큼의 성과를 거두지 못한 채 전국(戰國)은 새로운 국면을 맞이하였다. 1942년 12월 7일의 진주만 공습과 대미 선전포고로 전선이 중국을 지나 태평양 전역으로 확대되었던 것이다. 이는 곧 병력 확대로 이어졌고, 생산현장에서는 인력 부족과 노무자 수급 조절의 절박함으로 나타났다. 1942년 2월 13일 일본정부는 '조선인 노무자 활용에 관한 방책'을 각의결정하여 1934년부터 견지해 온 일본본토에 대한 조선인의 도항 억제 정책을 폐지하기에 이르렀다.

> 군 요원 확대에 따라 내지에서는 기초 산업의 노동자 부족이 현격해져, 종래 이 분야 노동자 공급원이었던 농업 노동력도 핍박해진 결과 응소자(應召者) 보충조차 곤란한 실정에 이르렀다. 이참에 이 분야 노무자의 공급원으로 아직 탄력이 남아 있는 조선에서 공급원을 구하여 긴급히 생산력을 확보하는 것이 초미의 급무이다. 그리하여 종전부터 조선인 노무자에게 의존하는 일이 적지 않았던 토건, 운수 등 사업에 있어서도 최근 기대하는 바가 점점 커지고 있다.
>
> 그런데 조선인 노무자의 내지 송출 및 그 사용에 관해서는 복잡한 사정이 교차하여 내선의 지도가 반드시 일치하지 않아 그로 인한 폐해가 적지 않았다. 지금은 내지 노무자의 자질에 비추어 소요의 조선인 노무자를 내지에서 활용하는 것이 불가결한 요청이므로, 이 기회에 기왕의 경험을 성찰하여 그 시책에 통일과 쇄신을 가미하여 내선 모두 진정 지도성 있는 방책을 확립하고, 신속하게 이를 실행하는 것이 가장 필요하다. 그리하여 그 핵심은 노무 활용과 동시에 교화를 중시하여 조선 통치의 대방침을 추진함과 함께, 이들 육성된 노무자는 이를 조선에 환원하여 조선이 우리 대륙전진기지로서의 지위 강화에 기여하는 데 있다.[11]

11 閣議決定, 「朝鮮人労務者活用に関する方策」(朴慶植, 『在日朝鮮人関係資料集成』第4卷, 三一書房), 793쪽.

勞務の內地供出
本府改めて方針樹立

新穀供出協議
金組參事打合會

穀物檢査所
官制に改正

體育·厚生

조선총독부의 노무 공출 방침 수립을 보도한 기사. 《경성일보》, 1941년 12월 7일.

이 설명에 따르면, 그간 일본본토로의 노무동원을 둘러싸고 조선총독부와 일본 정부 간 이해관계가 일치하지 않아 노무자 수급에 지장이 있었던 것이 비로소 해소되어 새 방침이 발표되기에 이른 것이었다. 그간 조선 공업계는 중일전쟁 이후 군수물자의 수요 증가로 숙련공 확보에 시달렸는데, 그 육성책의 일환으로 조선인 소년을 일본본토 공장에 위탁하여 기술 양성을 꾀하고 있었다. 그런데 일본본토 공장사업장으로의 일방적인 조선인의 노무동원에 불만이 생겨 '내선의 지도가 반드시 일치하지 않아' 수급 조절이 원활하지 않았던 것이다.

조선 내에서도 '내선의 지도' 불일치를 개선하기 위한 새 방침 수립에 돌입하였다는 사실을 〈노무의 내지 공출〉이라는 제목으로 다음과 같이 보도하였다.

성전(聖戰)의 목적 완수상 반도가 중요한 책임을 갖고 있는 노동력의 내지 공출은 종래 내지업자의 자유모집에 대해 각 도가 단지 인가를 내주는 형식을 취하고 있었다. 최근은 내지업자가 생각하는 대로 인원모집이 불가능해져 왔기에 생산력 확충을 위해 총독부가 적극적으로 지원하도록 척무성이 희망하고, 이를 위해 동 성 가네이(金井) ■무과장이 내청하여 협의하였다. 내지 측 희망은 종래의 자유모집을 일보 전진시켜 내지 탄갱 등에서 노무자를 필요로 하는 경우는 각 도가 적극적으로 공출할당을 시행해 주도록 조처해 달라는 것으로 총독부로서는 공출할 잉여 노동력이 있다고 하더라도 내지 측 요구를 쉽게 수용할 수 없는 사정도 있으므로 1월 중순경 각 도 사회과장 회의를 소집하여 (昭和)17년도 노무 공출 방침에 관해 근본적인 재건을 협의하여 각 과장의 의견을 청하기로 했다. 그 결과 조선 내 생산력 확충계획과 견주면서 총독부의 노무조정방책에 일대 수정이 가해질 것으로 예상된다.[12]

우연인지 모르겠지만 진주만 기습공격을 개시한 그날에 보도된 기사였다.

그리하여 도출된 새로운 방침이란, 일본본토는 조선인 노무자를 일본본토 공장사업장에서 숙련공으로 양성해 주고, 조선총독부는 '강력한 지도에 따라' 노무자 공출에 책임을 지고 관리하는 것이었다. 조선총독부와 일본 정부 간 숙련공 양성과 노무자 공출이 합의된 것이다. 활용방침은 다음과 같았다.

1. 본 방책은 군 요원 확대에 따른 내지 노무동원의 실정을 감안하여 조선의 적재(適材)를 내지 총동원 업무에 활용함으로써 국력의 종합 발휘에 유감없게 한다는 기본 관념하에 이를 실시하는 것으로 한다.
2. 본 방책에 의거한 조선인 노무자는 재능 있는 청소년을 선발하여 필요한 훈련을 가하여 이를 공출하는 것으로 한다.
3. 위의 조선인 노무자는 국가의 충분한 지도와 보호 아래 사용하고, 우수한 황국의 노무자로 육성하여 일정 기간(대개 2년)에 이를 보충 · 교대함으로써 조선에서의 인적 국방자원 강화에 기여하는 것으로 한다.

---

12 〈노무의 내지 공출, 본 부 새로이 방침 수립〉, 《경성일보》, 1941년 12월 7일.

4. 본 방책에 의거한 노무자 송출은 조선총독부의 강력한 지도에 따라 이를 시행하는 것으로 하고, 필요에 따라 「국민징용령」을 발동하여 요원 확보를 기하는 것으로 한다.
5. 본 방책에 따른 것 외 조선인 노무자의 내지 취업은 내지 및 조선의 노무 통제 강화에 따라 그 통제하에서 행해지는 것과 같이 종래 방침을 통일하는 것으로 한다.
6. 본 방책 실시에 수반하여 현재 내지에 거주하는 조선인에 대해 징용 또는 국민근로보국대 참가 등 노무동원 강화를 꾀하는 것으로 한다.

새로운 활용방침을 실천에 옮기기 위한 구체적인 행동요령으로 조선에서는 ①연령 17세 내지 25세 남자로서 심신이 건강한 자를 선발하고, ②청년시설 등을 활용하여 정신교육, 국어교육 외, 특히 단체행동, 공동생활 등에 필요한 기초 훈련을 실시하며, ③군대조직을 편성하여 각 단위에 국어가 가능한 자를 배치하도록 한다.

한편 일본본토에서는 ①본 요원을 사용할 공장사업장은 특히 중노동자를 필요로 하고, 이를 사용하는 데 적합한 시설을 구비하는 곳에 중점적으로 이를 선정하며, 점차 그 범위를 확대한다. ②징용에 따른 요원 배치의 경우를 고려하여 관계 공장사업장에 신속히 적응할 태세를 갖추게 하고, ③처우에 있어서 형이상하에 걸쳐 내지인과 동등하게 하도록 했다. 즉 조선인을 송출하는 조선총독부는 '집단이입'에 대비한 조직과 훈련에 만전을 기하고, 조선인을 수용하는 일본본토는 수용시설을 구비하는 등 처우에 중점을 둔 것이라고 풀이할 수 있다.

각의결정 후 조선총독부는 1942년 2월 20일 '조선인내지이입알선 요강'을 발표하고, 시행에 들어갔다. 이것이 이른바 관알선에 의한 노무동원계획이다.

조선총독부는 알선 요강 4대 원칙을 수립한 후 다음과 같은 절차로 노무 공출 대상자를 선정하였다. 알선 요강 4대 원칙이란 ①내지이입 조선인 노무자는 전원 노무동원사업에 사용할 것, ②내지이입 조선인 노무자 수는 매년 노무동원실시계획에 따라 정해진 수를 한도로 할 것, ③알선 조선인 노무자 처우에 관해서는 가능한 한 내지인 노무자와 차별을 두지 말 것, ④조선인 노무자의 출동기간은 원칙적으로 2년으로 할 것 등이다.[13]

13 朝鮮総督府, 1976, 「朝鮮人内地移入斡旋要綱」(1942)(朴慶植, 『在日朝鮮人関係資料集成』第4巻, 三一書房, 1254쪽).

①기업주	②조선총독부	③각 도
일본본토 도·부·현으로부터 조선인 노무자 고용의 승인을 받은 후 신청서를 조선총독부에 제출. 〈구비서류〉 *조선인 노무자 알선신청서 *도·부·현 조선인 노무자 이입고용 승인서	⇨ 심사를 거쳐 '선출 도별 알선 인원'과 '알선 기간'을 정해 관련 도에 통보.	⇨ 5일 이내 '부·군·도별 선출인원'을 정해 해당 직업소개소 또는 부·군·도에 통보.

④직업소개소 및 부·군·도	⑤각 도	⑥기업주 또는 대리인
⇨ *5일 이내 '읍·면별 선출인원'을 정해 읍·면에 통보. *부·군·읍·면은 할당 노무자를 종합하여 관청에 보고.	⇨ 할당 노무자의 보고를 받는 즉시 인계지를 사업주에게 통보.	⇨ 지정한 날짜에 기업주 본인 또는 대리인은 관련 도 직업소개소 또는 부·군·도에 출두·인계.

특히 기업은 "관청의 노무자 공출 알선에 협력"할 목적으로 '노무보도원'을 두었는데, 그 업무는 "관청의 지휘 감독을 받아 예의 노무자 선정에 협력"하는 것이었다. '노무보도원'은 노무자 공출 사무에 도지사가 무급으로 촉탁하는 것으로 되어 있으나, '노무보도원' 비용은 모두 기업이 부담했다. 또한 알선에 필요한 선전비, 부대 편성비, 인솔 수송비, 잡비 등의 경비도 모두 기업이 부담하여 사전에 조선노무협회에 납부하도록 하였다.

즉 조선총독부 알선에 의한 노무동원계획은 공출대상자 선정에서 기업에 인계하기까지의 전 과정을 조선총독부 지휘하에 말단 조직이 담당하였고, 기업은 이에 필요한 비용을 부담하는 방식이었다. 모집에 의한 노무동원의 경우, 면 단위의 말단 관청 관료와 지역 유지, 경찰 등의 협조로 인력을 모은 뒤 기업에서 파견한 모집원이 이를 선발하는 형태였으나, 조선총독부 관알선의 경우 도·군·면 단위로 할당되어 소집한 노무자를 기업이 거부할 수 없었다.[14]

---

14 도노무라 마사루 저·김철 역, 2018, 『조선인 강제연행』, 뿌리와 이파리, 127쪽.

관알선에 의한 노무동원이 모집에 의한 것보다 강화된 것은 수송방식에 있었다. 대 조직의 편성으로 '집단이입'하는 조선인 노무자를 안정적으로 이송하기 위해서는 통일된 업무체계가 필요했다. 그리하여 1942년 5월 석탄통제회 · 광산통제회 · 철강통제회 · 토목통제회가 주최로 계획수송 방법에 대해 논의한 결과, 4개 통제단체와 특정 여행사 간에 '이입조선인노무자단체수송취극수속요강'을 체결하고 수송 사무 일체를 그 특정 여행사가 담당하기로 했다. 그 여행사가 동아여행사였다.[15] 이리하여 동아여행사로 일원화된 수송 전문기관이 조선-일본 간 단체수송을 계획적 · 조직적으로 관리하였던 것이다.

15 김민영, 「식민지시대 노무동원 노동자의 송출과 철도·연락선」, 『한일민족문제연구』 제4호, 58쪽.

3. 노무동원의 실태

1) 「국민징용령」 발동에 의한 조선인 노무동원의 인식에 대해

조선인 노무동원을 이해함에 있어서 주의해야 할 점은 첫째 모집, 관알선, 징용의 순으로 단계적으로 이행했다고 보는 인식의 문제와 둘째 동원 방식에만 집중하면 감금, 강제노동 등 강제동원의 피해실태를 파악하지 못하므로 동원 방식에서 시작하여 노동생활, 귀환에 이르기까지 총체적으로 파악해야 한다는 점이다. 특히 「국민징용령」에 따른 조선인 노무자의 강제동원은 1944년 9월부터라는 인식이 통설처럼 되어 있는 이유가 무엇인지 살펴봐야 한다. 이는 1944년 8월 8일의 각의결정 '반도인 노무자의 이입에 관한 건'에 기인하는 바가 크다. 그 내용은 다음과 같다.

> 반도인 노무자 이입을 확보 촉진하기 위해 아래의 조치를 강구한다.
>
> 1. 이입 노무자에 대해 신규징용을 실시할 것.
>
> 위와 관련하여 필요하다면 「국민징용령」을 개정할 것.
>
> 2. 신규 피징용자에 대한 원호에 철저를 기할 것.
>
> 한편 기타 이입 노무자에 대해서도 신규 피징용자에 준하여 원호를 실시할 것.

이 내각결정 이후 조선인에게 징용령이 적용되어 같은 해 9월부터 징용이 개시되었다는 인식이다. 이 같은 인식은 가령 모리타 구니오(森田芳夫)의 『재일조선인 처우의 추이와 현상』(1955)에서도 확인되는데, 모리타는 "정부는 조선인을 집단적으로 일본 내지에 강제 이주시키는 방책을 취했다. 그 노무동원은 다음의 3단계로 나누어 볼 수 있다"며, "자유모집에 의한 동원(1939년 9월부터 1942년 1월까지)", "관알선 · 부대 조직에 의한 동원(1942년 2월부터 1944년 8월까지)", "「국민징용령」에 의한 동원(1944년 9월부터)"이었다고 설명하고 있다. 모리타는 노무동원을 단계적으로 이행한 것으로 파악하고 있다. 「국민징용령」에 따른 강제동원이 1944년 9월부터라는 인식은 사실 이와 같은 단계적인 동원 방식의 이행과 궤를 같이 하고 있었던 것이다.

그러나 전술한 [표 5]를 보면, 1941년에 일본본토에서 이미 신규징용에 의한 노무동원이 있었음이 확인된다. 조선에서는 그 이듬해인 1942년에 신규징용에 의한 노무동원이 개시되었다. 이와 관련 하여 1942년 1월 10일 자 《매일신보》는 〈「국민징용령」 발동〉이라는 제목의 사설에서 다음과 같이 설명하였다.

금번 조선에서도 「국민징용령」을 발동하기로 되어 8일 이시다(石田) 후생국장은 담화를 발표하여 총후(銃後)와 응징자(應徵者)의 주의를 환기한 바 있었다. 「국민징용령」은 지난 소화 14년 7월 7일 공포되어 동년 10월 1일부터 조선에도 실시하게 한 후 금번 처음 발동된 것인데, 주지하는 바와 같이 이 영은 「국가총동원법」 제4조에 의한 것으로 징용된 자는 국가의 총동원 업무에 종사하게 되는 것이다. 따라서 이 징용령 발동에 의하여 반도 청년도 근로를 통하여 직접 성업(聖業)의 일단(一端)을 부담하게 된 것으로 이 「국민징용령」 발동은 문자 그대로 반도 청년의 무상의 광영이 아닐 수 없다.

產業軍團의 尖兵

忠誠一貫重責다하라

小磯總督告辭

고이소 조선총독의 훈시. 《每日新報》 1944년 2월 9일.

1942년 이후에도 신규징용에 의한 노무동원은 계속되었다. 그러다가 1944년에 들어서면서 처음으로 중요 공장, 광산에 대해 현원징용에 의한 「국민징용령」이 발동되었다. 앞서 설명한 바와 같이 현원징용이란 현재 종사하고 있는 동일 직장에서 징용령이 발동되는 것을 의미한다. 1944년 2월 8일 징용령서 전달식이 거행된 자리에서 고이소 구니아키(小磯國昭) 조선총독은 그 의미를 다음과 같이 설명했다.

시국하 의의 깊은 제26회의 대조봉대일(大詔奉戴日)을 맞이하여 전선(全鮮) 중요 공장, 광산의 일부에 대하여 「국가총동원법」에 의한 「국민징용령」의 발동을 보게 되어 이제 ○○공장(광산)에서 징용 전달식을 거행함에 있어서 일언 본 총독의 소회를 말하고자 한다.

대동아전쟁의 결전 과정은 금년에 들어 더욱 심각 중대해져 적의 물량공세에 대응하여 아국 총후 생산의 다과가 대사를 결정하려는 단계에 돌입하였다. 〈중략〉

이번의 중요 공장, 광산에 대한 현원징용은 금후 수시로 증가될 징용 실시 공장 및 광산과 또는 광범한 일반징용의 준비적 전제를 이루는 것으로서, 금일 솔선 영예로운 응징사가 된 제사(諸士)는 당연히 금후 제사의 뒤를 따를 응징사에 대한 수범자(垂範者)의 입장에 있으며 〈후략〉[16]

고이소 총독의 설명에 따르면, 현원징용은 앞으로 있을 '광범한' 일반징용을 단행하기 위한 전제이기도 했다는 점이 확인된다. 이 점은 제85회 제국의회에서도 설명된 바 있었다.

중요 공장 광산의 일반징용 실시의 전제 조치로 할 목적과 아울러 노동 이동방지를 기하기 위해 금년 2월 이후 선내(鮮內) 중요 공장사업장의 현원징용을 실시했는데, 현재까지(8월 20일)의 징용 개소(個所) 수, 공장 73개소, 광산 56개소, 계 129개소로 사장 이하 종업원 징용 수 14만 7,480명에 달하며, 실시 후 성적이 극히 양호하여 노무자의 이동 격감함은 물론 가동률도 징용 전에 비해 전반적으로 현저하게 상승하여 〈후략〉

1944년 4월 8일 《경성일보》는 〈공장 · 광산 종업원에 제2차 현원징용〉이란 제목으로 지난 2월 8일에 이어 "이번에 그 범위를 더욱 확대하여 공장, 광산 종업원의 제2차 현원징용을 시행했다"고 보도하였다. 제국의회에서의 설명에 의하자면, 이와 같은 현원징용을 계속 시행하다가 동년 8월 8일의 각의결정 '반도인 노무자의 이입에 관한 건'에 의거, 동년 9월부터 조선에서 일본본토로 '집단이입'하는 조선인에 대해 일반징용이 발동되었다고 이해할 수 있다.

이상의 내용을 정리하면, 조선 내에서는 1942년에 처음으로 「국민징용령」이 발동된 바 있었고(신규징용), 1944년에는 노무자 이동방지와 일본본토로의 일반징용 발동에 대비한 조선 내 최초의 현원징용이 발동되었다고 이해할 수 있다. 그렇다면 일반적으로 「국민징용령」에 의한 노무동원을 1944년 9월 이후로 보는 견해는, 조선에서 일본본토로 '이입'하는 조선인 노무자를 「국민징용령」 중 신규징용(특히 일반징용)을 발동한 사례에 대한 것이라고 볼 수 있다.[17] 그렇다면 일본본토로 동원한 조선인 노무자에 대해 신규징용으로 동원한 것은 1944년

---

16 〈産業軍團의 尖兵, 忠誠一貫 重責 다하라〉, 《매일신보》, 1944년 2월 9일, 1면.

17 앞의 각주 9에서 소개한 미쓰비시 히로시마조선소에 연령징용으로 동원된 피징용자들은 1944년 10월에 동원되었다고 주장하고 있어, 동년 8월 8일의 각의결정에 따라 신규징용으로 동원된 사례에 해당한다고 볼 수 있다.

9월 이후의 일이었다고 정확하게 표현해야 할 것이다. 왜냐하면 「국민징용령」은 신규징용과 현원징용의 두 유형으로 나눌 수 있으며, 조선 내에서는 양자에 의한 노무동원이 이미 1942년부터 있었기 때문이다.

2) 모집, 관알선, 징용에 의한 노무동원의 단계적 이해에 대해

노무동원계획(국민동원계획)에 의한 조선인의 노무동원은 모집, 관알선, 징용으로 동원 방식의 변화와 함께 강화된 것으로 생각하는 경향이 있는데, 실태는 이와 다르다. 결론적으로 말하자면 동원 방식이 다르다고 하여 강제성이 다른 것은 아니며, 다만 각각의 방식에 따라 책임 소재가 기업, 조선총독부, 국가로 서로 다를 뿐이다. 그리고 각 방식이 책임 소재를 달리하며 변화 내지는 전환해 간 것으로 생각하는데, 실제는 세 방식을 동시에 활용하며 조선인 노무자 확보를 극대화 시키고 있었다.

예를 들면, 일본 탄광지대의 양대 산맥 중 하나인 후쿠오카 지쿠호(筑豊) 탄전의 미쓰이(三井) 미이케(三池) 탄광의 경우를 보면, 세 가지 방식에 따른 조선인 노무동원은 〈표 6〉과 같이 분포하고 있었다.

[표 6] 미쓰이 미이케 탄광의 입소경로별 동원 시기

입소경로	1942년	1943년	1944년	1945년
모집	3월 · 5월 · 6월 · 7월 · 8월 · 9월 · 10월 · 11월	1월 · 2월 · 3월 · 4월 · 5월 · 6월 · 7월 · 8월 · 9월 · 10월	1월 · 2월 · 6월	–
관알선	2월 · 9월 · 11월 · 12월	4월 · 8월 · 9월 · 11월	1월 · 2월 · 3월 · 4월 · 8월 · 12월	–
징용	–	–	4월 · 6월 · 7월	1월 · 4월

출전: 허광무 · 정혜경 · 김미정, 2021, 『일제의 전시 노동력 동원』, 동북아역사재단 139쪽.

주: 1. 모집의 1941년 내역은 4월 2명이다.
2. 1944년 8월 30일에 동원된 202명은 입소 경로가 '관알선(징용)'으로 표기되어 있으며, 여기서는 관알선에 포함했다.

일제강점하강제동원피해진상규명위원회, 2008, 『내 몸에 새겨진 8월』 및 2011, 『히로시마·나가사키 조선인 원폭피해에 대한 진상조사-강제동원된 조선인 노무자를 중심으로』.

[표 6]은 미쓰이 미이케 탄광에 동원된 조선인 노무자를 각 동원 방식별로 나누어 연도별·월별로 정리한 것이다. 표를 보면, 모집과 관알선에 의한 노무동원이 1942~1944년까지 동시에 활용되고 있었으며, 심지어 1944년에는 모집, 관알선, 징용이 모두 가동되고 있었음을 알 수 있다. 이 사례에서 다음 세 가지 사항이 관찰된다.

첫째, 조선인 노무자를 동원하는 데 관알선에 의한 방식이 적극 활용되고 있었다는 점이다. 관알선은 전체의 80%에 육박하고, 징용이 그 뒤를 이어 16.7%, 모집은 4.2%로 가장 낮다.

둘째, 모집→관알선→징용의 순으로 강화되며 옮겨 가는 것이 아니라, 동시에 병행하고 있었다는 점이다. 1944년에는 인력을 동원할 수 있는 전 수단을 총가동할 만큼 인력수급에 매진하고 있었음이 확인된다.

셋째, 징용령에 의한 노무동원은 통상 1944년 9월 이후부터라고 알려졌는데, 그 이전부터 동원하고 있었음이 확인된다는 점이다.

석탄 산지로 유명한 홋카이도의 경우에도 이와 같은 사례가 발견된다.

홋카이도 소재 닛소(日曹) 데시오(天鹽) 광업소 또한 조선인 노무자를 모집, 관알선, 징용의 방식으로 동원하였는데, 1944년 11월 1일 현재 수용시설별 현황표에서 동원 방식별로 숙소를 나누어 조선인을 수용하고 있었던 사실을 설명하고 있다.

[표 7] 닛소 데시오 광업소의 조선인 노무자 수용 현황(1944년 11월 1일 현재)

숙소명	동원 방식	수용 인원	숙소 규모	비고
제1상화료(尙和寮)	징용	85	대규모	
제2상화료	이입	74	소규모	관알선으로 추정

출전: 日曹天塩鉱業所, 「半島人労務者収容施設状況調」, 『朝鮮人労働者関係綴』, 국가기록원.

[표 7]에서 보듯이 징용으로 동원한 노무자는 제1상화료에, '이입'으로 동원한 조선인은 제2상화료에 각각 수용하고 있었다고 한다. 이입은 '집단이입'을 의미하며, 모집의 표현을 굳이 사용하지 않은 것으로 보아 관알선에 의한 것으로 판단된다. 그러나 그것이 관알선이든 모집이든 간에 징용에 의한 동원과 동시에 활용되고 있었음을 확인할 수 있다.[18]

18 닛소 데시오 광업소의 다른 자료에는 관알선 105명, 징용 50명의 자료도 확인된다(문서철 번호 157). 다만 기

4. 국민근로보국대를 통한 국민개로

조선 내에서의 노무동원에 있어서 중요한 것은 근로보국대에 의한 노무동원이다. 당초 근로보국대는 조선시대의 부역과 독일의 노동봉사단 사례에서 착안하여 1938년 6월 26일 조선총독부 통첩으로 출발했다.[19]

근로보국대는 도(道)·부(府)·군(郡)·도(島)·읍(邑)·면(面) 행정단위로 지방조직을 결성, 그 아래에 다시 정동회(町洞會)·부락 단위로 조직했다.

근로보국대의 종류로는 지역별로 구성된 일반근로보국대, 학생들로 구성된 학생근로보국대, 각종 단체에 의한 각종연맹근로보국대, 특별보국대로 나눌 수 있다. 근로보국대 조직은 국민정신총동원연맹의 하부 조직인 애국반 반원들이 각각의 연맹에서 근로보국을 실천하는 방책으로 구성했기에 국민정신총동원연맹의 조직체계와 일치했다.

1938년 당초의 근로보국대 조직은 노동력 동원체계의 일환이기보다는 '공민적 자각 표현'으로 실천해 온 봉사 작업을 '일대보국운동'으로 전개한 것에 불과했다. 근로보국대가 본격적으로 노무동원의 한 축을 담당하기 시작한 것은 1939년 토목건축공사장 동원부터이다.

특히 1939년도 노무동원계획에 의한 조선인 노무자의 할당모집과 집단이입이 개시되면서 한반도 외 노무동원으로 공백이 발생한 부분을 근로보국대 운영으로 감당해야 하는 상황이 전개됐다.

1941년 8월 29일 일본 정부는 노무동원의 태세를 정비하기 위한 조치로 '노무긴급대책요강'을 각의결정하여 근로보국대를 통한 근로의 의무를 확립하고자 하였다. '노무긴급대책요강'의 취지는 다음과 같다.

> 현하 긴박한 시국에 대처할 노무동원은 그 규모 및 정도에 있어서 획기적인 것이 되어 진정 국민일치단결하여 동원태세를 정비함으로써 인적 자원의 최고도 활용을 꾀하지 않으면 안 된다. 그리하여 다음의 요령으로 노무긴급대책을 수립 실시하고자 한다.

준일자가 기록되어 있지 않아 [표 7]과 같은 시기의 것인지는 확인할 수 없다.

19 정혜경, 2021, 「근로보국대 제도」, 『일제의 전시 조선인 노동력동원』. 이하 내용은 같은 책에 의함.

그리하여 노무긴급대책의 요령으로 제일 먼저 상정한 것이 근로보국대였다.

1. 근로보국대정신을 확립 앙양한다.

(1) 근로는 국민의 의무로서 국가의 요청에 따라 행해지는 것이라는 정신을 철저히 할 것.

(2) 근로의 영예를 현창하는 국가적 표창제도를 확립할 것.

각의결정 후 일본정부는 구체적인 대책 마련에 돌입하여 1941년 11월 21일 「국민근로보국협력령」을 제정(칙령 제995호)하였다. 조선총독부는 같은 해 12월 1일 시행규칙(조선총독부령 제313호)을 공포하고 시행에 들어갔다. 오노(大野) 조선총독부 정무총감은 「국민근로보국협력령」에 대해 다음과 같이 그 취지를 밝히고 있다.

결전체제(決戰體制)의 일환이 되는 노무체제에 대해서는 정부에서 노무긴급대책을 수립하여 착실하게 실시에 옮겼습니다. 지난번 내 · 외지에서 전개된 국민개로운동은 본 대책 실시의 소지를 배양하여 그 효과를 거양하는 데 만전을 기하고자 한 것입니다. 오늘자로 내 · 외지 동시에 시행되는 「국민근로보국협력령」도 위의 노무긴급대책에 의거한 획기적인 제도로 일본신민으로서 근로능력이 있는 자는 모두 일정 기간 특정 중요업무에 대(隊) 조직으로 협력할 의무를 진다고 규정하고 있습니다. 〈중략〉

다시 말해서 본령이 목적하는 주요 사항은, 우선 첫째로 전 국민에게 시국의 중대성을 인식시켜 국가의식에 기반한 근로보국정신을 확립하여 국민개로의 기풍과 실효를 거양함으로써 총동원체제의 확립 강화에 이바지하는 데 있습니다. 두 번째로 전시하 중요 산업 부문에서의 노동력 부족 현상을 돌아보아 그런 사태를 완화하기 위해 국가의 유휴 노동력 및 비교적 중요도가 낮은 직역에 있는 노동력을 활용하여 노무동원의 원활한 운영을 기하고자 하는 것입니다. 세 번째의 목적은 종래 각 지방에서 국민총력연맹, 학교 혹은 청년단 기타 단체 등에서 근로봉사를 실시해 왔습니다만, 그들 각종 근로봉사를 본령에 따라 원칙으로서 일원적으로 종합 조정하여 더욱 노무의 유효적절한 활용을 꾀하고자 하는 데 있습니다.[20]

20 〈皆労の気風挙揚〉, 《京城日報》, 1941년 12월 2일 석간.

「국민근로보국협력령」은 국가가 '국민근로보국대'라고 하는 '대'조직을 편성하여, 긴급한 산업 부분의 노동력 부족을 보충하기 위한 것으로, 대상은 남자 14세 이상~40세 미만, 여자 14세 이상~25세 미만으로 규정하고 있다(제3조).[21] 그러나 본인의 자발적인 지원에 의한 경우를 허용하고 있으며, 언론도 "국민된 자는 명령에 해당하지 않은 사람이라도 이에 참가할 만한 성의를 가져야 하겠고, 한 사람이라도 놀고먹는 사람은 있지 않도록 힘써야 할 것"이라며 '국민개로'를 부추겼다.[22] 이시다 후생국장 또한 "지원으로 근로보국대에 참가할 수 있고, 그것이 오히려 바람직"하다는 인식을 내비쳤다.[23] 결국 일본 정부가 의도하는 바는 일정 연령의 중요산업에 대한 근로봉사에 국한하지 않고, 전 국민의 총동원 업무에 대한 협력에 있었던 것이다.

皆勞の氣風擧揚
總動員體制を强化
國民勤勞報國協力令施行に際し 大野總監談

「국민징용령」을 총동원심의회에 부의할 예정이라는 기사. 명칭이 '흥아근로봉사령'에서 '전시노무자동원령'으로 변경되어 있다. 《경성일보》, 1939년 6월 10일.

이하 번역, 수록한 주요 법령과 각의결정 등 목록은 다음과 같다.

번호	법령 및 각의결정 등의 명칭	형태	제정·공포·결정일	쪽수
63	의료관계자직업능력신고령	칙령	1938.8.24.	328
64	의료관계자직업능력신고령시행규칙	후생성령	1938.9.5.	333
65	1939년도 국가총동원실시계획 설정에 관한 건	각의결정	1938.9.13.	336
66	국민직업능력신고령	칙령	1939.1.6.	338

21 1943년 6월 18일 개정(칙령 제515호)으로 남자는 당초 14세 이상 40세 미만을 14세 이상 50세 미만으로 하고, 1년 30일의 동원기간을 1년 60일로 연장하였다. 나아가 1944년 11월 17일 개정(칙령 제642호) 시에는 남자 14세 이상 50세 미만을 14세 이상 60세 미만으로 연장하고, 여자의 경우도 14세 이상 25세 미만을 14세 이상 40세 미만으로 연장했다.

22 〈國民皆勞의 法令, 오늘부터 勤勞報國協力令實施〉, 《每日新報》, 1941년 12월 1일.

23 〈一年に三十日　勤労報国協力令内容〉, 《京城日報》, 1941년 12월 2일 석간.

98	조선인내지이입알선요강	조선총독부	1942.2.20.	500
99	중요사업장노무관리령	칙령	1942.2.25.	509
100	중요사업장노무관리령시행규칙	후생성령	1942.2.28.	514
101	생산증강근로긴급대책요강	각의결정	1943.1.20.	521
102	국민징용령 개정	칙령	1943.7.20.	525
103	응징사복무규율	후생성령	1943.8.10.	536
104	군수회사법	법률	1943.10.31.	539
105	군수회사법시행령	칙령	1943.12.15.	545
106	군수회사법시행규칙	군수·내무·대장·육군·해군·후생·농상·운수통신령	1943.12.16.	554
107	군수회사징용규칙	후생성령	1943.12.27.	558
108	국민징용령 개정	칙령	1944.2.18.	562
109	반도인노무자이입에 관한 건	각의결정	1944.8.8.	573
110	군수충족회사령	칙령	1945.1.26.	575
111	국민근로동원령	칙령	1945.3.5.	580
112	국민근로동원령시행규칙	후생·군수·문부 성령	1945.3.8.	599
113	군수충족회사령시행규칙	내무성·운수통신 성령	1945.3.13.	621

〈허광무〉

자료 63

의료관계자직업능력신고령	
구분	칙령 제600호
법령명/건명	의료관계자직업능력신고령 醫療關係者職業能力申告令
제정 · 개정 · 결정 · 폐지 연월일	1938년 8월 24일, 1945년 10월 10일 폐지(칙령 제566호)
구성	17개 조항, 부칙 2개 조항
선행 규범 · 법령	국가총동원법 제21조
원문 일부	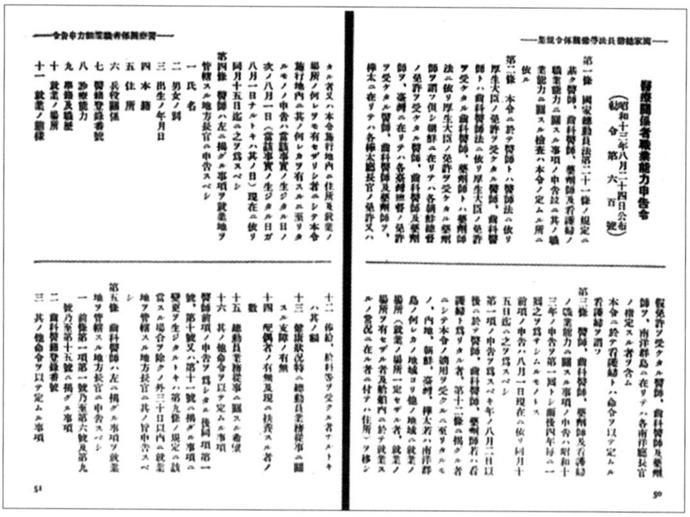 國家總動員法等關係令規集 醫療關係者職業能力申告令 （昭和十三年八月二十四日公布 勅令第六百號） 第一條 國家總動員法第二十一條ノ規定ニ基ク醫師、歯科醫師、藥劑師及看護婦ノ職業能力ニ關スル事項ノ申告竝ニ其ノ職業能力ニ關スル檢査ハ本令ノ定ムル所ニ依ル 第二條 本令ニ於テ醫師トハ醫師法ニ依リ厚生大臣ノ免許ヲ受ケタル醫師、歯科醫師トハ歯科醫師法ニ依リ厚生大臣ノ免許ヲ受ケタル歯科醫師、藥劑師トハ藥劑師法ニ依リ厚生大臣ノ免許ヲ受ケタル藥劑師ヲ謂フ但シ朝鮮ニ在リテハ各朝鮮總督ノ免許ヲ受ケタル醫師、歯科醫師及藥劑師ヲ、臺灣ニ在リテハ各臺灣總督ノ免許ヲ受ケタル醫師、歯科醫師及藥劑師ヲ、樺太ニ在リテハ各樺太廳長官ノ免許又ハ假免許ヲ受ケタル醫師、歯科醫師及藥劑師ヲ、南洋群島ニ在リテハ各南洋廳長官ノ指定スル者ヲ含ム 本令ニ於テ看護婦トハ命令ヲ以テ定ムル看護婦ヲ謂フ 第三條 醫師、歯科醫師、藥劑師及看護婦ノ職業能力ニ關スル事項ノ申告ハ昭和十三年ノ申告ヲ第一回トシ爾後四年毎ニ一回之ヲ爲サシムルモノトス 前項ノ申告ハ八月一日現在ニ依リ同月十五日迄ニ之ヲ爲スベシ 第一項ノ申告ヲ爲スベキ年ノ八月二日以後ニ於テ醫師、歯科醫師、藥劑師若ハ看護婦ト爲リタル者、第十二條ニ掲グル者ニシテ本令ノ適用ヲ受クルニ至リタルモノ、內地、朝鮮、臺灣、樺太若ハ南洋群島ノ何レカノ地域ヨリ他ノ地域ニ就業ノ場所（就業ノ場所一定セザル者、就業ノ場所ヲ有セザル者及船舶內ニ於テ就業スルノ常況ニ在ル者ニ付テハ住所）ヲ移シタル者又ハ本令施行地內ニ住所及就業ノ場所ノ何レヲモ有セザリシ者ニシテ本令施行地內ニ其ノ何レカヲ有スルニ至リタルモノノ申告ハ當該事實ノ生ジタル日ノ次ノ八月一日（當該事實ノ生ジタル日ガ八月一日ナルトキハ其ノ日）現在ニ依リ同月十五日迄ニ之ヲ爲スベシ 第四條 醫師ハ左ニ掲グル事項ヲ就業地ヲ管轄スル地方長官ニ申告スベシ 一 氏名 二 男女ノ別 三 出生ノ年月日 四 本籍 五 住所 六 兵役關係 七 醫籍登錄番號 八 診療能力 九 學籍及職歴 十 就業ノ場所 十一 就業ノ態樣 十二 俸給、給料等ヲ受クル者ナルトキハ其ノ額 十三 健康狀況特ニ總動員業務從事ニ關スル支障ノ有無 十四 配偶者ノ有無及現ニ扶養スル者ノ數 十五 總動員業務從事ニ關スル希望 十六 其ノ他命令ヲ以テ定ムル事項 醫師前項ノ申告ヲ爲シタル後同項第一號、第十號又ハ第十一號ニ掲グル事項ニ變更ヲ生ジタルトキハ第九條ノ規定ニ該當スル場合ヲ除クノ外三十日以內ニ就業地ヲ管轄スル地方長官ニ其ノ旨申告スベシ 第五條 歯科醫師ハ左ニ掲グル事項ヲ就業地ヲ管轄スル地方長官ニ申告スベシ 一 前條第一項第一號乃至第六號及第九號乃至第十五號ニ掲グル事項 二 歯科醫籍登錄番號 三 其ノ他命令ヲ以テ定ムル事項 50 51
주요 내용 및 특징	○ 의사, 치과의사, 약제사, 간호부의 인력관리를 하기 위한 법령으로 통상 4년마다 갱신하도록 규정하고 있다(제3조). ○ 씨명, 취업지, 취업상태 등에 변동이 발생 시 30일 이내에 취업지 관할 지방장관에게 신고해야 하는데, 조선의 경우 지방장관은 도지사로 한다. ○ 전쟁 수행에 따라 노동력이 절대적으로 부족해지는 국면에 대비하고, 전문직에 종사하는 인력을 유사시에 동원하기 위해 사전에 소재를 파악하기 위함에 있다.
법령 적용 범위	제국 전역
관련 법령 통합 · 폐지 사항	
유사 · 파생 법령	

칙령 제600호

1938년 8월 24일 공포

의료관계자직업능력신고령

제1조 국가총동원법 제21조 규정에 의거한 의사, 치과의사, 약제사 및 간호부의 직업능력에 관한 사항 신고와 그 직업능력에 관한 검사는 본령이 정하는 바에 따른다.

제2조 본령에서 의사라 함은 의사법에 따라 후생대신의 면허를 받은 의사, 치과의사라 함은 치과의사법에 따라 후생대신의 면허를 받은 치과의사, 약제사라 함은 약제사법에 따라 후생대신의 면허를 받은 약제사를 말한다. 단 조선에 있어서는 각 조선총독의 면허를 받은 의사, 치과의사 및 약제사를, 대만에 있어서는 각 대만총독의 면허를 받은 의사, 치과의사 및 약제사를, 화태에 있어서는 각 화태청 장관의 면허 또는 가면허를 받은 의사, 치과의사 및 약제사를, 남양군도에 있어서는 각 남양청장관이 지정하는 자를 포함한다.

본령에서 간호부라 함은 명령으로 정하는 간호부를 말한다.

제3조 의사, 치과의사, 약제사 및 간호부의 직업능력에 관한 사항 신고는 1938년 신고를 제1회로 하며, 이후 4년마다 1회 이를 해야 하는 것으로 한다.

전항 신고는 8월 1일 현재에 따라 동월 15일까지 이를 해야 한다.

제1항의 신고를 해야 하는 연도의 8월 2일 이후에 의사, 치과의사, 약제사 혹은 간호부가 된 자, 제12조에 열거하는 자로서 본령 적용을 받게 된 자, 내지, 조선, 대만, 화태 혹은 남양군도 중 어느 지역에서 다른 지역으로 취업 장소(취업 장소가 일정하지 않은 자, 취업 장소를 갖지 않는 자 및 선박 내에서 취업하는 상황에 있는 자에 대해서는 주소)를 옮긴 자 또는 본령 시행지 내에 주소 및 취업 장소 어느 것도 없는 자로 본령 시행지 내에 그 중 어느 것을 갖게 된 자의 신고는 해당 사실이 발생한 날의 다음 8월 1일(해당 사실이 발생한 날이 8월 1일인 경우에는 그날) 현재로 동월 15일까지 이를 행해야 한다.

제4조 의사는 아래에 열거하는 사항을 취업지를 관할하는 지방장관에게 신고해야 한다.

1. 씨명

2. 남녀별

3. 출생 연월일

4. 본적

5. 주소

6. 병역관계

7. 의사등록번호

8. 진료 능력

9. 학적 및 경력

10. 취업 장소

11. 취업 상태

12. 봉급, 급료 등을 받는 자일 때는 그 금액

13. 건강상황, 특히 총동원 업무 종사에 관한 지장 유무

14. 배우자 유무 및 현재 부양하는 자의 수

15. 총동원 업무 종사에 관한 희망

16. 기타 명령으로 정하는 사항

의사는 전항 신고를 한 다음 동항 제1호, 제10호 또는 제11호에 열거하는 사항에 변경이 생겼을 때는 제9조 규정에 해당하는 경우를 제외하고 30일 이내에 취업지를 관할하는 지방장관에게 그 뜻을 신고해야 한다.

제5조 치과의사는 아래에 열거하는 사항을 취업지를 관할하는 지방장관에게 보고해야 한다.

1. 전조 제1항 제1호 내지 제6호 및 제9호 내지 제15호에 열거하는 사항

2. 치과의적 등록번호

3. 기타 명령으로 정하는 사항

제6조 약제사는 아래에 열거하는 사항을 취업지를 관할하는 지방장관에게 보고해야 한다.

1. 제4조 제1항 제1호 내지 제6호 및 제9호 내지 제15호에 열거하는 사항

2. 약제사 명부 등록번호

3. 기타 명령으로 정하는 사항

제7조 간호부는 아래에 열거하는 사항을 취업지를 관할하는 지방장관에게 보고해야 한다.

1. 제4조 제1항 제1호, 제3호 내지 제5호 및 제9호 내지 제15호에 열거하는 사항

2. 기타 명령으로 정하는 사항

제8조 제4조 제2항 규정은 치과의사, 약제사 및 간호부에게 이를 준용한다.

제9조 의사, 치과의사, 약제사 또는 간호부는 전 6조 규정에 따른 신고를 한 다음 아래 각호 하나에 해당할 때는 지체 없이 전에 신고한 지방장관에게 그 뜻을 신고해야 한다.

1. 제12조 규정에 해당하게 되었을 때

2. 내지, 조선, 대만, 화태 또는 남양군도 어느 지역에서 다른 지역으로 주소 또는 취업 장소를 옮겼을 때

3. 본령 시행지 외 주소 또는 취업 장소를 옮겼을 때

제10조 지방장관은 명령이 정하는 바에 따라 해당 관리로 하여금 본령 신고한 자에 대해 그 직업능력에 관해 검사를 시킬 수 있다.

제11조 지방장관은 명령이 정하는 바에 따라 본령 신고에 관해 국가총동원법 제31조 규정에 근거한 보고를 요구할 수 있다.

제12조 본령은 제9조 제1호 규정에 따른 신고에 관한 규정을 제외하고, 육해군 군인으로 현역 중인 자(귀휴 하사관은 제외) 및 전시 혹은 사변 시 또는 병역법 제55조 제2항(지원에 따라 병적에 편입된 자에 대해서는 여기에 해당하는 칙령 규정을 포함) 규정에 따라 소집 중인 자, 육해군 군속 그리고 국가총동원법 제4조 규정에 따라 징용 중인 자에 대해서는 이를 적용하지 않는다.

제13조 의사, 치과의사, 약제사 또는 간호부로서 아래 각호 하나에 해당하는 자의 신고에 관해서는 명령이 정하는 바에 따라 신고 기한을 연장할 수 있다.

1. 육해군 군인으로 소집 중인 자(전조에 규정하는 소집 중인 자를 제외)

2. 외국 여행 중인 자

3. 기타 명령으로 정하는 자

제14조 본령 중 지방장관이라 함은 도쿄부에 있어서는 약제사 또는 간호부에 관해서는 경시총감으로 한다.

제15조 2개 이상의 취업 장소를 갖는 자에 대해서는 주요 취업 장소 소재지를, 취업 장소

가 일정하지 않은 자, 취업 장소를 갖지 않은 자 또는 선박 내에서 취업하는 상황에 있는 자에 대해서는 주소지를 본령의 취업지로 간주한다.

제16조 본령 중 의적등록번호, 치과의적등록번호 또는 약제사명부등록번호라 함은 조선총독의 면허를 받은 의사, 치과의사 또는 약제사에 관해서는 각 그 면허번호로 한다. 지방장관이라 함은 조선에 있어서는 도지사, 대만에 있어서는 주지사 또는 청장, 화태에 있어서는 화태청장관, 남양군도에 있어서는 남양청장관으로 한다.

제17조 본령에 규정하는 것 외 신고에 관해 필요한 사항은 명령으로 이를 정한다.

부칙

본령은 공포일로부터 이를 시행한다.

1938년에 한해 제3조 제2항 중 8월 1일 현재에 의해 동월 15일까지라 함은 10월 15일 현재에 의해 동월 31일까지로 한다. 동조 제3항 중 8월 2일 이후라 함은 10월 16일 이후로 한다.

자료 64

의료관계자직업능력신고령시행규칙	
구분	후생성령 제26호
법령명/건명	의료관계자직업능력신고령시행규칙 醫療關係者職業能力申告令施行規則
제정 · 개정 · 결정 · 폐지 연월일	1938년 9월 5일
구성	8개 조항, 부칙 3개 조항
선행 규범 · 법령	국가총동원법 제21조, 의료관계자직업능력신고령
원문 일부	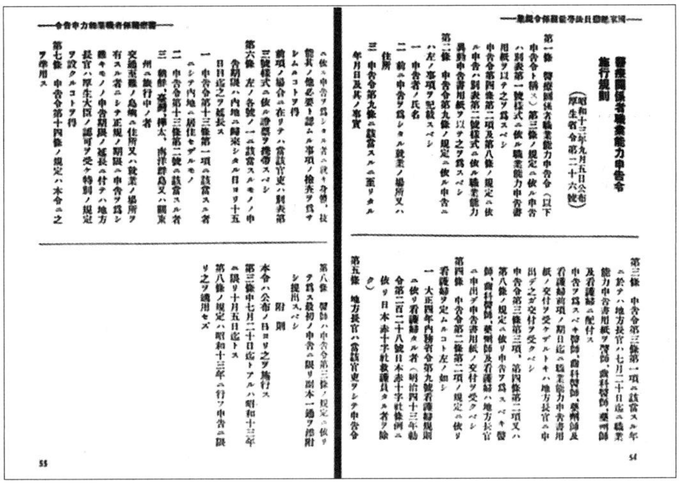 醫療關係者職業能力申告令施行規則 (昭和十三年九月五日公布 厚生省令第二十六號) 第一條 醫療關係者職業能力申告令(以下申告令ト稱ス)第三條ノ規定ニ依ル申告ハ別表第一號樣式ニ依ル職業能力申告書用紙ヲ以テ之ヲ爲スベシ 申告令第四條第二項及第八條ノ規定ニ依ル申告ハ別表第二號樣式ニ依ル職業能力異動申告書用紙ヲ以テ之ヲ爲スベシ 第二條 申告令第九條ノ規定ニ依ル申告ニハ左ノ事項ヲ記載スベシ 一 申告者ノ氏名 二 新ニ申告ヲ爲シタル就業ノ場所又ハ住所 三 申告令第九條ニ該當スルニ至リタル年月日及其ノ事實
주요 내용 및 특징	○ 「의료관계자직업능력신고령」에 따라 신고해야 하는 자는 별지의 직업능력 신고서 용지에 기입하여 신고해야 한다. 씨명, 취업지, 취업상태에 변동이 발생 시에는 직업능력이동신고서를 작성하여, 취업지 지방장관에게 신고해야 한다. ○ 신고서는 지방장관이 의사, 치과의사, 약제사, 간호부에게 배포한다. ○ 지방장관은 신고령에 따라 신고한 자에 대해 신체, 기능, 기타 필요하다고 인정하는 사항에 대해 해당 관리로 하여금 검사하게 할 수 있다.
법령 적용 범위	제국 전역
관련 법령 통합 · 폐지 사항	
유사 · 파생 법령	의료관계자직업능력신고령시행규칙(1938년 9월 21일, 조선총독부령 제194호)

후생성령 제26호

1938년 9월 5일 공포

의료관계자직업능력신고령시행규칙

제1조 의료관계자직업능력신고령(이하 신고령이라 칭한다) 제3조 규정에 따른 신고는 별표 제1호 양식에 따른 직업능력신고서 용지로 이를 해야 한다.

신고령 제4조 제2항 및 제8조 규정에 따는 신고는 별표 제2호 양식에 따른 직업능력이동신고서 용지로 이를 해야 한다.

제2조 신고령 제9조 규정에 따른 신고에는 아래 사항을 기재해야 한다.

1. 신고자 씨명
2. 이전에 신고한 취업 장소 또는 주소
3. 신고령 제9조에 해당하게 된 연월일 및 그 사실

제3조 신고령 제3조 제1항에 해당하는 연도에 있어서는 지방장관은 7월 20일까지 직업능력신고서 용지를 의사, 치과의사, 약제사 및 간호부에게 배포한다.

신고를 해야 하는 의사, 치과의사, 약제사 및 간호부는 전항 기일까지 직업능력신고서 용지를 교부받지 못한 때는 지방장관에게 신고하여 교부받아야 한다.

신고령 제3조 제3항, 제4조 제2항 또는 제8조 규정에 따라 신고해야 하는 의사, 치과의사, 약제사 및 간호부는 지방장관에게 신고하여 신고서 용지를 교부받아야 한다.

제4조 신고령 제2조 제2항의 규정에 따라 간호부를 정함에 있어서 아래와 같이 한다.

1. 다이쇼4년 내무성령 제9호 간호부 규칙에 따라 간호부가 된 자(메이지43년 칙령 제228호 일본적십자사 조례에 따라 일본적십자사 구호원인 자를 제외한다)

제5조 지방장관은 해당 관리로 하여금 신고령에 따라 신고한 자에 대해 신체, 기능, 기타 필요하다고 인정하는 사항을 검사시킬 수 있다.

전항의 경우에 있어서는 해당 관리는 별표 제3호 양식에 따른 증표를 휴대해야 한다.

제6조 아래 각호 하나에 해당하는 자의 신고 기한은 내지에 귀래한 날로부터 15일째까지

이를 연장한다.

1. 신고령 제13조 제1항에 해당하는 자로 내지에 거주하지 않는 자

2. 신고령 제13조 제2호에 해당하는 자

3. 조선, 대만, 화태, 남양군도 또는 관동주에 여행 중인 자

교통이 지난한 도서에 주소 또는 취업 장소를 갖는 자로 정규 기한에 신고하기 어려운 자의 신고 기한 연장에 대해서는 지방장관은 후생대신의 인가를 받아 특별한 규정을 설정할 수 있다.

제7조 신고령 제14조의 규정은 본령에 이를 준용한다.

제8조 의사는 신고령 제3조의 규정에 따라서 하는 최초의 신고에 한해서 부본 1통을 첨부하여 제출해야 한다.

부칙

본령은 공포일로부터 이를 시행한다.

제3조 중 7월 20일까지라 함은 1938년에 한해 10월 5일까지로 한다.

제8조 규정은 1938년에 시행하는 신고에 한해 이를 적용하지 않는다.

자료 65

<table>
<tr><th colspan="2">1939년도 국가총동원 실시계획 설정에 관한 건</th></tr>
<tr><td>구분</td><td>각의결정</td></tr>
<tr><td>법령명/건명</td><td>소화14년도 국가총동원 실시계획 설정에 관한 건
昭和14年度国家総動員実施計画設定に関する件</td></tr>
<tr><td>제정 · 개정 · 결정 · 폐지
연월일</td><td>1938년 9월 13일</td></tr>
<tr><td>구성</td><td></td></tr>
<tr><td>선행 규범 · 법령</td><td></td></tr>
<tr><td>원문 일부</td><td>昭和14年度国家総動員実施計画設定ニ関スル件

昭和13年9月13日 閣議決定

収載資料：国家総動員史　資料編　第1　石川準吉著　国家総動員史刊行会　1975.8 pp.279-280　当館請求記号：AZ-668-5

一、方針
昭和十四年度国家総動員実施計画ハ長期戦時態勢ノ強化ヲ目標トシ昭和十四年四月一日ヨリ昭和十五年三月三十一日ニ至ル期間ニ適用スル実施計画トシ重要物資ノ動員計画ヲ主体トシ之レガ実行ノ完璧ヲ期スル為必要ナル労務ノ動員、交通電力ノ動員、資金並貿易ノ統制ニ付総合的ニ出来得ル限リ具体的ナル計画ヲ樹立ス

二、計画設定期日
昭和十三年十二月迄ヲ準備期間トシ各般ノ資料整理、計画綱領概略案作成ヲ行ヒ爾後補修整理ノ上出来得ル限リ速ニ計画綱領ニ付閣議決定ヲ為ス

三、計画設定ノ要領
(イ)別ニ定ムル処ニ従ヒ各庁ハ計画綱領設定ノ資料ヲ企画院ニ提出ス
(ロ)企画院ハ右資料ヲ総合整理シ計画綱領案ヲ立案シ各庁ニ協議ノ上閣議ニ提出ス
(備考)
昭和十四年一月乃至三月ノ物資需給ノ計画ハ改訂昭和十三年物資動員計画(昭和十三年六月二十三日閣議決定)ヲ基準トシ別ニ昭和十三年十一月上旬迄ニ之ヲ決定ス計画設定ノ要領ハ右三、ニ準ズ</td></tr>
<tr><td>주요 내용 및 특징</td><td>○ 1939년도(1939.4.1.~1940.3.31.) 국가총동원 실시계획의 수립
○ 국가총동원 실시계획에는 중요물자 동원을 위한 노무동원, 교통 · 전력 동원, 자금 · 무역 통제계획이 포함됨.
○ 1939년도 노무동원계획 수립으로 조선인의 '집단이입'이 개시됨.</td></tr>
<tr><td>법령 적용 범위</td><td></td></tr>
<tr><td>관련 법령
통합 · 폐지 사항</td><td></td></tr>
<tr><td>유사 · 파생 법령</td><td></td></tr>
</table>

각의결정

1938년 9월 13일

1939년도 국가총동원 실시계획 설정에 관한 건

1. 방침

1939년도 국가총동원 실시계획은 장기 전시태세의 강화를 목표로 하여 1939년(昭和14年) 4월 1일부터 1940년 3월 31일에 이르는 기간에 적용할 실시계획으로 하고, 중요물자 동원계획을 주체로 그 실행에 완벽을 기하기 위해 필요한 노무동원, 교통 · 전력 동원, 자금 및 무역 통제에 대해 종합적이며 가능한 한 구체적인 계획을 수립한다.

2. 계획설정 기간

1938년 12월까지를 준비기간으로 하여 각반 자료정리, 계획강령 개략안 작성을 실시, 이후 보수정리한 후 가능한 한 신속하게 계획강령에 대해 각의결정을 한다.

3. 계획설정의 요령

1) 별도로 정하는 바에 따라 각 청은 계획강령 설정 자료를 기획원에 제출한다.

2) 기획원은 위 자료를 종합 정리하여 계획강령안을 입안하고, 각 청과 협의한 후 각의에 제출한다.

(비고) 1939년 1월 내지 3월의 물자수급계획은 개정 1938년 물자동원계획(1938년 6월 23일 각의결정)을 기준으로 하고, 별도로 1938년 11월 상순까지 이를 결정한다. 계획설정 요령은 위의 3, 2에 준한다.

자료 66

국민직업능력신고령	
구분	칙령 제5호
법령명/건명	국민직업능력신고령 國民職業能力申告令
제정·개정·결정·폐지 연월일	1939년 1월 6일개정(1941년 10월 14일, 칙령 제921호), 개정(1943년 6월 8일, 칙령 제488호), 개정(1944년 5월 2일, 칙령 제323호)
구성	16개 조항, 부칙 2개 조항
선행 규범·법령	국가총동원법 제21조
원문 일부	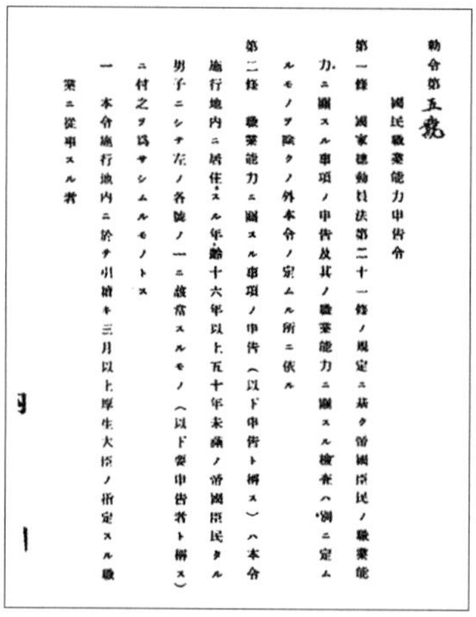 勅令第五號 國民職業能力申告令 第一條 國家總動員法第二十一條ノ規定ニ基ク帝國臣民ノ職業能力ニ關スル事項ノ申告及其ノ職業能力ニ關スル檢査ハ別ニ定ムルモノヲ除クノ外本令ノ定ムル所ニ依ル 第二條 職業能力ニ關スル事項ノ申告（以下申告ト稱ス）ハ本令施行地内ニ居住スル年齢十六年以上五十年未滿ノ帝國臣民タル男子ニシテ左ノ各號ノ一ニ該當スルモノ（以下要申告者ト稱ス）ニ付之ヲ爲サシムルモノトス 一 本令施行地内ニ於テ引續キ三月以上厚生大臣ノ指定スル職業ニ從事スル者  朕國民職業能力申告令ヲ裁可シ茲ニ之ヲ公布セシム 裕仁 天皇御璽 昭和十四年一月六日
주요 내용 및 특징	○ 직업능력 신고 대상은 16세 이상 50세 미만의 남자 ○ 요신고자에 해당하는 자를 사용하는 자는 신고의무자가 된다. ○ 육해군 군인, 「병역법」에 따라 소집 중인 자, 육해군 군속, 징용 중인 자. 「의료관계자직업능력신고령」 대상자, 수의사, 「선원법」의 선원, 「조선선원령」의 선원은 신고 및 직업능력 검사 대상에서 제외한다.
법령 적용 범위	제국 전역
관련 법령 통합·폐지 사항	
유사·파생 법령	

칙령 제5호

1939월 1월 6일

국민직업능력신고령

제1조 국가총동원법 제21조 규정에 의거 제국신민의 직업능력에 관한 사항의 신고 및 그 직업능력에 관한 검사는 별도로 정하는 것을 제외하고, 본령이 정하는 바에 의한다.

제2조 직업능력에 관한 사항의 신고(이하 신고라 칭한다)는 본령 시행지 내에 거주하는 연령 16세 이상 50세 미만의 제국신민 남자로 아래 각호 하나에 해당하는 자(이하 요신고자라 칭한다)에 대해 이를 시행하는 것으로 한다.

1. 본령 시행지 내에서 계속하여 3개월 이상 후생대신이 지정하는 직업에 종사하는 자
2. 계속해서 1년 이상 전호의 직업에 종사하여 그 직업을 그만두었거나 그 직업을 그만둔 날로부터 5년을 경과하지 않은 자
3. 후생대신이 지정하는 대학, 전문학교, 실업학교, 기타 이에 준하는 각종 학교에서 후생대신이 지정하는 학과를 수료하여 그 학교를 졸업한 자
4. 후생대신이 지정하는 기능자양성시설에서 소정의 과정을 수료한 자
5. 후생대신이 지정하는 검정 혹은 시험에 합격한 자 또는 후생대신이 지정하는 면허를 취득한 자
6. 기타 후생대신이 지정한 자

제3조 요신고자 및 전조 제1호의 직업에 종사하는 요신고자를 사용하는 자(이하 사용자라 칭한다)는 요신고자의 직업능력에 관한 사항의 신고의무자(이하 신고의무자라 칭한다)로 한다. 단 요신고자를 임시로 사용하는 자로 명령에 의해 정하는 자는 이에 구애받지 않는다.

제4조 제국신민 중 요신고자(제11조 규정에 해당하는 자를 제외)가 되었을 때 또는 제11조의 규정에 해당하는 요신고자가 동조 규정에 해당하지 않게 된 때는 신고의무자가 해당 사실이 발생한 월의 다음 월 말일까지 아래에 열거하는 사항을, 요신고자가 제2조

제1호 직업에 종사하는 자일 경우에는 그자의 취업지 관할 직업소개소장에게, 기타 요신고자는 그자의 거주지 관할 직업소개소장에게 신고해야 한다. 신고한 후에는 요신고자가 내지, 조선, 대만, 화태 또는 남양군도의 어떤 지역으로부터 다른 지역으로 거주 장소를 옮길 경우 그 지역 요신고자가 될 경우에도 또한 같다.

1. 씨명
2. 출생 연월일
3. 본적
4. 거주 장소
5. 병역관계
6. 학력
7. 직업에 종사하는 자는 그 직업명
8. 제2조 제1호의 직업에 종하는 자(취업 장소가 일정하지 않은 자를 제외)는 취업 장소(2개 이상의 취업 장소를 갖는 자는 주요 취업 장소)
9. 제2조 제1호의 직업에 종사하거나 또는 종사했던 자는 그 직업의 경력 및 기능 정도
10. 제2조 제4호에 해당하는 자는 그 수료한 과정에 관한 사항
11. 제2조 제5호에 해당하는 자는 그 수험한 시험, 검정 또는 면허에 관한 사항
12. 급료 또는 임금을 받는 자는 그 액수
13. 배우자 유무 및 현재 부양 중인 자의 인원수
14. 정신 또는 신체장애로 인해 노무를 감당하기 어려운 자는 그 상황
15. 총동원 업무 종사에 관한 희망
16. 기타 명령으로 정하는 사항

신고의무자가 전항을 신고한 후에는 동항 제1호, 제3호, 제5호 내지 제8호, 제10호 또는 제11호에서 열거하는 사항에 이동이 발생한 때, 그리고 제2조 제1호 직업에 종사하지 않는 요신고자는 전항 제4호에 열거한 사항 사항에 이동이 발생한 때는 해당 사실이 발생한 월의 다음 달 말일까지 전항 직업소개소장에게 그 사실을 신고해야 한다.

제5조 후생대신은 특히 필요하다고 인정할 때는 전조 규정에 의한 신고 외 전부 또는 일부

의 요신고자에 관해 전조 제1항 각호에 열거하는 사항의 전부 또는 일부에 대해 신고를 명령할 수 있다.

제6조 요신고자가 아래의 각호 하나에 해당할 때는 신고의무자는 30일 이내 그 취지를 전에 신고했던 직업소개소장에게 신고해야 한다.

1. 요신고자가 되지 않을 때(제4조 제1항 후단의 경우는 미포함)

2. 제11조의 규정에 해당하게 되었을 때

제7조 동일한 요신고자에 대해 그자와 그 사용자 모두 신고의무자인 경우는 모두 신고해야 한다.

제8조 지방장관 또는 직업소개소장은 명령이 정하는 바에 따라 해당 관리로 하여금 요신고자의 기능, 기타 직업능력에 관해 검사시킬 수 있다.

제9조 지방장관 또는 직업소개소장은 명령이 정하는 바에 따라 본령의 신고 또는 검사에 관해 국가총동원법 제31조 규정에 의거 보고를 요구할 수 있다,

지방장관 또는 직업소개소장은 본령 신고 또는 검사에 관해 필요하다고 인정할 때는 국가총동원법 제31조 규정에 의거 해당 관리로 하여금 공장, 사업장, 기타 장소에서 임검하여 업무 상황 또는 장부 서류, 기타 물건을 검사시킬 수 있다. 이 경우 해당 관리는 신분증을 휴대해야 한다.

제10조 후생대신은 필요하다고 인정할 경우에는 다른 대신을 촉탁하여 그 소관하는 관아장으로 하여금 앞의 2조의 규정에 준해 검사에 관한 직권을 행사할 수 있다.

제11조 본령은 제6조 제2호 규정에 의한 신고에 관한 규정을 제외하고, 육해군 군인으로 현역 중인 자(휴가 중인 하사관 제외) 및 전시 혹은 사변에 즈음하여 또는 병역법 제55조 제2항 규정(지원에 의해 병적에 편입된 자에 대해서는 이에 해당하는 칙령 규정을 포함함)에 따라 소집 중인 자, 병적에 편입된 육해군 학생생도(해군예비연습생 및 해군예비보습생을 포함), 육해군 군속, 국가총동원법 제4조 규정에 의해 징용 중인 자, 의료관계자직업능력신고령 규정에 따라 신고해야 하는 자, 수의사법에 따라 농림대신의 면허를 취득한 수의사(조선에서는 조선총독의 면허를 취득한 수의사, 대만에서는 대만총독의 면허를 취득한 수의사, 화태에서는 화태청장관의 가면허를 취득한 수의사, 남양군도에서는 남양청장관이 지정하는 자를 포함) 및 선원법의 선원과 조선선원령의 선원에 관한 신고 및 직업능력 검사는 이

를 적용하지 않는다.

제12조 요신고자로서 아래의 각호 하나에 해당하는 자의 신고에 관해 명령이 정하는 바에 따라 신고 기한을 연장할 수 있다.

1. 육해군 군인으로 소집 중인 자(전조에서 규정하는 소집 중인 자를 제외)
2. 외국 여행 중인 자
3. 기타 명령으로 정하는 자

제13조 2개 이상의 취업 장소를 갖는 자에 대해서는 주된 취업 장소 소재지를 취업지로 하고, 취업 장소가 일정하지 않은 자 및 선박 내에서 취업하는 상황에 있는 자에 대해서는 거주지를 본령의 취업지로 간주한다.

제14조 요신고자로서 후생대신이 지정하는 관청에서 사용되거나 또는 사용된 자에 관한 신고 및 직업능력 검사는 명령으로 별도로 정할 수 있다.

제15조 본령 중 후생대신이라 함은 조선에 있어서는 조선총독, 대만에 있어서는 대만총독, 화태에 있어서는 화태청장관, 남양군도에 있어서는 남양청장관으로 한다. 지방장관이라 함은 조선에 있어서는 도지사, 대만에 있어서는 주지사 또는 청장, 화태에 있어서는 화태청장관, 남양군도에 있어서는 남양청장관으로 한다. 직업소개소장이라 함은 조선에 있어서는 부윤, 군수 또는 도사, 대만에 있어서는 시윤 또는 군수(호코청은 청장), 화태에 있어서는 화태청지청장, 남양군도에 있어서는 남양청지청장으로 한다. 직업소개소라 함은 조선에 있어서는 부·군·도, 대만에 있어서는 시군(호코청은 청), 화태 및 남양군도에 있어서는 지청으로 한다,

제16조 본령에서 규정하는 것 외 신고에 관해 필요한 사항은 명령으로 이를 정한다.

부칙

본령은 1939년 1월 20일부터 이를 시행한다. 단 조선, 대만, 화태 및 남양군도의 신고 및 검사에 관한 규정은 1939년 6월 1일부터 이를 시행한다.

본령의 신고로서 1939년 3월 말일 전에 그 신고 기한이 도래하는 자는 동일까지 이를 신고할 수 있다.

자료 67

국민직업능력신고령시행규칙	
구분	후생성령 제1호
법령명/건명	국민직업능력신고령시행규칙 國民職業能力申告令施行規則
제정 · 개정 · 결정 · 폐지 연월일	1939년 1월 18일(1940년 10월 19일 제42호, 1941년 2월 1일 제2호, 1941년 6월 18일 제25호, 1941년 10월 16일 제50호)
구성	22개 조항, 부칙 6개 조항
선행 규범 · 법령	국가총동원법 제21조, 국민직업능력신고령
원문 일부	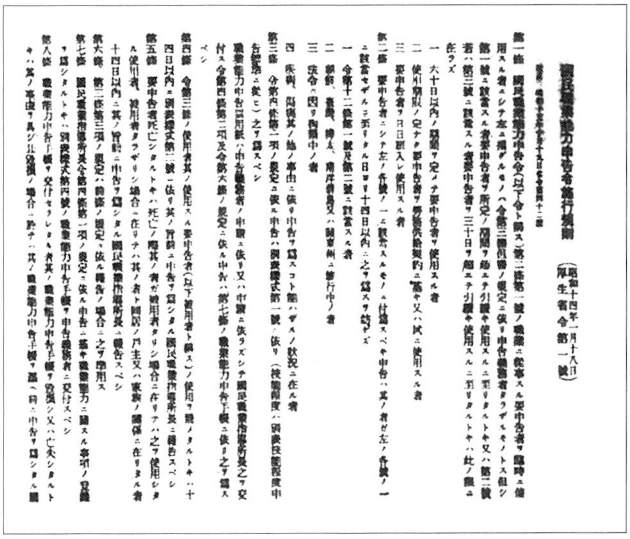 國民職業能力申告令施行規則 (昭和十四年一月十八日 厚生省令第一號)
주요 내용 및 특징	○ 요신고자를 60일 이내 기간을 정해 사용하는 경우, 시험적으로 사용하거나 하루 단위로 고용하는 경우는 신고의무자에서 제외 ○ 직업능력에 대해 신고했을 때는 직업능력신고수첩을 신고의무자에게 교부한다. ○ 사용자는 요신고자의 사용을 중단했을 때는 직업소개소장에게 그 내용을 보고해야 한다.
법령 적용 범위	제국 전역
관련 법령 통합 · 폐지 사항	
유사 · 파생 법령	국민직업능력신고령시행규칙(1939년 5월 15일, 조선총독부령 제77호)

후생성령 제1호

1939년 1월 18일

국민직업능력신고령시행규칙

제1조 국민직업능력신고령(이하 영이라 칭한다) 제2조 제1호의 직업에 종사하는 요신고자를 임시로 사용하는 자로서 아래에 열거하는 자는 영 제3조 단서 규정에 따라 신고의 무자가 아닌 자로 한다. 단 제1호에 해당하는 요신고자를 소정의 기간을 넘겨 계속해서 사용하게 되었을 때 또는 제2호 혹은 제3호에 해당하는 요신고자를 30일을 넘겨 계속해서 사용하게 되었을 때는 이에 구애되지 않는다.

1. 60일 이내 기간을 정해 요신고자를 사용하는 자
2. 사용기한을 정해 요신고자를 노무공급계약에 근거하거나 또는 시험적으로 사용하는 자
3. 요신고자를 하루 단위로 사용하는 자

제2조 요신고자로서 아래 각호 하나에 해당하는 자에 대해 해야 하는 신고는 그자가 아래 각호 하나에 해당하지 않게 된 달로부터 익월 말일까지 이를 해도 무방하다.

1. 영 제12조 제1호 및 제2호에 해당하는 자
2. 조선, 대만, 화태, 남양군도 또는 관동주에 여행 중인 자
3. 법령에 의해 구금 중인 자
4. 질병, 상이, 기타 사유로 인해 신고할 수 없는 상황에 있는 자

제3조 영 제4조 제1항 규정에 따른 신고는 별표 양식 제1호에 따라(기능 정도는 별표 기능 정도 신고표준에 따라) 이를 해야 한다.

직업능력신고표 양식은 신고의무자의 신청에 의하거나 또는 신청에 의하지 않고 직업소개소장이 이를 교부한다. 영 제4조 제2항 및 영 제6조 규정에 따른 신고는 제7조의 직업능력신고수첩에 의해 이를 해야 한다.

제4조 영 제3조의 사용자는 그 사용하는 요신고자(이하 피용자라 칭한다)의 사용을 그만뒀을

때는 그 그만둔 달의 익월 말일까지 그 내용을 전에 신고했던 직업소개소장에게 보고해야 한다.

제5조 요신고자가 사망했을 때는 사망 시 그자가 피용자였던 경우에 있어서는 그를 사용했던 사용자가, 피용자가 아니었던 경우에 있어서는 그자와 동거하는 호주 또는 가족 관계에 있던 자가 사망 월의 익월 말일까지 그 내용을 전에 신고했던 직업소개소장에게 보고해야 한다.

제6조 제3조 제3항 규정은 전 2조의 규정에 따른 보고의 경우에 이를 준용한다.

제7조 직업소개소장은 영 제4조 제1항 규정에 따른 신고에 근거하여 직업능력에 관한 사항을 등록했을 때는 별표 양식 제2호 직업능력신고수첩을 신고의무자에게 교부해야 한다.

제8조 직업능력신고수첩을 교부받은 자는 그 직업능력신고수첩을 훼손하거나 또는 망실했을 때는 그 사유를 구비하고, 훼손한 경우에 있어서는 그 직업능력신고수첩을 첨부하여 전에 신고했던 직업소개소장에게 재교부를 신청할 수 있다.

제9조 영 제8조 검사는 피검사자로 하여금 시문에 답하게 하거나 혹은 작업을 시키거나 또는 건강진단을 하여 이를 시행하는 것으로 한다.

지방장관 또는 직업소개소장은 전항 검사를 위해 필요하다고 인정할 때는 피검사자에 대해 기일 및 장소를 지정하여 출두를 명령할 수 있다.

제10조 지방장관 또는 직업소개소장은 필요하다고 인정할 때는 직업능력에 관한 신고 또는 검사에 대해 보고를 요구할 수 있다.

제11조 해당 관리령 제9조 제2항 규정에 따라 임검할 경우에는 별표 양식 제3호의 증표를 휴대해야 한다.

부칙

본령은 1939년 1월 20일부터 이를 시행한다.

자료 68

수의사직업능력신고령	
구분	칙령 제26호
법령명/건명	수의사직업능력신고령 獸醫師職業能力申告令
제정 · 개정 · 결정 · 폐지 연월일	1939년 2월 4일
구성	12개 조항, 부칙 2개 조항
선행 규범 · 법령	국가총동원법 제21조
원문 일부	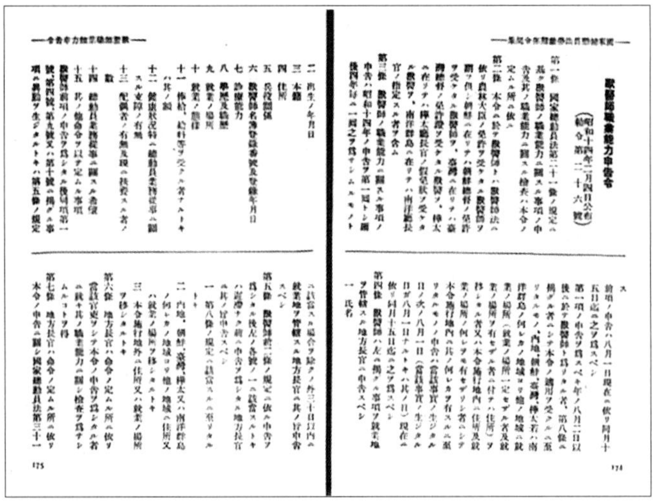 獸醫師職業能力申告令 (昭和十四年二月四日公布 勅令第二十六號)
주요 내용 및 특징	○ 수의사 직업능력에 관한 사항과 직업능력에 관한 검사를 정한다. ○ 수의사 직업능력의 신고는 1939년을 제1회로 한 후 4년마다 한다. ○ 수의사 직업능력 신고는 취업지를 관할하는 지방장관에게 하며, 취업 장소와 주소에 이동이 발생했을 때도 전에 신고했던 지방장관에게 신고해야 한다. ○ 본령 규정 외 신고에 관한 사항은 명령으로 이를 정한다.
법령 적용 범위	제국 전역
관련 법령 통합 · 폐지 사항	
유사 · 파생 법령	국민직업능력신고령, 의료관계자직입능력신고령

칙령 제26호

1939년 2월 4일

수의사직업능력신고령

제1조 국가총동원법 제21조 규정에 의거한 수의사 직업능력에 관한 사항 신고 및 그 직업능력에 관한 검사는 본령이 정하는 바에 따른다.

제2조 본령에서 수의사라 함은 수의사법에 따라 농림대신의 면허를 얻은 수의사를 말한다. 단 조선에 있어서는 조선총독의 면허를 받은 수의사를, 대만에 있어서는 대만총독의 면허를 얻은 수의사를, 화태에 있어서는 화태청장관의 가면허를 받은 수의사를, 남양군도에 있어서는 남양청장관이 지정하는 자를 포함한다.

제3조 수의사의 직업능력에 관한 사항 신고는 1939년 신고를 제1회로 하고 이후 4년마다 1회 이를 하는 것으로 한다.

전항 신고는 8월 1일 현재에 의해 동월 15일까지 이를 해야 한다.

제1항의 신고를 해야 하는 연도의 8월 2일 이후 수의사가 된 자, 제8조에 열거하는 자로 본령 적용을 받게 된 자, 내지, 조선, 대만, 화태 혹은 남양군도 어느 지역에서 다른 지역으로 취업 장소(취업 장소가 일정하지 않은 자 및 취업 장소를 갖지 않는 자는 주소)를 옮긴 자 또는 본령 시행지 내에 주소 및 취업 장소 어느 것도 갖지 않은 자로 본령 시행지 내에 그 어느 것을 갖게 된 자의 신고는 해당 사실이 발생한 날 다음 8월 1일(해당 사실이 생긴 날이 8월 1일인 때는 그날) 현재에 의해 동월 15일까지 이를 해야 한다.

제4조 수의사는 아래에 열거하는 사항을 취업지를 관할하는 지방장관에게 신고해야 한다.

1. 씨명
2. 출생 연월일
3. 본적
4. 주소
5. 병역관계

6. 수의사 명부 등록번호 및 등록연월일

7. 진료 능력

8. 학력 및 직력

9. 취업 장소

10. 취업 상태

11. 봉급, 급료 등을 받는 자일 때는 그 액수

12. 건강상황, 특히 총동원 업무 종사에 관한 지장의 유무

13. 배우자 유무 및 현재 부양하는 자의 인원수

14. 총동원 업무 종사에 관한 희망

15. 기타 명령으로 정하는 사항

수의사는 전항 신고를 한 다음 동항 제1호, 제4호, 제9호 또는 제10호에 열거하는 사항에 이동이 생겼을 때는 제5조 규정에 해당하는 경우를 제외하고, 30일 이내에 취업지를 관할하는 지방장관에게 그 뜻을 신고해야 한다.

제5조 수의사는 전 2조 규정에 따른 신고를 한 다음 아래 각호 하나에 해당할 때는 지체 없이 전에 신고했던 지방장관에게 그 뜻을 신고해야 한다.

1. 제8조 규정에 해당하게 되었을 때

2. 내지, 조선, 대만, 화태 또는 남양군도의 어느 지역에서 다른 지역으로 주소 또는 취업 장소를 옮겼을 때

3. 본령 시행지 외에 주소 또는 취업 장소를 옮겼을 때

제6조 지방장관은 명령이 정하는 바에 따라 해당 관리로 하여금 본령의 신고를 한 자에 대해 그 직업능력에 관해 검사를 시킬 수 있다.

제7조 지방장관은 명령이 정하는 바에 따라 본령의 신고에 관해 국가총동원법 제31조 규정에 의거한 보고를 요구할 수 있다.

제8조 본령은 제5조 제1호 규정에 따른 신고에 관한 규정을 제외하고 육해군 군인으로 현역 중인 자(귀휴 하사관을 제외) 및 전시 혹은 사변 시 또는 병역법 제55조 제2항 규정(지원에 따라 병적에 편입된 자에 대해서는 이에 해당하는 칙령 규정을 포함한다)에 따라 소집 중인 자, 육해군 군속 그리고 국가총동원법 제4조 규정에 따라 징용 중인 자에 대해서는

이를 적용하지 않는다.

제9조 수의사로서 아래 각호 하나에 해당하는 자의 신고에 관해서는 명령이 정하는 바에 따라 신고 기한을 연장할 수 있다.

1. 육해군 군인으로서 소집 중인 자(전조에서 규정하는 소집 중인 자를 제외한다)
2. 외국 여행 중인 자
3. 기타 명령으로 정하는 자

제10조 2개 이상 취업 장소를 갖는 자에 대해서는 주요 취업 장소 소재지를, 취업 장소가 일정하지 않은 자 또는 취업 장소를 갖지 않은 자에 대해서는 주소지를 본령의 취업지로 간주한다.

제11조 본령 중 수의사 명부 등록번호 및 등록연월일이라 함은 조선총독, 대만총독 또는 화태청장관의 면허, 면허증 또는 가면허를 받은 수의사 또는 수의에 관해서는 각그 면허번호 및 면허연월일로 한다. 지방장관이라 함은 조선에 있어서는 도지사, 대만에 있어서는 주지사 또는 청장, 화태에 있어서는 화태청장관, 남양군도에 있어서는 남양청장관으로 한다.

제12조 본령에서 규정하는 것 외 신고에 관해 필요한 사항은 명령으로 이를 정한다.

부칙

본령은 공포일로부터 이를 시행한다.

1939년에 한해 제3조 제2항 중 8월 1일 현재에 의해 동월 15일까지라 함은 4월 1일 현재에 의해 동월 15일까지로 한다. 동조 제3항 중 8월 2일 이후라 함은 4월 2일 이후로 한다.

자료 69

수의사직업능력신고령시행규칙	
구분	농림성령 제11호
법령명/건명	수의사직업능력신고령시행규칙 獸醫師職業能力申告令施行規則
제정·개정·결정·폐지 연월일	1939년 2월 4일
구성	5개 조항, 부칙 1개 조항
선행 규범·법령	수의사직업능력신고령
원문 일부	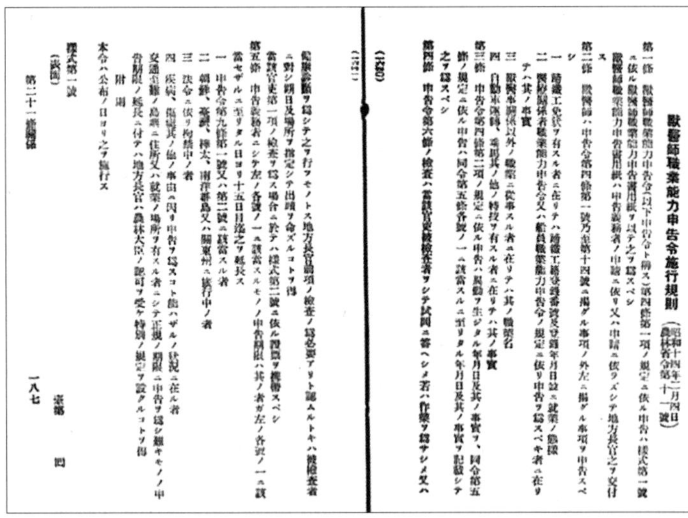
주요 내용 및 특징	○ 「수의사직업능력신고령」에 따른 신고는 수의사직업능력신고서 용지로 해야 하며, 용지는 신고의무자의 신청 또는 지방장관이 이를 교부한다. ○ 신고의무자에게 이동이 발생했을 때는 그 연월일과 사실을 신고해야 한다.
법령 적용 범위	제국 전역
관련 법령 통합·폐지 사항	
유사·파생 법령	수의사직업능력신고령(1939년 3월 3일, 조선총독부령 제24호)

獸醫師職業能力申告令施行規則（昭和十四年二月四日 農林省令第十一號）

第一條 獸醫師職業能力申告令（以下申告令ト稱ス）第四條第一項ノ規定ニ依ル申告ハ樣式第一號ニ依ル獸醫師職業能力申告書用紙ヲ以テ之ヲ爲スベシ

獸醫師職業能力申告書用紙ハ申告義務者ノ申請ニ依リ又ハ申請ニ依ラズシテ地方長官之ヲ交付ス

第二條 獸醫師ハ申告令第四條第一號乃至第十四號ニ揭グル事項ノ外左ニ揭グル事項ヲ申告スベシ

一 蹄鐵工免許ヲ有スル者ニ在リテハ蹄鐵工籍登錄番號及登錄年月日竝ニ就業ノ熟練

二 醫療關係者職業能力申告令又ハ船員職業能力申告令ノ規定ニ依リ申告ヲ爲スベキ者ニ在リテハ其ノ事實

三 獸醫事務關係以外ノ職業ニ從事スル者ニ在リテハ其ノ職業名

四 自動車運轉、乘馬其ノ他ノ特技ヲ有スル者ニ在リテハ其ノ事實

第三條 申告令第四條第二項ノ規定ニ依ル申告ハ異動ヲ生ジタル年月日及其ノ事實ヲ、同令第五條ノ規定ニ依ル申告ハ同令第五條各號ノ一ニ該當スルニ至リタル年月日及其ノ事實ヲ記載シテ之ヲ爲スベシ

第四條 申告令第六條ノ檢査ハ當該官吏又ハ檢査者ヲシテ試問ニ答ヘシメ若ハ作業ヲ爲サシメ又ハ健康診斷ヲ爲シテ之ヲ行フモノトス

地方長官前項ノ檢査ノ爲必要アリト認ムルトキハ被檢査者ニ對シ期日及場所ヲ指定シテ出頭ヲ命ズルコトヲ得

當該官吏第一項ノ檢査ヲ爲ス場合ニ於テハ樣式第二號ニ依ル證票ヲ携帶スベシ

第五條 申告義務者ニシテ左ノ各號ノ一ニ該當スルモノノ申告期限ハ其ノ者ガ左ノ各號ノ一ニ該當セザルニ至リタル日ヨリ十五日目迄之ヲ延長ス

一 申告令第九條第一號又ハ第二號ニ該當スル者

二 朝鮮、臺灣、樺太、南洋群島又ハ關東州ニ旅行中ノ者

三 法令ニ依リ拘禁中ノ者

四 疾病、傷痍其ノ他ノ事由ニ因リ申告ヲ爲スコト能ハザルノ狀況ニ在ル者

交通至難ノ島嶼ニ住所又ハ就業ノ場所ヲ有スル者ニシテ正規ノ期限ニ申告ヲ爲シ難キモノノ申告期限ノ延長ニ付テハ地方長官ハ農林大臣ノ認可ヲ受ケ特別ノ規定ヲ設クルコトヲ得

附 則

本令ハ公布ノ日ヨリ之ヲ施行ス

樣式第一號

（表面）

농림성령 제11호

1939년 2월 4일 공포

수의사직업능력신고령시행규칙

제1조 수의사직업능력신고령(이하 신고령이라 칭한다) 제4조 제1항 규정에 따른 신고는 양식 제1호에 의한 수의사직업능력신고서 용지로 이를 해야 한다.

수의사직업능력신고서 용지는 신고 의무자의 신청에 따르거나 또는 신청에 따르지 않고 지방장관이 이를 교부한다.

제2조 수의사는 신고령 제4조 제1항 제1호 내지 제14호에 열거하는 사항 외 아래에 열거하는 사항을 신고해야 한다.

1. 제철공 면장을 갖고 있는 자에 있어서는 제철공적 등록번호 및 등록연월일 그리고 취업 상태
2. 의료관계자직업능력신고령 또는 선원직업능력신고령 규정에 따라 신고해야 하는 자에 있어서는 그 사실
3. 수의사 관계 이외의 직업에 종사하는 자에 있어서는 그 직업명
4. 자동차 운전, 승마, 기타 특기를 갖는 자에 있어서는 그 사실

제3조 신고령 제4조 제2항 규정에 따른 신고는 이동이 발생한 연월일 및 그 사실을, 동령 제5조 규정에 따른 신고는 동령 제5조 각호 하나에 해당하게 된 연월일 및 그 사실을 기재하여 이를 해야 한다.

제4조 신고령 제6조의 검사는 해당 관리가 피검사자에게 시문에 답하도록 하거나 혹은 작업을 시키거나 또는 건강진단을 시행해 이를 하는 것으로 한다.

지방장관은 전항 검사를 위해 필요하다고 인정할 때는 피검사자에 대해 기일 및 장소를 지정하여 출두를 명령할 수 있다.

해당 관리는 제1항 검사를 할 경우에는 양식 제2호에 의한 증표를 휴대해야 한다.

제5조 신고의무자로서 아래 각호 하나에 해당하는 자의 신고 기한은 그자가 아래 각호 하

나에 해당하지 않게 된 날로부터 15일째까지 이를 연장한다.

1. 신고령 제9조 제1호 또는 제2호에 해당하는 자
2. 조선, 대만, 화태, 남양군도 또는 관동주에 여행 중인 자
3. 법령에 따라 구금 중인 자
4. 질병, 상이, 기타 사유로 인해 신고할 수 없는 상황에 있는 자

교통이 지난한 도서에 주소 또는 취업 장소를 갖는 자로서 정규 기한에 신고하기 어려운 자의 신고 기한 연장에 대해서는 지방장관이 농림대신의 인가를 받아 특별한 규정을 설정할 수 있다.

부칙

본령은 공포일로부터 이를 시행한다.

자료 70

종업자고입제한령	
구분	칙령 제126호
법령명/건명	종업자고입제한령 從業者雇入制限令
제정·개정·결정·폐지 연월일	1939년 3월 30일 1940년 11월 8일 폐지(칙령 제750호)
구성	7개 조항, 부칙 2개 조항
선행 규범·법령	국가총동원법 제6조
원문 일부	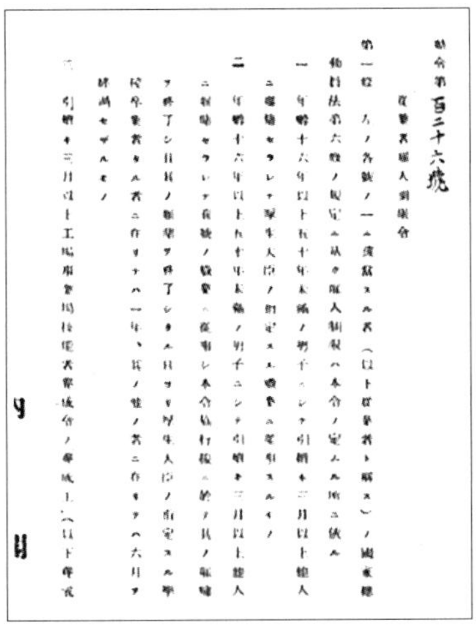 勅令第百二十六號 從業者雇入制限令 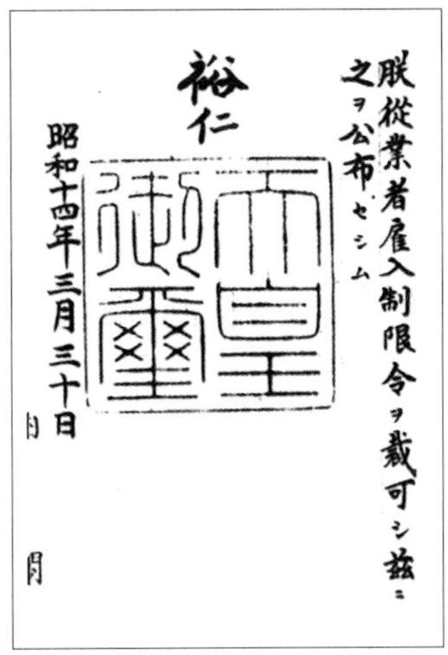 朕從業者雇入制限令ヲ裁可シ茲ニ之ヲ公布セシム 裕仁 御璽 昭和十四年三月三十日
주요 내용 및 특징	○ 대상자는 16세 이상 50세 미만의 남자, 「공장사업장기능자양성령」에 의한 양성공 ○ 대상자를 고용하고자 하는 공장사업장은 관할 직업소개소장의 인사를 받아야 한다. ○ 본토의 경우 1939년 4월 20일, 조선·대만·화태·남양군도는 1939년 8월 1일부터 시행한다.
법령 적용 범위	제국 전역
관련 법령 통합·폐지 사항	종업자이동방지령(1940년 11월 8일, 칙령 제750호)
유사·파생 법령	

칙령 제126호

1939년 3월 30일

종업자고입제한령

제1조 아래 각호 하나에 해당하는 자(이하 종업자라 칭한다)의 국가총동원법 제6조 규정에 의거한 고용제한은 본령이 정하는 바에 따른다.

1. 연령 16세 이상 50세 미만의 남자로서 계속해서 30일 이상 타인에게 고용되어 후생대신이 지정하는 직업에 종사하는 자
2. 연령 16세 이상 50세 미만의 남자로 계속해서 30일 이상 타인에게 고용되어 전호의 직업에 종사하고 본령 시행 후에 그 고용을 종료하고, 그 고용을 종료한 날부터 후생대신이 지정하는 학교 졸업자는 1년, 그 외의 자는 6개월을 경과하지 않은 자
3. 계속해서 3개월 이상 공장사업장기능자양성령의 양성공(이하 양성공이라 칭한다)인 자
4. 계속해서 3개월 이상 양성공이었던 자가 양성공이 아닌 날로부터 6개월을 경과하지 않은 자

제2조 공장 또는 사업장에서 사용하기 위해 종업자를 고용하고자 하는 자는 명령이 정하는 바에 따라 전조 제1호 또는 제3호에 해당하는 자를 고용하는 것에 대해서는 그 자가 현재 취업하는 지역의 관할 직업소개소장의, 전조 제2호에 해당하는 자를 고용하는 것에 대해서는 그자가 고용완료에 이를 때까지 전조 제1호 직업에 종사한 지역의 관할 직업소개소장의, 전조 제4호에 해당하는 자를 고용하는 것에 대해서는 그 자가 양성공이 아닐 때까지 취업했던 지역의 관할 직업소개소장의 인가를 받아야 한다. 전조 제1호 직업에 종사시키기 위해 종업자를 고용하고자 하는 자 또한 동일하다.

제3조 직업소개소장은 전조 신청에 대해 부정 또는 허위 사실이 있다고 인정할 때는 인가를 취소할 수 있다.

제4조 제2조의 인가에 관해 필요한 경우에는 동조 직업소개소장 및 고용에 의해 종업자가

취업할 지역의 관할 직업소개소장은 국가총동원법 제31조 규정에 의거 관계인으로부터 보고를 요구하거나 또는 해당 관리로 하여금 관계 공장, 사업장 혹은 사무소를 임검하게 하여 업무 상황 혹은 장부, 서류를 검사시킬 수 있다.

전항 규정에 따라 해당 관리로 하여금 임검 검사를 시킬 경우에는 그 신분을 나타내는 증표를 휴대시켜야 한다.

제5조 본령은 시정촌, 기타 이에 준하는 기관에서 종업자를 리원으로 채용할 경우에 이를 준용한다.

제6조 본령은 국가 또는 도·부·현의 종업자 고용에는 이를 적용하지 않는다.

제7조 본령 중 후생대신이라 함은 조선에 있어서는 조선총독, 대만에 있어서는 대만총독, 화태에 있어서는 화태청장관, 남양군도에 있어서는 남양청장관으로 한다. 직업소개소장이라 함은 조선에 있어서는 부윤, 군수 또는 도사, 대만에 있어서는 시윤 또는 군수(호코청은 청장), 화태에 있어서는 화태청지청장, 남양군도에 있어서는 남양청지청장으로 한다. 도·부·현이라 함은 조선에 있어서는 도, 대만에 있어서는 주 또는 청, 남양군도에 있어서는 남양군도 지방비로 한다.

부칙

본령은 1939년 4월 20일부터 이를 시행한다.

단 조선, 대만, 화태 및 남양군도에 있어서는 1939년 8월 1일부터 이를 시행한다.

자료 71

공장사업장기능자양성령	
구분	칙령 제131호
법령명/건명	공장사업장기능자양성령 工場事業場技能者養成令
제정·개정·결정·폐지 연월일	1939년 3월 31일, 1945년 10월 10일 폐지(칙령 제566호)
구성	17개 조항, 부칙 1개 조항
선행 규범·법령	국가총동원법 제22조
원문 일부	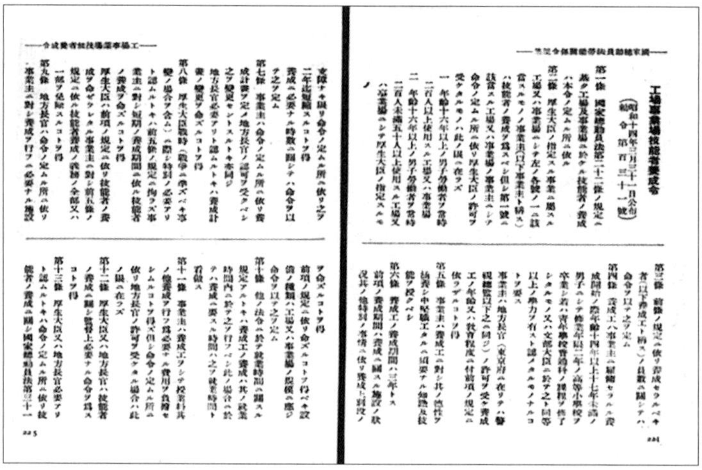
주요 내용 및 특징	○ 만 17세 이상 남자 200인 이상을 상시 사용하는 사업장 또는 50인 이상 200인 미만의 사업장 중 후생대신이 지정한 곳이 대상 ○ 양성공 인원수에 대해서는 후생대신이 결정 ○ 양성공 자격은 2년의 고등소학교 졸업했거나 청년학교보통과 수료자 혹은 이와 동등한 학력을 가졌다고 인정한 자. ○ 양성공 교육기간은 3년
법령 적용 범위	제국 전역(조선은 5월 1일 실시《경성일보》, 1939년 4월 13일)
관련 법령 통합·폐지 사항	
유사·파생 법령	

칙령 제131호

1939년 3월 31일

공장사업장기능자양성령

제1조 국가총동원법 제22조 규정에 의거한 공장 및 사업장의 기능자 양성은 본령이 정하는 바에 의한다.

제2조 후생대신이 지정하는 사업에 속하는 공장 또는 사업장으로서 아래 각호 하나에 해당하는 것의 사업주(이하 사업주라 칭한다)는 기능자를 양성해야 한다. 단 제1호에 해당하는 공장 또는 사업장의 사업주로 명령이 정하는 바에 따라 후생대신의 허가를 받은 자는 이에 구애받지 않는다.

1. 연령 16세 이상의 남자 노동자를 상시 200인 이상 사용하는 공장 또는 사업장
2. 연령 16세 이상의 남자 노동자를 상시 200인 미만 50인 이상 사용하는 공장 또는 사업장으로 후생대신이 지정하는 곳

제3조 전조 규정에 따라 양성되어야 할 자(이하 양성공이라 칭한다)의 인원수에 관해서는 명령으로 이를 정한다.

제4조 양성공은 사업주에 고용되는 양성 개시 무렵에 연령 14세 이상 17세 미만의 남자로 수업연한 2년의 고등소학교를 졸업하거나 혹은 청년학교보통과 과정을 수료한 자 또는 문부대신이 이와 동등 이상의 학력을 가졌다고 인정하는 것이 될 필요가 있다.

사업주는 지방장관(도쿄부에 있어서는 경시총감. 이하 마찬가지)의 허가를 받아 양성공의 연령 또는 교육 정도에 대해 전항 규정에 의하지 않을 수 있다.

제5조 사업주는 양성공에 대해 그 덕성을 함양하여 중견 직공에 필요한 지식 및 기능을 전수해야 한다.

제6조 양성공의 양성 기간은 3년으로 한다.

전항 양성 기간은 양성에 관한 시설 상황, 기타 특별한 사정에 따라 양성상 별단의 지장이 없는 한, 명령이 정하는 바에 따라 이를 2년까지 단축할 수 있다.

양성에 필요한 시수에 관해서는 명령으로 이를 정한다.

제7조 사업주는 명령이 정하는 바에 따라 양성 계획을 정해 지방장관의 허가를 받아야 한다. 이를 변경하고자 할 때도 마찬가지이다.

지방장관은 필요하다고 인정할 때는 양성 계획의 변경을 명령할 수 있다.

제8조 후생대신은 전시(전쟁에 준하는 사변의 경우를 포함한다)에 즈음하여 특별히 필요하다고 인정할 때는 전 5조 규정에도 불구하고 사업주에 대해 단기 양성 기간에 따른 기능자 양성을 명령할 수 있다.

후생대신은 전항 규정에 따라 기능자 양성을 명령받은 사업주에 대해 전 5조 규정에 따라 기능자 양성의 의무 전부 또는 일부를 면제할 수 있다.

제9조 지방장관은 명령이 정하는 바에 따라 사업주에 대해 양성에 필요한 시설을 명령할 수 있다.

전항 규정에 따라 명령할 수 있는 설비 종류는 공업 또는 사업장 규모에 따라 명령으로 이를 정한다.

제10조 다른 법령에 취업시간에 관한 규정이 있을 때는 양성공 양성은 그 취업시간 내에서 이를 시행해야 한다. 이 경우에는 양성에 필요한 시간은 이를 취업시간으로 간주한다.

제11조 사업주는 양성공으로 하여금 수업료, 기타 양성하기 위해 필요한 비용을 부담시킬 수 없다. 단 명령이 정하는 바에 따라 지방장관의 허가를 받은 경우는 이에 구애되지 않는다.

제12조 후생대신 또는 지방장관은 기능자 양성에 관해 감독상 필요한 명령을 내릴 수 있다.

제13조 후생대신 또는 지방장관은 필요하다고 인정할 때는 명령이 정하는 바에 따라 기능자 양성에 관해 국가총동원법 제31조 규정에 의거한 보고를 요구할 수 있다.

제14조 후생대신 또는 지방장관은 필요하다고 인정할 때는 기능자 양성에 관해 국가총동원법 제31조 규정에 따라 해당 관리로 하여금 공장, 사업장, 사무소, 기타 장소를 임검하여 양성 상황 또는 이에 관한 장부 서류, 기타 물건을 검사시킬 수 있다. 이 경우에는 해당 관리로 하여금 그 신분을 나타내는 증표를 휴대시켜야 한다.

제15조 후생대신은 그 정하는 바에 따라 본령에 의해 기능자를 양성하는 자에 대해 예산

범위 내에서 보조금을 교부한다.

후생대신은 본령에 따른 기능자 양성으로 인해 손실이 발생했을 경우에는 통상 발생하는 손실을 보전한다.

손실 보전을 청구하고자 하는 자는 양성 기간 종료 후 이를 청구해야 한다. 단 후생대신이 정하는 바에 따라 별단 시기에 이를 청구할 수 있다.

第16조 본령 중 지방장관이라 함은 내지의 광업법 또는 사광법의 적용을 받는 사업에 대해서는 광산감독국장으로 한다.

第17조 본령 중 후생대신 또는 문부대신이라 함은 조선에 있어서는 조선총독, 대만에 있어서는 대만총독, 화태에 있어서는 화태청장관, 남양군도에 있어서는 남양청장관으로 한다.

본령 중 지방장관이라 함은 조선에 있어서는 도지사, 대만에 있어서는 대만광업규칙의 적용을 받는 사업에 대해서는 대만총독, 기타 사업에 대해서는 주지사 또는 청장, 화태에 있어서는 화태청장관, 남양군도에 있어서는 남양청장관으로 한다.

부칙

본령은 1939년 4월 5일부터 이를 시행한다.

자료 72

공장취업시간제한령	
구분	칙령 제127호
법령명/건명	공장취업시간제한령 工場就業時間制限令
제정·개정·결정·폐지 연월일	1939년 3월 31일 1943년 6월 16일 폐지(칙령 제501호)
구성	9개 조항, 부칙 1개 조항
선행 규범·법령	국가총동원법 제6조
원문 일부	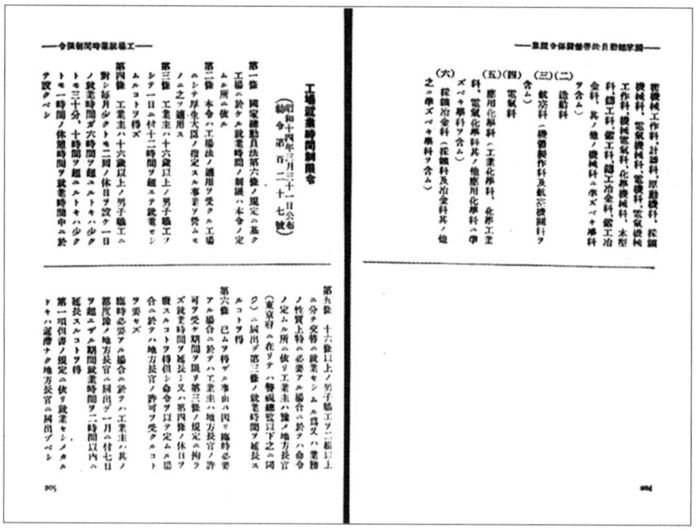
주요 내용 및 특징	○ 후생대신이 지정하는 사업장이 대상 ○ 공장주는 16세 이상의 남자직공을 12시간 이상 취업시킬 수 없다. ○ 16세 이상 남자직공은 월 2회의 휴일과 1일 취업시간 6시간 초과 시 30분의 휴식, 10시간 초과 시 1시간의 휴식을 제공해야 한다. ○ 본령은 국가사업에는 적용하지 않는다.
법령 적용 범위	제국 전역
관련 법령 통합·폐지 사항	
유사·파생 법령	

칙령 제127호

1939년 3월 31일

공장취업시간제한령

제1조 국가총동원법 제6조 규정에 의거한 공장에서의 취업시간 제한은 본령이 정하는 바에 따른다.

제2조 본령은 공장법 적용을 받는 공장으로 후생대신이 지정하는 사업을 운영하는 곳에 이를 적용한다.

제3조 공업주는 16세 이상 남자직공으로 하여금 1일 12시간을 넘어서 취업시킬 수 없다.

제4조 공장주는 16세 이상 남자직공에게 매월 적어도 2회의 휴일을 설정하고, 1일 취업시간이 6시간을 넘을 때는 적어도 30분, 10시간을 넘을 때는 적어도 1시간의 휴게시간을 취업시간 중에 설정해야 한다.

제5조 16세 이상 남자직공을 2개 조 이상으로 나누어 교대로 취업시키기 위해 또는 업무의 성질상 특히 필요한 경우에는 명령이 정하는 바에 따라 공업주는 사전에 지방장관(도쿄부에 있어서는 경시총감. 이하 마찬가지)에 신고하여 제3조 취업시간을 연장할 수 있다.

제6조 어쩔 수 없는 사유로 인해 임시로 필요가 있는 경우에는 공업주는 지방장관의 허가를 받아 기간을 제한하여 제3조 규정에도 불구하고 취업시간을 연장 또는 제4조의 휴일을 폐지할 수 있다. 단 명령으로 정하는 경우에는 지방장관의 허가를 받을 필요가 없다.

임시로 필요할 경우에는 공업주는 그때마다 사전에 지방장관에 신고하여 1개월에 7일을 넘지 않는 기간으로 취업시간을 2시간 이내 연장할 수 있다.

제1항 단서 규정에 따라 취업시키고자 할 때는 지체 없이 지방장관에게 신고해야 한다.

제7조 후생대신 또는 지방장관은 필요하다고 인정할 때는 취업시간의 제한에 관해 국가총동원법 제31조 규정에 의거 공업주로부터 보고를 요구하거나 또는 해당 관리로 하여금 공장, 사업장, 기타 장소를 임검하여 장부 서류를 검사시킬 수 있다.

전항 규정에 따라 해당 관리로 하여금 임금검사를 시킬 경우에는 그 신분을 나타내는 증표를 휴대시켜야 한다.

제8조 본령은 국가사업에 이를 적용하지 않는다.

제9조 본령 중 공장법의 적용을 받는 공장이라 함은 조선, 대만 또는 남양군도에 있어서는 상시 10인 이상의 직공을 사용하는 공장, 화태에 있어서는 공장취체규칙의 적용을 받는 공장으로 한다. 16세 이상 남자직공이라 함은 조선, 대만, 화태 또는 남양군도에 있어서는 직공으로 한다. 본령 중 후생대신이라 함은 조선에 있어서는 조선총독, 대만에 있어서는 대만총독, 화태에 있어서는 화태청장관, 남양군도에 있어서는 남양청장관을 한다. 지방장관이라 함은 조선에 있어서는 도지사, 대만에 있어서는 주지사 또는 청장, 화태에 있어서는 화태청장관, 남양군도에 있어서는 남양청장관으로 한다.

부칙

본령은 1939년 5월 1일부터 이를 시행한다. 단 조선, 대만, 화태 및 남양군도에 있어서는 1939년 8월 1일부터 이를 시행한다.

자료 73

공장사업장기능자양성령시행규칙	
구분	후생성령 제3호
법령명/건명	공장사업장기능자양성령시행규칙 工場事業場技能者養成令施行規則
제정 · 개정 · 결정 · 폐지 연월일	1939년 4월 4일
구성	21개 조항, 부칙 5개 조항
선행 규범 · 법령	공장사업장기능자양성령
원문 일부	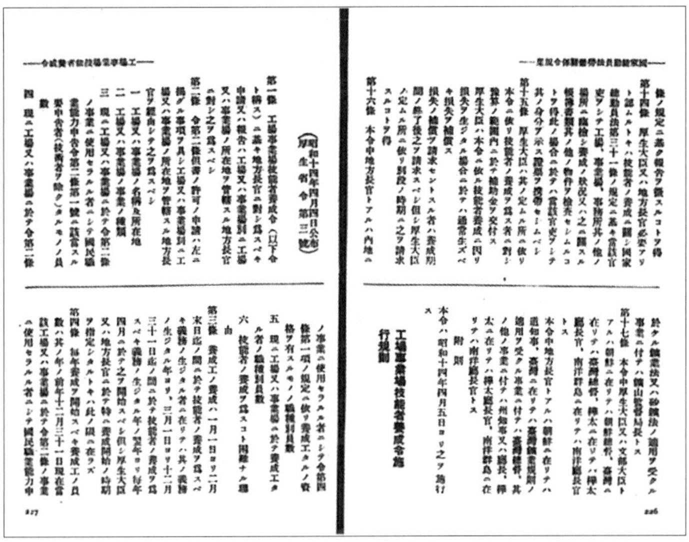
주요 내용 및 특징	○ 기능자 양성의 개시는 매년 4월부터 실시. 1~2월 사이에 기능자 양성의 의무가 발생한 경우는 그해부터, 3~12월 사이에 의무가 발생한 경우는 이듬해 4월부터 실시한다. ○ 사업주는 공장, 사업장마다 양성공명부를 비치해야 하며, 5년간 보관해야 한다.
법령 적용 범위	제국 전역
관련 법령 통합 · 폐지 사항	
유사 · 파생 법령	공장사업장기능자영성령시행규칙(1939년 6월 12일, 조선총독부령 제86호)

후생성령 제3호

1939년 4월 4일

공장사업장기능자양성령시행규칙

제1조 공장사업장기능자양성령(이하 영이라 칭한다)에 근거하여 지방장관에게 해야 하는 신청 또는 보고는 공장 또는 사업장별로 공장 또는 사업장 소재지를 관할하는 지방장관에게 이를 해야 한다.

제2조 영 제2조 단서의 허가 신청은 아래에 열거하는 사항을 구비하여 공장 또는 사업장별로 공장 또는 사업장 소재지를 관할하는 지방장관을 경유하여 이를 해야 한다.

1. 공장 또는 사업장의 명칭 및 소재지
2. 공장 또는 사업장의 사업 종류
3. 현재 공장 또는 사업장에서 영 제2조 사업에 사용되는 자로 국민직업능력신고 제2조 제1호에 해당하는 요신고자(기술자를 제외)인 자의 인원수
4. 현재 공장 또는 사업장에서 영 제2조 사업에 사용되는 자로 영 제4조 제1항 규정에 따라 양성공다운 자격을 갖는 자의 직종별 인원수
5. 현재 공장 또는 사업장에서 양성공인 자의 직종별 인원수
6. 기능자를 양성하기 곤란한 이유

제3조 양성공의 양성은 1월 1일부터 2월 말일까지의 기간 동안 기능자를 양성할 의무가 발생한 자에 있어서는 그 의무가 발생한 해부터, 3월 1일부터 12월 31일까지의 기간 동안 기능자를 양성할 의무가 발생한 자에 있어서는 그 의무가 발생한 해의 익년부터 매년 4월에 이를 개시해야 한다. 단 후생대신 또는 지방장관이 특히 양성 개시 시기를 지정한 때는 이에 구애되지 않는다.

제4조 매년 양성을 개시해야 하는 양성공의 인원수는 그해 전년 12월 31일 현재 해당 공장 또는 사업장에서 영 제2조의 사업에 사용되는 자로 국민직업능력신고령 제2조 제1호에 해당하는 요신고자(기술자 제외)인 자의 인원수에 별도 고시로 정하는 비율을 곱

해서 얻어지는 인원수(이하 고시 인원수라 칭한다) 이상으로 한다.

후생대신은 필요하다고 인정할 때는 전항 규정에도 불구하고 아래 각호 하나에 해당하는 공장 또는 사업장에 대해 매년 양성을 개시할 양성공 인원수를 고시 인원수의 1배를 넘지 않는 범위 내에서 정할 수 있다.

1. 연령 16세 이상 남자노동자를 당시 1,000명 이상 사용하는 곳

2. 실습공장, 기타 양성에 적합한 시설을 갖춘 곳

매년 12월 31일 현재 양성공 인원수에 결원이 있을 때는 그 이듬해의 양성을 개시해야 할 인원수는 제1항 또는 전항 규정에 따른 인원수에 그 결원의 인원수를 더한 인원수로 한다.

제5조 영 제2조의 사업주(이하 사업주라 칭한다)가 전조 규정에 따른 양성을 개시해야 할 인원수의 양성공 양성 개시가 곤란할 때는 지방장관의 인가를 받아 그 인원수의 전부 또는 일부에 대해 양성을 개시하지 않을 수 있다.

전항 인가신청은 아래에 열거하는 사항을 구비하여 이를 하여야 한다.

1. 제2조 제1호 내지 제5호에 열거한 사항

2. 전조 규정에 따른 양성을 개시해야 할 인원수 중 양성을 개시하기 곤란한 인원수

3. 양성을 개시하기 곤란한 이유

제6조 사업주는 양성을 개시한 양성공이 중견 직공의 가능성이 없다고 인정할 때는 지방장관의 인가를 받아 그 양성공의 양성을 폐지할 수 있다.

전항 인가의 신청은 양성을 폐지하고자 하는 양성공의 씨명 및 중견 직공의 가능성이 없다고 인정한 이유를 구비하여 이를 해야 한다.

제7조 양성 개시 후 양성공의 인원수에 결원이 발생했을 때는 그 결원이 발생한 시기가 양성 개시 후 3개월 이내의 경우에 한해 이를 충원할 수 있다.

전항 규정에 따라 양성공의 결원을 보충할 때는 결원이 발생한 후 지체 없이 이를 보충할 필요가 있다.

제1항 규정에 따라 보충한 양성공의 양성 기간은 이전 양성공의 잔존 기간으로 한다.

제8조 사업주는 양성 개시 후 양성공의 전부 또는 일부 인원수를 계속하기 곤란할 때는 지방장관의 인가를 받아 그 인원수의 양성을 폐지할 수 있다.

전항 인가신청은 아래에 열거하는 사항을 구비하여 이를 해야 한다.

1. 제2조 제1호 내지 제3호 및 제5호에 열거하는 사항

2. 양성을 계속하기 곤란한 인원수

3. 양성을 계속하기 곤란한 이유

제9조 영 제4조 제2항의 허가 신청은 아래에 열거하는 사항을 구비하여 이를 해야 한다.

1. 제1조 제1호 내지 제5호에 열거하는 사항

2. 허가 신청의 이유

제10조 지방장관은 아래 각호 하나에 해당하는 경우에는 사업주 신청에 따라 영 제6조 제2항 규정에 따른 양성 기간을 단축할 수 있다.

1. 실습공장에서 1년 이상 양성공 기능을 받은 경우

2. 전호 각 지방장관이 양성 기간을 단축해도 양성상 무방하다고 인정할 경우

전항 신청은 아래에 열거하는 사항을 구비하여 이를 해야 한다.

1. 제2조 제1호 내지 제5호에 열거한 사항

2. 단축하고자 하는 기간

3. 단축하고자 하는 이유

제11조 영 제6조 제3항의 양성에 필요한 시수를 정함은 아래와 같다.

1. 덕성 함양에 충당할 시수 매년 40시간 이상

2. 중견 직공에 필수적인 지식을 전수받는데 충당할 시수 양성시간 중 720시간 이상

3. 중견 직공에 필수적인 기능을 전수받는데 충당할 시수 양성시간 중 5,000시간 이상(영 제6조 제2항 규정에 따라 양성 기간을 단축할 경우는 3,500시간 이상)

사업주는 지방장관의 인가를 받아 전항 제2호 시수를 550시간까지 단축할 수 있다.

전항의 인가신청은 단축하고자 하는 시수 및 단축하고자 하는 이유를 구비하여 이를 해야 한다.

제12조 영 제7조 양성 계획은 양성을 개시할 때마다 이를 정해야 한다.

제13조 영 제7조 제1항의 양성 계획의 인가신청은 아래에 열거하는 사항을 구비하여 양성을 개시할 해의 1월 10일부터 2월 20일까지의 기간 동안 이를 해야 한다. 단 1월 1일부터 2월 말일까지의 기간 동안에 기능자를 양성할 의무가 있는 자에 있어서는 3월

20일까지 이를 해도 무방하다.

1. 제2조 제1호 및 제2호에 열거하는 사항
2. 양성을 개시해야 할 해의 전년 12월 31일 현재 해당 공장 또는 사업장에서 영 제2조 사업에 사용될 자로 국민직업능력신고령 제2조 제1호에 해당하는 요신고자(기술자 제외)인 자의 직종별 인원수
3. 양성을 개시해야 할 해의 전년 12월 31일 현재 해당 공장 또는 사업장에서 영 제2조의 사업에 사용될 자로 영 제4조 제1항 규정에 따라 양성공 자격을 가진 자의 인원수
4. 양성을 개시해야 할 해의 전년 12월 31일 현재 양성공의 직종별 인원수
5. 양성을 개시하고자 하는 양성공의 직종별 인원수
6. 양성공의 전형 방법
7. 양성공을 담임하는 자(이하 양성지도원이라고 칭한다)의 담임 사항별 인원수
8. 교실, 실습공장, 기숙사, 기타 양성에 관한 설비에 관한 사항
9. 양성공의 덕성 함양에 충당할 각 연도별 시수
10. 양성공에 교수할 학과 종목 및 그 각 종목의 각 연도별 수업시수
11. 양성공의 실습 종목 및 그 각 종목의 각 연도별 실습시수
12. 양성공의 양성 기간 중 임금, 기타 급여
13. 1일 취업시수(양성시수를 포함)
14. 휴일 및 휴게시간
15. 양성에 필요한 경비의 개산
16. 양성공의 전부 또는 일부를 학교 또는 해당 공장 혹은 사업장 이외 시설에서 양성하고자 할 경우에는 전 각호에 열거하는 것 외 아래에 열거하는 사항
    (1) 해당 시설의 명칭 및 소재지
    (2) 해당 시설에서 양성하고자 하는 양성공의 직종별 인원수
    (3) 양성공으로 하여금 해당 시설에서 수습(修習)시키려는 사항
    (4) 해당 시설에서 양성하고자 하는 기간
17. 기타, 양성에 관한 사항

제3조 단서의 경우에는 전항 규정에도 불구하고 후생대신 또는 지방장관이 지정한 기간에 영 제7조 제1항의 양성 계획 인가를 신청해야 한다.

제14조 영 제7조 제1항의 양성 계획의 변경 인가신청은 변경하고자 하는 사항 및 이유를 구비하여 이를 해야 한다.

제15조 지방장관은 영 제9조 규정에 따라 사업주에게 양성지도원을 둘 것을, 영 제2조 제1호에 해당하는 공장 또는 사업장의 사업주에게 교실 또는 부속설비 설치를, 연령 16세 이상 남자노동자를 상시 1,000명 이상 사용하는 공장 또는 사업장 사업주에게 실습공장의 설비를 명령할 수 있다.

제16조 영 제11조 단서의 허가 신청은 아래에 열거하는 사항을 구비하여 이를 해야 한다.

1. 제2조 제1호 및 제2호에 열거하는 사항
2. 양성공으로 하여금 부담시키려 하는 비용 종목
3. 허가 신청의 이유

제17조 사업주가 양성지도원을 두고자 할 때는 지체 없이 그자의 씨명, 이력 및 담임 사항을 양식 제1호에 따라 지방장관에게 보고해야 한다. 여기에 변경이 있을 때도 마찬가지이다.

제18조 사업주는 공장 또는 사업장마다 양식 제2호에 따른 양성공명부를 비치해야 한다.

양성공명부는 양성공의 양성 수료 후 5년간 이를 보존해야 한다.

제19조 사업주는 양성 상황을 양식 제3호에 따라 매년 6월 30일까지 지방장관에게 보고해야 한다.

제20조 영 제14조의 증표는 양식 제4호에 의하는 것으로 한다.

제21조 본령 중 지방장관이라 함은 광업법 또는 사광법의 적용을 받는 사업에 대해서는 광산감독국장으로 하고, 기타 사업에 대해서는 도쿄부에 있어서는 경시총감으로 한다.

부칙

본령은 공장사업장기능자양성령시행 날로부터 이를 시행한다.

본령 시행 시 기능자를 양성할 의무가 있는 자는 제3조 규정에도 불구하고 1939년부터 매년 양성을 개시해야 한다.

전항 규정에 따라 1939년부터 개시할 양성은 5월에 이를 개시하고 그 양성 계획의 인가신청은 제13조 중 신청기간에 관한 규정에도 불구하고 1939년 4월 20일까지로 이를 해야 한다.
전항 양성에 대해서는 양성을 개시할 양성공의 인원수는 제4조 중 양성을 개시해야 하는 해의 전년 12월 31일 현재로 함을 1939년 3월 1일 현재로 하여 산정한 인원수로 한다.
전 3항 규정에 따라 제출해야 하는 양성 계획의 인가신청에 대해서는 제13조 제1항 제2호 및 제3호 중 양성을 개시해야 하는 해 전년 12월 31일 현재로 되어 있음을 각각 1939년 3월 1일로 한다.

자료 74

종업자고입제한령시행규칙	
구분	후생성령 제4호
법령명/건명	종업자고입제한령시행규칙 從業者雇入制限令施行規則
제정·개정·결정·폐지 연월일	1939년 4월 10일 1940년 11월 15일 폐지(후생성령 제51호)
구성	4개 조항, 부칙 1개 조항
선행 규범·법령	종업자고입제한령
원문 일부	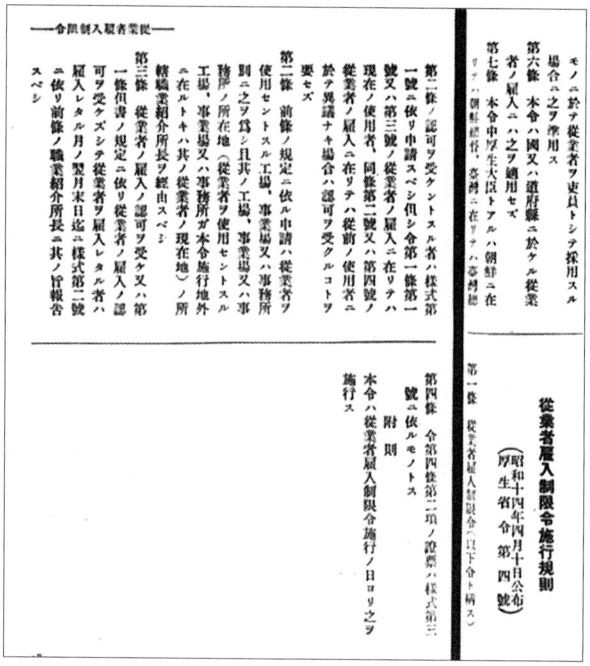 モノニ於テ從業者ヲ吏員トシテ採用スル場合ニ之ヲ準用ス 第六條　本令ハ國又ハ道府縣ニ於ケル從業者ノ雇入ニハ之ヲ適用セズ 第七條　本令中厚生大臣トアルハ朝鮮ニ在リテハ朝鮮總督、臺灣ニ在リテハ臺灣總 從業者雇入制限令施行規則 （昭和十四年四月十日公布 厚生省令第四號） 第一條　從業者雇入制限令（以下令ト稱ス） ──從業者雇入制限令── 第二條ノ認可ヲ受ケントスル者ハ樣式第一號ニ依リ申請スベシ但シ令第一條第一號又ハ第三號ノ從業者ノ雇入ニ在リテハ現在ノ使用者、同條第二號又ハ第四號ノ從業者ノ雇入ニ在リテハ從前ノ使用者ニ於テ異議ナキ場合ハ認可ヲ受クルコトヲ要セズ 第二條　前條ノ規定ニ依ル申請ハ從業者ヲ使用セントスル工場、事業場又ハ事務所毎ニ之ヲ爲シ且其ノ工場、事業場又ハ事務所ノ所在地（從業者ヲ使用セントスル工場、事業場又ハ事務所ガ本令施行地外ニ在ルトキハ其ノ從業者ノ現在地）ノ所轄職業紹介所長ヲ經由スベシ 第三條　從業者ノ雇入ノ認可ヲ受ケ又ハ第一條但書ノ規定ニ依リ從業者ノ雇入ノ認可ヲ受ケズシテ從業者ヲ雇入レタル者ハ雇入レタル月ノ翌月末日迄ニ樣式第二號ニ依リ前條ノ職業紹介所長ニ其ノ旨報告スベシ 第四條　令第四條第二項ノ證票ハ樣式第三號ニ依ルモノトス 附則 本令ハ從業者雇入制限令施行ノ日ヨリ之ヲ施行ス
주요 내용 및 특징	○「종업자고입제한령」에 따라 종업자를 고용하고자 하는 공장, 사업장은 별도 양식에 따라 관할 직업소개소에 신청하여 직업소개소장의 인가를 받아야 한다. ○ 단서 규정에 따라 직업소개소장의 인가를 받지 않은 경우에는 다음 달 말일까지 그 내용을 직업소개소장에게 보고해야 한다.
법령 적용 범위	제국 전역
관련 법령 통합·폐지 사항	종업자이동방지령시행규칙(1940년 11월 15일, 후생성령 제51호)
유사·파생 법령	

후생성령 제4호

1939년 4월 10일 공포

종업자고입제한령시행규칙

제1조 종업자고입제한령(이하 영이라 칭한다) 제2조의 인가를 받고자 하는 자는 양식 제1호에 따라 신청해야 한다. 단 영 제1조 제1호 또는 제3호의 종업자 고용에 있어서는 현재의 사용자, 동조 제2호 또는 제4호 종업자의 고용에 있어서는 종전 사용자에게 이의가 없는 경우는 인가를 받을 필요가 없다.

제2조 전조 규정에 따른 신청은 종업자를 사용하고자 하는 공장, 사업장 또는 사무소가 별도로 이를 해야 한다. 또한 그 공장, 사업장 또는 사무소 소재지(종업자를 사용하고자 하는 공장, 사업장 또는 사무소가 본령 시행지 외에 있을 때는 그 종업자의 현재지) 관할 직업소개소장을 경유해야 한다.

제3조 종업자의 고용 허가를 받고 또한 제1조 단서 규정에 따라 종업자 고용 허가를 받지 않고 종업자를 고용한 자는 고용한 월의 익월 말일까지 양식 제2호에 따라 전조 직업소개소장에게 그 뜻을 보고해야 한다.

제4조 영 제4조 제2항의 증표는 양식 제3호에 의하는 것으로 한다.

부칙

본령은 종업자고입제한령 시행일부터 이를 시행한다.

자료 75

공장취업시간제한령시행규칙	
구분	후생성령 제7호
법령명/건명	공장취업시간제한령시행규칙 工場就業時間制限令施行規則
제정·개정·결정·폐지 연월일	1939년 4월 19일 1943년 6월 16일 폐지(후생성령 제20호)
구성	7개 조항, 부칙 1개 조항
선행 규범·법령	공장취업시간제한령
원문 일부	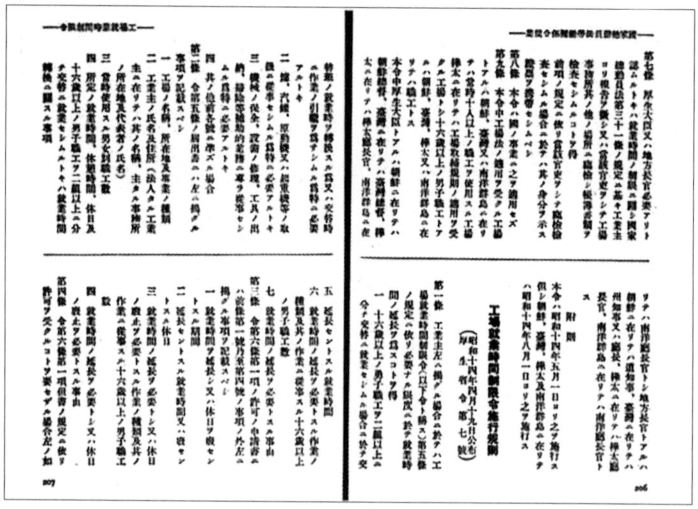 工場就業時間制限令施行規則 (昭和十四年四月十九日公布 厚生省令第七號) 第一條 工業主左ニ揭グル場合ニ於テハ工場就業時間制限令(以下令ト稱ス)第五條ノ規定ニ依リ必要ナル限度ニ於テ就業時間ノ延長ヲ爲スコトヲ得 一 十六歳以上ノ男子職工ヲ二組以上ニ分チ交替ニ就業セシムル場合ニ於テ交 附則 本令ハ昭和十四年五月一日ヨリ之ヲ施行ス 但シ朝鮮、臺灣、樺太及南洋群島ニ在リテハ昭和十四年八月一日ヨリ之ヲ施行ス
주요 내용 및 특징	○ 16세 이상 남자직공을 2교대로 취업시키는 경우 취업시간을 연장할 수 있다. ○ 「공장사업장관리령」에 의해 육군대신 또는 해군대신이 관리하는 공장에서 동령에 의거 작업시간을 연장할 때는 지방장관의 허가를 받을 필요가 없다.
법령 적용 범위	제국 전역
관련 법령 통합·폐지 사항	
유사·파생 법령	공장취업시간제한령시행규칙(1939년 7월 31일, 조선총독부령 제117호)

후생성령 제7호

1939년 4월 19일

공장취업시간제한령시행규칙

제1조 공장주는 아래에 열거하는 경우에 있어서는 공장취업시간제한령(이하 영이라 칭한다) 제5조 규정에 따라 필요한 한도에서 취업시간을 연장할 수 있다.

1. 16세 이상 남자직공을 2개조 이상으로 나누어 교대로 취업시킬 경우에 교대반 취업시간을 전환하기 위해 또는 교대시간에 작업을 계속하기 위해 특별히 필요할 때
2. 용광로, 기관, 원동기 또는 기중기 등 취급에 종사시키기 위해 특별히 필요할 때
3. 기계 보전, 설비 수리, 공구 출납, 청소 등 보조적인 업무에 당분간 종사시키기 위해 특별히 필요할 때
4. 기타 전 각호에 준하는 경우

제2조 영 제5조 신고서에는 아래에 열거하는 사항을 기재해야 한다.

1. 공장 명칭, 소재지 및 사업 종류
2. 공장주의 씨명 및 주소(법인인 공업주에 있어서는 그 명칭, 주요 사무소 소재지 및 대표자 씨명)
3. 상시 사용 중인 남녀별 직공 수
4. 소정의 취업시간, 휴게시간, 휴일 및 16세 이상 남자직공을 2개조 이상 나누어 교대로 취업시킬 때는 취업시간 전환에 관한 사항
5. 연장하고자 하는 취업시간
6. 취업시간 연장을 필요로 하는 작업 종류 및 그 작업에 종사하는 16세 이상 남자직공 수
7. 취업시간 연장을 필요로 하는 이유

제3조 영 제6조 제1항의 허가신청서에는 전조 제1호 내지 제4호 사항 외 아래에 열거하는 사항을 기재해야 한다.

1. 취업시간을 연장하거나 또는 휴일을 폐지하고자 하는 기간

2. 연장하고자 하는 취업시간 또는 폐지하고자 하는 휴일

3. 취업시간 연장을 필요로 하거나 또는 휴일 폐지를 필요로 하는 작업의 종류 및 기타 작업에 종사하는 16세 이상 남자직공 수

4. 취업시간 연장을 필요로 하거나 또는 휴일 폐지를 필요로 하는 사유

제4조 영 제6조 제1항 단서 규정에 따라 허가받을 필요가 없는 경우는 아래와 같다.

1. 재해사고 등으로 인해 긴급 조치를 필요로 할 때

2. 공장사업장관리령에 따라 육군대신 또는 해군대신이 관리하는 공장에서 동령에 의거 작업시간 연장을 명령할 때

제5조 영 제6조 제2항 신고서는 제2조 각호 사항 외 취업시간을 연장하고자 하는 기간을 기재해야 한다.

제6조 영 제6조 제3항의 신고서에는 제2조 제1호 내지 제4호 사항 외 아래에 열거하는 사항을 기재해야 한다.

1. 취업시간의 연장 또는 휴일을 폐지한 기간

2. 연장한 취업시간 또는 폐지한 휴일

3. 취업시간을 연장하거나 또는 휴일을 폐지한 작업 종류 및 그 작업에 종사한 16세 이상 남자직공 수

제7조 영 제7조 제2항 규정에 따른 증표는 별기 양식에 의한다.

부칙

본령은 1939년 5월 1일부터 이를 시행한다.

자료 76

1939년도노무동원실시계획강령	
구분	각의결정
법령명/건명	소화14년도노무동원실시계획강령 昭和14年度労務動員実施計画綱領
제정·개정·결정·폐지 연월일	1939년 7월 4일
구성	제5장, 35개조로 구성
선행 규범·법령	소화14년도 국가총동원 실시계획 설정에 관한 건
원문 일부	 外務大臣 内務大臣 大蔵大臣 陸軍大臣 海軍大臣 司法大臣 文部大臣 農林大臣 商工大臣 逓信大臣 鉄道大臣 拓務大臣 厚生大臣 内閣書記官長 内閣書記官 別紙企画院総裁上申 昭和十四年度労務動員実施計
주요 내용 및 특징	○ 각의결정 '소화14년도 국가총동원 실시계획 설정에 관한 건'(1938년 9월 13일)에 따른 후속조치로서 1939년도 노무동원 실시의 기준을 마련 ○ 노무동원의 공급원으로 조선인의 일본본토 동원을 계획, 1939년도에 8만 5,000명의 '집단이입'을 상정 ○「노동자모집취체규칙」에 입각한 '할당모집' 개시의 근거가 됨.
법령 적용 범위	
관련 법령 통합·폐지 사항	
유사·파생 법령	

각의결정

1939년 7월 4일

1939년도노무동원실시계획강령

제1장 총칙

제1 본 강령은 1938년 9월 13일 각의결정 「1939년도 국가총동원 실시계획 설정에 관한 건」에 근거하여 1939년 노무동원 실시의 기준으로 할 사항을 정하는 것으로 한다.

제2 본 강령은 장기전 태세하에서의 노동력의 기초를 배양함과 함께, 특히 다음에 열거하는 사항을 달성하는 것으로서 노무를 통제 운용함을 목적으로 한다.

1. 군수를 충족할 것
2. 생산력확충계획을 수행할 것
3. 수출을 부흥시킬 것
4. 국민생활의 필수품을 확보할 것

제3 각 청은 본 강령에 의거 신속하게 각 청 실시계획을 설정하여 이를 실시하는 것으로 한다.

만지 관계 제기관에 있어서는 본 강령의 취지에 준해 노무동원실시계획을 설정하여 각각 적절한 대책을 강구토록 조치하는 것으로 한다.

제1항의 각 청 실시계획 및 전항의 노무동원실시계획의 요령은 신속하게 이를 기획원에 제출하는 것으로 한다.

제4 노무동원 실시에 있어서 특히 중요 안건이 발생했을 때는 그 처리는 노무동원위원회에서 이를 조정하는 것으로 한다.

제2장 일반 노무자 수급조정 방책

제5 1939년도 일반 노무자 수급계획은 내지의 공업, 광업 및 교통업 노무자의 신규 수요를 기초로 하여, 이에 대한 공급력을 추측하여 설정하는 것으로 한다.

전항의 계획에 대해서는 만주 이민 등에 관한 수급도 고려하는 것으로 한다.

제6 전술한 수요 수는 다음 각호의 인원을 합산한 것으로 한다.

1. 군수산업, 생산력확충계획산업 및 그 부대산업, 수출 및 필수품산업 그리고 운수통신업의 수요 증가 수
2. 공업, 광업 및 운수통신업에서의 소모 충족에 필요한 수
3. 만주 이민 등

전항 수요 수는 부표 제1 및 제2와 같이 이를 예정하는 것으로 한다.

제7 전술한 수요는 다음 각호 급원에서 이를 충족하는 것으로 한다.

1. 1939년 3월 신규 소학교 졸업자
2. 물자동원계획 수행에 따른 이직자
3. 미취업자(도우미를 포함)
4. 농업 종사자
5. 상업, 기타 노무 절감 가능한 업무의 종사자
6. 여자 무직자
7. 이주 조선인

전항 각호 급원에서 공급해야 하는 목표 수는 부표 제3과 같이 이를 예정하는 것으로 한다.

제8 수급의 적합을 꾀하기 위해 취업 지도알선에 대해 더욱 적극적인 방법을 강구하는 것으로 하고, 특히 신규 소학교 졸업자, 기타 연소자의 취직에 대해 이를 통제 강화하는 것으로 한다.

제9 물자동원계획 수행에 따른 이직자, 기타 청장년자의 전직·취직에 대해서는 필요한 노무 충족에 이바지하기 위해 직업지도시설을 확충하는 등의 방책을 강구하는 것으로 한다.

제10 농촌에서 노무를 공출할 때는 농업 분야 청년 노동력의 급감 및 그 지방적인 편차 실정을 감안하여 공출을 계획하고, 동시에 지방의 노무행정기관과 경제갱생위원회 등과 연계를 더욱 긴밀하게 하도록 조치하는 것으로 한다.

농업 생산 확보를 위해서는 농업 노동력 조정계획을 설정하여 작업 및 시설의 협동

화, 집단적 이동노동, 근로봉사, 공동탁아, 공동취사, 기타 가사노동시설, 축력·기계력 이용의 확충 등 제 방책을 종합하여 노동력의 능률적인 이용을 꾀함과 동시에 농촌 및 도시 간 노동력의 계절적 조절을 실시하는 것으로 한다.

제11 상업, 기타에 있어서 비교적 노무 절감이 가능한 업무에 대해서는 경영개선 등의 방법으로 노무의 절감을 꾀하고, 특히 청년 남녀의 사용을 긴요로 하지 않는 것에 대해서는 국가총동원법 제6조 규정에 따라 이들 고용을 제한하여 기타 적당한 방책을 강구하는 것으로 한다.

제12 여자 노무에 관해서는 직장 선택에 대해 적절하게 지도하여 수출산업 등 특히 여자 노무를 필요로 하는 산업 수용에 충족하는 것을 제1로 하여, 미혼 불취업 여자에 대해 취업 장려를 적극적으로 펼치는 것으로 한다.

제13 조선인의 노동력 이입을 꾀하고, 적절한 방책하에 특히 노동력을 필요로 하는 사업에 종사시키는 것으로 한다.

제14 일반 노무자 부족으로 노무동원실시계획의 수행상 중대한 지장이 발생할 우려가 있을 경우에 이를 충족함에 있어서 다른 적당한 방책이 없을 때는 징용의 수단에 의하는 것으로 한다.

제15 외지에 관해서는 본 장 취지에 준해 일반 노무자 수급조정 방책을 수립하는 것으로 한다.

제3장 기술자 및 숙련노무자 수급조정 방책

제16 1939년도 기술자 수급계획은 대략 일·만·지를 통해 공업, 광업 및 교통업의 신규 수요를 기초로 하고 이에 대한 공급력을 추측하여 이를 설정하는 것으로 한다.

제17 전술한 수요 수는 다음 각호 인원수를 합산한 것으로 한다.

1. 일·만·지에서의 생산력확충계획 산업의 수요 증가 수
2. 일·만·지에서의 생산력확충계획 부대산업 및 군수산업의 수요 증가 수
3. 내지에서의 수출 및 필수품산업 그리고 운수통신업의 수요 증가 수
4. 일만지에서의 공업, 광업 및 운수통신업의 수요 증가 수

전항 수요 수는 부표 제4와 같이 이를 예정하는 것으로 한다.

제18 전술한 수요를 충당할 1939년 3월 신규 학교 졸업자 수는 부표 제5와 같이 이를 예정하는 것으로 한다.

제19 기술자 부족을 채우기 위해 불취업 기술자에 대해 조직적인 조사를 실시하여 그 취업 및 사용의 권장, 알선을 노력하는 것으로 한다.

제20 현행 검정제도를 확장 활용함과 동시에 특별한 기술 인정제도를 창설하여 기술자 보충의 길을 개척하는 것으로 한다.

제21 기술자의 능률적인 이용을 꾀하기 위해 다음 방책을 강구하는 것으로 한다.

1. 동일 계통 기업 간, 중소공장 간 등에 있어서 기술자의 융통 또는 공동이용을 행하도록 할 것.
2. 하청공장에 대한 원청공장의 기술 지도의 범위를 확대시킬 것.
3. 제품 및 제작방법의 단순화, 표준화 등을 촉진할 것.

제22 기술자 분포의 현황에 대해 조직적인 조사를 실시하여 그 배치를 적정화하기 위해 적극적으로 알선에 노력하는 것으로 한다.

제23 기술자 부족으로 노무동원실시계획 수행상 중대한 지장이 발생할 우려가 있을 경우에 이를 충족함에 있어서 다른 적당한 방책이 없을 때는 징용의 수단에 의하는 것으로 한다.

제24 숙련노무자의 부족이 현저한 현상을 감안하여 경험노무자에 대한 재교육시설을 확충하는 것으로 한다.

전항 외 숙련노무자 수급조정에 대해서는 대략 기술자의 경우에 준하여 조치하는 것으로 한다.

제25 광공업 관계의 기술자 및 숙련노무자, 토목건축 기술자, 의료관계자, 수의사, 고급선원, 무선통신사 등에 대해 계획적으로 양성하여 후년도 수요에 응하는 것으로 한다.

제4장 노동력의 배양 및 능률증진 방책

제26 노무자의 정신 단련 및 규율 훈련을 더욱 철저하게 함과 동시에 보건, 위생시설을 확충하고, 특히 청소년 노무자에 대해서는 체질강화를 통해 노동생산성 향상을 기하는 것으로 한다.

제27 재해방지에 철저를 기하기 위해 노동 과중의 억제, 신입 노무자에 대한 안전교육 철저, 설비 개량 등 유효적절한 방책을 강구하는 것으로 한다.

제28 여자의 시국산업으로의 진출이 현저한 실정을 감안하여 특히 그 보호를 강화하기 위해 적당한 방책을 강구하는 것으로 한다.

제29 능률증진을 꾀하기 위해 작업 방법 및 설비 개선과 기능 공개, 경기, 표창 등 적절한 방책을 강구하는 것으로 한다.

제30 임금 통제를 실시함에 있어서는 노무동원의 견지에서 특히 다음 문제점에 유의하는 것으로 한다.

1. 노무자의 생활 항상성을 확보할 것.

2. 노동 생산성을 향상할 것.

3. 노무수급을 적정 원활하게 할 것.

제31 노무자에 대한 생활 쇄신운동을 더욱 철저히 하고, 특히 그 생활을 현실화하기 위해 유효적절한 방책을 강구하는 것으로 한다.

제32 노무자의 주택문제 및 교통문제는 노무동원 수행상 급거 그 해결을 꾀하는 것으로 하고 이와 관련하여 공장 이전, 신설 등 적당한 대책을 강구하는 것으로 한다.

제5장 노무동원 기구 기타

제33 노무동원계획 실시를 확보하고 그 운용을 원활하게 하기 위해 내지, 외지에 걸쳐 중앙 지방을 통해 노무행정기구를 정비 개선하는 것으로 한다.

제34 노무동원계획 수행에 협력시키기 위해 노무관리 기구를 정비시킴과 동시에 산업보국회의 확충을 꾀해 그 활동을 촉진하는 것으로 한다.

제35 노무동원의 기초자료를 정비하기 위해 다음 방책을 급속하게 실시하는 것으로 한다.

1. 특히 필요하다고 인정되는 노무자에 관해 등록 범위를 확장할 것.

2. 노무 수급에 관해 정기적으로 보고를 요청할 것.

3. 도시 및 농촌 모두 노무의 실정 및 급원을 정기적으로 조사할 것.

자료 77

국민징용령	
구분	칙령 제451호
법령명/건명	국민징용령 國民徵用令
제정 · 개정 · 결정 · 폐지 연월일	1939년 7월 7일 재가 1939년 7월 8일 공포 개정 : 1940년 10월 19일(칙령 제674호), 1941년 12월 16일(칙령 제1029호), 1942년 1월 27일(칙령 제38호), 1942년 11월 1일(칙령 제731호, 제781호), 1943년 7월 20일(칙령 제600호), 1943년 11월 1일(칙령 제855호), 1944년 2월 18일(칙령 제89호), 1944년 10월 21일(칙령 제600호), 1945년 1월 20일(칙령 제22호) 폐지 : 1945년 3월 5일
구성	26개 조항, 부칙 1개 조항
선행 규범 · 법령	국가총동원법 제4조
원문 일부	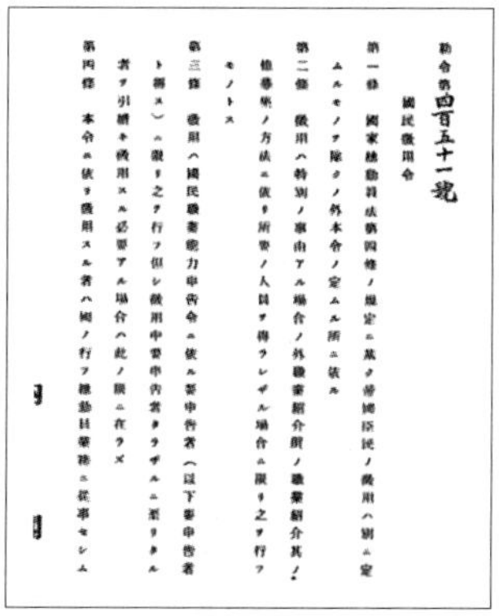 勅令第四百五十一號 國民徵用令 第一條 國家總動員法第四條ノ規定ニ基ク帝國臣民ノ徵用ハ別ニ定ムルモノヲ除クノ外本令ノ定ムル所ニ依ル 第二條 徵用ハ特別ノ事由アル場合ノ外職業紹介所ノ職業紹介其ノ他募集ノ方法ニ依リ所要ノ人員ヲ得ラレザル場合ニ限リ之ヲ行フモノトス 第三條 徵用ハ國民職業能力申告令ニ依ル要申告者（以下要申告者ト稱ス）ニ限リ之ヲ行フ但シ徵用中要申告者タラザルニ至リタル者ヲ引續キ徵用スル必要アル場合ハ此ノ限ニ在ラズ 第四條 本令ニ依リ徵用スル者ハ國ノ行フ總動員業務ニ從事セシム 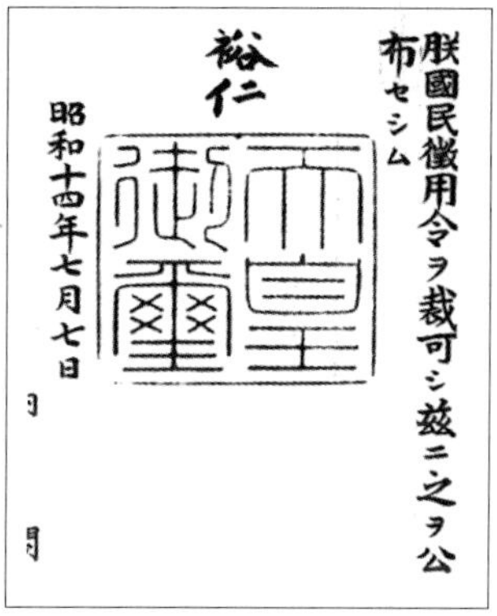 朕國民徵用令ヲ裁可シ茲ニ之ヲ公布セシム 裕仁 昭和十四年七月七日
주요 내용 및 특징	○ 징용은 당초 직업소개소의 소개, 기타 모집에 의해 소요 인력을 얻을 수 없는 경우에 한해서 시행하는 것으로 규정 ○ 그 후 국가 요청에 따라 제국신민을 총동원 업무에 종사시킬 필요가 있을 경우로 확대 ○ 징용의 대상자도 요신고자에 한해 실시하던 것을 명령이 정하는 바에 따라 요신고자 외의 제국신민으로 확대 ○ 피징용자를 사용하던 곳도 총동원 업무를 담당하던 관아 외 「공장사업장관리령」에 따른 관리공장, 후생대신이 지정하는 지정공장도 포함. ○ 피징용자 상이 또는 사망 시 피징용자 및 가족에게 부조를 실시
법령 적용 범위	제국 전역(조선은 9월 30일 시행규칙 공포 후 10월 1일 적용)
관련 법령 통합 · 폐지 사항	국민근로동원령(1945.3.5. 칙령 제94호)
유사 · 파생 법령	

칙령 제451호

1939년 7월 7일 재가

(1939년 7월 8일 공포)

국민징용령

제1조 국가총동원법 제4조 규정에 근거한 제국신민의 징용은 별도로 정하는 것을 제외하고 본령이 정하는 바에 따른다.

제2조 징용은 특별한 사유가 있는 경우를 제외하고 직업소개소의 직업소개, 기타 모집의 방법으로 소요 인력을 얻을 수 없는 경우에 한해 이를 시행하는 것으로 한다.

제3조 징용은 국민직업능력신고령에 따른 요신고자(이하 요신고자라 칭한다)에 한해 이를 시행한다. 단 징용 중 요신고자의 자격이 사라진 자를 계속하여 징용할 필요가 있을 경우는 이에 구애되지 않는다.

제4조 본령에 따라 징용하는 자는 국가가 시행하는 총동원 업무에 종사시키는 것으로 한다.

제5조 징용 및 징용해제는 후생대신의 명령에 따라 이를 실시한다.

제6조 총동원 업무를 시행하는 관아(육해군 부대 및 학교를 포함한다. 이하 마찬가지)의 소관대신은 징용에 의해 해당 관아에 인원배치가 필요하다고 인정한 때는 후생대신에게 이를 청구해야 한다.

제7조 후생대신은 전조 규정에 따른 청구가 있을 경우, 징용이 필요하다고 인정할 때는 징용명령을 내려 징용되어야 할 자의 거주지(국민직업능력신고령 제2조 제1호의 직업에 종사하는 자에 대해서는 그자의 취업지)를 관할하는 지방장관에게 이를 통달해야 한다.

지방장관은 징용명령의 통달을 받았을 때는 즉시 징용령서를 발급하여 징용될 자에게 이를 교부해야 한다.

제8조 징용령서에는 아래에 열거하는 사항을 기재해야 한다. 단 군기 보호상 특별히 필요할 때는 제3호에 열거하는 사항의 전부 또는 일부를 생략할 수 있다.

1. 징용되어야 할 자의 씨명, 출생 연월일, 본적, 거주 장소(국민직업능력신고령 제2조 제1호의 직업에 종사하는 자에 대해서는 취업 장소)
2. 종사해야 할 총동원 업무를 시행하는 관아의 명칭 및 소재지
3. 종사해야 할 총동원 업무, 직업 및 장소
4. 징용 기간
5. 출두해야 할 일시 및 장소
6. 기타 필요한 사항

제9조 지방장관은 징용되어야 할 자의 거주 및 취업 장소, 직업, 기능 정도, 신체 상태, 가정 상황, 희망 등을 참작하여 징용의 적부 그리고 종사해야 할 총동원 업무, 직업 및 장소를 결정하여 징용령서를 발부해야 한다.

제10조 지방장관은 징용의 적부, 기타를 판정하기 위해 필요할 때는 징용되어야 할 자에게 출두를 요구할 수 있다.

제11조 징용령서를 교부받은 자가 질병, 기타 피할 수 없는 사고로 인해 지정 일시 및 장소에 출두할 수 없는 경우는 명령이 정하는 바에 따라 지방장관에게 그 취지를 신고해야 한다.

전항 규정에 따라 신고가 있는 경우에 지방장관은 필요하다고 인정할 때는 출두 일시 혹은 장소를 변경하거나 또는 그자가 징용에 부적합하다고 인정할 때는 징용을 취소할 수 있다. 이 경우에는 출두변경령서 또는 징용취소령서를 발급하여 그자에게 이를 교부하여야 한다.

제12조 피징용자를 사용하는 관아의 소관대신은 피징용자가 종사할 총동원 업무, 직업 혹은 장소 또는 징용 기간에 대해 변경을 필요로 할 때는 후생대신에게 이를 청구해야 한다.

제13조 후생대신은 전조 규정에 따른 청구가 있을 경우에 필요하다고 인정할 때는 피징용자가 종사할 총동원 업무, 직업 혹은 장소 또는 징용 기간을 변경할 수 있다.

제14조 피징용자를 사용하는 관아의 소관대신은 피징용자가 질병, 기타 사유로 인해 총동원 업무 종사에 적합하지 않다고 인정할 때 또는 그자로 하여금 총동원 업무에 종사시킬 필요가 없어졌을 때는 후생대신에게 징용의 해제를 청구해야 한다.

피징용자가 질병, 기타 사유로 인해 총동원 업무에 종사하기 어려운 경우에는 피징용자를 사용하는 관아의 소관대신에게 그 내용을 신고할 수 있다.

제15조 후생대신은 전조 제1항 규정에 따른 청구가 있을 경우에는 징용을 해제할 수 있다.

후생대신은 필요하다고 인정할 때는 전조 제1항 규정에 따른 청구가 없는 경우라 할지라도 피징용자를 사용하는 관아의 소관대신과 협의하여 징용을 해제할 수 있다.

제16조 후생대신은 징용의 변경 또는 해제를 하고자 할 때는 징용변경명령 또는 징용해제명령을 내려 명령이 정한 바에 따라 피징용자의 취업지를 관할하는 지방장관, 징용령서를 발부한 지방장관 또는 제8조 제5호의 출두 장소를 관할하는 지방장관에게 이를 통달하여야 한다.

지방장관은 징용변경명령 또는 징용해제명령의 통달을 받았을 때는 즉시 징용변경령서 또는 징용해제령서를 발급하여 피징용자에게 이를 교부해야 한다.

피징용자는 본령 시행지 외 장소에서 취업하는 경우에 징용의 변경 또는 해제를 하고자 할 때는 전 2항의 규정에도 불구하고 후생대신이 징용변경령서 또는 징용해제령서를 발급하여 피징용자에게 이를 교부하여야 한다.

제17조 피징용자가 총동원 업무에 종사할 경우에는 그 총동원 업무를 시행하는 관아의 장의 지휘를 받아야 한다.

제18조 피징용자에 대한 급여는 그자의 기능 정도, 종사할 업무 및 장소 등에 따르고, 종전 급여, 기타 이에 준하는 수입을 참작하여 이를 지급한다.

피징용자에 대한 급여에 관해 필요한 사항은 피징용자를 사용하는 관아의 소관대신이 후생대신과 협의하여 이를 정한다.

제19조 징용되어야 할 자가 제10조 규정에 따라 출두하는 경우, 피징용자가 징용령서를 교부받아 지정 장소에 출두하는 경우, 또는 징용이 해제되어 귀향하는 경우에는 여비를 지급한다.

전항의 경우에 전대금이 없으면 출두할 수 없는 자의 여비는 그자의 거주지 시정촌 또는 이에 준하는 곳에서 일시 변통 지변해야 한다.

징용되어야 할 자가 제10조의 규정에 따라 출두할 경우의 여비 및 그 일시 변통 지변에 관해서 필요한 사항은 후생대신이 이를 정한다.

피징용자가 징용령서를 교부받아 지정 장소에 출두할 경우의 여비 및 그 일시 변통 지변 그리고 징용이 해제되어 귀향할 경우의 여비에 관해서 필요한 사항은 피징용자를 사용하는 관아의 소관대신이 후생대신과 협의하여 이를 정한다.

제20조 후생대신 또는 지방장관은 명령이 정하는 바에 따라 징용에 관해 국가총동원법 제31조 규정에 의거 보고를 요구할 수 있다.

후생대신 또는 지방장관은 징용에 관해 필요하다고 인정할 때는 국가총동원법 제31조 규정에 의거하여 해당 관리로 하여금 공장, 사업장, 기타 장소를 임검하여 업무 상황 또는 장부 서류, 기타 물건을 검사시킬 수 있다. 이 경우에는 해당 관리로 하여금 그 신분을 나타내는 증표를 휴대시켜야 한다.

제21조 아래 각호 하나에 해당하는 자는 이를 징용하지 않는다.

1. 육해군 군인으로 현역 중인 자(아직 입영하지 않은 자를 제외한다) 및 소집 중인 자(소집 중의 신분으로 취급되는 자를 포함한다)
2. 육해군 학생생도(해군예비연습생 및 해군예비보습생을 포함한다)
3. 육해군 군속(피징용자로서 이에 해당하게 된 자를 제외한다)
4. 의료관계자직업능력신고령에 따라 신고해야 할 자
5. 수의사직업능력신고령에 따라 신고해야 할 자
6. 선원법의 선원, 조선선원령의 선원 및 관동주선원령의 선원
7. 법령에 따라 구금 중인 자

제22조 아래 각호 하나에 해당하는 자는 특별히 필요한 경우를 제외하고 이를 징용하지 않는다.

1. 다른 사람으로 하여금 대신할 수 없는 직에 있는 관리, 대우관리 또는 공리
2. 제국의회, 도쿄도의회, 도부의회, 시정촌회, 기타 이에 준하는 곳의 의원
3. 총동원 업무에 종사하는 자로 다른 사람으로 하여금 대신할 수 없는 자

제23조 후생대신은 명령이 정하는 바에 따라 직업소개소장으로 하여금 징용에 관한 사무 일부를 분담시키거나 또는 시정촌장(도쿄시, 교토시, 오사카시, 나고야시, 요코하마시 및 고베시는 구장) 혹은 이에 준하는 자로 하여금 징용에 관한 사무를 보조하도록 할 수 있다.

시정촌장(도쿄시, 교토시, 오사카시, 나고야시, 요코하마시 및 고베시는 구장) 또는 이에 준하는

자는 전항의 규정에 따라 징용에 관한 사무를 집행하기 위해 필요한 비용은 시정촌 또는 이에 준하는 자에게 일시 변통 지변해야 한다.

전항의 비용 및 그 일시 변통 지변에 관해 필요한 사항은 후생대신이 이를 정한다.

第24조 후생대신은 본령 시행에 관한 중요사항에 대해 내각 총리대신과 협의해야 한다.

第25조 본령 중 후생대신이라 함은 조선, 대만, 화태 또는 남양군도에 있어서는 각 조선총독, 대만총독, 화태청장관 또는 남양청장관으로 하고, 총동원 업무를 수행하는 관아의 소관대신 또는 피징용자를 사용하는 관아의 소관대신이라 함은 그 관아의 소관대신이 육군대신 또는 해군대신인 경우를 제외하고, 조선, 대만, 화태 또는 남양군도에 있어서는 각 조선총독, 대만총독, 화태청장관 또는 남양청장관으로 한다.

본령 중 지방장관이라 함은 조선에 있어서는 도지사, 대만에 있어서는 주지사 또는 청장, 화태에 있어서는 화태청장관, 남양군도에 있어서는 남양청장관으로 하고 직업소개소장이라 함은 조선에 있어서는 부윤, 군수 또는 도사, 대만에 있어서는 시윤 또는 군수(호코청에 있어서는 청장), 화태에 있어서는 화태청지청장, 남양군도에 있어서는 남양청지청장으로 한다.

第26조 본령에서 규정하는 것 외 징용에 관해 필요한 사항은 명령으로 이를 정한다.

부칙

본령은 1939년 7월 15일부터 이를 시행한다. 단 조선, 대만, 화태 및 남양군도에 있어서는 1939년 10월 1일부터 이를 시행한다.

자료 78

국민징용령시행규칙	
구분	후생성령 제17호
법령명/건명	국민징용령시행규칙 國民徵用令施行規則
제정 · 개정 · 결정 · 폐지 연월일	1939년 7월 11일 개정 : 1940년 10월 19일(후생성령 제44호), 1941년 2월 1일(후생성령 제2호), 1941년 12월 16일(후생성령 제56호), 1942년 11월 1일(후생성령 제52호), 1943년 7월 31일(후생성령 제30호), 1943년 11월 1일(후생, 군수성령 제1호), 1944년 3월 1일(후생성령 제8호) 폐지 : 1945년 3월 8일(후생성, 군수성, 문부성령 제1호)
구성	15개 조항, 부칙 1개 조항
선행 규범 · 법령	국가총동원법 제4조, 국민징용령
원문 일부	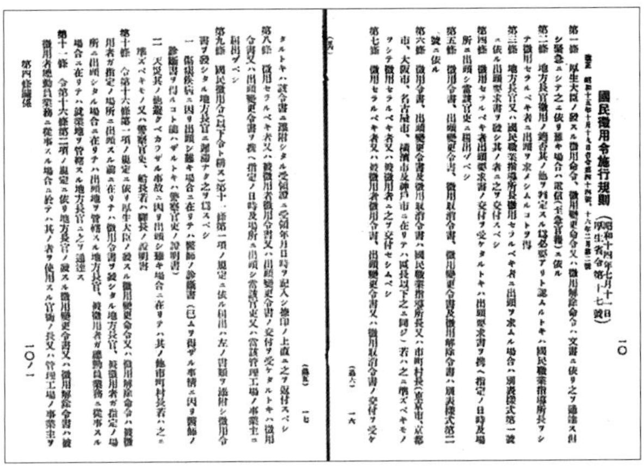
주요 내용 및 특징	○ 후생대신은 징용명령, 징용변경명령, 징용해제명령을 내릴 수 있으며, 이 경우 문서에 의해 통달한다. ○ 후생장관이 내리는 징용변경명령, 징용해제명령은 피징용자가 지정 장소에 출두하기 전에는 징용령서를 발급한 지방장관, 피징용자가 지정 장소에 출두한 경우에는 출두지 관할 지방장관, 피징용자가 총동원 업무에 종사 중인 경우에는 취업지 관할 지방장관이 통달한다. ○ 영서의 교부는 직업소개소장 또는 시정촌장(도쿄시, 교토시, 오사카시, 나고야시, 요코하마시, 고베시는 구청장)이 한다.
법령 적용 범위	제국 전역
관련 법령 통합 · 폐지 사항	
유사 · 파생 법령	국민징용령시행규칙(1939년 9월 30일, 조선총독부령 제164호)

후생성령 제17호

1939년 7월 11일

국민징용령시행규칙

제1조 후생대신이 내리는 징용명령, 징용변경명령 또는 징용해제명령은 문서에 의해 이를 통달한다. 단 긴급하여 이에 따르기 어려운 경우는 전신(지급관보)에 의한다.

제2조 지방장관은 징용의 적부 기타 판정을 위해 필요하다고 인정할 때는 직업소개소장으로 하여금 징용되어야 할 자에게 출두를 요구할 수 있다.

제3조 지방장관 또는 직업소개소장은 징용되어야 할 자에게 출두를 요청할 경우는 별표 양식 제1호에 따른 출두요구서를 발급하여 그자에게 이를 교부해야 한다.

제4조 징용되어야 할 자는 출두요구서를 교부받았을 때는 출두요구서를 지참하여 지정 일시 및 장소에 출두하여 해당 관리에게 신고하여야 한다.

제5조 징용령서, 출두변경령서, 징용취소령서, 징용변경령서 및 징용해제령서는 별표 양식 제2호에 의한다.

제6조 징용령서, 출두변경령서 및 징용취소령서는 직업소개소장 또는 시정촌장(도쿄시, 교토시, 오사카시, 나고야시, 요코하마시 및 고베시에 있어서는 구청장. 이하 마찬가지) 혹은 이에 준하는 자로 하여금 징용되어야 할 자 또는 피징용자에게 이를 교부하도록 해야 한다.

제7조 징용되어야 할 자 또는 피징용자는 징용령서, 출두변경령서 또는 징용취소령서를 교부받았을 때는 해당 영서에 첨부한 수령증에 수령 연월일, 일시를 기입하여 날인한 다음 즉시 이를 반송해야 한다.

제8조 징용되어야 할 자 또는 피징용자는 징용령서 또는 출두변경령서를 교부받았을 때는 징용령서 또는 출두변경령서를 지참하여 지정 일시 및 장소에 출두하여 해당 관리에게 신고해야 한다.

제9조 국민징용령(이하 영이라 칭한다) 제11조 제1항의 규정에 따른 신고는 아래 서류를 첨부하여 징용령서를 발급한 지방장관에게 지체 없이 이를 행해야 한다.

1. 상이 질병으로 출두하기 어려운 경우에는 의사 진단서(부득이한 사정으로 의사 진단서를 구할 수 없는 때는 경찰관리 증명서)

2. 천재, 기타 피할 수 없는 사고로 출두하기 어려운 경우에는 기타 시정촌장 혹은 이에 준하는 자 또는 경찰관리, 선장 혹은 역장의 증명서

제10조 영 제16조 제1항 규정에 따라 후생대신이 내리는 징용변경명령 또는 징용해제명령은 피징용자가 지정 장소에 출두하기 전에는 징용령서를 발급한 지방장관, 피징용자가 지정 장소에 출두한 경우에는 출두지를 관할하는 지방장관, 피징용자가 총동원 업무에 종사하는 경우에는 취업지를 관할하는 지방장관이 이를 통달한다.

제11조 영 제16조 제2항 규정에 따라 지방장관이 발급하는 징용변경명령서 또는 징용해제명령서는 피징용자가 총동원 업무에 종사하는 경우에는 그자를 사용하는 관아의 장을 경유하여 이를 교부해야 한다.

제12조 전조 규정은 영 제16조 제3항 규정에 따라 후생대신이 징용변경령서 또는 징용해제령서를 교부하는 경우에 이를 준용한다.

제13조 피징용자가 징용변경령서 또는 징용해제령서를 교부받았을 때는 해당 영서에 첨부한 수령증에 수령 연월일, 일시를 기입하여 날인한 다음, 즉시 이를 반송해야 한다.

제14조 후생대신 또는 지방장관은 필요하다고 판단할 때는 징용에 관하여 징용되어야 할 자 또는 그자를 사용하여 혹은 사용한 자로부터 보고를 요구할 수 있다.

전항 보고는 긴급히 필요한 경우, 또는 경미한 사항에 대해서는 직업소개소장이 이를 요구할 수 있다.

제15조 해당 관리는 영 제20조 제2항 규정에 따라 현장 조사하는 경우에는 별표 양식 제3호 증표를 지참해야 한다.

부칙

본령은 1939년 7월 15일부터 이를 시행한다.

자료 79

<table>
<tr><th colspan="2">조선인노동자내지이주문제</th></tr>
<tr><td>구분</td><td>방침, 통첩</td></tr>
<tr><td>법령명/건명</td><td>조선인노동자내지이주문제
朝鮮人勞動者內地移住問題</td></tr>
<tr><td>제정·개정·결정·폐지 연월일</td><td>1939년 8월</td></tr>
<tr><td>구성</td><td></td></tr>
<tr><td>선행 규범·법령</td><td></td></tr>
<tr><td>원문 일부</td><td>朝鮮人労働者内地移住問題
　本問題に関してかねてより本府と内地関係各省との間に種々折衝中なりしが、今般左記の通方針の決定を見、更に本方針実施に伴う鮮内募集並び渡航取扱要綱（左記）を定められ、それぞれ各道に詳細通牒せられたり。

(一)　朝鮮人労働者内地移住に関する方針（内地朝鮮共通）
一、募集により内地に移住せしむべき朝鮮人労働者の数は、毎年度労務動員計画に示さるる数を限度とすること。
二、朝鮮人労働者の内地移住については、いわゆる縁故雇入による移住の該当分の内募集雇入により移住を認むること。
三、募集による移住朝鮮人労働者は思想堅実、身元確実、身体強健にして、なるべく国語を解し所轄警察署長において内地渡航支障なしと認定したる者に限ること。
四、移住朝鮮人労働者の募集主は、乗船地所轄警察署長に朝鮮総督府令労働者募集取締規則による応募者名簿を提示し、渡航の査証を受くること。
五、募集による移住朝鮮人労働者は、すべてこれを時局産業（労務動員実施計画による産業をいふ）に従事せしむること。
六、募集による移住朝鮮人労働者は、産業の種類及性質により無期限移住者と期限付移住者との二種とすること。
七、朝鮮人労働者の処遇については、できうる限り内地人労働者とに間に、差別なからしむると共に、その福利施設についても十分考慮すること。
八、事業の縮小または中止終了等の場合における朝鮮人労働者の措置については、極力内地においてこれが転職の斡旋その他適当なる対策を講ずると共に、内地人同様帰郷、海外への移住等を奨励すること。
九、いわゆる縁故雇入による労働者の内地移住の取扱は従来通りとすること。
十、本要綱実施のため必要に応じ、内鮮労務調整協議会を設置すること。</td></tr>
<tr><td>주요 내용 및 특징</td><td>○ 모집에 의한 조선인 노무자는 사상견실, 신원확실, 신체 강건하고 관할경찰서장이 내지도항에 지장 없다고 인정한 자에 한함.
○ 모집에 의한 조선인 노무자 수는 매년도 노무동원계획에 의한 인원에 한할 것
○ 조선인 노무자는 한해 지역에 한할 것
○ 조선인 노무자를 동원하는 회사는 시국산업(노무동원계획에 의한 산업)에 한할 것
○ 도항은 집단적으로 행할 것</td></tr>
<tr><td>법령 적용 범위</td><td></td></tr>
<tr><td>관련 법령 통합·폐지 사항</td><td></td></tr>
<tr><td>유사·파생 법령</td><td></td></tr>
</table>

조선인노동자내지이주문제

조선인노동자내지이주에 관한 방침

1. 모집에 의해 내지에 이주시킬 조선인 노동자 수는 매년도 노무동원계획에 명시되는 수를 한도로 할 것.
2. 조선인 노동자의 내지 이주에 대해서는 이른바 연고고입에 의한 이주 외 당분간 모집고입에 의한 이주를 인정할 것.
3. 모집에 의한 이주 조선인 노동자는 사상견실, 신원확실, 신체 강건하고 가능한 한 국어가 가능하여 관할 경찰서장이 내지도항에 지장 없다고 인정한 자에 한할 것.
4. 이주 조선인 노동자의 모집주는 승선지 관할 경찰서장에게 조선총독부령 노동자모집취체규칙에 따른 응모자 명부를 제시하여 도항 사증을 받을 것.
5. 모집에 의한 이주 조선인 노동자는 전원 시국산업(노무동원실시계획에 의한 산업을 말함)에 종사시킬 것.
6. 모집에 의한 이주 조선인 노동자는 산업 종류 및 성질에 따라 무기한 이주자와 기한 이주자의 두 종류로 할 것.
7. 조선인 노동자의 처우에 대해서는 가능한 한 내지인 노동자 간에 차별 없도록 함과 동시에 그 복리시설에 대해서도 충분히 고려할 것.
8. 사업 축소 또는 중지, 종료 등의 경우 조선인 노동자 조치에 대해서는 극력 내지에서 전직 알선, 기타 적당한 대책을 강구함과 동시에 내지인과 마찬가지로 귀향, 해외 이주 등을 장려할 것.
9. 이른바 연고고입에 의한 노동자의 내지 이주에 대한 취급은 종래대로 할 것.
10. 본 요강 실시를 위해 필요에 따라 내선노무조정협의회를 설치할 것.

조선인 노동자 모집 및 도항 취급 요강

제1 모집

1. 조선인 노동자 내지 이주방침, 동 모집요강에 의거한 조선인 노동자의 조선 내 모집은 전원 다이쇼7년(1918년) 1월 부령 제6호에 따른 노동자모집취체규칙에 의거하여 사전에 총독 또는 도지사의 허가를 필요로 하는 것으로 한다.
2. 모집 취급에 대해서는 내지에 있어서의 노무동원의 긴급성을 감안하여 가능한 한 신속하게 이를 취급할 필요가 있으므로 아래에 의할 것.
    (1) 동 규칙 제1조에 의거한 소정의 원서는 규칙 제10조에 의한 관할 경찰서장 경유의 규정에도 불구하고 직접 모집지 관할 도지사(모집 구역이 2개 도에 걸친 경우에는 주요 도지사)에게 정 · 부본 5통을 제출하도록 할 것.
    (2) 도에서는 전기 원서를 수립하여 모집 구역이 그 도내에 한할 경우는 원서 부본 2통을, 모집 구역이 2개 도에 걸친 경우에는 원서 정 · 부본 3통을 수리함과 동시에 즉시 본 부에 제출할 것.
3. 내지 청 · 부 · 현 모집고용에 관한 승인은 청 · 부 · 현이 직접 본 부에 통보가 있을 것이므로 본 부 및 도에서는 아래와 같이 취급하는 것으로 한다.
    (1) 모집 구역이 2개 도 이상 걸쳐 있는 것에 대해서는 전기 2의 (2)에 의거, 도는 원서를 본 부에 제출 후 상당히 신속하게 거부에 관한 의견을 추보(원서 부본 1통을 추가로 첨부)하고, 본 부는 그 내용을 심사하여 지장 없다고 인정하고 또 내지 청 · 부 · 현으로부터 모집고용을 승인한다는 취지의 통보가 있는 것에 대해 모집허가를 내고, 그 내용을 관계 도에 통첩하는 것으로 한다.
    (2) 모집 구역이 1개 도내에 한한 것에 대해서는 본 부는 전기 내지 청 · 부 · 현의 모집고용 승인의 통보를 해당 도에 즉시 이첩하고, 도는 이첩을 기다린 후 가부의견을 달아(원서 부본 1통을 추가로 첨부) 본 부에 확인을 받을 것.
4. 모집자 및 모집 종업자에 대해서는 규칙 각 취체조항을 엄수하도록 할 것.
5. 노동자는 주로 한해지(경기 · 충청남북 · 전라남북 · 경상남북) 이재민을 당분간 모집하도록 할 것.

6. 모집자 또는 모집 종사자는 모집한 조선인 노동자 명부(본적, 주소, 직업, 씨명, 연령을 기재할 것)를 모집지 관할 경찰서장에게 제출하고, 동 서장이 '사상견실, 신원확실, 신체 강건하고 가능한 한 국어가 가능하여 내지도항에 지장 없음'으로 인정된 자를 도항시킬 것.
7. 모집자가 의사의 신체검사를 희망하는 경우에 대해서는 모집자 비용으로 공공의 또는 적당한 의사를 지정하여 경찰관 입회하에 실시하도록 할 것.

제2 도항

1. 도항에 대해서는 집단적으로 이를 행하게 하고 모집자 또는 책임 있는 대리자로 하여금 이를 인솔시키며, 경우에 따라서는 분대(또는 반)를 편성하여 책임자를 정해 둘 것.
2. 응모자의 피부양 가족은 훈련기간 중(도항 후 3개월)은 도항시키지 않을 것.
3. 모집자로부터 도항 출발 전 규칙 제5조에 따른 응모자 명부 및 응모자 수송 방법을 기재한 신청서 2통을 모집지 관할 경찰서장에게 제출토록 하고, 동 서장은 응모자를 조사하여 인정자 이외의 사람이 없는지 또는 고용계약 사항이 출원 시 제출한 계약서 안과 일치하는지의 여부, 휴대품 중 위험물품이 없는지 수송상 지장이 없는지 등에 주의할 것.
   지장 없을 때는 전기 명부 및 신청서 각 1통 말미에 모집지 관할 경찰서장이 '오른쪽대로 틀림없음'이라고 간기한 사증을 작성하여, 즉시 승선지 소관 경찰서장에게 송부 연락할 것.
4. 응모자가 내지를 향해 도항하고자 할 때는 그 출발 전에 도항 후의 주의사항 별지(갑)를 모집지 관할 경찰서장이 엄중하게 주의해 둘 것.
5. 모집에 따른 도항 노동자는 개인별 도항 소개장이 필요 없을 것.
6. 응모자의 피부양 가족으로서 응모자의 훈련기간(도항 후 3개월) 경과 후 내지도항원에 대해서는 별지양식(을)에 따라 피부양 가족 도항소개장을 신속하게 발급하여 도항시킬 것.
7. 모집자가 응모자를 내지를 향해 도항시키고자 할 때는 수송 방법 및 승선지명, 승선인원, 출발기일, 시간을 예정하여 응모자 명부 2통 및 모집허가 사진을 첨부하여 출발기일 3일전까지 승선지 관할 경찰서장에게 신고하도록 할 것.
   승선지 또는 출발기일, 시간을 변경했을 때도 마찬가지이다.
8. 승선지 관할 경찰서장은 전항 신고에 따라 사전에 수송상 지장 없는지의 여부를 조사하

고 또한 도항 시에는 응모자 중 명부기재 이외의 사람이 없는지, 요경계 인물의 혼입은 없는지, 휴대품 중 위험물품은 없는지, 기타 경찰상 필요사항을 조사하여 지장 없을 때는 앞의 명부 중 1통 말미에 '오른쪽대로 이상 없음'을 간기한 사증을 작성하여, 인솔책임자에게 교부하여 승선시킬 것.

9. 모집자 중 임대선박으로 응모자를 수송하고자 하는 자는 미리 그 선박에 의한 수송 방법의 상세를 승선지 관할 경찰서장에게 신고할 것.

   승선지 관할 경찰서장은 전항의 신고에 따라 수송에 의한 지장 유무를 사전에 충분히 조사하여 지장 없는 자에 대해 수송을 인정할 것.

제3 통보 연락

노동자의 모집 및 도항에 대해서는 조선 내 모집지 수송 경과지 및 승선지 각 관할 도 간, 앞의 각 관할 경찰서 간 그리고 승선지 관할 경찰서와 내지에서의 하선지, 취업지 각 관할 청·부·현 및 각 관할 경찰 간의 연락을 충분하게 시킬 것.

별지(갑)

응모노동자 내지도항 후 주의사항

1. 시국산업에 종사함으로써 국가에 공헌하고자 하는 자임을 인식하여 그 책임의 중대함을 자각하고 솔선하여 내선일체 촉진에 노력할 것.
2. 내지도항 후는 소정의 훈련소에 입소하여 훈련받을 것.
3. 직장 변경은 무분별하게 하지 말 것.
4. 협화회에 가입하여 그 회원증을 소지할 것.
5. 주소를 변경했을 때는 5일 이내 협화회에 신고할 것.
6. 기혼자라 하더라도 훈련 중에는 처자를 부를 수 없도록 할 것.
7. 내지 생활풍습에 순응하여 내지인이 혐오하는 행위를 하지 말 것.
8. 언어는 가능한 한 빨리 국어를 습득하여 사용할 것.

9. 임금은 생활비에 필요한 액수 이외는 이를 저축할 것.

10. 공조, 공과, 임대료 등의 체납은 반드시 있어서는 안 될 것.

11. 학령에 달한 자녀는 반드시 취학시킬 것.

12. 기타 협화회 간부, 경찰관 및 직업소개소 직원의 지시에 복종할 것.

조선인 노동자 모집 요강

제1 방침

조선인 노동자를 모집에 의해 조선에서 내지로 이주시켜 사용하는 사업은 시국산업(노무동원실시계획에 따른 산업을 말함)에 한하는 것으로 하고, 그 취급은 무릇 본 요강에 따르는 것으로 한다.

제2 심의

1. 조선에서 노동자를 모집고용하고자 하는 고용주는 다음 사항을 기재한 조선인 노동자 모집고용원 정본·부본 5통을 취업지를 관할하는 직업소개소를 경유하여 지방장관에 제출하는 것으로 한다,
    (1) 모집하고자 하는 자의 본적, 주소, 씨명, 연령, 법인인 경우는 그 명부, 주요 사업소 소재지 및 이사, 기타 법인의 업무를 집행하는 임원의 씨명
    (2) 조선인 노동자를 모집하고자 하는 이유(사업 번망의 사정, 노동자 부족 상황과 그 대책으로 취한 방법, 내지 노동자를 모집하여 소기 목적을 달성하지 못하는 사정 등 상세)
    (3) 이주 노동자가 종사하는 사업의 종류와 사업장 주소지 및 명부
    (4) 이주 노동자가 종사하는 사업에 현재 종사하는 종업자 수(성별 및 내지인·조선인 별)
    (5) 이주 노동자가 종사하는 작업의 내용
    (6) 이주 노동자의 수(독신자 가족 특별 희망자 수)

(7) 조선에서의 모집 구역 및 모집 기간과 모집 방법

(8) 인솔 및 보호 방법

(9) 이주 노동자의 취업시간, 휴게시간, 휴일 및 야간작업에 관한 사항

(10) 임금, 기타 급여 및 그 지급 방법과 회료(賄料), 입욕료, 침구와 기타 일상생활에 필요한 비용의 부담 방법

(11) 제재 규정이 있는 경우 그에 관한 사항

(12) 주택 및 훈련소 설비 상황

(13) 복리시설 및 보도 방법

(14) 고용기간 및 해고에 관한 사항과 귀향 여비 부담 방법

(15) 부상 · 질병 또는 사망의 경우에 있어서의 부조구제 방법과 부모형제, 그 밖의 자의 왕복에 필요한 여비 부담 방법

2. 전항 원서를 수리한 직업소개소는 그 내용을 심사하여 관계 경찰서에 부본 1통을 송부하여 협의하여 지장 없다고 인정하고, 나아가 내지노동자로는 요원을 충족하기 곤란하다고 인정할 때는 보충서류를 붙여 정본 · 부본 3통을 청 · 부 · 현에 제출하는 것으로 한다.

3. 청 · 부 · 현에서는 외무부는 노무수급조정 및 협화사업의 견지에서, 경찰부는 보안의 견지에서 각각 이를 심사하여 지장 없다고 인정할 때는 갱정성(更正省)에 품의한 다음 모집 고용을 승인하는 것으로 하고, 동시에 조선총독부에 원서 부본 1통을 첨부하여 그 내용을 통보하는 것으로 한다.

4. 지방장관은 필요하다고 인정할 때는 이주 조선인의 보호를 위해 소정의 서약서를 징구하거나 또는 필요한 금액을 고용주로 하여금 공탁시킬 수 있는 것으로 한다.

제3 도항

1. 모집에 따른 이주 조선인 노동자는 사상견실, 신원확실, 신체 강건하고 국어가 가능하며 조선의 거주지를 관할하는 경찰서장이 내지도항에 지장 없다고 인정한 자에 한하는 것으로 한다.

2. 도항에 대해서는 따뜻한 봄에 시행하도록 하고, 반드시 고용주 또는 그 책임 있는 대리

자로 하여금 인솔하게 하는 것으로 하고, 이주할 조선인의 거주지에서 취업지까지의 도항비용은 고용주로 하여금 부담시키는 것으로 한다.

3. 고용주 또는 인솔자는 승선지 관할 경찰서장에게 조선총독부령 노동자모집취체규칙에 따른 응모자 명부를 제시하여 도항 사증을 받는 것으로 한다.
4. 고용주 또는 인솔자는 미리 이주 조선인 명부를 하선지 및 취업지를 관할하는 각 경찰서장 · 직업소개소장 및 관계 협화사업단체에 각각 제출해 두는 것으로 한다.
5. 내지 하선지 및 취업지를 관할하는 경찰서 및 직업소개소는 조선의 승선지를 관할하는 경찰서와 도항에 관해 충분하게 연락을 취하는 것으로 한다.
6. 내지 하선지 및 취업지를 관할하는 경찰서, 직업소개소 및 관계 협화사업단체는 밀접한 연락을 취해 이주에 관해 필요한 보호 방법을 강구하는 것으로 한다.

제4 도착 후의 조치

1. 이주 조선인이 취업지에 도착했을 때는 고용주는 그 취업지를 관할하는 경찰서장, 직업소개소장 및 관계 협화사업단체에 이주 노동자의 본적, 씨명, 연령 및 그 가족의 씨명, 관계 및 연령을 보고하는 것으로 한다.
2. 이주 조선인에 대해서는 고용주는 그 취업지를 관할하는 경찰서 · 직업소개소 및 관계 협화사업단체의 지시에 따르며 특히 작업지도, 훈련, 생활보도, 기타 보호 방법을 강구하는 것으로 한다.
3. 고용주는 이주 조선인의 이동, 중대한 부상, 질병 또는 사망 등의 사실에 대해 그 사정을 즉각 취업지를 관할하는 경찰서장 · 직업소개소장 및 관계 협화사업단체에 보고하는 것으로 하고, 해고에 대해서는 경찰서장의 승인을 요하는 것으로 한다.
4. 고용주는 매월 말 현재로 이주 조선인의 노동상황, 임금상태, 생활상황을 지방장관에게 보고하는 것으로 한다.
5. 이주 조선인에 대해서는 관계 협화사업단체에서 즉시 회원증을 교부하여 이를 상시 휴대하게 하는 것으로 한다.

   회원증 기재사항 및 교부 수속에 대해서는 별도로 관계 협화사업단체에서 이를 정하는 것으로 한다.

6. 고용주가 관계 관청이 지시하는 바에 위배했을 때는 사정에 따라 금후 조선인 노동자의 신규모집을 인정하지 않을 수 있는 것으로 한다.

자료 80

청소년고입제한령	
구분	칙령 제36호
법령명/건명	청소년고입제한령 青少年雇入制限令
제정 · 개정 · 결정 · 폐지 연월일	1940년 1월 31일
구성	13개 조항, 부칙 3개 조항
선행 규범 · 법령	국가총동원법 제6조
원문 일부	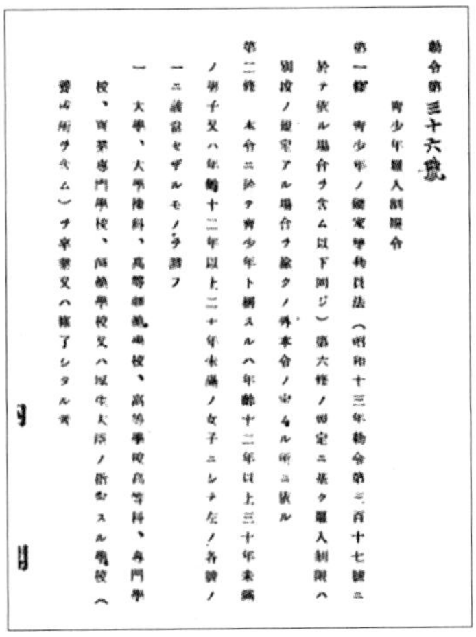 勅令第三十六號 青少年雇入制限令 第一條 青少年ノ國家總動員法（昭和十三年勅令第三百十七號ニ於テ依ル場合ヲ含ム以下同ジ）第六條ノ規定ニ基ク雇入制限ハ別段ノ規定アル場合ヲ除クノ外本令ノ定ムル所ニ依ル 第二條 本令ニ於テ青少年ト稱スルハ年齢十二年以上三十年未滿ノ男子又ハ年齢十二年以上二十年未滿ノ女子ニシテ左ノ各號ノ一ニ該當セザルモノヲ謂フ 一 大學、大學豫科、高等師範學校、高等學校高等科、專門學校、實業專門學校、師範學校又ハ厚生大臣ノ指定スル學校（養成所ヲ含ム）ヲ卒業又ハ修了シタル者 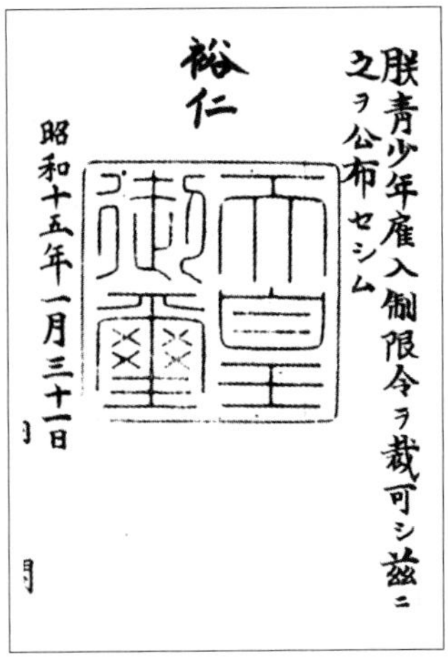 朕青少年雇入制限令ヲ裁可シ茲ニ之ヲ公布セシム 裕仁 昭和十五年一月三十一日
주요 내용 및 특징	○ 청소년 고용제한에 관한 사항은 본령에 따른다. ○ 청소년이라 함은 12세 이상~30세 미만의 남자, 12세 이상~20세 미만의 여자를 말한다. ○ 본령에서 정하는 청소년 고용제한은 선원, 농업, 임업, 양식사업, 축산업, 양잠업, 수산업에는 적용하지 않는다. ○ 조선, 대만, 화태 및 남양군도의 여자청소년 고용에는 적용하지 않는다.
법령 적용 범위	제국 전역(조선은 1940년 9월 1일부터 시행)
관련 법령 통합 · 폐지 사항	노무조정령(1941년 12월 6일, 칙령 제1063호)
유사 · 파생 법령	

칙령 제36호

1940년 1월 31일

청소년고입제한령

제1조 국가총동원법(1938년 칙령 제317호에 의한 경우를 포함. 이하 마찬가지) 제6조 규정에 의거 청소년의 고용제한은 별도 규정이 있는 경우를 제외하고, 본령이 정하는 바에 따른다.

제2조 본령에서 청소년이라 함은 연령 12세 이상 30세 미만의 남자 또는 연령 12세 이상 20세 미만의 여자로 아래 각호의 하나에 해당하지 않는 자를 말한다.

1. 대학, 대학예과, 고등사범학교, 고등학교 고등과, 전문학교, 실업전문학교, 사범학교 또는 후생대신이 지정하는 학교(양성소를 포함)를 졸업 또는 수료한 자
2. 학교졸업자사용제한령 제1조 졸업자로서 전호에 해당되지 않는 자
3. 후생대신이 지정하는 검정 혹은 시험에 합격한 자 또는 후생대신이 지정하는 면허를 취득한 자
4. 기타 후생대신이 지정하는 자

제3조 남자인 청소년(이하 남자청소년이라 칭한다)은 아래 각호의 하나에 해당하는 경우를 제외하고 이를 고용할 수 없다.

1. 남자청소년 고용인원이 명령이 정하는 인원을 충당하지 않은 경우 그 인원이 충당될 때까지 이를 고용할 경우.
2. 후생대신이 지정하는 사업을 운영하는 자가 그 사업에 사용할 남자청소년 고용에 대해 명령이 정하는 바에 따라 지방장관의 허가를 받은 경우.
3. 남자청소년을 고용할 수 있는 총원에 대해 명령이 정하는 바에 따라 직업소개소장의 허가를 받은 경우에 그 인원수를 충당할 때까지 이를 고용하는 경우.
4. 입영(응소의 경우를 포함. 이하 마찬가지)을 명령받은 청소년을 해고한 경우, 또는 고용하는 청소년이 입영 중 고용기간이 만료하여 그 청소년이 퇴영(입영 시 실시한 신체검사 결과 귀향을 명령받은 경우를 포함)한 날로부터 3개월 이내에 재차 이를 고용할 경우.

5. 기타 명령으로 정하는 경우.

제4조 여자인 청소년(이하 여자청소년이라 칭한다)은 아래 각호의 하나에 해당하는 경우를 제외하고 후생대신이 지정하는 업무(이하 지정업무라 칭한다)에 사용하기 위해 이를 고용할 수 없다.

1. 지정업무에 사용하는 여자청소년의 고용원 수가 명령으로 정하는 인원수를 충당하지 않는 경우에 그 인원수를 충당할 때까지 고용하는 경우.
2. 지정업무에 사용하는 여자청소년을 고용할 수 있는 총원에 대해 명령이 정하는 바에 따라 직업소개소장의 허가를 받은 경우에 그 인원을 충당할 때까지 이를 고용할 경우.
3. 기타 명령으로 정하는 경우.

제5조 지방장관은 제2조 제2호 인가신청에 대해 부정 또는 허위 사실이 있다고 인정할 때는 인가를 취소할 수 있다.

직업소개소장은 제3조 제3호 또는 전조 제2호의 인가신청에 대해 부정 또는 허위 사실이 있다고 인정할 때는 인가한 인원수를 감소하거나 또는 인가를 취소할 수 있다.

제6조 후생대신 또는 지방장관은 청소년 고용에 관해 감독상 필요한 명령을 내릴 수 있다.

제7조 후생대신, 지방장관 또는 직업소개소장은 명령이 정하는 바에 따라 청소년 고용에 관해 국가총동원법 제31조 규정에 의거 보고를 요구할 수 있다.

제8조 지방장관 또는 직업소개소장은 필요하다고 인정할 때 청소년 고용에 관해 국가총동원법 제31조 규정에 의거 해당 관리로 하여금 청소년을 고용한 자 또는 고용하고자 하는 자의 공장, 사업장, 사무소, 점포, 기타 장소에 임검하여 업무 상황 또는 장부, 서류를 검사시킬 수 있다.

전항 규정에 따라 해당 관리로 하여금 임검 검사를 시킬 경우에는 그 신분을 나타내는 증표를 휴대시켜야 한다.

제9조 연령 12세 미만의 자를 고용하여 계속해서 그자를 고용하는 경우의 본령 적용에 대해서는 그자가 연령 12세가 될 때 신규로 고용하는 자로 간주한다. 단 이 경우 명령이 정하는 바에 따라 신규 고용에 관해 본령 또는 본령에 의거하여 내리는 명령에 의한 인가신청이 있을 때는 그 신청에 대한 인가 또는 불인가 처분이 있을 때 새로 고

용하는 것으로 간주한다.

제10조 본령은 아래 각호의 하나에 해당하는 사업(명령으로 정하는 것을 제외)에 사용하기 위해 또는 선원으로 사용하기 위해 청소년을 고용하는 경우에는 이를 적용하지 않는다.

1. 토지 경작 또는 개간 또는 식물 재식, 재배, 채취 혹은 벌채 사업, 기타 농업 또는 임업
2. 동물 사육 또는 수산 동식물의 채포(採捕) 혹은 양식 사업, 기타 축산업, 양잠업 또는 수산업

제11조 본령은 국가, 도·부·현 그리고 시정촌 및 이에 준하는 것, 기타 명령으로 정하는 것의 청소년 고용에는 이를 적용하지 않는다.

제12조 본령은 조선, 대만, 화태 및 남양군도의 여자청소년 고용에는 이를 적용하지 않는다.

제13조 본령 중 후생대신이라 함은 조선에 있어서는 조선총독, 대만에 있어서는 대만총독, 화태에 있어서는 화태청장관, 남양군도에 있어서는 남양청장관으로 한다. 지방장관이라 함은 조선에 있어서는 도지사, 대만에 있어서는 주지사 또는 청장, 화태에 있어서는 화태청장관, 남양군도에 있어서는 남양청장관으로 한다. 직업소개소장이라 함은 조선에 있어서는 부윤, 군수 또는 도사, 대만에 있어서는 시윤 또는 군수(호코청은 청장), 화태에 있어서는 화태청지청장, 남양군도에 있어서는 남양청지청장으로 한다. 도·부·현이라 함은 조선에 있어서는 도, 대만에 있어서는 주 또는 청, 남양군도에 있어서는 남양군도지방비로 한다.

부칙

본령은 1940년 3월 1일부터 이를 시행한다.

단 조선, 대만, 화태, 남양군도에 있어서는 1940년 9월 1일부터 이를 시행한다.

본령 시행 시 현재 제3조 제2호 사업을 운영하는 자는 본령 시행 후 60일간에 한하여 동조 동호 인가를 받은 자로 간주한다.

제9조 규정은 본령 시행 전 연령 12세 미만의 자를 고용하여 계속해서 그자를 고용할 경우에는 이를 적용하지 않는다.

자료 81

청소년고입제한령시행규칙	
구분	후생성령 제2호
법령명/건명	청소년고입제한령시행규칙 青少年雇入制限令施行規則
제정·개정·결정·폐지 연월일	1940년 2월 15일
구성	본문 19 개조, 부칙 1개조
선행 규범·법령	국가총동원법 제6조, 청소년고입제한령
원문 일부	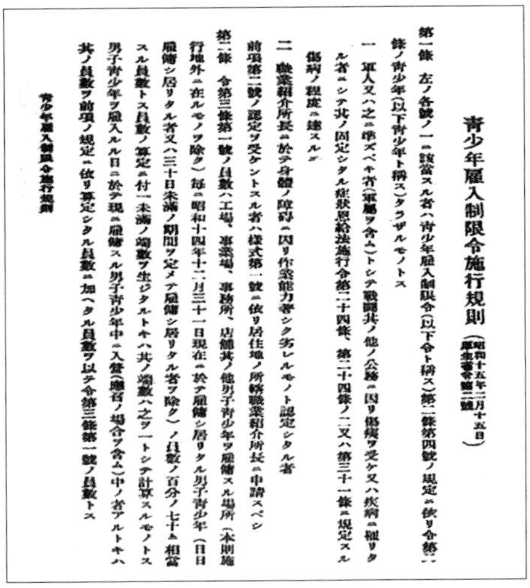 青少年雇入制限令施行規則（昭和十五年二月十五日 厚生省令第二號） 第一條　左ノ各號ノ一ニ該當スル者ハ青少年雇入制限令（以下令ト稱ス）第二條第四號ノ規定ニ依リ令第二 條ノ青少年（以下青少年ト稱ス）タラザルモノトス 一　軍人又ハ之ニ準ズベキ者（軍屬ヲ含ム）トシテ戰鬪其ノ他ノ公務ニ因リ傷痍ヲ受ケ又ハ疾病ニ罹リタ ル者ニシテ其ノ固定シタル症狀恩給法施行令第二十四條、第二十四條ノ二又ハ第三十一條ニ規定スル 傷病ノ程度ニ達スルモノ 二　職業紹介所長ニ於テ身體ノ障碍ニ因リ作業能力著シク劣レルモノト認定シタル者 前項第二號ノ認定ヲ受ケントスル者ハ樣式第一號ニ依リ居住地ノ所轄職業紹介所長ニ申請スベシ 第二條　令第三條第一號ノ員數ハ工場、事業場、事務所、店舖其ノ他男子青少年ヲ雇傭スル場所（本則施 行地外ニ在ルモノヲ除ク）毎ニ昭和十四年十二月三十一日現在ニ於テ雇傭シ居リタル男子青少年（日日 雇傭シ居リタル者又ハ三十日未滿ノ期間ヲ定メテ雇傭シ居リタル者ヲ除ク）ノ員數ノ百分ノ七十ニ相當 スル員數トス員數ノ算定ニ付一未滿ノ端數ヲ生ジタルトキハ其ノ端數ハ之ヲ一トシテ計算スルモノトス 男子青少年ヲ雇入ルル日ニ於テ現ニ雇傭スル男子青少年中ニ入營（應召ノ場合ヲ含ム）中ノ者アルトキハ 其ノ員數ヲ前項ノ規定ニ依リ算定シタル員數ニ加ヘタル員數ヲ以テ令第三條第一號ノ員數トス 青少年雇入制限令施行規則
주요 내용 및 특징	○ 상시 5인 이상의 남자청소년을 고용하는 자는 각 남자청소년을 고용하는 장소마다 청소년 고용명부를 비치하여 고용과 해고에 관한 사항을 기재해야 한다. 「공장법」과 「광업법」의 적용을 받는 사업장은 직공명부나 광부명부로 청소년 고용명부를 대신할 수 있다. 상시 여자청소년을 5인 이상 고용하는 자에게도 이를 준용한다. ○ 국가, 도·부·현, 시정촌 및 이에 준하는 곳 외 신사, 수리조합, 북해도 토공조합에는 본령을 적용하지 않는다. ○ 지방장관이나 직업소개소장에게 해야 하는 보고 또는 신청은 공장, 사업장, 사무소, 점포 등 청소년을 고용하는 장소마다 해야 한다.
법령 적용 범위	제국 전역
관련 법령 통합·폐지 사항	노무조정령시행규칙(1941년 12월 17일, 후생성령 베64호)
유사·파생 법령	청소년고입제한령시행규칙(1940년 8월 31일, 조선총독부령 제199호)

후생성령 제2호

1940년 2월 15일

청소년고입제한령시행규칙

제1조 아래 각호 하나에 해당하는 자는 청소년고입제한령(이하 영이라 칭한다) 제2조 제4호 규정에 따라 영 제2조의 청소년(이하 청소년이라 칭한다)이 아닌 것으로 한다.

1. 군인 또는 이에 준하는 자(군속을 포함한다)로서 전투, 기타 공무로 인해 상이를 입거나 또는 질병에 걸린 자로 그 공정된 증상이 은급법시행령 제24조, 제24조의 2 또는 제31조에 규정하는 상병 정도에 달한 자
2. 직업소개소장이 신체장애로 인해 작업능력이 현저하게 떨어지는 자로 인정한 자

전항 제2호의 인정을 받으려고 하는 자는 양식 제1호에 의해 거주지 관할 직업소개소장에게 신청해야 한다.

제2조 영 제3조 제1호의 인원수는 공장, 사업장, 사무소, 점포, 기타 남자청소년을 고용할 장소(본칙 시행지 외에 있는 자를 제외한다)마다 1939년 12월 31일 현재 고용하고 있는 남자청소년(하루 단위로 고용하고 있던 자 또는 30일 미만의 기간을 정해 고용하고 있던 자를 제외한다)의 인원수가 100분의 70에 상당하는 인원수로 한다. 인원수 산정에 대해 1미만의 단수가 생겼을 때는 그 단수는 이를 1로 하여 계산하는 것으로 한다.

남자청소년을 고용한 날이 현재 고용하는 남자청소년 중 입영(응소의 경우를 포함한다) 중인 자가 있을 때는 그 인원수를 전항 규정에 따라 산정한 인원수에 포함한 인원수로 영 제3조 제1호의 인원수로 한다.

제3조 영 제3조 제2호의 인가를 받고자 하는 자는 양식 제2호에 따라 공장, 사업장, 기타 남자청소년을 고용하는 장소 소재지 관할 직업소개소장을 경유하여 해당 장소 소재지 관할 지방장관에게 신청해야 한다. 단 공장, 사업장, 기타 남자청소년을 고용하는 장소가 본칙 시행지 내 외에 있을 때는 본칙 시행지 내의 주요 사무소 소재지(주요 사무소가 없는 경우는 주로 고용하는 지역) 관할 지방장관에게 신청해야 한다.

제4조 지방장관은 필요하다고 인정할 때 영 제3조 제2호의 인가에 기한 또는 조건을 부여할 수 있다.

제5조 영 제3조 제3호의 인가를 받고자 하는 자는 양식 제3호에 따라 공장, 사업장, 사무소, 점포, 기타 남자청소년을 고용하는 장소 소재지의 관할 직업소개소장에게 신청해야 한다.

제6조 직업소개소장은 필요하다고 인정할 때는 영 제3조 제3호의 인가에 기한 또는 조건을 부여할 수 있다.

제7조 영 제3조 제5호의 경우라 함은 아래 각호 하나에 해당하는 경우로 한다.

1. 하루 단위로 남자청소년을 고용하는 경우.
2. 30일 미만의 기간을 정해 남자청소년을 고용하는 경우.
3. 사업 경영, 기타 사유 때문에 특히 필요한 경우에 특정 남자청소년 고용에 대해 직업소개소장의 인가를 받은 경우.
4. 공장사업장관리령에 따라 육군대신 또는 해군대신이 관리하는 공장 또는 사업장에서 동령에 근거하여 인원 증가를 명령받은 경우.
5. 영업 양도, 기타 사유로 사업을 승계한 경우에 종전에 고용하고 있었던 남자청년을 계속하여 고용하는 경우.
6. 공장, 사업장, 사무소, 점포, 기타 남자청소년을 고용하는 장소가 본칙 시행지 외에 있는 경우로 남자청소년 고용인원수에 대해 후생대신 또는 지방장관의 허가를 받은 경우.

전항 제2호의 규정에 따라 고용한 남자청소년을 소정 기간을 넘어 계속해서 고용하고자 할 경우는 소정 기간이 만료할 때 그자를 새로 고용하는 것으로 간주한다.

제1항 제1호 규정에 따라 고용한 남자청소년을 30일을 넘어 계속해서 고용하는 경우, 또는 제2호에 해당하지 않는 것으로 한다.

제1항 제3호의 허가를 받고자 하는 자는 양식 제4호에 따라 고장, 사업장, 점포, 기타 남자청소년을 고용하는 장소 소재지의 관할 직업소개소장에게 신청해야 한다.

제1항 제6호의 허가를 받고자 하는 자는 양식 제5호에 따라 고용하는 지역이 2개 도·부·현 이상에 걸치고 또한 고용하고자 하는 남자청소년 인원수가 30인 이상인

경우에는 후생대신에게, 기타의 경우에는 고용하는 지역 관할 지방장관에게 신청해야 한다.

제8조 후생대신 또는 지방장관은 필요하다고 인정할 때는 전조 제1항 제6호의 허가에 기간 또는 조건을 부여할 수 있다.

제9조 영 제4조 제1호의 인원수는 여자청소년을 고용하는 장소(본칙 시행지 외에 있는 자를 제외한다)마다 1939년 12월 31일 현재 기준 제4조의 업무(이하 지정업무라고 칭한다)에 사용하기 위해 고용하고 있던 여자청소년 인원수의 100분의 70에 상당하는 인원수로 한다. 인원수 산정에 대해 1미만의 단수가 발생했을 때는 그 단수를 1로 계산으로 하는 것으로 한다.

제10조 영 제4조 제2호의 허가를 받고자 하는 자는 양식 제6호에 따라 여자청소년을 고용할 장소 소재지의 관할 직업소개소장에게 신청해야 한다.

제11조 영 제4조 제3호의 경우라 함은 아래 각호 하나에 해당하는 경우로 한다.

1. 영업 양도, 기타 사유로 사무의 계승이 있던 경우로 종전에 고용하고 있던 여자청소년을 계속해서 고용할 경우.
2. 여자청소년을 고용할 장소가 본칙 시행지 외에 있는 경우로 여자청소년의 고용인원수에 대해 직업소개소장의 허가를 받은 경우.

전항 제2호의 허가를 받고자 하는 자는 양식 제7호에 따라 고용할 지역 관할 직업소개소장에게 신청해야 한다.

제12조 제6조의 규정은 제7조 제1항 제3호, 전조 제2호 및 영 제4조 제2호의 허가에 대해 이를 준용한다.

제13조 고용주가 그 고용하는 청소년에 대해 공장, 사업장, 기타 청소년 사용 장소 간에 소속의 이동을 시행하는 경우에는 영 적용에 대해서는 나중에 사용하는 장소에서 그 자를 새로 고용하는 것으로 한다.

제14조 상시 5인 이상의 남자청소년을 고용하는 자는 공장, 사업장, 사무소, 점포, 기타 남자청소년을 고용하는 장소마다 양식 제8호에 따른 청소년 고용명부를 비치하여 남자청소년의 고용, 해고에 관한 사항을 기재해야 한다. 단 공장법 또는 광업법의 적용을 받는 사업에 사용하는 남자청소년에 대해서는 직공명부 또는 광부명부로

청소년 고용명부를 대신할 수 있다.

전항 규정은 지정 의무에 사용하는 여자청소년을 상시 5인 이상 고용하는 자에게도 이를 준용한다.

제15조 영 제7조 규정에 따른 보고는 청소년고용의 관계인으로부터 이를 요구한다.

제16조 영 제8조 제2항의 증표는 양식 제9호에 의한 것으로 한다.

제17조 영 제9조 단서의 허가를 받고자 하는 자는 연령 12세 미만에 고용된 자가 연령 12세를 넘는 날부터 이전 10일째가 될 때까지 신청해야 한다.

제18조 영 제11조의 규정에 따라 아래에 열거하는 곳의 청소년 고용에는 이를 적용하지 않는다.

1. 신사
2. 수리조합
3. 북해도 토공조합

제19조 지방장관 또는 직업소개소장에게 해야 하는 신청 또는 보고는 공장, 사업장, 사무소, 점포, 기타 청소년을 고용하는 장소마다 이를 해야 한다.

부칙

본칙은 청소년고입제한령 시행일부터 이를 시행한다.

자료 82

국민징용령 개정	
구분	칙령 제674호
법령명/건명	국민징용령 개정
제정 · 개정 · 결정 · 폐지 연월일	1940년 10월 19일
구성	26개 조항, 부칙 1개 조항
선행 규범 · 법령	국민징용령
원문 일부	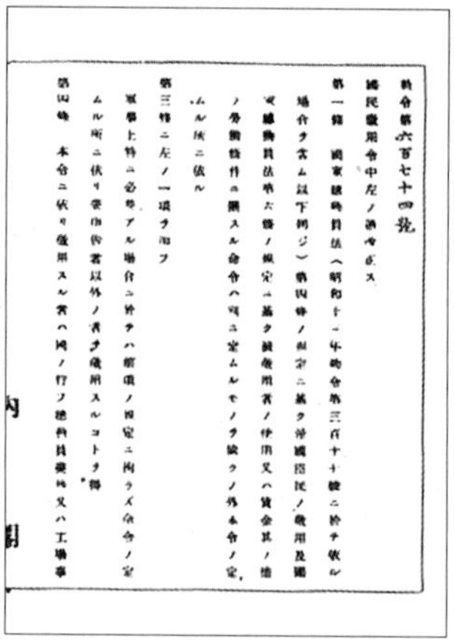 勅令第六百七十四號 國民徵用令中左ノ通改正ス 第一條 國家總動員法（[illegible]）第四條ノ規定ニ基ク帝國臣民ノ徵用及國家總動員法第六條ノ規定ニ基ク被徵用者ノ使用又ハ賃金其ノ他ノ勞働條件ニ關スル命令ハ別ニ定ムルモノヲ除クノ外本令ノ定ムル所ニ依ル 第三條ニ左ノ一項ヲ加フ 軍事上特ニ必要アル場合ニ於テハ前項ノ規定ニ拘ラズ命令ノ定ムル所ニ依リ要申告者以外ノ者ヲ徵用スルコトヲ得 第四條 本令ニ依リ徵用スル者ハ國ノ行フ總動員業務又ハ工場事 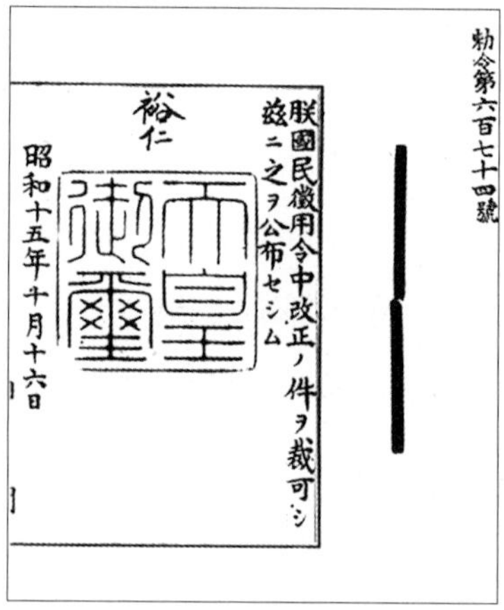 勅令第六百七十四號 朕國民徵用令中改正ノ件ヲ裁可シ茲ニ之ヲ公布セシム 裕仁 御璽 昭和十五年十月十六日
주요 내용 및 특징	○ 피징용 대상을 군사상 필요한 경우 요신고자 외의 자를 징용할 수 있도록 확대 ○ 정부가 관리하는 공장사업장에서도 총동원 업무에 종사시킬 수 있도록 함.
법령 적용 범위	제국 전역
관련 법령 통합 · 폐지 사항	
유사 · 파생 법령	

칙령 제674호

1940년 10월 19일

국민징용령 개정

1940년 10월 19일 개정(칙령 제674호)

밑줄: 1940.10.19 개정(칙령 제674호)

제1조 국가총동원법(1938년 칙령 제317호에 의한 경우를 포함한다. 이하 마찬가지) 제4조 규정에 근거한 제국신민의 징용 및 국가총동원법 제6조 규정에 근거한 피징용자 사용 또는 임금, 기타 노동조건에 관한 명령은 별도를 정하는 것을 제외하고 본령이 정하는 바에 따른다.

제2조 징용은 특별한 사유가 있는 경우를 제외하고, 직업소개소의 직업소개, 기타 모집의 방법으로 소요 인력을 얻을 수 없는 경우에 한해 이를 시행하는 것으로 한다.

제3조 징용은 국민직업능력신고령에 따른 요신고자(이하 요신고자라 칭한다)에 한해 이를 시행한다. 단 징용 중 요신고자의 자격이 사라진 자를 계속하여 징용할 필요가 있을 경우는 이에 구애되지 않는다.

군사상 특별히 필요한 경우에는 전항 규정에도 불구하고 명령이 정하는 바에 따라 요신고자 이외의 자를 징용할 수 있다.

제4조 본령에 따라 징용하는 자는 국가가 시행하는 총동원 업무 또는 공장사업장관리령에 따라 정부가 관리하는 공장사업장 기타 시설(이하 관리공장이라 칭한다)에서 시행하는 총동원 업무에 종사시키는 것으로 한다.

제5조 징용 및 징용해제는 후생대신의 명령에 따라 이를 실시한다.

제6조 총동원 업무를 시행하는 관아(육해군 부대 및 학교를 포함한다. 이하 마찬가지)의 소관대신 또는 관리공장의 사업주는 징용에 의해 인원배치가 필요할 때는 후생대신에게 이를 청구 또는 신청해야 한다.

전항 규정에 따라 관리공장 사업주가 하는 신청은 해당 관리공장을 관리하는 주무대신을 경유해야 한다.

제7조 후생대신은 전조 규정에 따른 청구 또는 신청이 있을 경우, 징용이 필요하다고 인정할 때는 징용명령을 내려 징용되어야 할 자의 거주지(국민직업능력신고령 제2조 제1호의 직업에 종사하는 자에 대해서는 그자의 취업지)를 관할하는 지방장관에게 이를 통달해야 한다.

징용되어야 할 자는 그 거주 장소(국민직업능력신고령 제2조 제1호 직업에 종사하는 경우에는 취업 장소)에 이동이 있어 국민직업능력신고령 제4조 제1항 후단 또는 제2항 규정에 따라 신고해야 할 경우에 전항 거주지(국민직업능력신고령 제2조 제1호의 직업에 종사라는 자에 대해서는 취업지)를 관할하는 지방장관이 달라질 때는 후생대신은 전항 규정에도 불구하고 전 거주지(국민직업능력신고령 제2조 제1호의 직업에 종사하는 자에 대해서는 취업지)를 관할하는 지방장관에게 징용명령을 통달해야 한다.

지방장관은 징용명령의 통달을 받았을 때는 즉시 징용령서를 발부하여 징용되어야 할 자에게 이를 교부해야 한다.

제8조 징용령서에는 아래에 열거하는 사항을 기재해야 한다. 단 군기 보호상 특별히 필요할 때는 제3호에 열거하는 사항의 전부 또는 일부를 생략할 수 있다.

1. 징용되어야 할 자의 씨명, 출생 연월일, 본적, 거주 장소(국민직업능력신고령 제2조 제1호의 직업에 종사하는 자에 대해서는 취업 장소)
2. 종사해야 할 총동원 업무를 시행하는 관아 또는 관리공장의 명칭 및 소재지
3. 종사해야 할 총동원 업무, 직업 및 장소
4. 징용 기간
5. 출두해야 할 일시 및 장소
6. 기타 필요한 사항

제9조 지방장관은 징용되어야 할 자의 거주 및 취업 장소, 직업, 기능 정도, 신체 상태, 가정 상황, 희망 등을 참작하여 징용 적부 그리고 종사해야 할 총동원 업무, 직업 및 장소를 결정하여 징용령서를 발부해야 한다.

제10조 지방장관은 징용 적부, 기타를 판정하기 위해 필요할 때는 징용되어야 할 자에게 출두를 요구할 수 있다.

제11조 징용령서를 교부받은 자가 질병, 기타 피할 수 없는 사고로 인해 지정 일시 및 장소

에 출두할 수 없는 경우는 명령이 정하는 바에 따라 지방장관에게 그 취지를 신고해야 한다.

전항 규정에 따라 신고가 있는 경우에 지방장관은 필요하다고 인정할 때는 출두 일시 혹은 장소를 변경하거나 또는 그자가 징용에 부적합하다고 인정할 때는 징용을 취소할 수 있다. 이 경우에는 출두변경령서 또는 징용취소령서를 발급하여 그자에게 이를 교부하여야 한다.

第12조 피징용자를 사용하는 관아의 소관대신 또는 관리공장의 사업주는 피징용자를 사용할 관아 혹은 관리공장, 피징용자가 종사할 총동원 업무, 직업 혹은 장소 또는 징용 기간에 대해 변경을 필요로 할 때는 후생대신에게 이를 청구 또는 신청해야 한다.

第13조 후생대신은 전조 규정에 따른 청구 또는 신청이 있을 경우에 필요하다고 인정할 때는 피징용자를 사용하는 관아 혹은 관리공장, 피징용자가 종사할 총동원 업무, 직업 혹은 장소 또는 징용 기간을 변경할 수 있다.

第14조 피징용자를 사용할 관아의 소관대신 또는 관리공장의 사업주는 피징용자가 질병, 기타 사유로 인해 총동원 업무 종사에 적합하지 않다고 인정할 때 또는 그자로 하여금 총동원 업무에 종사시킬 필요가 없어졌을 때는 후생대신에게 징용의 해제를 청구 또는 신청해야 한다.

피징용자가 질병, 기타 사유로 인해 총동원 업무에 종사하기 어려운 경우에는 관아에 사용되는 자는 해당 관아의 소관대신에게, 관리공장에 사용되는 자는 후생대신에게 그 내용을 신고할 수 있다.

第15조 후생대신은 전조 제1항 규정에 따른 청구 또는 신청이 있을 때는 징용을 해제할 수 있다.

후생대신은 필요하다고 인정할 때는 전조 제1항 규정에 따른 청구 또는 신청이 없는 경우라 할지라도 징용을 해제할 수 있다.

후생대신은 전항 규정에 따라 관아에서 사용 중인 자의 징용을 해제하고자 할 때는 해당 관아의 소관대신과 협의해야 한다.

第16조 후생대신은 징용의 변경 또는 해제를 하고자 할 때는 징용변경명령 또는 징용해제명령을 내려 명령이 정한 바에 따라 피징용자의 취업지를 관할하는 지방장관, 징용령서를 발부한 지방장관 또는 제8조 제5호의 출두 장소를 관할하는 지방장관에게 이를 통달하여야 한다.

지방장관은 징용변경명령 또는 징용해제명령의 통달을 받았을 때는 즉시 징용변경령서 또는 징용해제령서를 발급하여 피징용자에게 이를 교부해야 한다.

피징용자는 본령 시행지 외 장소에서 취업하는 경우에는 징용의 변경 또는 해제를 하고자 할 때는 전 2항의 규정에도 불구하고 후생대신이 징용변경령서 또는 징용해제령서를 발급하여 피징용자에게 이를 교부하여야 한다.

제17조 피징용자가 총동원 업무에 종사할 경우에는 관아에서 사용되는 자의 경우는 해당 관아의 장의 지휘를 받고 관리공장에서 사용되는 자에 있어서는 해당 관리공장 사업주의 지시에 따라야 한다.

제18조 피징용자에 대한 급여는 그자의 기능 정도, 종사할 업무 및 장소 등에 따르고 종전 급여, 기타 이에 준하는 수입을 참작하여 피징용자를 사용하는 관아의 장 또는 사업주가 이를 지급하는 것으로 한다.

피징용자에 대한 급여에 관해 필요한 사항은 관아에서 사용되는 자에 관해서는 해당 관아의 소관대신이 후생대신과 협의하여 이를 정하고, 관리공장에서 사용되는 자에 관해서는 해당 관리공장 사업주가 후생대신의 인가를 받아 이를 정해야 한다.

제19조 1. 징용되어야 할 자가 제10조 규정에 따라 출두하는 경우의 여비는 지방장관이 이를 지급한다.

관리공장에 배치되기 위해 제10조 규정에 따라 출두한 자에 대해 전항 규정에 따라 지급한 여비 액수는 해당 관리공장 사업주가 국고에 이를 납입하여야 한다.

피징용자가 징용령서를 교부받아 지정장소에 출두한 경우, 또는 징용이 해제되어 귀향하는 경우의 여비는 피징용자를 사용하는 관아의 장 또는 사업주가 이를 지급하는 것으로 한다.

제1항 및 전항의 경우에 있어서 전대금을 지불하지 않으면 출두할 수 없는 자의 여비는 그자의 거주지 시정촌 또는 이에 준하는 곳에서 일시로 변통하여 지변해야 한다.

징용되어야 할 자가 제10조 규정에 따라 출두하는 경우의 여비 및 그 일시 변통 지변에 관해 필요한 사항은 후생대신이 이를 정한다.

피징용자가 징용령서를 교부받아 지정 장소에 출두할 경우의 여비 및 그 일시 변통 지변 그리고 징용이 해제되어 귀향할 경우의 여비에 관해 필요한 사항은 관아에서 사용되는 자에 관해서는 해당 관아의 소관대신이 후생대신과 협의하여 이를 정하고 관리공장에서 사용되는 자에 관해서는 후생대신이 이를 정한다.

제19조 2. 후생대신은 필요하다고 인정할 때는 국가총동원법 제6조의 규정에 근거하여 피징용자를 사용하는 관리공장 사업주에 대해 피징용자의 사용 또는 임금, 기타 노동조건에 관해 명령할 수 있다.

제20조 후생대신 또는 지방장관은 명령이 정하는 바에 따라 징용에 관해 국가총동원법 제31조 규정에 의거 보고를 요구할 수 있다.

조 규정에 의거하여 해당 관리로 하여금 공장, 사업장, 기타 장소를 임검하여 업무 상황 또는 장부 서류, 기타 물건을 검사시킬 수 있다. 이 경우에는 해당 관리로 하여금 그 신분을 나타내는 증표를 휴대시켜야 한다.

제21조 아래 각호 하나에 해당하는 자는 이를 징용하지 않는다.

1. 육해군 군인으로 현역 중인 자(아직 입영하지 않은 자를 제외한다) 및 소집 중인 자(소집 중의 신분으로 취급되는 자를 포함한다)
2. 육해군 학생생도(해군예비연습생 및 해군예비보습생을 포함한다)
3. 육해군 군속(피징용자로서 이에 해당하게 된 자를 제외한다)
4. 의료관계자직업능력신고령에 따라 신고해야 할 자
5. 수의사직업능력신고령에 따라 신고해야 할 자
6. 선원법의 선원, 조선선원령의 선원 및 관동주선원령의 선원
7. 법령에 따라 구금 중인 자

제22조 아래 각호 하나에 해당하는 자는 특별히 필요한 경우를 제외하고 이를 징용하지 않는다.

1. 다른 사람으로 하여금 대신할 수 없는 직에 있는 관리, 대우관리 또는 공리
2. 제국의회, 도쿄도의회, 도부의회, 시정촌회, 기타 이에 준하는 곳의 의원
3. 총동원 업무에 종사하는 자로 다른 사람으로 하여금 대신할 수 없는 자

제23조 후생대신은 명령이 정하는 바에 따라 직업소개소장으로 하여금 징용에 관한 사무 일부를 분담시키거나 또는 시정촌장(도쿄시, 교토시, 오사카시, 나고야시, 요코하마시 및 고베시는 구장) 혹은 이에 준하는 자로 하여금 징용에 관한 사무를 보조하도록 할 수 있다.

시정촌장(도쿄시, 교토시, 오사카시, 나고야시, 요코하마시 및 고베시는 구장) 또는 이에 준하는 자는 전항의 규정에 따라 징용에 관한 사무를 집행하기 위해 필요한 비용은 시정촌 또는 이에 준하는 곳에서 일시 변통 지변해야 한다.

전항의 비용 및 그 일시 변통 지변에 관해 필요한 사항은 후생대신이 이를 정한다.

제24조 후생대신은 본령 시행에 관한 중요사항에 대해 내각 총리대신과 협의해야 한다.

제25조 본령 중 후생대신이라 함은 조선, 대만, 화태 또는 남양군도에 있어서는 각 조선총독, 대만총독, 화태청장관 또는 남양청장관으로 하고, 총동원 업무를 수행하는 관아의 소관대신, 피징용자를 사용하는 관아의 소관대신 혹은 해당 관아의 소관대신 또는 해당 관리공장을 관리하는 주무 대신이라 함은 관아의 소관대신 또는 주무대신이 육군대신 또는 해군대신인 경우를 제외하고 조선, 대만, 화태 또는 남양군도에 있어서는 각 조선총독, 대만총독, 화태청장관 또는 남양청장관으로 한다.

본령 중 지방장관이라 함은 조선에 있어서는 도지사, 대만에 있어서는 주지사 또는 청장, 화태에 있어서는 화태청장관, 남양군도에 있어서는 남양청장관으로 하고, 직업소개소장이라 함은 조선에 있어서는 부윤, 군수 또는 도사, 대만에 있어서는 시윤 또는 군수(호코청에 있어서는 청장), 화태에 있어서는 화태청지청장, 남양군도에 있어서는 남양청지청장으로 한다.

제26조 본령에서 규정하는 것 외 징용에 관해 필요한 사항은 명령으로 이를 정한다.

부칙

본령은 1940년 10월 20일부터 이를 시행한다.

자료 83

종업자이동방지령	
구분	칙령 제750호
법령명/건명	종업자이동방지령 從業者移動防止令
제정 · 개정 · 결정 · 폐지 연월일	1940년 11월 8일
구성	16개 조항, 부칙 3개 조항
선행 규범 · 법령	국가총동원법 제6조, 종업자고입제한령
원문 일부	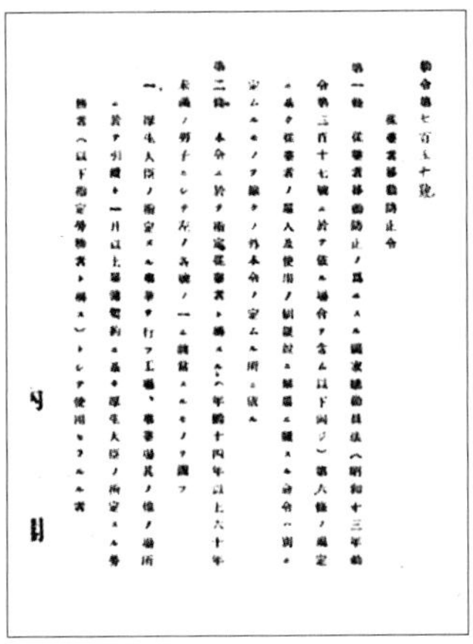 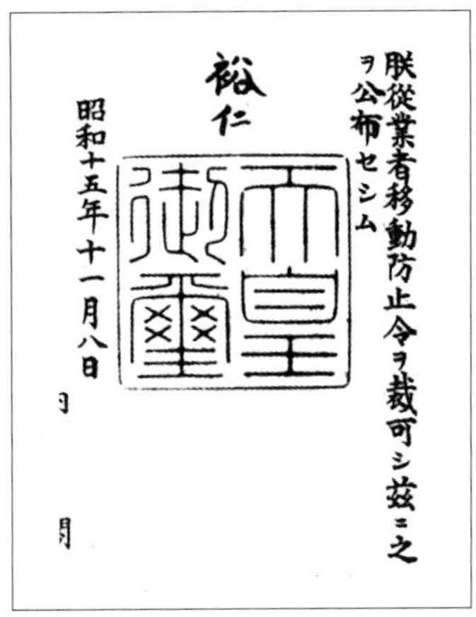 朕從業者移動防止令ヲ裁可シ茲ニ之ヲ公布セシム 裕仁 天皇御璽 昭和十五年十一月八日
주요 내용 및 특징	○ 군수 충족상 시급한 공장, 광산의 노동자 부족을 막기 위해 「종업자고입제한령」을 제정하였으나 동령의 제한 밖에 있는 일반직공, 광부의 이동이 빈번하여 이를 규제하기 위함. ○ 기존의 「종업자고입제한령」은 폐지하고 동령에 의해 노동자의 이동을 제한함. ○ 종래의 대상 연령 16세 이상 50세 미만의 남자를, 연령 14세 이상 60세 미만으로 범위를 확대한다. ○ 종래 기술자 혹은 3개월 이상 고용된 자가 대상이었던 것을 중요산업이라면 직업과 상관없이 1개월 이상 근무하면 모두 제한의 대상이 된다. ○ 종래는 고용하는 것을 제한하였으나, 동령에서는 고용을 권유하는 것도 금지한다.
법령 적용 범위	제국 전역
관련 법령 통합 · 폐지 사항	종업자고입제한령, 노무조정령(1941년 12월 6일, 칙령 제1063호)
유사 · 파생 법령	

칙령 제750호

1940년 11월 8일

종업자이동방지령

제1조 종업자 이동 방지를 위해 시행하는 국가총동원법(1938년 칙령 제317호에 의한 경우를 포함함. 이하 마찬가지) 제6조 규정에 의거 종업자의 고용 및 사용 제한 그리고 해고에 관한 명령은 별도로 정하는 것을 제외하고 본령이 정하는 바에 따른다.

제2조 본령에서 지정종업자라 함은 연령 14세 이상 60세 미만의 남자로서 아래 각호 하나에 해당하는 자를 말한다.

1. 후생대신이 지정하는 사업을 수행하는 공장, 사업장, 기타 장소에서 계속해서 1개월 이상 고용계약에 의거 후생대신이 지정하는 노무자(이하 지정노무자라 칭한다)로 사용되는 자
2. 전호 사업을 수행하는 공장, 사업장, 기타 장소에서 계속해서 1개월 이상 고용계약에 의거 지정노무자로서 사용되어 본령 시행 후 그 고용을 종료하고, 나아가 그 고용을 종료한 날로부터 1년을 경과하지 않은 자
3. 계속해서 1개월 이상 고용계약에 의거 후생대신이 지정하는 기술자(이하 지정기술자라 칭한다)로서 사용되는 자
4. 계속해서 1개월 이상 고용계약에 의거 지정기술자로 사용되어 본령 시행 후 그 고용을 종료하고, 나아가 그 고용을 종료한 날로부터 1년을 경과하지 않은 자

제3조 누구라 하더라도 공장 혹은 사업장에서 사용하기 위해 또는 지정기술자로서 사용하기 위해 전조 제1호 또는 제3호 지정종업자에 대해 스스로 또는 타인으로 하여금 그 피용자가 될 것을 권유하거나 또는 권유시키거나 할 수 없다. 타인의 공장 혹은 사업장에서 사용토록 하기 위해 또는 지정기술자로 사용토록 하기 위해 타인의 피용자를 권유하거나 또는 권유시킬 수 없다.

제4조 공장 혹은 사업장에서 사용하기 위해 또는 지정기술자로서 사용하기 위해 타인을

고용하고자 할 때는 사전에 그자가 지정종업자인지의 여부를 확인할 필요가 있다. 단 직업소개소의 소개에 의해 고용된 경우는 이에 구애받지 않는다.

지정종업자는 공장 혹은 사업장에서 사용되기 위해 또는 지정기술자로서 사용되기 위해 고용되고자 할 때는 명령이 정하는 바에 따라 사전에 국가총동원법 제31조 규정에 의거 그 경력에 관한 사항을 직업소개소장에게 보고해야 한다. 단 명령으로 정하는 경우에는 이에 구애받지 않는다.

전항 보고는 직업소개소 소개에 의하지 않고, 고용되고자 할 경우에는 고용하고자 하는 자를 경유하여 이를 시행해야 한다.

第5조 공장 혹은 사업장에서 사용하기 위해 또는 지정기술자로서 사용하기 위해 고용하고자 하는 자가 지정종업자인 때는 명령이 정하는 바에 따라 직업소개소장의 허가를 받지 않으면 이를 고용할 수 없다. 단 명령으로 정하는 경우는 이에 구애받지 않는다.

第6조 누구라 하더라도 노무공급계약에 의거 공장 또는 사업장에서 지정종업자를 사용할 수 없다.

第7조 직업소개소장은 제5조의 허가 신청에 대해 부정 또는 허위 사실이 있다고 인정할 때는 허가를 취소할 수 있다.

第8조 제5조 규정에 위반하여 지정종업자를 고용한 자가 있을 때는 직업소개소장은 그자에 대해 그 지정종업자를 해고시키도록 명령할 수 있다. 전조 규정에 따라 인가를 취소할 때도 마찬가지이다.

第9조 지방장관은 종업자의 이동을 방지하기 위해 필요하다고 인정할 때는 공장, 사업장, 기타 장소에서 지정기술자 또는 지정노무자를 고용하는 자에 대해 지정종업자 이외 종업자 고용 방법에 관해 제한할 수 있다.

第10조 누구라 하더라도 어떤 명분이던 상관없이 제5조 또는 제6조 규정에 의한 제한을 면하는 행위를 할 수 없다.

第11조 후생대신, 지방장관 또는 직업소개소장은 필요하다고 인정할 때는 지정종업자의 고용, 사용 또는 해고에 관해 국가총동원법 제31조 규정에 의거 관계인으로부터 보고를 요구할 수 있다.

제12조 후생대신, 지방장관 또는 직업소개소장은 필요하다고 인정한 때는 지정종업자의 고용 또는 사용에 관해 국가총동원법 제31조 규정에 의거, 해당 관리로 하여금 지정종업자를 고용하거나 혹은 고용하고자 하는 자 또는 사용하거나 혹은 사용하고자 하는 자의 공장, 사업장, 기타 장소에 임검하여 업무 상황 또는 장부, 서류를 검사시킬 수 있다.

전항 규정에 따라 해당 관리로 하여금 임검 검사시킬 경우에는 그 신분을 나타내는 증표를 제휴하도록 해야 한다.

제13조 제3조 내지 제5조, 제7조, 제10조 및 제11조 규정은 시정촌, 기타 이에 준하는 곳에서 지정종업자를 이원(吏員)으로 채용할 경우에는 이를 준용한다.

제14조 본령은 국가 또는 도·부·현에서의 종업자 고용 또는 사용은 이를 준용한다.

제15조 본령은 학교졸업자사용제한령 및 청소년고용제한령의 적용을 방해하지 않는다.

제16조 본령 중 후생대신이라 함은 조선에 있어서는 조선총독, 대만에 있어서는 대만총독, 화태에 있어서는 화태청장관, 남양군도에 있어서는 남양청장관으로 한다. 지방장관이라 함은 조선에 있어서는 도지사, 대만에 있어서는 주지자 또는 청장, 화태에 있어서는 화태청장관, 남양군도에 있어서는 남양청장관으로 한다. 직업소개소장이라 함은 조선에 있어서는 부윤, 군수 또는 도사, 대만에 있어서는 시장 또는 군수(코호청은 청장), 화태에 있어서는 화태청지청장, 남양군도에 있어서는 남양청지청장으로 한다. 직업소개소라 함은 조선에 있어서는 국가로 하고 도·부·현은 조선에 있어서는 도, 대만에 있어서는 주 또는 청, 남양군도에 있어서는 남양군도 지방비로 한다. 본령 중 직업소개소에 관한 규정은 대만 및 남양군도에 있어서는 이를 적용하지 않는다.

부칙

본령은 1940년 11월 20일부터 이를 시행한다. 단 조선, 대만, 화태 및 남양군도에 있어서는 1940년 12월 5일부터 이를 시행한다.

종업자고입제한령은 이를 폐지한다. 단 본령 시행 전에 행한 행위에 관한 벌칙 적용은 본령 시행 후라 하더라도 그 효력을 갖는다.

본령 시행에 있어서 현재 종업자고입제한령 제1조 제2호 또는 제4호에 해당하는 자로 본령 시행 전에 그 고용을 종료한 자는 그 고용된 장소가 제2조 제1호의 사업을 수행하는 공장, 사업장, 기타 장소에 해당하는 경우, 또는 그자가 지정기술자에 해당하는 경우, 종업자고입제한령 제1조 제2호 학교졸업자에 해당하는 자에 있어서는 그 고용 종료 후 1년간, 그 외의 자에 있어서는 그 고용종료 후 6개월간 이를 본령 규정에 따른 지정종업자로 간주한다.

자료 84

종업자이동방지령시행규칙	
구분	후생성령 제51호
법령명/건명	종업자이동방지령시행규칙 從業者移動防止令施行規則
제정·개정·결정·폐지 연월일	1940년 11월 15일
구성	7개 조항, 부칙 2개 조항
선행 규범·법령	종업자고입제한령시행규칙
원문 일부	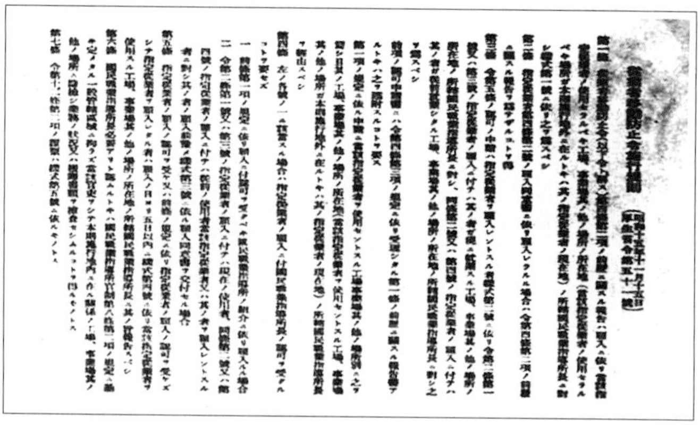
주요 내용 및 특징	○ 지정종업자(14세 이상 60세 미만의 남자로 고용계약에 의거하여 후생대신이 지정한 공장, 사업장에 사용된 자, 후생대신이 지정한 기술자)를 사용하고자 하는 자는 지정종업자가 현재 취업 중인 공장, 사업장의 관할 직업소개소장에게 인가신청을 해야 한다. ○ 다만 다음의 경우에는 직업소개소장의 인가를 받지 않아도 된다. 1. 지정종업자가 직업소개소를 경유하여 고용되는 경우. 2. 지정종업자를 고용하려는 자에게 종전사용자가 고용동의서를 교부한 경우 ○ 지정종업자가 직업소개소의 소개를 받지 않고 고용된 경우는 그 사용자를 경유하여 이력 사항을 5일 이내에 직업소개소에 보고해야 한다. ○ 이력에 대한 보고는 지정종업자가 그 이력을 속이거나 숨겨서 다른 사람에게 고용되는 것을 방지하기 위함으로 그 보고를 게을리하거나 허위로 하는 경우, 지정종업자 자신이 국가총동원법 제31조를 위반하는 것이 된다.
법령 적용 범위	제국 전역
관련 법령 통합·폐지 사항	종업자고입제한령시행규칙, 노무조정령시행규칙(1941년 12월 17일, 후생성령 제64호)
유사·파생 법령	종업자이동방지령시행규칙(1940년 12월 5일, 조선총독부령 제268호)

후생성령 제51호

1940년 11월 15일

종업자이동방지령시행규칙

제1조 종업자이동방지령(이하 영이라 칭한다) 제4조 제2항의 전력에 관한 보고는 고용에 의해 해당 지정종업자가 사용되어야 하는 공장, 사업장, 기타 장소 소재지(해당 지정종업자가 사용되어야 할 장소가 본칙 시행지 외에 있을 때는 그 지정종업자의 현재지) 관할 직업소개소장에게 양식 제1호에 따라 이를 해야 한다.

제2조 지정종업자가 제4조 제2호의 고용동의서에 의해 고용되는 경우는 영 제4조 제2항 전력에 관한 보고를 하지 않을 수 있다.

제3조 영 제5조의 인가신청은 지정종업자를 고용하고자 하는 자가 양식 제2호에 따라 영 제2조 제1호 또는 제3호 지정종업자의 고용에 대해서는 그자가 현재 취업하는 공장, 사업장, 기타 장소 소재지 관할 직업소개소장에게, 동조 제2호 또는 제4호 지정종업자의 고용에 대해서는 그자가 종전에 취업했던 공장, 사업장, 기타 장소 소재지 관한 직업소개소장에게 이를 해야 한다.

전항 인가신청서에는 영 제4조 제3항 규정에 따라 수리한 제1조 전력에 관한 보고서가 있을 때는 이를 첨부할 필요가 있다.

제1항 규정에 따른 신청에 해당 지정종업자를 사용하고자 하는 공장, 사업장, 기타 장소별로 이를 하고, 그 공장, 사업장, 기타 장소 소재지(해당 지정종업자를 사용하고자 하는 공장, 사업장, 기타 장소가 본칙 시행지 외에 있을 때는 그 지정종업자의 현재지) 관할 직업소개소장을 경유해야 한다.

제4조 아래 각호 하나에 해당하는 경우는 지정종업자의 고용에 대해 직업소개소장의 인가를 받을 필요가 없다.

1. 전조 제1항 규정에 따라 고용에 대해 인가를 받아야 하는 직업소개소 소개에 의해 고용되는 경우.

2. 영 제2조 제1호 또는 제3호의 지정종업자의 고용자에 대해서는 현재 사용자, 동조 제2호 또는 제4호의 지정종업자 고용에 대해서는 종전 사용자가 해당 지정종업자 또는 그자를 고용하고자 하는 자에 대해 그자의 고용 전에 미리 양식 제3호에 따른 고용동의서를 교부할 경우.

제5조 지정종업자의 고용 인가를 받거나 또는 전조 규정에 따라 지정종업자의 고용 허가를 받지 않은 채 지정종업자를 고용한 자는 고용일로부터 5일 이내 양식 제4호에 따라 해당 지정종업자를 사용하는 공장, 사업장, 기타 장소 소재지 관할 직업소개소장에게 그 내용을 보고해야 한다.

제6조 직업소개소장은 필요하다고 인정할 때는 직업소개소관제 제8조 제2항 규정에 의거하여 정해진 일반 관할 구역임에도 불구하고 해당 관리로 하여금 본칙 시행지 내에 있는 관계 공장, 사업장, 기타 장소를 임검하여 업무 상황 또는 장부 서류를 검사시킬 수 있는 것으로 한다.

제7조 영 제12조 제2항의 증표는 양식 제5호에 따른 것으로 한다.

부칙

본칙은 1940년 11월 20일부터 이를 시행한다.

1939년 4월 후생성령 제4호 종업자고입제한령시행규칙은 이를 폐지한다.

자료 85

국민노무수첩법	
구분	법률 제48호
법령명/건명	국민노무수첩법 國民勞務手帳法
제정 · 개정 · 결정 · 폐지 연월일	1941년 3월 6일 1946년 1월 9일(법률 제1호) 폐지
구성	23개 조항, 부칙 1개 조항
선행 규범 · 법령	
원문 일부	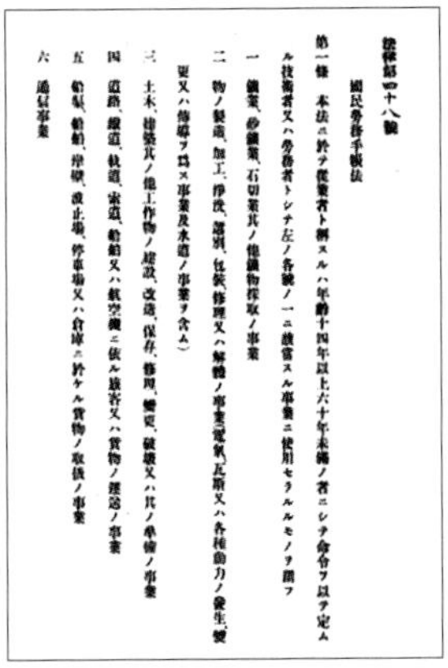 法律第四十八號 國民勞務手帳法 第一條 本法ニ於テ從業者ト稱スルハ年齡十四年以上六十年未滿ノ者ニシテ命令ヲ以テ定ムル技術者又ハ勞務者トシテ左ノ各號ノ一ニ該當スル事業ニ使用セラルルモノヲ謂フ 一 鑛業、砂鑛業、石切業其ノ他鑛物採取ノ事業 二 物ノ製造、加工、淨洗、選別、包裝、修理又ハ解體ノ事業(電氣、瓦斯又ハ各種動力ノ發生、變更又ハ傳導ヲ爲ス事業及水道ノ事業ヲ含ム) 三 土木、建築其ノ他工作物ノ建設、改造、保存、修理、變更、破壞又ハ其ノ準備ノ事業 四 道路、鐵道、軌道、索道、船舶又ハ航空機ニ依ル旅客又ハ貨物ノ運送ノ事業 五 船渠、船舶、岸壁、波止場、停車場又ハ倉庫ニ於ケル貨物ノ取扱ノ事業 六 通信事業 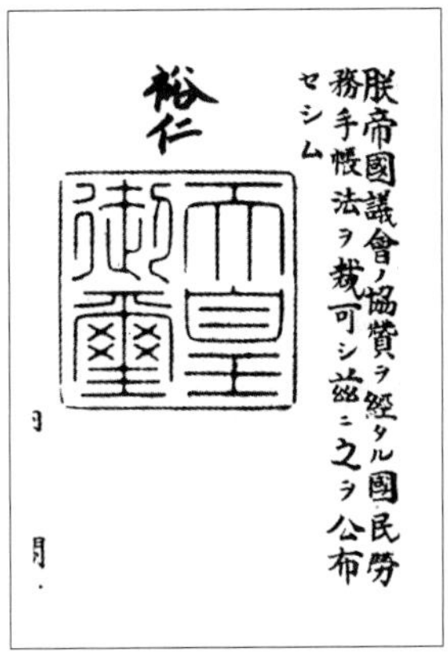 朕帝國議會ノ協贊ヲ經タル國民勞務手帳法ヲ裁可シ玆ニ之ヲ公布セシム 裕仁 月 日
주요 내용 및 특징	○ 연령 14세 이상 60세 미만의 기술자 또는 노무자는 국민노무수첩을 소지하는 것이 필요하다. ○ 인원과 상관없이 국민노무수첩을 사용자에게 제출하지 않으면 종업원으로 사용될 수 없다. ○ 사용자는 종업원이 제출한 노무수첩을 그자를 사용하는 동안 보관해야 하며, 사용자가 종업원을 사용할 수 없게 된 때는 종업원에게 노무수첩을 반환해야 한다. ○ 사기나 부정행위로 국민노무수첩을 교부받았거나 본인의 수첩을 타인에게 교부한 자 등은 1년 이하의 징역 또는 1,000엔 이하의 벌금에 처한다. ○ 국민노무수첩을 제출 또는 반납하지 않거나 허위로 기재하거나 보고한 자, 임검 검사를 거부 혹은 방해, 기피한 자는 500엔 이하의 벌금 또는 구류, 과료에 처한다.
법령 적용 범위	
관련 법령 통합 · 폐지 사항	
유사 · 파생 법령	국민직업능력신고령

법률 제48호

1941년 3월 6일

국민노무수첩법

제1조 본 법에서 종업원이라 함은 연령 14세 이상 60세 미만의 자로 명령으로 정하는 기술자 또는 노무자로서 아래 각호 하나에 해당하는 사업에 사용되는 자를 말한다.

1. 광업, 사광업, 채석업, 기타 광물 채취 사업
2. 물건 제조, 가공, 세정, 선별, 포장, 수리 또는 해체 사업(전기, 가스 또는 각종 동력 발생, 변경 또는 전달하는 사업 및 수도 사업을 포함)
3. 토목, 건축, 기타 공작물 건설, 개조, 보존, 수리, 변경, 파괴 또는 그 준비 사업
4. 도로, 철도, 궤도, 삭도, 선박 또는 항공기에 의한 여객 또는 화물 운송 사업
5. 선거, 선박, 안벽. 부두, 정거장 또는 창고에서의 화물 취급 사업
6. 통신사업
7. 기타 명령으로 정하는 사업

제2조 종업원은 국민노무수첩을 소지하는 것이 필요하다.

국민노무수첩은 정부가 이를 발행한다.

본 법에 정하는 것 외 국민노무수첩에 관해 필요한 사항은 명령으로 이를 정한다.

제3조 인원과 상관없이 국민노무수첩을 사용자에게 제출하지 않으면 종업원으로서 사용될 수 없다. 단 명령으로 정하는 경우는 이를 제시하는 것만으로도 된다.

인원과 상관없이 전항의 제출 또는 제시를 하지 않은 자를 종업원으로 사용할 수 없다.

앞의 2항 규정은 관리 및 대우관리 그리고 명령으로 정하는 자에 대해서는 이를 적용하지 않는다.

제4조 사용자는 명령이 정하는 바에 따라 종업원이 제출한 국민노무수첩을 그자를 사용하는 기간 중 보관해야 한다.

사용자는 종업원으로부터 청구가 있는 경우는 언제라도 그자로 하여금 국민노무수첩을 열람시켜야 한다.

제5조 사용자가 종업원을 사용할 수 없게 될 때는 그자에게 국민노무수첩을 반환해야 한다. 단 명령으로 정하는 경우는 이에 구애받지 않는다.

사용자는 전항 단서 규정에 따라 국민노무수첩을 반환하지 않은 때는 명령이 정하는 바에 의거 국민직업지도소장에게 이를 제출해야 한다.

제6조 국민노무수첩의 교부를 받은 자가 국민노무수첩의 반환에 관해 이의 있을 때는 명령이 정하는 바에 따라 국민직업지도소장에게 그 취지를 신청할 수 있다.

전항 신청이 있을 때는 국민직업지도소장은 국민노무수첩을 반환해야 하는지 여부를 결정하여 반환해야 할 것을 결정했을 때는 사용자에게 국민노무수첩반환을 명령해야 한다.

제7조 전조의 결정 또는 명령에 불복하는 자는 명령이 정하는 바에 따라 지방장관에게 그 취지를 신청할 수 있다.

전항 신청이 있을 때는 지방장관은 국민노무수첩심사회에 자문하여 국민노무수첩을 반환해야 할 것인지의 여부를 결정하여 반환해야 할 것으로 결정한 때는 사용자에게 국민노무수첩 반환을 명령해야 한다.

국민노무수첩심사회에 관한 규정은 칙령으로 이를 정한다.

제8조 지방장관 또는 국민직업지도소장이 필요하다고 인정한 때는 명령이 정하는 바에 따라 사용자 또는 국민노무수첩 교부를 받은 자에게 국민노무수첩의 제출 또는 반납을 명령할 수 있다.

제9조 사용자 및 국민노무수첩을 교부받은 자는 명령이 정하는 바에 따라 필요한 사항을 국민노무수첩에 기재하고 이를 국민직업지도소장에게 보고해야 한다.

제10조 사용자 및 국민노무수첩을 교부받은 자는 국민노무수첩에 본 법에 의거하여 명령으로 정해진 사항 외의 사항을 기재할 수 없다.

제11조 국민노무수첩을 교부받은 자는 대개 국민노무수첩의 교부를 받을 수 없다. 단 국민노무수첩을 훼손하거나 혹은 망실하는 경우, 기재할 여백이 없어진 경우, 기타 명령으로 정한 경우는 이에 구애받지 않는다.

제12조 국민노무수첩을 교부받은 자는 국민직업지도소장 또는 사용자가 국민노무수첩을 보관하는 경우를 제외하고 본인이 이를 보관하여야 한다.

제13조 국민직업지도소장은 필요하다고 인정할 때는 명령이 정하는 바에 따라 국민노무수첩을 대신할 증명서(이하 증명서라 칭한다)를 교부할 수 있다.

증명서는 이를 국민노무수첩으로 간주한다.

앞의 2항에서 정하는 것 외에 증명서에 관해 필요한 사항은 명령으로 이를 정한다.

제14조 국민노무수첩 이외의 수첩에는 국민노무수첩과 같은 명칭을 사용할 수 없다.

제15조 종업자, 종업자가 되고자 하는 자 또는 사용자는 국민노무수첩에 관해 필요할 때는 종업자 또는 종업자가 되고자 하는 자의 호적에 관해 호적사무를 관장하는 자 또는 대리자에게 무상으로 증명을 요구할 수 있다.

종업자는 국민노무수첩에 기재된 사항에 관해 사용자에게 무상으로 증명을 요구할 수 있다.

제16조 후생대신, 지방장관 또는 국민직업지도소장은 필요하다고 인정할 때는 해당 관리로 하여금 제1조에 열거한 사업 장소에 임검하여 업무 상황 또는 장부 서류, 기타 물건을 검사시킬 수 있다.

전항 규정에 따라 해당 관리로 하여금 임검 검사를 시킬 경우에는 그 신분을 나타내는 증표를 휴대시켜야 한다.

제17조 아래 각호의 하나에 해당하는 자는 1년 이하의 징역 또는 1,000엔 이하의 벌금에 처한다.

1. 제3조, 제5조 제1항 또는 제11조 규정에 위반한 자
2. 사기, 기타 부정행위로 국민노무수첩을 교부받은 자
3. 본인의 국민노무수첩을 타인에게 행사시킬 목적으로 교부한 자

제18조 아래 각호 하나에 해당하는 자는 500엔 이하의 벌금 또는 구류 혹은 과료에 처한다.

1. 제4조, 제5조 제2항, 제10조 또는 제14조의 규정을 위반한 자
2. 제8조 규정에 따른 명령을 위반하여 국민노무수첩을 제출 또는 반납하지 않은 자
3. 제9조 규정을 위반하여 기재 혹은 보고를 게을리하거나 또는 허위로 기재나 보고한 자

4. 제16조 제1항 규정을 위반하여 출두에 응하지 않거나 또는 보고를 게을리하거나 허위로 보고한 자
5. 제16조 제2항 규정에 따른 해당 관리의 임검 검사를 거부하거나 방해 또는 기피한 자

제19조 사용자는 그 대리인, 호주, 가족, 동거자, 고용인, 기타 종업자가 그 업무에 관해 제17조 제1호 또는 전조 제1호 내지 제4호를 위반했을 때는 자기 지휘를 벗어나지 않기 때문에 그 처벌을 면할 수 없다.

제20조 제17조 제1호 또는 제18조 제1호 내지 제4호의 벌칙은 사용자가 법인인 경우에는 이사, 임원, 기타 법인 업무를 집행하는 임원에게 이를 적용하고, 미성년자 또는 금치산자인 경우에는 그 법정대리인에게 이를 적용한다. 단 영업에 관해 성년자와 동일한 능력을 가진 미성년자에 대해서는 여기에 구애되지 않는다.

제21조 본 법은 벌칙을 제외하고 국가, 도·부·현, 시정촌, 기타 이에 준하는 곳에 이를 적용한다.

국가사업에 관해서는 본 법의 적용에 대해 명령으로 별도로 정할 수 있다.

제22조 본 법 중 사용자에 관한 규정은 공장법 적용을 받는 공장에 대해서는 공장주에게, 공장관리인이 있는 경우에는 공장관리인에게, 광업에 대해서는 광업권자에게, 광업대리인이 있는 경우에는 광업대리인에게 이를 적용한다.

제23조 본 법 적용에 대해서는 국민직업능력신고령에 의한 요신고자가 동령에 의거하여 교부받은 직업능력신고수첩은 이를 국민노무수첩으로 간주한다.

부칙

본 법 시행 기일은 각 규정에 대해 칙령으로 이를 정한다.

자료 86

국민노무수첩법시행령	
구분	칙령 제704호
법령명/건명	국민노무수첩법시행령 國民勞務手帳法施行令
제정 · 개정 · 결정 · 폐지 연월일	1941년 6월 14일
구성	27개 조항, 부칙 4개 조항
선행 규범 · 법령	
원문 일부	ル範圍內ニ於テハ同年七月二十一日ヨリ之ヲ施行ス 三　國民勞務手帳法施行令（昭和十六年六月十四日勅令第七百四號） 第一條　從業者タラントスル者ハ命令ノ定ムル所ニ依リ其ノ就業スベキ地ヲ管轄國民職業指導所長ニ國民勞務手帳ノ交付ヲ申請スベシ 第二條　國民勞務手帳ニ記載スベキ事項左ノ如シ 一　氏名 二　出生ノ年月日 三　本籍 四　居住ノ場所 五　兵役關係 六　學歷 七　職業ノ經歷 八　從事スル職業名 九　就業ノ場所（二以上ノ就業ノ場所ヲ有スル者ニ在リテハ主タル就業ノ場所） 十　給料又ハ賃金ノ額 十一　國民職業能力申告令（以下申告令ト稱ス）第二條第一號ノ職業ニ從事シ又ハ從事シタル者ニ 一五
주요 내용 및 특징	○ 종업자가 되고자 하는 자는 관할 국민직업지도소장에게 국민노무수첩의 교부를 신청해야 한다. ○ 동법은 국가총동원법 제4조에 의거 징용 중인 자, 기타 명령으로 정한 자에게는 적용하지 않는다. ○ 종업자가 사용되지 않는 경우는 그 내용을 기재하여 취업지 관할 국민직업지도소장에게 14일 이내 제시해야 한다.
법령 적용 범위	
관련 법령 통합 · 폐지 사항	
유사 · 파생 법령	국민직업능력신고령

칙령 제704호

1941년 6월 14일

국민노무수첩법시행령

제1조 종업자가 되고자 하는 자는 명령이 정하는 바에 따라 그 취업해야 할 지역을 관할하는 국민직업지도소장에게 국민노무수첩의 교부를 신청해야 한다.

제2조 국민노무수첩에 기재해야 하는 사항은 아래와 같다.

1. 씨명
2. 출생 연월일
3. 본적
4. 거주 장소
5. 병역관계
6. 학력
7. 직업 경력
8. 종사할 직업명
9. 취업 장소(2개 이상 취업 장소를 갖는 자는 주요 취업 장소)
10. 급료 또는 임금 액수
11. 국민직업능력신고령(이하 신고령이라 칭한다) 제2조 제1호 직업에 종사하거나 또는 종사한 자는 동령에 의거한 기능 정도
12. 신고령 제2조 제4호에 해당하는 자는 그 종료한 과정에 관한 사항
13. 신고령 제2조 제5호에 해당하는 자는 그 받았던 검정, 시험 또는 면허에 관한 사항
14. 노동자연금보호법에 의한 피보험자는 피보험자 자격의 취득상실 및 표준보수 등급
15. 기타 국민노무수첩법(이하 수첩법이라 칭한다)에 의거한 명령으로 정한 사항

제3조 종업자는 사용자의 동의를 얻어 다른 사용자에게 종업자로서 사용되는 경우에는

국민노무수첩을 사용자에게 제시하는 것으로 충분하다.

제4조 수첩법 제3조 제1항 및 제2항 규정은 아래 각호 하나에 해당하는 자에 대해서는 이를 적용하지 않는다.

1. 국가총동원법 제4조 규정에 의거하여 징용되어 사용되는 자
2. 기타 명령으로 정하는 자

제5조 수첩법 제3조 제1항 본문 규정에 따라 제출하는 국민노무수첩에는 종전 사용자였던 경우에는 그 사용자가 사용하지 않게 된 취지의 제15조 기재할 필요가 있다. 동법 제3조 단서 규정에 따라 제시하는 국민노무수첩에는 동시에 다른 사용자에게 종업자로서 사용되어도 이의없다는 취지의 제7조 제5항 규정에 따른 기재를 할 필요가 있다.

제6조 종업자가 관리 혹은 대우관리인 자 또는 제4조 각호 하나에 해당하는 자는 지체 없이 국민노무수첩을 사용자(동조 제1호에 해당하는 자는 징용에 따른 사용자)에게 제출해야 한다.

제7조 사용자는 제2항 규정에 따라 국민노무수첩을 종업자에게 일시 반환하는 경우를 제외하고 그자를 사용하는 기간 중 국민노무수첩을 보관해야 한다.

사용자는 종업자를 사용하는 기간 중에 종업자가 아래 각호 하나에 해당하는 경우에는 국민노무수첩을 그자에게 일시 반환해야 한다.

1. 국가총동원법 제4조 규정에 의거하여 징용되었을 때
2. 사용자의 동의를 얻어 동시에 다른 사용자에게도 종업자로서 사용되고자 할 때
3. 기타 명령이 정하는 사유가 있을 때

국민노무수첩을 일시 반환받은 종업자는 징용이 해제되어 제3조 규정에 따른 국민노무수첩의 제시가 완료되었거나 또는 전항 제3호의 사유가 사라진 때는 지체 없이 국민노무수첩을 사용자에게 제출해야 한다.

사용자는 제2항 제1호에 해당하는 사유에 의해 국민노무수첩을 종업자에게 일시 반환하고자 할 때 또는 동항 동호에 해당하는 사유에 의해 일시 반환한 국민노무수첩을 제출받은 때는 그 취지를 해당 국민노무수첩에 기재해야 한다.

사용자는 제2항 제2호에 해당하는 사유에 의해 국민노무수첩을 종업자에게 일시

교부하고자 할 때는 그자가 동시에 다른 사용자에게 종업자로 사용되어도 이의 없다는 취지를 해당 국민노무수첩에 기재해야 한다.

제8조 후생대신이 지정하는 사업에 사용되는 종업자가 후생대신이 지정하는데도 자기 사정으로 퇴직한 때 또는 정당한 이유 없이 무단결근하여 연속 14일 이상 경과로 해고되었을 때는 사용자는 그 보관하는 국민노무수첩을 반환하지 않을 수 있다. 단 종업자가 아래 각호 하나에 해당할 때나 사용자가 종업자의 퇴직을 승인한 때는 이에 구애받지 않는다.

1. 종업자이동방지령 제5조 규정에 따라 해당 종업자의 고용을 허가받은 자에게 고용될 때.
2. 취업규칙 또는 이에 준하는 것에 따라 정해진 정년에 달했을 때.
3. 육해군에 징집 또는 소집되거나 또는 지원에 의해 육해군 부대에 편입되었을 때.
4. 국가총동원법 제4조 규정에 의거하여 징용되었을 때.
5. 부상, 질병 또는 노쇠로 업무를 감당하지 못할 때.
6. 기타 퇴직으로 어쩔 수 없는 사유가 있을 때.

전항 제5호 또는 제6호 사유는 수첩법 제6조 규정에 따른 국민직업지도소장의 재정이 있을 때는 그 재정한 바에 따라 그리고 동법 제7조 규정에 의한 지방장관의 재정이 있을 때는 그 재정한 바에 따른다.

사용자는 제1항 규정에 따라 국민노무수첩을 반환하지 않을 때는 종업자가 퇴직한 날 또는 해고된 날로부터 14일 이내 명령이 정하는 양식에 그자의 종전 취업자를 관할하는 국민직업지도소장에게 그 내용을 보고해야 한다. 보고한 후 국민노무수첩을 반환했을 때도 마찬가지이다.

사용자가 제1항의 규정에 따라 국민노무수첩을 반환하지 않을 때는 종업자의 퇴직한 날 또는 해고된 날로부터 3개월 간 이를 보관하고 그 기간을 경과했을 때는 전항 규정에 따라 보고한 국민직업지도소장에게 이를 제출해야 한다.

제9조 국민직업지도소장은 전조 제4항 규정에 따라 국민노무수첩을 제출받았을 때는 종업자가 퇴직한 날 또는 해고된 날부터 1년 간 이를 보관하고 그 기간이 경과했을 때는 종업자인 자에게 이를 교부해야 한다. 단 종업자인 자가 소재불명, 기타 사유로

교부할 수 없을 때는 이에 구애받지 않는다.

제10조 수첩법 제6조 제1항 신청은 종업자가 퇴직한 날 또는 해고된 날부터 14일 이내에 종업자인 자가 종전 취업지를 관할하는 국민직업지도소장에게, 동법 제7조 제1항의 신청은 제3항 규정에 의한 재정서 교부 또는 재정 요지의 통지가 있었던 날부터 14일 이내에 종업자인 자가 종전 취업지를 관할하는 지방장관에게 이를 실시해야 한다. 지방장관 또는 국민직업지도소장이 용인할 만한 이유가 있다고 인정할 때는 전항 기한 경과 후에도 신청을 수리할 수 있다.

수첩법 제6조 제2항 및 제7조 제2항의 재정은 이유를 적시하여 문서로 하고 본인에게 교부함과 동시에 그 요지를 관계인에게 통지해야 한다.

제11조 사용자는 종업자인 자가 소재불명, 기타 사유로 그자에게 국민노무수첩을 반환할 수 없을 때는 사유를 구비하여 종업자인 자의 종전 취업지를 관할하는 국민직업지도소장에게 이를 제출해야 한다.

제12조 아래 각호 하나에 해당하는 경우 지방장관 또는 국민직업지도소장은 필요하다고 인정할 때는 사용자 또는 국민노무수첩을 교부받은 자에게 국민노무수첩의 제출을 명령할 수 있다.

1. 사용자가 수첩법 제6조 제2항 또는 제7조 제2항 규정에 따른 명령을 위반하여 국민노무수첩을 반환하지 않을 때.
2. 국민노무수첩에 수첩법에 근거하여 명령으로 정하는 사항 이외의 사항을 기재한 때.
3. 국민노무수첩을 검열하고자 할 때.

제13조 아래 각호 하나에 해당하는 경우 지방장관 또는 국민직업지도소장은 필요하다고 인정할 때는 국민노무수첩을 교부받은 자에게 국민노무수첩의 반환을 명령할 수 있다.

1. 사기, 기타 부정행위로 국민노무수첩을 교부받았을 때.
2. 중복하여 국민노무수첩을 교부받았을 때.
3. 자기 국민노무수첩을 타인에게 행사하게 했을 때.
4. 기타 명령으로 정하는 사유가 있을 때.

제14조 사용자는 종업자의 사용을 개시했을 때는 아래에 열거하는 사항을 국민노무수첩에 기재하고 사용자·종업자 공동으로 14일 이내 해당 국민노무수첩을 제시하는 것으로 종업자의 취업지를 관할하는 국민직업지도소장에게 그 내용을 보고해야 한다.

1. 사용 개시의 뜻

2. 종업자가 종사하는 직업명 및 신고령에 의거한 기능 정도

3. 종업자가 취업하는 장소

제15조 사용자는 종업자를 사용하지 않게 된 때는 그 내용을 국민노무수첩에 기재하여 14일 이내에 명령이 정하는 양식으로 종업자인 자의 종전 취업지를 관할하는 국민직업지도소장에게 보고해야 한다.

제16조 사용자는 종업자에 관해 제2조 제1호, 제3호 내지 제6호, 제8호, 제9호, 제11호 내지 제13호 또는 제15호에 열거하는 사항에 변경이 발생했을 때는 그 내용을 국민노무수첩에 기재하여, 사용자·종업자 공동으로 14일 이내에 해당 국민노무수첩의 제시하는 것으로 종업자의 취업자를 관할하는 국민직업지도소장에게 보고해야 한다.

사용자는 종업자에 관해 제2조 제14호에 열거한 사항에 변경이 있을 때는 14일 이내에 그 내용을 국민노무수첩에 기재해야 한다.

제17조 전 3조 중 보고에 관한 규정은 사용자가 국민노무수첩을 대신하는 증명서를 제출한 종업자를 사용하는 경우에는 이를 적용하지 않는다.

제18조 사용자는 종업자에게 지급하는 급료 또는 임금에 대해 아래에 열거하는 사항 중 제1호에 열거하는 사항에 대해서는 급료 또는 임금을 지급한 날부터 14일 이내에, 제2호에 열거하는 사항에 대해서는 종업자를 사용하지 않는 때 국민노무수첩에 기재해야 한다.

1. 사용 개시 무렵의 급료 월액 또는 그 직후 일개 임금 마감기간의 평균임금 일액

2. 사용하지 않게 된 때의 급료 월액 또는 그 직전의 일개 임금 마감기간의 평균임금 일액

제19조 전조 급료 또는 임금 범위 및 산정방법에 관해 필요한 사항은 명령으로 이를 정한다.

제20조 국민노무수첩을 교부받은 자가 종업자가 아니된 경우에는 제2조 제1호, 제3호 내

지 제6호, 제8호, 제9조, 제11호 내지 제13호 또는 제15호에 열거하는 사항에 변경이 있을 때는 그 내용을 국민노무수첩에 기재하여 14일 이내에 해당 국민노무수첩을 제시하는 것으로, 그 취업지(직업에 종사하지 않는 자는 거주지)를 관할하는 국민직업지도소장에게 보고해야 한다.

전항 보고는 국민노무수첩을 교부받은 자의 종전 사용자 또는 국민직업지도소장이 국민노무수첩을 보관하는 경우에는 명령이 정하는 양식으로 이를 시행해야 한다.

제1항 규정은 국민노무수첩에 대신하는 증명서를 교부받은 후 국민노무수첩을 교부받지 않은 채 종업자가 아니게 된 자에게는 이를 적용하지 않는다.

제21조 국민노무수첩을 교부받은 자로 신고령에 따라 신고한 요신고자인 자(동령 제2조 제6호에 해당하는 자를 제외)는 동령 제11조의 규정에 해당하게 된 때는 그자가 종업자인 경우에 있어서는 사용자·종업자 공동으로, 종업자가 아니 된 경우에 있어서는 국민노무수첩을 교부받은 자가 국민노무수첩에 그 내용을 기재하여, 14일 이내에 해당 국민노무수첩을 제시하는 것으로 국민직업지도소장에게 보고해야 한다. 보고한 후에 신고령 제11조 규정에 해당하지 않게 되었을 때도 마찬가지이다.

전항 전단의 보고는 신고령에 따라 이전에 신고한 국민직업지도소장에게, 동항 후단의 보고는 국민노무수첩을 교부받은 자의 취업지(직업에 종사하지 않는 자는 거주지)를 관할하는 국민직업지도소장에게 이를 행해야 한다.

전조 제2항 규정은 제1항 보고로 이를 준용한다.

제22조 국민노무수첩을 교부받은 자가 사망했을 때는 사망 무렵 그자가 종업자인 경우에는 사용자가, 종업자가 아닌 경우에는 그자와 동거하는 호주 또는 가족 관계에 있는 자가 국민노무수첩에 그 내용을 기재하여 14일 이내에 해당 국민노무수첩을 제시하는 것으로 국민노무수첩을 교부받은 자의 종전 취업지(직업에 종사하지 않는 자의 경우는 종전 거주지)를 관할하는 국민직업지도소장에게 보고해야 한다.

제20조 제2항 규정은 전항 보고로 이를 준용한다.

제23조 국민노무수첩을 교부받은 자로 아래 각호 하나에 해당하는 자에 관한 제14조, 제16조 제1항, 제20조 및 제21조 규정에 따른 보고는 동조 규정에도 불구하고, 그자가 아래 각호 하나에 해당하지 않은 날부터 14일 이내에 이를 행해도 무방하다.

1. 육해군에 징집 혹은 소집되거나 또는 지원에 따라 육해군 부대에 편입된 자

2. 수첩법 시행지 외에 여행 중인 자

3. 법령에 따라 구금 중인 자

4. 부상, 질병, 기타 사유로 보고할 수 없는 상황에 있는 자

제15조, 제16조 제2항 및 제18조 규정에 따른 기재는 사용자가 제7조 제2항 규정에 따라 국민노무수첩을 일시 반환한 경우에는 동조 제3항 규정에 따라 국민노무수첩을 제출받은 날부터 14일 이내에 이를 행해도 무방하다.

제24조 국민노무수첩을 재교부받고자 하는 자는 명령이 정하는 바에 따라 그 취업지(직업에 종사하지 않는 자는 거주지)를 관할하는 국민직업지도소장에게 이를 신청해야 한다.

국민노무수첩을 재교부받고자 하는 자가 종업자인 때는 전항 신청은 그 사용자를 경유하여 이를 행해야 한다.

제25조 제14조 내지 제16조, 제18조, 제21조, 제22조 및 전조 제2항 규정은 국민노무수첩을 제시한 종업자를 사용하는 사용자의 사용관계에 관해서는 이를 적용하지 않는다.

제16조, 제18조, 제21조, 제22조 및 전조 제2항의 규정은 종업자가 국민총동원법 제4조 규정에 의거 징용되어 사용되는 자인 때는 징용 전 사용자의 사용관계에 관해서는 이를 적용하지 않는다.

제26조 아래 각호 하나에 해당하는 경우에 국민직업지도소장은 필요하다고 인정할 때는 국민노무수첩을 대신하는 증명서를 교부할 수 있다.

1. 국민노무수첩의 교부 또는 재교부 신청이 있었을 때.

2. 사용자가 종업자를 사용하지 않게 된 경우인데 국민노무수첩을 반환하지 않을 때.

3. 기타 명령을 정하는 사유가 있을 때.

국민노무수첩을 대신하는 증명서에 기재해야 하는 사항은 명령으로 이를 정한다.

제27조 2개 이상의 취업 장소를 갖는 자에 대해서는 그자가 종업자인 때는 국민노무수첩을 보관하는 사용자에게 사용되어 취업하는 장소의 소재지로, 종업자가 아닌 때는 주요 취업 장소 소재지를 본령의 취업지로 간주한다. 취업 장소가 일정하지 않은 자 및 선박 내에서 취업하는 상황에 있는 자에 대해서는 거주지를 본령의 취업지로 간주한다.

부칙

본령 중 제2조 제14호 및 제6조 제2항 규정은 노동자연금보험법 중 피보험자 자격의 취득 상실 및 표준보수등급에 관한 부분 시행일로부터, 기타 규정은 1941년 10월 1일부터 이를 시행한다. 단 수첩법 제2조 규정의 실시를 위해 사전에 필요한 범위 내에서는 동 16년 7월 21일부터 이를 시행한다.

1941년 9월 30일까지 종업자가 된 자로 계속하여 동년 10월 1일 이후 종업자가 되고자 하는 자는 명령이 정하는 바에 따라 그 사용자(사용자가 2인 이상 있을 때는 주요 사용자)를 경유하여 취업지를 관할하는 국민직업지도소장에게 국민노무수첩의 교부를 신청해야 한다.

전항 신청에 의거 국민노무수첩을 교부받은 자는 그 교부받은 날로부터 1941년 9월 30일까지 제2조 제1호, 제3호 내지 제9호 또는 제11호 내지 제13호에 열거하는 사항에 변경이 있을 때는 그 뜻을 국민노무수첩에 기재하여 동년 10월 14일까지 해당 국민노무수첩을 제시하는 것으로 전항의 신청을 했던 국민직업지도소장에게 보고해야 한다. 단 신고령에 따라 신고하고 있는 요신고자인 자(동령 제2조 제6호에 해당하는 자를 제외)에게 해당 변경에 관해 동령 제4조 제2항 또는 제6조 규정에 따른 신고가 있을 때는 이에 구애되지 않는다.

전항 보고는 국민노무수첩을 교부받은 자가 종업자인 경우에는 국민노무수첩을 보관하는 사용자를 경유하여 이를 행해야 한다.

자료 87	
국민노무수첩법시행규칙	
구분	후생성령 제24호
법령명/건명	국민노무수첩법시행규칙 國民勞務手帳法施行規則
제정·개정·결정·폐지 연월일	1941년 6월 17일
구성	14개 조항, 부칙 2개 조항
선행 규범·법령	국민노무수첩법, 국민노무수첩법시행령
원문 일부	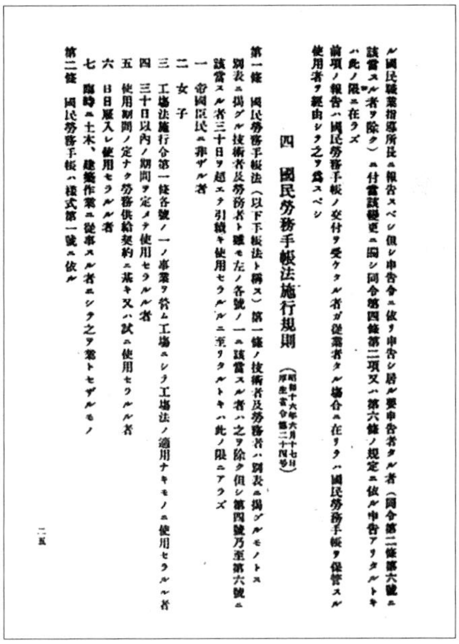 ル國民職業指導所長ニ報告スベシ但シ申告令ニ依リ申告シ居ル要申告者タル者（同令第二條第六號ニ該當スル者ヲ除ク）ニ付當該變更ニ關シ同令第四條第二項又ハ第六條ノ規定ニ依ル申告アリタルトキハ此ノ限ニ在ラズ 前項ノ報告ハ國民勞務手帳ノ交付ヲ受ケタル者ガ從業者タル場合ニ在リテハ國民勞務手帳ヲ保管スル使用者ヲ經由シテ之ヲ爲スベシ 四　國民勞務手帳法施行規則（昭和十六年六月十七日厚生省令第二十四號） 第一條　國民勞務手帳法（以下手帳法ト稱ス）第一條ノ技術者及勞務者ハ別表ニ揭グルモノトス 別表ニ揭グル技術者及勞務者ト雖モ左ノ各號ノ一ニ該當スル者ハ之ヲ除ク但シ第四號乃至第六號ニ該當スル者三十日ヲ超エテ引續キ使用セラルルニ至リタルトキハ此ノ限ニアラズ 一　帝國臣民ニ非ザル者 二　女子 三　工場法施行令第一條各號ノ一ノ事業ヲ營ム工場ニシテ工場法ノ適用ナキモノニ使用セラルル者 四　三十日以内ノ期間ヲ定メテ使用セラルル者 五　使用期間ノ定ナク勞務供給契約ニ基キ又ハ試ニ使用セラルル者 六　日日雇入レ使用セラルル者 七　臨時ニ土木、建築作業ニ從事スル者ニシテ之ヲ業トセザルモノ 第二條　國民勞務手帳ハ樣式第一號ニ依ル 二五
주요 내용 및 특징	○ 국민노무수첩을 교부받는 기술자, 노무자에 여자는 포함되지 않는다. ○ 하루 단위(날품팔이) 종업자, 30일 이내 기간 동안 사용되는 자, 시험적으로 사용되는 자, 임시로 토목건축업에 사용되는 자 등은 제외된다.
법령 적용 범위	
관련 법령 통합·폐지 사항	
유사·파생 법령	

후생성령 제24호

1941년 6월 17일

국민노무수첩법시행규칙

제1조 국민노무수첩법(이하 수첩법이라 칭한다) 제1조 기술자 및 노무자는 별표에 열거하는 자로 한다.

별표에 열거하는 기술자 및 노무자라 하더라도 아래 각호 하나에 해당하는 자는 이를 제외한다. 단 제4호 내지 제6호에 해당하는 자가 30일을 넘게 계속하여 사용된 때는 이에 구애되지 않는다.

1. 제국신민이 아닌 자
2. 여자
3. 공장법시행령 제1조 각호 1의 사업을 운영하는 공장으로 공장법 적용이 없는 곳에 사용되는 자
4. 30일 이내의 기간을 정해 사용되는 자
5. 사용기간을 정하지 않고 노무공급계약에 의거하거나 또는 시험적으로 사용되는 자
6. 하루 단위로 고용되어 사용되는 자
7. 임시로 토목, 건축작업에 종사하는 자로 이를 업으로 하지 않는 자

제2조 국민노무수첩은 양식 제1호에 의한다.

제3조 국민노무수첩법시행령(이하 시행령이라 칭한다) 제1조, 동령 부칙 제2항 및 1941년 칙령 제705호 부칙 제2항의 신청은 양식 제2호에 따라 이를 해야 한다.

전항 신청서에는 최근 1년 이내 촬영한 사진(명함판, 정면 반신, 탈모, 대지 없는 것)을 첨부해야 한다.

국민직업지도소장이 특히 필요하다고 인정할 때는 제1항의 신청서에 수첩법 제15조에 규정하는 증명서 또는 호적 초본의 첨부를 요청할 수 있다.

국민직업능력신고령에 의거한 직업능력신고수첩을 교부받은 자가 종업자가 되고

자 할 때는 제2항에 규정하는 사진을 그 취업하는 지역을 관할하는 국민직업지도소장에게 제출하여 해당 직업능력신고수첩에 첨부받아야 한다.

제4조 종업자가 제11조 규정에 따라 국민노무수첩에 첨부한 사진을 재첨부하고자 할 경우에는 사용자는 국민노무수첩을 종업자에게 일시 반환해야 한다.

제5조 시행령 제8조 제3항 및 제15조 규정에 따른 보고는 양식 제3호에 따라 이를 해야 한다.

제6조 시행령 제18조의 급료 또는 임금의 범위는 급료, 임금, 수당, 기타 명칭의 여하를 막론하고 종업자를 사용하는 사용자가 노무 대가로서 지급하는 금전, 물건, 기타 이익으로 한다. 단 아래에 열거하는 것을 제외한다.

1. 실물 급여. 단 백미, 정맥, 식사 및 주거 급여를 제외한다.
2. 상여
3. 임시 급여

급여 또는 임금의 전부 또는 일부가 금전 이외의 급여, 기타 이익인 경우에는 그 가격 산정은 임금통제령(賃金統制令) 제3조 제2항 규정에 따라 후생대신이 정하는 바에 의한다.

제7조 시행령 제20조 제2항의 규정에 따른 보고는 양식 제4호에 따라 이를 해야 한다.

제8조 시행령 제21조 제3항의 규정에 따른 보고는 양식 제5호에 따라 이를 해야 한다.

제9조 시행령 제22조 제2항의 규정에 따른 보고는 양식 제6호에 따라 이를 해야 한다.

제10조 시행령 제24조 제1항의 신청은 양식 제7호에 따라 이를 해야 한다.

국민노무수첩을 훼손하거나 또는 여백이 없게 된 데 따라 국민노무수첩을 재교부받고자 하는 자는 전항 신청서에 그 국민노무수첩을 첨부해야 한다.

제3조 제2항 및 제3항 규정은 제1항의 신청에 이를 준용한다. 단 국민노무수첩을 대신할 증명서 재교부 신청에 대해서는 이에 구애되지 않는다.

국민노무수첩을 망실하여 국민노무수첩을 재교부받고자 한 자는 재교부를 받은 뒤 원 국민노무수첩을 발견했을 때는 지체 없이 재교부받은 국민직업지도소장에게 이를 반납해야 한다.

제11조 국민노무수첩을 교부받은 자가 국민노무수첩에 첨부한 사진을 훼손하거나 또는

망실했을 때, 기타 본인임을 알기 어렵게 된 때는 종업자인 자에 있어서는 그 취업지를 관할하는 국민직업지도소장에게, 종업자가 아닌 자에 있어서는 그 거주지를 관할하는 국민직업지도소장에게 사진을 재첨부받아야 한다.

제12조 국민노무수첩에 대신하는 증명서는 양식 제8호에 의한다.

제13조 국민노무수첩에 대신하는 증명서에 기재할 사항은 시행령 제2조 제1호 내지 제4호, 제8호 내지 제10호, 제14호 및 제15호에 열거하는 사항으로 한다.

제14조 수첩법 제16조 제3항 규정에 따른 증표는 양식 제9호에 의한다.

부칙

본령은 1941년 10월 1일부터 이를 시행한다. 단 수첩법 제2조 규정 실시를 위해 미리 필요한 범위 내에서는 동년 7월 21일부터 이를 시행한다.

1941년 9월 30일까지 제3조 제1항의 신청을 하고자 하는 자는 동조 제2항에 규정하는 사진을 첨부하지 않을 수 있다. 단 사진을 첨부하지 않는 경우에 있어서는 1943년 9월 30일까지 그 취업지를 관할하는 국민직업지도소장에게 동조 제2항에 규정하는 사진을 제출하여 국민노무수첩에 첨부받아야 한다.

제3조 제4항의 규정에 따른 사진 첨부는 1941년 9월 30일까지 종업자가 되려는 자에 대해서는 1943년 9월 30일까지 이를 받아도 무방하다.

이하 양식 생략.

자료 88

노무긴급대책요강	
구분	각의결정
법령명/건명	노무긴급대책요강 勞務緊急對策要綱
제정·개정·결정·폐지 연월일	1941년 8월 29일
구성	
선행 규범·법령	
원문 일부	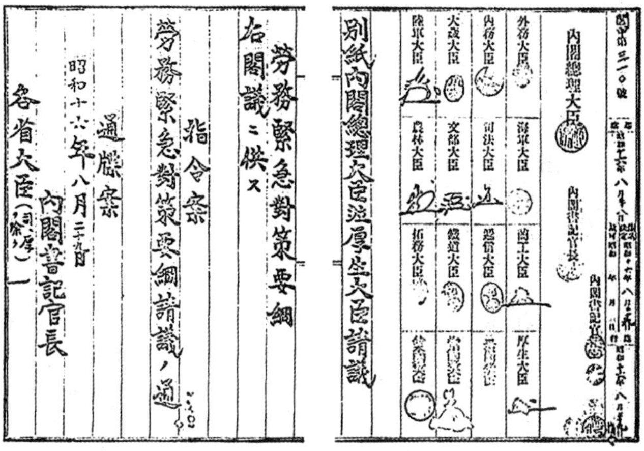 勞務緊急對策要綱 右閣議ニ供ス 指令案 勞務緊急對策要綱請議ノ通 通牒案 昭和十六年八月二十九日 内閣書記官長 各省大臣（司法厚生）
주요 내용 및 특징	○ 국민개로의 상징인 국민근로보국대 창설 요구 ○ 본 각의결정에 따라 「국민근로보국협력령」 제정 ○ 남자 14세 이상 40세 미만, 여자 14세 이상 25세 미만이 대상
법령 적용 범위	
관련 법령 통합·폐지 사항	
유사·파생 법령	

각의결정

1941년 8월 29일

노무긴급대책요강

제1 취지

현하 긴박한 시국에 대처할 노무동원은 그 규모 및 정도에 있어서 획기적인 것이 되어 진정 전 국민 일치단결하는 동원태세를 정비함으로써 인적 자원의 최고도 활용을 꾀하지 않으면 안 된다. 그리하여 다음의 요령으로 노무긴급대책을 수립 실시하고자 한다.

제2 요령

1. 근로보국대정신을 확립 앙양한다.
   (1) 근로는 국민의 의무로서 국가의 요청에 따라 행해지는 것이라는 정신을 철저히 할 것.
   (2) 근로의 영예를 현창하는 국가적 표창제도를 확립할 것.
2. 노무배치의 조정을 강화하기 위해 종업자이동방지령 및 청소년고입제한령을 폐지하고 새로운 칙령을 제정한다.
   (1) 중요 공장사업장에서의 노무자 해고 및 퇴직을 극력 억제할 것.
   (2) 중요산업요원의 충족을 원활하게 하기 위해 일반산업에서의 종업자 신규 고용 및 사용 제한을 강화할 것.
3. 노무급원 확보를 위해 직업전환을 신속하게 촉진할 것.
   (1) 정리를 필요로 하는 산업 업종 및 정리 비율을 대략 정하여 노무의 재배치 계획을 수립 실시할 것
   (2) 기업면허제를 확립 실시할 것
   (3) 국가 요청에 따른 직업전환자에 대해서는 그 전환을 용이하게 하기 위해 적당한 조

치를 강구할 것

4. 중요 산업요원 충족에 대비하기 위해 국민등록제도를 확충할 것

(1) 남자뿐만 아니라 여자도 포함하여 그 범위를 확대한다(남자 만16세~40세 미만, 여자 만16세~25세 미만).

(2) 일정 연령을 넘는 자에게는 지원등록을 인정할 것.

5. 중요 산업요원 충족을 위해 국민징용제도를 개정한다.

(1) 징용을 실시해야 하는 총동원 업무의 범위를 확대한다.

(2) 피징용자 및 가족에 대한 부조원호에 대해 조치할 것.

6. 근로능력을 증진하여 생산 향상을 꾀하기 위해 직장 질서의 확립을 목표로 하여 근로조직을 정비하고, 중요 공장사업장에서의 근로관리를 쇄신 강화하기 위한 특별 조치를 강구한다.

7. 근로봉사를 제도화하여 학생생도 및 일반 청년을 동원하여 국가총동원 업무에 협력시킨다.

8. 총동원 업무 종업자의 주택 충족을 꾀하기 위해 필요한 조치를 강구한다.

9. 기술자 및 노무자 충족을 위해 학교수업기간을 단축한다.

제3 실시조치

1. 중앙 · 지방의 노무행정기구를 정비한다.

2. 국민직업지도기구를 확충 정비한다.

3. 관계 각 청 간 연락을 긴밀하게 하기 위한 조치를 강구한다.

4. 대정익찬회, 대일본산업보국회 등의 협력활동을 촉진한다.

5. 필요한 예산적 조치를 강구한다.

자료 89

국민근로보국협력령	
구분	칙령 제995호
법령명/건명	국민근로보국협력령 國民勤勞報國協力令
제정 · 개정 · 결정 · 폐지 연월일	1941년 11월 21일 1943년 6월 18일 개정(칙령 제515호), 1944년 11월 17일(칙령 제642호), 1945년 3월 6일 폐지
구성	17개 조항, 부칙 1개 조항
선행 규범 · 법령	국가총동원법 제5조 각의결정 「노무긴급대책요강」(1941년 8월 29일)
원문 일부	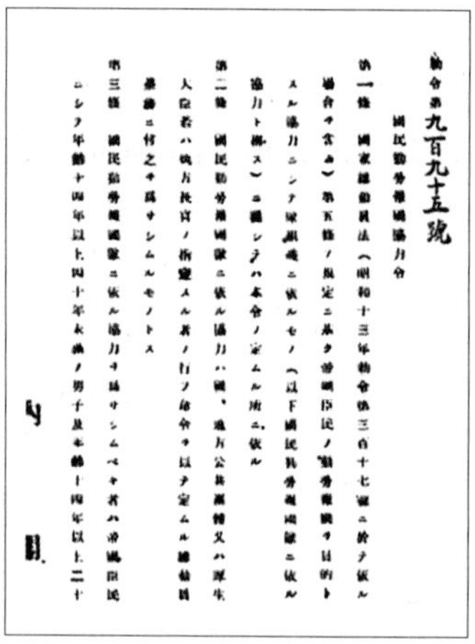 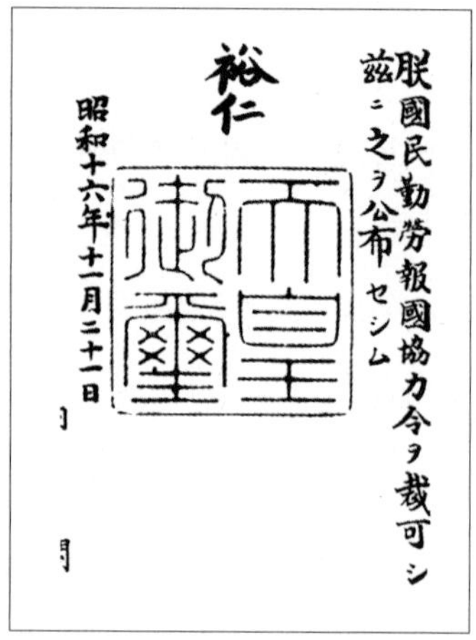
주요 내용 및 특징	○ 제국신민이 근로보국을 목적으로 대조직으로 총동원 업무에 협력하는 것. 국민개로의 성문화 ○ 대상은 남자 14세 이상 40세 미만, 여자 14세 이상 25세 미만 단 지원에 의해 국민근로보국대에 협력할 수 있다. ○ 국민근로보국대에 의한 협력은 연간 30일 이내로 한다. ○ 조선에서는 조선시대 부역과 독일 노동봉사단 사례에서 착안하여 1938년 6월 26일 조선총독부 통첩으로 출발
법령 적용 범위	제국 전역
관련 법령 통합 · 폐지 사항	
유사 · 파생 법령	

칙령 제995호

1941년 11월 21일

국민근로보국협력령

제1조 국가총동원법(1938년 칙령 제317호에 의한 경우를 포함) 제5조 규정에 의거 제국신민의 근로보국을 목적으로 하는 협력으로서 대 조직에 의한 것(이하 국민근로보국대에 의한 협력이라고 칭한다)에 관해서는 본령이 정하는 바에 의한다.

제2조 국민근로보국대에 의한 협력은 국가, 지방공공단체 또는 후생대신 혹은 지방장관이 지정하는 자가 명령으로 정하는 총동원 업무에 대해 이를 시행하는 것으로 한다.

제3조 국민근로보국대에 의한 협력을 시행하도록 하는 자는 제국신민으로서 연령 14세 이상 40세 미만의 남자 및 연령 14세 이상 25세 미만의 여자(처로 신고하지 않았으나 사실상 혼인관계와 다름없는 사정에 있는 여자를 제외)로 한다.

전항 해당자 이외의 자는 지원에 의해 국민근로보국대에 의한 협력을 시행할 수 있다.

제6조의 규정에 의해 학교장에 대해 필요한 조치를 명령할 경우, 학교 재학자의 국민근로보국대에 의한 협력에 대해서는 전 2항의 규정에도 불구하고 명령으로 별단 규정을 정할 수 있다.

제4조 국민근로보국대에 의해 협력할 기간은 명령으로 정하는 바에 따라 1년 중 30일 이내로 한다.

전항 기간은 특별히 필요한 경우, 또는 본인 동의가 있을 경우에는 30일을 초과할 수 있다.

제5조 국민근로보국대에 의해 협력을 얻고자 하는 자는 명령이 정하는 바에 따라 후생대신 또는 지방장관에게 이를 청구 또는 신청해야 한다.

제6조 후생대신 또는 지방장관은 전조 규정에 따른 청구 또는 신청이 있는 경우 국민근로보국대에 의한 협력을 시행할 필요가 있다고 인정할 때는 명령이 정하는 바에 따라 시정촌장(시정촌장에 준하는 자를 포함. 이하 마찬가지) 기타 단체의 장 또는 학교장에 대해

협력을 받을 자, 작업 종류, 협력할 장소 및 기간과 소요 인원수 기타 필요한 사항을 지정하여 국민근로보국대에 의한 협력에 관해 필요한 조치를 명령하는 것으로 한다.

제7조 전조 조치를 명령받은 자는 명령이 정하는 바에 따라 국민근로보국대에 의해 협력해야 할 자를 선정하여 그 선정이 있었음을 본인에게 통지하고 협력에 관해 필요한 사항을 지시해야 한다.

전항 선정에 있어서는 본인의 연령, 직업, 신체 상황, 가정 상황, 희망 등을 참작해야 한다.

제8조 전조 제1항 통지를 받은 자는 동항 규정에 의한 지시에 따라 국민근로보국대에 의한 협력을 해야 한다.

제9조 국민근로보국대에 의한 협력에 필요한 경비는 명령이 정하는 바에 따라 특별한 사정이 있는 경우를 제외하고, 그 협력을 받고자 하는 자가 이를 부담하는 것으로 한다.

제10조 아래 각호 하나에 해당하는 자는 국민근로보국대에 의한 협력을 하지 못하는 자로 한다.

1. 육해군 군인으로 현역 중인 자(아직 입영하지 않은 자를 제외함) 및 소집 중인 자(소집 중의 신분으로 취급받는 자를 포함)
2. 육해군 학생생도(해군예비연습생 및 해군예비보습생을 포함)
3. 조선총독부 육군병지원자 훈련소 생도
4. 육해군 군속
5. 현재 징용 중인 자
6. 육군대신 혹은 해군대신 소관의 관아(부대 및 학교를 포함) 또는 후생대신이 지정하는 공장사업장, 기타 장소에서 군사상 필요한 총동원 업무에 종사하는 자
7. 법령에 따라 구금 중인 자

제11조 아래 각호 하나에 해당하는 자는 지원에 의한 경우를 제외하고 국민근로보국대에 의해 협력시킬 수 없는 자로 한다.

1. 현재 후생대신이 지정하는 총동원 업무에 종사하는 자
2. 기타 후생대신이 지정하는 자

제12조 후생대신 또는 지방장관은 국민근로보국대에 의한 협력에 관해 시정촌장 기타 단

체의 장 혹은 학교장 또는 국민근로보국대에 의해 협력할 자 혹은 그 협력을 받을 자를 감독한다.

제13조 후생대신 또는 지방장관은 후생대신이 정하는 바에 따라 그 국민근로보국대에 의한 협력에 관한 사무 일부를 국민직업지도소로 하여금 분장시킬 수 있다.

제14조 제5조, 제6조 및 전 2조 중 후생대신이라 함은 제6조의 규정에 따라 학교장에 대해 필요한 조치를 명령할 경우 학교 재학자의 국민근로보국대에 의한 협력은 문부대신 및 후생대신으로 한다.

제15조 본령에서 학교라 함은 제10조 제6호의 경우를 제외하고 문부대신이 소관하는 학교를 말하며, 학교장이라 함은 문부대신이 소관하는 학교의 장을 말한다.

제16조 전 1조의 규정은 조선, 대만, 화태 및 남양군도에는 이를 적용하지 않는다.

본령 중 후생대신이라 함은 조선에 있어서는 조선총독, 대만에 있어서는 대만총독, 화태에 있어서는 화태청장관, 남양군도에 있어서는 남양청장관으로 한다. 지방장관이라 함은 조선에 있어서는 도지사, 대만에 있어서는 주지사 또는 청장, 화태에 있어서는 화태청장관, 남양군도에 있어서는 남양청장관으로 한다. 시정촌장이라 함은 조선에 있어서는 부윤 또는 읍·면장, 대만에 있어서는 시장 또는 군수(호코청은 청장), 남양군도에 있어서는 남양청지청장으로 한다. 국민직업지도소장이라 함은 조선에 있어서는 부윤, 군수 또는 도사, 대만에 있어서는 시장 또는 군수(호코청은 청장), 화태에 있어서는 화태청지청장, 남양군도에 있어서는 남양청지청장으로 한다.

제17조 본령에서 정하는 것 외 국민근로보국대에 의한 협력에 관해서 필요한 사항은 명령으로 이를 정한다.

부칙

본령은 1941년 12월 1일부터 이를 시행한다.

자료 90

국민근로보국협력령시행규칙	
구분	후생, 문부성령 제3호
법령명/건명	국민근로보국협력령시행규칙 國民勤勞報國協力令施行規則
제정·개정·결정·폐지 연월일	1941년 12월 1일
구성	19개 조항, 부칙 1개 조항
선행 규범·법령	국가총동원법 제5조, 국민근로보국협력령
원문 일부	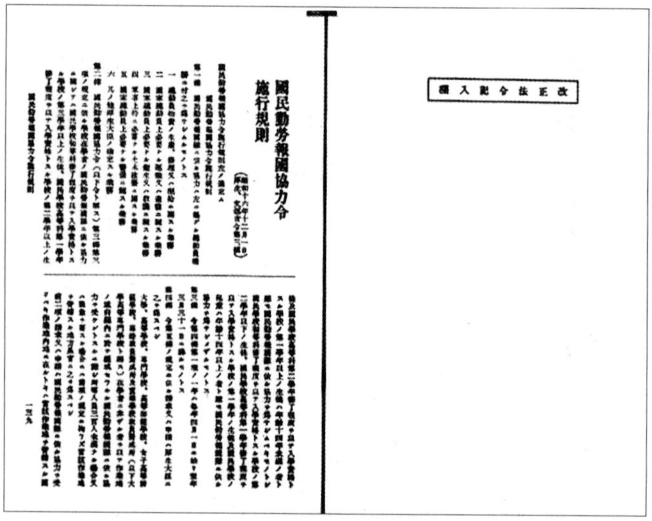 國民勤勞報國協力令施行規則 / 改正法令記入欄
주요 내용 및 특징	○ 국민근로보국대에 의한 협력은 총동원물자의 생산, 수리, 배급, 운수, 통신, 위생, 구호, 토목건축, 경비 등에 관한 업무를 대상으로 한다. ○ 근로협력의 1년은 매년 4월 1일부터 이듬해 3월 31일까지로 한다. ○ 국민근로보국대에 의한 협력 대상 제외자는 국민학교 고등과 제1학년 수료 정도를 입학자격으로 하는 학교의 1학년 생도와 국민학교 아동
법령 적용 범위	제국 전역, 조선(부령 제313호)
관련 법령 통합·폐지 사항	
유사·파생 법령	

후생, 문부성령 제3호

1941년 12월 1일

국민근로보국협력령시행규칙

제1조 국민근로보국대에 의한 협력은 아래에 열거하는 총동원 업무에 대해 이를 시키는 것으로 한다.

1. 총동원물자의 생산, 수리 또는 배급에 관한 업무
2. 국가총동원상 필요한 운수 또는 통신에 관한 업무
3. 국가총동원상 필요한 위생 또는 구호에 관한 업무
4. 군사상 특히 필요한 토목건축에 관한 업무
5. 국가총동원상 필요한 경비에 관한 업무
6. 기타 후생대신이 지정하는 업무

제2조 국민근로보국협력령(이하 영이라 칭한다) 제3조 제3항 규정에 따른 학교 재학자의 국민근로보국대에 의한 협력에 관해서는 국민학교 초등과 수료 정도를 입학자격으로 하는 학교의 제3학년 이상의 생도, 국민학교 고등과 제1학년 수료 정도를 입학자격으로 하는 학교의 제2학년 이상의 생도 및 국민학교 고등과 제2학년 수료 정도를 입학자격으로 하는 학교의 제1학년 이상의 생도는 연령 14세 미만의 자라 하더라도 국민근로보국대에 의한 협력을 시켜야 하는 자로 한다. 국민학교 초등과 수료 정도를 입학자격으로 하는 학교의 제2학년 이하의 생도, 국민학교 고등과 제1학년 수료 정도를 입학자격으로 하는 학교의 제1학년 생도 및 국민학교 아동은 연령 14세 이상의 자라 하더라도 국민근로보국대에 의한 협력을 시키지 않는 자로 한다.

제3조 영 제4조 제1항의 1년은 매년 4월 1일부터 시작하여 이듬해 3월 31일에 끝나는 것으로 한다.

제4조 영 제5조 규정에 의한 청구 또는 신청은 후생대신에게 이를 해야 한다.

대학, 고등학교, 전문학교, 고등사범학교, 여자고등사범학교, 임시교원육성소 및 실업학교 교원양성소(이하 대학고등전문학교라 칭한다) 재학생이 아닌 자로 작업지 도·부·현 내에 편성되는 국민근로보국대에 의한 협력을 받고자 할 때 소요인원 300인 미만의 경우, 또는 긴급을 요하는 경우에는 전항 규정에도 불구하고 해당 작업지를 관할하는 지방장관에게 이를 해야 한다.

전 2항의 청구 또는 신청은 국민근로보국대에 의한 협력을 받는 작업지 내에 있을 때는 해당 작업지를 관할하는 국민직업지도소장을 경유하여 이를 해야 한다.

제5조 전조의 청구 또는 신청은 양식 제1호에 따라 이를 해야 한다.

제6조 후생대신은 대학고등전문학교 재학생이 아닌 자로 편성되는 국민근로보국대에 의한 협력 청구 또는 신청을 받았을 경우에 협력이 필요하다고 인정했을 때는 지방장관에게 국민근로보국대 편성에 관해 필요한 명령을 내리는 것으로 한다.

제7조 지방장관은 전조 명령을 받은 경우, 또는 제4조 제2항의 규정에 따라 청구 혹은 신청을 받아 그 협력이 필요하다고 인정했을 경우에는 즉시 시정촌장(시정촌장에 준하는 것을 포함한다. 이하 마찬가지), 기타 단체의 장 또는 학교장에게 국민근로보국대편성령서를 교부하여 국민근로보국대에 의한 협력에 관해 필요한 조치를 명령해야 한다.

제8조 후생대신은 대학고등전문학교 재학생으로 편성되는 국민근로보국대에 의한 협력의 청구 또는 신청을 받았을 경우 그 협력이 필요하다고 인정했을 때는 해당 학교장에게 국민근로보국대편성령서를 교부하여 국민근로보국대에 따른 협력에 관해 필요한 조치를 명령하는 것으로 한다.

제9조 전 2조의 국민근로보국대편성령서는 양식 제2호에 의한 것으로 한다.

제10조 제7조 또는 제8조 규정에 따라 국민근로보국대에 의한 협력에 관해 필요한 조치를 명령받은 자(이하 국민근로보국대편성자라고 칭한다)는 전조 국민근로보국대편성령서에 의거 즉시 국민근로보국대에 의한 협력을 해야 하는 자를 선정하여 양식 제3호에 의한 국민근로보국대협력령서에 의거 이에 통지해야 한다. 단 특별한 사정이 있을 때는 구두로 통지할 수 있다.

국민근로보국대편성자는 전항 통지를 받은 자 중 국민근로보국대를 지휘하는 자(이하 국민근로보국대장이라고 칭한다)를 선정하여 이에 그 내용을 통지해야 한다.

제11조 전조 제1항의 통지를 받은 자는 소정의 일시에 소정의 장소에 출두해야 한다.

전항의 자가 질병, 기타 어쩔 수 없는 사고가 있어 국민근로보국대에 의한 협력을 할 수 없을 때는 즉시 국민근로보국대 편성자에게 그 내용을 신고해야 한다.

국민근로보국대 편성자는 전항의 신고가 있을 경우에 사정이 어쩔 수 없는 것임을 인정했을 때는 전조 제1항의 통지를 취소해야 한다.

제12조 국민근로보국대장은 국민근로보국대원의 부서를 정해 이를 지휘·감독해야 한다.

국민근로보국대원은 국민근로보국대장의 지휘에 따라 규율을 존중하며 국민근로보국의 결실을 거두는 일에 기해야 한다.

제13조 국민근로보국대원이 질병, 기타 어쩔 수 없는 사고가 있어 계속해서 국민근로보국대에 의한 협력을 하기 곤란할 때는 그 내용을 국민근로보국대장에게 신고해야 한다. 국민근로보국대장은 전항 신고가 있을 때는 국민근로보국대 편성자에게 그 내용을 보고해야 한다.

국민근로보국대 편성자는 전항 보고를 받았을 경우에 사정이 어쩔 수 없는 것임을 인정했을 때는 그자의 해당 국민근로보국대에 의한 협력을 면제해야 한다.

제14조 영 제9조 규정에 따라 국민근로보국대에 의한 협력을 받는 자가 부담해야 하는 경비는 아래에 열거하는 것으로 한다.

1. 작업지에 이르는 왕복 여비
2. 수당 또는 사례금
3. 숙박료
4. 식비
5. 기타 후생대신 또는 지방장관이 필요하다고 인정한 비용

후생대신 또는 지방장관은 특별한 사정이 있다고 인정할 때는 국민근로보국대에 의한 협력을 받는 자로 하여금 전항의 경비 전부 또는 일부를 부담시키지 않을 수 있다.

제15조 국민근로보국대원은 업무상 부상하거나 질병에 걸리거나 또는 사망했을 때는 국민근로보국대에 의한 협력을 받는 자는 양식 제1호에 따른 국민근로보국대 협력신청(청구)서에 기재한 조항에 따라 본인 또는 그 유족 혹은 본인의 사망 당시 그 수입에 의해 생계를 유지한 자를 부조해야 한다.

제16조 후생대신 또는 지방장관은 국민근로보국대에 의한 협력에 관해 시정촌장, 기타 단체의 장 혹은 학교장 또는 국민근로보국대원 혹은 국민근로보국대에 의한 협력을 받는 자로부터 보고를 요구할 수 있다.

제17조 후생대신 또는 지방장관은 국민직업지도소장으로 하여금 영 제5조 규정에 의한 청구 또는 신청에 관한 심사, 전조 규정에 의한 보고 청취, 기타 국민근로보국대 편성자 또는 국민근로보국대원 혹은 국민근로보국대에 의한 협력을 받는 자의 감독에 관해 그 사무의 일부를 분장시킬 수 있다.

제18조 학교보국단의 대 조직 편성이 있는 학교에 관해서는 본 규칙 중 국민근로보국대편성령서라 함은 학교보국대출동령서인 것으로 하고, 본 규칙 적용에 관해 학교보국대를 국민근로보국대라 간주한다.

제19조 제4조, 제6조, 제8조, 제14조, 제16조 및 제17조 중 후생대신이라 함은 제6조 규정에 따라 학교장에게 필요한 조치를 명령할 경우 학교재학생의 국민근로보국대에 의한 협력에 관해서는 문부대신 및 후생대신으로 한다.

부칙

본령은 공포일로부터 이를 시행한다.

자료 91

노무조정령	
구분	칙령 제1063호
법령명/건명	노무조정령 勞務調整令
제정·개정·결정·폐지 연월일	1941년 12월 6일 개정(1943.6.18. 칙령 제513호), 개정(1944.5.2. 칙령 제323호), 개정(1944.11.17. 칙령 제641호), 폐지(1945.3.6. 칙령 제94호)
구성	20개 조항, 부칙 3개 조항
선행 규범·법령	국가총동원법 제6조
원문 일부	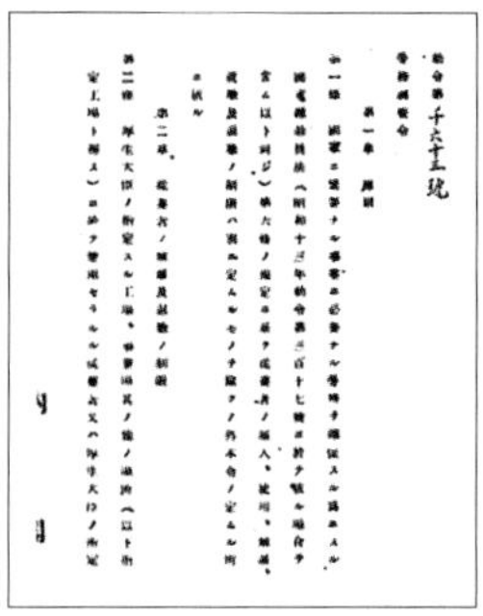  朕勞務調整令ヲ裁可シ茲ニ之ヲ公布セシム 裕仁 天皇御璽 昭和十六年十二月六日
주요 내용 및 특징	○ 국가사업에 투입할 노동력을 확보하기 위해 종업자의 고용, 사용, 해고, 취직, 퇴직 등을 관리한다. ○ 「청소년고입제한령」 및 「종업자이동방지령」을 통합하여 노무배치의 통제를 강화하기 위해 제정 (1) 중요 공장사업장 종업자의 해고 퇴직 제한, (2) 기술자, 초등학교 졸업자, 일반 청장년 고입 취직의 제한, (3) 노무공급에 의한 종업자 사용의 제한을 골자로 함. ○ 14세 미만 60세 이상의 남자, 14세 미만 40세 이상의 여자는 제외한다. ○ 14세 이상 40세 미만의 남자, 14세 이상 25세 미만의 여자인 일반 청장년의 고용과 취직은 모두 국민직업지도소의 소개, 지정공장 사업주, 후생대신 지정에 따라야 한다. ○ 조선에서는 12세 이상 40세 미만의 남자 청장년의 고용이나 취직은 국가의 소개, 조선총독부 지정, 국가나 도, 청의 고용인 경우, 기타 명령에 따라야 한다.
법령 적용 범위	제국 전역
관련 법령 통합·폐지 사항	청소년고입제한령, 종업자이동방지령
유사·파생 법령	

칙령 제1063호

1941년 12월 6일[24]

노무조정령

제1장 총칙

제1조 국가에 긴요한 사업에 필요한 노무를 확보하기 위해 국가총동원법(1938년 칙령 제317호에 의한 경우를 포함한다. 이하 마찬가지) 제6조 규정에 의거 종업자의 고용, 사용, 해고, 취직 및 퇴직 제한은 별도로 정하는 것을 제외하고 본령이 정하는 바에 의한다.

제2장 종업자의 해고 및 퇴직 제한

제2조 후생대신이 지정하는 공장, 사업장, 기타 장소(이하 지정공장이라 칭한다)에서 사용될 종업자 또는 후생대신이 지정하는 범위의 종업자 해고 및 퇴직은 명령이 정하는 바에 따라 국민직업지도소장에게 인가받지 않으면 이를 행할 수 없다.

전항 종업자에 대해서는 고용기간의 만료, 기타 해고 및 퇴직 이외의 사유에 의해 고용관계를 종료할 경우에는 계속해서 고용관계를 존속시킬 것을 필요로 한다. 단 명령이 정하는 바에 따라 국민직업지도소장의 허가를 받은 경우에는 이에 구애되지 않는다.

제1항의 지정은 지정해야 할 공장, 사업장, 기타 장소의 사업주 또는 지정받아야 할 범위의 종업자를 사용하는 사업주에 대해 통지로 이를 시행할 수 있다.

전항 규정에 따라 지정 통지를 받은 사업주는 그 취지를 관계 종업자에게 주지시켜야 한다.

제3조 전조 제1항 및 제2항 규정은 아래 각호 하나에 해당하는 경우에는 이를 적용하지

24 1941년 12월 8일 공포(警視庁工場課, 1942, 『労務調整令解説』, 東京産業報国会)

않는다.

1. 육해군에 징집 또는 소집되거나 또는 지원에 의해 육해군 현역으로 복무하고 있는 경우.
2. 육해군 학생생도(해군예비연습생 및 해군예비보습생을 포함)에 채용된 경우.
3. 국가총동원법 제4조 규정에 의거 징용된 경우.
4. 기타 명령이 정하는 경우.

전조 제1항 및 제2항 규정은 국가 및 도·부·현, 시정촌, 기타 이에 준하는 것에는 이를 적용하지 않는다.

제3장 종업자의 고용, 취직 및 사용 제한

제4조 기술, 기능 또는 학식 경험이 있는 자로 후생대신이 지정하는 자(이하 기능자라 칭한다)의 고용 및 취업에 대해서는 명령이 정하는 바에 따라 국민직업지도소장의 허가를 받은 경우, 또는 국민직업지도소의 소개가 있는 경우를 제외하고 이를 시행할 수 없다.

제5조 전조 규정은 아래 각호의 하나에 해당하는 경우에는 이를 적용하지 않는다.

1. 연령 14세 미만 혹은 연령 60세 이상의 남자 또는 연령 14세 미만 혹은 연령 40세 이상의 여자·기능자의 고용 및 취직의 경우.
2. 입영(응소의 경우를 제외함, 이하 마찬가지)을 명령받거나 혹은 징용되어 해고된 자 또는 입영 혹은 징용 기간 중 고용기간이 만료한 자가 그 퇴영(입영 시의 신체검사에서 귀향을 명령받은 경우도 포함) 혹은 징용해제일로부터 3개월 이내에 다시 원직으로 복귀한 경우.
3. 학교 졸업자 사용제한령 제1조의 졸업자 고용 및 취직의 경우.
4. 국가 및 도·부·현의 기능자 고용 및 취직의 경우.
5. 기타 명령이 정하는 경우.

제6조 본령 시행 후 국민학교 초등과(내지에서는 이에 준하는 것을 포함한다. 이하 마찬가지)를 수료하거나 또는 국민학교 고등과(내지에서는 이에 준하는 것을 포함한다. 이하 마찬가지)를 수료하거나 혹은 중도 퇴학한 후 2년을 경과하지 않은 자로 기능자가 아닌 자(이하 국민학

교 수료자라 칭한다)의 고용 및 취직은 국민직업지도소 소개가 아니면 이를 시행할 수 없다. 단 국가 및 도·부·현에 고용 및 취직하는 경우, 선원직업소개소 소개에 의한 선원 고용 및 취직의 경우 그리고 명령이 정하는 경우에는 이에 구애받지 않는다.

제7조 연령 14세 이상 40세 미만의 남자 또는 연령 14세 이상 25세 미만의 여자로 기능자 및 국민학교 수료자가 아닌 자(이하 일반 청장년이라 칭한다)의 고용 및 취직은 아래 각호 하나에 해당하는 경우를 제외하고, 이를 시행할 수 없다.

1. 국민직업지도소의 소개에 의해 고용 및 취직하는 경우.
2. 지정공장 사업주, 후생대신이 지정하는 사업을 운영하는 자 또는 후생대신이 지정하는 자, 명령이 정하는 바에 따라 국민직업지도소의 소개에 의하지 않고 고용해야 하는 일반 청장년의 인원, 기타 고용에 관한 사항에 대해 국민직업지도소장의 허가를 받은 경우.
3. 명령이 정하는 바에 따라 특정 일반 청장년의 고용 및 취직에 대해 국민직업지도소장의 허가를 받는 경우.

제8조 전조 규정은 아래 각호 하나에 해당하는 경우에는 이를 적용하지 않는다.

1. 제5조 제2호의 경우.
2. 선원직업소개소의 소개에 의한 선원 고용 및 취직의 경우.
3. 명령으로 정하는 경우를 제외하고 농업, 임업, 축산업, 양잠업 및 수산업의 일반 청장년의 고용 및 취직의 경우.
4. 국가 및 도·부·현에서의 일반 청장년의 고용 및 취직의 경우.
5. 기타 명령으로 정하는 경우.

제9조 후생대신은 노무 공급업자의 공급에 의한 종업자의 사용 제한에 관해 필요한 명령을 내릴 수 있다.

제10조 전조 규정은 국가 및 도·부·현에서의 노무 공급업자의 공급에 의한 종업자 사용에는 이를 적용하지 않는다.

제11조 국민학교 초등과 또는 국민학교 고등과 재학 중인 자를 고용하여 그자가 국민학교 초등과를 수료하여 초등학교 고등과에 진학하지 않을 경우, 또는 국민학교 고등과를 수료하거나 혹은 중도 퇴학한 경우 계속하여 그자를 고용하는 경우의 제6

조 규정 적용에 대해서는 그자가 국민학교 초등과를 수료하거나 또는 국민학교 고등과를 수료하거나 혹은 중도 퇴학할 때에는 새로 고용하여 취직한 자로 간주한다, 연령 14세 미만의 자를 고용하여 계속하여 그자를 고용할 경우에는 제7조 규정 적용에 대해서는 그자가 연령 14세에 이르렀을 때 새로 고용하여 취직한 것으로 간주한다.

사업주는 그 고용하는 종업자에 대해 공장, 사업장, 기타 사용 장소 간 소속 이동이 있을 경우 본령 적용에 대해서는 나중의 사용 장소에서 새로 고용하여 취직한 것으로 간주한다.

제1항 및 제2항의 경우 명령이 정하는 바에 따라 새로운 고용에 관해 제6조 혹은 제7조 규정에 의한 인가 또는 제6조 규정에 의거하여 내린 명령에 의한 인가신청이 있을 경우 그 신청에 대해 인가 또는 불인가의 처분이 있을 때 새롭게 고용하여 취직한 것으로 간주한다.

제4장 잡칙

제12조 국민직업지도소장은 본령에 의거하여 내리는 명령에 의한 인가신청에 대해 부정 혹은 허위 사실이 있다고 인정할 경우, 또는 특히 필요하다고 인정할 경우는 허가를 취소할 수 있다.

제13조 제4조, 제6조 또는 제7조 규정에 위반한 고용 또는 취직이 있을 경우에는 국민직업지도소장은 고용한 자에 대해 고용된 자의 해고를, 취직한 자에 대해 퇴직을 명령할 수 있다. 전조 규정에 따라 인가 취소가 있을 경우에도 마찬가지이다.

제14조 후생대신은 종업자의 고용, 사용, 해고, 취직 및 퇴직에 관해 사업자에게 감독상 필요한 명령을 내릴 수 있다.

제15조 국민직업지도소장은 명령이 정하는 바에 따라 종업자의 고용, 사용, 해고, 취직 및 퇴직에 관해 국가총동원법 제31조의 규정에 의거 보고를 요구할 수 있다.

제16조 후생대신, 지방장관 또는 국민직업지도소장은 필요하다고 인정할 때 종업자의 고용, 사용, 해고, 취업 및 퇴직에 관해 국가총동원법 제31조의 규정에 의거 해당 관

리로 하여금 관계 공장, 사업장, 기타 장소를 임검하여 업무 상황 또는 장부 서류를 검사시킬 수 있다.

전항 규정에 따라 해당 관리로 하여금 임검 검사시킬 경우 그 신분을 나타내는 증표를 휴대시켜야 한다.

제17조 전 3조 규정은 국가 및 도 · 부 · 현 종업장의 고용, 사용 및 해고에는 이를 적용하지 않는다,

국민직업지도소장은 명령이 정하는 바에 따라 국가 또는 도 · 부 · 현이 시행하는 종업자의 고용, 사용 또는 해고에 관해 종업자를 사용하는 관아(육해군 부대 및 학교를 포함) 또는 도 · 부 · 현으로부터 통보를 요구할 수 있다.

제18조 후생대신은 제2조 제1항 규정에 따라 공장, 사업장, 기타 장소 또는 종업장의 범위를 지정하고자 할 때는 내각 총리대신과 협의해야 한다.

제19조 조선 및 대만에 있어서는 제6조, 제7조, 제8조 및 제11조 규정은 이를 적용하지 않는다.

조선 및 대만에 있어서는 연령 12세 이상 40세 미만의 남자로 기능이 없는 자(이하 남자 청장년이라 함)의 고용 및 취직은 아래 각호 하나에 해당하는 경우를 제외하고, 이를 시행할 수 없다.

1. 국가의 소개에 의해 고용 및 취직할 경우.
2. 지정공장 사업주 및 조선총독부 또는 대만총독이 지정하는 자의 고용 및 취직의 경우.
3. 남자 청장년을 고용할 수 있는 총원수는 명령이 정하는 바에 따라 조선에 있어서는 부윤, 군수 또는 도사, 대만에 있어서는 시장 또는 군수(호코청은 청장)의 허가를 받은 경우에 그 인원수를 채울 때까지 고용 및 취직의 경우.
4. 명령이 정하는 바에 따라 특정 남자 청장년의 고용 및 취직에 대해 조선에 있어서는 부윤, 군수 또는 도사, 대만에 있어서는 시장 또는 군수(호코청은 청장)의 허가를 받은 경우.
5. 제5조 제2호의 경우
6. 국가 그리고 도, 주 및 청의 남자 청장년의 고용 및 취직의 경우.

7. 기타 명령으로 정하는 경우.

조선 및 대만에 있어서 연령 12세 미만의 남자로 기능자가 아닌 자를 고용하여 계속하여 그자를 고용할 경우에는 전항 규정의 적용에 대해서는 그자가 연령 12세에 달할 때에 새로 고용하거나 취직한 자로 간주한다.

전항의 경우에 명령이 정하는 바에 따라 신규 고용에 관해 제2항 규정에 따른 인가 또는 동항 규정에 의거하여 내려진 명령에 따른 인가신청이 있을 때는 그 신청에 대한 인가 또는 불인가의 처분이 있을 때 새롭게 고용 및 취직한 자로 간주한다.

제20조 본령 중 후생대신이라 함은 조선에 있어서는 조선총독, 대만에 있어서는 대만총독, 화태에 있어서는 화태청장관, 남양군도에 있어서는 남양청장관으로 하고, 지방장관이라 함은 조선에 있어서는 도지사, 대만에 있어서는 주지사 또는 청장, 화태에 있어서는 화태청장관, 남양군도에 있어서는 남양청장관으로 한다. 국민직업지도소장이라 함은 조선에 있어서는 부윤, 군수 또는 도사, 대만에 있어서는 시장 또는 군수(호코청은 청장), 화태에 있어서는 화태청지청장, 남양군도에 있어서는 남양청지청장으로 한다. 국민직업지도소라 함은 조선, 대만, 화태 및 남양군도에 있어서는 국가로 한다.

본령 중 도·부·현이라 함은 조선에 있어서는 도, 대만에 있어서는 주 또는 청, 남양군도에 있어서는 남양군도 지방■으로 한다. 국민학교 초등과라 함은 화태에 있어서는 화태 국민학교령에 따른 국민학교 초등과, 남양군도에 있어서는 남양청 국민학교규칙에 따른 국민학교 초등과로 한다. 국민학교 고등과라 함은 화태에 있어서는 화태 국민학교령에 따른 국민학교 고등과, 남양군도에 있어서는 남양청 국민학교규칙에 따른 국민학교 고등과로 한다. 내지에 있어서 이에 준하는 것이라 함은 화태에 있어서는 화태에서 이에 준하는 것, 남양군도에 있어서는 남양군도에서 이에 준하는 것으로 한다.

제13조 중 제4조, 제6조 또는 제7조라 함은 조선 및 대만에 있어서는 제4조 또는 제19조 제2항으로 한다.

부칙

본령은 1942년 1월 10일부터 이를 시행한다. 단 내지, 화태 및 남양군도에서 제7조 제2호 규정, 조선 및 대만에서 제19조 제2항 제2호 및 제3호 규정의 실시를 위해 미리 필요한 범위에 있어서는 공포일부터 이를 시행한다.

종업자이동방지령 및 청소년고입제한령은 이를 폐지한다. 단 본령 시행 전에 이루어진 행위에 관한 벌칙 적용 및 본령 시행 전에 종업자이동방지령 제5조 규정에 위반한 고용을 시행한 자에 대한 본령 제8조 규정의 적용에 대해서는 본령 시행 후라 하더라도 그 효력을 갖는다.

국민근로수장법 시행령 중 아래를 개정한다,

제8조 제1항 제1호를 아래와 같이 개정한다.

1. 근로조정령 제2조 제1항 규정에 따른 인가를 받아 퇴직할 때 또는 동령 제4조 혹은 제7조 제3호 규정에 따른 인가 혹은 동령 제6조 단서 규정에 의거한 명령에 의한 인가를 받아 취직할 때.

자료 92

의료관계자징용령	
구분	칙령 제1131호
법령명/건명	의료관계자징용령 醫療關係者徵用令
제정·개정·결정·폐지 연월일	1941년 12월 15일, 1945년 10월 10일 폐지(칙령 제566호)
구성	30개 조항, 부칙 1개 조항
선행 규범·법령	국가총동원법 제4조, 제6조
원문 일부	
주요 내용 및 특징	○「국가총동원법」제4조에 의거 의사, 치과의사, 약제사, 간호부를 징용하고, 제6조에 의거 피징용자의 사용, 급료, 기타 종업조건을 정한다. ○「국민징용령」과 마찬가지로 '모집의 방법에 따라 소요 인력을 얻지 못한 경우에 한해' 시행하는 것으로 제한하고 있다. ○ 징용 및 징용해제는 후생대신의 명령에 의한다. ○ 관아, 지방공공단체장, 공장사업장주가 징용에 의한 의료관계자의 배치를 필요로 할 때는 후생대신에게 청구 또는 신청해야 한다. ○ 후생대신이 징용을 인정할 때는 피징용자가 취업할 장소의 지방장관에게 그 사실을 통달하고, 지방장관은 징용령서를 발급하여 피징용자에게 교부해야 한다. ○ 징용령서에 기재할 사항은 ①씨명, 생년월일, 주소, 취업 장소 ②관아, 지방공공단체, 방공계획설정자, 공공사업장의 명칭 및 주소 ③총동원 업무 내용 및 장소 ④징용 기간 ⑤출두 일시 및 장소 ⑥기타
법령 적용 범위	제국 전역
관련 법령 통합·폐지 사항	
유사·파생 법령	

칙령 제1131호

1941년 12월 15일

의료관계자징용령

제1조 국가총동원법(1938년 칙령 제317호에 의한 경우를 포함한다. 이하 마찬가지) 제4조 규정에 의거한 의사, 치과의사, 약제사 및 간호부(이하 의료관계자라 총칭한다)의 징용 그리고 국가총동원법 제6조 규정에 의거한 피징용자의 사용 또는 급료, 기타 종업조건에 관한 명령은 본령이 정하는 바에 따른다.

제2조 본령에서 의사라 함은 의료법에 따라 후생대신의 면허를 받은 의사, 치과의사라 함은 치과의료법에 따라 후생대신의 면허를 받은 치과의사, 약제사라 함은 약제사법에 따라 후생대신의 면허를 받은 약제사를 말한다. 단 조선에 있어서는 각 조선총독의 면허를 받은 의사, 치과의사 및 약제사를, 대만에 있어서는 각 대만총독의 면허를 받은 의사, 치과의사 및 약제사를, 화태에 있어서는 각 화태청장관의 면허 또는 가면허를 받은 의사, 치과의사 및 약제사를, 남양군도에 있어서는 각 남양청장관이 지정하는 자를 포함한다.

본령에서 간호부라 함은 명령으로 정하는 간호부를 말한다.

제3조 징용은 특별한 사유가 있는 경우 외 모집의 방법에 따라 소요 인원을 얻지 못한 경우에 한해 이를 시행하는 것으로 한다.

제4조 본령에 따라 징용하는 자는 아래 각호 하나에 열거하는 업무에 종사시키는 것으로 한다.

1. 국가가 수행하는 군사상 또는 군인원호상 필요한 위생에 관한 총동원 업무
2. 국가, 지방공공단체 또는 방공법 제3조 제1항 규정에 방공계획의 설정자(이하 방공계획설정자라 칭한다)가 시행하는 방공상 필요한 위생에 관한 총동원 업무
3. 국가 또는 지방공공단체가 시행하는 위생에 관한 총동원 업무로 명령으로 정하는 것

4. 공장사업장관리령에 따라 정부가 관리하는 공장사업장, 기타 시설 및 후생대신이 지정하는 공장사업장, 기타 시설(이하 공장사업장이라 칭한다)의 위생에 관한 총동원 업무

전항 제3호 또는 제4호에 열거하는 업무에 종사시키기 위해 의료관계자를 징용하는 것은 국민위생상 필요한 경우에 한한다.

제5조 징용 및 징용 해제는 후생대신의 명령에 따라 이를 실시한다.

제6조 총동원 업무를 시행하는 관아(육해군 부대 및 학교를 포함한다. 이하 마찬가지)의 소관대신, 지방공공단체장, 방공계획설정자 또는 공장사업장 사업주가 징용에 의한 의료관계자 배치를 필요로 할 때는 후생대신에게 이를 청구 또는 신청해야 한다.

전항 규정에 따라 지방공공단체장, 방공계획설정자 또는 공장사업장 사업주가 하는 신청은 명령으로 정하는 지방장관을 경유해야 한다.

제7조 후생대신은 전조 규정에 따른 신청이 있을 경우에 징용이 필요하다고 인정할 때는 징용명령을 내려 징용되어야 할 자의 취업 장소(2개 이상 취업 장소를 갖는 자에 대해서는 주요 취업 장소로 한다. 이하 마찬가지)의 소재지(취업 장소가 일정하지 않는 자, 취업 장소가 없는 자 또는 선박에서 취업하는 상황에 있는 자에 대해서는 명령으로 정하는 지역)를 관할하는 지방장관이 이를 통달해야 한다.

징용되어야 할 자가 그 취업 장소에 이동이 생겨 의료관계자직업능력신고령 제4조 제2항 또는 제8조 규정에 따른 신고를 하지 않는 경우에 전후 취업 장소 소재지를 관할하는 지방장관이 다를 때는 후생대신은 전항 규정에도 불구하고 이전 취업 장소 소재지를 관할하는 지방장관에게 징용명령을 통달해야 한다.

지방장관은 징용명령을 통달받았을 때는 즉시 징용령서를 발급하여 징용되어야 할 자에게 이를 교부해야 한다.

제8조 징용령서에는 아래에 열거하는 사항을 기재해야 한다. 단 군기 보호상 특별히 필요할 때는 제2호 또는 제3호에 열거하는 사항 전부 또는 일부를 생략할 수 있다.

1. 징용되어야 할 자의 씨명, 출생 연월일, 주소 및 취업 장소
2. 종사해야 하는 총동원 업무를 수행하는 관아, 지방공공단체, 방공계획설정자 또는 공장사업장 명칭 및 소재지

3. 종사해야 하는 총동원 업무 내용 및 장소

4. 징용 기간

5. 출두해야 하는 일시 및 장소

6. 기타 필요하다고 인정하는 사항

제9조 지방장관은 징용되어야 할 자의 성별, 연령, 신체 상태, 취업 상태, 진료 능력, 주소 및 취업 장소, 가정 상황, 희망 그리고 그자의 징용이 국민의료에 미치는 영향 등을 참작하여 징용의 적부와 종사해야 할 총동원 업무 내용 및 장소를 결정하여 징용령서를 발급해야 한다.

제10조 지방장관은 징용 적부, 기타 판정을 위해 필요할 때는 징용되어야 할 자에게 출두를 요구할 수 있다.

제11조 징용령서를 교부받은 자가 질병, 기타 피할 수 없는 사고로 인해 지정 일시 및 장소에 출두할 수 없는 경우는 명령이 정하는 바에 따라 지방장관에게 그 뜻을 신고해야 한다.

전항 규정에 따라 신고가 있을 경우에 지방장관은 필요하다고 인정할 때는 출두 일시 혹은 장소를 변경하거나 그자가 징용에 적합하지 않다고 인정할 때는 징용을 취소할 수 있다. 이 경우에 있어서는 출두변경령서 또는 징용취소령서를 발급하여 그자에게 이를 교부해야 한다.

제12조 피징용자를 사용하는 관아의 소관대신, 지방공공단체장, 방공계획설정자 또는 공장사업장 사업주는 피징용자를 사용하는 관아, 피징용자가 총동원 업무에 종사하는 장소 또는 징용 기간에 대해 변경이 필요할 때는 후생대신에게 이를 청구 또는 신청할 수 있다.

제6조 제2항 규정은 전항의 경우에 이를 준용한다.

제13조 후생대신은 전조 규정에 따른 청구 또는 신청이 있을 경우에 필요하다고 인정할 때는 피징용자를 사용하는 관아, 피징용자가 총동원 업무에 종사할 장소 또는 징용 기간을 변경할 수 있다.

제14조 피징용자를 사용하는 관아의 소관대신, 지방공공단체장, 방공계획설정자 또는 공장사업장 사업주는 피징용자가 질병, 기타 사유로 인해 총동원 업무에 종사하는데

적합하지 않다고 인정할 때 또는 그자로 하여금 총동원 업무에 종사시킬 필요가 없어진 때는 후생대신에게 징용 해제를 청구 또는 신청해야 한다.

피징용자가 질병, 기타 사유에 의해 총동원 업무에 종사하기 어려운 경우에는 관아에 사용되는 자에 있어서는 해당 관아의 소관대신에게, 지방공공단체, 방공계획설정자 또는 공장사업장에 사용되는 자에 있어서는 후생대신에게 그 뜻을 신고할 수 있다.

제15조 후생대신은 전조 제1항 규정에 따른 청구 또는 신청이 있을 경우에는 징용을 해제할 수 있다. 후생대신은 필요하다고 인정할 때는 전조 제1항 규정에 따른 청구 또는 신청이 없는 경우라 하더라도 징용을 해제할 수 있다.

후생대신은 전항 규정에 따라 관아에서 사용되는 자의 징용을 해제하려 할 때는 해당 관아 소관대신에게 협의해야 한다.

제16조 후생대신은 징용변경 또는 해제를 하고자 할 때는 징용변경명령 또는 징용해제명령을 내려 명령이 정하는 바에 따라 피징용자의 취업 장소 소재지를 관할하는 지방장관, 징용령서를 발급한 지방장관 또는 제8조 제5호 출두 장소를 관할하는 지방장관에게 이를 통달해야 한다.

지방장관은 징용변경명령 또는 징용해제명령의 통달을 받았을 때는 즉시 징용변경령서 또는 징용해제령서를 발급하여 피징용자에게 이를 교부해야 한다.

피징용자는 본령 시행지 외 장소에서 취업하는 경우에 징용변경 또는 해제를 하려고 할 때는 전 2항 규정에도 불구하고 후생대신은 징용변경령서 또는 징용해제령서를 발급하여 피징용자에게 이를 교부해야 한다.

제17조 피징용자가 총동원 업무에 종사하는 경우에는 관아에 사용되는 자에 있어서는 해당 관아의 장의 지휘를 받고, 지방공공단체에 사용되는 자에 있어서는 해당 지방공공단체장, 방공계획설정자에 사용되는 자에 있어서는 해당 방공계획설정자, 공장사업장에 사용되는 자에 있어서는 해당 공장사업장 사업주의 지시에 따라야 한다.

제18조 피징용자에 대한 급여는 그자의 경력, 종사하는 업무 및 장소 등에 따르고 또한 종전 급여, 기타 이에 준하는 수입을 참작하여 피징용자를 사용하는 관아의 장, 지방공공단체장, 방공계획설정자 또는 공장사업장 사업주가 이를 지급하는 것으로 한다.

피징용자에 대한 급여에 관해 필요한 사항은 관아에 사용되는 자에 관해서는 해당 관아의 소관대신이 후생대신과 협의하여 이를 정하고, 지방공공단체, 방공계획설정자 또는 공장사업장에 사용되는 자에 관해서는 해당 지방공공단체장, 방공계획설정자 또는 공장사업장 사업주가 후생대신의 인가를 받아 이를 결정해야 한다.

제19조 징용되어야 할 자가 제10조 규정에 따라 출두할 경우의 여비는 지방장관이 이를 지급한다.

지방공공단체, 방공계획설정자의 사업 혹은 시설 또는 공장사업장에 배치되기 위해 제10조 규정에 따라 출두한 자에 대해 전항 규정에 따라 지급한 여비 액은 해당 지방공공단체, 방공계획설정자 또는 공장사업장 사업주가 국고에 이를 납입해야 한다.

피징용자가 징용령서를 교부받아 지정 장소에 출두할 경우, 또는 징용이 해제되어 귀향할 경우 여비는 피징용자를 사용할 관아의 장, 지방공공단체장, 방공계획설정자 또는 공장사업장 사업주가 이를 지급하는 것으로 한다.

제1항 및 전항의 경우 전대금을 지급하지 않으면 출두할 수 없는 자의 여비는 그자 거주지 시정촌 또는 이에 준하는 곳에서 일시 전용하여 지변해야 한다.

징용되어야 할 자가 제10조 규정에 따라 출두할 경우의 여비 및 그 일시 전용 지변에 관해 필요한 사항은 후생대신이 이를 정한다.

피징용자는 징용령서를 교부받아 지정 장소에 출두할 경우의 여비 및 그 일시 전용 지변 그리고 징용이 해제되어 귀향할 경우의 여비에 관해 필요한 사항은 관아에 상용되는 자에 관해서는 해당 관아의 소관대신이 후생대신과 협의하여 이를 정하고, 지방공공단체, 방공계획설정자 및 공장사업장에 사용되는 자에 관해서는 후생대신이 이를 정한다.

제20조 후생대신은 필요하다고 인정할 때는 국가총동원법 제6조 규정에 의거 피징용자를 사용하는 지방공공단체의 장, 방공계획설정자 또는 공장사업장 사업주에 대해 피징용자의 사용 또는 급료, 기타 종업조건에 관해 명령할 수 있다.

제21조 피징용자가 징용됨으로 인해 그 가족과 세대를 달리하게 된 경우, 기타 별도 사정이 있는 경우, 또는 피징용자가 고의 혹은 중대한 과실로 인하지 않은 업무상 상이를 입거나 혹은 질병에 걸려 이 때문에 징용을 해제된 경우에 본인 또는 가족이 생활하기 곤란할 때는 명령이 정하는 바에 따라 이에 대해 부조할 수 있다.

피징용자가 징용되어 총동원 업무에 종사 중 고의 또는 중대한 과실에 인하지 않은 업무상 상이를 입거나 또는 질병에 걸려 이 때문에 사망한 경우에 유족이 생활하기 곤란한 때는 명령이 정하는 바에 따라 이를 부조할 수 있다.

전 2항의 가족 또는 유족의 범위와 부조에 관해 필요한 사항은 명령으로 이를 정한다.

第22조 전조의 규정에 따른 부조가 피징용자로서 공장사업장에 사용되거나 혹은 사용되었던 자 또는 그 가족 혹은 유족에 대해 행해지는 것이 될 때는 명령이 정하는 바에 따라 해당 공장사업장 사업주로 하여금 부조에 필요한 비용을 국고에 납입시킬 수 있다.

第23조 후생대신 또는 지방장관은 명령이 정하는 바에 따라 비용에 관해 국가총동원법 제31조 규정에 의거한 보고를 요구할 수 있다.

후생대신 또는 지방장관은 징용에 관해 필요하다고 인정할 때는 국가총동원법 제31조 규정에 의거 해당 관리로 하여금 피징용자가 종사하는 장소, 기타 필요한 장소에 임검하여 업무 상황 또는 장부 서류, 기타 물건을 검사시킬 수 있다. 이 경우에는 해당 관리로 하여금 그 신분을 나타내는 증표를 휴대시켜야 한다.

第24조 아래 각호 하나에 해당하는 자는 이를 징용하지 않는다.

1. 육해군 군인으로서 현역 중인 자(아직 입영하지 않은 자는 제외함) 및 소집 중인 자(소집 중의 신분취급을 받은 자를 포함)
2. 육해군 학생생도
3. 육해군 군속(피징용자로 이에 해당하게 된 자를 제외)
4. 법령에 따라 구금 중인 자

第25조 아래 각호 하나에 해당하는 자는 특별히 필요 있을 경우를 제외하고 이를 징용하지 않는다.

1. 연령 60세 이상인 자
2. 다른 사람으로 대신할 수 없는 직에 있는 관리, 대우관리 또는 공리
3. 제국의회 의원
4. 총동원 업무에 종사하는 자로 다른 사람으로 대신할 수 없는 자

제26조 후생대신은 명령이 정하는 바에 따라 경찰서장으로 하여금 징용에 관한 사무 일부를 분장시키거나 또는 시정촌장(도쿄시, 교토시, 오사카시, 나고야시, 요코하마시 및 고베시에 있어서는 구장) 혹은 이에 준하는 바로 하여금 징용에 관한 사무를 보조시킬 수 있다.

시정촌장(도쿄시, 교토시, 오사카시, 나고야시, 요코하마시 및 고베시에 있어서는 구장) 또는 이에 준하는 자가 전항 규정에 따라 징용에 관한 사무를 집행하기 위해 필요한 비용은 시청존장 또는 이에 준하는 자에 있어서는 일시 전용 지변해야 한다.

전항 비용 및 일시 전용 지변에 관해 필요한 사항은 후생대신이 이를 정한다.

제27조 후생대신은 본령 시행에 관한 중요사항에 대해 내각총리대신과 협의해야 한다.

제28조 본령 중 지방장관이라 함은 도쿄부에 있어서는 약제사 또는 간호부에 관해서는 경시총감으로 한다.

제29조 본령 중 후생대신이라 함은 조선, 대만, 화태 또는 남양군도에 있어서는 각 조선총독, 대만총독, 화태청장관 또는 남양청장관으로 한다. 총동원 업무를 시행하는 관아(육해군 부대 및 학교를 포함한다. 이하 마찬가지)의 소관대신은 피징용자를 사용하는 관아의 소관대신이 육군대신 또는 해군대신인 경우를 제외하고 조선, 대만, 화태 또는 남양군도에 있어서는 각 조선총독, 대만총독, 화태청장관 또는 남양청장관으로 한다. 지방장관이라 함은 조선에 있어서는 도지사, 대만에 있어서는 주지사 또는 청장, 화태에 있어서는 화태청장관, 남양군도에 있어서는 남양청장관으로 한다. 시정촌이라 함은 조선에 있어서는 부 · 읍 · 면, 대만에 있어서는 시가장, 남양군도에 있어서는 남양군도지방비로 한다. 경찰서장이라 함은 대만에 있어서는 군수, 지청장 또는 경찰서장, 남양군도에 있어서는 남양청지청장으로 한다. 시정촌장이라 함은 조선에 있어서는 부윤 또는 읍 · 면장, 대만에 있어서는 시가장장, 남양군도에 있어서는 남양청지청장으로 한다.

제30조 본령에서 규정하는 것 외 징용에 관해 필요한 사항은 명령으로 이를 정한다.

부칙

본령은 공포일로부터 이를 시행한다.

〈참고〉

1938년 4월 1일 공포, 법률 제55호 국가총동원법 초록.

제4조 정부는 전시에 국가총동원상 필요할 때는 칙령이 정하는 바에 따라 제국신민을 징용하여 총동원 업무에 종사시킬 수 있다. 단 병역법 적용은 무방하다.

제6조 정부는 전시에 국가총동원 업무상 필요할 때는 칙령이 정하는 바에 따라 종업자의 사용, 고용 혹은 해고, 취직, 종업 혹은 퇴직 또는 임금, 급여, 기타 종업조건에 대해 필요한 명령을 내릴 수 있다.

제31조 정부는 국가총동원 업무상 필요할 때는 명령이 정하는 바에 따라 보고를 요구하거나 해당 관리로 하여금 필요한 장소를 임검하여 업무 상황 혹은 장부 서류, 기타 물건을 검사시킬 수 있다.

자료 93

의료관계자징용령시행규칙	
구분	후생성령 제59호
법령명/건명	의료관계자징용령시행규칙 醫療關係者徵用令施行規則
제정·개정·결정·폐지 연월일	1941년 12월 16일
구성	21개 조항, 부칙 1개 조항
선행 규범·법령	의료관계자징용령
원문 일부	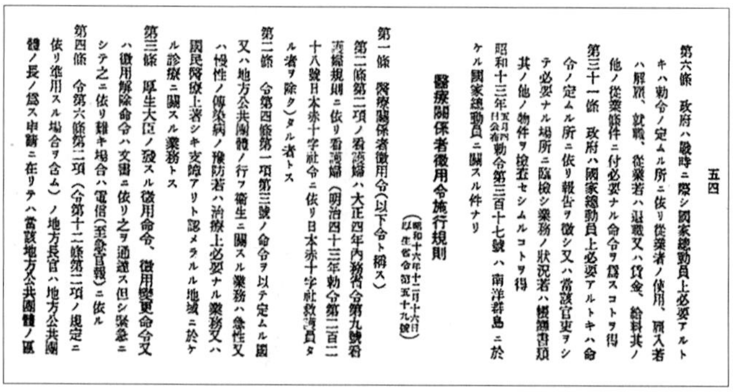 五四 第六條 政府ハ戰時ニ際シ國家總動員上必要アルトキハ勅令ノ定ムル所ニ依リ從業者ノ使用、雇入若ハ解雇、就職、從業若ハ退職又ハ賃金、給料其ノ他ノ從業條件ニ付必要ナル命令ヲ爲スコトヲ得 第三十一條 政府ハ國家總動員上必要アルトキハ勅令ノ定ムル所ニ依リ報告ヲ徵シ又ハ當該官吏ヲシテ必要ナル場所ニ臨檢シ業務ノ狀況若ハ帳簿書類其ノ他ノ物件ヲ檢査セシムルコトヲ得 昭和十三年五月四日公布勅令第三百十七號ハ南洋群島ニ於ケル國家總動員ニ關スル件ナリ 醫療關係者徵用令施行規則 (昭和十六年十二月十六日厚生省令第五十九號) 第一條 醫療關係者徵用令(以下令ト稱ス)第二條第二項ノ看護婦ハ大正四年內務省令第九號看護婦規則ニ依リ看護婦(明治四十三年勅令第二百二十八號日本赤十字社令ニ依リ日本赤十字社救護員タル者ヲ除ク)タル者トス 第二條 令第四條第一項第三號ノ命令ヲ以テ定ムル國又ハ地方公共團體ノ行フ衛生ニ關スル業務ハ急性又ハ慢性ノ傳染病ノ豫防若ハ治療上必要ナル業務又ハ國民醫療上著シキ支障アリト認メラルル地域ニ於ケル診療ニ關スル業務トス 第三條 厚生大臣ノ發スル徵用命令、徵用變更命令又ハ徵用解除命令ハ文書ニ依リ之ヲ通達ス但シ緊急ニシテ之ニ依リ難キ場合ハ電信(至急官報)ニ依ル 第四條 令第六條第二項(令第十二條第二項ノ規定ニ依リ準用スル場合ヲ含ム)ノ地方長官ハ地方公共團體ノ長ノ爲ス申請ニ在リテハ當該地方公共團體ノ區
주요 내용 및 특징	○ 국가나 지방공공단체가 시행하는 위생 관련 업무는 급성·만성의 전염병 예방, 치료 업무, 국민의료에 현저하게 지장이 있는 지역에서의 진료를 말한다. ○ 후생대신이 내리는 징용명령, 징용변경명령, 징용해제명령은 문서로서 한다. ○ 후생대신이 내리는 징용변경명령, 징용해제명령은 피징용자가 지정 장소에 출두 전인 경우에는 영서를 발부한 지방장관, 피징용자가 지정 장소에 출두한 경우에는 출두지 관할의 지방장관, 피징용자가 총동원 업무에 종사 중일 경우에는 취업 장소 소재지 관할 지방장관이 각각 통달한다.
법령 적용 범위	제국 전역
관련 법령 통합·폐지 사항	
유사·파생 법령	의료관계자징용령시행규칙(1942년 10월 15일, 조선총독부령 제260호)

후생성령 제59호

1941년 12월 16일

의료관계자징용령시행규칙

제1조 의료관계자징용령(이하 영이라고 칭한다) 제2조 제2항의 간호부는 다이쇼4년 내무성령 제9호 간호부 규칙에 따라 간호부(메이지43년 칙령 제228호 일본적십자사령에 따라 일본적십자사 구호원인 자를 제외)인 자로 한다.

제2조 영 제4조 제1항 제3호의 명령으로 정하는 국가 또는 지방공공단체가 시행하는 위생에 관한 업무는 급성 또는 만성 전염병 예방 혹은 치료상 필요한 업무 또는 국민의료상 현저하게 지장이 있다고 인정되는 지역에서의 진료에 관한 업무로 한다.

제3조 후생대신이 내리는 징용명령, 징용변경명령 또는 징용해제명령은 문서에 의해 이를 통달한다. 단 긴급하여 이에 의하기 어려운 경우는 전신(지급관보)에 의한다.

제4조 영 제6조 제2항(영 제12조 제2항 규정에 따라 준용할 경우를 포함)의 지방장관은 지방공공단체 장이 하는 신청에 있어서는 해당 지방공공단체 구역을 관할하는 지방장관으로 한다. 방공계획설정자 또는 공장사업장 사업주가 하는 신청에 있어서는 해당 방공계획의 설정이 있는 사업의 사업장 혹은 시설 또는 공장사업장 소재지를 관할하는 지방장관으로 한다.

제5조 영 제7조 제1항의 지역은 징용되어야 할 자의 주소지로 한다. 단 그자가 의사법시행규칙 제7조, 치과의사법시행규칙 제7조, 약제사법시행규칙 제7조 또는 간호부 규칙 제7조의 신고하지 않는 경우에 있어서 전후 주소를 관할하는 지방장관이 다를 때는 전 주소지로 한다.

제6조 지방장관은 징용의 적부, 기타 판정을 위해 필요하다고 인정할 때는 경찰서장으로 하여금 징용되어야 할 자에게 출두를 요구할 수 있다.

제7조 지방장관 또는 경찰서장은 징용되어야 할 자에게 출두를 요구할 경우는 별표 양식 제1호에 따른 출두요구서를 발급하여 그자에게 이를 교부해야 한다.

제8조 징용되어야 할 자는 출두요구서를 교부받았을 때는 출두요구서를 휴대하여 지정 일시 및 장소에 출두하여 해당 관리에게 신고해야 한다.

제9조 징용령서, 출두변경령서, 징용취소령서, 징용변경서 및 징용해제령서는 별표 양식 제2호에 따른다.

제10조 징용령서, 출두변경령서 및 징용취소령서는 경찰서장 또는 시정촌장(도쿄시, 교토시, 오사카시, 나고야시, 요코하마시 및 고베시에 있어서는 구장. 이하 마찬가지) 혹은 이에 준하는 자로 하여금 징용되어야 할 자 또는 피징용자에게 이를 교부시켜야 한다.

제11조 징용되어야 할 자 또는 피징용자는 징용령서, 출두변경령서 또는 징용취소령서를 교부받았을 때는 해당 영서를 첨부한 수령증에 수령 월일시를 기입, 날인한 다음 즉시 이를 반환해야 한다.

제12조 징용되어야 할 자 또는 피징용자는 징용령서 또는 출두변경령서를 교부받았을 때는 징용령서 또는 출두변경령서를 휴대하여 지정 일시 및 장소에 출두하여 해당 관리 혹은 리원 또는 방공계획설정자 혹은 공장사업장 담당자에게 신고해야 한다.

제13조 영 제11조 제1항 규정에 따른 신고는 아래 서류를 첨부하여 징용령서를 발부한 지방장관에게 지체 없이 이를 시행해야 한다.

1. 상이질병으로 인해 출두하기 어려운 경우에 있어서는 의사 진단서(어쩔 수 없는 사정으로 인해 의사 진단서를 얻을 수 없을 때는 경찰관리 증명서)
2. 천재지변, 기타 피할 수 없는 사고로 인해 출두하기 어려운 경우에 있어서는 그 지역 시정촌장 혹은 이에 준하는 자 또는 경찰관리, 선장 혹은 역장 증명서

제14조 영 제16조 제1항 규정에 따라 후생대신이 내리는 징용변경명령 또는 징용해제명령은 피징용자가 지정 장소에 출두하기 전에 있어서는 징용령서를 발부한 지방장관에, 피징용자가 지정 장소에 출두한 경우에 있어서는 출두지를 관할하는 지방장관에, 피징용자가 총동원 업무에 종사할 경우에 있어서는 취업 장소 소재지를 관할하는 지방장관에 이를 통달한다.

제15조 영 제16조 제2항 규정에 따라 지방장관이 발부하는 징용변경령서 또는 징용해제령서는 피징용자가 총동원 업무에 종사할 경우에는 그자를 사용하는 관아의 장, 지방공공단체의 장, 방공계획설정자 또는 공장사업장 사업주를 경유하여 이를 교부한다.

제16조 전조 규정은 영 제16조 제3항 규정에 따라 후생대신이 징용변경령서 또는 징용해제령서를 교부할 경우에 이를 준용한다.

제17조 피징용자가 징용변경령서 또는 징용해제령서를 교부받았을 때는 해당 영서를 첨부한 수령증에 수령 연월일시를 기입하여 날인한 다음, 즉시 이를 반환해야 한다.

제18조 후생대신 또는 지방장관은 필요하다고 인정할 때는 징용에 관해 징용되어야 할 자 또는 그자를 사용하거나 사용한 자로부터 보고를 요구할 수 있다.

전항 보고는 긴급하게 필요한 경우, 또는 경미한 사항에 대해서는 경찰서장이 이를 요구할 수 있다.

제19조 해당 관리령 제23조 제2항 규정에 따라 임검할 경우에는 별표 양식 제3호 증표를 휴대해야 한다.

제20조 지방공공단체의 장, 방공계획설정자 또는 공장사업장의 사업주는 해당 지방공공단체, 방공계획설정자의 사업 혹은 시설 또는 공장사업장에서 사용하는 피징용자로서 사망한 자가 있을 때는 지체 없이 아래에 열거하는 사항을 후생대신 그리고 징용령서를 발부한 지방장관에게 보고해야 한다.

1. 씨명, 출생 연월일 및 본적
2. 징용령서 발부자, 발부 연월일 및 발부번호
3. 사망 연월일 및 사유
4. 사망 전후 처치 그리고 급여
5. 유족 주소

제21조 본령 중 지방장관이라 함은 도쿄부에 있어서는 약제사 또는 간호부에 관해서는 경시총감으로 한다.

부칙

본령은 공포일로부터 이를 시행한다.

이하 양식 생략.

자료 94

국민징용령 개정	
구분	칙령 제1029호
법령명/건명	국민징용령 개정
제정·개정·결정·폐지 연월일	1941년 12월 16일
구성	26개 조항, 부칙 1개 조항
선행 규범·법령	국민징용령
원문 일부	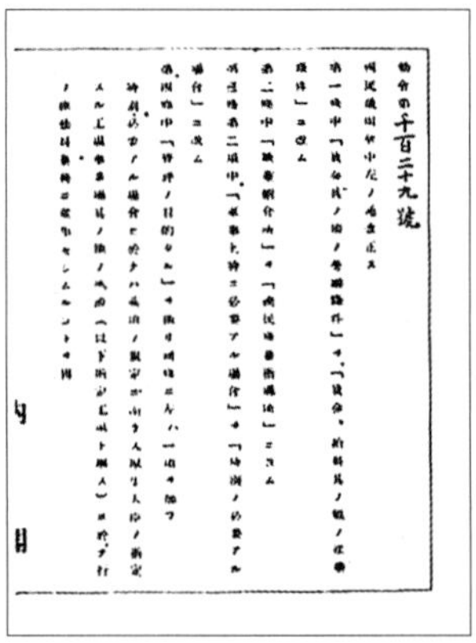 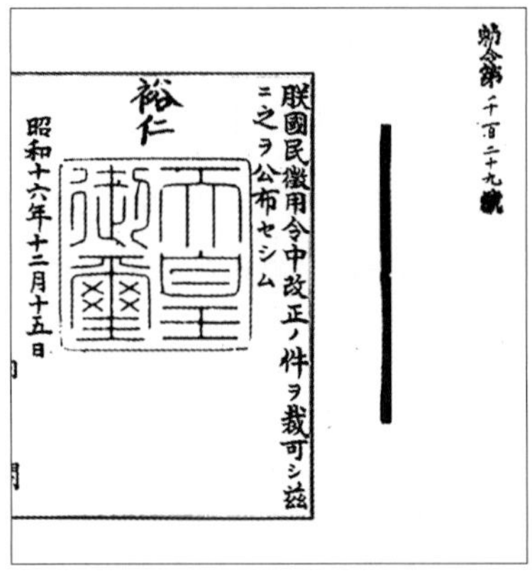 勅令第千百二十九號 朕國民徵用令中改正ノ件ヲ裁可シ茲ニ之ヲ公布セシム 裕仁 昭和十六年十二月十五日
주요 내용 및 특징	○ 피징용 대상을 군사상 필요한 경우에 동원하는 것에서 특별히 필요한 경우로 변경하여 군사상의 제한을 수정 ○ 「공장사업장관리령」에 따라 정부가 관리하던 공장사업장(관리공장)에서 총동원 업무에 종사시키던 것 외로, 후생대신이 지정하는 공장사업장(지정공장)에서도 총동원 업무에 종사할 수 있도록 함. ○ 피징용자 가족에게 부조할 수 있도록 조항 추가
법령 적용 범위	제국 전역
관련 법령 통합·폐지 사항	
유사·파생 법령	

칙령 제1129호

1941년 12월 16일

국민징용령 개정

밑줄: 1940.10.19. 개정

진하게: 1941.12.16. 개정

제1조 국가총동원법(1938년 칙령 제317호에 의한 경우를 포함한다. 이하 마찬가지) 제4조 규정에 근거한 제국신민의 징용 및 국가총동원법 제6조 규정에 근거한 피징용자 사용 또는 **임금, 급여, 기타 종업조건**에 관한 명령은 별도를 정하는 것을 제외하고 본령이 정하는 바에 따른다.

제2조 징용은 특별한 사유가 있는 경우를 제외하고, **국민직업지도소**의 직업소개, 기타 모집의 방법으로 소요 인력을 얻을 수 없는 경우에 한해 이를 시행하는 것으로 한다.

제3조 징용은 국민직업능력신고령에 따른 요신고자(이하 요신고자라 칭한다)에 한해 이를 시행한다. 단 징용 중 요신고자의 자격이 사라진 자를 계속하여 징용할 필요가 있을 경우는 이에 구애되지 않는다.

특별히 필요한 경우에는 전항 규정에도 불구하고 명령이 정하는 바에 따라 요신고자 이외의 자를 징용할 수 있다.

제4조 본령에 따라 징용하는 자는 국가가 시행하는 총동원 업무 또는 공장사업장관리령에 따라 정부가 관리하는 공장사업장 기타 시설(이하 관리공장이라 칭한다)에서 시행하는 총동원 업무에 종사하는 것으로 한다.

특별히 필요한 경우에 있어서는 전항 규정에도 불구하고 후생대신이 지정하는 공장사업장, 기타 시설(이하 지정공장이라 칭한다)에서 시행하는 총동원 업무에 종사시킬 수 있다.

제5조 징용 및 징용해제는 후생대신의 명령에 따라 이를 실시한다.

제6조 총동원 업무를 시행하는 관아(육해군 부대 및 학교를 포함한다. 이하 마찬가지)의 소관대신 또는 관리공장 **혹은 지정공장**의 사업주는 징용에 의한 인원배치가 필요할 때는 후생대신에게 이를 청구 또는 신청해야 한다.

전항 규정에 따라 관리공장 사업주가 하는 신청은 해당 관리공장을 관리하는 주무대신을 경유해야 한다.

제7조 후생대신은 전조 규정에 따른 청구 또는 신청이 있을 경우, 징용이 필요하다고 인정할 때는 징용명령을 내려 징용되어야 할 자의 거주지(국민직업능력신고령 제2조 제1호의 직업에 종사하는 자에 대해서는 그자의 취업지)를 관할하는 지방장관에게 이를 통달해야 한다.

징용되어야 할 자는 그 거주 장소(국민직업능력신고령 제2조 제1호 직업에 종사하는 경우에는 취업 장소)에 이동이 있어 국민직업능력신고령 제4조 제1항 후단 또는 제2항 규정에 따라 신고해야 할 경우에 전항 거주지(국민직업능력신고령 제2조 제1호의 직업에 종사라는 자에 대해서는 취업지)를 관할하는 지방장관이 달라질 때는 후생대신은 전항 규정에도 불구하고 전 거주지(국민직업능력신고령 제2조 제1호의 직업에 종사하는 자에 대해서는 취업지)를 관할하는 지방장관에게 징용명령을 통달해야 한다.

지방장관은 징용명령의 통달을 받았을 때는 즉시 징용령서를 발부하여 징용되어야 할 자에게 이를 교부해야 한다.

제8조 징용령서에는 아래에 열거하는 사항을 기재해야 한다. 단 군기 보호상 특별히 필요할 때는 **제2호 또는** 제3호에 열거하는 사항의 전부 또는 일부를 생략할 수 있다.

1. 징용되어야 할 자의 씨명, 출생 연월일, 본적, 거주 장소(국민직업능력신고령 제2조 제1호의 직업에 종사하는 자에 대해서는 취업 장소)
2. 종사해야 할 총동원 업무를 시행하는 관아 또는 관리공장 **혹은 지정공장**의 명칭 및 소재지
3. 종사해야 할 총동원 업무, 직업 및 장소
4. 징용 기간
5. 출두해야 할 일시 및 장소
6. 기타 필요한 사항

제9조 지방장관은 징용되어야 할 자의 거주 및 취업 장소, 직업, 기능 정도, 신체 상태, 가정

상황, 희망 등을 참작하여 징용 적부 그리고 종사해야 할 총동원 업무, 직업 및 장소를 결정하여 징용령서를 발부해야 한다.

제10조 지방장관은 징용 적부, 기타를 판정하기 위해 필요할 때는 징용되어야 할 자에게 출두를 요구할 수 있다.

제11조 징용령서를 교부받은 자가 질병, 기타 피할 수 없는 사고로 인해 지정 일시 및 장소에 출두할 수 없는 경우는 명령이 정하는 바에 따라 지방장관에게 그 취지를 신고해야 한다.

전항 규정에 따라 신고가 있는 경우에 지방장관은 필요하다고 인정할 때는 출두 일시 혹은 장소를 변경하거나 또는 그자가 징용에 부적합하다고 인정할 때는 징용을 취소할 수 있다. 이 경우에는 출두변경령서 또는 징용취소령서를 발급하여 그자에게 이를 교부하여야 한다.

제12조 피징용자를 사용하는 관아의 소관대신 또는 관리공장 **혹은 지정공장**의 사업주는 피징용자를 사용할 관아, 관리공장 **혹은 지정공장**, 피징용자가 종사할 총동원 업무, 직업 혹은 장소 또는 징용 기간에 대해 변경을 필요로 할 때는 후생대신에게 이를 청구 또는 신청해야 한다.

제13조 후생대신은 전조 규정에 따른 청구 또는 신청이 있을 경우에 필요하다고 인정할 때는 피징용자를 사용하는 관아, 관리공장 **혹은 지정공장**, 피징용자가 종사할 총동원 업무, 직업 혹은 장소 또는 징용 기간을 변경할 수 있다.

제14조 피징용자를 사용할 관아의 소관대신 또는 관리공장 **혹은 지정공장**의 사업주는 피징용자가 질병, 기타 사유로 인해 총동원 업무 종사에 적합하지 않다고 인정할 때 또는 그자로 하여금 총동원 업무에 종사시킬 필요가 없어졌을 때는 후생대신에게 징용의 해제를 청구 또는 신청해야 한다.

피징용자가 질병, 기타 사유로 인해 총동원 업무에 종사하기 어려운 경우에는 관아에 사용되는 자는 해당 관아의 소관대신에게, 관리공장 **또는 지정공장**에 사용되는 자는 후생대신에게 그 내용을 신고할 수 있다.

제15조 후생대신은 전조 제1항 규정에 따른 청구 또는 신청이 있을 때는 징용을 해제할 수 있다.

후생대신은 필요하다고 인정할 때는 전조 제1항 규정에 따른 청구 또는 신청이 없는 경우라 할지라도 징용을 해제할 수 있다.

후생대신은 전항 규정에 따라 관아에서 사용 중인 자의 징용을 해제하고자 할 때는 해당 관아의 소관대신과 협의해야 한다.

제16조 후생대신은 징용의 변경 또는 해제를 하고자 할 때는 징용변경명령 또는 징용해제명령을 내려 명령이 정한 바에 따라 피징용자의 취업지를 관할하는 지방장관, 징용령서를 발부한 지방장관 또는 제8조 제5호의 출두 장소를 관할하는 지방장관에게 이를 통달하여야 한다.

지방장관은 징용변경명령 또는 징용해제명령의 통달을 받았을 때는 즉시 징용변경령서 또는 징용해제령서를 발급하여 피징용자에게 이를 교부해야 한다.

피징용자는 본령 시행지 외 장소에서 취업하는 경우에는 징용의 변경 또는 해제를 하고자 할 때는 전 2항의 규정에도 불구하고 후생대신이 징용변경령서 또는 징용해제령서를 발급하여 피징용자에게 이를 교부하여야 한다.

제17조 피징용자가 총동원 업무에 종사할 경우에는 관아에서 사용되는 자의 경우는 해당 관아의 장의 지휘를 받고 관리공장 **또는 지정공장**에서 사용되는 자에 있어서는 해당 관리공장 **또는 지정공장** 사업주의 지시에 따라야 한다.

제18조 피징용자에 대한 급여는 그자의 기능 정도, 종사할 업무 및 장소 등에 따르고 종전 급여, 기타 이에 준하는 수입을 참작하여 피징용자를 사용하는 관아의 장 또는 사업주가 이를 지급하는 것으로 한다.

피징용자에 대한 급여에 관해 필요한 사항은 관아에서 사용되는 자에 관해서는 해당 관아의 소관대신이 후생대신과 협의하여 이를 정하고, 관리공장 **또는 지정공장**에서 사용되는 자에 관해서는 해당 관리공장 또는 지정공장 사업주가 후생대신의 인가를 받아 이를 정해야 한다.

제19조 징용되어야 할 자가 제10조 규정에 따라 출두하는 경우의 여비는 지방장관이 이를 지급한다.

관리공장 **또는 지정공장**에 배치되기 위해 제10조 규정에 따라 출두한 자에 대해 전항 규정에 따라 지급한 여비 액수는 해당 관리공장 **또는 지정공장** 사업주가 국고에 이를 납입하여야 한다.

피징용자가 징용령서를 교부받아 지정장소에 출두한 경우, 또는 징용이 해제되어 귀향하는 경우의 여비는 피징용자를 사용하는 관아의 장 또는 사업주가 이를 지급하는 것으로 한다.

제1항 및 전항의 경우에 있어서 전대금을 지불하지 않으면 출두할 수 없는 자의 여비는 그자의 거주지 시정촌 또는 이에 준하는 곳에서 일시로 변통하여 지변해야 한다.

징용되어야 할 자가 제10조 규정에 따라 출두하는 경우의 여비 및 그 일시 변통 지변에 관해 필요한 사항은 후생대신이 이를 정한다.

피징용자가 징용령서를 교부받아 지정 장소에 출두할 경우의 여비 및 그 일시 변통 지변 그리고 징용이 해제되어 귀향할 경우의 여비에 관해 필요한 사항은 관아에서 사용되는 자에 관해서는 해당 관아의 소관대신이 후생대신과 협의하여 이를 정하고, 관리공장 **또는 지정공장**에서 사용되는 자에 관해서는 후생대신이 이를 정한다.

제19조의 2 후생대신은 필요하다고 인정할 때는 국가총동원법 제6조의 규정에 근거하여 피징용자를 사용하는 관리공장 **또는 지정공장** 사업주에 대해 피징용자의 사용 또는 임금, 급료, 기타 노동조건에 관해 명령할 수 있다.

제19조의 3 피징용자가 징용됨으로 인해 그 가족과 세대를 달리하게 된 경우, 기타 특별한 사정이 있는 경우, 또는 피징용자가 고의 혹은 중대한 과실로 인한 것이 아닌 것으로 업무상 상이를 입거나 혹은 질병에 걸려 이 때문에 징용이 해제된 경우에 있어서 본인 또는 가족이 생활하기 곤란한 때는 명령이 정하는 바에 따라 이에 대해 부조할 수 있다.

피징용자가 징용되어 총동원 업무에 종사 중 고의 또는 중대한 과실에 의한 것이 아닌 것으로 업무상 상이를 입거나 또는 질병에 걸려 이 때문에 사망한 경우에 있어서 유족이 생활하기 곤란할 때는 명령이 정하는 바에 따라 이에 대해 부조할 수 있다.

제19조의 4 전조 규정에 따른 부조가 피징용자로서 관리공장 혹은 지정공장에 사용되거나 혹은 사용된 자 또는 그 가족 혹은 유족에 대해 행해진 때는 명령**이 정하는 바에**

따라 해당 관리공장 또는 지정공장 사업주로 하여금 부조에 필요한 비용을 국고에 납입시킬 수 있다.

제20조 후생대신 또는 지방장관은 명령이 정하는 바에 따라 징용에 관해 국가총동원법 제31조 규정에 의거 보고를 요구할 수 있다.

후생대신 또는 지방장관은 징용에 관해 필요하다고 인정할 때는 국가총동원법 제31조 규정에 의거하여 해당 관리로 하여금 공장, 사업장, 기타 장소를 임검하여 업무 상황 또는 장부 서류, 기타 물건을 검사시킬 수 있다. 이 경우에는 해당 관리로 하여금 그 신분을 나타내는 증표를 휴대시켜야 한다.

제21조 아래 각호 하나에 해당하는 자는 이를 징용하지 않는다.

1. 육해군 군인으로 현역 중인 자(아직 입영하지 않은 자를 제외한다) 및 소집 중인 자(소집 중의 신분으로 취급되는 자를 포함한다)
2. 육해군 학생생도(해군예비연습생 및 해군예비보습생을 포함한다)
3. 육해군 군속(피징용자로서 이에 해당하게 된 자를 제외한다)
4. 의료관계자직업능력신고령에 따라 신고해야 할 자
5. 수의사직업능력신고령에 따라 신고해야 할 자
6. 선원법의 선원, 조선선원령의 선원 및 관동주선원령의 선원
7. 법령에 따라 구금 중인 자

제22조 아래 각호 하나에 해당하는 자는 특별히 필요한 경우를 제외하고 이를 징용하지 않는다.

1. 다른 사람으로 하여금 대신할 수 없는 직에 있는 관리, 대우관리 또는 공리
2. 제국의회, 도쿄도의회, 도부의회, 시정촌회, 기타 이에 준하는 곳의 의원
3. 총동원 업무에 종사하는 자로 다른 사람으로 하여금 대신할 수 없는 자

제23조 후생대신은 명령이 정하는 바에 따라 **국민직업지도소장**으로 하여금 징용에 관한 사무 일부를 분담시키거나 또는 시정촌장(도쿄시, 교토시, 오사카시, 나고야시, 요코하마시 및 고베시는 구장) 혹은 이에 준하는 자로 하여금 징용에 관한 사무를 보조하도록 할 수 있다.

시정촌장(도쿄시, 교토시, 오사카시, 나고야시, 요코하마시 및 고베시는 구장) 또는 이에 준하는

자는 전항의 규정에 따라 징용에 관한 사무를 집행하기 위해 필요한 비용은 시정촌 또는 이에 준하는 곳에서 일시 변통 지변해야 한다.

전항의 비용 및 그 일시 변통 지변에 관해 필요한 사항은 후생대신이 이를 정한다.

제24조 후생대신은 본령 시행에 관한 중요사항에 대해 내각 총리대신과 협의해야 한다.

제25조 본령 중 후생대신이라 함은 조선, 대만, 화태 또는 남양군도에 있어서는 각 조선총독, 대만총독, 화태청장관 또는 남양청장관으로 하고 총동원 업무를 수행하는 관아의 소관대신, 피징용자를 사용하는 관아의 소관대신 혹은 해당 관아의 소관대신 또는 해당 관리공장을 관리하는 주무 대신이라 함은 관아의 소관대신 또는 주무대신이 육군대신 또는 해군대신인 경우를 제외하고 조선, 대만, 화태 또는 남양군도에 있어서는 각 조선총독, 대만총독, 화태청장관 또는 남양청장관으로 한다.

본령 중 지방장관이라 함은 조선에 있어서는 도지사, 대만에 있어서는 주지사 또는 청장, 화태에 있어서는 화태청장관, 남양군도에 있어서는 남양청장관으로 하고, **국민직업지도소장**이라 함은 조선에 있어서는 부윤, 군수 또는 도사, 대만에 있어서는 시윤 또는 군수(호코청에 있어서는 청장), 화태에 있어서는 화태청지청장, 남양군도에 있어서는 남양청지청장으로 한다.

제26조 본령에서 규정하는 것 외 징용에 관해 필요한 사항은 명령으로 이를 정한다.

부칙

본령은 공포일로부터 이를 시행한다.

자료 95

노무조정령시행규칙	
구분	후생성령 제64호
법령명/건명	노무조정령시행규칙 勞務調整令施行規則
제정 · 개정 · 결정 · 폐지 연월일	1941년 12월 17일
구성	18개 조항, 부칙 4개 조항
선행 규범 · 법령	노무조정령
원문 일부	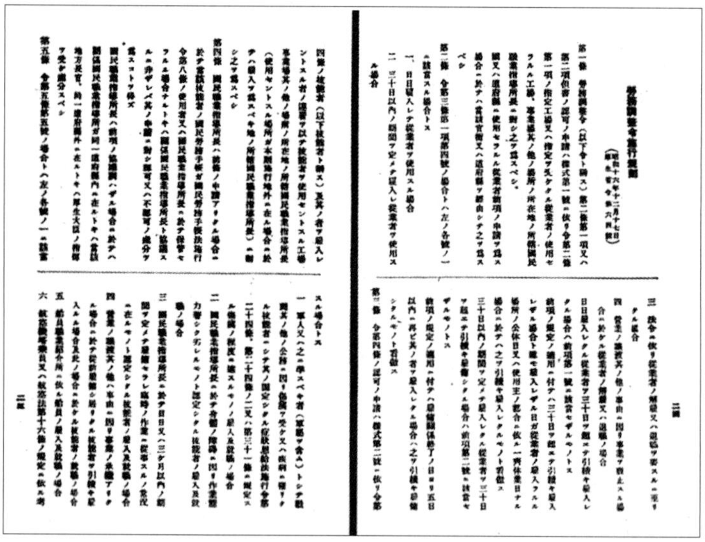
주요 내용 및 특징	○ 기능자, 초등학교 수료자 및 일반 청장년을 상시 5인 이상 고용하는 자는 공장, 사업장, 기타 종업자를 고용하는 장소마다 양식 제10호에 따른 종업자명부를 구비하여, 그 고용, 사용 및 해고, 퇴직에 관한 사항을 기재해야 한다. ○ 국민직업지도소 소개에 의하거나 국민학교 수료자 또는 일반 청장년을 고용한 자는 종업자의 이동상황을 종업자를 사용한 장소 소재지 관할 국민지도소개소장에게 보고해야 한다.
법령 적용 범위	제국 전역
관련 법령 통합 · 폐지 사항	
유사 · 파생 법령	노무조정령시행규칙(1942년 1월 10일, 조선총독부령 제3호)

후생성령 제64호

1941년 12월 17일

노무조정령시행규칙

제1조 노무조정령(이하 영이라 칭한다) 제2조 제1항 또는 제2항 단서의 인가신청은 양식 제1호에 따라 영 제2조 제1항의 지정공장 또는 지정을 받은 종업자가 사용되는 공장, 사업장, 기타 장소 소재지의 관할 국민직업지도소장에게 이를 행해야 한다.

국가 또는 도·부·현에서 사용되는 종업자가 전항 신청을 할 경우에는 해당 관아 또는 도·부·현을 경유하여 이를 행해야 한다.

제2조 영 제3조 제1항 제4호의 경우라 함은 아래 각호 하나에 해당하는 경우로 한다.

1. 매일 고용하여 종업자를 사용하는 경우
2. 30일 이내 기간을 정해 고용하여 종업자를 사용하는 경우
3. 법령에 따라 종업자의 해고 또는 퇴직을 필요로 하게 된 경우
4. 영업 양도 또는 기타 사유로 인해 사업을 폐지할 경우에 있어서 종업자의 해고 또는 퇴직의 경우

매일 고용한 종업자를 30일 넘게 계속해서 고용한 경우는 전항 제1호에 해당하지 않는 것으로 한다.

전항 규정 적용에 대해서는 30일 넘게 계속해서 고용하지 않은 경우라 하더라도 고용하지 않은 날이 종업자가 고용된 장소의 공휴일 또는 사용주의 사정으로 전원 휴일이 된 경우에 있어서는 이를 계속해서 고용된 것으로 간주한다.

30일 이내의 기간을 정해 고용한 종업자를 30일을 넘게 계속해서 고용한 경우는 전항 제2호에 해당하지 않는 것으로 한다.

전항 규정의 적용에 대해서는 고용관계가 종료하는 날로부터 5일 이내에 재차 그자를 고용한 경우는 이를 계속해서 고용한 것으로 간주한다.

제3조 영 제4조의 인가신청은 양식 제2호에 따라 영 제4조의 기능자(이하 기능자라 칭한다) 및

그자를 고용하고자 하는 자의 연서로 기능자를 사용하고자 하는 공장사업장, 기타 장소의 소재지 관할 국민직업지도소장(사용하고자 하는 장소가 본 규칙 시행지 외에 있는 경우에는 고용할 땅의 관할 국민직업지도소장)에게 이를 행해야 한다.

제4조 국민직업지도소장은 전조의 신청이 있을 경우에 해당 기능자의 국민노무수첩이 국민노무수첩법시행령 제8조 사용자 또는 국민직업지도소장이 보관할 경우에 있을 때는 관계 국민직업지도소장과 협의하지 않으면 그 신청에 대해 인가 또는 불인가의 처분을 내릴 수 없다.

국민직업지도소장은 전항 협조가 조정되지 않을 경우는 관계 국민직업지도소가 동일 도·부·현 내에 있을 때는 해당 지방장관의, 동일 도·부·현 외에 있을 때는 후생대신의 지도를 받아 처분해야 한다.

제5조 영 제5조 제5호의 경우라 함은 아래 각호 하나에 해당하는 경우로 한다.

1. 군인 또는 이에 준하는 자(군속을 포함)로 전투, 기타 공무에 의해 상이를 받거나 질병에 걸린 기능자로, 그 고정된 증상이 은급법시행령 제24조, 제24조의 2, 또는 제31조에서 규정하는 상이 정도에 달하는 자의 고용 및 취업의 경우.
2. 국민직업지도소장이 신체장애에 의해 작업능력이 현저하게 떨어진 자로 인정한 기능자의 고용 및 취업의 경우.
3. 국민직업지도소장이 매일 또는 3개월 이내의 기간을 정해 고용되어 임시 작업에 종사하는 상황에 있는 자로 인정한 기능자의 고용 및 취업의 경우.
4. 영업 양도 및 기타는 사유에 의해 사업을 승계한 경우 종전에 고용하고 있던 기능자를 계속해서 고용할 경우 및 그 경우 기능자의 취업의 경우.
5. 선원직업소개소에 의한 선원의 고용 및 취업의 경우.
6. 항공기 탑승원 또는 항공법 제16조 규정에 따른 고사에 합격한 자로 항공사, 항공기 조종사 또는 항공기 기관사로서의 고용 및 취업의 경우.

전항 제2호의 인정을 받고자 하는 자는 양식 제3호에 따라 거주지 관할 국민직업소개소장에게 신청해야 한다.

제1항 제3호의 인정을 받고자 하는 자는 양식 제4호에 따라 거주지 관할 국민직업소개소장에게 신청해야 한다.

제6조 영 제6조 단서 후단의 경우라 함은 아래 각호 하나에 해당하는 경우로 한다.

1. 영 제6조의 국민학교 수료자(이하 국민학교 수료자라 칭한다)를 매일 고용 및 취업의 경우
2. 국민학교 수료자를 30일 이내의 기간을 정한 고용 및 취직의 경우.
3. 별도로 지정하는 사업의 고용 및 취직의 경우를 제외한 농업, 임업, 축산업, 양잠업 및 수산업의 국민학교 수료자 고용 및 취직의 경우.
4. 영업 양도, 기타 사유로 인해 사업 계승이 있는 경우 종전 고용해 있던 국민학교 수료자를 계속해서 고용하는 경우 및 이 경우 국민학교 수료자 취직의 경우.
5. 특별한 사유가 있는 경우로 특정 국민학교 수료자의 고용에 대해 그자를 사용하고자 하는 장소 소재지 관할 국민직업지도소장(사용하고자 하는 장소가 본 규칙 시행지 외에 있는 경우는 고용할 지역의 관할 국민직업지도소장)의 인가를 받은 경우.

전항 제1호 규정에 따라 고용한 국민학교 수료자를 30일을 넘게 계속해서 고용 및 취직하는 경우는 동호에 해당하지 않는 것으로 한다.

전항 규정 적용에 대해서는 30일을 넘게 계속해서 고용 및 취직하지 않은 경우라 하더라도 그 고용 및 취직하지 않은 날이 그자가 사용된 장소의 공휴일 또는 사용주 사정으로 전원 휴업일이 된 경우에는 이를 계속해서 고용 및 취직한 것으로 간주한다.

제1항 제2호 규정에 따라 고용한 국민학교 수료자를 30일을 넘게 계속해서 고용하고자 할 경우는 소정 기간이 만료할 때 새롭게 고용 및 취직하는 것으로 간주하고, 동호에 해당하지 않는 것으로 한다.

전항 규정의 적용에 대해서는 고용관계가 종료한 날로부터 5일 이내 재차 그자를 고용할 경우에는 이를 계속해서 고용하는 것으로 간주한다.

제1부 제5호 인가신청은 양식 제5호에 따라 이를 행해야 한다.

제4호 규정은 전항 신청에 대해 이를 준용한다.

제7조 영 제7조 제2호 인가신청은 양식 제6호에 따라 아래에 열거하는 기일까지 영 제7조의 일반 청장년(이하 일반 청장년이라 칭한다)을 사용하고자 하는 공장, 사업장, 기타 장소의 소재지 관할 국민직업지도소장(사용하고자 하는 장소가 본 규칙 시행지 이외에 있는 경우에는 주로 고용하는 지역 관할 국민직업지도소장)에게 이를 행해야 한다.

1. 제1기 4월부터 6월까지의 기간 동안 고용하고자 하는 신청은 그해 2월 1일

2. 제2기 7월부터 9월까지의 기간 동안 고용하고자 하는 신청은 그해 5월 1일

3. 제3기 10월부터 12월까지의 기간 동안 고용하고자 하는 신청은 그해 8월 1일

4. 제4기 1월부터 3월까지의 기간 동안 고용하고자 하는 신청은 그전 해 11월 1일

제8조 영 제7조 제3호 인가신청은 양식 제7호에 따라 일반 청장년 및 그자를 고용하고자 하는 자의 연서로 일반 청장년을 사용하고자 하는 장소 소재지 관할 국민직업지도소장(사용하고자 하는 장소가 본 규칙 시행지 이외에 있는 경우에는 고용하고자 하는 지역 관할 국민직업지도소장)에게 이를 행해야 한다.

제4조 규정은 전항 신청에 대해 이를 준용한다.

제9조 영 제8조 제3호 명령으로 정하는 경우라 함은 별도로 지정하는 사업에 있어서 일반 청장년의 고용 및 취직의 경우로 한다.

제10조 영 제8조 제5호의 경우라 함은 아래 각호 하나에 해당하는 경우로 한다.

1. 군인 또는 이에 준하는 자(군속을 포함)로 전투, 기타 공무에 의해 상이 및 질병에 걸린 일반 청장년으로 그 고정된 증상이 은급법시행령 제24조, 제24조의 2, 또는 제31조에 규정하는 상이 정도에 달하는 자의 고용 및 취직의 경우

2. 국민직업지도소장이 신체장애에 의해 작업능력이 현저하게 떨어지는 자로 인정한 일반 청장년의 고용 및 취직의 경우

3. 영업 양도, 기타 사유에 의해 사업 승계가 있을 경우 종전에 고용되어 있던 일반 청장년을 계속해서 고용하는 경우 및 이 경우에 있어서 일반 청장년의 취직의 경우

4. 일반 청장년의 매일 고용 및 취직의 경우(별도로 지정하는 노무에 상시 종사하는 자와 국민직업지도소장이 인정한 자를 제외)

5. 일반 청장년의 30일 이내 기간을 포함하는 고용 및 취직의 경우(별도로 지정하는 노무에 상시 종사하는 자와 국민직업지도소장이 인정한 자를 제외)

6. 별도로 지정하는 일반 청장년의 고용 및 취업의 경우

전항 제2호의 인정을 받고자 하는 자는 양식 제3호에 따라 거주지 관할 국민직업지도소장에게 신청해야 한다.

제1항 제4호 규정에 따라 고용된 일반 청장년을 30일을 넘게 계속해서 고용 및 취

직하는 경우는 동호에 해당하지 않는 것으로 한다.

전항 규정의 적용에 대해서는 30일을 넘게 계속해서 고용 및 취직하지 않은 경우라 하더라도 그 고용 및 취직하지 않은 날이 그자가 사용하는 장소의 공휴일 또는 사용주 사정에 따른 전원 휴업일인 경우에는 이를 계속해서 고용 및 취직하는 것으로 간주한다.

제1항 제5호 규정에 따라 고용된 일반 청장년을 30일 넘게 계속해서 고용하고자 하는 경우 소정의 기간이 만료할 때 새롭게 고용 및 취직하는 것으로 간주하며 동호에 해당하지 않는 것으로 한다.

전항 규정 적용에 대해서는 고용관계가 만료인 날로부터 5일 이내 재차 그자를 고용하는 경우에는 이를 계속해서 고용하는 것으로 간주한다.

제11조 노무공급사업을 시행하는 자로부터 상시 초등학교 수료자 및 일반 청장년인 종업자를 공급받아 이를 사용하고자 하는 자는 그 사용인원에 대해 종업자를 사용하고자 하는 장소 소재지 관할 국민직업지도소장의 인가를 받아야 한다.

전항 인가신청은 양식 제8호에 따라 아래에 열거하는 기일까지 이를 행해야 한다.

1. 제1기 4월부터 6월까지의 기간 동안 사용하고자 하는 신청은 그해 3월 1일
2. 제2기 7월부터 9월까지의 기간 동안 사용하고자 하는 신청은 그해 6월 1일
3. 제3기 10월부터 12월까지의 기간 동안 사용하고자 하는 신청은 그해 9월 1일
4. 제4기 1월부터 3월까지의 기간 동안 사용하고자 하는 신청은 그전 해 12월 1일

제12조 기능자는 노무공급계약에 의거하여 이를 사용할 수 없다. 단 국민직업지도소장의 인가를 받은 경우는 이에 구애받지 않는다.

전항 단서의 인가를 받고자 하는 자는 양식 제9호에 따라 기능자를 사용하고자 하는 장소 소재지 관할 국민직업지도소장에게 신청해야 한다.

제13조 영 제11조 내지 제3항 규정에 따라 새롭게 고용 및 취직하는 자로 간주되는 경우의 고용 및 취직의 인가신청은 초등학교 초등과 또는 초등학교 고등과 재학 중에 고용한 자가 초등학교 초등과를 수료하거나 초등학교 고등과를 수료 혹은 중도 퇴학하는 날까지 연령 14세 미만으로 고용한 자가 연령 14세에 달한 날까지, 또는 종업자가 나중 사용 장소로 이동하는 날 앞의 열흘째까지 이를 행해야 한다.

제14조 기능자, 초등학교 수료자 및 일반 청장년을 통산하여 상시 5인 이상 고용하는 자는 공장, 사업장, 기타 종업자를 고용하는 장소마다 양식 제10호에 따른 종업자명부를 구비하여 그 고용, 사용 및 해고, 퇴직에 관한 사항을 기재해야 한다. 단 공장법 또는 광업법의 적용을 받는 사업에 사용되는 종업자에 대해서는 직공명부 또는 광부명부로 이를 대신할 수 있다.

전항 명부는 종업자의 사망, 해고 또는 퇴직 후 2년간 이를 보존해야 한다.

제15조 국민직업지도소 소개에 의하거나 영 제4조, 영 제7조 제2호 혹은 제6조 제1항 제5호의 인가를 받아 기능자, 초등학교 수료자 또는 일반 청장년을 고용한 자는 종업자의 이동상황을 양식 제11호에 따라 아래에 열거하는 기일까지 종업자를 사용하는 장소 소재지 관할 국민직업지도소장에게 보고해야 한다.

1. 제1기 4월부터 6월까지의 기간 동안 고용한 자가 하는 보고는 그해 8월 1일
2. 제2기 7월부터 9월까지의 기간 동안 고용한 자가 하는 보고는 그 이듬해 11월 1일
3. 제3기 10월부터 12월까지의 기간 동안 고용한 자가 하는 보고는 그 이듬해 2월 1일
4. 제4기 1월부터 3월까지의 기간 동안 고용한 자가 하는 보고는 그해 5월 1일

제16조 영 제15조 규정에 따른 보고는 사업주, 종업자, 기타 관계인으로부터 이를 요청한다.

제17조 영 제16조 제2항 증표는 양식 제12호에 따른 것으로 한다.

제18조 영 제17조 제2항의 통첩은 관할 구역 내에 있는 국가 또는 도·부·현 시설에 있어서의 종업자의 고용, 사용 또는 해고에 대해 양식 제13호에 따라 이를 요구하는 것으로 한다. 단 기능자 및 일반 청장년의 고용에 대해 국민직업지도소에 구인 신청을 하는 경우에는 이에 구애받지 않는다.

전항 통보의 기일은 좌측 각호에 따른다.

1. 제1기 4월부터 6월까지의 기간 동안 고용 또는 사용하고자 하는 통보는 그해 2월 1일
2. 제2기 7월부터 9월까지의 기간 동안 고용 또는 사용하고자 하는 통보는 그해 5월 1일
3. 제3기 10월부터 12월까지의 기간 동안 고용 또는 사용하고자 하는 통보는 그해 8월 1일

4. 제4기 1월부터 3월까지의 기간 동안 고용 또는 사용하고자 하는 통보는 그전 해 11월 1일

부칙

본령은 1942년 1월 10일부터 이를 시행한다. 단 제7조 규정은 공포일부터, 제11조 제1항 규정은 1942년 4월 1일부터 이를 시행한다.

종업자이동방지령시행규칙 및 청소년고입제한령시행규칙은 이를 폐지한다.

제7조 제4호의 신청기일은 1942년 1월 10일부터 3월까지의 기간 동안 일반 청장년 고용에 관한 것만 동조 동호 규정에도 불구하고 1942년 1월 10일로 한다.

1942년 1월 10일부터 3월까지의 기간 동안 일반 청장년의 고용에 관해 영 제7조 제2호의 인가신청을 전항 기일까지 시행한 자가 그 신청에 대한 인가 또는 불인가 지정을 받을 때까지의 날까지 행하는 일반 청장년(별도로 지정하는 학교를 1941년 12월부터 1942년 3월까지의 기간 동안 졸업하거나 졸업해야 하는 자를 제외)의 고용의 경우 및 이 경우에 있어서의 일반 청장년 취직의 경우는 제10조 제1항 규정에도 불구하고 영 제8조 제5호의 경우에 해당하는 것으로 한다.

자료 96

<table>
<tr><td colspan="2">국민징용부조규칙</td></tr>
<tr><td>구분</td><td>후생성령 제68호</td></tr>
<tr><td>법령명/건명</td><td>국민징용부조규칙
國民徵用扶助規則</td></tr>
<tr><td>제정·개정·결정·폐지
연월일</td><td>1941년 12월 22일
개정 : 1943년 6월 9일(후생성령 제17호)</td></tr>
<tr><td>구성</td><td>30개 조항, 부칙 1개 조항</td></tr>
<tr><td>선행 규범·법령</td><td>국민징용령</td></tr>
<tr><td>원문 일부</td><td>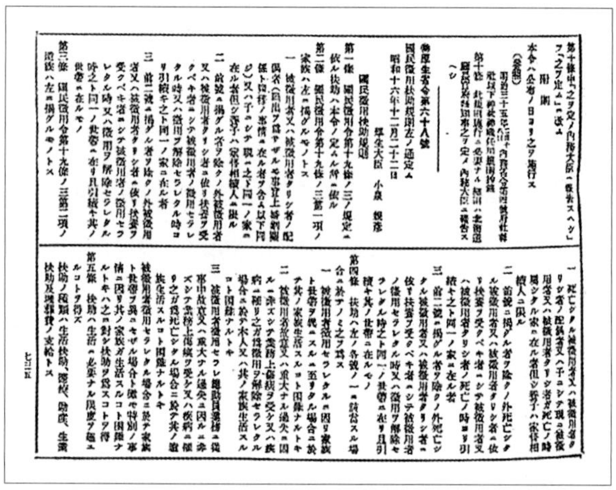
厚生省令第六十八號
國民徵用扶助規則左ノ通定ム
昭和十六年十二月二十二日 厚生大臣 小泉 親彦
國民徵用扶助規則
第一條 國民徵用令第十九條ノ三ノ規定ニ依ル扶助ハ本令ノ定ムル所ニ依ル
第二條 國民徵用令第十九條ノ三第一項ノ家族ハ左ニ掲グルモノトス</td></tr>
<tr><td>주요 내용 및 특징</td><td>○ 부조는 피징용자가 징용되어 세대를 달리함으로 인해 그 가족의 생활이 곤란한 경우, 피징용자가 업무상 상이나 질병에 걸려 징용이 해제되었으나 본인과 그 가족이 생활에 곤란할 때, 피징용자가 업무상 상이나 질병에 걸려 사망하여 그 유족이 생활에 곤란할 때 시행한다.
○ 부조의 종류는 생활부조, 의료, 조산, 생업부조, 매장비 지급으로 하며, 재택부조로 한다.
○ 부조는 부조를 받고자 하는 자의 주소지 지방장관이 시행한다.
○ 피징용자가 일본 국적을 상실했을 때는 부조하지 않는다.
○ 관리공장 또는 지정공장 사업주는 피징용자로 사용되거나 사용되었던 자 또는 그 가족 혹은 유족에게 시행했던 부조 비용을 국고에 납입해야 한다.</td></tr>
<tr><td>법령 적용 범위</td><td>제국 전역</td></tr>
<tr><td>관련 법령
통합·폐지 사항</td><td></td></tr>
<tr><td>유사·파생 법령</td><td>국민징용부조규칙(1943년 9월 30일, 조선총독부령 제309호)</td></tr>
</table>

후생성령 제68호

1941년 12월 22일

국민징용부조규칙

제1조 국민징용령 제19조 3 규정에 따른 부조는 본령이 정하는 바에 따른다.

제2조 국민징용령 제19조 3의 제1항의 가족은 아래에 열거하는 것으로 한다.

1. 피징용자 또는 피징용자였던 자의 배우자(신고하지 않았어도 사실상 혼인관계와 동일한 사정에 있는 자를 포함한다. 이하 마찬가지) 또는 자식으로 현재 그와 동일한 집안에 있는 자. 단 양자는 가독상속인에 한한다.
2. 전호에 열거한 자를 제외하고, 피징용자 또는 피징용자였던 자에 의해 부양받는 자로 피징용자가 징용되었던 때 또는 징용이 해제되었던 때부터 계속해서 그와 동일한 집안에 있는 자
3. 전 2호에 열거한 자를 제외하고, 피징용자 또는 피징용자였던 자에 의해 부양받는 자로 피징용자가 징용되었던 때 또는 징용이 해제되었던 때 그와 동일 세대에 있으며, 계속해서 그 세대에 있는 자

제3조 국민징용령 제19조 3의 제2항의 유족은 아래에 열거하는 자로 한다.

1. 사망한 피징용자 또는 피징용자였던 자의 배우자 또는 자식으로, 현재 피징용자 또는 피징용자였던 자가 사망할 때 속했던 집안에 있던 자. 단 양자는 가독상속인에 한한다.
2. 전호에 열거한 자를 제외하고 사망한 피징용자 또는 피징용자였던 자에 의해 부양받는 자로 피징용자 또는 피징용자였던 자가 사망할 때부터 계속해서 그와 동일한 집안에 있는 자
3. 전 2호에 열거하는 자를 제외하고 사망한 피징용자 또는 피징용자였던 자에 의해 부양받는 자로 피징용자가 징용되었을 때, 또는 징용을 해제되었을 때 그와 동일한 세대에 있으며 계속해서 그 세대에 있는 자

제4조 부조는 아래 각호 하나에 해당하는 경우에만 이를 시행한다.

1. 피징용자가 징용되어 가족과 세대를 달리 한 경우에 그 가족이 생활하기 곤란할 때
2. 피징용자가 고의 또는 중대한 과실로 인한 것이 아닌 것으로 업무상 상이를 입거나 또는 질병에 걸려 그 때문에 징용이 해제된 경우에 본인 또는 그 가족이 생활하기 곤란할 때
3. 피징용자가 징용되어 총동원 업무에 종사 중 고의 또는 중대한 과실로 인한 것이 아닌 것으로 업무상 상이를 입거나 또는 질병에 걸려 그 때문에 사망한 경우에 그 유족이 생활하기 곤란할 때

피징용자가 징용되었을 때 가족과 세대를 달리하지 않은 경우라 하더라도 특별한 사정으로 인해 그 가족이 생활하기 곤란할 때는 이를 부조할 수 있다.

제5조 부조는 생활에 필요한 한도를 넘을 수 없다.

부조의 종류는 생활부조, 의료, 조산, 생업부조 및 매장비의 지급으로 한다.

제6조 부조는 부조받고자 하는 자의 주소지 지방장관(도쿄도에 있어서는 경시총감. 이하 마찬가지)이 이를 시행한다.

부조는 부조받고자 하는 자 또는 그 주소지 시정촌장 혹은 이에 준하는 자의 신청에 따라 이를 시행한다. 단 지방장관이 필요하다고 인정할 때는 그 신청이 없는 경우라 하더라도 이를 시행할 수 있다.

부조의 정도 및 방법은 지방장관이 피징용자의 지급받는 급여 또는 피징용자 혹은 피징용자였던 자 및 부조를 받고자 하는 자가 다른 법령 규정에 따라 받는 보험급부, 부조, 기타 이에 준하는 것, 소득, 노동능력, 기타 가정 사정 등을 조사하여 이를 결정한다.

제7조 부조는 부조를 받는 자의 재택으로 이를 시행한다.

지방장관은 재택부조를 할 수 없거나 또는 이가 적당하지 않다고 인정할 때는 부조받는 자를 적당한 시설에 수용하거나 또는 수용을 위탁하여 부조할 수 있다.

제8조 생활부조는 금전 또는 물품 급여로 이를 시행한다.

제9조 생업부조는 생업에 필요한 자금, 기구, 자료의 급여 혹은 대여 또는 생업에 필요한 기능을 교수하는 것으로 이를 시행한다.

제10조 재택부조의 경우 생활부조를 위해 지출하는 비용은 1인 1일 35전 이내로 한다.

1세대에 부조받는 자가 2인 이상인 때는 전항 비용은 이를 감액할 수 있다.

제11조 재택부조의 경우 의료 및 생업부조를 위해 지출하는 비용의 한도는 지방장관, 후생대신의 인가를 받아 이를 정한다.

제12조 재택부조의 경우 조산을 위해 지출하는 비용은 12엔 이내로 한다.

제13조 제7조 제2항 규정에 따른 수용부조의 경우 부조를 위해 지출하는 비용의 한도는 지방장관, 후생대신의 인가를 받아 이를 정한다.

제14조 부조받는 자가 사망한 경우에는 매장하는 유족에 대해 매장비를 지급한다.

매장을 위해 지출하는 비용은 12엔 이내로 한다.

부조받는 자가 사망한 경우 매장할 유족이 없을 때는 부조를 시행한 지방장관이 매장을 시행해야 한다.

제15조 재해로 인해 필요한 경우에는 지방장관은 1세대 총액 30엔 한도로 생활부조를 위해 금전 혹은 물품을 임시로 급여하거나 또는 이를 합하여 급여할 수 있다.

제16조 피징용자 또는 피징용자였던 자가 6년의 징역 또는 금고 이상의 형에 처해진 경우에는 그자 그리고 그 가족 및 유족에 대해 부조하지 않는다.

제17조 피징용자 또는 피징용자였던 자가 6년 미만의 징역 또는 금고에 처해진 경우에는 그 형 집행이 끝나거나 또는 집행을 받지 않을 때까지의 기간 동안 그자 그리고 그 자의 가족 및 유족에 대해 부조를 하지 않는다.

제18조 피징용자의 가족 또는 유족이 6년 징역 또는 금고 이상의 형에 처해진 경우에는 그 자에 대해 부조하지 않는다. 6년 미만의 징역 또는 금고에 처해진 경우에는 그 형 집행이 끝나거나 또는 집행을 받지 않을 때까지의 기간 동안도 마찬가지이다.

제19조 피징용자로서 도망한 자에 대해서는 그 도망한 동안 그 가족에 대해 부조하지 않는다.

제20조 피징용자 또는 피징용자였던 자로서 태만 또는 소행불량인 자에 대해서는 그 피징용자였던 자 그리고 그 피징용자 또는 피징용자였던 자의 가족 및 유족에 대해 정상에 따라 부조를 하지 않거나 또는 부조의 정도를 감소할 수 있다.

피징용자 또는 피징용자였던 자의 가족 또는 유족으로 태만 또는 소행불량인 자에 대해서도 전항과 동일하다.

제21조 피징용자였던 자로 일본 국적을 상실한 자에 대해서는 부조하지 않는다.

제22조 피징용자의 가족에 대한 부조는 필요한 경우 피징용자가 징용해제 후 20일 이내 이를 계속할 수 있다.

제23조 피징용자 또는 피징용자였던 자의 가족에 대한 부조는 피징용자 또는 피징용자였던 자가 사망 후 3개월 이내 이를 계속할 수 있다.

전항 규정에 따라 부조를 받는 자에 대해서는 그 기간 동안 피징용자 또는 피징용자였던 자의 유족으로서의 부조는 하지 않는다.

제24조 피징용자가 제4조 제1항 제2호에 해당하는 경우에는 피징용자 가족에 대한 부조는 피징용자가 징용해제 후 3개월 이내 이를 계속할 수 있다.

전항 규정에 따라 부조받는 자에 대해서는 그 기간 동안 피징용자였던 자의 가족으로서의 부조는 하지 않는다.

제25조 특별히 필요한 경우에는 지방장관은 후생대신의 인가를 받아 제10조 제1항, 제12조, 제14조 제2항 및 제15조 규정에 따른 금액을 증가할 수 있다.

제26조 부조 폐지 혹은 정지 또는 부조 정도 혹은 방법 변경은 지방장관이 이를 행한다.

제27조 부조 개시, 폐지 혹은 정지 또는 부조 정도 혹은 방법의 변경 처분은 부조받는 자의 주소지 시정촌장 또는 이에 준하는 자를 경유하여 이를 통달한다.

지방장관은 부조 개시, 폐지 혹은 정지 또는 부조 정도 혹은 방법의 변경을 할 때는 피징용자를 사용하거나 또는 사용한 관아의 장 또는 관리공장 혹은 지정공장의 사업주에게 그 내용을 통지해야 한다.

제28조 관리공장 또는 지정공장 사업주는 피징용자로서 해당 관리공장 또는 지정공장에 사용되거나 사용된 자의 징용에 관한 사항에 대해 부조받고자 하는 자의 주소지 지방장관 또는 주소지 시정촌장 혹은 이에 준하는 자로부터 조회를 받았을 때는 즉시 이를 통지해야 한다.

관리공장 또는 지정공장 사업주는 해당 관리공장 또는 지정공장에서 사용하는 피징용자가 고의 또는 중대한 과실로 인한 것이 아닌 것으로 업무상 상이를 입었거나 또는 질병에 걸려 이 때문에 징용이 해제되거나 또는 사망한 때는 즉시 해당 피징용자였던 자의 주소지 시정촌장 혹은 이에 준하는 자에게 그 내용을 통지해야 한다.

관리공장 또는 지정공장 사업주는 해당 관리공장 또는 지정공장에서 사용하는 부조받는 가족이 있는 피징용자가 아래 각호 하나에 해당하는 경우에는 즉시 부조를 집행하는 지방장관에게 그 내용을 통지해야 한다.

1. 지급받는 급료, 임금 또는 급료, 임금에 준하는 급여액에 현저한 변경이 있어 부조의 폐지 또는 부조 정도의 변경이 필요하다고 인정될 때
2. 제16조, 제17조, 제19조 또는 제20조 제1항에 해당할 때
3. 종사해야 하는 총동원 업무를 집행하는 관리공장 또는 지정공장에 대해 징용이 변경되었을 때

제29조 부조가 거부된 자 또는 부조가 폐지 혹은 정지된 자는 60일 이내에 후생대신에게 재차 심사를 출원할 수 있다.

전항 규정에 따른 출원은 처분을 내린 지방장관을 경유하여 문서로 이를 행할 필요가 있다.

후생대신은 심사상 필요하다고 인정할 때는 지방장관으로 하여금 부조토록 하거나 또는 부조의 폐지 혹은 정지 처분을 취소시킬 수 있다.

제30조 관리공장 또는 지정공장 사업주는 피징용자로서 해당 관리공장 또는 지정공장에 사용되거나 혹은 사용된 자 또는 그 가족 혹은 유족에게 했던 부조에 필요했던 비용을 국고에 납입해야 한다.

피징용자가 징용이 해제되거나 또는 사망한 경우에 사업주가 본인 또는 유족에게 다른 법령 규정에 의한 부조 또는 이에 준하는 정도의 출연을 했을 때는 후생대신은 전항 비용의 납입을 면제할 수 있다.

부칙

본령은 1942년 1월 1일부터 이를 시행한다.

자료 97

조선인 노무자 활용에 관한 방책	
구분	각의결정
법령명/건명	조선인 노무자 활용에 관한 방책 朝鮮人労務者活用に関する方策
제정 · 개정 · 결정 · 폐지 연월일	1942년 2월 13일
구성	
선행 규범 · 법령	
원문 일부	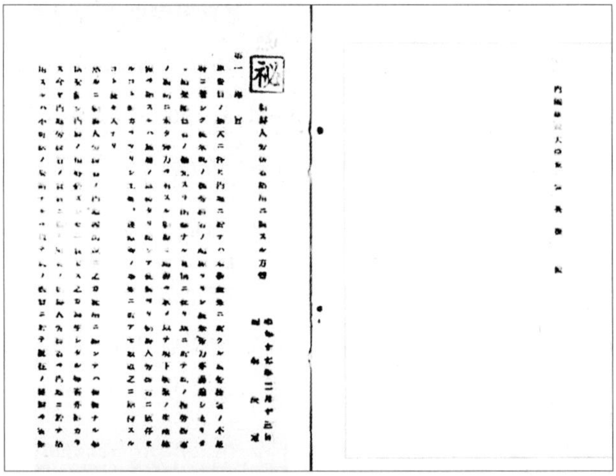
주요 내용 및 특징	○ 관알선에 의한 조선인 노무자 송출을 결정한 방책 ○ 조선총독부 책임하에 송출 대상의 조선인을 선정하고, 2년 기한으로 송환시킨다는 방침 ○ 만 17세~25세의 남자를 대상으로 하고 필요에 따라 범위 확대
법령 적용 범위	
관련 법령 통합 · 폐지 사항	
유사 · 파생 법령	

각의결정

1942년 2월 13일

조선인 노무자 활용에 관한 방책

제1 취지

군요원의 확대에 따라 내지에서는 기초산업에 있어서 중노무자 부족이 특히 현저해 종래 이런 종류의 노무자 급원이던 농업노동력 또한 핍박해진 결과, 응소자 충원조차 곤란한 실정에 있다. 이에 이런 종류의 노무자 수급에 아직 탄력이 있는 조선에서 공급원을 취함으로써, 현재 긴급한 생산 확보를 기함은 초미의 급무이다. 그리하여 종전부터 조선인 노무자에 의존하는 일이 적지 않았던 토건, 운수 등 사업에 있어서도 최근 이에 기대하는바 점점 커지고 있다.

그러나 조선인 노무자의 내지 송출과 그 사용에 관해서는 복잡한 사정이 교차하여 내선의 지도가 반드시 일치하지 않아 그로 인해 발생하는 폐해 또한 적지 않았다. 지금 내지 노무자의 자질을 감안하여 소요 조선인 노무자를 내지에서 활용하는 것은 불가결한 요청이므로, 이 기회에 기왕의 경험을 성찰하여 그 시책에 통일과 쇄신을 가해 내선 모두 진정한 지도성과 만전 방책을 확립하여 신속하게 이를 실행하는 것이 가장 필요하다. 그리하여 그 핵심은 노무의 활용과 동시에 교화를 중시하여 조선통치의 대방침을 추진함과 함께, 이들 육성된 노무자는 조선에 환원하여 조선이 우리 대륙전진기지로서의 지위 강화에 기여하는 데 있다.

제2 방침

1. 본 방침은 군요원 확대에 따른 내지 노무동원의 실정을 감안하여 조선에 있어서의 적재를 내지 총동원 업무에 활용함으로써 인적 국력의 종합 발휘에 유감이 없도록 해야 한다는 기본 관념하에 이를 실시하는 것으로 한다.
2. 본 방책에 근거하는 조선인 노무자는 재능 있는 청소년을 선발하여 필요한 훈련을 추가하여 이를 송출하는 것으로 한다.

3. 위 조선인 노무자는 충분한 국가 지도 보호 아래, 이를 사용하게 하여 우수한 황국 노무자로서, 이를 육성하고 일정 기간(대략 2년)에 이를 보충 교대시킴으로써 조선에서의 인적 국방자원 강화에 이바지하는 것으로 한다.
4. 본 방책에 근거하는 노무자의 송출은 조선총독부의 강력한 지도로 이를 시행하는 것으로 하고, 필요에 따라 국민징용령을 발동하여 요원 확보를 기하는 것으로 한다.
5. 본 방책에 따른 자 외 조선인 노무자의 내지에서의 취업은 내지 및 조선에 있어서의 노무통제 강화에 따라 그 통제하에서 시행되는 바와 같이 종래 방침을 통일하는 것으로 한다.
6. 본 방책의 실시에 따라 현재 내지에 재주 중인 조선인에 대해서는 징용 또는 국민근로보국대에 참가하는 등 노무동원 강화를 꾀하는 것으로 한다.

제3 요령

1. 조선에서는 요원의 선발 및 이들 훈련에 대해 아래와 같이 시책하는 것으로 한다.
   (1) 요원은 대략 연령 만 17세 내지 25세의 남자로서 심신 건전한 자를 선발한다. 단 요원 선발이 곤란할 때는 연령 범위는 이를 확대할 수 있다.
   (2) 요원은 청년훈련시설 등을 활용하여, 정신교육, 국어교육 등 외 특히 단체행동과 공동생활 등에 필요한 기초훈련을 추가하고 필요한 간부를 양성한다.
   (3) 요원은 대 조직으로 편성시키고 각 단위에는 국어가 가능한 자를 배치한다.
2. 내지에서는 본 방침에 따른 조선인 노무자 사용을 위해 특히 다음과 같이 시책하는 것으로 한다.
   (1) 본 요원을 사용할 공장사업장은, 특히 중노무자를 필요로 하여 이들 사용에 적합한 시설을 구비하는 자에 대해 중점적으로 이를 선정하고 점차 그 범위의 확대를 꾀한다.
   (2) 징용에 따라 요원을 배치할 경우를 고려하여 관계 공장사업장으로 하여금 신속하게 이에 적응할 태세를 정비시킬 것.
   (3) 본 요원의 처우에 있어서 형이상하를 막론하고 내지인과 다르지 않도록 할 것.
3. 본 방책에 따라 내지에 송출해야 하는 노무자는 식량, 주택, 수송 등의 실정을 감안하여

가족을 동행하지 않는 것을 예로 한다.

4. 본 방책 실시를 위해 조선에서는 인원 동원기구에 충실하여, 경찰 기능의 강화 등 필요한 대책을 실시하는 것으로 한다.

또한 방책을 실시함에 있어서는 조선에서의 청년훈련과 지원병제도 등과의 관련에 특히 유의하여 상호 추진을 조장하는 데 기여하는 것으로 한다.

5. 본 방책 실시를 위해 필요한 시설에 대해서는 기존 것을 활용하는 데 노력하나 어쩔 수 없는 것에 대해서는 별도의 예산조치를 강구하는 것으로 한다.

조선에서의 본 방책 실시에 따른 인원 동원기구 및 훈련기관의 요원 충족에 대해서는 그 실정을 감안하여 관계 각 청이 충분하게 이에 협력하는 것으로 한다.

6. 본 방책 실시에 있어서 식량과 수송 문제에 대해서는 특별히 연구 선처하는 것으로 한다.

7. 본 방책 외 노무자의 내지도항에 대해 조선총독부에서는 내지 관계 관청에 인가 유무를 확인하는 등 노무에 관한 통제법령 운용 방침에 즉응하는 등 필요한 조치를 강구하는 것으로 한다.

8. 본 방책은 즉시 이를 실행에 착수하지만 그 시기, 방법 등에 대해서는 관계 각 청에서 별도 구체적으로 협의하는 것으로 한다.

9. 본 방책은 필요에 따라 순차적으로 외지에 적용하는 것으로 한다.

자료 98

조선인내지이입알선요강	
구분	조선총독부
법령명/건명	조선인내지이입알선요강 朝鮮人内地移入斡旋要綱
제정·개정·결정·폐지 연월일	1942년 2월 20일
구성	
선행 규범·법령	
원문 일부	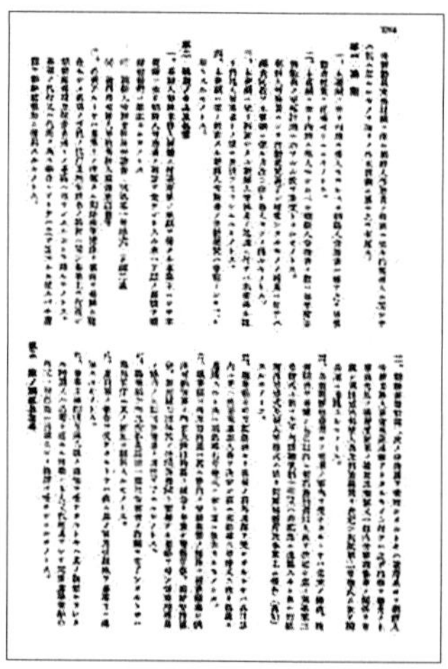 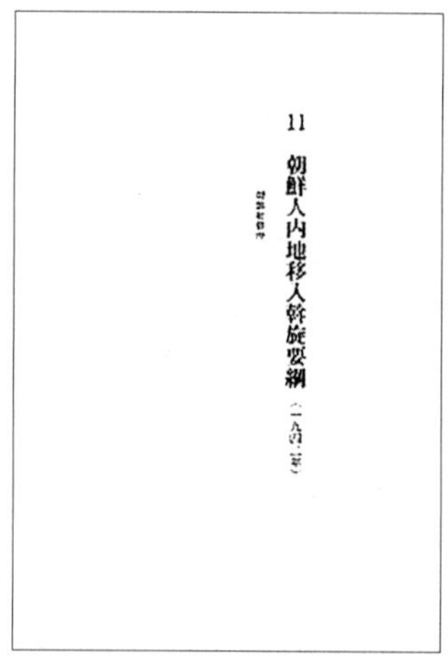 11 朝鮮人内地移入斡旋要綱
주요 내용 및 특징	○ 조선총독부 관알선에 의한 노무자 공출의 기본 방침 ○ 관알선에 의한 노무자 공출은 조선총독부 책임하에 시행 ○ 알선에서 도항에 이르기까지의 절차와 형식 마련. ○ 조선인 노무자의 출동기간은 2년을 원칙으로 함. ○ 노무자 공출 알선을 돕기 위해 노무보도원을 두는데, 비용은 전부 기업이 부담할 것
법령 적용 범위	조선
관련 법령 통합·폐지 사항	
유사·파생 법령	

조선총독부

1942년 2월 20일

조선인내지이입알선요강

노무동원실시계획에 따른 조선인 노무자의 알선에 의한 내지이입에 관해서는 별도로 정하는 것을 제외하고, 본 요강에 의거 이를 실시한다.

제1 통칙

1. 본 요강에 따라 내지에 이입되어야 하는 조선인 노무자는 모두 이를 노무동원 산업에 종사시키는 것으로 한다.
2. 본 요강에 따라 내지에 이입시키는 조선인 노무자 수는 매년도 노무동원실시계획에 제시되는 수를 한도로 하는 것으로 한다.
3. 본 요강에 따라 알선된 조선인 노무자의 처우에 대해서는 가능한 한 내지인 노무자 간에 차별이 없도록 하는 것으로 한다.
4. 본 요강에 따라 알선하는 조선인 노무자의 출동기간은 원칙으로 2년으로 하는 것으로 한다.

제2 알선 신청 및 처리

1. 조선인 노무자 이입고용에 대해 도·부·현의 승인을 받은 사업주로 본 요강에 따라 조선인 노무자를 알선받고자 하는 자는 하기 서류를 조선총독부에 제출하는 것으로 한다.
   (1) 조선인 노무자 알선 신청서(별지 제1호 양식) 정·부 2통
   (2) 도·부·현 조선인 노무자 이입 고용 승인서 사본
2. 필요할 때는 사업주가 소속하는 관계 산업단체 직원을 조선에 주재시켜 전항의 수속 대

행, 기타 노무자 알선에 관해 사업주를 대리하여 조선총독부 및 관계 각 도와 연락을 담당시킬 수 있는 것으로 한다.

전항 대행 또는 대리를 할 경우에 있어서는 이를 증명하기에 충분한 서면을 조선총독부에 제출하는 것으로 한다.

3. 조선총독부가 제2차 신청서를 수리했을 때는 도·부·현으로부터 조선인 노무자 이입고용 승인 통보가 있었던 것에 대해서는 이 내용을 심사한 다음, 요원 충족의 긴요도, 종래 연고 및 지반 또는 조선 내 노무조정 등 관계를 고려하여 선출 도별 알선 인원 및 알선 기간을 결정하여 별지 제2호 양식에 따라 관계 도에 통첩하는 것으로 한다.
4. 각 도는 조선총독부로부터 전항의 할당을 받았을 때는 종래의 연고, 지반관계를 고려하여 5일 이내 부·군·도별 선출인원을 결정하여 즉시 별지 제3호 양식에 따라 이를 해당 직업소개소 또는 부·군·도에 통첩함과 동시에 별지 제4호 양식 및 제5호 양식에 따라 조선총독부 및 사업주에 보고(통지)하는 것으로 한다.
5. 직업소개소 및 군·도·도로부터 전항을 할당 통첩을 받았을 때는 5일 이내 읍·면별 선출인원을 결정하여, 즉시 별지 제6호 양식에 따라 읍·면에 통보함과 동시에 별지 제7호 양식에 따라 도에 보고하는 것으로 한다.
6. 직업소개소 및 부·읍·면은 항상 관내 노동 사정의 추이에 유의 정통하여 공출가능 노무의 소재 및 공출시기의 완급을 고려하여, 경찰관헌, 조선노무협회, 국민총력단체, 기타 관계기관과 밀접한 연락을 취해 노무보도원과 협력한 다음, 할당 노무자 선정을 완료하는 것으로 한다.
7. 직업소개소 및 부·군·도·읍·면은 할당 노무자의 취합을 완료했을 때는 할당관청에 그 내용을 즉시 보고하는 것으로 한다.
8. 도는 전항 보고를 받았을 때는 즉시 그 내용과 인계지를 사업주에게 통지하는 것으로 한다.
9. 사업주는 제4항 및 제8항의 통지를 받았을 때는 그 지정된 시기 또는 필요하다고 인정한 시기에 본인 또는 대리인으로 하여금 관계 도 직업소개소 또는 부·군·도에 출두시켜 지휘를 받는 것으로 한다.

제3 대의 편성 및 지도

1. 근로조직의 편성

(1) 본 요강에 따라 출동시키는 조선인 노무자의 근로조직은 '대 조직'으로 하는 것으로 한다.

(2) 1개조는 5명 내지 10명으로 하고, 2개조 내지 4개조로 1개 반(班)으로 하며, 5개 반 내외로 1개 대를 조직하는 것으로 한다.

(3) 대는 가능한 한 부·군·도마다, 반은 읍 또는 면마다 편성하는 것으로 한다.

(4) 각 사업장에 대한 배치는 원칙적으로 편성 당시 대 조직을 존치하는 것으로 하고, 직장조직에 대해서도 가능한 한 이를 활용하는 것으로 한다.

(5) 직업소개소 및 부·군·도는 사전에 관계자와 협의하여 가능한 한 해당 군·도 소재지에서 대를 편성하는 것으로 한다.

(6) 대의 명칭은 가능한 한 부·군·도명을 붙여 '무슨무슨 근로출동대'로 하는 것으로 한다.

(7) 대의 편성을 완료했을 때는 별지 제8호 양식에 따라 출동대에는 명부 5통을 제작하는 것으로 한다.

2. 대 간부 및 대원 전형

(1) 대원의 선정은 직업소개소 및 부·군·도에서 다음 조건을 구비하는 자 중에서 이를 시행하는 것으로 한다.

① 사상견실, 신원확실, 신체 강건한 자일 것

② 가능한 한 국어가 가능한 자일 것

(2) 대장은 전호 조건을 구비하고, 다음 조건을 갖는 자 중 직업소개소 또는 부·군·도에서 임명하는 자로 한다.

① 인망이 있고, 지도력이 있는 자일 것

② 가능한 한 초등학교 종료 정도 이상의 학력을 갖는 자일 것

③ 가능한 한 연령 30세 이상의 자일 것

(3) 반장은 대장의 구비조건에 따라 이를 전형하고, 직업소개소 또는 부·군·도에서 임

명하는 것으로 한다.

(4) 조장은 대원 중에서 자질 양호한 자를 선발하여, 직업소개소 또는 부·군·도에서 임명하는 것으로 한다.

3. 대 및 사업주의 지도

(1) 도·부·군·도, 직업소개소 및 조선노무협회는 미리 대원에 대해 대 조직에 의한 출동의 취지를 철저하게 하여, 그 국가적 사명을 인식시켜 직책의 중대함을 자각시킴과 동시에 특히 하기 각 사항을 인지시켜 두는 것으로 한다.

① 시국산업에 종사하여 근로를 통해 국가에 공헌하고자 하는 자일 것

② 내지도항 후에는 6개월간 훈련을 받아야 할 것

③ 내지도항 후의 근로방법, 생활환경 등에 대해 미리 예비지식을 주어, 도착 후에는 신속하게 내지의 생활풍습에 순응하도록 납득시킬 것

④ 종업조건을 특히 철저하게 할 것. 특히 임금통제령의 취지를 이해시킴과 동시에 각 개인별 수입에 대해 능력에 따라 당연히 차이가 있는 것임을 납득시킬 것

⑤ 노동조정령의 취지를 철저하게 하여, 취업장 이동은 함부로 하지 않게 할 것

⑥ 협화회에 가입하여 그 회원증을 소지할 것

⑦ 임금은 생활비에 필요한 금액 이외는 저축할 것

⑧ 인고와 결핍을 인내하여, 공휴일 이외는 함부로 휴업하지 않을 것

⑨ 국민직업지도소 직원, 경찰관, 협화회 직원의 지도에 복종할 것

(2) 직업소개소, 부·군·도 및 조선노무협회는 대 출동 전에 가능한 한 이에 대해 규율 있는 단체훈련을 시행하는 것으로 한다.

(3) 사업주는 조선인 노무자 관리상 필요한 사항을 고구하여 실시하는 것으로 하고, 특히 다음 각항은 시급하게 실시하는 것으로 한다.

① 지도조직의 충실을 기할 것.

각 대에는 지도원을 둘 것.

지도원은 대장을 지도하고 대원에게는 작업 및 생활 각 반에 걸쳐 지도유액 및 연락을 담당할 것.

지도원 임명에 있어서는 적임자를 엄선할 것.

② 훈련시설을 설치할 것.

③ 조선인 노무자의 숙련화를 꾀하고, 특히 우량대원에 대해 기술교육을 시행할 것.

④ 기술 우수한 자는 직무 부여로 승진시킬 것.

⑤ 기간 중에는 가능한 한 특정 장소에서 규율 있는 생활훈련을 시행할 것.

⑥ 적절한 위안 오락시설을 설치할 것.

⑦ 대장, 반장 및 조장의 처우에 대해서는 특히 고려할 것.

제4 노무보도원

1. 사업주는 다음 비율로 조선에 있어서 관청의 노무자 공출 알선에 협력시키기 위해 적당한 자를 선출하는 것으로 한다.
   조선인 노무자 알선 신청인원 100명에 대해 2명으로 하며, 100명을 더할 때마다 1명을 추가할 것. 단 500명 이상은 300명을 더할 때마다 1명을 추가하는 것으로 한다.
2. 도지사는 전항 협력자에 대해 노무자 공출에 관한 사무를 촉탁(무급)하고, 이에 노무보도원의 명칭을 부여하는 것으로 한다.
   이 경우 내지 관할 경찰서장에게 그 신원, 기타에 대해 지장 유무를 조사하는 것으로 한다.
3. 노무보도원은 사업주 혹은 사업주가 고용하는 직원 또는 관계 산업단체 직원으로 하여금 신원확실한 자로 한다.
4. 노무보도원은 관청의 지휘 감독을 받아 예의 노무자 선정에 협력하는 것으로 한다.
5. 노무보도원에 소요되는 경비 일체는 사업주 부담인 것으로 한다.

제5 인계 및 인솔

1. 직업소개소 및 부·군·도는 그 편성한 대를 출발지에서 사업주 또는 그 대리인에게 인계하는 것으로 한다.
   출발지는 대략 부·군·도 소재지로 하는 것으로 한다.

상기 인계의 경우, 직업소개소 또는 부·군·도는 별치 제9호 양식의 인계서 정·부 3통을 작성하여, 정본은 직업소개소 또는 부·군·도에, 부본은 도 및 사업주에서 이를 보유하는 것으로 한다.

상기 인계서에는 대원명부를 첨부하는 것으로 한다.

직업소개소 및 부·군·도는 대 편성지 관할 경찰서장 간기 소개장을 받은 대원명부 2통을 사업주에게 교부하는 것으로 한다.

2. 대 인계를 완료했을 때는 직업소개소 또는 부·군·도는 인계서 부본을 첨부하여, 그 상황을 즉시 보고하는 것으로 한다.
3. 도는 할당받은 노무자 인계를 완료했을 때는 즉시 그 내용을 조선총독부에 보고하는 것으로 한다.
4. 대 인계 후 조선 내 수송 및 승선지로부터의 인솔수송에 대해서는 조선노무협회가 이에 협력하는 것으로 한다.
5. 사업주는 대 인계를 받아 그 인솔 수송에 있어서는 하기 사항에 유의하는 것으로 한다.
   (1) 사업주 또는 책임 있는 대리인이 인솔을 담당할 것.
   (2) 인솔자는 적어도 노무자 50명에 대해 1명 이상을 부여할 것.
   (3) 인솔자는 취업지 관할 국민직업지도소가 발행하는 인솔증명서를 휴대할 것.
   (4) 인솔자는 승선지 관할 경찰서장에 대해 대원명부를 제출하여 소정의 간기 사증을 받을 것.

제6 도착 후의 조치

1. 사업주는 이입조선인 노무자의 분쟁, 기타 중대한 사건이 발생했을 때는 지체 없이 조선총독부 및 관계 도에 보고하는 것으로 한다.
2. 사업주는 이입조선인 노무자 근로상황을 매년 6월 말 및 12월 말에 조선총독부에 보고하는 것으로 한다.
3. 내지이입 후 대장, 반장, 조장으로서 부적절하다고 인정할 때는 사업주가 다른 적임자에게 이를 변경할 수 있는 것으로 한다.

4. 대장 등에게는 필요에 따라 협화회 임직원을 촉탁할 수 있는 것으로 한다.

제7 이동에 대한 조치

1. 출동기간 만료 후에도 계속하여 종업시킬 필요가 있을 때는 희망자에 한하여 그 출동기간의 연장을 인정할 수 있는 것으로 한다.
   출동기간 만료 후 동일 사업주가 경영하는 동종의 타 사업장에서 계속해서 종업시킬 필요가 있을 때 또한 동일하게 취급할 수 있는 것으로 한다.
2. 출동기간 만료 전 사업 축소, 폐지 또는 종료의 경우는 동일 사업주가 경영하는 동종의 다른 사업장에 종업시킬 필요가 있을 때는 희망자에 한하여 계속해서 종업을 인정할 수 있는 것으로 한다.
3. 출동기간 만료의 경우 혹은 출동기간 만료 전 사업 축소, 폐지, 종료의 경우, 사업주의 변경은 있으나 동일 사업장에서 계속하여 종업시킬 필요가 있을 때는 희망자에 한하여 이를 인정할 수 있는 것으로 한다.
4. 전 각항의 경우, 도·부·현은 그 승인 후 조선총독부 및 관계 동 그 내용을 통보하는 것으로 한다.
   토목건축사업에서 출동기간 만료 후 계속해서 종업시킬 필요가 있을 때는 도·부·현은 사전에 조선총독부와 협의하는 것으로 한다.
5. 출동기간 만료 후 또는 사업 축소, 폐지, 종료에 의해 출동기간 만료 전 동종 사업에 속하는 다른 사업주의 사업장에 종사시킬 필요가 있을 때는 희망자에 한하여 도·부·현은 사전에 조선총독부와 협의한 다음, 이를 인정할 수 있는 것으로 한다.
6. 귀향자를 확정했을 때는 관할 도·부·현은 사업주별로 귀향할 노무자의 출신지, 씨명, 조선에서의 하선지, 귀향 예정 연월일 및 알선받은 연월일을 지체 없이 조선총독부 및 관계 도에 통보하는 것으로 한다.
7. 노무자 출동기간(사업의 축소, 폐지, 종료의 경우를 포함함)에 따라 귀향했을 때는 사업주 또는 그 대리자는 귀향 노무자의 씨명, 귀향 연월일을 지체 없이 관계 부·군·도에 보고하는 것으로 한다.

제8 기타

1. 사업주 또는 재단법인 직업협회는 알선에 소요되는 선전비, 대 편성비, 인솔 수송비(직원 여비) 및 잡비 등 경비를 조선노무협회에 전납하는 것으로 한다.
2. 대가 사업장에 도착했을 때는 사업주는 지체 없이 그 내용을 조선총독부 및 관계 도에 보고하는 것으로 한다.

제9 부칙

본 요강은 1942년 2월 20일부터 이를 실시하는 것으로 한다.

자료 99

중요사업장노무관리령	
구분	칙령 제106호
법령명/건명	중요사업장노무관리령 重要事業場勞務管理令
제정·개정·결정·폐지 연월일	1942년 2월 25일, 1945년 10월 10일 폐지(칙령 제566호)
구성	27개 조항, 부칙 1개 조항
선행 규범·법령	국가총동원법 제6조
원문 일부	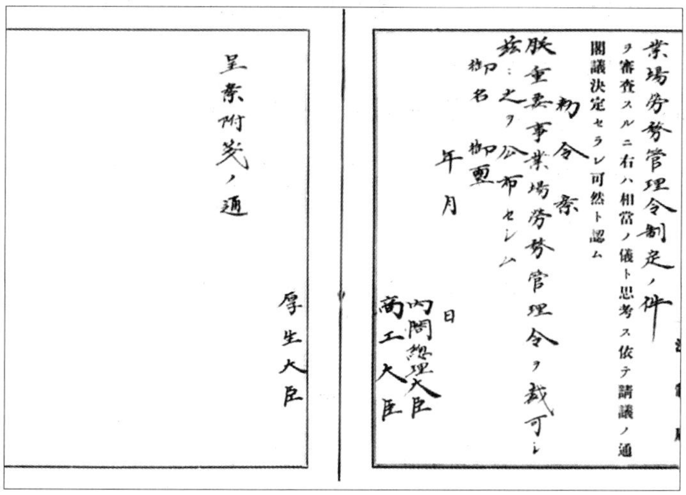 業場勞務管理令制定ノ件 ヲ審査スルニ右ハ相當ノ儀ト思考ス依テ請議ノ通 閣議決定セラレ可然ト認ム 朕重要事業場勞務管理令ヲ裁可シ 茲ニ之ヲ公布セシム 勅令 御名 御璽 年 月 日 内閣總理大臣 商工大臣 呈案附箋ノ通 厚生大臣
주요 내용 및 특징	○ 중요사업장에 종사하는 종업자의 사용, 해고, 종사, 퇴직과 임명, 급료 및 근로조건 그리고 노동쟁의에 대한 명령 등을 정한 법령 ○ 중요사업장의 종업자 노무관리에 대한 전반적인 사항을 명령으로 정한 것으로 후생대신의 명령 혹은 인가에 의한다. ○ 임금대장과 급료대장을 작성하여, 중요사업장에 비치해야 한다. ○ 중요사업장의 노무관리를 위해 주임 노동담당자, 중앙 노동담당자를 선임하여 노무관리 사항을 담임시켜야 한다.
법령 적용 범위	
관련 법령 통합·폐지 사항	
유사·파생 법령	

칙령 제106호

1942년 2월 25일

중요사업장노무관리령

제1조 중요사업장에 있어서 노무관리 지도 감독을 위해 하는 국가총동원법 제6조 규정에 의거한 종업자의 사용, 해고, 종사, 퇴직 및 임명, 급료, 기타 종업조건에 관한 명령 그리고 동법 제7조 규정에 의거한 노동쟁의 예방 및 해결에 관한 명령은 본령이 정하는 바에 따른다.

제2조 본령에서 중요사업장이라 함은 총동원 물자의 생산 혹은 수리 또는 국가총동원상 필요한 운수에 관한 업무를 운영하는 공장, 광산, 기타 장소로 후생대신이 지정하는 것을 말한다.

제3조 전조의 지정은 중요사업장 사업주(이하 사업주라 칭한다)에게 통지에 의해 이를 할 수가 있다.

사업주는 중요사업장의 지정이 있을 때는 그 내용을 중요사업장 종업자(이하 종업자라 칭한다)에게 주지시켜야 한다.

제4조 사업주는 명령이 정하는 바에 따라 종업규칙을 작성하여, 후생대신의 인가를 받아야 한다. 이를 변경하고자 할 때도 또한 마찬가지이다.

후생대신은 필요하다고 인정할 때는 사업주에게 종업규칙의 변경을 명령할 수 있다.

제5조 사업주는 종업규칙에 따라 종업자를 종업시켜야 한다.

전항 규정은 사업주에 대한 제8조 또는 제16조 제1항 규정에 따른 명령이 있을 때 그 명령에 저촉할 경우, 또는 종업자를 종업시킴에 있어 후생대신의 별도 허가를 받았을 경우에는 이를 적용하지 않는다.

제6조 사업주는 종업시행을 게시나 기타 방법으로 종업자에게 주지시켜야 한다. 단 종업규칙 중 종업자 일부에 관계있는 사항은 적당한 방법으로 관계 종업자에게만 이를 주지시키는 것으로 충분하다. 사업주가 종업규칙을 변경했을 때는 전항 규정에 준

해 즉시 이를 주지시켜야 한다.

제7조 종업자는 종업규칙 또는 종업규칙에 의거하여 사업주가 하는 지시에 따라 중요사업장의 업무에 종사해야 한다.

사업주에 대한 제8조 혹은 제16조 제1항 규정에 따른 명령 또는 제5조 제2항 규정에 따라 받은 허가에 의거한 사업주의 지시가 있었을 때는 전항 규정에 불구하고 종업자는 그 지시에 따라 중요사업장의 업무에 종사해야 한다.

전 2개 항 규정은 종업자에 대한 제8조 또는 제16조 제1항 규정에 따른 명령이 있었을 때 그 명령에 저촉하는 경우에는 이를 적용하지 않는다.

제8조 후생대신은 필요하다고 인정할 때는 사업주 또는 종업자에게 종업시간의 연장 혹은 단축, 휴일, 지각, 조퇴, 결근 혹은 휴가의 제한 또는 종업자가 종사하는 업무, 기타 종업자 사용 혹은 종업에 관한 사항에 필요한 명령을 할 수 있다.

제9조 후생대신은 필요하다고 인정할 때는 사업주 또는 종업자에게 종업자의 해고 또는 퇴직을 명령할 수 있다.

제10조 사업주는 명령이 정하는 바에 따라 임금규칙, 급료규칙 및 승급내규를 작성하여, 후생대신의 인가를 받아야 한다. 이를 변경하고자 할 때도 마찬가지이다.

후생대신은 필요하다고 인정할 때는 사업주에게 임금규칙, 급료규칙 또는 승급내규의 변경을 명령할 수 있다.

제11조 사업주는 임금규칙 및 급료규칙으로 지불하고 승급내규에 따라 종업자를 승급시켜야 한다.

전항 규정은 제13조 규정에 따른 명령 또는 사업주에 대한 제16조 제1항 규정에 따른 명령이 있었을 때 그 명령에 저촉할 경우, 또는 임금 혹은 급료를 지불하고 혹은 승급시킴에 있어 후생대신의 별도 허가를 받았을 경우에는 이를 적용하지 않는다.

제12조 제6조 규정은 임금규칙 또는 급료규칙에 이를 적용한다.

제13조 후생대신은 필요하다고 인정할 때는 종업자의 임금, 급료, 수당, 실물급여 상여, 또는 임시 급여에 관해 사업주에게 명령할 수 있다. 종업자에 대한 물품 판매 또는 그 위탁 방법에 따라 사실상 또는 급료 액수가 증감될 우려가 있을 경우에 물품 판매 또는 그 위탁에 관해서도 마찬가지이다.

제14조 사업주는 명령이 정하는 바에 따라 임금대장 및 급료대장을 작성하여, 중요사업장에 비치해야 한다.

제15조 후생대신은 필요하다고 인정할 때는 사업주가 하는 종업자의 교양, 훈련, 체육, 기타 종업자의 후생시설에 관해 명령을 내릴 수 있다.

제16조 후생대신은 노동쟁의 예방 또는 해결에 관해 사업주, 종업자, 기타 관계인에게 필요한 조치를 명령할 수 있다. 후생대신이 지정하는 해당 관리는 노동쟁의 예방 또는 해결에 관해 사업주, 종업자, 기타 관계인에게 출두를 명령하여 설명을 요구하거나 또는 의견을 요구할 수 있다.

제17조 사업주는 주임 노동담당자를 선임하여 중요사업장의 노무관리에 관한 사항을 담임시켜야 한다.

후생대신은 동일인이 2개 이상의 중요사업장을 운영하는 경우에 필요하다고 인정할 때는 그 사업주에게 각 중요사업장의 주임노무담당자 외 중앙노무담당자를 선임하여 그 모든 중요사업장의 노무관리에 관한 사항을 담임시킬 것을 명령할 수 있다.

제18조 사업주는 전조 규정에 따라 주임노무담당자 또는 중앙노무담당자를 선임했을 때는 국가총동원법 제31조 규정에 의거 그자의 이력서를 구비하여 그 내용을 지체 없이 후생대신에게 보고해야 한다.

제19조 후생대신은 필요하다고 인정할 때는 사업주에게 주임노무담당자, 중앙노무담당자, 기타 중요사업장의 노무관리에 관한 업무에 종사하는 자의 직권 집행에 있어서 필요한 명령을 할 수 있다.

제20조 후생대신은 청 · 부 · 현 및 광산감독국 고등관 중에서 노무관리관을 임명하여 후생대신의 명을 받아 후생대신이 지정하는 중요사업장에 대해 종업자 사용, 종업, 임금, 급료, 기타 노무관리에 관한 사항에 관해 사업주 및 종업자의 감독 지도를 시킨다.

후생대신은 필요하다고 인정할 때는 전항 규정에 따른 노무관리관 외 후생성 고등관 중에서 노무감리관을 임명하여 상관의 명령을 받아 후생대신이 지정하는 중요사업장에 대해 종업자의 사용, 종업, 임금, 급료, 기타 노무관리에 관한 사항에 관해 사업주 및 종업자의 감독지도를 시킬 수 있다.

제21조 후생대신은 국가총동원법 제31조 규정에 의거하여 중요사업장의 노무관리 상황에

관해 사업주로부터 보고를 요구하거나 해당 관리로 하여금 중요사업장, 기타 장소를 임검하여 장부 서류를 검사시킬 수 있다.

전항 규정에 따라 해당 관리로 하여금 임검 검사시킬 경우에는 해당 중요사업장을 소관하는 노무감리관을 제외하고 그 신분을 나타내는 증표를 휴대시켜야 한다.

제22조 후생대신은 제2조, 제4조, 제5조 제2항, 제8조 내지 제10조, 제11조 제2항, 제13조, 제15조, 제16조 제1항 및 제19조 규정 시행에 관한 중요사항으로 공장사업장관리령에 따라 관리하는 공장사업장에 관한 것에 대해서는 해당 공장사업장을 관리하는 주무대신과 협의해야 한다.

제23조 본령은 국가 및 도·부·현 사업에 이를 적용하지 않는다.

제24조 제10조 내지 제14조 규정 중 회사경리통제령(會社經理統制令) 제9조의 사원에 관한 것은 동령 제7조 회사에 이를 적용하지 않는다.

제25조 광업법 제75조 및 공장법시행령 제27조의 4 규정은 사업주가 제4조 제1항 규정에 따른 인가를 받은 경우 그 중요사업장에 이를 적용하지 않는다.

임금통제령 및 공장업시행령 제24조 규정은 사업주가 제10조 제1항 규정에 따른 인가를 받은 경우 그 중요사업장에 이를 적용하지 않는다.

제26조 후생대신은 본령에서 정하는 직권의 일부를 지방장관(도쿄도에 있어서는 경시총감) 또는 광산감독국장에게 위임할 수 있다.

제27조 본령 중 후생대신 또는 후생성 고등관이라 함은 군수성 소관 기업에 있어서 근로관리 및 급여에 대해서는 군수대신 또는 군수성 고등관으로 한다.

부칙(1942년 2월 25일 칙령 제106호)

본령은 공포일로부터 이를 시행한다.

부칙(1943년 6월 15일 칙령 제501호)

본령은 공포일로부터 이를 시행한다.

부칙(1943년 11월 칙령 제855호)

본령은 공포일로부터 이를 시행한다.

자료 100

중요사업장노무관리령시행규칙	
구분	후생성령 제10호
법령명/건명	중요사업장노무관리령시행규칙 重要事業場勞務管理令施行規則
제정·개정·결정·폐지 연월일	후생성령 제10호 1942년 2월 28일 공포 후생성령 제3호개정 1943년 2월 15일 후생성령 제30호개정 1943년 7월 31일 후생군수성령 제1호개정 1943년 11월 1일 후생군수성령 제2호개정 1944년 6월 12일
구성	28개 조항, 부칙 1개 조항
선행 규범·법령	국가총동원법 제6조, 중요사업장노무관리령
원문 일부	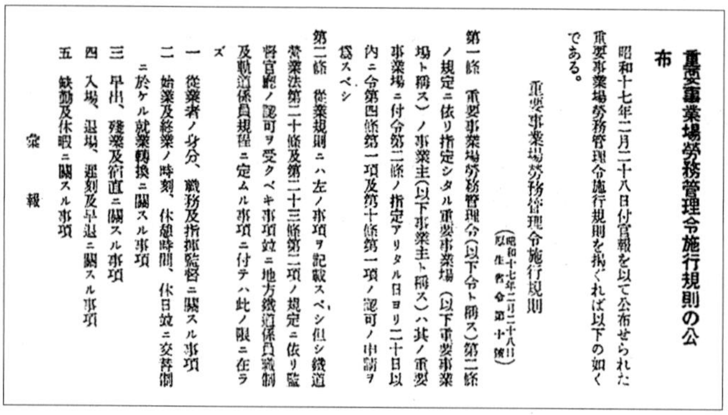 重要事業場労務管理令施行規則の公布 昭和十七年二月二十八日付官報を以て公布せられた重要事業場労務管理令施行規則を掲ぐれば以下の如くである。 重要事業場労務管理令施行規則 (昭和十七年二月二十八日厚生省令第十號) 第一條 重要事業場労務管理令(以下令ト稱ス)第二條ノ規定ニ依リ指定シタル重要事業場(以下重要事業場ト稱ス)ノ事業主(以下事業主ト稱ス)ハ其ノ重要事業場ニ付令第二條ノ指定アリタル日ヨリ二十日以内ニ令第四條第一項及第十條第一項ノ認可ノ申請ヲ爲スベシ 第二條 従業規則ニハ左ノ事項ヲ記載スベシ但シ鐵道營業法第二十條及第二十三條第二項ノ規定ニ依リ監督官廳ノ認可ヲ受クベキ事項竝ニ地方鐵道係員職制及軌道係員規程ニ定ムル事項ニ付テハ此ノ限ニ在ラズ 一 従業者ノ身分、職務及指揮監督ニ關スル事項 二 始業及終業ノ時刻、休憩時間、休日竝ニ交替制ニ於ケル就業轉換ニ關スル事項 三 早出、殘業及宿直ニ關スル事項 四 入場、退場、遅刻及早退ニ關スル事項 五 缺勤及休暇ニ關スル事項 官報
주요 내용 및 특징	○ 중요사업장은 근태관리 등 종업규칙을 정해 종업에 관해 필요한 사항을 규정해야 한다. ○ 임금규칙에는 임금 마감기간, 지불기일 및 방법, 소정 취업시간, 수당 명칭 및 액수, 급여조건, 실물급여의 종류와 수량, 지각이나 조퇴의 경우 임금계산법, 임금 일부의 저축이나 공채구입 공제시 규정 등을 명시해야 한다. ○ 급료규칙에는 급료 마감기간과 지불기일 및 방법, 기본급료 초급액, 수당의 명칭과 액수, 실물급여 시 종류와 수량, 평가액, 급료 일부의 저축 또는 공채 구입에 따른 공제 규정 등을 명시해야 한다. ○ 승급 내규에는 승급기, 승급조건, 1회 승급의 최고액, 최저액 및 표준액 등을 명시해야 한다.
법령 적용 범위	제국 전역
관련 법령 통합·폐지 사항	
유사·파생 법령	

후생성령 제10호

1942년 2월 28일

중요사업장노무관리령시행규칙

제1조 중요사업장노무관리령(이하 영이라 칭한다) 제2조 규정에 따라 지정한 중요사업장(이하 중요사업장이라 칭한다) 사업주(이하 사업주라 칭한다)는 그 중요사업장에 대해 영 제2조의 지정이 있던 월부터 20일 이내 영 제4조 제1항 및 제10조 제1항의 인가신청을 해야 한다.

국민징용령 제18조 제2항 규정에 따라 후생대신의 인가를 받은 사항(국민징용령 제22조의 2 규정에 따른 경우를 포함한다)으로 종업자의 급여에 관한 것에 대해서는 영 제4조 제1항 또는 제10조 제1항의 인가를 받은 것으로 간주한다.

제2조 종업규칙에는 아래 사항을 기재해야 한다. 단 철도영업법 제20조 및 제23조 제2항의 규정에 따라 감독관청의 인가를 받아야 할 사항과 지방철도계원직제 및 철도계원규정에서 정하는 사항에 대해서는 이에 구애되지 않는다.

1. 종업자의 신분, 직무 및 지휘 · 감독에 관한 사항
2. 시업 및 종업 시각, 휴게시간, 휴일과 교체제에 있어서의 취업전환에 관한 사항
3. 조기 출근, 잔업 및 숙직에 관한 사항
4. 입장, 퇴장, 지각 및 조퇴에 관한 사항
5. 결근 및 휴가에 관한 사항
6. 보건위생에 관한 사항
7. 위험방지에 관한 사항
8. 표창 및 징계와 관한 사항
9. 해고 및 퇴직에 관한 사항

전항 각호에 열거하는 사항 외 종업에 관해 필요한 사항은 이를 종업규칙에 기재할 수 있다.

제3조 영 제5조 제2항의 허가 신청에는 종업규칙에 따를 수 없는 이유 그리고 종업 방법 및 기간을 구비해야 한다.

제4조 사업주가 종업자에게 하는 지시가 영 제8조 혹은 제16조 제1항 규정에 따른 명령 또는 영 제5조 제2항 규정에 따라 내려진 허가에 근거한 것인 때는 사업주는 그 내용을 종업자에게 명시해야 한다.

제5조 임금규칙에는 노무자 임금에 관해 아래 사항을 기재해야 한다.

1. 임금 마감 기간과 지불 기일 및 방법에 관한 사항
2. 임금 계산에 기초가 되는 소정 취업시간에 관한 사항
3. 정액급의 규정이 있을 때는 그 초급액 및 최저액에 관한 사항
4. 청부임금제에 있어서의 보증급 초급액 및 최저액에 관한 사항
5. 단가청부, 시간청부 또는 성과청부제가 있을 때는 그 청부단가, 청부시간 또는 청부비율 및 임금산정방법에 관한 사항
6. 수당을 지급할 때는 그 명칭 및 액수 또는 비율 그리고 급여조건에 관한 사항
7. 실물급여를 할 때는 그 종류, 수량, 평가액 및 급여조건에 관한 사항
8. 지각 또는 조퇴의 경우 임금 계산 방법에 관한 사항
9. 임금의 일부를 저축 또는 공채구입을 위해 공제할 때는 그 규정 요지에 관한 사항
10. 기타 임금에 관해 필요한 사항

제6조 급료규칙에는 직원 급료에 관해 아래 사항을 기재해야 한다.

1. 급료 마감 기간과 지불 기일 및 방법에 관한 사항
2. 기본급료의 초급액에 관한 사항
3. 수당을 지급하고자 할 때는 그 수당의 명칭 및 액수 또는 비율 그리고 급여조건에 관한 사항
4. 실물급여를 할 때는 그 종류, 수량, 평가액 및 급여조건에 관한 사항
5. 급료 일부를 저축 또는 공채매입을 위해 공제할 때는 그 규정의 요지에 관한 사항
6. 기타 급료에 관해 필요한 사항

제7조 사업주가 종업자에게 주는 임금 또는 급료 지불이 영 제13조 혹은 영 제16조 제1항 규정에 따른 명령 또는 영 제11조 제2항 규정에 따라 내려진 허가에 근거하여 임금

규칙 또는 급료규칙에 의하지 않은 것일 때는 사업주는 그 내용을 종업자에게 명시해야 한다.

제8조 승급 내규에는 아래 사항을 기재해야 한다.

1. 승급기에 관한 사항
2. 승급조건에 관한 사항
3. 1회 승급의 최고액, 최저액 및 표준액에 관한 사항
4. 기타 승급액에 관해 필요한 사항

제9조 영 제11조 제2항 규정에 따른 허가 신청에는 임금규칙, 급료규칙 또는 승급 내규에 의할 수 없는 이유 그리고 임금, 급료 또는 승급액 또는 비율 및 급료조건을 구비해야 한다.

제10조 사업주가 종업자에게 상여 또는 임시급여를 지급하고자 할 때는 소관 노무감리관에게 승인을 받아야 한다.

전항 규정은 임금규칙 또는 급료규칙에 따른 지급에 대해서는 이를 적용하지 않는다.

제1항의 허가신청서는 양식 제2호 및 제3호에 따르며, 상여 또는 임시급여 지급에 관한 신청에는 개인급여액 산출기준을 첨부해야 한다.

제11조 사업주는 영 제10조 제1항의 허가가 있을 때부터 30일 이내에 임금대장 및 급료대장을 작성하여, 종업자의 임금 또는 급료를 기재해야 한다. 단 하루 단위로 고용하는 종업자의 임금 또는 급료에 대해서는 이에 구애되지 않는다.

제12조 임금통제령시행규칙 제36조 내지 제39조 규정은 임금대장 및 급료대장에 대해 이를 준용한다. 단 동 규칙 제36조 제6항 및 제38조 중 지방장관이라 함은 후생대신으로 한다.

제13조 사업주는 매년 11월 말일까지 아래 사업에 대해 이듬해 중에 실시하는 계획을 정해 후생대신의 인가를 받아야 한다. 이를 변경하고자 할 때도 마찬가지이다.

1. 직원의 교양 및 훈련에 관한 사항
2. 간부노동자의 정신훈련 및 기능교육에 관한 사항
3. 청소년 노무자의 교양 및 훈련에 관한 사항

4. 일반 노무자의 교양 및 훈련에 관한 사항

5. 종업자의 체육에 관한 사항

후생대신은 필요하다고 인정할 때는 전항 인가를 취소하거나 또는 사업주에게 전항 규정에 따라 허가받은 계획 변경을 명령해야 한다.

해당 중요사업장에 대해 영 제2조의 지정이 있는 연도에는 제1항을 허가받는 기한은 그 지정일로부터 2개월 이내로 한다.

제14조 사업주는 종업자로서 청년학교를 이수해야 하는 자에 관해 그 이수방법을 정해 후생대신 허가를 받아야 한다. 이를 변경하고자 할 때도 마찬가지이다.

후생대신은 필요하다고 인정할 때는 전항 규정에 따라 허가한 이수방법의 변경을 명령해야 한다.

제15조 사업주는 종업자에게 식사를 제공하고자 할 때는 그 시설 개요에 대해 후생대신의 허가를 받아야 한다.

후생대신은 필요하다고 인정할 때는 전항 인가를 취소하거나 또는 사업주에게 인가받은 시설의 개요에 대해 변경을 명령해야 한다.

제16조 사업주는 영 제2조 지정이 있던 날부터 30일 이내에 종업자에 대한 응급진료방법을 정해 후생대신의 인가를 받아야 한다. 이를 변경하고자 할 때도 마찬가지이다.

후생대신은 필요하다고 인정할 때는 전항 규정에 따라 인가받은 방법의 변경을 명령해야 한다.

제17조 후생대신은 상시 200명 이상 여자 종업자를 사용하는 중요사업장에 대해 필요하다고 인정할 때는 사업주에게 유아 보육 시설을 설치하도록 명령할 수 있다.

제18조 영 제16조 제1항 규정에 따라 사업주는 종업자가 작업시간 외의 종업조건, 기타에 관해 노무자감리관, 기타 관계관리에게 면회를 요구하여 설명하거나 의견을 진술하는 것을 방해할 수 없다.

제19조 영 제16조 제1항 규정에 따라 중요사업장의 종업자는 사업주가 종업조건, 기타에 관해 노무감리관, 기타 관계관리에게 면회를 요구하여 설명하거나 또는 의견을 진술하는 것을 방해할 수 없다.

제20조 영 제16조 제2항 규정에 따라 아래 관리를 지정한다.

1. 소관 노무감리관인 관리

2. 노무관리관인 관리

3. 광산감독국 광무감독관인 관리

제21조 사업주는 주임 노무담당자 및 중앙 노무담당자에게 종업자에 관한 아래 사항을 담임시켜야 한다.

1. 고용, 해고, 기타 인사에 관한 사항

2. 종업규칙 제정, 변경 및 운용에 관한 사항

3. 임금, 급료 및 승급에 관한 사항

4. 교양, 훈련, 체육, 기타 후생에 관한 사항

5. 기타 노무관리상 필요한 사항

제22조 사업주는 영 제21조 제1항 규정에 따라 이듬해 중 종업자의 후생에 관한 시설 계획을 매년 11월 말일까지, 계획 실시 결과를 이듬해 1월 말일까지 후생대신에게 보고해야 한다.

해당 중요사업장에 대해 영 제2조의 지정이 있던 연도에 있어서는 전항 시설 계획 보고기한은 그 지정일로부터 2개월 이내로 한다.

제23조 사업주는 영 제21조 제1항 규정에 따라 매월 종업자의 잔업, 지각, 조퇴, 결근 및 징계 상황 조사를 익월 15일까지 소관 노무감리관에게 제출해야 한다.

전항의 조서는 양식 제5호 내지 제7호에 의해야 한다.

제24조 사업주는 아래의 경우에는 영 제21조 제1항 규정에 따라 지체 없이 지방장관에게 해당 사항 개요를 보고해야 한다.

1. 중요사업장에서 종업자 사상이 발생했을 때

2. 중요사업장에서 전염병이 발생했을 때

3. 중요사업장에 노동분쟁이 발생하거나 또는 그 발생 우려가 있다고 인정할 때

4. 종업자로부터 종업조건, 기타에 관해 신청을 받았을 때

5. 국민징용령에 따른 피징용자에 관해 상이, 질병, 사망, 도주, 기타 장기에 걸쳐 종업할 수 없는 사고가 발생했을 때

6. 종업자에게 감급 이상의 징계를 내리려고 할 때

7. 중요사업장에서 불시의 재해가 있었을 때

8. 영 또는 본령에 따른 후생대신의 명령에 의거하여 필요한 조치를 했을 때

제25조 영 제21조 제2항 규정에 따른 징표는 양식 제8호에 따른다.

제26조 영 및 본령 규정에 따라 후생대신 또는 지방장관에게 제출하는 보고서 또는 허가 혹은 인가신청서는 소관 노무감리관을 경유하여 각 정부 4통을 제출해야 한다.

제27조 본령 중 지방장관이라 함은 광업 또는 사광업에 관한 것에 대해서는 광산감독국장으로 한다.

제28조 공장법시행규칙 제2조, 제4조 및 제20조 중 지방장관이라 함은 중요사업장에 대해서는 후생대신으로 한다.

광부취업부조규칙 제5조, 제6조 제2항, 제7조, 제7조의 2 제2항, 동조 제3항, 제11조 및 제11조의 2 제2항 중 광산감독국장이라 함은 중요사업장에 대해서는 후생대신으로 한다.

부칙

본령은 공포일로부터 이를 시행한다.

자료 101

<table>
<tr><td colspan="2">생산증강근로긴급대책요강</td></tr>
<tr><td>구분</td><td>각의결정</td></tr>
<tr><td>법령명/건명</td><td>생산증강근로긴급대책요강
生産增强勤勞緊急對策要綱</td></tr>
<tr><td>제정·개정·결정·폐지
연월일</td><td>1943년 1월 20일</td></tr>
<tr><td>구성</td><td></td></tr>
<tr><td>선행 규범·법령</td><td></td></tr>
<tr><td>원문 일부</td><td>生産増強勤労緊急対策要綱
昭和18年1月20日 閣議決定
収載資料：資料日本現代史　7　神田文人　大月書店　1981.10　pp.380-381　当館請求記号：GB631-39
生産増強ハ刻下喫緊ノ要務ニシテ之ガ完遂ハ国民勤労ノ充実発揚ニ俟ツ処極メテ大ナルニ鑑ミ勤労総力ヲ最高度ニ発揮スル為特ニ左ノ如キ方策ヲ緊急実施スルモノトス
第一　国民徴用制度ノ刷新強化
一　国民徴用ノ国家性明確化
(一)被徴用者全員一体ノ態勢ヲ以テ生産増強ニ邁進シ得ル如ク社長ノ徴用其ノ他必要ナル措置ヲ講ズルコト
(二)徴用ハ予メ合格者ヲ定メ可成国家施設ニ収容シ教養訓練ヲ施シタル上工場事業場ニ配置スルコト
(三)被徴用者ノ工場事業場ニ於テ支給ヲ受クル給与ガ当該被徴用者ノ前収ニ比シ著シク減少スル場合ニ於テハ之ヲ補給スルノ途ヲ講ジ其ノ財源ハ国家ニ於テ相当負担スルコト
右補給ハ別途国民徴用援護制度ノ拡充ニ依リ之ヲ為スコト
二　国民徴用制度ノ運営ノ改善
(一)現行徴用期間ハ之ヲ延長シ必要アル場合ニ於テハ更ニ更新シ得ルコトヽスルト共ニ徴用ヲ解除シ得ル場合ヲ明確ニスルコト</td></tr>
<tr><td>주요 내용 및 특징</td><td>○「국민징용령」 제3차 개정의 주요 골자를 결정한 방침으로 국민징용의 국가성 명확화와 사장징용이 시행됨.</td></tr>
<tr><td>법령 적용 범위</td><td></td></tr>
<tr><td>관련 법령
통합·폐지 사항</td><td></td></tr>
<tr><td>유사·파생 법령</td><td></td></tr>
</table>

각의결정

1943년 1월 20일

생산증강근로긴급대책요강

생산 증강은 목하 긴급한 요무로 그 완수는 국민근로의 충실 발양에 의하는 바가 크다는 점을 감안하여 근로총력을 최고도로 발휘하기 위해, 특히 다음과 같은 방책을 긴급 실시하는 것으로 한다.

제1 국민징용제도의 쇄신 강화

1. 국민징용의 국가성 명확화

⑴ 피징용자 전원 일체의 태세로 생산 증강에 매진할 수 있도록 사장징용, 기타 필요한 조치를 강구할 것.

⑵ 징용은 미리 합격자를 정해 가급적 국가시설에 수용하여 교양훈련을 실시한 다음 공장, 사업장에 배치할 것.

⑶ 피징용자는 공장, 사업장에서 지급받는 급여가 해당 피징용자의 전 수입에 비해 현저하게 감소할 경우에는 이를 보전할 방도를 강구하고 그 재원은 국가에서 상당 부담할 것.

위 보전은 별도 국민징용원호제도의 확충에 의해 이를 시행할 것.

2. 국민징용제도의 운영 개선

(1) 현행 징용 기간은 이를 연장하여 필요할 경우에는 갱신할 수 있는 것으로 하고, 징용을 해제할 수 있는 경우를 명확하게 할 것.

(2) 징용 전형을 엄정하고 권위 있게 하기 위해 국민징용관제도를 확립하고, 국민직업지도소 기능 증진에 필요한 조치를 강구할 것.

징용관은 지방청 관계 고등관으로 이를 충당할 것.

(3) 징용급여 확보와 전형에 엄정을 기하기 위해 전형 시 징용제외 범위를 축소하고 적정한 전형기준을 정할 것.

(4) 국민등록의 범위를 더욱 확대하여 피징용자 전형에 편의를 도모하도록 정비를 꾀할 것.

(5) 피징용자 중 특히 근로상황이 양호하지 않은 자에 대해서는 국가의 특별연성시설에서 연성을 실시하여 그 교환 선도에 노력할 것.

3. 국민징용원호제도의 확충

피징용자로 하여금 후일에 대한 근심이 없도록 하기 위해 그 유가족에 대한 원호제도를 확충 강화하고, 피징용자의 사기를 앙양하기 위해 위문 격려에 대한 특별한 조치를 강구할 것.

제2 국민근로의 중점적 배치 강화 철저

1. 산업 및 기업 간 중점 이동에 즉응하는 기업 정비의 진척에 따라 공장사업장 간 근로자 배치전환을 용이하고 신속하게 하기 위해 필요한 조치를 강구할 것.
2. 중소 상공업자의 전시 중요생산으로의 전환을 더욱 촉진시키기 위해 필요한 조치를 강구할 것.
3. 국민근로보국대제도의 쇄신을 꾀하여 각 지역, 직역 또는 단체에 보국대를 상시조직으로 편성시키고 그 출동기간을 연장할 것.
4. 불급으로 인정되는 학교, 특히 시국하 긴급하지 않은 각종 학교와 이 같은 종류의 시설 폐쇄제한 또는 수용정원 감소를 시행하고 학생생도의 근로보국대 조직에 대해서는 특히 그 확충 강화를 꾀할 것.
5. 여자로 대체할 수 있는 업종 및 직종에 대해 각각 여자 사용자 수의 표준을 정하고, 여자 근로관리를 확립하여 여자동원의 강화를 꾀할 것.

   위와 관련하여 남자의 취업을 제한하거나 금지할 것.

제3 근로관리의 쇄신 강화

1. 근로관리행정의 강화

(1) 황국 본래의 근로관을 확립하고 공장사업장의 근로관리기구 및 근로관리의 진용을 정비시키기 위해 필요한 조치를 강구하고, 특히 근로 능률이 불량한 공장사업장에 대해 근로관리 개선을 위한 강력한 지도를 시행할 것.

(2) 관리관, 노무관, 공무관 등 긴밀 일체의 태세를 정비하고, 중요 공장사업장의 생산능률 증강에 대해 종합적이며 강력한 지도를 행할 것.

2. 근로청소년의 지도연성

국력의 기간인 근로청소년의 불량화를 미연에 방지하고, 건전한 근로청소년을 육성하기 위해 별안 '근로청소년보도긴급대책요강'에 따라 그 지도연성의 철저를 꾀할 것.

3. 취업시간제도의 쇄신

현행 취업시간 관계법규를 개정해 전시 생산 즉응을 탄력성 있게 운영할 수 있도록 할 것.

4. 전시적정임금제도의 확립

근로자의 생활 항상성을 확보하고, 근로 능률의 향상을 기하기 위해 임금통제를 합리적으로 하고 임금통제상 필요한 조치를 별도로 강구할 것.

제4 근로자용 물자, 주택 등에 관한 대책 강화

1. 근로자용 물자의 할당과 배급은 원칙적으로 산업보국회 조직을 통하는 것으로 하여 그 일원화를 꾀할 것.
2. 공장, 광산, 사업장에 있어서 구매회의 배급기구상 지위를 인정하여 그 적극적 활용을 꾀할 것.
3. 근로자 주택, 기숙사 및 후생시설은 국가가 일정 규격을 정해 공장시설과 함께 계획시키고, 그 건설과 기설 건물의 유효한 이용 등에 대해 별도의 조치를 강구할 것.

제5 본 요강 실시에 관해 필요한 경비에 대해서는 예산상 조치를 강구할 것

자료 102

국민징용령 개정	
구분	칙령 제600호
법령명/건명	국민징용령개정
제정 · 개정 · 결정 · 폐지 연월일	1943년 7월 20일(칙령 제600호)
구성	26개 조항, 부칙 1개 조항
선행 규범 · 법령	국민징용령
원문 일부	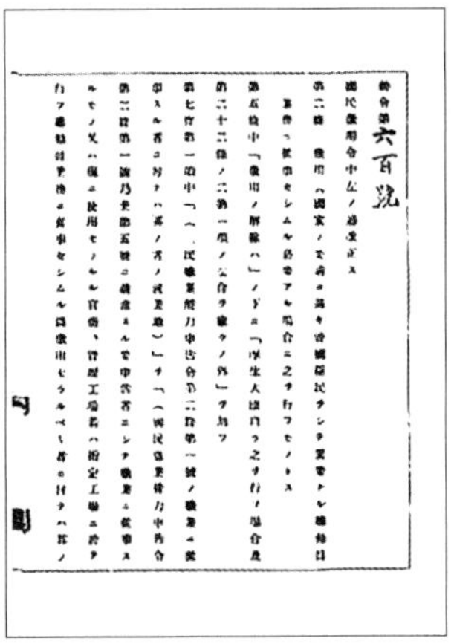 勅令第六百號 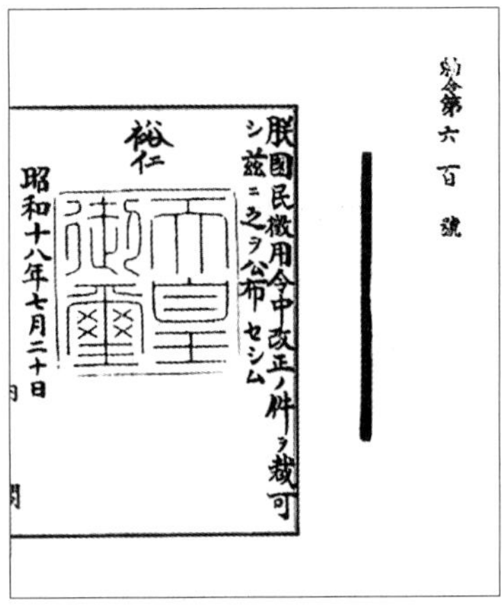 朕國民徵用令中改正ノ件ヲ裁可シ茲ニ之ヲ公布セシム 御名御璽 昭和十八年七月二十日 勅令第六百號
주요 내용 및 특징	○ 징용제도의 국가성을 명확히 함. 지금까지의 국민징용령 적용은 국민직업소개소의 직업소개나 기타 모집에 의한 방법으로 인력을 충원할 수 없는 경우에 한하여 이를 보완하는 의미였던 데 반해, 국가의 요청에 따른 것임을 명확히 함(국가성 명징). ○ 공장사업장의 사업주를 징용할 수 있도록 함(일명 몽땅동원).
법령 적용 범위	제국 전역
관련 법령 통합 · 폐지 사항	
유사 · 파생 법령	

칙령 제600호

1943년 7월 20일

국민징용령 개정

밑줄: 1940.10.16. 개정

진하게: 1941.12.15. 개정

점선: 1943.7.20. 개정

제1조 국가총동원법(1938년 칙령 제317호에 의한 경우를 포함한다. 이하 마찬가지) 제4조 규정에 근거한 제국신민의 징용 및 국가총동원법 제6조 규정에 근거한 피징용자 사용 또는 **임금, 급여, 기타 종업조건**에 관한 명령은 별도를 정하는 것을 제외하고 본령이 정하는 바에 따른다.

제2조 징용은 국가의 요청에 의거하여 제국신민으로 하여금 긴요한 총동원 업무에 종사시킬 필요가 있는 경우에 이를 시행하는 것으로 한다.

제3조 징용은 국민직업능력신고령에 따른 요신고자(이하 요신고자라 칭한다)에 한해 이를 시행한다. 단 징용 중 요신고자의 자격이 사라진 자를 계속하여 징용할 필요가 있을 경우는 이에 구애되지 않는다.

특별히 필요한 경우에는 전항 규정에도 불구하고 명령이 정하는 바에 따라 요신고자 이외의 자를 징용할 수 있다.

제4조 본령에 따라 징용하는 자는 국가가 시행하는 총동원 업무 또는 공장사업장관리령에 따라 정부가 관리하는 공장사업장 기타 시설(이하 관리공장이라 칭한다)에서 시행하는 총동원 업무에 종사하는 것으로 한다.

특별히 필요한 경우에 있어서는 전항 규정에도 불구하고 후생대신이 지정하는 공장사업장, 기타 시설(이하 지정공장이라 칭한다)에서 시행하는 총동원 업무에 종사시킬 수 있다.

제5조 징용 및 징용해제는 후생대신이 직접 이를 시행하는 경우와 제22조 2, 제1항의 경우

를 제외하고 후생대신의 명령에 따라 이를 실시한다.

第6조 총동원 업무를 시행하는 관아(육해군 부대 및 학교를 포함한다. 이하 마찬가지)의 소관대신 또는 관리공장 **혹은 지정공장**의 사업주는 징용에 의한 인원배치가 필요할 때는 후생대신에게 이를 청구 또는 신청해야 한다.

전항 규정에 따라 관리공장 사업주가 하는 신청은 해당 관리공장을 관리하는 주무대신을 경유해야 한다.

第7조 후생대신은 전조 규정에 따른 청구 또는 신청이 있을 경우, 징용이 필요하다고 인정할 때는 징용명령을 내려 징용되어야 할 자의 거주지(국민직업능력신고령 제2조 제1호 내지 제5호에 해당하는 요신고자로서 직업에 종사하는 자 또는 현재 사용되는 관아, 관리공장 혹은 지정공장에서 시행하는 총동원 업무에 종사시키기 위해 징용되어야 할 자에 대해서는 그자의 동령에 따른 취업지 또는 해당 관아, 관리공장 혹은 지정공장의 소재지)를 관할하는 지방장관(도쿄도에 있어서는 경시총감. 이하 마찬가지)(1942.11.1. 칙령 제781호)에게 이를 통달해야 한다.

징용되어야 할 자는 그 거주 장소(국민직업능력신고령 제2조 제1호 내지 제5호에 해당하는 요신고자로서 직업에 종사하는 자인 경우에 있어서는 취업 장소)에 이동이 있어 국민직업능력신고령 제4조 제1항 후단 또는 제2항 규정에 따라 신고해야 할 경우에 전항 거주지(국민직업능력신고령 제2조 제1호 내지 제5호에 해당하는 요신고자로서 직업에 종사하는 자에 대해서는 동령에 따른 취업지)를 관할하는 지방장관이 달라질 때는 후생대신은 전항 규정에도 불구하고 전 거주지(국민직업능력신고령 제2조 제1호의 직업에 종사하는 자에 대해서는 취업지)를 관할하는 지방장관에게 징용명령을 통달해야 한다.

第7조 2 지방장관은 징용명령의 통달을 받았을 때는 명령이 정하는 바에 따라 출두명령서를 발부하여 징용되어야 할 자에게 이를 교부하여야 한다.

지방장관은 전항 출두명령서를 교부받아 출두한 자에 대해 신체 상태, 거주 및 취업 장소, 직업, 기능 정도, 가정 상황, 희망 등을 검사 또는 조사하여 복무의 적부를 판정하여 종사해야 할 총동원 업무, 직업 및 장소를 결정한 다음, 징용령서를 발부하여 징용되어야 할 자에게 이를 교부해야 한다.

긴급을 요하는 때 또는 전항 규정에 따른 검사 혹은 조사를 할 필요가 없다고 인정할 때는 지방장관은 전 2항의 규정에도 불구하고 즉시 징용령서를 발부하여 징용되어야 할 자에게 이를 교부할 수 있다.

제7조 3 전조 제2항의 규정에 따른 검사 또는 조사 및 복무 적부의 판정에 관한 사무에 종사시키기 위해 청·부·현에 국민징용관을 둔다.

국민징용관은 보안부장인 경시청부장, 경찰부장인 북해도청 혹은 부·현의 부장 또는 지방장관이 지정하는 경시청 혹은 북해도청의 사무관, 직업관 혹은 기사 혹은 지방사무관, 지방직업관 혹은 지방기사로 이를 충당한다.

제7조 4 후생대신은 관리공장 또는 지정공장의 사업주(사업주가 법인인 경우에 있어서는 그 대표자)를 징용하여 해당 공장에서 시행하는 총동원 업무에 종사시킬 경우에는 제6조 내지 전조 규정에도 불구하고 명령이 정하는 바에 따라 징용명령을 내려 해당 공장 소재지를 관할하는 지방장관에게 이를 통달하여 지방장관으로 하여금 징용령서를 발부하여 징용되어야 할 자에게 이를 교부시키거나 또는 징용령서를 발부하여 징용되어야 할 자에게 이를 교부해야 한다.

제8조 징용령서에는 아래에 열거하는 사항을 기재해야 한다. 단 군기 보호상 특별히 필요할 때는 제2호 또는 제3호에 열거하는 사항의 전부 또는 일부를 생략할 수 있다.

1. 징용되어야 할 자의 씨명, 출생 연월일, 본적, 거주 장소(국민직업능력신고령 제2조 제1호 내지 제5호에 해당하는 요신고자로서 직업에 종사하는 자에 대해서는 취업 장소)
2. 종사해야 할 총동원 업무를 시행하는 관아 또는 관리공장 **혹은 지정공장**의 명칭 및 소재지
3. 종사해야 할 총동원 업무, 직업 및 장소
4. 징용 기간
5. 출두해야 할 일시 및 장소
6. 기타 필요한 사항

전항 제1호 중 거주 장소 또는 취업 장소에 관한 사항은 징용되어야 할 자가 현재 사용되는 관아, 관리공장 혹은 지정공장에 있어서 시행하는 총동원 업무에 종사시키기 위해 징용되는 자일 때 또는 사업주(사업주가 법인인 경우에 있어서는 그 대표자)인 때는 이를 기재할 필요가 없다.

제9조 (삭제)

제10조 (삭제)

제11조 출두명령서 또는 징용령서를 교부받은 자가 질병, 기타 피할 수 없는 사고로 인해 지정 일시 및 장소에 출두할 수 없는 경우는 명령이 정하는 바에 따라 후생대신 또는 지방장관에게 그 취지를 신고해야 한다.

전항 규정에 따라 신고가 있는 경우에 지방장관은 필요하다고 인정할 때는 출두 일시 혹은 장소를 변경하거나 또는 그자가 징용에 부적합하다고 인정할 때는 징용을 취소할 수 있다. 이 경우에는 출두변경령서 또는 징용취소령서를 발급하여 그자에게 이를 교부하여야 한다.

제12조 피징용자를 사용하는 관아의 소관대신 또는 관리공장 **혹은 지정공장**의 사업주는 피징용자를 사용할 관아, 관리공장 **혹은 지정공장**, 피징용자가 종사할 총동원 업무, 직업 혹은 장소 또는 징용 기간에 대해 변경을 필요로 할 때는 후생대신에게 이를 청구 또는 신청해야 한다. 관리공장에서 사용되는 자에 대해 해당 관리공장을 관리하는 주무대신이 그 징용의 변경을 필요로 할 때 또한 마찬가지이다.

제13조 후생대신은 전조 규정에 따른 청구 또는 신청이 있을 경우에 필요하다고 인정할 때는 피징용자를 사용하는 관아, 관리공장 **혹은 지정공장**, 피징용자가 종사할 총동원 업무, 직업 혹은 장소 또는 징용 기간을 변경할 수 있다.

후생대신은 필요하다고 인정할 때는 전조 규정에 따른 청구 또는 신청이 없는 경우라 하더라도 피징용자의 징용을 변경할 수 있다.

후생대신은 전항 규정에 따라 징용을 변경하고자 할 때는 관리공장에서 사용되는 자에 있어서는 해당 관리공장을 관리하는 주무대신에게 협의해야 한다.

제14조 피징용자를 사용할 관아의 소관대신 또는 관리공장 **혹은 지정공장**의 사업주는 피징용자가 질병, 기타 사유로 인해 총동원 업무 종사에 적합하지 않다고 인정할 때 또는 그자로 하여금 총동원 업무에 종사시킬 필요가 없어졌을 때는 후생대신에게 징용의 해제를 청구 또는 신청해야 한다.

피징용자가 질병, 기타 사유로 인해 총동원 업무에 종사하기 어려운 경우에는 관아에 사용되는 자는 해당 관아의 소관대신에게, 관리공장 **또는 지정공장**에 사용되는 자는 후생대신에게 그 내용을 신고할 수 있다.

제15조 후생대신은 전조 제1항 규정에 따른 청구 또는 신청이 있을 때는 징용을 해제할 수 있다.

후생대신은 필요하다고 인정할 때는 전조 제1항 규정에 따른 청구 또는 신청이 없는 경우라 할지라도 징용을 해제할 수 있다.

후생대신은 전항 규정에 따라 관아에서 사용 중인 자의 징용을 해제하고자 할 때는 해당 관아의 소관대신과 협의해야 한다.

제16조 후생대신은 징용의 변경 또는 해제를 하고자 할 때는 징용변경명령 또는 징용해제명령을 내려 명령이 정한 바에 따라 피징용자의 취업지를 관할하는 지방장관, 징용령서를 발부한 지방장관 또는 제8조 제5호의 출두 장소를 관할하는 지방장관에게 이를 통달하여야 한다.

지방장관은 징용변경명령 또는 징용해제명령의 통달을 받았을 때는 즉시 징용변경령서 또는 징용해제령서를 발급하여 피징용자에게 이를 교부해야 한다.

피징용자는 본령 시행지 외 장소에서 취업하는 경우에는 징용의 변경 또는 해제를 하고자 할 때는 전 2항의 규정에도 불구하고 후생대신이 징용변경령서 또는 징용해제령서를 발급하여 피징용자에게 이를 교부하여야 한다.

제16조 2 제12조 전단 제13조 제1항 및 제2항, 제14조 제1항 및 제15조 제1항 및 제2항의 규정은 피징용자인 관리공장 또는 지정공장 사업주(사업주가 법인일 경우에 있어서는 그 대표자)의 징용변경 또는 해제에 대해 이를 준용한다.

후생대신은 피징용자인 관리공장 또는 지정공장의 사업주(사업주가 법인인 경우에 있어서는 그 대표자)의 징용변경 또는 해제를 하고자 할 때는 전조 규정에도 불구하고 명령이 정하는 바에 따라 징용변경명령 혹은 징용해제명령을 내려 해당 공장의 소재지를 관할하는 지방장관에게 이를 통달하여 지방장관으로 하여금 징용변경령서 혹은 징용해제령서를 발부하여 피징용자에게 이를 교부시키거나 또는 징용변경령서 혹은 징용해제령서를 발부하여 피징용자에게 이를 교부해야 한다.

제16조 3 피징용자는 충성을 취지로 하여 그 종사할 총동원 업무에 정려해야 한다.

제16조 4 피징용자의 표창에 관해 필요한 사항은 명령으로 이를 정한다.

제16조 5 피징용자로서 관리공장 또는 지정공장에서 행하는 총동원 업무에 종사하는 자

는 이를 응징사라고 한다.

응징사의 징계, 복제, 기타 응징사 복무에 관해 필요한 사항은 명령으로 이를 정한다.

제17조 피징용자가 총동원 업무에 종사할 경우에는 관아에서 사용되는 자의 경우는 해당 관아의 장의 지휘를 받고 관리공장 **또는 지정공장**에서 사용되는 자에 있어서는 전조 제2항 규정에 의거하여 내리는 명령에 따르는 것 외로 해당 관리공장 **또는 지정공장** 사업주의 지시를 받아야 한다.

제18조 피징용자에 대한 급여는 그자의 기능 정도, 종사할 업무 및 장소 등에 따르고 종전 급여, 기타 이에 준하는 수입을 참작하여 피징용자를 사용하는 관아의 장 또는 사업주가 이를 지급하는 것으로 한다.

피징용자에 대한 급여에 관해 필요한 사항은 관아에서 사용되는 자에 관해서는 해당 관아의 소관대신이 후생대신과 협의하여 이를 정하고, 관리공장 **또는 지정공장**에서 사용되는 자에 관해서는 명령이 정하는 바에 따라 해당 관리공장 **또는 지정공장** 사업주가 후생대신의 인가를 받아 이를 정해야 한다.

제19조 징용되어야 할 자가 출두명령서를 교부받아 출두하는 경우의 여비는 지방장관이 이를 지급한다.

관리공장 **또는 지정공장**에 배치되기 위해 출두명령서를 교부받아 출두한 자에 대해 전항 규정에 따라 지급한 여비 액수는 해당 관리공장 **또는 지정공장** 사업주가 국고에 이를 납입하여야 한다.

피징용자가 징용령서를 교부받아 지정장소에 출두하는 경우, 징용이 해제되어 귀향하는 경우, 또는 피징용자 혹은 그 가족이 위독 혹은 사망한 경우 때문에 관아의 장 혹은 사업주의 통지에 의해 피징용자의 가족이 출두하거나 혹은 관아의 장 혹은 사업주의 허가를 받아 피징용자가 일시 귀향하는 경우의 여비는 명령이 정하는 바에 따라 관아에 사용되는 피징용자에 대해서는 해당 관아의 장이 이를 지급하고, 관리공장 또는 지정공장에 사용되는 피징용자에 대해서는 해당 관리공장 또는 지정공장 사업주가 이를 지급하는 것으로 한다.

징용되어야 할 자가 출두명령서를 교부받아 출두하는 경우, 또는 피징용자가 징용령서를 교부받아 출두하는 경우에 있어서 전대금을 지불하지 않으면 출두할 수 없는 자의 여비는 그자의 거주지 시정촌(도쿄도의 구가 존재하는 구역에 있어서는 도쿄도) 또는 이에 준하는 곳에서 일시로 변통하여 지변해야 한다.

징용되어야 할 자가 출두명령서를 교부받아 출두하는 경우의 여비 및 그 일시 변통 지변에 관해 필요한 사항은 후생대신이 이를 정한다.

피징용자가 징용령서를 교부받아 출두하는 경우의 여비 및 그 일시 변통 지변과 징용이 해제되어 귀향하는 경우 및 피징용자 또는 그 가족이 위독 혹은 사망한 경우 때문에 관아의 장 혹은 사업주의 통지에 의해 피징용자의 가족이 출두하거나 또는 관아의 장 혹은 사업주의 허가를 받아 피징용자가 일시 귀향하는 경우의 여비에 관해 필요한 사항은 관아에 사용되는 피징용자에 관해서는 해당 관아의 소관대신이 후생대신과 협의하여 이를 정하고 관리공장 또는 지정공장에 사용되는 피징용자에 관해서는 후생대신이 이를 정한다.

제19조 2 후생대신은 필요하다고 인정할 때는 국가총동원법 제6조의 규정에 근거하여 피징용자를 사용하는 관리공장 **또는 지정공장** 사업주에 대해 피징용자의 사용 또는 임금, **급료,** 기타 노동조건에 관해 명령할 수 있다.

제19조 3 피징용자가 징용됨으로 인해 그 가족과 세대를 달리하게 된 경우, 기타 특별한 사정이 있는 경우, 또는 피징용자가 고의 혹은 중대한 과실로 인한 것이 아닌 것으로 업무상 상이를 입거나 혹은 질병에 걸려 이 때문에 징용이 해제된 경우에 있어서 본인 또는 가족이 생활하기 곤란한 때는 명령이 정하는 바에 따라 이에 대해 부조할 수 있다.

피징용자가 징용되어 총동원 업무에 종사 중 고의 또는 중대한 과실에 의한 것이 아닌 것으로 업무상 상이를 입거나 또는 질병에 걸려 이 때문에 사망한 경우에 있어서 유족이 생활하기 곤란할 때는 명령이 정하는 바에 따라 이에 대해 부조할 수 있다.

제19조 4 전조 규정에 따른 부조가 피징용자로서 관리공장 혹은 지정공장에 사용되거나 혹은 사용된 자 또는 그 가족 혹은 유족에 대해 행해진 때는 명령이 정하는 바에 따라 해당 관리공장 또는 지정공장 사업주로 하여금 부조에 필요한 비용을 국고에 납입시킬 수 있다.

제20조 후생대신 또는 지방장관은 명령이 정하는 바에 따라 징용에 관해 국가총동원법 제31조 규정에 의거 보고를 요구할 수 있다.

후생대신 또는 지방장관은 징용에 관해 필요하다고 인정할 때는 국가총동원법 제31조 규정에 의거하여 해당 관리로 하여금 공장, 사업장, 기타 장소를 임검하여 업무 상황 또는 장부 서류, 기타 물건을 검사시킬 수 있다. 이 경우에는 해당 관리로 하여금 그 신분을 나타내는 증표를 휴대시켜야 한다.

제21조 아래 각호 하나에 해당하는 자는 이를 징용하지 않는다.

1. 육해군 군인으로 현역 중인 자(아직 입영하지 않은 자를 제외한다) 및 소집 중인 자(소집 중의 신분으로 취급되는 자를 포함한다)
2. 육해군 학생생도(해군예비연습생 및 해군예비보습생을 포함한다)
3. 육해군 군속(피징용자로서 이에 해당하게 된 자를 제외한다)
4. 의료관계자직업능력신고령에 따라 신고해야 할 자
5. 수의사등직업능력신고령에 따라 신고해야 할 자
6. 선원법의 선원, 조선선원령의 선원 및 관동주선원령의 선원
7. 법령에 따라 구금 중인 자

제22조 아래 각호 하나에 해당하는 자는 특별히 필요한 경우를 제외하고 이를 징용하지 않는다.

1. 다른 사람으로 하여금 대신할 수 없는 직에 있는 관리, 대우관리 또는 공리
2. 제국의회, 도쿄도의회, 도부의회, 시정촌회, 기타 이에 준하는 곳의 의원
3. 총동원 업무에 종사하는 자로 다른 사람으로 하여금 대신할 수 없는 자

제22조 2 후생대신은 필요하다고 인정할 때는 명령이 정하는 바에 따라 지방장관으로 하여금 징용명령, 징용변경명령 혹은 징용해제명령을 기다리지 않고 즉시 출두명령서, 징용령서, 징용변경령서 혹은 징용해제령서를 발급하여 징용되어야 할 자 혹은 피징용자에게 이를 교부토록 하거나 또는 지방장관으로 하여금 제4조 제2항, 제6조 제1항, 제7조의 4, 제12조 내지 제15조(제16조의 2 제1항에 있어서 준용할 경우를 포함), 제16조의 2 제2항, 제18조 제2항 혹은 제19조의 2 규정에 따라 후생대신의 직권을 행사토록 할 수 있다.

전항의 규정에 따라 지방장관이 후생대신의 직권을 행사할 경우에 있어서는 동항에서 열거하는 각 조항에 의한 총동원 업무를 수행하는 관아의 소관대신, 피징용자를 사용하는 관아의 소관대신, 해당 관아의 소관대신 또는 해당 관리공장을 관리하는 주무 대신의 직권은 각 총동원 업무를 수행하는 관아의 장, 피징용자를 사용하는 관아의 장, 해당 관아의 장 또는 공장사업장관리령에 따른 해당 관리공장의 관리관이 이를 수행한다.

제23조 후생대신은 명령이 정하는 바에 따라 **국민직업지도소장**으로 하여금 징용에 관한 사무 일부를 분담시키거나 또는 시정촌장(도쿄도의 구가 존재하는 구역, 교토시, 오사카시, 나고야시, 요코하마시 및 고베시는 구장) 혹은 이에 준하는 자로 하여금 징용에 관한 사무를 보조하도록 할 수 있다.

시정촌장(도쿄도의 구가 존재하는 구역, 교토시, 오사카시, 나고야시, 요코하마시 및 고베시는 구장) 또는 이에 준하는 자는 전항의 규정에 따라 징용에 관한 사무를 집행하기 위해 필요한 비용은 시정촌(도쿄도의 구가 존재하는 구역에 있어서는 도쿄도) 또는 이에 준하는 곳에서 일시 변통 지변해야 한다.

전항의 비용 및 그 일시 변통 지변에 관해 필요한 사항은 후생대신이 이를 정한다.

제24조 후생대신은 본령 시행에 관한 중요사항에 대해 내각 총리대신과 협의해야 한다.

제25조 본령 중 후생대신이라 함은 조선, 대만, 화태 또는 남양군도에 있어서는 각 조선총독, 대만총독, 화태청장관 또는 남양청장관으로 하고 총동원 업무를 수행하는 관아의 소관대신, 피징용자를 사용하는 관아의 소관대신 혹은 해당 관아의 소관대신 또는 해당 관리공장을 관리하는 주무 대신이라 함은 관아의 소관대신 또는 주무대신이 육군대신 또는 해군대신인 경우를 제외하고 조선, 대만, 화태 또는 남양군도에 있어서는 각 조선총독, 대만총독, 화태청장관 또는 남양청장관으로 한다.

본령 중 지방장관이라 함은 조선에 있어서는 도지사, 대만에 있어서는 주지사 또는 청장, 화태에 있어서는 화태청장관, 남양군도에 있어서는 남양청장관으로 하고, **국민직업지도소장**이라 함은 조선에 있어서는 부윤, 군수 또는 도사, 대만에 있어서는 시윤 또는 군수(호코청에 있어서는 청장), 화태에 있어서는 화태청국민직업지도소장(1942.11.1. 칙령 제731호), 남양군도에 있어서는 남양청지청장으로 한다.

제7조의 3 제1항 중 청 · 부 · 현이라 함은 조선, 대만, 화태 또는 남양군도에 있어서는 각 도, 주 혹은 청, 화태청 또는 남양청으로 하고, 동조 제2항 중 보안부장인 경시청부장, 경찰부장인 북해도청 혹은 부 · 현의 부장이라 함은 조선에 있어서는 내무부장인 도 사무관, 대만에 있어서는 산업부장인 주 사무관, 화태에 있어서는 경찰부장인 부장, 남양군도에 있어서는 내무부장인 부장으로 하고, 경시청 혹은 북해도청의 사무관, 직업관 혹은 기사 혹은 지방 사무관, 지방 직업관 혹은 지방 기사라 함은 조선에 있어서는 도 이사관 혹은 기사, 부윤, 군수 혹은 도사, 대만에 있어서는 지방 이사관 혹은 지방 기사, 화태에 있어서는 화태청 서기관, 사무관 혹은 기사, 남양군도에 있어서는 남양청 사무관 혹은 기사로 한다.

제26조 본령에서 규정하는 것 외 징용에 관해 필요한 사항은 명령으로 이를 정한다.

부칙

본령은 1943년 8월 1일 이를 시행한다. 단 조선, 대만, 화태 및 남양군도에 있어서는 1943년 9월 1일부터 이를 시행한다.

자료 103

응징사복무규율	
구분	후생성령 제36호
법령명/건명	응징사복무규율 應徵士服務規律
제정 · 개정 · 결정 · 폐지 연월일	1943년 8월 10일 조선적용은 1944년 2월 8일(조산총독부령 제34호)
구성	본문 7개 조항, 부칙 1개 조항
선행 규범 · 법령	국민징용령 제16조
원문 일부	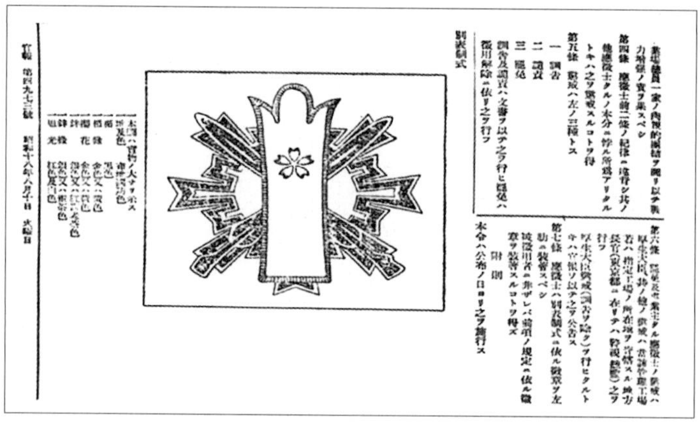 第四條 應徵士前二條ノ紀律ニ違背シ其ノ他應徵士タルノ本分ニ悖ル所爲アリタルトキハ之ヲ懲戒スルコトヲ得 第五條 懲戒ハ左ノ三種トス 一 訓告 二 譴責 三 罷免 訓告及譴責ハ文書ヲ以テ之ヲ行ヒ罷免ハ徵用解除ニ依リ之ヲ行フ 第七條 應徵士ハ別表樣式ニ依ル徽章ヲ左胸ニ裝著スベシ 應徵士ニ非ザレバ前項ノ規定ニ依ル徽章ヲ裝著スルコトヲ得ズ 附則 本令ハ公布ノ日ヨリ之ヲ施行ス 別表樣式
주요 내용 및 특징	○ 응징사는 1943년 7월 16일 「국민징용령 개정」에 따라 부여된 개념으로 '피징용자로서 관리공장 또는 지정공장에서 행하는 총동원 업무에 종사하는 자'를 지칭한다(제16조 5). ○ 「응징사복무규율」은 상기 개정된 「국민징용령」 제16조 5 '응징사의 복제, 기타 응징사 복무에 관하여 필요한 사항은 명령으로 이를 정한다'에 의거하여 제정되었다. ○ 복무로는 응징사가 지켜야 할 10개조가 있으며, 징계로는 훈고, 견책, 파면이 있다. 복제로는 응징사를 상징하는 휘장을 좌측 가슴에 패용하도록 규정하고 있다. ○ 「응징사복무규율」은 복무, 징계, 복제의 3개로 구성되며, 제2조, 제3조가 복무, 제4조~제6조가 징계, 제7조와 별표가 복제에 관한 규정이다.
법령 적용 범위	제국 전역
관련 법령 통합 · 폐지 사항	
유사 · 파생 법령	응징사복무기율(1944년 2월 8일, 조선총독부령 제34호)

後생성령 제36호

1943년 8월 10일

응징사복무규율

제1조 국민징용령 제16조 5의 규정에 근거한 응징사 복무에 관해서는 본령이 정하는 바에 따른다.

제2조 응징사는 징용의 본의에 의거하여 아래의 기율을 준수해야 한다.

1. 응징사는 직기(職紀)와 책임을 중히 여기며, 전력을 다해 성심껏 직무에 면려(勉勵)할 것.
2. 응징사는 성실하게 상관에 복종하여, 상하 서로 의지하며 합심 협력하고 서로 경애해야 할 것.
3. 응징사는 솔선 정신하여 부하의 모범이 되어 그 신망을 한몸에 받도록 행동해야 할 것.
4. 응징사는 지식과 기능의 연마에 노력해야 할 것.
5. 응징사는 기개와 절조, 염치를 중히 여기며, 응징사로서의 명예를 훼손하는 일이 없도록 할 것.
6. 응징사는 간소함을 마음에 두고 강인한 기풍을 떨쳐 견인불발의 정신을 함양해야 할 것.
7. 응징사는 보건위생에 유의하여 체력 연성에 힘써야 할 것.
8. 응징사는 직장 보안에 유의하여 재해 예방, 기타 조치에 만전을 기해야 할 것.
9. 응징사는 기계, 기구, 재료, 제품, 기타 물질을 존중하여 함부로 취급하지 않아야 할 것.
10. 응징사는 자기 직무이던 아니던 간에 지실(知悉)한 기밀을 지켜 방첩에 유감없도록 해야 할 것.

제3조 사업주인 응징사는 생산 수행의 모든 책임이 부가된 자임을 자각하여 솔선수범으로

전조 기율을 준수하고, 항상 사기 고무에 노력하여 명확한 지도하에 적시 적절하게 지휘한다. 아울러 공장사업장 모두가 일가 육신처럼 단결하여, 전력으로 증강의 책임을 다해야 한다.

제4조 응징사는 전 2조 기율을 위반하거나 기타 응징사로서의 본분에 어긋나는 행위가 있을 때는 이를 징계할 수 있다.

제5조 징계는 아래의 3종류로 한다.

1. 훈고

2. 견책

3. 파면

훈고 및 견책은 문서로 이를 시행하고, 파면은 징용해제로 이를 시행한다.

제6조 파면 및 사업주인 응징사의 징계는 후생대신이, 기타 징계는 해당 관리공장 혹은 지정공장 소재지를 관할하는 지방장관(도쿄도는 경시총감)이 이를 집행한다.

후생대신이 징계(훈고를 제외)할 때는 관보로 이를 공지한다.

제7조 응징사는 별표 제식에 따른 휘장을 좌측 가슴에 장착해야 한다.

피징용자가 아니면 전항 규정에 따른 휘장을 장착할 수 없다.

부칙

본령은 공포일로부터 이를 시행한다.

자료 104

군수회사법	
구분	법률 제108호
법령명/건명	군수회사법 軍需會社法
제정·개정·결정·폐지 연월일	1943년 10월 31일
구성	26개 조항, 부칙 1개 조항
선행 규범·법령	
원문 일부	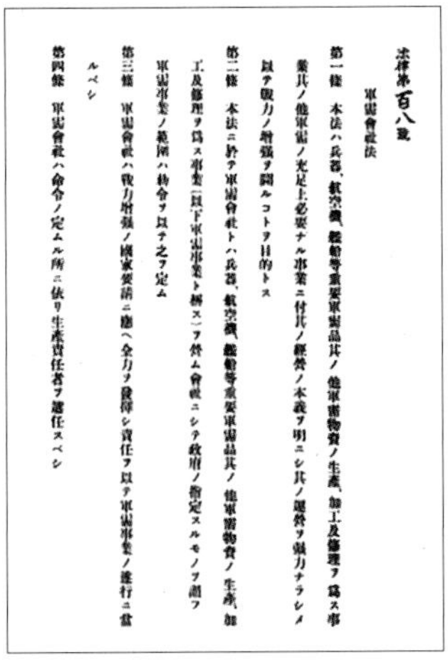 法律第百八號 軍需會社法 第一條 本法ハ兵器、航空機、艦船等重要軍需品其ノ他軍需物資ノ生産、加工及修理ヲ爲ス事業其ノ他軍需ノ充足上必要ナル事業ニ付其ノ經營ノ本義ヲ明ニシ其ノ運營ヲ强力ナラシメ以テ戰力ノ增强ヲ圖ルコトヲ目的トス 第二條 本法ニ於テ軍需會社トハ兵器、航空機、艦船等重要軍需品其ノ他軍需物資ノ生産、加工及修理ヲ爲ス事業(以下軍需事業ト稱ス)ヲ營ム會社ニシテ政府ノ指定スルモノヲ謂フ 軍需事業ノ範圍ハ勅令ヲ以テ之ヲ定ム 第三條 軍需會社ハ戰力增强ノ國家要請ニ應ヘ全力ヲ發揮シ責任ヲ以テ軍需事業ノ遂行ニ當ルベシ 第四條 軍需會社ハ命令ノ定ムル所ニ依リ生産責任者ヲ選任スベシ 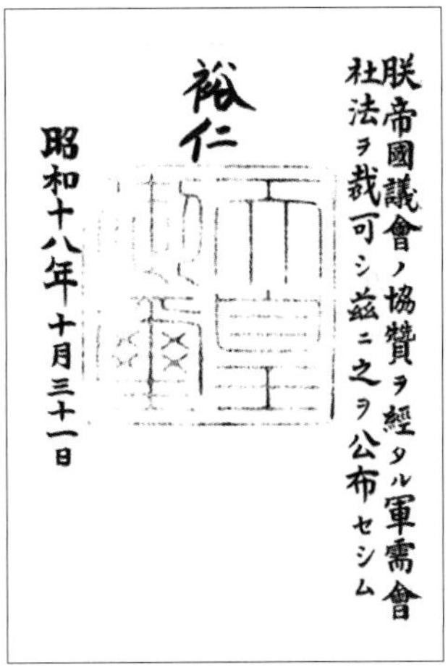 朕帝國議會ノ協贊ヲ經タル軍需會社法ヲ裁可シ茲ニ之ヲ公布セシム 裕仁 昭和十八年十月三十一日
주요 내용 및 특징	○ 군수사업을 운영하는 기업을 정부가 지정하여 해당 군수사업을 수행해야 한다. ○ 군수회사는 생산책임자와 생산담당자를 둬야 한다. 생산책임자는 군수회사가 선임하고 생산책임자가 생산담당자를 임명한다. ○ 생산책임자, 생산담당자 및 군수사업에 종사하는 자는 「국가총동원법」에 따라 징용된 것으로 간주한다. ○ 군수회사의 직원 또는 종업자가 생산책임자나 생산담당자의 지시에 따르지 않을 경우 견책, 훈고 등의 징계를 가할 수 있다. ○ 명령을 위반할 경우 징역 또는 벌금을 처할 수 있으며, 정상에 따라서는 징역과 벌금을 병과할 수 있다.
법령 적용 범위	일본, 조선
관련 법령 통합·폐지 사항	
유사·파생 법령	군수회사법시행령, 군수회사징용규칙

법률 제108호

1943년 10월 31일

군수회사법

제1조 본 법은 병기, 항공기, 선박 등 중요 군수품, 기타 군수물자의 생산, 가공 및 수리하는 사업, 기타 군수 충족상 필요한 사업에 대해 그 경영의 본의를 명확히 하여, 그 운영을 강력하게 함으로써 전력 증강을 꾀하고자 함을 목적으로 한다.

제2조 본 법에서 군수회사라 함은 병기, 항공기, 선박 등 중요 군수품, 기타 군수물자의 생산, 가공 및 수리하는 사업(이하 군수사업이라 칭한다)을 운영하는 회사로서 정부가 지정하는 것을 말한다. 군수사업의 범위는 칙령으로 이를 정한다.

제3조 군수회사는 전력 증강의 국가 요청에 부응하여 전력을 발휘하여 책임을 갖고 군수사업 수행에 임해야 한다.

제4조 군수회사는 명령이 정하는 바에 따라 생산책임자를 선임해야 한다.

군수회사의 생산책임자를 선임하지 못할 때는 정부는 명령이 정하는 바에 따라 생산책임자를 임명할 수 있다.

생산책임자는 정부에 대해 군수회사의 책임수행에 관해 회사를 대표하여 그 책임에 임하는 자로 한다.

생산책임자의 회사 대표 및 업무집행과 이에 수반되는 사항에 관해 필요한 사항은 칙령으로 이를 정한다.

군수회사 선임 또는 임명된 생산책임자를 해임하고자 할 경우에는 정부의 인가를 받지 않으면 해임은 효력을 발생하지 않는다.

정부는 생산책임자를 부적임이라고 인정할 때는 이를 해임할 수 있다.

제5조 생산책임자는 본점 또는 군수사업을 수행하는 공장 혹은 사업장의 업무에 관해 생산담당자를 임명할 수 있다.

생산담당자는 정부에 대해 생산책임자의 지휘를 받아 담당업무를 수행할 책임에 임하는 자로 한다.

정부는 생산책임자에 대해 생산담당자를 둘 것과 또는 해임할 것을 명령할 수 있다.

생산담당자의 직무권한에 관해 필요한 사항은 명령으로 이를 정한다.

제6조 명령이 정하는 바에 따라 생산책임자 및 생산담당자 그리고 군수회사가 운영하는 군수사업에 종사하는 자는 국가총동원법에 따라 징용된 것으로 간주한다.

전항에 규정하는 자는 업무종사 등에 관해 필요한 사항은 명령으로 이를 정한다.

제7조 군수회사 직원 기타 종업자는 그 담당업무에 종사하는 데 대해 생산책임자 및 생산담당자의 지휘에 따라야 한다.

제8조 정부는 군수회사에 대해 기한, 규격, 수량, 기타 필요한 사항을 지정하여 군수물자의 생산, 가공 또는 수리를 명령할 수 있다.

제9조 정부는 군수회사에 대해 수주 혹은 발주, 설비의 신설, 확장 혹은 개량, 원료 혹은 재료의 취득, 사용, 보관 혹은 이동, 기술 개량 혹은 공개, 시험연구, 기타 사업 운영에 관해 필요한 명령을 내리거나 혹은 처분을 내리거나 또는 정부가 지정한 사업 이외의 사업을 운영하는 것을 제한 혹은 금지할 수 있다.

제10조 정부는 칙령이 정하는 바에 따라 군수회사에 대해 그 근로관리와 자금조정 및 경리에 관해 필요한 명령을 내릴 수 있다.

제11조 정부는 군수회사 또는 군수사업 수행에 관계있는 자에 대해 그간 군수사업 수행상 필요한 협력관계 설정에 관해 필요한 명령을 내릴 수 있다.

제12조 정부는 칙령이 정하는 바에 따라 군수회사에 대해 정관 변경, 사업 위탁, 양도, 폐지 혹은 휴지, 합병 혹은 해산 또는 사업에 속하는 설비 혹은 권리 양도, 기타 처분에 관해 필요한 명령을 내릴 수 있다.

제13조 정부는 제8조, 제9조, 제11조 및 전조 규정에 근거한 명령 또는 처분을 했을 경우에 필요하다고 인정할 때는 칙령이 정하는 바에 따라 군수회사(제11조의 군수사업 수행에 관계있는 자를 포함한다)에 대해 보조금 교부, 손실 보상 또는 이익 보증을 할 수 있다.

제14조 군수회사의 업무 집행, 주주총회, 사원총회 및 사채권자 집회 소집 및 결의, 기타 군수회사 운영에 관해서는 다른 법률 규정에도 불구하고 칙령으로 별도 규정을 정할 수 있다.

제15조 군수회사에 관해서는 필요할 때는 칙령이 정하는 바에 따라 통제, 단속 등에 관한 법률 규정에 대해 그 적용을 배제하거나 또는 특례를 설정할 수 있다.

제16조 정부는 군수회사에 대해 감독상 필요한 명령을 내리거나 또는 처분할 수 있다.

제17조 정부는 군수회사의 사업 운영에 관해 고사를 치를 수 있다.

전항 고사에 관해 필요한 사항은 명령으로 이를 정한다.

제18조 정부는 군수회사의 업무 및 재산 상황에 관해 보고를 요구하거나 해당 관리로 하여금 그 사무소, 공장, 사업장, 기타 장소를 임검하여 업무 상황 혹은 장부 서류, 설비, 기타 물건을 검사시킬 수 있다.

전항 규정에 따라 해당 관리로 하여금 임검 검사를 시킬 경우에는 그 신분을 나타내는 증표를 휴대시켜야 한다.

제19조 정부는 본 법 혹은 본 법에 근거하여 내려지는 명령 또는 이에 근거한 명령 혹은 처분의 효과 확보에 지장이 있다고 인정할 때는 군수회사 이사 혹은 감사를 해임하거나 또는 업무를 집행하는 사원의 업무집행권을 상실시킬 수 있다.

제20조 생산책임자 또는 생산담당자가 직무를 게을리하거나 그 책임을 다하지 않을 때는 이에 대해 아래 징계를 집행할 수 있다.

1. 해임
2. 견책

징계는 정부군수생산책임심사회의 의결로 이를 집행한다.

군수회사는 명령이 정하는 바에 따라 징계 해임의 처분을 받은 생산책임자 또는 생산담당자, 이사, 기타 법인의 업무를 집행하는 임원일 때는 이를 해임하거나 또는 업무집행권을 상실시키고, 기타의 자인 때는 이를 해고해야 한다.

군수회사는 정부의 지시에 따라 전항 규정에 해당하는 자에 대해 퇴직금 전부 또는 일부를 지급할 수 없다.

군수회사는 정부 지시에 따라 견책 처분을 받아 그 정상이 중대한 자에 대해 일정 급여를 감액시켜야 한다.

징계 처분은 이를 공시한다.

군수생산책임자심사회에 관한 규정은 칙령으로 이를 정한다.

군수사업을 운영하는 회사, 기타 법인 또는 군수사업에 관한 통제회 혹은 통제회사는 명령이 정하는 바에 따라 징계 해임의 처분을 받은 자로 그 이사, 임원, 기타 법인 업무를 집행하는 임원인 자를 해임하거나 또는 업무집행권을 상실시켜야 한다. 단 정부의 허가를 받은 경우에는 이에 구애되지 않는다.

군수사업을 운영하는 회사, 기타 법인 또는 군수사업에 관한 통제회 혹은 통제회사는 징계 해임의 처분을 받은 자를 그 처분이 있던 날부터 2년간 이사, 임원, 기타 법인의 업무를 집행하는 임원이 될 수 없다. 단 정부의 허가를 받은 경우는 이에 구애받지 않는다.

제21조 군수회사 직원, 기타 종업자가 이유 없이 생산책임자 또는 생산담당자의 지휘에 따르지 않을 때는 이에 대해 아래의 징계를 집행할 수 있다.

1. 견책
2. 훈고

징계는 정부 생산책임자 또는 생산담당자의 진술서에 의거하여 이를 집행한다.

군수회사는 정부 지시에 따라 견책 처분을 받아 그 정상이 중대한 자에 대해 일정 급여를 감하고 일정 기간 내 승급을 정지시켜야 한다.

제22조 본 법 중 필요한 규정은 칙령이 정하는 바에 따라 군수사업을 운영하는 자로서 회사 이외의 자 및 군수 충족상 필요한 군수사업 이외 사업을 운영하는 국방, 기타 자에 대해 이를 준용할 수 있다.

제23조 아래 각호 하나에 해당하는 자는 2년 이하의 징역 또는 3,000엔 이하의 벌금에 처한다. 단 정상에 따라 징역 및 벌금을 병과할 수 있다.

1. 제9조 규정(전조 규정에 따라 준용할 경우를 포함한다)에 근거하여 내려진 명령 또는 동조 규정에 따른 처분 혹은 제한 혹은 금지를 위반한 자
2. 제10조 규정(전조 규정에 따라 준용하는 경우를 포함한다)에 따른 명령을 위반한 자
3. 제11조 규정(전조 규정에 따라 준용하는 경우를 포함한다)에 따른 명령을 위반한 자
4. 제12조 규정(전조 규정에 따라 준용하는 경우를 포함한다)에 따른 명령을 위반한 자

제24조 아래 각호 하나에 해당하는 자는 1,000엔 이하의 벌금에 처한다.

1. 제16조 규정(제22조 규정에 따라 준용하는 경우를 포함한다)에 근거하여 내려진 명령 또

는 동조 규정에 따른 처분을 위반한 자

2. 제28조 제1항 규정(제22조 규정에 따라 준용하는 경우를 포함한다)에 따른 보고를 하지 않거나 또는 허위로 보고한 자

제25조 제18조 제1항 규정(제22조 규정에 따라 준용하는 경우를 포함한다)에 따른 해당 관리의 임검 검사를 거부하고 방해하거나 또는 기피한 자는 6개월 이하의 징역 또는 500엔 이하의 벌금에 처한다.

제26조 법인 대표자 또는 법인 혹은 대리인, 사용인, 기타 종업자가 그 법인 또는 사람의 업무에 관해 제23조 또는 제24조의 위반행위를 했을 때는 행위자를 처벌하는 것 외 그 법인 또는 사람에 대해 각 본 조의 벌금형을 부과한다.

부칙

본 법 시행 기일은 칙령으로 이를 정한다.

자료 105

군수회사법시행령	
구분	칙령 제928호
법령명/건명	군수회사법시행령 軍需會社法施行令
제정 · 개정 · 결정 · 폐지 연월일	1943년 12월 15일
구성	36개 조항, 부칙 1개 조항
선행 규범 · 법령	군수회사법
원문 일부	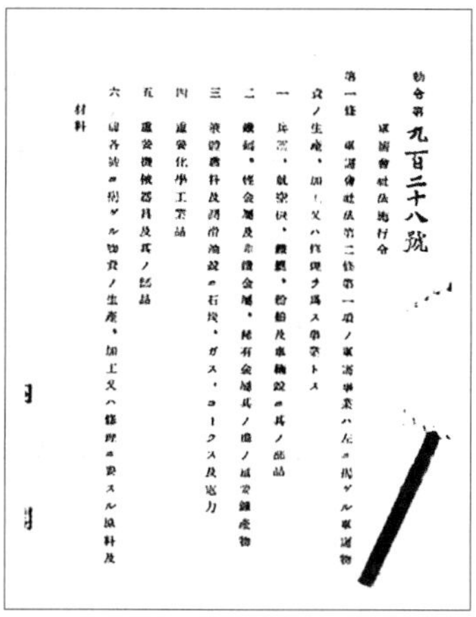 勅令第九百二十八號 軍需會社法施行令 第一條 軍需會社法第二條第一項ノ軍需事業ハ左ニ掲グル軍需物資ノ生產、加工又ハ修理ヲ為ス事業トス 一 兵器、航空機、艦艇、船舶及車輛竝ニ其ノ部品 二 鐵鋼、輕金屬及非鐵金屬、稀有金屬其ノ他ノ重要鑛產物 三 液體燃料及潤滑油竝ニ石炭、ガス、コークス及電力 四 重要化學工業品 五 重要機械器具及其ノ部品 六 前各號ニ掲グル物資ノ生產、加工又ハ修理ニ要スル原料及材料 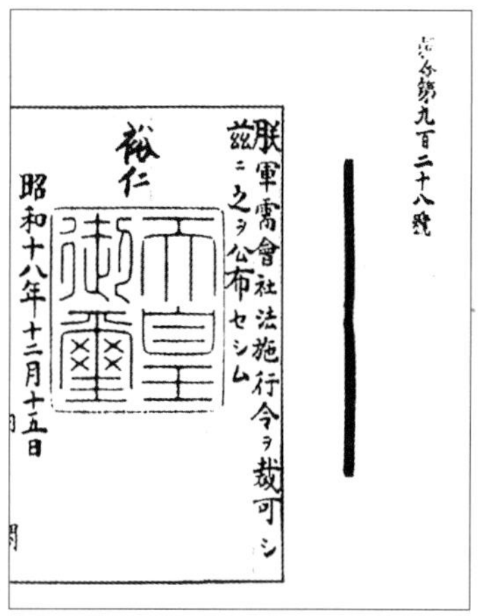 勅令第九百二十八號 朕軍需會社法施行令ヲ裁可シ茲ニ之ヲ公布セシム 御名御璽 昭和十八年十二月十五日
주요 내용 및 특징	○ 군수회사당 1인의 생산책임자를 두며, 생산책임자는 군수회사를 대표하며 그 업무를 총괄한다. ○ 생산책임자는 주무대신의 허가를 받지 않으면 그 직을 그만둘 수 없다. ○ 군수회사가 명령이나 처분을 받아서 발생하는 손실 혹은 적정이윤이 발생하지 않았을 때 주무대신은 군수회사 청구에 따라 보조금 교부, 손실 보상, 이익 보증 등을 할 수 있다. ○ 생산책임자는 군수사업 운영상 필요하다고 인정한 경우 주무대신 허가하에 주주총회 결의 혹은 사원총회의 의결 등에 구애받지 않고 업무를 집행할 수 있다. ○ 주무대신은 군수회사 운영상 필요할 때는 명령으로 각종 칙령 중 통제, 단속에 관한 규정을 배제 혹은 특례로 설정할 수 있다.
법령 적용 범위	일본, 조선
관련 법령 통합 · 폐지 사항	
유사 · 파생 법령	

칙령 제928호

1943년 12월 15일

군수회사법시행령

제1조 군수회사법 제2조 제1항의 군수사업은 아래에 열거하는 군수물자 생산, 가공 또는 수리를 하는 사업으로 한다.

1. 병기, 항공기, 함정, 선박 및 차량 그리고 그 부품
2. 철강, 경금속 및 비철금속, 희유금속, 기타 중요 광산물
3. 액체연료 및 윤활유 그리고 석탄, 가스, 코크스 및 전력
4. 중요 화학공업품
5. 중요 기계기구 및 그 부품
6. 전 각호에 열거하는 물자의 생산, 가공 또는 수리에 필요한 원료 및 재료
7. 전 각호에 열거하는 물자 외 주무대신이 지정하는 군수물자

제2조 생산책임자는 한 군수회사에 1인으로 한다.

제3조 군수회사법 제4조 제1항 규정에 따른 생산책임자 선임은 주식회사 또는 유한회사에 있어서는 이사, 합명회사에 있어서는 사원, 합자회사 또는 주식합자회사에 있어서는 무한책임사원의 과반수 동의로 이를 행한다.

제4조 군수회사법 제4조 제1항 또는 제2항 규정에 따른 생산책임자 선임 또는 임명은 합명회사에 있어서는 사원, 합자회사 또는 주식합자회사에 있어서는 무한책임사원 중에서 이를 해야 한다.

제5조 특별한 법령에 따라 설립된 회사로 정부 임명에 관련하거나 또는 선임에 정부 인가가 관련하는 총재, 사장, 이사장, 기타 회사를 대표하여 업무를 총괄해야 하는 임원이 있는 곳에 대해서는 이들 임원이 아니면 생산책임자가 될 수 없다.

제6조 생산책임자는 군수회사를 대표하여 그 업무를 총괄한다.

이사 또는 회사 업무를 집행하는 사원으로 생산책임자가 아닌 자는 생산책임자를

보좌하여 군수회사 업무를 분장하고 사전에 생산책임자가 정한 순위에 따라 생산책임자에 사고가 있을 때는 그 직무를 대리하고 생산책임자 결원 시 그 직무를 수행한다.

제7조 생산책임자는 주무대신의 허가를 받지 않으면 그 직을 그만둘 수 없다.

생산책임자인 합명회사 사원 또는 합자회사 혹은 주식합자회사 무한책임사원은 생산책임자의 직을 그만두는 것을 동시에 하지 않으면 사원 또는 무한책임사원의 지위에서 벗어날 수 없다.

제8조 생산담당자는 생산책임자에 대신하여 해당 본점 또는 공장 혹은 사업장에 있어서 해당 군수사업에 관한 모든 재판상 또는 재판 외 행위를 하는 권한을 갖는다.

생산담당자의 권한에 부여된 제한은 이것으로 선의의 제3자에게 대항할 수 없다.

생산담당자를 둘 때는 해당 본점 또는 공장 혹은 사업장 소재지에서의 생산담당자 씨명 및 주소 그리고 생산담당을 둔 장소를 등기할 필요가 있다. 등기한 사항의 변경 및 대리권 소멸에 대해서는 마찬가지이다.

전항 등기는 지배인 등기부에 게재하는 것으로 이를 한다.

제9조 주무대신은 군수회사에 대해 그 운영하는 군수사업에 종사할 자의 사용, 해고, 종업, 퇴직, 급여, 기타 근무관리에 관해 필요한 명령을 내릴 수 있다.

제10조 주무대신은 군수회사에 대해 그 운영하는 군수사업에 관해 이익금의 처분, 상각, 경리방법, 기타 회사의 경리에 관해 필요한 명령을 내릴 수 있다.

제11조 주무대신은 군수회사에 대해 정관의 변경, 사업 위탁, 수탁, 양도, 폐지 혹은 휴지, 합병 혹은 해산 또는 사업에 속하는 설비 혹은 권리의 양도, 임대, 기타 처분에 관해 필요한 명령을 내릴 수 있다.

군수회사는 전항 규정에 따른 명령을 받았을 때는 명령으로 정하는 경우를 제외하고 다른 법령 규정에 구애되지 않고 해당 명령사항을 집행할 수 있다.

주무대신은 제1항의 규정에 따라 사업의 위탁, 수탁, 양도 혹은 양수, 합병 또는 사업에 속하는 설비 혹은 권리의 양도, 임대, 기타 처분에 관해 필요한 명령을 내릴 경우에는 그 대가, 조건, 권리이전 시기, 기타 해당 군수회사 간에 있어서 협의 결정할 사항에 대해 협의하는 기간을 지정한다.

전항 기간 내에 협의하지 못하거나 협의가 성립되지 않았을 때는 주무대신이 지정하는 관리는 해당사항에 대해 필요한 결정을 내릴 수 있다.

제12조 전조 제4항의 결정에서 정해진 대가를 지불해야 하는 자는 대가를 받을 자가 그 수령을 거부했거나 또는 이를 수령할 수 없을 때는 그 대가를 공탁할 필요가 있다.

제13조 제11조 제4항의 규정에 따라 양도 또는 양수에 대해 결정이 있었을 때는 소유권은 그 대가의 전부 지불이나 또는 공탁이 있었을 때 이전한다. 제11조 제4항의 규정에 따라 위탁, 수탁 또는 임대에 대해 결정이 있었을 때는 위탁, 수탁 또는 임대는 그 대가의 전부(정기불입의 경우에는 제1회분 대가의 전부) 지불 또는 공탁이 있었을 때 그 효력이 발생한다.

제14조 알려진 담보권의 목적인 설비 또는 권리에 대해 제11조 제1항 규정에 따른 위탁, 수탁, 양도, 양수 또는 임대의 명령이 있었을 경우에 해당 담보권을 소멸시키지 않으면 군수사업 운영을 강력하게 추진하기 곤란할 때는 당사자는 담보권 처리에 대해 담보권자와 협의할 수 있다.

전항 협의가 성립되지 않거나 또는 협의할 수 없을 경우에 당사자 또는 담보권자의 신청이 있을 때는 주무대신 또는 그 지정하는 관리는 해당 사항에 대해 필요한 결정을 할 수 있다.

제15조 전항 규정은 알려진 임대권, 기타 권리의 목적인 설비 또는 권리에 대해 제11조 제1항 규정에 따른 명령이 있었을 경우에 이를 준용한다.

제16조 위탁, 양도 또는 임대받은 설비 또는 권리에 대해 알려진 담보권이 존재하는 경우에 해당 담보권이 제14조 규정에 따라 소멸할 때는 해당 설비 또는 권리의 대가를 지불해야 하는 자는 그 대가를 공탁할 필요가 있다. 단 동조의 협의 또는 결정에 있어서 별도 규정이 있었을 때는 이에 구애되지 않는다.

전항의 경우에 있어서는 해당 담보권자는 공탁금에 대해 그 권리를 행사할 수 있다.

제17조 전 6조에 규정하는 것 외에 군수회사법 제12조 규정에 의거한 명령에 관해 필요한 사항은 명령으로 이를 정한다.

제18조 군수회사(군수회사법 제11조의 군수사업 수행에 관계있는 자를 포함한다)가 군수회사법 제8조, 제9조, 제11조 또는 제12조 규정에 의거한 명령 또는 처분을 받음으로 인해 손실

을 입거나 혹은 적정이윤을 낼 수 없었을 경우, 또는 그 어떤 경우에 대해 군수회사(군수회사법 제11조의 군수사업 수행에 관계있는 자를 포함한다)의 청구가 있었을 때는 주무대신은 군수회사법 제13조 규정에 따른 보조금 교부, 손실 보상 또는 이익 보증을 할 수 있다.

전항 규정에 따라 보상해야 하는 손실은 통상 발생하는 손실로 한다.

제1항 규정에 따라 보상해야 하는 손실 또는 보증해야 하는 이익을 결정하는 기준은 주무대신이 대장대신과 협의하여 이를 결정한다.

전 3항에 규정하는 것 외 제1항의 보조금 교부, 손실 보상 또는 이익 보증에 관해 필요한 사항은 명령으로 이를 정한다.

제19조 주식회사 또는 주식합자회사의 군수회사에 있어서는 상법 제343조(동법 제467조 제2항에서 준용하는 경우를 포함한다)에서 정하는 결의가 필요한 사항에 대해 그 결의에 대신하여 동법 제239조 제1항에서 정하는 결의에 의할 수 있다. 전항 규정은 회사의 목적 변경에 관한 사항에 대해서는 이를 적용하지 않는다. 단 군수회사법 제12조 규정에 의거한 정관 변경의 명령이 있었을 경우는 이에 구애되지 않는다.

제20조 생산책임자는 군수사업의 운영상 필요하다고 인정할 경우에 주무대신의 허가를 받았을 때는 주주총회 혹은 사원총회의 결의, 이사, 사원 혹은 무한책임사원의 과반수 동의 또는 총사원의 동의를 필요로 하는 사항에 대해 그 결의에 구애되지 않거나 또는 그 동의를 얻지 않고서 업무를 집행할 수 있다. 주주총회 혹은 사원총회는 성립하지 않거나 또는 주주총회에 부의한 사항을 의결하지 않을 때도 마찬가지이다.

제21조 주식회사, 주식합자회사 또는 유한회사의 군수회사에 있어서는 생산책임자는 군수회사법 제8조, 제9조, 제11조 또는 제12조의 규정에 의거한 주무대신의 명령사항을 집행하기 위해 특히 필요하다고 인정하는 경우에 주무대신의 인가를 받았을 때는 주주총회 또는 사원총회의 결의를 필요로 하는 사항에 대해 그 수속을 거칠 필요가 없다. 이 경우에 있어서 생산책임자는 다음 회 주주총회 또는 사원총회에서 그 내용을 설명해야 한다.

전항 규정은 회사의 목적 변경, 자본 증가 혹은 감소, 사업 전부의 양도 또는 합병 혹은 해산에 관한 사항에 대해서는 이를 적용하지 않는다. 단 군수회사법 제12조 규정에 따라 해당 사항에 관해 특히 정관 변경, 사업의 양도 또는 합병 혹은 해산 명령이 있었을 경우는 이에 구애되지 않는다.

제22조 군수회사 주주총회 또는 사채권자 집회를 소집함에는 상법 제232조(동법 제339조 제1항 및 458조 제2항에 담보부사채신탁법 제51조에서 준용하는 경우도 포함한다) 규정에 구애받지 않고 회합일로부터 이전 2주간 전에 총회 개최 내용 및 회의 목적 사항을 공고하는 것으로 충분하다.

제23조 생산책임자는 군수사업의 운영상 필요하다고 인정할 경우에 주무대신의 허가를 받았을 때는 주주 또는 회사 채권자에게 재산목록, 대차대조표, 영업보고서 혹은 손익계산서의 등본 혹은 초본의 교부 또는 회사 업무 및 재산 상황의 검사를 담당할 수 있다.

생산책임자는 군수사업의 운영상 특히 필요하다고 인정할 때는 대차대조표는 공개할 필요가 없다.

제24조 군수회사에 관한 등기는 비송사건수속법 규정에 구애받지 않고, 생산책임자 신청에 의해 이를 수행한다.

제25조 주무대신은 군수회사 운영에 특별히 필요하다고 인정할 때는 명령이 정하는 바에 따라 아래에 열거하는 법률 및 그 시행에 관한 칙령 중 통제, 단속 등에 관한 규정 적용을 배제하거나 또는 그 특례를 설정할 수 있다.

항공기제조사업법

조선사업법

자동차제조사업법

공작기계제조사업법

중요기계제조사업법

유기합성사업법

제철사업법

경금속제조사업법

석유업법

인조석유제조사업법

가스사업법

전기사업법

광업법

산금법

석유자원개발법

일본제철주식회사법

제국광업개발주식회사법

제국석유주식회사법

일본발송전기주식회사법

염전매법

시가지건축물법

공유수면매립법

삼림법

공장법

第26조 주무대신은 군수회사 운영에 관해 특별히 필요하다고 인정할 때는 명령이 정하는 바에 따라 아래에 열거하는 칙령 중 통제, 단속 등에 관한 규정의 적용을 배제하거나 또는 특례를 설정할 수 있다.

임금통제법

중요사업장노무관리령

회사경리통제령

임시농지등관리령

기업허가령

가격등통제령

지대가임통제령

택지건물등가격통제령

임시농지가격통제령

도시계획법시행령

제27조 주무대신은 필요하다고 인정할 때는 부내 칙임관 중에서 고사관을 임명하여 사업 운영에 관해 고사를 담당시킬 수 있다.

고사관에는 수행원을 붙여 고사관의 직무를 보좌시킨다.

수행원은 관계 각 청 고등관 또는 학식과 경험이 있는 자 중 주무대신이 이를 임명하거나 또는 위촉한다.

제28조 군수회사는 제5조의 임원으로서 정부의 임명과 관련되는 자를 제외하고 군수사업법 제20조 규정에 따른 징계해임의 처분을 받은 생산책임자 또는 생산담당자에 대해 지체 없이 동법 제20조 제3호 규정에 따른 처분을 해야 한다.

전항의 처분은 다른 법령의 규정에 구애받지 않고 생산책임자가 이를 수행한다.

제29조 군수회사법 제20조 제7항 규정에 따른 처분을 해야 하는 군수사업을 운영하는 회사, 기타 법인은 명령이 정하는 규모 이상의 회사, 기타 법인으로 한다.

전조 규모는 군수사업을 운영하는 회사, 기타 법인 또는 군수사업에 관한 통제회 혹은 통제회사는 군수회사법 제20조 제7항 규정에 따른 처분을 내릴 경우에 이를 준용한다. 단 전조 제2항 중 생산책임자라 함은 생산책임자, 기타 법인의 의무를 집행하는 임원으로 한다.

제30조 제1조 내지 제18조, 제20조, 제25조 내지 전조 및 제31조 내지 제36조 그리고 군수회사법 제조 내지 제18조, 제20조 및 제21조의 규정은 군수사업을 운영하는 자로 회사 이외의 것에 이를 준용한다. 단 법인이 아닌 사람에 있어서는 해당 사업주가 아니면 생산책임자가 될 수 없다.

법인이 아닌 사업주로서 생산책임자인 자는 생산책임자의 직을 그만둠과 동시가 아니면 사업주 지위를 벗어날 수 없다.

제31조 제7조 중 주무대신이라 하고, 군수회사법 제2조 및 제4조 중 정부라 함은 해당 군수회사가 운영하는 군수사업이 군수대신 및 다른 대신의 소관에 속하는 것에 대해서는 군수대신으로 한다. 단 다른 대신이 육군대신 또는 해군대신인 경우에 군수대신 및 육군대신 또는 해군대신이 정하는 군수사업에 대해서는 이에 구애되지 않는다.

제32조 제9조 중 주무대신이라 하고 군수회사법 제10조 중 근무관리 사항에 대해 정부라

함은 군수대신 소관에 속하는 물자 또는 전력 생산, 가공 또는 수리를 목적으로 하는 군수회사(다른 목적의 기업을 겸영하는 경우에는 해당 부분에 한한다)에 대해서는 군수대신으로 하고 기타 군수회사에 대해서는 후생대신으로 한다.

第33조 제10조 중 주무대신이라 하고 군수회사법 제10조 중 경리에 관한 사항에 대해 정부라 함은 해당 군수회사가 운영하는 군수사업(조선사업법의 적용을 받는 부분을 제외한다)이 군수대신 및 육군대신 또는 해군대신 소관에 것에 대해서는 군수대신으로 한다.

第34조 제3조의 경우 및 군수회사법 제10조 중 자금조정에 관한 사항을 제외하고 주무대신이라고 하고 군수회사법에서 정부라 함은 해당 군수회사가 운영하는 군수사업의 소관대신(군수대신 소관에 속하는 군수사업에 있어서 경리통제에 관련한 증배에 관한 사항에 대해서는 대장대신)으로 한다.

第35조 제25조 및 제26조 중 주무대신이라 함은 해당 회사가 운영하는 군수사업의 소관대신 및 법률 또는 칙령 규정 적용을 배제하거나 또는 그 특례를 설정하는 사항의 소관대신으로 한다.

第36조 제31조 규정에 따라 군수대신이 아래에 열거하는 사항을 하고자 할 때는 해당 군수회사가 운영하는 군수사업의 소관대신과 협의해야 한다.

1. 군수회사법 제2조 제1항 규정에 따른 지정
2. 군수회사법 제4조 제2항 규정에 따른 생산책임자 임명
3. 군수회사법 제4조 제5항 규정에 따른 생산책임자 해임 인가
4. 군수회사법 제4조 제6항 규정에 따른 생산책임자 해임
5. 군수회사법 제7조 제1항 규정에 따른 생산책임자 사직 인가

부칙

본령은 군수회사법시행일로부터 이를 시행한다.

자료 106

군수회사법시행규칙	
구분	군수·내무·대장·육군·해군·후생·농상·운수통신령 제1호
법령명/건명	군수회사법시행규칙 軍需會社法施行規則
제정·개정·결정·폐지 연월일	1943년 12월 16일
구성	16개 조항, 부칙 1개 조항
선행 규범·법령	군수회사법, 군수회사법시행령
원문 일부	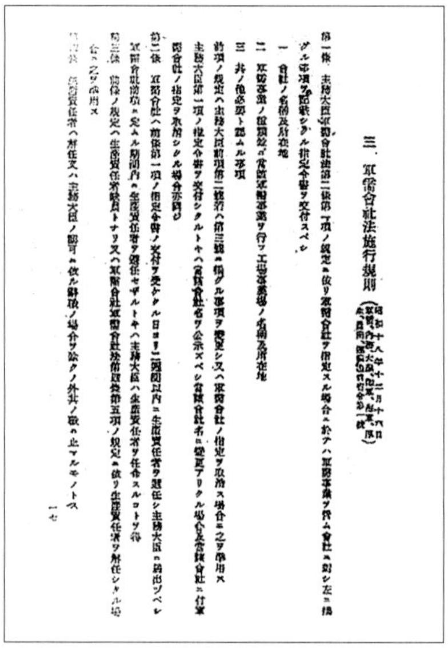 三、軍需會社法施行規則（昭和十八年十二月十六日 軍需、內務、大藏、陸軍、海軍、厚生、農商、運輸通信省令第一號） 第一條　主務大臣軍需會社法第二條第一項ノ規定ニ依リ軍需會社ヲ指定スル場合ニ於テハ軍需事業ヲ營ム會社ニ對シ左ニ揭グル事項ヲ記載シタル指定命令書ヲ交付スベシ 一　會社ノ名稱及所在地 二　軍需事業ノ種類並ニ當該軍需事業ヲ行フ工場事業場ノ名稱及所在地 三　其ノ他必要ト認ムル事項 前項ノ規定ハ主務大臣前項第二號若ハ第三號ニ揭グル事項ヲ變更シ又ハ軍需會社ノ指定ヲ取消ス場合ニ之ヲ準用ス 主務大臣第一項ノ指定命令書ヲ交付シタルトキハ當該會社名ヲ公示スベシ當該會社名ニ變更アリタル場合又ハ當該會社ニ付軍需會社ノ指定ヲ取消シタル場合亦同ジ 第二條　軍需會社ハ前條第一項ノ指定命令書ノ交付ヲ受ケタル日ヨリ二週間以內ニ生產責任者ヲ選任シ主務大臣ニ屆出ヅベシ 軍需會社法第五條ニ定ムル期間內ニ生產責任者ヲ選任セザルトキハ主務大臣ハ生產責任者ヲ任命スルコトヲ得 第三條　前條ノ規定ハ生產責任者缺員トナリ又ハ軍需會社法第十條第五項ノ規定ニ依リ生產責任者ヲ解任シタル場合ニ之ヲ準用ス 第四條　生產責任者ハ解任又ハ主務大臣ノ認可ニ依ル辭職ノ場合ヲ除クノ外其ノ職ヲ止マルモノトス 一七
주요 내용 및 특징	○「군수회사법」에 따라 군수회사로 지정한 회사에 대해서는 회사 명칭과 소재지, 군수사업의 종류, 해당 군수사업을 시행하는 공장사업장 명칭 및 소재지를 기입한 지정령서를 교부해야 한다. ○「공장사업장관리령」에 따른 관리공장이나 사업장 중 군수회사법에 의해 지정된 경우 지정령서 교부일부터 「공장사업장관리령」에 따른 관리는 폐지한 것으로 간주한다.
법령 적용 범위	일본, 조선
관련 법령 통합·폐지 사항	
유사·파생 법령	군수회사법시행규칙(1944년 10월 28일, 조선총독부령 제357호)

군수·내무·대장·육군·해군·후생·농상·운수통신령 제1호

1943년 12월 16일

군수회사법시행규칙

제1조 주무대신은 군수회사법 제2조 제1항 규정에 따라 군수회사를 지정하는 경우에 있어서는 군수사업을 운영하는 회사에 대해 아래에 열거하는 사항을 기재한 지정령서를 교부해야 한다.

1. 회사 명칭 및 소재지
2. 군수사업의 종류와 해당 군수사업을 시행하는 공장사업장의 명칭 및 소재지
3. 기타 필요하다고 인정하는 사항

군수회사의 지정을 취소한 경우에도 또한 동일하다.

제2조 군수회사는 전조 제1항의 지정령서를 교부받은 날부터 2주간 이내에 생산책임자를 선임하여 주무대신에게 신고해야 한다.

군수회사가 전항에서 정한 기간 내에 생산책임자를 선임하지 않을 때는 주무대신은 생산책임자를 임명할 수 있다.

제3조 전조 규정은 생산책임자가 결원이거나 또는 군사회사가 군수회사법 제4조 제5항의 규정에 따라 생산책임자를 해임한 경우에 이를 준용한다.

제4조 생산책임자는 해임 또는 주무대신의 인가에 따른 사직의 경우를 제외하고 그 직에 있는 것으로 한다.

제5조 주무대신은 군수회사법 제4조 제6항의 규정에 따라 생산책임자를 해임했을 때는 해당 군수회사에 대해 그 내용을 통지해야 한다.

제2조의 규정은 전항 규정에 따라 생산책임자의 해임 통지가 있었을 경우에 이를 준용한다.

제6조 생산책임자는 생산담당자를 임명했을 때는 지체 없이 주무대신에게 신고해야 한다.

생산책임자가 생산담당자의 직무권한을 정했을 때는 지체 없이 주무대신에게 신고

해야 한다. 이를 변경했을 때도 또한 동일하다.

주무대신은 전항 규정에 따라 신고가 있던 생산담당자의 직무권한에 대해 필요하다고 인정할 때는 그 변경을 명령할 수 있다.

제7조 군수회사법 제13조의 규정에 따른 보조금 교부를 청구하고자 하는 군수회사는 군수회사법 제8조, 제9조, 제11조 또는 제12조 규정에 근거한 명령 또는 처분을 받은 후 3개월 이내에 이를 청구해야 한다. 단 특별한 사유가 있는 경우로 주무대신의 승인을 받았을 때는 해당 명령사항의 이행을 종료한 후 또는 해당 군수회사 영업연도를 종료한 후 3개월 이내에 이를 청구할 수 있다.

제8조 군수회사법 제13조의 규정에 따른 손실 보상을 청구하고자 하는 군수회사는 군수회사법 제8조, 제9조, 제11조 또는 제12조의 규정에 근거한 명령 또는 처분받은 사항을 이행 종료한 후 3개월 이내에 이를 청구해야 한다. 단 특별한 사유가 있는 경우로 주무대신의 승인을 받았을 때는 손실이 발생했을 때마다 또는 해당 군수회사의 영업연도가 종료한 후 3개월 이내에 이를 청구할 수 있다.

제9조 군수회사법 제13조 규정에 따른 이익 보증을 위해 계약을 청구하고자 하는 군수회사는 군수회사법 제8조, 제9조, 제11조 또는 제12조 규정에 근거한 명령 또는 처분을 받은 후 3개월 이내에 이를 청구해야 한다.

제10조 군수회사는 군수회사법 제13조 규정에 따른 보조금의 교부, 손실 보상 또는 이익 보증을 청구하고자 할 때는 아래에 열거하는 사항을 기재한 청구서를 주무대신에게 제출해야 한다.

1. 군수회사의 명칭 및 소재지
2. 청구의 기초가 되는 명령 요지
3. 청구 사유
4. 청구금액에 관한 사항
5. 기타 필요하다고 인정하는 사항

제11조 군수회사법시행령 제25조 규정에 열거하는 법률 및 그 시행에 관한 칙령, 각령, 성령 또는 고시 중 그 적용을 배제하거나 또는 특례를 설정하는 사항은 별표 1과 같이 이를 정한다.

제12조 군수회사법시행령 제26조 규정에 열거하는 칙령 및 그 시행에 관한 각령, 성령 또는 고시 중 그 적용을 배제하거나 또는 특례를 설정하는 사항은 별표 2와 같이 이를 정한다.

제13조 군수회사의 운영에 관해 적용을 배제하거나 또는 특례를 설정하는 성령 및 그 시행에 관한 고시 중 그 적용을 배제하거나 또는 특례를 설정하는 사항은 별표 3과 같이 이를 정한다.

제14조 군수회사법 제18조 제2항의 증표는 별기 양식에 따른다.

제15조 군수회사법시행령 제29조 제1항의 규모는 회사에 있어서는 자본금 20만 엔 이상, 조합에 있어서는 조합원 50인 이상의 것으로 한다.

제16조 전 각 조 및 부칙 제2항의 규정은 군수사업을 운영하는 자로서 회사 이외의 자에게 이를 준용한다.

본 규칙은 군수회사법시행일부터 이를 시행한다.

주무대신은 공장사업장관리령에 따른 관리공장, 사업장을 운영하는 회사, 기타 사람에 대해 군수회사법 제2조 규정에 따른 지정을 했을 때는 제1조 제1항(동조 제2항 규정에 따라 준용하는 경우도 포함한다)의 지정령서를 기재한 공장사업장에 대해서는 지정령서 교부일로부터 공장사업장관리령에 근거한 관리는 이를 폐지한 것으로 간주한다.

자료 107

군수회사징용규칙	
구분	후생성령 제52호
법령명/건명	군수회사징용규칙 軍需會社徵用規則
제정·개정·결정·폐지 연월일	1943년 12월 27일
구성	14개 조항, 부칙 1개 조항
선행 규범·법령	군수회사법
원문 일부	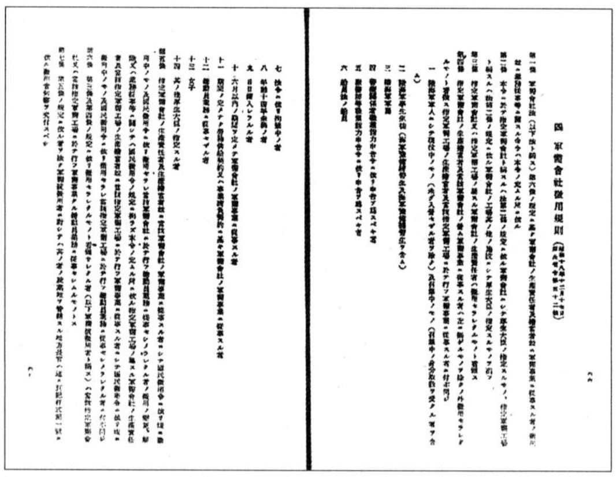
주요 내용 및 특징	○ 군수회사로 지정된 회사, 공장사업장의 생산책임자, 생산담당자 및 종사자에 대한 징용과 업무종사 등에 관한 명령을 정한다. ○ 군수회사의 생산책임자, 생산담당자, 종사자는 모두 징용된 것으로 간주한다. ○ 지정군수회사, 지정군수공장 등 군수회사 생산책임자, 생산담당자, 종사자로 「국민징용령」에 따라 현원징용된 자, 「국민징용령」에 따라 신규징용된 자는 「국민징용령」이 아닌 본령에 따른다. ○ 본령에 따라 징용된 것으로 간주된 자는 군수피징용자라 하며, 군수피징용자가 취업 중인 취업지 관할 지방장관은 군수피징용자에게 징용고지서를 교부해야 한다. ○ 군수회사법에 의해 징용된 것으로 간주한 군수피징용자에게는 「국민징용령」에 따른 통상 2년 기한이 적용되지 않는다. ○ 생산책임자가 해임 또는 주무대신의 인가를 받아 사임할 때는 그자의 징용은 해제된 것으로 간주된다.
법령 적용 범위	일본, 조선
관련 법령 통합·폐지 사항	
유사·파생 법령	군수회사징용규칙(1944년 12월 27일, 조선총독부령 제414호)

후생성령 제52호

1943년 12월 27일

군수회사징용규칙

제1조 군수회사법(이하 법이라 칭한다) 제6조 규정에 의거 군수회사 생산책임자 및 생산담당자 그리고 군수회사에 종사하는 자의 징용 그리고 업무종사 등에 관한 명령은 본령이 정하는 바에 따른다.

제2조 본령에서 지정군수회사라 함은 법 제2조 규정에 따른 군수회사로서 후생대신이 지정한 것, 지정군수공장이라 함은 법 제2조 규정에 따른 군수회사의 공장사업장, 기타 시설로서 후생대신이 지정한 것을 말한다.

제3조 지정군수회사 또는 지정군수공장에 속하는 군수회사의 생산책임자는 징용된 것으로 간주한다.

제4조 지정군수회사의 생산담당자 및 해당 군수회사가 운영하는 군수사업에 종사하는 자는 아래에 열거하는 자를 제외하고 징용된 것으로 간주한다. 지정군수공장의 생산담당자 및 해당 지정군수공장에서 시행하는 군수사업에 종사하는 자도 마찬가지이다.

1. 육해군 군인으로서 현역 중인 자(아직 입영하지 않은 자를 제외) 및 소집 중에 있는 자(소집 중의 신분으로 취급되는 자를 포함)
2. 육해군 학생생도(해군예비연습생 및 해군예비보습생을 포함)
3. 육해군 군속
4. 의료관계자직업능력신고령에 따라 신고해야 할 자
5. 수의사 당직업능력신고령에 따라 신고해야 할 자
6. 선원법의 선원
7. 법령에 따라 구금 중인 자
8. 연령 14세 미만인 자
9. 날품노동자

10. 6개월 이내의 기간을 정하여 군수회사의 군수사업에 종사하는 자

11. 기간 없이 노무공급계약 또는 사업청부계약에 근거하여 군수회사의 군수사업에 종사하는 자

12. 총동원 업무에 종사하지 않는 자

13. 여자

14. 기타 후생대신이 지정하는 자

제5조 지정군수회사의 생산책임자 및 생산담당자 그리고 해당 군수회사의 군수사업에 종사하는 자로서 국민징용령에 따라 현재 징용 중인 자 및 국민징용령에 따라 징용되어 해당 군수회사에서 총동원 업무에 종사 중인 자의 징용의 변경, 해제 또는 업무 종사 등에 관해서는 국민징용령 규정에 구애받지 않고 본령이 정하는 바에 따른다. 지정군수공장이 속하는 군수회사의 생산책임자 및 해당 지정군수공장의 생산담당자 그리고 해당 지정군수공장에서 군수사업에 종사하는 자로서 국민징용령에 따라 현재 징용 중인 자 및 국민징용령에 따라 징용되어 해당 지정군수공장에서 총동원 업무에 종사하는 자에 대해서도 마찬가지이다.

제6조 제3조 및 제4조 규정에 따라 징용된 자로 간주된 자(이하 군수피징용자라 칭한다)는 해당 지정군수회사 또는 해당 지정군수공장에서 시행하는 군수사업인 총동원 업무에 종사하는 자로 한다.

제7조 제5조 규정에 따른 자를 제외한 군수피징용자에 대해서는 그자의 취업지를 관할하는 지방장관은 신속하게 별기 양식 제1호에 따른 징용고지서를 교부해야 한다.

제8조 전조 징용고지서에는 아래에 열거하는 사항을 기재해야 한다.

1. 징용된 것으로 간주하는 자의 씨명, 출생 연월일 및 본적

2. 종사해야 하는 총동원 업무를 시행하는 지정군수회사 또는 지정군수공장 명칭

3. 종사해야 하는 총동원 업무, 직업 및 장소

4. 기타 필요하다고 인정되는 사항

제9조 국민징용령 제12조 내지 제16조, 제17조 내지 제19조, 제19조의 3 및 제19조의 4 규정은 생산책임자를 제외한 군수피징용자에 대해 이를 준용한다. 단 제12조 및 제14조 중 관리공장 혹은 지정공장 사업주라 함은 지정군수회사 혹은 지정군수공장이 속하는 군수회사의 생산책임자로 하고, 제17조 중 해당 관리공장 또는 지정공장의

사업주라 함은 해당 지정군수회사 또는 지정군수공장이 속하는 군수회사의 생산책임자로 하며, 제12조 및 제13조 중 해당 관리공장을 관리하는 주무대신이라 함은 해당 지정군수회사 또는 해당 지정군수공장에서 시행하는 군수사업의 소관대신으로 하고, 제12조 내지 제14조, 제17조 내지 제19조 및 제19조의 4 중 관리공장 또는 지정공장이라 함은 지정군수회사 또는 지정군수공장으로 한다.

전항의 경우에 국민징용령 제12조 및 제13조 중 징용 기간에 관한 사항은 제5조 규정에 따른 자 이외의 자에 대해서는 이를 준용하지 않는다.

제10조 지정군수회사 또는 지정군수공장이 속하는 군수회사의 생산책임자를 제외한 군수피징용자에 대해 그 종사할 총동원 업무를 시행하는 본점 또는 공장사업장 기타 시설을 변경하고자 할 때는 미리 해당 군수피징용자의 취업지를 관할하는 지방장관을 경유하여 후생대신에게 그 취지를 신고해야 한다.

제11조 국민징용령 제16조의 2 규정은 생산책임자의 징용변경에 대해 이를 준용한다. 단 관리공장 또는 지정공장 사업주라 함은 지정군수회사 또는 지정군수공장이 속하는 군수회사의 생산책임자로 한다.

제12조 생산책임자법 제4조 혹은 제20조 규정에 따라 해임될 때 또는 군수회사법 시행령 제7조 규정에 따라 주무대신의 인가를 얻어 그 직에서 사임할 때는 그자의 징용은 해제된 것으로 간주한다. 단 그자가 계속하여 지정군수회사 또는 지정군수공장의 군수사업에 종사할 때는 이에 한하지 않는다.

전항의 경우에 있어서는 징용이 해제된 자로 간주된 자의 취업지를 관할하는 지방장관은 별기 양식 제2호에 따라 징용해제고지서를 그자에게 교부해야 한다.

제13조 국민징용령 제16조의 3 내지 제16조의 5 규정은 군수피징용자에 대해 이를 준용한다. 단 제16조의 5 규정에서 관리공장 또는 지정공장이라 함은 지정군수회사 또는 지정군수공장으로 한다.

제14조 국민징용령 제20조 및 제23조의 2의 규정은 본령에 따른 징용에 관해 이를 준용한다. 단 제22조의 2 제2항 중 해당 관리공장을 관리하는 주무대신이라 함은 해당 지정군수회사 또는 지정군수공장에서 시행하는 군수사업의 소관대신으로 한다.

부칙

본령은 공포일로부터 이를 시행한다.

자료 108

국민징용령 개정		
구분	칙령 제89호	
법령명/건명	국민징용령 개정	
제정·개정·결정·폐지 연월일	1944년 2월 18일	
구성	26개 조항, 부칙 1개 조항	
선행 규범·법령	국민징용령, 국민징용령 개정	
원문 일부	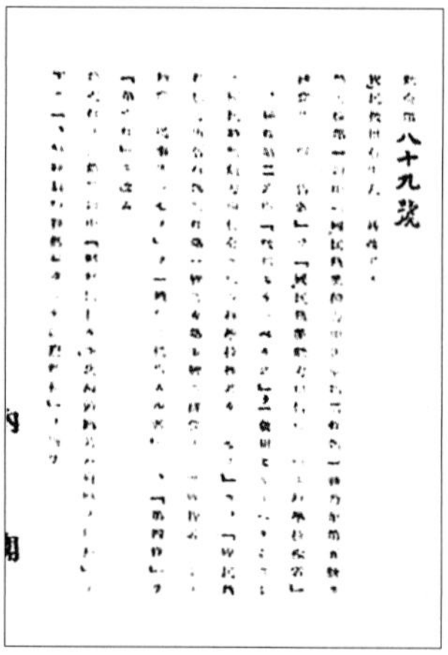	 勅令第八十九號 朕國民徵用令中改正ノ件ヲ裁可シ茲ニ之ヲ公布セシム 裕仁 昭和十九年二月十八日
주요 내용 및 특징	○ 징용대상자에 「국민직업능력신고령」에 따른 과학자를 명시함.	
법령 적용 범위	제국 전역(조선은 1944년 5월 1일부터 시행)	
관련 법령 통합·폐지 사항		
유사·파생 법령		

칙령 제89호

1944년 2월 18일

국민징용령 개정

밑줄: 1940.10.16. 개정

진하게: 1941.12.15. 개정

점선: 1943.7.20. 개정

두 줄 실선: 1944.2.18. 개정

제1조 국가총동원법(1938년 칙령 제317호에 의한 경우를 포함한다. 이하 마찬가지) 제4조 규정에 근거한 제국신민의 징용 및 국가총동원법 제6조 규정에 근거한 피징용자 사용 또는 **임금, 급여, 기타 종업조건**에 관한 명령은 별도로 정하는 것을 제외하고 본령이 정하는 바에 따른다.

제2조 징용은 국가의 요청에 의거하여 제국신민으로 하여금 긴요한 총동원 업무에 종사시킬 필요가 있는 경우에 이를 시행하는 것으로 한다.

제3조 징용은 국민직업능력신고령에 따른 요신고자(이하 요신고자라 칭한다)에 한해 이를 시행한다. 단 징용 중 요신고자의 자격이 사라진 자를 계속하여 징용할 필요가 있을 경우는 이에 구애되지 않는다.

특별히 필요한 경우에는 전항 규정에도 불구하고 명령이 정하는 바에 따라 요신고자 이외의 자를 징용할 수 있다.

제4조 본령에 따라 징용하는 자는 국가가 시행하는 총동원 업무 또는 공장사업장관리령에 따라 정부가 관리하는 공장사업장 기타 시설(이하 관리공장이라 칭한다)에서 시행하는 총동원 업무에 종사하는 것으로 한다.

특별히 필요한 경우에 있어서는 전항 규정에도 불구하고 후생대신이 지정하는 공장사업장, 기타 시설(이하 지정공장이라 칭한다)에서 시행하는 총동원 업무에 종사시킬 수 있다.

제5조 징용 및 징용해제는 후생대신이 직접 이를 시행하는 경우와 제22조 2, 제1항의 경우

를 제외하고 후생대신의 명령에 따라 이를 실시한다.

제6조 총동원 업무를 시행하는 관아(육해군 부대 및 학교를 포함한다. 이하 마찬가지)의 소관대신 또는 관리공장 **혹은 지정공장**의 사업주는 징용에 의한 인원배치가 필요할 때는 후생대신에게 이를 청구 또는 신청해야 한다.

전항 규정에 따라 관리공장 사업주가 하는 신청은 해당 관리공장을 관리하는 주무대신을 경유해야 한다.

제7조 후생대신은 전조 규정에 따른 청구 또는 신청이 있을 경우, 징용이 필요하다고 인정할 때는 징용명령을 내려 징용되어야 할 자의 거주지(국민직업능력신고령에 따른 과학기술자로서 직업에 종사하는 자 또는 현재 사용되는 관아, 관리공장 혹은 지정공장에서 시행하는 총동원 업무에 종사시키기 위해 징용되어야 할 자에 대해서는 그자의 동령에 따른 취업지 또는 해당 관아, 관리공장 혹은 지정공장의 소재지)를 관할하는 지방장관(도쿄도에 있어서는 경시총감. 이하 마찬가지)(1942.11.1. 칙령 제781호)에게 이를 통달해야 한다.

징용되어야 할 자로서 국민직업능력신고령에 따른 과학기술자인 자는 그 거주 장소(직업에 종사하는 자인 경우에 있어서는 취업 장소)에 이동이 있어 국민직업능력신고령 제6조 제1항 후단 또는 제2항 규정에 따라 신고해야 할 경우에 전항 거주지(국민직업능력신고령 제2조 제1호 내지 제5호에 해당하는 요신고자로서 직업에 종사하는 자에 대해서는 동령에 따른 취업지)를 관할하는 지방장관이 달라질 때는 후생대신은 전항 규정에도 불구하고 전 거주지(국민직업능력신고령 제2조 제1호의 직업에 종사하는 자에 대해서는 취업지)를 관할하는 지방장관에게 징용명령을 통달해야 한다.

제7조 2 지방장관은 징용명령의 통달을 받았을 때는 명령이 정하는 바에 따라 출두명령서를 발부하여 징용되어야 할 자에게 이를 교부하여야 한다.

지방장관은 전항 출두명령서를 교부받아 출두한 자에 대해 신체 상태, 거주 및 취업 장소, 직업, 기능 정도, 가정 상황, 희망 등을 검사 또는 조사하여 복무의 적부를 판정하여 종사해야 할 총동원 업무, 직업 및 장소를 결정한 다음 징용령서를 발부하여 징용되어야 할 자에게 이을 교부해야 한다.

긴급을 요하는 때 또는 전항 규정에 따른 검사 혹은 조사를 할 필요가 없다고 인정할 때는 지방장관은 전 2항의 규정에도 불구하고 즉시 징용령서를 발부하여 징용되어야 할 장에게 이를 교부할 수 있다.

제7조 3 전조 제2항의 규정에 따른 검사 또는 조사 및 복무 적부의 판정에 관한 사무에 종사시키기 위해 청·부·현에 국민징용관을 둔다.

국민징용관은 보안부장인 경시청부장, 경찰부장인 북해도청 혹은 부·현의 부장, 경찰국경무부장인 오사카부 부장 또는 지방장관이 지정하는 경시청 혹은 북해도청의 사무관, 직업관 혹은 기사 혹은 지방사무관, 지방직업관 혹은 지방기사로 이를 충당한다.

제7조 4 후생대신은 관리공장 또는 지정공장의 사업주(사업주가 법인인 경우에 있어서는 그 대표자)를 징용하여 해당 공장에서 시행하는 총동원 업무에 종사시킬 경우에는 제6조 내지 전조 규정에도 불구하고 명령이 정하는 바에 따라 징용명령을 내려 해당 공장 소재지를 관할하는 지방장관에게 이를 통달하여 지방장관으로 하여금 징용령서를 발부하여 징용되어야 할 자에게 이를 교부시키거나 또는 징용령서를 발부하여 징용되어야 할 자에게 이를 교부해야 한다.

제8조 징용령서에는 아래에 열거하는 사항을 기재해야 한다. 단 군기 보호상 특별히 필요할 때는 **제2호 또는** 제3호에 열거하는 사항의 전부 또는 일부를 생략할 수 있다.

1. 징용되어야 할 자의 씨명, 출생 연월일, 본적, 거주 장소(국민직업능력신고령에 따른 과학기술자로서 직업에 종사하는 자에 대해서는 취업 장소)
2. 종사해야 할 총동원 업무를 시행하는 관아 또는 관리공장 **혹은 지정공장**의 명칭 및 소재지
3. 종사해야 할 총동원 업무, 직업 및 장소
4. 징용 기간
5. 출두해야 할 일시 및 장소
6. 기타 필요한 사항

전항 제1호 중 거주 장소 또는 취업 장소에 관한 사항은 징용되어야 할 자가 현재 사용되는 관아, 관리공장 혹은 지정공장에 있어서 시행하는 총동원 업무에 종사시키기 위해 징용되는 자일 때 또는 사업주(사업주가 법인인 경우에 있어서는 그 대표자)인 때는 이를 기재할 필요가 없다.

제9조 삭제

제10조 삭제

제11조 출두명령서 또는 징용령서를 교부받은 자가 질병, 기타 피할 수 없는 사고로 인해 지정 일시 및 장소에 출두할 수 없는 경우는 명령이 정하는 바에 따라 후생대신 또는 지방장관에게 그 취지를 신고해야 한다.

전항 규정에 따라 신고가 있는 경우에 지방장관은 필요하다고 인정할 때는 출두 일시 혹은 장소를 변경하거나 또는 그자가 징용에 부적합하다고 인정할 때는 징용을 취소할 수 있다. 이 경우에는 출두변경령서 또는 징용취소령서를 발급하여 그자에게 이를 교부하여야 한다.

제12조 피징용자를 사용하는 관아의 소관대신 또는 관리공장 **혹은 지정공장**의 사업주는 피징용자를 사용할 관아, 관리공장 **혹은 지정공장**, 피징용자가 종사할 총동원 업무, 직업 혹은 장소 또는 징용 기간에 대해 변경을 필요로 할 때는 후생대신에게 이를 청구 또는 신청해야 한다. 관리공장에서 사용되는 자에 대해 해당 관리공장을 관리하는 주무대신이 그 징용의 변경을 필요로 할 때 또한 마찬가지이다.

제13조 후생대신은 전조 규정에 따른 청구 또는 신청이 있을 경우에 필요하다고 인정할 때는 피징용자를 사용하는 관아, 관리공장 **혹은 지정공장**, 피징용자가 종사할 총동원 업무, 직업 혹은 장소 또는 징용 기간을 변경할 수 있다.

후생대신은 필요하다고 인정할 때는 전조 규정에 따른 청구 또는 신청이 없는 경우라 하더라도 피징용자의 징용을 변경할 수 있다.

후생대신은 전항 규정에 따라 징용을 변경하고자 할 때는 관리공장에서 사용되는 자에 있어서는 해당 관리공장을 관리하는 주무대신에게 협의해야 한다.

제14조 피징용자를 사용할 관아의 소관대신 또는 관리공장 **혹은 지정공장**의 사업주는 피징용자가 질병, 기타 사유로 인해 총동원 업무 종사에 적합하지 않다고 인정할 때 또는 그자로 하여금 총동원 업무에 종사시킬 필요가 없어졌을 때는 후생대신에게 징용의 해제를 청구 또는 신청해야 한다.

피징용자가 질병, 기타 사유로 인해 총동원 업무에 종사하기 어려운 경우에는 관아에 사용되는 자는 해당 관아의 소관대신에게, 관리공장 **또는 지정공장**에 사용되는 자는 후생대신에게 그 내용을 신고할 수 있다.

제15조 후생대신은 전조 제1항 규정에 따른 청구 또는 신청이 있을 때는 징용을 해제할 수 있다.

후생대신은 필요하다고 인정할 때는 전조 제1항 규정에 따른 청구 또는 신청이 없는 경우라 할지라도 징용을 해제할 수 있다.

후생대신은 전항 규정에 따라 관아에서 사용 중인 자의 징용을 해제하고자 할 때는 해당 관아의 소관대신과 협의해야 한다.

제16조 후생대신은 징용의 변경 또는 해제를 하고자 할 때는 징용변경명령 또는 징용해제명령을 내려 명령이 정한 바에 따라 피징용자의 취업지를 관할하는 지방장관, 징용령서를 발부한 지방장관 또는 제8조 제5호의 출두 장소를 관할하는 지방장관에게 이를 통달하여야 한다.

지방장관은 징용변경명령 또는 징용해제명령의 통달을 받았을 때는 즉시 징용변경령서 또는 징용해제령서를 발급하여 피징용자에게 이를 교부해야 한다.

피징용자는 본령 시행지 외 장소에서 취업하는 경우에는 징용의 변경 또는 해제를 하고자 할 때는 전 2항의 규정에도 불구하고 후생대신이 징용변경령서 또는 징용해제령서를 발급하여 피징용자에게 이를 교부하여야 한다.

제16조 2 제12조 전단 제13조 제1항 및 제2항, 제14조 제1항 및 제15조 제1항 및 제2항의 규정은 피징용자인 관리공장 또는 지정공장 사업주(사업주가 법인일 경우에 있어서는 그 대표자)의 징용변경 또는 해제에 대해 이를 준용한다.

후생대신은 피징용자인 관리공장 또는 지정공장의 사업주(사업주가 법인인 경우에 있어서는 그 대표자)의 징용변경 또는 해제를 하고자 할 때는 전조 규정에도 불구하고 명령이 정하는 바에 따라 징용변경명령 혹은 징용해제명령을 내려 해당 공장의 소재지를 관할하는 지방장관에게 이를 통달하여 지방장관으로 하여금 징용변경령서 혹은 징용해제령서를 발부하여 피징용자에게 이를 교부시키거나 또는 징용변경령서 혹은 징용해제령서를 발부하여 피징용자에게 이를 교부해야 한다.

제16조 3 피징용자는 충성을 취지로 하여 그 종사할 총동원 업무에 정려해야 한다.

제16조 4 피징용자의 표창에 관해 필요한 사항은 명령으로 이를 정한다.

제16조 5 피징용자로서 관리공장 또는 지정공장에서 행하는 총동원 업무에 종사하는 자는 이를 응징사라고 한다.

응징사의 징계, 복제, 기타 응징사 복무에 관해 필요한 사항은 명령으로 이를 정한다.

제17조 피징용자가 총동원 업무에 종사할 경우에는 관아에서 사용되는 자의 경우는 해당 관아의 장의 지휘를 받고 관리공장 **또는 지정공장**에서 사용되는 자에 있어서는 전조 제2항 규정에 의거하여 내리는 명령에 따르는 것 외로 해당 관리공장 **또는 지정공장** 사업주의 지시를 받아야 한다.

제18조 피징용자에 대한 급여는 그자의 기능 정도, 종사할 업무 및 장소 등에 따르고 종전 급여, 기타 이에 준하는 수입을 참작하여 피징용자를 사용하는 관아의 장 또는 사업주가 이를 지급하는 것으로 한다.

피징용자에 대한 급여에 관해 필요한 사항은 관아에서 사용되는 자에 관해서는 해당 관아의 소관대신이 후생대신과 협의하여 이를 정하고, 관리공장 **또는 지정공장**에서 사용되는 자에 관해서는 명령이 정하는 바에 따라 해당 관리공장 **또는 지정공장** 사업주가 후생대신의 인가를 받아 이를 정해야 한다.

제19조 징용되어야 할 자가 출두명령서를 교부받아 출두하는 경우의 여비는 지방장관이 이를 지급한다.

관리공장 **또는 지정공장**에 배치되기 위해 출두명령서를 교부받아 출두한 자에 대해 전항 규정에 따라 지급한 여비 액수는 해당 관리공장 **또는 지정공장** 사업주가 국고에 이를 납입하여야 한다.

피징용자가 징용령서를 교부받아 지정장소에 출두하는 경우, 징용이 해제되어 귀향하는 경우, 또는 피징용자 혹은 그 가족이 위독 혹은 사망한 경우 때문에 관아의 장 혹은 사업주의 통지에 의해 피징용자의 가족이 출두하거나 혹은 관아의 장 혹은 사업주의 허가를 받아 피징용자가 일시 귀향하는 경우의 여비는 명령이 정하는 바에 따라 관아에 사용되는 피징용자에 대해서는 해당 관아의 장이 이를 지급하고, 관리공장 또는 지정공장에 사용되는 피징용자에 대해서는 해당 관리공장 또는 지정공장 사업주가 이를 지급하는 것으로 한다.

징용되어야 할 자가 출두명령서를 교부받아 출두하는 경우, 또는 피징용자가 징용령서를 교부받아 출두하는 경우에 있어서 전대금을 지불하지 않으면 출두할 수 없는 자의 여비는 그자의 거주지 시정촌(도쿄도의 구가 존재하는 구역에 있어서는 도쿄도) 또는 이에 준하는 곳에서 일시로 변통하여 지변해야 한다.

징용되어야 할 자가 출두명령서를 교부받아 출두하는 경우의 여비 및 그 일시 변통 지변에 관해 필요한 사항은 후생대신이 이를 정한다.

피징용자가 징용령서를 교부받아 출두하는 경우의 여비 및 그 일시 변통 지변과 징용이 해제되어 귀향하는 경우 및 피징용자 또는 그 가족이 위독 혹은 사망한 경우 때문에 관아의 장 혹은 사업주의 통지에 의해 피징용자의 가족이 출두하거나 또는 관아의 장 혹은 사업주의 허가를 받아 피징용자가 일시 귀향하는 경우의 여비에 관해 필요한 사항은 관아에 사용되는 피징용자에 관해서는 해당 관아의 소관대신이 후생대신과 협의하여 이를 정하고 관리공장 또는 지정공장에 사용되는 피징용자에 관해서는 후생대신이 이를 정한다.

제19조 2 후생대신은 필요하다고 인정할 때는 국가총동원법 제6조의 규정에 근거하여 피징용자를 사용하는 관리공장 **또는 지정공장** 사업주에 대해 피징용자의 사용 또는 임금, 급료, 기타 노동조건에 관해 명령할 수 있다.

제19조 3 피징용자가 징용됨으로 인해 그 가족과 세대를 달리하게 된 경우, 기타 특별한 사정이 있는 경우, 또는 피징용자가 고의 혹은 중대한 과실로 인한 것이 아닌 것으로 업무상 상이를 입거나 혹은 질병에 걸려 이 때문에 징용을 해제된 경우에 있어서 본인 또는 가족이 생활하기 곤란한 때는 명령이 정하는 바에 따라 이에 대해 부조할 수 있다.

피징용자가 징용되어 총동원 업무에 종사 중 고의 또는 중대한 과실에 의한 것이 아닌 것으로 업무상 상이를 입거나 또는 질병에 걸려 이 때문에 사망한 경우에 있어서 유족이 생활하기 곤란할 때는 명령이 정하는 바에 따라 이에 대해 부조할 수 있다.

제19조 4 전조 규정에 따른 부조가 피징용자로서 관리공장 혹은 지정공장에 사용되거나 혹은 사용된 자 또는 그 가족 혹은 유족에 대해 행해진 때는 명령이 정하는 바에 따라 해당 관리공장 또는 지정공장 사업주로 하여금 부조에 필요한 비용을 국고에

납입시킬 수 있다.

제20조 후생대신 또는 지방장관은 명령이 정하는 바에 따라 징용에 관해 국가총동원법 제31조 규정에 의거 보고를 요구할 수 있다.

후생대신 또는 지방장관은 징용에 관해 필요하다고 인정할 때는 국가총동원법 제31조 규정에 의거하여 해당 관리로 하여금 공장, 사업장, 기타 장소를 임검하여 업무 상황 또는 장부 서류, 기타 물건을 검사시킬 수 있다. 이 경우에는 해당 관리로 하여금 그 신분을 나타내는 증표를 휴대시켜야 한다.

제21조 아래 각호 하나에 해당하는 자는 이를 징용하지 않는다.

1. 육해군 군인으로 현역 중인 자(아직 입영하지 않은 자를 제외한다) 및 소집 중인 자(소집 중의 신분으로 취급되는 자를 포함한다)
2. 육해군 학생생도(해군예비연습생 및 해군예비보습생을 포함한다)
3. 육해군 군속(피징용자로서 이에 해당하게 된 자를 제외한다)
4. 의료관계자직업능력신고령에 따라 신고해야 할 자
5. 수의사등직업능력신고령에 따라 신고해야 할 자
6. 선원법의 선원, 조선선원령의 선원 및 관동주선원령의 선원
7. 법령에 따라 구금 중인 자

제22조 아래 각호 하나에 해당하는 자는 특별히 필요한 경우를 제외하고 이를 징용하지 않는다.

1. 다른 사람으로 하여금 대신할 수 없는 직에 있는 관리, 대우관리 또는 공리
2. 제국의회, 도쿄도의회, 도부의회, 시정촌회, 기타 이에 준하는 곳의 의원
3. 총동원 업무에 종사하는 자로 다른 사람으로 하여금 대신할 수 없는 자

제22조 2 후생대신은 필요하다고 인정할 때는 명령이 정하는 바에 따라 지방장관으로 하여금 징용명령, 징용변경명령 혹은 징용해제명령을 기다리지 않고 즉시 출두명령서, 징용령서, 징용변경령서 혹은 징용해제령서를 발급하여 징용되어야 할 자 혹은 피징용자에게 이를 교부토록 하거나 또는 지방장관으로 하여금 제4조 제2항, 제6조 제1항, 제7조의 4, 제12조 내지 제15조(제16조의 2 제1항에 있어서 준용할 경우를 포함), 제16조의 2 제2항, 제18조 제2항 혹은 제19조의 2 규정에 따라 후생대신의

직권을 행사토록 할 수 있다.

전항의 규정에 따라 지방장관이 후생대신의 직권을 행사할 경우에 있어서는 동항에서 열거하는 각 조항에 의한 총동원 업무를 수행하는 관아의 소관대신, 피징용자를 사용하는 관아의 소관대신, 해당 관아의 소관대신 또는 해당 관리공장을 관리하는 주무 대신의 직권은 각 총동원 업무를 수행하는 관아의 장, 피징용자를 사용하는 관아의 장, 해당 관아의 장 또는 공장사업장관리령에 따른 해당 관리공장의 관리관이 이를 수행한다.

제23조 후생대신은 명령이 정하는 바에 따라 **국민직업지도소장**으로 하여금 징용에 관한 사무 일부를 분담시키거나 또는 시정촌장(도쿄도의 구가 존재하는 구역, 교토시, 오사카시, 나고야시, 요코하마시 및 고베시는 구장) 혹은 이에 준하는 자로 하여금 징용에 관한 사무를 보조하도록 할 수 있다.

시정촌장(도쿄도의 구가 존재하는 구역, 교토시, 오사카시, 나고야시, 요코하마시 및 고베시는 구장) 또는 이에 준하는 자는 전항의 규정에 따라 징용에 관한 사무를 집행하기 위해 필요한 비용은 시정촌(도쿄도의 구가 존재하는 구역에 있어서는 도쿄도) 또는 이에 준하는 곳에서 일시 변통 지변해야 한다.

전항의 비용 및 그 일시 변통 지변에 관해 필요한 사항은 후생대신이 이를 정한다.

제24조 후생대신은 본령 시행에 관한 중요사항에 대해 내각 총리대신과 협의해야 한다.

제25조 본령 중 후생대신이라 함은 조선, 대만, 화태 또는 남양군도에 있어서는 각 조선총독, 대만총독, 화태청장관 또는 남양청장관으로 하고 총동원 업무를 수행하는 관아의 소관대신, 피징용자를 사용하는 관아의 소관대신 혹은 해당 관아의 소관대신 또는 해당 관리공장을 관리하는 주무 대신이라 함은 관아의 소관대신 또는 주무대신이 육군대신 또는 해군대신인 경우를 제외하고 조선, 대만, 화태 또는 남양군도에 있어서는 각 조선총독, 대만총독, 화태청장관 또는 남양청장관으로 한다.

본령 중 지방장관이라 함은 조선에 있어서는 도지사, 대만에 있어서는 주지사 또는 청장, 화태에 있어서는 화태청장관, 남양군도에 있어서는 남양청장관으로 하고, **국민직업지도소장**이라 함은 조선에 있어서는 부윤, 군수 또는 도사, 대만에 있어서는 시윤 또는 군수(호코청에 있어서는 청장), 화태에 있어서는 화태청국민직업지도소장

(1942.11.1. 칙령 제731호), 남양군도에 있어서는 남양청지청장으로 한다.

제7조의 3 제1항 중 청·부·현이라 함은 조선, 대만, 화태 또는 남양군도에 있어서는 각 도, 주 혹은 청, 화태청 또는 남양청으로 하고, 동조 제2항 중 보안부장인 경시청부장, 경찰부장인 북해도청 혹은 부·현의 부장, 경찰국경무부 부장인 오사카부 부장이라 함은 조선에 있어서는 광공부장인 도 사무관, 대만에 있어서는 총무부장인 주사무관, 화태에 있어서는 경찰부장인 부장, 남양군도에 있어서는 내정부장인 부장으로 하고, 경시청 혹은 북해도청의 사무관, 직업관 혹은 기사 혹은 지방사무관, 지방 직업관 혹은 지방 기사라 함은 조선에 있어서는 도 이사관 혹은 기사, 부윤, 군수 혹은 도사, 대만에 있어서는 지방 이사관 혹은 지방 기사, 화태에 있어서는 화태청 서기관, 사무관 혹은 기사, 남양군도에 있어서는 남양청 사무관 혹은 기사로 한다.

제26조 본령에서 규정하는 것 외 징용에 관해 필요한 사항은 명령으로 이를 정한다.

부칙

본령은 공포일로부터 이를 시행한다. 단 조선, 대만, 화태 및 남양군도에 있어서는 제25조 제3항의 개정규정을 제외하는 것 외로 1944년 5월 1일부터 이를 시행한다.

자료 109

반도인 노무자 이입에 관한 건	
구분	각의결정
법령명/건명	반도인 노무자 이입에 관한 건 半島人労務者の移入に関する件
제정 · 개정 · 결정 · 폐지 연월일	1944년 8월 8일
구성	
선행 규범 · 법령	
원문 일부	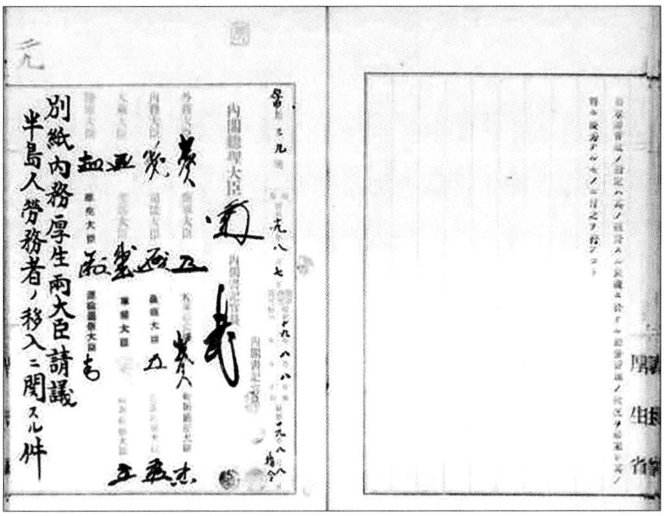 内閣総理大臣 別紙内務厚生両大臣請議 半島人労務者ノ移入ニ関スル件
주요 내용 및 특징	○「국민징용령」을 발동하여 조선인 노무자를 일본본토에 동원하겠다는 결정. 정확하게는 '신규징용'에 의한 동원을 실시한다는 방침 ○ 본 내각결정을 들어 처음으로 조선인에게 「국민징용령」이 적용되기 시작했다는 인식이 확산됨. ○ 아울러, 모집→관알선→징용으로 이어지는 노무동원의 강제성 강화 내지 단계적인 이해에도 영향을 줌.
법령 적용 범위	
관련 법령 통합 · 폐지 사항	
유사 · 파생 법령	

각의결정

1944년 8월 8일

반도인노무자이입에 관한 건

반도인 노무자 이입을 확보 촉진하기 위해 아래의 조치를 강구한다.

1. 이입노무자에 대해 신규징용을 실시할 것.
   위와 관련하여 필요하면 국민징용령을 개정할 것.
2. 신규 피징용자에 대해 원호에 철저를 기할 것.
   한편 기타 이입노무자에 대해서도 신규 피징용자에 준하여 원호를 실시할 것.

자료 110

<table>
<tr><th colspan="3">군수충족회사령</th></tr>
<tr><td>구분</td><td colspan="2">칙령 제36호</td></tr>
<tr><td>법령명/건명</td><td colspan="2">군수충족회사령
軍需充足會社令</td></tr>
<tr><td>제정 · 개정 · 결정 · 폐지 연월일</td><td colspan="2">1945년 1월 26일</td></tr>
<tr><td>구성</td><td colspan="2">11개 조항, 부칙 1개 조항</td></tr>
<tr><td>선행 규범 · 법령</td><td colspan="2">군수회사법 제3조 내지 제21조</td></tr>
<tr><td>원문 일부</td><td>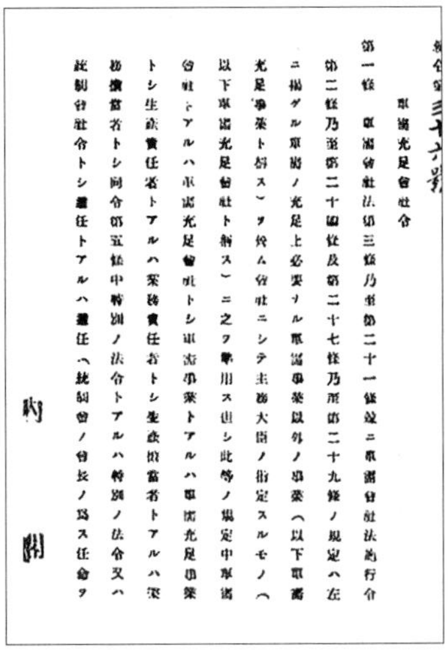
勅令第三十六號
軍需充足會社令
第一條 軍需會社法第三條乃至第二十一條竝ニ軍需會社法施行令第二條乃至第二十四條及第二十七條乃至第二十九條ノ規定ハ左ニ掲グル軍需ノ充足上必要ナル軍需事業以外ノ事業（以下軍需充足事業ト稱ス）ヲ營ム會社ニシテ主務大臣ノ指定スルモノ（以下軍需充足會社ト稱ス）ニ之ヲ準用ス但シ此等ノ規定中軍需會社トアルハ軍需充足會社トシ軍需事業トアルハ軍需充足事業トシ生產責任者トアルハ業務責任者トシ生產擔當者トアルハ業務擔當者トシ同令第五條中特別ノ法令トアルハ特別ノ法令又ハ統制會社令トシ選任トアルハ選任（統制會ノ會長ノ爲ス任命ヲ
內閣</td><td>
朕軍需充足會社令ヲ裁可シ茲ニ之ヲ公布セシム
御名 御璽
裕仁
天皇御璽
昭和二十年一月二十六日</td></tr>
<tr><td>주요 내용 및 특징</td><td colspan="2">○ 군수를 충족하기 위해 필요한 사업을 하는 회사를 관리, 통제하기 위한 법령으로 군수회사 이외의 회사를 대상으로 한다.
○ 군수물자를 공급하거나 유통하기 위한 각종 운송업, 창고업, 해체사업 등이 대상
○ 통신, 토목건축사업을 하는 회사도 군수충족회사에 해당</td></tr>
<tr><td>법령 적용 범위</td><td colspan="2">제국 전역</td></tr>
<tr><td>관련 법령 통합 · 폐지 사항</td><td colspan="2"></td></tr>
<tr><td>유사 · 파생 법령</td><td colspan="2"></td></tr>
</table>

칙령 제36호

1945년 1월 26일

군수충족회사령

제1조 군수회사법 제3조 내지 제21조 그리고 군수회사법시행령 제2조 내지 제24조 및 제27조 내지 제29조 규정은 아래에 열거하는 군수 충족상 필요한 군수사업 이외의 사업(이하 군수충족사업이라 칭한다)을 운영하는 회사로서 주무대신이 지정하는 곳(이하 군수충족회사라 칭한다)에 이를 준용한다. 단 이들 규정 중 군수회사라 함은 군수충족회사로 하고, 군수사업이라 함은 군수충족사업으로 한다. 생산책임자라 함은 업무책임자로 하고, 생산담당자라 함은 업무담당자로 한다. 동령 제5조 중 특별한 법령이라 함은 특별한 법령 또는 통제회사령으로 하고, 선임이라 함은 선임(통제회 회장이 하는 임명을 포함함)으로 한다. 군수회사법시행령 제27조 제1항 중 부내 칙임관이라 함은 부내 칙임관(제4조 규정에 따른 위임한 경우에는 도·청·부·현 및 해당 주무대신이 관할하는 관아 고등관을 포함)으로 한다. 동령 제28조 제1항 중 정부의 임명이라 함은 정부의 임명(통제회 회장이 하는 임명을 포함함)으로 한다.

1. 지방철도사업
2. 궤도사업
3. 자동차운송사업
4. 소운송업
5. 항만운송업
6. 창고영업
7. 전기통신설비사업
8. 토목건축사업
9. 금속류회수사업
10. 선박 규조, 인양 및 해체 사업

11. 군수회사법시행령 제1조에 열거하는 군수물자를 배급하는 사업

제2조 주무대신은 군수충족회사 운영에 관해 특별히 필요하다고 인정할 때는 명령이 정하는 바에 따라 아래에 열거하는 법률 및 그 시행에 관한 칙령 중 통제, 단속 등에 관한 규정 적용을 배제하거나 그 특례를 설정할 수 있다.

지방철도법

궤도법

철도운영법

자동차교통사업법

소운송업법

창고업법

석탄배급통제법

일본통운주식회사법

국제전기통신주식회사법

시가지건축물법

공유수면매립법

공장법

삼림법

제3조 주무대신은 군수충족회사 운용에 관해 특히 필요하다고 인정할 때는 명령이 정하는 바에 따라 아래에 열거하는 칙령 중 통제, 단속 등에 관한 규정의 적용을 배제하거나 그 특례를 설정할 수 있다.

육운통제령

해운통제령

항만운송업등통제령

배전통제령

선원급여통제령

임금통제령

중요사업장노무관리령

임시농지등관리령

회사경리통제령

기업허가령

통제회사령

가격등통제령

지대가임통제령

택지건물등가격통제령

임시농지가격통제령

도시계획법시행령

제4조 주무대신은 본령에서 정하는 직권의 일부를 지방장관(도쿄도는 경시총감을 포함) 또는 해당 주무대신이 관할하는 관아의 장에게 위임할 수 있다.

제5조 제1조에 있어서 준용하는 군수회사법 제10조 중 근로관리에 관한 사항에 대해 정부라 함과 제1조에 있어서 준용하는 군수회사법시행령 제9조 중 주무대신이라 함은 선원에 대해서는 운유통신대신으로 하고, 군수성 소관 기업을 목적으로 하는 군수충족회사(다른 목적의 기업을 겸영하는 경우에는 해당 부분에 한한다. 이하 마찬가지)에 대해서는 군수대신으로 한다. 기타에 대해서는 후생대신으로 한다.

제6조 제1조에 있어서 준용하는 군수회사법 제10조 중 경리에 관한 사항에 대해 정부라 함과 제1조에 있어서 준용하는 군수회사법시행령 제10조 중 주무대신이라 함은 해당 군수충족회사가 운영하는 군수충족사업이 군수대신 및 육군대신 또는 해군대신 관할에 속하는 것에 대해서는 군수대신으로 한다.

제7조 제1조에 있어서 준용하는 군수회사법 규정 중 정부라 함과 동조에 있어서 준용하는 군수회사법시행령 규정 및 본령 중 주무대신이라 함은 동조에 있어서 준용하는 동법 제10조 중 근로관리 및 자금조정에 관한 사항 그리고 제1조에 있어서 준용하는 군수회사법시행령 제9조의 경우를 제외하고, 특정 사업용에 제공하는 토목건축공사만을 시행하는 것을 목적으로 설립된 군수충족회사에 대해서는 해당 사업 소관대신으로 한다. 기타 토목건축사업을 운영하는 군수충족회사에 대해서는 군수대신으로 한다. 단 해당 군수충족회사가 육군대신 또는 해군대신 발주에 관련한 작전상 필요한 토목건축공사를 시행하는 경우에 있어서 해당 군수충족회사 소관대신 및 육

군대신 또는 해군대신이 정하는 사항에 관해서는 해당 소관대신 및 육군대신 또는 해군대신으로 한다.

제8조 제1조에 있어서 준용하는 군수회사법 규정 중 정부라 함과 동조에 있어서 준용하는 군수회사법시행령 규정 및 본령 중 주무대신이라 함은 전 3조의 경우 및 제1조에 있어서 준용하는 동법 제10조 중 자금조정에 관한 사항을 제외하고, 해당 군수충족사업의 소관대신(군수성 소관기업을 목적으로 하는 군수충족회사의 경리통제에 관련하는 증배에 관한 사항에 대해서는 대장성대신)으로 한다.

제9조 제2조 및 제3조 중 주무대신이라 함은 해당 군수충족회사가 운영하는 군수충족사업의 소관대신 및 법률 또는 칙령의 규정 작용을 배제하거나 특례를 설정해야 하는 사항의 소관대신으로 한다.

제10조 제1조 내지 전조 및 제11조, 군수회사법 제3조 내지 제18조, 제20조 및 제21조 그리고 군수회사법시행령 제2조 내지 제18조, 제20조 및 제27조 내지 제29조 규정은 군수충족사업을 운영하는 자로 회사 이외 주무대신이 지정하는 자에게 이를 준용한다. 이 경우 제1조 단서 규정을 준용한다.

전항의 경우에 법인이 아닌 사람에 있어서는 해당 사업주가 아니면 업무책임자가 될 수 없다.

법인이 아닌 사업주로 업무책임자인 자는 업무책임자의 직을 그만둠과 동시가 아니면 사업주 지위를 벗어날 수 없다.

제11조 제1조에서 준용하는 군수회사법 규정 중 정부라고 하고, 동조에서 준용하는 군수회사법시행령 규정 및 본령 중 주무대신이라 함은 동조에서 준용하는 동법 제10조 중 자금조정에 관한 사항을 제외하고 조선에 있어서는 조선총독, 대만에 있어서는 대만총독으로 한다. 다만 해당 군수충족회사가 육군대신 또는 해군대신 발주에 관련한 작전상 필요한 토목건축공사를 시행하는 경우에 육군대신 또는 해군대신 및 조선총독 또는 대만총독이 정하는 사항에 관해서는 육군대신 또는 해군대신 및 조선총독 또는 대만총독으로 한다.

부칙

본령은 공포일로부터 이를 시행한다.

자료 111

국민근로동원령	
구분	칙령 제94호
법령명/건명	국민근로동원령 國民勤勞動員令
제정·개정·결정·폐지 연월일	1945년 3월 5일 제정, 1945년 7월 25일 개정(칙령 제434호) 1945년 9월 1일 개정(칙령 제510호), 1945년 10월 11일 폐지(칙령 제566호)
구성	5장 67개 조항, 부칙 30개 조항
선행 규범·법령	국가총동원법 제4조 내지 제6조
원문 일부	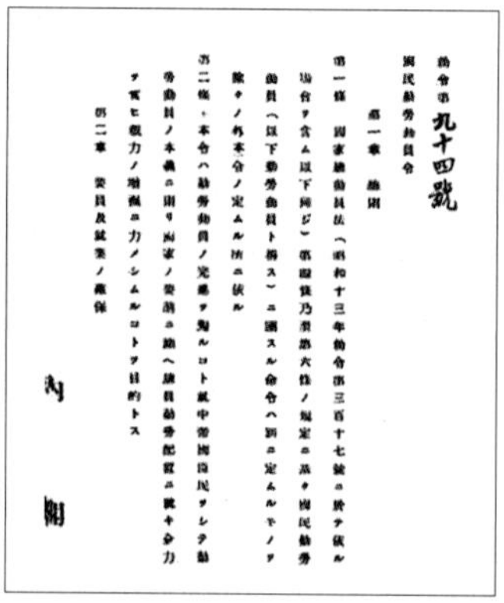 勅令第九十四號 國民勤勞動員令 第一章 總則 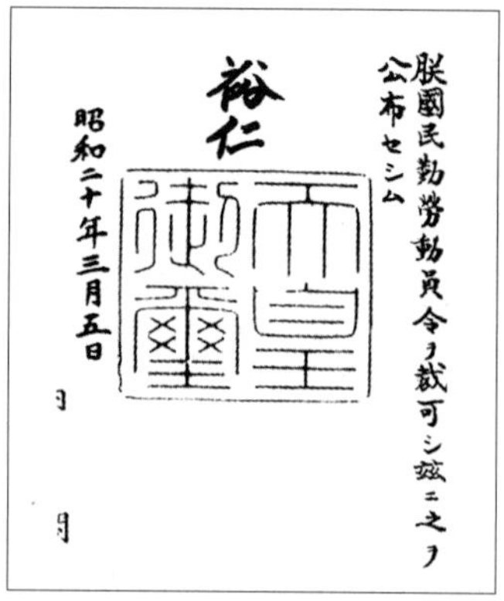 朕國民勤勞動員令ヲ裁可シ茲ニ之ヲ公布セシム 裕仁 御璽 昭和二十年三月五日
주요 내용 및 특징	○ 사업장 사업주가 종업자를 고용하고자 할 때는 후생대신 또는 지방장관에게 사용 인원수에 대해 신청 또는 청구할 수 있다. ○ 징용은 국가의 요청에 근거하여 제국신민으로 하여금 긴요한 총동원 업무에 종사시킬 필요가 있는 경우에 시행. 징용은 요신고자에 한해 이를 시행한다. 특별히 필요한 경우에는 명령이 정하는 바에 따라 요신고자 이외의 자를 징용할 수 있다. ○ 피징용자가 징용되거나 질병에 걸려 가족이 생계 곤란할 때는 명령이 정하는 바에 따라 부조할 수 있다. ○ 국가 요청에 따라 제국신민을 총동원 업무에 긴급하게 종사시킬 필요가 있는 경우 근로협력을 시행한다. ○ 종업자를 다른 사업장의 총동원 업무에 종사시킬 필요가 있는 경우 기동배치를 할 수 있다.
법령 적용 범위	제국 전역
관련 법령 통합·폐지 사항	학교졸업자사용제한령, 국민징용령, 노무조정령, 국민근로보국협력령, 여자정신근로령 폐지
유사·파생 법령	국민근로동원령시행규칙

칙령 제94호

1945년 3월 5일

국민근로동원령

제1장 총칙

제1조 국가총동원법(1938년 칙령 제317호에 의한 경우를 포함. 이하 마찬가지) 제4조 내지 제6조 규정에 근거한 국민근로동원(이하 근로동원이라 칭한다)에 관한 명령은 별도로 정하는 것을 제외하고, 본령이 정하는 바에 의한다.

제2조 본령은 근로동원의 완수를 기하고자 하는 바, 특히 제국신민으로 하여금 근로동원의 본의에 의거하여 국가 요청에 응해 총원 근로에 배치되어 전력을 다해 전력 증강에 힘쓸 것을 목적으로 한다.

제2장 요원 및 취업 확보

제3조 공장, 사업장 기타 장소(이하 사업장이라 칭한다)로서 후생대신 혹은 지방장관(도쿄도에 있어서는 경치총감 이하 마찬가지)이 지정하는 곳에서 사용될 종업자 또는 지방장관이 지정하는 범위의 종업자의 해고 및 퇴직은 명령이 정하는 바에 따라 지방장관이 인가하지 않으면 이를 시행할 수 없다.

전항 사업장의 지정은 업종 또는 지역에 따라 총괄하여 이를 시행할 수 있다.

전 1항의 종업자에 대해 고용기간 만료 기타 해고 및 퇴직 이외의 사유에 의해 고용관계가 종료할 경우에는 계속하여 고용관계를 존속시킬 것. 단 명령이 정하는 바에 따라 지방장관의 인가를 받은 경우에는 그렇지 아니하다.

제1항의 규정에 따라 지정받은 사업장의 사업주 또는 지정받은 범위의 종업자를 사용할 사업장 사업주는 그 취지를 관계 종업자에게 주지시켜야 한다.

제1항 및 제3항의 규정은 명령으로 정하는 경우와 국가, 도·도·부·현 및 시정촌

기타 이에 준하는 것에는 이를 적용하지 않는다.

제4조 전조 제1항의 종업자 이외의 종업자로 하여금 후생대신 혹은 지방장관이 지정하는 물자의 생산, 수리 혹은 배급, 운반, 통신 또는 토목건축에 관한 총동원 업무 기타 총동원 업무에 종사할 지방장관이 지정하는 것은 명령이 정하는 바에 따라 지방장관의 인가를 받지 않으면 지방장관이 정하는 업무에 종사하는 것을 그만둘 수 없다. 단 명령으로 정하는 경우에 있어서는 이에 구애받지 않는다.

전항 규정에 따른 지방장관의 종업자 지정 해제에 관해 필요한 사항은 명령으로 이를 정한다.

제1항 규정에 따라 지정된 종업자의 사용은 명령이 정하는 바에 따라 지방장관의 인가를 받지 않으면 이를 그만둘 수 없다. 전조 제3항 및 제5항 규정은 이 경우에 이를 준용한다.

제5조 후생대신(군수성 소관 기업의 근로관리에 관한 사항에 대해서는 군수대신) 또는 지방장관은 적의 습격 기타 긴급사태 발생의 경우 종업자의 취업 확보를 위해 특별히 필요하다고 인정할 때는 다른 법령 규정에 불구하고, 사업장의 사업주 또는 종업자에 대해 종업 시간 연장 혹은 단축, 휴일, 지각, 조퇴, 결근 혹은 휴가 제한 또는 종업자가 종사할 업무, 기타 종업자의 사용 혹은 종업에 관한 사항에 대해 필요한 명령을 내릴 수 있다.

제3장 근로동원

제1절 근로동원준비

제6조 종업자 퇴직 기타 사유에 의해 고용관계가 종료할 때는 명령이 정하는 바에 따라 국가총동원법 제31조 규정에 의거 그 거주 장소, 기타 근로동원준비에 필요한 사항을 지방장관에게 보고해야 한다.

전항 규정은 아래 각호 하나에 해당하는 자에게는 이를 준용하지 않는다.

1. 의료관계자직업능력신고령에 따라 신고해야 하는 자
2. 수의사등직업능력신고령에 따라 신고해야 하는 자
3. 선원법의 선원, 조선선원령의 선원 및 관동주선원령의 선원

4. 기타 후생대신이 지정하는 자

제7조 후생대신 또는 지방장관은 필요하다고 인정할 때는 명령이 정하는 바에 따라 업종 또는 직종을 지정하여, 그 지정하는 종업자의 고용, 사용, 취직 및 종업을 금지 또는 제한할 수 있다.

사업장의 사업주는 명령이 정하는 바에 따라 국가총동원법 제31조 규정에 근거하여, 전항 규정에 따라 사용의 금지 또는 제한에 대해 지정이 있을 때 사용 중의 해당 종업자에 대해 그 씨명, 거주 장소, 기타 근로동원준비에 필요한 사항을 지방장관에게 보고해야 한다.

전항의 해당 종업자를 사용 중인 관아(육해군 부대 및 학교를 포함. 이하 마찬가지)의 장은 동항 사항을 지방장관에게 통보해야 한다.

제8조 지방장관은 국민동원실시계획에 근거하여 종업자로 하여금 취직 또는 종업시킴에 있어서 필요하다고 인정할 때는 국민직업능력신고령에 따른 요신고자(이하 요신고자라 칭한다)에 대해 취업 또는 종업해야 할 업무 등에 관한 희망 또는 종업 조건, 기타 취업 또는 종업에 관하여 필요한 사항을 신고하도록 명령할 수 있다.

제9조 지방장관은 국민총동원실시계획에 근거하여 종업자로 하여금 취업 또는 조업시킴에 있어서 필요하다고 인정할 때는 명령이 정하는 바에 따라 근로 상시요원으로 취업 또는 종업시킬 자(이하 근로동원예정자라고 칭한다)에 대해 출두 또는 보고할 것을 명령할 수 있다.

지방장관은 전항의 경우에 있어서 필요하다고 인정할 때는 근로동원예정자의 관계 사업자 사업주(국가의 경우는 해당 관아의 장으로 한다) 또는 그 소속 단체의 장에 대해 출두, 설명, 의견 개진(국가의 경우는 해당 관아 관계직원에 의한 출두, 설명 또는 의견 개진으로 한다) 또는 보고할 것을 요구할 수 있다.

지방장관은 제1항 규정에 의한 명령에 따라 출두하는 근로동원예정자에 대해 여비를 지급하는 것으로 한다.

제28조 제2항의 자 혹은 단체 또는 관아 이외의 사업장에 배치되기 위해 출두하는 자에 대해 전항 규정에 따라 지급하는 여비액은 해당 제28조 제2항의 자 혹은 단체장 또는 해당 사업장 사업주가 국고에 이를 납입해야 한다.

제1항 규정에 따라 근로동원예정자가 출두할 경우에 있어서 전대금을 지불하지 않으면 출두할 수 없는 자의 여비는 그자의 거주지 시정촌(도쿄도의 구에 속하는 구역에 있어서는 도쿄도) 또는 이에 준하는 곳에서 일시적으로 변통하여 지변해야 한다.

근로동원예정자가 제1항 규정에 따라 출두할 경우의 여비 및 기타 일시 변통지변에 관해 필요한 사항은 후생대신이 이를 정한다.

제10조 지방장관은 필요하다고 인정할 때는 전조 제1항 규정에 따라 출두하는 근로동원 예정자에 대해 신체 상태, 거주 및 취업 장소, 직업, 기능 정도, 기타 근로동원에 관해 필요한 사항을 검사 또는 조사하여 복무 적합을 판정하는 것으로 한다.

지방장관은 근로동원실시에 필요하다고 인정할 때는 전항 규정에 따라 국민동원실시계획에 의거한 근로상시요원으로 복무에 적합하다고 판정된 자에 대해 동항 사항 중 거주 장소, 기타 필요한 사항의 변경에 대해 신고해야 함을 명령할 수 있다.

제11조 전조 제1항(제52조에 있어서 준용할 경우를 포함) 규정에 따른 검사 또는 조사 및 복무의 적부 판정에 관한 사무에 종사시키기 위해 청 · 부 · 현에 국민근로동원관을 둔다.

국민근로동원관은 청 · 부 · 현 고등관 중 지방장관이 이를 명령한다.

지방장관은 필요하다고 인정할 때는 학식 경험이 있는 자에 대해 국민근로동원관의 시행하는 사무 일부를 위탁할 수 있다.

제12조 지방장관은 필요한 경우에는 근로동원 될 자에 대해 군대조직에 따른 근로동원에 관해 미리 필요한 조치를 해야 하는 것으로 한다.

제13조 후생대신 또는 지방장관은 근로동원의 목적 달성상 필요하다고 인정할 때는 근로동원되는 자로 하여금 사업장에 취업 또는 종업해야 하는 것에 대해 그 취업 또는 종업 전에 근로적성검사 또는 근로훈련을 받도록 명령할 수 있다.

전항 규정에 따른 근로적성검사 또는 근로훈련을 받을 여유도 없이 취업 또는 종업하는 자에 대해 후생대신 또는 지방장관은 근로동원의 목적 달성에 필요하다고 인정할 때는 사업장 취업 또는 종업 후 해당 사업장 사업주 또는 해당 종업자에 대해 근로적성검사 또는 근로훈련에 관해 필요한 명령을 내릴 수 있다.

제14조 제8조 내지 제10조 및 전 2조 규정은 학도근로령의 적용을 받아야 하는 자에게는 이를 전용하지 않는다.

제15조 명령이 정하는 바에 따라 사업장 사업주(국가의 경우는 해당관아 장으로 한다)가 종업자(기동 배치에 따라 사용하고자 하는 자를 제외)를 고용 또는 사용하고자 할 때는 후생대신 또는 지방장관에게 그 고용 또는 사용 인원수에 대해 해당 신청 또는 청구를 할 수 있다.

제16조 후생대신 또는 지방장관이 지정하는 사업장 사업주(국가의 경우 해당관아 장으로 한다)는 명령이 정하는 바에 따라 관원 보충의 기준이 되는 종업자 인원수에 관한 사항을 정해 후생대신 또는 지방장관은 필요하다고 인정할 때는 사업주에 대해 전항 사항의 변경을 명령 또는 동항의 신청이 없을 경우라 하더라도 동항 사항을 정해 사업주에 대해 이를 지시할 수 있다.

제17조 제15조 혹은 전조 제1항 신청 혹은 청구 또는 제2항의 변경명령 혹은 지시는 명령이 정하는 바에 따라 협력관계에 있는 사업장에 대해 포괄하여 이를 시행할 수 있다.

제2절 고용 및 취업

제18조 종업자의 고용 및 취직은 아래 각호 하나에 해당하는 경우를 제외하고, 이를 시행할 수 없다.

1. 사업장 사업주가 제15조의 신청에 의거하여 할당받아 고용하는 인원수 범위 내에서 명령이 정하는 바에 따라 시행하는 고용 및 취업의 경우.
2. 사업장 사업주가 제16조 제1항의 인가를 받거나 또는 제2항의 규정에 따라 변경 혹은 지시가 있었던 인원수의 범위 내에서 명령이 정하는 바에 따라 시행하는 고용 및 취업의 경우.
3. 명령이 정하는 바에 따라 특정한 자의 고용 및 취업에 대해 지방장관의 인가를 받은 경우.

전항의 규정은 명령으로 정하는 경우와 국가 및 도·도·부·현의 고용 및 취업에는 이를 적용하지 않는다.

제19조 지방장관은 필요하다고 인정할 때는 근로능력이 있다고 인정하는 자에 대해 그 종사해야 할 업무, 장소 등을 지정하여 취업시킬 것을 권장할 수 있다.

아래 각호의 하나에 해당하는 자에게는 취업을 권장하지 않는다.

1. 육해군 군인으로 현역 중인 자(아직 입영하지 않은 자를 제외) 및 소집 중인 자(소집 중의 신분으로 취급되는 자를 포함)
2. 육해군 학생생도(해군예비연습생 및 해군예비보습생을 포함)
3. 조선총독부군무예비훈련소 및 대만총독부청년특별연성소에 입소 중인 자
4. 육해군 군속
5. 의료관계자직업능력신고령에 따라 신고해야 하는 자
6. 수의사등직업능력신고령에 따라 신소해야 하는 자
7. 선원법의 선원, 소선선원령의 선원 및 관동주선원령의 선원
8. 관리, 대우관리 또는 공리
9. 제국의회, 도쿄도의회, 도 · 부 · 현회, 시정촌 의회, 기타 이에 준하는 것의 의원
10. 총동원 업무에 종사하는 자로 다른 사람으로 하여금 대신할 수 없는 자
11. 법령에 따라 구금 중인 자
12. 기타 후생대신이 지정하는 자

제20조 지방장관은 아래 각호 하나에 해당하는 자로 특별한 사정이 없는데 취업장려에 응하지 않는 자 또는 근로협력을 하지 않는 자에 대해 명령이 정하는 바에 따라 그 지정하는 사업장에 취업할 것을 명령할 수 있다.

1. 사업의 전부 혹은 일부를 폐지 혹은 휴지하는 사업장 또는 이에 준하는 명령으로 지정된 사업장의 종업자
2. 지방장관이 지정하는 연령, 학력, 직력 등에 해당하는 자
3. 제10조 제1항의 규정에 따라 해당 사업장의 업무에 복무하기에 적합하다고 판정된 자

전항 규정에 따른 사업장의 지정은 업적, 지역 등에 따라 포괄하여 이를 시행할 수 있다.

제21조 전조 제1항 규정에 따라 지정된 사업장의 사업주는 명령이 정하는 바에 따라 동항 규정에 따라 명령받은 자로부터 취업 신고가 있을 경우 이를 고용해야 한다.

제3절 징용

제22조 징용은 국가의 요청에 근거하여 제국신민으로 하여금 긴요한 총동원 업무에 종사시킬 필요가 있는 경우에 이를 시행하는 것으로 한다.

제23조 징용은 요신고자에 한해 이를 시행한다. 단 징용 중 요신고자가 아니게 된 자를 계속하여 징용할 필요가 있는 경우, 또는 지원이 있는 자를 징용할 필요가 있는 경우에는 이에 구애받지 않는다.

특별히 필요한 경우에 있어서는 전항 규정에도 불구하고 명령이 정하는 바에 따라 요신고자 이외의 자를 징용할 수 있다.

제24조 징용 그리고 징용의 변경 및 해제는 후생대신이 이를 직접 시행하는 경우를 제외하고, 후생대신의 명령에 따라 지방장관이 이를 실시한다. 단 명령으로 정하는 경우에 있어서는 후생대신의 명령을 기다리지 않고, 지방장관이 이를 실시할 수 있다.

제25조 지방장관은 징용될 자를 결정할 때는 징용령서를 교부하여 징용에 관해 필요한 사항을 지시해야 한다.

전항 징용령서를 교부받은 자는 동항 지시에 따라야 한다.

제26조 지방장관은 필요하다고 인정할 때는 전조 제1항의 규정에 따라 동항의 징용령서를 교부받을 자에 대해 군대조직에 따라 출동할 것을 지시할 수 있다.

제27조 징용의 취소, 변경 및 해제에 관해 필요한 사항은 명령으로 이를 정한다.

제28조 피징용자의 표창, 징계, 복제, 기타 복무에 관해 필요한 사항은 명령으로 이를 정한다.

피징용자가 총동원 업무에 종사할 경우에 있어서는 전항 규정에 근거하여 내리는 명령에 따르는 것 외 관아에서 사용되는 자에 있어서는 해당 관아의 장의 지시에 따르고, 후생대신이 지정하는 자 또는 단체에서 사용되는 자에 있어서는 해당하는 자 또는 단체의 장 지시에 따르며, 기타 사업장에서 사용되는 자에 있어서는 해당 사업장 사업주의 지시에 따라야 한다.

제29조 피징용자에 대한 급여는 그자의 기능 정도, 종사하는 업무 및 장소 등에 응하고 또한 종전 급여, 기타 이에 준하는 수입을 참작하여 피징용자를 사용하는 관아의 장, 전조 제2항의 자 혹은 단체의 장 또는 사업장 사업주가 이를 지급하는 것으로 한다.

피징용자에 대한 급여에 관해 필요한 사항은 관아에서 사용되는 자에 관해서는 해당 관아의 소관대신이 후생대신과 협의하여 이를 정하고, 그 외 자에 관해서는 해당 전조 제2항의 자 혹은 단체의 장 또는 해당 사업장 사업주가 후생대신의 인가를 받아 이를 정한다.

제30조 징용령서를 교부받은 자가 출두할 경우, 피징용자의 징용이 해제되어 귀향할 경우, 또는 피징용자 혹은 그 가족이 위독 혹은 사망하여 관아의 장, 제28조 제2항의 자 혹은 단체의 장 혹은 사업장 사업주의 통지에 따라 피징용자의 가족이 출두하거나 혹은 관아의 장, 제28조 제2항의 자 혹은 단체의 장 혹은 사업장 사업주의 허가를 받아 피징용자가 일시 귀향할 경우의 여비는 명령이 정하는 바에 따라 해당 관아의 장, 해당 제28조 제2항의 자 혹은 단체의 장 또는 해당 사업장 사업주가 이를 지급하는 것으로 한다.

제9조 제5항의 규정은 징용령서를 교부받은 자가 출두할 경우에 이를 준용한다.

제1항의 규정에 따른 여비 및 그 일시 변통지변에 관해 필요한 사항은 관아에 사용될 자에 관해서는 해당 관아의 소관대신이 후생대신과 협의하여 이를 정하고, 그 외 자에 관해서는 후생대신이 이를 정한다.

제31조 피징용자가 징용됨으로 인해 그 가족과 세대를 달리하게 될 경우, 기타 별도 사정이 있는 경우, 또는 피징용자가 고의로 혹은 중대한 과실에 의하지 않고 업무상 상이를 입거나 혹은 질병에 걸려 이 때문에 징용이 해제되는 경우에 본인 또는 가족이 생활하기 곤란할 때는 명령이 정하는 바에 따라 이에 대해 부조할 수 있다.

피징용자가 징용되어 총동원 업무에 종사 중 고의 또는 중대한 과실에 의하지 않고 업무상 상이를 입거나 또는 질병에 걸려 이 때문에 사망한 경우 유족이 생활하기 곤란한 때는 명령이 정하는 바에 따라 이에 대해 부조할 수 있다.

전 2항의 가족 또는 유족의 범위 및 부조에 관해 필요한 사항은 명령으로 이를 정한다.

제32조 전조 규정에 따른 부조가 피징용자로서 제28조 제2항의 자 혹은 단체 또는 관아 이외의 사업장에 사용되어 혹은 사용된 자 또는 그 가족 혹은 유족에 대해 시행될 때는 명령이 정하는 바에 따라 해당 제28조 제2항의 자 혹은 단체의 장 또는 해당

사업장 사업주로 하여금 부조에 필요한 비용을 국고에 납입하도록 할 수 있다.

제33조 아래 각호 하나에 해당하는 자는 이를 징용하지 않는다.

1. 육해군 군인으로 현역 중인 자(아직 입영하지 않은 자를 제외) 및 소집 중인 자(소집 중의 신분으로 취급되는 자를 포함)
2. 육해군 학생생도(해군예비연습생 및 해군예비보습생을 포함)
3. 조선총독부군무예비훈련소 및 대만총독부청년특별연성소에 입소 중인 자
4. 육해군 군속
5. 의료관계자직업능력신고령에 따라 신고해야 하는 자
6. 수의사등직업능력신고령에 따라 신고해야 하는 자
7. 선원법의 선원, 조선선원령의 선원 및 관동주선원령의 선원
8. 법령에 따라 구금 중인 자

제34조 아래 각호 하나에 해당하는 자는 특별히 필요한 경우를 제외하고 이를 징용하지 않는다.

1. 다른 사람으로 대신해서는 안 되는 직에 있는 관리, 대우관리 또는 공리
2. 제국의회, 도쿄도의회, 도 · 부 · 현회, 시정촌회, 기타 이에 준하는 곳의 의원
3. 총동원 업무에 종사하는 자로 다른 사람을 대신해서는 안 되는 자
4. 기타 후생대신이 지정하는 자

제4절 근로협력

제35조 근로협력은 국가의 요청에 근거하여 제국신민으로 하여금 명령으로 정하는 총동원 업무에 긴급하게 종사시킬 필요가 있을 경우에 이를 시행하는 것으로 한다.

제36조 지방장관은 필요하다고 인정할 때는 명령이 정하는 바에 따라 시정촌장(시정촌에 준하는 것을 포함하고 도쿄도의 구가 존재하는 구역 그리고 교토시, 오사카시, 나고야시, 요코하마시 및 고베시에 있어서는 구장으로 한다), 기타 단체장 또는 학교장(국가에 있어서는 해당 관아의 장)에게 근로협력에 관해 필요한 사항을 지시하여 근로협력을 받아야 하는 자의 선정, 본인에게 그 선정이 있었다는 취지의 통지, 기타 근로협력을 시키기 위해 필요한 조치를 명령하거나 또는 청구하는 것으로 한다.

전항 조치는 적습, 기타 긴급사태 발생의 경우에 필요하다고 인정할 때는 동항 규정에도 불구하고 지방장관이 스스로 이를 할 수 있다.

제37조 전조 규정에 따라 통지받은 자는 명령이 정하는 바에 따라 근로협력을 해야 한다.

제38조 근로협력의 취소, 변경 및 해제에 관해 필요한 사항은 명령으로 이를 정한다.

제39조 근로협력에 필요한 경비는 명령이 정하는 바에 따라 특별한 사정이 있는 경우를 제외하고 근로협력을 받는 자가 이를 부담하는 것으로 한다.

제26조, 제28조 및 제30조 내지 제32조 규정은 근로협력을 하게 되거나 또는 했던 자 그리고 그 가족 및 유적에 관해 이를 준용한다.

제40조 아래 각호 하나에 해당하는 자는 근로협력을 시키지 않는 것으로 한다.

1. 육해군 군인으로 현역 중인 자(아직 입영하지 자를 제외) 및 소집 중인 자(소집 중의 신분으로 취급받는 자를 포함)
2. 육해군 학생생도(해군예비연습생 및 해군예비보습생을 포함)
3. 조선총독부군무예비훈련소 및 대만총독부청년특별연성소에 입소 중인 자
4. 육해군 군속
5. 현재 징용 중인 자
6. 육군대신 혹은 해군대신 소관에 속하는 관아 또는 후생대신이 지정하는 사업장에서 군사상 필요한 총동원 업무에 종사하는 자
7. 법령에 따라 구금 중인 자
8. 기타 후생대신이 지정하는 자

제41조 아래 각호 하나에 해당하는 자는 지원에 의한 경우를 제외하고 근로협력을 시키지 않는 자로 한다.

1. 현재 후생대신이 지정하는 총동원 업무에 종사하는 자
2. 여자에 있어서는 가정생활의 근간인 자
3. 기타 후생대신이 지정하는 자

제42조 본 절에서 규정하는 것 외 근로상시요원으로서의 여자의 대 조직(여자정신대라 함) 또는 근로상시요원으로서의 여자 외인 자의 대 조직(국민근로보국대라 함)에 의한 근로협력에 관해 필요한 사항은 명령으로 이를 정한다.

제4장 기동 배치

제43조 기동 배치는 생산계획의 변이, 긴급업무의 완수, 기타 명령으로 정하는 경우에 있어서 국가 요청에 근거하여 근로상시요원인 종업자를 기동적으로 다른 사업장에서 하는 총동원 업무에 종사시킬 필요가 있을 경우에 이를 시행하는 것으로 한다.

제44조 후생대신 또는 지방장관은 명령이 정하는 바에 따라 종업자를 사용하는 자 또는 단체(국가에 있어서는 해당 관아의 장으로 한다)로서 후생대신 또는 지방장관이 지정하는 것에 대해 상당 인원의 기동 배치 요원의 보유, 기타 기동 배치 준비에 관해 필요한 조치를 명령 또는 청구할 수 있다.

제45조 후생대신 또는 지방장관은 필요하다고 인정할 때는 명령이 정하는 바에 따라 전조의 자 또는 단체, 기타 기동 배치될 종업자를 사용하는 사업장의 사업주(국가에 있어서는 해당 관아의 장으로 한다)에게 기동 배치 받는 자, 기동 배치되는 종업자가 종사할 업무 종류, 사업장 및 기간 그리고 소요 인원수, 기타 필요한 사항을 지정하여 기동 배치에 관해 필요한 조치를 명령 또는 청구할 수 있다.

제46조 전조 조치를 명령받거나 또는 청구된 자, 단체 또는 사업장 사업주(국가에 있어서는 해당 관아의 장으로 한다)는 명령이 정하는 바에 따라 기동 배치될 종업자를 선정하여 그 선정이 있었음을 본인에게 통지함과 함께 기동 배치에 관해 필요한 사항을 지시해야 한다.

제47조 후생대신 또는 지방장관은 전조 규정에 근거하여 선정된 종업자가 기동 배치에 적합하지 않다고 인정할 때는 이를 선정한 자, 단체 또는 사업장의 사업주(국가에 있어서는 해당 관아의 장으로 한다)에게 그 선정을 취소할 것을 명령하거나 또는 청구할 수 있다.

제48조 제46조의 조치는 적습, 기타 긴급사태 발생의 경우에 필요할 때는 제45조 규정에도 불구하고, 지방장관이 스스로 이를 할 수 있다.

후생대신은 필요하다고 인정할 때는 제44조의 자 또는 단체, 기타 기동 배치될 종업자를 사용하는 사업장의 사업주(국가에 있어서는 해당 관아의 장으로 한다)에게 제45조의 명령 또는 청구를 기다리지 않고, 즉시 제46조를 조치하는 것에 관해 필요한 명령을 내릴 수 있다.

제49조 제46조 또는 전조 규정에 의한 지시를 받은 종업자는 기동 배치된 사업장에 있어서는 그 지시를 따름과 동시에 배치된 사업장의 사업주(국가에 있어서는 해당 관아의 장으로 한다) 지시에 따라 종사해야 한다.

제50조 기동 배치에 필요한 경비는 명령이 정하는 바에 따라 특별한 사정이 있는 경우를 제외하고, 기동 배치를 받은 사업장의 사업주가 이를 부담하는 것으로 한다.

제51조 기동 배치의 취소, 변경 또는 해제에 관해 필요한 사항은 명령으로 이를 정한다.

제52조 제9조, 제10조, 제12조, 제13조 및 26조 규정은 기동 배치되는 종업자 또는 관계사업장의 사업주(국가에 있어서는 해당 관아의 장으로 한다) 혹은 기타 소속단체 장에 관해 이를 준용한다.

제53조 기동 배치될 종업자에 대해 그 배치전환을 위해 징용 또는 근로협력을 변경할 필요가 있을 경우에는 명령이 정하는 바에 따라 징용 또는 근로협력의 변경이 있던 자로 한다.

제54조 후생대신(군수성 소관 기업의 노무관리에 관한 사항에 대해서는 군수대신) 또는 지방장관이 필요하다고 인정할 때는 사업장의 사업주에게 그 종업자에 대해 해당 사업장 내에 있어서 직종 또는 직장을 전환해야 함을 명령할 수 있다.

제55조 지방장관은 필요하다고 인정할 때는 사업장의 사업주에게 종업자로 하여금 일시 귀향하여 주요 식량 생산 업무에 종사시키기 위해 해당 사업장에서의 업무를 임시 휴지, 기타 필요한 조치를 명령할 수 있다.

제56조 아래 각호 하나에 해당하는 자는 본 장 종업자에는 이를 포함하지 않는 것으로 한다.

1. 의료관계자직업능력신고령에 따라 신고해야 하는 자
2. 수의사등직업능력신고령에 따라 신고해야 하는 자
3. 선원법의 선원, 조선선원령의 선원 및 관동주선원령의 선원
4. 관리, 대우관리 또는 공리
5. 제국의회, 도쿄도의회, 도·부·현회, 시정촌회, 기타 이에 준하는 곳의 의원
6. 기타 후생대신이 지정하는 자

제5장 잡칙

제57조 후생대신 또는 지방장관은 노무 공급업자에 의한 종업자 사용 또는 종업 제한에 관해 필요한 명령을 내릴 수 있다.

제58조 후생대신 또는 지방장관은 본령 또는 본령에 근거하여 내리는 명령에 따른 인가 또는 할당 신청에 대해 부정 혹은 허위 사실이 있다고 인정할 때 또는 특히 필요하다고 인정할 때는 허가 또는 할당을 취소 또는 변경할 수 있다.

제59조 후생대신(군수성 소관 기업에 있어서 근로관리 및 급여에 관한 사항에 대해서는 군수대신) 또는 지방장관은 종업자의 고용, 사용, 해고 또는 임금, 급여, 기타 종업조건에 대해 사업장의 사업주에게 감독상 필요한 명령을 내릴 수 있다.

제60조 후생대신(군수성 소관 기업에 있어서 근로 관리 및 급여에 관한 사항에 대해서는 군수대신) 또는 지방장관은 필요하다고 인정할 때는 사업장의 사업주, 제28조 제2항의 자 혹은 단체 또는 제44조의 자 혹은 단체에 대해 제5조 규정에 따른 명령을 받은 종업자 혹은 동조 규정에 따른 명령을 받은 사업주에 사용되는 종업자, 피징용자, 취업명령에 근거하여 취직한 자, 근로협력 중인 자 또는 기동 배치된 종업자의 사용 또는 임금, 급료, 방호시설, 기타 종업조건에 대해 필요한 명령을 내릴 수 있다.

피징용자, 취업명령에 근거하여 취업한 자, 근로협력 중인 자 또는 기동 배치된 종업자가 업무상 부상을 입고, 질병에 걸리거나 또는 사망한 경우에 사업장의 사업주가 시행하는 본인 또는 그 유족에 대한 부조에 관해 필요한 사항은 명령으로 이를 정한다.

제61조 후생대신(군수성 소관 기업에 있어서 근로관리 및 급여에 관한 사항에 대해서는 군수대신), 지방장관 또는 국민근로동원서장은 본령 시행에 관해 필요하다고 인정할 때는 국가총동원법 제31조 규정에 의거하여 관계자로부터 보고를 요구할 수 있다.

제62조 제7조 제1항 및 제2항, 제13조 제2항(제52조에서 준용하는 경우를 포함), 제16조 제2항, 제21조, 제54조, 제55조, 제57조, 전 3조 및 제63조 규정은 국가 및 도·도·부·현에는 이를 적용하지 않는다.

제5조 규정은 국가 및 도·도·부·현 사업에는 이를 적용하지 않는다.

지방장관은 국가 또는 도·도·부·현에서 시행하는 종업자 고용, 사용 혹은 해고 또는 종업자의 임금, 급여, 기타 종업조건에 관해 종업자를 사용하는 관아 또는 도·도·부·현으로부터 통보를 요구할 수 있다.

第63조 후생대신(군수성 소관 기업에 있어서 근로관리 및 급여에 관한 사항에 대해서는 군수대신), 지방장관 또는 국민근로동원서장은 본령 시행에 관해 필요하다고 인정할 때는 국가총동원법 제31조 규정에 의거 해당 관리로 하여금 관계 사업장을 임검하여 업무 상황 또는 장부 서류, 기타 물건을 검사시킬 수 있다. 이 경우에는 해당 관리로 하여금 그 신분을 나타내는 증표를 휴대시켜야 한다.

第64조 지방장관은 국민근로동원서장으로 하여금 본령 시행에 관한 그 사무 일부를 분장시키거나 또는 시정촌장(도쿄도의 구가 존재하는 구역, 교토시, 오사카시, 나고야시, 요코하마시 및 고베시에 있어서는 구장) 혹은 이에 준하는 자로 하여금 본령 시행에 관한 그 사무 일부를 보조시킬 수 있다.

시정촌장(도쿄도의 구가 존재하는 구역, 교토시, 오사카시, 나고야시, 요코하마시 및 고베시에 있어서는 구장) 또는 이에 준하는 자가 전항 규정에 따라 본령의 시행에 관한 사무를 집행하기 위한 비용은 시정촌(도쿄도의 구가 존재하는 구역에 있어서는 도쿄도) 또는 이에 준하는 곳에서 일시 전용 지변해야 한다.

전항 비용 및 그 일시 전용 지변에 관해 필요한 사항은 후생대신이 이를 정한다.

第65조 후생대신은 필요하다고 인정할 때는 지방행정협의회가 부설된 도·청·부·현 장관에게 본령에 따른 그 직권 일부를 행사하게 할 수 있다.

지방장관은 필요하다고 인정할 때는 명령이 정하는 바에 따라 국민근로동원서장 또는 시정촌장(도쿄도의 구가 존재하는 구역, 교토시, 오사카시, 나고야시, 요코하마시 및 고베시에 있어서는 구장) 혹은 이에 준하는 자로 하여금 본령에 따른 그 직권 일부를 행사하게 할 수 있다.

第66조 후생대신(전조 제1항 규정에 따라 후생대신의 직권을 행사하는 장관을 포함) 또는 지방장관은 본령 시행에 관한 중요사항에 대해 국민근로동원위원회의 의결을 거치는 것으로 한다.

국민근로동원위원회에 관해 필요한 사항은 별도로 이를 정한다.

제67조 전조 규정은 조선, 대만 및 남양군도에는 이를 적용하지 않는다.

본령 중 후생대신이라 하고 또는 군수대신이라 함은 조선에 있어서는 조선총독, 대만에 있어서는 대만총독, 남양군도에 있어서는 남양청장관으로 한다. 해당 관아의 소관대신이라 함은 해당 관아의 소관대신이 육군대신 또는 해군대신인 경우를 제외하고 조선에 있어서는 조선총독, 대만에 있어서는 대만총독, 남양군도에 있어서는 남양청장관으로 한다. 지방장관이라 함은 조선에 있어서는 도지사, 대만에 있어서는 주지사 또는 청장, 남양군도에 있어서는 남양청지청장으로 한다. 청부현이라 함은 조선에 있어서는 도 또는 부 · 군 · 도, 대만에 있어서는 주 혹은 청 또는 군 혹은 시, 남양군도에 있어서는 남양청으로 한다.

제36조 제1항, 제64조 제1항 및 제2항 그리고 제65조 제2항 중 시정촌장이라 함은 경성부에 있어서는 구장으로 한다.

제68조 내지, 조선, 대만 혹은 남양군도의 2 이상의 지역에 관한 징용, 근로협력 혹은 기동배치 또는 내지, 조선, 대만 혹은 남양군도의 2 이상의 지역에 관해 징용되거나 혹은 근로협력을 한 자의 기동 배치에 관해 필요한 사항은 관계 지역에 맞춰 후생대신, 조선총독, 대만총독 또는 남양청장관이 협의하여 이를 정한다.

부칙

본령은 1945년 3월 10일부터 이를 시행한다. 단 조선, 대만 및 남양군도에 있어서는 동년 4월 1일부터 이를 시행한다.

본령 중 국민근로수첩법시행령 개정에 관한 부분은 남양군도노무수첩령 적용에 대해서는 1945년 3월 30일까지 시행되지 않은 것으로 간주한다.

학교졸업자사용제한령, 국민징용령, 노무조정령, 국민근로보국협력령 및 여자정신근로령은 이를 폐지한다. 단 본령 시행 전에 행해진 행위에 관한 벌칙 적용, 본령 시행 전에 국민징용령 제19조 제1항 규정에 따라 지급된 여비액 또는 동령 제19조 3의 규정에 따라 행해진 부조에 필요한 비용의 국고납입에 관한 규정 적용에 대해서는 본령 시행 후라 하도라도 그 효력을 갖는다.

학교졸업자사용제한령, 국민징용령 및 노무조정령은 관동주학교졸업자사용제한령, 관동주국민징용령 및 관동주노무조정령에 의한 범위 내에 있어서는 전항 본문 규정에 불구하고 그 효력을 갖는 것으로 한다.

본령 시행 시 현재 실시 중인 국민징용령에 따른 징용 또는 국민근로보국협력령 혹은 여자정신근로령에 따른 협력은 이를 본령에 따른 징용 또는 근로협력으로 간주한다. 이 경우의 징용 또는 근로협력 기간은 종전대로 한다.

본령 시행 전 국민징용령 제3조 제2항, 제5조, 제16조의 4, 제16조의 5 제2항, 제19조의 2 혹은 제19조의 3 규정에 의거하여 내려지거나 혹은 시행한 명령, 동령 제18조 제2항, 제19조 제6항 혹은 제23조 제3항 규정에 의거하여 시행한 규정, 노무조정령 제2조 제1항 혹은 제8조의 2 규정에 의거하여 시행한 지정, 국민근로보국협력령 제6조 규정에 의거하여 시행한 명령, 동령 제10조 제6호 혹은 제11조 제2호 규정에 의거하여 시행한 지정, 여자정신근로령 제6조 혹은 제13조 규정에 의거하여 시행한 명령 또는 동령 제14조 제2호 혹은 제15조 제3호 규정에 의거하여 시행한 지정은 이를 본령 중 상당 규정에 의거하여 내리거나 혹은 시행한 명령, 규정 또는 지정으로 간주한다.

전항에 규정하는 것 외 본령 시행 시 현재 진행 중인 국민징용령에 따른 징용 또는 국민근로보국협력령 혹은 여자정신근로령에 따른 협력에 관한 수속은 후생대신이 별도로 정하는 규정의 경우를 제외하고 본령 또는 본령에 의거하여 내리는 명령 중 상당 규정에 의거하여 시행된 수속으로 간주한다.

본령 시행 전 학교졸업자사용제한령 제2조 또는 노무조정령 제7조 제2호 혹은 제19조 제2항 제3호 규정에 따라 시행한 인가는 제15조 신청에 의거하여 시행한 할당으로 간주한다.

본령 시행 전 노무조정령 제4조, 제7조 제3호 또는 제19조 제2항 제4호 규정에 따라 시행한 인가는 제18조 제1항 제3호 규정에 따라 시행한 인가로 간주한다.

본령 시행 전 시행한 학교졸업자사용제한령 제2조 규정에 따른 인가 및 노무조정령 또는 동령에 의거하여 내리는 명령에 따른 인가와 그 신청은 제58조 규정 적용에 대해 본령 중 상당 규정에 따른 인가 및 할당과 그 신청으로 간주한다.

후생부 내 임시직원 설치제 중 아래대로 개정한다.

제5조 중 제6호를 아래와 같이 개정하여 제8호 및 제10호를 삭제하고 제9호를 제8호로 하고 제11호를 제9호로, 제12호를 제10호로 한다.

6. 국민근로동원령시행에 관한 사무

사무관 전임 1인

기사 전임 1인

기수 전임 11인

경시청관제 중 아래대로 개정한다.

제3조 중 '국민징용령, 노무조정령 및 국민근로보국협력령'을 '국민근로동원령'으로 개정한다.

제12조 근로부의 부 중 제17호 및 제18호를 아래와 같이 개정하여 제19호 및 제20호를 삭제한다.

17. 국민근로동원령시행에 관한 사항

18. 전호에 열거하는 것 외 국민근로동원에 관한 사항

제35조 제2항 중 '근로조정, 국민근로보국협력, 국민징용, 기타'를 삭제한다.

북해도청관제 중 아래대로 개정한다.

제12조 제6항 중 제23호 및 제24호를 아래와 같이 개정하고, 제25호 및 제26호를 삭제한다.

23. 국민근로동원령시행에 관한 사항

24. 전호에 열거하는 것 외 국민근로동원에 관한 사항

제38조 제2항 중 '노무조정, 국민근로보국협력, 국민징용, 기타'를 삭제한다.

화태청관제 중 아래대로 개정한다.

제13조 중 제9호 및 제10호를 아래와 같이 개정하여 제11호를 삭제하고, 제12호를 제11호로 한다. 이하 순차적으로 앞당긴다.

9. 국민근로동원령시행에 관한 사항

10. 전호에 열거하는 것 외 국민근로동원에 관한 사항

제41조 제2항 중 '노무조정, 국민근로보국협력령, 국민징용, 기타'를 삭제한다.

지방관관제 중 아래대로 개정한다.

제15조 중 제23호 및 제24호를 아래와 같이 개정하고 제25호 및 제26호를 삭제한다.

23. 국민근로동원령시행에 관한 사항

24. 전호에 열거하는 것 외 국민근로동원에 관한 사항

제15조의 2 제1항 근로부의 부 중 '제26호'를 '제24호'로 개정한다.

제48조의 3 제2항 중 '노무조정, 국민근로보국협력, 국민징용, 기타'를 삭제한다.

국민노무수첩법시행령 중 아래대로 개정한다.

'국민직업지도소장'을 '국민근로동원서장'으로 개정한다.

제2조 제15호 중 '노동자연금보험법'을 '후생연금보험법'으로 개정한다.

제4조 중 제2호를 제3호로 하고, 제1호 다음에 아래 1호를 추가한다.

2. 국가총동원법 제5조 규정에 의거하여 협력을 시켜 사용되는 자

제6조 중 '(동조 제1호에 해당하는 자에 있어서는 징용에 따른 사용자)'를 '(동조 제1호 또는 제2호에 해당하는 자에 있어서는 징용 또는 협력에 따른 사용자)'로 개정한다.

제7조 제2항 중 제2호를 제3호로 하고, 제3호를 제4호로 하며, 제1호 다음에 아래 1호를 추가한다.

2. 국가총동원법 제5조 규정에 의거하여 근로상시요원으로 협력시켰을 때

동조 제3항 중 '징용'을 '징용 혹은 협력'으로, '제3호'를 '제4호'로 개정한다.

동조 제4항 중 '제1호'를 '제1호 혹은 제2호'로 개정한다.

동조 제5항 중 '제2호'를 '제3호'로 개정한다.

제8조 제1항 제1호를 아래와 같이 개정한다.

1. 국민근로동원령 제3조 제1항 혹은 제4조 제1항의 규정에 따른 인가를 받아 퇴직하거나 혹은 업무종사를 그만둘 때 또는 동령 제18조 제1항 제3호 규정에 따른 인가를 받아 취직할 때

후생성관계허가인가등전시특례 중 아래대로 개정한다.

제2조 본문 중 '인가, 신고 및 협의'를 '인가 및 신고'로 개정한다.

동조 제7호를 아래와 같이 개정한다.

7. 삭제

제5조 본문 중 '제6호 내지 제9호 및 제11호 내지 제14호'를 '제8호, 제9호 및 제13호'로 개정한다.

동조 제11호 및 제12호를 아래와 같이 개정한다.

11. 삭제

12. 삭제

자료 112

국민근로동원령시행규칙	
구분	후생·군수·문부성령 제1호
법령명/건명	국민근로동원령시행규칙 國民勤勞動員令施行規則
제정·개정·결정·폐지 연월일	1945년 3월 8일
구성	5장 79개 조항, 부칙 35개 조항
선행 규범·법령	국가총동원법 제4조 내지 제6조
원문 일부	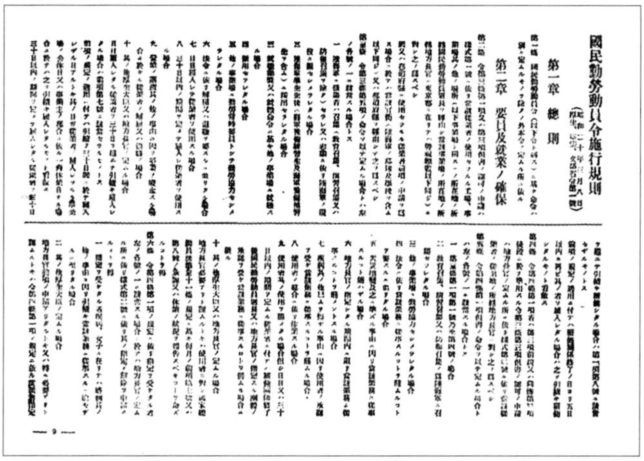 國民勤勞動員令施行規則 第一章 總則 第二章 要員及就業ノ確保 — 9 —
주요 내용 및 특징	○ 10세 미만, 60세 이상의 남자 및 12세 미만 40세 이상의 여자를 고용할 수 없다. ○ 근로협력은 근로협력조치령서를 교부하여 실시하며, 연간 60일 이내로 한다. 단 여자정신대는 1년, 국민근로보국대는 1년 이내로 한다. ○ 기동 배치는 기동배치조치령서를 교부하여 명령 또는 청구한다. ○ 상시 5인 이상 종업자를 사용하는 자는 사업장마다 종업자명부를 비치하여 고용, 사용, 해고, 퇴직 등에 대해 기재해야 한다. 광업법에 적용받는 사업장은 직공명부 또는 광부명부로 대신할 수 있다.
법령 적용 범위	제국 전역
관련 법령 통합·폐지 사항	학교졸업자사용제한령시행규칙, 국민징용령시행규칙, 국민징용령 제19조 제5항 규정에 따른 징용되어야 할 자의 출두여비 지변방법에 관한 건, 국민징용령 제19조 제5할 규정에 따른 징용되어야 할 자의 출두여비규칙, 노무조정령시행규칙, 국민근로보국협력령시행규칙 및 여자정신령시행규칙 폐지
유사·파생 법령	국민근로동원령시행규칙(1945년 3월 31일, 조선총독부령 제41호)

후생 · 군수 · 문부성령 제1호
1945년 3월 8일

국민근로동원령시행규칙

제1장 총칙

제1조 국민근로동원령(이하 영이라 칭한다)에 의거한 명령은 별도로 정하는 것을 제외하고, 본령이 정하는 바에 따른다.

제2장 요원 및 취업 확보

제2조 영 제3조 제1항 또는 제3항 단서의 허가 신청은 양식 제1호에 따라 해당 종업자가 사용되는 공장, 사업장, 기타 장소(이하 사업장이라 칭한다) 소재지 관할 국민근로동원서장을 경유하여, 해당 사업장 소재지 관할 지방장관(도쿄도에 있어서는 경시총감. 이하 마찬가지)에게 이를 해야 한다.

국가 또는 도·도·부·현에 사용되는 종업자는 전항 신청을 할 경우에는 해당 관아(육해군 부대 및 학교 포함. 이하 마찬가지) 또는 도·도·부·현을 경유하여 이를 해야 한다.

제3조 영 제3조 제5항의 명령으로 정하는 경우라 함은 아래 각호 하나에 해당하는 경우로 한다.

1. 육해군에 징집 혹은 소집(교육소집, 연습소집 또는 방어소집을 제외)되거나 또는 지원에 의해 육해군 현역으로 복무 중인 경우
2. 육해군 학생생도(해군예비연습생 및 해군예비보습생을 포함)에 채용된 경우
3. 취직권장 또는 취직명령에 의거 다른 사업장에 취직할 경우
4. 징용된 경우
5. 다른 사업장에 근로상시용원으로 근로협력하고 있는 경우
6. 법령에 따라 해고 또는 퇴직이 필요하게 된 경우

7. 하루 단위로 종업원을 고용하여 사용하는 경우

8. 30일 이내 기간을 정해 고용하여 종업원을 사용하는 경우

9. 영업 양도, 기타 사유로 인해 사업을 폐지할 경우의 종업원 해고 또는 퇴직의 경우

10. 기타 후생대신 또는 지방장관이 정하는 경우

하루 단위로 고용한 종업원을 30일을 초과하여 계속 고용한 경우는 전항 제7호에 해당하지 않는 것으로 한다.

전항 규정의 적용에 대해서 계속된 30일간 중 고용하지 않은 날이 있을 때 그날이 종업자가 고용된 사업장의 공휴일이거나 또는 사업주 사정으로 전원 휴업일이 된 경우에 있어서는 이를 계속하여 고용한 것으로 간주한다.

30일 이내의 기간을 정해 고용한 종업자를 30일 넘게 계속해서 고용한 경우는 제1항 제8호에 해당하지 않는 것으로 한다.

전항 규정의 적용에 대해서 고용관계 종료일로부터 5일 이내 재차 그자를 고용한 경우는 이를 계속해서 고용한 것으로 간주한다.

제4조 영 제4조 제1항 혹은 제3항 전단 또는 동조 제3항 후단에서 준용하는 영 제3조 제3항 단서인 인가신청은 지방장관이 정하는 바에 따라 양식 제2호에 따라 해당 종업자의 종업지 소재 지방장관에게 이를 해야 한다.

제5조 영 제4조 제1항 단서의 명령으로 정하는 경우라 함은 아래 각호 하나에 해당하는 경우로 한다.

1. 제3조 제1항 제1호 내지 제4호의 경우

2. 교육소집, 연습소집 또는 방위소집을 위해 육해군에 소집된 경우

3. 다른 사업장에 근로협력 중인 경우

4. 법령에 따라 해당 업무에 종사하는 것을 그만둘 필요에 이른 경우

5. 천재지변 및 이에 준하는 사유로 인해 해당 업무에 종사할 수 없을 경우

6. 지방장관이 지정한 기간 내에 한해 해당 업무에 종사하는 것을 그만두려 할 경우

7. 질병, 기타 어쩔 수 없는 사유로 인해 사용자의 승인을 받아 해당 업무에 종사하는 일을 그만두는 경우

8. 사용자의 사정으로 휴업하는 경우

9. 사용자가 그 사용을 그만둔 경우. 단 하루 단위 또는 30일 이내의 기간을 정한 종업자에 대해서는 고용관계 종료 후 국민근로동원서장 또는 지방장관이 지정하는 단체의 승인을 받아 해당 업무종사를 그만둘 경우에 한한다.

10. 기타 후생대신 또는 지방장관이 정하는 경우

지방장관은 필요하다고 인정할 때는 사용자에 대해 국가총동원법 제31조 규정에 의거 매월 전항 제7호 또는 제8호의 승인 또는 휴업 상황을 보고하도록 명령할 수 있다.

제6조 영 제4조 제1항 규정에 따라 지정받은 자는 아래 각호 하나에 해당하는 경우에 지방장관이 정하는 바에 따라 양식 제2호에 따라 그 지정 해제를 신청할 수 있다.

1. 지정받은 자가 질병, 여자에 있어서는 혼인, 기타 사유로 인해 계속해서 해당 업무종사에 적합하지 않게 된 경우
2. 기타 후생대신이 정하는 경우

지방장관은 전항 신청이 있을 때 또는 특히 필요하다고 인정할 때는 영 제4조 제1항 규정에 의한 종업자 지정을 해제할 수 있다.

제7조 영 제4조 제3항 후단에서 준용하는 영 제3조 제5항 단서의 명령으로 정하는 경우라 함은 아래 각호 하나에 해당하는 경우로 한다.

1. 제3조 제1항 제6호 내지 제9호 및 제5조 제1항 제1호 내지 제6호의 경우
2. 자재 또는 연료 부족 및 이에 준하는 사유로 사용할 수 없는 경우
3. 종업자가 질병, 기타 어쩔 수 없는 사유로 인해 해당 업무에 종사할 수 없는 경우
4. 기타 후생대신 또는 지방장관이 정하는 경우

제3장 근로동원

제1절 근로동원 준비

제8조 종업자가 퇴직했을 때는 퇴직 후의 거주 장소, 연령 및 직력을 지체 없이 거주 장소 소재지 관할 국민근로동원서장을 경유하여, 거주 장소 관할 지방장관에게 보고해야 한다. 퇴직 후 영에 따라 취직 또는 종업할 때까지 이를 변경했을 때도 마찬가지이다.

제9조 후생대신 또는 지방장관이 금지 또는 제한을 지정한 업종 또는 직종에는 후생대신 또는 지방장관이 지정하는 연월일 이후는 그 지정한 금지 또는 제한 범위를 넘어 후생대신 또는 지방장관이 지정한 종업자의 고용, 사용. 취직 또는 종업을 할 수 없다. 단 특별한 사유로 국민근로동원서장의 인가가 있었던 경우는 이에 구애되지 않는다.

전항 지정은 후생대신 또는 지방장관의 고시에 의해 이를 시행한다.

제10조 전조 제1항 단서의 허가 신청은 양식 제3호에 따라 취직 또는 종업하고자 하는 종업자 및 그자를 고용 또는 사용하고자 하는 자의 연서로 그자를 사용하고자 하는 사업장 소재지 관할 국민근로동원서장에게 이를 해야 한다.

제11조 제9조 규정은 아래 각호 하나에 해당하는 자에는 이를 적용하지 않는다.

1. 군인 또는 이에 준하는 자(군속을 포함한다)로서 전투, 기타 공무로 인해 상이를 입거나 또는 질병에 걸려 그 고정된 증상이 은급법시행령 제24조, 제24조의 2 또는 제31조에서 규정하는 상이 정도에 달한 자
2. 연령 10세 미만 혹은 연령 60세 이상 남자 또는 연령 12세 미만 혹은 연령 40세 이상의 여자
3. 국민근로동원서장이 신체장애로 인해 작업능력이 현저하게 떨어진 자로 인정한 자

전항 제3호 인정을 받고자 하는 자는 양식 제4호에 따라 거주지 관할 국민근로동원장에게 신청해야 한다.

제12조 사업장 사업주는 영 제7조 제1항 규정에 따라 사용 금지 또는 제한에 대해 지정이 있을 시 사용 중인 해당 종업자에 대해 그 씨명, 거주 장소, 연령 및 직종을 지체 없이 해당 사업장 소재지 관할 국민근로동원서장을 경유하여 해당 사업장 소재지 관할 지방장관에게 보고해야 한다.

전항 규정은 영 제7조 제3항 규정에 따른 통보로 이를 준용한다.

제13조 지방장관은 영 제9조 제1항 규정에 따라 근로동원 예정자에게 출두하거나 또는 보고할 것을 명령하는 경우는 양식 제5호에 따라 명령서를 발부하고 본인에게 교부하여 이를 행하는 것으로 한다.

제14조 근로동원 예정자는 전조 출두명령서를 교부받았을 때는 해당 명령서를 휴대하여

지정 일시 및 장소에 출두해야 한다.

第15조 제13조의 출두명령서를 교부받은 근로동원 예정자가 질병, 기타 피할 수 없는 사고로 인해 지정 일시 및 장소에 출두할 수 없을 경우는 아래 서류를 첨부하여 출두명령서를 발부한 지방장관에게 지체 없이 그 취지를 신고해야 한다.

1. 상이, 질병으로 인해 출두하기 어려운 경우에 있어서는 의사의 진단서(어쩔 수 없는 사정으로 의사 진단서를 받을 수 없을 때는 경찰관리의 증명서)
2. 천재, 기타 피할 수 없는 사고로 인해 출두하기 어려운 경우에 있어서는 그 지역 시정촌장 혹은 이에 준하는 자 또는 경찰관리, 선장 혹은 역장의 증명서

第16조 전조 규정에 따른 신고가 있을 경우에 지방장관이 필요하다고 인정할 때는 출두해야 할 일시 혹은 장소를 변경하거나 또는 출두명령을 취소할 수 있다.

第17조 영 제15조의 신청 또는 청구는 양식 제6호에 따라 종업자를 고용 또는 사용하고자 할 사업장 소재지 관할 국민근로동원서장을 경유하여 해당 사업장 소재지 관할 지방장관에게 이를 해야 한다.

第18조 영 제15조의 신청 또는 청구로 고용하여 사용하고자 하는 종업자가 후생대신이 지정하는 학교, 기타 이에 준하는 시설에서 후생대신이 지정하는 학과를 수료한 자일 때는 해당 신청 또는 청구는 전조 소재지 관할 지방장관을 경유하여 후생대신에게 이를 해야 한다.

전항의 경우에 그자를 사용하고자 하는 사업장이 2개 이상 있을 때는 주로 사용하고자 하는 사업장에서, 사용하고자 하는 사업장이 일정하지 않을 때는 사용자의 주요 사무소에서 이를 해야 한다.

第19조 영 제15조의 신청 또는 청구로 사용하고자 하는 사업장이 본령 시행지 이외에 있는 경우에 관한 것일 때는 해당 신청 또는 청구는 전 2조 규정에도 불구하고 후생대신에게 이를 해야 한다,

第20조 제17조의 신청 또는 청구는 지방장관, 제18조 제1항 및 전조의 신청 또는 청구는 후생대신이 정하는 기일까지 이를 해야 한다. 단 특히 긴급을 요하는 경우, 또는 특별한 사정이 있는 경우는 이에 구애받지 않는다.

第21조 영 제16조 제1항의 신청 또는 청구는 별도로 정하는 양식에 따라 해당 사업장 소재

지 관할 국민근로동원서장을 경유하여 해당 사업장 소재지 관할 지방장관에게 이를 해야 한다. 단 후생대신이 지정하는 사업장의 사업주(국가에 있어서는 해당 관아의 장으로 한다)가 하는 신청 또는 청구는 해당 사업장 소재지 관할 지방장관을 경유하여 후생대신에게 이를 해야 한다.

第22조 영 제17조의 규정에 따라 영 제15조 또는 제16조 제1항의 신청 또는 청구를 해당 사업장과 이에 협력하는 여러 사업장에 대해 포괄하여 하고자 할 경우는 협력관계에 있음을 증명하는 서류를 첨부하여 해당 관계사업장 사업주(국가에 있어서는 해당 관아의 장으로 한다) 연서로 이를 해야 한다.

第23조 후생대신 또는 지방장관은 영 제17조 규정에 따라 영 제16조 제2항의 변경명령 또는 지시를 해당 사업장과 이에 협력하는 여러 사업장에 대해 포괄하여 할 경우에는 그 취지를 관계사업장 사업주(국가에 있어서는 해당 관아의 장으로 한다)에게 통보하는 것으로 한다.

第24조 사업장의 사업주(국가에 있어서는 해당 관아의 장으로 한다)는 후생대신 또는 지방장관으로부터 이에 협력하는 여러 사업장에 대해 포괄하여 영 제15조의 신고 혹은 청구에 의한 할당, 영 제16조 제1항의 인가 혹은 승인 또는 동조 제2항의 변경명령 혹은 지시를 받았을 때는 그 할당, 인가 혹은 승인 또는 변경명령 혹은 지시가 있었던 인원수의 범위 내에서 관계사업장의 사업주(국가에 있어서는 해당 관아의 장으로 한다)에게 그 고용 혹은 사용해야 할 인원수 또는 결원 보충의 기준이 되는 인원을 통보함과 동시에 국가총동원법 제31조 규정에 의거 그 취지를 지체 없이 해당 할당, 인가 혹은 승인 또는 변경명령 혹은 지시를 내린 후생대신 또는 지방장관에게 보고해야 한다.

제2절 고용 및 취직

第25조 제27조에 규정하는 경우를 제외하고, 영 제18조 제1항 제1호 및 제2호의 고용 및 취직은 영 제15조의 신청에 의거한 할당, 영 제16조 제1항의 인가 또는 동조 제2항의 변경명령 혹은 지시가 있을 시 후생대신 또는 지방장관이 내리는 지시에 따라야 한다.

第26조 영 제15조의 신청에 의거한 할당, 영 제16조 제1항의 인가 또는 동조 제2항의 변경명령 혹은 지시가 협력관계에 있는 여러 사업장에 대해 포괄하여 행해진 경우의 영 제18조 제1항 제1호 또는 제2호의 인원수는 협력하는 사업장 사업주에 대해서는 제24조의 통보가 있었던 인원수로 하고, 협력 받는 사업장 사업주에 대해서는 그 잔여 인원수로 한다.

제27조 광공업에 있어서의 잡역작업, 토목건축업 및 운수업에 있어서의 하루 단위 또는 30일 이내의 기간을 정하는 종업자의 고용 및 취직은 그자의 거주 장소 관할 국민근로동원서장의 승인 또는 지방장관이 지정하는 단체의 지시를 받아야 한다.

제3조 제2항 내지 제5항의 규정은 전항의 종업자에 관해 이를 준용한다.

제28조 영 제18조 제1항 제3호의 인가신청은 양식 제7호에 따라 해당 종업자를 사용하고자 하는 장소의 소재지 관할 국민근로동원서장(사용하고자 하는 장소가 본령 시행지 외에 있는 경우에는 고용하는 지역 관한 국민근로동원서장)을 경유하여 해당 종업자를 사용하고자 하는 장소 소재지 관할 지방장관(사용하고자 하는 장소가 본령 시행지 외에 있는 경우에는 고용하는 지역 관할 지방장관)에게 이를 해야 한다.

제29조 제18조의 자 이외의 종업자 고용 및 취직에 관해 영 제18조 제2항의 명령으로 정함이라 함은 아래 각호 하나에 해당하는 경우로 한다.

1. 연령 12세 미만 혹은 연령 60세 이상의 남자 종업자 또는 연령 12세 미만 혹은 연령 40세 이상의 여자 종업자의 고용 및 취직의 경우.
2. 입영(응소의 경우를 포함한다. 이하 마찬가지)을 명령받거나 징용되거나 혹은 근로협력하게 되어 해고된 자 또는 입영, 징용 혹은 근로협력의 기간 중 고용기간이 만료한 자가 그 퇴영(입영 시 시행한 신체검사 결과 귀향을 명령받은 경우를 포함한다), 징용 혹은 근로협력의 해제일로부터 3개월 이내 다시 원직으로 복귀한 경우.
3. 군인 또는 이에 준하는 자(군속을 포함한다)로 전투, 기타 공무로 인해 상이를 입거나 또는 질병에 걸린 자로서 그 고정된 증상이 은급법시행령 제24조, 제24조의 2 또는 제31조에 규정한 상이 정도에 달한 자의 고용 및 취직의 경우.
4. 취직장려 또는 국민근로동원서장의 소개에 의한 고용 및 취직의 경우.
5. 별도로 지정하는 사업의 고용 및 취직의 경우를 제외하고, 농업, 임업, 축산업, 양잠업 및 수산업에서의 종업자 고용 및 취직의 경우.

6. 국민근로동원서장이 신체장애로 인해 작업능력이 현저하게 떨어진 것으로 인정한 자의 고용 및 취직의 경우.

7. 영업 양도, 기타 사유로 인해 사업의 승계가 있었던 경우에 종전에 고용되고 있었던 자를 계속하여 고용하는 경우 및 그 경우에 있어서 그자 취직의 경우.

8. 광공업에서의 잡역작업, 토목건축업 및 운수업 이외에 있어서 종업자의 하루 단위 또는 30일 이내의 기간을 정하는 고용 및 취직의 경우.

9. 징용된 자 또는 근로 상시요원으로서 근로협력하는 자의 해당 사업장 고용 및 취직의 경우.

10. 항공기 탑승원 또는 항공법 제16조 규정에 따른 고사에 합격한 자인 항공사, 항공기 조종사 혹은 항공기 기관사로서의 고용 및 취직의 경우.

11. 제9조 제1항 단서 규정에 따라 국민근로동원서장의 인가가 있었던 자의 고용 및 취직의 경우.

12. 후생대신 또는 지방장관이 별도로 정하는 자의 고용 및 취직의 경우.

13. 기타 후생대신 또는 지방장관이 정하는 경우.

전항 제6호의 인정을 받고자 하는 자는 양식 제4호에 따라 거주지 관할 국민근로동원서장에게 신청해야 한다.

제3조 제2항 내지 제5항의 규정은 제1항 제8호의 경우에 관해 이를 준용한다.

제30조 영 제20조 제1항 제1호의 명령으로 정하는 사업장이라 함은 방공의 필요상 법령 또는 행정관청의 지도 혹은 권장에 의거하여 소개해야 하는 사업장으로 한다.

제31조 지방장관령 제20조 제1항의 취직명령을 할 경우는 양식 제8호 취직명령서를 취직을 명령받는 자의 거주지 또는 영 제20조 제1항 제1호의 사업장 소재지 관할 국민근로동원서장으로 하여금 본인에게 교부해야 한다.

제32조 전조 규정에 따라 취직명령서를 교부받은 자(이하 지정취직자라 칭한다)는 지정 일시 및 장소에 출두하여 취직명령서를 제시하고서 취직 신청을 해야 한다.

제33조 제15조 및 제16조 규정은 지정취직자에게 이를 준용한다.

제34조 지방장관은 취직명령을 내렸을 때는 즉시 그 지정 취직할 사업장 사업주(이하 지정사업주라고 칭한다)에게 그 취지를 통지해야 한다. 단 영 제20조 제2항 규정에 따라

취직할 사업장 지정을 업종, 지역 등에 의거해 포괄하여 했을 때는 이에 구애받지 않는다.

지방장관은 필요하다고 인정할 때는 지정사업주 또는 그 대리인에게 지정취직자가 출두해야 할 일시 및 장소에 출두해야 함을 명령할 수 있다.

지정사업주는 제32조 규정에 따른 취직 신고가 있었을 때는 즉시 고용조건, 기타 필요한 사항을 제시해야 한다.

제35조 지정사업주 및 지정취직자는 취직명령의 본지를 감안하여 신속하게 고용관계를 성립시켜야 한다.

제36조 지정사업주와 지정취직자 사이에 고용관계가 성립했을 때는 지정사업주는 즉시 지정취직자와 연서로 양식 제8호에 따라 그 내용을 지정사업주 사업장 소재지 관할 국민근로동원서장을 경유하여 취직명령을 내렸던 지방장관에게 신고해야 한다.

제3절 징용

제37조 영 제24조 단서의 명령으로 정하는 경우라 함은 아래 각호 하나에 해당하는 경우로 한다.

1. 적습, 기타 긴급사태 발생 시 긴급징용이 필요한 경우
2. 제44조에 규정하는 경우를 제외한 징용변경 또는 징용해제의 경우

지방장관은 전항 제1호의 경우에 직권을 행사했을 때는 후생대신에게 그 취지를 보고해야 한다.

제38조 영 제25조 제1항의 징용령서에는 아래에 열거하는 사항을 기재하는 것으로 한다. 단 군기 보호상 특히 필요할 때는 제2호 또는 제3호에 열거하는 사항의 전부 또는 일부를 생략할 수 있다.

1. 징용되는 자의 씨명, 출생 연월일, 거주 장소(국민직업능력신고령에 따른 과학기술자로 직업에 종사할 자에 대해서는 취업 장소)
2. 사용되어야 할 관아, 영 제28조 제2항의 자 혹은 단체 또는 사업장의 명칭 및 소재지
3. 종사해야 하는 직무 및 장소

4. 징용 기간

5. 출두해야 하는 일시 및 장소

6. 기타 필요하다고 인정하는 사항

전항 제1호 중 거주 장소 또는 취업 장소에 관한 사항은 징용되어야 할 자가 현재 사용되는 관아 혹은 사업장에서 하는 총동원 업무에 종사시키기 위해 징용되는 자가 될 때 또는 사업주(사업주가 법인인 경우에 있어서는 그 대표자)일 때는 이를 기재할 필요가 없다.

제1항의 징용령서는 양식 제9호에 따른다.

第39조 제14조 내지 제16조 규정은 징용령서를 교부받아 출두하는 자에게 이를 준용한다. 이 경우의 출두변경 또는 징용취소는 출두변경령서 또는 징용취소령서를 본인에게 교부하여 이를 하는 것으로 한다.

第40조 피징용자를 사용하는 관아의 장, 영 제28조 제2항의 자 혹은 단체의 장 또는 사업장 사업주, 그 사용하는 피징용자에 대해 징용변경 또는 해제를 필요로 할 때는 지방장관에게 이를 청구 또는 신청해야 한다.

피징용자가 질병, 기타 사유로 인해 징용변경 또는 해제를 필요로 할 때는 관아에 사용되는 자에 있어서는 해당 관아의 장에게, 기타 자에 있어서는 영 제28조 제2항의 자 혹은 단체의 장 또는 해당 사업장 소재지 관할 국민근로동원서장에게 그 내용을 신고할 수 있다.

第41조 지방장관은 전조 청구, 신청 혹은 신고가 있을 때 또는 특별히 필요하다고 인정할 때는 징용변경 또는 해제를 할 수 있다.

지방장관은 전조 제1항의 청구 없이 관아에서 사용되는 자의 징용변경 또는 해제를 하고자 할 때는 해당 관아의 장과 협의하는 것으로 한다.

第42조 피징용자는 아래 각호 하나에 해당할 때는 징용은 해제된 것으로 한다.

1. 영 제33조 제2호 또는 제3호의 자로 되었을 때

2. 육해군 군속이 되어 피징용자로서 종사해야 하는 국가총동원 업무 이외 업무에 종사할 필요가 생겼을 때

3. 의료관계자징용령, 수의사등징용령 또는 선원동원령에 따라 징용되었을 때

제43조 지방장관은 징용변경 또는 해제하고자 할 때는 즉시 양식 제10호 혹은 제11호에 따른 징용변경령서 혹은 징용해제령서를 발부하여 피징용자에게 이를 교부하거나 또는 적의 방법으로 그 취지를 본인에게 시달해야 한다.

제44조 영 시행지 이외 장소에서 취업하는 피징용자의 징용변경 혹은 해제, 응징사복무기율 제5조 규정에 따른 징용해제 또는 별도로 정하는 경우의 징용변경 혹은 해제에 관해서는 제40조 및 제41조 중 지방장관이라 함은 후생대신, 관아의 장이라 함은 관아의 소관대신으로 한다. 이 경우 후생대신은 징용변경 또는 해제를 하고자 할 때는 징용변경령서 또는 징용해제령서를 발부하거나 또는 적의 방법으로 그 취지를 본인에게 시달하는 것으로 한다.

제45조 징용령서, 출두변경령서 및 징용취소령서는 국민근로동원서장 또는 시정촌장(도쿄도의 구가 존재하는 구역, 교토시, 오사카시, 나고야시, 요코하마시 및 고베시에 있어서는 구장) 혹은 이에 준하는 자로 하여금 징용될 자 또는 피징용자에게 이를 교부해야 한다.

제46조 중요사업장노무자관리령 제4조 제1항 또는 제10조 제1항 규정에 따라 후생대신(군수성 소관 기업의 근로관리 및 급여에 관한 사항에 대해서는 군수대신)의 허가를 받은 사항으로 피징용자 급여에 관한 것은 영 제29조 제2항 규정에 따라서 인가한 것으로 한다.

제4절 근로협력

제47조 영 제35조의 명령으로 정하는 총동원 업무라 함은 국가, 지방공공단체 또는 후생대신 혹은 지방장관이 지정하는 자가 행하는 총동원 업무로 한다.

제48조 영 제36조 제1항의 명령 또는 청구는 양식 제12호의 근로협력조치령서를 교부하여 이를 하는 것으로 한다.

제49조 영 제36조 규정에 의거한 근로협력을 해야 하는 자의 선정을 할 때는 본인의 연령, 신체 상태, 거주 장소, 가정 상황, 희망 등을 참작해야 한다.

제50조 제14조 내지 제16조 규정은 영 제36조의 통지를 받아 출두하는 자에게 이를 준용한다.

제51조 제55조 또는 영 제36조의 통지를 받은 자는 그 통지를 발급하여 내려진 지시에 따라야 한다.

제52조 제40조, 제41조 및 제43조 규정은 근로협력에 이를 준용한다. 단 동조 중 지방장관 또는 국민근로동원서장이라 함은 여자정신대에 관한 경우를 제외하고 근로협력조치령서를 교부받은 자로 한다. 이 경우에 있어서 근로협력변경 또는 근로협력해제는 여자정신대에 의한 근로협력에 있어서는 양식 제13호 또는 양식 제14호에 의한 정신근로변경령서 또는 정신근로해제령서를 본인에게 교부하여 이를 하거나 혹은 적의 방법으로 본인에게 그 내용을 시달하고 기타 근로협력에 있어서는 적의 방법으로 본인에게 그 내용을 시달해야 한다.

제53조 영 제39조 제1항 규정에 따라 근로협력을 받는 자가 부담해야 하는 경비는 아래에 열거하는 것으로 한다.

1. 작업지까지의 왕복 여비
2. 급여
3. 부조에 필요한 비용
4. 기타 지방장관이 필요하다고 인정한 비용

지방장관이 특별한 사정이 있다고 인정할 때는 근로협력을 받는 자로 하여금 전항 경비의 전부 또는 일부를 부담시키지 않을 수 있다.

제54조 제2항에 규정하는 것을 제외하고 근로협력을 시키는 기간은 1년에 60일 이내로 한다. 여자정신대에 의한 근로협력 기간은 대개 1년으로 하고, 국민근로보국대에 의한 근로협력 기간은 1년 이내로 한다.

근로협력을 시키는 기간은 특별히 필요할 경우 또는 본인 동의가 있는 경우에는 이를 연장할 수 있다.

제55조 여자정신대 대원은 영 제36조 제1항 규정에 따라 선정된 자의 보고에 의거하여 지방장관이 이를 결정하고, 본인에게 양식 제15호 연장근로령서에 의해 그 내용을 통지하는 것으로 한다.

제56조 여자정신대 및 국민근로보국대는 대장 및 기타 대원으로 이를 조직한다.

여자정신대 대장은 지방장관이 이를 명면하고, 국민근로보국대 대장은 영 제36조의 조치를 해야 하는 자가 이를 명면한다.

제4장 기동 배치

제57조 영 제43조 명령으로 정하는 경우라 함은 아래 각호 하나에 해당하는 경우로 한다.

1. 적습, 기타 긴급사태 발생, 기타 특별한 사정으로 인해 생산설비 등 변환에 대처하기 위해 필요한 경우.
2. 자재, 연료 등 입수 불원만 등에 의한 대기근로를 다른 긴급부면으로 활용하기 위해 필요한 경우.
3. 중요물자의 긴급생산을 위해 필요한 경우.
4. 긴급한 운수, 통신, 토목건축사업 등 완수를 위해 필요한 경우.
5. 기타 특별히 필요한 경우.

제58조 영 제44조 규정에 따른 명령 또는 청구는 후생대신이 지정하는 자 또는 단체에 대해서는 후생대신이, 지방장관이 지정하는 자 또는 단체에 대해서는 지방장관이 이를 하는 것으로 한다.

제59조 기동 배치를 받고자 하는 사업장 사업주(국가에 있어서는 해당 관아의 장으로 한다)는 소용 인원수, 업무의 종류, 소요기간 등을 구비하여 해당 사업장 소재지 관할 지방장관에게 이를 신청 또는 청구해야 한다.

제60조 전조 규정에 따른 신청 또는 청구가 있을 경우에 후생대신 또는 지방장관이 기동 배치가 필요하다고 인정할 때는 영 제44조 규정에 따라 후생대신이 지정하는 자 혹은 단체에 대해서는 후생대신이, 기타 자에 대해서는 지방장관이 양식 제16호의 기동배치조치령서를 교부하여, 영 제45조 규정에 따른 명령 또는 청구를 하는 것으로 한다.

제61조 영 제46조 규정에 의거한 기동 배치될 종업자의 선정에 있어서는 본인의 연령, 신체 상태, 거주 장소, 가정 상황 등을 참작해야 한다.

제62조 아래 각호 하나에 해당하는 경우에 있어서는 영 제44조의 자 또는 단체, 기타 기동 배치되는 종업자를 사용하는 사업장 사업주(국가에 있어서는 해당 관아의 장으로 한다)는 영 제45조 규정에 따른 명령 또는 청구를 기다리지 않고, 즉시 영 제46조의 조치를 할 수 있다.

1. 영 제44조의 자 또는 단체, 기타 기동 배치되는 종업자를 사용하는 사업장 사업주(국가에 있어서는 해당 관아의 장으로 한다)와 기동 배치를 받는 사업장 사업주(국가에 있어서는 해당 관아의 장으로 한다) 간에 기동 배치에 관한 협정이 조정된 경우로 그 기동 배치되는 종업자가 동일 도·도·부·현 내 사업장에서 대략 6개월 이내(학도근로를 하는 자의 기동 배치에 대해서는 20일 이내) 기간 동안 종업하는 경우.

2. 기타 후생대신이 정하는 경우.

제63조 전조 규정에 따라 영 제46조 조치를 하고자 하는 자는 기동 배치를 받는 사업장 사업주(국가에 있어서는 해당 관아의 장으로 한다)와 연서로 해당 사업장 소재지 관할 지방장관에게 기동 배치의 사유, 기동 배치된 종업자의 인원수, 기동 배치 기간, 기타 기동 배치에 관한 사항을 구비하여 사전에 그 내용을 신고할 필요가 있다.

기동 배치를 받는 사업장이 기동 배치되는 종업자를 사용하는 사업장의 협력사업장 또는 동일 사업주 소속의 사업장인 경우에는 전항 신고의 연서는 필요 없는 것으로 한다.

제64조 제53조 규정은 영 제50조 규정에 따라 기동 배치를 받는 사업주가 부담하는 경비에 관해 이를 준용한다.

제65조 제13조 내지 제16조 규정은 영 제52조 규정에 있어서 영 제9조 규정을 기동 배치되는 종업자에 관해 준용하는 경우에 이를 준용한다.

제66조 기동 배치되는 종업자의 기동 배치 기간이 6개월을 넘는 경우에 당사자인 영 제44조의 자 또는 단체, 기타 사업장의 사업주(국가에 있어서는 해당 관아의 장으로 한다)가 기동 배치를 받는 사업장의 사업주(국가에 있어서는 해당 관아의 장으로 한다)와 그 종업자의 전환 배치에 관한 협의를 조정했을 때는 그 종업자에 대해 기동 배치할 장소 및 총동원 업무가 이후 그자의 징용 또는 근로협력 장소 및 종사해야 할 총동원 업무라는 내용을 통지할 수 있다.

전항 규정에 따라 동항의 통지를 한 자는 지체 없이 그 내용을 해당자 또는 단체, 기타 사업주 사업장 소재지(사업장이 없는 경우에는 주소지) 관할 지방장관 및 해당 피징용자 또는 근로협력을 하는 자에 대해 징용령서 또는 영 제36조 규정에 따른 명령, 청구 혹은 조치를 행한 지방장관에게 보고해야 한다.

제67조 전조 제1항의 통지가 있을 때는 그 종업자에 대해 징용 또는 근로협력 장소 및 종사해야 하는 총동원 업무에 변경이 있던 것으로 한다.

제68조 후생대신 또는 지방장관은 기동 배치 또는 전환 배치를 위한 징용 혹은 근로협력의 변경에 대해 부정한 사실 혹은 허위 사실이 있다고 인정할 때 또는 특히 필요하다고 인정할 때는 기동 배치 또는 전환 배치를 위한 징용 혹은 근로협력의 변경에 대해 그 취소, 변경 또는 해제를 명령할 수 있다.

제5장 잡칙

제69조 노무공급사업을 시행하는 자로부터 종업자를 공급받아 그 사업에 이를 사용하고자 하는 자는 그 사용 인원수에 대해 양식 제17조에 따라 종업자를 사용하고자 하는 장소 소재지 관할 국민근로동원서장의 인가를 받아야 한다. 단 그 노무공급사업규칙 제7조 4의 규정에 따른 지정을 받은 공급업자로부터 그 지시가 있었던 인원수 범위 내에서 공급받아 이를 사용하는 경우는 이에 구애되지 않는다.

노무공급업장에 소속하는 노무자는 노무공급사업규칙 제7조 4의 규정에 따른 지시에 의거하여 내려지는 해당 노무 공급업자의 지시에 따라야 한다,

제70조 상시 5인 이상의 종업자를 사용하는 자는 사업장마다 양식 제18호에 따른 종업자 명부를 비치하여, 그 고용, 사용, 해고, 퇴직 등에 관한 사항을 기재해야 한다. 단 공장법(화태에 있어서는 공장취체규칙) 또는 광업법 적용을 받는 사업장에 사용되는 종업자에 대해서는 직공명부 또는 광부명부로 이를 대신할 수 있다. 전항의 명부는 종업자의 사망, 해고, 퇴직 또는 사용하지 않게 된 후 2년간 이를 보존해야 한다.

제71조 취직장려에 의거하여 취직하는 자, 지정취직자 또는 기동 배치된 자의 임금, 기타 급여를 정함에 있어서는 그자의 기능 정도, 종사해야 할 업무 및 장소 등에 상응하고 종전 임금, 기타 급여 및 이에 준하는 수입을 참작해야 한다.

지정취직자의 수입은 그자가 종전 임금통제령 제10조 제1항의 최고 초급임금의 규정이 있는 노무자였던 경우는 동조 제2항 기간 계산에 대해 종전 사업장 사업주가 고용했던 때에 고용한 것으로 간주한다.

제72조 여자정신대 대원의 급여에 관해서는 회사경리통제회 및 중요사업장노무관리령의 적용이 있는 것 외는 임금통제령을 준용한다.

제73조 피징용자, 취직권장에 의거하여 취직하는 자, 지정취직자, 근로협력하는 자 또는 기동 배치된 종업자가 업무상 부상하거나 질병에 걸리거나 또는 사망한 경우에 지방장관은 특히 필요하다고 인정할 때는 사업장 사업주에게 본인 또는 그 유족을 다른 법률 규정에 따른 부조 또는 후생대신 또는 지방장관이 정하는 부조 외에 부조해야 할 것을 명령할 수 있다.

제74조 영 제61조 규정에 따른 보고는 종업자, 사업장 사업주, 영 제44조의 자 또는 단체, 기타 관계자로부터 이를 요청한다.

제75조 사업장 사업주는 국가총동원법 제31조 규정에 의거하여 영 제18조 제1항 제1호 및 제2호의 경우에 있는 종업자의 고용 상황을 영 제15조 신청에 근거한 할당, 영 제16조 제1항의 인가 또는 동조 제2항의 변경명령 혹은 지시가 있을 때 후생대신 또는 지방장관이 내린 지시에 따라 해당 사업장 소재지 관할 국민근로동원서장을 경유하여 해당 사업장 소재지 관할 지방장관에게 보고해야 한다.

제76조 영 제63조 증표는 양식 제19호에 따른다.

제77조 영 제65조 제1항 규정에 따라 후생대신이 장관으로 하여금 시행토록 하는 직권은 영 제45조에 의거한 직권으로 해당 행정협의회 관계 도·도·부·현 간 기동 배치에 관한 것으로 한다.

제78조 영 제65조 제2항 규정에 따라 지방장관이 국민근로동원서장으로 하여금 시행토록 하는 직권은 영 제4조 제1항, 제8조, 제9조 제1항 및 제2항, 제19조 제1항 그리고 제36조 제2항에 근거한 직권으로 지방장관이 지정하는 것으로 한다.

영 제65조 제2항 규정에 따라 지방장관이 시정촌장으로 하여금 시행토록 하는 직권은 영 제4조 제1항 및 제36조 제2항에 근거한 직권으로 지방장관이 지정하는 것으로 한다.

제79조 후생대신 또는 지방장관은 필요하다고 인정할 때는 본령에 근거한 양식을 적의 변경할 수 있는 것으로 한다.

부칙

본령은 1945년 3월 10일부터 이를 시행한다.

학교졸업자사용제한령시행규칙, 국민징용령시행규칙, 국민징용령 제19조 제5항 규정에 따른 징용되어야 할 자의 출두여비 지변방법에 관한 건, 국민징용령 제19조 제5항 규정에 따른 징용되어야 할 자의 출두여비규칙, 노무조정령시행규칙, 국민근로보국협력령시행규칙 및 여자정신령시행규칙은 이를 폐지한다.

본령 시행 전 학교졸업자사용제한령 제1조 규정에 따라서 시행한 지정 또는 노무조정령시행규칙 제5조 제1항 제2호 혹은 제10조 제1항 제2호 규정에 따라 시행한 인정, 동령 제6조 제1항 제3호, 제10조 제1항 제10호 혹은 제10조 2의 규정에 따라서 시행한 지정, 제10조 2 제1항 단서, 제11조 제1항 혹은 제12조 제1항 단서 규정에 따라서 시행한 인가는 본령 중 상당 규정에 의해서 시행한 인정, 지정 또는 인가로 간주한다.

본령 시행 전 국민징용령시행규칙, 노무조정령시행규칙, 국민근로보국협력령시행규칙 또는 여자정신근로령시행규칙에 따른 양식에 따라 작성한 용지는 당분간 필요한 보완을 추가해 이를 사용할 수 있다.

1940년 후생성령 제45호 중 아래대로 개정한다.

제1조 중 '국민징용령(이하 영이라 칭한다) 제3조 제2항'을 '국민근로동원령 제23조 제2항'으로 개정한다.

1943년 후생성령 제36호(응징사복무기율) 중 아래대로 개정한다.

동령에 아래 제목을 추가한다,

응징사복무기율

제1조 국민근로동원령 제28조 제1항 규정에 의한 피징용자의 복무에 관한 명령은 별도로 정하는 것을 제외하고 본령이 정하는 바에 따른다,

제1조의 2 피징용자는 이를 응징사라 한다.

제2조 중 '본의에 의거하여'의 다음에 '충성을 취지로 하여'를 추가한다.

제6조 제1항 중 '사업주인 응징사'의 다음에 '또는 국민근로동원령 제28조 제2항의 자 혹은 단체에 사용되는 응징사'를 추가하고, '관리공장 혹은 지정공장'을 '사업장'으로 개정한다.

제8조 관아에 사용되는 자에 관해서는 주무대신이 별도로 정한 경우에 있어서는 본령 전부 또는 일부는 적용 않는 것으로 한다.

피징용자표창규정 중 아래대로 개정한다.

제1조 중 '국민징용령 제16조의 4'를 '국민근로동원령 제28조'로 개정한다.

국민징용령에 따라 관리공장 또는 지정공장에 징용된 자의 여비 및 그 가족의 출두여비 그리고 관리공장 또는 지정공장 사업주가 국고에 납입해야 하는 여비에 관한 건 중 아래대로 개정한다.

'국민징용령에 따라 관리공장 또는 지정공장에 징용된 자의 여비 및 그 가족의 출두여비 그리고 관리공장 또는 지정공장 가업주가 국고에 납입하는 여비에 관한 건'을 '근로동원자 여비 및 가족출두여비규칙'으로 개정한다.

제1조 국민근로동원령(이하 영이라 칭한다) 제28조 제2항의 자 혹은 단체 또는 관아 이외의 사업장에서 국가총동원 업무에 동령에 따라 종사시키기 위해 징용된 자, 근로협력하게 된 자(이하 피징용자라고 총칭한다)는 징용령서의 교부 또는 동령 제36조 혹은 국민근로동원령시행규칙 제55조의 통지(이하 징용령서라 총칭한다)를 받아 지정 장소에 출두할 경우의 여비의 지급 및 그 일시 전용 지변 그리고 징용 또는 근로협력(이하 징용이라 총칭한다)이 해제되어 귀향할 경우, 또는 피징용자 혹은 그 가족 중 위독 혹은 사망한 경우 때문에 해당 영 제28조 제2항의 자 혹은 단체의 장 또는 해당 사업장 사업주(이하 사업주라 총칭한다)의 통지에 의해 피징용자의 가족이 출두하거나 혹은 사업주의 허가를 받아 피징용자가 일시 귀향할 경우의 여비에 관해서는 본령이 정하는 바에 따른다.

제2조 내지 제3조 2 및 제10조 중 '관리공장 또는 지정공장'을 삭제한다.

제3조 3 중 '해당 관리공장 또는 지정공장'을 '해당 영 제28조 제2항의 자 혹은 단체 또는 해당 사업장'으로 개정한다.

제4조 제4항 중 '제5조 제5항 및 제6항'을 '제5조 제4항 및 제5항'으로 개정한다.

제4조 2 중 '제5조 및 제6조 규정' 및 제4조의 3 제2항 중 '제5조 별표에 열거하는 최저 등급의 정액'을 '별표 제1호'로 개정한다.

제5조 중 제1항 내지 제3항을 아래와 같이 개정하고, 제4항을 삭제하며, 제5항 중 '제6항'을 '제5항'으로 개정한다.

여비는 철도비, 선박비, 항공비, 마차비, 일당, 숙박료, 식사료, 이전료, 착후 수당 및 가족 이전료의 10종으로 한다.

철도비, 선박비, 항공비, 마차비, 일당, 숙박료, 식사료, 이전료 및 착후 수당은 별표 제2호에 열거하는 바에 따라 정액으로 이를 지급하는 것으로 한다. 다만 징용 기간 60일 미만의 자에 대해서는 착후 수당을 지급하지 않는다.

가족 이전료 액수는 징용될 당시 가족 1인당 본인 거주지에서 출두 장소 소재지(제4조 제2항에 해당하는 경우는 취업 장소 소재지)까지 본인 상당의 철도비, 선박비, 항공비 및 마차비 전액과 일당, 숙박료, 식사료 및 착후 수당의 3분의 2에 상당하는 액수로 한다.

단 6세 이상 12세 미만의 자에 대해서는 그 반액, 6세 미만의 자에 있어서는 일당, 숙박료, 식사료 및 착후 수당의 3분의 1에 상당하는 액수로 한다.

제11조 화태에 있어서 특례를 필요로 하는 사항에 관해서는 화태청장관이 이를 정한다.

제12조를 삭제한다.

별표를 아래와 같이 개정한다.

별표 제1호

여비액

구분	철도비 선박비	마차비 1km당	일당 1일당	숙박료 1박당	식사비
피징용자	3등 운임	0.5엔	0.7엔	3.00엔	1.00엔
가족	3등 운임	0.8엔	1.00엔	4.00엔	1.20엔

비고

1. 철도편도 100km 이상의 여행에 있어서는 제2종 급행요금을 지급한다. 단 급행요금을 요구하지 않는 선로로 여행하는 경우에는 이에 구애되지 않는다.
2. 선박비는 여행 운임(통행세, 부선임, 잔교임 및 침대료를 포함한다)에 의거 철도비 예에 준gkdu 이를 지급한다.

별표 제2호

여비액

	등급	철도비 선박비 항공비	마차비 1km당	일당 1일당	숙박료 1박당		식사비	착후 수당	이전료					
					갑 지방	을 지방			철도 100km 미만	철도 500km 미만	철도 1,000km 미만	철도 1,500km 미만	철도 2,000km 미만	철도 2,000km 미만
기술자	기사급	1등 운임	0.25	5.00	13.00	10.00	3.00	90.00 이내	250이내	300이내	340이내	370이내	400이내	500이내
	기수급	2등 운임	0.20	3.00	10.00	8.00	2.50	67.50 이내	170이내	210이내	240이내	260이내	280이내	340이내
	고원급으로 급료월액 55엔 이상인 자	2등 운임	0.20	2.00	8.50	7.00	2.00	57.50 이내	145이내	180이내	205이내	220이내	240이내	300이내
	고원급으로 급료월액 55엔 미만인 자	3등 운임	0.16	2.50	7.00	6.00	1.50	47.50 이내	120이내	150이내	170이내	180이내	200이내	250이내
노무자	일급 2엔 이상인 자	3등 운임	0.16	2.50	7.00	6.00	1.50	47.50 이내	120이내	150이내	170이내	180이내	200이내	250이내
	일급 2엔 미만인 자	3등 운임	0.12	2.00	6.00	5.00	1.00	40.00 이내	80이내	100이내	120이내	130이내	140이내	180이내

비고

1. 갑 지방이라 함은 1943년 대장성령 제71호에서 지정하는 지역, 을 지방이라 함은 기타 지역을 말한다.
2. 철도여행 중 숙박하는 경우 숙박료는 을지방 정액에 따른다.
3. 철도운임 등급을 두 계급으로 구분하는 경우에 있어서는 상급 운임을 1등 또는 2등 운임, 하급 운임을 3등 운임으로 간주하고 그 등급을 설정하지 않은 경우에 있어서는 그 승차에 필요한 운임을 지급한다.
4. 철도편도 100km 이상의 여행은 제2종 급행요금을 지급한다. 단 급행요금을 징수하지 않는 선로로 여행할 경우에는 이에 구애받지 않는다.
5. 선박비는 여행 운임(통행세, 부선임, 잔교임 및 침대료를 포함한다)에 따라 철도비 예에 준하여 이를 지급한다.
6. 항공비는 허가받은 항공기에 의해 여행할 경우에 한해 이를 지급한다.

본령 여행 전 피징용자가 징용령서를 교부받아 거주지를 출발하여 본령 시행 후 지정 장소에 출두한 경우에 착후 수당 및 이전료는 근로동원자여비 및 가족출두여비규칙 제5조 개정 규정에 따라 이를 지급한다. 본령 시행 전 가족이 그 거주지를 출발하여, 본령 시행 후 본인의 출두 장소 소재지에 도착한 경우의 가족 이전료에 대해서도 마찬가지이다.

국민징용부조규칙 중 아래대로 개정한다.

'국민징용부조규칙'을 '국민근로동원부조규칙'으로 개정한다.

제1조 중 '국민징용령 제19조의 3'을 '국민근로동원령 제31조(동령 제39조 제2항에 있어서 준용하는 경우를 포함한다)'로 개정하고, 동조 제1호 중 '피징용자 또는'을 '피징용자 혹은 근로협력하게 된 자(이하 피징용자라 총칭한다) 또는'으로, 동조 제2호 중 '징용되어'를 '징용되거나 혹은 근로협력을 하게 되어(이하 징용되어 라고 칭한다)'로, '징용을 해제되어'를 '징용 혹은 근로협력을 해제되어(이하 징용을 해제되어 라고 칭한다)'로 개정한다.

제3조 중 '국민징용령 제19조 3 제2항'을 '국민근로동원령 제31조 제2항(동령 제39조 제2항에 있어서 준용하는 경우를 포함한다)'으로 개정한다.

제10조 제1항 중 '35전'을 '90전'으로 개정한다.

제22조 중 '징용해제'를 '징용 또는 근로협력의 해제(이하 징용해제라고 칭한다)'로 개정한다.

제27조 제2항 중 '관리공장 혹은 지정공장'을 '령 제28조 제2항의 자 혹은 단체의 장, 사업장'으로 개정한다.

제28조 제1항 및 제3항 제3호 중 '징용'을 '징용 혹은 근로협력'으로 개정한다.

제28조 및 제30조 중 '관리공장 또는 지정공장의'를 '령 제28조 제2항의 자 혹은 단체의 장 또는 사업장'으로, '관리공장 또는 지정공장에'를 '령 제28조 제2항의 자 혹은 단체 또는 사업장에'로 개정한다.

자료 113

군수충족회사령시행규칙	
구분	내무성 · 운수통신성령 제1호
법령명/건명	군수충족회사령시행규칙 軍需充足會社令施行規則
제정 · 개정 · 결정 · 폐지 연월일	1945년 3월 13일
구성	7개 조항, 부칙 1개 조항
선행 규범 · 법령	군수회사법, 군수회사법시행규칙, 군수충족회사령
원문 일부	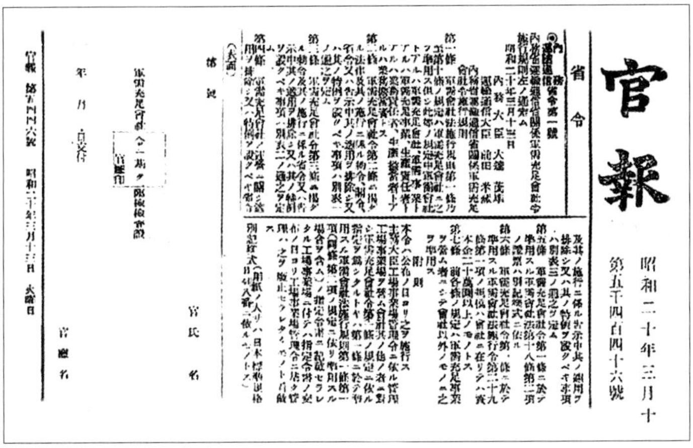 官報 昭和二十年三月十 第五千四百四十六號 省令
주요 내용 및 특징	○ 군수충족회사의 운영을 위해 법 또는 그 시행에 관한 칙령, 각령, 성령, 고시 등을 배제하거나 특례를 정할 경우에는 소정의 양식에 따른다.
법령 적용 범위	제국 전역
관련 법령 통합 · 폐지 사항	
유사 · 파생 법령	군수충족회사령시행규칙(1945년 7월 2일, 조선총독부령 제154호)

내무성 · 운수통신성령 제1호

1945년 3월 13일

군수충족회사령시행규칙

제1조 군수회사법시행규칙 제1조 내지 제10조 규정은 군수충족회사에 이를 준용한다. 단 이들 규정 중 군수회사라 함은 군수충족회사, 군수사업이라 함은 군수충족사업, 생산책임자라 함은 업무책임자, 생산담당자라 함은 업무담당자로 한다.

제2조 군수충족회사령 제2조에 열거하는 법률 및 그 시행에 관한 칙령, 각령, 성령 또는 고시 중 그 적용을 배제하거나 또는 그 특례를 설정하는 사항은 별표 1과 같이 이를 정한다.

제3조 군수충족회사령 제3조에 열거하는 칙령 및 그 시행에 관한 성령 또는 고시 중 그 적용을 배제하거나 또는 그 특례를 설정하는 사항은 별표 2와 같이 이를 정한다.

제4조 군수충족회사의 운영에 관해 적용을 배제하거나 또는 특례를 설정하는 성령 및 그 시행에 관한 고시 중 그 적용을 배제하거나 또는 그 특례를 설정하는 사항은 별표 3과 같이 이를 정한다.

제5조 군수충족회사령 제1조에서 준용하는 군수회사법 제18조 제2항의 증표는 별기 양식에 의한다.

제6조 군수충족회사령 제1조에서 준용하는 군수회사법시행령 제29조 제1항의 규모는 회사에 있어서는 자본금 20만 엔 이상의 것으로 한다.

제7조 전 각 조 규정은 군수충족사업을 운영하는 자로 회사 이외의 것에 이를 준용한다.

부칙

본령은 공포일부터 이를 시행한다.

주무대신은 공장사업장관리령에 따른 관리공장, 사업장을 운영하는 회사, 기타의 자에 대해 군수충족회사령 제1조 규정에 따른 지정을 했을 때는 제1조에서 준용하는 군수회사법

시행규칙 제1조 제1항(동조 제2항의 규정에 따라 준용하는 경우도 포함한다)의 지정령서에 기재된 공장사업장에 대해서는 지정령서 교부일부터 공장사업장관리령에 의거한 관리는 이를 폐지된 것으로 간주한다.

IV

여성동원에 관한 각의결정 및 법령 등

1. 여성동원 관련 주요 각의결정 및 법령

일제강점기 여성의 노동력 동원은 중일전쟁 발발 이전까지만 해도 제도와 법령을 통해 동원할 만큼 크게 인식되지 않았다.

다만 일부 탄광 등 산업현장에서 여성의 노동력이 생산성 제고 측면에서 주목을 끌었다.

일본에서 여성이 노동자로서 광산에 등장하기 시작한 것은 1890년 후반부터인데, 1924년 무렵에는 약 7만 명에 이르는 여성 노동자들이 각지의 광산에서 남성 노동자와 마찬가지로 심야 작업과 갱내 작업에 종사하였다.

한때 여성 노동자 수는 「광부노역부조규칙(鑛夫勞役扶助規則)」에 의해 줄어들었다. 1916년 8월 3일 「광부노역부조규칙」 제7조에서 여성 노동자와 16세 미만 연소자의 갱내 노동과 심야업을 금지하는 규정이 시행되면서 광산의 여성 노동자는 급속히 감소하였다.

그러나 1933년 6월 5일 「광부노역부조규칙 제11조 2의 특례에 관한 건」을 통해 잔여 석탄을 채굴하는 탄광의 경우에 16세 미만 연소자와 여성의 갱내 작업을 할 수 있도록 허용함으로써 일정한 수의 여성 노동자가 취업을 지속하였다.

그러던 중 1937년 중일전쟁이 시작되고, 노동력 부족이 심각해지자 일본 정부는 1938년 4월 「국가총동원법」을 제정하여 성인 남자의 동원을 시작으로 그 범위를 점차 여성과 학생, 아동으로 확대하였다. 1938년에 조직된 근로보국대의 경우 20~40세 남녀 모두 참가하도록 하였으며, 농촌의 여성들과 여학생들은 각종 작업에 동원되기 시작했다.

1938년 5월 12일에 제정한 「조선광부노무부조규칙」(조선총독부령 제97호)은 10시간 이내 노동시간 제한, 여성과 14세 미만 미성년자의 갱내 작업 금지 등을 규정하고 있다. 하지만 이것은 노동자의 격화된 투쟁을 진정시키려는 가식적인 수단에 불과했으며, 오히려 1941년에 접어들어 「조선광부노무부조규칙 제9조 특례의 건」을 발표함으로써 여성 노동력을 광산에 끌어들이려는 의도를 노골화하였다. 일본에서는 여성의 갱내 작업 연령을 25세 이상으로 제한한 데 비해 조선에서는 위의 특례 조치를 통해 16세 이상의 미성년 여성에게까지 갱내 작업을 확대하였다.

1939년 7월 각의결정 「1939년도 노무동원실시계획강령」에서는 여자 무업자(無業者), 1939년 3월에 소학교를 졸업한 자 그리고 조선인 이주자 등을 노동력 공급원으로 상정하였다.

실제로 이 무렵 탄광에 취업 중인 여성 노동자의 범위를 확대하는 특례 조치가 이루어졌다. 1939년 일제는 여성 노동자의 갱내 노동금지를 완화하는 「여자갱내취업에 관한 광부노역부조규칙 제11조 2의 제1항 특례에 관한 건」[1]을 발령하였고, 1941년 4월 부령(府令)으로 '여자광부갱내취업허가제'를 만들어 여성의 광부 취업을 본격 시행하였다.

이로써 광산 내 여성 노동자의 숫자는 다시 늘어나기 시작하여 1944년에 12만 2,471명에 달했다.[2] 그리고 1942년 후생성은 「여자갱내취업에 관한 광부노역부조규칙 제11조 2의 제1항 특례 효력연장에 관한 건」을 통해 여성 광부의 취업을 1947년까지 연장하였다.

1941년 11월에 공포된 「국민근로보국협력령」은 '근로 능력이 있는 전 국민을 국가의 중요한 업무에 동원한다'라는 목적 아래, 14세 이상 25세 미만의 젊은 여성을 전부 국민근로보국대에 편입시켰다. 국민근로보국대는 여성 노동력 동원이 확대되는 계기가 되었다.

전시체제기 여성을 동원하는 방법은 각종 국민정신총동원운동(國民精神總動員運動) 등으로 대표되는 국민교화(國民教化)정책, 자발적인 노무봉사를 가장한 보국대 또는 근로정신대(勤勞挺身隊) 조직과 활동의 독려 그리고 각의결정과 칙령 등의 방침과 법령에 의해 구현되었다.

1939년 1월 「국민직업능력신고령」(칙령 제5호)을 통해 16세 이상 25세 미만 여성의 등록을 의무화하여 노무동원에 필요한 여성 기능인의 실태를 파악하였다.

1941년 9월 각의결정 「1941년도 노무동원실시계획에 관한 건」에서 일제는 "여자에 대해서는 남자노동자의 대체로써 미혼 여자를 주로 대상으로 하며, 미혼 여자의 동원을 강화한다"고 규정하였다. 이에 따라 11월에 「국민근로보국협력령」이 공포되었는데, 여기에서 14~25세의 여성에 대해 1년에 30일 이내 범위에서 근로에 '협력'할 것을 강제하였다.

그해 12월에 태평양전쟁이 발발하면서 국민징용령이 실시되었지만 당시 이를 여성에 대해 실시하는 것은 당분간 유예되었을 뿐, 전세가 불리해지자 여성의 동원은 필연이 되었다.

일제는 1942년 5월 26일의 각의결정인 「국민동원실시계획 책정에 관한 건」을 통해 사무직원과 공무직원으로서 남자를 여성으로 대체할 것을 지시하였다. 이는 남자 노동력의 급속한 고갈을 반증하는 것이다. 이러한 조치는 해당 직종에 남자의 취업을 제한하거나 금지하고 여

---

1 광부의 아내나 가족인 25세 이상의 여성.

2 김경옥, 2019, 「전시기 일본 여성의 광산노동과 보육, 아키타현(秋田県) 하나오카(花岡)광산을 중심으로」, 『일본비평』 20호, 311~317쪽.

성으로 대체할 것을 강제하는 방침으로 이어졌다. 1943년 1월 20일의 각의결정인 '생산증강근로긴급대책요강'은 여성으로 대체할 수 있는 업종과 직종에 여성 사용 인원수 표준을 정하여 아예 남자의 취업을 제한하거나 금지하도록 지시하고 있다. 이는 여성의 동원을 본격적으로 강제하는 정책에 착수하는 것을 의미한다.

마침내 일제는 1943년 5월 3일의 각의결정인 '국민동원실시계획 책정에 관한 건'을 통해 '근로총력을 최고도로 발휘'하는 것을 목표로 '여자에 대해 강력하고 적극적으로 동원'할 방침을 정하였다. 이러한 방침에 따라 6월에 「국민근로보국협력령」을 개정하였는데, 여기에서 무직인 미혼 여성에 대해 3개월에서 6개월간 '근로봉사'를 강제하였다.

그리고 7월에는 '노무조정법'을 개정하여, 17개 업종에 대해 14세 이상 40세 미만 남자의 취업 제한 또는 금지가 결정되었다. 이후 남자의 취업을 제한 또는 금지한 업종을 비롯해 군수산업 분야에 이르기까지 여성의 근로동원은 노무동원의 주요한 대안으로 떠올랐다.

그 첫 번째 구체적 방법으로 등장한 것이 바로 지역별 '여자근로정신대(女子勤勞挺身隊)'의 조직이었다. 여자근로정신대는 기존의 근로보국대와 달리 여성을 상시 조직인 정신대에 편입시켜서 1년 내지 2년의 장기간에 걸쳐 노무를 강제하는 방법이었다.

일제는 1943년 9월 13일의 차관회의결정인 '여자근로동원의 촉진에 관한 건'을 통해 '자주적으로' 각 마을별로 여자근로정신대를 조직하게 하여 유휴(遊休) 여성을 동원한다는 방침을 하달하였다.

여학교 등에서는 주로 신규 졸업생을 동창회 단위로 정신대로 조직하고, 14세 이상의 미혼 여성은 부락회와 부인회 등을 단위로 정신대를 조직하여 군수공장 등에서 노무를 하도록 하였다. 여자정신대를 우선적으로 동원하는 작업장은 주로 항공기 제작 관련 공장, 정부 작업청, 관청 등이었고, 남자가 징용되어 노동력을 보충하는 직종이었다.

방침에는 '자주적'으로 조직하라고 했지만 사실상 모든 학교와 조직은 정신대를 조직해야 했고, 여기에서 참여를 거부할 수 있는 분위기가 아니었기 때문에 강제와 다름이 없었다.

곧이어 10월에 내각은 '생산증강노무강화대책요강'을 통해 중류계급의 유휴 노동력을 전면적으로 동원하라고 지시하였다. 그 주요 내용은 "부인동원을 강화하라"는 것이었다.

이는 곧 여자근로정신대 조직의 형태로 발전했으며, 결과적으로 「여자정신근로령」의 제정으로 이어졌다. 「여자정신근로령」의 실시는 이전의 여성 노동력 동원과는 근본적으로 다른 것이다. 기존의 여성 노동력 동원은 명목상 '자발', '자원', '협력'을 가장한 형태였다면, 「여자정신근로령」은 법령을 통해 여성의 신병(身柄) 그 자체를 국가가 노골적으로 구속하고 강제하는 제도이기 때문이다.[3]

1944년에 접어들어 국민동원계획의 강화를 위해 「긴급국민근로동원 방책요강(1944년 1월 8일)」, 「근로앙양 방책요강(1944년 3월 18일)」, 「여자정신대제도강화방책요강(1944년 3월 18일)」 등 일련의 각의결정을 통해 여성과 학생학도동원의 강제적 운용과 실시의 철저가 제시되었다.

이 무렵 일본 육군도 여자정신대 결성과 동원을 후생성 등 관련 부처에 요구하며 법령 제정을 사실상 지시하였다. 1944년 육군성이 작성한 '근로사찰조사관계자료(勤勞査察調査關係資料)'에 수록된 자료에 따르면, 「여자정신대에 의한 근로협력에 관한 칙령안 요강(자료 13)」, 「여자정신대 결성 및 출동 상황」이 제시되고 있다.

이에 따라, 「국민직업능력신고령」의 개정에 의한 징용제의 정비, 여자근로정신대 제도의 강화 등의 후속 조치가 이루어졌다. 여자근로동원의 구체적 방법으로서 '정신대' 제도를 적극 도입할 것을 처음으로 지시하고, 학교와 지역별로 정신대를 조직하고 운영하는 데 필요한 법적 조치를 강구할 것을 지시하였다. 이로써 「국민근로보국협력령」(14세~25세의 미혼여성), 「여자정신근로령」(12세~40세의 미혼여성) 등의 법령이 제정되었다.

마침내 1944년 8월 23일 「여자정신근로령」이 조선에 공포·시행되었다. 이는 여자정신대의 편입과 노무를 칙령으로 강제한 것이다. 정신대 편입과 취업명령 등에 관한 영서(令書)를 받은 자가 여기에 응하지 않을 경우 1년 이하의 징역 또는 1,000엔 이하의 벌금형을 받도록 하였다.

1944년 11월에 이르러 일제는 후생차관의 통첩으로 「여자징용 실시 및 여자정신대 출동기간 연장에 관한 건」을 전국에 하달하였는데, 이는 남자가 징용된 공장에서 노무 중인 여성과 군수회사로 지정된 공장에서 노무 중인 여성을 '징용'으로 전환하고, 여자정신대의 출동기간을 1년 더 연장하고 당초의 연령 제한을 없애는 조치이다.[4]

---

3 허광무·정혜경·김미정 지음, 2022, 『일제의 전시 조선인 노동력 동원』 일제침탈사연구총서 사회 34, 동북아역사재단, 253~473쪽 참조.

4 이상, 2008, 일제강점하강제동원피해진상규명위원회 편, 『조선여자근로정신대, 그 경험과 기억』; 김미정, 2015, 「전시체제기 조선총독부의 여성 노동력 동원정책과 실태」, 고려대학교대학원박사학위논문; 장미화, 2007, 「일본의 아시아·태평양전쟁기 여성동원정책에 관한 연구」, 한양대학교국제학대학원박사논문 참조.

1944년 말부터 1945년도에 접어들면서 대도시와 주요 산업시설이 공습으로 파괴되고 내지와 조선 등 외지로부터의 신규 노동력 공급원이 사실상 고갈되자 기존의 총동원계획과 국민동원계획의 이행이 불가능한 지경에 이르렀다.

이에 일제는 비상계획과 결전태세로 전환하여 노동력 동원에 관한 여러 법령을 「국민근로동원령」으로 통폐합하였다. 이는 학교와 학생학도에 관한 동원 관련 법령, 「국민징용령」, 「노무조정령」, 「국민근로보국협력령」, 「여자정신근로령」 등을 모두 폐지하고, 그 내용을 통합한 것으로써 사실상 성별과 계층을 망라한 전 국민의 무제한 총동원 법령이라 할 수 있다.[5]

이에 따라, 기혼여성도 국방부인회, 애국부인회, 연합부인회 그리고 1942년부터는 이들 단체를 통합한 대일본부인회라는 부인단체에 소속되어 전쟁협력에 임하였다.[6]

이하에 번역, 수록한 주요 법령과 각의결정 등의 목록은 다음 표와 같다.

번호	법령 및 각의결정 등의 명칭	형태	제정·공포·결정일	쪽수
114	광부노역부조규칙 제11조 2의 특례에 관한 건	내무성령	1933.6.5.	632
115	여자갱내취업에 관한 광부노역부조규칙 제11조 2 제1항의 특례에 관한 건	후생성령	1939.8.29.	634
116	국민근로동원계획 및 근로수급 중 여자동원	후생성	1941.	636
117	조선광부노무부조규칙 제9조 특례에 관한 건	조선총독부령	1941.4.19.	638
118	여자갱내취업에 관한 광부취업부조규칙 제11조 2 제1항의 특례 효력연장에 관한 건	후생성령	1942.3.31.	640
119	여자갱내취업에 관한 광부취업부조규칙 제11조 2 제1항의 특례에 관한 건 개정	후생성령	1942.3.31.	642
120	여자근로동원의 촉진에 관한 건	차관회의결정	1943.9.13.	645
121	여자근로동원에 관한 계발선전요령	정보국 명령	1943.9.	650
122	여자정신대에 의한 근로협력에 관한 칙령안 요강	육군성 자료	1944.	652
123	여자정신대 결성 및 출동 상황	육군성 자료	1944.	656

5 이상, 김승태, 2009, 『중일전쟁 이후 전시체제와 수탈』 한국독립운동의 역사 제7권, 독립기념관 한국독립운동사연구소, 253~268쪽 참조.

6 김경옥, 앞의 글, 311쪽.

124	조선여자청년연성소규정	조선총독부령	1944.2.10.	659
125	여자정신대제도강화방책요강	각의결정	1944.3.18.	664
126	여자정신대수입측조치요강	차관회의결정	1944.6.22.	667
127	즉시 시행할 중요사항 및 현안사항에 관한 건	후생성	1944.7.28.	673
128	여자정신근로령	칙령	1944.8.22.	678
129	여자정신근로령시행규칙	후생성 · 군수성령	1944.8.23.	683
130	여자근로동원의 촉진에 관한 건 통첩	문부성 · 후생성 국장통첩	1944.10.15.	688
131	여자정신대원 취급에 관한 건, 관계 육군부대에 대한 통첩	육군성 통첩	1944.12.18.	694

〈오일환〉

자료 114

광부노역부조규칙 제11조 2의 특례에 관한 건	
구분	내무성령 제16호
법령명/건명	광부노역부조규칙 제11조 2의 특례에 관한 건 鑛夫勞役扶助規則 第11條ノ2ノ特例二関スル件
제정·개정·결정·폐지 연월일	공포 1933년 6월 5일
구성	본문 1개 조항, 부칙
선행 규범·법령	광부노역부조규칙(1916.8.3. 농상무성령 제21호)
원문 일부	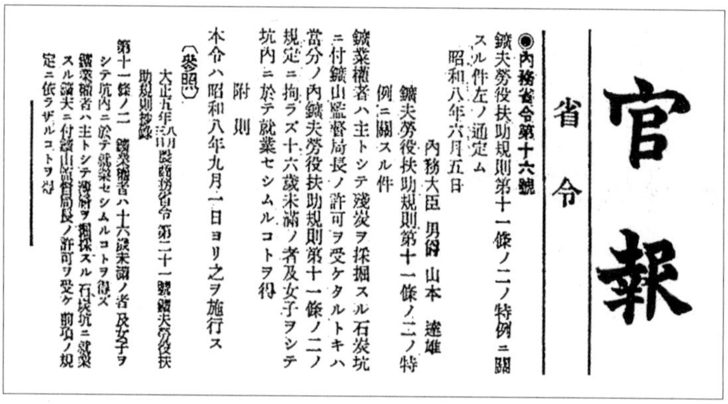 官報 省令 ◉內務省令第十六號 鑛夫勞役扶助規則第十一條ノ二ノ特例ニ關スル件左ノ通定ム 昭和八年六月五日 內務大臣 男爵 山本 達雄 鑛夫勞役扶助規則第十一條ノ二ノ特例ニ關スル件 鑛業權者ハ主トシテ殘炭ヲ採掘スル石炭坑ニ付鑛山監督局長ノ許可ヲ受ケタルトキハ當分ノ內鑛夫勞役扶助規則第十一條ノ二ノ規定ニ拘ラズ十六歲未滿ノ者及女子ヲシテ坑內ニ於テ就業セシムルコトヲ得 附則 本令ハ昭和八年九月一日ヨリ之ヲ施行ス 〔參照〕 大正五年八月三日農商務省令第二十一號鑛夫勞役扶助規則抄錄 第十一條ノ二 鑛業權者ハ十六歲未滿ノ者及女子ヲシテ坑內ニ於テ就業セシムルコトヲ得ズ 鑛業權者ハ主トシテ殘炭ヲ採掘スル石炭坑ニ就業スル鑛夫ニ付鑛山監督局長ノ許可ヲ受ケ前項ノ規定ニ依ラザルコトヲ得
주요 내용 및 특징	○ 잔여 석탄의 채굴에 한하여, 여성과 16세 미만 연소자의 취업을 허용함. ○ 기존의 「광부노역부조규칙」 제7조에서 여성과 16세 미만 연소자의 갱내 작업과 야간 작업을 엄격히 제한했는데, 특례를 통해 여성과 16세 미만의 취업을 다시 허용한 것임.
법령 적용 범위	제국 전역
관련 법령 통합·폐지 사항	
유사·파생 법령	여성갱내취업에 관한 광부노역부조규칙 제11조 2 제2항 특례에 관한 건(1939년 후생성령 제28호)

내무성령 제16호

1933년 6월 5일

광부노역부조규칙 제11조 2 특례에 관한 건

제1조 광업권자는 주로 잔여 석탄을 채굴하는 석탄광에 대해서는 광산감독국장의 허가를 받으면 당분간 광부노역부조규칙 제11조 2의 규정에도 불구하고 16세 미만인 자와 여자를 갱내에 취업시킬 수 있다.

부칙

본령은 1933년 9월 1일부터 이를 시행한다.

참조

1916년(大正5年) 8월 3일 농상무성령 제21호 광부노역부조규칙 초록.

제11조 2 광업권자는 16세 미만인 자와 여자를 갱내에서 취업시킬 수 없다.

광업권자는 주로 얇은 탄층을 채굴하는 석탄광에 취업하는 광부에 대해 광산감독국장의 허가를 받으면, 전항의 규정에 제한을 받지 않을 수 있다.

자료 115

여자갱내취업에 관한 광부노역부조규칙 제11조 2 제1항의 특례에 관한 건	
구분	후생성령 제28호
법령명/건명	여자갱내취업에 관한 광부노역부조규칙 제11조 2 제1항의 특례에 관한 건 女子坑內就業二関スル鑛夫勞役扶助規則第十一條ノ二第一項ノ特例二関スル件
제정 · 개정 · 결정 · 폐지 연월일	공포 1939년 8월 29일
구성	본문 2개 조항, 부칙
선행 규범 · 법령	광부노역부조규칙(1916.8.3. 농상무성령 제21호)
원문 일부	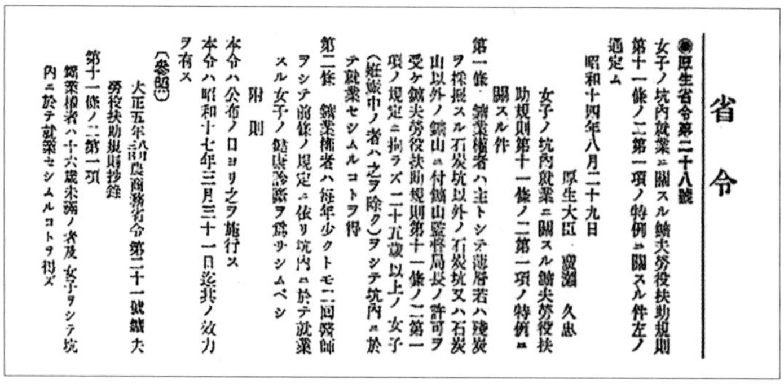 省令 ◉厚生省令第二十八號 女子ノ坑內就業ニ關スル鑛夫勞役扶助規則第十一條ノ二第一項ノ特例ニ關スル件左ノ通定ム 昭和十四年八月二十九日 厚生大臣 廣瀨 久忠 女子ノ坑內就業ニ關スル鑛夫勞役扶助規則第十一條ノ二第一項ノ特例ニ關スル件 第一條 鑛業權者ハ主トシテ薄層若ハ殘炭ヲ採掘スル石炭坑以外ノ石炭坑又ハ石炭山以外ノ鑛山ニ付鑛山監督局長ノ許可ヲ受ケ鑛夫勞役扶助規則第十一條ノ二第一項ノ規定ニ拘ラズ二十五歲以上ノ女子(妊娠中ノ者ハ之ヲ除ク)ヲシテ坑內ニ於テ就業セシムルコトヲ得 第二條 鑛業權者ハ毎年少クトモ二回醫師ヲシテ前條ノ規定ニ依リ坑內ニ於テ就業スル女子ノ健康診斷ヲ爲サシムベシ 附 則 本令ハ公布ノ日ヨリ之ヲ施行ス 本令ハ昭和十七年三月三十一日迄其ノ效力ヲ有ス (參照) 大正五年八月農商務省令第二十一號鑛夫勞役扶助規則抄錄 第十一條ノ二第一項 鑛業權者ハ十六歲未滿ノ者及女子ヲシテ坑內ニ於テ就業セシムルコトヲ得ズ
주요 내용 및 특징	○ 얇은 탄층과 잔여 석탄의 채굴인 경우 25세 이상 여성의 취업을 허용함. ○ 기존에 특정한 탄광에서만 여성과 미성년자의 취업을 허용했던 것을 25세 이상 여성의 취업으로 확대함.
법령 적용 범위	제국 전역
관련 법령 통합 · 폐지 사항	
유사 · 파생 법령	조선광부노무부조규칙 제9조 특례에 관한 건(1941년 조선총독부령 제120호)

후생성령 제16호

1939년 8월 29일

여자갱내취업에 관한 광부노역부조규칙 제11조 2 제1항의 특례에 관한 건

제1조 광업권자는 주로 얇은 탄층 또는 잔여 석탄을 채굴하는 석탄광 외의 석탄광 또는 석탄산 외의 광산에 대해서는 광산감독국장의 허가를 받으면, 광부노역부조규칙 제11조 2 제1항의 규정에도 불구하고 25세 이상인 여자(임신 중인 자는 제외한다)를 갱내에 취업시킬 수 있다.

제2조 광업권자는 매년 적어도 2회에 걸쳐 의사가 전항의 규정에 따라 갱내에 취업하는 여자의 건강진단을 하도록 해야 한다.

부칙

본령은 공포한 날로부터 이를 시행한다.

본령은 1942년 3월 31일까지 효력이 있다.

참조

1916년 8월 3일 농상무성령 제21호 광부노역부조규칙 초록.

제11조 2 제1항

광업권자는 16세 미만인 자와 여자를 갱내에서 취업시킬 수 없다.

자료 116

국민근로동원계획 및 근로수급 중 여자동원	
구분	후생성 작성
법령명/건명	국민근로동원계획 및 근로수급 중 여자동원 國民勤勞動員計劃竝勤勞需給 中 女子動員
제정·개정·결정·폐지 연월일	1941년
구성	
선행 규범·법령	국민근로동원계획 및 근로수급(1941년 후생성)
원문 일부	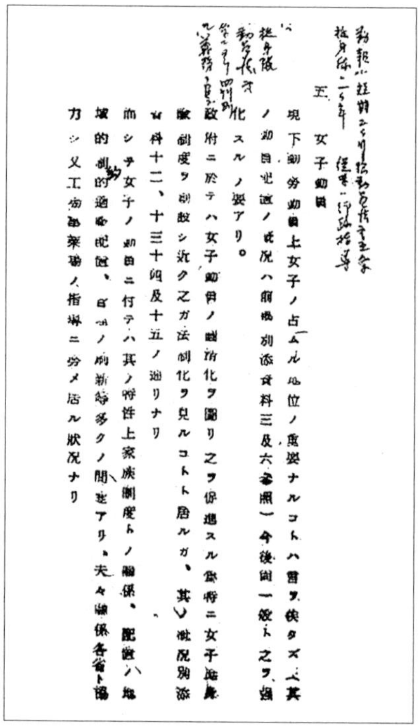 五、女子動員 現下勤労動員上女子ノ占ムル地位ノ重要ナルコトハ言ヲ俟タズ、其 ノ動員状態ノ状況ハ前掲 別添資料三及六参照）今後益々一般トシテ之ヲ強 化スルノ要アリ。 政府ニ於テハ女子動員ノ強力化ヲ図リ之ヲ促進スル為将ニ女子挺身 隊制度ヲ創設シ近ク之ガ法制化ヲ見ルコト居ルガ、其ノ状況別添 資料十二、十三十四及十五ノ通リナリ 而シテ女子ノ動員ニ付テハ其ノ特性上家族制度トノ関係、配置ハ地 域的、職的適正配置、自己ノ希望等多クノ問題アリ、夫々関係各省ト協 力シ又工場事業場ノ指導ニ努メ居ル状況ナリ
주요 내용 및 특징	○ 여자근로정신대 창설과 법제화를 기획하고 준비하는 것을 검토함.
법령 적용 범위	제국 전역
관련 법령 통합·폐지 사항	
유사·파생 법령	

厚生省

1941년

국민근로동원계획 및 근로수급 중 여자동원

5. 여자동원

현재 근로동원에서 여자가 차지하는 지위가 중요하다는 점은 이론의 여지가 없다(여자의 동원 배치 개황은 앞에서 별첨한 자료 3과 6을 참조할 것). 앞으로 일반적으로 이를 강화한다는 요지가 있었다.

정부에서는 여자동원의 원활을 기하고, 이를 촉진하기 위해 특별히 여자정신대제도를 창설하여 조만간 이를 법제화하고자 하는데, 그 개황은 별도 자료 12, 13, 14 및 15와 같다.

그리고 여자의 동원에 대해서는 그 특성상 가족제도의 관련, 배치 지역의 제약, 적절한 직장 배치, 위생의 쇄신 등 많은 문제가 있으며, 각각 관계 성청과 협력하고 또한 공장·사업장의 지도에 힘쓰고 있는 상황이다.

자료 117

조선광부노무부조규칙 제9조 특례에 관한 건	
구분	조선총독부령 제120호
법령명/건명	조선광부노무부조규칙 제9조 특례에 관한 건 朝鮮鑛夫勞務扶助規則第九條ノ特例二関スル件
제정·개정·결정·폐지 연월일	공포 1941년 4월 19일
구성	본문 3개 조항, 부칙
선행 규범·법령	광부노역부조규칙(1916년 농상무성령 제21호) 조선광부노무부조규칙(1938년 조선총독부령 제17호)
원문 일부	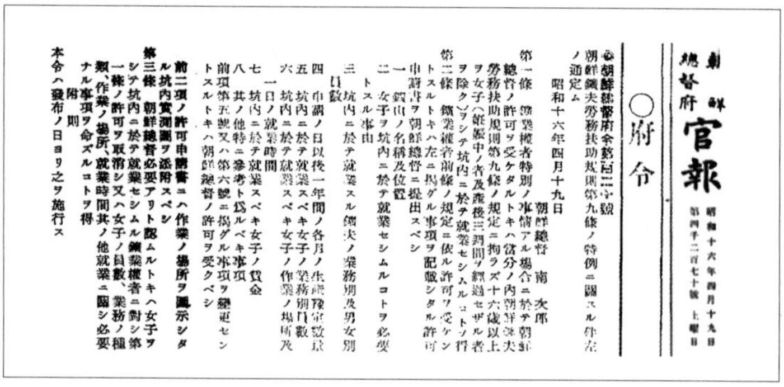 朝鮮總督府官報 昭和十六年四月十九日 土曜日 第四千二百七十號 ○府令 朝鮮總督府令第百二十號 朝鮮鑛夫勞務扶助規則第九條ノ特例ニ關スル件左ノ通定ム 昭和十六年四月十九日 朝鮮總督 南 次郎 第一條 鑛業權者特別ノ事情アル場合ニ於テ朝鮮總督ノ許可ヲ受ケタルトキハ當分ノ内朝鮮鑛夫勞務扶助規則第九條ノ規定ニ拘ラズ十六歳以上ノ女子(姙娠中ノ者及産後三月間ヲ經過セザル者ヲ除ク)ヲシテ坑内ニ於テ就業セシムルコトヲ得 第二條 鑛業權者前條ノ規定ニ依ル許可ヲ受ケントスルトキハ左ニ揭グル事項ヲ記載シタル許可申請書ヲ朝鮮總督ニ提出スベシ 一 鑛山ノ名稱及位置 二 女子ヲ坑内ニ於テ就業セシムルコトヲ必要トスル事由 三 坑内ニ於テ就業スル鑛夫ノ業務別及男女別員數 四 申請ノ日以後一年間ノ各月ノ生産豫定數量 五 坑内ニ於テ就業スベキ女子ノ業務別員數 六 坑内ニ於テ就業スベキ女子ノ作業ノ場所及一日ノ就業時間 七 坑内ニ於テ就業スベキ女子ノ賃金 八 其ノ他特ニ參考ト爲ルベキ事項 前項第五號又ハ第六號ニ揭グル事項ヲ變更セントスルトキハ朝鮮總督ノ許可ヲ受クベシ 前二項ノ許可申請書ニハ作業ノ場所ヲ圖示シタル坑内實測圖ヲ添附スベシ 第三條 朝鮮總督必要アリト認ムルトキハ女子ヲシテ坑内ニ於テ就業セシムル鑛業權者ニ對シ第一條ノ許可ヲ取消シ又ハ女子ノ員數、業務ノ種類、作業ノ場所、就業時間其ノ他就業ニ關シ必要ナル事項ヲ命ズルコトヲ得 附 則 本令ハ發布ノ日ヨリ之ヲ施行ス
주요 내용 및 특징	○ 16세 이상 조선 여성의 갱내 작업을 허용함. ○ 일본의 경우 25세 이상 여성의 갱내 작업으로 제한한 데 비해, 조선에서는 16세 이상의 미성년 여성까지 탄광 등에 동원하고자 함.
법령 적용 범위	조선
관련 법령 통합·폐지 사항	
유사·파생 법령	

조선총독부령 제120호

1941년 4월 19일

조선광부노무부조구칙 제9조 특례에 관한 건

제1조 광업권자가 특별한 사정이 있는 경우에 조선총독의 허가를 받은 때는 당분간 조선노무부조규칙 제9조의 규정에도 불구하고 16세 이상 여자(임신 중인 자와 산후 3개월을 경과하지 않은 자를 제외한다)를 갱내에서 취업시킬 수 있다.

제2조 광업권자가 전조의 규정에 따라 허가를 받기 위해서는 다음에 열거하는 사항을 기재한 허가신청서를 조선총독에게 제출해야 한다.

1. 광산의 명칭 및 위치
2. 여자를 갱내에 취업시켜야 할 사유
3. 갱내에 취업하는 광부의 업무별 및 남녀별 인원수
4. 신청일 이후 1년간 매월 생산 예정 수량
5. 갱내에 취업할 여자의 업무별 인원수
6. 갱내에 취업할 여자의 작업 장소 및 1일 취업시간
7. 갱내에 취업할 여자의 임금
8. 기타 특별히 참고해야 할 사항

전항 제5호 또는 제6호에 열거하는 사항을 변경할 때는 조선총독의 허가를 받아야 한다.

제2항의 허가신청서에는 작업 장소를 그림으로 나타내는 갱내 실측도를 첨부해야 한다.

제3조 조선총독은 필요하다고 인정한 때에 여자를 취업시킨 광업권자에 대해 제1조의 허가를 취소하거나 여자의 인원수, 업무의 종류, 작업 장소, 취업시간, 기타 취업에 관하여 필요한 사항을 명령할 수 있다.

부칙

본령은 공포한 날로부터 이를 시행한다.

자료 118

여자갱내취업에 관한 광부취업부조규칙 제11조 2 제1항의 특례 효과연장에 관한 건	
구분	후생성령 제17호
법령명/건명	여자갱내취업에 관한 광부취업부조규칙 제11조 2 제1항의 특례 효과연장에 관한 건 女子坑内就業二關ル鑛夫就業扶助規則第十一條ノ二第一項ノ特例ノ效力延長二關スル件
제정·개정·결정·폐지 연월일	공포 1942년 3월 31일
구성	본문 1개 조항, 부칙
선행 규범·법령	여자갱내취업에 관한 광부취업부조규칙 제11조 2 제2항의 특례에 관한 건 (1939년 후생성령 제28호)
원문 일부	◉厚生省令第十七號 女子ノ坑內就業ニ關スル鑛夫就業扶助規則第十一條ノ二第一項ノ特例ノ效力延長ニ關スル件左ノ通定ム 昭和十七年三月三十一日 厚生大臣 小泉 親彥 女子ノ坑內就業ニ關スル鑛夫就業扶助規則第十一條ノ二第一項ノ特例ノ效力延長ニ關スル件 昭和十四年厚生省令第二十八號女子ノ坑內就業ニ關スル鑛夫就業扶助規則第十一條ノ二第一項ノ特例ニ關スル件ハ昭和二十二年三月三十一日迄其ノ效力ヲ有ス 附 則 本令ハ公布ノ日ヨリ之ヲ施行ス 官報 第四五六五號 昭和十七年三月三十一
주요 내용 및 특징	○ 얇은 탄층과 잔여 석탄의 채굴인 경우 25세 이상 여성의 취업을 허용하고, 탄광에서 25세 이상 여성의 취업을 허용했던 효력을 1947년까지 연장함.
법령 적용 범위	제국 전역
관련 법령 통합·폐지 사항	
유사·파생 법령	

후생성령 제17호

1942년 3월 31일

여자갱내취업에 관한 광부노역부조규칙 제11조 2 제1항의 특례 효력연장에 관한 건

1939년 8월 후생성령 제28호 여자갱내취업에 관한 광부취업부조규칙 제11조 2 제1항의 특례에 관한 건의 효력을 1947년 3월 31일까지 연장한다.

부칙

본령은 공포한 날로부터 이를 시행한다.

자료 119

여자갱내취업에 관한 광부취업부조규칙 제11조 2 제1항의 특례에 관한 건 개정	
구분	후생성령 제18호
법령명/건명	여자갱내취업에 관한 광부취업부조규칙 제11조 2 제1항의 특례에 관한 건 개정 女子坑內就業二關ル鑛夫就業扶助規則第十一條ノ二第一項ノ特例二關スル件改正
제정 · 개정 · 결정 · 폐지 연월일	공포 1942년 3월 31일
구성	본문 6개 조항, 부칙
선행 규범 · 법령	여자갱내취업에 관한 광부취업부조규칙 제11조 2 제2항의 특례에 관한 건(1939년 후생성령 제28호)
원문 일부	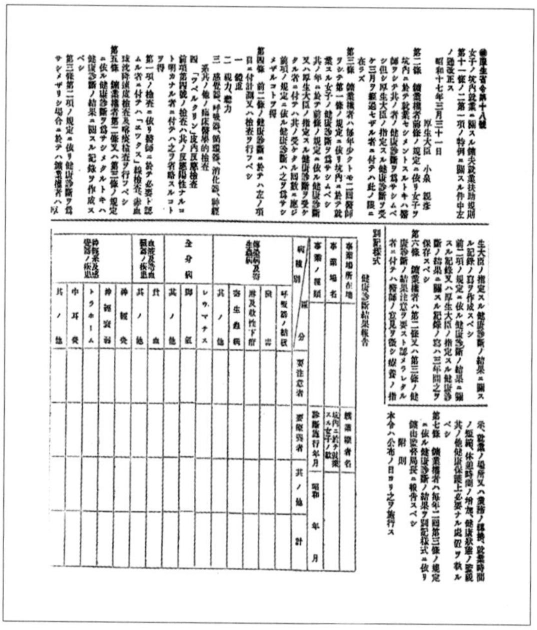
주요 내용 및 특징	○ 광부로 취업한 여성에 대해 광업권자가 매년 2회 의사의 건강진단을 하도록 지시하고, 건강에 필요한 조치를 취하도록 지시함.
법령 적용 범위	제국 전역
관련 법령 통합 · 폐지 사항	
유사 · 파생 법령	

후생성령 제18호

1942년 3월 31일

여자갱내취업에 관한 광부노역부조규칙 제11조 2 제1항의 특례에 관한 건 개정

제2조 광업권자가 전조의 규정에 따라 여자를 갱내에 취업시키고자 할 때는 의사가 그의 건강진단을 해야 한다. 다만 후생대신이 지정하는 건강진단을 받아 3개월이 경과하지 않은 자에 대해서는 여기에 제한을 받지 않는다.

제3조 광업권자는 매년 적어도 2회, 의사로 하여금 제1조의 규정에 따라 갱내에 취업하는 여자의 건강진단을 하게 해야 한다.

그해에 전조의 규정에 따라 건강진단 또는 후생대신이 지정하는 건강진단서를 받은 자에 대해서는 건강진단을 받는 회수에 따라 전항의 규정에 따른 건강진단을 하지 않을 수 있다.

제4조 위의 2개 조의 건강진단에는 다음 항목에 대해 계측하거나 검사를 실시해야 한다.

1. 체중
2. 시력, 청력
3. 감각기관, 호흡기관, 순환기관, 소화기관, 신경계, 기타 임상의학적 검사
4. 투베르쿨린 반응검사[7]

전항 제4호의 검사는 양성반응이 명확한 자에 대해서는 이를 생략할 수 있다.

제1항의 검사에 따라 의사가 필요하다고 인정하는 자에 대해서는 엑스레이선 검사, 적혈구 검사, 객담(가래) 검사를 실시해야 한다.

제5조 광업권자가 제2조 또는 제3조의 규정에 따른 건강진단을 하고자 할 때는 건강진단의 결과에 관한 기록을 작성해야 한다.

---

7 투베르쿨린 검사(Tuberculin test)는 결핵의 감염 여부를 판단하는 검사 방법의 하나이다.

제3조 제2항의 규정에 따라 건강진단을 하지 않을 경우에는 광업권자는 후생대신이 지정하는 건강진단의 결과에 관한 기록의 사본을 작성해야 한다.

위 2개항의 규정에 따른 건강진단 결과에 관한 기록 또는 후생대신이 지정하는 건강진단의 결과에 관한 기록의 사본은 3년간 보존해야 한다.

제6조 광업권자는 제2조 또는 제3조의 건강진단 결과, 주의가 필요하다고 인정되는 자에 대해서는 의사의 의견을 구하여 요양(療養)의 지시, 취업 장소 또는 업무의 전환, 취업시간의 단축, 휴식시간의 증가, 건강상태의 감시, 기타 건강보호에 필요한 처치를 해야 한다.

제7조 광업권자는 매년 2회 제3조의 규정에 따른 건강진단 결과를 별도 양식에 따라 광산감독국장에게 보고해야 한다.

부칙

본령은 공포한 날로부터 시행한다.

자료 120

여자근로동원의 촉진에 관한 건	
구분	차관회의결정 內閣閣甲 제289호
법령명/건명	여자근로동원의 촉진에 관한 건 女子勤勞動員の促進に關する件
제정 · 개정 · 결정 · 폐지 연월일	1943년 9월 13일
구성	본문 8개 조항 및 세부 항목
선행 규범 · 법령	각의결정 '여자정신대제도강화방책요강'(1944.3.18.)
원문 일부	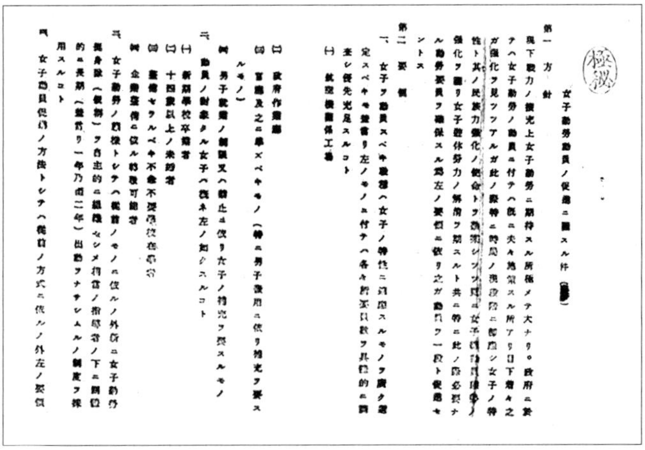 極秘 女子勤勞動員ノ促進ニ關スル件 [illegible] 第一 方針 現下戰力ノ增強上女子勤勞ニ期待スル所極メテ大ナリ。政府ニ於テハ女子勤勞ノ動員ニ付テハ既ニ夫々施策スル所アリ目下着々之ガ強化ヲ見ツツアルガ此ノ際特ニ時局ノ現段階ニ鑑ミ女子ノ特性ト其ノ民族力強化ノ使命トヲ調和シツツ更ニ女子[illegible]ノ強化ヲ圖リ女子遊休勞力ノ解消ヲ期スルト共ニ特ニ此ノ際必要ナル勤勞要員ヲ確保スル爲左ノ要領ニ依リ之ガ動員ヲ一段ト促進セントス 第二 要領 一、女子ヲ動員スベキ職種ハ女子ノ特性ニ適應スルモノヲ廣ク選定スベキモ差當リ左ノモノニ付テハ各々所要員數ヲ具體的ニ調査シ優先充足スルコト (一) 航空機關係工場 (二) 政府作業廳 (三) 官廳及之ニ準ズベキモノ（特ニ男子徵用ニ依リ補充ヲ要スルモノ） (四) 男子就業ノ制限又ハ禁止ニ依リ女子ノ補充ヲ要スルモノ 二、動員ノ對象タル女子ハ概ネ左ノ如クスルコト (一) 新規學校卒業者 (二) 十四歲以上ノ未婚者 (三) 整備セラルベキ不急不要學校在學者 (四) 企業整備ニ依ル轉職可能者 三、女子勤勞ノ動員トシテハ從前ノモノニ依ルノ外新ニ女子勤勞挺身隊（假稱）ヲ自主的ニ組織セシメ相當ノ指導者ノ下ニ團體的ニ長期（差當リ一年乃至二年）出動ヲナサシムルノ制度ヲ採用スルコト 四、女子動員促進ノ方法トシテハ從前ノ方式ニ依ルノ外左ノ要領
주요 내용 및 특징	○ 노무자원이 고갈된 가운데 여성을 동원하기 위해 각 마을별로 여자근로정신대를 자주적으로 조직하라는 일제 당국의 첫 번째 지시 ○ 14세 이상의 여학생과 미혼 여성을 여자근로정신대라는 명목으로 항공기 관공장, 총동원 업무 작업장 등에 동원하라는 것이 주요 골자 ○ 이미 조선에서는 여자근로정신대가 조직되어 있었지만, 차관회의결정 이후 기존의 여자근로정신대가 「여자정신근로령」(칙령 제519호)으로 법제화됨.
법령 적용 범위	일본 및 조선
관련 법령 통합 · 폐지 사항	
유사 · 파생 법령	여자정신근로령(1944년 칙령 제519호) 여자정신근로령시행규칙(1944년 후생성 · 군수성령 제4호) 국민근로동원령(1945년 칙령 제94호)

차관회의결정

1943년 9월 13일

여자근로동원의 촉진에 관한 건

제1 방침

현재 전력(戰力)의 확충을 위해 여자근로에 기대하는 바가 매우 크다. 정부에서는 여자근로의 동원에 대해서 이미 각각의 시책을 펴 왔으며 현재 착착 그것들이 강화되어가고 있지만, 현 단계의 시국에 즉각 대응하고 여자의 특성과 민족력(民族力) 강화라는 사명을 감안한 여자총동원 태세를 강화하기 위해 여자 유휴노동력의 해소를 기하는 동시에, 특히 지금 필요한 노무동원 요원을 확보하기 위해, 다음의 요령에 따라 여자의 동원을 한층 더 촉진하고자 한다.

제2 요령

1. 여자를 동원할 직종은 여자의 특성에 적합한 것을 폭넓게 선정하되, 당분간 다음에 대해서는 각각 필요한 요원 수를 구체적으로 조사하여 우선적으로 충족할 것
   (1) 항공기 관련 공장
   (2) 정부 작업청(作業廳)
   (3) 관청 및 이에 준하는 곳(특히 남자를 징용함에 따라 보충이 필요한 곳)
   (4) 남자 취업의 제한 또는 금지에 따라 여자의 보충이 필요한 곳
2. 동원 대상인 여자는 대개 다음과 같다.
   (1) 신규 학교 졸업자
   (2) 14세 이상의 미혼자

(3) 정비(整備)[8]되어야 하는 불요불급한 학교의 재학생

(4) 기업의 정비에 따른 전직(轉職) 가능자

3. 여자근로의 형태는 기존의 방식 외에 새로 '여자근로정신대(가칭)'를 자주적으로 조직하게 하고, 적당한 지도자 아래에 단체별로 장기간(당분간 1년 내지 2년)에 걸쳐 출동시키는 제도를 채용할 것

4. 여자동원을 촉진하는 방법으로는 종전의 방식 외에 다음의 요령에 따를 것

(1) 도·청·부·현의 지도 아래 시구정촌의 장이 이들의 취직을 장려하는 데 극력 힘쓸 것 위의 경우에 정내회(町內會), 부락회(部落會), 도나리구미(隣組), 부인회(婦人會), 학교장 등이 적극적으로 협력하도록 할 것.

(2) 학교 졸업자를 대상으로 하는 여자정신대에 대해서는 도·청·부·현의 지도 아래 학교장 등을 중심으로 곧바로 결성하여 지도하도록 할 것.

(3) 식량 증산에 필요한 농촌여성의 노동력을 확보해 둘 것.

5. 여자동원의 실효를 거두기 위해서 황국 본래의 가족제도와 여자의 특성을 고려하되, 특히 풍기(風紀)의 견지, 품위 향상, 보건 등에 유의하고 대체로 다음의 방침에 따라 여자근로관리에 창의력과 노력을 더욱 기울여 이를 쇄신 강화하도록 할 것.

(1) 기숙사와 기타 적당한 수용시설이 있는 곳이 아닌 경우에는 자택에서 통근할 수 있는 자로 한정할 것.

(2) 여자종업원을 위한 탈의실, 세면장, 변소 등은 남자종업원과 구분하여 설치하도록 할 것.

(3) 여자종업원을 위한 기숙사를 설치할 경우에는 남자 기숙사와 떨어진 곳에 설치하는 외에 가정적으로 기숙사를 관리하는 동시에 설비에 대해서는 특별히 여자의 특성을 고려하도록 할 것.

(4) 여자의 능력과 경험에 따라 책임을 질 수 있도록 직장을 배치하는 동시에 승진할 수 있는 길을 열어줄 것.

(5) 여자의 취업시간, 휴게시간, 작업 시작과 종료 시각, 휴일 등에 대해 특단의 배려를

8 이 무렵의 '정비'란 사실상 통폐합에 의한 중지, 폐쇄 등의 조치를 가리킨다.

하는 동시에 통근에 필요한 조치를 강구할 것.

(6) 여자의 임금 수준 인상을 위해 임금통제 규정에 대해 필요한 조치를 강구할 것.

(7) 여자종업원을 배치할 때는 자질을 균일하게 발휘하도록 노력하는 동시에 가급적 여자종업원끼리만 작업할 수 있도록 직장과 작업방식 등에 대해 신경을 쓸 것.

(8) 여자가 다수 근무하는 직장과 여자 기숙사에는 적당한 여자 지도자를 둘 것.

(9) 여자종업원에 대해서는 필요한 기초훈련과 간이(簡易) 기술교육을 받게 하여 기술을 증진하도록 할 것.

(10) 여자종업원은 가정주부로서 갖춰야 태도와 기타 여자로서의 몸가짐에 필요한 시설을 하고 수양을 게을리하지 않도록 할 것.

(11) 여자정신대에 대해서는 단체로서의 확실한 관리와 대원을 보호하는 방법을 강구할 것.

6. 상시 동원에 필요한 요원 수를 확보하는 외에 여자 노동력의 전면적인 전력화를 도모하기 위해 가사 노동력을 극도로 압축하고, 이를 국민공동근로시설에 동원하도록 할 것.

7. 5에서 열거한 근로관리 쇄신사항 외에 다음에 열거하는 사항에 대해서는 특별히 고려할 것.

(1) 문부성에서는 고등여자학교와 여자전문학교 재학 중에 필요한 직업과 지식을 갖게 하는 동시에 특별히 보도(保導)가 필요한 작업을 위해서는 보도시설의 확충을 도모할 것.

(2) 탁아소 설치, 임산부 가정, 환자가 있는 가정 등을 위해 여자근로 조직을 정비하는 등 여자근로동원에 특별히 필요한 조치를 고려할 것.

(3) 물자배급 등으로 인한 생활고를 경감시킬 방법을 강구하여 일반 가정주부가 생산증강에 헌신할 수 있도록 할 것.

(4) 여자 지도자[여자 근로관리자, 여자 현장계원, 료모(寮母), 보모(保姆) 등을 포함] 양성을 위해 필요한 조치를 강구할 것.

8. 기타

(1) 여자의 전시태세 자세 및 근로보국의 정신을 앙양하는 한편 본 요강의 취지를 일반국민과 지도층에 침투시키기 위해 대정익찬회(大正翼贊會)를 중심으로 대일본부인회,

대일본청소년단 등 관련 단체와 협력하여 대대적인 국민운동을 전개할 것. 특히 가정에서 특히 모친의 이해와 협력을 얻을 수 있는 방법을 강구할 것.

(2) 문부성은 국민학교와 고등여학교에 대해 특히 여자근로동원의 취지를 철저히 하도록 특별히 주의를 기울일 것.

(3) 본 건의 실시에 필요한 여자근로자용 물자, 설비, 자재 등에 대해서는 기존의 것을 극력 활용하는 동시에 어쩔 수 없이 필요한 것을 확보할 때는 특별한 고려를 기울일 것.

자료 121	
여자근로동원에 관한 계발선전요령	
구분	정보국 명령 情企乙 제76호
법령명/건명	여자근로동원에 관한 계발선전요령 女子勤勞動員二關スル啓發宣傳要領
제정 · 개정 · 결정 · 폐지 연월일	1943년 9월
구성	본문 2개 절
선행 규범 · 법령	여자근로동원의 촉진에 관한 건(1943년 차관회의결정)
원문 일부	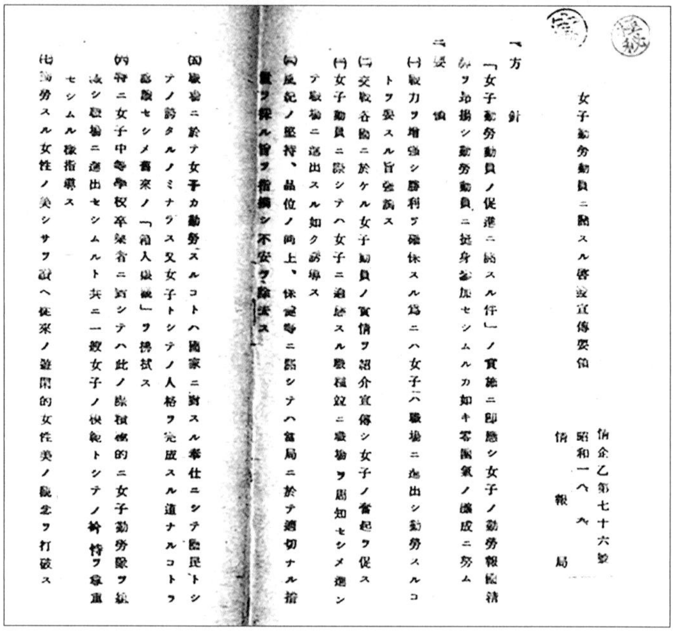
주요 내용 및 특징	○ 차관회의결정 「여자근로동원의 촉진에 관한 건」의 결정에 따라 여자근로 정신대 결성을 촉진하고 분위기를 조성하도록 선전할 것을 명령함. ○ 근로하는 여성이 국가에 봉사하는 것이며 아름답다는 관념을 유포하도록 지시함.
법령 적용 범위	
관련 법령 통합 · 폐지 사항	
유사 · 파생 법령	

情企乙第七十六號
昭和一八、九
情報局

女子勤勞動員ニ關スル啓發宣傳要領

一、方針
「女子勤勞動員ノ促進ニ關スル件」ノ實施ニ即應シ女子ノ勤勞報國精神ヲ昂揚シ勤勞動員ニ挺身參加セシムルカ如キ雰圍氣ノ醸成ニ努ム
二、要領
(一)戰力ヲ增強シ勝利ヲ確保スル爲ニハ女子ハ職場ニ進出シ勤勞スルコトヲ要スル旨強調ス
(二)交戰各國ニ於ケル女子動員ノ實情ヲ紹介宣傳シ女子ノ奮起ヲ促ス
(三)女子動員ニ際シテハ女子ニ適應スル職種ニ重點ヲ置キ周知セシメ進ンテ職場ニ進出スル如ク誘導ス
(四)風紀ノ維持、品位ノ向上、保健等ニ關シテハ當局ニ於テ適切ナル措置ヲ採ル旨ヲ指摘シ不安ヲ除去ス
(五)職場ニ於テ女子カ勤勞スルコトハ國家ニ對スル奉仕ニシテ臣民トシテノ誇タルノミナラス又女子トシテノ人格ヲ完成スル道ナルコトヲ認識セシメ舊來ノ「箱入娘」ヲ拂拭ス
(六)特ニ女子中等學校卒業者ニ對シテハ此ノ際積極的ニ女子勤勞隊ヲ組織シ職場ニ進出セシムルト共ニ一般女子ノ模範トシテノ矜持ヲ尊重セシムル樣指導ス
(七)勤勞スル女性ノ美シサヲ讃ヘ從來ノ遊閑的女性美ノ觀念ヲ打破ス

정보국 명령 情企乙 제76호

1943년 9월

여자근로동원에 관한 계발선전요령

방침

'여자근로동원의 촉진에 관한 건' 실시에 따라 여자의 근로보국정신을 앙양하며 근로동원에 헌신, 참여하도록 분위기를 조성하는 데 힘쓴다.

요령

1. 전력을 증강하며 승리를 확보하기 위해서는 여자가 직장에 진출하여 근로할 필요가 있다는 내용을 강조한다.
2. 교전하는 각국의 여자동원 사정을 소개, 선전하여 여자의 분기(奮起)를 촉진한다.
3. 여자를 동원할 때는 여자에게 적당한 직종과 직장임을 주지시켜서 스스로 직장에 진출하도록 유도한다.
4. 풍기를 건전하게 유지하고 품위를 향상하고 보건 등에 관해서는 당국이 적절한 지도를 한다는 내용을 지적하여 불안을 제거한다.
5. 직장에서 여자가 근무하는 것은 국가에 봉사하며 국민으로서 자랑일 뿐만 아니라 또한 여자로서 인격을 완성하는 길임을 인식시켜, 기존의 '여자는 숨겨야 한다'는 인식을 불식한다.
6. 특히 여자중등학교 졸업자에 대해서는 이번에 적극적으로 여자근로대를 조직하여 직장에 진출하도록 하는 동시에 나머지 일반 여자의 모범으로서 긍지를 존중하도록 지도한다.
7. 근로하는 여성이 아름답다고 찬사함으로써 기존의 유한(遊閑) 여성에 대한 관념을 타파한다.

자료 122

여자정신대에 의한 근로협력에 관한 칙령안 요강	
구분	육군성 근로사찰조사관계자료 13
법령명/건명	여자정신대에 의한 근로협력에 관한 칙령안 요강 女子挺身隊二依ル勤勞協力二關スル勅令案要綱
제정·개정·결정·폐지 연월일	1944년
구성	본문 20개 항목
선행 규범·법령	
원문 일부	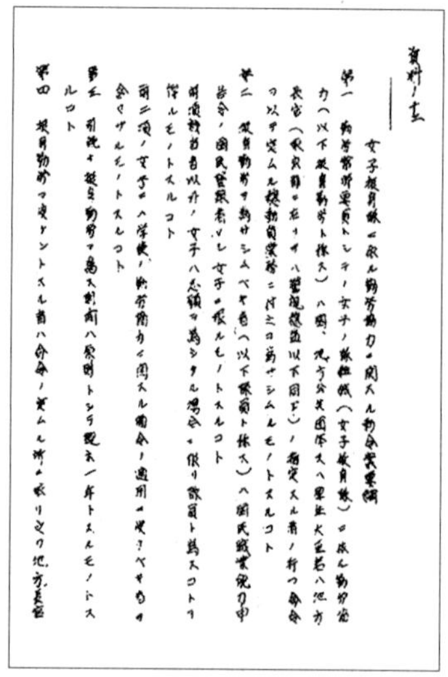 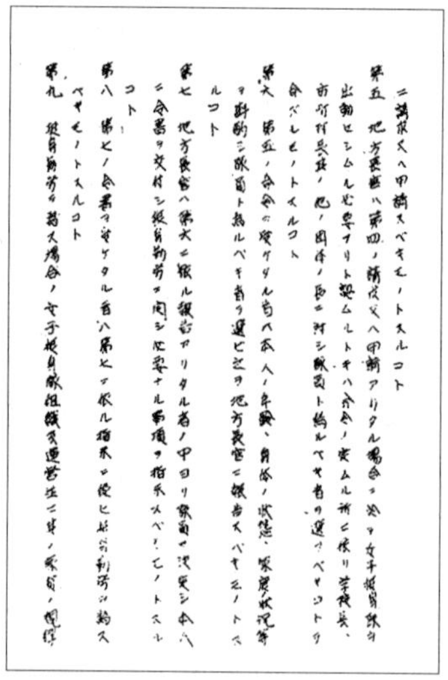
주요 내용 및 특징	○ 육군성이 여자정신대 칙령 제정에 관한 요강을 제시함. ○ 나중에 「여자정신근로령」의 근간이 되는 내용임.
법령 적용 범위	제국 전역
관련 법령 통합·폐지 사항	
유사·파생 법령	여자정신근로령(1944년 칙령 제519호)

육군성 근로사찰관계조사자료 13

1944년

여자정신대에 의한 근로협력에 관한 칙령안 요강

제1　상시근로요원으로서 여자의 대 조직(여자정신대)에 의한 근로협력(이하 정신근로라 칭한다)은 국가, 지방공공단체 또는 후생대신이나 지방장관(도쿄도에서는 경시총감. 이하 마찬가지)이 지정하는 자가 행사하는 명령으로 정하는 총동원 업무를 실시하도록 한다.

제2　정신근로를 해야 할 자(이하 대원이라 칭한다)는 국민직업능력신고령의 국민등록자(國民登錄者)인 여자에 한한다.

전항에 해당하는 자 이외의 여자가 지원할 경우에 한하여 대원으로 할 수 있다.

위 2개항의 여자에는 학도(學徒)의 근로협력에 관한 칙령의 적용을 받는 자를 포함하지 않는다.

제3　연속해서 정신근로를 하는 시간은 원칙적으로 대개 1년으로 하는 것으로 한다.

제4　정신근로를 받고자 하는 자는 명령이 정하는 바에 따라 이를 지방장관에게 청구하거나 신청해야 하는 것으로 한다.

제5　지방장관은 제4의 청구나 신청이 있은 경우에 여자정신대를 출동시킬 필요가 있다고 인정한 때는 명령이 정하는 바에 따라 학교장, 시정촌장, 기타 단체의 장에 대하여 대원이 되어야 할 자를 선정할 것을 명령한다.

제6　제5의 명령을 받은 자는 해당자의 연령, 신체 상태, 가정형편 등을 참작하여 대원이 될 자를 선정하고, 이를 지방장관에게 보고해야 한다.

제7　지방장관은 제6에 의한 보고된 자 가운데에서 대원을 결정하여 본인에게 영서를 교부하며, 정신근로에 관하여 필요한 사항을 지시해야 한다.

제8　제7의 영서를 받은 자는 제7의 지시에 따라 정신근로를 해야 한다.

제9　정신근로를 하는 경우 여자정신대 조직 및 운영, 기타 대원의 규율에 관하여 필요한 사항은 명령으로 정할 수 있다.

제10 지방장관은 특별한 사정이 있는 경우 정신근로의 전부 또는 일부 정지의 조치를 취할 수 있다.

제11 정신근로에 필요한 경비는 명령이 정하는 바에 따라 특별한 사정을 제외하고 정신근로를 받는 자가 부담해야 한다.

제12 주무대신 또는 지방장관이 필요하다고 인정한 때는 정신근로를 받는 자에 대해 대원의 사용 또는 종업조건에 관하여 필요한 사항을 명령할 수 있다.

대원이나 그 유족의 부조에 관하여 필요한 사항은 명령으로 정할 수 있다.

제13 다음 각호의 하나에 해당하는 자는 대원으로 하지 않는다.

1. 육군대신 또는 해군대신의 소관에 속하는 관청(부대 또는 학교를 포함한다), 또는 후생대신이 지정하는 공장, 사업장, 기타의 장소에서 군사상 필요한 총동원 업무에 종사하는 자
2. 법령에 의해 구금 중인 자

제14 다음 각호의 하나에 해당하는 자는 지원에 의한 경우를 제외하고 대원으로 하지 않는다.

1. 현재 후생대신이 지정하는 총동원 업무에 종사하는 자
2. 현재 가계의 주축인 자
3. 기타 후생대신이 지정하는 자

제15 후생대신 또는 지방장관은 정신근로에 관하여 학교장, 시정촌장, 기타 단체의 장 또는 대원 또는 정신근로를 받아들이는 자를 감독한다.

제16 지방장관이 필요하다고 인정하는 경우에는 제8의 정신근로를 하지 않는 자에 대하여 제4의 청구 또는 신청에 의한 공장, 사업장, 기타의 장소에 취업할 것을 명령할 수 있다.

전항의 공장, 사업장, 기타 장소의 사업주는 동항에 의한 명령을 받는 자로부터 취직신청을 받은 때에 이를 취업시킬 필요가 있다.

주무대신 또는 지방장관이 필요하다고 인정한 때는 제1항의 명령을 받은 자나 동항의 사업주에 대해 제1항의 명령을 받은 자의 사용과 종업 또는 종업조건에 관하여 필요한 사항을 명령할 수 있다.

제17 행정관청의 지도나 장려에 근거하여 여자가 여자정신대로서 공장, 사업장, 기타 장소에서 종업할 경우에는 제12를 준용한다.

제18 지방장관이 필요하다고 인정한 때는 본 요강에 따라 그 사무의 일부를 국민근로동원서장으로 하여금 시행하게 할 수 있다.

제19 본 요강에 의한 정신근로에 대해서는 국민근로보국협력령을 적용하지 않는다.

제20 본 제도는 필요에 따라 위의 각호에 준하며, 모든 외지에서도 이를 실시한다.

자료 123

여자정신대 결성 및 출동 상황	
구분	육군성 근로사찰조사관계자료 15
법령명/건명	여자정신대 결성 및 출동 상황 女子挺身隊結成竝二出動狀況
제정·개정·결정·폐지 연월일	1944년
구성	본문 4개 항목
선행 규범·법령	
원문 일부	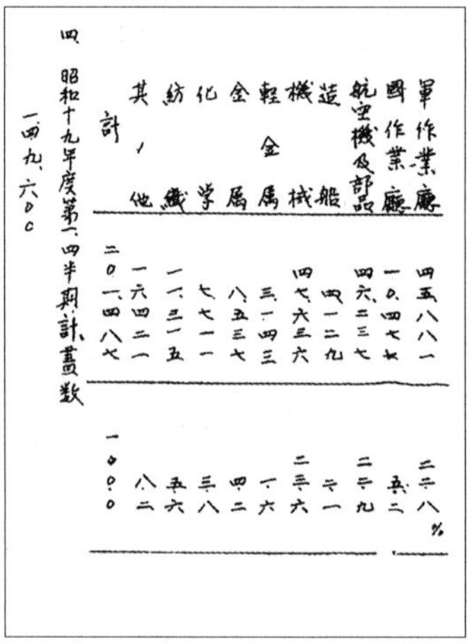 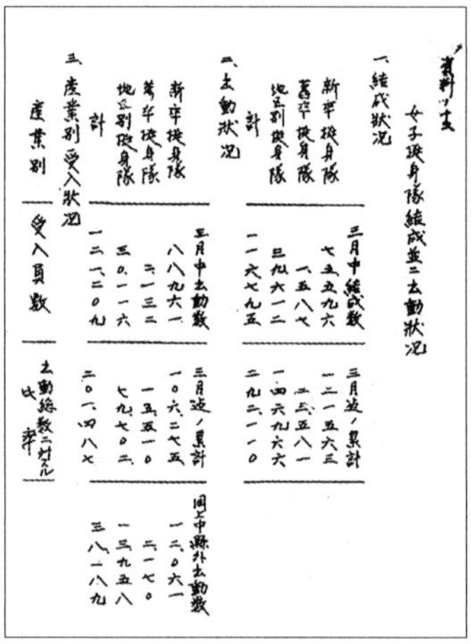
주요 내용 및 특징	○ 1944년 3월까지 여자정신대의 편성 현황과 출동 횟수, 산업 분야에 관한 조사 결과
법령 적용 범위	제국 전역
관련 법령 통합·폐지 사항	
유사·파생 법령	여자정신근로령(1944년 칙령 제519호)

資料ノ十五

女子挺身隊結成並ニ出動状況

一、結成状況

	三月中結成数	三月迄ノ累計
新卒挺身隊	七五、五九六	一二一、五六三
舊卒挺身隊	一、五八七	二三、五八一
地区別挺身隊	三九、六一二	一四六、九六六
計	一一六、七九五	二九二、一一〇

二、出動状況

	三月中出動数	三月迄ノ累計	同上中縣外出動数
新卒挺身隊	八八、九六一	一〇六、二七五	一二、〇六一
舊卒挺身隊	二、一三二	一五、五一〇	二、一七〇
地区別挺身隊	三〇、一一六	七九、七〇二	二三、九五八
計	一二一、二〇九	二〇一、四八七	三八、一八九

三、産業別受入状況

産業別	受入員数	出動總数ニ対スル比率
軍作業庁	四五、八八一	二二・八%
國作業庁	一〇、四七七	五・二
航空機及部品	四六、二三七	二二・九
造船	四、一二九	二・一
機械	四七、六三六	二三・六
軽金属	三、一四三	一・六
金属	八、五三七	四・二
化学	七、七一一	三・八
紡織	一一、三一五	五・六
其ノ他	一六、四二一	八・二
計	二〇一、四八七	一〇〇・〇

四、昭和十九年度第一四半期計畫数 一四九、六〇〇

육군성 근로사찰관계조사자료 15

1944년

여자정신대 결성 및 출동 상황

1. 결성상황

	3월 중 결성 수	3월까지 누계
신규 정신대	75,596	121,563
기존 정신대	1,587	23,581
지구별 정신대	39,612	146,966
합 계	116,795	292,110

2. 출동상황

	3월 중 출동 수	3월까지 누계	3월 중 현 외 출동 수
신규 정신대	88,961	106,275	12,061
기존 정신대	2,132	15,510	2,170
지구별 정신대	30,116	79,702	13,958
합 계	121,209	201,487	38,189

3. 산업별 수입상황

산업별	수입 인원수	출동 총수 대비율(%)
군 작업청	45,881	22.8
국가 작업청	10,477	5.2
항공기 및 부품	46,237	22.9
조선	4,129	2.1
기계	47,636	23.6
경금속	3,143	1.6
금속	8,537	4.2
화학	7,711	3.8

방직	11,315	5.6
기타	16,421	8.2
합계	201,487	100.0

4. 1944년도 제1/4분기 계획 수

149,600

자료 124

조선여자청년연성소규정	
구분	조선총독부령 제35호
법령명/건명	조선여자청년연성소규정 朝鮮女子青年錬成所規程
제정·개정·결정·폐지 연월일	공포 1944년 2월 10일 개정 1945년 3월 28일
구성	본문 20개 조항 및 부칙
선행 규범·법령	국가총동원법 제5조 정부는 전시에 국가총동원에 필요한 경우에는 칙령이 정하는 바에 따라 제국 신민 및 제국 법인 기타 단체를 국가, 지방 공공 단체 또는 정부가 지정하는 자가 행하는 총동원 업무에 협력하게 할 수 있다. 조선청년특별연성령(1942년 조선총독부제령 제33호)
원문 일부	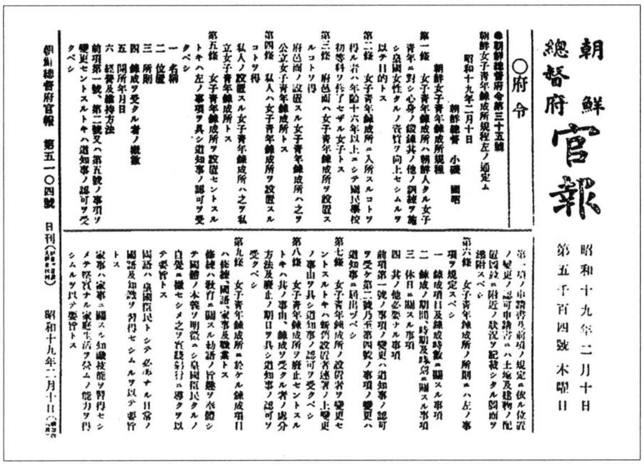
주요 내용 및 특징	○ 조선에서 국민학교를 나오지 않은 16세 이상 여성에 대하여 황국신민화 교육을 실시하기 위해 부·읍·면에 공립과 사립 연성소를 설치하도록 함. ○ 연성소에서의 교육 기간은 1년으로 하며 연간 600시간에 걸쳐 수련, 일본어, 가사 및 직업의 과목을 가르치도록 함. ○ 수련, 일본어, 가사 및 직업의 과목 모두 황국신민 의식을 주입하고, 특히 노동과 '근로를 애호' 하도록 함으로써 여성 노동력을 착취하는 데 목적을 둠.
법령 적용 범위	조선
관련 법령 통합·폐지 사항	
유사·파생 법령	

(원문 일부)

朝鮮總督府官報 昭和十九年二月十日 木曜日 第五千百四號

○府令

朝鮮總督府令第三十五號

朝鮮女子青年錬成所規程左ノ通定ム

昭和十九年二月十日 朝鮮總督 小磯國昭

朝鮮女子青年錬成所規程

第一條 女子青年錬成所ハ朝鮮人タル女子青年ニ對シ心身ノ鍛錬其ノ他ノ訓練ヲ施シ皇國女性タルノ資質ヲ向上セシムルヲ以テ目的トス

第二條 女子青年錬成所ニ入所スルコトヲ得ル者ハ年齢十六年以上ニシテ國民學校初等科ヲ修了セザル女子トス

第三條 府邑面ハ女子青年錬成所ヲ設置スルコトヲ得

府邑面ノ設置スル女子青年錬成所ハ之ヲ公立女子青年錬成所トス

第四條 私人ハ女子青年錬成所ヲ設置スルコトヲ得

私人ノ設置スル女子青年錬成所ハ之ヲ私立女子青年錬成所トス

第五條 女子青年錬成所ヲ設置セントスルトキハ左ノ事項ヲ具シ道知事ノ認可ヲ受クベシ

一 名稱

二 位置

三 所則

四 錬成ヲ受クル者ノ概數

五 開所年月日

六 經費及維持方法

前項第一號、第二號又ハ第五號ノ事項ヲ變更セントスルトキハ道知事ノ認可ヲ受クベシ

第一項ノ申請書及前項ノ規定ニ依ル位置ノ變更ノ認可申請書ニハ土地及建物ノ配置圖竝ニ附近ノ狀況ヲ記載シタル圖面ヲ添附スベシ

第六條 女子青年錬成所ノ所則ニハ左ノ事項ヲ規定スベシ

一 錬成項目及錬成時數ニ關スル事項

二 錬成ノ期間、時期及時刻ニ關スル事項

三 休日ニ關スル事項

四 其ノ他必要ナル事項

前項第一號ノ事項ノ變更ハ道知事ノ認可ヲ受ケ第二號乃至第四號ノ事項ノ變更ハ道知事ニ屆出ヅベシ

第七條 女子青年錬成所ノ設置者ヲ變更セントスルトキハ新舊設置者連署ノ上變更ノ事由ヲ具シ道知事ノ認可ヲ受クベシ

第八條 女子青年錬成所ヲ廢止セントスルトキハ其ノ事由、錬成ヲ受クル者ノ處分方法及廢止ノ期日ヲ具シ道知事ノ認可ヲ受クベシ

第九條 女子青年錬成所ニ於ケル錬成項目ハ修練、國語、家事及職業トス

修練ハ教育ニ關スル勅語ノ旨趣ヲ奉體シテ國體ノ本義ヲ明徵ニシ皇國臣民タルノ自覺ニ徹セシメ之ヲ實踐躬行ニ導クヲ以テ要旨トス

國語ハ皇國臣民トシテ必須ナル日常ノ國語及知識ヲ習得セシムルヲ以テ要旨トス

家事ハ家事ニ關スル知識技能ヲ習得セシメテ堅實ナル家庭生活ヲ營ムノ能力ヲ得シムルヲ以テ要旨トス

朝鮮總督府官報 第五一〇四號 日刊 昭和十九年二月十日

조선총독부령 제35호

1944년 2월 10일

조선여자청년연성소규정

제1조 여자청년연성소는 조선인 여자청년에 대하여 심신의 단련과 기타의 훈련을 실시하고, 황국 여성다운 자격을 향상하도록 하는 것을 목적으로 한다.

제2조 여자청년연성소에 입소할 수 있는 자는 연령 16세 이상으로 하고 국민학교 초등과를 수료하지 않은 여자로 한다.

제3조 부·읍·면은 여자청년연성소를 설치할 수 있다.

부·읍·면이 설치하는 여자청년연성소는 이를 공립여자청년연성소라 한다.

제4조 사인(私人)도 여자청년연성소를 설치할 수 있다.

사인이 설치하는 여자청년연성소는 이를 사립여자청년연성소라 한다.

제5조 여자청년연성소를 설치하려고 할 때는 다음 사항을 구비하여 도지사의 인가를 받아야 한다.

1. 명칭
2. 위치
3. 소칙
4. 연성을 받는 자의 인원수
5. 개소 연월일
6. 경영 및 유지 방법

전항 제1호, 제2호 또는 제5호의 사항을 변경하려고 할 때는 도지사의 인가를 받아야 한다.

제1항의 신청서 및 전항의 규정에 따른 위치 변경 인가신청서에는 토지와 건물의 배치도와 함께 부근 상황을 기재한 도면을 첨부해야 한다.

제6조 여자청년연성소의 소칙에는 다음 사항을 규정해야 한다.

1. 연성 항목 및 연성 시수에 관한 사항

2. 연성 기간, 시기 및 시각에 관한 사항

3. 휴일에 관한 사항

4. 기타 필요한 사항

전항 제1호의 사항 변경은 도지사의 인가를 받아야 하고, 제2호에서 제4호의 사항 변경은 도지사에게 신고해야 한다.

第7조 여자청년연성소의 설치자를 변경하려고 할 때는 신구 설치자가 연서(連署)를 하고 변경 사유를 구비하여 도지사의 인가를 받아야 한다.

第8조 여자청년연성소를 폐지하려고 할 때는 그 사유, 연성을 받는 자의 처분 방법 및 폐지 기일을 구비하여 도지사의 인가를 받아야 한다.

第9조 여자청년연성소의 연성 항목은 수련, 국어, 가사 및 직업으로 한다.

수련은 '교육칙어'의 취지를 체득하고 국체의 본의를 분명하게 밝히고, 황국신민으로서의 자각을 철저히 하고, 이를 실천궁행하도록 이끄는 것을 요지로 한다.

국어는 황국신민으로서 필요한 일상의 국어와 지식을 습득하게 하는 것을 요지로 한다.

가사는 가사에 관한 지식과 기술을 습득하게 하고 견실한 가정생활을 영위하는 능력을 익히는 것을 요지로 한다.

직업은 직업에 관하여 일상생활에 필요한 지식과 기능을 익히고 근로를 애호하는 습관을 함양하는 것을 요지로 한다.

연성은 각 연성 항목 상호 간의 연락을 긴밀히 하고 또한 각 사항의 종합에 유의해야 한다.

第10조 여자청년연성소의 연성 기간은 1년으로 한다. 단 전시 또는 사변일 경우에 도지사가 필요하다고 인정한 때는 이를 6개월까지 단축할 수 있다.

第11조 여자청년연성소 연성 시수는 600시간 이상으로 하고, 다음의 표준에 따라 토지의 형편에 맞게 이를 정해야 한다. 단 전조의 단서 규정에 따라 연성기간을 단축한 경우의 연성 시수에 관해서는 그 형편에 맞추어 도지사가 이를 정해야 한다.

연성 항목	연성 시수
수련 및 국어	400
가사 및 직업	200

특별한 사정에 의해 전항의 연성 시수를 따르기 어려울 때는 도지사의 인가를 받아 연성 시수를 단축할 수 있다.

제12조 여자청년연성소의 연성을 실시해야 하는 날짜와 시각은 토지의 형편에 맞추어 소장이 이를 정한다.

제13조 여자청년연성소의 입소 시기는 매년 4월로 한다. 단 특별한 사정이 있는 자는 도중에 입소하도록 할 수 있다.

제14조 다른 여자청년연성소에 입소한 자가 주소를 변경하거나 기타 특별한 사정으로 전소를 희망하는 자가 있을 때는 이를 입소시킬 수 있다.

제15조 여자청년연성소에서 연성의 수료를 인정할 때는 연성을 받은 시수와 기타 평소의 연성 상황을 감안해서 해야 한다.

제16조 여자청년연성소에서는 별지 양식에 따라 연성을 받는 자의 재적부(在籍簿)를 비치해야 한다.

제17조 여자청년연성소에서는 소장과 연성을 담당하는 직원을 두어야 한다.

소장은 도지사의 감독을 받아 연성소의 업무를 관장하며 직원을 지도·감독해야 한다.

공립여자청년연성소의 소장 및 연성을 담당하는 직원은 도지사가 촉탁하며, 사립여자청년연성소의 소장 및 연성을 담당하는 직원은 설치자가 도지사의 인가를 받아서 정해야 한다.

제18조 여자청년연성소는 도지사의 인가를 받아 1개월에 50전 이내의 수업료를 징수할 수 있다.

제19조 특별한 사정이 있을 때는 여자청년연성소의 분소(分所)를 설치할 수 있다.

분소를 설치하거나 폐지하려고 할 때는 설치자가 도지사의 인가를 받아야 한다.

제20조 본령에 의한 여자청년연성소가 아닌 것은 여자청년연성소라 칭할 수 없다.

부칙

본령은 발포한 날로부터 이를 시행한다.

별지 양식

<table>
<tr><td rowspan="3">씨 명</td><td rowspan="3" colspan="2">년 월 일생</td><td>입소 연월일</td><td colspan="2"></td></tr>
<tr><td>입소 전학력</td><td colspan="2"></td></tr>
<tr><td>수료 연월일</td><td colspan="2"></td></tr>
<tr><td>본적</td><td colspan="5"></td></tr>
<tr><td>현 주소</td><td colspan="5"></td></tr>
<tr><td>연성 항목</td><td>연성 받는 시수</td><td>출석 시수</td><td>결석 시수</td><td>성적 개요 평가</td><td>비 고</td></tr>
<tr><td>수련</td><td></td><td></td><td></td><td></td><td rowspan="5"></td></tr>
<tr><td>국어</td><td></td><td></td><td></td><td></td></tr>
<tr><td>가사</td><td></td><td></td><td></td><td></td></tr>
<tr><td>직업</td><td></td><td></td><td></td><td></td></tr>
<tr><td>계</td><td></td><td></td><td></td><td></td></tr>
<tr><td>성품 행동
개요 평가</td><td></td><td></td><td></td><td></td><td></td></tr>
</table>

자료 125

여자정신대제도강화방책요강	
구분	각의결정
법령명/건명	여자정신대제도강화방책요강 女子挺身隊制度强化方策要綱
제정 · 개정 · 결정 · 폐지 연월일	결정 1944년 3월 18일
구성	방침, 요령 및 비고
선행 규범 · 법령	국가총동원법 제5조 정부는 전시에 국가총동원에 필요한 경우에는 칙령이 정하는 바에 따라 제국 신민 및 제국 법인 기타 단체를 국가, 지방 공공 단체 또는 정부가 지정하는 자가 행하는 총동원 업무에 협력하게 할 수 있다.
원문 일부	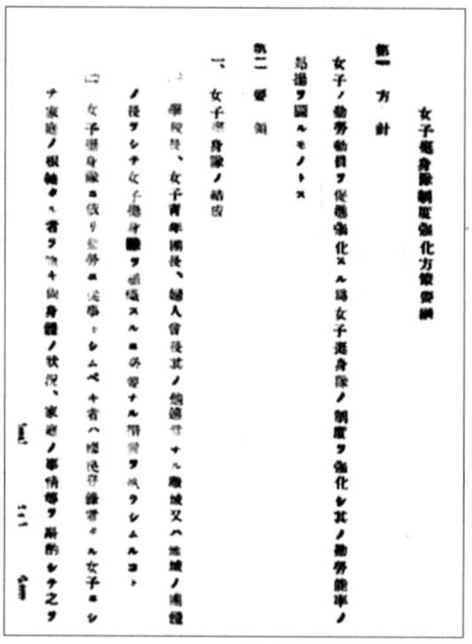 
주요 내용 및 특징	○ 직역, 지역별로 학교장과 단체장 등이 여자정신대를 조직하도록 지시함. ○ 여자정신대의 대상, 인원, 조직, 운영 방침 등을 지시함. ○ 여자정신대 조직과 운영에 중요한 사항을 국가총동원법 제5조에 근거하여 별도의 칙령으로 정할 것을 지시함.
법령 적용 범위	일본제국 전역
관련 법령 통합 · 폐지 사항	
유사 · 파생 법령	여자정신근로령(1944년 칙령 제519호) 여자정신근로령시행규칙(1944년 후생성 · 군수성령 제4호) 국민근로동원령(1945년 칙령 제94호)

각의결정

1944년 3월 18일

여자정신대제도강화방책요강

방침

여자의 근로동원을 촉진·강화하기 위해 여자정신대제도를 강화하고, 그 근로 능률의 앙양을 도모한다.

요령

1. 여자정신대 결성
   (1) 학교장, 여자청년단장, 부인회장, 기타 적당한 직역 또는 지역의 단체장이 여자정신대를 조직하는 데 필요한 조치를 취한다.
   (2) 여자정신대로서 근로에 종사해야 하는 자는 국민등록자인 여자로서 가정의 중심인 자를 제외하고 또한 신체 상황, 가정의 사정 등을 참작하여 이를 선정한다.
   (3) 위에 따라 선정된 자에 대해서는 필요에 따라 정신대 조직으로서 필요업무에 정신 협력할 것을 명령할 수 있도록 한다.
   (4) 위의 2에 해당하는 자 외에 특히 지원하는 자는 정신대원(挺身隊員)으로서 제한을 받지 않는다.
   (5) 결혼, 기타 불가피한 사유가 있는 대원에 대해서는 제대를 인정한다.
   (6) 정신대에는 통솔자를 두는데, 대개 대장과 대원으로 조직한다. 1대의 인원은 원칙적으로 20명에서 50명으로 하되 필요하다면 반을 나누어 반장을 둔다.

2. 여자정신대 운영
   (1) 정신대가 종사하는 공장, 사업장은 규율, 종업 조건과 기타 근로관리가 좋아야 하며,

수용태세가 정비된 곳을 선정하도록 노력한다. 또한 가급적 통근이 가능한 범위 내에서 선정한다. 그리고 통근이 불가능한 경우에는 기숙사 시설이 완비된 곳을 선정하고 또한 학교를 공장화한 경우에는 가급적 해당 학교 동창회를 단위로 결성한 여자정신대를 종업시킨다. 그리고 지역을 단위로 결성한 여자정신대에 대해서는 해당 지역 내의 가정작업장에서 종사하도록 고려한다.

(2) 공장, 사업장이 전항의 조건에 미흡한 경우에는 해당 정신대를 다른 공장, 사업장으로 대체하여 배치하는 조치를 강구한다.

(3) 하나의 정신대는 원칙적으로 각종 직장으로 분산시키지 말고 동일한 직장에 모두 배치한다.

(4) 배치해야 할 직종은 해당 정신대에 적당한 것을 선정한다.

(5) 정신대원의 가정 사정 등에 따라서는 작업시간, 작업 개시 및 종료 시각, 휴일 등에 관하여 상당한 배려를 하는 동시에 통근에 소요되는 조치를 강구한다.

(6) 정신대원으로서 종업하는 기간은 당분간 1년으로 한다.

(7) 정신대원에 대해서는 종업 실시 전에 가급적 필요한 예비훈련을 실시한다.

(8) 정신대원의 급여와 기타 작업 조건은 원칙적으로 통상적인 방법에 따라 근로자와 동일하게 하되, 급여의 지급 방법에 대해서는 별도로 조치한다.

(9) 상당수의 정신대원이 종사하는 공장, 사업장에서는 정신대 전문 계원을 두도록 하고, 이 경우에 필요하다면 여자 계원을 두도록 한다.

(10) 정신대에 관한 동원업무는 원칙적으로 모두 지방장관이 이를 행사하며 또한 이 업무의 일부를 국민근로동원서장에게 분담시킬 수 있다. 그 밖에 학교장, 시구정촌의 장과 기타 단체의 장이 이를 보좌하도록 한다.

비고

(1) 본 요강 중 기본사항에 대해서는 국가총동원법 제5조에서 근거하여 칙령을 제정하도록 한다.

(2) 협력명령에 따르지 않는 자에 대해서는 필요에 따라 국가총동원법 제6조에 근거하여 취업명령을 발동할 수 있다.

자료 126

여자정신대수입측조치요강	
구분	차관회의결정 제167호 후생성노동국장, 후생성위생국장연명통첩, 군수성총동원국장
법령명/건명	여자정신대수입측조치요강 女子挺身隊受入側措置要綱
제정 · 개정 · 결정 · 폐지 연월일	결정 1944년 6월 22일
구성	
선행 규범 · 법령	국가총동원법 제5조 정부는 전시에 국가총동원에 필요한 경우에는 칙령이 정하는 바에 따라 제국 신민 및 제국 법인 기타 단체를 국가, 지방 공공 단체 또는 정부가 지정하는 자가 행하는 총동원 업무에 협력하게 할 수 있다.
원문 일부	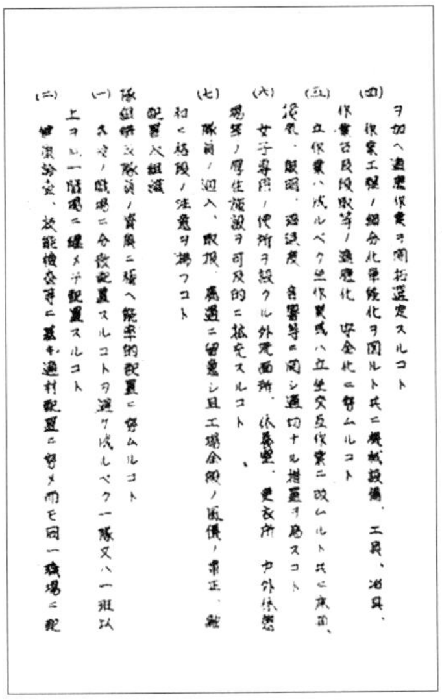 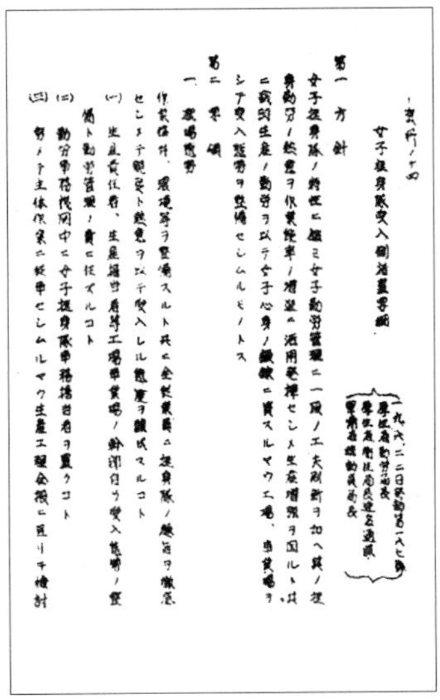
주요 내용 및 특징	○ 여자근로정신대를 수요하는 공장, 사업장에 대해 수용 태세를 갖출 것을 지시함. ○ 공장, 사업장의 근로조건, 시설, 교육내용, 후생, 보건, 기숙사 운영 등을 규정함.
법령 적용 범위	일본제국 전역
관련 법령 통합 · 폐지 사항	
유사 · 파생 법령	여자정신근로령(1944년 칙령 제519호)

차관회의결정

1944년 6월 22일

여자정신대수입측조치요강

제1 방침

여자정신대의 특성을 감안하여 여자근로관리를 한층 더 연구·쇄신하여 여자 정신근로의 열의를 작업능률 증진으로 활용·발휘하도록 생산 증강을 도모하는 동시에 전시 생산 근로를 통해 여자의 심신을 단련할 수 있도록 공장, 사업장의 수입 태세를 정비하게 한다.

제2 요령

1. 직장태세

작업 조건, 환경 등을 정비하는 동시에 전 종업원에게 정신대의 취지를 철저히 숙지시켜 친애와 열의로써 받아들이는 태세를 양성할 것.

(1) 생산책임자, 생산담당자 등 공장·사업장의 간부가 직접 수입태세의 정비와 근로관리를 책임질 것.

(2) 근로 사무기관 중에 여자정신대 사무담당자를 둘 것.

(3) 주체적으로 힘써 작업에 종사하도록 하고 생산 공정 전반을 검토하여 적응할 수 있는 작업을 개척 또는 선정할 것.

(4) 작업 공정의 세분화, 단순화를 도모하는 동시에 기계설비, 공구, 야금용 도구, 작업대 및 준비 등의 적응과 안전에 노력할 것.

(5) 입식(立式) 작업은 가급적 좌식(座式) 작업 또는 입식과 좌식을 번갈아하는 작업으로 개선하고, 동시에 바닥, 환기, 조명, 온도, 습도, 음향 등에 관하여 적절한 조치를 할 것.

(6) 여자 전용 변소를 설치하는 외에 세면장, 휴게실, 갱의실, 옥외 휴식장소 등의 후생시

설을 가급적 확충할 것.

(7) 대원의 영입, 취급, 처우에 유의하고, 공장 전반의 풍기를 바로잡고, 융화에 각별한 주의를 기울일 것.

2. 배치 및 조직

대 조직 및 대원의 자질에 따라 능률적 배치에 힘쓸 것.

(1) 각종 직장으로 분산 배치하는 것을 피하고 가급적 하나의 대 또는 반 이상을 동일한 직장으로 편성하여 배치할 것.

(2) 건강검진, 기능검사 등에 근거하여 적재적소에 배치하도록 힘쓰고, 나아가 동일한 직장에 배치된 사람들의 자질을 가급적 균일하게 할 것.

(3) 지도원도 가급적 여자로 배치시킬 것.

3. 훈련 및 지도

대원의 특성을 감안하여 근로정신의 고양, 건강의 보전에 노력한다. 동시에 빨리 기능을 숙련하도록 적절한 훈련과 지도를 할 것.

(1) 입소식을 엄숙하게 거행하는 등 기타 방법으로 정신근로의 열의를 지속적으로 앙양시킬 것.

(2) 특히 풍기와 규율을 엄정하게 하고, 일반 종업원에게 모범이 되도록 훈련과 지도를 할 것.

(3) 예비훈련 기간(최초 2주간 이상)을 두어 훈련행사예정표에 따라 우선 생활지도, 이어서 초기 작업훈련 그리고 현장에서의 기계 조작, 기타 작업훈련을 실시할 것.

(4) 예비훈련 수료 후에도 가급적 1주에 2회 정도 안전교육, 보건교육, 초등 공학, 기계학 등을 교육할 것. 그 밖에 별도로 1주에 2시간 이상 여자의 특성과 덕목을 신장하고 함양하는 데 필요한 교육을 받게 할 것.

(5) 각자 담당한 부문이 전체의 생산에서 차지하는 위치와 책임을 자각시키고 작업에서 흥미와 열의를 갖도록 지도할 것.

(6) 장래에 직장에서 여자 지도원 또는 간부 직공이 될 만한 자질과 능력을 갖춘 대원에 대해서는 특별한 기능교육을 고려하여 특별히 우수한 기능지도자를 배치시켜 확실한 기능과 올바른 작업동작을 가르칠 것.

(7) 정신대원 중에서 미망인과 기타의 자로서 연령, 교양, 인물 등을 고려하여 장래에 기숙사에서 생활지도자가 될 만한 사람에 대해서는 특별 지도교육을 실시할 것.

(8) 지도교육 등에 관해서는 가급적 기획 및 운영 기관을 설치하여 여자근로 교육체계를 확립하고, 이에 따라 계통 있는 교과목과 내용을 정하여 각 부문에서 적당한 직원과 공원이 교육훈련의 실제를 담당하게 할 것. 동시에 생산과 근로에 지장이 없도록 돌아가면서 교육을 실시할 것.

4. 종업조건

일반 여자종업원과 여자학도 간의 균형을 깨지 않도록 유의하고 취업시간, 급여 등 적정한 종업조건을 유지할 것.

(1) 취업 기간, 휴식 및 휴일

① 1일 취업시간은 일반 여자종업원과 동등하게 취급하고 10시간 이내를 원칙으로 한다. 조기 출근, 잔업을 명령할 경우에도 12시간을 넘기지 않도록 할 것.

② 임시로 필요하거나 교대제를 실시함에 따라 심야 작업을 할 경우에는 통근과 작업 중의 관리와 보건에 관하여 만전의 조치를 강구할 것.

③ 작업 및 근로생활에 숙달되지 않은 기간 동안에는 조기 출근, 잔업, 심야 작업을 시키지 말 것.

④ 휴식, 휴가, 휴일은 일반 여자종업원과 동일하게 하는 것을 원칙으로 하되, 작업과 근로생활에 숙달되지 않은 기간 동안에는 가급적 주말에 쉬게 할 것.

⑤ 항상 보건, 연령, 작업의 성질, 가정 형편, 교통 상황 등에 따라 취업시간, 개업 및 종업시간, 휴일 등에 관하여 특별히 배려할 것.

(2) 급여 및 부조 등

① 노무에 종사하는 대원의 급여액 및 산정 방법에 대해서는 일반 여자공원과 차별하지 말고 적정하도록 할 것. 월급제 또는 일급월급제인 경우에는 일반 여자공원에 대해서도 가급적 이를 실시할 것.

* 비고

처음 종사할 때의 급여에 관해서는 금년 3월 25일 후생성 근로국장, 군수성 총무국장연명통첩의 취지에 따라 최고 초급 임금적용 제외 허가신청을 하고, 또한 이와 균형을 맞추기 위해 종전의 여자공원에 대해서는 필요한 급여 시정을 실시한다.

② 일반 노무자에 비해 정해진 취업시간을 단축할 경우에는 단축한 비율에 따라 기본급을 감액할 것. 단 교대제 근무에 따라 취업시간을 단축할 경우에는 종전의 기본급을 계속 지급할 것. 그 밖에 교대제 근무수당 등을 고려하고 교대제 근무 때문에 급여가 감액되지 않도록 유의할 것. 특히 심야 작업을 시킬 경우에는 이에 상당하는 급여를 증액하고 위의 교대제 근무 수당액을 정할 것.

③ 공장 급식, 추가 급식, 식량물자의 특별배급, 여자 작업모, 휴식복 등의 대여와 급부는 일반 여자공원과 동일하게 할 것.

④ 원격지 대원의 입·퇴소에 필요한 실비, 대원의 부모가 사망 또는 위독한 때에 대원이 귀성할 경우의 왕복 여비, 대원이 위독 또는 사망한 때에 가족이 출두할 경우의 왕복 여비 및 필요한 체재비를 지급할 것.

⑤ 종업 기간을 만료한 자 또는 도중에 원만하게 이직하는 자에 대해서는 피징용자에 준하는 위로금을 지급할 것.

⑥ 법령에서 정하는 부조를 할 경우에는 최대한의 성의를 다할 것. 항상 사망조위금의 지급, 기타 원호에 관해서는 피징용자의 경우에 준하여 할 것.

5. 생활 및 보건관리

사고의 근절과 건강의 증진을 기하고 특별히 생활과 보건관리를 강화할 것.

(1) 대원에게는 통근조를 조직하게 하고, 남자공원의 통근 시간과 시차를 두고, 지도계(指導係)를 두는 등 통근 관리를 강화할 것.

(2) 통근하는 대원에게는 가급적 대원수첩을 교부할 것. 항상 파견단체 또는 보호자와 간담회를 개최하는 등 대원의 보호에 관하여 가족 등과 연락을 긴밀히 할 것.

(3) 통근이 곤란한 대원은 여자 전용 기숙사에 수용하고 가정적인 관리를 할 것. 동시에 독서실, 위안시설 등 여자에게 필요한 제반 시설을 설치하고 수양하도록 하고 료모나 여자 지도자에게 예의범절과 생활지도를 실시하도록 할 것.

(4) 기숙사의 사감과 료모는 대략 2개월에 1회 이상 기숙사 대원의 보건상태와 근무성적 등에 대해 가정에 통신으로 연락하도록 할 것.

(5) 정시 또는 임시로 건강진단을 실시하고 개인별로 건강지도를 실시할 것. 특히 결핵성 질병 등의 예방, 부인위생에 관하여 배려하는 동시에 체육 지도를 장려하고 힘쓸 것.

(6) 영양의 ■■개선을 도모하고, 제반 시설을 강구하여 피로의 회복과 방지에 힘쓸 것. 특히 심야 작업에 종사하는 자에 대해서는 야식, 영양물의 보급을 고려할 것. 항상 ■, 겨울철에는 특별히 보건과 피로방지의 대책을 강구할 것.

(7) 대원의 건강지도는 공장의 의사 외에 가급적 부인과 의사를 촉탁할 것. 또한 전임 보건원과 대원 중에서 보건지도원을 선임할 것. 동시에 보건, 위생용 물자를 특별 배급할 것.

(8) 생활 ■■시설을 확충하고 결혼 상담도 실시할 것.

제3 일반 여자종업원에 대해서도 위의 요령에 준하는 조치를 취할 것

자료 127

즉시 시행할 중요사항 및 현안사항에 관한 건	
구분	후생성 發總 제177호
법령명/건명	즉시 시행할 중요사항 및 현안사항에 관한 건 直二施行スベキ重要事項竝懸案事項二關スル件
제정 · 개정 · 결정 · 폐지 연월일	결정 1944년 7월 28일
구성	19개 항목
선행 규범 · 법령	
원문 일부	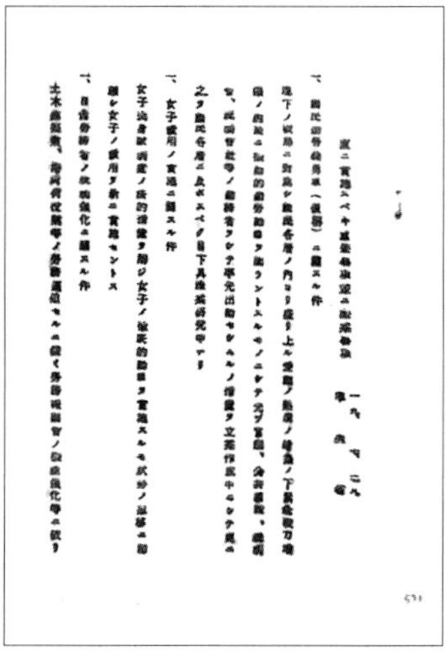 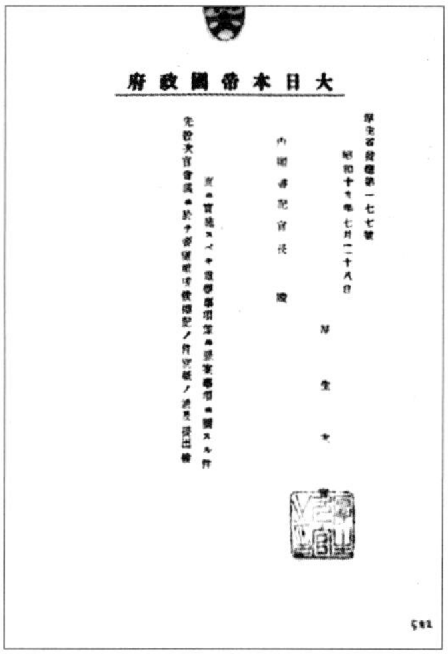
주요 내용 및 특징	○ 차관회의에서 결정된 긴급 현안에 대해 후생성이 내각에 추진 현황과 방침 등을 보고함. ○ 여러 안건 중 여자근로정신대 등 여자 동원에 박차를 가할 것을 언급함.
법령 적용 범위	
관련 법령 통합 · 폐지 사항	
유사 · 파생 법령	여자정신근로령(1944년 칙령 제519호)

후생성 發總 제177호

1944년 7월 28일

즉시 시행할 중요사항 및 현안사항에 관한 건

1. 국민근로의용군(가칭)에 관한 건

현재 시국에 대처하고 국민 각계각층에서 무르익은 애국의 열정을 집약하여 긴급 전력 증강 생산에 적극적인 근로동원을 기하기 위해 우선 관청, 공공단체, 통제회, 통제회사 등의 근로자가 솔선하여 출동하게 하는 조치를 입안 작성 중인데, 다시 이를 국민 각 계층에 미치게끔 현재 구체안을 연구 중임.

2. 여자의 징용 실시에 관한 건

여자정신대 제도의 법적 조치를 강구하며, 여자의 철저한 동원을 실시하더라도 상태의 추이를 보아가며 추가로 여자의 징용을 실시하도록 한다.

3. 일용노무자의 통제 강화에 관한 건

토목건축업, 항만하역업 등의 노무 인력이 매우 부족한 실정을 감안하여 노무보국회의 기능 강화 등을 통해 일용노무자의 취업통제를 강화함으로써 이상의 산업 부문에 적정하게 배치하도록 한다.

4. 탄광노무자의 신규징용에 관한 건

탄광의 근로자 특히 내지인 상시요원을 절대적으로 확보하는 것이 매우 긴급하고 중요한 상황임을 감안하여 탄광노무자의 신규징용을 실시하고자 현재 준비 중이다.

5. 조선인 노무자의 징용에 관한 건

내지에서 힘쓰는 노무자가 매우 부족한 상황을 감안하여 조선인 노무자의 이입을 강화하며, 국민징용령에 의한 징용을 통해 조선인 노무자를 대량 유입하도록 한다.

6. 남자 종업자의 배치를 바로 잡는 건

남자 근로자 공급원이 매우 부족한 현상을 감안하여 여자근로동원의 강화와 병행하며 새로 여자사용표준율(女子使用標準率)을 설정하여 남자 종업자의 고용을 제한하는 외에,

필요하다면 남자의 배치를 전환함으로써 근로배치를 적정하게 바로잡으며, 근로총력의 발양을 도모하기 위해 관계 분야와 협의 중이다.

7. 노무동원의 철저한 간소화에 관한 건

학도동원에 관한 운영을 중앙과 지방을 통해 철저히 간소화·강화하는 동시에 근로관리에 관한 행정에 대해서 지방장관의 책임을 한층 더 부담시키는 조치를 강구함으로써 근로동원의 책임을 완수하도록 한다.

8. 공장, 사업장의 중견 통솔자 양성훈련에 관한 건

3월 18일 각의결정 '근로앙양방책요강'에 따라 공장, 사업장의 중견간부 특히 하급 통솔자를 긴급하게 양성 훈련하여, 부하 통솔력을 함양시켜 근로 능률의 향상을 도모하도록 한다.

9. 전시 과학기술원(科學技術員) 단기 양성에 관한 건

7월 11일 각의결정 '과학기술자동원계획설정요강' 및 10일 차관회의결정 '전시 과학기술자 단기 양성 계획 요령'에 따라 과학기술원의 단기 양성을 신속하게 추진하도록 한다.

10. 피징용자 등의 근로 원호 강화에 관한 건

5월 9일 각의결정 '피징용자 등 근로 원호 강화 요강'에 따라 피징용자에 대한 원호사업의 강화와 확충을 도모하는 동시에 새로 국민근로보국대원, 여자정신대원 등에 대한 원호를 실시하도록 하며, 현재 여기에 필요한 예산을 계상하고 실시 세목을 준비 중이다.

11. 여자정신근로령 제정에 관한 건

여자근로동원의 강화와 원활한 실시를 위해 새로 국가총동원법 제5조 및 제6조에 근거하여 여자정신근로령의 제정을 상신하였으며, 현재 법제국에서 심의 중이다.

12. 전쟁피난민, 이재민 등에 대한 원호대책의 신속 확립에 관한 건

현재 도서(島嶼) 지역에서 피난시킨 국민이 점증하고 있는데, 앞으로 이러한 전쟁피난민, 이재민 등이 급증할 것으로 전망됨에 따라 응급원호, 생활원호 등에 대한 대책을 신속하게 확립하는 것이 현안이다. 이 점에 비추어, 현재 본 건에 관한 예비비를 요구하는 중인데, 전 국민을 한 덩어리로 단합시킬 수 있는 전시상부(戰時相扶) 태세를 확립하는 등 근본적인 방침을 수립하여 실시하는 데 힘을 기울이고 있다.

13. 임산부, 영유아의 소개(疏開) 등에 관한 건

임산부, 영유아를 소개하는 데는 모자(母子)가 함께 움직일 수밖에 없는 등 여러 가지 어려운 사정이 존재하는데, 이제 다수를 신속하게 소개하기 위해서는 모자를 함께 소개하는 집단소개대책이 필요하다고 판단하여 현재 연구 중이다.

그리고 공습 시 임산부와 영유아의 방호대책과 이들에게 필요한 물자를 확보하여 배급하는 것에 관하여 한층 더 구체적인 방책을 준비해 둘 필요가 있다는 점을 고려하여 현재 연구 중이다.

14. 임산부 및 영유아 영양 확보 대책의 실시에 관한 건

임산부 및 영유아 영양 확보 대책을 이미 후생성과 농상무성이 협의하여 7월 20일 차관회의에서 결정하였기에 이를 신속하게 실시하도록 한다.

15. 의약품, 위생 재료의 생산 확보에 관한 건

작년 12월 21일 각의결정 '의약품, 기타 위생물자 확보대책 요강'과 금년 6월의 각의양해 '1944년도 의약품, 위생 재료 동원계획'에 따라 중요 의약품 및 위생물자의 생산 확보에 나섰는데, 현재의 의약품, 위생 재료 부족을 충분히 완화하는 것은 도저히 불가능하기 때문에 의약품, 위생 재료의 증산에 대해 후생성이 원재료, 연료, 포장 재료의 취급 및 가격결정을 전담하는 것에 관하여 현재 관련 부처와 협의 중이다.

16. 방공구호(防空救護)대책 강화에 관한 건

공습이 분명한 현 시점에 방공구호는 신속하게 정비하고 강화할 필요가 있으므로 구호요원의 출동 확보와 훈련, 대피소의 정비와 확충 및 방공의약품과 기타 위생 재료, 의료기기 저장, 배급을 도모하며 응급 가설주택 가공, 비축에 관한 각의결정에 근거하여 응급 가설주택 가공, 비축을 위해 현재 예비비를 요구하는 중이다.

17. 근로위생에 관한 건

국민근로동원의 강화에 수반하여 근로자의 건강관리, 건강 정도에 따른 적정배치, 장기결근자의 보건지도, 특히 결핵예방, 직업질환예방 등에 관한 근로위생의 쇄신과 강화를 도모하도록 한다.

18. 전염병 예방대책에 관한 건

근래 장티푸스, 발진티푸스 등의 환자가 현저히 증가하는 추세를 감안하여 이의 예방

대책을 신속하게 실시할 계획 중이며, 작년 겨울 미국, 영국에서 대유행한 유행성감염에 대해서도 이를 방지하고 예방하는 대책에 대해 신중하게 연구를 진행하도록 한다.

19. 선원 원호의 강화에 관한 건

현재 해상수송의 중요성과 함께 선원의 고생을 고려하여 선원의 원호를 강화하는 것이 현안이 됨에 따라 선원보호법을 개정하여 유족연금제도의 창설, 직무상 장애급부의 충실 등 보험급부 내용의 확충, 그리고 전시우대특례의 강화 등을 실시하여 선원의 사기를 높이고 우수선원을 확보함으로써 해상수송을 강화하도록 한다. 이에 현재 이를 개정하는 것을 연구를 진행하고 있다.

자료 128

여자정신근로령	
구분	칙령 제519호
법령명/건명	여자정신근로령 女子挺身勤勞令
제정 · 개정 · 결정 · 폐지 연월일	공포 1944년 8월 22일 시행 1944년 8월 23일 폐지 1945년 3월 6일(칙령 제94호)
구성	본문 23개 조항, 부칙 1개 조항
선행 규범 · 법령	국가총동원법 제5조 여자정신대제도강화방책요강(1944년 각의결정)
원문 일부	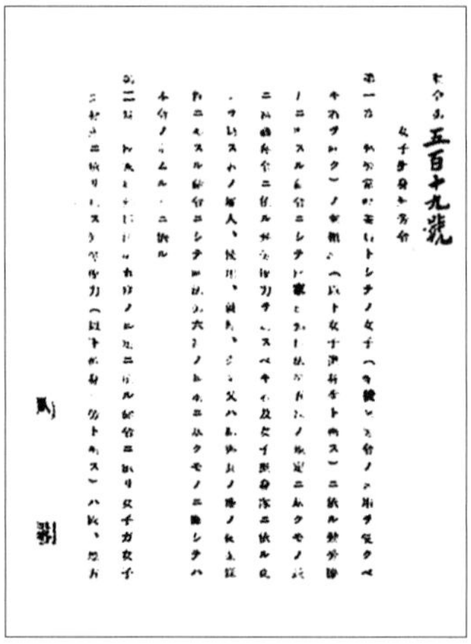 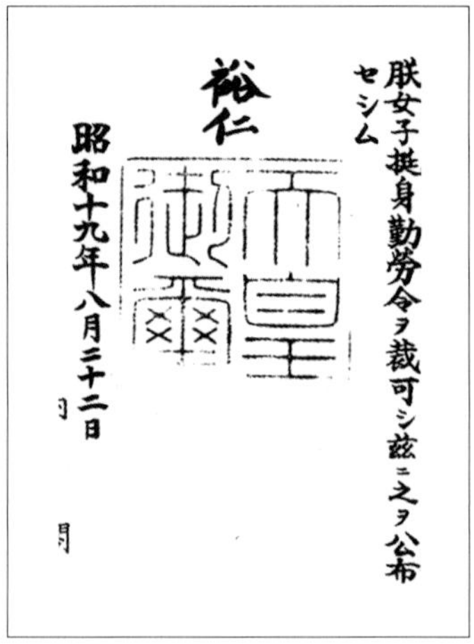
주요 내용 및 특징	○ 여성 동원을 법제화한 통제법 ○ 여자로 구성된 근로정신대(여자정신대)를 국가총동원법 제5조에 따라 국가, 지방공공단체, 후생대신, 지방장관(조선총독 등)이 지정하는 자의 명령으로 총동원 업무에 종사하도록 함. ○ 「국민직업신고령」에 따라 국민등록된 만 12~40세 미혼 여성을 대상으로 연속 1년 또는 본인 동의 시 1년 이상 정신근로에 협력하도록 함.
법령 적용 범위	시행일 1944년 8월 23일 제21에서 '조선 · 대만 · 화태 · 남양군도에 적용하는 경우'에 대해 규정
관련 법령 통합 · 폐지 사항	국민직업능력신고령(1939년 칙령 제5호) 국민근로보국협력령(1941년 칙령 제995호)
유사 · 파생 법령	여자정신근로령시행규칙(1944년 후생성 · 군수성령 제4호) 국민근로동원령(1945년 칙령 제94호)

칙령 제519호

1944년 8월 22일

여자정신근로령

제1조 근로 당시 요원으로서 여자(학도근로령의 적용을 받는 자를 제외한다)의 대 조직(이하 여자정신대라 칭한다)에 의한 근로협력에 관한 명령으로서 국가총동원법 제5조의 규정에 의한 것과 그리고 해당 명령에 의해 근로협력을 하는 자와 여자정신대로서 종업하는 자의 고인(雇人), 사용, 취직, 종업 또는 급여와 기타 종업 조건에 관한 명령으로서 동법 제6조의 규정에 근거한 것에 관해서는 본령이 정하는 바에 따른다.

제2조 국가총동원법 제5조 규정의 명령에 따라 여자가 여자정신대에서 하는 근로협력(이하 정신근로라 칭한다)은 국가와 지방공공단체 또는 후생대신이나 지방장관(도쿄도에서는 경시총감. 이하 마찬가지)이 지정하는 자가 명령으로 정한 총동원 업무에 해당하는 것으로 한다.

제3조 정신근로를 하는 자(이하 대원이라 칭한다)는 국민직업능력신고령에 의해 국민등록을 한 여자로 한다.

전항에 해당하지 않는 여자는 지원을 한 경우에 한하여 대원으로 할 수 있다.

제4조 계속해서 정신근로를 할 수 있는 기간은 특별한 사정이 있는 경우를 제외하고 대체로 1년으로 한다.

대원으로서 계속해서 1년을 초과하여 정신근로를 할 경우에는 대원의 동의가 있어야 한다.

제5조 정신근로를 받고자 하는 자는 명령에서 정한 대로 지방장관에게 이를 청구 또는 신청해야 한다.

제6조 지방장관은 전조의 규정에 따른 청구 또는 신청이 있는 경우에 여자정신대를 출동시킬 필요가 있다고 인정한 때는 명령이 정하는 바에 따라 시정촌장(시정촌장에 준하는 자를 포함하여 도쿄도의 구가 있는 구역, 그리고 교토시, 오사카시, 나고야시, 요코하마시 및 고베시에서

는 구장으로 한다. 이하 마찬가지), 기타 단체의 장 또는 학교장에 대해 대원이 될 자를 선발하도록 명령한다.

제7조 전조의 명령을 받은 자는 당사자의 연령, 신체 상태, 가정의 상황 등을 참작하여 대원으로 선발하고 이를 지방장관에게 보고해야 한다.

제8조 지방장관은 전조의 규정에 따라 보고된 자 가운데서 대원을 결정하여 당사자에게 그 취지를 정신근로령서를 통지하고 정신근로에 관하여 필요한 사항을 지정하도록 한다.

제9조 전조의 규정에 따라 통지를 받은 자는 동조의 규정에서 정한 지시에 따라 정신근로를 해야 한다.

제10조 정신근로를 할 경우 여자정신대의 조직과 운영 및 대원의 규율에 관하여 필요한 사항은 명령으로 정한다.

제11조 지방장관은 명령이 정하는 바에 따라 특별한 사정이 있는 경우에 정신근로의 전부 또는 일부의 정지에 관하여 필요한 조치를 할 수 있다.

제12조 정신근로에 필요한 경비는 명령이 정하는 바에 따라 특별한 경우를 제외하고, 정신근로를 받는 자가 이를 부담하는 것으로 한다.

제13조 후생대신(군수성 소관 기업에서의 근로관리 및 급여에 관한 사항에 대해서는 군수대신) 또는 지방장관은 필요하다고 인정한 때에 국가총동원법 제6조의 규정에 근거하여 정신근로를 받는 사업주에 대해 대원의 사용 또는 급여, 기타 종업 조건에 관하여 필요한 명령을 할 수 있다.

제14조 다음 각호의 하나에 해당하는 자는 대원으로 하지 않는다. 단 대원으로서 제1호 또는 제2호에 해당하게 된 자는 여기에 제한을 받지 않는다.

1. 육해군 군속
2. 육군대신 또는 해군대신의 소관에 속하는 관청(부대 및 학교를 포함) 또는 후생대신이 지정하는 공장, 사업장, 기타 장소에서 군사상 필요한 총동원 업무에 종사하는 자
3. 법령에 따라 구금 중인 자

제15조 다음 각호의 하나에 해당하는 자는 지원하는 경우를 제외하고 대원으로 하지 않는다.

1. 후생대신이 지정하는 총동원 업무에 종사하는 자

2. 가정생활의 중심이 되는 자

3. 기타 후생대신이 지정하는 자

제16조 후생대신 또는 지방장관은 명령이 정하는 바에 따라 정신근로에 관하여 시정촌장과 기타 단체의 장 또는 학교장 또는 부대원이나 정신근로를 받는 사업주를 감독한다.

제17조 지방장관이 필요하다고 인정한 경우에는 국가총동원법 제6조의 규정에 근거하여 정신근로를 할 수 없는 자에 대하여 제5조의 규정에 따라 청구 또는 신청과 관계된 공장, 사업장, 기타 장소에 취업할 것을 명령할 수 있다.

전항의 공장, 사업장, 기타 장소의 사업주는 국가총동원법 제6조의 규정에 근거하여 동항의 규정에 따라 명령을 받는 자로부터 취직신청을 받은 때는 이를 고용할 필요가 있다.

후생대신(군수성 소관 기업에서의 근로관리 및 급여에 관한 사항에 대해서는 군수대신) 또는 지방장관이 필요하다고 인정한 때는 국가총동원법 제6조의 규정에 근거하여 제1항의 규정에 따라 명령을 받은 자 또는 전항의 사업주에 대해 제1항의 규정에 따라 명령을 받은 자의 사용, 종업 또는 급여, 기타 종업 조건에 관하여 필요한 명령을 할 수 있다.

제1항의 규정에 따라 명령을 받은 자 또는 그 유족의 부조에는 제13조 제2항의 규정을 준용한다.

제18조 지방장관 또는 국민근로동원서장이 하는 지도 또는 장려에 근거하여 여자가 여자정신대로서 제2조의 규정에 따라 총동원 업무에 대해 공장, 사업장, 기타 장소에서 종업할 경우에는 제13조의 규정을 준용한다.

제19조 지방장관이 필요하다고 인정한 때는 본령에 따라 그 사무의 일부를 국민근로동원서장이 분장하도록 할 수 있다.

제20조 사업주가 국가 및 도·도·부·현인 때는 제13조(제17조 제4항 및 제18조에서 준용한 경우를 포함), 제16조, 제17조 제2항 및 제3항의 규정을 적용하지 않는다.

제21조 본령 중에서 후생대신이라 한 것을 조선에서는 조선총독, 대만에서는 대만총독으

로 하고, 지방장관이라 한 것을 조선에서는 도지사, 대만에서는 주지사 또는 청장으로 하고, 시정촌장이라 한 것을 조선에서는 부윤(경성부에서는 구장) 또는 읍·면장, 대만에서는 시장 또는 군수(호코청에서는 청장)로 하고, 국민근로동원서장이라 한 것을 조선에서는 부윤, 군수 또는 도사, 대만에서는 시장 도는 군수(호코청에서는 청장)로 하고, 도·도·부·현이라 한 것을 조선에서는 도, 대만에서는 주 또는 청으로 한다.

제22조 정신근로에는 국민근로보국협력령을 적용하지 않는다.

제23조 본령에서 규정하는 것 외에 정신근로에 관하여 필요한 사항은 명령으로 정한다.

부칙

본령은 공포한 날로부터 이를 시행한다.

자료 129

여자정신근로령시행규칙	
구분	후생성·군수성령 제4호
법령명/건명	여자정신근로령시행규칙 女子挺身勤労令施行規則
제정·개정·결정·폐지 연월일	공포 1944년 8월 23일
구성	본문 29개 조항, 부칙 1개 조항
선행 규범·법령	여자정신근로령(1944년 칙령 제519호)
원문 일부	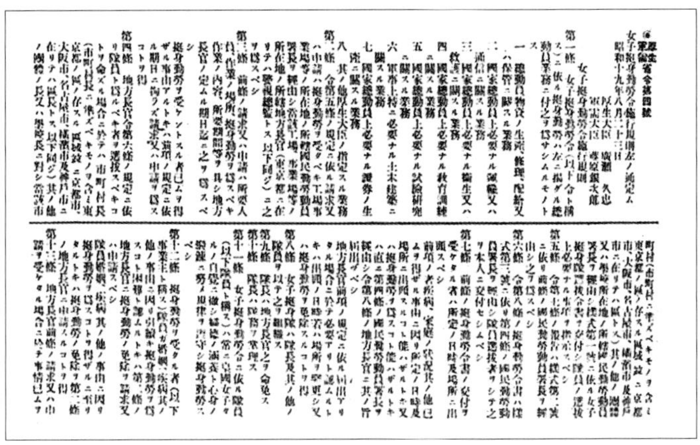
주요 내용 및 특징	○ 여성동원을 법제화한 통제법의 시행규칙 ○ 여자로 구성된 근로정신대(여자정신대)를 국가총동원법 제5조에 따라 국가, 지방공공단체, 후생대신, 지방장관(조선총독 등)이 지정하는 자의 명령으로 총동원 업무에 종사하도록 함. ○ 여자근로정신대 대원으로 선발, 통지, 취직(정신근로)명령 등에 관한 절차 명시 ○ 여자근로정신대를 사용하고자 하는 공장, 사업장 등 수명사업주(受命事業主)의 신청, 부조 등에 관한 절차 명시 ○ 공장, 사업장 소재지 국민근로동원서장을 경유하여 여자근로정신대를 동원, 정지하는 등의 절차 명시
법령 적용 범위	공포일 즉시 시행
관련 법령 통합·폐지 사항	
유사·파생 법령	

후생성 · 군수성령 제4호

1944년 8월 23일

여자정신근로령시행규칙

제1조 여자정신근로령(이하 영이라 칭한다)에 따른 정신근로는 다음에 열거하는 총동원 업무에 대해 실시하는 것으로 한다.

1. 총동원물자의 생산, 수리, 배급 또는 보관에 관한 업무
2. 국가총동원에 필요한 운수 또는 통신에 관한 업무
3. 국가총동원에 필요한 위생 또는 구호에 관한 업무
4. 국가총동원에 필요한 교육훈련에 관한 업무
5. 국가총동원에 필요한 시험연구에 관한 업무
6. 국가총동원에 필요한 토목건축에 관한 업무
7. 국가총동원에 필요한 증권의 생산에 관한 업무
8. 기타 후생대신이 지정하는 업무

제2조 여자정신근로령 제5조의 규정에 따른 청구 또는 신청은 정신근로를 받게 될 공장, 사업장 등의 소재지를 관할하는 국민근로동원서장을 경유하여 해당 공장, 사업장 등의 소재지를 관할하는 지방장관(도쿄도에서는 경시총감으로 한다. 이하 마찬가지)에게 해야 한다.

제3조 전조의 청구 또는 신청은 소요 인원, 작업 장소, 정신근로를 해야 할 작업의 내용, 소요기간 등을 구체적으로 명시하여, 지방장관이 정하는 기일까지 해야 한다.

제4조 지방장관은 여자정신근로령 제6조의 규정에 따라 대원이 되어야 하는 자를 선발할 것을 명령할 경우에는 시정촌의 장(시정촌장에 준하는 자를 포함하며 도쿄도의 구가 있는 구역 그리고 교토시, 오사카시, 나고야시, 요코하마시, 고베시에서는 구장으로 한다. 이하 마찬가지), 기타 단체의 또는 학교장에 대해 해당 시정촌(시정촌에 준하는 것을 포함하며, 도쿄도의 구가 있는 구역 그리고 교토시, 오사카시, 나고야시, 요코하마시, 고베시에서는 구로 한다), 기타 단체 또는 학

교 소재지를 소관하는 국민근로동원서장을 경유하여 양식 제1호에 따라 여자정신대선발령서를 교부하고, 대원의 선발에 필요한 사항을 지시해야 한다.

제5조 여자정신근로령 제7조의 보고는 양식 제2호에 따라 전조의 국민근로동원서장을 경유하여 해야 한다.

제6조 여자정신근로령 제8조의 정신근로령서는 양식 제3호에 따라 제4조의 국민근로동원서장을 경유하여 대원선발자 본인에게 교부해야만 한다.

제7조 전조의 정신근로령서의 교부를 받은 자는 소정의 일시 및 장소에 출두해야 한다.

전항의 자가 질병, 가정 사정, 기타 있을 수 있는 사유로 인해 소정의 일시 및 장소에 출두할 수 없을 때 또는 정신근로를 할 수 없을 때는 곧바로 제4조의 국민근로동원서장을 경유하여 여자정신근로령 제8조의 지방장관에게 그 취지를 제출해야만 한다.

지방장관은 전항의 규정에 따른 제출이 있을 경우 필요하다고 인정한 때에 출두의 일시 또는 장소를 변경하거나 또는 정신근로를 면제할 수 있다.

제8조 여자정신대는 대장과 기타 대원으로 조직한다.

제9조 대장은 지방장관이 이를 임면한다.

제10조 대장은 정신대의 업무를 관장한다.

제11조 여자정신근로령에 따라 대원(이하 대원이라 칭한다)은 항상 황국 여자로서의 자각을 투철히 하고, 부녀자로서의 덕성을 함양하고, 심신의 단련에 힘쓰며 규율을 준수하여 정신근로를 해야 한다.

제12조 여자근로를 받는 자(이하 사업주라 칭한다)는 대원이 혼인, 질병, 기타 사유로 인해 정신근로를 계속하기 곤란하다고 인정할 때는 제2조의 지방장관에게 정신근로의 면제를 청구 또는 신청해야 한다.

대원이 혼인, 질병, 기타 사유로 인해 정신근로를 할 수 없게 되었을 때는 정신근로의 면제를 제2조의 지방장관에게 신청할 수 있다.

제13조 지방장관이 전조의 청구 또는 신청을 받은 경우 불가피한 사정이라고 인정한 때는 곧바로 해당 대원에 대해 정신근로를 면제하는 동시에 여자정신근로령 제8조의 지방장관에게 그 취지를 통지해야 한다.

제14조 여자정신근로령 제11조의 지방장관은 제2조의 지방장관으로 한다.

제15조 지방장관이 여자정신근로령 제11조의 규정에 따라 정신근로의 전부 또는 일부를 정지하고자 할 때는 관련 주무관청과 협의한 후, 이에 관해 필요한 사항을 해당 사업주와 해당 대원에게 지시해야 한다.

제16조 여자정신근로령 제12조의 규정에 따라 사업주가 부담해야 할 경비는 다음에 열거하는 것으로 한다.

1. 작업지까지의 왕복 여비
2. 급여
3. 부조에 필요한 비용
4. 기타 지방장관이 필요하다고 인정한 비용

지방장관이 특별히 필요하다고 인정할 때는 사업주가 전항의 경비 전부 또는 일부를 부담하지 않을 수 있다.

제17조 대원의 급여에 관해서는 회사경리통제령 및 중요사업장노무관리령의 적용이 있는 경우를 제외하고 임금통제령을 준용한다.

제18조 여자정신근로령 제13조 제1항의 지방장관은 제2조의 지방장관으로 한다.

제19조 대원이 사업상 부상, 질병을 입거나 또는 사망한 경우에 제2조의 지방장관은 특히 필요하다고 인정한 때에 사업주에게 본인 또는 그 유족을 다른 법령의 규정에 따른 부조 또는 후생대신 또는 동조의 지방장관이 정한 부조 외에 별도의 부조를 하도록 명령할 수 있다.

제20조 지방장관 또는 국민근로동원서장은 정신근로에 관해 대원선발자, 대원 또는 사업주로부터 보고를 징구할 수 있다.

제21조 지방장관이 여자정신근로령 제17조 제1항의 규정에 따른 명령(이하 취직명령이라 칭한다)을 할 경우에는 양식 제4호에 따라 본인의 거주지를 관리하는 국민근로동원서장이 정신취직령서(挺身就職令書)를 본인에게 교부해야 한다.

제22조 전조의 취직영서를 받은 자[이하 취직수명자(就職受命者)라 칭한다]는 지정한 일시 및 장소에 출두하여 정신취직령서를 제시하고 취직 신청을 해야 한다.

제23조 취직수명자가 질병, 기타 불가피한 사유로 인해 지정한 일시 및 장소에 출두할 수 없을 때 또는 취직할 수 없을 때는 그 사유를 증명할 수 있는 서류를 구비하여 정

신취직령서를 교부한 국민근로동원서장을 경유하여 취직명령을 한 지방장관에게 지체 없이 그 취지를 제출해야 한다.

전항의 규정에 따른 제출이 있을 경우에 지방장관이 필요하다고 인정한 때는 출두해야 할 일시 또는 장소를 변경하거나 이를 취소할 수 있다.

전항의 규정에 따른 변경 또는 취소는 양식 제5호에 따라 해야 한다.

제24조 지방장관이 취직명령을 할 때는 곧바로 여자정신근로령 제17조 제2항의 사업주(이하 수명사업주라 칭한다)에게 그 공장, 사업장 등의 소재지를 관할하는 국민근로동원서장을 경유하여 그 취지를 통지해야 한다.

지방장관이 필요하다고 인정한 때는 수명사업주 또는 그 대리인에게 취직수명자가 출두할 일시 및 장소에 출두할 것을 명령할 수 있다.

수명사업주는 취직수명자로부터 제22조의 규정에 따라 취직 신청이 있을 때에는 곧바로 취직조건과 기타 필요한 사항을 제시해야 한다.

제25조 수명사업주와 취직수명자는 신속하게 고용관계를 성립시켜야 한다.

제26조 지방장관이 필요하다고 인정한 때는 제24조 제2항의 규정에 따라 수명사업자와 취직수명자가 만나는 일시와 장소에 관계 관리를 입회시킬 수 있다.

제27조 수명사업주와 취직수명자 사이에 고용관계가 성립된 때는 수명사업주가 곧바로 취직수명자와 연서하여 양식 제6호에 따라 그 취지를 수명사업주의 공장, 사업장 등의 소재지를 관할하는 국민근로동원서장을 경유하여 취직명령을 내린 지방장관에게 신고해야 한다.

제28조 취직수명자 또는 그 유족의 부조에 관해서는 제19조의 규정을 준용한다.

제29조 지방장관 또는 국민근로동원서장의 지도 또는 장려에 근거하여 여자가 여자정신대로서 공장, 사업장, 기타 장소에서 종사할 경우에는 제17조부터 제19조의 규정을 준용한다.

부칙

본령은 공포한 날로부터 시행한다.

이하 양식 생략.

자료 130

여자근로동원의 촉진에 관한 건 통첩	
구분	후생성 노무국장 · 문부성 총무국장 통첩 근로 제2955호
법령명/건명	여자근로동원의 촉진에 관한 건 통첩 女子勤勞ノ促進ニ關スル件通牒
제정 · 개정 · 결정 · 폐지 연월일	1943년 10월 15일
구성	본문 15개 절
선행 규범 · 법령	여자근로동원의 촉진에 관한 건(1943년 차관회의결정)
원문 일부	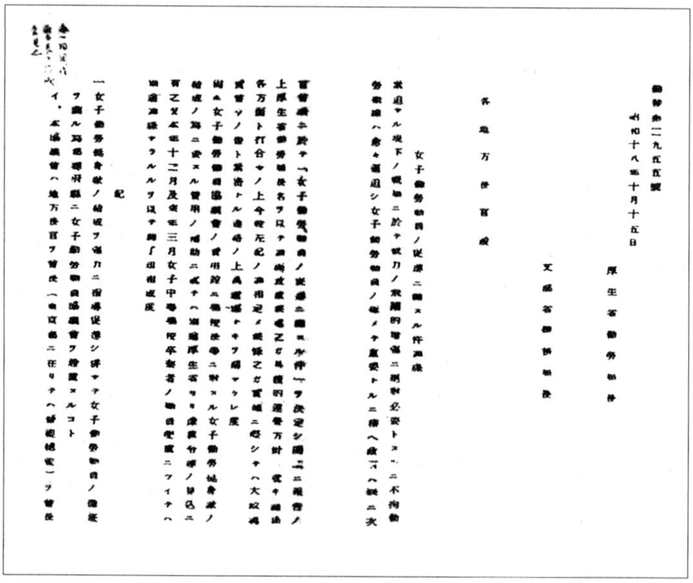
주요 내용 및 특징	○ 차관회의결정 「여자근로동원의 촉진에 관한 건」의 집행과 실행을 명령하는 통첩 ○ 각 도·도·부·현과 시정촌 등에 여성근로정신대 조직과 운영을 신속하게 추진할 것을 명령함.
법령 적용 범위	
관련 법령 통합 · 폐지 사항	
유사 · 파생 법령	

후생성 노무국장 · 문부성 총무국장 통첩 근로 제2955호

1943년 10월 15일

여자근로동원의 촉진에 관한 건 통첩

현재의 급박한 전세 속에서 전력의 비약적 증강이 절대적으로 필요하지만 결국 근로공급원이 고갈되어 여자근로동원이 매우 중요해졌기에 정부는 차관회의에서 '여자근로동원의 촉진에 관한 건'을 결정하여 각의에 보고하고, 후생성 근로국장 명의로 그 구체적 운영방침에 대해 각 방면과 협의한 후에 이번에 다음과 같이 통첩을 통하여 실시하게 되었는바, 나머지는 대정익찬회와 긴밀하게 연락하여 문제가 없도록 할 것.

그리고 여자근로동원협의회의 비용과 학교장 등에 대한 여자근로정신대의 결성에 필요한 비용의 보조에 대해서는 별도로 후생성이 예산을 마련할 전망이다. 또한 금년 12월과 내년 3월 여자중등학교 졸업자의 동원배치에 대해서는 별도로 통첩을 보낼 예정이다.

기(記)

1. 여자근로정신대의 결성을 강력하게 지도하고 촉진하고 아울러 여자근로동원에 철저를 기하기 위해 도 · 도 · 부 · 현에 여자근로동원협의회를 설치할 것.
   1) 본 협의회는 지방장관(도쿄도에서는 경시총감)을 회장으로 하고, 경찰 및 내정 관련 과장, 지방사무소장, 시장, 여자중등학교장 그리고 대정익찬회, 산업보국회, 대일본부인회, 대일본청소년단의 대표자 등으로 조직할 것.

      여자중등학교장에 대해서는 지방의 상황에 따라 그 대표자 약간 명을 선정해도 무방함.
   2) 본 협의회는 여자근로동원에 관한 관계기관 그리고 관련 단체의 긴밀한 연락을 취하는 동시에 다음 사항에 대해 협의하여 결정할 것.
      (1) 여자근로동원의 철저와 강화에 관한 계발 사항

(2) 여자근로정신대 결성의 지도에 관한 사항

(3) 여자근로정신대를 파견할 사업장 등의 선정에 관한 사항

(4) 기타 필요한 사항

3) 본 협의회에는 필요에 따라 부회(部會)를 설치할 수 있다.

2. 여자근로보국의 철저를 기하기 위해 도·도·부·현의 담당과(근로과)와 국민직업지도소는 가급적 부인계를 설치하고, 여자 공급원의 개척, 파견 사업장 등의 조사, 그리고 시정촌장, 학교장, 기타 관련 단체와의 연락에 임할 것.

3. 시구정촌은 항상 여자근로동원에 관하여 국민직업지도소와 긴밀하게 연락을 취하는 동시는 정내회, 부락회, 도나리구미, 대일본부인회, 대일본청소년단 등의 공조를 통해 여자 미취직자의 조사와 공장·사업장 등에 취직을 장려하도록 할 것.

4. 기업정비에 의해 정리되는 공장·사업장의 종업자에 대해서는 '기업정비에 따른 종업자의 배치전환실시강목(配置轉換實施綱目)'에서 밝힌 바에 따라 강력하게 지도하여 긴요한 산업 부문에 취업하도록 할 것. 이 경우 필요에 따라 취직명령을 발동할 것.

5. 지도·장려에 의해 취직을 희망하는 자를 제외하고 나머지 인원, 특히 여자중등학교 졸업자에 대해서는 자발적으로 여자근로정신대를 결성하여 근로에 종사하도록 할 것.

6. 여자근로정신대는 다음에 따라 조직할 것.

1) 조직 단위

(1) 여자중등학교 졸업자에 대해서는 해당 학교를 단위로 하며 학교장의 지도하에 동창회 활동을 활발히 하여 여자근로정신대를 조직할 것.

전문학교 이상 졸업자는 가급적 그 모교인 여자중등학교를 단위로 하는 조직에 가입하는 것으로 하되 사정에 따라 전문학교를 단위로 여자근로정신대를 조직해도 무방함.

(2) 지방의 사정에 따라 학교장을 중심으로 하는 동창회 활동이 활발하지 않아 적당하지 않은 경우, 또는 학교를 단위로 조직하는 여자근로정신대에 가입할 수 없는 여자중등학교 이상의 졸업자와 국민학교 수료자에 대해서는 시(구)정촌의 장 또는 시(구)정촌의 청소년단장의 지도 아래 여자청년단 등을 중심으로 하며 정내회, 부락회, 부인회 등의 협력을 받아 여자근로정신대를 조직하도록 할 것.

(3) 이상 전호 이외의 조직으로 여자근로정신대를 편성하고자 할 때는 시구정촌장과 협의하도록 할 것. 이 경우에는 지장이 없는 한 이상의 특정 조직에 의한 결성을 인정할 것.

2) 조직 편성

(1) 정신대는 원칙적으로 20명 이상 50명 이내로 하며 필요에 따라 반을 설치할 것.

(2) 대원 또는 반원(班員)은 가급적 소질이 균일하거나 거주지가 근접하는 등의 조건을 고려하여 결성할 것.

(3) 대장, 반장은 대원 중에서 인격, 연령, 성적 등을 고려하여 지휘통솔의 실력이 있는 자를 선정할 것.

3) 명칭

정신대의 명칭은 '○○여자근로정신대'로 할 것. 다만 기타 명칭을 사용해도 무방함.

4) 출근기간

1년에서 2년으로 할 것.

5) 제대

대원으로서 결혼하는 자는 곧바로 제대하도록 할 것.

7. 여자근로대를 파견할 사업장 등의 선정은 9월 13일 차관회의결정 '여자근로동원 촉진에 관한 건' 제2 요령 1에 따르고 그 외는 근로관리가 양호한 사업장 등을 선정하도록 하며 출퇴근이 가능한 경우 외에는 기숙사 설비를 완비하도록 할 것.

8. 도 · 부 · 현은 여자근로정신대를 출동시키는 것이 적당하다고 인정하는 공장 · 사업장에 대해 13호에 근거하여, 근로시간, 급여, 기숙사, 기타 여자근로정신대에 관한 처우에 대해 미리 지도하며 이를 받아들일 태세를 갖추도록 할 것.

9. 여자근로정신대 결성 수속절차

1) 도 · 부 · 현은 다음에 따라 여자근로정신대 결성과 파견할 공장 · 사업장 선정에 관한 원안(原案)을 작성하며 도 · 도 · 부 · 현 여자근로동원협의회의 협의에 부칠 것.

(1) 여자근로정신대를 파견할 공장 · 사업장의 명칭과 해당 사업장 등의 예정 수

받아들이는 공장 · 사업장의 예정 수에 대해서는 해당 사업장의 일반 청장년의 할당 인원수, 통근거리 이내에서 채용할 수 있는 인원수, 기숙사 상황 등을 고려

하여 결정할 것.

(2) 위의 공장·사업장으로 출동해야 할 여자근로정신대를 결성한 학교명칭, 지구명(시 또는 지방사무소 관할의 지역별로 한다) 그리고 학교별 지구별 결성 예정 수

(3) 파견할 공장·사업장의 급여, 기타 취업조건, 통근거리 밖에서 파견을 받고자 할 경우에는 기숙사와 기타 필요한 사항

(4) 여자근로정신대 결성 및 출동의 시기

(5) 기타 필요한 사항

2) 여자근로동원협의회에서는 1)에 따라 작성한 원안에 근거하여 협의하여 학교, 시 또는 지방사무소별로 파견할 사업장, 대략적인 출동 가능한 인원수, 출동시기 등을 예정할 것.

시장 및 지방사무소장은 위에 따라 관내 구정촌장(구정촌청소년단장) 등과 연락, 협의한 후 각각 여자근로정신대의 결성을 지도할 것.

3) 학교장, 시구정촌장(시구정촌 청소년단장) 등은 해당하는 총인원을 여자근로정신대에 가입하도록 지도할 것.

4) 여자근로동원협의회 결정에 근거하여 학교장, 시구정촌장(시구정촌 청소년단장) 등은 국민직업지도소장과 긴밀하게 연락하여 신속하게 정신대를 결성하도록 할 것.

5) 여자근로정신대 출동에 대해서는 국민직업지도소장이 지시하는 바에 따를 것.

10. 도·부·현은 신속하게 여자근로정신대협의회의 설립을 마치고 늦어도 11월 상순까지 제1회 협의회를 개최하며 11월 중에 여자근로정신대의 결성과 출동이 이루어지도록 조치할 것.

11. 여자근로동원을 철저히 하기 위해 도·도·부·현은 시구정촌장으로 하여금 관내에서 동원 대상이 될 여자를 청소년단, 부인회, 정내회, 부락회, 도나리구미 등의 협력을 받아 신속하게 조사하도록 할 것.

12. 근로보국대와 여자근로정신대의 관계

근로보국대에 참가하도록 하는 것은 대체로 학교 재학자, 취업자 그리고 여자근로정신대에 참가하여 하는 것으로 할 것.

13. 여자근로정신대의 근로관리에 대해서는 여자근로동원 촉진에 관한 건 제2 요령 5의 각

호에 따르고 그 외에 대해서는 다음의 사항을 유의할 것

1) 입소할 때는 엄숙하게 선서식을 하여 근로봉공의 정신을 앙양하게 할 것.

2) 현장배치에 앞서 작업의 마음가짐 등 필요한 예비훈련을 실시할 것.

3) 대원을 여러 작업장에 분산시키지 말고 가급적 동일한 작업장에서 근로하게 할 것.

4) 정신대에 특별히 작업지도자를 두어 대원의 작업지도를 담당하게 할 것.

5) 근로시간은 처음에 대략 8시간 정도로 하며, 휴일에 대해서도 특별히 고려할 것.

6) 임금은 가급적 월급제로 할 것.

7) 통근길의 자숙과 결근방지를 기하기 위해 대원 상호 간에 통근 소조를 조직하게 할 것.

8) 대원에게는 대원수첩을 교부하고 가정과 연락을 긴밀하게 할 것.

9) 대원의 식당, 탈의실, 휴게실 등에 대해서는 가급적 일정한 곳에 둘 것.

10) 기숙하는 정신대원은 가급적 전용 기숙사에 수용하도록 할 것. 숙소에는 여자에게 필요한 시설을 고려할 것.

11) 기숙사의 생활관리는 대장 또는 부녀단체에서 선정된 자를 두어 담당하게 할 것.

12) 기숙사 생활에는 조직적인 계획 아래 가사업무를 하게 하고, 가사 요령과 기타 여자로서 필요한 수양을 체득하게 할 것.

13) 항상 부녀단체와 긴밀하게 연락하여 대원의 관리에 힘쓸 것.

14. 여자근로동원의 촉진에 관한 건 제2 요령의 3에서 여자근로정신대의 급여는 임금통제령에서 정한 바에 따를 것.

15. 여자근로동원의 촉진에 관한 건 제2 요령 5의 6 임금통제상의 조치는 여자근무자의 공정임금의 개정에 대해 준비할 것.

자료 131

여자정신대원 취급에 관한 건, 관계 육군부대에 대한 통첩	
구분	육군성 陸亜普 제1478호
법령명/건명	여자정신대원 취급에 관한 건, 관계 육군부대에 대한 통첩 女子挺身隊員ノ取扱二關スル件, 關係陸軍部隊へ通牒
제정 · 개정 · 결정 · 폐지 연월일	1944년 12월 18일
구성	본문 4개 절
선행 규범 · 법령	여자정신근로령(1944년 칙령 제519호)
원문 일부	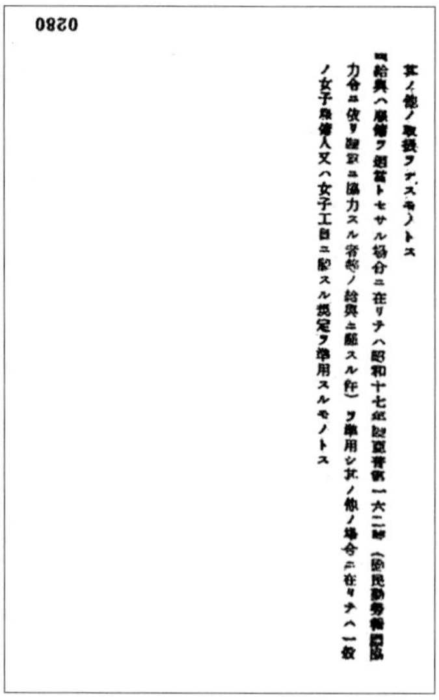 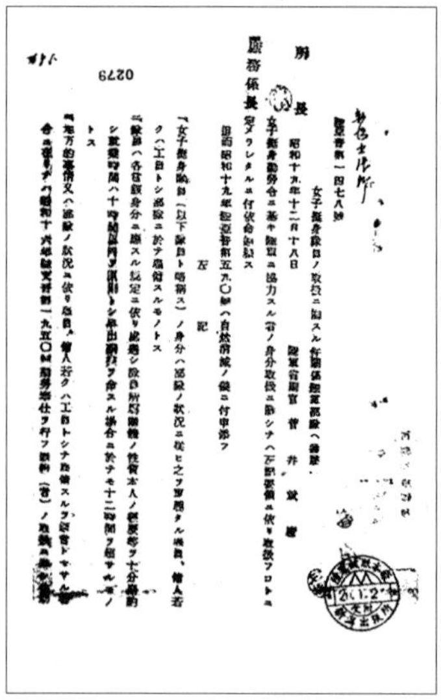
주요 내용 및 특징	○ 육군 부대에 소속된 여자근로정신대원을 고원, 용인 또는 공원 등의 군속으로 취급할 것을 명령함.
법령 적용 범위	
관련 법령 통합 · 폐지 사항	
유사 · 파생 법령	

육군성 陸亜普 제1478호

1944년 12월 18일

여자정신대원 취급에 관한 건, 관계 육군부대에 대한 통첩

여자정신근로령에 근거하여 육군에 협력하는 자의 신분 취급에 관해서는 다음 요령에 따라 취급하기로 함에 따라 이에 대해 통첩한다.

또한 1944년 육아보 590호는 자동으로 소멸됨을 첨언한다.

다음

1. 여자정신대원(이하 대원으로 약칭한다)의 신분은 부대 상황에 따라 이를 군속인 고원, 용인 또는 공원으로 하며 부대에서 고용한 것으로 한다.
2. 대원은 각각 해당하는 신분에 맞는 규정에 따라 처우하며, 대원이 소속된 단체, 본인의 경력 등을 충분히 참작하며, 취업시간은 10시간 이내를 원칙으로 하며 조기 출근과 잔업을 명령할 경우에도 12시간을 넘지 않도록 한다.
3. 지방의 사정 또는 부대에 상황에 따라 고원, 용인 또는 공원으로서 고용하는 것이 적당하지 않은 경우에는 1941년 육지보 제1950호의 근로봉사를 실시하는 단체자에 대한 취급에 준하며, 근로와 기타의 취급을 하는 것으로 한다.
4. 급여는 고용이 적당하지 않은 경우에는 1944년 육아보 제162호(국민근로보국협력령에 따라 육군에 협력하는 자 등의 급여에 관한 건)을 준용하며, 나머지의 경우에는 일반 여자고용인 또는 여자공원에 관한 규정을 준용하는 것으로 한다

V

학생동원에 관한 각의결정 및 법령 등

1. 학도와 학생[1]

전시체제기 학도와 학생은 군수생산과 후방의 주요 노동력이자 미래의 예비 병력으로서 인적 자원의 보루였다.

초기에는 각종 근로작업에 수시로 동원하다가 점차 학교 단위의 보국대에 편입시켜 상시 동원하였으며, 전쟁 말기에는 '근로가 곧 교육'이라는 미명 아래 학업을 폐지하고 일상적인 노무에 동원하였다.

1930년대 후반에 접어들어 이른바 '국방국가체제'가 만들어짐에 따라 문부성은 1938년 6월 '집단적 근로작업운동실시에 관한 건'의 통첩을 내려보냈다. '집단적 근로작업'의 실시기간은 여름방학 기간과 그 밖에 적당한 시기에 하는데, 중등학교 저학년은 3일, 나머지는 5일을 표준으로 하였다. 작업 대상은 농사와 가사의 작업, 청소, 수리 그리고 방공시설이나 군용품 또는 토목에 관한 간단한 작업 등이었다.

1939년 3월 문부성은 중등학교 이상에 대해 '집단적 근로작업'을 '점차 항구화'하고, 방학 때 뿐만 아니라 수시로 실시하고, 이를 정식과목으로 취급하라고 지시하였다. 이때 근로작업의 대상은 주로 목탄(木炭) 증산, 사료(飼料)자원 개발, 식량 증산 등이었다.

1941년 2월 문부성은 '청소년학도 식량사료 등 증산운동 실시요항'에서 1년간 30일 이내의 수업을 폐지하고 근로작업에 투입하여 이를 수업일수와 시수로 인정하도록 하였다. 그리고 8월에는 문부성의 지시에 따라 전국의 모든 학교에 학교보국대가 결성되었다.

학도동원체제가 점차 강화되자 군 요원과 군수생산 요원을 충족하기 위해 문부성은 1941년 10월 대학 및 전문학교의 재학 또는 수업연한을 6개월 단축시켰다. 12월 8일 마침내 일본제국이 진주만을 공격하면서 태평양전쟁에 돌입함에 따라 군 요원의 증가와 산업계 인력이 감소하였다. 이에 일제 당국은 학생의 노동력에 더욱 주목하였다.

1943년 6월 일제는 각의결정 「학도전시동원체제확립요강」을 통해 학도의 동원을 교육과

---

1 전시체제기 일본에서 학도(學徒)는 중등교육(중학교, 고등학교, 전문학교 등) 과정의 생도(生徒)와 고등교육 과정의 학생(學生)을 모두 통칭하는 것으로 사용되었다. 본고에서는 법령과 각의결정 등의 제목과 명칭, 주요 개념에 등장하는 '학도'는 그대로 사용하고, 우리말로 학도와 학생을 모두 포괄하거나 일반적인 학생을 가리킬 때는 '학생'으로 통칭한다.

연성의 일환으로 간주하고 유사시 즉시 대응할 수 있는 태세와 '근로동원'을 강화한다고 천명하였다. 유사시 즉시 대응 태세란 군사능력 증강과 학교보국대의 대비태세를 강화하는 것인데, 전투기술훈련, 특기훈련, 방공훈련을 철저히 하고, 여학생에게는 전시구호 훈련을 실시하였다. 그리고 학도를 식량의 증산, 국방의 시설, 긴급물자증산, 수송력 증강의 4대 사업에 중점적으로 배치한다고 밝힘으로써 학도동원을 국민동원계획에 처음으로 편입시켰다.

9월 들어 전세가 더욱 불리해지자 일제는 각의결정 '현 상태에서의 국정운영요강'을 통해, 10월에 '교육에 관한 전시비상조치방책'을 결정하였다. 이로써 학교의 수업연한 억제와 학교의 통폐합 정리, 전시 근로동원 강화 등의 조치가 결정되었다. 1년 중 1/3의 기간을 근로동원에 투입할 것을 강제함으로써 1941년 2월 근로작업 기간을 30일로 정한 것을 파기한 것이다.

또한 1943년 가을 무렵 다수의 학도병이 전쟁에 투입되어 대학은 비상시 편제로 전환하였다.[2]

2. 학도지원병 거부한 응징학도, 학도응징

1943년 10월 일제는 전문학교 이상 학생들을 학도지원병[3]의 미명으로 사실상 징집하다시피 했는데, 11월 중순까지 지원하지 않은 학생들을 '처벌' 또는 '응징(膺懲)'한다는 의미로 강제징용하였다.

학도지원병 지원이 마감된 직후인 11월 21일 조선총독부 학무국장은 "(학도지원병) 미참여자는 「국가총동원법」에 따라 단호히 처벌할 것"[4]이라고 밝혔다. 곧이어 11월 28일 각 도지사의 징용령이 학도지원병 미지원자에게 전달되었다. 이들은 12월 5일까지 체포되다시피 강제로 육군지원병훈련병훈련소에 수용되었다. 이들은 병역 기피자로 낙인찍혀 2주간의 훈련만 받고 '응징학도(應徵學徒)'[5] 또는 '학도징용'이라는 이름으로 오노다(小野田)시멘트 등 전국의

2 이상, 김승태, 2009, 『중일전쟁 이후 전시체제와 수탈』 한국독립운동의 역사 제7권, 독립기념관 한국독립운동사연구소, 226쪽 참조.

3 학도지원병에 관한 개요와 관련 법령 등은 제Ⅱ장을 참고할 것.

4 《매일신보》, 1943.11.22.

5 응징(應徵)'이란 '징용에 응(자원)한다'는 뜻이지만 학도병에 응하지 않은 자를 '응징(膺懲)'한다는 뜻으로 받아들여지기도 했다.

여러 작업장에 배치되어 중노동의 노역에 시달렸다.[6]

3. 학업 대신 노무자로 전락

1944년 1월 일제는 급박한 노무 수요를 충당하기 위해 각의결정 「긴급국민근로동원방책요강」과 더불어 「긴급학도근로동원요강」을 결정하였다. 이로써 일제는 1년 중 4개월 동안 학생을 동원할 수 있도록 지시하였다. 이는 전년도의 10월에 결정한 「교육에 관한 전시비상조치방책」과 거의 동일한데, 학도근로의 성격이 기존에는 '교육실천의 일환'이었던 것에 비해 이제는 노골적으로 '근로가 곧 교육'이라고 표방하며, 동원기간도 단속(斷續)적으로 하는 것이 아니라 계속한다는 점을 공표하였다.

일제는 동원된 학생들이 노무를 해야 할 공장과 사업장을 특정하여 학교와 작업장을 긴밀하게 연계시키고, 학교를 기본으로 하는 단체조직을 만들게 하고, 전담 조직이 이를 상시적으로 동원할 수 있는 계획을 만들도록 지시하였다.

그런데 2월 25일 각의결정 「결전비상조치요강」이 발표되자 불과 한 달 전에 결정한 각의결정을 다시 수정하는데, 중등학교 이상의 학도에 대해서 1년간 상시 근로에 동원하고, 원칙적으로 모든 학도와 학생을 비상임무에 출동시킬 수 있는 조직과 태세를 갖추어 필요에 따라 수시로 동원할 수 있도록 하였다. 또한 학교와 숙소를 필요에 따라 군수공장과 군용비상창고, 비상병원, 피난주택, 기타 긴급한 용도로 전용할 수 있도록 하였다.

3월 일제는 각의에서 「결전비상조치요강에 따른 학도동원실시요강」을 결정하여 동원의 기준을 명시하였다. 이를 통해 1) 학도의 1년 연속 동원, 2) 학교의 정도와 종류에 따라 학도의 계획적 적정 배치, 3) 교직원의 솔선수범과 교직원의 근로관리 등을 강화하였다. 문부성은 상세한 학교별 동원 기준을 결정하여, 3월 말에 이를 지시하였다. 이에 전국의 학생들은 4월 중순부터 다니던 학교를 중단하고, 각자 지정된 군수공장으로 출근하여 노무에 동원되었다.

이 무렵 문부성은 「학도근로동원실시요령에 관한 건」을 내려보냈는데, 여기에서 공장 등

---

6 이상, 정혜경, 2010, 『조선청년이여 황국신민이 되어라 : 식민지 조선, 강제동원의 역사』, 서해문집 참조.

작업장을 마치 '행학일체(行學一體)의 도장(道場)'으로 묘사하며, 학생들에게 봉공의 정신 등을 강요하였다.

미군 폭격기가 본토를 공습하자, 일제는 7월에 '항공기 긴급증산에 관한 비상조치의 건'을 각의에서 결정하였는데, 학도동원을 강화하는 것이 포함되었다. 이에 따라 문부성은 '학도근로의 철저강화에 관한 건'을 통첩으로 내려보냈는데, 주요 내용은 1) 1주일에 6시간의 교육훈련시간 중지, 2) 국민학교 고등과 아동의 계속 동원, 3) 인력 공급이 계속 부족할 경우, 중등학교 저학년 생도의 동원, 4) 중등학교 3학년 이상의 남학생뿐만 아니라 여학생에게도 심야 작업을 시킬 것, 5) 출동 후 2개월이 되지 않은 학생에게도 심야 작업을 시킬 것 등이었다.

1944년 8월 「학도근로령」과 「여자정신근로령」이 함께 공포되었다. 학도동원이 마침내 법령으로 제정된 것이다. 이 칙령은 기존의 「국민근로보국협력령」에서 지정한 학생동원의 대상과 내용을 대폭 확대·강화한 것이다. 우선, '학도동원은 곧 교육'이라는 것을 지도이념으로 명시한 점, 학생을 연속적으로 동원할 수 있는 기간을 2개월에서 1년으로 늘린 점, 동원 대상을 중등학교 저학년과 국민학교 고등과 아동으로 확대한 점, 학교장과 교직원을 동원 대상에 포함시킨 점, 학도동원의 운영에 관한 절차를 대폭 간소화한 점 등이 주요 특징이다.

11월에는 야간학교의 학도와 신체조건이 열악하여 그동안 동원에서 제외되었던 학생들도 모두 동원하도록 강제하였다. 12월에는 중등학교 졸업자에 대한 근로동원 계속이 결정되어 이듬해 3월에 졸업한 뒤에도 계속 학도근로를 할 수 있도록 중등학교에 부설과정을 설치하여 진학한 것으로 하였다. 일제는 12월에 각의결정 「동원학도원호사업요강」에 따라 동원학도원호회를 설치하였다.

1945년에 접어들어 일제는 본토 결전에 대비하여 2월에 각의결정 「결전교육조치요강」을 통해 4월 1일부터 국민학교 고등과부터 대학에 이르기까지 전국의 모든 학교의 수업 중지를 명령하고, 대신 해당 학생을 전면 동원하여 노무와 전투임무에 투입하였다. 이미 학교교육은 중단된 상태였으나 이제 일제는 공개적으로 신학기와 모든 교육과정의 전면 중지를 선언하고, 모든 학생을 결전태세에 동원한다는 방침을 천명한 셈이다.

마침내 5월 22일 칙령인 「전시교육령」을 통해 일제는 청년학도들에게 '최후의 봉공'을 요구하기에 이르렀다. 이미 교육이 전폐된 상황에서 일제 당국은 천황의 이름으로 병사와 국민들에게 옥쇄(玉碎)를 강요했듯이 청년학생들에게도 최후를 강요한 것이다.

1945년 8월 14일 천황이 항복 선언을 할 당시 각종 공장과 사업장 등에 동원된 학도의 총숫자는 34만 명이 넘으며, 학도근로동원 중 사망자는 1만 966명, 부상자는 9,789명에 달하는 것으로 알려져 있다.[7]

이하에 번역, 수록한 주요 법령과 각의결정 등의 목록은 다음 표와 같다.

번호	법령 및 각의결정 등의 명칭	형태	제정·공포·결정일	쪽수
132	생도훈련강령에 관한 건	조선총독부훈령	1938.6.18.	703
133	학교졸업자사용제한령	칙령	1938.8.24	706
134	학교졸업자사용제한령시행규칙	조선총독부령	1938.9.8.	709
135	학교기능자양성령	칙령	1939.3.30.	711
136	학도전시동원체제확립요강	각의결정	1943.6.25.	714
137	교육에 관한 전시비상조치방책	각의결정	1943.10.12.	718
138	재학징집연기임시특례	칙령	1943.10.1.	722
139	긴급학도근로동원방책요강	각의결정	1944.1.18.	724
140	학교졸업자사용제한령시행규칙 중 개정	조선총독부령	1944.3.6.	727
141	결전비상조치요강에 따른 학도동원실시요강	각의결정	1944.3.7.	729
142	학도동원체제의 정비에 관한 건	조선총독부훈령	1944.4.28.	733
143	학도근로의 철저강화에 관한 건	문부차관·후생장관·군수차관 통첩	1944.7.17.	736
144	학도근로령	칙령	1944.8.22.	739
145	학도근로령시행규칙	조선총독부령	1944.10.30.	744
146	결전교육조치요강	각의결정	1945.3.18.	748
147	학도근로령시행규칙 중 개정	조선총독부령	1945.6.14.	750

〈오일환〉

7 이상 学制百年史編集委員会 編, 『学制百年史』(文部省, 1981年)의 「第一編　近代教育制度の創始と拡充, 第四章　戦時下の教育, 第一節　概説, 三.　戦時教育体制の進行」; 허광무·정혜경·김미정 지음, 2022년, 『일제의 전시 조선인 노동력 동원』 일제침탈사연구총서 사회 34, 동북아역사재단, 158~218쪽 참조.

자료 132	
생도훈련강령에 관한 건	
구분	조선총독부훈령 제30호
법령명/건명	생도훈련강령에 관한 건 生徒訓練綱領二關スル件
제정·개정·결정·폐지 연월일	공포 1938년 6월 18일
구성	5개 항목
선행 규범·법령	조선총독부육군병지원자훈련소규정(1938년 조선총독부령 제70호)
원문 일부	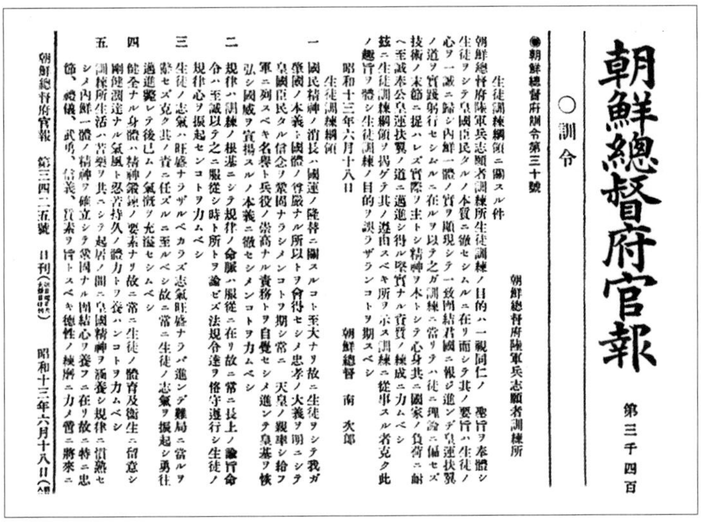 朝鮮總督府官報 第三千四百 ○訓令 ●朝鮮總督府訓令第三十號 朝鮮總督府陸軍兵志願者訓練所 生徒訓練綱領ニ關スル件 朝鮮總督府陸軍兵志願者訓練所生徒訓練ノ目的ハ一視同仁ノ聖旨ヲ奉體シ生徒ヲシテ皇國臣民タルノ本質ニ徹セシムルニ在リ而シテ其ノ要旨ハ生徒ノ心ヲ一誠ニ歸シ內鮮一體ノ實ヲ顯現シテ一致團結君國ニ報ジ進ンデ皇運扶翼ノ道ヲ實踐躬行セシムルニ在ルヲ以テ之ガ訓練ニ當リテハ徒ニ理論ニ偏セズ技術ノ末節ニ捉ハレズ實際ヲ主トシ精神ヲ本トシテ心身共ニ國家ノ負荷ニ耐ヘ至誠奉公皇運扶翼ノ道ニ邁進シ得ル堅實ナル資質ノ練成ニ力ムベシ 玆ニ生徒訓練綱領ヲ揭ゲテ其ノ遵由スベキ所ヲ示ス訓練ニ從事スル者克ク此ノ趣旨ヲ體シ生徒訓練ノ目的ヲ誤ラザランコトヲ期スベシ 昭和十三年六月十八日 朝鮮總督 南 次郎 生徒訓練綱領 一 國民精神ノ消長ハ國運ノ隆替ニ關スルコト至大ナリ故ニ生徒ヲシテ我ガ肇國ノ本義ト國體ノ尊嚴ナル所以トヲ會得セシメ忠孝ノ大義ヲ明ニシテ皇國臣民タル信念ヲ鞏固ナラシメンコトヲ期シ常ニ 天皇ノ親率シ給フ軍ニ列スベキ名譽ト兵役ノ崇高ナル責務トヲ自覺セシメ進ンテ皇基ヲ恢弘シ國威ヲ宣揚スルノ本義ニ徹セシメンコトヲ力ムベシ 二 規律ハ訓練ノ根基ニシテ規律ノ命脈ハ服從ニ在リ故ニ常ニ長上ノ諭旨命令ハ至誠以テ之ニ服從シ時ト所トヲ論ゼズ法規命達ヲ恪守遵行シ生徒ノ規律心ヲ振起センコトヲ力ムベシ 三 生徒ノ志氣ハ旺盛ナラザルベカラズ志氣旺盛ナラバ進ンデ難局ニ當ルヲ辭セズ克ク其ノ責ニ任ズルニ至ルベシ故ニ常ニ生徒ノ志氣ヲ振起シ勇往邁進斃レテ後已ムノ氣慨ヲ充溢セシムベシ 四 健全ナル身體ハ精神鍛錬ノ要素ナリ故ニ常ニ生徒ノ體育及衛生ニ留意シ剛健潤達ナル氣風ト忍苦持久ノ體力トヲ養ハンコトヲ力ムベシ 五 訓練所生活ハ苦樂ヲ共ニシテ起居ノ間ニ皇國精神ヲ涵養シ規律ニ慣熟セシメ內鮮一體ノ精神ヲ確立シテ鞏固ナル團結心ヲ養フニ在リ故ニ特ニ忠節、禮儀、武勇、信義、質素ヲ旨トスベキ德性ノ練磨ニ力メ曾ニ將來ニ 朝鮮總督府官報 第三四二五號 日刊 昭和十三年六月十八日
주요 내용 및 특징	○ 조선의 육군지원병훈련소 내 생도훈련요강에 관한 조선총독의 훈령 ○ 조선의 학생, 즉 훈련생에게 천황과 국가에 대한 봉사와 헌신으로 인식하고 내선일체의 황국의식을 함양하도록 교육할 것을 지시함. ○ 규율, 사기, 신체를 강조하고 충절(忠節), 예의(禮儀), 무용(武勇), 신의(信義), 질소(質素)의 덕성을 연마할 것을 지시함.
법령 적용 범위	
관련 법령 통합·폐지 사항	
유사·파생 법령	

조선총독부훈령 제30호

1938년 6월 18일

조선총독부육군병지원자훈련소

생도훈련강령에 관한 건

조선총독부육군지원병자훈련소 생도훈련의 목적은 일시동인(一視同仁)의 취지를 받들어 생도로 하여금 황국신민으로서의 본질을 투철하게 하고, 그 요체가 생도의 마음을 하나로 모아 내선일체의 결실을 드러나게 하고, 일치단결하여 천황과 국가에 기꺼이 보답하고 황운을 보필하는 길로 실천궁행하도록 하는 데 있다. 이렇게 함으로써 훈련에 임해서는 헛되이 이론에 치우치지 않으며 하찮은 기술에 사로잡히지 않으며, 실제를 중시하고 정신을 근본으로 하여 모든 심신을 국가가 부여한 임무에 정성을 다하고 봉공의 자세로 황운을 보필하는 길로 매진하고 실천하는 자질을 연성하는 데 힘써야 한다.

이에 생도훈련강령을 만들어 잘 따를 것을 밝히는 바이니, 훈련에 종사하는 자는 그 취지를 체득하고 생도훈련의 목적에 착오가 없도록 신중을 기해야 한다.

1938년 6월 18일

조선총독 미나미 지로(南 次郎)

생도훈련강령

1. 국민정신의 소멸과 성장은 국운의 성쇠와 깊은 관련이 있기 때문에 생도로 하여금 우리 조국의 본의와 국체의 존엄함을 체득하게 하고 충효의 대의를 밝히어 황국신민다운 신념을 확고하게 함으로써 항상 천황께서 친히 솔선하시고 군에서 강조하는 명예와 병역의 숭고한 책무를 자각하게 하여 기꺼이 황국의 기반을 넓히고 국위를 선양하는 본의를 투철하게 하는 데 힘써야 한다.

2. 규율을 훈련의 기반으로 하고 규율의 명맥은 복종에 있으므로 항상 윗사람의 유지와 명령에 정성을 다하여 복종한다. 때와 장소를 막론하고 법규와 명령의 하달과 이행을 엄격히 준행하며 생도의 규율심을 진작하는 데 힘써야 한다.
3. 생도의 사기는 왕성해야 한다. 사기가 왕성하지 않으면 난국을 스스로 헤쳐 나갈 수 없으며 책무를 감당할 수 없게 된다. 그러므로 항상 사기를 진작하여 용맹하게 앞으로 매진하고 끊임없이 기개가 넘쳐흐르게 해야 한다.
4. 건전한 신체는 정신 단련의 요소이기 때문에 항상 생도의 체육과 위생에 유의하고 강건하고 활달한 기풍과 인고지구(忍苦持久)의 체력을 배양하는 데 힘써야 한다.
5. 훈련소 생활은 고락을 함께하고 생활하는 데 황국정신을 함양하며 규율에 익숙해져 내선일체의 정신을 확립하여 단결심을 강고하게 기른다. 특히 충절, 예의, 무용, 신의, 질소(質素)의 덕성을 연마하는 데 힘쓴다. 나아가 장래의 병영 생활뿐만 아니라 평생의 생활에서 기본이 되는 소질을 육성하는 데 힘써야 한다.

자료 133

학교졸업자사용제한령	
구분	칙령 제599호
법령명/건명	학교졸업자사용제한령 學校卒業者使用制限令
제정·개정·결정·폐지 연월일	공포 1938년 8월 24일 개정 1941년 11월 22일(칙령 제996호) 폐지 1945년 3월 6일(칙령 제94호)
구성	본문 7개 조항, 부칙
선행 규범·법령	국가총동원법 제6조 정부는 전시에 국가총동원에 필요한 경우에는 칙령이 정하는 바에 따라 종업자의 사용, 고용 또는 해고 또는 임금, 기타 노동조건에 대하여 필요한 명령을 할 수 있다. 군수품 생산에 필요한 노무대책요강(1938년 각의결정) 학교졸업자 사용 제한에 관한 칙령안의 요강(1938년 국가총동원심의회 결정)
원문 일부	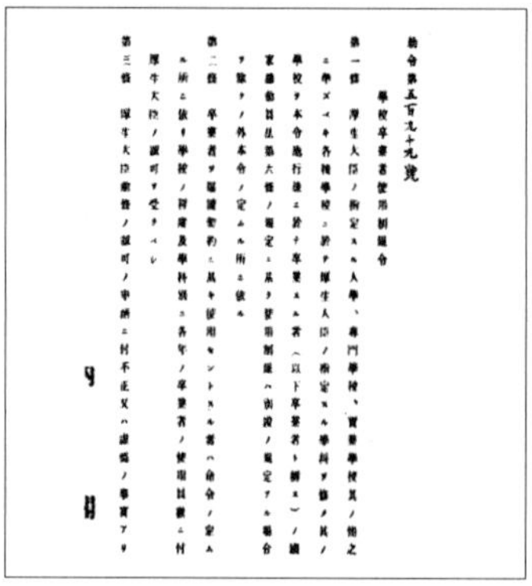 勅令第五百九十九號 學校卒業者使用制限令  朕學校卒業者使用制限令ヲ裁可シ茲ニ之ヲ公布セシム 裕仁 昭和十三年八月二十三日
주요 내용 및 특징	○ 군수산업 공장, 사업장 간의 신규 채용 인력 쟁탈과 분규를 통제하기 위해 대학 등 신규 졸업자의 취업과 채용을 통제하는 법령 ○ 후생대신이 지정하는 학교와 학과를 수료하고 졸업하는 자를 사용하려면, 사업주는 후생대신에게 보고하여 허가를 받도록 강제함. ○ 후생대신이 졸업자를 사용하는 사업주에 대해 인가와 임검, 검사 등을 통해 감독함.
법령 적용 범위	
관련 법령 통합·폐지 사항	
유사·파생 법령	국민직업능력신고령(1939년 칙령 제5호) 종업자고입제한령(1939년 칙령 제126호) 청소년고입제한령(1940년 칙령 제36호)

칙령 제599호

1938년 8월 23일[8]

학교졸업자사용제한령

제1조 후생대신이 지정하는 대학, 전문학교, 실업학교, 기타 이에 준하는 각종 학교에서 후생대신이 지정하는 학과를 수료하고, 본령 시행 후에 해당 학교를 졸업하는 자(이하 졸업자라 칭한다)를 국가총동원법 제6조의 규정에 의거하여 사용 제한하는 것은 별도의 규정이 있는 경우를 제외하고, 본령이 정하는 바에 따른다.

제2조 고용계약에 기반하여 졸업자를 사용하고자 하는 자는 명령이 정하는 바에 따라 학교의 정도와 학과별로 각 연도마다 사용할 졸업자 인원수에 대해 후생대신의 인가를 받아야 한다.

제3조 후생대신은 전조의 인가신청에 대해 부정(不正) 또는 허위 사실이 있다고 인정한 때는 인가한 인원수를 감소하거나 인가를 취소할 수 있다.

제4조 후생대신이 필요하다고 인정한 때는 명령이 정하는 바에 따라 제2조의 인가를 신청한 자 또는 졸업자를 사용하는 자에 대해 국가총동원법 제31조의 규정에 근거하여 졸업자의 사용에 관한 보고를 요구할 수 있다.

후생대신 또는 지방장관이 필요하다고 인정한 때는 졸업자의 사용에 관하여 국가총동원법 제31조의 규정에 근거하여 해당 관리로 하여금 제2조의 인가를 신청한 자 또는 졸업자를 사용하는 자의 공장, 사업장 또는 사무소에 대한 임검을 실시하고 업무 상황이나 장부와 서류를 검사하게 할 수 있다.

제5조 시정촌과 기타 이에 준하는 곳에서 졸업자를 직원으로 사용할 경우에는 본령을 준용한다.

제6조 국가 또는 도·부·현에서 졸업자를 사용할 경우에는 본령을 준용하지 않는다.

---

8 이는 천황이 재가한 날짜이다. 공포일은 앞쪽의 표를 참조 바람

제7조 본령 중에서 후생대신이라 한 것을 조선에서는 조선총독으로, 대만에서는 대만총독으로, 화태에서는 화태청장관으로, 남양군도에서는 남양청장관으로 하고, 지방장관이라고 한 것을 조선에서는 도지사로, 대만에서는 주지사 또는 청장으로, 화태에서는 화태청장관으로, 남양군도에서는 남양청장관으로 하고, 도·부·현이라 한 것을 조선에서는 도로, 대만에서는 주 또는 청으로, 남양군도에서는 남양군도 지방비로 한다.

부칙

본령은 공포한 날로부터 이를 시행한다.

자료 134

<table>
<tr><th colspan="2">학교졸업자사용제한령시행규칙</th></tr>
<tr><td>구분</td><td>조선총독부령 제189호</td></tr>
<tr><td>법령명/건명</td><td>학교졸업자사용제한령시행규칙
學校卒業者使用制限令施行規則</td></tr>
<tr><td>제정·개정·결정·폐지
연월일</td><td>공포 1938년 9월8일(조선총독부관보 제3495호)</td></tr>
<tr><td>구성</td><td>본문 5개 조항, 부칙 2개 조항</td></tr>
<tr><td>선행 규범·법령</td><td>학교졸업자사용제한령(1938년 칙령 제599호)</td></tr>
<tr><td>원문 일부</td><td>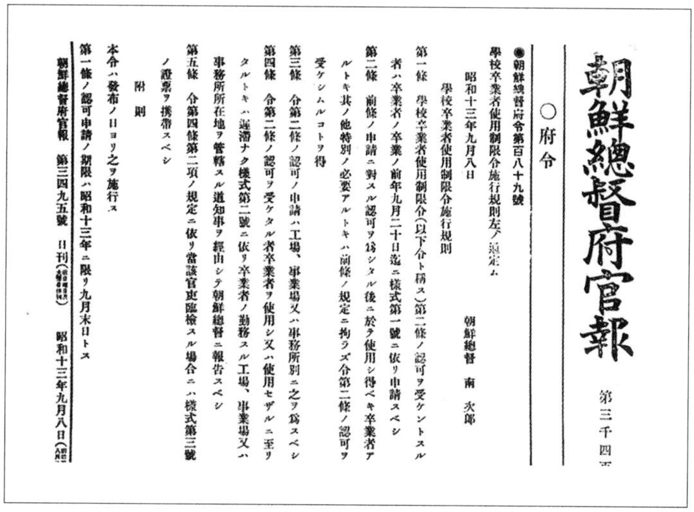
朝鮮總督府官報 第三千四
○府令
◉朝鮮總督府令第百八十九號
學校卒業者使用制限令施行規則左ノ通定ム
昭和十三年九月八日 朝鮮總督 南 次郎
學校卒業者使用制限令施行規則
第一條 學校卒業者使用制限令(以下令ト稱ス)第二條ノ認可ヲ受ケントスル者ハ卒業者ノ卒業ノ前年九月二十日迄ニ樣式第一號ニ依リ申請スベシ
第二條 前條ノ申請ニ對スル認可ヲ爲シタル後ニ於テ使用シ得ベキ卒業者アルトキ其ノ他特別ノ必要アルトキハ前條ノ規定ニ拘ラズ令第二條ノ認可ヲ受ケシムルコトヲ得
第三條 令第二條ノ認可ノ申請ハ工場、事業場又ハ事務所別ニ之ヲ爲スベシ
第四條 令第二條ノ認可ヲ受ケタル者卒業者ヲ使用シ又ハ使用セザルニ至リタルトキハ遲滯ナク樣式第二號ニ依リ卒業者ノ勤務スル工場、事業場又ハ事務所所在地ヲ管轄スル道知事ヲ經由シテ朝鮮總督ニ報告スベシ
第五條 令第四條第二項ノ規定ニ依リ當該官吏臨檢スル場合ニハ樣式第三號ノ證票ヲ携帶スベシ
附 則
本令ハ發布ノ日ヨリ之ヲ施行ス
第一條ノ認可申請ノ期限ハ昭和十三年ニ限リ九月末日トス
朝鮮總督府官報 第三四九五號 日刊 昭和十三年九月八日</td></tr>
<tr><td>주요 내용 및 특징</td><td>○ 학교 졸업자를 사용하고자 하는 공장, 사업주의 절차, 요건 등을 명시함.
○ 학교 졸업자를 사용하거나 사용하지 않게 되었을 때 공장, 사업주는 도지사를 경유하여 조선총독에게 보고해야 한다.</td></tr>
<tr><td>법령 적용 범위</td><td>공포 즉시, 조선</td></tr>
<tr><td>관련 법령
통합·폐지 사항</td><td></td></tr>
<tr><td>유사·파생 법령</td><td></td></tr>
</table>

조선총독부령 제189호

1938년 9월 8일

학교졸업자사용제한령시행규칙

제1조 학교졸업자사용제한령(이하 영이라 칭한다) 제2조의 인가를 받으려는 자는 졸업자의 졸업 전년도 9월 20일까지 양식 제1호에 따라 신청해야 한다.

제2조 전조의 신청에 대한 인가를 한 다음 사용할 수 있는 졸업자가 있을 때와 기타 특별한 필요가 있을 때는 전조의 규정에 구애됨이 없이 학교졸업자사용제한령 제2조의 인가를 받게 할 수 있다.

제3조 학교졸업자사용제한령 제2조의 인가신청은 공장, 사업장 또는 사업소별로 해야 한다.

제4조 학교졸업자사용제한령 제2조의 인가를 받은 자는 졸업자를 사용하거나 또는 사용하지 않게 되었을 때에 지체 없이 양식 제2호에 따라 졸업자가 근무하는 공장, 사업장 또는 사업소 소재지를 관할하는 도지사를 경유하여 조선총독에게 보고해야 한다.

제5조 학교졸업자사용제한령 제4조 제2항의 규정에 의해 해당 관리가 임검할 때는 양식 제3호의 증표를 휴대해야 한다.

부칙

본령은 공포한 날로부터 이를 시행한다.

제1조의 인가신청 기한은 1938년에 한하여 9월 말까지로 한다.

이하 양식 생략.

자료 135

학교기능자양성령	
구분	칙령 제130호
법령명/건명	학교기능자양성령 學校技能者養成令
제정·개정·결정·폐지 연월일	공포 1939년 3월 30일 시행 1939년 4월 5일
구성	본문 7개 조항, 부칙 1개 조항
선행 규범·법령	국가총동원법 제22조 정부는 국가총동원에 필요한 경우에는 칙령이 정하는 바에 따라 학교·양성소·공장·사업장·기타 기능자의 양성에 적합한 시설의 관리자 또는 양성되는 자의 고용주에게 국가총동원에 필요한 기능자의 양성에 관하여 필요한 명령을 할 수 있다.
원문 일부	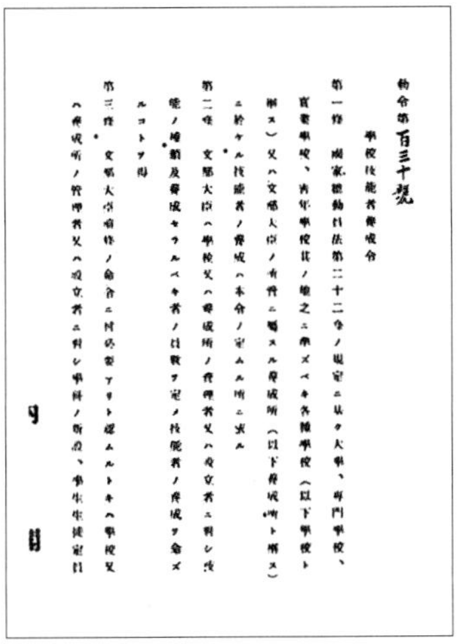 勅令第百三十號 學校技能者養成令 第一條 國家總動員法第二十二條ノ規定ニ依リ大學、專門學校、實業學校、青年學校其ノ他之ニ準ズベキ各種學校（以下學校ト稱ス）又ハ文部大臣ノ指定ニ屬スル養成所（以下養成所ト稱ス）ニ於ケル技能者ノ養成ハ本令ノ定ムル所ニ依ル 第二條 文部大臣ハ學校又ハ養成所ノ管理者又ハ設立者ニ對シ技能ノ種類及養成セラルベキ者ノ員數ヲ定メ技能者ノ養成ヲ命ズルコトヲ得 第三條 文部大臣前條ノ命令ニ付必要アリト認ムルトキハ學校又ハ養成所ノ管理者又ハ設立者ニ對シ學科ノ新設、學生生徒定員  朕學校技能者養成令ヲ裁可シ茲ニ之ヲ公布セシム 裕仁 天皇御璽 昭和十四年三月三十日
주요 내용 및 특징	○ 학생·학도를 기능자로 양성할 것을 법제화한 통제법 ○ 국가총동원법 제22조에 의거하여 학교와 양성소에 대해 문부대신이 전쟁 수행 등에 필요한 학과를 설치하고 학생을 기능자로 양성할 것을 명령함. ○ 문부대신과 지방장관, 조선총독 등은 해당 학교와 양성소에 양성 계획을 보고하게 하고 학생 수와 학과를 지정, 검사, 감독한다.
법령 적용 범위	제7에서 '조선·대만·화태·남양군도에 적용하는 경우'에 대해 규정
관련 법령 통합·폐지 사항	
유사·파생 법령	공장사업장기능자양성령(1939년 칙령 제131호) 선박운항기능자양성령(1939년 칙령 제780호)

칙령 제130호

1939년 3월 30일

학교기능자양성령

제1조 국가총동원법 제22조의 규정에 근거하여 대학, 전문학교, 실업학교, 청년학교, 기타 이에 준하는 각종 학교(이하 학교라 칭한다), 또는 문부대신의 소관에 속하는 양성소(이하 양성소라 칭한다)에서의 기능자 양성은 본령이 정하는 바에 따른다.

제2조 문부대신은 학교 또는 양성소의 관리자 또는 설립자에게 기능의 종류 및 양성해야 할 인원수를 정하여 양성을 명령할 수 있다.

제3조 문부대신은 전조의 명령에 대하여 필요하다고 인정할 때에 학교 또는 양성소의 관리자 또는 설립자에게 학과의 설치, 학생·생도의 정원의 증가, 기능자의 특수지도, 기타 필요한 사항을 명령할 수 있다.

제4조 제2조의 규정에 근거하여 기능자의 양성을 명령받은 자는 명령이 정하는 바에 따라 문부대신에게 양성 계획을 제출해야 한다.

제5조 문부대신이 필요하다고 인정할 때는 국가총동원법 제31조의 규정에 근거하여 양성을 명령받은 자에게 기능자의 양성에 관한 보고를 요구할 수 있다.

문부대신이 필요하다고 인정할 때는 국가총동원법 제31조의 규정에 근거하여 기능자의 양성에 관하여 해당 관리로 하여금 양성을 명령받은 자를 관리하게 하거나 설립한 학교 또는 양성소를 임검하여 업무의 상황이나 장부 및 서류, 기타 물건을 검사하도록 할 수 있다. 이 경우에 해당 관리는 그 신분을 보여주는 증표를 휴대하도록 해야 한다.

문부대신이 필요하다고 인정할 때는 전항에서 규정한 직권의 일부를 지방장관에게 행사하도록 할 수 있다.

제6조 문부대신은 정하는 바에 따라 제2조의 규정에 의해 명령을 받은 자에 대해 예산의 범위 내에서 보조금을 교부한다.

문부대신은 본령에 따른 기능자 양성으로 인하여 손실이 발생한 경우에는 통상적으로 발생한 손실을 보상한다.

손실 보상을 청구하고자 하는 자는 양성 기간이 종료된 후에 손실을 청구해야 한다. 단 문부대신이 정하는 바에 따라 별도로 정한 시기에 이를 청구할 수 있다.

제7조 본령에서 문부대신이라 한 것을 조선에서는 조선총독으로, 대만에서는 대만총독으로, 화태에서는 화태청장관으로, 남양군도에서는 남양청장관으로 하며, 지방장관이라 한 것을 조선에서는 도지사로, 대만에서는 주지사 또는 청장으로, 화태에서는 화태청장관으로, 남양군도에서는 남양청장관으로 한다.

부칙

본령은 1939년 4월 5일부터 이를 시행한다.

자료 136

학도전시동원체제확립요강	
구분	각의결정
법령명/건명	학도전시동원체제확립요강 學徒戰時動員體制確立要綱
제정·개정·결정·폐지 연월일	결정 1943년 6월 25일
구성	방침, 요령, 조치
선행 규범·법령	
원문 일부	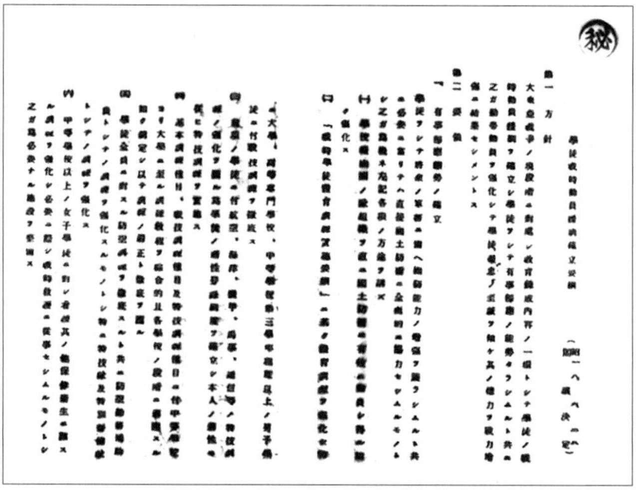
주요 내용 및 특징	○ 중등학교 3학년 이상의 학생을 대상으로 학도보국대로 편입시키고, 전투기술훈련, 특기훈련을 교육시킬 것을 지시함. ○ 학생들을 방공근무보조원으로 활용하고, 특기대, 특별경비대의 훈련을 강화한다. ○ 학교와 지역을 식량생산 용지와 공장, 사업장으로 대체하고, 근로동원의 명목으로 학생을 동원하여 식량생산과 노무에 종사시킴. ○ 중등학교 이상의 여학생을 대상으로 간호, 위생, 구호, 유치원, 보육원 등의 노무에 종사할 것을 지시함.
법령 적용 범위	일본제국 전역
관련 법령 통합·폐지 사항	전시학도체육훈련실시요강(1943년)
유사·파생 법령	학도근로령(1944년 칙령 제518호)

각의결정
1943년 6월 25일

학도전시동원체제확립요강

제1 방침

대동아전쟁의 현 단계에 대처하고 교육 및 연성 내용의 일환으로서 학도의 전시동원체제를 확립하여 유사시 학도들이 즉각 대응할 수 있는 태세를 갖추게 하는 동시에 이들의 근로동원을 강화하고 총력을 기울여 학도들의 충성과 지성을 전력 증강에 결집시키고자 한다.

제2 요령

1. 유사시 즉각 대응 태세 확립

학도들을 장래의 군복무에 대비시켜 국방 능력 증강을 도모하는 동시에 필요에 따라서는 국토방위에 직접 그리고 전면적으로 협력하도록 하기 위해 대략 다음 각항의 방법을 강구한다.

(1) 학도보국단의 대 조직을 즉각 국토방위로 유효하게 동원할 수 있도록 강화한다.

(2) '전시학도체육훈련실시요강'에 근거한 체육훈련을 강화하고, 특히 대학, 고등전문학교, 중등학교 3학년 이상의 남자 학도에 대해서는 전투기술훈련을 철저히 시킨다.

(3) 전항의 학도에 대한 항공, 해양, 기갑(機甲), 마사(馬事), 통신 등의 특기훈련 강화를 도모하기 위해 학도의 적성등록제도를 확립하여 본인의 적성에 맞게 특기훈련을 실시한다.

(4) 기본훈련 종목, 전투기술훈련 종목 및 특기훈련 종목에 대해 중등학교부터 대학에 이르기까지 훈련 교육과정을 종합적으로 책정하고, 각 학교의 단계에 적합하도록 제정함으로써 훈련의 적정성을 철저하게 한다.

(5) 학도 전원에게 방공훈련을 철저히 시키고, 동시에 방공근무보조원으로서의 훈련을 강화한다. 특히 특기대 및 특별경비대로서의 훈련을 강화한다.

(6) 중등학교 이상의 여자 학도에 대해서는 간호와 기타 보건위생에 관한 훈련을 강화하고, 필요시 전시구호에 종사하도록 하며, 이를 위해 필요한 시설을 정비한다.

2. 근로동원 강화

학도들이 정신(挺身)하고, 국가의 긴요한 업무에 종사하도록 하고 전력을 다하여 심신을 연마하게 한다. 다음 각항에 따라 식량 증산, 국방시설 건설, 중요물자 생산, 수송력 증강 등에 중점을 두고 학도를 적극 및 강력 동원한다.

(1) 근로동원은 국민동원의 요청에 즉각 대응하고 학교의 종류와 정도에 따라 적정한 작업 종목을 선택함으로써 작업효율의 향상과 작업량의 증대를 도모한다.

(2) 근로동원의 기간은 학교의 종류와 정도, 작업 종목을 감안하여 국가의 요청에 즉각 대응하도록 한다.

(3) 작업과 학교의 임시적, 분산적 관계를 가급적 상시적, 자주적 관계로 개선한다.

(4) 근로작업의 대상인 사업의 관리자에 대해서는 학도 근로작업의 의의를 철저히 주지시키고, 동시에 학도들에게는 사업의 특성을 충분히 이해시킨다. 아울러 학교 당사자와 사업 관리자가 긴밀하게 연계함으로써 작업장에 학도를 적절히 배치, 사역하도록 한다.

(5) 인원수가 많고 장기간에 걸친 학도동원에 대해서는 학교를 이주하는 방법 등을 실시한다.

(6) 학도의 양호에 한층 더 면밀한 주의를 기울이고, 작업의 종류와 특성에 따라 학도를 배치한다. 작업으로 인한 부상과 장애, 기타 사고의 예방과 구호에 문제가 없도록 한다.

(7) 식량 증산 작업에 대해서는 '식량증산응급대책'(각의결정)에 따라 종래 실시해 오던 농과(農科)응원작업 등을 강화하는 외에 다음 각호의 방법을 강구한다.

① 경작을 중단한 논밭, 벌목터, 하천부지, 공장건설예정부지 등 공한지(空閑地)에 학교가 직영하는 학교보국농장을 창설하여, 쌀, 보리, 콩, 감자, 고구마 등을 재배하도록 한다.

② 기존의 학교보국농장과 기타 부속농장에 대해서는 쌀, 보리, 콩, 감자, 고구마 등을 재배하도록 하고, 학교 부속 농장실습지와 일반학교 용지에 대해서도 주요 음식물과 잡곡을 재배하도록 한다.

③ 수확물의 운반, 병충해 구제(驅除), 제초(除草), 비료채취 등에 대해서는 학교의 종류, 정도, 소재지 등을 감안하여 특정 학교를 가급적 일정한 지역의 작업을 담당하도록 함으로써 학교와 작업장소를 긴밀하게 연계하도록 한다.

④ 경작이 가능한 황무지, 개간이 가능한 지역의 간이 개간, 습지(濕地) 매립, 배수시설의 정비, 경지 정리, 목초지 개량 등에 대해서는 1개 내지 여러 학교를 지정하여 힘을 합치고, 일관작업을 목표로 협력하여 완성하도록 한다.

(8) 각종 공장, 사업장 등에서의 근로동원에 대해서는 특히 다음 각항을 고려하여 실효를 거두도록 한다.

① 학교의 종류, 정도 및 토지의 상황을 감안하여 적당한 계획을 세울 수 있는 경우에는 연간 상시 순환하는 계획을 세워서 일정한 인원수를 출동시킨다.

② 학도의 전문 기능을 적극 활용한다.

③ 학도의 실습장 등에 대해서도 공장과 긴밀하게 연계하여 위탁작업에 종사시킨다.

(9) 여자에 대해서는 이상의 각항에 따르는 것 외에, 특히 중등학교 이상의 학교에 대해서는 공장 지역과 농촌 등에서 간이 또는 계절별 유치원과 보육소, 공동 취사장을 설치하게 하거나 또는 다른 유사한 시설에서 보육 등에 종사하도록 한다.

제3 조치

학도동원의 운영을 적정하게 하고 또한 그 효율의 향상을 도모하기 위해 문부성은 학도동원에 관한 기구를 정비하는 동시에 관계 각 청 및 여러 단체를 포함한 연락협의회를 설치한다.

학교보국단의 중앙 및 지방 본부를 조직하고 기능의 정비와 강화를 도모한다.

본 건의 실시에 필요한 경비에 대해서는 기존에 성립한 예산을 활용하는 외에 필요하다면 필요한 예산 조치를 강구한다.

자료 137

교육에 관한 전시비상조치방책	
구분	각의결정
법령명/건명	교육에 관한 전시비상조치방책 教育ニ関スル戦時非常措置方策
제정·개정·결정·폐지 연월일	결정 1943년 10월 12일
구성	방침 1, 조치 8개 항목
선행 규범·법령	
원문 일부	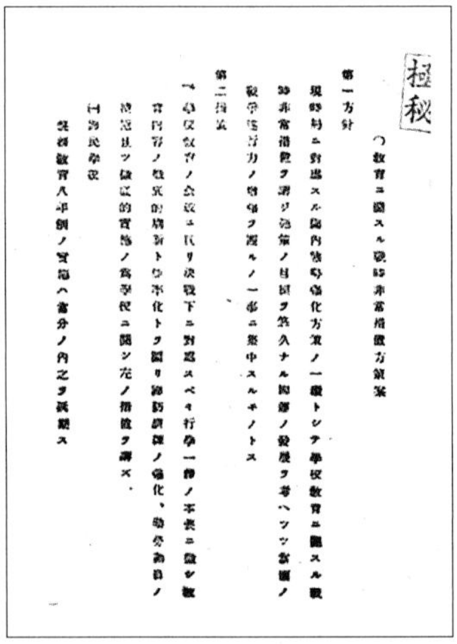 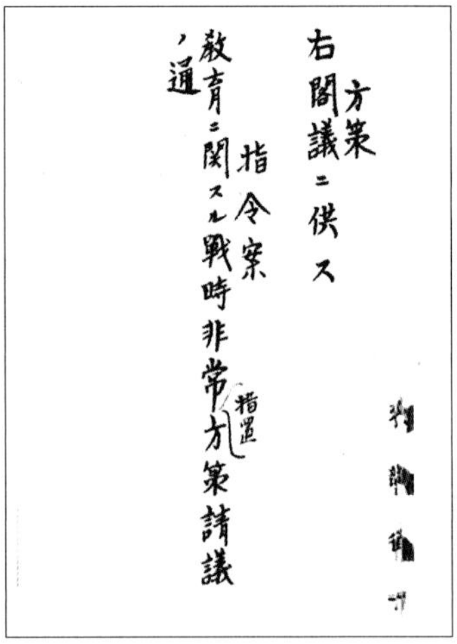
주요 내용 및 특징	○ 전시비상 조치를 명분으로 교육을 축소, 중단 정지시키고, 학교를 통폐합 정리하도록 지시함. ○ 문과계 학교의 정원은 축소하고, 학교를 폐지하거나 이과계 학교로 전환함. ○ 전시근로동원 기간을 1년의 1/3로 정함.
법령 적용 범위	조선을 포함한 제국 전역
관련 법령 통합·폐지 사항	
유사·파생 법령	국민학교령등전시특례(1944년 칙령 제80호)

각의결정
1943년 10월 12일

교육에 관한 전시비상조치방책

제1 방침

현 시국에 대처할 국내 태세 강화방책의 일환으로서 학교교육에 관한 전시비상조치를 강구하고 시책의 목표를 유구한 국운(國運)의 발전을 생각하며, 당면한 전쟁의 수행력을 증진시키는 한 가지에 집중하기로 한다.

제2 조치

1. 학교교육의 전반에 걸쳐 결전에 대처해야 할 행학일체의 본의에 철저히 하고, 교육내용의 철저한 쇄신과 능률화를 도모하여 국방훈련의 강화, 근로동원의 적극적이고 철저한 실시를 위해 학교에 관하여 다음의 조치를 강구한다.
   1) 국민학교
      의무교육 8년제 실시는 당분간 연기한다.
   2) 청년학교
      공장사업장에서 생산에 종사하는 생도에 대해서는 교실 내에서의 수업은 극력 감축하는 동시에 직장의 사정에 따라 생산의 증강, 전력의 증진에 도움이 되도록 쇄신하고 개선한다.
   3) 중등학교
      (1) 1944년부터 4학년 수료자에게도 상급학교 입학자격을 부여하고, 중등학교 4학년제 시행 기일을 1945년부터 3월로 앞당겨 실시한다.
      (2) 1944년도에 중학교와 고등여학교의 입학정원은 전국에 걸쳐 대체로 전년도의 입

학정원을 넘지 않도록 하며, 공업학교, 농업학교, 여자상업학교는 입학정원을 확충한다.

(3) 남자상업학교에 대해서는 1944년도에 공업학교, 농업학교, 여자상업학교로 전환하는 것을 제외하고, 나머지는 정리, 축소한다.

4) 고등학교

(1) 고등학교에 대해서는 징병적령에 도달하지 않아 입영연기 조치를 받은 자 등에 대한 수업을 계속한다.

(2) 1944년도 입학정원은 문과에서는 전국에 걸쳐 대체로 전년도의 1/3을 넘지 않도록 하며, 이과에서는 필요한 만큼 확충한다.

5) 대학 및 전문학교

(1) 대학 및 전문학교에서는 징병연령에 도달하지 않은 자, 입영연기 조치를 받은 자 등에 대한 수업을 계속한다.

(2) 이과계 대학 및 전문학교는 이를 정비, 확충하는 동시에 문과계 대학 및 전문학교는 이과계로의 전환을 도모한다.

(3) 문과계 대학 및 전문학교에 대해서는 징집유예의 정지에 따라 수업과 관련되고 방공의 견지에 근거하여 필요한 때는 적당한 곳으로 이전하여 정리한다.

사립 문과계 대학 및 전문학교에 대해서는 교육내용의 정비와 개선을 도모하는 동시에 상당수의 대학은 전문학교로 전환시키고, 전문학교는 앞으로 입학정원을 대체로 전년도의 1/2 정도가 되도록 통합하고 정리한다.

(4) 여자전문학교는 전항의 정리를 목표로 하는 외에 교육내용에 대해서는 남자의 직장을 대체해야 하는 직업교육을 실시할 수 있도록 필요한 개정을 한다.

6) 각종 학교

(1) 남자에 대해서는 전검(專檢)지정학교와 특별히 지정하는 것 외에 나머지를 정리한다.

(2) 여자에 대해서는 전검지정학교 외에 전시국민생활 확보에 긴요한 것과 직업보도에 필요한 것을 제외하고 나머지를 정리한다.

2. 교원 확보를 위해 다음의 조치를 취한다.

1) 교원을 양성하는 학교들에 대해서는 수업을 계속한다.

2) 교원을 양성하는 학교를 졸업한 자에 대해서는 종전의 별단에서 정한 자에게도 일정 연한의 취업의무를 부과한다.

3) 현역 군인 및 전직 관리였던 자, 기타 학식이 있는 자를 교육자로 채용하는 방도를 강구하는 동시에 널리 기술자와 기타 실무담당자의 협조를 이끌어 내도록 조치한다.

4) 교원 양성 학교는 필요한 만큼 확충한다.

3. 교육실천의 일환으로서 학도의 전시근로동원을 고도로 강화하고, 재학기간 중 1년에 대략 1/3에 상당하는 기간에 이를 실시한다.

4. 재학 중 징집된 자의 졸업자격 부여에 대해서는 특별하게 취급할 것을 고려한다.

5. 재학 중 징집된 자의 제대 후 복학에 대해서는 특별히 편의를 도모하는 동시에 통합정리된 학교에 계속 재학하는 자가 있을 경우에는 임시로 필요한 시설을 강구한다.

6. 학교의 통합정리에 따라 교직원 조치에 관해서는 통합적으로 이들을 재배치하고 전환하는 학교와 기타 필요한 부분은 필요에 따라 충당한다. 특히 대학, 전문학교 교직원에 대해서는 가급적 그 연구를 계속할 수 있도록 조치한다.

7. 본 요강의 실시를 위해 필요한 때는 학교 및 학과의 폐지, 수업의 정지, 정원의 감축, 학교의 이전 등을 명령할 수 있도록 법제상 필요한 조치를 강구한다.

8. 학교의 정리, 전환, 이전 등을 명령할 경우에는 정부가 이를 보조하거나 기타 필요한 방도를 강구한다. 또한 특별히 사립 이과계 대학 및 전문학교의 경우에는 학교의 경리에 필요하다고 인정할 때는 정부가 경상비에 대해 적당한 보조를 하도록 한다.

자료 138

재학징집연기임시특례	
구분	칙령 제755호
법령명/건명	재학징집연기임시특례 在學徵集延期臨時特例
제정 · 개정 · 결정 · 폐지 연월일	공포 1943년 10월1일(조선총독부 관보 제5010호, 1943.10.13.)
구성	1개 특례조항, 부칙
선행 규범 · 법령	병역법(1927년 법률 제47호)
원문 일부	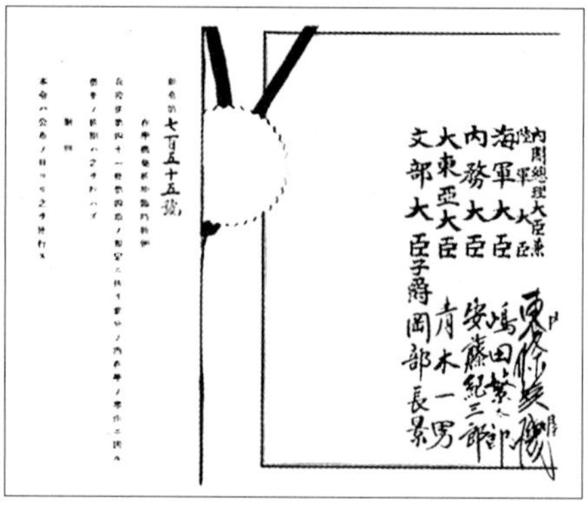 勅令第七百五十五號 內閣總理大臣 陸軍大臣 東條英機 海軍大臣 嶋田繁太郎 內務大臣 安藤紀三郎 大東亞大臣 青木一男 文部大臣 子爵 岡部長景  朕在學徵集延期臨時特例ヲ裁可シ玆ニ之ヲ公布セシム 裕仁 御璽 昭和十八年十月一日
주요 내용 및 특징	○ 「병역법」 제41조 제4항의 규정에 따른 당분간 재학의 사유로 인한 징집의 연기를 폐지함. ○ 기존의 징집 유예 조항의 특례를 폐지함으로써 전면적인 학도징병을 추진함.
법령 적용 범위	조선을 포함한 제국 전역
관련 법령 통합 · 폐지 사항	
유사 · 파생 법령	

칙령 제755호

1943년 10월 1일

재학징집연기임시특례

병역법 제41조 제4항의 규정에 따른 당분간 재학의 사유로 인한 징집의 연기는 이를 시행하지 않는다.

부칙

본령은 공포한 날로부터 이를 시행한다.

자료 139

긴급학도근로동원방책요강	
구분	각의결정
법령명/건명	긴급학도근로동원방책요강 緊急學徒勤勞動員方策要綱
제정 · 개정 · 결정 · 폐지 연월일	결정 1944년 1월 18일
구성	방침, 요강 9개항, 비고
선행 규범 · 법령	학도전시동원체제확립요강(1943년 각의결정) 교육에 관한 전시비상조치요강(1943년 각의결정) 긴급학도동원방책요강(1944년 각의결정)
원문 일부	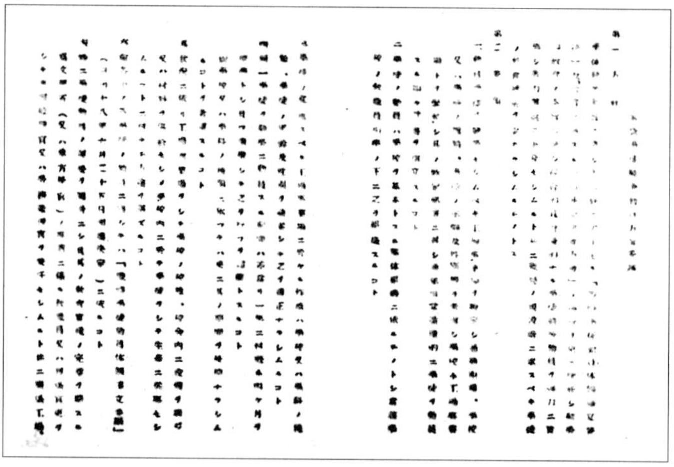
주요 내용 및 특징	○ 학도근로동원 전담 부서를 통해 학도근로동원의 계획을 수립하게 하고, 상시적인 동원이 이루어지도록 지시함. ○ 1년에 4개월 이상 학도근로동원과 연장, 장기 동원을 가능케 함. ○ 학교를 공장, 사업장으로 지정하고, 교장과 교직원이 군수감리관(軍需監理官) 또는 노무감리관(勞務監理官)으로 겸직하고, 공장, 사업장에 학도를 전담하는 근로계원(勤勞係員)을 두어 감독하게 함. ○ 학도에 대한 단기 기술교육 및 훈련, 졸업자에 대한 처우 향상, 자격검증 등에 대한 검토
법령 적용 범위	제국 전역
관련 법령 통합 · 폐지 사항	
유사 · 파생 법령	

각의결정

1944년 1월 18일

긴급학도근로동원방책요강

제1 방침

학도근로동원에 관해서는 앞서 결정한 '학도전시동원체제확립요강' 및 '교육에 관한 전시비상조치요강'의 취지를 거듭 철저히 하고, 근로 즉 교육의 본뜻에 비추어 종합적이며 계획적인 학도근로동원을 강력히 실시하며 전력 증강에 정신하도록 하는 동시에 현 단계의 전세에 취해야 할 학도의 교육과 연성을 완성하도록 한다.

제2 요령

1. 동원된 학생들이 근로하게 될 공장, 사업장을 특정하여 통근 거리, 학교 또는 학과의 종류, 학도의 연령과 성별 등을 고려하고, 학교와 공장 및 사업장이 긴밀히 연계하고, 담당 부서는 연간 항시적으로 돌아가면서 학도를 동원하도록 계획을 수립할 것.
2. 학도동원은 학교를 기본으로 하는 단체와 조직으로 하고, 해당 학교의 교직원을 중심으로 이를 지도하고 조직할 것.
3. 학도가 종사하게 될 공장, 사업장의 작업은 학교 또는 학과의 종류, 학도의 연령과 성별을 감안하여 적정하도록 할 것.
4. 동일 학생을 근로에 동원하는 기간은 일단 1년에 대략 4개월을 표준으로 하되 계속해서 동원하는 것을 방침으로 한다. 그리고 학교 또는 학과의 종류에 따라서는 그 기간을 다시 장기로 하는 것을 고려할 것.
5. 상황에 따라 공장, 사업장으로서 학교의 부지나 교사 내에 설비를 갖추거나 재료를 공급하게 하여 학교 내에 학도들이 생산에 종사하도록 하는 것에 대해서도 방법을 강구할 것.

6. 이상의 각항 외에 학도의 동원에 관해서는 '학도전시동원체제확립요강'(1943년 6월 25일 각의결정)에 따를 것.
7. 특히 학도동원의 운영을 원활하게 하고, 교육과 실천의 완벽을 기하기 위해 문부성(또는 지방장관)이 추천하는 교직원 또는 관계 공무원이 군수감리관 또는 노무감리관을 겸임하도록 한다. 동시에 관계 공장, 사업장에 학도를 전담하는 근로계원을 설치하게 하고, 이를 문부성(또는 지방장관)의 촉탁으로 하여 공장, 사업자에서 학도근로관리의 철저한 쇄신을 도모할 것.
8. 학도동원의 방법과 기타 필요한 사항에 대해서는 정비할 것.
9. 학도근로관리 관계자의 식견 향상을 위해 강습과 기타 필요한 조치를 신속하게 강구할 것.

비고

학도에 대해서는 동원되어 종사하게 될 공장, 사업장의 작업에 적응하도록 단기 기술교육과 훈련을 실시하는 동시에 이상의 교육과 훈련을 거쳐 학교를 졸업한 자의 처우 향상과 더불어 자격검증에 대해 고려할 것.

학도동원에 대한 보수와 방법에 관해서는 별도로 연구하도록 한다.

자료 140

학교졸업자사용제한령시행규칙 중 개정	
구분	조선총독부령 제73호
법령명/건명	학교졸업자사용제한령시행규칙 중 개정 學校卒業者使用制限令施行規則 中 改正
제정 · 개정 · 결정 · 폐지 연월일	공포 1944년 3월 6일
구성	본문 1개 조항
선행 규범 · 법령	학교졸업자사용제한령(1938년 칙령 제599호)
원문 일부	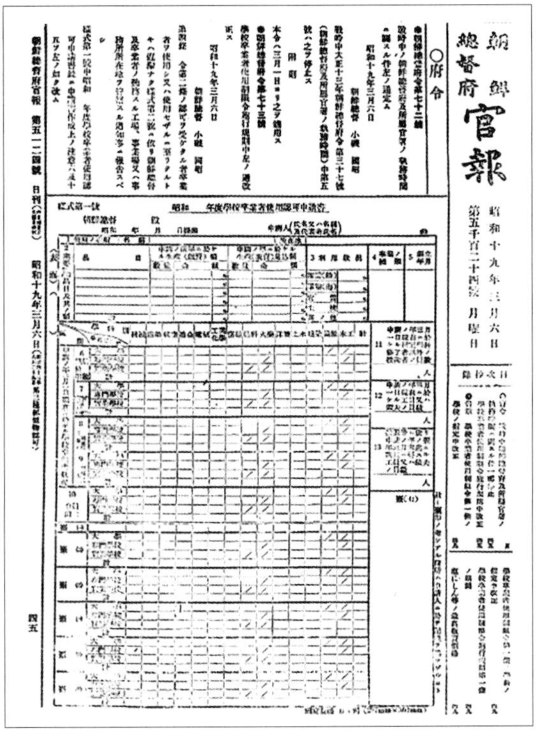
주요 내용 및 특징	○「학교졸업자사용제한령」 제2조의 인가를 받은 자가 졸업자를 사용하는 경우 조선총독과 도지사에게 보고할 것을 명령함.
법령 적용 범위	조선
관련 법령 통합 · 폐지 사항	
유사 · 파생 법령	

조선총독부령 제73호

1944년 3월 6일

학교졸업자사용제한령시행규칙 중 개정

제4조 학교졸업자사용제한령 제2조의 인가를 받은 자가 졸업자를 사용하고 또는 사용하게 된 때에는 지체 없이 양식 제2호에 따라 조선총독 및 졸업자가 근무하는 공장, 사업장 또는 사무소의 소재지를 관할하는 도지사에게 보고해야 한다.

양식 제1호 중에서 19○○년도 학교졸업자사용인가신청서 및 신청서 작성상 주의사항 제6번과 제15호를 다음과 같이 개정한다.

이하 양식 생략.

자료 141

결전비상조치요강에 따른 학도동원실시요강	
구분	각의결정
법령명/건명	결전비상조치요강에 따른 학도동원실시요강 決戰非常措置要綱ニ基ク學徒動員實施要綱
제정 · 개정 · 결정 · 폐지 연월일	결정 1944년 3월 7일
구성	1절 3절, 비고
선행 규범 · 법령	결전비상조치요강(1944년 각의결정)
원문 일부	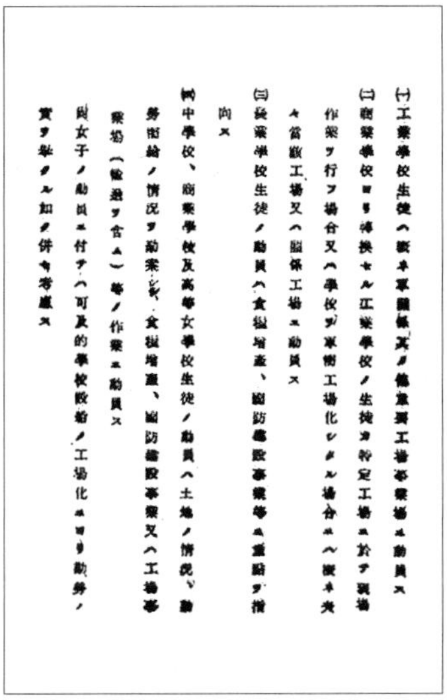 (一)工業學校生徒ハ概ネ軍關係其ノ他重要工場事業場ニ動員ス (二)商業學校ヨリ轉換セル工業學校ノ生徒ヲ特定工場ニ於テ現場作業ヲ行フ場合又ハ學校ヲ軍需工場化シタル場合ニハ概ネ夫々當該工場又ハ關係工場ニ動員ス (三)農業學校生徒ノ動員ハ食糧增産、國防施設事業等ニ重點ヲ指向ス (四)中學校、商業學校及高等女學校生徒ノ動員ハ土地ノ情況、勤勞給付ノ情況ヲ勘案シ、食糧增産、國防施設事業又ハ工場事業場（輸送ヲ含ム）等ノ作業ニ動員ス 尚女子ノ動員ニ付テハ可及的學校設備ノ工場化ニヨリ勤勞ノ實ヲ擧グル如ク併セ考慮ス 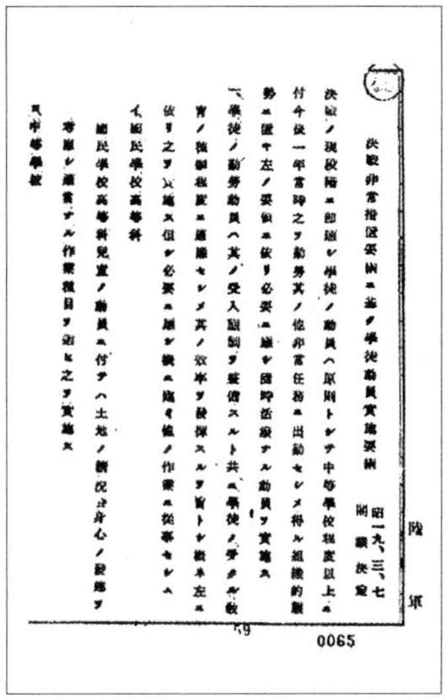 陸軍 決戰非常措置要綱ニ基ク學徒動員實施要綱　昭一九、三、七 閣議決定 決戰ノ現段階ニ即應シ學徒ノ動員ハ原則トシテ中等學校程度以上ニ付今後一年常時之ヲ勤勞其ノ他非常任務ニ出動セシメ得ル組織的態勢ニ置キ左ノ要領ニ依リ必要ニ應ジ隨時活潑ナル動員ヲ實施ス 一、學徒ノ勤勞動員ハ其ノ受入態制ヲ整備スルト共ニ學徒ノ學タル教育ノ強制程度ニ適應セシメ其ノ效率ヲ發揮スルヲ旨トシ概ネ左ニ依リ之ヲ實施ス但シ必要ニ應ジ機ニ臨ミ他ノ作業ニ從事セシム イ、國民學校高等科 國民學校高等科兒童ノ動員ニ付テハ土地ノ情況ヨリ身心ノ發達ヲ考慮シ適當ナル作業種目ヲ選ビ之ヲ實施ス ロ、中等學校 0065
주요 내용 및 특징	○ 국민학교 고등과 이상의 학생과 생도를 대상으로 근로동원을 실시할 수 있는 체제와 법령 등을 갖추도록 지시함. ○ 비상시 학생들을 공장, 사업장 등에서 1년간 근로에 동원할 수 있도록 함. ○ 중등학교 이상 각 학교에서는 이과, 농업 등 분야의 전공과 관련된 공장, 사업장, 병원 외에 식량 증산, 군 건설사업 등에 동원하도록 함.
법령 적용 범위	조선 등 일본제국 전역
관련 법령 통합 · 폐지 사항	
유사 · 파생 법령	

각의결정

1944년 3월 7일

결전비상조치요강에 따른 학도동원실시요강

현 단계의 결전에 대응하여 학도의 동원은 원칙적으로 중등학교 정도 이상에 대해 앞으로 1년간 상시 근로시키고, 기타 비상임무에 출동시킬 수 있는 조직적 태세를 갖추고, 다음 요령에 따라 필요시 수시로 활발하게 동원한다.

학도의 근로동원은 이를 받아들이는 체제를 정비하는 동시에 학도가 받게 될 교육의 종류와 정도에 적응하도록 하고, 효율을 발휘하도록 대체로 다음에 따라 이를 실시한다. 단 필요에 따라 그때마다 기타 작업에 종사시킨다.

1) 국민학교 고등과

국민학교 고등과 아동의 동원에 대해서는 토지의 사정, 심신의 발달을 고려하여 적당한 작업 종목을 선정하여 실시한다.

2) 중등학교

(1) 공업학교 생도는 대체로 군 관련, 기타 중요 공장, 사업장에 동원한다.

(2) 상업학교에서 전환된 공업학교의 생도가 특정 공장에서 현지작업을 할 경우, 또는 학교를 군수공장화 한 경우에는 대체로 각각의 해당 공장 또는 관련 공장에 동원한다.

(3) 농업학교 생도의 동원은 식량 증산, 국방건설 사업 등에 중점을 둔다.

(4) 중학교, 상업학교 및 고등여학교 생도의 동원은 토지의 상황, 근로수급의 정황을 감안하여 식량 증산, 국방건설 사업 또는 공장, 사업장(수송을 포함) 등의 작업에 동원한다.

그리고 여자의 동원에 대해서는 가급적 학교설비의 공장화에 따른 근로의 성과를 올리는 것을 고려한다.

대도시의 중학교, 상업학교 생도는 필요에 따라 소개 및 방공(防空)건설 사업에도 동원한다.

(5) 특히 1학년, 2학년 생도의 동원에 대해서는 초등학교 고등과 아동에 준한다.

3) 대학, 고등전문학교 등

(1) 이과계 학생생도에 대해서는 다음과 같다.

공학 및 이학

① 공학 및 이과 관련 학생생도의 근로동원에 관해서는 3학년 및 2학년에 중점을 두되 필요에 따라 저학년 학생생도도 동원한다.

② 현재 3학년 학생생도는 원칙적으로 이수해야 할 학과의 종별에 따라 가장 적당한 공장, 사업장 등에 동원하고 그 기술적 지도 차원에서 활용하는 등의 조치를 취한다.

2학년 학생생도에 대해서도 가급적 이에 준한다.

의학

① 의학 관련 학생생도의 실습근무는 4학년 및 3학년에 중점을 두되, 필요에 따라 저학년 학생생도도 동원한다.

② 현재 4학년 및 3학년 학생생도는 군병원, 학교 부속병원, 공장사업장 부속병원, 기타 일반병원 등에서 오로지 실습근무에 복무시킨다.

③ 현재 4학년 학생생도는 금년 7월 이후, 현재 3학년 학생생도는 내년 4월 이후 각각 군복무와 기타 실무에 복무할 수 있도록 조치한다.

농학

농학 관련 학생생도의 근로동원은 원칙적으로 이수해야 할 학과의 종별에 따라 전공을 가장 능률적으로 발휘할 수 있는 식량 증산, 공업, 사업장 등에 동원한다. 특히 식량 증산의 작업 등에 대해서는 지도자로 활용하는 등의 조치를 취한다.

(2) 전항 이외의 학생생도에 대해서는 토지의 상황, 근로수습의 사정 등을 감안하여 식량 증산, 국방건설 사업 또는 공장, 사업장(수송을 포함) 등의 작업에 동원하여 특별히 능력을 발휘할 수 있도록 조치한다.

(3) 교원양성학교

① 공업, 실업학교 교원양성소 및 청년사범학교의 공업과 생도에 관해서는 (1)에 준한다.

② 고등사범학교, 여자고등사범학교, 청년사범학교(전항의 자를 제외)의 임시교원양성소, 실업학교 교원양성소 및 사범학교의 생도에 관해서는 (2)에 준한다.

비고

1. 대학, 고등전문학교 이과계 학도의 동원에 관해서는 특별히 학교교육과 밀접하게 연관을 시키고, 또한 가급적 장래의 취직, 배치와 일치시켜 적정한 계획과 배치를 고려한다.
2. 학생생도의 근로동원은 해당 학교의 교직원을 중심으로 하여 학교를 기본으로 하는 대조직에 의해 이를 실시한다. 또한 학도를 출동시킬 때는 교직원을 활발하게 다수 동원하여 지도 감독하게 한다.
3. 학교보국대의 정비와 강화를 도모한다.
4. 학교 교사(校舍)의 군수공업화에 대해서는 각종 학교 특히 여자 학교를 주류로 하고 급속하게 이를 구체화한다.
5. 학도를 근로동원할 때 신속하게 법령상의 조치를 강구한다.
6. 요일을 변경하여 일요일에도 수업을 할 수 있는 법령상 조치를 강구한다.
7. 교육 관련 교직원 등으로서 군수감리관 또는 노무관을 겸임하는 자에 대해서 속성으로 필요한 연수를 실시한다.
8. 학도의 동원에 관련된 군 간부, 기술요원, 과학연구요원이 받아야 할 교육과 연수를 조정한다.
9. 학도의 방공, 방어 등 비상임무에 관하여 급속하게 동원체제를 한층 더 정비하고 연습과 훈련을 강화한다.
10. 근로에 종사 중인 학도에 대해서는 해당 작업장의 근로자에 준하는 식량과 기타 물자의 배급을 고려한다.

자료 142

학도동원체제의 정비에 관한 건	
구분	조선총독부 훈령 제43호
법령명/건명	학도동원체제의 정비에 관한 건 學徒動員體制ノ整備に關する件
제정 · 개정 · 결정 · 폐지 연월일	공포 1944년 4월 28일
구성	본문
선행 규범 · 법령	
원문 일부	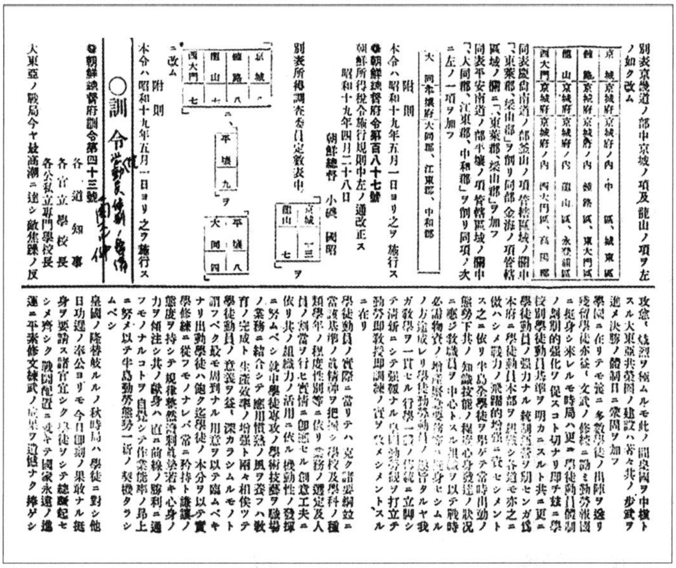
주요 내용 및 특징	○ 학도들에게 상시 '출근'하여 전시 필수물자의 증산, 긴급업무에 근로할 것을 독려함.
법령 적용 범위	조선
관련 법령 통합 · 폐지 사항	
유사 · 파생 법령	

조선총독부 훈령 제43호

1944년 4월 28일

학도동원체제의 정비에 관한 건

각 도지사

각 관립학교장

각 공사립전문학교장

지금 대동아의 전세가 최고조에 달하여 초조한 적군(敵軍)의 반격이 극에 달하였다. 이때 황국을 중심으로 하는 대동아공영권의 건설이 착착 진행되어 결승의 체제가 날로 굳건해지고 있다.

학원(學園)에서는 다수의 학도들이 출진하였으며, 남은 학도들도 문무의 수련에 힘쓰며 근로보국에 정신해 왔는데, 시국이 다시금 학도동원체제의 획기적인 강화를 촉구하기에 이르렀다. 이에 학교별 학도동원 기준을 밝히는 동시에 다시 학도동원의 강력한 통제운영을 기하기 위해 총독부에 학도동원본부를 조직하고, 각 도에도 이와 유사한 조직을 설치하여 전력의 비약적 증강을 도모하고자 한다.

이에 따라 반도의 모든 학도들은 상시 출근태세 속에서 지식과 기능의 정도와 심신발달의 상황에 따라 교직원을 중심으로 하는 조직을 만들어 전시 필수물자의 증산, 긴급업무 등에 정신하게 하는 데 학도근로동원의 취지가 있다. 또한 우리 교학(教學)을 일관하는 행학일체의 전통에 입각하여 청신(淸新)하고 강고한 황국의 근로관을 내세워, 근로가 곧 수업이고 훈련의 요체임을 밝히는 데 그 뜻이 있다.

학도동원의 실제에 있어서는 반드시 여러 요강과 더불어 해당하는 기준의 참된 정신을 파악하고, 학교와 학과의 종류, 학년과 성별 등에 따라 업무를 선정하고 인원의 할당을 실시하며 실정에 맞추어 창의성을 발휘하고 조직력을 활용함으로써 기동성을 발휘하도록 힘써야 한다. 특히 학도가 전공하는 분야의 학술과 기예를 직장 업무에 결합하고 응용하여 익숙해지도록 하면, 교육의 완성과 생산효율의 증강을 모두 기대할 수 있다. 이로써 학도동원의 의의를 더욱 심화시킨다고 할 수 있다. 가장 용의주도적으로 출동하는 학도는 어디까지나 학도의 본분으로 실학을 수련하게 되면, 항상 긍지와 겸양의 태도를 지니고 규율 바르고 발랄하며 진중하다. 젊은 심신의 힘을 경주하면 그 헌신이 곧 전선의 승리로 이어진다는 것을 각성하여 작업능률의 향상에 힘씀으로써 반도의 근로태세를 일신하는 계기가 되어야 한다.

황국의 흥망성쇠가 갈림길에 선 이번 가을의 시국은 학도에 대하여 후일 뒤늦게 봉공하는 것보다 오늘 즉각적으로 과감하게 헌신할 필요가 있다. 우리 총독부는 부디 학도들이 총궐기하여 다함께 전투배치에 나서며 국가의 영원한 전진에 평소 갈고닦은 학문과 무예의 성과를 유감없이 바칠 것을 기대하는 바이다.

자료 143

학도근로의 철저강화에 관한 건	
구분	문부차관 · 후생차관 · 군수차관 통첩
법령명/건명	학도근로의 철저강화에 관한 건 學徒動員ノ徹底强化に關する件
제정 · 개정 · 결정 · 폐지 연월일	1944년 7월 17일
구성	5개 항목
선행 규범 · 법령	결전비상조치요강에 따른 학도동원실시요강(1944년 각의결정) 항공기 긴급 증산에 관한 비상조치의 건(1944년 각의결정)
원문 일부	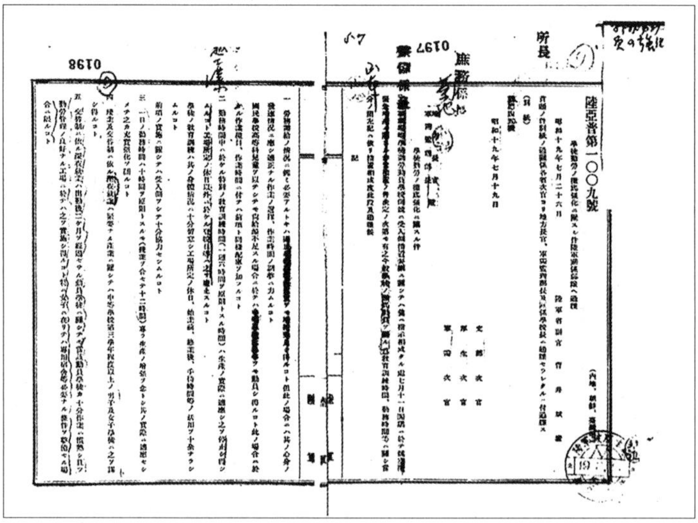
주요 내용 및 특징	○ 각의결정, '항공기 긴급 증산에 관한 비상조치의 건'에 따라 항공기 공장 등에서 학도동원의 강화가 요구되자 문부성, 후생성, 군수성이 항공기 군수공장과 관련 학교에 통첩을 내려 보내 학도근로를 강화하도록 지시함. ○ 국민학교 고등과 아동을 동원하도록 지시함. ○ 1주일에 6시간의 근로 외 교육시간을 정지시키고 계속 근로에 동원함. ○ 1일 근무시간을 12시간까지 연장하고 교대제 투입까지 확대함. ○ 저학년 학도와 여학생에게까지 잔업과 야간작업에 투입시킴.
법령 적용 범위	조선 등 일본제국 전역
관련 법령 통합 · 폐지 사항	
유사 · 파생 법령	

문부차관 · 후생차관 · 군수차관 통첩

1944년 7월 17일

학도근로의 철저강화에 관한 건

공장과 사업장 등에 학도를 근로동원하는 학교 측과 받아들이는 측의 조치와 요강에 관해서는 이미 지시한 바, 7월 11일 각의에서 항공기 긴급증산에 관한 비상조치의 건이 결정됨에 따라 이번에 학도를 철저히 동원하기 위해 교육훈련시간, 근무시간 등에 관하여 당분간 다음에 따라 조치하도록 통첩한다.

1. 노무 수급의 실정에 비추어 필요가 있을 때는 국민학교 고등과 아동을 계속 동원할 수 있다. 단 이 경우에는 심신의 발달 정도에 따라서 적정한 작업을 선택하고, 작업시간을 조정하는 데 힘써야 한다.

   국민학교 고등과 아동을 사용하여도 여전히 공급이 부족할 경우에는 중등학교 학도 등도 동원할 수 있다. 단 이 경우에 작업 종목, 작업시간에 대해서는 전항과 마찬가지로 배려를 해야 한다.
2. 근무시간 중에 특별한 교육훈련시간(1주일에 6시간 원칙)은 생산의 실제 상황에 맞추어 이를 정지할 수 있다. 공장이 정한 휴일 이외의 등교일 등을 폐지할 수 있다.

   학도의 교육훈련은 그 신체 사정을 충분히 유의하고, 공장이 정한 휴일, 업무시작 전, 종업 후, 대기시간 등의 활용에 만전을 기한다.

   전항의 실시에 관해서는 학도근로를 받아들이는 측이 충분히 협력하도록 한다.
3. 1일 근무시간은 10시간을 원칙으로 하더라도(잔업 포함 12시간) 오로지 생산 증강을 염두에 두고, 실제로 이를 적용할 때는 생산 증강이 충분히 강화되도록 한다.
4. 잔업과 교대제에 의한 심야 작업은 긴요한 생산에 관해서는 중등학교 3학년 정도 이상의 남학생과 여학생을 동원할 수 있다.
5. 출동 후 2개월을 경과하지 않은 학도에 대해서도 해당 학도가 충분히 작업에 익숙해졌

고 근로관리가 양호한 공장의 경우에는 교대제에 의한 심야 작업을 실시할 수 있다. 특히 여자는 전용 숙소 등 필요한 조건이 정비된 경우만 해당된다.

전항의 심야 작업을 실시할 경우에는 사업장 측이 지방장관의 승인을 받도록 하고, 이 경우에 지방장관은 군수감리부(軍需監理部)와 기타 관련 기관과 긴밀하게 연락을 유지하며 적당하다고 인정한 때에 이를 승인한다.

자료 144

학도근로령	
구분	칙령 제518호
법령명/건명	학도근로령 學徒勤勞令
제정 · 개정 · 결정 · 폐지 연월일	공포 1944년 8월 22일(조선총독부 관보 제5322호, 1944.10.30.)
구성	본문 25개 조항, 부칙
선행 규범 · 법령	학도전시동원체제확립요강(각의결정, 1943.6.25.) 교육에 관한 전시비상조치요강(각의결정, 1943.10.12.) 긴급학도동원방책요강(각의결정, 1944.1.8.)
원문 일부	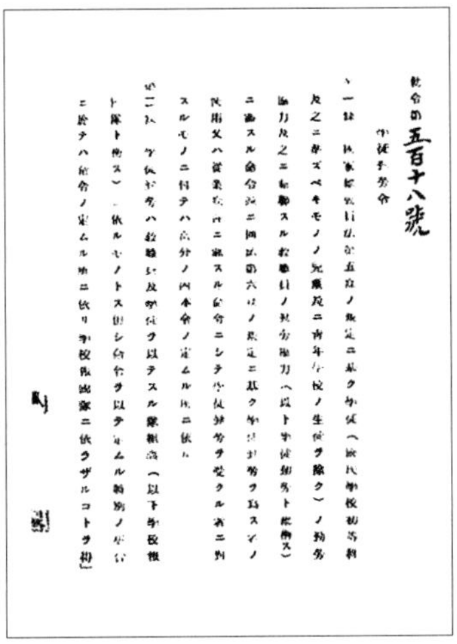 勅令第五百十八號 學徒勤勞令 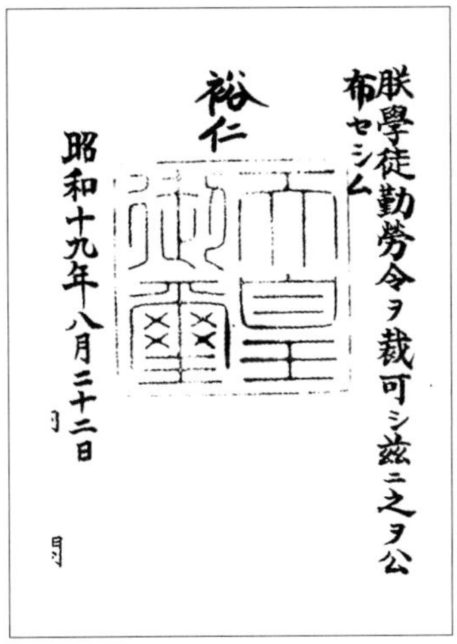 朕學徒勤勞令ヲ裁可シ玆ニ之ヲ公布セシム 裕仁 御璽 昭和十九年八月二十二日
주요 내용 및 특징	○ 학도근로동원의 내용과 방법을 명시한 명령 ○ 학생과 교직원을 학도보국대로 편성하여 학도근로를 실시한다. ○ 노동력이 필요한 공장, 사업장이 문부대신과 지방장관에게 학도근로를 청구, 신청하면 이를 학교장에게 지시하여 학도보국대를 동원하도록 한다. ○ 학도근로는 연속으로 1년간 시행할 수 있다.
법령 적용 범위	제국 전역
관련 법령 통합 · 폐지 사항	
유사 · 파생 법령	학도근로령시행규칙(1944년 조선총독부령 제360호)

칙령 제518호

1944년 8월 22일

학도근로령

제1조 국가총동원법 제5조의 규정에 근거하여 학도(국민학교 초등과 및 이에 준하는 아동과 청년학교 생도를 제외)의 근로협력 및 이에 관한 교직원의 근로협력(이하 학도근로라 칭한다)에 관한 명령 그리고 동법 제6조의 규정에 근거하여 학도근로를 하는 자를 사용 또는 종업시키는 조건에 관한 명령으로서 학도근로를 받는 자에 대해서는 당분간 본령이 정하는 바에 따른다.

제2조 학도근로는 교직원과 학도를 대 조직(이하 학도보국대라 칭한다)으로 하여 실시한다. 단 명령으로 정한 특별한 경우에는 명령이 정하는 바에 따라 학도보국대로 하지 않을 수 있다.

제3조 학도근로에 임하는 것은 근로, 즉 교육답게 힘쓴다.

제4조 학도근로는 국가, 지방의 공공단체 또는 후생대신 또는 지방장관(도쿄도에서는 경시총감)이 지시하는 자가 내리는 명령으로 정한 총동원 업무에 대해 실시하는 것으로 한다.

제5조 학도근로를 하는 기한은 연속해서 1년 이내로 한다.

제6조 학교보국대에 의한 학도근로의 출동이 필요한 자는 명령이 정한 바에 따라 문부대신 또는 지방장관에게 이를 청구 또는 신청해야 하며, 학교의 부지, 교사, 시설 등을 이용하는 학교보국대에 의한 학도근로 역시 이와 마찬가지이다.

제7조 전조의 규정에 의한 청구 또는 신청은 후생대신 또는 지방장관(도쿄도에서는 경시총감)이 할당된 인원의 범위 내에서 이를 실시한다. 단 명령으로 정한 특별한 경우에는 여기에 제한을 받지 않는다.

제8조 문부대신 또는 지방장관은 제6조의 규정에 따른 청구 또는 신청이 있을 때는 특별한 사정이 없는 한 학교장에게 학도근로를 받는 자, 작업의 종류, 학도근로를 해야 할 장소, 기간 그리고 소요 인원수, 기타 필요한 사항을 지정하여 학교보국대의 출

동에 관해 필요한 조치를 명령한다.

제9조 전조의 조치를 받은 학교장은 명령이 정하는 바에 따라 학교보국대에 의한 학도근로를 할 자를 선정하여 그 선정 취지를 본인에게 통지하고 학도근로에 관해 필요한 사항을 지시해야 한다.

제10조 명령으로 정한 특별한 경우에는 제6조 규정에 따른 청구 및 신청은 이를 해당 학교장에게 한 것으로 한다.

전항의 경우에 학교장은 특별한 사정이 없는 한 곧바로 전조에서 규정한 조치를 취한다.

제11조 위의 두 조의 규정에서 정한 통지를 받은 자는 동조의 규정에서 정한 지시에 따라 학교보국대에서 정한 학도근로를 해야 한다.

제12조 문부대신 또는 지방장관은 명령이 정하는 바에 따라 특별한 사정이 있을 때에 학교보국대에 의한 학도근로의 전부 또는 일부의 정지에 관하여 필요한 조치를 할 수 있다.

제13조 대장인 학교장 또는 교직원은 해당 학교보국대 대원의 학도근로에 관하여 대원을 지휘·감독한다.

제14조 문부대신 또는 지방장관은 학도근로를 받는 공장, 사업장 등의 직원에게 학도근로의 지도에 관한 사무를 촉탁할 수 있다.

제15조 학도근로에 필요한 경비는 명령이 정하는 바에 따라 특별한 사정이 없는 한 학도근로를 받는 자가 부담하는 것으로 한다.

제16조 후생대신(군수성 소관 기업에서의 근로관리 및 급여에 관한 사항에 대해서는 군수대신) 및 문부대신 또는 지방장관(도쿄도에서는 경시총감을 포함한다)이 필요하다고 인정한 때는 국가총동원법 제6조의 규정에 근거하여 학도근로를 받는 사업주에게 학도근로자의 사용 또는 종업시키는 조건에 관해 필요한 명령을 할 수 있다. 학도근로자가 업무상 부상, 질병을 당하거나 또는 사망한 경우에 본인 또는 그 유족의 부조에 관해 필요한 사항은 명령으로 정한다.

제17조 다음 각호의 하나에 해당하는 자는 학도근로를 하지 않는 것으로 한다. 단 학도근로를 하는 자로서 제3호에 해당하는 자는 여기에 제한을 받지 않는다.

1. 육해군 군인으로서 현역인 자(아직 입영하지 않은 자는 제외), 소집 중인 자(소집 중인 신분으로 취급을 받는 자를 포함한다)

2. 징용 중인 자

3. 육군대신 또는 해군대신의 소관에 관한 관청(부대 및 학교를 포함) 또는 후생대신이 지정한 공장, 사업장, 기타 장소에서 군사상 필요한 총동원 업무에 종사하는 자

4. 법령에 따라 구금 중인 자

제18조 다음 각호의 하나에 해당하는 자는 지원에 의한 경우를 제외하고, 학도근로를 하지 않는 것으로 한다.

1. 후생대신이 지정하는 총동원 업무에 종사하는 자

2. 기타 후생대신이 지정하는 자

제19조 문부대신 또는 지방장관은 명령이 정하는 바에 따라 학도근로에 관하여 학교장 또는 학도근로를 하는 자 또는 학도근로를 받는 사업장을 감독한다.

제20조 학교보국대에 의하지 않는 학도근로는 제6조에서 제12조의 규정을 준용한다.

제21조 제16조 및 제17조의 규정은 사업주가 국가 및 도·도·부·현인 경우에는 이를 적용하지 않는다.

제22조 본령에서 학도라 칭하는 것은 문부대신의 소관에 속하는 학교의 학도를 가리키며, 학교라 칭하는 것은 제17조 제3호의 경우를 제외하고 문부대신의 소관에 속하는 학교를 가리키며, 학교장이라 칭하는 것은 문부대신의 소관에 속하는 학교의 장을 가리킨다.

제23조 전조의 규정은 조선과 대만에는 이를 적용하지 않는다.

제6조, 제8조, 제12조 및 제14조 가운데 문부대신이라 한 것을 조선에 있는 학교의 학도에 관해서는 조선총독, 대만에 있는 학교에 관해서는 대만총독으로 한다. 지방장관이라 한 것을 조선에 있는 학교의 학도에 관해서는 도지사로, 대만에 있는 학교에 관해서는 주지사 또는 청장으로 한다.

전항의 경우를 제외하고, 본령에서 후생대신 또는 문부대신이라 한 것을 조선에서는 조선총독으로, 대만에서는 대만총독으로 한다. 지방장관이라 한 것을 조선에서는 도지사로, 대만에서는 주지사 또는 청장으로 한다.

본령에서 도·도·부·현을 조선에서는 도로, 대만에서는 주 또는 청으로 한다.

제24조 학도근로에는 국민근로보국협력령을 적용하지 않는다.

제25조 본령에서 규정한 것 외에 학도근로에 관해 필요한 사항은 명령으로 정한다.

부칙

본령은 공포한 날로부터 이를 시행한다.

본령을 시행할 때 현재 국민근로보국협력에 의해 학교에 재학 중인 자가 국민근로보국대에 협력하고 있는 것은 본령에 따라 학도근로로 간주한다.

자료 145

학도근로령시행규칙	
구분	조선총독부령 제360호
법령명/건명	학도근로령시행규칙 學徒勤勞令施行規則
제정·개정·결정·폐지 연월일	공포 1944년 10월 30일(조선총독부 관보 제5322호)
구성	본문 13개 조항, 부칙
선행 규범·법령	학도근로령(1944년 칙령 제518호)
원문 일부	 朝鮮總督府官報 昭和十九年十月三十日 月曜日 第五千三百二十二號 ○勅令 ○府令
주요 내용 및 특징	○ 조선에서의 학도근로동원의 내용과 방법을 명시한 시행령 ○ 대학과 전문학교 졸업반 학생을 대상으로 총동원 업무에 학도근로를 강제함. ○ 일본본토에서의 학도근로령에 비해 조선의 학도에 대해서는 조선총독과 도지사의 명령으로 보다 광범위하고 자의적으로 동원할 수 있게 함.
법령 적용 범위	조선
관련 법령 통합·폐지 사항	
유사·파생 법령	

조선총독부령 제360호

1944년 10월 30일

학도근로령시행규칙

제1조 학도근로령(이하 '령'이라 칭한다) 제2조의 단서 규정에 의해 특별한 경우에는 대학 및 전문학교의 최고 학년에 재학하는 학도의 학도근로는 해당 학도가 전공하는 학과에 관하여 그 졸업 후의 취직과 관련된 것을 실시하는 경우가 있다.

전항의 경우에 학도근로령 제2조의 단서 규정에 의해 해당 학도로서 졸업 후 취업할 곳을 미리 내정하고 해당 취직이 내정된 곳의 작업지에서 학도근로를 하는 것으로 한다.

제2조 학도근로는 학도근로령 제4조의 규정에 의해 다음에 열거하는 총동원 업무에 대해 이를 실시하는 것으로 한다.

1. 총동원물자의 생산, 수리, 보관 또는 배급에 관한 업무
2. 국가총동원에 필요한 운수 또는 통신에 관한 업무
3. 국가총동원에 필요한 위생 또는 구호에 관한 업무
4. 국가총동원에 필요한 시험연구에 관한 업무
5. 군사상 필요한 토목건축에 관한 업무
6. 국가총동원에 필요한 경비에 관한 업무
7. 국가총동원에 필요한 증권의 생산에 관한 업무
8. 기타 조선총독이 지정하는 업무

제3조 학도근로령 제6조의 규정에 따른 청구 또는 신청에 관하여, 대학, 전문학교 및 사범학교의 학교보국대에 의한 학도근로 또는 제1조의 규정에 따른 대 조직에 의하지 않은 학도근로에 관해서는 조선총독에게, 기타 학도근로에 관해서는 해당 학교를 관할하는 도지사에게 이를 해야 한다.

전항의 규정에 의해 도지사에게 청구 또는 신청할 경우에 작업지가 도 외에 있는 학

교의 학도보국대에 의한 학도근로를 받으려 할 때는 해당 작업지를 관할하는 도지사를 경유해야 한다.

제4조 전조의 청구 또는 신청은 양식 제1호에 따라 이를 해야 한다.

제5조 학교보국대에 의하지 않은 학도근로를 제외하고 다음에 열거하는 업무에 관하여 학도근로령 제6조의 규정에 의한 청구 또는 신청에 대해서는 당분간 학도근로령 제7조의 본문 규정을 적용하지 않는다.

1. 위생 또는 구호에 관한 업무
2. 농림, 수산 또는 축산에 관한 업무
3. 기타 특별히 필요하다고 인정한 업무

제6조 학도근로령 제8조의 규정에 의한 조치는 양식 제2호에 따라 학교보국대 출동령서에 의해 이를 명령하는 것으로 한다.

제7조 학도근로령 제9조의 규정에 의한 통지 및 지시는 구두(口頭)로서 이를 할 수 있는 것으로 한다.

제8조 제5조 각호의 하나에 해당하는 업무에서 학도근로의 소요기간을 20일 이내로 하는 청구 또는 신청은 학도근로령 제10조 제1항의 규정에 따라 해당 학교장에게 해야 한다.

제9조 다음 각호의 하나에 해당하는 경우는 조선총독 또는 도지사가 학도근로령 제12조 규정에 따라 학교장에 대해 필요한 조치를 명령할 수 있다.

1. 근로요원의 과잉으로 학도근로를 계속할 필요가 없다고 인정하는 경우.
2. 사용 또는 종업조건이 적정하지 않아서 학도근로의 취지에 어긋난다고 인정하는 경우.

전항의 각호의 경우에 관한 인정은 조선총독 또는 도지사가 관계 관청과 협의를 거쳐 이를 실시하는 것으로 한다.

제10조 전조 제1항의 규정에 따른 조치를 할 때는 미리 학도근로의 정지를 해야 할 시기 및 대원 수에 관하여 사유를 붙여서 해당 학교보국대에 의한 학도근로를 받는 자에게 이를 통보할 필요가 있다.

제11조 학도근로령 제15조의 규정에 따라 학도근로를 받는 자가 부담해야 할 경비는 다음

과 같다.

1. 학도근로를 하는 자의 통근에 필요한 교통비, 작업지까지의 왕복 여비 등 실비

2. 학도근로에 대한 보수

3. 제12조의 규정에 따라 부담해야 할 경비

4. 기타 조선총독 또는 도지사가 필요하다고 인정한 경비

조선총독 또는 도지사가 특별한 사정으로 인정한 때는 제1항의 경비 전부 또는 일부를 부담하지 않을 수 있다.

第12조 학도근로령 제16조 제2항의 규정에 의해 본인 또는 그 유족에 대한 부조는 학도근로를 받는 자가 학교보국대 출동신청(청구)서에 기재한 조항에 따라 이를 실시해야 한다.

조선총독 또는 도지사가 특별히 필요하다고 인정한 때는 전항에서 규정한 부조 외에 본인 또는 그 유족을 부조할 것을 명령할 수 있다.

第13조 학도근로령 제19조 규정에 따른 조선총독 또는 도지사의 감독은 학도근로를 하는 자의 신분, 마음가짐 정황과 교육훈련의 내용에 대해 이를 실시한다.

조선총독 또는 도지사는 학교장 또는 학도근로를 하는 자 또는 학도근로를 받는 자로부터 학도근로에 관한 보고를 징구할 수 있다.

부칙

본령은 발포한 날로부터 이를 시행한다.

이하 양식 생략.

자료 146

결전교육조치요강	
구분	각의결정
법령명/건명	결전교육조치요강 決戰教育措置要綱
제정·개정·결정·폐지 연월일	결정 1945년 3월 18일
구성	2절 7개 항목
선행 규범·법령	결전비상조치요강(1945년 각의결정)
원문 일부	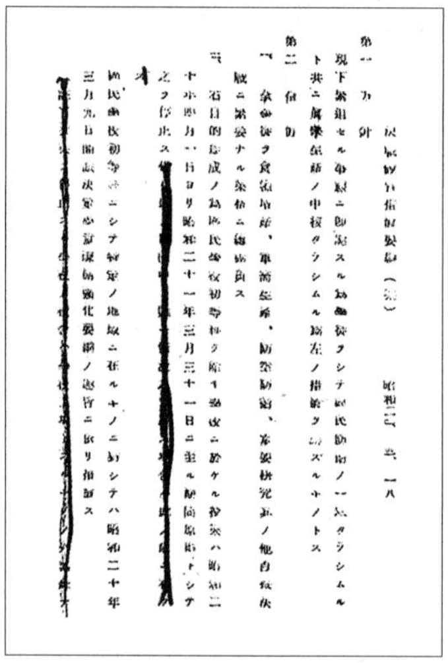 
주요 내용 및 특징	○ 모든 학교와 학생을 대상으로 1945년 4월부터 1년간 모든 수업을 중지하고 전시체제에 동원함. ○ 모든 학교에 대해 학생과 교직원을 학도대로 편성하게 함. ○ 「전시교육령」의 제정을 지시함.
법령 적용 범위	조선 등 일본제국 전역
관련 법령 통합·폐지 사항	
유사·파생 법령	

각의결정

1945년 3월 18일

결전교육조치요강

제1 방침

현재 긴박한 사태에 즉시 대응하기 위해 국민방위의 일익으로 학도를 동원하는 동시에 공격적인 생산의 중핵이 될 수 있도록 다음의 조치를 강구하기로 한다.

제2 조치

1. 전 학도를 식량 증산, 군수생산, 방공방위, 중요 연구, 기타 직접적으로 결전에 긴요한 업무에 총동원한다.
2. 위의 목적을 달성하기 위해 국민학교 초등과를 제외하고, 모든 학교에서의 수업은 1945년 4월 1일부터 1946년 3월 31일까지 원칙적으로 정지한다.
3. 학도동원은 교직원과 학도가 모두 한몸이 되어 학도대를 조직하여 실시하는데, 학도대의 편성에 대해서는 필요한 조치를 취한다. 다만 전시에 중요한 연구에 종사하는 자는 연구에 전념하도록 한다.
4. 동원 중인 학도에 대해서는 농촌에 있든 공장과 사업장 등에 있든 거기에 맞추어 노작(勞作)과 긴밀하게 연계시키고 학도의 면학과 수양을 적절하게 지도하도록 한다.
5. 진급은 인정하되 진학에 대해서는 별도로 정한다.
6. 전쟁 완수를 위해 특별히 긴요한 전공과 학과를 이수할 필요가 있는 학도에 대해서는 학교에서의 수업 역시 계속 실시하도록 한다. 다만 이 경우에는 가능한 단기간에 이를 완료하도록 조치한다.
7. 본 요강의 실시를 위해 신속하게 전시교육령을 제정하도록 한다.

자료 147

학도근로령시행규칙 중 개정	
구분	조선총독부령 제140호
법령명/건명	학도근로령시행규칙 중 개정 學徒勤勞令施行規則中改正
제정·개정·결정·폐지 연월일	공포 1945년 6월 14일(조선총독부 관보 제5507호)
구성	본문 12개 조항, 양식, 부칙
선행 규범·법령	학도근로령(1944년 칙령 제518호) 학도근로령시행규칙(1944년 조선총독부령 제360호)
원문 일부	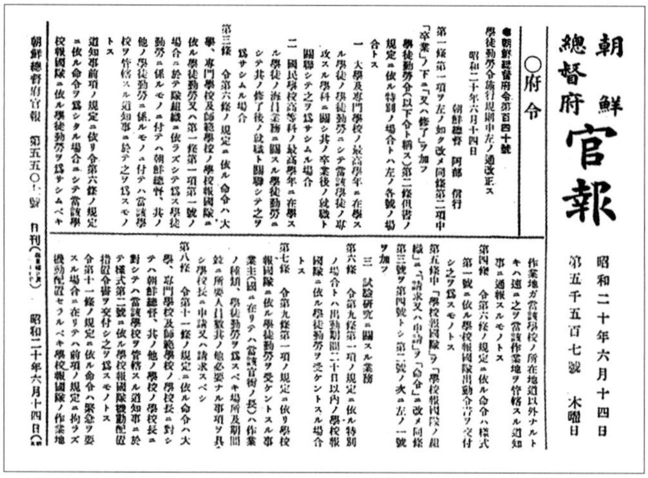
주요 내용 및 특징	○「학도근로령」의 대상자를 졸업생에서 수료생으로 확대 ○ 학교보국대 외의 대 조직에 의하지 않은 학도근로를 확대 ○ 학도의 기동 배치에 관한 규정을 개정
법령 적용 범위	조선
관련 법령 통합·폐지 사항	
유사·파생 법령	

(원문 일부)

朝鮮總督府官報 昭和二十年六月十四日 木曜日 第五千五百七號

〇府令

●朝鮮總督府令第百四十號

學徒勤勞令施行規則中左ノ通改正ス

昭和二十年六月十四日 朝鮮總督 阿部 信行

第一條第一項ヲ左ノ如ク改メ同條第二項中「卒業」ノ下ニ「又ハ修了」ヲ加フ

學徒勤勞令(以下令ト稱ス)第二條但書ノ規定ニ依ル特別ノ場合トハ左ノ各號ノ場合トス

一 大學及專門學校ノ最高學年ニ在學スル學徒ノ學徒勤勞ニシテ當該學徒ノ專攻スル學科ニ關シ其ノ卒業後ノ就職ト關聯シテ之ヲ爲サシムル場合

二 國民學校高等科ノ最高學年ニ在學スル學徒ノ海員業務ニ關スル學徒勤勞ニシテ其ノ修了後ノ就職ト關聯シテ之ヲ爲サシムル場合

第三條 令第六條ノ規定ニ依ル命令ハ大學、專門學校及師範學校ノ學校報國隊ニ依ル學徒勤勞又ハ第一條第一項第一號ノ場合ニ於テ隊組織ニ依ラズシテ爲ス學徒勤勞ニ係ルモノニ付テハ朝鮮總督、其ノ他ノ學徒勤勞ニ係ルモノニ付テハ當該學校ヲ管轄スル道知事ニ於テ之ヲ爲スモノトス

道知事前項ノ規定ニ依リ令第六條ノ規定ニ依ル命令ヲ爲シタル場合ニシテ當該學校報國隊ニ依ル學徒勤勞ヲ爲サシムベキ作業地ガ當該學校ノ所在地道以外ナルトキハ速ニ之ヲ當該作業地ヲ管轄スル道知事ニ通報スルモノトス

第四條 令第六條ノ規定ニ依ル命令ハ樣式第一號ニ依ル學校報國隊出動命令書ヲ交付シ之ヲ爲スモノトス

第五條中「學校報國隊」ヲ「學校報國隊ノ組織」ニ、「請求又ハ申請」ヲ「命令」ニ改メ同條第三號ヲ第四號トシ第二號ノ次ニ左ノ一號ヲ加フ

三 試驗研究ニ關スル業務

第六條 令第九條第一項ノ規定ニ依ル特別ノ場合トハ出動期間二十日以內ノ學校報國隊ニ依ル學徒勤勞ヲ受ケントスル場合トス

第七條 令第九條第一項ノ規定ニ依リ學校報國隊ニ依ル學徒勤勞ヲ受ケントスル事業主(國ニ在リテハ當該官衙ノ長)ハ作業ノ種類、學徒勤勞ヲ爲スベキ場所及期間竝ニ所要人員數其ノ他必要ナル事項ヲ具シ學校長ニ申請又ハ請求スベシ

第八條 令第十一條ノ規定ニ依ル命令ハ大學、專門學校及師範學校ノ學校長ニ對シテハ朝鮮總督、其ノ他ノ學校ノ學校長ニ對シテハ當該學校ヲ管轄スル道知事ニ於テ樣式第二號ニ依ル學校報國隊機動配置命令書ヲ交付シ之ヲ爲スモノトス

令第十一條ノ規定ニ依ル命令ハ緊急ヲ要スル場合ニ在リテハ前項ノ規定ニ拘ラズ機動配置セラルベキ學校報國隊ノ作業地

朝鮮總督府官報 第五五〇七號 日刊 昭和二十年六月十四日

조선총독부령 제140호

1945년 6월 14일

학도근로령시행규칙 중 개정

제1조 제1항을 다음과 같이 개정하고, 동조 제2항 중 '졸업' 다음에 '또는 수료'를 추가한다.

학도근로령(이하 '령'이라 칭한다) 제2조의 단서 규정에 의한 특별한 경우란 다음 각호의 경우로 한다.

1. 대학 및 전문학교의 최고 학년에 재학하는 학도의 학도근로로서 해당 학도가 전공하는 학과와 관련이 있고, 졸업 후 취직과 관련이 있어 학도근로를 할 경우.
2. 국민학교 고등과의 최고 학년에 재학하는 학도의 해원 업무와 관련된 학도근로로서 수료 후 취직과 관련이 있어 학도근로를 할 경우.

제3조 학도근로령 제6조의 규정에 따른 명령은 대학, 전문학교 및 사범학교의 학교보국대에 의한 학도근로 또는 제1조 제1항 제1호의 경우에 대 조직에 의하지 않은 학도근로에 대해서는 조선총독이, 기타 학도근로에 관해서는 해당 학교를 관할하는 도지사가 이를 실시하는 것으로 한다.

도지사가 전항의 규정에 따라 학도근로령 제6조의 규정에 따른 명령을 할 경우에 해당 학교보국대에 의한 학도근로를 해야 할 작업지가 해당 학교가 소재한 도를 벗어난 경우에는 신속하게 이를 해당 작업지를 관할하는 도지사에게 통보하는 것으로 한다.

제4조 학도근로령 제6조의 규정에 따른 명령은 양식 제1호에 따라 학교보국대 출동령서를 교부하는 것으로 한다.

제5조 중에서 '학교보국대'를 '학교보국의 조직'으로, '청구 또는 신청'을 '명령'으로 고치고, 동조 제3호를 제4호로 하고 제2호 다음에 아래의 호를 추가한다.

3. 시험연구에 관한 업무

제6조 학도근로령 제9조 제1항의 규정에 따른 특별한 경우란 학교보국대에 의한 학도근

로를 출동기한이 20일 이내로 받는 경우로 한다.

제7조 학도근로령 제1항의 규정에 따라 학교보국대에 의한 학도근로를 받는 사업주(국가의 경우 해당 관청의 장)는 작업의 종류, 학도근로를 해야 할 장소와 기간, 그리고 소요 인원수, 기타 필요한 사항을 구체적으로 학교장에게 신청하거나 청구해야 한다.

제8조 학도근로령 제11조의 규정에 따른 명령은 대학, 전문학교 및 사범학교의 학교장에 대해서는 조선총독이, 기타 학교의 학교장에 대해서는 해당 학교를 관할하는 도지사가 양식 제2호에 따라 학교보국대 기동배치조치령서를 교부하는 것으로 한다.

학도근로령 제11조의 규정에 따른 명령은 긴급을 요하는 경우에 전항의 규정에 구애되지 않고 기동 배치할 학교보국대의 작업지를 관할하는 도지사가 할 수 있는 것으로 한다.

기동 배치해야 할 학교보국대의 작업지를 관할하는 도지사가 전항의 규정에 따라 학도근로령 제11조의 규정에 따른 명령을 할 경우에는 해당 학교보국대가 대학, 전문학교 및 사범학교일 경우에는 조선총독에게, 기타 학교인 경우에는 해당 학교를 관할하는 도지사에게 이를 보고하는 것으로 한다.

제8조 2 기동 배치할 학교보국대의 기동 배치 기간이 3개월을 넘을 경우에는 기동 배치된 학교보국대를 배치한 공장, 사업장의 사업주(국가의 경우 해당 관청의 장)와 기동 배치를 받은 사업주(국가의 경우 해당 관청의 장)가 그 학교보국대의 배치전환에 관해 협의한 때는 해당 학교보국대가, 조선총독이 그 출동에 관한 조치를 명령한 경우에는 조선총독에게, 도지사가 그 출동에 관한 조치를 명령한 경우에는 해당 도지사에게 그 학교보국대의 배치전환 승인을 신청 또는 청구할 수 있다.

전항의 신청 또는 청구는 양식 제3호에 따라 학교보국대배치전환신청(청구)서에 조선총독 또는 도지사가 교부한 기동배치전환령서의 사본을 첨부하여 해야만 한다.

기동 배치된 학교보국대를 배치받은 공장, 사업장의 사업주(국가의 경우 해당 관청의 장)는 제1항의 승인을 얻은 때에 그 취지를 해당 학교장에게 통지하는 동시에 지체없이 해당 학교보국대의 작업지를 관할하는 도지사와 해당 학교보국대의 기동 배치에 관한 조치를 명령한 도지사에게 이를 보고해야 한다.

제8조 3 전항 제1항의 승인이 있은 때에는 그 학교보국대에 대해 학도근로를 해야 할 장소

와 작업의 종류를 변경하도록 한다.

제8조 4 조선총독 또는 도지사는 기동 배치 또는 배치전환을 위해 학도근로의 변경에 대해 부정 또는 허위 사실이 있다고 인정한 때나 특히 필요하다고 인정한 때에 기동 배치 또는 배치전환을 위해 학도근로의 변경에 대해 취소 또는 변경을 명령할 수 있다.

제9조에 다음의 항을 추가한다.

조선총독 또는 도지사는 학도근로령 제12조의 규정에 따라 학교장에 대해 학교보국대가 다음 각호의 하나에 해당하는 데 대해 필요한 조치를 명령할 수 있다.

1. 학도근로 때문에 업무상 부상이나 질병을 입어 학도근로를 할 수 없게 된 자
2. 국가의 요청에 따라 특정 연구 또는 훈련에 종사하게 할 필요가 있는 자

제10조에서 '전조 제1항'의 아래에 '및 제3항'을 추가한다.

양식을 다음과 같이 개정한다.

이하 양식 제1호, 제2호 생략.

부칙

본령은 발포한 날로부터 이를 시행한다.

VI

인력동원 관련 신문기사

이하에서는 일제와 조선총독부가 「국가총동원법」 공포 이후 발표한 주요 방침과 정책, 법령 및 각의결정 등에 관하여 어떠한 태도와 입장을 보였는지 살펴보기 위해 조선의 주요 신문기사를 발췌하여 번역, 소개하고자 한다.

특히 이 장에서는 군인·군무원(군속)의 경우 육군특별지원병, 해군특별지원병, 학도지원병, 징용, 군속에 관한 기사, 여성의 경우 여자근로정신대에 관한 기사, 청년과 학도의 경우 연성훈련소와 학도근로보국대 등에 관한 기사를 주로 다루었다. 그리고 노무자동원에 관한 기사는 별도로 구분하였다.

위에서 해제하고 번역한 법령과 각의결정 등의 내용만으로는 각 대상별 노동력 동원의 전체적인 배경과 각 방침 등의 취지와 목적, 그리고 일제와 조선총독부의 구체적 의도를 파악하기 어려운 측면이 있다. 이에 해당 방침과 정책 및 법령 등이 공포·시행될 무렵 일제와 조선총독부 주요 인사들이 신문에 게재한 성명, 훈시, 훈령, 담화, 설명, 해설 등은 당시의 실정과 분위기를 생생하게 보여준다는 점에서 유익하다고 할 수 있다.

단 이러한 기사는 어디까지나 일제와 조선총독부 등 당국의 일방적인 의도와 지시를 밝히는 데 그 목적이 있으며, 신문사와 신문기사의 편집 취지 역시 총동원체제의 엄격한 언론통제 속에서 작성된 것이기 때문에 기사의 내용과 방향은 모두 천황제를 옹호하고 내선일체, 황국신민화를 지향하며 전시총동원체제의 원활한 운용을 목적으로 한 것이었음을 먼저 이해할 필요가 있다. 또한 어떤 법령과 제도는 기사의 내용과 달리 실제 집행 과정에서 지연, 변경, 무산된 경우가 적지 않았으며, 기사 내용 중에 조선인이 일제의 방침에 '열광했다', '맹렬하게 폭발했다', '애국적 열성으로 지원했다' 등의 표현은 일제의 선전선동의 일환임을 이해할 필요가 있다.

이하에 번역, 수록한 기사는 조선에서 발행된 《매일신보(每日新報)》, 《부산일보(釜山日報)》, 《조선신문(朝鮮新聞)》, 《황민일보(皇民日報)》, 《경성일보(京城日報)》, 《국민신보(國民新報)》의 6종이다.[1]

《매일신보》는 영국인 베델이 발행한 반일 성향의 《대한매일신보》를 일제가 강제 인수하여 조선총독부의 기관지로 만든 것이다. 1920년 《조선일보》, 《동아일보》가 창간되기 전까지 유

1 기사의 원문은 국립중앙도서관 '대한민국 신문 아카이브(nl.go.kr/newspaper)'에서 발췌하였다.

일한 우리말 신문이었지만 조선총독부의 관제 신문으로서 조선인에게 일제의 통치를 옹호하고 선전하는 역할을 수행하였다.

《부산일보》는 1907년 부산 지역의 일본인들이 창간한 신문으로서 일제강점기 《경성일보》와 더불어 대표적인 일본어 신문으로 손꼽힌다. 일제강점기 부산을 비롯한 경남, 경북 일대의 주요 사건과 재조일본인에 관한 기사를 다수 보도하였다.

《조선신문》은 1908~1942년 한국에서 일본인이 발행한 일본어 일간 신문이다. 《경성일보》, 《부산일보》와 함께 당시 한국 내에서 발행된 일본어 3대 신문의 하나로 꼽힌다. 《조선신문》의 시원(始原)에 관해서는 여러 가지 추정이 있지만 대체로 인천과 경성을 중심으로 한 일본인들이 주도를 했으며, 1908년 《조선신보》와 《조선타임즈》가 합병하여 《조선신문》이 새롭게 창간되었다는 것이 정설이다. 주로 실업계의 기사를 대변하는 신문으로 자처하였다. 또한 《조선신문》은 일제강점기 재한일본인 사회와 일제의 침략·통치 정책 연구에 필요한 많은 정보를 담고 있다.

《황민일보》는 조선총독부의 일본어 기관지인 《경성일보》의 발행사인 경성일보사에서 1942년 6월 25일 창간한 일간 신문으로서 총 4면 구성이다. 1941년 12월 태평양전쟁의 발발 이후 일제의 전시체제가 막바지에 이른 1942년에 경성일보사에서 발행하였다는 사실에서 미루어 짐작할 수 있듯이, 일제의 전시 선전을 더욱 강화하기 위하여 간행되었다. 간행의 의도는 창간호 논설에서 쉽게 찾을 수 있다. "조선인 모두가 하루라도 빨리 황국신민으로서 부끄러움 없는 하나의 인간이 되기 위해서는 한 사람도 빠짐없이 일본어를 사용하여야 하는데, 그를 위해 경성일보사에서 쉬운 일본어로 황민일보를 발간한다"는 것이 창간의 의도이다.

《경성일보》는 일제강점기의 대표적인 친일 관변 매체로서 통감부와 조선총독부의 기관지 역할을 했으며, 일본어로 발행되었다. 《경성일보》의 사설은 정책선전의 역할이 핵심이었다. 사회 각 방면에 걸쳐 '문명화'에 뒤처진 조선에 '문명'을 가르쳐 주는 듯한 태도로 열등감과 수치심을 조장하고, 경고와 종용, 회유와 억압을 하는 내용의 기사가 많았다. 아울러 사설과 논설은 총독부의 정책선전과 더불어 총독부에서 여론을 타진하기 위한 창구로서 기능을 하기도 했다.

《국민신보》는 1939년 4월부터 1942년 8월까지 매일신보사에서 발행한 일본어 주간 신문인데 무가지 개념으로 발행되었다. 1906년 발행됐던 친일단체 일진회의 기관지인 《국민신보》와는 별개의 신문이다. 일본을 찬양하는 내용의 논설과 사설, 문학작품 등이 주로 실려 있었으며, 사진과 삽화 등을 적절하게 편집하여 보는 이로 하여금 쉽게 읽을 수 있도록 하였다.[2]

발췌한 신문기사의 시기와 내용은 1938년 「국가총동원법」 공포 이후 육·해군 특별지원병, 학도지원병, 징병제, 여자근로정신대, 학도보국대, 국민근로동원 등에 관한 주요 기사를 선별하였다.

군인·군무원(군속), 여성, 학생의 노무동원과 관련된 신문기사의 숫자는 매우 방대하지만, 총서의 전체 분량과 위에서 게재한 주요 법령 등과의 관련 그리고 여타 총서에서 이미 게재한 기사를 제외하는 등 어쩔 수 없이 극히 일부만 선별할 수밖에 없는 사정이 있다. 이에 이하에서는 해당 주제를 쉽게 이해할 수 있는 조선총독부 당국자의 설명과 해설, 대담 등의 기사를 주로 선별하였음을 미리 밝혀 둔다.

일본어 신문의 경우는 국문으로 번역하였으며, 《매일신보》와 같이 국한문 혼용인 신문의 경우에는 현대어로 번역하였다. 번역할 때 법령과 각의 등에서 결정된 주요 용어와 상투적 표현은 현대 국문의 문법과 문체와 다소 맞지 않더라도 가급적 원문에 가깝게 유지하였다. 다만 공식적인 용어와 표현이 아닌 경우, 또는 어려운 한자와 일본어 원문은 되도록 쉽고 익숙한 용어와 표현으로 풀어쓰고자 했다.

이하에 수록한 신문기사의 목록은 아래 표와 같다.

자료번호	신문기사 제목	신문	게재 연월일	쪽수
148	육군특별지원병 훈련생 생도 모집	조선신문	1938.3.21.	762
149	빛나는 480명 육군특별지원병 각도의 전형 끝나다. 다시 400명 엄선	조선신문	1938.5.18.	765
150	오늘의 해설-조선의 육군특별지원병제도에 대해	조선신문	1940.9.21.	767
151	태평양결전장은 부른다. 나서라, 반도 청년들. 마쓰모토(松本) 대좌 격려담화문 해군지원병 1기보다 배(倍)를 증모(增募)	매일신보	1943.11.17.	769
152	제1회 해군지원병 영예의 수료식 진해(鎭海)서 감격의 성전(盛典)	매일신보	1944.3.25.	772

2 이상 신문별 해제와 소개는 국립중앙도서관 '아카이브 소개'에서 참조.

153	결전의 태평양은 부른다. 나가자, 바다의 아들 우리 자랑 해군특별지원병 입단식	매일신보	1944.11.10.	774
154	하루바삐 결정하라 가느냐, 뒤지느냐 두 길뿐 오노 학무국장 학도총궐기 촉구	매일신보	1943.11.6.	776
155	내지 재학생 총 출진 조선 안 학부형이 격려문을 발송	매일신보	1943.11.15.	780
156	지원 안 하면 비국민(非國民) 가시밭길을 박차고 떳떳한 길 걷자 조국은 부른다 전열에 즉각 달려가 참여하라	매일신보	1943.11.20.	783
157	금일 감격의 징병제 실시 징병은 최고의 영예 순국일념 군문으로 가자	매일신보	1943.8.1.	787
158	호적은 징병의 기초 기류제도는 이의 보조표	부산일보	1944.3.5.	790
159	금일, 징병제 실시 1주년	매일신보	1944.8.1.	793
160	신일본 청년의 실력 발휘하라 금일부터 반도 징병장정 입영 내선의 전우애 앙양, 용감하게 국운 타개 아베(阿部) 총재 광영의 전도 축복	매일신보	1944.9.1.	797
161	징병반도 제1진 경성부대 입영 순충(純忠)의 전열에 빛나는 장도(壯途), 환송의 인파	매일신보	1944.9.6.	800
162	「조선청년특별연성령」 쉽게 이해하기(1) 훌륭한 일본군인이 되라 이제부터 '준비'를 하는 것이다	황민일보	1942.10.3.	802
163	「조선청년특별연성령」 쉽게 이해하기(2) 연성기간은 대체로 1년	황민일보	1942.10.4.	804
164	「조선청년특별연성령」 쉽게 이해하기(3) 연성소는 부·읍·면에	황민일보	1942.10.6.	806
165	청년연성소 오늘 역사적 개설 훈육과 일본어 습득에 중점 진충보국정신 함양 실천적으로 지도할 연성 요목 내용	매일신보	1942.12.2.	808

166	군무예비훈련소를 설치 현역징집자 등 연성 제1, 제2 지원병훈련소 개편	매일신보	1944.4.23.	811
167	연성은 40일간 시흥에도 1개소 신설 정무총감 담화	매일신보	1944.4.23.	813
168	가쓰메 군속의 유골이 도착	조선신문	1939.4.3.	816
169	군속에게 빛나는 행상 4,120명 조선 관계 최고 영예자	부산일보	1941.8.19.	817
170	남방에 갈 군속들 조선군에서 모집한다.	매일신보	1943.3.10.	819
171	반도 출신 군속 합동 해군장의 호국의 영웅은 영면 제자료 전달, 조사에 유족들 감읍	매일신보	1945.4.10.	820
172	「선원징용령」 발동 해운력 증강에 박차	매일신보	1940.11.9.	823
173	「선원징용령」 10일부터 실시	조선신문	1940.11.10.	825
174	대양에서는 쉬지 않는다 싸우는 징용선원	부산일보	1944.2.1.	826
175	일본 가는 여자정신대 내일 2일 장행회와 시가행진	매일신보	1944.6.25.	828
176	여 사무원 세 명 정신대를 자원	매일신보	1944.8.23.	829
177	거룩한 황국 여성의 손 생산전에 남자와 동렬(同列) 여자근로령 · 조선에도 실시, 지난 23일부로 공포 광공국장과 일문일답	매일신보	1944.8.26.	831
178	반도의 여자정신대, 시오다 광공국장 담화 국가는 여자의 힘을 기대한다 급속한 전력화에 매진	경성일보	1944.8.26.	837
179	「여자정신근로령」 일본과 다른 적용 범위 일정한 기능을 가진 국민등록자에 국한 애국열의로 자진 참여하라	매일신보	1944.8.28.	842
180	빛나는 건설의 괭이 반도 청년학도가 만주 건설에 근로봉사대로 몰려간다	국민신보	1941.6.22.	845
181	식량 증산 첨병으로 일본에서의 체험을 활용 농업보국청년대 경성에 안착, 해단식	매일신보	1942.7.12.	848

182	학업에서 단련으로 금일부터 방학, 일제히 근로작업 남녀 학도들 총진군	매일신보	1942.7.22.	850
183	낙토 만주 개척의 첨병 청년의용대 진군 보 고이소 총독 임석, 어제 성대한 장행회	매일신보	1943.11.2.	853
184	[사설] 응징학도의 입소	매일신보	1943.12.7.	856
185	몸도 마음도 가볍게 응징학도 증산전에 나아가다	부산일보	1944.1.29.	859
186	떠나보내는 총독의 훈시 응징학도 용감하게 생산전으로 나아가다 싸우는 공장에서 우승기 작업화(地下足袋), 비누도 특별배급	부산일보	1944.2.23.	860
187	조선학도동원 학교별 기준 학행 일체 철저 구현 근로가 곧 수업이라는 이념 강조	매일신보	1944.4.28.	862
188	학도근로동원출동요령 발표 받아들이는 공장 만전의 준비 직할학교 전부 7월 1일 실시	매일신보	1944.6.27.	864

자료 148

육군특별지원병 훈련생 생도 모집

《조선신문》 1938년 3월 21일 석간1면 / 구분: 군인 육군특별지원병

陸軍特別志願兵訓練所生徒募集

총독부에서는 20일 육군특별지원병훈련소(가칭) 1938년도 입소생도 약 400명을 아래와 같은 요항에 따라 모집한다.

1. 채용인원 약 400명

2. 입소 시기

전기(6월 15일) 약 200명

후기(12월 10일) 약 200명

전기훈련수료자는 보병대로, 후기훈련수료자는 특과대(特科隊)로 편입할 예정.

1) 육군특별지원병이 될 수 있는 요건

1938년 2월 22일 칙령 제95호 육군특별지원병령 제1조에 따라 육군의 병역에 복무할 수 있는 자는 조선총독부육군특별지원병훈련소의 훈련을 마친 자로 한정한다.

2) 지원자 자격

(1) 다음 각호에 해당하며 본적지를 소관하는 도지사가 추천한 자 중에서 선발 채용한다.

① 연령 만 17세 이상인 자(12월 1일에 만 17세 이상에 달하는 자)

② 신장 160cm 이상으로 육군신체검사규칙의 규정에 따라 체격등위가 갑종인 자

③ 사상이 견고하고, 체구가 강건하고 정신에 이상이 없는 자

④ 수업연한 6년의 소학교를 졸업한 자 또는 이와 동등 이상의 학력이 있는 자

⑤ 행실이 반듯하며 금고 이상의 형벌을 받은 적이 없는 자

⑥ 입소 및 복무 중 일가의 생계와 가사에 지장이 없는 자

(2) 다음 각호의 하나에 해당하는 자는 채용하지 않는다.

① 처가 있는 자

② 파산자로서 복권하지 못한 자

③ 친권을 행사하는 자 또는 후견인으로서 전호의 사유가 있는 자

④ 벌금형 이하의 형벌을 받은 자일지라도 그 범죄가 지원병으로 부적당하다고 인정되는 자

(3) 지원 수속

입소지원자는 원서(양식 제1호)에 이력서(양식 제2호), 주소지나 본적지의 부윤이나 읍·면장의 보증서(양식 제3호), 공의나 관공립병원의 의사가 작성한 진단서(※보이지 않음), 호적초본을 첨부하여 4월 10일까지 본적지를 소관하는 경찰서장에게 제출해야 한다.

조선 밖에 거주하는 지원자는 거주지의 시정촌장 또는 이에 상당하는 기관 또는 관할 영사(領事)의 보증서로 전항의 보증서를 대신할 수 있다.

(4) 지원자 전형시험

지원자는 본적지를 소관하는 도지사가 실시하는 전형시험을 거쳐야 한다. 다만 조선 내에 거주하는 자로서, 본적지 밖에 있는 자는 주소지를 관할하는 도지사가 실시하는 전형시험을 치를 수 있다. 신체검사는 육군신체검사규칙에서 정한 육군지원자신체검사 규정을 준용하여 실시한다.

구두시험은 인물고사(人物考査)에 중점을 두어서 실시한다.

학과시험은 소학교 졸업 정도에 맞춘 국어(독해, 작문, 받아쓰기), 국사, 산술의 세 과목으로 한다.

전형시험의 일시와 장소는 시행 10일 전까지 지원자에게 통지한다.

(5) 채용 여부 결정

본적지를 관할하는 도지사가 추천한 지원자에 대해서는 육군신체검사규칙의 규정에 준하여 조선군사령관이 지정하는 군의를 위촉하여 신체검사를 실시하여 지원병훈련소장이 채용 여부를 결정한다.

채용한 자의 씨명 및 입소 시기는 조선총독부관보에 공시하고, 또한 지원자에게 통지한다.

(주의)

① 지원 수속의 상세에 관해서는 거주지 또는 본적지의 경찰서에 조회해야 한다.

② 제3항의 원서 및 신체검사표는 경찰서가 교부한 용지로 작성해야 한다.

③ 주소지를 관할하는 도지사가 실시하는 전형시험을 받은 자도 본적지를 관할하는 도지사가 추천한 것으로 한다.

④ 수험 및 입소에 필요한 여비와 기타 경비는 자부담으로 한다.

⑤ 입소 중에는 식량과 피복을 관에서 지급한다. 다만 소액의 학용품비와 용돈이 필요할 때는 자세한 사항에 대해 채용 결정자에게 지시한다

<table><tr><td>자료 149</td></tr></table>

빛나는 480명 육군특별지원병
각도의 전형 끝나다. 다시 400명 엄선

《조선신문》 1938년 5월 18일 2면 / 구분: 군인 육군특별지원병

(二)　昭和十三年五月十八日　(水曜)

輝く四百八十名
陸軍特別志願兵
各道の詮衡終る
更に四百名を嚴選

輝く第一線國防の重責を擔はんとして押し寄せた陸軍特別志願兵應募者三千餘名の第一次詮衡試驗は過般來各道廳で嚴重施行されたが總督府ではこの程各道知事より推薦の半島人青年を志願兵定員四百名より二割增加し四百八十名を愼重選出した 更に六月三、四、五の三日間これら四百八十名の第二次詮衡考査を軍部と協力のもとに龍山階行社で行ひ名譽に輝く志願兵定員四百名を選定し六月十六日訓練所に晴れの入所式を行ふはずである

なほ各道知事より推薦され最後の詮衡試驗に臨む半島人青年の各道別人數は左の通り

△京畿二八△忠北五八△忠南二四△全北三〇△全南一〇八△慶北四〇△慶南四四△黃海一六△平南一八△平北二〇△江原六四△咸南一四△咸北一六△合計四八〇

しての重責を輝く知らしめる事に努むると

滿鐵所有永泰丸
行方不明

滿鐵所有の蒸汽船奉天丸(五〇トン)が姉妹船永泰丸を曳航して大

제1선의 국방이라는 빛나는 중책을 짊어지고자 밀려 든 육군특별지원병 응모자 3,000여 명에 대한 제1차 전형시험이 과반수 넘게 각 도청에서 엄중하게 시행되었다.

조선총독부는 이번에 각 도지사가 추천한 조선인 청년 지원병의 정원 400명에 2할이 증가한 480명을 신중하게 선출했다.

이어서 6월 3, 4, 5일의 3일간 이들 480명의 제2차 전형고사를 군부와 협력하에 용산 계행사(階行社)[3]에서 실시하여 명예에 빛나는 지원병 정원 400명을 선정하여, 6월 16일 훈련소에서 입소식을 거행할 예정이다.

한편 각 도지사로부터 추천받아 마지막 전형시험을 앞둔 조선인 청년의 각 도별 인원수는 다음과 같다.

▲경기 20명 ▲충북 58명 ▲충남 24명
▲전북 30명 ▲전남 108명 ▲경북 40명
▲경남 44명 ▲황해 16명 ▲평남 18명
▲평북 20명 ▲강원 64명 ▲함남 14명
▲함북 16명 ▲합계 480명

3 구 일본제국 군의 퇴역 장교·하사관으로 구성된 친목단체로, 일종의 재향군인회라 할 수 있다. 1877년에 조직되었으며, 도쿄의 본부 외에 일본 전역과 조선, 대만 등 식민지에 지부가 설치 운영되었다.

자료 150

오늘의 해설-조선의 육군특별지원병제도에 대해

《조선신문》 1940년 9월 21일 2면 / 구분: 군인 육군특별지원병

[illegible]圏確立期し

新體制へ驀進

青白きインテリよ舊殼を脫げ

（寫眞は生活刷新、自肅を促す貼出し）

[illegible]

今日の解說

朝鮮の陸軍特別志願兵制度に就て

[illegible]

[illegible]

1938년 교육령 개정과 함께 반도의 통치에 획기적인 사건은 반도 청년이 영예로운 제국군인이 될 수 있는 육군특별지원병제도의 실시였다.

이는 반도 2,300만 동포의 열렬한 정성이 응축된 내선융화(內鮮融和)의 결실이다.

육군특별지원병은 만 17세 이상의 남자라면 누구든지 지원할 수 있으며, 지원자는 우선 검사를 받아 선발되면 육군지원병훈련소에 입소하여 일정한 훈련을 받아야 한다.

그러나 이 제도는 반도의 청년이 오랫동안 기대만 해왔을 뿐 초기에는 겨우 3,000명에 못 미쳤으나 1939년도에는 1만 명이 되었으며, 금년도에 이르러 일약 8만 명이 되었다.

한편 훈련생은 엄정한 입소식을 거쳐 분골쇄신 충절을 다하여 훈련에 정진할 것을 선서한 다음 훈련생활에 들어간다. 훈련소의 생활은 병영정신의 수련과 육체의 단련을 거듭하여 장래에 황국의 군인으로서 완전히 그 임무를 다할 수 있도록 지도를 받는다.

그리고 이미 대륙의 전야에서 혁혁한 전공을 거두고, 영광스런 금치(金鵄)훈장을 받는 자도 있다.

자료 151

태평양결전장은 부른다.
나서라, 반도 청년들. 마쓰모토 대좌 격려담화문
해군지원병 1기보다 배를 증모

《매일신보》 1943년 11월 17일 3면 / 구분: 군인, 해군특별지원

太平洋決戰場은부른다

나서라、半島靑年들

海軍志願兵一期보다倍를增募

／松本大佐談

募集規定

반도가 낳은 '바다의 아들' 제1기 해군병지원자는 이미 진해(鎭海)의 훈련소에서 밤낮으로 부지런히 훈련에 전심하여 기대 이상의 좋은 성적을 올리고 있는데, 이들의 뒤를 밀고 나아갈 제2기 훈련생을 지난 11월 24일부터 오는 12월 31일까지 조선, 일본, 만주 등 각지에서 모집하기로 하였다. 이에 대하여 경성해군무관부 마쓰모토 대좌는 다음과 같이 담화를 발표하여 청소년들의 지원을 격려하였다. (사진은 마쓰모토 대좌)

지난번에 제1기 해군지원병제도가 실시되어 진해의 조선총독부해군병지원자훈련소에 입소식을 마친 지 불과 두 달 만에 이제 또 제2기 지원병을 모집하게 되었다. 해군에서는 지난번의 제1기 모집 때에 맹렬하게 폭발한 반도 청년들의 애국적 열성을 받아들여, 이번에는 일약 채용 인원수를 제1기보다 2배로 늘리게 되었다. 제1기 지원에서 체력이 부족하여 불행히 떨어진 사람도 다수 응모하기를 바라며, 또 처음으로 적령에 달하는 청년들은 그 끓는 젊은 피와 불타는 기백을 가지고 이번 모집에 다수 지원하기를 바란다.

열흘 후에는 저 진주만 공습의 감격의 날을 맞이하게 되는데, 남태평양에서 통쾌한 해양격멸전이 밤낮을 가리지 않고 계속되고 있어서, 제군의 선배는 신묘한 해군의 비술을 발휘하여 맹공격 해오는 적을 모조리 태평양 바다 깊이 쳐부수고 있다. 적 미군이 믿고 있고 최후의 승리를 그것에 의하여 얻으려는 '철괴저돌전법(鐵塊猪突戰法)'도 우리의 지략적인 선전과 종횡무진한 전술에는 여지없이 부서지고, 자기네들의 무덤을 자기네들의 손으로 파고 있는 상태이다.

나는 적 미국의 승조원, 즉 제군과 같은 연배인 적의 승조원에 대하여 동정하고 싶다.

반도의 청소년들아 이제 일어서라. 그리하여 감격의 노래인 '우미 유카바(바다로 가면)'를 높이 불러 미국 본토의 청소년들에게 들려주지 않으려는가!

응모 규정

▲마감 12월 31일

▲응모자격

1. 만 16세부터 만 21세 미만(1923년 12월 3일생부터 1928년 12월 2일생까지)

2. 신장 151cm 이상

3. 학력 국민학교 초등과 수료

▲제출서류

1. 원서(용지 교부)

2. 이력서

3. 공의 또는 관공립병원 의사의 신체검사서(용지 교부)

4. 호적초본

▲수속방법

본적 또는 기류지의 경찰서장에게 서류를 제출함

▲시험과목

1. 신체검사

2. 구두시험

3. 학과(국민학교 초등과 수료 정도)

가. 국어(독해, 작문, 받아쓰기)

나. 국사, 다. 산술

▲대우

입소 중에는 학비, 식비, 피복을 지급함.

자료 152

제1회 해군지원병 영예의 수료식
진해서 감격의 성전

《매일신보》 1944년 3월 25일 3면 / 구분: 군인, 해군특별지원병

昭和十九年三月二十五日(土曜日)

第一回海軍志願兵 榮譽의修了式

鎭海서感激의盛典

海軍의傳統빛내

[진해에서 ■川특파원 발]

폐하의 수족으로서 황국신민 최고의 책무를 맞게 되는 우리들의 해군지원병은 드디어 6개월 동안의 과정을 전부 마치고, 23일 진해해군훈련소 마당에서 가네미쓰(金光廣明) 이하 ○○명 수료생의 수료식을 성대하게 거행하였다.

이날 희망과 환희에 가득 찬 지원병은 해군의 복장차림도 늠름하게 바다향기 풍기는 훈련소 마당식장에 정렬하였고, 영예의 부형들은 감격에 가슴을 설레면서 기간을 기다리고 있다.

정각 10시 총독대리 오노 학무국장, 각 막료를 거느린 고토(後藤) 사령장관 이하 군관민 다수의 참석하에 국민의례에 이어 국가를 봉창하고, 요시오카(吉岡) 소장으로부터 교육칙어와 청소년학도에 하사하신 칙어를 봉독한 다음 동 소장은 각 분대별로 총대에게 수료증서를 수여하였다. 이에 별항과 같이 미쓰야마(光山且錫) 군 외에 60명의 우등생에게 우량증서를 수여한 다음, 요시오카 소장은 떠나보내는 섭섭함과 영광의 첫 해군 군인을 길러낸 기쁨에 음성도 떨리는 가운데 열의에 찬 축사를 낭독하니, 수료생 일동의 말없는 표정은 적 미영(美英)을 쳐부수고야 만다는 결의에 빛나고, 그들의 마음은 멀리 제1선 전야로 달리는 듯 하였다.

이어 별항과 같이 고이소 총독의 훈시를 오노 학무국장이 대독하고 다음으로 고토 사령장관의 축사와 군관민을 대표한 오노 경남지사의 힘있는 격려의 축사가 있은 후 사세보(佐世保) 진수부사령장관의 축전을 발표하였다.

이에 생도총대 미쓰야마 군의 피끓는 답사가 있은 후 칙유 5개조를 전원이 봉창하고 노래 '우미 유카바(바다로 가면)'를 제창으로 11시 20분 영예의 제1회 수료식을 성대하게 마쳤다.

그리고 잠깐 휴게한 다음 집총대검(執銃帶劍)한 바다의 용사들은 11시 40분부터 약 10분 동안 힘차고도 미더운 분열 행진을 하여 요시오카 소장, 고이소 총독대리, 고토 사령장관 등의 사열을 받았다.

이리하여 11시 50분에 끝나서 이제 4월 상순에는 이들 지원병은 완전한 황국 해군 군인의 일원으로 해병단에 입영을 하게 되는데, 수료생 일동은 각각 고향에 돌아가 반년 동안에 놀랄 만큼 변한 자기 모습을 부모님과 고향 선배들에게 보인 다음, 곧 해병단 입단준비를 하여 다시 고향을 떠날 것이다. 그런데 불행히 지난번 징모검사에 합격하지 못하여 해병단에 입단하지 못하는 지원병은 고향에서 재향군인으로 활약하게 된다.

자료 153

결전의 태평양은 부른다.
나가자, 바다의 아들
우리 자랑 해군특별지원병 입단식

《매일신보》 1944년 11월 10일 2면 / 구분: 군인, 해군특별지원병

決戰의太平洋은부른다
나가자、바다의아들
우리자랑海軍特別志願兵入團式
志願兵美談의꽃
入團式에서發表하야滿場이感激

피 끓는 정열을 바쳐서 바다의 용사를 지원한 우리들의 해군특별지원병 입단식이 8일 해병단 운동장에서 성대하게 거행되었다.

이날 오카(岡) 장관은 이시즈카(石塚) 참모장 이하 각 막료, 이소베(礒部) 진해 해군 인사부장을 거느리고 식장에 참여하였다.

오전 8시 군함기 게양에 이어 각 병과별로 명과(命科)를 받아, 오늘부터는 명예로운 제국해군의 일원이 된 기분과 투혼을 미간에 새긴 반도의 장정들은 칙유 봉독에 한층 마음을 가다듬었다.

사토(佐藤) 단장의 열렬한 훈시가 있은 다음, 새 지원병 일동은 대형을 바꾸어 한 부대씩 운동장 중앙에 봉안된 천황 폐하의 진영에 봉배하고, 오전 10시 다시 첫 번째 대형으로 정렬하자 일동 앞에 다시 오카 장관이 나타나 경건하고도 자애롭게 다음과 같은 훈시를 하고는 원만하고 성대하게 식을 마쳤다.

"전선에 뽑혀 영예의 제국해군이 된 씩씩한 제군을 충심으로 축하하노라. 가열한 결전 아래 제군의 한 사람이 세 사람분의 일을 해야 한다. 그리하여 이 전쟁을 이겨 성은의 만분의 하나라도 보답해 받들자."(사진은 입단식. 진해경비부 검열 완료)

지원병 미담의 꽃
입단식에서 발표하여 만장(滿場)이 감격

해병단 입단식에 핀 두 떨기 해군특별지원병 미담의 꽃

◇강원도 묵호읍 부곡리 291의 니시하라(西原金城)군은 지난 10월 1일 해병시험에 훌륭히 합격하여 이번 영예의 입단통지를 받았으나 완고한 양친의 몰이해로 인하여 떳떳하게 출발할 수 있는 기쁨을 갖지 못하게 되었다. 결국 양친을 속여, 여행한다는 핑계를 하고 고향을 떠났으나 뜻하지 않게 도중에 할아버지를 만나게 되었다. 이미 군은 결의를 품고 떠난 군은 조부에게 굳세고도 아름다운 마음의 고백을 하였다. 그리하여 달려온 양친은 새로운 감격과 회오의 눈물을 흘리며, 내 아들의 출발을 격려한 것이다.

◇강원도 금화군 출신의 하리다(張田宗男, 23)군은 이번에 입단하게 되었는데, 군인에게 돈은 필요치 않다고 솔선하여 자기가 가지고 있던 것과 다시 48명의 동지가 거출하여 준 전별금 400원을 출발하기 전 경성조선은행 안에 있는 해군헌금을 찾아 항공기자금으로 헌금하였다.

이 갸륵한 두 떨기의 미담은 진해 해군인사부를 통하여 사토 단장에게 알려져 입단식에서 여러 지원병 앞에 발표하여 해병들의 감격과 아울러 사기를 북돋아 주었다.

자료 154

하루바삐 결정하라 가느냐, 뒤지느냐 두 길뿐 오노 학무국장 학도총궐기 촉구

《매일신보》 1943년 11월 6일 3면 / 구분: 군인, 학도지원병

하로바쎄決定하라
가느냐、뒤지느냐두길뿐
大野學務局長 學徒總蹶起促求

대동아의 역사를 자신의 피와 땀으로 쓰고, 반도의 전도에 영광을 가져올 광영의 길이 열렸음에도 불구하고 무엇 때문에 주저하느냐고, 오노 학무국장은 4일 중추원 간담회에 출석하여, "법문계 대학, 전문학교에 대한 징집유예의 중지 처분이 내려지자 일본인 학도가 연필과 책을 버리고 교문을 박차고 용감히 출진한 자의 수가 ○○만 명에 달하고, 불행히도 몸이 약하여 군무에 복역할 수 없는 학생 5,000명만이 군수산업 방면에 징용될 날을 기다리고 있다. 육군특별지원병제도에 응할 자격을 가지고 있는 반도인 학생은 일본 각 대학, 전문학교에 4,000명, 조선인학교에 950명, 합계 약 5,000명이나 되는데 지금까지 용감히 출진의 결의를 학교에 표명한 수는 너무나 적다. 학도 제군은 이때까지 무엇을 배웠으며 학부형은 무엇을 생각하고 있는가. 군들과 여러분의 자제가 남아서 공부할 길이 남은 줄 생각하는가. 일본과 같이 조선에서도 오는 20일까지 지원하지 않은 학도에 대해서는 휴학 처분을 하고 휴학 처분을 받은 이상 벌써 학도가 아니므로 공장, 광산, 기타 긴요한 방면으로 징용할 것은 당연하지 않은가. 사나이답게 용감히 출진하여 흉악한 미영을 내 손으로 마음껏 무찔러 반도 남아의 의기를 역사에 기록할 것인가, 남아서 징용의 때를 기다릴 것인가"라고 지금 이 판에 반도 학도의 갈 길과 전시교육의 근본방침을 말하며 반성과 분기를 재촉하였는데, 오노 국장은 5일 아침 기자에 대하여 다시금 다음의 3가지 점을 강조하기를, 학도와 학부형 아니 전 반도의 민중이 지금 이때에 궐기하여 대동아를 지도하는 국민으로서의 책무를 다하고, 반도인 자신의 길을 자기의 힘으로 개척할 바를 역설하며 출진의 결의를 고무하였다.

오노 국장의 담화내용은 다음과 같다.

1. 지금 대학, 전문학교에 다니는 학도 제군은 모두 20대의 청년, 즉 한국합병 이후에 난 사람들뿐이다. 이 세상에 나서 그들은 일시동인의 성은(聖恩) 가운데서 컸고, 소학교로부터 지금의 최고학부에까지 다니게 된 것은 이것이 누구의 은혜인가. 말씀하기도 황송한 일이나 천황 폐하의 은혜가 아닌가. 이처럼 세상에 나올 때부터 천황 폐하의 무한한 은혜를 받은 사람이 지금 천황 폐하의 부르심을 받고 무엇을 생각할 것이 있는가. 제군들은 지금까지 무엇을 배웠으며 무엇을 하려고 하였는가? 입신출세를 생각하였다면 천황 폐하가 고굉(股肱)이라고 친히 부르시는 황군이 되는 일 이상의 입신출세가 또 다시 어디 있겠는가. 그것도 정한 바 나이가 지나서 바라는 대로 되지 못하는 일을 열어 주신 것

이 아닌가. 이것보다 더 큰 광영과 영예가 또 다시 어디 있는가. 황은에 보답할 길을 열어 주신 데도 불구하고 그 길을 걷지 않는 사람이 있다면 그래도 국민이라고 할 수 있는가. '자진지원'이라는 말이 이처럼 성스러운 의미를 가지고 있는 것을 안다면 지금 지원하느냐 안 하느냐의 말부터 깊이 삼가지 않으면 안 될 것이다. 총독 각하가 지난 25일 대학전문학교장회의 석상의 훈시 가운데에서 "지원만이 황국신민으로서의 신념을 표시하는 단 한 가지 길로서 백 가지 이론과 천 마디 대언장담도 지원하는 한 가지 행동에 겨눌 바가 아니다"라고 말씀한 것도 이 뜻이다.

2. 일본에서 법문과 계통 학생으로서 학교를 다닐 수 있는 사람은 징병적령이 되지 못한 20세 미만과 이번에 지원하였으나 신체검사에 떨어진 사람과 이미 군무를 마치고 돌아온 사람의 세 가지에 한정되었다. 조선도 물론이거니와 똑같다. 일본 각 학교에 다니는 반도인 적격학생 4,000명 가운데서 약 반수는 학업을 버리고 조선으로 돌아왔다. 이것은 무슨 일인가. 학교를 그만둘 생각인가. 그러면 일반 청장년과 똑같이 징용될 것이 물론 아니겠는가. 군인이 되나 징용되어 산업전사가 되나 나라를 위하는 길은 같지 않은가 하는 사람이 있다면, 이것도 큰 오해이다. 기껏 직접 봉공하는 길이 열렸는데, 그 길을 가지 않고 딴 길을 찾는 심정은 무엇인가. 책상을 나란히 하고 한마당에서 배운 일본인 학우는 떳떳이 총칼을 메고 전장에 서는 마당에 자유의사를 전혀 무시당하고 징용되어도 반도 남아의 면목이 서겠는가. 더욱 제군은 다년간 수문연무(修文錬武)한 혈기방장한 청년이 아닌가. 제군이 타고난 피와 닦은 열(熱)을 실현할 유일의 기회를 어찌 무참히도 포기하려 하는가.

3. 특별지원병제도는 대만인 학도에게도 열린 길이다. 지금 그들은 속속 출신의 지원을 하고 있다. 만일 반도의 학도 가운데 지원하는 사람이 적다면 대만의 학도에 뒤처지게 될 것이 틀림없다. 그렇게 된 때를 생각만 하여도 나는 무엇이라고 할 말이 없다. 그래 반도의 학도가 대만의 학도보다 머리가 나쁘단 말인가, 신체가 튼튼하지 못하다는 말인가. 더욱 우국지성에 있어서 만일 반도의 동포가 대만의 동포만 못하다고 해서야 할 말이 무엇이 있으랴. 이러고도 대동아의 지도적 민족으로 자처할 수 있는가. 내선일체를 염불처럼 외어도 아무 소용이 없다. '지원'이라는 단 한 가지 행동이 신성한 황국신민으로서의 유일한 표시이다. 반도의 학도와 동포는 일본에 있는 반도인 학도, 동포와 한마음 한

뜻으로 이 성전을 싸워 이기는 날만이 대동아의 지도적 민족으로서 갖가지 영예를 받을 수 있다는 점을 깊이 반성하고 대만 동포에 지지 않도록 반도인 학도와 학부형들의 분기를 열망하는 바이다. (사진은 오노 학무국장)

자료 155

내지 재학생 총 출진
조선 안 학부형이 격려문을 발송

《매일신보》 1943년 11월 15일 2면 / 구분: 군인, 학도지원병

文學이首位

內地在學生總出陣

朝鮮안學父兄이激勵文을發送

東滿總省鍊成旅行團

十五日入城豫定

遲滯말고志願하라

懇談會席上、老人과婦人熱誠에感泣

先輩二名志願

爆發하는特別志願兵熱

延專、志願半數突破

全員氣勢의總出로繼續하여殺到

仁川서또二名

“학도들이여 나서라 반도의 젊은이들이여 광영의 군문을 향하여 어서 바삐 전열(戰列)에 참가하라.”

이와 같은 격려의 외침으로 학도들의 부형들은 내 아들 내 형제의 발분을 재촉하는 열성의 격려로 모든 반도의 방방곡곡은 감격으로 꽉 차 있다. 이 영광의 기회를 잃어 낙오자가 되어서는 천추의 한이 되지 않겠는가. 주저하지 말고 황군의 일원으로 나서자 하고, 조선의 반도

인 학도 부형은 총궐기하여 어서 바삐 지원을 하게 하자고, 다음과 같은 격려문을 일본에 재학 중인 학도들에게 발송하여 학도들의 분위기를 재촉하였다.

◇일본과 조선에 있는 조선인 학도 제군에게 고함◇

결전 하의 학도에 대하여 출진의 대 호령이 내려져, 이제 일본인 학도가 용맹하게 분기하여 전열에 참가하고 있는 장쾌한 모습을 눈앞에서 보고 있지 않은가. 우리 반도인은 이 유례없는 대전(大戰)에 참가하고자 하는 소원이 성취되어, 이제야 조선인 학도는 한 사람도 빠짐없이 대전의 전열에 참가할 길이 열린 것이다.

대동아 10억의 민족은 총칼을 잡고 아세아건설을 위하여 총궐기 총 출진을 하고 있는 때 우리들 조선동포에게도 궐연히 일어나 유구한 대의에 살 기회를 준 것이다. 이 얼마나 영광인가. 조선에 있는 학도는 앞을 다투어 지원의 적성을 피력하고, 부형도 또한 기뻐하면서 아들을 싸움터로 내보내려고 한다. 조선의 학도가 이제 나서지 않는다면 빛나는 대동아건설에서 부끄러운 낙오자가 될뿐더러, 아세아가 모두 같이 번영하자는 대의를 깨닫지 못하고 비협력자로서 영원히 대동아 10억 민중의 손가락질을 받는 존재가 될 것이다.

이미 고등교육을 받은 현명한 제군들이니 이만한 것을 양해 못 할 리는 없다. 아직 지원하지 않은 학도는 바삐 결심을 하고, 원서를 제출하여 대동아의 성업에 몸을 하늘 높이 올릴지어다. 만일 이 천재일우의 기회를 헛되이 놓치고 고향에 돌아온다면 대체 무슨 면목이 있을 것인가. 아마도 제군의 고향은 단연코 옛날 같은 환영을 안 할 것이다.

제군! 모조리 일어나서 나가거라!

2천만 동포는 제군의 용단과 총 출진을 기대하여 마지않는다.

내선 조선인 학도 부형 유지 일동

지체하지 말고 지원하라
간담회 석상, 노인과 부인 열성에 감읍

21일의 마감 기일을 앞두고 반도 학도의 지원병은 이제 그 절정에 달한 듯한 느낌이 있는데, 함경남도 출신으로 내지와 경성 등지에 재학 중인 전문대학생으로 고향에 돌아와 있던 116명은 그간 부형의 승낙을 얻는 등 수속을 갖추어 병사부(兵事部)며 기타 관계 당국에 속속 지원을 하여 13일까지 94명이 수속을 마쳤고, 다시 금명간에는 그 전부가 지원 수속을 끝낼 것으로 기대되고 있어서 함남 지방의 애국열을 충분히 나타내고 있다.

그런 가운데 여러 가지 감격 담이 있는데, 12일 북청(北靑)에서 열린 부형과 학생들 간담회 석상에서는 어떤 부인과 노인이 눈물을 흘리며, 학도의 출진을 격려하는 순국 미담이 벌어져 일반의 심금을 울렸다.

즉 이날 북청에서는 부형과 선배 등 40여 명이 귀성 중인 학도 6명을 중심으로 여러 가지 간담을 하는 자리에서 어떤 학도가 수일간 다시 생각해서 태도를 결정하겠다고 말하였더니 그 자리에 앉아 있던 그곳 공흥(公興)주식회사 중역 오야마(大山) 씨 부인이 "그게 무슨 말이요. 나는 두 아들을 이번에 지원병으로 내보냈소. 우리 여자로도 이미 그만한 결의가 있어 아들을 내보냈거늘, 사내장부로 오늘의 이 시국에 너도나도 군문으로 나가는 이 자리에서 다시 생각해 보겠다는 게 무슨 옹졸한 말이요" 하고 눈물을 흘리며 권설하자 같은 자리에 앉아 있던 칠십 넘은 리노무라(李村永燮) 노인이 일어서면서 "나는 46세에 처음 낳아 기른 외아들을 이번에 내보냈소. 마땅히 나가야 할 길은 나가는 것이 사내요. 우리 늙은이의 마음으로도 그렇지 않거늘, 우리 뒤를 이을 혈기에 뛰는 젊은이가 주저하는 것을 보니 보내는 우리 가슴이 더 답답하오. 사내대장부가 그럴 수 있소" 하고 역시 눈물을 뿌려 모여든 부형과 선배는 모두 울었다. 이 노인은 일본대학에 재학 중인 봉룡(鳳龍) 군을 이번에 지원케 한 군국의 노인이다.

자료 156

지원 안 하면 비국민
가시밭길을 박차고 떳떳한 길 걷자
조국은 부른다 전열에 즉각 달려가 참여하라

《매일신보》 1943년 11월 20일 석간 1면 / 구분: 군인, 학도지원병

志願안흐면非國民
荊路박차고公道것자
祖國은부른다、戰列에即刻馳參하라

明暗分岐의最

11월 20일 육군특별지원병규칙을 반도의 청년학도에게 보낸 지 한 달이 지나가려 한다. 위대한 1개월이었다. 우리는 지원 마감일을 하루 남기고 이 역사적인 1개월을 무엇으로 표현할 것인가. 다만 한 가지 황민의 도는 우리에게 절대적인 노력과 부단한 시련을 요구하고 있다는 것을 말하고 있다. 어떠한 길이라도 그 길이 위대하고 지고(至高)할 때는 인간의 최대 노력을 요구하는 법이다. 하물며 반도 2,500만 동포가 한 사람도 빠짐없이 이 지고지대(至高至大)한 대도(大道)로 나아가려 하거든 그곳에 어찌 안일(安逸)과 첩경(捷徑)을 바랄 수 있으랴. 훈련의 심연(深淵)과 편달(鞭撻)의 험준한 고개를 꿰뚫고 비로소 목적한 피안(彼岸)에 도달할 때 가치가 있고 보람이 있는 것이다.

진실로 특별지원병제는 반도가 황민화의 대도로 나아가는 도정에서 하늘이 부여한 일대 시금석이었다.

우리는 이로써 황민화의 대도가 결코 평탄한 대로가 아님을 깨달았다. 하루아침에 황민이 되었다가 저녁에는 황민 된 자신에 동요를 느끼는 무리들에게는 이번의 시련이 아주 큰 고통이었을 것이다. 그러나 우리는 그 같은 경솔한 길을 버리고 착실한 길을 선택하였다. 반도 황민화의 현상이 아직 미흡한바 적지 않으나 그것을 다만 겉치레로 그치지 않고 우리의 실력이 부족하면 부족한 대로 현실과 맞부딪혀 건실한 길을 걸어가기로 하였다.

반도의 청년학도 제군은 이러한 우리의 어려운 과제를 직접 담당한 당사자인 만큼 그 책임이 중대하다. 중대한 책임을 지고 제군은 그 의무의 수행에 결연히 돌진하였다고는 할 수 없었다. 이는 제군의 선배와 우리 사회를 여간 안타깝게 한 것이 아니었다. 그러나 우리는 제군의 주저와 번민을 인정한다. 제군의 결의를 일도양단(一刀兩斷)으로 결정짓게 할 아무런 토대도, 전통도 우리는 갖지 못하였다. 조선의 과거는 오랫동안 무(武)의 기초를 망각하고, 현재 제군의 가정과 환경은 도리어 제군의 결의를 동요케 하는 갖가지 장애가 되어 있다. 그리하여 아들과 동생을 국가에 바쳐 그 정로(征路)를 격려하기에는 우리네 가정은 아직 너무나 인습과 본능애(本能愛)에 얽매여 있음을 솔직히 인정하지 않을 수 없다. 제군의 심사(深思)와 제군의 유약(柔弱)을 지나치게 꾸짖는 선배의 초조함에 제군은 혹시 반감을 느꼈을지도 모른다. 우리 선배는 과거에 무엇을 하였는가. 우리의 선조는 오늘날 우리가 수행하려는 무의 전통을 단절시켜 놓지 않았던가. 그러고도 우리가 오늘 이 문약(文弱)에 잠겨 있는 우리의 사회적 전통을 일거에 타파하지 못한다고 큰소리로 꾸짖을 자격이 있는가라고 불평을 말할지도 모르겠다.

그러나 이 모든 제군의 고충을 인정한다. 제군의 선배나 선조는 제군의 말대로 과거에 너무나 문약하였던 것도 사실이다. 그 때문에 조선에는 무의 정신이 자취를 감추고, 오늘날 제군이 무기를 들고 광영의 부르심에 달려가는 데 적지 않은 지장을 초래한 것도 사실이다. 그러나 이를 입장 바꿔 생각할 때, 제군으로 하여금 선배 내지 선조의 길을 그대로 답습하여 되풀이하지 않게 하기 위하여 선배는 초조하였던 것을 성찰하라. 제군들 자신의 입장에서는 모든 것을 타파하고 새로운 전통의 기초를 수립하는 것이 영웅적 시대로 들어간 조선 젊은이의 의무가 아닌가.

시대는 바야흐로 대동의 여명을 고하는 역사적 전환기에 봉착하였다. 밖으로는 미국과 영국이 주도하는 낡은 세계를 타파하는 전 세계의 신질서가 우렁차게 진행되어 있으며, 안으로는 이 신세계의 지도적 지위로 나아가려는 반도 황민화의 진군이 발굽소리 드높게 전진하는 이때이다. 이 시대의 전환을 맞이하여 반도는 과거의 모든 ■■를 일소하고, 이에 달려가 참여하지 않으면 안 될 역사적 운명에 놓여 있는 것이다. 좋든 싫든 제군은 이 역사적 신단계로 들어가는 시대에 이 땅에 생을 받았다. 시대는 제군에게 그 중대한 임무를 수행하도록 요구하고 있다. 비록 제군의 선배 또는 선조가 제군의 앞길에 불리한 조건을 남겼더라도 혹은 제군의 마음속에 다른 무슨 흡족하지 못한 점이 있더라도, 우리는 이러한 이유로 말미암아 천재일우의 이 좋은 기회를 놓쳐서 될 일인가. 이 절대절명의 명령은 과거의 어떠한 조선이라도 이를 무시하고 현재를 살리고 미래를 창조하기를 요구하여 마지않는다. 우리 사회가, 제군의 선배가 제군으로서는 오히려 너무도 조급히 군다고 할 만큼 제군의 급속한 지원을 요구한 것도 이 때문이다.

지원의 마감일이 앞으로 하루 남아 있다. 우리는 이미 우리의 현실을 숨김없이 보였다고 하여도 과언이 아닐 것이다. 우리는 결코 평탄하게 우리가 조우할 명제를 극복하였다고는 할 수 없다. 그러나 어쨌든 오늘만한 성과로 이 시련의 막을 닫게 된 것을 스스로 축복한다. 우리는 이 시련을 토대로 앞길의 광명을 향하여 꾸준히 노력하며 굳세게 나가자. 반도 황민화의 길이 고원(高遠)하고 위대한 길이면 길일수록 우리의 노력과 시련은 크고 깊을 것이다. 그러나 우리는 이 길을 물러서거나 일탈하지는 않을 것이다. 후퇴하고 일탈할 길도 없거니와 이 길을 걸어가려는 우리의 결심은 철석(鐵石)과같이 견고하여야 한다. 우리의 유일한 삶의 길이 이 길이기 때문이다. 그동안 청년학도 제군이 망상과 잡념을 버리고 온갖 가정적, 사회적 인습을 박차고 오랜 내적 번민을 극복한 다음 드디어 우리의 유일한 정도(正道)를 택하였음은 제군의 현명한 판단에 말미암은 것임은 물론이고, 우리 모든 반도가 황민화의 노력을 꾸준히 추진하고 있음을 말하는 것이 아닐 수 없다. 우리는 우리의 길이 어렵고 우리의 시련을 요구하는 길이면 길일수록 더욱 이에 끊임없는 노력과 지성을 기울일 것이다. 청년학도 제군이 이번에 보인 노력이야말로 이러한 우리의 결심을 증명한 것이다. 우리는 앞으로 하루 남긴 이 최후의 날을 제군과 함께 노력하고 싸우고 전진하려 한다.

자료 157

금일 감격의 징병제 실시
징병은 최고의 영예
순국일념 군문으로 가자

《매일신보》 1943년 8월 1일 1면 / 구분: 군인, 징병

每日新報

今日感激의徵兵制實施

兵役은最高의榮譽

殉國一念軍門으로가자

重責을完遂하라

小磯總督談

軍人精神을體하라

板垣軍司令官談

오늘 8월 1일 감격의 조선징병제가 드디어 실시되었다. 금일부터 7일까지 1주일간을 '징병제 실시 감사결의 선양(宣揚)운동 주간'으로 하여, 총력연맹(總力聯盟) 주최로 1일 조선신궁(朝鮮神宮) 대전(大前)에서 성대히 거행하는 '징병제 실시 봉고 및 필승 기원제'를 시작으로 전 조선의 방방곡곡에서 이 제도의 실시를 기념하고 반도 민중의 결의를 선양하는 행사가 다채롭게 전개된다.

손꼽아 기다리던 그날이 오고야 만 것이다. 보무(步武)도 당당히 병영으로 들어가는 자기의 자태를 눈앞에 그려보며 열광하는 청년들의 기세를 보라. 또한 그 어버이들의 기뻐하는 얼굴을 보라. 반도 2,500만은 이렇게 오늘이 있기를 대망(待望)하였던 것이다. 조선인은 벌써 30년 전 합병의 그날부터 훌륭한 대일본제국의 국민이었다. 그러나 조선인의 가슴 한 구석에는 어딘가 명실공히 떳떳한 대일본제국의 국민이라고 활보할 수 없는 우울이 있었다.

그 이유는 간단하다. 다만 조선에 징병제의 실시가 없었기 때문이었다. 오늘 그 우울이 일거에 개였다.

명실공히 떳떳한 국민으로 활보할 수 있는 이 기쁨은 조선인만이 알뜰히 아는 기쁨이다. 이 기쁨은 지극히 순수하고 거룩하다. 이렇게 대망하던 징병제가 오늘에 와서 실시를 보게 된 이유를 들자면 작년 5월 11일 제도 실시가 결정되었을 때 발표한 전 총독의 담화를 상기하면 충분하다.

미나미(南) 전 총독은 그 이유로서 첫째, 반도 민중이 내선일체의 실천을 철저히 해온 것. 둘째, 지원병제도의 실적이 양호한 것. 셋째, 반도 동포의 열망에 응답한 것 등을 들었다. 실로 중일전쟁 이래 황민 자격을 갖추려는 반도 민중의 노력과 국가를 향한 참된 정성이 굉장하다. 반도 민중의 황국적 자질을 갖추려는 노력은 신사(神社)참배자 수의 격증, 국어 습득운동의 전개 등 눈에 띄는 현상만 보아도 미루어 짐작할 수 있다. 이런 피상적 현상뿐 아니라 중일전쟁 이래 민중의 황민적 자각, 더욱이 지식층의 각성이 실로 놀랄 만하다. 반도 민중의 애국적 정성도 또한 자타가 공인하는 바와 같다.

헌금만 보더라도 중일전쟁 이래 헌금 총액은 3,500여만 엔에 달하여, 1인당 1엔 50전 평균이 된다. 조선의 현 경제력을 생각할 때 여간한 열과 성이 아니면 이만한 성적을 올릴 수 없다. 그것보다도 주목할 사실은 지원병제의 성적이었다. 1938년 지원병제가 실시되어 제1회 채용 시 채용인원 400명에 대하여 지원자가 1,900여 명이었던 것이 지원자가 해마다 증가하여 그 다음해인 1939년에는 정원의 약 30배에 해당하는 1만 3,300여 명의 지원자가 쇄도하였고, 작년에는 지원자 수가 25만 돌파라는 경이적 현상을 나타냈다. 이것이야말로 반도인이 내지 동포와 함께 일신을 군국에 바칠 기회를 향유하려는 열망을 가장 적나라하게 나타낸 것이다.

더욱이 지원병의 성적이 그 체질에 있어서나 정신에 있어서나 황군의 자질을 구비한 것을 충분히 증명한 것이 이번 징병제 실시의 실현에 박차를 가한 것이다. 징병제의 실시는 실로 반도 동포의 황민으로서의 수양과 노력이 그대로 평가된 것이며, 봉공의 지성을 다하려는 반도 민중의 지순한 열망이 보답을 받은 것이다.

이리하여 징병제 실시가 결정된 후 모든 준비는 급속도로 진척되었다. 징병제 실시에 있어서 무엇보다도 긴급한 것은 호적의 정비였다. 징병에 관한 기본적 조사, 예를 들면 장정인원표, 장정명부, 기타 징병검사에 관한 서류작성 등이 호적에 기초하여 작성되기 때문이다. 총독부 법무국을 중심으로 한 밤낮 없는 노력에 의하여 호적정비는 이미 완료를 보게 되었다. 다음은 청년의 훈련이었다. 아직 의무교육제의 실시를 보지 못한 조선은 역시 미(未)교육 장정의 기초훈련과 국어의 보급이 필요한 것은 물론이다. 그래서 전 조선에 무(無)교육 청년을 위한 청년특별연성소를 공립 2,635개소, 사립 63개소가 개설되었고, 소학교 졸업 정도의 중견 청년의 훈련을 위한 청년훈련소를 공립 2,072개소, 사립 113개소와 아울러 지금 맹훈련을 계속하고 있으니 1944년도 실제 징집까지는 청년의 훈련문제도 염려할 것은 없다.

만전의 준비를 갖추어 가지고 금일 징병제의 실시를 맞이한 것이다. 반도 민중은 오늘 1880년(明治13年) 메이지 천황께옵서 육해 군인에게 하사하옵신 칙유의 말씀 "짐은 너희들을 나의 수족으로 믿고 너희들은 짐을 머리로서 우러름에 이르러 그 친함은 특히 기쁠 것이다"라고 하옵신 고마우신 말씀을 직접 우러러 받든 것이다.

반도 민중은 이제껏 이렇게 고마우신 말씀을 직접적으로 받들 자격이 없었던 것을 다만 슬퍼하고 섭섭해했을 뿐이다. 징병제 실시를 맞이한 반도 민중의 감격은 그렇기 때문에 크고, 기쁨은 그렇기 때문에 지순하다. 이 제도 실시와 관련하여 의무의 권리를 생각하는 반대급부적 관념 같은 것이 추호라도 개재할 리 없다. 반도 청년은 오직 감격하여 이 부르심을 받들었고, 다만 기뻐서 오늘을 맞이한 것이다. 장하다, 부르심을 받든 반도 청년 만세!

자료 158

호적은 징병의 기초
기류제도는 이의 보조표

《부산일보》 1944년 3월 5일 2면 / 구분: 군인, 징병

釜山日報

戸籍は徴兵の基礎

寄留制度はこの補助表

無上の本懐

整備の成績

徴兵の恥なしや

法を紊すもの

조선징병제도가 실시되어 반도의 남자도 이 광영을 입어 황군의 간성(干城)으로서 제1선에서 혁혁한 공을 세우게 되었는데, 이 정강무비(精强無比)한 병사를 만들어내는 관건은 우선 호적과 기류의 정비에 있기 때문에 이 장정적격자의 호적과 기류의 정비에 대한 이해와 협력에 대해 부산지방법원 아베(阿部剛) 씨는 다음과 같이 말했다.

무상(無上)의 본뜻

작년 8월 1일 「병역법」 중 개정 법률이 시행되어 반도 동포의 남자도 내지의 동포와 마찬가지로 병역에 복무하고 이러한 미증유의 난국에 직면한 오늘의 제국신민으로서 기꺼이 총칼을 집어 들고 국난을 극복하는 것이 진정한 광영일 뿐이다. 이 광영은 남자로서 너할 나위 없는 본뜻이다. 직령자인 반도의 동포가 한 사람도 빠짐없이 부르심을 받들어 국방의 제1선에 서게 되었는데, 이 징병제도는 호적을 기초로 하며 전면적으로 호적에 의존하기 때문에 호적에 등재된 자는 원칙적으로 징집되는 광영을 입지만, 이 징병제도 시행의 만전을 기하는 데는 반드시 호적의 정비가 선결되어야 한다.

호적은 사람의 신분을 공인하고 정신적인 성격을 지닌 것이지, 사람의 현실 주거를 파악하여 ■■ 작용을 하는 것이 아니다. 따라서 「병역법」의 연계상 장정을 파악하기 위해서는 호적과 더불어 기류제도를 실시할 필요가 있다.

정비 성적

징병제도 실시에 앞서 재작년 10월 우선 조선에 「기류령」을 시행하고, 작년 3월 1일을 기하여 호적기류의 일제조사를 위해 관계기관의 협력을 얻어 단행한 결과 예상 밖의 성과를 거두었고, 또한 일제조사에 근거한 정비도 순조로운 성적을 거두었는데, 우리 법원이 관할하는 관내(부산, 김해, 동래, 양산, 울산 각 부군)는 작년 말까지 호적과 기류의 정비를 완료하였다.

건수는 3만 6,959건, 이 중 누락자의 신고 및 무적자의 등록 5,018명, 1944년도 징병 적령자의 파악 수는 ■■■■명에 달하며, 1944년도의 적령자는 모두 호적의 정비를 완료하였는데, 이로써 1944년도의 적령자로서 호적이 없는 자, 호적 불명자 또는 호적에 등재되지 않은 자의 간극은 한 사람도 없다.

그러나 현재 적령자 중 ■■명의 소재 불명자가 있는 것이 유감인데, 정비가 시작된 이상 성적을 쌓으면서 징병제도의 실시에 기여한 점은 반가운 현상이다.

이번 일제조사는 징집자인 20세 이하 남자가 널리 내지, 만주, 북중국 기타 각 지역에 산재하여 각 지역에서의 조사방법과 그 범위가 서로 다르기 때문에 호적기류의 정비는 매우 어려웠음에도 불구하고 양호한 성적을 올린 것은 관계자들이 절대적으로 협력했기 때문이다.

징병은 수치가 아니다

이처럼 중대한 시기에 만약 한 사람이라도 호적이 불비하거나 이로써 징병에서 빠지게 된다면 두고두고 큰일이다.

직접적으로는 황군의 무력(武力)을 저해할 뿐만 아니라 엄정 공평을 원칙으로 하는 징병제도의 운영을 문란하게 하기 때문에 그 결과는 매우 중대하다.

조선의 호적 불비와 불완전의 최대 원인은 신고의 태만과 허위 또는 부정확한 신고에 있다. 이번 징병제도를 계기로 호적기류에 대한 조선의 인식은 매우 향상되고 있는데, 일부 지식계급자로서 이를 경시하고 신고를 장려하지 않는 폐단이 있는 것은 매우 유감이다. 이번 호적기류의 중요성을 잘 인식하여 반드시 장려하기를 바란다.

법을 문란케 하다

이번 정비의 성패는 징병을 차치하더라도 직간접적인 영향이 매우 크다. 각 분야의 행정과 여러 시책의 책정, 또는 적용의 여건이 되기 때문에 이러한 중요성을 모두가 잘 인식하고 이에 협력하기를 희망한다.

자료 159

금일, 징병제 실시 1주년

《매일신보》 1944년 8월 1일 2면 / 구분: 군인, 징병

今日, 徵兵制實施一周年

光榮의 進發 기다리는

皆兵朝鮮의 感激譜

七生報國盟誓하는 必勝의 熱火

名譽의 大任을 完遂

二千六百萬愛國班員總立支援하라

弟子와가려 出陣氣分으로

작년 8월 반도에 빛나는 징병제가 실시되어 벌써 1개년 8월 1일은 전 반도를 병제(兵制) 시행의 기쁨 속에 넣은 감격의 날이다. 이날 반도에서는 징병제 시행 1주년을 축하하는 다채로운 기념행사가 있는데, 지난 4월부터 개시된 징병검사는 2,600만의 기대 가운데 벌써 전 조선의 21부와 97군에서 검사를 마치고 훌륭히 성과를 거두어 가고 있다. 1938년부터 특별지원병으로 수많은 선배를 전선에 보내어 온 반도 장정의 결의는 맹렬히 불타오르고 있다. 검사장에 모인 이들의 눈동자에는 적을 격퇴하겠다는 의지와 폐하의 수족이 되는 환희가 넘쳐흘러 참으로 믿음직하다. 그리고 건병의 연성인 지원병훈련소를 대신하는 군무예비훈련소와 청훈특별연성에 이은 청훈별과합동훈련소가 개설되어 지금 반도는 '황병일본(皇兵一本)'으로 힘차게 결속되어 있는데, 그것은 전날 반도에서는 볼 수 없었던 발랄한 자태이다. 다음은 징병제 실시 1주년에 보내는 개병(皆兵) 반도의 힘찬 진군보이다.

징병 조선의 선구로

반도에 황병으로의 길이 열린 것은 1938년 육군특별지원병제도가 실시된 때부터인데, 중일전쟁의 전과가 빛나는 가운데 실시된 이 제도는 반도 2,600만의 애국 혈조를 불타오르게 하여 실시된 지 6개년. 반도의 순충(純忠)의 지성을 모아 훌륭한 성과를 거두어 왔다. 지원자 수도 1938년 제1회가 3,946명으로 채용인원의 7배 이상이었고, 그 뒤 채용 수는 400명에서 600명, 다시 3,000명으로 점점 올라가 1942년에는 4,500명을 채용하였다. 지원자 수 또한 해를 따라 격증하여, 1939년에는 20배인 1만 2,300여 명이 되었고, 다시 1940년, 1941년에도 증가하여 1942년에는 25만 명을 돌파하는 획기적 비약을 보여 반도의 열성을 발휘한 것이었다. 그 후에 훌륭히 황병의 영예를 걸머진 지원병의 성적은 극히 우수하여, 그중에는 봉공의 지성으로 다시 또 하사관을 지망하는 자도 많아 벌써 장교에 입단하여 황군의 중견간부로서 활약하는 자도 적지 않다.

빛나는 지원병제도

그리고 이인석(李仁錫), 이형수(李亨洙)의 두 상등병을 비롯하여 영예의 전사를 하여 야스쿠니(靖国)의 수호신이 된 진중용사 수도 10명을 헤아리고, 다시 히가시하라(東原■善) 군조(軍曺)와 마쓰바라(松原承吉) 병장 등 생존자로서 금치(金鵄)훈장의 영예를 입어 찬란한 무훈을 세운

지원병도 있다. 작년 8월 반도에 빛나는 징병제가 시행되어 지원병제로부터 징병제로 반도의 병제체제가 확립을 본 것도 지원병제도가 좋은 성적을 나타냈기 때문이었다. 징병제의 선구로서 지원병제가 세운 공은 크다. 그리고 지원병에 단련되어 온 반도의 황병 혼(魂)은 빛나는 징병제에 앞서 금년 1월의 학도특별지원병의 출진에서도 훌륭히 발양되었다. 작년 가을 내지 학도의 재학징집연기 중지에 이어서 반도인 학도에게도 육군특별지원병임시채용규칙에 의한 출진이 허가되자 연령이 초과되어 징병에 가지 못했던 반도의 학도는 환호성을 치며 일제히 이 광영에 궐기하였다.

감격한 학병의 지원

지원 기일은 겨우 1개월밖에 안 되었는데, 열렬한 지원 학도는 매일같이 격증하여 반도에 있는 학도도 그 9할 8부까지 지원하였고, 또 내지 학교에 공부하던 학도들도 반도에 돌아온 자는 거의 다 지원을 하였으며, 또 내지에 남아 있던 적격 학도들도 8할 이상이 용감히 지원하여 전열에 참가한 것이다. 더구나 그 출진 풍경은 일찍이 없었던 열렬한 지성에 넘쳐흘러 이때부터 반도는 '황병일본'으로 사상을 순화하여 참으로 싸우는 황도로서 씩씩하게 전진하고 있다. 이때까지 존문멸무(存文蔑武), 상문천무(尙文賤武)의 중국 사상의 영향을 받아 내려온 반도의 일부에는 역시 병을 천하게 여기는 사상이 강하게 흐르고 있었다. 지원병제가 실시된 당시에 두 손을 불끈 쥐고 달려온 청년의 대부분이 농촌청년으로 상류계급에서의 지원이 없던 것도, 한때 청년훈련소에 그들의 고용인을 입소시켰던 것을 한바탕 웃어버리고 마는 경향이 있었던 것도 모두 무를 천대하는 사상의 소위였다.

징병검사 순조롭게 진척

그러나 그러한 사상도 상류계급의 자제들이 많이 학병으로 출진하게 된 후로는 완전히 없어지고 황국의 간성으로서 사는 기쁨과 결의가 날로 높아가고 있다. 영광스러운 제1회 징병검사는 훌륭한 황병이 되겠다는 반도의 불같은 결의가 넘쳐흐르는 가운데, 지난 4월 1일부터 개시되어 벌써 지원병 학도 특별지원병 등 수많은 선배를 보낸 반도 장정의 열렬한 투지를 두 미간에 나타내며 검사장에 달려와서 훌륭한 성적을 올리고 있는데, 검사는 7월 말일까지 21부 97군을 마치고, 겨우 12군만 남아 있다. 도별로 진행상황을 보면 함경북도는 지난

17일 무산군(茂山郡)을 끝으로 검사를 무사히 마친 것을 비롯하여, 평안북도는 19일 충청북도는 20일 충청남도는 21일 경기도는 25일 전라남도는 26일 전라북도는 30일에 모두 검사를 마치고 아직 마치지 못한 곳은 평안남도의 순천(順川)과 경상북도의 영일(迎日), 영덕(盈德), 청송(青松), 황해도의 금천(金川), 강원도의 고성(高城), 통천(通川), 경상남도의 함양(咸陽), 산청(山淸), 사천(泗川), 함경남도의 신흥(新興), 안변(安邊)의 6도 12군인데, 이것도 20일까지는 끝마치게 될 모양으로 빛나는 제1회 검사는 곧 종막을 고하게 되었다.

자료 160

신일본 청년의 실력 발휘하라
금일부터 반도 징병장정 입영
내선의 전우애 앙양, 용감하게 국운 타개
아베 총재 광영의 전도 축복

《매일신보》 1944년 9월 1일 1면 / 구분: 군인, 징병

新日本靑年의實力發揮하라

今日부터半島徵兵壯丁入營

內鮮의戰友愛昂揚

勇敢하게國運打開

阿部總裁 光榮의前途祝福

阿部總裁談話內容

後顧는少毫도不要

安心코股肱役다하라

長屋朝鮮軍報道部長 談

건병(健兵) 반도의 제1진이 첫 입영을 하는 광영의 날은 환희의 함성에 찬 반도 산하를 군화 소리로 울리며 밝아왔다. 1944년 9월 1일, 시정 이래 30여 년 일시동인의 성은 아래 육성된 반도가 이날이 오기를 얼마나 열망하였는가. 대동아 10억의 민중에게 영원한 평화와 광명을 약속하는 성전 목표 달성을 앞두고 가열한 전쟁을 수행하는 현 시국하에 반도의 장정이 내지 동포와 열을 같이하여 군문으로 가는 것도 결코 우연이 아니다. 진충의 정신을 발양하여 황은에 보답하는 길을 돌진할 따름이다. 조선 동포에 징병제를 실시하기로 결정하였다는 발표가 있은 것이 1942년 5월 9일, 징병제가 실시된 것이 작년 8월이다. 이래 반도는 제1차 징병장정을 군문으로 보내기 위하여 열과 성을 다해 왔다. 징병 반도의 선진(先陣)을 맞게 된 적령 장정 또한 황국정신의 도야를 받아 심신의 연마를 쌓아왔다. 이제 장정의 정도에 전 반도 2,600만은 훌륭한 제국의 군인이 되어주기를 마음으로 빌 뿐이다. 장정 각자는 이미 대원수 폐하의 수족이 된 광영과 중책에 감사하고, 1억 국민의 충절을 다하고, 1억 국민의 열망에 어김없기를 기하고, 향토의 기원에 답해야 할 것이다. 제군이 떠난 후의 가족의 원호에 대해서는 군과 민이 만전을 다하고 향토 또한 군으로 하여금 뒤를 돌아보게 할 여지가 없게 할 것을 기대하고 있다. 이날 아베 연맹총재와 나가야(長屋) 조선군보도부장은 각각 다음과 같은 담화로 축복과 격려를 하였다.

아베 총재 담화 내용

조선에 징병제가 공포되어 제1회의 징병검사가 지난 8월 20일로써 종료하고 그 광영 있는 합격자가 드디어 금일 이후 입영 복무하기로 된 것은 참으로 기쁜 일이다. 이번 봄 이래 검사의 경과를 검토하건대, 반도 동포 일반이 징병제의 취지를 바르게 양해하고 또 시국에 대하여 좋은 인식을 가지고 있는 것이 엿보여 마음 든든한 바이다.

금일 이후 입영할 장정 제군은 다수의 청년 중에서 선발되었고, 또 상당한 기간의 훈련도 받은 터이므로 이미 제국군인으로서의 소질을 충분히 갖추고 있어 이제부터 본격적인 군대 생활로써 연마된다면 더욱 주옥과 같은 광휘를 빛낼 것이라고 믿는다. 다만 이때 나로서 주문해 두고 싶은 것은 제군은 제군들이 영예로운 징병제 필두의 명예를 걸머진 감격을 잊지 않는 동시에 반도인 병사의 진가가 제군 등의 복무 성적 여하로써 결정된다는 것을 명심하여 내지인 병사를 전우로 하는 군대 생활에서 군율의 준수, 군인정신의 체득발화에 진중한 마음의 준비가 필요하며 가정과 환경, 사회 여러분도 또한 깊이 이 점에 유의하여 격려를 보내어 서로 싸우는 조선의 왕성한 의기를 발휘해야 할 것이다.

이제 전 세계는 유래 없는 대전란 속에 있어 어느 국민도 도원(桃園)의 봄을 꿈꾸는 것 같은 안이한 길은 존재하지 않으며, 오직 철저히 자신을 굳게 하여 싸워나가는 국민에게만 영광의 미래가 약속된다.

그런데 이 국민의 의기와 전력은 국가의 혈육인 청년이 이를 대표하여 나라의 운명을 용감하게 타개하여야 될 것이다. 진충의 피에 끓는 내선의 청년들이 지상에서 가장 아름다운 전우애로써 서로 굳게 결속하여 신일본 청년의 이름과 실력으로 대동아 건설의 성업 완성을 향하여 매진한다. 얼마나 힘차고 또 씩씩한 제군의 금일의 출발인가. 나는 전 조선의 장정 제군의 입영장 행에 임하여, 일일이 고별의 인사를 하지 못함을 유감으로 생각하고, 이에 각지 장행회의 감격적인 모습을 머리에 그리면서 신문을 통하여 한마디 보내어 입영자 제군의 장도를 축하하고 무운을 기원하는 바이다.

자료 161

징병반도 제1진 경성부대 입영
순충의 전열에
빗나는 장도, 환송의 인파

《매일신보》 1944년 9월 6일 3면 / 구분: 군인, 징병

徵兵半島第一陣 京城部隊入營

殉忠의 戰列에

빗나는 壯途、歡送의 人波

入營嘆願書 血書로 提出

징병제 실시 후 제1호 징병장정이 지난 1일부터 순차로 동경하는 군문으로 진군을 개시하여 전 조선 각지에서는 궁벽한 산마을 한산한 촌 역두에서도 정도를 축복하는 환호 소리가 끊임없이 울려오고 있는데, 경성 각 부대에는 5일부터 입영이 개시되었다. 5일 이른 아침 경성의 거리는 '축 입영'의 깃발이 물결을 치고 환호 소리가 진동한다. '무운장구(武運長久)' 네 글자가 뚜렷한 붉은 '어깨띠'와 일장기를 열십자로 가슴에 걸친 장정 뒤에는 가족 친척과 동료 또는 마을회원이 열을 지어 따르며, 악대에 맞추어 입에 익은 군가를 소리 높여 부른다. 장안의 골목골목에서 출발한 이러한 행렬들은 부대로 들어서면서부터 군가 소리도 높아가고 걸음발도 기운차진다. 지난 정월 학병이 이 거리를 가던 당시 감격의 광경을 다시 이루어 놓았다. 멀리 지방으로부터 병사부(兵事部) 부원, 군·면 직원 또는 경관이 인솔하여 대열 당당히 걸어오는 장정의 행렬도 있다. 명령된 시간 오전 7시 30분까지는 입영장정 전부가 ■■부대 영문을 넘어 들어갔다. 이미 특별연성소에서 또는 군무예비훈련소 그리고 합동청년훈련소에서 준비교육훈련을 받은 그들이고, 특별지원병이 또 학병이 징병반도의 선진으로 '훌륭한 제국의 군인이 될 수 있다'는 것을 보증하고 있다는 것을 생각할 때 다시없이 믿음직하다.

자료 162

「조선청년특별연성령」 쉽게 이해하기(1) 훌륭한 일본군인이 되라 이제부터 '준비'를 하는 것이다

《황민일보》 1942년 10월 3일 2면 / 구분: 군인, 조선청년특별연성소

朝鮮青年特別錬成令早わかり(一)

りつぱな日本軍人になる
下ごしらへを今から作るのだ

第三十二回始政記念日のお目出度い日に『朝鮮青年特別錬成令』といふ大切なきまりが出され、近い内に行はれることになつた。この大切なきまりはなんのために行はれることになつたのであらうか。それは、昭和十九年になると半島の男子青年は軍人としてお國のために御奉公できるのである。畏おほくも 天皇陛下の軍人として御奉公申し上げることが出來るのだ。その時軍人としてりつぱな行が出來るやうに、さうして國語で不自由しないでよいやうに、澤山の青年を一しよに集めて心と身體を鍛へてやらうといふお役所の親のやうにあたゝかい氣持から行はれることになつたのだ。『朝鮮青年特別錬成令』は、全部で十八ヶ條のきまりからなりたつてゐるが、その第一條は今述べて來たやうに『なんのためにこしらへたものであるか』といふ目的(めあて)がはつきり示されてゐる。

第一條 このきまりは朝鮮人である男子の青年が軍人となるため大切な訓練を行つて心と身體を錬り鍛へることを目的としどんな勤勞(働き)にもかなふ強い身體をこしらへること

となつてゐる。さうして、そのためには、どういふ青年が錬成を受けるかといふことが次の第二條に示されてゐる。

第二條 朝鮮に住んでゐる十七歳から滿二十一歳にならない間の青年がこのきまりによつて特別錬成所で訓練を受けることになつてゐる。併し、そのほかの人(義務を負はない人)でも朝鮮人男子であれば、十七歳から滿三十歳にならない人は志願によつて錬成所にはいることが出來るやうになつてゐる。

この中で同じ青年でも訓練の義務をおふ人とおはないでよい人にわけてあるが、その理由(わけ)は明日説明しよう。

南方巡り(七)

セレベス(ボルネオの南にある島)の傷ついた住民を手當してゐるわが軍醫(兵隊さんのお醫者)さんたち。内本海軍報道班員うつす。海軍省許可すみ第五七一號

제32회 시정 기념일을 축하하는 날에 「조선청년특별연성령」이라는 중요한 명령이 만들어져 조만간 시행될 예정이다.

이 중요한 명령은 무엇 때문에 만들어졌을까?

이는 1944년이 되면 반도의 남자 청년이 군인으로 국가를 위해 봉공할 수 있는 것이다.

황공스럽게도 천황폐하의 군인으로서 봉공할 수 있게 된 것이다. 이제 군인으로서 훌륭한 역할을 할 수 있게 하고, 일본어가 불편하지 않도록 수많은 청년을 하나로 모으고, 몸과 마음을 단련시키는 기관에서도 부모처럼 따뜻한 기분으로 훈련을 시킬 수 있게 되었다.

「조선청년특별연성령」은 전부 18개의 조항으로 되어 있는데, 제1조는 이제까지 설명한 것처럼 '무엇 때문에 미리 준비하는 것인가'에 관한 목적을 분명하게 보여주고 있다.

제1조

이 명령은 조선인 남자 청년이 군인이 되기 위해 중요한 훈련을 실시하고 심신을 단련할 목적으로 하고, 어떠한 근로(勤勞)에도 적응할 수 있는 강한 신체를 단련한다고 되어 있다.

그리고 이를 위해서 청년이 어떤 연성을 받아야 할 것인가는 제2조에서 설명하고 있다.

제2조

조선에 거주하고 있는 17세부터 만 21세가 되지 않은 청년들이 이 명령에 따라 특별연성소에서 훈련을 받게 되었다.

그러나 이 외의 사람(의무를 지지 않는 사람)이더라도 조선인 남자라면 17세부터 만 30세가 되지 않은 사람은 지원에 의해 연성소에 들어갈 수 있다.

이 중에서 같은 청년이라도 훈련의 의무를 지는 사람과 그렇지 않은 사람으로 나뉘는데, 그 이유는 내일 설명하겠다.

자료 163

「조선청년특별연성령」 쉽게 이해하기(2)
연성기간은 대체로 1년

《황민일보》 1942년 10월 4일 2면 / 구분: 군인, 조선청년특별연성소

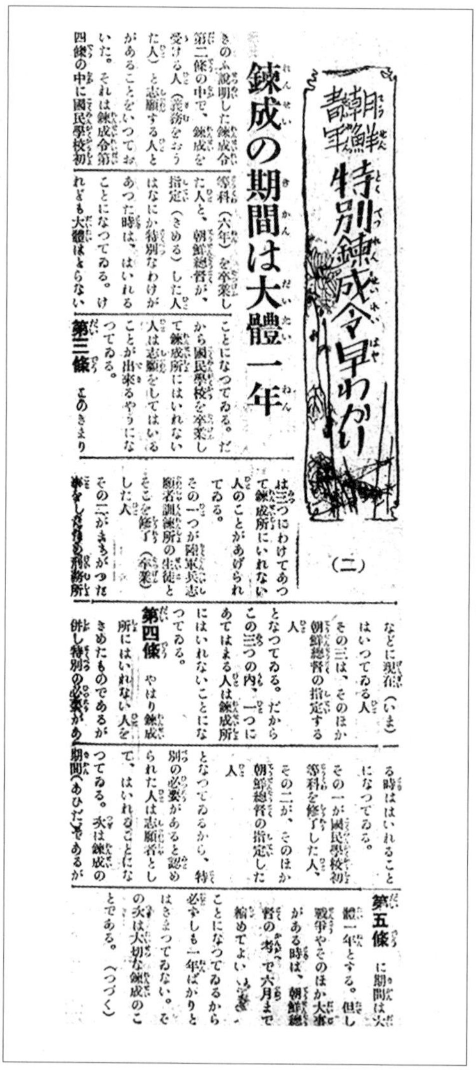

朝鮮青年特別鍊成令早わかり（二）

鍊成の期間は大體一年

きのふ説明した鍊成令第二條の中で、鍊成を受ける人（義務をおうた人）と志願する人とがあることをいつておいた。それは鍊成令第四條の中に國民學校初等科（六年）を卒業した人と、朝鮮總督が、指定（きめる）した人はなにか特別なわけがあつた時は、はいれることになつてゐる。けれども大體はよらないことになつてゐる。だから國民學校を卒業して鍊成所にはいれない人は志願をしてはいることが出來るやうになつてゐる。

第三條 このきまりは三つにわけてあつて鍊成所にいれない人のことがあげられてゐる。

その一つが陸軍兵志願者訓練所の生徒とそこを修了（卒業）した人

その二がきまつた[illegible]の刑務所などに現在（いま）はいつてゐる人

その三は、そのほか朝鮮總督の指定する人

となつてゐる。だからこの三つの内、一つにあてはまる人は鍊成所にはいれないことになつてゐる。

第四條 やはり鍊成所にはいれない人をきめたものであるが併し特別の必要がある時ははいれることになつてゐる。

その一が國民學校初等科を修了した人、

その二が、そのほか朝鮮總督の指定した人

となつてゐるから、特別の必要があると認められた人は志願者として、はいれることになつてゐる。次は鍊成の期間（あひだ）であるが

第五條 に期間は大體一年とする。但し戰爭やそのほか大事がある時は、朝鮮總督の考へで六月まで縮めてよい。とあることになつてゐるから必ずしも一年ばかりとはきまつてゐない。この次は大切な鍊成のことである。（つづく）

어제 설명한 연성령 제2조에서 연성을 받는 사람(의무를 지는 사람)과 지원하는 사람이 있다고 했다.

연성령 제4조에서 국민학교 초등과(6년)를 졸업한 사람과 조선총독이 지정한 사람이 무언가 특별한 사유가 있을 때는 들어갈 수 있게 되어 있다. 그렇지만 이는 대체로 하지 않는다. 따라서 국민학교를 졸업하고 연성소에 들어가지 못하는 사람은 지원을 해서 들어갈 수 있게 되어 있다.

제3조

이 조항은 연성소에 들어가지 못하는 사람을 다음의 세 가지로 나누어 설명하고 있다.

첫째는 육군병지원자훈련소 생도와 이를 수료(졸업)한 자

둘째는 잘못을 저질러 현재 형무소 등에 들어가 있는 자

셋째는 그 밖에 조선총독이 지정한 자

따라서 이 세 가지 중에서 하나에 해당하는 사람은 연성소에 들어갈 수 없다.

제4조

마찬가지로 연성소에 들어가지 못하는 사람을 정한 것인데 특별히 필요가 있을 때는 들어갈 수 있게 되어 있다.

첫째는 국민학교 초등과 수료한 자

둘째는 그 밖에 조선총독이 지정한 자

특별히 필요가 있다고 인정되는 사람은 지원자로서 들어갈 수 있게 되어 있다.

다음은 연성기간이다.

제5조

여기에서 기간은 대체로 1년이라 했다.

다만 전쟁이나 그 밖의 사변이 있을 때는 조선총독의 판단으로 6개월까지 단축해도 된다고 했기 때문에 반드시 1년으로 정해진 것은 아니다.

다음으로 중요한 연성에 관해서는 다음에 이어진다.

자료 164

「조선청년특별연성령」 쉽게 이해하기(3) 연성소는 부·읍·면에

《황민일보》 1942년 10월 6일 2면 / 구분: 군인, 조선청년특별연성소

朝鮮青年特別鍊成令早わかり（三）

鍊成所は府、邑、面に

第六條 に鍊成は青年特別鍊成所が行ふと示されてゐる。だからこの第六條によつて、軍人の下ごしらへをさせる鍊成所がきまりによつてはつきりしめされてゐる。さうして、全鮮各地に澤山こしらへられることになつてゐる。

第七條 に道知事は鍊成を受ける者（第二條に當はまる人）を選び出して鍊成所にはいらせなければならない。さうして道知事は選ぶために本人（鍊成を受ける人）を呼出すことが出來る。ことになつてゐるから各道内のことは各道知事がきまりによつて行ひ、すゝめてゆくことになつてゐる。今まで說明したところは、主に鍊成令によつて鍊成所にはいる人についてきめられたきまりであるが

第八條 に鍊成を受けなければならない人が、病氣やそのほかのことがらでどうしても鍊成所にはいれない時、道知事はきまりによつてその人（はいることの出來ない人）が鍊成所にはいるのを、のばしてやつたりまたやめさしてよい。ことになつてゐるからどうしても鍊成所にはいれないやうな人は、道知事の許を受ければよくなるまでのばして貰ふことも、義務をといてもらふこともできるわけである。その次の第九條は『この大切な鍊成所は、誰がこしらへなければならないか』がきめられてあるがそれによると次のやうになつてゐる。

第九條 府、邑、面は鍊成所をこしらへなければならない。さうしてその鍊成所を府、邑、面青年特別鍊成所と名づける。併し府、邑、面に特別のわけがあれば道知事の許を受けてこしらへないでよい。ことになつてゐる。だからこのきまりによつて府、邑、面が大切なこの鍊成所をこしらへることになつてゐるのである（つゞく）

제6조에서 연성은 청년특별연성소가 실시한다고 밝혔다. 따라서 이 제6조에 의해 연성소가 군인의 기초훈련을 시키는 곳으로 분명하게 명시되어 있다. 이로써 전 조선의 각 지역에 수많은 연성소가 만들어지게 되었다.

제7조에서 도지사는 연성을 받는 자(제2조에 해당하는 사람)를 선별해서 연성소에 보내야 한다.

이에 도지사는 선발을 위해 본인(연성을 받은 자)을 호출할 수 있게 되어 있기 때문에 각도에서 각 도지사가 명령에 따라 이를 선발하고 절차를 진행하도록 되어 있다.

지금까지 설명한 것이 주로 연성령에 따라 연성소에 들어가는 사람에 대한 조항이었다면,

제8조에서는 연성을 받아야 할 사람이 병이나 기타의 사유로 도저히 연성소에 들어갈 수 없을 때, 도지사가 이 조항에 따라 그 사람(들어갈 수 없는 사람)이 연성소에 들어갈 것을 연기하거나 또는 취소할 수 있다고 되어 있기 때문에 도저히 연성소에 들어갈 수 없는 사람은 도지사의 허가를 받으면 병이 나아질 때까지 연기조치를 받을 수도 있고, 들어가야 할 의무를 면제받을 수도 있다.

그 다음의 제9조는 "이렇게 중요한 연성소를 누가 설치해야만 하는가?"에 대한 규정인데, 이에 따르면 다음과 같다.

제9조

부·읍·면이 연성소를 설치해야 한다.

이에 연성소를 부·읍·면 청년특별연성소라 칭한다. 그리고 부·읍·면에 특별한 사유가 있으면 도지사의 허가를 받아 설치하지 않을 수 있다.

따라서 이 조항에 따라 부·읍·면은 이렇게 중요한 연성소를 설치해야 한다.

자료 165

청년연성소 오늘 역사적 개설
훈육과 일본어 습득에 중점
진충보국정신 함양
실천적으로 지도할 연성 요목 내용

《매일신보》 1942년 12월 2일 2면 / 구분: 군인, 조선청년특별연성소

青年鍊成所오늘歷史的開設

訓育과國語習得에重點

盡忠報國精神涵養

實踐的으로指導할鍊成要目內容

大野前總監感激

陣頭指揮에垂範

一日二千키로走破

小磯總督平北初巡視의强行軍

반도 전 민중이 국민적 감격 속에서 손꼽아 기다리던 전 조선 721개소의 조선청년특별연성소가 우선 금년도에 수용 연성할 3만 5,000의 반도 청년들에게 훌륭한 제국인의 자질을 길러줄 중대한 사명을 띠고, 드디어 1일 역사적인 개설을 하게 되었다. 이날의 개소식은 지방에 따라 시간이 일정치 않고 혹은 오전 중에 혹은 오후에 거행되었으나 정각 전부터 모여든 연성생들은 다같이 "우리도 황군의 일원으로 장차 미영 격멸의 성전에 참가할 수 있다"는 국민적 감격과 "연성을 받은 후 군문에 들어가면 제국군인으로 진충 봉공하겠다"는 굳센 결의가 넘쳐흘러 보는 사람을 감격하게 하였다. 국민학교 일만 해도 바쁜 중에 연성소의 지도전을 겸임하게 된 각 국민학교 교직원이며, 개소식에 참석한 관민들은 이 사람들이 국민학교 초등과도 졸업하지 못한 사람이냐고 새삼스럽게 경탄하면서 황국반도를 위하여 정성껏 축복하였다.

수용인원은 당초 총독부가 배정한 인원수는 3만 명이었지만 하루빨리 영예의 연성을 받겠다는 지원자가 속출하여 5,000명가량의 예정보다 초과된 인원이 이날의 개소식에 참여하게 된 것도 징병제도 실시를 앞두고 새로 발족하게 된 역사적인 이 사업을 한층 뜻깊게 한 것이다.

이날은 개소식만 거행하고 연성의 실시는 곧 시작할 예정인데, 연성의 요지와 요목(要目)도 1일 총독부가 결정, 발표하였으므로 연내에는 지방 실정에 맞는 적당한 연성계획에 따라 훈육과 일본어에 중점을 두는 학과며 교련과 근로봉사 등이 일제히 개시될 터이다.

국민학교를 졸업하지 못한 청년들을 철저히 훈련하고자 721개소의 조선청년특별연성소가 1일 전 조선에 일제히 개설되고, 우선 금년도에는 3만 5,000명의 청년을 연성하기로 되었거니와 이 연성에 필요한 연성의 요지와 요목이 1일 총독부로부터 발표되었다.

이 연성의 요지와 요목을 제정하기 위하여 총독부에서는 지난 11월 15일 오노 학무국장을 위원장으로 하는 연성요목제정위원회를 설치하고, 이날 제1회 위원회를 연 다음 지난 11월 29일까지 전후 4회나 위원회를 열고, 드디어 그 구체적 내용을 제정, 발표하게 된 것이다. 그 요지는 10개월간 600시간에 걸친 연성은 황국인으로서 진충보국할 수 있는 정신을 길러주는 훈육으로 일관하고, 또한 전 학과에 걸쳐 일본어를 철저히 가르치는 것으로 요약되는데 그 지도정신과 운용에 대하여 연성과의 야오이다(矢尾板) 사무관은 다음과 같이 말하였다.

"이 연성의 요지와 요목을 결정하는 데 가장 고심한 것은 연성 대상이 국민학교도 졸업하지 못한 따라서 일본어도 모르는 사람이요 또는 그들은 근로청년들로서 각 직장에서 봉직한다는 두 가지 조건이 있는 것이었다. 그래서 연성 시기와 시간 배정은 각 지방과 각 산업 부문의 실정을 참작하여 생산력 확충에 영향이 없도록 하였고, 실제 연성을 해나가는 데는 끝까지 추상적이 아닌 구체적인 사실을 토대로 하여 지도해 나가기로 하였다. 하여간 이번에 제정된 연성의 요지와 요목은 훈육과 일본어 습득에 중점을 둔 것이다.

그 밖에 학과로는 수신, 공민, 국사, 지리, 산수 등이 있고, 교련과 근로작업이 있는데 전 연성생활을 통하여 그야말로 일상과 앉거나 누워서나 연성소의 일체를 훈육이라는 큰 목적 한 가지를 위하여 실천적으로 지도하자는 것이다. 그리고 학과도 국사니 지리니 하는 학과를 서로 다른 학과로 분리시키는 것이 아니라 전 학과를 통합하여 하루빨리 일본어를 습득하도록 하자는 것이다. 다만 학과를 위한 학과가 아니라 이것을 통하여 일본어를 배우자는 것이다.

그런데 훈육, 학과, 근로, 교련의 근본적인 지도정신은 교육에 관한 칙어의 가르침을 받들어 국체의 본의를 선명하게 하고, 황국신민의 도에 투철하자는 것이다. 또 황국군인의 본질을 파악하고, 병역의 숭고한 책무와 영예로운 사명을 이해시켜 진충보국의 정신을 함양하자는 것이다.

이밖에 기율을 존중케 하여 명령에는 절대복종하는 미풍을 기르고, 또 국민예법 정신을 길러주자는 것도 큰 지도정신이다. 그래서 훈육에는 각항목을 상세히 배열한 것이다. 실제 연성을 해나가는 데는 국민학교도 졸업하지 못한 사람을 상대로 하는 만큼 항상 추상적이 아닌 구체적인 사실을 가지고 가르치기로 되어 있다. 일본어를 가르치는 데도 그림이며, 실물 모형 또는 지도자의 동작으로 반복하여 가르칠 수밖에 없다. 이 점 지도원들의 각별한 유의와 노력이 필요할 것이다. 또 그들은 각 직장에서 일하는 청년들이니만큼 이 점을 지도자는 충분히 유의하여 끝까지 실제 생활을 토대로 건전한 지도를 해야 할 것이다.

교련과 근로도 요지와 요목이 규정되어 있는데, 중요한 것은 이 두 가지를 단련과 양호라는 두 가지 점에서 일체적으로 관련시키면서 지도해야 할 것이다. 교련을 통하여 근로정신을 기르고 또 근로를 통하여 단체적 규율과 정신을 기르는 등 밀접한 관련을 가지고 지도해 나가야만 할 것이다."

자료 166

군무예비훈련소를 설치
현역징집자 등 연성
제1, 제2 지원병훈련소 개편

《매일신보》 1944년 4월 23일 1면 / 구분: 군인, 군무예비훈련소

昭和十九年四月二十三日（日曜日）

軍務豫備訓練所를設置

現役徵集者等鍊成

第一第二志願兵訓練所改編

[illegible] 二十二日 勅令朝鮮總督府軍務豫備訓練所官制가公布되고 [illegible] 데여기에는 朝鮮靑年特別鍊成所修了者中現役徵集豫定者及現役徵集者를 收容하야 訓育、國語、禮儀作法、敎練等 [illegible]

[illegible] 將來名譽로운 皇國軍人으로서 一誠忠節에 徹透할수있는 素地를 鍊磨하기로되는것이다 [illegible] 第二陸軍志願兵志願者訓練所를改編하야 [illegible]

영광의 징병제 실시에 대처하여 각 분야 시책에 만전을 기하고 있는 총독부에서는 그동안 입영 전의 장정들에게 철저한 군무훈련을 실시할 조선총독부군무예비훈련소 개설에 관하여 준비 중이었는데, 22일 칙령 조선총독부군무예비훈련소관제가 공포되고, 동시에 총독부령 제177호로써 동 훈련소규정과 훈령 제38호로써 동 훈련소생훈련강령이 발포되었으므로 이 날 총독부에서는 정무총감 담화로써 그 개설에 대하여 발표하였다. 군무예비훈련소는 조선 전역에 3개소가 개설되는데, 여기에는 조선청년특별연성소 수료자 중 현역징집예정자 및 현역징집자를 수용하여 훈육, 국어, 예의범절, 교련 등 철저한 황민연성을 실시하려는 것이다. 징병제 실시에 대비하여 이미 1942년 전 조선의 각 지역에 조선청년특별연성소를 개설하고 징병 적령자 중 국민학교 교육을 받지 못한 청년만을 수용하여 기본훈련을 실시해 왔지만 이것만으로는 장래 황군의 정예가 될 자질의 연성이 충분하지 못하므로 입영 전 다시금 국민의식을 앙양하고, 국어(일본어)의 습득, 예의 작법의 함양, 규율 훈련 등으로 장래 명예로운 황국군인으로서 일성충절에 투철할 수 있는 소지를 연마하기로 되어 있다. 훈련소는 이번에 발전적으로 해소된 경기도 양주군 소재의 제1훈련소, 평양의 제2육군지원병지원자훈련소를 개편하여, 역시 제1, 제2 군무예비훈련소로 새롭게 발족하는 동시에 경기도 시흥군 동면에 제3훈련소를 신설하게 된 것이다.

제1, 제2 훈련소는 5월 1일에, 제3훈련소는 4월 22일에 정식으로 개설되는 것이나 제1회 입소식은 3개소 전부 5월 1일에 거행한 다음 5월 상순부터 훈련을 실시한다. 그리고 금년도에는 훈련기간을 40일간으로 하여, 년 6회 교대로 수용할 터이나 내년도부터는 1개월간으로 훈련기간을 연장하기로 하였다.

자료 167

연성은 40일간
시흥에도 1개소 신설
정무총감 담화

《매일신보》 1944년 4월 23일 1면 / 구분: 군인, 군무예비훈련소

鍊成은四十日間

始興에도一個所新設

政務總監談

素質

訓練

冠絕

森、田尻、中山 三大佐進級

山下査

금일 조선총독부군무예비훈련소관제가 공포되는 동시에 총독부령 제177호 조선총독부군무예비훈련소규정과 총독부훈련 제38호 군무예비훈련소생훈련강령의 발포가 있었는데, 본 훈련소는 반도 청년으로서 「병역법」이 정하는 바에 따라 장래 군무에 복무할 자에 대하여 심신의 단련과 기타 훈련을 베풀어 황국군인으로서의 소질을 연성함을 목적으로 하는 것이다.

지금 여기에 본 제도의 취지와 그 내용의 개요를 서술하여 이의 원활한 운영에 기여하고자 한다.

징병제 실시에 따라 징병 적령자 중 국민학교 교육을 수료하지 않은 자의 자질을 연성하기 위하여 1942년 12월 이래 전 조선의 도시와 시골을 가리지 않고 특별연성소가 설치되어 약 12만에 달하는 반도 장정에 대하여 훈련을 실시하였는데, 그 성적이 대략 양호하여서 그중에는 예상외로 우수한 자도 있고 그 실시와 운영에 있어서 참으로 마땅함을 얻는다면 본 제도의 소기의 목적을 달성할 수 있음을 인정하며 우리나라를 위하여 참으로 다함께 기뻐하는 바이다.

그런데 그 성과를 자세히 관찰할 때 황군의 정예가 될 자질의 연성에 있어서 아직 완전하다고 말하기 어렵기 때문에 국민의식의 앙양, 국어(일본어)의 습득, 예의 작법의 함양과 규율 훈련의 방면에 있어서 힘을 기울여야 할 점이 많음을 인정하는 바이다. 따라서 당국으로서는 조선 통치에서 그야말로 획기적 의의를 지니며 반도의 대중들이 크게 감격하며 맞이한 징병제 실시에 대처하며 그 시책의 만전을 기하기 위하여 이번에 온전히 특별연성소 수료자 중에서 현역징집예정자 및 현역징집 된 자에 대하여 입영까지 더 훈련을 시킬 목적으로 곧 폐지될 육군병지원자훈련소를 개편하는 외에 새로이 경기도 시흥군 동면에 시설을 만들어 합계 3개소의 군무예비훈련소를 설치하기로 했다. 그리고 시흥군에 소재하는 제3군무예비훈련소는 4월 22일부터, 경기도 양주군 소재의 제1군무예비훈련소, 평양부 소재의 제2군무예비훈련소는 5월 1일부터 개설하여 함께 5월 상순부터 훈련을 개시하여 금년도는 여러 가지 사정으로 대략 40일간 여기에 수용하여 훈육, 국어(일본어), 예의 작법, 교련 등에 대해서 매우 집중적인 24시간 연성을 가하여 반도 장정으로 하여금 참으로 영예 있는 황국군인으로서 일성충절에 투철한 소지를 연마하고자 하는 바이다.

본 제도는 세계에서 으뜸가는 정예 강군인 황군의 일원으로서 지성과 충절에 철저한 심신의 연마를 목적으로 하는 것으로 훈련소생 등이 종래의 생활환경과 전혀 다른 병영생활에서

느낄 여러 가지 불편한 점을 입영 전에 가급적 제거하여 본인으로 하여금 편안하게 병영생활에 적응하게 하여 명랑하고 익숙하게 일억봉공에 매진하도록 기하고 있는 것이며, 본 훈련소에서 유익한 점이 참으로 많은 것을 확신하여 의심하지 않는 바이다.

반도장정 제군들은 본 훈련소의 목적을 이해하여 입소한 후에는 오로지 황군의 정예다운 훈련을 쌓는 동시에, 조선 내 각 제위는 본 제도의 취지를 이해하여 그 운영에 충분히 협력하여 주기를 간절히 바라는 바이다.

더욱 부언하고자 하는 것은 1938년 개설한 이래 반도 청년의 군무 봉공에 지대한 공헌을 해 온 육군병지원자훈련소는 징병제의 실시에 따라 유종의 미를 다하고, 다시 군무예비훈련소로 개편하기 위하여 이에 발전적 해소를 하고 오는 4월 말일로써 폐지하기로 되었는데 다년간 본 제도의 운영에 절대적인 기여와 협력을 해준 조선 내 관민 제위에 대하여 이 기회에 심심한 사의를 표하는 바이다.

자료 168

가쓰메 군속의 유골이 도착

《조선신문》 1939년 4월 3일 3면 / 구분: 군무원(군속)

勝目軍屬の遺骨が到着

【釜山】既報 去る一月○○戰線において活躍中壯烈なる戰死を遂げた府内富平町三丁目出身軍屬勝目與市氏の遺骨は一日夕釜山入港の連絡船で無言の凱旋をしたので朝鮮汽船會社では故人の生前の功績に酬ゆべく來る五日頃社葬を執行し英靈を慰める事になつた、故勝目氏は朝汽の太東丸船長永年精勤してゐたものである

[부산] 지난 1월 이미 보도했던 ■■전선에서 활약하다가 장열하게 전사한 부산부 부평정(富平町) 3정목(丁目) 출신의 군속인 가쓰메의 유골이 1일 저녁 부산에 입항하는 연락선으로 말없이 개선하였다.

조선기선회사(朝鮮汽船會社)에서는 고인의 생전 공적에 보답하기 위해 5일경 회사장을 집행하여 영웅을 위로하기로 했다.

고(故) 가쓰메 씨는 조선기선회사의 다이토마루(太東丸)의 선장으로 오랫동안 정근(精勤)한 인물이다.

자료 169

군속에게 빛나는 행상 4,120명
조선 관계 최고 영예자

《부산일보》 1941년 8월 19일 3면 / 구분: 군무원(군속)

昭和十六年八月十九日

畏し 軍屬に輝く行賞 四千百廿名
朝鮮關係最高の榮譽者

【東京電話】長き渉りでは今次事變に赫々たる武勳を樹てた生存者勇士に對し既に本年七月七日以來去る十五日までに三回に亘り行賞の御沙汰あらせられ一同感激の裡きに感泣したが生存者第三回行賞までにこの光榮に浴した軍屬は四千百二十名の多きに達した、殊に内地人軍屬に比して朝鮮、半島出身者軍屬の數は殊更多く眞に内外地一體となつて聖戰の貫徹に邁進してゐる事實を物語てゐるが勳功の滿人軍屬はよくこれ等外地出身者にまで及んだのである、今之等軍屬賞格及び人員の内譯を見ると軍屬としては最高の榮譽である勳功の榮に浴し「旭日章」を授與されたものは内地軍屬七十一名、同朝鮮六名、同臺灣一名計七十八、各勳功について勳勞の榮に浴し瑞寶章を授與されたもの内地軍屬三百七十三名、同朝鮮九十五名、同臺灣一千八百二十七名、合計一千六百九十五名賜金の榮に浴したもの内地軍屬百九十七名、同朝鮮二百三十四名、同臺灣一千三百六名計一千七百三十七名で内外地出身[illegible]

平沼國務相 經過は良好

婦人に不法檢杳 英官憲の獸

황궁에서는 이번의 사변(중일전쟁)에 혁혁한 무훈(武勳)을 세운 생존자 용사들에 대해 이미 금년 7월 7일부터 지난 15일까지 3차례에 걸쳐 행상하느라 분주했다. 일동은 두터운 성은에 감격했는데, 생존자로서 3차례나 이런 광영을 입은 군속은 4,120명에 달하였다.

특히 내지인 군속에 비해 대만, 반도 출신자 군속의 수가 단연코 많았는데, 이는 실로 내지인과 외지인이 모두 하나가 되어 성전을 돌파하기 위해 매진하고 있다는 사실이자 또한 성은이 너무나 커서 외지 출신자에게까지 미치는 것이다.

이제 이들 군속의 상격(賞格)과 인원의 내역을 보면, 군속으로서 최고의 영예인 훈공(勳功)의 영예를 입는 욱일장(旭日章)을 수여받은 자는 내지인 군속 71명, 조선인 군속 6명, 대만인 군속 1명, 합계 78명이고, 각 훈공에 이어서 훈로(勳勞)의 영예를 입는 서보장(瑞寶章)을 수여받은 자는 내지인 군속 373명, 조선인 군속 95명, 대만인 군속 1,827명, 합계 1,695명[4]이고, 상금의 영예를 받은 자는 내지인 군속 197명, 조선인 군속 234명, 대만인 군속 1,306명, 합계 1,737명이다.

내지와 외지 출신 지역별 내역은 내지인 군속 641명, 조선인 군속 335명, 대만인 군속 3,144명이다. 훈공에 빛나는 외지 군속은 다음과 같다.

훈공 욱(旭)8 고원 朴相得	조선 강원도 이천군 산내면 화풍리 142번지
훈공 욱(旭)8 통역 白兌榮	조선 개성부 동본정 705번지
훈공 욱(旭)6 촉탁 柳■熙	조선 경기도 용인군 내사면 송문리 454번지
훈공 욱(旭)8 고원 金叉守人	조선 전라남도 여수군 여수읍 4정
훈공 욱(旭)8 통역 金判石	조선 전라남도 보성군 벌교 신시장 163번지
훈공 욱(旭)6 촉탁 嚴佳明	조선 경기도 경성부 동내 자유정 176

4 합계가 맞지 않지만 원문 그대로 표기함.

자료 170

남방에 갈 군속들 조선군에서 모집한다

《매일신보》 1943년 3월 10일 3면 / 구분: 군무원(군속)

南方에갈軍屬들
朝鮮軍에서募集한다

남방의 혁々한 전과로국민의 남방진출열이 올으고잇는데 조선군에서는 이에응하야 남방으로 진출할 군속을 모집하게되엇다 이군속은 고원, 필생(筆生)、급사의 세종류인데 자격은 고원은 중등학교졸업이상의 二十二세부터三十五세까지의남자、필생은 고등소학교졸업한 十八세부터二十二세까지의남자이며 급사는 소학교졸업한十六세부터二十세까지의남자로 대우는본봉외에 상당히후우하며 의식주(衣食住)는 전부관급이라는 조흔 조건이다 지원자는 이력서、호적등본、신원증명서、사진을 十五일까지 조선군병무부(兵務部)에제출하면된다 二十五세미만인사람은 부형의 동의서를요한다 또본적지에 조회하기위하야 관계서류를 다모으지못한사람은 우선 이력서하고 사진을 十五일까지 제출하면된다

남방의 혁혁한 전과로 국민의 남방 진출열이 오르고 있는데, 조선군에서는 이에 응하여 남방으로 진출할 군속을 모집하게 되었다.

이 군속은 고원, 필생, 급사의 세 종류인데, 자격은 고원은 중등학교 졸업 이상의 22세부터 35세까지의 남자, 필생은 고등소학교를 졸업한 18세부터 22세까지의 남자이며, 급사는 소학교를 졸업한 16세부터 20세까지의 남자로, 대우는 본봉 외에 상당히 후하게 대우하며, 의식주는 전부 관급(官給)이라는 좋은 조건이다.

지원자는 이력서, 호적등본, 신원증명서, 사진을 15일까지 조선군 병무부에 제출하면 된다.

25세 미만인 사람은 부형의 동의서가 필요하다.

또한 본적지에 조회하기 위하여 관계 서류를 다 모으지 못한 사람은 우선 이력서와 사진을 15일까지 제출하면 된다.

자료 171

반도 출신 군속 합동 해군장의 호국의 영웅은 영면 제 자료 전달, 조사에 유족들 감읍

《매일신보》 1945년 4월 10일 2면 / 구분: 군무원(군속)

昭和二十年四月十日(火曜日) (二)

半島出身軍屬合同海軍葬儀

護國의英靈은瞑目

祭資料傳達, 弔辭에遺族들感泣

아들뒤이어獻身

방혼(芳魂)은 천추에 향기롭고 유열(遺烈)은 만세에 빛나리로다. 파도만 ■■전의 태평양으로 광휘 잇는 제국 해군의 군속이 되어, 용감히 출동하여 흉적 격멸에 ■■분투하다가 마침내 대동아건설의 초석으로 장렬한 최후를 마친 야스다(安田五■), 경성출신 군속 이하 ■■주(柱)의 '합동해군장의'가 9일 오전 10시, 경성부 내 부민관 강당에서 엄숙하고도 성대히 진행되었다. (사진은 합동장례식 모습)

군함기를 배경으로 ■■주(柱)의 말없는 사진이 생전의 자태를 일러주는 듯 걸려 있고, 그 아래 흰 보에 싸인 영령이 안치되어 있다. 그것을 하얀 상막(喪幕)으로 가려 놓았고, 그 좌우에 영령의 빛나는 이름을 쓴 막이 고요히 드리워 있어 우러러보는 사람으로 하여금 옷깃을 바로 하게 한다.

함남북, 평안북, 강원, 황해, 경기 등 7도와 멀리 만주로부터 속속 모여든 영예의 유가족 석에는 먼 산골에서 왔는지 갓을 쓰고 짚신감발을 한 할아버지며, 등 굽은 할머니, 분홍저고리를 입은 부인, 귀밑머리를 땋아 내린 소녀도 눈에 띈다.

이밖에 대일본부인회 회원, 각 남녀학교 대표 등 일반 참례자로 강당은 무거운 공기에 싸인 가운데 신관(神官)과 주최자 측으로 진해경비부사령장관(鎭海警備府司令長官) 대리 이소베(磯辺), 진해해군인사부장 야마구치(山口), 경성지방해군인사부장, 외빈으로는 해군대신 대리 후쿠사와(福澤) 경성해군무관, 아베 총독 대리, 다케나가(武永) 학무국장, 고쓰키(上月■夫) 조선군관구사령관 대리 가와사키(川崎) 대좌, 야마가(山家) 경성제국대 총장, 아마카스(甘粕) 연맹■■, 대일본해양소년단 사가라(相良) 해군소장, 후루이치(古市) 경성부윤, 가나가와(金川) 본사 사장 등 다수 인사가 참석하자 식순에 따라 장의가 시작되었다.

먼저 신사(神事)를 마치고 재주(齋主)가 영령을 가려 놓은 정면의 막을 제치자 그 일순간, '으-' 유족들의 두 눈이 일제히 빛났다. 그리고 머리가 고요히 수그러졌다. '이제야 오느냐. 어서 오너라. 태평양의 물속이 오죽이나 차드냐! 남쪽의 햇볕이 오죽이나 뜨겁드냐!'

유족들은 가슴속에 치밀어 오르는 일만 가지 생각에 그리운 사람들의 사진조차 흐리는 듯, 수건으로 눈을 닦고 또 닦는다. 식순은 어느 사이에 제사(祭詞)를 주상하고 조사(弔詞)로 들어갔다. 진해경비부부사령장관(대독), 조선총독(대독), 조선군사령관(대독), 경성부윤 등 차례로 나아가 '열풍 부는 태평양의 바다 위에 포연(砲煙)과 빗발치는 총탄을 무릅쓰고 제국해군과 함께 분투하다가 ■■에서 호국의 꽃으로 흩어진 영령이여! 안심하라 우리들이 반드시 그

대들의 충렬을 계승하여 이 전쟁을 이기고 말리라'

구구절절 영령 앞에 아뢰는 소리는 유족 석을 비롯하여 일반 참례자의 눈시울을 적시게 한다.

이어서 군령부총장, 군사참의관, 연합함대사령장관 이하 관계 각 방면으로부터 답지한 조서, 조전을 피로한 다음 옥관봉전으로 들어가 재주 야마구치 장상(葬喪)관리자, 상주 대표(각 도별), 경비부사령장관 대리, 해군대신 대리, 총독 대리, 군관구사령관 대리, 경성사단장 대리, 부윤, 일본적십자사조선본부총장 대리, 대일본부인회 구라시게(倉茂) 소장, 학교 대표 야마가 경성제국대 총장, 각 단체대표 아마카스 중장, 일반회장자(會葬者) 대표, 가나가와 본사 사장 등 차례로 옥관을 봉전하고 철찬 송신(送神)으로 식이 끝났다.

계속하여 장상관리자의 인사가 있은 다음 진해경비부사령장관대리의 "한몸을 바쳐 호국의 기둥이 된 여러분의 아버지, 남편, 오빠들은 또한 여러분 일가의 기둥이었다. 그 기둥을 잃은 여러분의 가슴속을 헤아릴 때 참으로 감사하다. 국가로서는 앞으로 여러분의 생활에 부자유한 점이 없도록 만반의 준비와 시설을 갖추겠다"는 뜻의 인사말을 하여 유가족을 위로하고 격려한 다음 각 유족에게 영령을 내어주고 황공하옵게도 천황, 황후 두 폐하께옵서 내려주신 고마운 제사료(祭謝料)를 전달하였다. 이리하여 유족들은 파도 만 리를 말없이 돌아온 사랑하는 아버지, 남편, 아들, 오빠의 충령을 품안에 안고, 이날로 제각각 그리운 고향으로 돌아갔다.

자료 172

「선원징용령」 발동
해운력 증강에 박차

《매일신보》 1940년 11월 9일 3면 / 구분: 선원징용

船員徵用令發動
海運力增强에拍車

최근 우리나라의 내외 정세에 비추어 해운력(海運力)의 증강에 한층 더 필요를 느끼게 되어 지난번에 해운통제강화(海運統制强化)의 국책이 결정된 터인데, 선박의 운항요원인 선원에 대하여는 사변(중일전쟁) 이래 당면하고 있는 노무자원 부족에 따라서 수급관계가 몹시 궁하게 되었다.

그 때문에 이대로 둔다면 선박의 원활한 운항에 영향을 끼칠 염려가 있으므로 당국으로서는 고등해원양성소(高等海員養成所)의 확충과 전수과(專修科)의 신설, 선원직업소개사업의 강화 등 여러가지로 필요한 시책을 생각하여 적극적으로 선원의 모집과 양성에 노력하여 온 것이었으나 이번에 더욱 선원의 적정배치, 양성시설, 졸업자 배분 등 전면적으로 선원의 수급조정

을 단행하여, 지금같이 선원이 부족한 사태에 대응함과 동시에 다시 장래 어떠한 사태에 직면하더라도 곧 이에 대처할 수 있는 태세를 정비하기 위하여 선원징용의 길을 열어 이에 관한 칙령을 제정·공포키로 하였다.

그리하여 당국으로서는 선원징용의 본뜻에 비추어 피징용자의 취급에 대하여는 특히 신중을 기할 것이지만 이 명예 있는 피징용자에 대하여는 각 방면에서도 정신적으로나 물질적으로나 절대적인 성의와 협력을 가지고 우대하기로 하였다.

자료 173

「선원징용령」 10일부터 실시

《조선신문》 1940년 11월 10일 7면 / 구분: 선원징용

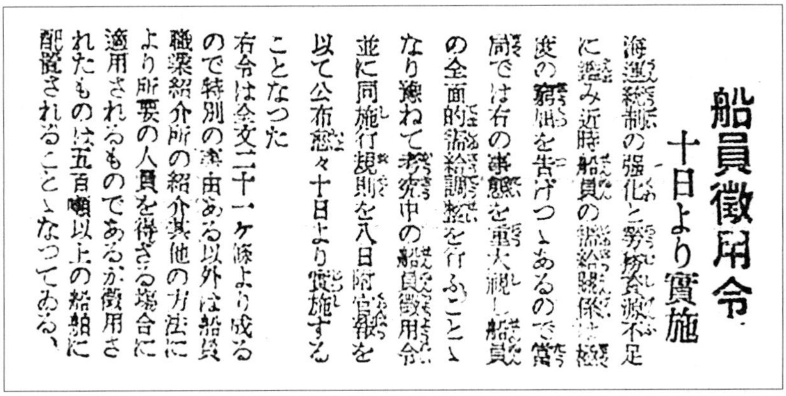

船員徴用令
十日より實施

海運統制の強化と勞務資源不足に鑑み近時船員の需給關係は極度の窮屈を告げつゝあるので當局では右の事態を重大視し船員の全面的需給調整を行ふことゝなり豫ねて考究中の船員徴用令並に同施行規則を八日附官報を以て公布愈々十日より實施することなつた

右令は全文二十一ケ條より成るので特別の事由ある以外は船員職業紹介所の紹介其他の方法により所要の人員を得ざる場合に適用されるものであるが徴用されたものは五百噸以上の船舶に配置されることゝなつてゐる、

해운통제의 강화와 노무자원 부족에 비추어 가까운 시기에 선원의 수급관계가 극도로 궁핍해지기 때문에 당국에서는 위의 사태를 중대하게 보고, 전면적인 선원의 수급 조정을 실시하기로 하여 이미 준비해 두었던 「선원징용령」과 함께 동 시행규칙을 8일부로 관보에 공포하고, 드디어 10일부터 실시하기로 했다.

위의 「선원징용령」은 전문 21개조로 되어 있으며, 특별한 사유가 있는 경우를 제외하고 선원직업소개소의 소개와 기타의 방법에 따라 필요한 인원을 구할 수 없을 경우에 이를 적용하게 되어 있는데, 징용된 자는 500톤 이상의 선박에 배치하기로 되어 있다.

자료 174

대양에서는 쉬지 않는다
싸우는 징용선원

《부산일보》 1944년 2월 1일 3면 / 구분: 선원징용

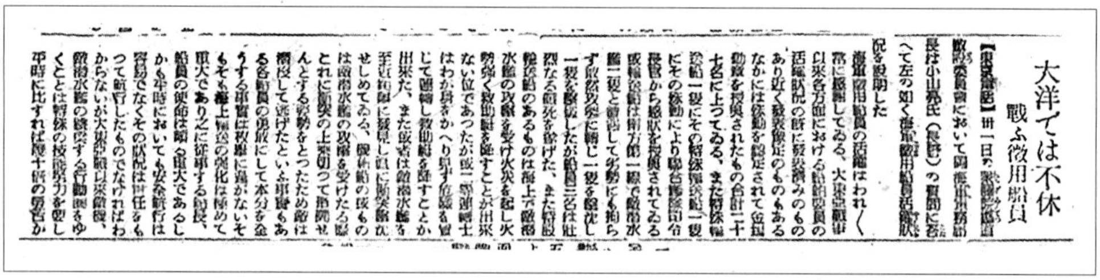

大洋では不休
戦ふ徴用船員

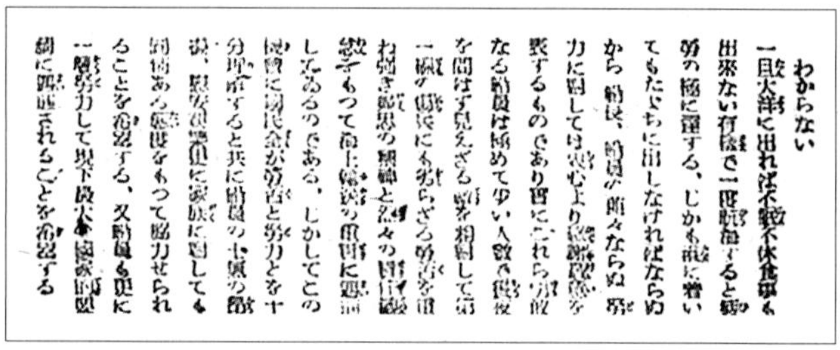

[도쿄전화] 21일 중의원 철도부설위원회에서 오카 해운군무(海運軍務) 국장은 오야마 나가노(小山亮 長野) 의원의 질문에 다음과 같이 해군징용선원의 활약 상황을 설명하였다.

해군징용선원의 활약에 우리는 항상 감사하고 있다. 대동아전쟁 이래 각 방면에서 선박요원의 활약 상황이 이미 발표되고 있고, 곧 발표될 예정인 것도 있는데, 그중에는 특별한 활동을 인정받아 금치훈장을 수여받은 자가 합계 27명에 달한다. 또한 특수수송선 한 척에 대해 그 특별한 활동이 인정되어 연합함대사령장관이 감사장을 수여하였다. 어떤 수송선은 남방의 최전선에서 적 잠수함 2척과 조우하였는데, 열세임에도 불구하고 용감하게 공격하여 1척을 격침하고 1척을 격파했지만 선원 3명이 장렬하게 전사하고 말았다.

또한 어떤 특설수송선은 해상에서 적 잠수함 공격을 받아 화재가 발생하여 불길이 너무 세서 구명정(救助艇)을 내릴 수 없을 정도였는데, 어떤 2등 운전사가 자기 몸을 돌보지 않은 채 위험을 무릅쓰고 운전하여 구명정을 내릴 수 있었다. 또 어떤 이는 적 잠수함을 가까운 거리에서 발견하고 곧바로 충돌하여 격침시켰다. 기범선(機帆船)의 어떤 이는 적 잠수함의 공격을 받자 잠수함에 충돌하여 올라타 격투를 벌이려는 태세를 보이자 적이 잠수하여 도망간 적도 있다.

각 선원들의 용감하게 본분을 다한 사실은 필설로 다할 수 없을 정도인데, 해상수송의 강화는 매우 중요하며 여기에 종사하는 선장, 선원의 사명감은 그야말로 중요하다. 그리고 평시에도 안전운항이 쉽지 않은데, 대동아전쟁 이래 무거운 책임을 지고 적기와 적 잠수함이 노리는 상황에서 운항하는 것은 특수한 기능과 노력이 필요하며 평시에 비해 수십 배의 노고가 든다.

일단 대양에 나가면 잠 못 자고, 쉬지 못하고, 식사도 할 수 없는 상황에서 한 번 운항하면 피로가 극에 달한다. 그리고 항구에 도착해서도 곧바로 출항해야 하기 때문에 선장과 선원은 잠을 잘 수 없다. 이러한 노력에 대해 진심으로 감사와 경의를 표하며, 이렇게 용감한 선원들은 매우 적은 인원으로 주야를 가리지 않고 적을 상대하고 최전선의 부상병에 뒤지지 않는 노고를 거듭하며 강력한 진충의 정신과 열렬한 책임 관념을 지니고 해상수송의 중책에 매진하고 있다.

그러나 이번 기회에 국민 전체가 이들의 노고와 노력을 충분히 이해하는 동시에 선원의 사기 앙양, ■■에 가정에 대해서도 동정적인 태도로 협력할 것을 기대한다. 또한 선원들도 한층 더 노력하여, 현재의 국가적 요청에 최대한 매진할 것을 희망한다.

자료 175

일본 가는 여자정신대
내일 2일 장행회와 시가행진

《매일신보》 1944년 6월 25일 3면 / 구분: 여자정신대

內地로가는女子挺身隊
來月二日壯行會와市街行進

경기도에서 처음으로 내지에 보내기로된 여자근로정신대(勤勞挺身隊)는 이지음 전형을마치고 오는七월二일밤 경성역을 떠나기로되엇는데 경기도에서는 처음가는 이들의장행을 격려하는뜻으로 二일오후二시부터 도청회의실에서 성대한 장행회를 거행키로되엇다 장행회는 세도지사의고사 본부광공국장과 국민총력조선연맹사무국총장의 축사에이어 공원대표의 선서(宣誓)랑독으로식을 마친다음 일동이 대오를지어가지고 시내를 행진하야 조선신궁에 참배하고서 숙사로돌아갈터이다 그리고 이장행을빛나게 하기위하야 경성방송국에서는 실황을 녹음하야 방송키로되엇스며 『뉴-스』영화도박이기로되엇다

경기도에서 처음으로 일본에 보내기로 한 여자근로정신대는 이즈음 전형을 마치고 오는 7월 2일 밤 경성역을 떠나기로 되었는데 경기도에서는 처음 가는 이들의 장행을 격려하는 뜻으로 2일 오후 2시부터 도청 회의실에서 성대한 장행회를 거행키로 하였다.

장행회는 도지사의 고사(告辭), 총독부 광공국장과 국민총력조선연맹 사무국 총장의 축사에 이어 공원 대표의 선서 낭독으로 식을 마친 다음 일동이 대오를 지어 시내를 행진하여 조선신궁에 참배하고서 숙사로 돌아갈 터이다. 그리고 이 장행을 빛나게 하기 위하여 경성방송국에서는 실황을 녹음하여 방송하기로 하였으며, '뉴-스'영화도 제작하기로 하였다.

자료 176

여 사무원 세 명 정신대를 자원

《매일신보》 1944년 8월 23일 3면 / 구분: 여자정신대

女事務員세名
挺身隊를自願

우리들도『사이판』에서 전사한동포들의 원수를갑게 군수공장으로 보내어주시오하고 회사의 여사무원三명이 연명으로여자정신대에 너허달라는 열렬한 탄원서를 二十일경기도 노무과장에게 보내어왓다 최근여자들의근로정신은 자못놉하저서 경기도에는 매일가치공장으로 보내어달라는 여자들의탄원이 드러오고잇는데 二十일에는 부내조선 해륙운수회사(海陸運輸會社)에서『펜』을 들고사무보는 여사무원니이구라(新藏八重子) 아리마(有馬光枝)에도ー(江頭幸子)의 三명이연명하야、여공원으로 보내어주도록 하야달라는글을 보내어왓다 그내용은후리들은 이가치중대한 전국에더욱『사이판』동포들이 장렬한전사를 하얏다는것을 듯고서는그대로잇슬수업슴니다 이몸이 가루가되는한이 잇드래도 미귀를처부실결심을 굿게가지고잇슴니다 금번 지금우리들이 하고잇는일도나라에 봉공이 되지안는것은 아니지만은 펜을쥐고 노는것가튼 생각뿐임니다 우리들도 전선장병과가튼마음을가지고 군수공장에서 일하게하야주시오 비행기의 나사하나라도 탄환의 한부분이라도 만들어 전선에보내고십습니다

우리들도 사이판에서 전사한 동포들의 원수를 갚게 군수공장으로 보내 주시오 하고 회사의 여 사무원 3명이 연명으로 여자정신대에 넣어 달라는 열렬한 탄원서를 20일 경기도 노무과장에게 보내왔다.

최근 여자들의 근로정신이 자못 높아져서 경기도에는 매일같이 공장으로 보내 달라는 여자들의 탄원이 들어오고 있는데, 20일에는 부내 조선 해륙운수회사(海陸運輸會社)에서 '펜'을 들고 사무 보는 여 사무원 니이구라(新藏八重子), 아리마(有馬光枝), 에도(江頭幸子)의 3명이 연명하여 여공원으로 보내 달라는 글을 보내왔다.

그 내용은 다음과 같다.

우리들은 이같이 중대한 전국에 더욱 사이판 동포들이 장렬하게 전사했다는 것을 듣고서는 그대로 있을 수 없습니다. 이 몸이 가루가 되는 한이 있더라도 미귀(美鬼)를 쳐부술 결심을 굳게 가지고 있습니다. 물론 지금 우리들이 하고 있는 일도 나라에 봉공이 되지 않는 것은 아니지만 펜을 쥐고 노는 것 같은 생각뿐입니다. 우리들도 전선의 장병과 같은 마음을 가지고 군수공장에서 일하게 해 주시오. 비행기의 나사 하나라도 탄환의 한 부분이라도 만들어 전선에 보내고 싶습니다.

자료 177

거룩한 황국 여성의 손
생산전에 남자와 동렬
여자근로령·조선에도 실시, 지난 23일부로 공포
광공국장과 일문일답

《매일신보》 1944년 8월 26일 3면 / 구분: 여자정신대

거룩한皇國女性의손

生產戰에男子와同列

女子勤勞令朝鮮에도實施

勤勞와敎育의實踐

在內地勤勞者에

적은 벌써 우리나라의 대문간에 더러운 발을 들여놓았다. 사이판은 이미 적의 손에 들어갔고, 테니안 섬과 대궁도(大宮島)[5]에서는 밤낮을 가리지 않고 피와 피, 뼈와 뼈의 싸움이 벌어지고 있다. 기세를 얻은 적은 우리의 전력기지인 북구주의 중공업지대에 지난 6월 16일부터 연거푸 네 차례나 폭격을 해 왔고, 지난 20일에는 대담무쌍하게도 대낮에 달려들었다. 적은 지금까지의 희생을 돌아보지 않고 1분 1초를 다투어 가며, 최후의 담판씨름을 하려고 하고 있다.

이때 우리는 무엇을 할 것인가. 무엇을 하여야만 되나! 사이판의 용사들은 '몸으로서 태평양의 방파제가 되리라'고 외치고, 조국의 영원한 번영을 바라면서 유구한 대의에 웃음으로 사라지지 않았는가. 1억 국민이 대화일치(大和一致)하여, 신주일본(神州日本)의 방패가 될 때는 지금을 놓치고는 다시금 없다. 전국은 지금 국가의 영원한 번영과 생존을 위하여 1억 국민의 총무장(總武裝)을 요구하고 있다. 총무장이란 무엇인가. 1억 국민 한 사람 한 사람이 생산전사가 되어 제1선 장병이 마음껏 싸울 수 있도록 비행기, 군함, 탄약, 양식을 뒷받침하는 것이다. 총후 국민을 생산전열에 서게 하는 근로동원이 날로 확대되어 남자로부터 여자에까지, 청장년으로부터 소년과 학도에까지 범위가 넓혀지는 것은 나라를 구하고 국민 각자가 살기 위함이다.

더욱 반도의 아들들은 학병 형님들의 뒤를 따라 멀지 않아 군문으로 총진군을 시작한다. 그들의 가슴속에서는 지금 인류의 원수인 적을 단칼로 무찌를 정의의 피가 들끓고 있다. 이때 2,600만 반도의 아버지, 어머니, 동생, 누이들이 생산 전열에 나서기를 꺼리는 사람이 한 사람이라도 있다면, 그것은 무엇을 의미하는가. 싸움터에 내보낸 내 아들, 내 형, 내 동생에 무기를 대주는 것을 거절하는 그 결과는 어찌 되나. 그들의 무운장구를 진정으로 바란다면, 반도의 부형 자매는 지금 당장 전열에 나서야만 될 일이다.

이때 여자의 총진군을 재촉하는 「여자정신근로령」이 공포되어 일본과 같이 반도에도 23일부터 실시된 것은 내 아들과 동생, 언니를 한없이 사랑하는 반도 여성에 힘찬 결의를 재촉하는 바이다. 새로운 법령이 실시된 것을 기회로 시오다(鹽田) 총독부 광공국장에게 법령의 내용과 운영방침을 자세히 물어 1,300만 반도 여성이 서슴지 않고 전열에 나아갈 날의 마음의 준비에 이바지하는 바이다.

---

5 일본이 미국의 영토였던 괌을 점령한 후 붙인 이름이다.

남자에 발을 맞추어

문: 조선의 여자근로는 어째서 필요한가?

답: 싸움이 애석하게도 가열해짐에 따라서 남자는 제1선의 군무에 또는 전쟁에 직접 필요한 중요산업 부문으로 동원되어 차츰 근로자원의 질과 양이 부족해지고 있다. 이때 남자를 대신해서 여자들은 용감하게 직장으로 진출하여 생산 증강에 돌격하는 것이 가장 숭고한 의무이다. 특히 조선의 근로실정을 살펴보면 아직도 상당히 여유가 있다. 즉 농업 근로력을 보더라도 일본의 농촌에서는 한 사람이 1년에 200일 이상이나 일하는데, 조선은 겨우 100일밖에 되지 않고 또 근로의 질도 더욱 개선하지 않으면 안 될 것이다. 그중에도 조선의 여성들은 최근 상당히 근로사상이 앙양되어 있다고는 하나 그것으로서 결코 만족할 수는 없다. 즉 토목건축, 광공 부문에는 물론이고, 그 외의 작업 방면에도 부인 노무력은 거의 동원되지 않고 있는 현상이다. 따라서 부인의 힘을 급속히 동원해 근로화시키고, 생산화시키고, 전력화시킴은 긴급한 전국에 비추어 절대로 필요하다. 남자들은 이미 징용을 실시하여 철저히 그 근로력을 발휘시키고 있으므로, 여성들의 근로력도 더욱 적극적으로 금후 동원시켜야 할 것이다.

문: 종래에 조선에서는 여자동원을 어떠한 방법으로 실시하여 왔는가?

답: 본인이 자진하여 일터로 나오는 것은 말할 것도 없고, 그 외에는 관청에서 알선 장려하는 여자추진대(女子推進隊)와 「국민근로협력령(國民勤勞協力令)」에 의한 근로보국대가 있었다.

문: 이번에 일본에서는 「여자정신근로령」이 실시되었는데, 조선에는 어떻게 되는가?

답: 그것은 조선에서도 같이 실시한다.

멸적증산(滅敵增産)에 총진군

문: 「여자정신근로령」을 실시하는 취지는?

답: 일할 수 있는 자는 남녀를 구분할 것 없이 모조리 멸적생산 전사가 된다는 숭고한 국민개로의 정신 아래 철벽같은 여자근로 태세를 정비한 다음, 여자들의 씩씩한 힘을 생산 증강에 더욱 효과 있게 집결시킬 것을 목표로 한 다음, 그것에 새로이 법적인 근거를 두어 여자근로자들의 급여, 대우, 후생, 시설에도 만전을 꾀하기로 된 것이다.

여자정신대의 대상

문: 「여자정신근로령」에서는 어떠한 자가 여자정신대의 대상이 되는가?

답: 「국민직업능력신고령」에 의하여 국민등록에 신고할 자, 즉 일본에서는 만 12세 이상 40세 미만의 여자로서 가정의 근축(根軸)이 되지 않는 여자가 대상이 된다.

문: 가정의 근축이 되는 여자란 누구를 말하는 것인가?

답: 가정의 근축이라는 것은 일반 사회에서 상식적으로 생각하여 그 여자가 한 가정에 중심이 되어 그 여자가 없으면 가정생활을 유지하기 힘든 자를 가리킨다. 즉 자세히 말하자면 모친이 사망하거나 또는 오랫동안 병석에 누워 있기 때문에 당자가 모친을 대신하여 여러 가족의 생계를 책임지고 있는 여자 같은 것을 말한다. 따라서 결혼을 하여 남편이 있다고 하더라도 시어머니 밑에서 당자가 없더라도 그 가정생활에 별 영향이 없을 때는 가정의 주축이라고는 할 수 없다.

문: 조선에서는 여자의 국민등록은 전면적으로 실시하지 않는 듯한데?

답: 그렇다. 일본과는 다른 특수한 사정이 있으므로 일반적으로 등록하지 않고 12세 이상 40세 미만의 기능자로서 중등학교 정도의 광공계 학교 졸업자 또는 실력과 경험에 의하여 광산 기술자, 전기 기술자, 전기통신 기술자, 기계 기술자, 항공 기술자, 조선 기술자, 화학 기술자, 요업(窯業) 기술자, 목공 기술자, 토목 기술자, 건축 기술자, 기상(氣像) 기술자 등으로서 현직에 취업하고 있는 자, 또는 일찍이 일한 적이 있는 자만을 요신고자로 하고 있다.

실제로는 적은 범위

문: 그러면 현재 조선에서 정신대의 대상이 될 자는 얼마나 되는가?

답: 조선에 「여자정신근로령」이 실시되어도 실제로 적용될 대상자는 극히 적은 범위에 지나지 않는다.

문: 국민등록자 이외의 자라도 지망에 의하여 정신대에 참가할 수 있는가?

답: 지원을 하는 때는 당연히 법령상 대원이 되는 것이다.

문: 본령과 「국민근로보국협력령」과의 관계는 어떠한가?

답: 「여자정신근로령」의 대상이 되지 않는 자라도 연령 14세 이상 25세 미만의 미혼자는

「국민근로보국협력령」에 의하여 그 협력명령이 있으면 1년에 통산 60일 이내로 근로에 복무할 의무가 있다.

문: 그러면 지난번 일본으로 송출한 여자정신대는 법령상으로 보아 어떻게 취급되는가?

답: 지난번 일본으로 출동한 여자정신대는 관청의 지도·장려에 의한 관이 알선한 방법에 의한 것으로서 법령상의 명령에 의한 것은 아니었다.

근로기간은 1년

문: 정신근로의 기간은 어느 정도인가?

답: 관의 알선에 의한 여자정신대의 기간은 대개 2개년인데, 본령에 의한 기간은 1개년이다.

문: 어떠한 일에 종사하게 되는가?

답: 총동원 물자의 생산, 수리, 배급, 보관 등 여자에게 적당한 총동원 업무이다.

문: 국민등록자는 전부가 그 대상이 되는가?

답: 전부는 아니다. 「학도근로령」의 적용을 받는 자, 육해군 관아 또는 정부의 관리지정공장, 사업장의 종업원 및 법령에 의한 구금자 등은 당연 제외되는데, 이 외에 현재 중요한 총동원 업무에 종사하고 있는 자, 가정생활의 근축이 된 자, 병약자, 불구자 등은 그 지망에 의한 경우 외에는 제외하게 되었다.

불복하면 체형, 벌금

문: 정신근로 중에 있는 자는 1개년의 기간이 되지 않으면 상당한 이유가 있더라도 절대로 해제가 되지 않는가?

답: 그렇지 않다.

문: 그러면 어떠한 경우에 해제되는가? 구체적으로 말하면?

답: 가령 예를 들자면 당자의 혼담이 진척되어 곧 결혼을 하여 장차 가정의 근축이 된다든가, 근로를 감당하지 못할 병에 걸친 때, 혹은 가정의 근축이 되어 있는 언니가 출가를 하고 당자가 언니 대신으로 집안을 돌보아야 하는 부득이한 가정적인 사정이 생긴 때는 본인의 출원으로 간단히 해제된다.

문: 본령에 의한 정신대에 까닭 없이 참가하지 않는 경우는 어떻게 되는가?

답: 처음에 정신근로령서의 백지가 교부되는데, 그것을 받고도 출동하지 않는 자에 대해서는 취직령서가 계속해서 교부되고, 그래도 그 명령에 복종하지 않는 자는 「국가총동원법」에 의한 1년 이하의 징역 또는 1,000원 이하의 벌금에 처하게 된다. 또한 필요에 의해서는 긴요한 도수가 낮은 은행, 회사 등에 일하고 있는 자는 여자정신대에 가입 출동하도록 명령하는 경우도 있다.

발동은 적당한 때에

문: 조선에서는 본령을 곧 발동한 생각인가?

답: 조선은 일본과는 달라서 여러 가지 특수한 사정이 있으므로 지금 곧 발동은 하지 않을 방침이나 긴급한 전국을 감안하여 필요한 경우에는 적당한 때에 이를 발동하도록 태세를 갖추어 두려는 것이다.

문: 사무계통과 또는 그 외 특정한 부문에 대한 남자의 취업금지령(就業禁止令)은 실시할 터인가?

답: 그것을 법령으로 정식으로 결정하지는 않겠다. 즉 조선에서는 아직도 여자들의 교육 정도와 직업기능훈련 등 그 외 여러 가지 관계로 법적으로 그것을 결정하기는 곤란한 실정에 있다. 그러나 실제의 행정조치로서는 소위 불요불급(不要不急)한 부문의 남자 근로력은 될 수 있는 대로 전쟁에 직접 관계되는 중요산업 부문으로 옮기도록 지도 조치하여 나갈 터이다. 따라서 그와 같은 특별한 법령이 없더라도 금후에는 자연히 급속하게 그 성과를 거둘 수 있을 것이다.

자료 178

반도의 여자정신대, 시오다 광공국장 담화
국가는 여자의 힘을 기대한다
급속한 전력화에 매진

《경성일보》 1944년 8월 26일 3면 / 구분: 여자정신대

半島での女子挺身隊

國は待つ貴女の力

急速に戰力化へ邁進

鹽田鑛工局長談

期間は一ヶ年

參加しない場合は罰

續けこの勤勞の熱意に

남자를 대신하여 총후를 지키는 여자의 임무가 점점 가중되고 있는 가운데 정부가 결전비상조치(決戰非常措置)에 따라 여자정신대의 결성과 가입에 관한 법적 조치를 강구하여, 이번에 「여자정신근로령」을 공포하고 23일부로 시행에 들어갔는데, 이번에는 조선에서도 같은 날 시행하게 되었다. 이에 25일 시오다 광공국장은 조선에서 여자근로동원의 근본적인 취지와 이번 여자정신의 근로화, 생산화, 전력화를 급속하게 시행할 필요가 있다면서 다음과 같이 말했다.

이번에 내지에서 「여자정신근로령」이 공포·시행되면서 조선에서도 동시에 시행하게 되었는데, 그 취지에 관해서는 이미 여러분들도 잘 알고 있다. 즉 그동안 정부 당국의 지도·장려에 따라 남자를 대신한 총후의 근로를 계속하기 위해 여자근로정신대가 조직되어 증산에 헌신해 왔는데, 이번의 조치는 여자근로정신대에 법적 근거를 부여하여 필요한 경우에는 수시로 지방장관이 필요한 인원에 대해 영서를 교부하면 만 12세 이상 40세 미만의 여자를 정신대로 편성하여 출동시키고, 영서를 받은 자는 원칙적으로 1년간 근로정신의 임무를 지게 되는 것이다.

이로써 여자근로 태세의 정비와 강화를 꾀하는 동시에 급여, 대우, 기타 근로조건에 대해서도 특별히 고려하였다.

조선에서도 전통적으로 근로를 멸시하는 풍습이 있어서 여자의 근로가 드물었다. 그러나 중대한 전시하에서 일을 할 수 있는 자는 남자든 여자든 모두 근로함으로써 천황께 봉공하는 것이 제국신민으로서의 숭고한 사명이다. 물론 여자들도 국가의 요청에 따라 가능한 한 일을 해야만 하며 장래에 조선에서도 여자의 근로동원을 시행하는데, 가계의 주축이 아닌 여자는 필요한 경우에 근로에 몸을 바쳐야 한다.

그러나 조선은 내지와는 다른 사정이 있기 때문에 그 운영은 특별히 고려해야 한다. 이러한 때에 여자근로동원에 관한 나의 생각을 말하자면, 우선 남자 근로동원의 ■■를 생각해 봐야 한다.

그동안 조선에는 노동력이 풍부하다고 했는데, 노무의 공급원인 농촌의 경우 내지와 비교하여 아직 여유가 있다. 그러나 아직 능률이 낮아서 내지에서는 1년에 200일의 근로 생산화를 하고 있지만 조선에서는 100일밖에 일하지 않는다. 그래서 내지의 수준까지 가기 위해서는 농촌 노동력의 생산화가 필수적인데, 이를 위해서는 여러 날이 필요하다.

공장·광산에서도 마찬가지이다. 근로 수준을 높이고 남은 노동력을 전력화할 필요가 있는데, 여기에는 상당한 기간이 필요하다. 그래서 이 기간에 남자든 여자든 일정한 조직에 들어가서 자질을 연마하여 빠른 기간에 목표를 달성해야 한다.

한편 여자에 관하여 살펴보자면, 여자의 근로화도 아직 이루어지지 않은 상태이다. 내지에서는 사무직원이나 작업직원의 반수 이상을 여자로 대체하고 있는 곳도 있다. 가급적 남자를 여자로 대체한다는 방침인데, 조선에서는 아직도 농촌에서조차 여자가 일하지 않는다. 광공업 분야에서는 여자가 거의 취업하지 않는다고 할 수 있다.

이런 상태이기 때문에 내지에서는 남자의 취업을 금지하고 불요불급한 업무는 여자로 대체하고 있는데, 조선에서는 여자의 기능훈련과 교육이 부족하기 때문에 곧바로 무리하게 남자를 대체할 수는 없다. 따라서 남자의 취업 금지는 하지 않으면서 여자가 할 수 있는 일은 가급적 여자가 하게 하고 거기에 있던 남자를 중요산업 분야로 전출해야 한다. 여자의 근로동원은 이러한 사정이 있기 때문에 남자와 함께 부녀자의 근로를 급속하게 전력화하는 것이 핵심이다. 여자의 근로화, 생산화, 전력화의 각 단계를 급속하게 추진하는 것이 필요하다.

「여자정신근로령」을 조선에 실시하는 데 대해 시오다 농상(農商)국장[6]은 별도의 담화 후 기자와의 일문일답에서 다음과 같은 견해를 밝혔다.

문: 「여자정신근로령」에서 규정한 여자정신대의 대상은?

답: 「국민직업능력신고령」에 의하여 국민등록에 신고할 자, 즉 내지에서는 만 12세 이상 40세 미만의 여자가 된다.

문: 조선에서는 여자의 국민등록을 전면적으로 실시하지 않는 듯한데?

답: 내지와 달리 특수한 사정이 있으므로 일반적으로 등록하지 않고, 12세 이상 40세 미만의 기능자로서 중등학교 정도의 광공계 학교 졸업자 또는 실력과 경험에 의하여 광산 기술자, 전기 기술자, 전기통신 기술자, 기계 기술자, 항공 기술자, 조선(造船) 기술자, 화학 기술자, 요업(窯業) 기술자, 목공 기술자, 토목 기술자, 건축 기술자, 기상(氣像) 기술자

6 광공(鑛工)국장의 오기이다.

등으로서 현직에 있는 자, 또는 일찍이 일한 적이 있는 자만을 요신고자(要申告者)로 하고 있다.

문: 정신대의 대상이 될 자는 얼마나 되는가?

답: 현재 조선에 「여자정신근로령」을 실시하여도 대상자는 극히 적은 범위에 지나지 않는다.

문: 국민등록자 이외의 자라도 지망에 의하여 정신대에 참가할 수 있는가?

답: 지원을 하는 때는 당연히 법령상 대원이 되는 것이다.

문: 「여자정신근로령」과 「국민근로보국협력령」과의 관계는 어떠한가?

답: 「여자정신근로령」의 대상이 되지 않는 자라도 연령 14세 이상 25세 미만의 미혼인 여자는 「국민근로보국협력령」에 의하여 그 협력명령이 있으면 1년에 통산 60일 이내 근로에 복무할 의무가 있다.

문: 지난번 일본으로 송출한 여자정신대는 법령상 어떻게 취급되는가?

답: 지난번 일본으로 출동시킨 여자정신대는 관청의 지도·장려에 의한 관알선 방법이라서 법령상의 명령에 의한 것은 아니었다. (「여자정신근로령」은)[7] 필요한 경우에 상당한 법적 조치를 하도록 되어 있다.

문: 정신근로의 기간은?

답: 관알선에 의한 여자정신대의 기간은 대개 2개년인데 본령에 의한 기간은 1개년이다.

문: 종사하는 일은?

답: 총동원 물자의 생산, 수리, 배급, 보관 등 여자에게 적당한 총동원 업무이다.

문: 국민등록자는 전부 그 대상이 되는가?

답: 전부는 아니다. 「학도근로령」의 적용을 받는 자, 육해군 관아 또는 정부의 관리지정공장, 사업장의 종업원 및 법령에 의해 구금 중인 자 등은 당연 제외되는데, 이 외에 현재 중요한 총동원 업무에 종사하고 있는 자, 가정생활의 근축이 된 자, 병약자, 불구자 등은 그 지망에 의한 경우 외에는 제외된다.

문: 가정생활의 주축이 되는 자란 어떤 자를 가리키는가?

답: 주축이 되는 자의 해석은 일반사회의 통념상 ■■한 사람, 예를 들면, 모친이 사망하거

7 역자

나 또는 병으로 누워 있어서 당자가 모친을 대신하여 모든 생계를 책임지고 있는 자를 가리킨다.

문: 정신근로 중에 있는 자는 1개년의 기간이 되지 않으면 상당한 이유가 있더라도 절대로 해제가 되지 않는가?

답: 그렇지 않다.

문: 본령에 의한 정신대에 까닭 없이 참가하지 않는 경우는 어떻게 되는가?

답: 처음에 정신근로령서의 백지가 교부되는데 그것을 받고도 출동하지 않는 자에 대해서는 취직령서가 계속해서 교부되고, 그래도 그 명령에 복종하지 않는 자는 「국가총동원법」에 의한 1년 이하의 징역 또는 1,000원 이하의 벌금에 처하게 된다. 또한 필요에 의해서는 긴요도가 낮은 은행, 회사 등에 일하고 있는 자에게 여자정신대에 가입 출동하도록 명령하는 경우도 있다.

문: 조선에서 본령을 곧 발동하는가?

답: 조선은 일본과는 달라서 여러 가지 특수한 사정이 있으므로 지금 곧 발동은 하지 않을 방침이나 긴급한 전국을 감안하여 필요한 경우에는 적당한 때에 이를 발동하도록 태세를 갖추어 두려는 것이다.

자료 179

「여자정신근로령」
일본과 다른 적용 범위
일정한 기능을 가진 국민등록자에 국한
애국열의로 자진 참여하라

《매일신보》 1944년 8월 28일 2면 / 구분: 여자정신대

女子挺身勤勞令

內地와다른適用範圍

一定한技能을가진

國民登錄者에局限

愛國熱意로自進參加하라

지난 22일 정보국으로부터 발표된 「여자정신근로령」은 전국이 심각해진 오늘에 여자들도 남자나 다름없이 전쟁에 이기기 위한 일터로 나갈 것을 요청하는 결전시책에서 나오는 법령으로서 조선에도 당연히 실시될 것은 물론 어떤 범위로 어떻게 실시될 것이냐 하는 내용은 25일 시오다 광공국장이 신문기자와 일문일답을 하여 상세히 설명한 바 있으나, 일본과 조선과는 이 법령의 적용되는 범위가 다르다는 점을 잘 분간하지 못하고 일본에서 적용되는 범위와 혼동하는 편도 적지 않은 듯한데, 일본과 조선과는 어떻게 다른가 하는 점을 소개하면 다음과 같다.

조선에서 대상이 되는 자

첫째, 「여자정신근로령」의 적용을 받을 대상이 되는 「국민직업능력신고령」에 의한 국민등록자인 여자로 한하기로 되어 있다. 그런데 여자의 국민등록 내용이 일본과 조선이 다르므로 따라서 이번 「여자정신근로령」에 적용되는 내용도 다르게 된다. 즉 일본에서는 여자의 국민등록은 12살로부터 40세 미만인 여자 중에서 남편을 갖지 않은 여자와 일정한 기능자(技能者)를 등록에 신고하게 되어 있으나, 조선에서는 여자의 교육 정도 기타 사정이 일본과 다르다는 실정에 비추어 일정한 기능을 가진 자에 한하여 국민등록에 올리게 되어 있다. 즉 조선에서는 12세 이상 40세 미만의 여자 중에서 남편을 가졌건 안 가졌건 기능자로서 중등정도의 광공 계통의 학교를 졸업하였거나 또는 실력과 경험에 의하여 광산, 전기, 전기통신, 기계, 항공, 조선, 화학, 요업, 목공, 건축, 기상 등의 기술자로서 현직에 일하고 있던가, 또 일찍이 이런 일에 종사하고 있던 자에게만 한하여 등록하게 되어 있다. 즉 조선은 일본에 비하여 일정한 기능자를 제외하고는 아직 결혼을 안 했거나 이왕 결혼을 했던 여자라도 남편이 없으면 국민등록에서 빠진다. 이 점이 일본과 다른 점이다. 따라서 조선에서 「여자근로령」의 적용을 받을 여자는 「국민직업능력신고령」에 의한 기능자등록에 신고하여야 될 범위의 여자에 한하게 된다. 그러나 일정한 기능자라면 남편이 있건 없건 국민등록에 올라야 할 것은 일본이나 조선이나 마찬가지이다.

가정 근축자의 해석

다음에 「여자정신근로령」의 적용에서 제외되는 규정으로는 근로령 제15조에 '가정생활의 근축이 되는 자'를 제외한다는 것과 동령 시행규칙 제12조에 이미 정신대원이 된 자로서 '혼기(婚期)나 질병, 기타의 사유로 계속하여 정신하여 근로하기 곤란하다고 인정되는 때'는 면제를 받을 수 있다고 되어 있다. 이것을 바꾸어 말하면 일본에서는 남편을 갖지 않은 국민등록자로서 현재 중요산업 부문에서 일하는 자를 제외하고는 모두 이번 근로령의 적용을 받아야 하되, 한 가정의 살림을 꾸려 나가는 데 없어서는 안 될 사람이라고 인정되는 여자(즉 가정의 근축이 될 여자)나 또 정신대원이 되었다가도 혼인을 하게 되던가 병으로 일을 못하게 될 경우는 면제한다는 것이다.

후생성의 설명에도 있는 바와 같이 이 점은 주로 미혼여자를 많이 근로정신대에 나오도록 하자는 취지인 것을 알 수 있다. 그러나 조선에서는 당초부터 남편이 있건 없건 등록에 올려야 하는 일정한 기능자만이 이 근로령의 적용을 받게 되므로 대원이 되었다가 결혼하게 된다고 해서 반드시 면제되리라고 볼 수 없고 다만 가정생활에 없어서는 안 될 근축이 되는 여자만이 고려될 터인데 다만 앞으로 발표될 총독부의 시행규칙에 특별한 규정이 있거나 또는 조선의 「국민직업능력신고령」의 개정이 있을 때는 별 문제가 될 것이다. 그러나 전국이 더욱 긴박해지는 때를 당하여 능력만 있으면 남녀노소를 불문하고 그야말로 정신하여 근로하여야 할 때이므로 정신근로령의 적용 범위가 좁은 조선으로서는 종래의 「국민근로협력령」에 의하여 1년에 60일 간 14세부터 25세까지의 남편 없는 여자가 근로보국대로 나가는 외에 또 관청의 알선으로 이미 여자정신대에 나선 이외에 비록 이번 근로령의 해당자는 아닐지라도 자진하여 다수 정신대원으로 나설 것이 기대되고 있는 터이다.

자료 180

빛나는 건설의 괭이
반도 청년학도가 만주 건설에 근로봉사대로 몰려간다

《국민신보》 1941년 6월 22일 17면 / 구분: 학도근로동원

17 國民新報

揮ふ建設の鍬

半島青年學徒が繰出す

滿洲建設に勤勞奉仕隊

内地の青年學徒が組織する、滿洲建設勤勞奉仕隊におとらず、今年も半島から、青年班、學生特技隊が、建設の鍬をひつさげて七月下旬ごろから八月下旬にかけて約一ヶ月間間島省に勤勞の鍬をふるふことになりました

昨年第一回の青年學徒勤勞奉仕隊には、これに參加してゐた城大の一學生が、滿洲建設の尊い犧牲となつて、北滿の曠野に仆れ、白木の歸鄕をしましたが、第二回目の今年は、その尊い奉仕のやうなもので、悲壯な國家の犧牲の志をついで勤勞の大部隊を送ることになりました。

先ごろ學務局から近藤視學官が新京へ赴き、滿洲國關係の當局といろいろ準備の打合せを行つて來ましたが、その結果、まづ現地勤勞を一ヶ月間とし、昨年と同じやうに專門學校以上の學生を特技隊と、一般青年學生班の二つに分け、特技隊には、醫學、鑛山、農業關係の學生を選び、一般學生班には、大學、專門學校、師範學校の學生を選んで、それぐ\班に應じて農業の開發、牧畜、土木改良、醫療、獸醫、操[?]防、治療など、あらゆる角度から、建設の鍬とメスをふるつて、學生の雄渾たる意氣を示さうといふのです。

また、これと共に、各道から、農村青年を選んで、朝鮮青年班が參加して、建設の鍬をふるふことになつてゐます。約一ヶ月間の奉仕を了へますと、一行は、ハルビン、新京、奉天、撫順など、各地の戰跡を見學し滿洲國建設の礎石となつて戰つた、勇士の偉業を偲ぶことになりました。

編成と陣容は次のとほり

京畿隊二三、忠北隊一〇、忠南隊一五、全北隊一六、全南隊二四、慶北隊二四、慶南隊二二、黄海隊一八、平南隊一六、平北隊二〇、江原隊二一、咸南隊一八、咸北隊一三、朝鮮隊長、副隊長各一、中隊長一二

（學生特技隊）城大醫學部、京城醫專、同高工、水原高農、大邱醫專、平壤醫專、セブランス醫專各五、京城鑛山、大同工專三 指導者八、計四十八

（一般學生班）城大、同豫科各五、法專、高商、普專、延專、惠專、京師、大師、平師、全師、光師、京城[illegible]專、國學專各四 指導教員四、計六十二

滿洲國と打合せをすませて來つた近藤視學官は來年はもつと送りたいと次のやうに語られました

「學生の滿洲國勤勞奉仕は今年で二回目だが、昨年はソ滿國境で城大の三年生が疾病のため一人犧牲者となつた、文化の功用性に鑑みて戰死として遇してゐる。

昨年は滿洲國側との連絡がやゝ圓滑をかいたゝめ今年は先月五月上旬打合せをしに渡滿し十五日歸つて來たが、滿洲國側から大部隊を送れないのが遺憾だ、來年はその點も考慮してもつと大きな奉仕隊を送りたいと思つてゐる」

일본의 청년학도가 조직한 만주건설근로봉사대(滿洲建設勤勞奉仕隊)에 뒤지지 않도록 올해도 반도에서 청년반(靑年班), 학생특기대(學生特技隊)가 건설의 괭이를 걸어 매고, 7월 하순경부터 8월 하순에 걸쳐 약 1개월 간 간도성(間島省)에서 구슬땀의 괭이질을 하게 되었다.

작년 제1회 청년학도근로봉사대에서는 이에 참가했던 경성제국대의 한 학생이 만주 건설 과정에서 희생되어 만주의 광야에서 죽어 귀향했는데, 두 번째인 금년에는 그 죽음의 봉사같이 비장한 희생의 뜻을 이어 대부분 근로에 나서게 되었다.

최근에 학무국(學務局)의 곤도(近藤) 시학관(視學官)이 신징(新京)에 가서 만주국의 관계 당국과 여러 가지 협의를 하고 온 결과, 우선 현지근로를 1개월간 하기로 하고, 작년과 마찬가지로 전문학교 이상의 학생을 특기대로, 일반 청년은 학생반으로 양분했다. 특기대에는 의학, 광산, 농업 관련 학생을 선발하고, 일반 학생반에는 대학, 전문학교, 사범학교의 학생을 선발하여, 각각의 반에 따라서 농업의 개발, 목축, 토목 개량, 의료, 수의(獸醫), 예방, 치료 등의 모든 방면에서 건설의 괭이와 실력을 발휘하고 학생의 발랄한 의기를 보이기로 했다.

또한 이와 함께 각도에서 농촌청년을 선발하여 조선청년반이 참가하는 건설의 괭이질을 하게 되었다.

약 1개월간의 봉사를 끝마치면, 일행은 하얼빈, 신징, 펑톈(奉天), 뤼순(旅順) 등 각지의 전적지(戰跡地)를 견학하며 용사의 위업을 기억하고, 만주국 건설의 초석이 되어 해산한다.

편성과 배속은 다음과 같다.

경기대 23, 충북대 10, 충남대 15, 전북대 16, 전남대 24, 경북대 24, 경남대 22, 황해대 18, 평남대 16, 평북대 20, 강원대 21, 함남대 18, 함북대 13, 조선대장 1명, 부대장 1명, 중대장 12명

학생특기대

경성제국대 의학부, 경성의전 공대, 수원고등농림학교, 대구의전, 평양의전, 세브란스의전 각 5명씩, 경성광산전문학교(京城鑛山) 2명, 대동공업전문학교(大同工專) 3명, 지도자 8명, 계 48명

일반학생대

경성제국대, 동 예과 각 5명씩, 경성법학전문학교, 경성고등상업학교, 보성전문학교, 연희전문학

교, 혜화전문학교, 경성사범학교, 대구사범학교, 평양사범학교, 전주사범학교, 광주사범학교, 경성 치과의전, 동 의전 각 4명씩

지도교원 4명, 계 62명

만주국과 협의를 마치고 온 곤도 시학관은 내년에는 더 보내겠다며, 다음과 같이 말했다.

"학생 만주국 근로봉사대는 금년에 2번째인데, 작년에는 소련-만주 국경에서 경성제국대의 3학년 학생이 질병 때문에 1명 희생되었는데, 문화의 공용성(功用性)에 비추어 전사로 우대하고 있다.

작년에는 만주국 측과 다소 연락이 원활하지 않았기 때문에 금년에는 지난달인 5월 상순 협의차 만주로 건너가 15일에 돌아왔다. 예산 제약 때문에 대부분을 보내지 못하는 것이 유감이다. 내년에는 이 점을 고려하여 좀 더 대규모의 봉사대를 보내려고 생각 중이다."

자료 181

식량 증산 첨병으로 일본에서의 체험을 활용 농업보국청년대 경성에 안착, 해단식

《매일신보》 1942년 7월 12일 2면 / 구분: 청년근로동원

食糧增産尖兵으로
內地의體驗을活用
農業報國靑年隊京城에安着解團式

國語講習所에
道知事의

일본의 긴키(近畿) 지방 미에현의 응소(應召)농가에 파견되어 한 달 동안 땀의 봉사를 한 다음 성지를 순배하고 돌아온 조선농업보국대 일행 113명은 11일 아침 9시 40분(연착) 경성역 도착 열차로 한 사람의 낙오자도 없이 원기왕성하게 돌아왔다.

일동은 곧 조선신궁을 참배한 다음 오전 11시부터 총독부 정면 뜰에서 거행된 해단식에 나아갔다.

식은 다나가 정무총감 임석하에 국민의례로 시작되어, 전남반 야스다(安田) 반장의 귀환 보고가 있은 다음 부대 기(旗) 반환, 기념장 수여에 이어 정무총감으로부터 훈시가 있었다.

"오랫동안 대단히 수고를 하였다. 일본의 선진 영농법에 대한 체험과 성지를 순배한 감격을 충분히 살려서 대동아전쟁하 조선이 지고 있는 식량 증산의 큰 사명을 다하기에 전력을 기울이기 바란다. 해마다 일본 농촌으로 파견하는 목적은 조선에 돌아와서 농촌의 중견 지도자로서 일할 수 있는 수련을 쌓게 하는 데 있는 것을 깊이 인식하고 조선 농촌의 추진력이 되어 식량 증산에 힘쓰기를 바란다."

이러한 뜻의 훈시에 일동은 오랫동안의 피로도 한꺼번에 회복된 듯 감격과 결의를 새로이 하였다. 총감의 선찬으로 성수(聖壽) 만세를 봉창하고, 식을 마친 일행은 정오부터 부민관 강당에서 열리는 환영회에 나아간 다음 오후 1시부터 체험 발표로 전부의 일정을 마치고, 오후 4시 이후에 해산하여 각각 자기 고향으로 돌아갈 터이다.

(사진은 총독부 광장에 도착하여 해단식을 거행하는 보국대)

자료 182

학업에서 단련으로
금일부터 방학, 일제히 근로작업
남녀 학도들 총진군

《매일신보》 1942년 7월 22일 2면 / 구분: 학도근로동원

學業에서 鍛鍊으로
今日부터 放學、一齊勤勞作業
男女學徒들總進軍

展開된夏期鍛鍊
라듸오體操、街頭健步、集團勤勞
石田厚生局長令辭에激勵放送

法令解釋이首位

22일부터 시작된 초중등학교의 하기휴가로써 대학전문을 비롯한 반도의 전 학원은 1학기의 수업을 마치고 하기휴가로 들어갔다. 그러나 대동아 전설의 지도자로서 장래 국가의 중견이 되어 봉공해야 할 이들 학도에게는 벌써 '방학'이라는 관념은 청산된 지 오래다. 반도의 학도들은 '방학'에서 '심신단련'으로 총진군을 개시하게 되었고, 여기서 대학, 전문, 중등에 초등학교까지의 남자학도들은 휴가 중에 정성껏 근로봉사 작업을 실시하고, 여자학도들은 군의(軍衣) 재봉 등으로 귀한 땀을 흘려서 총후 학도의 정성을 바치는 동시에, 그들의 사기를 올리기로 된 것이다.

이에 따라 21일부터는 전 조선의 각 학교별로 근로봉사가 시작되었는데, 이날 경성에서는 조선신궁 성역에서 1,000여 명의 남자학도들이 청소작업을 실시하였고, 각 여학교에서는 각 학교 교실에서 군의 재봉을 하여 '하기단련'의 첫걸음을 내디뎠는데, 그 내용을 소개하면 다음과 같다.

▲대학전문 · 중등 남자

대학전문과 실업중등학교의 졸업반은 졸업 기간 단축 때문에 금년은 하기휴가 역시 3주일간 정도로 단축되었다. 그러나 이 3주일간도 실습 등으로 학교를 쉬지 않기로 하였으므로 졸업반은 방학 철폐나 다름이 없다. 그 외에 하급반과 중등학교에서도 휴가 중에는 2주일간 정도의 근로봉사작업을 실시하기로 되었다. 21일 오전 8시부터 조선신궁 경내에서는 경성부 내 전문중등학생 1,200여 명이 괭이와 비, 혹은 가위를 들고 근로작업을 하였다. 고등공업학교의 300명을 비롯한 경성법학전문학교, 경성사범학교, 선린상업학교, 경성영창학교, 경성원예학교 등 각 학교생도 등이었는데, 혹은 신궁 경내의 땅을 고르게 하는 작업에 땀을 흘리고 혹은 풀을 뽑으며 원예학교 생도 50명은 가위를 가지고 경내의 나무를 가다듬는 등 각기 학교에서 배운 전문적 기술을 기울여 오후 4시경까지 정성껏 귀중한 땀을 흘렸다. 이 밖에도 각 학교에서 근로작업은 실시되었는데 조선신궁 경내의 근로봉사는 7월 31일까지 계속될 것으로 여기에 2만의 대학전문 중등 남자학도가 동원되고, 8월 말에 제2차 봉사가 있을 터이다.

▲여자 중등

덜덜덜… 군국 여학도의 정성을 실은 재봉틀 바퀴가 기운차게 돌아간다. 다른 한편에서는 또 실밥마다 정성을 담은 손끝에 바늘이 재빠르게 옮기어 간다. 오늘부터 기다리는 방학이 시작되었건만 대낮에 더위도 잊고 또 감상적인 향수도 박차 버리고, 전시하 전의도 굳세게 봉사의 1주간을 보내기로 된 터이다.

경성부 내의 각 여학교에서는 3학년과 4학년생이 군에서 옷감을 가져다 이들의 속셔츠, 완장, 견장 또는 침구의 커버 등을 만들어 바치기로 하여 이 날부터 작업을 시작한 것이다.

수송정(壽松町) 숙명고등여학교에서도 이날 오전 8시부터 조선군의 완장과 베개의 커버를 만들기에 오후 3시까지 성스런 땀을 흘리고 있었다.

[사진 (上)은 조선신궁 경내의 근로봉사와 (下)는 숙명 고녀생의 재봉틀 작업]

자료 183

낙토 만주 개척의 첨병
청년의용대 진군 보
고이소 총독 임석, 어제 성대한 장행회

《매일신보》 1943년 11월 2일 3면 / 구분: 만주개척청년의용대

樂土滿洲開拓의尖兵

青年義勇隊進軍譜

小磯總督臨席 어제盛大한壯行會

◇滿洲開拓青年義勇隊員壯行會◇

開拓精神을總發揮

그대들의任務는

市街大行進

불타는 개척정신과 숭고한 왕도낙토(王道樂土) 건설의 깃발 아래에서 평상시에는 성스런 괭이를 잡고, 식량 증산에 매진하여 일단 풍운이 긴박할 때에는 북방 수호의 총검을 들어 망망한 대륙을 죽음의 결전장으로 삼으면서, 밤낮으로 순충보국의 지성을 폭발시키고 있는 반도 출신의 만주개척청년의용대(滿洲開拓青年義勇隊)는 선만일여(鮮滿一如)의 정신대이며, 국책 완수의 첨병이다. 이제 1938년도에 파견되는 영예의 의용대원들은 전 조선 각지에서 뽑히고 뽑힌 정예 청년 127명으로서 그동안 세포(洗浦)훈련소에서 3개월, 우치하라(内原)훈련소에서 4개월씩 각각 철저한 훈련을 쌓았으므로, 그들은 가을도 짙은 11월 1일 아침에 고이소 총독 임석하에 총독부 정면 현관 앞에서 엄숙하고 장중한 장행식(壯行式)을 거행하여, 결전하 대륙 개척의 기백을 한층 앙양시켰다.

이날 총독부 앞 넓은 마당에는 각반, 전투모로 몸차림도 늠름하게 단속한 우리들의 의용대원은 각각 반으로 나누어 대열을 지어 숙연히 정렬하였다. 중앙현관에 드리워 놓은 커다란 일장기가 아침 햇볕을 받고 한층 찬연히 빛난다.

정각 10시 반 고이소 총독, 하다(波田) 연맹총장, 단게(丹下) 경무국장, 만척(滿拓) 이사 손영목(孫永穆) 씨 등 관민 다수와 조선이주협회(朝鮮移住協會) 관계자가 참석하고, 장중한 악대의 취악으로 개식되어 일동은 동쪽을 향하여 경건하게 궁성을 요배하고 묵도와 국가합창이 끝나자 고이소 총독이 천천히 중앙 단상에 나타났다. 우렁찬 주악 속에 모든 눈은 일제히 총독을 향하여 주목한다. 대원들의 선두에는 광영과 전통에 빛나는 대기(隊旗)를 중심에 두고, 양쪽에 봉지(奉持)한 일만(日滿) 양 국기가 가을바람을 받고 호기 있게 휘날린다.

"여러분은 일반 개척민과 함께 식량 증산의 임무를 맡은 것뿐만 아니라 또한 강건한 둔전병(屯田兵)으로서 북방 수호의 사명을 가진 것이다."

총독의 입에서 한 마디 한 마디 힘찬 말이 흘러나와서 탄환과 같이 대원들의 가슴을 꿰뚫는다.

"여러분은 수많은 반도 청년들 중에서 뽑히고 뽑혀 대원이 되어 소정의 훈련을 마치고 이제야 그리던 땅 만주로의 장도에 오르게 된다. 여러분들에 대한 일만 양국의 기대가 극히 크다는 점에 비추어 약간의 부탁을 하여 제군들을 보내는 전별로 하겠다."

총독의 말에 숨소리 하나 없이 숙연히 귀를 기울이는 대원들 모두 한 가지 이상과 한 가지 결의에 엉키어 대륙 개척의 불타는 정열이 식장을 열 겹 스무 겹 에워싼다.

▲첫째는 시국을 인식하여 확고부동의 신념에 살아라.

▲둘째는 사람과 사람 사이에 화(和)를 얻어라.

▲셋째는 건강에 주의하여라.

총독의 훈시는 때로는 자모와 같이 따뜻하게 때로는 엄부와 같이 준엄하게 약 20분간에 걸쳐 계속되었다. 그 후 고(高) 경기도지사(대독), 다나카(田中) 조선이주협회장[야사사와(山沢) 동협회이사 대독], 만척경성지사장[손(孫) 이사 대독]의 열렬한 축사와 각 도지사로부터 온 격려 전보의 피로가 있은 후 미쓰이(三井永寛) 군이 일동을 대표하여 감격에 떨리는 중에도 원기 있는 어조로 "목숨을 나라에 바치고 대륙을 분묘(墳墓)의 땅으로 삼아 우리들은 개척청년의용대원들의 책무를 반드시 완수하여 국가의 기대에 어그러짐이 없겠습니다"라고 힘찬 답사를 한 후 계속하여 의용대 강령(綱領)의 제창, 황국신민서사 제송과 총독의 발성으로 천지가 진동할 듯이 만세를 봉창한 후 동 11시 50분에 이 식이 끝났다.

자료 184

[사설] 응징학도의 입소

《매일신보》 1943년 12월 7일 1면 / 구분: 응징학도

1. 특별지원병에 지원하지 않았던 학도는 지난 5일 응징전사(應徵戰士)로서 훈련소에 입소하였다.

비록 여러 가지 사정으로 말미암아 영예로운 군문에는 나아가지 못하였지만 그들 미지원 학도도 유구한 3천 년의 빛나는 역사를 가진 대일본제국의 신민이다. 다 같이 끝없이 넓고 넓은 황은(皇恩)을 입고 있는 황국신민으로서 어찌 나라를 위하는 지성에 있어 남보다 뒤짐이 있으랴. 그들의 혈관에도 애국의 뜨거운 피가 들끓고 있을 것이며, 그들의 머리에도 원대한 포부가 있을 것이다. 뜨거운 피가 흘러넘치고 원대한 포부를 가진 그들로서 어찌 비국민, 사회의 낙오자라는 낙인이 찍혀 가만히 있을 수 있으랴. 이번에 이들 미지원 학도를 산업전사로서 부르신 것은 그들에게 또 다시 봉공의 길을 열어주신 것이며, 오명을 씻을 기회를 내려주신 것이다. 결코 징벌하기 위한 징용이 아니다. 응징학도 제군은 이것을 기회로 삼아 맡은 바 임무에 정성을 다하여 황은에 대해서 만분의 일이라도 보답하라.

2. 주지하는 바와 같이 현재의 전국(戰局)은 소모(消耗)에 대한 보급, 보급에 대한 총후 생산력의 증강을 최대한도로 요구하고 있다. 총후 생산력이 증대하면 그만치 제1선의 전력은 증강되며, 감소하면 또한 그만큼 감퇴된다. 군수생산의 비약적 증강과 수송·보급의 완벽한 기하지 않고서는 반격해 오는 적, 미영을 쳐부술 수 없다. 우리에게는 세계에서 가장 용감무쌍한 황군장병이 있다. 그러나 이들에게 비행기와 탄환과 함선을 충분히 보급하지 못한다면, 도저히 소기의 승리를 확보키 어렵다. 따라서 전쟁의 승부는 전력 증강의 여하에 달렸다. 전산일여(戰産一如)의 문자 그대로 생산이 즉 전쟁이다. 총후의 직장에서 또 생산 확충에 분투하는 것은 제1선에서 장병이 총탄을 휘두르고 싸우는 것과 같다. 응징학도는 자기가 가진 망치와 곡괭이가 일선 장병의 총과 칼에 해당하고, 자기의 책무가 전장에 나선 장병의 책무와 같다는 것을 깨달아야 한다.

3. 응징학도 제군은 앞으로 2주간의 훈련으로써 적을 섬멸하겠다는 기백과 진충보국의 정열과 항상 전장의 각오를 굳게 하여 황민적 수련을 쌓으라. 제군의 학우는 생사를 불원하고 대군(大君)의 방패로서 성업의 달성에 동참한다. 제군도 모름지기 생사를 염두에 두지 않는 마음으로 산업전선에 나아가야만 비로소 제군의 면목이 설 것이다. 또한 제군의 학우가 나

아가는 제1선에는 ■■■■로 몹시 어려운 경우도 있다. 일선 장병이 이것을 능히 참고서 산업전사인 제군도 비록 어떠한 곤란과 고통이 높다고 할지라도 군국을 위한 생산을 위해서는 이것을 참는 각오와 결심을 가져야 한다. 제군은 군국의 특별한 경우를 받아 축적된 수양과 학직(學職) 기능을 각자 맡은 직무에 경주함으로써 일반 생산 전사의 모범이 되겠다는 생각을 잠깐이라도 잊어버리지 말라. 그리고 응징학도의 부형들도 제위의 자제가 비록 영예로운 군문에는 나아가지 못했을지라도 산업전사로서 폐하의 부르심에 응한 것이라는 것을 생각하여, 이 영광스러운 은전에 감읍하라. 조금도 염려하지 말고 제위의 자제가 폐하의 적자(赤子)로서, 국가의 동량(棟樑)으로서, 나라를 위하여 나아가는 길을 격려하고 용기를 북돋아 주어라.

몸도 마음도 가볍게
응징학도 증산전에 나아가다

《부산일보》 1944년 1월 29일 3면 / 구분: 응징학도

身も心も晴やかに
應徵學徒增産戰へゆく

【京城電話】去る十五日京城第一志願兵訓練所に入所して二週間の訓練を終へた第二次朝鮮學徒修了式は廿八日午前十時から京城府外の同訓練所において小磯總督、大野學務局長、日笠學務課長以下臨席の下に擧行された第一次徴用に洩れた學徒兵として志願しながら銓衡檢査に應じなかった學徒〇〇名は今般第二次徴用學徒として決戰生産の第一線に加はるための準備訓練を受け增産戰士として決戰生産戰に出陣するのだ
嚴肅な國民儀禮の後海田所長の式辭があり學徒應徵者として出發せんとする覺悟につき小磯總督の訓示があつて皇國臣民の誓詞齊唱後同十一時過ぎ式を閉ぢた

[illegible]

[경성 전화] 지난 15일 경성 제1지원병훈련소에 입소하여 2주간의 훈련을 마친 제2차 조선학도 수료식이 28일 오전 10시부터 경성부 외곽의 동 훈련소에서 고이소 총독, 오노 학무국장, 히카사(日笠) 학무과장 이하 임석하에 거행되었다.

제1차 징용에서 빠진 학도학병으로서 지원했지만 전형검사에서 응시하지 않았던 학도 ■■명이 이번 제2차 징용학도로서 결전 생산의 제1선에 참여하기 위해 준비훈련을 받고 증산전사로서 결전 생산전으로 출진하는 것이다.

엄숙한 국민의례 다음에 가이타(海田) 소장의 식사(式辭)가 있고, 응징학도로서 출발하려는 각오에 대해 고이소 총독의 훈시가 있었는데, 황국신민의 서사(誓詞) 제창 후 11시 넘어 식이 끝났다.

자료 186

떠나보내는 총독의 훈시
응징학도 용감하게 생산전으로 나아가다
싸우는 공장에서 우승기
작업화, 비누도 특별배급

《부산일보》 1944년 2월 23일 1면 / 구분: 응징학도

代理人を出す場合

裁判所が調停

餞けに總督の訓示

應徵學徒勇躍生産場へ

「戰ふ工場」に優勝旗

地下足袋、石鹼も特配

[경성 전화] 하얀색의 응소영장을 받고서 결전 생산에 정신하겠다고, 제3차 학도 ○○명이 지난 17일부터 1주일간의 훈련을 마치고 수료식을 거행하였다. 하루 귀성했다가 곧 지정된 공장에 배속되어 증산전에 참가하게 된다. 고이소 총독은 22일 오후 1시 반 경성부 외곽 공덕리(孔德里)의 지원병훈련소를 찾아 증산전사로 출발하려는 조선학도 앞에서 격려의 훈시를 하여 커다란 감명을 안겨 주었다.

산업전사의 정신적인 지도와 물심양면의 측면으로 원조하여 생산 목표의 책임제를 돌파하겠다는 책임감을 주입함으로써 더욱 전력 증강에 기여하게 하기 위해 북부산서(北釜山署)에서는 기존의 측면적 지도를 일소하고, 주도적인 방법으로서 일단 생산전사의 의지 앙양과 시국 인식의 철저를 기하기로 했다. 이를 위해 22일부터 동 관내 주요 공장에서 간담회를 개최하여 전 공원에게 생산에 지장이 없는 범위에서 출근시간, 휴식 또는 퇴근시간을 합리적으로 이용하는 방법을 물어보고, 회사 관계자를 불러 모아 어떻게 하면 최고의 효율을 올릴 수 있을까, 어떤 방법으로 생산책임제를 돌파할 지 등 매우 간명하게 설명하는 등 공원의 요구와 회사가 앞으로 해야 할 방침 등에 대해 구체적인 방법을 청취하였다.

또한 방어, 방호, 방첩 등 철저한 시책을 하여 우수한 산업전사에게는 봄가을 2차례 우승기(優勝旗) 또는 생활필수물자인 타월, 작업화, 비누, 기타 상품을 수여하고, 최고 능률을 올리도록 하였다. 이러한 주요 공장의 지도가 일단 끝나면 순차적으로 나머지 공장에서도 같은 취지의 철저한 지도를 실시하여, 생산력 증강에 기여하게 될 것이다.

자료 187

조선학도동원 학교별 기준
학행 일체 철저 구현
근로가 곧 수업이라는 이념 강조

《매일신보》 1944년 4월 28일 1면 / 구분: 학도근로동원

朝鮮學徒動員校別基準

學行一體徹底具顯

勤勞即教授의理念强調

"1일 완급(緩急)에는 의용봉공(義勇奉公)하여서 천양무궁(天壤無窮)의 황운(皇運)을 부익(扶翼)하라." 새로운 교육 칙어의 정신을 몸으로 받들어 국민학교 4학년 이상 대학에 이르기까지 반도 250만 남녀학도를 직접 전력 증강에 배치하고자 총독부에서는 '학도동원비상조치에 기반한 학도동원실시요강에 의한 학교별 학도동원기준'을 결정하여, 28일 정무총감 통첩으로 각 도지사와 경성제국대 총장, 관공사립 전문학교 및 사범학교장에게 시달하였다. 그리고 이날부로 「조선총독부학도동원본부규정(朝鮮總督府學徒動員本府規程)」을 훈령으로 발표하여 본부에는 정무총감을 본부장으로 하는 '조선총독부학도동원본부'를 설치하여, 학도동원의 통일적 운영과 경성제국대 이하 관공사립 전문학교 및 사범학교의 통제기관으로 하였다. 각도에는 도지사를 본부장으로 하는 '도학도동원본부'를 설치하게 하여 중등 이하의 학도동원 운영기관으로 하였다.

동원 실시 기준은 대학·고등·전문학교 이공계와 공업학교는 최종 학년은 졸업 후 취업처에 분산 배치하고, 그 이하는 1학년을 지역적 집단 배치로 하여 군수(軍需) 증산에 전 학년을 동원한다. 문과계와 사범학교, 농업학교, 중학교는 국방시설과 식량 증산에, 여자학교는 학교설비를 재봉과 기타 간이 공장으로 바꿔 그 학교에 동원하는 것을 원칙으로 한다. 국민학교 4학년 이상은 심신발달을 고려하여 식량 증산 같은 적당한 작업에 동원하는데, 학도동원을 받아들이는 공장 등의 준비태세 정비를 기다려 5월 말부터 개시할 예정이다.

학도동원의 중요성에 비추어 고이소 총독은 특히 각 도지사, 관립학교장, 공사립전문학교장에게 훈령을 내려, 학도의 근로동원으로 행학일체의 전통에 입각하여, 근로가 곧 수업이며 훈련이라는 취지를 강조하고 동원의 실제를 담당하는 학교 당국자는 교육의 완성과 생산효율 증강을 기하도록 가장 주도면밀한 준비를 할 것. 출동하는 학도는 실제 수련과 전력 증강의 결실을 올리고, 반도의 근로태세 일신(一新)의 계기가 되어, 평소의 학문 수련과 무도 연마라는 성과를 유감없이 발휘하도록 훈시하였다.

자료 188

학도근로동원출동요령 발표 받아들이는 공장 만전의 준비 직할학교 전부 7월 1일 실시

《매일신보》 1944년 6월 27일 1면 / 구분: 학도근로동원

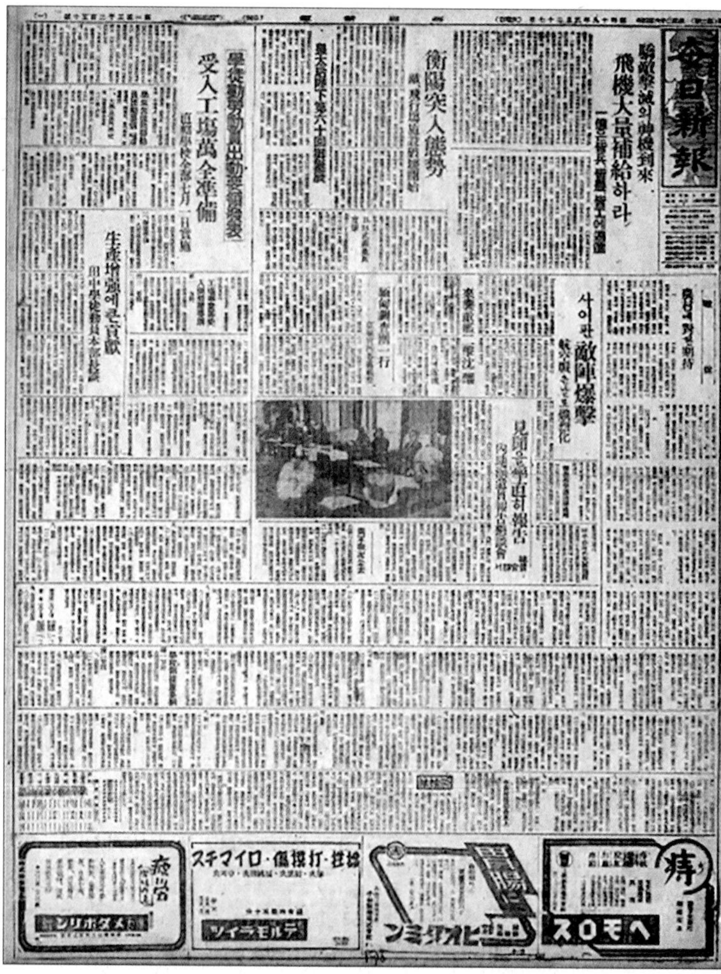

每日新報

飛機大量補給하라

衡陽突入態勢

學徒勤勞動員出動要領發表

受入工場萬全準備

直轄學校全部七月一日實施

生産增强에 큰 貢獻

사이판 敵陣爆擊

'근로'가 곧 '교육'이라는 전시교육의 사명을 완수하고 학도로 하여금 국내 생산전에 동원하여 결전 전투력 증강에 정신봉공(挺身奉公)하게 하는 학도근로동원의 기본 요강을 지난 4월 28일부 총독훈련으로 발표하였고, 이의 중용성에 비추어 총독부에서는 같은 날 정무총감을 본부장으로 하는 '학도동원본부'를 설치하고, 실제 출동 요령에 관하여 신중히 검토한 결과, 다음을 결정하였다.

1. 대학 학부 및 동 예과, 전문학교, 사범학교 등 직할 학교의 학생과 생도의 근로동원 출동 요령
2. 공장, 사업장 등 학도근로동원을 받아들이는 측의 조치에 관한 요강
3. 공장, 사업장 등에 학교근로동원을 보내는 학교 측의 조치 요강

다나카 학도동원본부장 담화와 함께 26일부로 다음과 같이 발표하고, 오는 7월 1일부터 동원배치를 활발하게 시행하기로 하였다. 이번의 전문학교 이상의 학급으로 동원되는 학도는 약 4,000명에 달한다. 중등학교와 ■학교 이하의 국민학교 고학년 생도의 동원은 이 요령에 준하여 각도에서 실시한다.

학생생도근로동원출동요령 직할학교(대학 학부, 대학 예과, 전문학교, 사범학교)

1. 대학 및 전문학교

갑 이과계 학생생도

(1) 광공업계

3학년 재적자는 약 350명으로서 전공학과에 따라 졸업 후의 취업과 관련성을 갖게 하여 따로 동원 실시 중이다.

2학년 재적자 약 280명은 조선연구소, 총독부 직속 공장, 조병창(造兵廠)과 기타 직속 공장, 광산사업장 등에 대해 대체로 지역적 집단적 배치를 한다.

(2) 농림 및 수산업계

- 농림

3학년(졸업학년), 2학년 재적자는 약 160명으로서 그 전공 학과에 따라 식량 증산,

농업 토목, 가축의 증산 및 방역 등에 동원한다.

- 수산

4학년(졸업학년), 3학년, 2학년 재적자는 180명으로서 어로, 수산제조, 전매국(專賣局) ■■공장 등에 동원한다.

(3) 의학 및 치과의학 관련

4학년(졸업학년), 3학년 재적자는 약 1,070명으로 도립 의원, ■■■부설 의원, 위생치료소 등에 배치한다.

(4) 약학

3학년(졸업학년), 2학년 재적자는 약 230명으로서 주석산(酒石酸) 제조공장, 병원, 전매국 공장 등에 배치한다.

을 문과계 학생생도

3학년(졸업학년) 재적자는 약 200명으로서 교통국, ■■국, 도부군에 배치하고, 2학년 재적자는 약 400명으로서 군 공장 등에 배치한다(따로 벌써 동원 중인 경성제대 예과를 제외함).

2. 사범학교

1) 본과 및 심상고등학교 및 강습과는 국민학교 동원의 결원이 상당히 다수를 ■■함에 비추어 국민학교에 ■■으로 동원한다.

2) 저학년에 대해서는 식량 증산 방면에 동원한다.

공장사업장 등 받아들이는 측 조치 요강

1. 방침

대동아전쟁 결전의 현 단계를 감안하여 학도동원 배치에 대한 학도동원실시요강에 의하여 학도의 진충 지성과 근로가 곧 교육의 본뜻에 철저하여, 학도근로동원의 적극적이고도 유효적절한 운영을 기할 받아들이는 측의 태세를 확립할 것.

2. 요령

1) 협력신청(청구)

(1) 학교총력대(學校總力隊)의 협력신청(청구)은 당분간 국민개로보국협력령(國民皆勞報國協力令)에 근거한 협력신청(청구)서에 따르며, 대학고등전문학교 및 사범학교의 학교총력대의 출동에 관해서는 조선총독에게, 신청학교 이하의 출동에 관해서는 도지사에게 제출할 것. 국민개로보국협력령에 따르지 못하는 것에 관해서도 이에 준하는 수속에 따를 것. 학교총력대의 할당 배치에 관해서는 학교 측의 희망을 참작할 것.

(2) 협력신청(청구)은 참으로 필요한 최소한도로 하고, 또 배치할 작업에 관하여 상세한 구체 계획을 미리 작성해 둘 것.

(3) 통근할 수 있는 거리 내의 학교로부터 협력을 받지 못하게 되는 경우에는 숙박시설을 준비하여 신청(청구)서에 그 취지를 명기할 것.

(4) 근로를 받을 작업장은 원칙적으로 공업 관련 대학전문학교 3학년 이외는 거의 학급 또는 학년에 상응하는 정도의 것을 단위로 할 것.

2) 받아들이는 준비

(1) 학교총력대의 동원이 결정되었을 때는 학교 당국과 긴밀히 사전연락을 할 것.

(2) 동원 중인 학교 측과의 연락자를 특정하여 학교와의 연락을 담당하게 할 것.

(3) 사전연락을 해야 할 사항은 다음과 같다.■■

- 작업내용
- 근로시간, ■■급여, 출동 근로조건
- 숙박 상황, 보건시설, 특히 의료에 관한 설비
- 기타 필요한 사항

(4) 사전에 담당 직원을 학교로 파견하여 교직원과 협력하여 출동할 학도에 대하여 필요한 예비지식을 줄 것. 그리고 필요한 경우에는 예비훈련을 실시할 것.

(5) 학도동원 수입전임담당자, 작업지도자, 작업지도보조원, 기타 담당직원을 선임할 것.

(6) 일반종업원 및 작업지도자 등에 대하여 미리 학교, 총력대 ■■취지를 철저하게 주지시켜, 이들의 취급과 대우에 유감이 없기를 기하는 동시에 학도근로에 정신하

려는 지성의 정가 시들게 하거나 또는 학도의 교육훈련에 악영향을 끼치는 듯한 일이 절대로 없도록 할 것.

3) 대원의 신분과 취급

(1) 장래의 취직을 참작하여 분■하여 배치된 자는 직원으로 대우할 것.

(2) 학교 교직원은 간부 직원에 준하는 등 상당한 처우를 할 것.

(3) 장기적으로 동원되는 학도는 받아들이는 측에 공제(共濟)시설이 있을 때는 여기에 가입하도록 조치할 것.

4) 교육훈련에 대한 협력

(1) 받아들이는 측은 항상 학도의 근로동원은 근로가 곧 교육이라는 본뜻을 이해하고 파견책임 교직원과 협력하여 학도의 교육훈련에 지장이 없도록 할 것.

(2) 받아들이는 측은 근로시간 중 군사교육, 교수, 훈육 등을 위하여 1주일에 6시간을 원칙으로 하는 시간을 설치할 것. 그리고 작업시간, 체조시간, 휴일 등 모든 시간을 활용하기로 하고 받아들이는 측은 이에 협력할 것. 작업의 정황에 따라 위의 시간을 적절하게 집약하거나 또는 분산적으로 실시할 수 있도록 조치할 것.

5) 근로협력에 관한 지도 감독

(1) 학도의 출결, 근태, 의지의 양양, 기타 근로협력에 관한 정신지도와 신분상의 감독은 파견책임 교직원이 이를 행하게 하고 받아들이는 측은 이에 긴밀히 연계할 것

(2) 학도가 작업할 때의 지도와 취업시간, 휴식, 휴일, 위해(危害) 방지 등에 관한 근로관리의 지도 감독은 미리 파견책임 교직원과 협의하여 받아들이는 측에서 정한 작업지도 담당자가 이를 행할 것.

(3) 근로를 개시할 때는 작업의 종류에 따라 될 수 있는 한 일정한 교육훈련 기한을 설정하여 파견책임 교직원과 일체가 되어 작업과 근로생활을 습득하도록 지도할 것.

6) 근무

(1) 동일 학교의 총력대 대원은 될수록 집단으로 동일한 작업장소에서 작업하도록 조치하고, 부득이 작업장소를 나눌 때는 이에 따르는 부반(部班) 조직에 따라 근무시키도록 할 것. 특히 여자학도는 남자종업원 또는 남자학도가 혼재하여 작업시키지 말 것.

(2) 학도의 능력, 건강상태, 숙련도 등을 고려하여 상황에 따라 근무의 종류 및 장소를 변경할 것.

(3) 1일의 근무시간은 일반종업원과 동등하게 취급하는 것을 원칙으로 함. 10시간(휴식 등의 시간을 포함함) 이내를 원칙으로 하여 잔업을 시킬 때에도 12시간을 초과하지 않을 것. 또 학도의 연령, 성별 및 작업의 성질 등에 따르는 동시에 작업이 익숙하지 못한 기간에는 적절히 단축할 것. 교통상황 등을 감안하여 필요한 때는 통근시간을 안배할 것.

(4) 교대제에 따라 심야(오후 10시부터 다음날 아침 오전 5시까지) 작업은 남자에게만 이를 부과할 수 있으나 출근 후 2개월간은 이것을 부과하지 말 것.

(5) 여자학도와 중등학교 3학년 이하의 남자학도에 대해서는 위의 심야 작업이나 잔업을 부과하지 말 것.

(6) 휴가는 일반종업원과 동일하지만 작업에 익숙하지 않은 기간에는 가급적 주휴(週休)로 할 것.

7) 재해의 방지, 질병의 예방 및 재해 질병의 조치

(1) 재해방지설비를 완전하게 하고, 설비가 불완전하거나 유해·유독한 장소에서 작업시키지 말 것.

(2) 대원의 안전교육을 철저히 하는 동시에 파견책임 교직원과 협력하여 재해방지에 힘쓸 것.

(3) 학도의 보건, 위생 구호에 관하여 필요한 시설을 정비하는 동시에 항상 학도의 피로, 기타 심신의 상황에 유의하여 질병과 사고방지에 힘쓸 것.

(4) 사망, 부상, 질병 등의 사고에 대해서는 받아들이는 측에서 '조선총독부노무자알선요강(朝鮮總督府勞務者斡旋要綱)'에서 정한 부조를 하고, 그 조치는 신속하고 성심성의껏 할 것. 사망했을 때의 조위금은 별표의 기준에 따를 것. 위의 부조 등을 할 때에는 조의, 치료, 위로와 기타 성심껏 하고 정신적인 배려를 할 것.

(5) 대원의 사망, 기타 중대한 사고는 곧 학교나 감독관청 및 부형에게 가급적 상세히 보고할 것.

8) 숙박, 기타 설비

(1) 통근할 수 없을 때 대원의 숙박시설은 받아들이는 측에서 할 것.

(2) 숙박은 일반종업원과 구별하여 파견책임 교직원이 동거하여 한데 수용할 것. 특히 여자대원에게는 반드시 여자전용숙소에 수용하고 또 여자에게 필요한 시설을 정비할 것.

(3) 학도에 대한 숙박 시의 생활훈련은 파견책임 교직원이 담당하기로 하고, 받아들이는 측은 이에 협력할 것.

(4) 숙박 중에는 특히 보건, 위생, 기강 등에 대하여 유감이 없도록 조치할 것.

(5) 숙박이 장기가 될 때는 교육훈련, 수양, 오락, 휴양의 설비도 정비할 것.

(6) 변소는 대체로 다음의 표준에 따라 설비할 것. 특히 여자대원의 경우에는 반드시 여자전용으로 할 것.

		남자	여자
작업장	50명당 대변소	1	2
	50명당 소변소	2	
숙소	20명당 대변소	2	2
	20명당 소변소	1	

9) 식사, 기타 급여

(1) 식량 등은 일반종업원과 대체로 동등하게 급여할 것이나 자세한 사항은 나중에 농상국(農商局)에서 지시할 터이므로 이에 따를 것.

(2) 협력에 대하여 필요한 작업용품류(작업복, 작업모, 작업화, 수건 등)은 가급적 현물 지급 또는 대여로 하고 또 일반종업원과 동일하게 할 것.

10) 보상

(1) 학도근로에 대한 보상은 학도 각자에 대한 노무의 보수가 아니고 학교총력정신봉공의 협동작업에 대하여 납부하는 것으로써 일괄하여 학교총력대에 납부할 것.

(2) 보상은 기본보상과 특별보상의 2종류로 할 것.

(3) 기본보상은 대략 별표의 두 가지 기준에 따라 산정할 것.

(4) 특별보상은 받아들이는 측의 일반종업원에 대하여 잔업수당, 심야 작업수당, 상여 또는 임시의 급여를 지급하는 기준에 따라 이를 납부할 것. 그리고 협력이 종료된 때에는 근로의 상황, 근로기간에 따라 일반종업원에 준하는 금액을 납부할 것. 특별보상은 별표의 두 가지 기준에 따라서 산정할 것.

(5) 받아들이는 측은 매월 일정 기일에 기본보상과 특별보상을 구별하여 명세서를 첨부하여 일괄적으로 학교총력대장에게 납부할 것.

11) 실비 변상

(1) 통근에 필요한 교통비는 받아들이는 측에서 부담할 수 있는 한 대원에게 정기권을 구입하여 교부할 것.

(2) 숙박의 경우 학교 소재지와 작업장과 왕복 여비(3등 요금, 필요하면 급행료, 도시락 값, 도중의 숙박비)는 받아들이는 측에서 실비를 부담할 것. 도시락 값은 1식에 대하여 50전을 표준으로 할 것.

(3) 대원의 부모처자가 사망(위독한 경우를 포함함)할 때에 대원이 귀성할 경우에는 왕복 여비를 지급하고, 대원이 위독하거나 사망한 때에 가족이 출두할 경우에는 가족 2인에 한하여 왕복 여비와 필요한 체재기간 중의 체재비를 받아들이는 측에서 지급할 것.

12) 기타

(1) 조선총독부 또는 도지사가 필요하다고 인정할 경우에는 출동 중인 학교총력대의 협력을 취소할 수 있다.

(2) 대원의 양호, 특히 질병, 부상 등에 대한 조치에 관해서는 파견책임 교직원의 지시에 따라 주도면밀한 조치를 강구할 것.

(3) 학교에서 근로협력 출동을 함에 있어 신체검사를 실시할 경우에는 될 수 있는 한 받아들이는 측이 직원 등을 파견하여 협력할 것. 그리고 근로협력 기간 중에도 학교 측과 일체가 되어 정기적으로 결핵에 중점을 두고 신체검사를 실시하여 그 결과에 따라 근로양호의 일체적 취급에 적정을 기할 것.

(4) 파견책임 교직원에 대하여는 교통비, 여비, 기타 필요한 경비는 별도 지시에 따라 받아들이는 측에서 부담할 것.

13) 부칙

받아들이는 측에 본 요강을 따르기 곤란한 사정이 있는 경우에는 학교 측과 협의하여 따로 정할 수 있다.

학교 측 조치 요강

1. 방침

대동아전쟁 결전의 현 단계에 비추어 학도동원비상조치요강에 근거한 학도동원실시요강에 따라 학도의 진충과 지성, 근로가 곧 교육이라는 본뜻에 철저한 학도근로동원의 적극적이며 또한 유효적절한 운영을 기하고자 학교 측의 태세를 확립함.

2. 요령

1) 출근 준비

(1) 학교총력대의 출동명령이 내려진 때는 학교교원 중에서 연락자를 특정하고, 곧바로 받아들이는 측과 긴밀하게 사전연락을 할 것.

(2) 관련 교직원을 파견하여 작업장, 숙소 등에 대한 실지 시찰을 한 다음 받아들이는 측의 전임담당자와 협력하여 출동할 대원에 대하여 작업의 종류, 내용 등에 대한 예비지식을 주고 또한 출동에 필요한 주의를 할 것.

(3) 학도에 대하여 ■■ 미리 신체검사를 실시하고, 출동의 적합 여부, 종사할 작업에 대한 배당 등을 결정할 것. 또 신체검사는 받아들이는 측의 장소에서 실시해도 좋다고 하며, 신체검사의 비용은 받아들이는 측에서 부담하게 할 것.

(4) 학교장은 출동할 때에 파견책임 교직원과 보조 교직원을 선정하고, 이들 교직원과 출동할 학도에 대하여 필요한 지시를 할 것. 위의 파견 교직원은 대략 대원 50명당 1명을 기준으로 할 것.

(5) 대원은 출동 중에 학교총력대원의 표식을 붙이고, 또한 기강을 문란하게 하는 일이 없도록 유의하게 할 것.

2) 일반 지도 감독

(1) 파견 교직원은 솔선수범, 진두지휘하고 받아들이는 측의 책임자의 협력을 얻어 학도의 교육훈련에 문제가 없도록 할 것.

(2) 학도로 하여금 항상 생산의 국가적 의의를 자각하고, 학도근로동원의 취지에 철저하여 일반종업원과 협력일치, 근로에 정신하게 하는 동시에 헌신봉공, 진충보국의 지성을 경도하여, 그 교양과 규율에 따라 작업장을 명랑하게 하도록 지도에 완벽을 기할 것.

(3) 특히 국방시설사업장, 군 관련 공장 등에 관해서는 기밀의 유지와 방첩에 유의하여 대원으로 하여금 작업내용, 생산량 등 기밀에 관한 사항에 대하여 절대 누설함이 없도록 엄중히 지도 감독할 것.

3) 근로협력에 관한 지도 감독

(1) 학도의 출결, 근태, 의지의 앙양, 기타 정신지도와 신분상의 감독은 받아들이는 측의 전임 담당자와 긴밀한 연계하에 파견책임 교직원이 할 것.

(2) 학도가 작업할 때의 지도와 취업시간, 휴식, 휴일, 위해 방지 등에 관한 근로관리의 지도 감독은 받아들이는 측의 작업지도 담당자가 이를 하게 되므로 파견책임 교직원은 이에 협력할 것.

(3) 근로를 개시할 때는 작업의 종류에 따라 되도록 일정한 교육훈련 기한을 설정하도록 받아들이는 측과 협의하여 파견책임교직원으로 하여금 받아들이는 측의 지도자와 일체가 되어 작업과 근로생활에 익숙하도록 지도할 것.

4) 근무

동일 학교의 총력대 대원은 될수록 집단으로 동일한 작업장소에서 작업하도록 받아들이는 측과 협의하고 부득이하여 작업장소를 분리할 경우에는 이에 따르는 부반 조직을 편성하여 근무하게 할 것.

5) 재해의 방지, 질병의 예방과 재해 질병의 조치

(1) 대원의 안전교육을 철저히 하는 동시에 항상 작업지도자와 협력하여 재해 방지에 힘쓸 것.

(2) 항상 학도의 피로, 기타 심신의 상황에 유의하여 질병의 예방, 사고의 방지에 힘쓸 것.

(3) 대원의 사망, 기타 중대한 사고는 곧 감독관청 및 부형에게 보고할 것.

6) 숙박

(1) 숙박하는 경우는 반드시 파견책임 교직원을 동거하게 하여 숙박할 것.

(2) 숙박 시의 학도의 생활훈련을 파견책임 교직원이 담당할 것.

(3) 숙박 중에 특히 보건, 위생, 풍기 등에 대하여 맹서(盟誓)하고, 단체생활의 수련을 쌓도록 지도할 것.

7) 보상경리

(1) 학도에게 근로에 대한 보상은 가족 각자에 대한 노무의 보상이 아니고, 학교총력대정신봉공의 협동작업에 대한 것이므로 일괄하여 학교총력대에서 수납할 것. 보상은 공장사업장 등이 학도근로동원수입측조치요강에서 지시한 기준에 따를 것.

(2) 근로기간 중 학도의 수업료와 기타 교육상 학도로부터 징수하는 경비는 보상금 중에서 징수할 수 있는 범위에서 이것을 징수할 것.

(3) 위의 경비를 공제하고 잔여가 있을 때는 별표의 표준에 따라 학교총력대장이 동원학도에게 교부하고, 또 잔여가 있을 때는 먼저 학교총력연맹에 이를 보관하고 그 처치에 대해서는 별도로 이를 지시할 것.

(4) 보상은 학교총력연맹의 특별회계로 하여 이를 경리하고, 그 경리를 위하여 전임 담당자를 선임하고 그 수지명세서를 작성시켜 그 경리를 적정하게 할 것.

(5) 보상경리는 매년 1월과 6월 조선총독부(학무국) 또는 도에 그 수지명세서를 보고할 것.

(6) 조선총독부와 도는 보상경리에 관하여 수시로 실지감사를 하고 또 보고를 받을 것.

8) 기타

학교장은 학도의 양호에 대하여 파견책임 교직원으로 하여금 받아들이는 측과 전임 담당자와 연락하여 주도면밀한 주의를 하게 하는 동시에 근로협력 기간 중 받아들이는 측으로 하여금 정기적으로 결핵에 중점을 둔 신체검사를 실시하게 하고, 그 결과에 따라 근로양호의 일체적 취급에 적정을 기할 것.

9) 부칙

받아들이는 측 조치 요강 2. 요령 13) 부칙에 따라 협의가 있을 때는 받아들이는 측과 협의하여 실제 상황에 따른 조치를 강구할 것.

노무동원과 관련한 신문기사는 아래 표와 같다.

자료번호	신문기사 제목	신문	게재 연월일	쪽수
189	인적 통제의 최고 수단 흥아근로봉사령(가칭) 드디어 금주 중에 최종적 조정	경성일보	1939.5.2.	878
190	전시노무자동원령(가칭) 14일 총동원심의회에 부의 결정 가급적 신속하게 실시	경성일보	1939.6.10.	880
191	「국민징용령」 공포 조선은 10월 1일부터	경성일보	1939.7.8.	882
192	국민개로의 법령 오늘부터 「근로보국협력령」 실시	매일신보	1941.12.1.	884
193	개로의 기풍 거양 총동원체제를 강화 「국민근로보국협력령」 시행에 즈음하여 오노 총감 담화	경성일보	1941.12.2.	886
194	노무의 내지 공출 본 부 새로이 방침 수립	경성일보	1941.12.7.	890
195	긴급한 국가사업에 종사 응징자와 가족에게는 특별한 은전 이시다 후생국장 담	매일신보	1942.1.9.	892
196	반도 청년들의 광영 「국민징용령」 드디어 발동 만일 기피하면 1년 이하의 징역	매일신보	1942.1.9.	894
197	사설 「국민징용령」 발동	매일신보	1942.1.10.	896
198	개정징용령 8월 1일 실시 복무령은 10일 공포 예정	경성일보	1943.7.31.	898
199	사장징용 머지않아 실시 오늘 「응징사복무규율」 공포	경성일보	1943.8.10.	900
200	징용근로 이념 확립 「응징사복무규율」 제정	매일신보	1943.8.17.	902
201	공장 사업주를 징용 오늘 영서전달식 거행	경성일보	1943.8.20.	906
202	징용된 반도 출신 전사 줄었다가 늘은 체중 "그대까지 잃어서 싸우는 1억이다"	매일신보	1944.1.28.	911

203	노무관리와 징용 에구치(江口) 광공국장 일문일답 풍부한 반도 노무 급원 근로관념, 보국관념 향상이 필요	매일신보	1944.2.1.	916
204	반도 노무전사 동원 국가의 요청에 부응	매일신보	1944.2.3.	918
205	'직기'는 '군기'이다 응징사에 전진훈 7개조	경성일보	1944.2.8.	921
206	근로관리 쇄신 일반징용은 수시 실시	매일신보	1944.2.9.	925
207	산업군단의 첨병 충성 일관 중책 다하라 고이소 총독 고사	매일신보	1944.2.9.	928
208	현원징용 수발동 중요 공장·광산에 실시 간부 이하 전원 응징 멸적증산전 추진 어제, 각처에서 영달식 거행	매일신보	1944.2.9.	930
209	생산 증강 거듭 맹세 북선에서도 징용령서 전달식 거행	매일신보	1944.2.11.	932
210	솔선모범이 되도록 총독, 징용학도에 훈시	경성일보	1944.2.23.	934
211	공장 · 광산 종업원에게 제2차 현원징용 오늘 영서 교부식 거행	경성일보	1944.4.8.	938
212	일반징용 8월부터 실시 용약 응하려는 영예 국가적 책무 중대	경성일보	1944.6.20.	940
213	응징사의 가족원호 국민근로동원원호회 설립	매일신보	1944.8.19.	943
214	결전증산총돌격 일정 연령층 징용 개시(상)	매일신보	1944.8.23.	945

자료 189

인적 통제의 최고 수단 흥아근로봉사령(가칭) 드디어 금주 중에 최종적 조정

《경성일보》 1939년 5월 2일 석간 1면 / 구분: 노무자

人的統制の最高手段

興亞勤勞奉仕令(假稱)

愈よ今週中に最後的調整

[도쿄전화] 총동원법 제4조에 근거한 「국민징용령」 발동에 대해서는 조항이 인적 통일의 최고도의 수단으로 그 영향을 주는 곳도 심대하기에 이 발동 준비에 관하여 후생, 육해군, 기획 관계 각 당국 간 극히 신중하게 조사연구를 진행하고 있었는데, 긴급사태에 있어서의 노동 조정이 몹시 곤란한 현재 정세에 있어서는 동조항의 발동도 또한 어쩔 수 없다고 통감하기에 이르러 이미 후생성에서는 입안 준비의 「국민징용령」에 대해 드디어 이번 주 중에 관계 각 당국에서 그 최종■■을 하기로 했다. 그리하여 징용령의 발동을 가장 필요로 하는 ■■ 극히 소 범위의 범주에 한정되어 있어서 동령 발동을 보았을 경우에도 노동단체에 대해서는 가능한 한 현재의 직업소개소 기능을 활용하는 방침이고, 후생성은 동령으로 노동조절대책의 비장의 수단과 같은 관료 독선주의적 경향을 피해 총동원체제에 있어서 ■■의 중요성 산업전사에 대한 사회 주요대책의 필요성을 모든 방법을 다해 이해 철저하게 하는 것으로 되어 있다. 따라서 동령도 '흥아근로봉사령' 기타 적당한 명칭을 고려 중이라고 하는 바와 같이 극히 친밀한 명칭을 붙여 현재 징용령과 같이 널리 국민들에게 이해되고 사랑받는 법령으로 하려는 의향이다.

자료 190

전시노무자동원령(가칭) 14일 총동원심의회에 부의 결정 가급적 신속하게 실시

《경성일보》 1939년 6월 10일 석간 1면 / 구분: 노무자

戰時勞務者動員令(假稱)
十四日總動員審議會に附議決定
可及的速かに實施

要申告者を徵用

唯一の救濟 安定資金

[도쿄전화] 정부는 시국의 진전에 ■하기 위해 먼저 생산력확충계획안과 물자동원계획을 완성하고 물적 총동원체계를 정비하였지만 나아가 이 계획 수행상 긴요한 업무인 노동력 확충 및 노무자 수급 조절을 꾀하기 위해 드디어 신민징용에 관한 「국가총동원법」 제4조를 발동하기도 했다. 이전부터 기획원을 중심으로 육해군, 후생, 대장, ■■, ■■ 각 성 간에 이 시행에 관한 칙령안 요항의 입안을 서두르고 있었다가 드디어 성안을 얻기에 이르러 오는 14일 오후 1시 반부터 수상관저에서 국가총동원심의회를 개최, 이를 부의하여 정식 결정한 다음 가급적 신속하게 공포 실시하기로 했다. 이 칙령안은 '전시노무자동원령'(가칭)이라고 하며, 국가가 직업소개, 기타 모집 방법으로 필요한 인원을 얻을 수 없는 경우에 한하여 신민을 징용하여 총동원 업무에 종사시키는 것으로, 이 징용사무는 후생대신이 주관하는 것으로 되어 있다. 그리고 신민징용에 관한 규정은 다음과 같다.

> 「국가총동원법」 제4조
>
> 정부는 전시에 있어서 국가총동원 상 필요할 때는 칙령이 정하는 바에 따라 제국신민을 징용하여 총동원 업무에 종사시킬 수 있다. 단 「병역법」의 적용을 방해하지 않는다.

요신고자를 징용

[도쿄전화] 「국가총동원법」 제4조에 근거한 신민징용에 관한 시행 칙령안 요항은 14일 국가총동원심의회에 부의되어 결정되는데, 이번에 발동을 보는 것은 제4조 중 당분간 국가 주요 사업장의 총동원 업무에 한정되어, 동법 제21조 「국민직업능력신고령」에 규정된 요신고자를 징용하려는 것이다. 정부로서는 사태의 추이를 보면서, 지방공공단체 또는 총동원법 제13조에 따라 정부가 관리하는 공장, 사업장, 선박, 기타 관리시설에서의 총동원 업무에도 확대할 방침으로 기획원, 후생성, 기타 관계 당국은 준비를 추진하고 있으므로, 결국 총동원법 제4조는 점차 전면적으로 그 발동을 보게 될 것이다.

자료 191

「국민징용령」 공포 조선은 10월 1일부터

《경성일보》 1939년 7월 8일 조간 1면 / 구분: 노무자

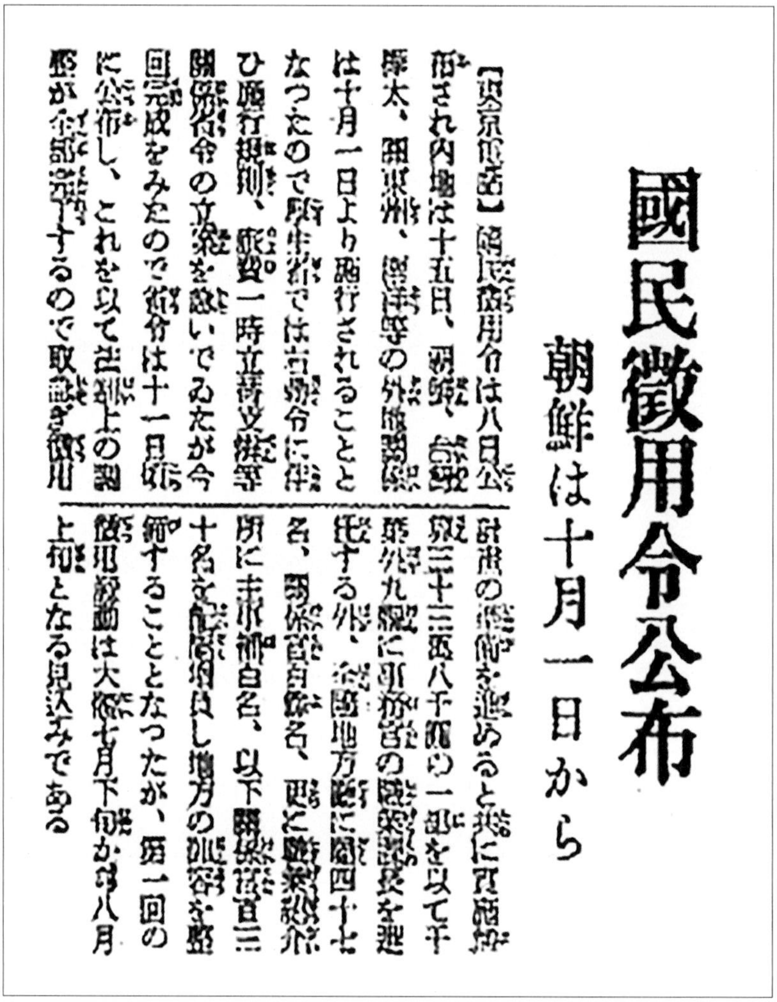

國民徵用令公布
朝鮮は十月一日から

【東京電話】國民徴用令は八日公布され内地は十五日、朝鮮、台灣、樺太、南洋群島等の外地[illegible]は十月一日より施行されることとなつたので總督府では右徴用令に伴ひ施行規則、[illegible]一時立替支辨等關係府令の立案を急いでゐたが今回完成をみたので府令は十一日頃に公布し、これを以て[illegible]上の[illegible]整が全部完了するので取敢ず徴用計畫の[illegible]を進めると共に[illegible]三十三萬八千[illegible]の一部を以て[illegible]九[illegible]に[illegible]の[illegible]を[illegible]する外、[illegible]地方[illegible]に[illegible]四十七名、[illegible]名、[illegible]と[illegible]所に[illegible]百名、以下[illegible]三十名を[illegible]し[illegible]の[illegible]を[illegible]することとなつたが、第一回の徴用[illegible]は大[illegible]七月下旬か[illegible]八月上旬となる見込みである

[도쿄전화] 「국민징용령」은 8일 공포되어 내지는 15일, 조선, 대만, 화태(사할린), 관동주, 남양 등 외지 관계는 10월 1일부터 시행하게 되었기에, 후생성에서는 이 칙령에 따른 시행규칙, 여비 일시 대불 지변 등 관계 성령의 입안을 서두르고 있었는데, 이번에 완성하였기에 성령은 11일경 공포하고 이로서 법제상 조정이 모두 완료한다. 우선 징용계획의 준비를 진행함과 동시에 실시예산 33만 8,000엔의 일부를 가지고, 치바 외 9개 현에 사무관 직업과장을 선임하고 전국 지방청에 47명, 관계관 100여명, 그리고 직업소개소에 주사보 100명, 이하 관계관 130명을 배속, 증원하여 지방의 진용을 정비하게 되었다. 제1회 징용 발동은 대체로 7월 하순이나 8월 상순이 될 예정이다.

자료 192

국민개로의 법령 오늘부터 「근로보국협력령」 실시

《매일신보》 1941년12월 1일 2면 / 구분: 노무자

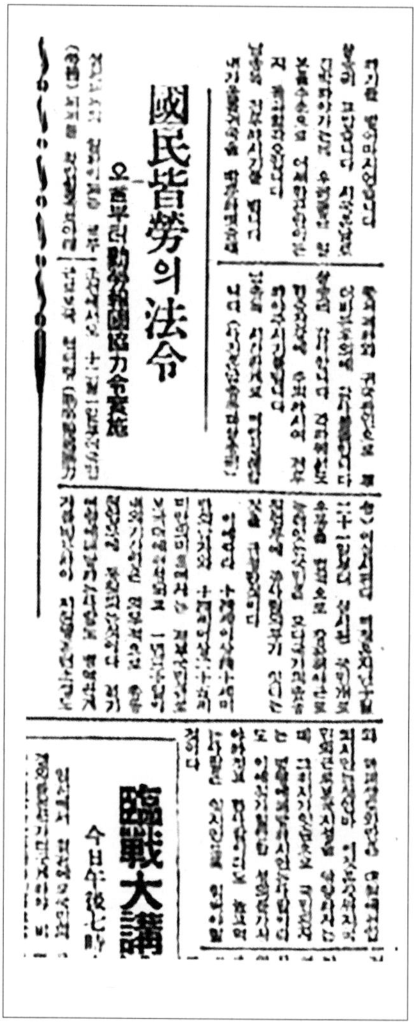
國民皆勞의 法令

오늘부터 勤勞報國協力令實施

臨戰大講

今日午後七時

결전체제의 일환이 되는 노무체제를 확립할 목표 아래, 조선에서도 12월 1일부터 「국민근로보국협력령」이 실시된다. 이것은 지난 10월 21일부터 실시된 국민개로운동을 법적으로 강화해야 근로능력 있는 국민은 모두 국가의 총동원 업무에 종사할 의무가 있다는 것을 규정한 것이다.

이에 따라 14세 이상 40세 미만의 남자와 14세 이상 25세 미만의 여자는 전부 국민근로보국대에 편성되고, 1년 30일 내의 기간만은 의무적으로 총동원 업무에 동원되는 것이다. 전기 연령에 해당하는 사람도 병역관계자를 비롯하여 지원병 훈련소 생도와 학교 생도만은 대원에 편입되지 않는 것인바, 이것은 끝까지 국민의 근로보국지성을 앙양하자는데 그 취지가 있음으로 국민 된 자는 명령에 해당하지 않은 사람이라도 이에 참가할 만한 성의를 가져야 하겠고 한 사람이라도 놀고먹는 사람은 있지 않도록 힘써야 할 것이다.

자료 193

개로의 기풍 거양, 총동원체제 강화
「국민근로보국협력령」 시행에 즈음하여 오노총감 담화

《경성일보》 1941년12월2일 석간 1면 / 구분: 노무자

一年に卅日

勤勞報國協力令內容

厚生局長談

皆勞の氣風擧揚

總動員體制を强化

國民勤勞報國協力令施行に際し 大野總監談

大野總監談

決戰體制の

국민근로운동을 뒷받침하는 「국민근로보국협력령」은 12월 1일부터 내 · 외지 동시에 실시되었는데, 본 제도는 전시하의 노무긴급대책에 따른 획기적인 제도로 일본 국민으로 하여금 근로능력이 있는 자는 모두 일정 기간 특정의 중요 업무에 대 조직에 의해 협력하는 의무를 지게 된 것이다. 본령 실시에 대해 본 부 별항과 같이 오노 정무총감 담화를 발표, 국민의 협력을 요청함과 동시에 이시다 후생국장 담화로 동령의 취지를 설명하는 부분이 있었다.

오노 총감 담화

정부에서는 이번 사변 발발 이래 군수 및 생산력 확충산업, 기타 중요산업 부문에서의 소요 노동력의 충족을 기하기 위해 노무동원계획을 설정하고, 동시에 그 실시의 원활을 기하고자 「국가총동원법」에 근거한 각종 노무관계법령을 시행해 왔습니다. 최근 급박한 국제정세 하에 결전체제의 정비 강화에 매진하는 것이 긴절(緊切)해지기에 이르렀습니다.

결전체제의 일환이 되는 노무체제에 대해서는 정부에서 노무긴급대책을 수립하여 착실하게 실시에 옮겼습니다. 지난번 내·외지에서 전개된 국민개로운동은 본 대책 실시의 소지를 배양하여 그 효과를 거양하는 데 만전을 기하고자 한 것입니다. 오늘 자로 내·외지 동시에 시행되는 「국민근로보국협력령」도 위의 노무긴급대책에 의거한 획기적인 제도로 일본신민으로서 근로 능력이 있는 자는 모두 일정 기간 특정한 중요업무에 대 조직으로 협력할 의무를 진다고 규정되어 있습니다. 그리하여 본 제도는 일단 법령의 형식이 돼 있습니다만 그 전제이자 요청하는 것은 어디까지나 국민의 순국적인 지성이자 봉사 정신입니다.

다시 말해서 본령이 목적하는 주요 사항은 우선 첫째로 전 국민에게 시국의 중대성을 인식시켜 국가의식에 기반한 근로보국정신을 확립하여 국민개로의 기풍과 실효를 거양함으로써 총동원체제의 확립 강화에 이바지하는 데 있습니다. 두 번째로 전시하 중요산업 부문에서의 노동력 부족의 현상을 돌아보아 그런 사태를 완화하기 위해 국가의 유휴 노동력 및 비교적 중요도가 낮은 직역에 있는 노동력을 활용하여 노무동원의 원활한 운영을 기하고자 하는 것입니다. 세 번째의 목적은 종래 각 지방에서 국민총력연맹, 학교, 혹은 청년단 기타 단체 등에서 근로봉사를 실시해 왔습니다만, 그들 각종 근로봉사를 본령에 따라 원칙으로서 일원적으로 종합 조정하여 더욱 노무의 유효적절한 활용을 꾀하고자 하는 데 있습니다.

특히 한 말씀 덧붙이고 싶은 것은 조선에서의 국민개로운동 실시에 따라 국민총력연맹 지도하에 조직된 근로보국대와 본령에 의한 국민근로보국대와의 관계입니다. 현재 연맹의 근로보국대는 본령 실시를 예상하여 그 운용을 원활하게 하기 위한 목적으로 민중운동으로서 결성된 것입니다. 이 양자는 결코 모순되거나 저촉되지 않으며, 본령에 따른 국민근로보국대가 편성될 경우에 연맹의 근로보국대 조직 및 훈련은 가장 유효하게 활용될 성질의 것입니다. 또 본령에 따라 국민근로보국대가 종사해야 하는 업무는 총동원 업무에 한정되어 있어 이 중요한 업무에 협력할 때 조직에 의한 근로봉사에 대해서는 원칙적으로 본령에 따라 통합하여 하나로 할 방침입니다. 이것 외에도 연맹 지도에 의한 근로보국대의 활동 분야는 극히 넓습니다.

국민은 이상의 취지를 잘 양해하여 현하 초 비상시국에 있어서 각 국민이 그 근로를 통해 국가에 봉사하고 이로써 황운을 부익(扶翼) 참으로 황국신민으로서의 책무이자 영예임을 깊이 생각하여 본령의 실효가 유감없이 발양되도록 충분히 협력 있기를 열망하는 바입니다.

1년에 30일
근로보국협력령 내용

후생국장 담화

오늘 「국민근로보국협력령」과 동령 시행규칙이 시행된 바, 그 취지의 개요에 대해서는 별도로 정무총감이 담화를 발표하셨습니다만, 본령 내용에 대해 그 개요를 말씀드리겠습니다.

1. 본령은 「국가총동원법」 제5조 규정에 의거, 국민으로 하여금 총동원 업무에 국민개로보국대에 의해 협력하는 경우의 칙령입니다.
2. 국민근로보국대에 의해 협력하는 업무는 총동원 물자의 생산, 수리, 배급에 관한 업무 및 국가총동원상 필요한 운수, 통신, 위생, 구호 등에 관한 업무와 군수상 특히 필요한 토목건축 업무 등으로 이들 업무 중 비교적 숙련이 필요 없고 단기 작업을 주로 대상으로 하는 것입니다. 예를 들면, 농번기의 농촌 노무의 보충, 광산의 갱외 작업 또는 군사상 특히 필요한 토목건축 사업 중 간이한 작업 등입니다.
3. 본령의 적용을 받는 자는 제국신민으로 연령 14세 이상 40세 미만의 남자와 14세 이상 25세 미만의 여자입니다. 그러나 위의 연령 범위 외의 자라 하더라도 지원으로 근로보국대에 참가할 수가 있고, 그것이 오히려 바람직합니다. 이상의 조건에 해당하더라도 (1) 육해군 군인으로 현역 중이 자와 소집 중인 자, (2) 육해군 학생생도, (3) 조선총독부 육군병지원자훈련소 생도, (4) 육해군 군속, (5) 징용 중인 자, (6) 군 관아 또는 조선총독이 지정하는 공장사업장에서 군사상 필요한 총동원 업무에 종사하는 자, (7) 법령에 따라 구금 중인 자 등은 국민근로보국대에 참가시키는 것이 부적당하기에 이를

제외하는 것으로 되어 있습니다. 그리고 그 외 조선총독이 지정하는 총동원 업무에 종사하는 자 또는 특히 조선총독이 지정하는 자에 대해서는 특히 지원하는 경우를 제외하고 참가시키지 않는 것으로 하여, 이들은 원칙적으로 각 직역에서 봉공하도록 하고 있습니다.

4. 협력 기간은 1년에 30일 이내로 되어 있습니다. 특별히 필요가 있는 경우, 또는 본인 동의가 있는 경우는 30일을 넘을 수 있게 되어 있습니다.
5. 국민근로보국대에 의한 협력 방법은 먼저 협력을 받고 싶은 자가 대학 전문학교 및 사범학교 재학자 또는 작업지의 도 이외의 도에 있는 자로 편성된 근로보국대의 협력을 받고자 하는 경우는 조선총독에게, 그 밖의 경우는 작업지 관할 도지사에게 부윤, 군수, 또는 도사를 경유하여 일정 양식으로 신청하도록 되어 있습니다. 조선총독 또는 도지사는 위의 신청을 받아 협력이 필요하다고 인정했을 때는 부윤, 읍·면장, 기타 단체장 또는 학교장에게 국민근로보국대를 편성하라는 명령을 내립니다. 그 명령을 받은 단체장 또는 학교장은 그 명령 내용에 따라 단체의 소속원 또는 학생생도 중에서 국민근로보국대원을 선정하여 국민근로보국대협력령서를 교부합니다. 단 그 선정 시에는 본인의 연령, 직업, 신체 상태, 가정 상황, 희망 등을 충분히 참작하여 무리가 생기지 않도록 조치하려고 합니다. 국민이 그 협력령서를 받았을 때는 특별한 사유가 있는 경우를 제외하고 국민근로보국대에 참가할 의무를 집니다.
6. 국민근로보국대에는 대장을 두는데, 대장은 대원을 지휘 감독하는 권한을 갖습니다. 단 학교에 있어서는 현재 그 학교에 학교총력대와 같은 대 조직이 있는 경우는 그 조직으로 근로보국대 조직을 할 수가 있습니다.
7. 국민근로보국대의 협력을 받는 자는 보국대원에게 원칙적으로 왕복 여비, 수당, 숙박비, 식비 등 경비를 부담할 의무가 있습니다. 단 학생생도로 편성하는 근로보국대 또는 출정 응소의 유가족에 대한 협력과 같은 경우는 경비의 전부 또는 일부를 부담시키지 않을 수 있습니다. 또한 대원이 업무상 부상하거나 질병에 걸리거나 또는 사망했을 때는 본인 또는 그 유족 등에게 상당한 부조를 하지 않으면 안 되도록 되어 있습니다. 이상은 본령 내용의 개요입니다만, 현하 본령이 갖는 중요성을 생각하여 부디 본령의 원활한 운용에 지원 있으시길 간절히 바라는 바입니다.

자료 194

노무의 내지 공출, 본 부 새로이 방침 수립

《경성일보》 1941년12월 7일 조간 2면 / 구분: 노무자

勞務の內地供出
本府改めて方針樹立

新穀供出協議
金組參事打合會

穀物檢査所
官制に改正

體育·厚生

성전의 목적 완수상 반도가 중요한 책임을 갖고 있는 노동력의 내지 공출은 종래 내지업자의 자유모집에 대해 각도가 단지 인가를 내주는 형식을 취하고 있었다. 최근은 내지업자가 생각하는 대로 인원모집이 불가능해져 왔기에 생산력 확충을 위해 총독부가 적극적으로 지원하도록 척무성이 희망하고, 이를 위해 동 성 가네이(金井) ■무과장이 내청하여 협의하였다. 내지 측 희망은 종래의 자유모집을 일보 전진시켜 내지 탄갱 등에서 노무자를 필요로 하는 경우는 각도가 적극적으로 공출할당을 시행해 주도록 조처해 달라는 것으로 총독부로서는 공출할 잉여 노동력이 있다고 하더라도 내지 측 요구를 쉽게 수용할 수 없는 사정도 있으므로 1월 중순경 각도 사회과장 회의를 소집하여, 17년도 노무 공출 방침에 관해 근본적인 재건을 협의하여 각 과장의 의견을 청하기로 했다. 그 결과 조선 내 생산력 확충계획과 견주면서 총독부의 노무조정방책에 일대 수정이 가해질 것으로 예상된다.

자료 195

긴급한 국가사업에 종사
응징자와 가족에게는 특별한 은전,
이시다 후생국장 담

《매일신보》 1942년 1월 9일 석간 2면 / 구분: 노무자

緊急한 國家事業에 從事

應徵者와 家族에게는 特別한 恩典

石田厚生局長談

이에 대하여 8일 이시다 후생국장은 다음과 같은 담화를 발표하였다.

이번 조선에서 처음으로 「국민징용령」의 발동에 따라 수많은 청년이 현하 가장 중요하고도 긴급한 정부의 사업에 종사하기로 되었는데, 이것은 우리 반도 청년의 일대 광영일 뿐만 아니라 실로 조선의 일대 약진인 것이다. 작년 말 대동아전쟁이 일어나자 우리 반도에서는 각 방면에 총후 후원의 미담과 화가 속출하고 있는 터이나 국민징용에 응하게 되는 사람은 특히 근로를 통하여 직접 성업의 일익을 부담하게 되는 것이다. 이미 내지에서는 수많은 청년이 혼연히 징용에 응하여 국가의 중요한 사업에 참가하여 성업을 익찬하고자 매진하고 있는 중이다. 이때를 당하여 반도의 청년들에게도 내지 청년과 마찬가지로 아무런 차별 없이 이런 길이 열린 것은 응징자 본인은 물론이요, 실로 일족향당의 영예요, 큰 감격인 것이다. 정부에서는 이들 응징자의 취급에 대하여는 충분히 유의하고 있어, 신분상 기타에 일층 우대할 방도를 강구하고 있으며, 또 본인이나 가족에 대하여 부조원호(扶助援護)하는 은전도 강구하고 있음으로 일반 노무자와는 근본적으로 달리 취급하게 되는 것이다. 징용령서를 받은 사람들은 잘 이 같은 취지를 양해하고, 용약 정부의 명령하는 곳으로 나가서 열성껏 봉공함으로써 내선일체의 실현을 드러내 주기 바라는 바이다. 또 일반 국민도 이들 근로 전사대에 대하여는 병사에 대하는 것과 마찬가지로 성의를 다하여 그들이 후고의 염려가 없이 책무를 다할 수 있도록 협력해 주기를 바라는 바이다.

자료 196

반도 청년들의 광영
「국민징용령」 드디어 발동 만일 기피하면 1년 이하의 징역

《매일신보》 1942년 1월 9일 석간 2면 / 구분: 노무자

半島靑年들의光榮

國民徵用令드듸어發動

萬一忌避하면一年以下의懲役

緊急한國家事業에從事

應徵者와家族에게는特別한恩典

石田厚生局長談

「국민징용령」이 곧 조선에도 발동한다. 조선청년도 총 대신 삽을 잡고 직접 성전에 참가하는 명예의 의무를 질 때는 왔다. 조선의 청년아 일어나자. 동트는 대동아의 새벽빛을 바라보며 굳세게 씩씩하게 발맞추어 나가자. 이 「국민징용령」은 소화14년 7월 7일 칙령으로 공포하고, 그해 10월 1일부터 조선에도 시행키로 되기는 하였으나 아직까지 그 필요가 없기 때문에 한 번도 발동치 않던 것을 대동아전이 일어나자 이번에 처음으로 발동하게 된 것이다. 「국민징용령」이라는 것은 쉽게 말하면 국가가 지금 존망의 운명을 걸고 싸우고 있는 대동아전을 이기게 하는데 도움이 되는 일의 한 모퉁이를 맡아 보는 의무이다. 국민으로 더구나 장성으로 태어나서 얼마나 명예 있는 의무이냐? 나라를 위한 일이니 목숨을 바쳐도 좋고 무보수로 봉사를 해도 좋으련마는 국가는 징용을 당한 사람은 될 수 있는 대로 제 배운 재조대로 힘에 부치지 않는 일을 시킬 뿐만 아니라 종래 벌던 수입에 떨어지지 않은 보수 외 지주며 그 가족까지 국가가 책임을 지고 보호한다 하니 얼마나 고마운 법령이냐. 군대의 붉은 딱지와 똑같은 명예로운 징용령의 흰 딱지를 받은 자는 누구나 기쁨에 넘쳐 뛰어 나가야 할 것이다. 이 영예로운 징용령을 기피하는 불충한 국민이 절대로 없겠지만 만일 그런 불충의 짓을 하는 자가 있다면 1년 이하의 징역이나 1,000원 이하의 벌금형을 받을 것을 각오해야 한다.

자료 197

사설 「국민징용령」 발동

《매일신보》 1942년 1월 10일 조간 1면 / 구분: 노무자

每日新報

社說

國民徵用令發動

直接稅增徵決定

1. 금번 조선에서도 「국민징용령」을 발동하기로 되어 8일 이시다 후생국장은 담화를 발표하여 총후와 응징자의 주의를 환기한 바 있었다. 「국민징용령」은 지난 소화14년 7월 7일 공포되어 동년 10월 1일부터 조선에도 실시하게 된 후 금번 처음 발동된 것인데, 주지하는 바와 같이 이 영은 「국가총동원법」 제4조에 의한 것으로 징용된 자는 국가의 총동원 업무에 종사하게 되는 것이다. 따라서 이 징용령 발동에 의하여 반도 청년도 근로를 통하여 직접 성업의 일단을 부담하게 된 것으로 이 「국민징용령」 발동은 문자 그대로 반도 청년의 무상의 광영이 아닐 수 없다. 응징자는 물론 일족향당은 제1선에 출정하는 병사와 똑같은 영예와 감격을 가지고 그 책무를 완수하며, 그 책무완수에 협력하여야 할 것이다.
2. 이제 새삼스레 말할 것도 없이 현대의 전쟁은 총력전이다. 최후의 승리를 확보하려면 제1선의 장병이나 총후의 산업전사나 경제인이나 그 외의 모든 국민이나 다 같이 총력을 발휘하여야 한다. 그중에서도 제1선 장병에게 탄환을 공급하고 비행기를 대며 폭탄을 만들어 보내고 전차를 제공하는 군수공업 등 중요하고도 긴급한 정부사업에 종사하는 산업전사들은 더욱이 총력에 총력을 발휘하여야 한다. 따라서 이 산업전사의 신고란 제1선 장병과 똑같이 평가할 바로 제1선 장병의 총칼 대신에 산업전사는 망치와 끌을 가지고 피땀을 흘리며 주야를 가리지 않고 근로한다. 따라서 그들의 영예도 제1선 장병이나 총후의 산업전사나 똑같다고 볼 것으로 이 같은 영예를 반도 청년이 금번에 획득하게 된 것임에 반도 2,400만 민중은 이 점을 잘 인식하여 이 영예를 더욱 빛나게 하여야 할 것이다.
3. 황국신민으로서 성업의 일단을 부담하는 것임에 여하한 사업이든지 어떠한 근로든지 우리는 조금도 가릴 것이 없다. 다만 우리는 정부가 명하는 대로 좇을 뿐이다. 그런데 정부에서는 응징자 취급에 충분한 고려를 하여 신분상으로나 직무상으로나 우우(優遇)할 뿐만 아니라 본인은 물론 그 가족부조와 원호의 은전까지 주도록 되었으니 이 얼마나 고마운 일이냐. 영예의 백색 징용장을 받는 자는 제1선 장병이 빨간색 소집장을 받고 전선에 출정하는 것과 똑같은 마음으로 용약, 정부가 명하는 대로 달려 나가 근로순국의 지성을 다해야 할 것이다. 더욱이 우리 반도 청년은 일반적 병역의무가 아직 없음을 고려하여, 근로를 통하여 성업 목적 관철에 순국할 각오를 더욱 굳게 하여야 할 것이다.

자료 198

개정징용령 8월 1일 실시
복무령은 10일 공포 예정

《경성일보》 1943년 7월 31일 조간 2면 / 구분: 노무자

改正徵用令 八月一日實施

服務令は十日公布豫定

【東京電話】厚生省で立案中の國民徵用令の改正並び同令施行規則の改正を準備中であつたが、この程改正案の決定を見たので卅一日附官報をもつて公布、改正徵用令とともに八月一日より施行することになつた

なほ徵用工員または指定工場に設ける[illegible]以下全般[illegible]の[illegible]規則（厚生省令）その他[illegible]の[illegible]に關する規定たる服務令は八月十日頃、また被徵用者の扶助に關する規定たる被徵用者扶助令は十二月初旬頃までにいづれも省令として公布される予定で目下厚生省で準備を進めてゐる

[illegible]

[도쿄전화] 후생성에서는 「국민징용령」 개정에 수반하여 동령 시행규칙 개정을 준비 중인데. 최근 개정안을 결정하였기에, 31일 자 관보로 공포, 개정징용령과 함께 8월 1일부터 시행하게 되었다.

한편 관리공장 또는 지정공장에 설치하는 사장 이하 전 응징사의 징계■■(응징휘장), 기타 응징사 복무에 관한 규정인 「응징사복무령」은 8월 10일경, 또 피징용자 표창에 관한 규정인 「피징용자표창령」은 12월 초순경까지 모두 성령으로 준비를 추진하고 있다.

자료 199

사장징용 머지않아 실시
오늘 「응징사복무규율」 공포

《경성일보》 1943년 8월 10일 조간 1면 / 구분: 노무자

社長徵用近く實施

けふ 應徵士服務規律公布

【東京電話】厚生省ではかねて社長（事業主）の徵用を實施して徵用實施工場における上下一體態勢を確立すべく諸般の準備を急ぎつゝあつたが國民徵用令改正に關する勅令ならびにこれに伴ふ施行規則は既に去る1日施行された、應徵士服務規律も十日附官報を以て公布即日施行される運びに至つたので近く管理工場ならびに指定工場の徵用實施工場事業主（社長）全員の徵用を一齊に實施することとなつた

よつて近日中に首相官邸に徵用事業主の參集を求め小泉厚相より令書の令達を行ふとともに應徵士徽章を授與し東條首相より能力消盡達成に一段の努力を要請、これに對して事業主側宣誓を行ひここに劃期的な社長徵用はいよいよその第一步を踏み出すことになつた

服務規律骨子

【東京電話】厚生省では改正國民徵用令『第十六條の五』の規定に基き應徵士の服務に關する規程を設けるため過般來陸海軍、商工省企畫院など關係當局との間に協議を進めたが、このほど成案を得たので厚生省令『應徵士服務規律』を十日附官報をもつて公布、即日施行することゝなつた、今回制定の應徵士服務規律は近日中に實施さるべき社長の徵用に對應し管理工場または指定工場において總動員業務に從事する事業主を含めた全應徵士を對象とし應徵士の服務規律ならびに服制關係を規定したもので、これにより徵用の國家性[illegible]

[도쿄전화] 후생성에서는 이전부터 사장(사업주)징용을 실시하여 징용 실시 공장의 상하일체 태세를 확립하고자 제반 준비를 서두르고 있었는데, 「국민징용령」 개정에 관한 칙령과 이와 관련한 시행규칙은 이미 지난 1일에 실시되었다. 「응징사복무규율」도 10일 자 관보로 공포 즉시 시행하기로 되었기에, 일간 관리공장이나 지정공장의 징용 실시 공장사업주(사장) 전원 징용을 일제히 실시하게 되었다.

따라서 오늘 중 수상 관저에 징용 사업주를 참석시켜 고이즈미 후생성 장관으로부터 영서를 영달함과 동시에 응징사 휘장을 수여하고 도조 수상으로부터 총력 증강 달성에 한층 노력할 것을 요청, 이에 대해 사업주 측이 선서함으로써 이 획기적인 사장징용은 그 한 발을 내디디게 되었다.

자료 200

징용근로 이념 확립 「응징사복무규율」 제정

《매일신보》 1943년 8월 17일 조간 2면 / 구분: 노무자

徵用勤勞理念確立
應徵服務規律制定
海運業安定에寄與
木船保險法實施着着

일찍이 후생성에서 해군, 상공, 기획원 등 관계 당국과의 사이에 협의를 진행하여, 그 제정을 준비 중이던 「응징사복무규율」은 후생성령으로 지난 10일 공포 즉일 실시되었다. 응징사란 것은 지난 7월 16일의 각의에서 결정을 본 「국민징용령」 중 개정칙령에 의하여 명백한 바와 같이 제16조 5에 "피징용자로서 관리공장 또는 지정공장에서 행하는 총동원 업무에 종사하는 자는 이를 응징사라 칭할 것"이라고 규정하고 있는 것에 의하는 것인데, 또 그 복무기율

은 제16조 5에 "응징사의 복제 기타 응징사 복무에 관하여 필요한 사항은 명령으로써 이를 정할 것"이라는 규정에 기초하여 제정된 것이다.

말하자면 징용근로의 근본이념을 나타낸 것으로써 이색 있는 법령이다.

그리고 금회 특히 「응징사복무규율」이 제정된 소이는 종래의 징용이 "국민직업소개소의 직업소개 기타 모집의 방법에 의하여 소요의 인원을 얻을 수 없는 경우에 한해서 이를 행함"이라고 하던 것을 "징용은 국가의 요청에 기초하여 제국국민으로 하여금 긴요한 총동원 업무에 종사시킬 필요가 있는 경우에 이를 행하는 것으로 한 것"(개정 국민징용령 제2조)이라고 개정하고, 국민징용을 어디까지나 국가의 요청에 기초하는 것이라는 근본이념을 조문상에도 명백히 하여, 그 국가성을 강조 명확화한 것을 계기로 하고, 또 이와 동시에 관리공장 또는 지정공장 등 소위 징용 실시공장에 있어서의 사장(사업주) 이하 전원 일체 총원 일가의 태세를 확립하기 위하여 금회 사장의 징용을 단행하기로 된 것에 대응하여 사장을 포함한 전 응징사의 복무규율을 정해서, 이에 일사불란의 총동원체제의 보조로서 생산 증강의 대사명 달성에 총진군 거보를 전진시키자는 것이 그 목표다.

그러면 이 응징복무규율의 내용은 여하한가. 아래에 그 요점을 해설해보자.

금회의 「응징사복무규율」은 요약하면, 응징사의 복무, 징계 및 복제의 3개로써 구성되며, 성령 제2조 및 3조가 복무, 동 제4조, 5조, 6조가 징계, 제7조 및 별표가 복제에 관하여 여하를 규정하고 있다.

우선 복무에 관한 규정으로는 응징사는 징용의 본의에 칙하여 준수할 규정으로서 10칙을 열거하고 있다. 징용의 본의라는 것은 말할 것도 없이 전술한 개정 「국민징용령」 제2조에서 ■명 된 대로며 징용이 국가의 요청에 의하는 것 및 동령 제16조 제3의 규정인 피징용자는 충성으로 하고 그 종사하는 총동원 업무에 정려할 것이다.

이 '국가적 요청' '충성·정려'의 국민징용제도 본의에 즉응하여 응징사인 자는

1. 직기를 숭상하고 책임을 중히 하여 전능을 ■■하여 성심 직무에 면려할 것이라고 응징사 전체의 근본이념을 명백히 하였고
2. 지성상장에 복종하고 상하 서로 신뢰하여 화충협동 서로 경애할 것이라고 응징사의 상하 복종관계를 규정하였고
3. 솔선 헌신부대의 모범이 되어 그 신망을 일신에 모으는 행동을 할 것이라고 부하를 가

진 응징사 특히 중간 간부 응징사의 태도를 밝혔고 다시 응징사는

4. 지식 기능의 연마에 노력하고
5. 기절을 숭상하며 염치를 충히 하여 적어도 응징사인 명예를 훼손하는 소위가 없도록 할 것
6. 거상간소를 뜻으로 하고 실질강의의 기풍을 진기하여 견인불발의 정신을 함양할 것이라고 하여 응징사의 ■■ 앙양을 명기함과 함께
7. 보건위생에 유의하여 체력의 연성에 노력할 것
8. 직장 보안에 유의하여 재해 예방 기타 조치에 만전을 기할 것
9. 기계, 기구, 재료, 제품, 기타의 물질을 존중히 하고, 적어도 조략한 취급을 하지 말 것을 규정한 외에 응징사는 특히 총동원 업무에 직접 당하는 터임으로
10. 자기의 직장에 관하던 관하지 않던 지실한 기밀을 보호하며 방첩상 유감없기를 기할 것

의 소위 10칙을 설정하여 응징사 전원이 이를 굳게 준수할 것을 요청하고 있는데, 특히 금회 징용될 사장의 복무기율에 관하여는 이상의 10칙 외에

제3조 사업주인 응징사는 생산 수행의 전 책임을 짊어지고 있다는 자각에 철하여 솔선수범 전조의 규율을 준수하는 외에 항상 사기고무에 노력하고 명확한 기도하에 적시 적절한 지휘를 하며 또 공장사업장 총원 일가의 육친적 단결을 기도하여 전력 증강의 책무를 과할 것

이라고 종래와 같은 영리적 관념에 지배됨이 없이 생산책임을 완수하여, 솔선 진두지휘의 철저를 기해서 따뜻한 부자형제와 같은 육친적 애정으로써 부하인 징용사에 접하자고 요청하고 있다.

다음에 응징사의 징계처분에 대하여는 응징사가 이상 말한 바와 같은 규율에 위배하거나 기타 응징사인 본분에 어긋나는 소위가 있는 경우 국가는 이에 대하여 훈고, 견책, 파면 어느 것이나 한 가지로써 처분하기로 되었다. 이 훈육 및 견책은 문서로써 행하고 파면은 징용해제에 의하여 이를 행할 터이다.

파면 및 사장의 징계는 후생대신이, 기타는 지방장관이(도쿄도만은 경시총감)이 행하는 것이

다. 그리고 이 경우에 후생대신이 직접 징계를 행할 시, 즉 훈고를 제외한 견책 또는 파면의 처분도 집행한 경우는 관보로써 이를 공고하고, 그 본인의 불명예를 천하에 명백히 할 것이 규정되어 있는데, 황국민 중에는 이러한 나쁜 사람은 1인도 없을 것이 기대된다.

그리고 훈고 및 견책의 구체적 실시 방법은 목하 후생성이 관계 각 방면과 협의를 진행 중인데 후생성 당국으로서는 「중요사업장노무관리령」에 의한 종업 규칙의 징계 처분과 복무기율에 의한 징계 처분을 병과할 방침이다.

최후로 복제 관계의 규정으로 응징사인 자는 모두 응징사 휘장을 좌측 가슴에 장착하기로 되었다. 이래서 응징사는 사장이거나 아니거나 모두 흉간에 이 휘장을 패용하고 그 명예를 보호하는 동시에 책임 있는 행동에 시종하도록 되어 있다. 그리고 이 응징사 휘장은 관리공장 또는 지정공장에 있어서의 응징사 이외의 피징용자, 즉 육해군 군속인 자와 육해군 당국 방침에 의하여는 이를 장책해도 좋기로 되어 있다.

이래서 「응징사복무규율」의 제정 실시에 의하여 국민징용의 국가성은 한층 강화 추진된 터로 국가 요청에 기초해서 용약 응징한 전사들의 국가적 명예는 더욱 앙양 유지되게 되어 국민근로 이념의 전형을 수립한 것으로서 주목할 만하다.

자료 201

공장 사업주를 징용 오늘 영서전달식 거행

《경성일보》 1943년 8월 20일 석간 1면 / 구분: 노무자

工場事業主を徵用

けふ令書傳達式擧行

責任、法制的に賦課

社長應徵士の使命重大

[도쿄전화] 정부는 총후 생활이 즉시 전국에 영향을 주는 결전의 현 단계에 대처하고, 군수산업 책임태세를 확립하고자 먼저 「국민징용령」을 개정하여 국민징용 실시 공장 사업주를 징용하기로 했다. 관계 성령의 공포 등 예의 준비를 진행하고 있었는데, 19일 수상 관저에서 관리공장 사업주 징용령서 전달식을 거행하여 전국 각 지방 징용 실시 공장 사장에게 징용령서를 교부했다. 영서 영달식은 오전 11시 반 개회하여 도조 수상, 시마다 해상, 고이즈미 후생성 장관, 스즈키 기획원 총재 외 도미나가 육군, 사와모토 해군, 시이나 상공, 다케이 후생 각 차관, 아베 기획원장 이하 관계 각 성 국과장이 열석, 궁성요배, 국가제창, 묵념 후 고이즈미 후생성 장관으로부터 피징용 사업주 대표, 이화학연구소 금속주식회사 회장 오코우치 마사토시 자작에게 일괄하여 징용령서를 교부, 참열한 사장 일동은 각자 응징사 휘장을 좌측 가슴에 장착함으로써 사장 응징사가 탄생했다. 이어서 도조 수상은 생산전에서의 사장 응징사의 책임을 강조하는 훈시를 하고, 이에 대해 관리공장 사업주를 대표하여 오코우치 마사토시 자작이 선서를 행하고, 수상 발성으로 성수만세를 봉창하며 식을 마쳤다. 식이 끝난 후 수상을 중심으로 정렬하여 기념촬영하고 관저 별관에서 수상 주최의 오찬회에 출석, 오찬회 석상에서는 수상 인사에 대해 일철회장 도요다 데이지로가 대표로 답사를 하고, 고이즈미 후생성 장관이 인사말을 했다.

감격, 새로이 정신
사장 응징사 담화

[도쿄전화] 19일의 사장 응징 영서영달식 후 새로이 사장 응징사가 된 중요산업 사업의 사업주는 이 감격을 새롭게 결전 생산에 정신 매진하고자 각각 다음과 같은 결의를 전했다.

오코우치 마사토시 자작 증산의 근간은 인간과 기계에 있다고 나는 생각한다. 이런 의미에서 이번 중요공장 사장을 징용한 것은 종래 징용제를 한 단계 진전시킨 것으로 사장부터 공원에 이르기까지 진정 한마음이 되어 생산에 매진할 태세가 명실공히 정비된 것이 참으로 기쁘다. 나는 우연찮게도 18일에 입궐하여 '공작기계에 대하여'를 진강하는 영광을 얻었다. 기계공업에 보여준 관심에 감격하였다. 금후 더욱 성지를 받들어 증산보국에 매진할 결심을 굳게 하는 바이다.

스즈키 추지 씨 우리 회사는 ○○하고 ○○ 양 공장이 이미 관리공장이 되어 공장장 이하 전 사원 및 공원이 징용되었기에, 이번에 내가 징용된 것은 당연한 조치이고 이로써 우리 공장은 사장 이하 전원이 국가를 위해 봉공하고 있음이 매우 분명해졌다. 그런 의미에서 이번 징용은 공원의 마음에 정말 좋은 영향을 끼치는 것이라고 확신한다. 말할 것도 없이 현재 가열한 항공결전을 돌아보면 경금속 증산은 급무 중의 급무로, 우리들은 그 일에 관여하는 입장에서 보면 종래 매우 충분하게 노력해왔으나 이번 징용을 받고 한층 더 시국의 중대성을 깊이 생각하고, 1톤이라도 더 알루미늄을 생산하여 국가에 봉공할 결의를 새롭게 다지고 있다.

나카가와 스에키치 이번에 사업주로서 징용된 나로서는 작업복을 입었다는 마음으로 절반은 사업장에서 기거한다는 마음가짐으로 지휘할 작정이다. 생산 증강에는 공원의 '야마토 정신'을 불러일으키는 것이 가장 중요하다고 생각한다. 나는 이 점 공원에게 시국의 중대함을 충분하게 알려 공원과 함께 피투성이가 되어 승리를 위해 생산전을 이어갈 생각이다.

책임, 법제적으로 부과
사장 응징사의 사명 중대

[도쿄전화] 작렬하는 전국 양상에 대응하여 대동아전 완수태세 확립의 일익으로써 근로의 국가성을 완벽하게 함으로써 전산일여(戰産一如), 생산 증강을 수행하기 위해 정부는 금년 1월 20일 '생산 증강 근로 긴급대책 요강'을 각의결정했다. 이 요강 중 국민징용의 국가성 명확화 항목에 "주식회사 사장 등을 징용하여"라고 하여 사장징용의 방침을 분명히 하고 있다. 제81차 의회에서 고이즈미 후생성 장관은 "국가근로 관계의 상하 일체화를 희망하고 있다"며 위 방침을 암시했다. 31일에는 일본 공업클럽에 게이힌 거주 징용공장 관계 사장을 초대하여 「국민징용령」에 따라 사장을 징용한다는 취지를 전했다.

개정 전의 「국민징용령」에 있어서도 사장징용이 가능했지만, 그 적용이 복잡하고 사장징용의 의의도 또한 명확하지 않았기에 예정되어 있던 「국민징용령 개정」을 기다려서 실시하기로 되었다. 4월 24일에는 총동원심의회에서 다른 총동원 제칙령 개정안과 함께 사장징용의 규정을 포함하는 「국민징용령 개정 칙령안」을 결정, 이로써 사장징용의 법적 근거가 새롭게 제정되게 되었다. 이리하여 「국민징용령」 중 개정 칙령은 7월 21일 공포, 8월 1일부터 시행되었는데, 본 칙령개정에 수반하여 관계 성령 5건도 그 후 순차적으로 공포되어 마지막으로 가장 주목되었던 성령 「응징사복무기율」도 8월 10일 공포 즉시 시행되어 사장징용에 관계한 법제는 표창 관계를 제외하고 완비하기에 이르렀다. 이하, 이들 법령에 따른 사장징용의 의의 및 내용을 음미해 보기로 하겠다. 개정 전 「국민징용령」 제2조는

특별한 사유가 있는 경우 외 국민직업지도소의 직업소개 기타 모집 방법에 따라 소요 인원을 얻을 수 없는 경우에 한해

징용하는 것으로 규정하고 있다. 이 규정은 징용의 존엄성을 모독할 뿐만 아니라 사장징용과 같이 모집 등의 개념과는 전혀 무관계인 경우에는 문제가 되지 않는다. 그래서 개정 칙령 제2조는 국민징용의 근거법인 「국가총동원법」 제4조의

"국가총동원 상 필요할 때는"
"제국신민을 징용하여 총동원 업무에 종사시킬 수 있다"
는 규정에 근거하여 이를 개정하여

"제국신민으로 하여금 긴요한 총동원 업무에 종사시킬 필요가 있을 경우에 이를 시행한다"

고 하여 사장징용의 가능성을 명확히 하였다. 이 규정에 따라 징용공장 사업주는 실제 운영상 사장이기에 징용되어 사장 사임과 함께 징용 해제되는 것인데, 무엇보다도 제국신민으로서 징용되는 것이 근본취지이다.

피징용자 급여 종업조건에 관한 제18조, 제19조의 2는 명확하게 사업주를 제외하는 것으로 이 점에 관해 사업주를 대상으로 하는 규정은 없다. 이 점에 관해 매우 중요한 의미를 갖는 것이 제16조 제3항의

응징사의 징계 복제, 기타 응징사 복무에 관해 필요한 사항은 명령으로 이를 정할 것

에 근거한 성령 「응징사복무규율」의 내용이다. 이에 의하면, 사업주인 응징사의 복무규율은 그 제3조에 규정되어 여기에 명확하게 "생산 수행의 전 책임을 부과되어" "솔선수범"하여 그 제2조에 규정된 이른바 응징사 복무 10칙을 준수하는 것 외에

"항상 사기 고무에 노력하여 명확한 기획하에 적시 적절하게 지도"하고 "사업장 총원 일가 육친 같은 단결을 꾀하여 전력 증강의 결실을 가져올 것"

이라는 고매한 책임 완수를 요청하고 있다. 응징사 10칙은 국민도덕, 산업진으로서의 책무, 행동, 조직체 내 명령 복종 관계 등으로 된 강도 높은 윤리 규정으로 그 내용은 메이지 이래 법제사에 특이한 위치를 점한다. 게다가 이들 규율을 위반할 때는 훈고, 견책, 파면 등 징계에 처해진다. 사업주 징계는 후생대신이 행하는데 견책 이상의 징계는 그 내용을 관보로 공지하도록 하여 이 점 일반 응징사의 경우와 달라 그 명예에 관한 징벌성이 매우 무겁다.

사장징용의 의의는 이 복무규율 제정에 의해 실로 화룡점정이라 할 수 있고, 징용령에 있어서는 그 징용이 갖는 의의가 추상적으로 표현되었는데 대해, 여기서는 매우 명확하고 강하게 징용 사장의 책임을 요청하고 있다. 그리하여 사장징용이 단순히 이름에 불과하다는 견해는 불식되어 사장이야말로 전 응징사 중 가장 중대한 국가에 대한 책임을 법제적으로 부과되어 있음이 분명해진다.

자료 202

징용된 반도 출신 전사
줄었다가 늘은 체중 "그대까지 넣어서 싸우는 1억이다"

《매일신보》 1944년 1월 28일 3면 / 구분: 노무자

徵用된半島出身戰士

줄엇다가늘은體重

'그대까지너어서, 싸우는一億이다'

現地報告

[도쿄특파원 金澤吉兼] '라바울'을 중심으로 전개되고 있는 서남태평양상의 일미(日米)결전은 날로 심각화 하여 이기느냐 지느냐는 처절한 결투가 연일 되풀이되고 있다. 전선의 이 피비린내 나는 싸움은 총후의 생산 진용에도 미영 격멸의 불꽃을 일으키게 하고 있거니와 이는 적 미영의 산업전사를 상대로 하고 싸우고 있는 총후 산업용사들의 증산결전보(增産決戰譜)가 아니할 수 없다. 적의 필사적인 반공의 물결이 우리 남해의 첨석 같은 요새선(要塞線)에 부딪힐 때마다 그 야망이 우리 육해군 장병의 과감 무쌍한 공격으로 여지없이 깨어져 버리고 마는 것이 오늘의 항공 결전의 모습이지만 혁혁한 황군의 전과는 한편으로는 총후 생산전의 승리를 또한 말하는 것이다. 그리고 이 생산전선에는 산업응소(産業應召)에 빛나는 '응징전사'도 속속 진격을 개시하여 어느 계급에 속하는 사람을 물론하고 생산전을 싸워 1억 전투 배치에 부동의 태세를 갖추어 가고 있는 중인데, 마침내 조선에도 내지와 발을 맞추어 「국민징용령」을 실시하여 한 대의 비행기, 한 척의 배를 더 증산하기 위한 본격적인 결전체제를 갖추기로 되었다. 여기에 내지에서 이미 징용되어 활약하고 있는 반도 출신의 '징용전사'는 그간 직장에서 무엇을 배우며 어떻게 싸우고 있는가? 선배로서의 그들의 경험을 듣기로 하였다. 이하는 싸우는 징용전사의 현지보고이다.

현지보고
전 활판업 동성사(同聲社) 가라이시(辛石然) 씨

전쟁을 전선용사에게만 떠맡기지 않고 1억 국민 한 사람 한 사람이 무명전사로서 이 결전에 피와 땀을 바쳐 싸우지 않는 한 최후의 승리를 바라기 어려운 것이 처창가열한 대동아 성전이며, 따라서 전선과 총후의 구별도 없는 총력전이기 때문이다. 장■■기가 떳떳한 황국신민으로서 걸어 나갈 길을 생산 결전장에서 발견하고, 누구보다도 앞서 생산전열로 뛰어들어 1억 분지 1의 힘을 전력 증강에 바친다고 하면 이보다 더 직접 국가에 봉공하는 길은 없다고 할 것이다. 군수 증강에 바치는 이 1억 분지 1의 힘—이것이 합치고 합치는 데서 비로소 미영 격멸의 병기는 속속 전선으로 꼬리를 물고 달려 적을 때려 부수고야 마는 것이다. 그런데 여기에는 전후 13년 동안이나 경영해 오던 영업을 집어던지고 자진하여 징용을 지원하고, 생산 전장에 나아가 선반공(旋盤工)으로서 존귀한 1억 분지 1의 힘을 국가에 바치고 있는 산업전사가 있다. 그는 도쿄(東京都日本橋區濱町3丁目53番地) 활판업 동성사 주인 가라이시(37) 씨이다.

"나는 경방단 본부 교육계(教育係)의 일을 맡아 보고 있던 관계로 징용될 자격이 없었다. 그러나 최근의 심각해가는 전국을 보고 또 장차 내가 황국신민으로서 걸어 나갈 길을 생각해본 결과 나는 활판업보다도 직접 전시 생산에 몸을 던져 일할 수 있는 직장을 선택해가는 것이 완전한 황민화의 길을 걷는 것이라고 믿고, 선반공을 지원한 것이다."

■■미쓰비시(三菱)중공업 ■■제작소에 들어간 지 만 1개월 만에 사흘 동안의 휴가를 얻어 가지고 돌아와 가사를 정리하던 가라이시 씨는 생산병단(兵團)의 첨병(尖兵)이 된 결의를 이렇게 말하는 것이었다.

그의 육중한 몸집과 기름에 찌든 작업복에서는 초연(硝煙)이 풍기는 듯하다. 생산장이, 즉 미영과 단판씨름을 하는 결전장이기 때문이다. 기계와 싸우는 그는 전선용사의 마음을 받들어 싸우는 용사인 만큼 그의 얼굴 전체에 열렬한 기백과 전투정인이 맺혀 있다.

"직장에 처음으로 발을 들여 놓으면 급격한 생활환경의 변화로 얼떨떨했고, 따라서 직장생활에 익숙해지기 전까지는 비교적 건강한 나였음에도 불구하고 육체적으로 일을 담당해 나가기 어려웠다. 나 자신 불타는 생산 필승의 신념을 가지고 있었으나 이 신념에 앞서는 것은 피로가 계속되는 것이었다. 그만한 일에 피로해지는 내 육체가 부끄러웠다. 그래서 한 달 동안 2관 500이나 체중이 줄어들었다. 평소부터 강철 같은 훈련을 쌓아두지 못한 것이 뉘우쳐졌다. 그러나 모든 곤란도 내한운동(耐寒運動)과 산업체조를 하여 이 곤란을 뚫고 나가야 한다고 이를 악물고 나선 결과, 그때부터 피로가 물러서는 것 같았다. 이것이 내가 공장에 들어서 약 일주일 동안에 체험한 일이다. 직장에 들어가서 손에 일을 붙잡기만 하면 모든 생활상의 걱정이라던가 혹은 근심이 없어져 버리고 만다. 이것은 군인이 정작 군대에 입영한 직후의 심경과 같다고 한다. 즉 '사파심(娑婆心)'이란 것이 아주 없어져 버리는 것이다. 누구나 이 깨끗하고도 새로운 기분을 가지고 일하지 않으면 먼저 말한 육체적 피로와 음향(音響)에서 오는 피로가 머리를 쳐들고 전신으로 숨어든다. 그리고 작업능률도 오르지 않는다. 더욱이 처음으로 오는 사람은 전체가 미숙련공이므로 일을 그르친다든가 하여서는 무기를 기다리고 있는 제일선 용사들에게 면목이 없으며 죄송하게 된다. 그러므로 '끊임없는 주의' 이것이 가장 필요한 것이다."

그렇다! 서툰 솜씨로 일을 그르치면, 이것은 피와 피로 맺어져 있는 제일선에까지 즉시 영향을 끼치는 것이다. 경승의 신념과 성전안수의 목적을 굳게 가지고 있는 힘을 다하여 전력증강으로 몸과 혼을 바치는 데서 병기가 생산되며, 증산은 아름다운 열매를 맺는 것이다. 가라이시 씨는 자택으로부터 공장까지 전후 ○시간이나 되는 곳을 매일 통근하고 있다. 새벽별을 쳐다보며 나갔다가 다시 밤하늘에 반짝이는 별빛을 받으며 집에 돌아오는 것이다. 그는 "전시 증산이라는 것은 잔등(?)울 떠나려는 전차에 남에게 뒤지지 않게 뛰어 올라타는 것과 같다"며 이 사실은 또 인간생활에도 적용된다고 말한다. 새로운 길로 생활의 돛대를 높이 올려달았으면 자기의 탈피(脫皮)를 적극적으로 해 가야 하며 인생의 낙오자가 되지 말고 매진하라는 것이다,

"징용되는 사람 가운데 어떤 사람은 징용이 되면 자기는 사무를 보겠다고 희망을 말하는 사람도 있다. 그러나 생산결전장에 뛰어 든 이상에는 남자다운 게 생산전사다운 게 기계를 상대로 하고 적과 싸우듯 하는 것이 가장 당연한 일일 것이다.

여기에는 누구나 '나는 실업자(實業者)이었다. 오늘부터 인간생활의 새로운 출발을 한다'는 각오를 가지고 징용된 직장에서 일을 하면 어떤 부서에서 일을 하던지 전시 생산에 크나큰 역할을 하게 되는 것이다. 세상에 쉬운 일이라고는 없다. 배우면 하는 것이다. 하고자 하면 무엇이든지 이룰 수 있는 것이다. 또 애를 쓰면 불가능(不可能)을 가능케도 하는 것이다. 먼저도 말하였거니와 처음에는 자기 육체에 비교하여 서투른 일을 고되게 하므로 어려운 것같이 생각하기 쉽다. 그러나 일단 자기가 움직이는 기계 앞에 나서서 자기의 힘으로 생산품이 더욱이 머지않아 전선에서 미영 결멸의 불을 토할 무기가 생산되어 나오는 것을 생각하여 보라. 이보다 통쾌하고 즐거운 일은 없는 것이다. 그래서 나는 공장까지의 거리를 멀다 하지 않고 여기에 전시생활의 책임과 함께 최대 행복을 느끼고 통근하고 있는 것이다. 찬서리를 밟으며 새벽길을 걷는 것이나 혹은 밤늦게 집으로 돌아오는 그것을 저 남해의 '정글'에서 분투하는 황군에 비한다면 오히려 문제 안 될 만큼 편안함에서 양심에 부끄러움을 느낄 때도 한두 번이 아니다.

자기가 새로이 떠맡은 부서(部署)를 천직으로 알면 그만인 것이다. 일을 시작하기 전에 직장에서는 대체로 훈련을 실시한다. 장차 영예의 산업전사가 될 조선의 여러분은 될 수 있는 대로 이 훈련을 엄격히 받는 것이 좋다. 이는 급격한 생활의 변화에 담당해 나갈 수 있는 정신과 육체를 연마하는 두

번 다시 없는 좋은 기회이며, 집단생활의 기본을 만들어주는 까닭이다. 그리고 직장에 충실함은 물론 출근시간 30분 전에 다른 사람보다도 먼저 일터로 나아가 그날의 생환전장에 유감이 없도록 만전 준비를 갖추어 두는 것이 좋다. 요컨대 징용을 기다리고 있는 반도 청장년의 여러분은 생산전을 싸우게 되었다는 명예를 깊이 자각하고 생활의 새로운 출발을 위하여 더욱 황민의식에 눈떠 가지고 이미 정류장을 떠나려는 '버스'에 남에게 뒤떨어져 타지 않도록 하겠다는 마음의 준비와 함께 육체의 연성에 애써 주기를 바라는 바이다."

이렇듯 생산전을 용감히 싸우고 있는 가라이시 씨는 징용공이 되기 위하여는 ■■■■■■ 가족 전체가 아직까지의 생활태도를 버리고 전연 새로운 출발을 하여야 한다고 끝끝내 주장하고 있는데 가라이시 씨의 경우를 보면 시스(シツ) 부인(29)은 말할 것 없고, 삼남매가 징용전사로서 떳떳이 감투하고 있는 아버지를 위하여 새벽녘과 밤늦게 눈물겨운 내조의 힘을 다하고 있다.

자료 203

노무관리와 징용 에구치 광공국장 일문일답
풍부한 반도 노무 급원
근로관념, 보국관념 향상이 필요

《매일신보》 1944년 2월 1일 1면 / 구분: 노무자

勞務管理와徵用

豊富한半島勞務給源

勤勞觀念、報國觀念向上이必要

물적 전력의 결승적 증강을 완수시키는 ■■은 오로지 노무관리의 적, 부적에 있다고 하여도 과하지 않다. 물적 전력 증강 문제의 초점이 인간력의 활용인 노무관리에 있다는 것은 이러한 것을 말하는 것이기에 금일의 전국 추이가 요청하는 전력의 증강은 획기적 노무관리에 의하여 자원의 개발, 병기의 제조로 급속히 비약적으로 능률화할 필요가 긴요하다. 청장년은 국민개병의 정신과 다름없는 국민개로의 정신을 기본으로 하여, 전선 병사와 다름이 없이 군국조직으로써 산업전선에 달릴 것이 금일의 과제이다. 총독부에서는 노무관리의 획기적 개선을 도모하는 동시에 징용에 관하여 면밀 주도한 준비를 거듭하고 있어서 서서히 시기를 보아 노무를 동원하여 생산 확충 관계, 중요 광산, 공장, 사업장에 배치 충족시키고, 한편 징용 후의 가족의 원호에 대하여서 ■■없는 시책을 하기로 되어 있는데, 본사에서는 개선■ 노무관리와 징용의 내용에 관하여 총독부 에구치 광공국장과 일문일답을 하였다. 다음은 그 문답의 속기이다.

자료 204

반도 노무전사 동원
국가의 요청에 부응

《매일신보》 1944년 2월 3일 1면 / 구분: 노무자

半島勞務戰士動員

國家의要請에副應

田中總監談

[도쿄지사전화] 중의원의 노동자연금법 중 개정법률안위원회는 1일 오전 10시부터 개회되었는데, 특히 다나카 정무총감의 출석을 청하여 반도 노무전사 문제에 대한 질의응답은 다음과 같다.

아카마츠 히로시치(赤松寅七) 씨 전국은 더욱더 가열해 감에 따라 생산 증강도 급을 요하며, 노무동원도 긴급태세를 취하지 않으면 안 되는 이때, 노무 급원지로서의 반도의 현재와 장래는 여하. 특히 반도 내의 각종 산업 발발에 대한 급원 상황은 여하.

다나카 정무총감 반도의 노무자가 내지에 들어와 다 같이 공장과 광산에서 정신 봉사하여 오기는 꽤 오래전부터이다. 그런데 전국적으로 노무 급원이 긴박해 오자 내지에서 조선에 대한 노무자 급원의 요청이 급속도로 증대하여 왔다. 조선서도 이 요청대로 소질 좋은 노무자를 다수 보냈으면 좋은데, 실은 군의 요청도 있고 또 최근 남방에도 보내지 않으면 안 되며 만주에도 농업노무자로 보내지 않으면 안 되는 등 일만을 통하여 조선은 노무 급원지가 되어 있다. 또 조선 자체의 지하자원개발 등 전력 증강에 요구되는 노무자원도 년년세세 늘어가는 관계로 내지로의 급원도 이를 참작하여 될 수 있는 대로 내지 측의 요구에 응하고 있었던 터이다. 그래서 금년도 요구해 온 바와 같이 ■■만의 노무자를 공급할 터인데, 이상 말한 양의 문제 외에 질의 문제에 있어서도 초등학교 졸업 이상의 청장년을 상대로 동원 태세를 취하여 14세 이상 40세까지의 청장년에 대하여 「근로협력령」에 의하여 혹은 「국민징용령」에 의하여 일할 수 있는 자는 전부 동원할 수 있도록 연성을 가하면서 국가의 요청에 응하는 질의 향상에 힘쓰고 있다.

아카마츠 히로시치 씨 다나카 정부위원의 말에 의하여 반도의 노무 급원은 참으로 기대되는 바 큰 것이 있는데, 탄광 방면으로 유치함에는 여러 가지로 복잡한 수속 즉 경제적이나 혹은 유치원의 파견 등을 요하니 좀 더 간편한 수속으로 할 수는 없는 것인가. 또는 하관이나 문사에 이들 동원에 대한 국가적 기관을 신설할 의사는 없는가.

다나카 정무총감 다소 복잡한 수속은 있으나 장래는 될 수 있는 한 편의를 도모하려고 생각한다. 또한 금년부터의 징병 실시에 수반하여 장정에 해당하는 전 인원은 이를 양병으로 양성시키고자 특별연성을 행하고 있으며, 병대가 못 될 자는 훌륭한 노무전사로서 근로보국에 정신하도록 1개년간의 연성을 시행 중이다. 따라서 내지로 공급한 노무자의 소질과 수량에 대해서는 중앙당국과 상담하여 만전을 기하고 있다.

아카마츠 히로시치 씨 규슈 방면에서는 연한이 되면 그대로 귀향하여 버리는 자와 또는 이동을 하는 것이 심하다는데, 그 방지책은 없는가. 연락선의 문제 또는 가족을 불러들이는 문제, 위문대 파견 문제 등 정책 여하.

다나카 정무총감 연한이 되어 귀향하는 것과 이동이 많은 것은 참으로 유감이다. 이것은 결국 근로관념의 확립이라는 근본 문제에 귀착되는데, 이에 대해서는 먼저 말한 바와 같이 특별연성에 의하여 연성 중인즉 점차 황국 근로관에 철하여 정신봉공하게 될 것이다.

또한 그 방지책에 있어서는 지금 질문한 바와 같이 가족을 불러들이는 등 총독부에서도 적극적으로 알선하고 있는데, 이들 노무자의 생활안정이나 노무관리 등에 대해서는 내지 측에서 온정을 베풀어 주어야 비로소 정착하게 될 것이라고 나는 확신한다. 요컨대 노무자의 요구와 동시에 복리시설의 만전을 기하여 생활의 안정과 능률향상에 요하는 제반시설에 일층 더 애무관념을 돋아 주기를 염원하여 마지않는다.

하고 힘차게 답변하여 반도는 노무자원공급의 국가적 사명이 부가된 것이라는 것과 그 노무전사의 생활안정을 위한 복리시설이 만전을 기하기를 널리 요구한 것이 특히 주목된다.

자료 205

‘직기’는 ‘군기’이다
응징사에 전진훈 7개조

《경성일보》 1944년 2월 8일 조간 1면 / 구분: 노무자

『職紀』は『軍紀』なり

應徵士に戰陣訓七ヶ條

阿部情報課長談

전국은 드디어 가열 처참함이 극에 달해 일대 소모전을 전개하고 있다. 적국 미국은 물력을 유일한 ■■로 하여 서남, 중앙태평양에 집요하게 반공(反攻)을 계속하고 있으며, 이에 대해 우리 장병은 생사를 초월하여 용전을 펼쳐 혁혁한 전과를 수없이 올리고 있다. 총후는 무엇으로 이들 전선의 장병들에게 호응해야 하는지, 그 길은 명시되어 있다. 즉 한 대라도 한 척이라도 더 많이 더 빨리 전선에 보내는 생산전력의 증강이 그것이다. 그래서 조선에 부가된 중요물자의 결승적 증강은 드디어 급속해야 함을 치열하게 요구되고 있다. 이에 호응하여 생산전에 대한 국민동원의 강화를 기하여, 작년 9월 1일 「국민징용령」 개정에 따라 징용의 국가성을 명확하게 하여 민간공장, 광산에 징용된 자에게 '응징사'의 호칭을 부여하였고, 더욱이 이번에 총독부는 이 응징사가 엄수해야 할 마음가짐으로 「응징사복무기율」을 제정, 대조봉대일(大詔奉戴日)인 오늘 8일 자로 공포와 동시에 시행에 들어갔다. 즉 민간공장, 광산에 징용되는 전력 증강의 응소전사에게 '응징사'라고 하는 국가적 신분을 부여하여 국가가 제정한 휘장을 패용하게 하였다. 그 복무기율에는 화충협동·솔선정신·실질강의 기풍·직장 보안·기밀 엄수·훈고 견책의 징계 등 7개조에 걸쳐 정성스럽게 응징사훈이 제시되어 있다. 이에 관해 총독부는 다음과 같이 정보과장 담화를 발표하여 응징사의 분기봉공을 요망했다.

아베 정보과장 담화

작년 9월 1일부터 실시된 「국민징용령」 개정에 따라 징용의 국가성 명확화, 기타 여러 가지 점에서 징용제도의 쇄신 강화가 가하져 민간공장에 징용된 자에게 응징사라고 하는 호칭이 부여된 것은 주지하는 바이다. 조선총독부에서는 이번 이 응징사가 반드시 지켜야 하는 마음가짐으로 「응징사복무기율」을 제정하여 2월 8일 자로 공포, 즉일 시행한다.

즉 민간공장의 산업응소전사에게 응징사라고 하는 국가적인 신분을 부여하여 국가가 제정한 휘장을 패용하게 하여, 마치 군에 징용된 자가 군속으로서 군 기율에 따르지 않으면 안 되는 것처럼, 응징사도 또한 국가가 정한 기율을 지키고 무례한 행위를 했을 경우에는 국가의 징계를 받도록 규정한 것이다.

「응징사복무기율」은 응징사가 이와 같이 국가를 위해 근로하며 국가에 대해 의무를 지는 특별한 신분임을 분명히 함과 동시에 직기를 더욱 엄중하게 하여 가열한 결전하의 생산전을 이겨낼 태세를 확립한 것이다.

응징사가 된 자는 제정 취지를 잘 돌아보아 분기봉공, 응징사의 명예를 더럽히지 않도록 자숙할 것을 희망한다.

응징사복무기율

제1조 국민징용령 제16조의 5 규정에 의거한 응징사의 복무에 관해서는 본령이 정하는 바에 따른다.

제2조 응징사는 징용의 본의에 의거하여 다음 기율을 준수해야 한다.

1. 응징사는 직기를 숭상하고 책임을 중히 여겨 전능을 다하여 성심껏 직무에 면려할 것.
2. 응징사는 지성으로 상관에 복종하고 상하 서로 신뢰하며 화충협동 서로 경애할 것.
3. 응징사는 솔선 정신하여 부하의 모범이 되고 그 신망을 한몸에 받도록 행동할 것.
4. 응징사는 지식 기능 연마에 노력할 것.
5. 응징사는 기개와 절조, 염치를 중히 여기며 응징사의 명예를 훼손하는 일이 없도록 할 것.
6. 응징사는 간소함을 마음에 두고 강인한 기풍을 떨쳐 견인불발의 정신을 함양해야 할 것.
7. 응징사는 보건위생에 유의하고 체력 연성에 노력해야 할 것.
8. 응징사는 직장 보안에 유의하고 재해 예방, 기타 조치에 만전을 기해야 할 것.
9. 응징사는 기계, 기구, 재료, 제품, 기타 물자를 존중하여 함부로 취급하지 않아야 할 것.
10. 응징사는 자기 직무이든 아니든 간에 지실(知悉)한 기밀을 지켜 방첩에 유감없도록 해야 할 것.

제3조 사업주인 응징사는 생산 수행의 전 책임을 부가된 자임을 자각하여 솔선수범으로 전 조 기율을 준수하고, 항상 사기 고무에 노력하여 명확한 기도하에 적시 적절하게 지휘한다. 아울러 공장사업장 모두가 일가 육신처럼 단결하여 전력으로 증강의 책

임을 다해야 한다.

제4조 응징사는 전 2조의 기율에 위반하거나, 기타 응징사의 본분에 어긋나는 행위가 있을 때는 이를 징계할 수 있다.

제5조 징계는 다음의 2종으로 한다.

1. 훈고

1. 견책

훈고 및 견책은 문서로써 이를 행한다.

제6조 사업주인 응징사의 징계는 조선총독, 기타 징계는 해당 관리공장 혹은 지정공장 소재지를 관할하는 도지사가 이를 행한다.

조선총독이 견책의 징계를 내릴 때는 조선총독부 관보로써 이를 공고한다.

제7조 응징사는 별표 제식에 의한 휘장을 좌측 가슴에 장착해야 한다.

응징사가 아니면 전 항의 휘장을 장착할 수 없다.

부칙

본령은 발포 날로부터 이를 시행한다.

자료 206

근로관리 쇄신
일반징용은 수시 실시

《매일신보》 1944년 2월 9일 1면 / 구분: 노무자

勤勞管理刷新
一般徵用은隨時實施

2월 8일 대조봉대일을 기하여 선내 중용 공장, 광산의 일부에 대하여 공장장, 광산장 이하 전 종업원의 현원징용을 실시하게 되었다.

대동아전쟁은 제3년을 맞이하여 전국은 더욱 가열■■의 도를 가하고, 피아의 ■■은 전혀 일대 소모전이 되어 모두 ■■을 돌보지 않고, 오로지 물력을 믿고 집요한 반공을 ■■하는 적 미영에 대하여 생사를 초월하고 용전하는 전선 ■병에 응답하는 길은 다■ 생산전력의 증강뿐이다. 따라서 조선의 ■■된 중요 물자 생산의 급 증강은 참으로 초미의 급무로서 근시 노무의 관계에서도 생산 증강의 애로가 될 것이 있는 실정에 비추어 전부터 모든 시책을 강구하여 이의 타개를 힘써 왔는데, 이 ■에 일부의 공장, 광산에 ■■ 현원징용의 실시는 금후 ■■■■ 징용의 전제가 되는 것이라고도 할 수 있는 것이다.

일반징용은 제국신민으로 하여금 국가의 요청에 의하여 각하(刻下) 가장 긴요한 총동원 업무에 종사시키는 제도이다. 따라서 피징용자는 단지 사업주에게 고용되는 것이 아니라 국가에 의하여 종업의 ■■를 지고 직접 성■을 하여 받드는 것으로서 공장, 광산에서 대표자가 징용되는 것도 이를 위함이다. 또 징용은 소위 백지의 응소라고도 부르는 만큼 응징사는 충성을 다하여 근로를 통하여 국가의 요청에 응하는 자로서 내지에서는 벌써 다수의 청장년이 징용에 응하여 ■■히 중요 산업에 참가하고 전력 증강에 매진하고 있다. 그러므로 세상에서 징용을 단순히 노무의 강제라고 하는 것과 같은 ■■를 품는 이가 있다. 이는 단연코 일소하지 않으면 안 될 것으로 응징사는 이로써 영예로 삼고 동시에 주위의 사람들은 절대한 경의로서 감사한 격려를 보내야 한다.

이번 징용이 실시된 공장, 광산에서는 종래에도 공장장, 광산장 이하 각각 그 ■에서 감투(敢鬪)하여 상당한 성적을 올려왔는데, 이번 이들에게 대하여 다시 현원징용이 발동된 것은 금후에도 더욱 총력을 결집하여 생산전력의 급속 증강에 유감없기를 기한 것이다. 따라서 징용공장, 광산에서는 깊이 이 점을 생각하여 이 기회에 더욱 근로관리의 적극적 쇄신 강화를 꾀하고 응징사 또한 각오를 새로이 하여 근로보국의 확고한 자■과 결의 아래 전 능력을 바쳐 증산에 정진하는 동시에 화충협동의 마음으로 서로 존경하며 서로 기능의 연성에 힘쓰고 ■■를 중하게 여겨 조금이라도 응징사의 명예를 훼손하는 것과 같은 행위 없기를 절망하는 바이다.

더욱 이번의 징용에서는 여자는 이를 제외하였다. 여자의 징용은 장래에도 실시하지 않기로 하였다. 그러나 비록 여자라도 직접 국가의 요청을 기다릴 것 없이 적격인 자는 전력 증강을 위하여 총궐기하여 근로의 기쁨과 근로의 생활에 ■■하여야 할 것이다. 모쪼록 여자에게 적절한 작업, 여자로서 대신할 수 있는 직장에는 앞을 다투어 진출하여 남자에게 못지않은 근로력을 발휘할 기백을 보여주기 바란다. 이와 같이 이 긴박한 전국하 성전을 싸워 이겨나가기 위하여서는 남녀노소 총원이 모두 근로 배치에 나가 비록 한 사람이라도 만연도식하는 도배(徒輩)가 없이 국민개로의 태도에서 총후 어봉공에 전념 매진하여야 한다.

자료 207

산업군단의 첨병
충성 일관 중책 다하라
고이소 총독 고사

《매일신보》 1944년 2월 9일 1면 / 구분: 노무자

產業軍團의 尖兵

忠誠一貫重責다하라

小磯總督告辭

시국하 의의 깊은 제26회 대조봉대일을 맞이하여 전선 중요 공장, 광산의 일부에 대하여 「국가총동원법」에 의한 「국민징용령」의 발동을 보게 되어, 이제 ■■공장(광산)에서 징용령

전달식을 거행함에 있어서 일언 본 총독의 소회를 말하고자 한다.

대동아전쟁의 결전 과정은 금년에 들어 더욱 심각 중대해져 적의 물량 공세에 대응하여 아국 총후생산의 다과가 대사를 결정하려는 단계에 돌입하였다.

국가의 강체, 전 동아의 흥망은 참으로 급속한 생산전력의 소장(消長) 여하에 달렸다고 할 수 있다. 따라서 교전 열국은 모두 국민동원을 철저히 하여 전력을 전쟁 수행에 바치고 있는데, 우리나라에서도 또한 「국민징용령」에 의하여 동원을 강화하여 국민개로 개전(皆戰)의 체제 아래 전략물자의 비상 증산을 기하고 있다.

이번의 중요 공장 광산에 대한 현원징용은 금후 수시로 증가될 징용 실시 공장 및 광산과 또는 광범한 일반징용의 예비적 진제를 이루는 것으로서 금일 솔선 영예로운 응징사가 된 제군은 당연히 그 후 제군의 뒤를 따를 응징사에 대한 수범자(垂範者)의 입장에 있으며, 이는 또 제군에 의하여 표시되는 기■태도가 반드시 후■하는 사람들에게 큰 영향을 미치게 되는 것이다.

「국민징용령」에는 "피징용자는 충성을 주지로 하여 총동원 업무에 정려(精勵)할 것"이라고 규정되어 있고, 그 정신 그 절도는 마치 폐하의 군대로 입대할 때와 같이 엄숙하다. 즉 지금의 공장(광산)의 사명은 일사일공장(광산) 또는 종업원 각인의 이해득실에 입각된 운영 또는 근로가 아니고 국가의 지상명령을 체하여 하는 전투행위인 것이다. 고로 응징사 제군은 비록 몸에 군복을 입지 않고 총검을 들지 않았다 할지라도 그 직역을 전장으로 삼고, 1억 군국에 대한 충성심에 투철하여 이 영예에 따르는 중책을 엄숙히 다할 각오를 가져야 한다.

제군은 이 점을 깊이 생각하고, 심기를 일신하여 전 능력을 증산보국에 경■할 각오를 가지고 경영자, 기술 지도자 등의 지위에 있는 자는 자재 부족, 기타 애로가 되는 것을 극복하기 위하여 모든 창의 연구를 다하는 동시에 노무자의 생활환경 개선의 시설 및 봉사대로서의 기율 훈련에 깊이 주의하여 일대 가족적 구성 아래 정■ 아울러 겸하는 노무관리의 철저를 기하고, 또 노무자에 있어서도 국가의 산업 군단에 병사로서 부르심을 받잡은 자각을 가지고 근로조건의 ■■■을 개의하지 말고, 오로지 증산멸적의 결의 아래 협동하야 일하여 전 공장(광산) 상하 일치, 한몸이 되어 극도의 증산 능률을 발휘하기 바란다.

이상 응징사로서 광영 있는 수도에 오름에 당하여 기주의 노에 대하여 경사를 표함과 동시에 금후 한층 ■■결의를 촉구하여 본 공장(광산) 공동의 과에 ■■■■한 기대를 하니 제군의 건투를 비는 바이다.

자료 208

현원징용 수발동
중요 공장·광산에 실시
간부 이하 전원 응징
멸적증산전 추진
어제, 각처에서 영달식 거행

《매일신보》 1944년 2월 9일 1면 / 구분: 노무자

現員徵用遂發動
重要工場·鑛山에實施
幹部以下全員應徵
滅敵增産戰推進
昨日、各處서令達式擧行

적 미영의 반공에 대하여 생사를 초월하고 분전(奮戰)하는 전선 장병에 호응하여 총후의 생산전선은 한 대의 비행기, 한 척의 함선이라도 급속히 전선에 보급하고자 물적 전력인 중요물자 생산에 인적 급속 증강이 전개되고 있는데, 총독부에서는 2월 8일의 대조봉대일을 기하여 선내 중요 공장, 광산의 일부에 대하여 공장장 이하 전 종업원의 현원징용을 단행하였다. 현원징용은 국민징용의 제1 착수로 선내의 우수한 노무관리를 실시하고 있는 공장·광산에서 근무하는 간부 이하 전원을 징용하여 '응징사'의 호칭을 사용케 하고, 충성을 본지로 하여 총동원 업무에 정진하는 명예와 긍지를 갖게 하고, 군단조직으로써 총검을 잡지 않았다 할지라도 장병과 다름없이 1억 군국에 지상명령을 체하여 생산전에 과감한 정신을 할 수 있는 길을 타개한 것이다. 징용은 제국신민으로서 국가의 요청에 기하여 긴요한 총동원 업무에 종사하는 것임으로 종사는 사업주에 고용되어 있어도 관계가 국가에 봉공하는 관계로 변해진 것이고, 전력 증강에 각오를 새로이 하여 궐기(蹶起)할 것이 약속되어 있는 것이다. 또 금차의 현원징용에 의하여 응징사의 명예를 획득하는 자는 금후 당연히 계속하여 징용될 자에 대한 수범자의 지위에 있음으로 현원징용의 응징사의 책무는 실로 크다고 하지 않으면 안 될 것이다. 그리고 금차 징용에 당하여 여자는 전면적으로 제외되어 있으나 여자라 할지라도 타는 듯한 근로정신을 발휘하여, 남자를 대신해서 여자로서 능히 담당할 수 있는 직장에는 활발 적극적인 진출을 기대하는 것이어서 징용의 유무를 막론하고 남녀노소가 총동원하여 근로의 과실을 거양(擧揚)할 것이 요망되어 있다. 그런데 이번 현원징용을 실시하는 각 공장, 광산의 징용령달식 석상에서 고이소 총독은 다음과 같은 고사를 하여 현원징용의 본의를 철저히 하고, 응징사는 숭고한 감투정신으로 총 물적 전력 증강에 전 능력을 발휘하여 상하 일치, 적 격멸에 매진할 것을 강조하였다. 그리고 다나카 정무총감은 이번 징용 실시에 대해 담화를 발표하여 현원징용의 취지를 명백히 하였다.

자료 209

생산 증강 거듭 맹세
북선에서도 징용령서 전달식 거행

《매일신보》 1944년2월 11일 3면 / 구분: 노무자

[함흥] 반도에도 드디어 국민징용의 총진군 명령이 우렁차게 내리었다. 가열한 현 전국 아래 총후의 직장 광산, 공장은 그대로 곧 전선과 통하여졌다. 1억 국민이 총궐기하여 국가의 요청하는 중요물자 생산전에 돌입하여 한 대의 비행기, 한 척의 군함이라도 더 많이 그리고

속히 만들어 제1선으로 보내지 않으면 안 될 이때, 영예롭고도 숭고한 이 광영의 징용이 반도의 씩씩한 사나이들에게도 내리게 된 것이다. 새로운 근로의 기쁨과 증산의 정열을 생명으로 삼고 전선 장병에 지지 않을 만큼 반도 응징전사의 힘을 발휘할 날이 온 것이다.

이 영예로운 백지 징용의 제1차 징용으로서 ■■에 있는 ■■회사 ■■공장, ■■회사 ■■공장, ■■회사 ■■공장이 징용공장으로 지정을 받게 되어, 현재 이 공장에서 취업하고 있는 노무전사 전부를 현원징용으로서 징용을 하였다. 이 징용령서 전달식이 감격도 새로운 8일 대조봉대일 오전 8시부터 ○○운동장에서 엄숙히 거행되었다.

식장에는 정각 전부터 모여든 ○○명의 응징전사들로 가득 차 마치 응소된 용사의 출진을 상상케 하여 그들의 미우에도 미영 격멸에 불타는 증산 의욕이 넘쳐흐르고 있다. 야규(柳生) 지사가 가와사키(川崎) 경찰부장 가지가와(梶川) 본부 공무관과 내빈으로 아라마키(荒巻) 함흥 지방법원장 등 관계관 다수가 석임한 아래 식은 먼저 국민의례에 이어서 야규 지사로부터 징용령서를 피징용자 대표 오이시(大石) ■■제조국장에게 교부한 다음 이어서 지사로부터

> 제군은 오늘부터 영예에 빛나는 징용전사가 되었다. 남방 제1선 용사를 생각하여 제군은 어떠한 일이 있더라도 전장물자를 많이 속히 만들어 보내지 않으면 안 된다. 총후 1억 국민에 앞서서 제군은 이 광영의 중책을 지게 된 것이다. 총과 칼을 메고 싸움터로 나간 제군의 형제와 똑같은 지성으로써 폐하의 적자로서의 적성을 다할 때는 지금에야 온 것이다. 아무쪼록 있는 힘을 다 내어 전력물자 생산에 정신하여 미영 격멸의 증산전에 돌진하기를 바란다.

는 뜻의 열렬한 훈시를 하여 징용자들의 분기를 촉구하였다. 이어서 고이소 총독의 고사를 가지가이 공무관이 대독하였는데, 이에 대하여 오이시 ■■제조국장이 사업주로서의 인사의 말을 한 다음 징용자를 대표하여 구라가스(倉員) ■■공장장이 별황과 같은 선서문을 낭독하여 앞으로 분골쇄신 증산전에 매진할 것을 피력하고, 아라마키 법원장 이하의 축사와 성수만세 봉창으로 동 9시경 엄숙하고도 장엄한 징용령서 전달식을 마쳤다.

이날의 감격을 가슴 깊이 간직하고 전심전력 성전완수의 증산전에 뛰어들 굳은 각오를 새롭게 한 징용전사들은 홍백의 경축 떡을 받아 가지고 각각 직장으로 달려갔는데, 이들 징용전사들은 감격을 다음과 같이 말하였다.

자료 210

솔선모범이 되도록
총독, 징용학도에 훈시

《경성일보》 1944년 2월 23일 조간 3면 / 구분: 노무자

率先模範たれ
總督徵用學徒に訓示

육군 제1지원병 훈련소에서 2주간에 걸쳐 엄정한 훈련을 받고 지난 17일 종료한 제3차 징용학도 ■■명은 내지에서 곧바로 입소한 것을 고이소 총독의 특별한 온전으로 귀향, 즉시 산업전사로서 정신할 굳은 결의를 부모슬하에서 ■■하고, 22일 재차 훈련소로 돌아왔다. 이

날 오후 1시 반을 넘어 고이소 총독은 징용학도 격려를 위해 고바야시 ■■관을 수반하여 내소, 우미다 소장 이하 직원의 마중을 받으며, 소강당에 들어와 창문 틈으로 들어오는 따뜻한 햇살을 받으며 총독은 단기간이라고 하지만 엄격한 훈련으로 한층 더 긴장한 얼굴로 산업 제1선에 설 결의에 찬 학도 전원 앞에 조용히 등단하였다. 자부와 같은 온화한 모습으로 한 사람 한 사람의 얼굴을 바라보던 총독은 징용학도에 말하기를 이것으로 세 번째다. 제1회 징용학도에서 2회, 3회 청춘발랄하게 메기와 같이 연이어 둥지를 떠나는 이들 학도들에게 열렬하게 연설하며 감격하는 고이소 총독이다. 총독은 천천히 입을 열었다.

"가열되는 전국에 직면하여, 결단코 이기지 않으면 안 되는 필승불패의 태세를 확립하는 요즘, 그 전력 증강의 제1선에 서고자 하는 제군을 보면 참으로 흔쾌하다. 당당한 한 명의 인간으로서 생산 증강의 최전선에 지도자이자 사회를 진두하는 제군에 대해 사견을 말하고자 한다"

고 하면서 이어 말했다.

"조선의 현재 통치에 대해서는 메이지43년 한국병합 시 내려받은 칙조에 따라 역대 총독이 일시동인의 어심을 구현하여 통치해 왔다. 조선은 그 당시에 비해 현재는 현저하게 진보 발전해 왔다. 고려, 조선시대의 모습은 전혀 찾을 수 없다. 현재 내지 사람들도 ■■ 도야된 사람이 적지 않다. 쇄국의 꿈에서 깨어난 일본은 세계정세에 눈떠 급격하게 물질문화를 받아들였다. 이 발전과 더불어 정신적 기조를 확실하게 파악해 간다면 일본은 더욱 강건해 갔을 것이다. 그러나 유감스럽게도 첫 번째도 서양, 두 번째도 서양, 서양풍이 되어버려 일본인의 얼굴을 한 서양인이 많았다. 이들 잘못된 일본인에게 배우라는 것이 아니다. 인간은 만물의 영장이다. 인류는 법령 속에서 사는 것이 아니다. 법령과 규칙은 인간이 만든 것으로 인간은 감정을 갖고 살아가지 않으면 안 된다. 그런데 제군 중에는 자신은 고등학부에서 배운 자라고 하는 자부심에 찬 사람이 있는데, 그래서는 안 된다. 내지인 중에 조선은 식민지라는 잘못된 인식을 갖고 있는 잘못된 인간이 있다. 영미의 식민정책은 어떠한가. 미얀마, 인도, 네덜라도령 동인도, 프랑스령 인도차이나, 필리핀으로 식민지가 아닌 중국에 들어와서도 금융기관을 설치하였는데, 그 자금은 본국에서 가져온 것이 아니라 중국 민중으로부터 착취한 것이다. 이 돈으로 중국에 공장과 회사를 만들어 중국 노동자를 사역하여, 그 이익을 모두 본국으로 가져간다. 본국은 향락을 위해 타민족을 착취한다. 이것이 그들 식민지정책이다. 이런 것들을 따르면 동양의 발전은 저해된다. 이것을 일소하여 동양 민족이 혼연일체가 되어 건설하고자 할 때 훼방꾼이 들어왔다. 그것이 유교다. 조선의 유교는 훌륭하다. 그런데 중국은 표면적인 사상만 동경하여 그 유교의 진가를 파악하지 않은 데에 결점이 있다. 거기에 크리스트교가 끼어들었다. 신부라던가 전도사라 하면서 오른손에는 사랑의 십자가를 들고, 그 뒤로는 조선에서 일시동인의 통치가 제대로 실행되면 영국이 생각하는 식민지정책이 실패하기에 한국합병의 근본을 뒤집으려 한 것이다."

총독은 여기서 단군조선과 기자조선의 역사에 근거한 본질을 밝히며, 단군이라 함은 스사노오노미코토와 그 자손인 이타케루노 미코토로 내선이 동조동근에 대해서는 의심할 여지가 없다고 갈파, 새삼스럽게 내선일체 따위는 말할 나위가 없다고 강한 어조로 말했다.

"역사와 전통은 무시할 수 없다. 고려, 이조시대 사람들은 불쌍했다. 그 시대에 배양돼 온 전통 정신이 아직도 조선에서 벗어나지 않고 있다. 제군은 내지에 가서 아마도 차별대우를 느끼고 왔을 것이다. 그것은 본래 내지인이 교양이 모자라서이고 만주, 북중국에서도 조선인은 곤혹스럽다는 말을 듣는다. 책임감이 없고, *를 말하며 인내심이 강하지 않다는 등등이다. 나는 일부에 있어서는 시인하는데, 누가 이와 같은 정신을 넣었는지, 그것은 결국 이조시대의 악정에 의한 것이다. 착취정치가 그렇게 만든 것이다. 그런데 본질은 그렇지 않다. 그 본질을 파악하기 위해서는 국체의 본의에 투철하는 것이다. 고이소는 세간에서 신내림 받은 자라고 비웃던 자가 착임 당시 있었지만, 지금은 이해해주는 듯하다. 제군도 총독이 무엇 때문에 기회 있을 때마다 국체 본의의 투철을 2,400만 동포에게 호소하는지 알 것이다."

총독의 말투는 예리하여 폐부를 관통하고 있었다.

"지금 이 자리에서 국체 본의를 설명할 시간이 없으므로 총독이 강의한 것이 지난 16일부터 오늘까지 게재되어 있으니 그것을 숙독하는 것을 숙제로 하겠다"

고 학도와 약속했다.

"제군들이 지원병에 지원하지 않았던 것은 고이소의 지도가 모자라서이지 제군들 잘못이 아니다. 고이소는 그들을 다시 지도하지 않으면 안 된다. 따라서 제군을 전력 증강의 제1선에 세운 것이다. 훈련생 생활은 그 본질을 파악하는 실마리다. 제군 중에 징용을 징벌이라고 생각하는 자가 있다면 아직 이조시대 정신이 잔존하는 것이다. 제군의 감상문 등을 보면 일부는 아직도 잘못된 관념에 사로잡혀 있다. 그래서는 안 된다. 그런 생각으로는 무슨 일을 해도 성공하지 못한다."

라며 길을 떠난 자식에게 훈계하는 총독의 말투에는 열정이 담겨 있는데

"그 책임은 모두 내게 있다"

고 자신을 책망하는 고이소 총독이었다. 마지막으로 목소리를 낮추어

"제군들은 이제부터 산업전사로서 진두에 서게 되는데 그 언동은 모범이 되지 않으면 안 된다. 인간의 재편성을 위해 노력해야 한다. 서로 거울처럼 맑은 정신으로 남자답게 행동하라. 이조시대 잔재가 남아 있다면 일소해라. 정신적으로 물질적으로 내선 무차별한 상태에 이르기 위해 제군이 진두에 서서 노력하지 않으면 안 된다. 최고학부를 나왔다고 잘난 체하지 않고 ■■ 미덕을 갖고 ■■ 존재인 자신의 본질을 대변하여 솔선 진두에 서기 바란다."

며 일동을 돌아보고,

"이제 그런 각오로 일해 주겠나. 기대한다"

며 강하게 격려하고, 단상에서 내려온 총독은 우미다 소장을 향해 "이 중에 환자는 없는가"라며 걱정스럽게 물은 뒤 전원으로부터 경례를 받으며, "수고해. 건강 조심하고"라며 밝은 목소리를 남기고 3시 반에 자리를 떠났다.

(사진은 징용학도에게 훈시하는 고이소 총독)

자료 211

공장·광산 종업원에게
제2차 현원징용
오늘 영서 교부식 거행

《경성일보》 1944년 4월 8일 1면 / 구분: 노무자

工場・鑛山從業員に

第二次現員徵用

けふ令書交付式を擧行

情報課長談

중요 공장·광산에 현원징용을 실시하였는데, 이번에 범위를 더욱 확장하여 광범위하게 제2차 징용을 결행하게 되어, 8일 피징용 공장·광산에 영서를 교부한다.

정보과장 담화

지난 2월 8일 대조봉대일을 기하여 선내 중요 공장, 광산 일부에 조선에서는 처음으로 공장장, 광산장 이하 전 종업원의 현원징용을 실시했다. 이번에 그 범위를 더욱 확대하여 공장, 광산 종업원의 제2차 현원징용을 시행했다. 현원징용 실시의 취지, 목적 및 사업경영자 및 종업원 책무에 관해서는 제1차 징용 실시 당시 발표된 정무총감 담화에서 명백히 하였기에 다시 말할 필요는 없지만, 결국은 날마다 가열하고 심각해지는 것 외 군수물자 급속 증강이 절박한 오늘보다 더한 건 없다.

현재 가장 긴요한 공장, 광산에 대해 순차적으로 징용을 실시하여 공장장 이하 전 종업원이 백지응소의 국가적 영예하에 그 총력을 결집하여 긴급 증산에 유감없고자 하는 것이다.

다행히도 전번에 징용을 실시한 공장, 광산에 있어서는 모든 공장장, 광산장 이하 전 종업원이 정말로 한마음이 되어 증산에 정신하여 양호한 성적을 거두어 참으로 경사스럽지 않을 수 없었다. 이번 징용 실시의 공장, 광산에서도 선발된 응징사가 긍지를 갖고 우수한 성과를 거둬 함께 생산전력 긴급 증강의 국가적 요청에 부응하기를 기대해 마지않는다.

자료 212

일반징용 8월부터 실시
용약 응하려는 영예
국가적 책무 중대

《경성일보》 1944년 6월 20일 1면 / 구분: 노무자

京城日報

一般徵用 八月から實施

勇躍, 應ぜん榮譽

國家的責務や重大

行け·我等の戰場へ

대동아전쟁의 병기창으로서 철공 부문을 필두로 모든 ■철자원에 지대한 기대와 관심이 집중되고 있는 한반도의 책무는 결전 단계로 나아감으로써 점점 중대해져 총독부에서는 금년 4월부터 철 이하 중요자원 생산에 책임제를 실시, 모든 곤란을 극복 돌파하여 단연코 계획생산을 수행하고자 먼저 주요 공장, 광산에 대해 현원징용을 실시하여 ■■률 향상에 획기적인 성과를 거두고 있다. 결전 일본의 지상명령은 강도 높은 노무 요청에 대처하여 드디어 8월부터 전면적으로 일반징용을 실시하여 현원징용과 병행하여 완벽한 국민징용을 향해 보무도 당당하게 나아가게 되었다. 19일 정보과장은 담화를 발표, "징용은 총후의 응소이다"라며 반도 2,500만의 분기를 요망했다.

본 부에 있어서는 시국 아래 중요한 공장, 광산의 노무요원을 충족 확보하기 위해 가까운 시일에 전면적으로 일반징용을 실시하고자 준비하고 있다. 징용제도의 본 취지에 대해서는 충분하게 이해가 있는 것으로 확신하지만, 왕왕 본 제도에 대해 충분히 이해하지 못하고 쓸데없는 불안 초조에 쫓겨 황국신민으로서의 면목을 훼손하는 행동을 하는 자도 없지 않아 여기에 새삼 징용의 취지, 목적에 대해 한마디하고자 한다.

근대전의 특징은 대규모의 소모전으로 ■■■ (이하 판독 불가) ■■■ 산업전사에 부가되는 국가적 책무는 실로 중대하고 아울러 총후 생산이 일직선으로 전선 전력과 연결되어 있음을 통감한다.

그리하여 「국민징용령」은 전시에 국가가 제국신민에게 총력전을 수행하는 데 필요한 총동원 업무에 종사하도록 명령하는 국민동원제도로, 문자 그대로 총후의 응소이며 따라서 황국신민으로서 당연한 책무이자 숭고한 영예이다. 그런데 징용된 사람 중에는 일신상이나 가정에 간혹 곤란한 사정이 있는 자도 있고, 또 익숙하지 않은 노무로 고생하는 사람도 적지 않다고 생각한다. 그러나 국민은 어떤 장애도 돌파하고 용약 응징해야 한다.

징용의 발동에 대해서는 충분히 신중을 기해 민영 공장사업장에 징용할 경우는 원칙으로서 사전에 현원징용을 실시한 비교적 노무관리 태세가 정비된 곳에 동원하게 되어 있다. 따라서 일반징용을 받은 사람들이 공장, 광산에 출두했을 때는 이미 징용된 사장 이하 전 종업원이 맞이해 주는 것이다. 또 피징용자는 국가에 대해 공법상 복무 관계에 있기 때문에 국가는 이에 대해 응징사라고 하는 특별한 신분을 부여하여 그 복무기율 및 표창 제도를 정하고,

아울러 현재 징용부조제도에 의해 생활 곤란한 가족과 업무상 상이를 입은 본인 등에 대해 군사부조에 준하는 법의 극진한 보호를 받는 것 외 본 부에서는 곧 특별시설을 설치하여 원호를 더욱 강화하려고 계획 중이다.

따라서 일단 징용에 의해 국가가 요청하는 생산진에 배치를 명령받은 자는 스스로 나아가 용약 이에 응하고, 적 미영 격멸의 기백으로 총후 생산에 매진, 멸사진충의 성을 다하며, 또 응징사의 가족은 본 제도에 대한 깊은 이해하에 마치 응소자의 경우와 같은 마음으로 응소자를 격려하여 기쁘게 보내주기 바란다. 한편 일반 국민은 그런 명예로운 응징사에 대해서는 존경과 성의로 그 노고를 감사해하고 염려 없이 그 책무를 다할 수 있도록 가능한 한 협력 있기를 간절히 희망하는 바이다.

자료 213

응징사의 가족원호
국민근로동원원호회 설립

《매일신보》 1944년 8월 19일 1면 / 구분: 노무자

應徵士의家族援護
國民勤勞動員援護會設立

국민 총 무장태세 확립에 따라서 국민근로의 철저화는 시급한 급무이며 국민징용은 이제 곧 전면화할 추세에 있는데, 총독부에서는 국민징용을 실시하는 일면 응징사와 응징가족의 원호태세를 확립하고자 예의 연구 중이던 바 이에 관한 성안을 얻는 동시에 국고보조로서 소요비 640만 엔을 제2 예비금에서 지출하기로 되었다. 즉 재단법인으로서 조선국민근로동원원호회를 중앙과 각도에 설치하고, 중앙에는 정무총감으로서 각도에는 지사로써 회장을 삼고, 응징사를 받아들이는 사업자로써 회원을 삼아

1. 현행 노무사업의 지도 조성
2. 근로동원의 적극적 협력
3. 근로사상의 보급 선전
4. 근로에 관한 조사 확립

등을 사업목적으로 하여 금월 내에 설치를 개시하기로 되어 설립에 관한 사무를 광공국 노무과가 중심이 되어 예의 진행 중이다. 원호 내용은 일반원호, 특수원호의 2종으로 하여 징용부조규칙에 기하여 생활, 의료, 조산, 수산, 생업, 이재자의 임시생활부조 등에 대한 일반원호와 징용부조규칙에 의거하지 않은 교육, 위문 등의 비용보조인 특별원호 외에 보급금 제도를 두어 기본보급금으로써 응징 전의 수입과의 차액을 지급하고 특별보급금으로써 부양가족의 별거수당을 지급하는 것이다. 그리고 재단자금의 분담은 국고보조, 회비, 회원 납입금의 세 가지가 재원이 될 터인데, 시간 문제로 9월 내에 재단법인으로서의 설립을 보지 못하는 경우에는 임의단체로써 활동하게 하고 급속한 준비를 하여 근로 배치 태세정비에 만전을 기하기로 될 터이다.

자료 214

결전증산 총돌격
일정 연령층 징용 개시(상)

《매일신보》 1944년 8월 23일 4면 / 구분: 노무자

결전증산총돌격
일정년령층징용개시(上)

시국이 긴박함에 따라 노무강화의 확보를 매일매일 더욱 절실히 느끼는 바입니다. 한 조가 바쁘게 항공기 기타 병기를 전선으로 보내지 않으면 안 됩니다. 종래의 8시간 돌아가던 기계는 24시간 쉬지 않고 돌릴 수가 있지만 사람은 기계와 같이 한시도 쉬지 않고 일할 수는 없습니다. 기계가 돌아가는 동안 두 차례고 세 차례고 교대로 쉬지 않으면 안 될 것이며, 또 한 대라도 많이 만들지 않으면 안 되는 만큼 지금보다 수십 배의 노무력이 필요한 것입니다. 그러므로 여러분의 자발적인 진출을 기할 수 없고, 법으로 노무력을 동원시키지 않으면 안 되게 되었습니다. 이렇게 법의 힘으로 동원시키는 것이 징용제도는 전쟁을 이겨내기 위하여 절대로 필요한 것은 다시 말할 필요가 없거니와 징용은 나라에서 강제적으로 징용하는 것이니 징벌(懲罰)을 의미하는 노동이라고 생각하는 사람이 있는 모양인데 대단히 잘못된 생각입니

다. 국민징용의 정신을 전혀 모르고 국민으로서의 광영과 긍지를 더럽히는 생각입니다. 근로동원의 방법에 있어서

(가) 근로봉사

(나) 관알선

(다)「국민근로보국협력령」

(라)「국민징용령」의 발동

이상 네 가지 방법에 의하는 것으로, 목적은 물론 전력 증강을 위하는 것이지만 방법에 있어서 구별하지 않으면 안 됩니다.

첫째, 근로봉사는 그동안 실시해 오던 것으로 자진해서 신사와 충령탑을 쌓는 데 봉사하고, 또 군의 일을 간접 직접으로 도와오던 것입니다.

둘째, 관알선이라는 것은 관청이 중간에 서서 수리조합이라던지, 그 외 군수공장 같은 데로 알선해 주는 방법입니다.

셋째,「국민근로보국협력령」은 학생동원으로 2개월씩 근로하는 것으로 법의 발동이기는 하나 벌칙은 없는 것입니다. 근로봉사와 같은 정신하에 근로하는 것입니다.

넷째,「국민징용령」의 발동은 이상의 세 가지 방법으로 근로동원을 시켜 왔습니다만 지금까지의 노무력을 가지고 대량생산에는 무리가 생기는 고로 제일선의 장병과 같은 마음으로 전력 증강을 위하여 일하게 하자는 것입니다. 이것은 총동원 업무 중에도 가장 중요한 방면에 종사케 하는 진정한 의미의 총후 전사입니다. 그만큼 책임도 중하고 군무에 응소되는 각오로 나가지 않으면 안 됩니다.

징용에는 보통징용과 일정연령층징용 두 가지로 나누어 지금까지의 징용은 일반징용이었습니다. 일반징용은 17세부터 50세까지 근로능력이 있는 사람은 누구든지 일할 수 있는 것으로 연령에 제한이 있는 것이 아닙니다.

일정연령층징용은 연령이 정해진 것입니다. 범위가 결정되어 있습니다. 즉 25세부터 30세까지, 30세부터 35세까지 필요한 연령과 수요를 징용하는 것입니다. 때와 장소와 업무에 따라 연령이 달라지며 번호로써 지정합니다. 보통징용은 가정 사정을 조사하지만 특수징용에 있어서는 지위와 명예를 가리지 않고 연령으로 지정하며 징용하기 전에 신체검사를 하는 것뿐입니다. 신체가 약하면 아무리 국가를 위하여 봉사하고 싶더라도 명예의 응징사가 될 수 없습니다.

| 자료 목록

군인·군무원동원에 관한 주요 각의결정 및 법령 등

자료 번호	법령 및 각의결정 등의 명칭	형태	제정·공포·결정일	본문 쪽수
1	병역법	법률	1927.4.1.	42
2	육군특별지원병령	칙령	1938.2.23.	56
3	조선총독부육군병지원자훈련소관제	칙령	1938.3.29.	59
4	육군특별지원병령시행규칙	조선총독부령	1938.3.30.	61
5	청년훈련소규정 중 개정	조선총독부령	1938.3.31.	66
6	조선총독부육군병지원자훈련소규정	조선총독부령	1938.4.2.	72
7	조선총독부육군병지원자훈련소생도채용규칙	조선총독부훈령	1938.4.2.	76
8	조선총독부육군병지원자훈련소생도채용수속	조선총독부훈령	1938.4.2.	79
9	육군특별지원병령에 따른 병역 약부호 기입에 관한 건	조선총독부령	1938.8.17.	83
10	상이군인대장규칙	조선총독부령	1938.9.30.	85
11	선원직업능력신고령	칙령	1939.1.28.	89
12	조선선원직업능력신고령시행규칙	조선총독부령	1939.3.2.	93
13	병역법 중 개정	법률	1939.3.9.	96
14	국민징용령에 따른 육군 징용자 급여에 관한 건	육군성령	1939.7.14.	100
15	육군지원병령	칙령	1940.4.23.	104
16	국민징용령에 따른 해군 징용자 급여에 관한 건	해군성령	1940.6.14.	109
17	선원징용령	칙령	1940.10.21.	112
18	선원급여통제령시행규칙	조선총독부령	1940.11.5.	118
19	선원사용등통제령	칙령	1940.11.8.	122
20	선원사용등통제령시행규칙	조선총독부령	1940.11.25	126
21	해군징용공원규칙	해군성 達	1940.11.19	129
22	조선선원징용여비규칙	조선총독부령	1941.4.8.	132
23	재학징집연기기간의 임시특례	육군성령	1941.10.16.	136
24	재학징집연기기간의 단축에 관한 건	육군성 · 문부성령	1941.10.16.	138
25	재학징집연기기간의 연장에 관한 건	육군성령	1941.10.16.	141
26	1941년임시징병검사규칙	육군성령	1941.10.16.	144
27	국가총동원법 제4조에 근거한 육군 징용자 급여에 관한 건	육군성령	1941.12.29.	149
28	1942년임시징병검사규칙	육군성령	1942.1.15.	153

자료번호	법령 및 각의결정 등의 명칭	형태	제정·공포·결정일	본문 쪽수
29	1942년의 징모사무 특례에 관한 건	육군성령	1942.1.15.	158
30	선원징용령 개정	칙령	1942.3.24.	161
31	조선에 징병제 시행준비의 건	각의결정	1942.5.9.	163
32	조선청년특별연성령	제령	1942.10.1.	165
33	조선청년특별연성령시행규칙	조선총독부령	1942.10.26.	168
34	선원징용부조규칙	조선총독부령	1942.10.2.	175
35	병역법 중 개정	법률	1943.3.1.	180
36	병역법시행령 중 개정	칙령	1943.3.29.	183
37	육군군속선원신분취급요령	육군 밀(密)	1943.7.2.	187
38	해군특별지원병령	칙령	1943.7.28.	190
39	조선총독부해군지원자훈련소관제	칙령	1943.7.27.	195
40	조선총독부해군지원자훈련소규정	조선총독부령	1943.8.1.	197
41	조선총독부해군지원자훈련소훈련생채용규칙	칙령	1943.8.1.	201
42	해군특별지원병령시행규칙	해군성령	1943.7.28.	204
43	재학징집연기임시특례	칙령	1943.10.1.	209
44	1943년임시징병검사규칙	육군성령	1943.10.2.	211
45	육군특별지원병임시채용규칙	육군성령	1943.10.20.	214
46	병역법 중 개정	법률	1943.10.30.	217
47	긴급선원동원강화요강	각의결정	1944.3.10.	220
48	육군징용규칙	육군 달(達)	1944.3.23.	224
49	조선총독부군무예비훈련소관제	칙령	1944.4.21.	229
50	조선총독부군무예비훈련소규정	조선총독부령	1944.4.22.	232
51	조선선원령전시특례	제령	1944.6.17.	235
52	병역법 제69조의 호적에 병역 약부호 기입의 건	조선총독부령	1944.12.1.	237
53	1945년도징병신체검사규칙	육군성령	1944.12.4.	239
54	육군 군인, 군속의 임시신고에 관한 건	육군성령	1944.12.15.	243
55	선원동원령	칙령	1945.1.19.	245
56	선원동원령에 의한 육해군 군속에 대한 선원으로서의 징용에 관한 건	육군 밀(密)	1945.2.9.	259
57	선원동원령시행규칙	조선총독부령	1945.2.10.	262
58	병역법 중 개정	법률	1945.2.10.	271
59	응징선원급여규칙	조선총독부령	1945.3.13.	274
60	육군징용규칙	육군 달(達)	1945.4.	282
61	육군징용공원규칙	육군 달(達)	1945.	286
62	의용병역법	법률	1945.6.23.	289

노무동원에 관한 각의결정 및 법령 등

자료 번호	법령 및 각의결정 등의 명칭	형태	제정·공포·결정일	본문 쪽수
63	의료관계자직업능력신고령	칙령	1938.8.24.	328
64	의료관계자직업능력신고령시행규칙	후생성령	1938.9.5.	333
65	1939년도 국가총동원 실시계획 설정에 관한 건	각의결정	1938.9.13.	336
66	국민직업능력신고령	칙령	1939.1.6.	338
67	국민직업능력신고령시행규칙	후생성령	1939.1.18.	343
68	수의사직업능력신고령	칙령	1939.2.4.	346
69	수의사직업능력신고령시행규칙	농림성령	1939.2.4.	350
70	종업자고입제한령	칙령	1939.3.30.	353
71	공장사업장기능자양성령	칙령	1939.3.31.	356
72	공장취업시간제한령	칙령	1939.3.31.	360
73	공장사업장기능자양성령시행규칙	후생성령	1939.4.4.	363
74	종업자고입제한령시행규칙	후생성령	1939.4.10.	370
75	공장취업시간제한령시행규칙	후생성령	1939.4.19.	372
76	1939년도노무동원실시계획강령	각의결정	1939.7.4.	375
77	국민징용령	칙령	1939.7.8.	381
78	국민징용령시행규칙	후생성령	1939.7.11.	387
79	조선인 노동자 내지 이주 문제	방침, 통첩	1939.8.	390
80	청소년고입제한령	칙령	1940.1.31.	399
81	청소년고입제한령시행규칙	후생성령	1940.2.15.	403
82	국민징용령 개정	칙령	1940.10.19.	408
83	종업자이동방지령	칙령	1940.11.8.	415
84	종업자이동방지령시행규칙	후생성령	1940.11.15.	420
85	국민노무수첩법	법률	1941.3.6.	423
86	국민노무수첩법시행령	칙령	1941.6.14.	428
87	국민노무수첩법시행규칙	후생성령	1941.6.17.	437
88	노무긴급대책요강	각의결정	1941.8.29.	441
89	국민근로보국협력령	칙령	1941.11.21.	444
90	국민근로보국협력령시행규칙	후생 · 문부성령	1941.12.1.	448
91	노무조정령	칙령	1941.12.6.	453
92	의료관계자징용령	칙령	1941.12.15.	461
93	의료관계자징용령시행규칙	후생성령	1941.12.16.	470
94	국민징용령 개정	칙령	1941.12.16.	474
95	노무조정령시행규칙	후생성령	1941.12.17.	482
96	국민징용부조규칙	후생성령	1941.12.22.	490
97	조선인노무자활용에 관한 방책	각의결정	1942.2.13.	496

자료번호	법령 및 각의결정 등의 명칭	형태	제정·공포·결정일	본문쪽수
98	조선인내지이입알선요강	통첩	1942.2.20.	500
99	중요사업장노무관리령	칙령	1942.2.25.	509
100	중요사업장노무관리령시행규칙	후생성령	1942.2.28.	514
101	생산증강근로긴급대책요강	각의결정	1943.1.20.	521
102	국민징용령 개정	칙령	1943.7.20.	525
103	응징사복무규율	후생성령	1943.8.10.	536
104	군수회사법	법률	1943.10.31.	539
105	군수회사법시행령	칙령	1943.12.15.	545
106	군수회사법시행규칙	군수·내무·대장·육군·해군·후생·농상·운수통신령	1943.12.16.	554
107	군수회사징용규칙	후생성령	1943.12.27.	558
108	국민징용령 개정	칙령	1944.2.18.	562
109	반도인노무자이입에 관한 건	각의결정	1944.8.8.	573
110	군수충족회사령	칙령	1945.1.26.	575
111	국민근로동원령	칙령	1945.3.5.	580
112	국민근로동원령시행규칙	후생·군수·문부성령	1945.3.8.	599
113	군수충족회사령시행규칙	내무성·운수통신성령	1945.3.13.	621

여성동원에 관한 각의결정 및 법령 등

자료번호	법령 및 각의결정 등의 명칭	형태	제정·공포·결정일	본문쪽수
114	광부노역부조규칙 제11조 2의 특례에 관한 건	내무성령	1933.6.5.	632
115	여자갱내취업에 관한 광부노역부조규칙 제11조 2의 제1항 특례에 관한 건	후생성령	1939.8.29.	634
116	국민근로동원계획 및 근로수급 중 여자동원	후생성	1941.	636
117	조선광부노무부조규칙 제9조 특례에 관한 건	조선총독부령	1941.4.19.	638
118	여자갱내취업에 관한 광부취업부조규칙 제11조 2의 제1항 특례 효력연장에 관한 건	후생성령	1942.3.31.	640
119	여자갱내취업에 관한 광부취업부조규칙 제11조 2의 제1항 특례에 관한 건 개정	후생성령	1942.3.31.	642
120	여자근로동원의 촉진에 관한 건	차관회의결정	1943.9.13.	645
121	여자근로동원에 관한 계발선전요령	정보국 명령	1943.9.	650
122	여자정신대에 의한 근로협력에 관한 칙령안 요강	육군성 자료	1944.	652
123	여자정신대 결성 및 출동 상황	육군성 자료	1944.	656
124	조선여자청년연성소규정	조선총독부령	1944.2.10.	659

자료번호	법령 및 각의결정 등의 명칭	형태	제정·공포·결정일	본문쪽수
125	여자정신대제도강화방책요강	각의결정	1944.3.18.	664
126	여자정신대수입측조치요강	차관회의결정	1944.6.22.	667
127	즉시 시행할 중요사항 및 현안사항에 관한 건	후생성	1944.7.28.	673
128	여자정신근로령	칙령	1944.8.22.	678
129	여자정신근로령시행규칙	후생성 · 군수성령	1944.8.23.	683
130	여자근로동원의 촉진에 관한 건 통첩	문부성 · 후생성국장 통첩	1944.10.15.	688
131	여자정신대원 취급에 관한 건, 관계 육군부대에 대한 통첩	육군성 통첩	1944.12.18.	694

학생동원에 관한 각의결정 및 법령 등

자료번호	법령 및 각의결정 등의 명칭	형태	제정·공포·결정일	본문쪽수
132	생도훈련강령에 관한 건	조선총독부훈령	1938.6.18.	703
133	학교졸업자사용제한령	칙령	1938.8.24.	706
134	학교졸업자사용제한령시행규칙	조선총독부령	1938.9.8.	709
135	학교기능자양성령	칙령	1939.3.30.	711
136	학도전시동원체제확립요강	각의결정	1943.6.25.	714
137	교육에 관한 전시비상조치방책	각의결정	1943.10.12.	718
138	재학징집연기임시특례	칙령	1943.10.1.	722
139	긴급학도근로동원방책요강	각의결정	1944.1.18.	724
140	학교졸업자사용제한령시행규칙 중 개정	조선총독부령	1944.3.6.	727
141	결전비상조치요강에 따른 학도동원실시요강	각의결정	1944.3.7.	729
142	학도동원체제의 정비에 관한 건	조선총독부훈령	1944.4.28.	733
143	학도근로의 철저강화에 관한 건	문부차관·후생장관·군수차관 통첩	1944.7.17.	736
144	학도근로령	칙령	1944.8.22.	739
145	학도근로령시행규칙	조선총독부령	1944.10.30.	744
146	결전교육조치요강	각의결정	1945.3.18.	748
147	학도근로령시행규칙 중 개정	조선총독부령	1945.6.14.	750

신문기사

자료 번호	기사 제목	게재 신문	게재 연월일	본문 쪽수
148	육군특별지원병 훈련생 생도 모집	조선신문	1938.3.21.	762
149	빛나는 480명 육군특별지원병 각도의 전형 끝나다. 다시 400명 엄선	조선신문	1938.5.18.	765
150	오늘의 해설-조선의 육군특별지원병제도에 대해	조선신문	1940.9.21.	767
151	태평양결전장은 부른다. 나서라, 반도 청년들. 마쓰모토(松本) 대좌 격려담화문 해군지원병 1기보다 배(倍)를 증모(增募)	매일신보	1943.11.17.	769
152	제1회 해군지원병 영예의 수료식 진해(鎭海)서 감격의 성전(盛典)	매일신보	1944.3.25.	772
153	결전의 태평양은 부른다. 나가자, 바다의 아들 우리 자랑 해군특별지원병 입단식	매일신보	1944.11.10.	774
154	하루바삐 결정하라 가느냐, 뒤지느냐 두 길뿐 오노 학무국장 학도총궐기 촉구	매일신보	1943.11.6.	776
155	내지 재학생 총 출진 조선 안 학부형이 격려문을 발송	매일신보	1943.11.15.	780
156	지원 안 하면 비국민(非國民) 가시밭길을 박차고 떳떳한 길 걷자 조국은 부른다 전열에 즉각 달려가 참여하라	매일신보	1943.11.20.	783
156	금일 감격의 징병제 실시 징병은 최고의 영예 순국일념 군문으로 가자	매일신보	1943.8.1.	787
158	호적은 징병의 기초 기류제도는 이의 보조표	부산일보	1944.3.5.	790
159	금일, 징병제 실시 1주년	매일신보	1944.8.1.	793
160	신일본 청년의 실력 발휘하라 금일부터 반도 징병장정 입영 내선의 전우애 앙양, 용감하게 국운 타개 아베 총재 광영의 전도 축복	매일신보	1944.9.1.	797
161	징병반도 제1진 경성부대 입영 순충의 전열에 빛나는 장도, 환송의 인파	매일신보	1944.9.6.	800
162	「조선청년특별연성령」 쉽게 이해하기(1) 훌륭한 일본군인이 되라 이제부터 '준비'를 하는 것이다.	황민일보	1942.10.3.	802

163	「조선청년특별연성령」 쉽게 이해하기(2) 연성기간은 대체로 1년	황민일보	1942.10.4.	804
164	「조선청년특별연성령」 쉽게 이해하기(3) 연성소는 부·읍·면에	황민일보	1942.10.6.	806
165	청년연성소 오늘 역사적 개설 훈육과 일본어 습득에 중점 진충보국정신 함양 실천적으로 지도할 연성 요목 내용	매일신보	1942.12.2.	808
166	군무예비훈련소를 설치 현역징집자 등 연성 제1, 제2 지원병훈련소 개편	매일신보	1944.4.23.	811
167	연성은 40일간 시흥에도 1개소 신설 정무총감 담화	매일신보	1944.4.23.	813
168	가쓰메 군속의 유골이 도착	조선신문	1939.4.3.	816
169	군속에게 빛나는 행상 4,120명 조선 관계 최고 영예자	부산일보	1941.8.19.	817
170	남방에 갈 군속들 조선군에서 모집한다.	매일신보	1943.3.10.	819
171	반도 출신 군속 합동 해군장의 호국의 영웅은 영면 제 자료 전달, 조사에 유족들 감읍	매일신보	1945.4.10.	820
172	「선원징용령」 발동 해운력 증강에 박차	매일신보	1940.11.9.	823
173	「선원징용령」 10일부터 실시	조선신문	1940.11.10.	825
174	대양에서는 쉬지 않는다. 싸우는 징용선원	부산일보	1944.2.1.	826
175	일본 가는 여자정신대 내일 2일 장행회와 시가행진	매일신보	1944.6.25.	828
176	여 사무원 세 명 정신대를 자원	매일신보	1944.8.23.	829
177	거룩한 황국 여성의 손 생산전에 남자와 동렬 여자근로령 · 조선에도 실시, 지난 23일부로 공포 광공국장과 일문일답	매일신보	1944.8.26.	831
178	반도의 여자정신대, 시오다 광공국장 담화 국가는 여자의 힘을 기대한다 급속한 전력화에 매진	경성일보	1944.8.26.	837
179	「여자정신근로령」 일본과 다른 적용 범위 일정한 기능을 가진 국민등록자에 국한 애국열의로 자진 참여하라	매일신보	1944.8.28.	842
180	빛나는 건설의 괭이 반도 청년학도가 만주 건설에 근로봉사대로 몰려간다	국민신보	1941.6.22.	845

181	식량 증산 첨병으로 일본에서의 체험을 활용 농업보국청년대 경성에 안착, 해단식	매일신보	1942.7.12.	848
182	학업에서 단련으로 금일부터 방학, 일제히 근로작업 남녀 학도들 총진군	매일신보	1942.7.22.	850
183	낙토 만주 개척의 첨병 청년의용대 진군 보 고이소 총독 임석, 어제 성대한 장행회	매일신보	1943.11.2.	853
184	[사설] 응징학도의 입소	매일신보	1943.12.7.	856
185	몸도 마음도 가볍게 응징학도 증산전에 나아가다	부산일보	1944.1.29.	859
186	떠나보내는 총독의 훈시 응징학도 용감하게 생산전으로 나아가다 싸우는 공장에서 우승기 작업화, 비누도 특별배급	부산일보	1944.2.23.	860
187	조선학도동원 학교별 기준 학행 일체 철저 구현 근로가 곧 수업이라는 이념 강조	매일신보	1944.4.28.	862
188	학도근로동원출동요령 발표 받아들이는 공장 만전의 준비 직할학교 전부 7월 1일 실시	매일신보	1944.6.27.	864

노무동원과 관련한 신문기사

자료 번호	기사 제목	게재 신문	게재 연월일	본문 쪽수
189	인적 통제의 최고 수단 흥아근로봉사령(가칭) 드디어 금주 중에 최종적 조정	경성일보	1939.5.2.	878
190	전시노무자동원령(가칭) 14일 총동원심의회에 부의 결정 가급적 신속하게 실시	경성일보	1939.6.10.	880
191	「국민징용령」 공포 조선은 10월 1일부터	경성일보	1939.7.8.	882
192	국민개로의 법령 오늘부터 「근로보국협력령」 실시	매일신보	1941.12.1.	884
193	개로의 기풍 거양 총동원체제를 강화 「국민근로보국협력령」 시행에 즈음하여 오노 총감 담화	경성일보	1941.12.2.	886
194	노무의 내지 공출 본 부 새로이 방침 수립	경성일보	1941.12.7.	890
195	긴급한 국가사업에 종사 응징자와 가족에게는 특별한 은전, 이시다 후생국장 담	매일신보	1942.1.9.	892

196	반도 청년들의 광영 「국민징용령」 드디어 발동 만일 기피하면 1년 이하의 징역	매일신보	1942.1.9.	894
197	사설 「국민징용령」 발동	매일신보	1942.1.10.	896
198	개정징용령 8월 1일 실시 복무령은 10일 공포 예정	경성일보	1943.7.31.	898
199	사장징용 머지않아 실시 오늘 「응징사복무규율」 공포	경성일보	1943.8.10.	900
200	징용근로 이념 확립 「응징사복무규율」 제정	매일신보	1943.8.17.	902
201	공장 사업주를 징용 오늘 영서전달식 거행	경성일보	1943.8.20.	906
202	징용된 반도 출신 전사 줄었다 늘은 체중 "그대까지 얹어서 싸우는 1억이다"	매일신보	1944.1.28.	911
203	노무관리와 징용, 에구치(江口) 광공국장 일문일답 풍부한 반도 노무 급원 근로관념, 보국관념 향상이 필요	매일신보	1944.2.1.	913
204	반도 노무전사 동원 국가의 요청에 부응	매일신보	1944.2.3.	918
205	'직기'는 '군기'이다 응징사에 전진훈 7개조	경성일보	1944.2.8.	921
206	근로관리 쇄신 일반징용은 수시 실시	매일신보	1944.2.9.	925
207	산업군단의 첨병 충성 일관 중책 다하라 고이소 총독 고사	매일신보	1944.2.9.	928
208	현원징용 수발동 중요 공장·광산에 실시 간부 이하 전원 응징 멸적증산전 추진 어제, 각처에서 영달식 거행	매일신보	1944.2.9.	930
209	생산 증강 거듭 맹세 북선에서도 징용령서 전달식 거행	매일신보	1944.2.11.	932
210	솔선모범이 되도록 총독, 징용학도에 훈시	경성일보	1944.2.23.	934
211	공장 · 광산 종업원에게 제2차 현원징용 오늘 영서 교부식 거행	경성일보	1944.4.8.	938
212	일반징용 8월부터 실시 용약 응하려는 영예 국가적 책무 중대	경성일보	1944.6.20.	940
213	응징사의 가족원호 국민근로동원원호회 설립	매일신보	1944.8.19.	943
214	결전증산총돌격 일정 연령층 징용 개시(상)	매일신보	1944.8.23.	945

참고 문헌

[단행본]

국무총리 소속 대일항쟁기강제동원피해조사및국외강제동원희생자등지원위원회, 2016, 『위원회 활동 결과보고서』.

김승태, 2009, 『중일전쟁 이후 전시체제와 수탈』 한국독립운동의 역사 제7권, 독립기념관 한국독립운동사연구소.

도노무라 마사루 저 · 김철 역, 2018, 『조선인 강제연행』, 뿌리와 이파리.

안자코 유카 편, 2000, 『朝鮮勞務(復刻板)』 총 1~4권, 綠陰書房.

오일환, 2021, 『죽어서도 쉬이 못 오는 귀향-일제 강제동원 피해자의 귀환과 미귀환 문제』(일제침탈사 바로알기 9), 동북아역사재단.

오일환 · 정혜경 · 허광무 · 김종구 편역, 2022, 『전시동원 기구와 제도(1)-총동원체제 관련 주요 법령 및 각의 결정 등』(일제침탈사 자료총서 79), 동북아역사재단

오일환 편역, 2023, 『전시 노동력 동원 번역자료집(1)』(일제침탈사 자료총서 82), 동북아역사재단

이상의, 2006, 『일제하 조선의 노동정책 연구』, 혜안.

일제강점하강제동원피해진상규명위원회 편, 2008, 『조선여자근로정신대, 그 경험과 기억』.

__________, 2008, 『내 몸에 새겨진 8월』.

__________, 2011, 『히로시마 · 나가사키 조선인 원폭피해에 대한 진상조사-강제동원된 조선인 노무자를 중심으로』.

정혜경, 2010, 『조선 청년이여 황국 신민이 되어라: 식민지 조선, 강제 동원의 역사』, 서해문집

_____, 2011, 『일본제국과 조선인 노무자 공출』, 도서출판 선인.

_____, 2017, 『1945년 국민의용대 제도』, 도서출판 선인

허광무 · 오일환 · 이상의 · 정혜경 · 조건, 2015, 『일제 강제동원 Q&A① 강제동원&평화총서-감感 · 동動5』, 도서출판 선인.

허광무 · 정혜경 · 김미정, 2021, 『일제의 전시 조선인 노동력동원』, 동북아역사재단 일제침탈사 연구총서 34.

石川準吉, 1975-1982, 『國家總動員史資料編』第1-第9, 國家總動員史刊行會.

_______, 1982, 『國家總動員史資料編』 別卷, 國家總動員史刊行會

_______, 1987, 『國家總動員史資料編』 補卷, 國家總動員史刊行會

________, 1983, 1986, 『國家總動員史』 上下, 國家總動員史刊行會.

大蔵省管理局, 1955, 『日本人の海外活動に関する歴史的調査』朝鮮編第9分冊.

唐島基智三, 1938, 『國家總動員法解說』, 清教社.

狩野廣之, 1942, 『勞働配置』, 東洋書館.

鵜野久吉, 1938, 『工場鉱山産業報国会設立運営指針』, 国民安全協会.

姜徳相, 1997, 『朝鮮人学徒出陣』, 岩波書店.

學制百年史編集委員会 編, 1981, 『學制百年史』, 文部省.

企画院 編, 1943, 『国家総動員法令集』.

________, 1989, 『國家總動員法. 第1-5卷』, 日本圖書センタ-.

金英達, 2003, 『朝鮮人強制連行の研究』, 明石書店.

銀行問題研究所, 1944, 『改正国民徴用令解説』.

慶尙北道, 1942, 『邑面行政例規』.

厚生研究会編, 1944, 『国民徴用読本』, 新紀元社.

國民総力朝鮮聯盟, 1944, 『國民徵用の解說』.

後藤 清, 1941, 『勞務統制法』.

佐々木正制, 1941, 『工場鉱山産業報国会の組織と運営』, 東洋書館.

佐々木啓, 2019, 『「産業戦士」の時代—戦時期日本の労働力動員と支配秩序』, 大月書店.

産業報國聯盟, 1940, 『各國の國民組織と勞働組織』.

産業經濟學會, 1941, 『戰時經濟と勞務統制』.

『昭和15年度生産擴充計劃書』(朝鮮總督府), 友邦協會 所藏

『昭和19年緊急食糧增産經費』, 友邦協會 所藏

『昭和19年勞務對策緊急要費』, 友邦協會 所藏

『昭和19年度中小商工業對策實施に要する經費』, 友邦協會 所藏

朝鮮總督府, 1939, 『改訂 朝鮮制裁法規』.

__________, 1941, 『施政30年史』.

內閣情報局, 1941, 『國家總動員法 解說』.

乗富丈夫, 1942, 『徴用労務管理』, 東洋書館.

原朗 · 山崎志郎 編, 1994, 『生産力擴充計劃資料』1~12, 現代史料出版.

__________, 1997, 『軍需省關係初期資料』1~8, 現代史料出版.

__________, 1997-1998, 『初期物資動員計劃資料』1~12, 現代史料出版.

__________, 1999-2000, 『開戰期物資動員計劃資料』 1~12, 現代史料出版.

__________, 2001-2002, 『後期物資動員計劃資料』 1~14, 現代史料出版.

朴慶植, 1965, 『朝鮮人強制連行の記録』, 未来社.

______, 1975, 『在日朝鮮人関係資料集成』第4卷, 三一書房.

______, 1976, 『在日朝鮮人関係資料集成』第5巻, 三一書房.
朴慶植 外, 1993, 『朝鮮人強制連行論文集成』, 明石書店.
樋口雄一 編, 1999, 『戰時下朝鮮人勞務動員基礎資料集』1~5, 綠陰書房(복각판).
樋口雄一, 1991, 『皇軍兵士にされた朝鮮人』, 社会評論社.
法務研修所編, 1955, 『在日朝鮮人処遇の推移と現状』, 湖北社.
水田財務局長, 『昭和18年5月 貯蓄債券報國債券賣上制度整備擴充に關する件』, 友邦協會 所藏
水田直昌 編, 1974, 『總督府時代 の財政 - 朝鮮近代財政の確立』, 財團法人友邦協會.
宮孝一, 1944, 『朝鮮徵用問答』, 每日新報社.
山內敏彦 外, 1945, 『朝鮮經濟統制法全書』.

[논문]
고려대학교한국사연구소, 2018, 「학도지원병 제도 및 동원부대 실태조사 결과」, 행정안전부과거사업무지원단,
곽진오, 2011, 「일제와 조선 교육정책: 조선교육령을 중심으로」, 『日本文化學報』 제50호.
김경옥, 2019, 「전시기 일본 여성의 광산노동과 보육, 아키타현(秋田県) 하나오카(花岡)광산을 중심으로」, 『일본비평』 20호.
김미정, 2015, 「전시체제기 조선총독부의 여성노동력 동원정책과 실태」, 고려대학교대학원박사학위논문.
김민영, 2003, 「식민지시대 노무동원 노동자의 송출과 철도·연락선」, 『한일민족문제연구』 4, 한일민족문제학회.
김민철, 2003, 「전시체제하(1937~1945) 식민지 행정기구의 변화」, 『한국사학보』 제14호.
김영희, 2002, 「국민정신총동원운동의 전개 형태와 그 침투」, 『한국근현대사연구』 제22집.
김윤미, 2008, 「총동원체제와 근로보국대를 통한 '국민개로' - 조선에서 시행된 근로보국대의 초기 운용을 중심으로(1938~1941)」, 『한일민족문제연구』 14.
김인호, 1995, 「太平洋戰爭期(1940~1945) 日帝의 조선공업통제와 생산력 확충」, 『한국사연구』 제90호.
김창록, 2002, 「제령에 관한 연구」, 『법사학연구』 제26호.
김혜숙, 2012, 「1937~1939年 植民地 朝鮮의 家庭防空과 家庭用 待避施設의 特徵」, 『한일민족문제연구』 제23집,
남상호, 2018, 「근대일본의 교화총동원운동과 사상동원」, 『한일관계사학회』 제62집.
______, 2020, 「일본 국민정신총동원운동과 교화」, 『한일관계사연구』 제70호.
박용규, 2001, 「일제 말기(1937~1945)의 언론통제정책과 언론구조변동」, 『한국언론학보』 제46-1호.
신주백, 2003, 「1945년 한반도에서 일본군의 '본토결전' 준비 : 편제와 병사노무동원을 중심으로」, 『역사와 현실』 제49호.
심재욱, 2011, 「'공원명표'를 통해 본 전시체제기 구일본육군조병창의 조선인 군속동원」, 『한국민족운동사연구』 66.
______, 2015, 「태평양전쟁기 일본 화물선 침몰과 조선인 구해군 군속의 사망피해」, 『한국민족운동사연구』 제85집.
______, 2019, 「"舊日本海軍朝鮮人軍屬關聯資料(2009)"를 통해 본 태평양전쟁기 日本海軍燃料廠의 조선인

군속 동원」,『한국민족운동사연구』 99,
庵逧由香, 2006,「조선총독부의 총동원체제(1937~1945) 형성 정책」, 고려대학교 사학과 박사학위 논문.
이명종, 2007,「일제 말기 조선인 징병을 위한 기류(寄留)제도의 시행 및 호적조사」,『사회와 역사』 제74호.
이승일, 2005,「조선호적령 제정에 관한 연구」,『한국법사학회』 제32집.
이재헌, 2020,「일제강점기 청년훈련소의 운영과 재편」, 울산대학교대학원석사학위논문.
장미화, 2007,「일본의 아시아·태평양전쟁기 여성동원정책에 관한 연구」, 한양대학교국제학대학원박사논문.
전성현, 2015,「전시체제기 학교 隊조직의 변화와 집단 노동력 동원 - 조선총독부의 학생동원정책을 중심으로」,『石堂論叢』 제62호.
정긍식, 1988,「일제의 식민정책과 식민지 조선의 법제」,『법제연구』 제14호.
______, 2017,「조선민사령과 한국 근대 민사법」,『동북아법연구』 제11호 1.
정주수, 2019,「일제강점기 창씨와 개명의 기본법제에 관한 소고」,『韓國司法』 제60권 제12호.
정혜경, 2008,「조선총독부의 노무동원 송출관련 행정조직 및 기능 분석」,『한국민족운동사연구』 54.
______, 2008,「국민징용령과 조선인 인력동원의 성격:노무자와 군속의 틀을 넘어서,『한국민족운동사학회』 제56호.
조 건, 2011,「전시체제기 조선 주둔 일본군의 防空 조직과 활동」,『숭실사학』 제27집.
______, 2013,「일제 강점 말기 조선주둔일본군의 조선인 포로감시원 동원과 연합군 포로수용소 운영」,『한국근현사연구』 제67집.
______, 2015,「일제강점 말기 '조선 주둔 일본군' 상주사단의 韓人 병력동원 양상과 특징」,『한국독립운동사연구』 제51집.
진필수, 2016,「일제 총동원체제의 기원과 특징에 대한 재검토:전쟁인류학의 모색」,『비교문화연구』 제22집 2호.
최창동, 2003,「일제 '치안유지법'이 한반도에 미친 영향」,『比較法硏究』 제4권1호.
표영수, 2008,「日帝强占期 朝鮮人 志願兵制度 硏究」, 숭실대학교대학원박사학위논문.
______, 2009,「해군특별지원병제도와 조선인 강제동원」,『한국민족운동사연구』 제59호.
______, 2013,「일제강점기 조선인 군사훈련 현황」,『숭실사학회』 제30호.
______, 2014,「일제강점기 육군특별지원병제도와 조선인 강제동원」,『한국민족운동사연구』 79.
한긍희, 2000,「일제하 전시체제기 지방행정 강화 정책」,『국사관논총』88, 국사편찬위원회.
한혜인, 2013,「총동원체제하 직업소개령과 일본군 위안부 동원-제국 일본과 식민지 조선의 차별적 제도운영을 중심으로-」,『사림』 46.
홍종욱, 2018,「치안유지법과 독립운동」,『내일을 여는 역사』 제70호.
황민호, 2005,「전시통제기 조선총독부의 사상범 문제에 대한 인식과 통제」,『사학연구』 제79호.
樋口雄一, 2013,「戰時末期朝鮮邑面の機能と朝鮮人民衆との乖離について」,『地域社會から見る帝 國日本と植民地』, 思文閣出版.
福井譲, 2021,「『内鮮協定』と戦時期の渡航管理政策について—1930年代末を中心に」,『在日朝鮮人史研究』.

[사료소장 및 검색 기관]
《朝鮮》《朝鮮地方行政》《매일신보》《동아일보》《조선총독부관보》《부산일보》《조선신문》《황민일보》《경성일보》《국민신보》
국가기록원 총독부기록물(http://theme.archives.go.kr/next/government/viewMain.do)
국립공문서관 디지털아카이브(https://www.digital.archives.go.jp)
국립국회도서관 각의결정 자료(https://rnavi.ndl.go.jp)
아시아역사자료센터 소장 자료(http://www.jacar.go.jp)
일본법령색인(https://hourei.ndl.go.jp)
국립중앙도서관 디지털컬렉션(https://www.nl.go.kr/NL/contents/N20201000000.do)
한국역사정보통합시스템(www.koreanhistory.or.kr)

| 찾아보기

ㄴ

ㄷ

ㄹ

ㅁ

ㅂ

ㅅ

ㅊ

ㅌ

동북아역사재단 일제침탈사 자료총서 80
강제동원편

전시동원 기구와 제도(2)
–군인·군무원, 노무, 여성, 학생동원 관련 주요 법령

초판 1쇄 인쇄 2023년 12월 5일
초판 1쇄 발행 2023년 12월 20일

기획 | 동북아역사재단 일제침탈사 편찬위원회
편역 | 허광무·오일환·정혜경·김종구
펴낸이 | 이영호
펴낸곳 | 동북아역사재단

등록 | 제312-2004-050호(2004년 10월 18일)
주소 | 서울시 서대문구 통일로 81 NH농협생명빌딩
전화 | 02-2012-6065
홈페이지 | www.nahf.or.kr
제작·인쇄 | 청아출판사

ISBN 979-11-7161-022-8 94910
978-89-6187-751-0 (세트)